Hans-Joachim Kraus · Psalmen

Biblischer Kommentar
Altes Testament

Begründet von
Martin Noth

Herausgegeben von
Siegfried Herrmann, Werner H. Schmidt
und Hans Walter Wolff

Band XV/1
Hans-Joachim Kraus
Psalmen
1. Teilband

Neukirchener Verlag

Hans-Joachim Kraus

Psalmen

1. Teilband
Psalmen 1–59

6. Auflage
mit Nachträgen zur Literatur
1989

Neukirchener Verlag

6. Auflage mit Nachträgen zur Literatur 1989
Neukirchener Verlag des Erziehungsvereins GmbH
Neukirchen-Vluyn

Umschlag- und Einbandgestaltung: Kurt Wolff, Düsseldorf
Gesamtherstellung: Breklumer Druckerei Manfred Siegel KG
Printed in Germany – ISBN 3–7887–0554–X

CIP-Titelaufnahme der Deutschen Bibliothek

Biblischer Kommentar: Altes Testament / begr. von Martin Noth. Hrsg. von Siegfried Herrmann . . .
Neukirchen-Vluyn: Neukirchener Verl.
NE: Noth, Martin [Begr.]; Herrmann, Siegfried [Hrsg.]; Biblischer Kommentar – Altes Testament
Bd. XV. Psalmen: mit Nachträgen zur Literatur.
Teilbd. 1. Psalmen 1 – 59 / Hans-Joachim Kraus. – 6. Aufl. – 1989
ISBN 3 - 7887 - 0554 - X
NE: Kraus, Hans-Joachim [Bearb.]

Dem Gedenken

meiner Frau

Ingrid

geb. Kossmann

geb. 7.4.1921 gest. 11.1.1978

Inhaltsübersicht

Einleitung

§ 1. Name des Buches und Stellung im Kanon

1. Der 150 Psalmen enthaltende »Psalter« steht bei den hebräisch oder aramäisch sprechenden Juden unter dem Titel תהלים = »Loblieder«, »Preislieder«, »Hymnen«. Neben dieser Bezeichnung finden sich die Überschriften ספר תהלים, תלים, תלין oder ספר תלין. Diese Benennungen werden auch von den Kirchenvätern bezeugt (CSteuernagel, Einleitung in das Alte Testament § 152,1). Der bevorzugte Titel תהלים ist eine eigenartige Sonderbildung von תהלה, dem term. techn. für die Gattung der Hymnen (vgl. § 4 Nr. 7 und § 6). Zur mask. Pluralform vgl. Ges-K § 87 n.o. Diese Form will wahrscheinlich »neben der sonst üblichen Form תהלות eine Sonderbedeutung des Wortes ausdrücken, die für die Bezeichnung des Buches vorbehalten bleiben soll« (RKittel). תהלים ist demnach eine exklusive Benennung für die »Liedersammlung«, für das »Gesangbuch« der 150 Psalmen. – Nun ist jedoch der Begriff תהלים keineswegs geeignet, eine erschöpfende oder auch nur einigermaßen ausreichende Gesamtbezeichnung des Inhaltes der 150 Psalmen zu bieten. Der Titel stammt wohl aus einer Zeit, in welcher der Psalter vorwiegend als »Gesangbuch der jüdischen Gemeinde« gebraucht und verstanden wurde. Bemerkenswert ist jedoch die Tatsache, daß in älterer Zeit die Bezeichnung תפלות = »Gebete« bevorzugt wurde (vgl. Ps 72,20). Zu תפלה vgl. § 4 Nr. 8. Mit diesem Titel תפלות werden insbesondere die Klagelieder und Klagegebete erfaßt, die den eigentlichen Grundstock des Psalters bilden. In früherer Zeit verstand man also den Psalter in erster Linie als Sammlung von Gebeten. Aber auch dann, wenn man die beiden Benennungen תהלים und תפלות nebeneinanderstellen würde, ließe sich der vielgestaltige Inhalt des Psalters noch nicht erfassen. Man denke nur an die lehrhaften Stücke, die von keinem der beiden Begriffe voll bezeichnet werden. – Schließlich ist bei einer Erhebung der titulierenden Hauptbenennungen der Begriff מזמר nicht zu übersehen. Er ist 57mal in den Psalmenüberschriften belegt und muß offenbar eine bevorzugte Bezeichnung des einzelnen Psalmliedes gewesen sein (vgl. § 4 Nr. 2).

2. Die griechische Textüberlieferung der *G*-Codices bietet hinsichtlich der Überschriften folgendes Bild: Am frühesten nachweisbar ist die Benennung ψαλμοί im Codex B und in Lk 24,44. Zugleich sind die Unterschrift im Codex B und die Stellen Lk 20,42 und Act 1,20 zu erwähnen. Dort findet sich die Bezeichnung βίβλος ψαλμῶν. Man hat immer wieder gefragt, welches hebräische Wort durch ψαλμός wiedergege-

ben wird. Überprüft man die Entsprechungen, so ist die Übersetzung מזמר = ψαλμός am häufigsten belegt. Daraus folgt, daß *G* dem im hebräischen Text 57mal in den Einzelüberschriften der Psalmen belegten Begriff מזמר eine charakteristische Benennungsmöglichkeit für die ganze Sammlung entnommen hat. – Eine andere Benennung bevorzugt G^A. Die Sammlung der 150 Psalmen wird ψαλτήριον (τῷ Δαυίδ G^R) genannt; ψαλτήριον aber entspricht offenbar dem hebräischen Begriff נבל, der ein Musikinstrument bezeichnet. Man könnte ψαλτήριον verstehen als Bezeichnung für eine Sammlung von Liedern zum Saitenspiel. Der geläufige Begriff »Psalter« hat in der Titulierung von G^A seinen Ursprung.

3. Die Stellung des Psalters im hebräischen Kanon bietet in den verschiedenen Bereichen der Texttradition ein verwirrendes Bild. Die bekannten Druckausgaben setzen zumeist den Psalter an die Spitze der Ketubim und folgen damit der Tradition der mitteleuropäischen Juden. Die Anordnung schwankt zwischen der Reihenfolge Ps – Hi – Prv und der Folge Ps – Prv – Hi. Geht man aber in die erste, heute noch erkennbare Zeit der Kanontradition zurück, so sind die Anordnungen außerordentlich vielfältig. In der palästinischen Textüberlieferung scheint die Chronik am Anfang der Ketubim gestanden zu haben. Zeugen sind der Codex L, Mischael ben-'Uzziel und die Handschriften der in Palästina beheimateten Masora. Die spanischen Juden folgen dieser Tradition, in der also der Psalter an zweiter Stelle im Kanonteil der Ketubim steht. Andere Prinzipien der Anordnung waren unter den Juden der östlichen Diaspora maßgebend. Aus dem Talmud (baba bathra 14b) ist zu ersehen, daß u.a. auch das Buch Ruth unmittelbar vor den Psalter gestellt werden konnte. Offenbar sollte die Herkunft des Psalmensängers David besonders hervorgehoben werden.

4. In *M* bilden die Bücher Ps, Hi und Prv eine charakteristische Gruppe innerhalb des Kanonteils der Ketubim. Ein eigenartiges Akzentsystem wird ausschließlich in diesen Büchern benutzt. Die besondere Eigentümlichkeit dieses Systems besteht darin, daß neben dem versteilenden Atnach der *'ōläh w^e^jōrēd* zu finden ist. Während der Atnach als Versteiler nur in kleineren Sätzen hervortritt, dient in längeren Satzbildungen der *'ōläh w^e^jōrēd* als Haupttrenner.

5. Die 150 Psalmen des Psalters werden in *G* anders gezählt als in *M*. Eine Tabelle soll die verschiedene Zählung verdeutlichen:

M		*G*	*M*		*G*
Ps 1–8	=	Ps 1–8	116,10–19	=	115
Ps 9/10	=	Ps 9	117–146	=	116–145
Ps 11–113	=	Ps 10–112	147,1–11	=	146
Ps 114–115	=	Ps 113	147,12–20	=	147
Ps 116,1–9	=	Ps 114	148–150	=	148–150

G zieht demnach Ps 9 und 10, schließlich auch 114 und 115 zu je einem einzigen Psalm zusammen. Zudem überliefert *G* am Schluß noch einen weiteren 151. Psalm, in dem 1 S 16,1–14 und 1 S 17 frei verarbeitet sind. Doch schon in der ältesten Texttradition wird dieses zusätzliche Gebilde als ἔξωθεν ἀριθμοῦ stehend gekennzeichnet. Der 151. Psalm ist ein Zeuge für die späteren Nachtriebe der Psalmendichtung, wie sie in den außerkanonischen Sammlungen der Danklieder von Qumran, der »Psalmen Salomos« und der »Oden Salomos« begegnen. – Zu den Schwankungen in der Reihenfolge und Zählung der in Qumran gefundenen Psalmen – Manuskripte vgl. Rev Bibl 63 (1956) 59. Vgl. auch JASanders, Psalm 151 in 11 QPSS*: ZAW 75 (1963) 73–85.

§ 2. Der masoretische Text und die alten Übersetzungen

1. Im Gegensatz zu den Kommentaren von BDuhm und HGunkel, die in der Behandlung des masoretischen Textes (*M*) die äußerste Grenze der Kritik überschritten haben (JJStamm, ThR N.F. 3, 1955, 16), bringt der vorliegende Kommentar *M* großes Vertrauen entgegen und versucht, die textkritischen Möglichkeiten der hebräischen Bibelüberlieferung so tief wie möglich auszuschöpfen. Die Textbehandlung nähert sich der des Kommentars von HSchmidt, vermag jedoch den konservativen Verfahrensweisen, wie sie z.B. in den Übersetzungen von AWeiser und FNötscher hervortreten, nicht zu folgen. Die Gründe werden später darzulegen sein. Zunächst soll eine Umschau den besonderen Ort des in diesem Kommentar geübten textkritischen Verfahrens bezeichnen. Es ist ja vor allem in den Kommentaren zum Psalter auffallend, wie erheblich die Grundpositionen und Methoden der Textbehandlung voneinander abweichen. Zeigen BDuhm und HGunkel die äußerste Grenze der kritischen Textforschung an, so wird als entgegengesetztes Extrem die streng konservative Einstellung von BDEerdmans, WEBarnes und ACohen zu nennen sein. Eerdmans räumt *M* überall den Vorrang ein – auch um den Preis unverständlicher Mißbildungen. Die moderne Metrik wird abgelehnt. Infolgedessen kann, unbeschwert von jedem Formzwang, die Rekonstruktion des hebräischen Urtextes erfolgen. Vgl. BDEerdmans, Essays on Masoretic Psalms: OTS I, 2.3 (1942) 105–300; The Hebrew Book of Psalms: OTS IV (1947). ACohen aber stellt in seinem Vorwort das Programm auf: »The commentary is invariably based upon the received Hebrew text. When this presents difficulties, the most probable translation and interpretation are suggested, without resort to textual emendation« (ACohen, The Psalms V). – Zwischen den beiden Extremen, die einerseits durch BDuhm und HGunkel, andererseits durch BDEerdmans,

WEBarnes und ACohen angezeigt werden, bewegen sich, mit verschiedenen Tendenzen, die neueren Kommentare, unter denen AWeiser und FNötscher der konservativen Auffassung zuneigen. Eine eigenwillige Methode entfaltet ASchulz in der Bevorzugung der masoretischen Texttradition (Kritisches zum Psalter: AA XII, 1, 1932; Psalmen-Fragen: AA XIV, 1, 1940). Auch IEngnell äußert sich im Artikel »Psaltaren« des »Svenskt Bibliskt Uppslagsverk« (1952 Sp. 787ff.) sehr ablehnend gegenüber allen textkritischen Unternehmungen im Psalter. Er empfiehlt im Zusammenhang seines Traditionsverständnisses äußerste Zurückhaltung. – Nun ist jedoch das unumschränkte Vertrauen zu *M*, also auch die konservative Einstellung zum hebräischen Text, von verschiedenen Seiten her in Frage gestellt. Die ersten Beobachtungen, durch welche die Problematik von *M* erkannt wurde, sind in den Doppelüberlieferungen angestellt worden. Es handelt sich um folgende Entsprechungen:

Ps 18	=	2 S 22
Ps 14	=	Ps 53
Ps 70	=	Ps 40,13–17
Ps 108	=	Ps 57,8–12 und Ps 60,7–14

An den zahlreichen Abweichungen und Varianten dieser Doppeltexte wurde zuerst erkannt, wie unzuverlässig die hebräische Texttradition im Bereiche der Psalmendichtung ist. JMorinus stellte bereits im Jahre 1633 in seinen »Exercitiones biblicae de hebraei graecique textus sinceritate« die beiden Thesen auf: a) der hebräische Originaltext ist so sehr verfälscht und so stark von Fehlern durchsetzt, daß er nicht mehr als Quelle und Norm des biblischen Studiums dienen kann; b) nur die Septuaginta liefert das vertrauenswürdige Material zu einer annähernden Wiederherstellung des im Grunde unerreichbaren »Urtextes«. Es ist nun interessant festzustellen, daß HHerkenne in seinem Psalmenkommentar (1936) die beinahe gleichen Thesen vertritt. Er verficht in neuerer Zeit am schärfsten die kritische Abwendung von *M* und die Bevorzugung von *G*. Wörtlich heißt es: Der »masoretische Text (*M*) in seiner nachchristlichen Gestalt wimmelt von zahllosen unglücklichen Entstellungen« (20). »Sonach sind wir für die Verbesserung des Psaltertextes vor allem auf die alten Übersetzungen angewiesen, die auf einer älteren Textgestalt als der masoretischen fußen. Hierbei kommt zunächst die Septuaginta (*G*) in Betracht« (21). Diese Tendenz zur Bevorzugung von *G* läßt sich – allerdings in größerer Zurückhaltung – auch in den Kommentaren von WOE Oesterley, EPodechard und EJKissane beobachten. – Zweifellos ist es richtig, die mannigfaltigen Schäden des hebräischen Textes der Masora deutlich herauszustellen. Allerdings wird man aber bedenken müssen, daß noch viele andere Wege zur Wiederherstellung des hypothetischen

Urtextes beschritten werden sollten, bevor einer der alten Übersetzungen der Vorrang eingeräumt wird oder mit Hilfe der alten Übersetzungen und freier Konjekturen tiefe Eingriffe in den überlieferten Textbestand vorgenommen werden.

2. Die immer wieder auftauchenden Fehler in *M* sind bekannt (vgl. die große Materialsammlung von FDelitzsch, Die Lese- und Schreibfehler im Alten Testament, 1920). Es handelt sich u.a. um Buchstabenverwechselung, Umstellung der Buchstaben, Abweichungen in der *plene*-Schreibung, Haplographie, Dittographie und Abschreibefehler, die sich auf größere Zusammenhänge beziehen. Alle diese Fehler und Schäden der Textüberlieferung in *M* sind auch im Psalter ständig zu beobachten. Es kommen hinzu: Glossen und Nachträge, die zur Erläuterung oder Weiterführung in den Text eingetragen worden sind. Auch supra- und infralineare Varianten, die von den Abschreibern versehentlich in den Text eingebracht worden sind, können nachgewiesen werden. Eine völlige Verwirrung der Versfolge zeigt sich z.B. in Ps 87. Über die Methode der Behandlung dieser Textfehler kann hier nicht gehandelt werden (vgl. MNoth, WAT, [4]1962, 309–322; EWürthwein, Der Text des Alten Testaments, [4]1973). Es gilt, die besonderen textkritischen Erwägungen und Möglichkeiten der modernen Psalmenauslegung zu erörtern. Doch bevor diese Fragen entfaltet werden können, muß das immer wieder neu gestellte Problem, inwieweit Gesetze der Metrik zu Korrekturen mtr. cs. berechtigen, aufgeworfen und wenigstens in Umrissen beantwortet werden. Die Fragen der Metrik werden in § 5 behandelt. Auf die dort ausgebreiteten Sachverhalte wird hier hinzuweisen sein. Immerhin muß bereits jetzt folgendes festgestellt werden: a) Nach den Regeln des akzentuierenden Systems, das zur sachgemäßen Erklärung der Psalmendichtung dienen kann, enthält der kürzeste Stichos zwei, der längste vier Akzente. Die Textkritik ist also gewiesen, Versglieder, die den erforderlichen Umfang überschreiten oder nicht erfüllen, auf ihre Richtigkeit hin zu untersuchen. b) Sollte es sich zeigen, daß in der Ordnung der Perioden (Verse) ein bestimmtes Versmaß (z.B. 3 + 3) in auffallender Weise dominiert, so sind diejenigen Verse, die sich nicht in das vorherrschende Metrum einfügen, kritisch zu untersuchen und der bestimmenden Ordnung nach Möglichkeit anzugleichen. c) Es muß unter allen Umständen vermieden werden, ein bestimmtes metrisches Prinzip oder Schema mit allen nur zu Gebote stehenden Mitteln durchzusetzen. Elastizität und Anpassung an die immer neuen Gegebenheiten der einzelnen Lieder müssen die maßgebenden Verhaltensweisen sein.

3. Sind alle herkömmlichen Methoden der Textkritik im Hinblick auf den masoretischen Text und seine Varianten voll ausgenutzt, so müssen nun einige Gesichtspunkte geltend gemacht werden, die in neuerer Zeit immer stärkere Beachtung verdienen. Die formgeschichtliche Methode

hat die charakteristischen Stilbildungen und Ausdrucksformen der Psalmensprache erkannt. Eine Fülle geprägter konventioneller Formulierungen wurde geordnet und übersichtlich dargeboten (vgl. vor allem HGunkel-JBegrich, EinlPs). Ansätze zu einer Topik der Psalmensprache sind entwickelt worden. Nun würde es gelten, diese Topik der Psalmensprache weiter auszuarbeiten und textkritisch auszuwerten. In der hebräischen Texttradition mißgestaltete Worte oder Halbverse können im Rahmen der Gattung des betreffenden Psalms (vgl. § 6) und unter Beachtung sowohl des Kontextes wie auch des parallelismus membrorum aus der Topik der zu erwartenden oder angemessenen konventionellen Psalmensprache erschlossen werden (vgl. z.B. zu Ps 4,4). Die Möglichkeiten einer textkritischen Topik sind namentlich im Psalter bei weitem noch nicht erschlossen oder gar erschöpft worden. Natürlich wird man sich auch hier vor allem Schematismus und vor jeder Starrheit hüten müssen. Der neuen, unerwarteten Formulierung wird stets der erforderliche Raum ausgespart werden müssen – auch an den dunklen und bisher noch unerklärbaren Stellen. Im übrigen müßte in die »Topik der Psalmensprache« auch die altorientalische Psalmenliteratur miteingeschlossen oder doch wenigstens angeschlossen sein. Es könnte wohl möglich sein, daß eine singuläre, bisher unverständliche Formulierung oder Begriffsanwendung in der altorientalischen Literatur eine klärende Ergänzungsmöglichkeit findet. Insbesondere sind es die Texte aus Ras Schamra, dem alten Ugarit, die viele neue Konjekturimpulse geben. Bisweilen können schwierige oder seltene hebräische Wörter aus der ugaritischen Poesie erklärt werden (vgl. vor allem Ps 68). Aber auch hier ist der Kritik eine Grenze gezogen. WFAlbright geht zu weit, wenn er den 68. Psalm in die Welt altkanaanäischer Lyrik hineinzieht und mit fremden Maßstäben mißt (vgl. WFAlbright, A Catalogue of Early Hebrew Lyric Poems – Ps 68: HUCA 23, 1, 1950/51, 1–39). In aller Vorsicht muß geprüft werden, ob sich bei einzelnen Worten und Formulierungen neue Verstehensmöglichkeiten vom Ugaritischen her eröffnen. Immer ist der Psalm als ganzer zu hören, ob und wie sich die neue Erklärung in sein formales Gefüge und in seinen inhaltlichen Duktus hineinstellt.

4. Im textkritischen Verfahren finden selbstverständlich auch die alten Übersetzungen ihren angemessenen Platz. Zurückzuweisen aber ist die prinzipielle Bevorzugung z.B. von *G* gegenüber *M* und die vorschnelle Zuwendung zu den alten Übersetzungen. Im Bereich hebräischer und altorientalischer Traditionen sollten erst alle Wege und Pfade beschritten werden, bevor zum anderen Ufer der alten Übersetzungen übergesetzt wird, um dann aus einem neuen Blickwinkel Rückschlüsse auf den möglichen, zugrunde liegenden »Urtext« zu ziehen. Die Textkritik erweist, daß vor allem der Septuaginta (*G*) eine große Bedeutung bei der Rekonstruktion des hypothetischen Urtextes zukommt. ARahlfs hat

in dem im Jahre 1931 herausgegebenen Band X (Psalmi cum Odis) die Handschriften kollationiert und in überzeugender Weise die drei großen Textformen lokalisiert: den unterägyptischen, oberägyptischen und abendländischen Text (vgl. 21ff.). Über neugefundene Fragmente erstattet JWWevers Bericht (vgl. ThR 22, 1954, 131ff. 135ff.). Im vorliegenden Kommentar sind die von *M* abweichenden Lesarten in *G* auch dann erwogen worden, wenn *M* der Vorrang gegeben wurde. Noch kaum in Angriff genommen worden aber ist die Aufgabe, die Eigenart der Aussagen der Septuaginta hinsichtlich ihres besonderen Sachgehaltes und ihrer eigentümlichen Aussagetendenz zu erarbeiten. Für die erstaunlich häufige Zitierung der Psalmen im Neuen Testament würde eine solche Untersuchung von größter Bedeutung sein. An textkritischem Wert stehen *G* am nächsten die Fragmente aus Aquilas (α'), Symmachus (σ') und Theodotion (ϑ') sowie unter den Tochterübersetzungen von *G* – die Vetus Latina, deren erste Spuren in Nordafrika zu suchen sind. Umstritten ist der textkritische Wert der Peschitta (*S*). Die grundlegenden Ausführungen von LHaefeli, Die Peschitta des Alten Testaments: AA XI, 1 (1927) 35–40 haben eine bedeutsame Weiterführung durch AVogel gefunden. Vgl. AVogel, Studien zum Pešitta-Psalter: Biblica 32 (1951) 32–56. 198–231. 336–363. 481–502. Vogel achtet vor allem auf die »außermasoretischen Übereinstimmungen« zwischen *G* und *S*. Er gelangt zu dem Schluß, daß der syrische Text sich »im großen und ganzen als zuverlässig gegenüber der hebräischen Vorlage und als unabhängig von *G*« erweist. Allerdings ist *S* an einigen Stellen nicht mehr in der ursprünglichen Form erhalten; vgl. auch FZimmermann, The Text of Psalms in the Peshitta: JTS 41 (1940) 44–46. – Das aramäische Psaltertargum (*T*) zeigt sich in der Textkritik nicht als wertlos. Wenn auch die paraphrasierende Breite und die haggadische Ausschmückung sich verdunkelnd auswirken, so schimmert doch an einzelnen Stellen die hebräische Vorlage durch. – Schließlich aber verdient das aus dem Hebräischen (»juxta hebraicam veritatem«) übersetzte Psalterium des Hieronymus (Hier) besondere Aufmerksamkeit. Um 391 n. Chr. entstanden, nähert sich diese alte Übersetzung *M*. Doch hat Hieronymus sich nicht von der Vetus Latina gelöst, wie denn andererseits auch Berührungen mit ϑ' und σ' aufweisbar sind (vgl. hierzu JHMarks, Der textkritische Wert des Psalterium Hieronymi iuxta Hebraeos, 1956).

5. Es ist nicht zu vermeiden, daß neben vielen Korrekturen und einzelnen Konjekturen auch dunkle, unerklärbare Stellen übrigbleiben. Hier sollen die Grenzen unserer augenblicklichen Verstehensmöglichkeiten nicht verschwiegen werden.

§ 3. Der Psalter als Sammlung

1. Der hebräische Psalter ist in fünf Bücher eingeteilt. Den Umfang dieser Bücher kann man genau ermitteln, da jedes Buch jeweils durch doxologische Formulierungen abgeschlossen worden ist. Eine Übersicht über die fünf Bücher und ihre doxologischen Schlußformeln ergibt folgendes Bild:

I. Buch (Ps 1–41)

Ps 41,14: ברוך יהוה אלהי ישראל מעולם ועד העולם
אמן אמן

II. Buch (Ps 42–72)

Ps 72,19: ברוך יהוה [אלהים] אלהי ישראל עשה נפלאות לבדו
וברוך שם כבודו לעולם וימלא כבודו את־כל־הארץ
אמן אמן

III. Buch (Ps 73–89)

Ps 89,52: ברוך יהוה לעולם
אמן אמן

IV. Buch (Ps 90–106)

Ps 106,48: ברוך יהוה אלהי ישראל מן־העולם ועד העולם
ואמר כל־העם אמן

V. Buch (Ps 107–150)

Ps 150,6: כל הנשמה תהלל יה

Vergleicht man diese doxologischen Schlußformeln miteinander, so fällt auf, daß Ps 150,6 ganz aus dem Rahmen fällt. Man könnte fragen, ob die kanonische Sammlung der fünf Bücher wirklich einmal mit Ps 150 abschloß. Diese Frage legt sich nahe, wenn man den wie eine doxologische Schlußformel klingenden abschließenden Vers des 135. Psalms liest, in dem es heißt:

ברוך יהוה מציון שכן ירושלם

Aber auch diese »Schlußformel« (sofern man sie überhaupt als eine solche betrachten darf) entspricht nicht ganz den abschließenden Sätzen in

Ps 41,14; 72,19; 89,52; 106,48. Es sind im letzten Teil des Psalters Schwierigkeiten zu beobachten, die auch in anderem Zusammenhang noch in Erscheinung treten werden. Allerdings ist die Skepsis gegenüber der Bedeutung der Doxologien als abschließender Lobpreis, wie CTNiemeyer sie in seiner Dissertation zum Ausdruck bringt, nicht begründet (vgl. CTNiemeyer, Het probleem van de rangschikking der psalmen: Diss. Groningen 1950). – Welche Bedeutung aber hat nun die Einteilung des Psalters in fünf Bücher? Man hat immer wieder erklärt, im Prozeß der Kanonisierung sei ein Gegenstück zum Pentateuch (תורה) geschaffen worden. Diese Erklärung kann sich gewiß nur auf die formale Einteilung und das technische Kanonisierungsverfahren beziehen. Würde man eine inhaltliche Entsprechung zwischen den Büchern des Pentateuchs und den Büchern des Psalters konstruieren, so würde eine Reihe absurder Kombinationen das Ergebnis sein (gegen JDahse, Das Rätsel des Psalters gelöst, 1927). – Geht man nun aber hinter die formale Einteilung des Psalters in fünf Bücher zurück und forscht nach Gesichtspunkten der Entstehung und Anordnung der Sammlung des Psalters, so steht man vor verwickelten Problemen, die unter Absehung von der Einteilung in fünf Bücher angegriffen werden müssen. Es sind Teilsammlungen erkennbar, die sich keineswegs mit den fünf Büchern decken.

2. Unter diesen Teilsammlungen nimmt zweifellos der sog. »elohistische Psalter« eine hervorragende Stellung ein. In den Ps 42–83 fällt die konsequente Setzung des Gottesnamens אלהים auf. Die umfangreiche Teilsammlung überschneidet die Bucheinteilung und ist ohne Rücksicht auf die Schlußdoxologie in Ps 72,19 in den Blick zu fassen. Die Bucheinteilung erweist sich – auch in anderem Zusammenhang – deutlich als sekundär. Wird der »elohistische Psalter« als besonderer Bestandteil, als Teilsammlung innerhalb der Hauptsammlung des Psalters, betrachtet, so fällt auf: a) daß der »elohistische Psalter« sich aus drei Quellen zusammensetzt; b) daß der Sammler des elohistischen Psalterteiles die konsequente Setzung des Gottesnamens אלהים vorgenommen hat. – Was zunächst die Quellen des »elohistischen Psalters« betrifft, so sind in ihm folgende (aus den Überschriften klar erkennbare) Gruppen, die in planvoller Anordnung dargeboten werden, festzustellen:

I. Psalmen לבני־קרח (Ps 42–49):
Ps 42–45 – מַשְׂכִּיל
Ps 46 – שִׁיר
Ps 47–49 – מזמור

Nur teilweise wurden Psalmen aus der Quelle »לבני־קרח« in den »elohistischen Psalter« aufgenommen. Aus dem Liederbuch der Korahiten stammen auch Ps 84–88. Oder handelt es sich dort um eine zweite »Korahiten-Quelle«? Zu den Korahiten: Esr 2,41 und Neh 7,44. Handelt es sich bei dieser nachexilischen

Gruppe von Sängern und Tradenten altisraelitischer Psalmen um die Nachfahren der vorexilischen Kultpropheten? (SMowinckel, Psalmenstudien III: Kultprophetie und kultprophetische Psalmen, 1923). Der Frage wird später nachzugehen sein. Vgl. auch HGese, Zur Geschichte der Kultsänger am zweiten Tempel: Abraham unser Vater. Festschrift f. OMichel (1963) 222–234 = Vom Sinai zum Zion: BEvTh 64 (1974) 147–158.

II. Psalmen לדוד (Ps 51–65; 67; 68–71):

Ps 52–55 – משׂכיל
Ps 56–60 – מכתם
Ps 62–65
67–68 – מזמור
Ps 69–71 – ohne genauere Angabe
Ps 72 – לשלמה (Anhang)

Eine Abschlußformel, die die Gruppe der vom »elohistischen Sammler« aufgenommenen Davidspsalmen abschließt, findet sich in Ps 72,20: כלו תפלות דוד בן־ישי. Zu anderen Davidspsalmen außerhalb des »elohistischen Psalters« s.u.

III. Psalmen לאסף (Ps 73–83):

Auch Ps 50 ist ein Psalm לאסף. Wahrscheinlich ist dieser Psalm beim Abschluß oder nach Abschluß des Gesamtpsalters an seinen jetzigen Platz gekommen.

Zur Datierung: ». . . die elohistische Redaktion von Ps 42–83, die schon die Existenz von Einzelsammlungen wie Ps 42–50; 51–72; 73–83 und deren Zusammenwachsen voraussetzt, muß noch in die Zeit der Entstehung des chronistischen Werkes fallen, da im Anhang in Ps 84f.; 87; 88I Psalmen *libne qoraḥ* auftreten, und erst Ps 88 II und Ps 89 das Stadium III B widerspiegeln. Damit haben wir eine sehr erwünschte Datierungsgrenze für die Entstehungszeit der Psalmen im zweiten und dritten Psalmenbuch erhalten« (HGese, Zur Geschichte der Kultsänger am zweiten Tempel: Abraham unser Vater. Festschrift f. OMichel, 1963, 234 = Vom Sinai zum Zion: BEvTh 64, 1974, 158. Zur Fixierung der einzelnen Stadien vgl. HGese).

Tritt der »elohistische Psalter« als größte Teilsammlung in der Mitte des Gesamtpsalters klar aus dem Zusammenhang heraus, so gilt es nun, die Ps 1–41 und Ps 84–150 zu befragen, ob auch hier Sammlungen oder Gruppen von Liedern und Gebeten aufweisbar sind. – Zunächst fällt eine Gruppe von Davidspsalmen auf, die in Ps 3–41 vorliegt und von den Psalmen לדוד im »elohistischen Psalter« zu unterscheiden ist. Offenbar handelt es sich um eine Quelle, die dem »elohistischen Sammler« nicht zugänglich war oder die dieser Sammler nicht benutzt hat. Es ist festzustellen, daß (im Unterschied zu den Davidspsalmen des »elohistischen Psalters«) in Ps 3–41 eine planvolle Anordnung der Lieder fehlt. Somit ist die Gruppierung, die im »elohistischen Psalter« beobachtet wurde (s.o.), ein Werk des »elohistischen Sammlers«. Ps 33, der als einziger Psalm in der Gruppe Ps 3–41 keine Überschrift trägt, könnte in die Sammlung eingedrungen sein. Man könnte andererseits fragen, ob der ohne Überschrift traditierte Ps 2 nicht zur Gruppe der Davidspsalmen zu zählen ist. Ps 1 aber hat den Charakter eines Proömiums. – Schwer zu durchschauen sind die Überlieferungsverhältnisse in Ps 84–150. Es sind zwar einzelne Gruppen aufweisbar, es fehlt aber (mit Ausnahme von Ps 120–134) an deutlicher Kennzeichnung. Der Versuch einer Übersicht würde folgendes Bild ergeben:

I. Anhang an den »elohistischen Psalter« (Ps 84–89):
Ps 84; 85; 87; 88 – לבני־קרח
Ps 86 – לדוד
Ps 89 – לאיתם
Diese Psalmen haben keine Änderung des Gottesnamens erfahren. Vielleicht gehören auch Ps 90 und 91 zu diesem Anhang.

II. Sammlung von Liedern, in denen Jahwe als König und Richter der Welt gepriesen wird (Ps 93–99):
Diese Sammlung ist vor allem durch den hymnischen Ruf יהוה מלך in Ps 93; 96; 97; 99 gekennzeichnet.

III. »Hallelujah-Psalmen« (Ps 104–106; 111–117; 135; 146–150):
Es handelt sich um Psalmen, die entweder mit dem Lobruf הללו־יה eingeleitet (Ps 111; 112) oder abgeschlossen (Ps 104; 105; 114–116; 135) oder sogar umrahmt (Ps 106; 113; 117; 146–150) sind.

IV. Lieder, die mit שׁיר המעלות oder שׁיר למעלות überschrieben sind (Ps 120 bis 134):
Zur Bedeutung von שׁיר המעלות vgl. § 4 Nr. 3.

V. Weitere Davidspsalmen (Ps 101; 103; 108–110; 138–145).

Es ist schwer durchschaubar, nach welchen Gesichtspunkten diese Gruppen zusammengestellt worden sind. Auch bleiben einzelne Psalmen, die zwischen den Sammlungen stehen oder in sie eingedrungen sind, als ein unerklärbarer Rest. Endlich wird es kaum möglich sein, den Prozeß des allmählichen Zusammenwachsens der Teilsammlungen, die verschiedenen Verschachtelungen und Ergänzungen der Gruppen und Quellen nachzuzeichnen und in ihrem geschichtlichen Werden zu erklären. Hier sind der forschenden Nachfrage Grenzen gesetzt. Man wird sich mit dem Aufweis der Teilsammlungen und einer möglichst genauen Beschreibung der Zuordnung der Einzelgruppen im Gesamtpsalter begnügen müssen.

3. Mit neuer Fragestellung hat sich CWestermann dem Thema »Sammlung des Psalters« genähert. Er ist von der Beobachtung ausgegangen, daß mindestens zwei Sammlungen nachweisbar sind, die nach gattungsspezifischen Gesichtspunkten zusammengestellt worden sind: die Threni, deren Form und »Sitz im Leben« unter einheitlichem Gesichtspunkt stehen (vgl. HJKraus, BK XX,8ff.), und die Sammlung der

Hodajoth, die Lobpsalmen enthält. Vgl. CWestermann, Zur Sammlung des Psalters: Forschung am Alten Testament. ThB 24 (1964) 336f. Da auch im Psalter eine ähnliche, einmal selbständig gewesene und einheitlich geprägte Sammlung in Ps 120–134 (*ma'alot*-Psalmen) mit Sicherheit zu erkennen ist, wird der Frage nachgegangen, ob ähnliche Zusammenstellungen im Gefüge der David-Psalmen (Ps 3–41), des »elohistischen Psalters« usf. nachweisbar sind. Westermann gelangt zu folgenden Feststellungen, die im Rahmen der Gunkelschen bzw. seiner eigenen Gattungsbestimmung zu sehen und zu verstehen sind: ». . . daß die Klage des einzelnen, die im Psalter häufigste Gattung, ganz auf die erste Hälfte des Psalmbuches konzentriert ist, und zwar in den beiden großen Sammlungen 3–41 und 51–72; dazu kommt nachher noch die kleine Sammlung 140–143« (341f.). »Größere Gruppen von Lobpsalmen begegnen nur in der zweiten Hälfte des Psalters; außer Ps 120–134 und 140–143 enthalten alle Sammlungen nach Ps 90 Lobpsalmen« (342). »In den kleineren Sammlungen haben Lobpsalmen häufig die Funktion eines Sammlungsabschlusses; so die Doxologien am Ende der Psalmbücher (Ps 41,14; 72,19; 89,5; 106,48; 150), so Ps 134 (Sammlung 120–134), 117 (111–118), 100 (93–99), 145 (?) (140–143)« (342). »Die Königspsalmen . . . begegnen durch den ganzen Psalter hindurch nur als Anfügungen« (342). – Ohne Frage sind diese Beobachtungen und Feststellungen von großem Gewicht. Doch wird die Bestimmung der Formgruppen (»Gattungen«) zu modifizieren sein (vgl. § 6).

Der Frage nach dem im Psalter maßgebenden Anordnungsprinzip ist CBarth nachgegangen; er hat die »concatenatio« der Psalmen, insbesondere im I. Buch (Ps 1–41), erforscht. Vgl. CBarth, Concatenatio im ersten Buch des Psalters: Wort und Wirklichkeit. Festschrift für ELRapp (1976) 30–40.

4. Wann ist der Psalter als Sammlung entstanden? In welche Zeit ist der Abschluß des gesamten kanonischen Buches anzusetzen? Zur Bestimmung des terminus ad quem sind drei Anhaltspunkte gegeben: a) Zwischen 63 und 30 v. Chr. sind die Lieder der »Psalmen Salomos« entstanden (vgl. Eißfeldt, Einleitung, [3]1964, 831). Diese apokryphe Psalmensammlung setzt den Abschluß des Psalters voraus. b) In 1 Makk 7,17 wird (um 100 v. Chr.) Ps 79,2–3 zitiert. c) Der Prolog des Buches JesSir rechnet bereits mit dem dreiteiligen alttestamentlichen Kanon. Es heißt wörtlich: Πολλῶν καὶ μεγάλων ἡμῖν διὰ τοῦ νόμου καὶ τῶν προφητῶν καὶ τῶν ἄλλων τῶν κατ᾽ αὐτοὺς ἠκολουθηκότων δεδομένων . . . Daß in den hier erwähnten dritten Kanonteil die Sammlung des Psalters eingeschlossen war, wird wohl kaum zweifelhaft sein. Somit würde die Zeit um 190 v. Chr. benannt werden können. Die untere Grenze der Entstehungszeit wäre also um 200 v. Chr. anzusetzen (vgl. auch HGunkel-JBegrich, EinlPs 438). Mit dieser Feststellung scheidet die vor allem von BDuhm

vertretene Datierung der Psalmendichtung in die Makkabäerzeit aus (vgl. auch § 7). Schwieriger ist es, die obere Grenze, den terminus a quo der Sammlung und Kanonisierung des Psalters, zu bestimmen. Wahrscheinlich wird ein längerer Zeitraum angenommen werden müssen. Schon im 6. und 5. Jahrhundert v. Chr. könnten erste Teilsammlungen entstanden sein. Der »elohistische Sammler« scheint den Kreisen der Priesterschrift nahe zu stehen. Vieles spricht dafür, daß der gesamte Psalter schon um 300 v. Chr. abgeschlossen vorlag. Doch zum Versuch einer genaueren Datierung vgl. HGese, Zur Geschichte der Kultsänger am zweiten Tempel: Abraham unser Vater. Festschrift f. OMichel (1963) 222–234. – Problematisch ist die Unternehmung, mit der Gewinnung eines deutlicheren Bildes von den Korahiten umfangreiche Konsequenzen über deren Tradition, Theologie und datierbares Dichtwerk zu verbinden (gegen GWanke, Die Zionstheologie der Korachiten: ZAWBeih 97, 1966).

5. Man hat immer wieder die Frage aufgeworfen, zu welchem Zweck der Psalter zusammengestellt worden sei. Diese Frage ist nicht ganz richtig gestellt. Zunächst wird man sich klarmachen müssen, daß die Überlieferung und Sammlung einzelner Psalmen mit einer gewissen Zwangsläufigkeit zur Zusammenfassung und Ordnung aller Teilsammlungen und Liedergruppen drängte. Kanonbildung ist nicht in erster Linie von der observanten Tendenz zur Fixierung und maßgebenden Umgrenzung bestimmt, sie ist vor allem eine aus der Tradition selbst entspringende Nötigung, das zusammengeschlossene und aufgehäufte Überlieferungsgut aus der disparaten Sammlungsbildung zu einem einheitlichen Ganzen zu vereinigen. Voraussetzung ist natürlich, daß ein zentraler Sammlungsort und eine gemeinsam handelnde Tradentengruppe anzunehmen sind. Im nachexilischen Tempel von Jerusalem ist diese Voraussetzung gegeben. Hier wird das ältere Lied- und Gebetsgut Israels sich aufs neue der Kultgemeinde imponiert haben. Die Bezeichnungen תהלים und תפלות (vgl. § 1) deuten an, daß die gesammelten Psalmen im gottesdienstlichen Gesang und im individuellen Gebet eine hervorragende Rolle spielten. Man könnte den Psalter darum das »Lieder- und Gebetbuch der nachexilischen Gemeinde« nennen. Dabei ist freilich zu beachten, daß diese nachexilische Gemeinde teilweise eine recht eigenwillige Rezeption der älteren Lieder und Gebete vollzog. So wurde z. B. Ps 30, ursprünglich ein »individuelles Danklied«, als Kultgesang beim Tempelweihfest angestimmt. Ps 92 wurde am Sabbat und Ps 29 (nach *G*) am letzten Tag des Laubhüttenfestes gesungen. Vgl. weiter: *G* zu Ps 24 (23), 48 (47), 94 (93) und 93 (92). – Inwieweit der Psalter auch zu Lesungen im Gottesdienst der jüdischen Gemeinde herangezogen wurde, ist immer noch nicht deutlich zu erkennen. NHSnaith (The Triennial Cycle and the Psalter: ZAW 1933, 302–307) und AGuilding (Some Obscured

Rubrics and Lectionary in the Psalter: JTS Ns 3, 1952, 41–55) nehmen einen Zyklus von drei Jahren an. Doch hat CTNiemeyer mit beachtlichen Argumenten widersprochen (Het probleem van de rangschikking der psalmen 79ff.). Neu angefaßt wurde das Problem von AArens, Hat der Psalter seinen »Sitz im Leben« in der synagogalen Leseordnung des Pentateuch?: Le Psautier, ed. RdeLanghe (1962) 107–132. Arens bezieht sich auf jüdische Forschungen zum synagogalen Gottesdienst, die den dreijährigen Thora-Zyklus deutlich erkennbar gemacht haben (IElbogen, Der jüdische Gottesdienst in seiner geschichtlichen Entwicklung, ³1931, 159ff.). Noch einmal wird neu bedacht, in welchem Verhältnis die Sammlung der Psalmen zu diesen Thora-Lesungen gestanden haben könnte: »Auch die Gesamtzahl der 150 Lieder des Psalters läßt sich aus der Zuordnung zur dreijährigen Pentateuchlesung erklären. Auf den Zeitraum von drei Jahren kamen – wenn man einen gelegentlich zutreffenden fünften Sabbat im Monat unberücksichtigt läßt – 144 Sabbate (12 mal 4 mal 3). Nimmt man noch die Sabbate der ›zweiten Adar‹ hinzu, so kommt man auf 148. Diese Zahl entspricht genau der Anzahl der selbständigen Lieder des Psalters, da Ps 1 als Vorspruch und Ps 150 als Schlußdoxologie zur ganzen Sammlung zu betrachten sind« (115). So einleuchtend diese Beziehungssetzungen auch sein mögen, es bleiben Fragen offen (vgl. CTNiemeyer).

§ 4. Die Überschriften der Psalmen

Die einzelnen Psalmen der kanonischen Sammlung des Psalters tragen Überschriften. Es wird die Aufgabe dieses Paragraphen sein, die verschiedenen hebräischen Begriffe zu erklären und die Bedeutung dieser Überschriften – soweit es möglich ist – zu ermitteln. Die Schwierigkeiten sind zumeist erheblich. Kaum aufzuhellen sind Sinn und Bedeutung einzelner technischer Termini. Der Kontext der hebräischen Bibel reicht nicht aus, um ein deutliches Bild zu gewinnen. Problematisch bleiben die Versuche, etymologische Wurzeluntersuchungen anzustellen und im Zuge dieser Forschungen Erklärungsmöglichkeiten im semitischen Sprachraum zu ermitteln. Auch die Erläuterungen der midraschischen Literatur geben keinen befriedigenden Aufschluß. Vgl. HDPreuß, Die Psalmenüberschriften in Targum und Midrasch: ZAW 71 (1959) 44–54; BSChilds, Psalm Titles and Midrashic Exegesis: JST 16 (1971) 137–150. So muß manches in den nun folgenden Interpretationen hypothetisch bleiben.

Nr. 1: שִׁיר bezeichnet in den Psalmen das Lied, das Kultlied. Der Begriff steht häufig neben מזמור (vgl. Nr. 2): Ps 30,1; 48,1; 65,1; 66,1; 67,1; 68,1; 75,1; 76,1; 83,1; 87,1; 88,1; 92,1; 108,1. Der besondere Unterschied zwischen שׁיר und מזמור ist nicht zu erkennen. Das »Lied« (שׁיר) ist meist von Musikinstrumenten begleitet. Diese Instrumente werden כלי־שׁיר genannt (vgl. Am 6,5; 1 Ch 15,16; 16,42; 2 Ch 5,13; 23,13.18; 34,12). Vom »Rauschen« oder »Wogen« der Lieder kann die Rede sein: המון־שׁיר in Am 5,23; Ez 26,13. Bezeichnend sind die Verbindungen, die שׁיר in den Psalmen eingehen kann. In den Ps 120–134 begegnet man der charakteristischen Überschrift שׁיר המעלות (vgl. Nr. 3). Zu beachten sind auch die Wortverbindungen שׁיר ציון (Ps 137,3) und שׁיר בית יהוה in 1 Ch 6,16; 25,6. שׁיר findet sich also stets im Zusammenhang mit dem Tempelgottesdienst auf dem Zion und dürfte eine spezifische Bezeichnung für das Kult- und Tempellied sein, in dem Jahwe und der Ort seiner Gegenwart gepriesen wurden. Die Chronik berichtet von Sängergruppen, die im Kultbereich ihren Dienst verrichten; sie tragen die Lieder unter der Begleitung von Musikinstrumenten vor (vgl. 1 Ch 6,16f.; 25,6f.; 2 Ch 5,13; 23,18). Es ist also keineswegs eindeutig, daß der Begriff שׁיר ausschließlich den »Vokalvortrag« bezeichnet (gegen OKaiser, Einleitung in das Alte Testament, ³1975, 319). Allenfalls könnte erklärt werden, daß שׁיר wohl ursprünglich und überwiegend den vokalen Gesang bzw. das kantilierende Vortragen benannt hat.

Nr. 2: מזמור hat (wie שׁיר vgl. Nr. 1) die Bedeutung: Lied, Psalm. *G* übersetzt den hebräischen Begriff meist mit ψαλμός. Ein Unterschied zwischen שׁיר und מזמור könnte nur in der Weise konstatiert werden, daß erklärt wird: שׁיר bezeichnete wohl ursprünglich und überwiegend den vokalen, kantilierenden Vortrag eines Psalms, während מזמור in erster Linie den instrumental begleiteten Gesang benannte. Vgl. SMowinckel, Psalmenstudien IV (1923); LDelekat, Probleme der Psalmenüberschriften: ZAW 76 (1964) 280ff.; JJGlueck, Some Remarks on the Introductory Notes of the Psalms: Studies on the Psalms (1963) 30–39. – Zu beachten ist die Tatsache, daß מזמור 57mal als terminus technicus in den Überschriften der Psalmen zu registrieren ist, also eine spezifisch kennzeichnende Bedeutung in diesem Apparat erhalten hat. Doch welcher Sinngehalt ist im hebräischen Wort zu eruieren? Man hat früher bei der Erklärung des Begriffs immer wieder auf eine Urbedeutung des Piels זמר hingewiesen. זמר kann bedeuten: einen Weinstock beschneiden (vgl. Lev 25,3f. und Jes 5,6 ni). So dachte man an die Grundbedeutung »zupfen« (carpere), die – auf ein Instrument übertragen – in der Vorstellung vom »Zupfen eines Saiteninstruments« zur Geltung käme. Aber schon im Akkadischen heißt *zamāru* lediglich »singen«, und *zammeru* ist der »Sänger«. Auch im Alten Testament hat זמר in erster Linie die Bedeutung »singen«, »spielen«, »preisen«. Allerdings handelt es sich vorwiegend um den Gesang, der von Musikinstrumenten begleitet ist (vgl. Ps 33,2; 71,22; 98,5; 147,7; 149,3). Während שׁיר zumeist auf den kultischen Akt bzw. auf den heiligen Raum hinweist und die Bedeutung »Kult- bzw. Tempellied« nahelegt, ist es auffallend, daß זמר, mit לְ verbunden, stets auf Jahwe weist, dem das Lied (מזמור) gilt. – Insgesamt 35mal ist מזמור in der Verbindung לדוד מזמור oder מזמור לדוד auf ein לדוד bezogen. Die Deutung dieses לְ bereitete von jeher besondere Schwierigkeiten. לְ kann die Bedeutungen »für«, »über« oder »von« haben. Schon früh hat die Tatsache, daß in dreizehn Fällen mitgeteilt wird, bei welcher Gelegenheit David den betreffenden Psalm gesungen bzw. gedichtet hat, dazu geführt, לְ als ein »ל-auctoris« zu verstehen. Somit wird also in den Überschriften der Autor des Liedes genannt. Eine solche Notiz würde der chronistischen Tradition entsprechen, daß David der Initiator und Schöpfer der kultischen Institutionen und Zeremonien ist (vgl. 1 Ch 22,2–29,5). Es müßte also eine nachexilische Anschauung angenommen werden, die – fraglos älteren Ursprungs – sich in den Überschriften durchsetzt. Dieser Auffassung und Deutung hat TKCheyne (Origin of the Psalter, 1889) widersprochen. Cheyne löst das לדוד von den auf geschichtliche Begebenheiten Bezug nehmenden Hinzufügungen ab und versteht die Namensnennung im Sinne von »zur Sammlung der Davidspsalmen gehörig«. So würde es sich um einen Registraturvermerk handeln, der den Seriennotizen der akkadischen Psalmendichtung entspräche. Auch die Überschriften der Tontafeltexte aus Ras Schamra (*lbʿl – lʾqht – lkrt*) könnte man als »Registraturvermerke« (z.B. »zum Baalszyklus gehörig«) verstehen. Aber es fragt sich doch, ob diese Auffassung richtig ist. In Ps 3,1; 7,1; 18,1; 34,1; 51,1; 52,1f.; 54,1f.; 56,1; 57,1; 59,1; 60,1f.; 63,1; 142,1 ist die Verbindung zwischen לדוד und der unmittelbar folgenden Situationsangabe so eng, daß es unmöglich ist, das ל in לדוד anders denn als »ל-auctoris« (Ges-K § 129c) zu deuten. Auch wenn man die »historisierende Beischrift« als eine Hinzufügung zu einem älteren לדוד auffaßt und somit die Geschichtsvermerke als späteren Kommentar der jüdischen Gemeinde zu einem älteren »Registraturvermerk« erklärt, wird es wichtig sein, zu beobachten, daß ebendiese jüdische Gemeinde die Überschrift לדוד bereits als eine Angabe über den Autor verstand. Wie sollte sie die Angabe auch anders aufnehmen, wo doch im Alten Testament an vielen Stellen die alte Tradition besteht, daß David der Dichter einzelner Psalmen gewesen sei (1 S 16,17ff.; 2 S 1,17ff.; 22,1f.; 23,1f.; Am 6,5)? Diese Tradition findet dann in der Chronik einen besonderen Ausdruck. Hier unterscheidet sich das Alte Testament von der akkadischen und ugaritischen Psalmen-Überlieferung. Mit David verbindet sich seit ältester Zeit die Vorstellung, daß er Dichter und Sänger gewesen sei. – So scheidet denn auch eine Erklärung aus, die im Anschluß an die ugaritischen Überschriften verschiedentlich gegeben wird. Man versteht *lbʿl, lʾqht* und *lkrt* als Hinweis auf die Hauptgestalt der überlieferten Dichtung. In den Psalmen führt eine solche Interpretation dann zu einer eigenartigen Mythisierung oder dynastischen Verallgemeinerung »Davids«. »David« wird zum Phänomen des »göttlichen Königs«. Über ihn und von ihm handelt der mit לדוד überschriebene Psalm. Diese Auffassung ist angesichts der besonderen alttestamentlichen Tatbestände schwerlich richtig. Diese kritische Skepsis ist auch zu äußern im Hinblick auf die Versuche IEngnells und SMowinckels, die Angabe לדוד auszudehnen auf alle Könige aus dem Geschlecht Davids. Engnell hält לדוד (im Anschluß an die aus Mari bekannte Bezeichnung *dawidum* in der inzwischen als irrig erwiesenen Bedeutung ›Befehlshaber‹, ›Führer‹) für einen technisch-appellativen Ausdruck, der die allgemeine Bedeutung »für den König« gehabt haben soll. Vgl. IEngnell, Studies in Divine Kingship in the Ancient Near East (1943) 176f. Und SMowinckel meint, daß der mit לדוד überschriebene Psalm »für David«, d.h. aber »für einen König aus Davids Geschlecht« bestimmt gewesen sei. Vgl. SMowinckel, Offersang og sangoffer (1951) 87ff. Schließlich nimmt AWeiser eine Entwicklung in der Auffassung und im Verständnis von לדוד an. – Aber alle diese Versuche scheitern an dem oben festgestellten Tatbestand, der die Auffassung des »ל-auctoris« nahelegt. So auch Eißfeldt, Einleitung ([3]1964) 610.

Nr. 3: שיר המעלות (bzw. שיר למעלות in Ps 121,1) ist ein in seiner Übersetzung und Bedeutung stark umstrittener Begriff. Eine ganze Reihe von Erklärungen ist gegeben worden. Es gilt, auf fünf verschiedene Auffassungen zu achten. Diese fünf Auffassungen zerlegen sich in drei Gruppen, von denen sich die erste auf die literarisch-poetische, die zweite auf die geschichtliche und die dritte auf die kultische Erklärungsmöglichkeit der charakteristischen Psalmengruppe (Ps 120–134) bezieht. a) Die erste Auffassung hält שיר המעלות einfach für eine Bezeichnung der zusammenhängenden Folge von Gesängen. Danach hätte die Überschrift die Bedeutung: »Reihenlieder«, »Serienlieder«. Aber diese Erklärung ist viel zu formal. Sie vermag den Begriff מעלות nicht zu erklären. b) Beachtlicher ist die zweite Auffassung, die sich auf die dichterische Kunstform der Psalmengruppe (Ps 120–134) erstreckt. Hier wird auf die sog. »Anadiplosis« aufmerksam gemacht. Das Schlußwort eines Verses oder Abschnittes wird zu Beginn des unmittelbar nachfolgenden Verses oder Abschnittes wiederholt (vgl. z.B. »wohnen« in Ps 120,2/3. 6/7; 121,1/2. 3/4. 4/5 u.ö.). Aber diese Kunstform ist keineswegs der Sammlung Ps 120–134 eigentümlich, sie liegt auch in Ps 93; 96; 103; 118 vor (vgl. RKittel 388). Zudem findet der Begriff מעלות mit dem Hinweis auf die »Anadiplosis« keine angemessene Erklärung. c) Die dritte Auffassung nimmt auf die Geschichte Israels Bezug. Unter Hinweis auf Esr 2,1; 7,9 soll שיר מעלות eine Gruppe von Liedern bezeichnen, die in den Zusammenhang des »Wiederhinaufziehens« der Juden nach dem Exil gehören und als »Reiselieder« der Heimkehrer verstanden werden. מעלות wird von מעלה (Esr 7,9) bzw. העלים משבי הגולה (Esr 2,1) her gedeutet. Diese Auffassung scheinen bereits α' σ' ϑ' (ἀναβάσεων) auszudrücken. Doch ist es fraglich, ob eine solche geschichtliche Deutung der Eigenart der in Ps 120–134 zusammengestellten Lieder gerecht zu werden vermag. d) Hier setzen die kultischen Auffassungen ein. מעלה kann ein Ausdruck für die Stufe eines Thrones einer Vorhalle oder eines Altars sein (vgl. 1 Kö 10,19f.; 2 Ch 9,18f.; Ez 40,6.22.26.31.34.37.49.; Ex 20,26; Ez 43,17). מעלות wären demnach die »Stufen«, und die unter שיר המעלות gesammelten Psalmen wären »Stufenlieder«. Es würde sich also um den kultischen Standort handeln, von dem aus die betreffenden Psalmen vorgetragen worden sind. Aus dem Mischnatraktat *Middôth* geht hervor, daß die Leviten auf den 15 Stufen am Nikanortor ihre Lieder angestimmt haben. מעלות hätte demnach den Standort bzw. den kultischen »Sitz« bezeichnet.[1] Vgl. Hier: *canticum graduum.* Diese lokale Auffassung führt jedoch zu einer gewissen Starrheit. Man denkt an Chöre, die in gestufter Ordnung aufgebaut sind. Diese Vorstellung kann schwerlich zutreffend sein. e) So ist denn die fünfte Auffassung immer noch die naheliegende. Von מעלות wird man auf das charakteristische Verbum עלה zurückgehen müssen. עלה ist terminus technicus der Wallfahrt (vgl. Ps 24,3; 122,4; Mk 10,33; Lk 2,42 u.ö.). עלה bezeichnet aber auch den letzten Akt der Wallfahrt, nämlich die Prozession zum Heiligtum (vgl. 2 S 6; 1 Kö 12,32f.; 2 Kö 23,1f. HJKraus, Die Königsherrschaft Gottes im Alten Testament 48). So könnte man שיר המעלות als »Wallfahrts- und Prozessionslied« verstehen. Allerdings wird zu bedenken sein, daß in der Gruppe Ps 120–134 nur Ps 122 auf eine Wallfahrt und nur Ps 132 auf eine Prozession zu beziehen sind. So wird man annehmen müssen, daß mit שיר המעלות eine Sammlung von Psalmen gekennzeichnet wurde, die man ein »Wallfahrtsliederbuch« nennen könnte und in die auch andere Gebete und Gesänge aufgenommen worden sind. – Eine Kombination zwischen der vierten und fünften Auffassung ist möglich, wenn bedacht wird, daß mit מעלות auch die »Stufen«, die zur Davidsstadt hinaufführen, bezeichnet wurden (vgl. Neh 3,15; 12,37). Dann würde שיר המעלות das »Stufenlied« sein, das beim Akt der Prozession zur Davidsstadt angestimmt wurde. Aber diese Erklärung ist vielleicht doch zu exklusiv. Der ganze Vorgang der Wallfahrt wird zu bedenken sein (vgl. zu Ps 122,4).

Nr. 4: מכתם ist ein dunkler, wohl kaum noch zu erklärender Begriff. Er liegt vor in den Überschriften: Ps 16,1; 56,1; 57,1; 58,1; 59,1; 60,1; vgl. auch die Konjektur in Ps 38,9. Einen Versuch der Erklärung unternimmt SMowinckel (Offersang og sangoffer 492) im Rückgriff auf das akkadi-

[1] Wahrscheinlich im Anschluß an die in der lateinischen Tradition übliche Bezeichnung *canticum graduum* vertritt Luther die Meinung, daß einige »höhere Leviten« oder solche, die gerade den Tempeldienst versahen, die entsprechend bezeichneten Psalmen gesungen haben – und zwar in der Weise, wie »bei uns« derjenige, der die Messe singt oder der predigt, an einem höher gelegenen Platz steht, damit er von allen gesehen wird. Luther, WA 40^{III}.12.

sche Verbum *katâmu,* das die Bedeutung »bedecken« hat. Mowinckel vermutet einen Hinweis auf die »Sühne« und schlägt die Übersetzung »Sühnepsalm« vor (PsStud IV 4f.). Aber dieser Erklärungsversuch ist ebenso problematisch wie der von RTournay, מכתם als »geheimes Gebet« zu verstehen; vgl. RTournay, Sur quelques rubriques des Psaumes: Mélanges Bibliques rédigés en l'honneur de ARobert (1957) 205–213. Die von Tournay vertretene Auffassung findet sich bereits im Psalmenkommentar von FHitzig. Dort wird der Wurzel כתם die Bedeutung »verbergen« zugeschrieben. מכתם wäre demnach das der Öffentlichkeit bisher noch nicht zugänglich gemachte, das geheimgehaltene Gedicht. – Luther greift mit seiner Übersetzung »gülden Kleinod« auf Ibn Esra zurück (מכתם von כֶּתֶם = »Gold«). Diese Ableitung ist schwerlich möglich. – Beachtung aber verdient die Übersetzung von מכתם in *G* und *T*: στηλογραφία bzw. גליפא תריצא. Hier liegt die Vorstellung von einer Steininschrift zugrunde. Könnte diese Deutung vielleicht ein Verständnis des Begriffs מכתם eröffnen? Die Wurzel כתם begegnet im Alten Testament nur ein einziges Mal: in Jer 2,22. Das hap. legom. wird meist wiedergegeben mit »schmutzig bleiben«. Diese Übersetzung hat man aus dem Kontext (und aus dem Aramäischen) gewonnen. Aber könnte נכתם in Jer 2,22 nicht auch die Bedeutung »unauslöschbar sein« haben? Von dieser Wurzelbedeutung aus wäre auf eine neue Erklärungsmöglichkeit von מכתם zu schließen: מכתם wäre das Gedicht oder Lied, das ein Geschehen unauslöschlich festhält (vgl. Hi 19,23f.). *G* hätte dann zutreffend die Bezeichnung στηλογραφία gewählt. In diesem Zusammenhang wäre es möglich, auf Darbringungsakte hinzuweisen, die auf kleinasiatischen Stelen-Inschriften bezeugt sind. Zu diesen Akten sogleich die Folgerung: »daß auch in Israel ein schriftlicher Bericht über das Tun des Beters und Jahwes Handeln an ihm öffentlich im Tempel aufgestellt wurde. ›In der Buchrolle steht über mich geschrieben‹ (Ps 40,8) heißt dann: in der Schriftrolle steht geschrieben, was ich getan, was ich erlitten habe und wie Jahwe mich errettet hat. Das ist aber nichts anderes als die schriftliche Form des Lobliedes, das man sonst im Heiligtum mündlich vorzutragen pflegte – was hier wohl außerdem geschieht« (HJHermisson, Sprache und Ritus im altisraelitischen Kult: WMANT 19, 1965, 45. Vgl. die Kommentierung zu Ps 40,8). מכתם könnte – in diesem Zusammenhang gesehen – als Bezeichnung für eine »stelographische Veröffentlichung« verstanden werden. – Aber auch diese Erklärung kann nur ein hypothetischer Versuch der Aufhellung sein. מכתם ist und bleibt ein dunkler Begriff.

Nr. 5: מַשְׂכִּיל wird im Blick auf das hiphil הִשְׂכִּיל meist entweder als klug und kunstreich angefertigtes oder als Klugheit und Einsicht wirkendes Gedicht aufgefaßt, also entweder als »Kunstlied« oder als »Lehrgedicht«. Der Begriff findet sich in den Überschriften der Psalmen 32; 42;

44; 45; 52–55; 74; 78; 88; 89; 142 und in Ps 47,8. Die meisten Erklärer nehmen dann an, daß sich der Weisheits- und Lehrgedanke der Bezeichnung מַשְׂכִּיל entweder im Moment der »Meditation« (Briggs) oder im »Lehrstück« (VMaag, Zur Übersetzung von *maskil* in Am 5,13; Ps 47,8 und in den Überschriften einiger Psalmen: Schweiz. Theol. Umschau, 1943, 108–115) oder sogar in »Zucht und Ermahnung« ausprägе (zur letztgenannten Vorstellung: HSNyberg, Smärtornas man: SEÅ 7, 1942, 43). Aber mit Recht macht EJKissane in seinem Kommentar darauf aufmerksam, daß didaktische Momente in den unter der Überschrift מַשְׂכִּיל stehenden Psalmen eigentlich gar nicht zutage treten; Ps 32 (אַשְׂכִּילְךָ in 8) und Ps 78 müßten allerdings ausgenommen werden. Doch empfiehlt es sich, die andere Deutungsmöglichkeit (מַשְׂכִּיל = »kunstvoll gestaltetes Lied«, »Kunstlied«) einmal zu verfolgen. Diese Deutung träfe vor allem für Ps 47,8 zu. Hier ist zweifellos nicht an ein »Lehrgedicht« zu denken. Vielmehr zeigt eine Stelle wie 2 Ch 30,22, wo die Leviten הַמַּשְׂכִּילִים שֵׂכֶל־טוֹב לַיהוה genannt werden, daß die Vorstellung vom geschickten, klugen und kunstvollen Gestalten der Gesänge und Gedichte zur Erklärung von מַשְׂכִּיל in Betracht kommt. מַשְׂכִּיל wäre das »kunstvoll gestaltete Lied«, das nach den Prinzipien der »Weisheit« (חכמה) geschaffen worden ist. Ein solches »Kunstlied« sucht das treffende, erhebende, mächtige Wort, das dem besungenen und gepriesenen Gegenstande angemessen ist. Die Tendenz zu solch einer kunstreichen, weisen Gestaltung spricht sich in Ps 49,4 aus: פִּי יְדַבֵּר חָכְמוֹת. Jedenfalls würde eine solche Erklärung angemessener sein als die sich auf Lehrmomente beziehende Auffassung. Diese Auffassung vertritt auch LDelekat, der die eigentliche Bedeutung von מַשְׂכִּיל in Ps 47,7f. erschlossen sieht und hinzufügt: »Am nächsten kommt unserer Stelle die Wendung ›singt Jahwe ein neues Lied!‹ (Ps 96,1 u.ö.). Von daher muß man interpretieren« (LDelekat, Probleme der Psalmenüberschriften: ZAW 76, 1964, 282f.). Das neue Lied aber ist das von Jahwes רוח inspirierte Lied, dessen kunstvolle Neugestalt charismatisch zu verstehen wäre. Aber auch an dieser Stelle können Sinn und Bedeutung des Begriffs nur ertastet werden. – Völlig unbegründet ist die Ansicht von GWAhlström, מַשְׂכִּיל werde ein Psalm genannt, der die Klage des Königs ausdrücke. In Anlehnung an IEngnell wird diese Meinung geäußert (vgl. GWAhlström, Psalm 89 – Eine Liturgie aus dem Ritual des leidenden Königs, 1959, 25).

Nr. 6: שִׁגָּיוֹן in Ps 7,1 (Hab 3,1?) hängt wohl mit dem akkadischen Begriff *šegû* = »Klagelied« zusammen. So ist wahrscheinlich die Bedeutung »erregtes Klagelied« anzunehmen. Zur Erklärung des Begriffs vgl. auch FGössmann, Der *šiggājōn*: Augustinianum 8 (1968) 367–381. Gössmann weist hin auf arab. *šg'* = »ergriffen sein«.

Nr. 7: תְּהִלָּה tritt in der Überschrift Ps 145,1 auf, dann aber auch in Ps 22,26; 33,1; 34,2; 40,4; 48,11; 65,2; 71,8; 100,4; 106,12.47; 119,171; 147,1;

148,14; 149,1. תהלה ist eine Bezeichnung für den »Lobgesang«, den »Hymnus« (von הלל II). Es wird zu beachten sein, daß תהלה synonym zu תודה stehen kann (vgl. Ps 100,4). Das dankbare Loblied des einzelnen wird תהלה genannt (vgl. Ps 22,26; 65,2; 71,8; 119,171). Aber auch der Hymnus der Gemeinde wird mit der Vokabel belegt (Ps 100,4). Die Verbindung שׁיר תהלה findet sich in Neh 12,46. Parallel zu שׁיר חדשׁ steht תהלה in Ps 40,4 und Ps 149,1. In diesen beiden Stellen entspricht das »neue Lied« dem neuen, eine einschneidende Wende herbeiführenden Gotteshandeln (vgl. Jes 42,9; 48,6;). Zu שׁיר vgl. Nr. 1. – Zuletzt ist ein doppelter Hinweis erforderlich: Einmal der Rückverweis auf § 1,1 (תהלים als Bezeichnung der Sammlung des Psalters); sodann die Ankündigung, daß in der Bestimmung der Formgruppen (»Gattungen«) die Bezeichnung תהלה eine entscheidende Rolle spielen wird (vgl. § 6,1).

Nr. 8: תפלה ist im Psalter eine Bezeichnung für das Klage- und Bittgebet. In den Überschriften Ps 17,1; 86,1; 90,1; 102,1; 142,1 (Hab 3,1) ist das Wort belegt. Als תפלה לדוד gelten Ps 17,1; 86,1 und 142,1. In der Abschlußformel Ps 72,20 wird das Ende einer Sammlung von תפלות דוד gesetzt. Auf Mose wird die תפלה in Ps 90,1 bezogen. Die Bedeutung des von פלל II abgeleiteten Begriffs ist im Alten Testament klar. Unter den Züchtigungen Jahwes, in großer Drangsal, wird die תפלה des Leidenden laut (vgl. 1 Kö 8,38; Ps 4,2; 102,2 u.ö.). Auch das Klage- und Bittgebet des Volkes wird תפלה genannt (Ps 80,5). Im Trauergewand und unter Fasten wird die תפלה angestimmt (Ps 35,13). Wie ein Opfer steigt sie zu Jahwe auf (Ps 141,2). Auch die Bitte für andere, die Fürbitte, kann תפלה genannt werden (Ps 109,4). Bezeichnend aber ist die Überschrift zu Ps 102: תפלה לעני כי־יעטף. Als generalisierende Bezeichnung der Psalmen (Ps 72,20) erfaßt der Begriff תפלה den Grundcharakter der überwiegenden Mehrzahl der im Psalter gesammelten Lieder; sie sind Gebete. In § 6,2 wird die Bezeichnung תפלה zur Benennung der Gruppe der »Gebetslieder« herangezogen werden, um problematisch gewordene Gattungsdefinitionen, die seit Gunkel bestimmend waren, zu ersetzen.

Nr. 9: בנגינות findet sich in den Überschriften: Ps 4,1; 6,1; 54,1; 55,1; 61,1 (korr.); 67,1; 76,1. נגינה (vgl. נגן) ist das »Saitenspiel«. נגן hat die Bedeutung: »die Saiten rühren«. In verschiedenen Zusammenhängen ist im Alten Testament vom Saitenspiel die Rede. David stimmt seine Lieder vor Saul zum Saitenspiel an (1 S 16,16ff.; 18,10; 19,9). Einen Saitenspieler ruft Elisa herbei, um unter den Klängen des Instruments in Ekstase zu geraten (2 Kö 3,15). Auch das Danklied des Einzelnen wird beim Saitenspiel laut (Jes 38,20). Bei einer Prozession treten Sänger, Saitenspieler und Pauken schlagende Mädchen auf (Ps 68,26). Und beim Chorhymnus werden unter Posaunenschall auch die Saiten gerührt (Ps 33,2). Soll durch בנגינות der Sinn von למנצח verdeutlicht werden? (vgl. LDelekat, Probleme der Psalmenüberschriften: ZAW 76, 1964, 286). Zu למנצח vgl.

Nr. 17. – Zur Erklärung des Begriffs vgl. auch JJGlueck, Some Remarks on the Introductory Notes of the Psalms: Studies on the Psalms (1963) 31f.

Nr. 10: אל־הנחילות in der Überschrift Ps 5,1 ist schwer zu deuten. Einige Exegeten nehmen an, daß es sich um einen Hinweis auf die Liedart handelt, nach der der Psalm angestimmt werden soll. Es wird hierbei auf die Wurzel נחל bzw. auf נחלה zurückgegriffen (»nach Das Erbe . . .«). Doch wird man auf den Zusammenhang des Wortes mit חלל II (1 Kö 1,40) und חליל achten müssen. In 1 S 10,5 ist חליל neben נבל, תף und כנור ein Musikinstrument, dessen sich ein Prophetenschwarm bedient, um in den Zustand der Ekstase zu geraten. Es liegt nahe, an eine »Flöte« oder »Schalmei« zu denken. Auch in Jes 30,29 und 1 Kö 1,40 könnte man annehmen, daß es sich um ein Flötenspiel handelt, das die wallfahrende bzw. aufziehende Kultgemeinde begleitet. Die Präposition אם in Ps 5,1 wird wie על in Ps 61,1 zu verstehen sein. So könnte man אל־הנחילות versuchsweise übersetzen: »Zum Flötenspiel«.

Nr. 11: על־מחלת in der Überschrift Ps 53,1 und 88,1 ist wohl kaum noch zu erklären. *G* transkribiert einfach: ὑπὲρ μαελεϑ. Man hat gemeint, es könne sich um eine Melodieangabe handeln. Die Wurzel חלה wurde bei der Deutung des Begriffs im Sinne von »auf schwermütige Weise« zugrunde gelegt; diese Erklärung sollte dem Inhalt der Ps 53 und 88 entsprechen. α' σ' ϑ' dachten an den kultischen Reigen (מחול) und verstanden die Überschrift als Hinweis auf ein »Reigenlied« (vgl. auch zu Nr. 14). Doch könnte man vom Äthiopischen her auch an die Bedeutung »singen«, »spielen« denken. Vielleicht sogar an das Flötenspiel (חליל vgl. Nr. 10).

Nr. 12: הגיון ist von הגה her zu deuten. הגה bezeichnet das Knurren des Löwen (Jes 31,4), das Girren der Taube (Jes 38,14), das Seufzen eines Menschen (Jes 16,7) und das leise Vor-sich-hin-Sprechen des Lesenden (Ps 1,2). Schließlich wird auch – abstrakt – das »Sinnen« und »Nachsinnen« mit dem Verbum belegt. In dieser Bedeutung liegt הגיון in Thr 3,62 und Ps 19,15 vor. In Ps 92,4 aber ist an das Geräusch, an das »Klingen« des Saiteninstruments gedacht (עלי הגיון בכנור). In Ps 9,17 steht הגיון unmittelbar vor סלה (vgl. Nr. 13) und könnte entweder zu einer nachsinnenden Pause oder zu einem instrumentalen Zwischenspiel auffordern. Im Hinblick auf Ps 92,4 liegt die letzte Vermutung näher (vgl. *G*: ᾠδή).

Nr. 13: סלה begegnet in 39 Psalmen insgesamt 71mal (*G* 92mal) und stellt den Erklärer vor eine Fülle von Problemen. Natürlich handelt es sich nicht um eine »Überschrift«; doch soll der Begriff an dieser Stelle in die Reihe der Erklärungen technischer Bezeichnungen des Psalters eingefügt werden. – Man geht am besten und sinnvollsten wohl aus von der Beobachtung, daß α' und Hier den Terminus in der Bedeutung »immer« (Hier: semper) wiedergeben. Diese Übersetzung ist wahrscheinlich ein

Zeichen dafür, daß man סלה in einem bestimmten Traditionsbereich nach נֶצַח vokalisierte und las (BDEerdmans). Der Sinn des Wortes könnte dann der sein, daß auf eine Doxologie hingewiesen wird (vgl. »per omnia saecula saeculorum« in der Liturgie). Diese Auffassung entspräche der Übersetzung in *G* (διάψαλμα), die offenbar auf ein Zwischenspiel der Instrumente hinweist. Doch ungeklärt bleibt die ursprüngliche Bedeutung von סלה. Wie ist dieser Begriff etymologisch abzuleiten? Aus der Fülle der Vermutungen sei vor allem auf zwei beachtliche Erklärungen hingewiesen. Es wird auf die Wurzel סלל zurückgegriffen. Dabei ergeben sich vor allem zwei Deutungsmöglichkeiten. Entweder könnte das »Erheben« der Stimme oder das »Erheben« des Auges gemeint sein. סלל – so hat man vielfach gemeint – ist eine Aufforderung, eine höhere Tonlage anzuschlagen. EKönig versteht סלה als einen Zwischenruf »empor!«; in »gellendem Spiel« soll fortgefahren werden. An das »Erheben des Auges« denkt RStieb, wenn er erklärt: »Der betende oder vorbetende Leser soll das Auge hinaufsteigen lassen, um die betr. Verse zu wiederholen. סלה ist Wiederholungszeichen« (vgl. RStieb, Die Versdubletten des Psalters: ZAW 57, 1939, 104 und ZAW 58, 1940/41, 317f.). Dieses Verständnis von סלה als Wiederholungszeichen ist (auch unabhängig von der Bezugnahme auf סלל) von einigen Forschern vertreten worden (סב למעלה השר). RStieb hat im Deutschen Pfarrerblatt 54 (1954) seine Auffassung variiert und den Aufruf »da capo« als die zutreffende Erklärung von סלה verstanden. – Eine ganz andere etymologische Ableitung schlägt BDEerdmans vor. Er denkt an die aramäische Wurzel *sl* (»beugen«, »beten«) und sieht in סלה eine Aufforderung zur Beugung im Gebet. Im Arabischen ist *ṣalāt* das unter Beugungen gesprochene Gebet (vgl. auch akkad. *ṣalû* und *ṣalâlu*). In diesem Zusammenhang müßte wohl auch auf den recht bedeutungsvollen Tatbestand aufmerksam gemacht werden, daß die sumerische Kultdichtung bestimmte Typen in sich schließt, die sich aus zehn Hauptabschnitten zusammensetzen. Diese Abschnitte werden *kirugu* = »Verbeugung« genannt, und diese Bezeichnung bezieht sich wohl auf den Brauch, daß man am Ende eines jeden Abschnittes niederkniete und sich verbeugte (vgl. AFalkenstein/WvSoden, Sumerische und akkadische Hymnen und Gebete 21). – Um diese drei Grunddeutungen: doxologisches Zwischenspiel – Wiederholung – Beugung gruppieren sich die verschiedensten Auffassungen, die in סלה einen Hinweis auf Vorgänge der (kultischen) Aufführung, Rezitation oder Lektion erblicken. So vertritt u.a. RGyllenberg die Ansicht, daß סלה eine Aufforderung zum Chorgesang ist. Während der Psalm sonst von einem Vorsänger vorgetragen wird, soll mit סלה der gemeinsame Gesang angekündigt werden; vgl. RGyllenberg, Die Bedeutung des Wortes Sela: ZAW 58 (1940/41) 153–156. Anders NHSnaith. Er geht im Anschluß an den Mischna-Traktat *Taanit* VII, 3 von einem bestimmten Verständnis der Psalmen-Lektionen aus und erklärt: »The word Selah therefore is a relic of the days when psalms were sung in three sections«; vgl. NHSnaith, Selah: VT 2 (1952) 43–56. – Überblickt man alle diese Deutungsversuche, so wird die Problematik des Terminus offenbar. Im Grunde ist der Begriff סלה ungeklärt. Es fragt sich allerdings, ob man nicht einer Stelle wie Ps 9,17 besondere Aufmerksamkeit zuwenden müßte. Im hebräischen Text steht hier: הגיון סלה. *G* übersetzt: ᾠδὴ διαψάλματος und hat demnach den hebräischen Text als cstr.-Verbindung verstanden. הגיון hat entweder die Bedeutung »Sinnen«[1] oder »Klingen«. Nach Ps 92,4 liegt es nahe, an das Klingen des Saiteninstruments zu denken (vgl. Nr. 12). *G* meint nun das »Singen« bzw. »Klingen« des »Zwischenspiels«. *M* und *G* weisen in Ps 9,17 auf ein instrumentales oder auch vokales »Intermezzo« hin, das als eine Doxologie (α' Hier) oder auch als Huldigung verstanden werden könnte (SMowinckel, Offersang og sangoffer 494f.). Ist es nun wirklich möglich, auf die Wurzel סלל zurückzugreifen, so würde die Erklärung EKönigs (»empor!« – »gellendes Spiel«) auch etymologisch einen Anhaltspunkt bieten. – Immerhin ist doch auch wieder darauf aufmerksam gemacht worden, daß סלה in einigen Fällen die Bedeutung »Pause«, »Unterbrechung« haben könnte. Vgl. ZMalachi, Zur Erklärung des Wortes »Selah« in der Bibel: Bet Miqra' 11 (1965/66) Heft 3 (27) 104–110.

Der Arbeit an den Psalmen in der Abtei Scheyern verdanke ich eine Übersicht über das Vorkommen von סלה in den Psalmen. Ich möchte diese Übersicht mit einem herzlichen Dank an die Verfasser an dieser Stelle mitteilen, um die Corrigenda der Textkritik nicht zu überlasten: Ps 2,2 nur *G*; Ps 3,3.5 (9 fehlt in *G*); Ps 4,3.5; Ps 7,6; Ps 9,17.21; Ps 20,4; Ps 21,3; Ps 24,6 (10 fehlt in *G*); Ps 32,4 fehlt in G^{A}. 5 fehlt in *V*. 7; Ps 34,11 nur *G*; Ps 39,6.12; Ps 44,9; Ps 46,4.8 (12 fehlt in *G*); Ps 47,5 *L*; Ps 48,9 *L*; Ps 49,14 *L*. 16; Ps 50,6 *L* (15 nur *G*); Ps 52,5.7 *L*; Ps 54,4; Ps 55,8 *L*. 20?; Ps 59,6.14 *L*; Ps 60,6; Ps 61,5; Ps 62,5.9; Ps 66,4.7.15; Ps 67,2.5; Ps 68,8.20.33 (14 nur *G*); Ps 75,4; Ps 76,4.10; Ps 77,4.10.16; Ps 80,8 nur $G^{S.A}$, Ps 81,8; Ps 82,2; Ps 83,9; Ps 84,5.9; Ps 85,3.9; Ps 87,3.6; Ps 88,8 (11 fehlt in *G*); Ps 89,5.38.46.49; Ps 94,15 nur *G*; Ps 140,4.6 (9 fehlt in G^{A}); Ps 143,6.

Nr. 14: לתודה in Ps 100,1 ist eine kultische Anweisung: »Zum Dankopfer«. Über die תודה vgl. Lev 7,12; Am 4,5; Jer 17,26; 33,11; 2 Ch 29,31; Ps 50,14.23; 107,22; 116,17. Näheres in § 6,2aγ.

Nr. 15: לענות in Ps 88,1 ist ein inf. cstr. pi. von ענה und hat wohl die Bedeutung »zu singen« oder »zu spielen«. Die Wortverbindung על־מחלת לענות wird beachtet werden müssen. Ist על־מחלת eine Melodieangabe? Oder handelt es sich um den »Reigentanz«? Oder ist ein Zu-

[1] Der Übersetzung הגיון = »Sinnen«, »Nachsinnen« in Ps 9,17 würde entsprechen, wenn Luther zu סלה die Erklärung gibt: »Sela, das wörtlein, wo es stehet in Psalmen, gemeinigklich ist ein zeychen, das man tieffer und ferner nachtrachen soll, was die wort, darauff es gehet, anzeygen« (Luther, WA 31,1; 31,25f.).

sammenhang mit חליל = »Flöte« zu suchen? Vgl. zu Nr. 11. Auffallend ist die Tatsache, daß קול ענות in Ex 32,18 das Kultlied meint, das zum Reigen angestimmt wird (vgl. auch 1 S 21,12; 29,5). Aber es wäre auch möglich, an das »Flötenlied« zu denken, das klagend gespielt wird.

Nr. 16: להזכיר in Ps 38,1 und 70,1 könnte, wörtlich übersetzt, die Bedeutung haben: »um in Erinnerung zu bringen«. Doch versteht *T* das Wort als Denominativum von אַזְכָּרָה. Nach Lev 2,2.9.16; 5,12; 6,8; Nu 5,26 ist אזכרה derjenige Teil des Speisopfers, der unter Beigabe von Weihrauch verbrannt wird. So wird an eine Kulthandlung zu denken sein. In Jes 66,3 hat מזכיר לבנה die Bedeutung: »Weihrauch darbringen«. Es läge also nahe, להזכיר als einen Hinweis auf das »Weihrauchopfer« zu verstehen.

Nr. 17: למנצח in 55 Psalmenüberschriften und Hab 3,19 ist im Grunde immer noch ungeklärt. Die Anwendung des Begriffs נצח im chronistischen Geschichtswerk gibt einen Anhaltspunkt für zwei Möglichkeiten der Erklärung. In Esr 3,8; 1 Ch 23,4 und 2 Ch 2,1 hat נצח die Bedeutung: »hervorragend sein«, »leiten«, »vorstehen« oder »dirigieren«. So könnte man in למנצח an den »Musikmeister« oder »Chorleiter« denken. Doch welche Bedeutung hat das לְ? Sind die Mitteilungen der Überschrift »für den Chorleiter« bestimmt? Hier ergeben sich Schwierigkeiten. Doch auch die andere, von 1 Ch 15,21 ausgehende Erklärungsmöglichkeit hilft nicht wesentlich weiter. נצח hat hier wahrscheinlich die Bedeutung »musizieren«. Dann müßte למנצח »für die musikalische Aufführung« übersetzt werden. Aber das pt.pi. von נצח ist mit der ersten Erklärung besser wiedergegeben. Vollends rätselhaft ist der Sinn von εἰς τὸ τέλος als Übersetzung von למנצח in *G*. So werden denn bisweilen ganz neue Ableitungsversuche unternommen. SMowinckel denkt an die Bedeutung »gnädig stimmen« (»zum Leuchtenlassen«) und will in למנצח einen Kultterminus erkennen (vgl. SMowinckel, Offersang og sangoffer 495f.). Doch auch die »Königsideologie« meldet sich zu Wort. Man könnte ausgehen von der Auffassung, למנצח sei zu übersetzen: »von dem Hervorragenden«. War dann למנצח etwa ein fester Titel Davids oder vielleicht des Königs überhaupt? Vgl. CLindhagen, The Servant Motiv (1950) 282; KHBernhardt, VTS 7 (1961) 12 Anm. 4; ABentzen, Introduction to the Old Testament (^{2}1952) 28; LAFleMat, Textual Criticism and Exegesis of Ps 36 (1957) 45. Doch selbst im Fall, daß die Übersetzung למנצח = »von dem Hervorragenden« zutreffend sein sollte, wird – auch im Blick auf David – zuerst an dichterische und nicht an königliche Fähigkeiten und herausragende Qualitäten zu denken sein (LDelekat, Probleme der Psalmenüberschriften: ZAW 76, 1964, 288). Würde man demnach ausgehen können von einem »ל-auctoris« (vgl. Nr. 2: לדוד), dann müßte das Verständnis in dem Sinn »von dem hervorragenden (Dichter und Sänger)« gesucht werden.

Nr. 18: לידותון in Ps 39,1 und על־ידותון in Ps 62,1; 77,1 beziehen sich wohl auf den Eigennamen Jeduthun. Es handelt sich um den Namen eines Musikmeisters Davids (vgl. 1 Ch 9,16; 16,38.41; 25,1.3.6; 2 Ch 5,12). So bedeutet demnach לידותון »von Jeduthun« oder »für Jeduthun«, während על־ידותון »nach Jeduthun« (nach der Weise des Musizierens Jeduthuns) zu übersetzen ist.

Nr. 19: על־יונת אלם רחקים (Ps 56,1) ist eine Melodieangabe. *M* müßte übersetzt werden: »Eine Taube der Stummheit unter Fernen«. Doch wird wohl אֵלִים statt אֵלֶם zu lesen sein (FBaethgen). Auf eine Übersicht über andere Übersetzungen muß hier verzichtet werden. Nur auf die Möglichkeit, in den Psalmenüberschriften an Nomina gentilicia zu denken, soll hier hingewiesen werden (vgl. HGunkel-JBegrich, EinlPs 457). Vgl. auch JEViana, Indicaciones musicales en los títulos de los Salmos: Misc. bibl. Ubach. Monserrat (1953) 185–200. – Die Bedeutung der mit על versehenen Überschriften hat LDelekat untersucht. Er setzt sich ab von der seit Gunkel-Begrich maßgebenden Auffassung, die Notizen mit על möglichst einheitlich zu deuten. Dabei treten vor allem zwei Erklärungsmöglichkeiten hervor: 1. Mit על könnte (wie immer wieder interpretiert wurde) eine Melodieangabe angezeigt sein. Doch wird mit Recht betont, daß der Ausdruck »Melodie« irreführend sei. Allenfalls ist an Psalmtöne zu denken, also an Rezitative mit festen (Anfangs- und) Schlußklauseln. Vgl. EWerner: New Oxford History of Music, Vol. I, 316–320; DWohlenberg, Kultmusik in Israel: Diss. Hamburg 1967. – 2. Die Notizen mit על könnten in einigen Fällen auch speziellere Angaben für die Begleitinstrumente enthalten.

Nr. 20: על־אילת השחר ist (wie Nr. 19) eine Melodieangabe, die »Hinde der Morgenröte« zu übersetzen ist. *Gσ'T* lasen אֱיָלֻת = »Stärke«. Zur Bedeutung von על־אילת השחר hat AJirku auf die ugaritische Gottheit *šḥr* hingewiesen und zugleich darauf aufmerksam gemacht, daß HBossert in Anatolien die Abbildung eines Hirsches gefunden hat, die eine Sonnengottheit repräsentiert. Ob freilich aus den beiden Worten der Überschrift zu Ps 22,1 so weitreichende Schlüsse gezogen werden können, ist doch sehr zweifelhaft. Vgl. AJirku, *'Ajjelet haš-Šahar* (Ps 22,1): ZAW 65 (1953) 85f.

Nr. 21: על־ששנים (Ps 45,1; 69,1) und על־שושן עדות (Ps 60,1; 80,1) sind (wie Nr. 19; 20) Melodieangaben. שושן ist wahrscheinlich die »Lilie« (1 Kö 7,26; 2 Ch 4,5; Ct 2,1f. 16). Es ist sehr schwierig, die Stichworte der Überschriften richtig zu erfassen. – Ob auch eine Ableitung vom akkadischen Wort *šuššu* = »ein Schock« in Frage kommt, muß offenbleiben. Die Überschrift würde in diesem Falle zu übersetzen sein: Die Sechssaitige.

Nr. 22: אל־תשחת in Ps 57,1; 58,1; 59,1; 75,1 bleibt unerklärbar. Es könnte sich auch hier um einen Hinweis auf eine Singweise handeln (»Laß es nicht verderben . . .« vgl. Jes 65,8).

Nr. 23: על־הגתית in Ps 8,1; 81,1; 84,1 weist wohl auf eine Liedmelodie hin: »Nach der githitischen (Weise)«. Wenn *G* in der Übersetzung an גת = »Kelter« erinnert, so besteht eine schwache Möglichkeit, an ein »Kelterlied« zu denken. Oder sollte es sich um ein Nomen gentilicium handeln? Vgl. aber auch die Erklärung von LDelekat, Probleme der Psalmenüberschriften: ZAW 76 (1964) 293f.

Nr. 24: על־מות (Ps 9,1; 48,15) und עלמות (Ps 46,1; 1 Ch 15,20) sind kaum noch aufzuhellende Hinweise auf die musikalische Vortragsweise. Vielleicht wird Ps 9,1 und Ps 48,15 wie עלמות in der Überschrift in Ps 46,1 zu lesen sein. – Zum Problem vgl. auch SJellicoe, A Note on *'al mut* Psalm 48,15: JTS 49 (1948) 52f.; RdeVaux, Das Alte Testament und seine Lebensordnungen II (1962) 222.

Nr. 25: על־השמינית in Ps 6,1 und 12,1 hat wohl die Bedeutung »auf dem achtsaitigen (Instrument)«. Einige Forscher machen den Versuch, aus 1 Ch 15,21 auf eine hohe (עלמות »nach Mädchenweise«) und auf eine tiefe Tonlage zu schließen. Dann würde die Überschrift in Ps 6,1 und 12, 1 die Bedeutung haben: »auf der achten Saite«. Aber alle diese Deutungsversuche sind sehr unsicher.

1. Die unter Nr. 1–Nr. 25 dargebotene Zusammenstellung von Fachausdrücken der Psalmenüberschriften ist nach folgenden Gesichtspunkten angeordnet: Nr. 1–8 Sammlungsbegriffe; Nr. 9–13 musikalische Fachausdrücke; Nr. 14–18 kultisch-liturgische Anweisungen; Nr. 19–25 Melodien und Singweisen. – Prüft man die Psalmenüberschriften, ob ein bestimmtes Schema in der Anordnung der technischen, musikalischen und kultisch-liturgischen Begriffe aufweisbar ist, so könnte man folgende Grundordnung herausstellen: למנצח – Präposition (vor allem: על oder אל) – Substantiv (meist mit der fem.-Endung ת) – Verfasser. Darf למנצח übersetzt werden »Dem Chorleiter«, so ist es klar, daß die Grundordnung die Überschriften als Hinweise und Anweisungen für die musikalische Aufführung versteht. – In der Übersicht (Nr. 1–25) sind die geschichtlichen Situationsangaben nicht vermerkt. Diese Angaben sind meist unmittelbar an לדוד angeschlossen. Vgl. z.B. Ps 3,1: »Ein Psalm Davids, als er vor seinem Sohn Absalom floh«. Zu diesen geschichtlichen Situationsangaben vgl. § 7. – Einige Psalmen tragen überhaupt keine Überschriften. – *GT* Hier haben aus der hebräischen Vorlage die Psalmenüberschriften übernommen. Dabei ist festzustellen, daß *G* gelegentlich Überschriften mitteilt, wo *M* keinen Hinweis darbietet. *S* hat die musikalischen Notizen fortgelassen und die geschichtlichen Situationsangaben teilweise durch andere ersetzt. Vgl. hierzu: JMVosté, Sur les titres des psaumes dans la pešitta surtout d'après la recension orientale: Biblica 25 (1944) 210–235.

2. Es erhebt sich nun die Frage, welche Bedeutung und welchen

Wert die Überschriften der Psalmen für das Verständnis des jeweiligen Liedes und Gedichtes haben. Handelt es sich um eine zuverlässige Anleitung zum Verständnis des Inhaltes? Die historisch-kritische Forschung hat seit dem Ende des 18. Jahrh. mehr und mehr erkannt, daß die Anweisungen über den Psalmen keine sachgemäße Einführung in das Verständnis der Lieder vermitteln. Man hat diese Überschriften als späte Hinzufügungen der jüdischen Tradition und als unglaubwürdige Verzerrungen angesehen. Vor allem hat die durch HGunkel ins Leben gerufene Gattungsforschung die Psalmenüberschriften völlig ignoriert, um aus der Formensprache der Psalmen neue Gesichtspunkte der Anordnung und Zusammenstellung zu erheben (vgl. § 6). In neuerer Zeit aber ist die Tendenz bemerkbar, den Überschriften wieder eine erhöhte Aufmerksamkeit zuzuwenden. Im Blick auf diese Bestrebungen ist freilich zunächst eine Fehlentwicklung zu kennzeichnen. Die skandinavische Forschungsrichtung der sog. »Uppsala-Schule« setzt sich weitgehend über die Prinzipien der Gattungsforschung hinweg, um von einer beherrschenden Kultthese aus alle Psalmen zu verstehen. In diesem Zusammenhang findet man neue Erklärungsmöglichkeiten der Psalmenüberschriften. Es sei hier nur auf IEngnells Erklärung von לדוד (Studies in Divine Kingship in the Ancient Near East 176f.) und auf GWAhlströms Deutung von מַשְׂכִּיל hingewiesen (Psalm 89 – Eine Liturgie aus dem Ritual des leidenden Königs 21ff.). Sind diese Interpretationen als eine Fehlentwicklung zu apostrophieren, so wird auf der anderen Seite aber zu fragen sein, ob es nicht an der Zeit ist, den Überschriften im Rahmen einer Überlieferungs- und Sammlungsgeschichte der Psalmen den ihnen angemessenen Ort einzuräumen (vgl. § 8). Gewiß, hier stellen sich große Schwierigkeiten in den Weg. Wir sind größtenteils nicht mehr in der Lage, die Bedeutung der Fachausdrücke zu ermitteln. Aber es müßte wenigstens der Versuch unternommen werden, den »Ort« der Überschriften zu bestimmen. Dabei ist es von vornherein klar, daß Begriffe wie מזמיר, שׁיר המעלות, מכתם oder משׂכיל keine »Gattungsbezeichnungen« sind. Welche Gemeinsamkeit haben z.B. die alle mit משׂכיל überschriebenen Psalmen 32; 45; 78 und 89? Im Grunde keine. So muß משׂכיל ein Sammlungsbegriff und nicht etwa eine Gattungsbezeichnung sein. Dasselbe trifft für שׁיר, שׁיר המעלות und die anderen Begriffe unter Nr. 1–8 zu.

3. Über die Herkunft der Überschriften sollen hier zunächst in aller Vorsicht nur einige vorläufige Überlegungen angestellt werden. Bei einem Vergleich zwischen den Psalmenüberschriften und den kultisch-liturgischen Traditionen des chronistischen Geschichtswerkes hat sich immer wieder eine überraschende Übereinstimmung gezeigt. Es kann kein Zweifel bestehen, daß hier Traditionsbeziehungen vorliegen. Aber welcher Art sind diese Traditionsbeziehungen? Der levitische Überliefererkreis, der hinter dem chronistischen Geschichtswerk steht, stellt sich

selbst als verantwortliche Priesterschaft für die vokalen und instrumentalen Psalmenaufführungen der nachexilischen Tempelgemeinde vor. Die erläuternde Beschriftung, die Sammlung und Kanonisierung der Psalmen ist durch diesen levitischen Kreis fraglos in einer hervorragenden Weise gefördert, wenn nicht sogar durchgeführt worden. So könnte man also erklären: An der Gestaltung der Überschriften waren die verantwortlichen kultischen Überlieferungsträger, die hinter dem chronistischen Geschichtswerk stehenden Leviten, in hervorragendem Maß beteiligt. Aber damit ist das Problem noch lange nicht gelöst. Diese Leviten werden auf eigene Traditionen, auf Kulttraditionen des Jerusalemer Tempels der vorexilischen Zeit und auf vorhandene Psalmengruppen und Psalmensammlungen zurückgegriffen haben. Die Uneinheitlichkeit der Überschriften hat ihre Wurzel in der Vielschichtigkeit der Psalmentradition. Es ist durchaus möglich, daß einzelne Fachausdrücke und Hinweise in die älteste Zeit zurückgehen. Das Interesse an David, dem Tempel- und Kultgründer, ist in der Chronik nicht nur Tendenz, sondern Zuwendung zu der Jerusalemer Grundüberlieferung. Mancher uralte Terminus könnte in diesen Kreisen wieder aufgetaucht sein. Die nachexilischen Kultkreise haben sehr wahrscheinlich die älteren Termini schon gar nicht mehr verstanden und ursprüngliche Typenbegriffe als Sammlungsbezeichnungen benutzt. Diese Unkenntnis tritt auch in *G* zutage, wo man eine gewisse Kenntnis des nachexilischen Kultus voraussetzen sollte. – Doch diese Erläuterungen sind ein erster Versuch. Es wird hernach auf die Probleme noch einmal zurückzukommen sein (vgl. § 8).

§ 5. Die poetische Form der Psalmen

1. Schon sehr früh wurde eine hervorstechende Eigentümlichkeit der hebräischen Dichtung beobachtet: der Parallelismus membrorum. Die genauen Untersuchungen dieser poetischen Formgröße hat der englische Lordbischof RLowth mit seinem Buch »De sacra poësi Hebraeorum« (1753) eröffnet. Es wurde immer deutlicher erkannt, daß zwei (gelegentlich auch drei) Stichen einen Vers bilden, dessen Glieder nach Form und Inhalt parallel liegen. Die »Stichen« wurden auch »Glieder« oder »Halbverse« genannt. Eingehende Erforschungen des Parallelismus membrorum haben ergeben, daß vier verschiedene Typen in der Parallelität der Glieder zur Ausprägung kommen: a) Der synonyme Parallelismus, der den Inhalt des ersten Stichos im parallelen Versglied mit anderen Worten variiert. Ein Musterbeispiel ist der 114. Psalm (vgl. z.B. 6: ההרים תרקדו כאלים גבעות כבני־צאן). b) Der antithetische Parallelismus, der im zweiten (parallelen) Versglied eine gegenüber dem ersten Stichos gegensätzlich gerichtete Äußerung enthält. Als Beispiel sei

Ps 20,9 herausgegriffen. c) Der synthetische Parallelismus, der im zweiten Halbvers den Gedanken des ersten Gliedes weiterführt und ergänzt. Vgl. z.B. Ps 126,1. d) Der klimaktische Parallelismus, in dem der zweite Stichos ein Wort des vorhergehenden wiederaufnimmt. Die beiden charakteristischen Ausprägungen finden sich in Ps 29,1 und Ps 93,1. – Für Israel war der Parallelismus membrorum die elementarste poetische Aussageform. Der Dichter sah sich veranlaßt, das jeweils zur Rede Stehende in zwei Versstichen, d.h. aber auch in zwei Aspekten – wie immer sie beschaffen sein mochten – zum Ausdruck zu bringen. Dem Variationsreichtum und der dichterischen Modulationsfähigkeit waren weite Möglichkeiten eröffnet, auch wenn bedacht werden muß, daß altorientalische Dichtung nicht freischweifend alle nur denkbaren, uferlosen Kreativitäten zur Verfügung hatte. Der Spielraum war durch konventionierte Formen und traditionelle Wegweisungen festgelegt. Vgl. § 6. Doch ist unschwer zu erkennen, daß vor allem im kleinsten poetischen Gefüge, im Parallelismus membrorum, unerschöpfliche Möglichkeiten aufgetan waren. Doch der Parallelismus membrorum ist nicht singulär im Alten Testament. Eine ganze Anzahl altorientalischer Texte hat erkennen lassen, daß die poetische Form des Parallelismus membrorum nicht nur in Israel, sondern auch in der Umwelt verbreitet war. Zur ägyptischen Poesie vgl. AErman/HRanke, Ägypten (1923) 468–474. Zur sumerisch-akkadischen Dichtung vgl. AFalkenstein/WvSoden, Sumerische und akkadische Hymnen und Gebete (1953) 30ff. 40ff. Zur kanaanäisch-syrischen Poesie vgl. JHPatton, Canaanite Parallels in the Book of Psalms (1944). In jüngster Zeit haben die fragmentarischen Psalmenhandschriften aus der Höhle 4 von *chirbet ḳumrān* gezeigt, daß der Parallelismus in den heiligen Rollen durch einen Zwischenraum zwischen den Halbversen gekennzeichnet wurde (PWSkehan, RevBibl 63, 1956, 59). Es handelt sich also um eine poetische Grundform, die als Unterscheidungsmerkmal von Prosa und Poesie unbezweifelbar ist. Allerdings erheben sich Probleme angesichts der genauen Abgrenzung. Der »synthetische Parallelismus« ist ein umstrittenes Gebilde. Wo fängt die Poesie an und hört die Prosa auf? Während der klimaktische Parallelismus mit der Wiederholung ein Kennzeichen dichterischer Gestaltung enthält, können im synthetischen Parallelismus alle Anhaltspunkte verschwimmen. Ps 2 ist ein Beispiel für die hier angedeutete Problematik. Vor allem bei sog. »Mischmetren« (s.u.) ist es schwierig, das Entsprechungsverhältnis zwischen den beiden Gliedern genau zu bestimmen. Doch wird in der Psalmendichtung fortgesetzt der Versuch der Ermittlung paralleler Anordnungen durchzuführen sein. Eine andere Schwierigkeit bietet der alleinstehende Stichos. Immer wieder begegnet man innerhalb der Psalmen isolierten Einzelgliedern, die keine parallele Ergänzung erfahren. Ps 111 und Ps 112 repräsentieren sogar den Sonderfall, daß nur Einzelglieder aneinandergereiht sind. Ein

Parallelismus membrorum ist nicht festzustellen. Dagegen weisen die beiden Psalmen eine andere Kunstform auf: sie folgen im Ansatz eines jeden Stichos dem Alphabet. »Der gelehrte Dichter wollte zeigen, daß er die schwierige alphabetische Form auch bei den kürzesten Einheiten, den Halbperioden meistern konnte« (SMowinckel, Marginalien zur hebräischen Metrik: ZAW 68, 1956, 101). – Es ist hier nicht der Ort, die in den Grenzbereichen der Aufweisbarkeit des Parallelismus membrorum sich einstellende Frage nach der Existenz sog. Kurzverse aufzugreifen (vgl. GFohrer, ZAW 66, 1954, 199ff.). Es kann nur angedeutet werden, daß die Psalmen zur Rekonstruktion von Kurzversen keine Veranlassung geben.

2. Ist die Existenz des Parallelismus membrorum unumstritten, so stellen sich bei der Frage, ob in der hebräischen Poesie ein Versmaß nachgewiesen werden kann und wie die Prinzipien dieses Versmaßes zu bestimmen sind, erhebliche Schwierigkeiten in den Weg. Einige Forscher verneinen das Vorhandensein einer Metrik innerhalb des Alten Testaments überhaupt. Andere wieder halten es zwar für möglich, daß es einmal in alter Zeit metrische Gesetze gegeben hat, lehnen aber die Möglichkeit einer Rekonstruktion ab. Und tatsächlich werden vier Gesichtspunkte unbedingt zu beachten sein: a) Es ist kaum denkbar, daß die Psalmendichtung in fast einem Jahrtausend ihrer Entstehungsgeschichte in Israel (vgl. § 8) stets unter den gleichen metrischen Prinzipien gestanden hat. Hier wird mit Umbildungen, Neuorientierungen, fremden Einflüssen und anderen Faktoren zu rechnen sein. b) Probleme der Aussprache des Hebräischen erschweren den Zugang zur »ursprünglichen Gestalt« eines Psalms. Auch hier sind Wandlungen vor sich gegangen, die nicht mehr zu durchschauen sind (PKahle, Die überlieferte Aussprache des Hebräischen und die Punktation der Masoreten: ZAW 39, 1921, 230–239). c) Die Abschreibe-Tradition des hebräischen Textes hat Fehler und Entstellungen, Ergänzungen und Umordnungen mit sich gebracht. Der »Urtext« ist heute nur noch annähernd wiederherstellbar. d) Die Vokalisation des hebräischen Konsonantentextes hat eine neue Phase der Umstellung eingeleitet, die sich wiederum auf die Nuancen metrischer Erfassungsmöglichkeit ausgewirkt hat. – Alle diese Faktoren erschweren das Wiederauffinden metrischer Gesetze und Normen. Und wenn es wohl auch übereilt wäre, die Rekonstruktion von Metren überhaupt für unmöglich zu halten, so wird doch deutlich erklärt werden müssen, daß es an festen Grundlagen zur Ermittlung des Versmaßes immer noch fehlt. Alle Bemühungen um das Metrum sind Versuche. Gegenwärtig sind die Voraussetzungen zur Erarbeitung des Versmaßes wieder einmal schwankend geworden, und es besteht die Aufgabe, durch einen Dschungel von Hypothesen und Beobachtungen eine Schneise zu schlagen. – Zunächst ist mit allem Nachdruck darauf aufmerksam zu machen, daß die metrische Gliederung poetischer Texte auch in der Umwelt Isra-

els nachgewiesen worden ist. Zu den Beobachtungen in der ägyptischen Poesie (AErman/HRanke, Ägypten 468ff.) und in der akkadischen Dichtung (BMeißner, Babylonien und Assyrien II 64f.; AFalkenstein/WvSoden 40f.) sind wichtige Erkenntnisse zur metrischen Form der altkanaanäischen Poesie getreten (HLGinsberg, The Rebellion and Death of *Ba'lu:* Orientalia NS 5, 1936, 180; FMCross, Notes on a Canaanite Psalm in the Old Testament: BASOR 117, 1950, 19–21). Es ist demnach unerläßlich, nach einer Metrik innerhalb der hebräischen Poesie zu forschen. Es fragt sich nur, nach welchem System vorgegangen werden soll. Zur Diskussion stehen zunächst zwei Möglichkeiten: a) das alternierende System, das von Bickell und Hölscher entwickelt worden ist und gegenwärtig von SMowinckel und FHorst neue Ausprägungen erfahren hat. Bickell und Hölscher haben dieses alternierende, mit trochäischen und jambischen (zweisilbigen) Versfüßen rechnende System im wesentlichen aus dem Syrischen gewonnen; vgl. GWBickell, Carmina Veteris Testamenti metrice (1882), GHölscher, Elemente arabischer, syrischer und hebräischer Metrik: ZAWBeih 34 (1920) 93–101. In neuerer Zeit hat SMowinckel besonders auf das »Sinnmetrum« innerhalb des alternierenden Systems aufmerksam gemacht (SMowinckel, Zum Problem der hebräischen Metrik: Bertholet-Festschrift, 1950, 379–394; ders., Offersang og sangoffer, 1951, 418–435; ders., Marginalien zur hebräischen Metrik: ZAW 68, 1956, 97–123). FHorst hat auf die Erscheinung des »prosodischen Umbruchs« hingewiesen (FHorst, Die Kennzeichen der hebräischen Poesie: ThR 21, 1954, 54–85). Eine besondere Entwicklung läßt SSegert in seinen »Vorarbeiten zur hebräischen Metrik« erkennen (Archiv Orientální 21, 1953, 481–542). – b) das akzentuierende System, das als zugrunde liegende Einheit des hebräischen Verses vierzeitige Takte annimmt, die einen anapästischen Akzent tragen. Dieses System ist von Ley, Budde und Sievers erarbeitet worden; vgl. JLey, Grundzüge des Rhythmus, des Vers- und Strophenbaus in der hebräischen Poesie (1875), KBudde, Das hebräische Klagelied: ZAW 2 (1882) 1–52, ESievers, Metrische Studien I (1901), II (1904/05), III (1907). Drei tragende Grunderkenntnisse vermittelt dieses System: α) Der hebräische Rhythmus hat die Eigenart der Akzentuierung; β) Es fallen Versakzent und Wortakzent, metrische und grammatische Betonung, zusammen; γ) Der Vers hat einen anapästischen Charakter. Schwierigkeiten aber stellten sich im akzentuierenden System schon früh mit der Frage ein, wie die Zahl der unbetonten Silben zu bestimmen sei. Zuerst hielt man es für mehr oder weniger gleichgültig, wieviel unbetonte Silben anzunehmen sind. ESievers aber glaubte nachweisen zu können, daß dem Rhythmus grundsätzlich vierzeitige Takte innewohnen. Die konsequente Durchführung dieses Prinzips aber stieß auf erhebliche Schwierigkeiten. Man kann wohl nicht umhin, hier die »schwache Stelle« des akzentuierenden Systems zu kennzeichnen; vgl. auch JBegrich, Zur Hebräischen Metrik: ThR 1932, 67–89. Dennoch enthält dieses System, durch ESievers in seinen Grundlagen überzeugend gefestigt, so viele Vorzüge, daß es als das geeignetere im vorliegenden Kommentar zur Anwendung gelangt. Es sei jedoch wiederholt, daß nur ein Versuch metrischer Erfassung vorgelegt werden kann. – Mit ESievers werden zunächst folgende Perioden zu unterscheiden sein: der Zweier (2), Dreier (3) und Vierer (4) als einfache Reihen (ohne parallele Ergänzung); ferner als Parallelismen: der Doppelzweier (2 + 2), der Doppeldreier (3 + 3), der Doppelvierer (4 + 4), der Siebener (4 + 3 oder 3 + 4), der Fünfer (3 + 2, seltener 2 + 3) und der Sechser (2 + 2 + 2). Weiter sind die dreigliedrigen Verse (Tricola) zu nennen, die symmetrische (3 + 3 + 3 und 4 + 4 + 4) oder unsymmetrische Formen haben können (3 + 3 + 2 3 + 2 + 3 4 + 4 + 3 usw.). Wie aber sind nun diese Perioden in den einzelnen Psalmen strukturiert? In welchem Verhältnis stehen sie zueinander? Ist es möglich, daß in einem Psalm in unregelmäßigem Nacheinander Mischmetren in Erscheinung treten können? Hier tun sich unabsehbare Probleme auf. JBegrich machte im Anschluß an HGreßmann geltend: »Die Anerkennung des Mischmetrums schließt nun aber unverkennbar Gefahren in sich. Welche Sicherheit hat man, daß ein Text, der nach der Analyse Mischmetrum hat, wirklich ursprünglich so gemeint und nicht etwa erweitert ist?« (Zur Hebräischen Metrik 83). Andererseits wäre zu fragen, wie weit Prinzipien der Metrik zu Korrekturen mtr.cs. berechtigen? Zur Frage der Textkritik (Korrekturen mtr. cs.) wurden bereits in § 2,2 einige Gesichtspunkte vorgetragen. Es soll hier noch einmal wiederholt werden, daß textkritische Eingriffe zur Wiederherstellung des Metrums nur dann sachlich begründet sind, wenn ein Stichos den Rahmen des metrisch Möglichen (2 bis 4 Akzente) unterschreitet bzw. überschreitet oder wenn sich innerhalb eines Psalms ein bestimmtes Versmaß als absolut dominierend erweist. Im einzelnen ist zu prüfen, welche besonderen Sachverhalte ein Psalm bietet. – Sind im Hinblick auf die textkritischen Möglichkeiten gewisse Grenzen gesetzt, so fehlt hinsichtlich des Mischmetrums noch jede maßgebende Orientierung. Man könnte bei der metrischen Untersuchung eines von Mischmetren durchsetzten Psalms die Fragen aufwerfen: In welcher Weise wechseln die verschiedenen Metren ab? Gibt es bestimmte Reihen, die zusammengehören? Diese Fragen aber bleiben in vielen Fällen ohne Antwort, ohne Anhaltspunkt zu irgendeiner Klärung. Darf überhaupt ein bestimmtes Ebenmaß erwartet werden? Ist der Erklärer in seinen Erwartungen vielleicht doch noch zu stark von den harmonischen Formgesetzen des Klassizismus beeinflußt? Vergleiche mit der altkanaanäischen und ugaritischen Poesie haben gezeigt, daß Mischmetren in der frühen Dichtung überall vorauszusetzen sind. Nur geringe Anhaltspunkte zur Feststellung einer bestimmten Anordnung sind gegeben. Vgl. FMCross, Notes on a Canaanite Psalm in the Old Testament: BASOR 117 (1950) 19ff. So wird es denn unerhört schwierig sein, bestimmende Grundlagen zu finden. Die Psalmen sind auch zu verschieden. Tritt einmal eine metrische Eigentümlichkeit in einem Psalm hervor, so handelt es sich bisweilen nur um eine kurze Phase, die ins Licht tritt. Meist reißt schon im gleichen Psalm der Faden metrischer Orientierung wieder ab. Bemerkenswerte Eigentümlichkeiten der ältesten Poesie seien hier zusammengestellt:

In den Ps 24; 29; 68 und 93 sind drei metrische Typen zu beobachten: a) die paarweise einander zugeordneten Doppelzweier (2 + 2 / 2 + 2); – b) die unsymmetrische Tricola (2 + 2 + 3); – c) die symmetrische Tricola (3 + 3 + 3). Es hat den Anschein, als handle es sich hier um die ältesten Aufbauelemente der hebräischen Poesie. Allerdings treten diese Elemente in verschiedenen Mischungen (vgl. u.a. Ps 110) in Erscheinung.

a) Die paarweise zugeordneten Doppelzweier:

Ps 29,1f.:	הבו ליהוה	בני אלים	2 + 2
	הבו ליהוה	כבוד ועז	2 + 2
	הבו ליהוה	כבוד שמו	2 + 2
Ps 93,1:	יהוה מלך	גאות לבש	2 + 2
	לבש יהוה	עז התאזר	2 + 2

b) Die asymmetrische Tricola:
Ps 68,2.5:

יקום אלהים	יפוצו אויביו	וינוסו מפניו	2 + 2 + 3
שירו לאלהים	זמרו שמו	סלו לרכב בערבות	2 + 2 + 3

(vgl. auch Ps 29,3–6).

c) Die symmetrische Tricola:
Ps 24,7.8:

שאו שערים ראשיכם
והנשאו פתחי עולם
ויבוא מלך הכבוד
3 + 3 + 3

מי זה מלך הכבוד
יהוה עזוז וגבור
יהוה גבור מלחמה
3 + 3 + 3

(vgl. auch Ps 93,3–5).

Besonders an diesen ältesten, stoßweise einander folgenden Doppelversen und Tricolen bewährt sich das akzentuierende System aufs beste. – Auch die Grundformen des Doppeldreiers und des (der Qinah eigentümlichen) Fünfers sind nach den von ESievers entworfenen Gesichtspunkten immer noch am sachgemäßesten zu erfassen.

Beispiel für den Doppeldreier:

Ps 18,6.7:	חבלי שאול סבבוני	קדמוני מוקשי מות	3 + 3
	בצר־לי אקרא יהוה	ואל־אלהי אשוע	3 + 3

Beispiel für den Fünfer:

Ps 27,9f.:	אל־תט־באף עבדך	עזרתי היית	3 + 2
	אל־תטשני ואל־תעזבני	אלהי ישעי	3 + 2
	כי־אבי ואמי עזבוני	ויהוה יאספני	3 + 2

Zu Einzelheiten der Metrik vgl. JBegrich, Zur Hebräischen Metrik: ThR N.F. 4 (1932) 67ff. und die dort zusammengestellte Literatur.

Umfassende Informationen zu den Methoden und Problemen der Metrik gibt SMowinckel, The Psalms in Israel's Worship II (1962). Neue metrische Prinzipien zeigt auf: MDahood, A New Metrical Pattern in Biblical Poetry: CBQ 29 (1967) 574–579.

3. Wendet man sich der Frage zu, ob in der hebräischen Poesie auch Strophen zu erkennen sind, so bietet sich in der entsprechenden Literatur ein kaum noch übersehbares Gewirr von Meinungen und Vermutungen dar. Vgl. KFullerton, The Strophe in Hebrew Poetry and Psalm 29: JBL 48 (1929) 274–290; HMöller, Der Strophenbau der Psalmen: ZAW 50 (1932) 240–256; ACondamin, Poèmes de la Bible. Avec une introduction sur la strophique hébraïque (1933); CFKraft, The Strophic Structure of Hebrew Poetry as illustrated in the first Book of the Psalter (1938). JAMontgomery, Stanza-Formation in Hebrew Poetry: JBL 64 (1945) 379–384; auch die Ausführungen EJKissane in dessen Psalmenkommentar wären hier zu beachten (XXXVf.). Ferner: JSchildenberger, Bemerkungen zum Strophenbau der Psalmen: Estudios Eclesiaticos 34 (1960), Miscelánea Andrés Fernandez, 673–687; EBeaucamp, Structure strophique des Psaumes: RSR 56 (1968) 199–224. – Gegen alle willkürliche oder unbegründete Herausstellung einer »Strophe« ist auf die grundlegenden Definitionen von ESievers hinzuweisen: Strophe ist ein rhythmischer Begriff. In diesem Sinn definiert OEißfeldt: »Die Strophe ist eine metrische Größe, die da anzuerkennen ist, wo die gleiche Zahl und die gleiche Art von zwei oder mehreren Versen zwei oder mehrere Male wiederkehrt, so also, daß der erste Vers der zweiten und späteren Wenden dem ersten Vers der ersten Wende metrisch genau gleicht, der zweite hier dem zweiten dort usw.« Strophen dieser Art sind aber bisher noch nicht eindeutig festgestellt worden (vgl. Eißfeldt, Einleitung, [3]1964, 85). – In einem weiteren Sinn hat der Begriff »Strophe« sich dann eingebürgert, um Zusammenfassungen einer gleichen oder ungefähr übereinstimmenden Zahl von Versen zu größeren Abschnitten zu bezeichnen. Mit allem Vorbehalt wird der Begriff »Strophe« zur Erklärung für die durch einen Refrain eingefaßten Stücke in Ps 42/43; 46 (vgl. die Ergänzung); 80 und 107 bzw. für den nach dem Alphabet in einzelne Abschnitte geordneten Ps 119 benutzt werden können. – Leider fehlt es an eindeutigen Parallelen aus der

Welt des alten Orients, die zur Erklärung der Strophenbildung in den alttestamentlichen Psalmen herangezogen werden könnten. Zur Strophenordnung in der sumerischen Dichtung vgl. AFalkenstein/WvSoden, Sumerische und akkadische Hymnen und Gebete (1953) 26f.

4. Als poetisches Stil- und Anordnungsmittel ist schließlich die alphabetische Folge zu nennen. Vgl. Ps 9/10; 25; 34; 111; 112; 119; 145; Prv 31,10ff.; Thr 1–4; (Nah 1,2ff.). In diesen Liedern ist die Reihe des Alphabets ganz oder teilweise formbestimmend, indem der erste Buchstabe des ersten Wortes je eines Verses oder eines Abschnittes (vgl. Ps 119) der alphabetischen Folge entspricht. Der Sinn dieser eigenartigen Formgebung ist bisher nicht recht deutlich gewesen. Es wurden u.a. auch magische Motive angenommen. Heute aber ist bekannt, daß das Alphabet schon sehr früh zu Unterrichtszwecken aufgezeichnet worden ist; vgl. WFAlbright, Alphabetic Origins and the Idrimi Statue: BASOR 118 (1950) 11ff.; ders., The Origin of the Alphabet and the Ugaritic ABC again: BASOR 119 (1950) 23ff.; EASpeiser, A Note on Alphabetic Origins: BASOR 121 (1952) 17ff.; GRDriver, Semitic Writing: Schweich Lectures ([2]1954). Man wird annehmen dürfen, daß die alphabetische Ordnung eine Gedächtnisstütze war und also pädagogischen Zwecken diente. Sie bringt zweifellos einen strengen Formzwang mit sich und setzt sich als schematisches Gliederungsmittel bestimmend durch. Wahrscheinlich ist die Neigung zum Alphabetismus in der unmittelbar vorexilischen oder exilischen Epoche der alttestamentlichen Psalmendichtung aufgekommen. Es bleibt jedoch zu beachten, daß schon um 1000 v. Chr. in der akkadischen Hymnendichtung das formale Kunstmittel des Akrostichs auftaucht, »das sich mehr an das Auge eines gelehrten Lesers als an das Ohr des Hörers wendet«. »In solchen Hymnen beginnt jede Strophe oder sogar jeder Vers einer Strophe mit einem bestimmenden Silbenzeichen.« »Aneinandergereiht ergeben diese Silbenzeichen dann eine religiöse Formel oder einen Königsnamen mit die Frömmigkeit des Königs kennzeichnenden Attributen. Hymnen dieser Art erinnern an die sog. alphabetischen Psalmen des Alten Testaments (z.B. Ps 119), in denen sich aus den Vers- oder Strophenanfängen das hebräische Alphabet ablesen läßt« (AFalkenstein/WvSoden, Sumerische und akkadische Hymnen und Gebete 42 f.).

§ 6. Die Formgruppen und ihr »Sitz im Leben«

Die von HGunkel in die wissenschaftliche Arbeit an den Psalmen eingeführte Gattungsforschung darf mit Recht als ein entscheidendes Ereignis in der Geschichte der Bibelauslegung bezeichnet werden. Hatte man schon vor HGunkel Versuche unternommen, die Psalmen nach inhaltlichen Gesichtspunkten zu gruppieren, so hat doch erst die von ihm eingeführte »formgeschichtliche Forschungsweise« die Wege einer methodischen und kategorialen Differenzierung gewiesen. Die Grundforderung Gunkels lautet: »Ein literarischer Stoff muß zunächst nach Gesetzen seiner eigenen Art, also nach Gesetzen, die der Literaturgeschichte entnommen sind, geordnet werden« (HGunkel-JBegrich, Einl-Ps 9). »Der Forscher soll danach streben, dieser Dichtungsart ihre eingeborene, natürliche Gliederung abzulauschen« (EinlPs 10). Es kommt auf diesem Weg zur Herausstellung bestimmter »Gattungen«. Dabei werden die Voraussetzungen zu der umfassenden Klassifikation genau fixiert; denn nur, wenn ganz bestimmte, streng einzuhaltende Bedingungen erfüllt sind, kann von einer »Gattung« gesprochen werden. Drei Voraussetzungen und Bedingungen werden von Gunkel genannt: a) Es dürfen nur solche Gedichte zu einer Gattung zusammengestellt werden, die sämtlich zu einer bestimmten Gelegenheit im Gottesdienst gehören oder wenigstens aus dieser Gelegenheit erwachsen sind. Der kultische Anlaß ist möglichst genau zu erfassen – in unablässiger Korrespondenz mit Form und Inhalt der zugehörigen Lieder. b) »Ferner müssen solche zusammengehörigen Lieder natürlicherweise einen gemeinsamen Schatz von Gedanken und Stimmungen aufweisen: es sind diejenigen, die eben durch ihren Sitz im Leben gegeben waren oder sich leicht daran schließen konnten. Wir werden auch dies geistige Gemeingut der einzelnen Gattungen darzustellen haben« (EinlPs 22). c) »Ein drittes, durchaus notwendiges Moment der Gattung ist, daß alle dazugehörigen Einzelstücke, freilich mehr oder weniger deutlich, durch ihre gemeinsame Formensprache verbunden sind. Hier ist also der Ort, wo der Forscher nicht ganz ohne eine ästhetische Betrachtung auskommt« (EinlPs 22f.). – Diese Grundsätze für die Erhebung literarischer Gattungen sind unaufgebbare Positionen sachgemäßer wissenschaftlicher Arbeit innerhalb des Psalters. – Bei der Frage nach den Gattungen der alttestamentlichen Psalmen muß nun freilich nicht nur der im Alten Testament vorliegende Sachverhalt genau geprüft werden; Gunkel hat mit allem Nachdruck darauf hingewiesen, daß die altorientalischen Parallelen heranzuziehen und zu erforschen sind. In diesem Zusammenhang wird FStummers Buch »Sumerisch-akkadische Parallelen zum Aufbau alttestamentlicher Psalmen« (1922) von dem Initiator der Gattungsforschung sehr begrüßt, wenn auch kritisch bemerkt werden muß: »Die Arbeit leidet vor allem daran, daß sie zu früh mit dem Vergleich des Babylonischen mit dem Biblischen beginnt, ehe noch die beiden Literaturen je nach ihren Gattungen einigermaßen vollständig untersucht worden sind« (EinlPs 19 A.1). Eine wesentliche Hilfe bieten hinsichtlich der Probleme sumerischer und akkadischer Gattungen jetzt die Einführungen von AFalkenstein und WvSoden in das Werk »Sumerische und akkadische Hymnen und Gebete« (1953). Große Schwierigkeiten aber bereitet hinsichtlich der Gattungsforschung die heutzutage viel zitierte ugaritische Dichtung. Wichtige Grundsatzfragen sind noch nicht entschieden (mythische Dichtungen oder Kultrituale?). Man wird darum nur mit größter Zurückhaltung im Bereich der Gattungsforschung den ugaritischen Komplex einbeziehen dürfen. Doch wird generell festzustellen sein, daß die Psalmenforschung durch die Erweiterung des altorientalischen Blickfeldes in den letzten Jahrzehnten manche Probleme besser zu sehen vermag, als es Gunkel zu seiner Zeit möglich war. Das ist der natürliche Gang der Dinge. Allerdings wird in einigen Punkten auch – unabhängig von dieser forschungsgeschichtlichen Feststellung – Kritik an Gunkels Methoden geübt werden müssen: a) Das dominierende Prinzip formal-ästhetischer Klassifikationen führt häufig literaturgeschichtliche Urteile ein, die nicht zutreffend sind. So hat Gunkel z.B. den kurzen und gattungsreinen Psalm als ein uraltes Überlieferungselement herausgestellt, während das umfangreiche, von Gattungsmischungen durchsetzte Gedicht als »spät« gilt. b) Auch die fortgesetzte Auswirkung formal-ästhetischer Urteile auf die Deutung der »Frömmigkeit« eines Psalmisten läßt eine bedenkliche Überbewertung der formgeschichtlichen Arbeitsweise erkennen. c) Problematisch ist in den Darstellungen Gunkels vor allem das Verhältnis von Psalm und Kultus. Unsicherheiten zeigen sich bei der Erfassung sog. »Liturgien«. Mit Recht erklärt GWAhlström: »Die Gattungen sind nicht fertige Schemata, die man strikt befolgt hat, sondern die Psalmen sind jeweils aus den Gegebenheiten erwachsen, für die sie bestimmt waren, weswegen ein Psalm mit einer nach Gunkel etwas gemischten Stilform nicht a priori als uneinheitlich bezeichnet werden darf« (Psalm 89 – Eine Liturgie aus dem Ritual des leidenden Königs 9). Bedenklich freilich ist die Folgerung, die Ahlström aus seiner kritischen Feststellung zieht (s.u.).

Aber diese Kritik an den Methoden HGunkels reicht nicht aus. Es hat sich in den letzten Jahrzehnten mehr und mehr gezeigt, daß die Gattungsforschung, wie Gunkel und Begrich sie vorgetragen haben, erheblicher Korrekturen und teilweise grundlegender Neufassungen bedarf. War BK XV in den Auflagen 1–4 noch wesentlich bestimmt und geprägt von der Gattungsforschung Gunkels, so erwies es sich bei der vorliegenden Neuauflage als unerläßlich, die Prinzipien und Voraussetzungen, vor allem aber die Grundbegriffe der formgeschichtlichen Forschungen Gunkels und Begrichs zu überprüfen. Dabei sind zunächst folgende kritische Feststellungen zu treffen, die über die bereits geäußerte Kritik an Gunkels Methoden hinausgehen:

1. Als eine der wichtigsten Bedingungen zur kategorialen Bestimmung einer »Gattung« hatte Gunkel die »gemeinsame Formensprache« der in Frage kommenden Psalmen genannt (EinlPs 22f.). Nun zeigt

es sich aber in einer so bedeutsamen »Gattung« wie in der der »Königspsalmen«, daß eine solche »gemeinsame Formensprache« nicht festgestellt und vorausgesetzt werden kann. Einigendes Prinzip wäre dann nach Gunkel ein »gemeinsamer Schatz von Gedanken und Stimmungen« (EinlPs 22). Aber diese Formulierung einer Norm ist so vage und lyrisch-unbestimmt, daß sie alles und nichts umgreifen könnte. Hier ist eine neue, das Inhaltliche einer Psalmengruppe erfassende Bestimmung unbedingt erforderlich. Es gilt, den Formalismus der formgeschichtlichen Schule zu überwinden und die Kriterien zusammengehöriger Psalmen genauer zu umreißen.

2. Bekanntlich ist – nach Gunkel – der größte Teil der Psalmen der Gattung der »Klagelieder des Einzelnen« zuzuweisen. Beispielhaft soll an dieser »Gattung« verdeutlicht werden, wie unzureichend die kategoriale Bezeichnung und deren Auswirkung ist. a) Wer ist der »Einzelne«, der »klagt«? Nach Gunkel eine dichtende Persönlichkeit, ein Individuum. Es ist darum nur konsequent, wenn im Gefolge Gunkels die Benennung »individuelles Klagelied« sich durchsetzen konnte. Doch hat die neuere Forschung immer deutlicher gezeigt, daß gerade keine Verhältnisse ungeteilter Vereinzelung in diesen Liedern vorliegen, sondern daß der jeweilige Beter an der Gebets-Sprache der Gemeinschaft partizipiert (vgl. vor allem EGerstenberger, Der bittende Mensch: Habilitationsschrift Heidelberg). Hier beginnt das Problem. b) Ist die Bezeichnung »Klagelied« angemessen? Auf keinen Fall entspricht sie der Intention der meisten der unter dieser Bezeichnung zusammengefaßten Psalmen. Es wird nicht lamentiert. Vielmehr könnte man von zwei Brennpunkten sprechen, die jeweils bestimmend sind: Notschilderung bzw. Notschrei und Bittruf. c) Vermag die Bezeichnung »Klagelied eines Einzelnen« alle Psalmen abzudecken, die Gunkel unter den Titel subsumiert? Wo immer genauere Untersuchungen durchgeführt worden sind, da kommt es an den Tag, daß die kategoriale Bestimmung nicht sachgemäß ist. Als Beispiel sei genannt: WBeyerlin, Die Rettung der Bedrängten in den Feindpsalmen der Einzelnen auf institutionelle Zusammenhänge untersucht: FRLANT 99 (1970). Beyerlin hat überzeugend nachgewiesen, daß die sog. »Feindpsalmen der Einzelnen« von der Gunkelschen Gattungsdefinition nicht mehr zu umgreifen sind. Die Defizienz der Gattungsbezeichnungen und der Klassifikationen wird immer offenkundiger.

3. Nach Gunkel ist der gemeinsame »Sitz im Leben« wichtiges Konstituens einer Gattung. Hier jedoch ist einfach festzustellen, daß die umfangreichen und subtilen Kultforschungen der vergangenen Jahrzehnte neue Einblicke in die gottesdienstlichen Gelegenheiten und Akte des israelitischen Kultus vermittelt haben. Vor allem ist es gelungen, Liturgien in ihrem Ablauf und Aufbau zu erkennen und entsprechende Folgerungen für die Bestimmung und Einordnung dieser Psalmen zu treffen.

Vgl. z.B. JJeremias, Kultprophetie und Gerichtsverkündigung in der späten Königszeit: WMANT 35 (1970).

Es erhebt sich die Frage, welche neuen Wege gefunden und beschritten werden können. An dieser Stelle kann es sich nur darum handeln, mit wenigen Strichen zu skizzieren, was hernach systematisch ausgeführt und – als Summarium der Kommentierung der einzelnen Psalmen – zusammengestellt werden muß.

Die »neuen Wege«, die in diesem Kommentar im Bereich literaturgeschichtlicher Forschung beschritten werden, beginnen mit einer Besinnung auf die ureigensten Bezeichnungen im hebräischen Psalter. Um bei der Gruppierung nicht fremde Kategorien und Bezeichnungen zu benutzen, die moderne Aspekte einbringen, ist es geraten, Begriffe wie תהלה, תפלה, שיר ציון usf. einzuführen und sie als erste, prinzipielle Benennungen entsprechender Psalmen-Gruppen in Anschlag zu bringen. M.a.W.: es wäre auszugehen von komplexen Bezeichnungen wie »Gebetslieder«, »Loblieder«, »Zionlieder« usf. – von Bezeichnungen, die den hebräischen Grundbegriffen entsprechen. Insgesamt sechs Gruppen können festgestellt und zusammengeordnet werden: »Loblieder« (תהלה), »Gebetslieder« (תפלה), »Königslieder« (מעשי למלך Ps 45,2), »Zionlieder« (שיר ציון Ps 137,3), »Lehrdichtungen« (vgl. die hebr. Begriffe in Ps 49,4f.) und »Liturgien« bzw. »Festpsalmen«. In den so zusammengestellten komplexen Gruppen würde, sofern die Texte es ermöglichen, zuerst eine formkritische Analyse und Disposition erforderlich sein. Diese Analyse müßte z.B. im Bereich der »Gebetslieder« zur Unterscheidung von »Gebetsliedern Einzelner«, »Gebetsliedern der Volksgemeinde« (תפלת עם Ps 80,5) und »Dankliedern Einzelner« (תודה) führen. Doch kann und darf es sich nicht darum handeln, die Formkritik und Formanalyse zu isolieren. Korrespondierend und erneut disponierend wird eine thematische Gruppierung durchzuführen sein. Dabei sollte der Begriff »Thema«, den MNoth in die alttestamentliche Wissenschaft eingeführt hat (MNoth, Überlieferungsgeschichte des Pentateuch, 1948, § 7), die vage Nachfrage nach einem »gemeinsamen Schatz von Gedanken und Stimmungen« (Gunkel-Begrich, EinlPs 22) endgültig ablösen. Die Feststellung des Themas würde z.B. in der komplexen Gruppe der »Gebetslieder« und den formanalytisch ermittelten »Gebetsliedern Einzelner« zu Bestimmungen wie den folgenden führen: »Gebetslied eines Kranken«, »Gebetslied eines Angeklagten und Verfolgten«, »Gebetslied eines Sünders« usf. Diese Bestimmungen, die themen- und inhaltsorientiert vorgehen, sind keine Appendices, sondern notwendige, sachgemäße Näherbestimmungen dessen, was fortan eine »themenorientierte Formgruppe« genannt werden kann. Derartige Kooperationen und Korrelationen von Formkritik und Themenorientierung sind unerläßlich, wenn die Psalmenforschung nicht in »Formelkritik« und Formalismus absinken bzw. in verallgemeinernde »Gattungen« sich auflösen will.

MNoth gibt in seiner Abhandlung »Tendenzen theologischer Forschung in Deutschland« folgendes zu bedenken: »Es droht jetzt die Gefahr, daß sich das Interesse nicht mehr den ›Formen‹, sondern den ›Formeln‹ zuwendet, daß also aus der ›Form-Geschichte‹ eine ›Formel-Geschichte‹ wird und daß unter der stillschweigenden Voraussetzung der immer gleichbleibenden Bedeutung einmal geprägter ›Formeln‹ die ›Formelgeschichte‹ sich zu einer ›Formel-Ungeschichte‹ entwickelt« (MNoth, Tendenzen theologischer Forschung in Deutschland: GesStudzAT II, 1969, 120).

Zuletzt wäre in grundsätzlicher Darlegung festzustellen, in welchem Verhältnis »themenorientierte Formgruppen« zum kultischen Leben Israels stehen. Gegenwärtig stehen zwei extreme Auffassungen einander gegenüber. Entweder wird der formal-literarischen Gestalt der Psalmen in der Erklärung der Vorrang gegeben – dann tritt die kultische Gelegenheit völlig in den Hintergrund. Oder es wird eine allumfassende Kulthandlung, ein bestimmendes Kultfest vorausgesetzt, in das dann (ungeachtet aller formal-literarischen Eigenheiten) die disparatesten Psalmen hineinversetzt werden. Die zuletzt genannte Verfahrensweise hat SMowinckel mit der »Entdeckung« des Thronbesteigungsfestes Jahwes ins Leben gerufen (PsStud II). Später verhielt er sich zurückhaltender und strebte eine reichere Differenzierung der Textbeziehungen an – auch wenn immer noch die »Salmer til tronstiningsfest« einen beherrschenden Raum einnehmen (Offersang og sangoffer 118–192). In der sog. »Uppsala-Schule« ist das maßgebende Kultprinzip lebhaft entwickelt worden. Man steht in Gefahr, einem gefährlichen Kurzschluß zu erliegen. Das zeigt die Veröffentlichung von GWAhlström, die, weithin an IEngnells Forschungen anschließend, zu Gunkels Gattungsforschung die Erklärung abgibt: »Sein System scheint mir für eine durchgreifende Revision reif zu sein. Den Ausgangspunkt für eine Einteilung in verschiedene Gattungen müßten die eigenen Bezeichnungen des Psalters bilden, לדוד, למנצח, משׂכיל, etc. Diese Methode wird ja auch beim akkadischen sowie beim ugaritischen Psalmenmaterial angewandt. Man kann nämlich davon ausgehen, daß die Überschriften der Psalmen entweder die Art des betreffenden Psalmes oder seinen Platz im Ritual bezeichnen wollen« (Psalm 89 – Eine Liturgie aus dem Ritual des leidenden Königs 10f.). Diese Erklärung ist sehr problematisch. Zwar ist es richtig, daß z.B. in der sumerischen und akkadischen Psalmendichtung die musikalische Vortragsweise ein ordnendes Prinzip darstellt (vgl. AFalkenstein/WvSoden 18f.), daneben existieren aber auch inhaltlich ausgerichtete Gattungsbezeichnungen (AFalkenstein/WvSoden 19). Vor allem wird jedoch zu bedenken sein, daß die Überschriften über den alttestamentlichen Psalmen nicht nur einstweilen zumeist noch unerklärbar sind, sondern daß sie auch zweifellos die disparatesten Gedichte einleiten (vgl. § 4). Es ist ein sehr bedenkliches Unterfangen, wenn von einer beherrschenden Kulttheorie aus die unaufgehellten Psalmenüberschriften mit fragwürdigen Übersetzungen in Anspruch genommen werden, um mit ihnen Ritual-Gruppierungen einzuleiten. Wenn zu diesem Experiment auch noch die im Grund noch unerklärten Kopfstücke der ugaritischen Dichtung herangezogen werden, so ist es offenkundig, daß man sich hier in einem circulus vitiosus bewegt. – Bei allem Vorbehalt gegenüber den Ergebnissen, die Gunkel zum kultischen »Sitz im Leben« der Psalmen zutage gefördert hat, muß die Tatsache anerkannt werden, daß in der »Einleitung in die Psalmen« der Weg zu einer behutsamen Korrelation zwischen der formal-literarischen Gestalt der Psalmen und dem möglicherweise zugrunde liegenden Kultus gewiesen worden ist. Der Versuch, dieser Wechselbeziehung gerecht zu werden, zeichnet die Kommentare von HSchmidt und AWeiser aus, auch wenn man der Unterstellung des »Thronbesteigungsfestes Jahwes« im zuerst genannten und der Behauptung eines »Bundeskultes« im zuletzt genannten Werk nicht zu folgen vermag. Auch hier besteht die Gefahr, daß ein allumfassender Kultakt das faszinierende Erklärungsprinzip wird. Demgegenüber bemüht sich der vorliegende Kommentar bei der Erklärung jedes Psalms zunächst um eine genaue Untersuchung der formalen Gegebenheiten. Die Formensprache wird auch dann bis in die Verästelungen hinein verfolgt und definiert, wenn die Gefahr bestehen könnte, daß das Ganze des Psalms auseinanderfällt und zersplittert. Nur dieses konsequente formkritische Arbeiten kann willkürliche Kulthypothesen unterbinden. Es wird dann jeweils unter dem Randzeichen »Ort« in der Erklärung des einzelnen Psalms die Möglichkeit geboten sein, nach einer zugrunde liegenden, die Einzelstücke zusammenschließenden und erhellenden »Situation« zu fragen. Aber auch in diesem erklärenden Abschnitt (»Ort«) strebt der Kommentar eine möglichst wirksame Offenheit und Unvoreingenommenheit an. Er betrachtet es keineswegs als ausgemacht, daß alle Psalmen einen kultischen »Sitz im Leben« einnehmen. Selbst dort, wo kultische Gelegenheiten unverkennbar durchschimmern, wird eine scharfe Differenzierung und Nuancierung gesucht. Das pauschale Einbeziehen der Psalmen in vorausgesetzte kultische Gelegenheiten wird immer wieder als besondere Gefahr apostrophiert. Wir wissen vom Gottesdienst Israels leider noch viel zu wenig. Der altorientalische Kult kann nur in denjenigen Forscherkreisen ein beherrschendes Prinzip der Exegese sein, in denen man sich über die geschichtliche und theologische Eigenart des Alten Testaments mit Hilfe bestimmender inneralttestamentlicher oder altorientalischer Schemata (»pattern«) bzw. kultisch-mythischer Prinzipien hinwegsetzt.

Mit allen diesen ersten Erklärungen ist der Weg, oder doch wenigstens die Wegrichtung, angezeigt. Es müssen nun die Konsequenzen des skizzierten Entwurfs ausgeführt und in zusammenfassender Darstellung vorgetragen werden. Bei solchem Unternehmen wird man sich von Anfang an vor Augen halten müssen: »Auch das beste und vollständigste System wird eben immer eine beträchtliche Zahl von Psalmen übriglassen, die sich einer Einordnung widersetzen oder diese doch nur gezwungenermaßen erlauben« (CBarth, Einführung in die Psalmen: BiblStud 32, 1961, 21). So werden auch die folgenden Ausführungen nur als ein Versuch betrachtet werden können, die Psalmen nach inneren (formalen und thematisch-inhaltlichen) Ordnungsprinzipien zu disponieren, um damit sachgemäße Voraussetzungen zu einer kontextorientierten Interpretation zu schaffen. Um die Darstellung nicht ausufern zu lassen, muß darauf verzichtet werden, die Psalmen außerhalb des Psalters eingehend zu berücksichtigen. Von Fall zu Fall soll auf Zusammenhänge und klärende Relationen aufmerksam gemacht werden.

1. Loblieder (תהלה) 1

Auszugehen ist von der komplexen Bezeichnung einer Gruppe von Psalmen mit dem hebräischen Begriff תהלה = »Loblied«. Unter Zurückstellung jeglicher formkritischer Differenzierung ist festzustellen, daß der Gruppe der »Loblieder« zugehören: Ps 8; 19A; 29; 33; 47; 65; 66A; 68; 93; 96; 97; 98; 99; 100; 104; 105; 106; 111; 113; 114; 117; 134; 135; 136; 145; 146; 147; 148; 149; 150. Bisweilen können als hebräische Bezeichnungen für ein »Loblied« auch die Begriffe מזמור, זמרה, שיר oder שירה auftreten. Zur Bedeutung von זמר vgl. CBarth, ThWAT II, 603–612.

Seit HGunkel die Gattung des Hymnus in ihrer Formensprache und Formstruktur erforscht und eingehend dargestellt hat (EinlPs § 2), sind insbesondere durch zwei Untersuchungen die Verhältnisse in dieser Psalmengruppe eingehend erarbeitet und neu erfaßt worden. Dabei hat es sich erwiesen, daß die »Gattung« der Hymnen keineswegs in einem einheitlichen kategorialen Schema rezipierbar ist, daß vielmehr eine differenziertere Forschung die im komplexen Bereich eines Hymnus vorliegenden Formtypen herausstellen muß. So unterschied CWestermann zwischen den beiden Grundtypen des berichtenden und des beschreibenden Lobpsalms. Vgl. CWestermann, Das Loben Gottes in den Psalmen (1954. ^{4}1968). Doch hat vor allem FCrüsemann die Erforschung der Hymnen auf ganz neue Fundamente und Voraussetzungen gestellt. Vgl. FCrüsemann, Studien zur Formgeschichte von Hymnus und Danklied in Israel: WMANT 32 (1969). Die wesentlichen Unterscheidungen sind mit den drei Begriffen »imperativischer Hymnus«, »hymnische Partizipien« und »Hymnus eines Einzelnen« angezeigt.

Wo immer eine formkritische Analyse und Näherbestimmung der unter dem komplexen Begriff תהלה zusammengefaßten Psalmen anhebt, da wird man fortan die Studien Crüsemanns aufnehmen müssen. Allerdings ist sogleich die Kardinalfrage zu stellen, in welchem Umfang und mit welchen Konsequenzen eine ausschließlich formkritisch eingestellte Forschung dem zu erarbeitenden Gegenstand wirklich gerecht zu werden vermag. Die Präponderanz des Formalen, die durch die formgeschichtliche Methode zur Auswirkung gelangt ist, bedarf einer kritischen Ergänzung, ohne daß es zur Vermischung und Verwischung der methodischen Ansätze kommen müßte.

In großer Klarheit hat AAlt die Gattungsforschung folgendermaßen beschrieben: »Sie beruht auf der Einsicht, daß in jeder einzelnen Literaturgattung, solange sie ihr eigenes Leben führt, bestimmte Inhalte mit bestimmten Ausdrucksformen fest verbunden und daß diese charakteristischen Verbindungen nicht etwa erst von Schriftstellern nachträglich und willkürlich den Stoffen aufgeprägt sind, sondern von jeher, also auch schon in der Frühzeit volksmäßiger mündlicher Gestaltung und Überlieferung vor aller Literatur, wesenhaft zusammengehörten, da sie den besonderen, regelmäßig wiederkehrenden Ereignissen und Bedürfnissen des Lebens entsprachen, aus denen die Gattungen je für sich erwuchsen . . .« (KlSchr I 284). – Es sind drei Sachverhalte deutlich zu apostrophieren: 1. Es sind »bestimmte Inhalte mit bestimmten Ausdrucksformen fest verbunden« – Inhalte. Ohne ständige Frage nach diesen Inhalten, u.d.h. nach den Themen, die in den Formen zur Ausführung kommen, wird man zum Ziel einer sachgemäßen Erfassung nicht gelangen können. 2. Zu akzentuieren ist die von Alt formulierte Kondition: »solange sie ihr eigenes Leben führt«, ist eine Literaturgattung im bezeichneten Sinn und mit den entsprechenden Methoden zu behandeln. Was heißt und in welchem Umfang gilt »solange sie ihr eigenes Leben führt«? Die traditionsgeschichtliche Forschung hat deutlich vor Augen geführt, daß und wie überlieferte Stücke in den verschiedenen Relationen des Raumes und der Zeit gewandelt, überlagert, neu gefaßt, ergänzt und erweitert wurden. Formkritik kann sich nicht vermessen, einen »actus purus« aus den Stoffen herauszudestillieren und ihn zum Kriterium aller Gattungswandlungen zu erheben. Die mit einer Hypothese verbundene und gebotene Behutsamkeit und Vorsicht, Elastizität und Korrekturbereitschaft kann in der Psalmenforschung nicht deutlich und oft genug zur Sprache kommen. 3. Es wird auf die »regelmäßig wiederkehrenden Ereignisse und Bedürfnisse des Lebens« hinzuweisen sein. Was wissen wir wirklich in dieser Sache? Es geht nicht nur um den örtlich und historisch abzustufenden Kultus als den (ursprünglichen) »Sitz im Leben«, es handelt sich auch um die Wiederaufnahme eines Psalms in neuen gottesdienstlichen und möglicherweise auch gruppengebundenen Zusammenhängen. – Die Fragen, die gestellt sind, sind zahlreicher und gewichtiger als die Antworten, die gefunden wurden.

Darum ist es sinnvoll und sachgemäß, mit der vorsichtigen, komplexen Bestimmung der Psalmengruppen (»Gattungen«) einzusetzen, sodann einige formkritische Feststellungen zu treffen und schließlich thematisch orientierte Anordnungen vorzunehmen. In diesem Prozeß ist der Frage nach dem »Sitz im Leben« der themenorientierten Psalmgruppen zuzustreben.

Zur Frage nach dem »Sitz im Leben« ist an HGunkels Forschungsansätze zu erinnern: »Jede alte literarische Gattung hat ursprünglich ihren Sitz im Volksleben Israels an ganz bestimmter Stelle. Wie noch heute die Predigt auf die Kanzel gehört, das Märchen aber den Kindern erzählt wird, so singen im alten Israel die Mädchen das Siegeslied dem einziehenden Heer entgegen; das Leichenlied stimmt das Klageweib an der Bahre des Toten an; der Priester verkündet die Tora dem Laien am Heiligtum; den Rechtsspruch . . . führt der Richter vor Gericht zur Begründung seiner Entscheidung an; der Prophet erhebt seinen Spruch etwa im Vorhof des Tempels; am Weisheitsspruch erfreuen sich die Alten im Tor usw. Wer die Gattung verstehen will, muß sich jedesmal die ganze Situation deutlich machen und fragen: wer ist es, der redet? Wer sind die Zuhörer? Welche Stimmung beherrscht die Situation? Welche Wirkung wird erstrebt?« (HGunkel, Reden und Aufsätze, 1913, 33). Zur formgeschichtlichen Methode und zur Gattungsforschung vgl. KKoch, Was ist Formgeschichte? Methoden der Bibelexegese (^{3}1974).

Es sind nunmehr die formkritischen Differenzierungen zur a
Darstellung zu bringen. Dies soll in Anlehnung an die Studien von FCrüsemann geschehen.

Der imperativische Hymnus (Loblied) ist eine Grundform des α
Hymnus in Israel. Auszugehen ist von dem »Grundmodell« Ex 15,21 (Crüsemann 19ff.). Im Psalter ist die imperativische Form in Ps 117 am deutlichsten ausgeprägt. Crüsemann handelt ausführlich von der auf die Imperative folgenden, zumeist mit כי eingeleiteten »Durchführung« des Lobliedes (32ff.) und von dem Ausbau des imperativischen Hymnus in den Psalmen (65ff.). Beispiele: Ps 96; 98; 100 und 136. Die ursprünglich unabhängige Grundform des imperativischen Hymnus hat sich freilich im Verlauf der Zeit mit den anderen hymnischen Formen (teilweise nahtlos) verbunden. Beispiele: Ps 113; 135; 147. Noch recht allgemein gehalten, aber an genauere Feststellungen heranführend, ist die Auskunft über den imperativischen Hymnus: »Sein Sitz ist der regelmäßige Kult, sein ursprünglicher Inhalt die Erfahrung von Jahwes geschichtlichem Handeln an Israel« (308).

Der partizipiale Hymnus ist die andere Grundform des Hymnus β
in Israel (81ff.). Altorientalische, insbesondere babylonische Parallelen zeigen an, welche Bedeutung diese Form auch in der Umwelt Israels gehabt hat (135ff.). Im Alten Testament sind die hymnischen Partizipien vor allem in der Prophetie des »Deuterojesaja« (Jes 40–55) aufweisbar (86ff.). Es bleibt generell festzustellen: »Das aus der Umwelt stammende hymnische Formelement der Partizipialprädikation lebt in Israel in einzelnen formelhaften Wendungen . . .« (308).

Schließlich ist der Hymnus eines Einzelnen eine Grundform des γ
Hymnus in Israel. Dieser Formtyp ist klar abzusetzen von der *Toda*, dem Danklied eines Einzelnen, das sachlich in einen anderen Zusammenhang hineingehört (vgl. § 6,2aγ). Als Beispiele für den Hymnus eines Einzel-

nen seien genannt: Ps 8 und Ps 104. Zur Vielfalt der Form vgl. Crüsemann 294ff.

Im Anschluß an die formkritischen Feststellungen ist die thematisch orientierte Gruppierung vorzunehmen. Es sind fünf thematisch bestimmte Psalmengruppen voneinander abzusetzen.

b

α Der Lobpreis des Schöpfers erklingt in den Psalmen 8; 19A; 33; 104; (136). Zu Ps 19A ist zu bemerken, daß dieser Psalm »ganz außerhalb der sonstigen Formensprache des Hymnus« liegt (Crüsemann 306 Anm. 1), daß also nur »im weiteren Sinn« von einem Loblied die Rede sein kann. Unangebracht ist die Bezeichnung der Psalmengruppe als »Naturpsalmen«; ja sogar die Benennung »Schöpfungspsalmen« ist nicht angemessen, denn nicht der Schöpfung, sondern dem Schöpfer Jahwe gilt der Lobpreis. Zudem wird genau bedacht werden müssen, daß dem hebräischen Alten Testament der nominale Begriff »Schöpfung« fremd ist; erst im Judentum kommt die nominale Bezeichnung auf. – Es ist nicht klar ersichtlich, wo die Loblieder auf Jahwe den Schöpfer ihren »Sitz im Leben« hatten. Sie standen fraglos in Verbindung mit der im Kultus anzusetzenden Vergegenwärtigung des Schöpfungsgeschehens in Wort und Symbol. Nach uraltem Brauch wurde in Jerusalem Gott als אל עליון קנה שמים וארץ (Gn 14,19) geehrt. Dies geschah z.B. beim kultischen Akt der Proskynese (Ps 95,6; 99,5; 100,4). Doch deutet Ps 8 auf ein in der Nacht angestimmtes Loblied hin (vgl. auch Ps 134,1; Jes 30,29 und 1 Ch 9,33).

β Die Jahwe-Königs-Hymnen sind deutlich gekennzeichnet durch die Thematik des Königtums Jahwes, durch die die Gruppe zusammengeschlossen ist: Ps 47; 93; 96; 97; 98; 99. Die Frage, wo und wann diese Jahwe-Königs-Hymnen angestimmt wurden, ist durch SMowinckels Rekonstruktion eines Thronbesteigungsfestes Jahwes immer wieder in einer eindeutigen Weise beantwortet worden im Hinweis auf ebendiesen Kult der Inthronisation Gottes (SMowinckels, PsStud II). Die Rezeptionen und Modifikationen der Hypothese Mowinckels können hier unberücksichtigt bleiben, denn die Bedenken, die sich gegen die Annahme einer kultischen Inthronisation Jahwes erheben, sind gravierend und empfehlen eine Eliminierung dieser Hypothese. Vgl. HJKraus, Gottesdienst in Israel, ²1962, 239ff.; s.u. § 9,3. Der »Sitz im Leben« der Jahwe-Königs-Psalmen geht aus Ps 24; 95,6; 99,5; 100,4 deutlich hervor: Diese Psalmen sind angestimmt worden bei der Proskynese der Kultgemeinde vor dem »König« Jahwe.

In den Zusammenhang der Proskynese vor dem *deus praesens* gehören die »Jahwe-Königs-Lieder«. Sie verherrlichen den thronenden Gottkönig und sprechen von seiner universalen Macht. Die Behauptung eines »Thronbesteigungsfestes Jahwes« muß von der Annahme ausgehen, daß Jahwe dem zyklischen Schicksalsgeschehen des Sterbens und Wiederauferstehens unterworfen ist. »König werden«, »inthronisiert werden« kann nur, wer zuvor nicht König war oder sein Königtum (entsprechend dem kultisch-mythischen Drama) zeitweilig verloren hat. Dieser Konsequenz kann sich niemand entziehen, der ein »Thronbesteigungsfest Jahwes« behauptet. Ihm fällt die Last zu, aus dem Alten Testament zu beweisen, daß Jahwe eine Zeitlang sein Königtum verloren oder preisgegeben hat. Dieser Beweis wird schwerlich zu erbringen sein. Will man aber eine israelitische Rezeption oder eine alttestamentliche Modifikation der Inthronisationsfeier behaupten, so wird man sich klarmachen müssen, welche Grundvorstellungen der Begriff der »Thronbesteigung« nach wie vor beinhaltet. Weithin wird die Meinung, Jahwe habe in Jerusalem in einem Kultakt feierlich den Thron bestiegen, mit der Lade, dem Gottesthron, in Verbindung gebracht. Wo aber wird im Alten Testament erklärt, daß Jahwe den Thronsitz der Lade erst im Heiligtum besteige? Nach Ps 24,8ff. zieht der über der Lade thronende Jahwe Zebaoth als König in den Tempel ein. Vgl. auch Ps 132,8. So wäre es also angemessen, im Blick auf die Einführung der Lade von einem »Einzug des thronenden Königs« und nicht von einer »Thronbesteigung« zu sprechen. Die »Jahwe-Königs-Psalmen« kommen alle von der Voraussetzung her:

»Fest steht dein Thron von uran,
von Ewigkeit bist du, Gott!« (Ps 93,2).

Ist aber Jahwe ewiger König, warum spricht man dann von einer »Thronbesteigung«?

Ich gestehe an dieser Stelle gern, daß ich mich in meinem Buch »Die Königsherrschaft Gottes im Alten Testament« (1951) geirrt habe, als ich den Ruf יהוה מלך als »Inthronisationsformel« auffaßte. Ich war aber schon damals überzeugt, daß es unmöglich sei, die »Thronbesteigungspsalmen« einem kultisch-mythischen Akt zuzuweisen. Die Erklärung der »Thronbesteigungspsalmen« als kultisch-hymnische Verkündigungen des durch die Botschaft Deuterojesajas inaugurierten Geschichtsumbruchs führte ich damals – den Anregungen Gunkels (EinlPs 110ff.) folgend – durch. Ich habe mich inzwischen eines Besseren belehren lassen und erstens das hohe Alter der Kulttraditionen vom »Gottkönig«, zweitens aber die doch wohl richtige Übersetzung des Rufes יהוה מלך = »Jahwe ist König« (vgl. zu Ps 93) erkannt. – Die Korrektur der Auffassung soll hier ausdrücklich vermerkt werden. Zu den Problemen vgl. § 10,1b.

Nur schwach gestützt ist die Annahme von »Ernteliedern« im Gottesdienst Israels: Ps 65; (145). Doch ist aus grundsätzlichen Erwägungen anzunehmen, daß die durch die Festkalender als Erntefeste gekennzeichneten Kultfeiern in entsprechenden Lobliedern auf den »Herrn der Ernte« (Mt 9,38) ihren Ausdruck fanden (vgl. Jes 9,2). γ

In den Geschichtshymnen wird das Loblied auf Jahwes geschichtliches Handeln angestimmt: Ps 105; (106); 114; 135; (136). Fraglos standen derartige Loblieder in unmittelbarer Korrespondenz zu den Erzählungen und Vergegenwärtigungen der großen Taten Jahwes im Gottesdienst Israels; sie waren selbst Verkündigung in der Rühmung. Allerdings ist es ein weiter, unübersehbarer Weg, der von Ex 15,21 bis hin zu einem Psalm wie dem 78. führt. Ps 78 gehört zur Gruppe der Lehrdich- δ tungen (§ 6,5) und belegt die völlige Integration der Geschichtsüberlieferungen in das Genus der Reflexion und Lehrverkündigung.

ε Als Einzugshymnen sind zu bezeichnen: Ps 24; 95 und 100. Die kultische Situation ist im Zusammenhang der festlichen Prozessionen zu erkennen. Vgl. § 6,6.

Zu den alttestamentlichen Hymnen gibt es parallele »Gattungen« in der Umwelt Israels. Aus der sumerischen Dichtung wären vor allem die Götterhymnen (*adab*) und die Paukenlieder (*tigi*) zu nennen. Es handelt sich um Gattungen, in denen die hohen Götter, dann freilich auch die Herrscher gepriesen werden. Daneben wäre auch das »lange Lied« (*schirgidda*) zu nennen, das von einem Sänger vorgetragen wurde; vgl. AFalkenstein/WvSoden, Sumerische und akkadische Hymnen und Gebete 20f. Unter den akkadischen Dichtungen steht das »Ruhmeslied« (*zamar tanitti*) der Gattung des Hymnus am nächsten. Der Preis des Gottes oder der Göttin tritt hier ganz in den Vordergrund. Auch gibt es verschiedene Sonderformen des Hymnus, so u. a. den »Selbsthymnus«, der der sumerischen Überlieferung entlehnt ist. Hymnische Elemente ragen weiterhin ständig in die Klage- und Bußpsalmen hinein, »so daß man von einem mit einem Klage- oder Bußgebet verbundenen Hymnus sprechen muß« (AFalkenstein/WvSoden 45). Aus einem Hymnus Assurbanipals an Anschar ist zu ersehen, daß auch die akkadische Dichtung die typischen Formen der Prädikation (hymnischer Relativsatz, hymnische Partizipien) kennt:

»Gewaltig großer Herrscher der Götter, der alles weiß,
hochangesehener, über alle erhöhter Ellil der Götter, der die Geschicke bestimmt;
Anschar, gewaltig großer Herr, der alles weiß,
hochangesehener, über alle erhöhter Ellil der Götter, der die Geschicke bestimmt!
(Hoch) erheben (will ich) den großmächtigen Anschar, den Herrscher der Götter, den Herrn der Länder,
(will) seine Großtaten (verherrlichen), seinen Ruhm immer wieder preisen!
Anschars Benennung will ich verherrlichen, hoch erheben seinen Namen;
den Ruhm dessen, (der) in Echursanggalkurkurra wohnt, will ich immer wieder preisen!«
(vgl. AFalkenstein/WvSoden 254).

Zu den babylonischen Parallelen vgl. vor allem FCrüsemann 135ff.

Auch die ägyptischen Hymnen sind in erster Linie Preislieder auf die Götter. Die Strukturelemente dieser Gattung entsprechen in auffallender Weise denen der alttestamentlichen Psalmen. »Sie beginnen mit dem Namen des Gepriesenen, dem eventuell noch ein Zuruf wie ›gelobt seist du!‹ oder ›Verehrung dir!‹ vorhergeht, und dann folgen, eigentlich als

Beiworte zu diesem Namen, lauter Adjektiva, Substantiva, Partizipien, Relativsätze, die die Eigenschaften des Gepriesenen schildern oder an seine Taten erinnern« (AErman, Literatur der Ägypter 13). Als Beispiel sei ein Osiris-Hymnus zitiert:

»Gelobt seist du, Osiris, Sohn des Nut,
der du Hörner trägst und an einem hohen Pfeiler lehnst.
Dem die Krone gegeben wurde und die Freude vor den neuen Göttern,
dessen Macht Atum geschaffen hat in den Herzen der Menschen, der Götter und der Verklärten.
Dem die Herrschaft gegeben wurde in Heliopolis;
groß an Wesen in Busiris, gefürchtet in den beiden heiligen Stätten.
Groß an Kraft in Roseta, ein Herr der Macht in Ehnas, ein Herr der Kraft in Tenent.
Sehr geliebt auf der Erde, mit gutem Andenken im Gottespalaste.
Vor dem die großen Mächtigen sich fürchteten;
vor dem die Großen aufstanden auf ihren Matten.
Für den Schu die Furcht erregt hat, und dessen Macht Tefnet erschaffen hat.
Zu dem Oberägypten und Unterägypten sich verneigend kommen,
weil seine Furcht so groß ist und seine Macht so gewaltig ist.«
(vgl. AErman, Ägypt. Rel.^{2} 61).

2. Gebetslieder (תפלה) 2

Bei weitem die meisten der im Psalter gesammelten Psalmen gehören a
zur Gruppe der Gebetslieder. Unter dem komplexen Begriff der תפלה werden Gebetslieder eines Einzelnen, Gebetslieder der Volksgemeinde (תפלת עם Ps 80,5) und Danklieder (תודה) zusammengefaßt. Zur Rezeption des hebräischen Grundbegriffs תפלה vgl. § 4 Nr. 8 und KHeinen, Das Nomen t^e*fillā* als Gattungsbezeichnung: BZ NF 16 (1972) 103–105. Die drei genannten Untergruppen lassen sich formkritisch voneinander abheben (vgl. α–γ). Zunächst ist nur allgemein festzustellen, daß die Gebetslieder eines Einzelnen durch das sprechende und singende »Ich« deutlich erkennbar sind (vgl. EBalla, Das Ich der Psalmen, 1912). Doch wird zu diesem »Ich« noch Genaueres auszuführen sein. Entsprechend ist zu den Gebetsliedern der Kult- und Volksgemeinde zu erklären, daß in ihnen das »Wir« der sprechenden und singenden Gemeinschaft deutlich hervortritt. Das Danklied (תודה) aber gehört nach inhaltlichen Kriterien und im Hinblick auf den »Sitz im Leben« (s.u.) ohne alle Frage in den Zusammenhang des Gebetsliedes eines Einzelnen. Hinzuweisen ist auf die Studien von FCrüsemann, in denen es heißt: Die Toda steht »in einer klaren und eindeutigen Beziehung zum Klagelied eines Einzelnen« (FCrüsemann, Studien zur Formgeschichte von Hymnus und Danklied in Israel: WMANT 32, 1969, 309).

Mit dieser ersten komplexen Erfassung der Gruppe der Gebetslieder werden die von HGunkel eingeführten Bezeichnungen eliminiert (vgl. Gunkel-Begrich, EinlPs § 6 »Klagelied des Einzelnen«; § 4 »Klagelied des Volkes«). Zu den Problemen s.o. Einführung in den § 6. Aber es wird – wie oben angezeigt – in der Disposition der zusammengehörigen Psalmen weiterzugehen sein. Die unter die komplexe Bezeichnung תפלה subsumierten Psalmen werden in einer ersten Phase formkritisch und in einem zweiten Durchgang nach inhaltlichen (thematischen) Gesichtspunkten zu ordnen sein.

α Die Gebetslieder eines Einzelnen sind zunächst formkritisch, u.d.h. nach Struktur und Aufbau, zu analysieren. Vgl. Gunkel-Begrich, EinlPs § 6 und CWestermann, Struktur und Geschichte der Klage im Alten Testament: ZAW 66 (1954) 44–80 = Forschung am Alten Testament: ThB 24 (1964) 266–305; JWWevers, A Study in the Form Criticism of Individual Complaint Psalms: VT 6 (1956) 80ff.

A. Einführung:
a. In den ersten Worten des Gebetsliedes geschieht die Anrufung des Namens Jahwes (im Vokativ). יהוה oder אלהי lautet diese Anrufung zumeist.
b. Die Anrufung ist unmittelbar begleitet vom Hilfeschrei, der meist im Imperativ steht.
c. In immer neuen Ansätzen kann die Anrufung wiederholt werden. Dabei spricht der Beter aus, was Jahwe ihm bedeutet. Bilder und Vergleiche unterstreichen die Schutzmacht und Güte Gottes, zu der der Beter Zuflucht nimmt.
d. Der Anrufung folgt bisweilen eine Selbstdarstellung des angefochtenen Beters. Er bezeichnet sich selbst als »elend und arm« und schildert mit wenigen Andeutungen seinen gegenwärtigen Zustand.
e. Elemente des Hauptstückes können bereits in der Einführung des Gebetsliedes anklingen, insbesondere Notschilderung, Bitte und Wunsch (Jussiv).

B. Hauptstück:
a. Der Beter und Sänger erklärt, er wolle seine נפש vor Jahwe ausschütten. Diese unmittelbare Überleitung zur Erzählung oder Schilderung der Klage müßte als erstes Element des Hauptstückes angesprochen werden.
b. Wesentlicher Bestandteil des Hauptstückes aber ist die Erzählung oder Schilderung der erfahrenen und noch gegenwärtig andauernden Not. Hier kann es sich handeln um Krankheit, Rechtsnot (Anklage), Verfolgung von Feinden, Preisgegebensein an Mächte des Verderbens (שאול), Gottverlassenheit und Schuld. Die Zustandsschilderungen weisen zumeist auf das gegenwärtige Ergehen, auf den Ort des Beters oder auf Verhaltensweisen hin.
c. Das Gebetslied ist durchwirkt und umgeben von Fragen. »Warum?« »Wie lange?« so lauten die Anfragen an Jahwe, die bisweilen hart an die Grenze der Anklage stoßen.
d. Im unmittelbaren Zusammenhang der Notschilderung ist die Bitte zu nennen. Der Beter erfleht und erbittet Jahwes gnädiges Einschreiten, eine Wendung des jeweiligen Geschicks, das den Angefochtenen betroffen hat. Die Bitten werden als Hilfeschrei meist im Imperativ geäußert.
e. Neben die Bitten oder an die Stelle der Imperative können auch Wünsche im Jussiv der 3. pers. treten.
f. Sofern sich die Wünsche auf eine Zurückweisung und Überwindung der Feinde beziehen, können sie die Form von Verwünschungen oder Fluchandrohungen bekommen.

Durch die Bitten und Wünsche klingt oft der Grundton des Vertrauens hindurch, der auch schon in der Einführung sich melden kann. Vertrauensäußerungen dieser Art dominieren in Ps 16; 23 und 62. Zu diesen Äußerungen des Vertrauens in den Gebetsliedern: PVonck, L'expression de confiance dans le Psautier: Message and Mission. Publications de l'université Lovanium de Kishana (1969).

g. Es werden Jahwe Beweggründe für ein wirkungsmächtiges Einschreiten vorgehalten und nahegebracht. Diese Beweggründe können verschieden motiviert sein. An Jahwes Huld, Jahwes Ehre und Treue gegenüber den Erwählten wird appelliert. Auch kann die unermeßliche Größe der Not und die צדקה des Beters Jahwe vorgehalten werden.

h. In diesem Zusammenhang verdienen die Beteuerungen der Unschuld eine besondere Beachtung. Namentlich in Liedern, in denen Verfolgte und Angeklagte ihre Stimme erheben, kann dieses Motiv hervortreten (vgl. z.B. Ps 7,4ff.).

i. Ein besonderes Moment des Hauptstückes, das man auch als »Schlußstück« bezeichnen könnte, ist das Gelübde. Der Klagende und Bittende gelobt, er wolle Jahwe ein Dankopfer darbringen und seinen Namen loben und verkündigen. Dieses »Dankgelübde« ist nicht immer deutlich erkannt worden. Vgl. DMichel, Tempora und Satzstellung in den Psalmen (1960).

j. Es kann geschehen, daß der Beter nach dem Ereignis der großen Wende ausschaut. Er ersehnt und erwartet das Eingreifen Jahwes, das im »Heilsorakel« oder in der »Theophanie« sich vollzieht. Die Gewißheit der Erhörung setzt sich durch. Schon weiß der aus tiefer Not Schreiende sich als Dankender. Die Gewißheitsaussagen führen und weisen hinüber in die Toda (γ).

Daß es unangebracht und unsachgemäß ist, mit den Gebetsliedern Einzelner die Vorstellung von »individueller«, also ungeteilter »Klage« zu verbinden, wurde zu Beginn dieses § bereits betont. Das »Ich« des Beters ist nicht eine einzelne Persönlichkeit, die möglicherweise auch noch als kunstfertiger Verfasser des Psalms verstanden werden könnte. Hier gilt es, endgültig Abschied zu nehmen von den Vorstellungen und Erklärungen der Gunkelschen Schule (vgl. § 8,1). Im Prozeß der Neuorientierung hatte schon GvRad ausgeführt: Der moderne Leser »stößt immer wieder auf Formulierungen von unvergleichlicher persönlicher Innigkeit und Inständigkeit; aber die Formgeschichte hat längst erkannt, daß sich auch die ganz persönlichen Klagegebete mit nur geringen Ausnahmen phraseologisch in einem offenbar ganz konventionierten Formelgut bewegen. Trotz der persönlichen Stilisierung dieser Gebete will es dem Ausleger fast nirgends gelingen, hinter den Ausführungen der Beter etwas wie ein individuelles, ein biographisch konturiertes Schicksal zu erkennen. Es handelt sich viel mehr um einige typische und oft sehr abgeblaßte Vorstellungen, in denen die Beter ihre Leiden zur Darstellung bringen« (GvRad, TheolAT I, [6]1969, 411). In schärferer Bestimmung hat EGerstenberger die Bitt- und Klage*rituale* der Gebetslieder herausgestellt. Vgl. EGerstenberger, Der bittende Mensch. Bittritual und Klagelied des Einzelnen im Alten Testament: Habilitationsschrift Heidelberg, o.J. Nur fragt es sich, ob Gerstenberger mit der strikten Bezugnahme auf die babylonischen (und andere altorientalischen) Gebetsrituale den Bogen nicht überspannt hat. Liegen im Psalter wirklich »Rituale« vor? Müßte man nicht den von GvRad benutzten Begriff »konventioniertes Formelgut« vorsichtig weiterzuführen versuchen, indem man von Zeugnissen der Gebetssprache Israels redet, die in der Gestalt von Agenden und Formularen im Tempelbereich vorlagen. Ohne »vitalistisch« mißverstanden zu werden: In den Gebetsliedern Israels ist Leben und Aussagekraft, Bewegtheit und Beziehungsfülle, während gerade die babylonischen Rituale bemerkenswert starr, formalistisch und eintönig sich darstellen. Die Sprache der תפלה ist eine lebendige, mannigfaltigen Bezugsmöglichkeiten offene Sprache (vgl. § 8,1). Das sprechende und singende »Ich« der Psalmen partizipiert an dieser Gebetssprache Israels. Das Ereignis dieser Partizipation ist nicht einfach ein Eintreten und Übernehmen starrer, gestanzter Ritualformulierungen, sondern Teilnahme an der Geschichte der Gebetssprache Israels:

»Doch du thronst als Heiliger,
du Lobpreis Israels!
Auf dich vertrauten unsere Väter,
sie vertrauten, und du hast sie gerettet.
Zu dir schrien sie und wurden befreit,
auf dich vertrauten sie und wurden nicht zuschanden!«
(Ps 22,4–6)

Die Geschichte Jahwes mit den Vätern und die Geschichte der Väter mit dem Gott Israels – dies sind die prägenden Kräfte der Gebetssprache der Psalmen, die eben nicht einfach in die Kategorie altorientalischer Rituale eingestuft und damit in den geschichtslosen Raum einer schematisierten Begegnung mit den Göttern eingeebnet werden kann. – In den Gebetsliedern eines Einzelnen muß von Fall zu Fall ermittelt werden, ob und in welchem Maß die Gebetssprache lebendig-beziehungsintensive Agende, verallgemeinerndes Formular oder Gebetsliteratur ist. Unter einer beziehungsintensiven Agende soll das Gebetslied verstanden werden, das den Bezug zu konkreten, im Kult zum Austrag kommenden Lebensschicksalen deutlich oder doch annähernd konturenklar erkennen läßt (vgl. b α–ε). Im verallgemeinernden Formular sind die konkret-kultischen Relationen, aber auch die Konturen des Lebensschicksals abgeblaßt; sie erscheinen in typisierter Form. Die Partizipationsmöglichkeiten des Einzelnen sind also im geweiteten Sprachraum vielfältiger, bezugsreicher geworden. Schließlich ist auf die Gebetsliteratur hinzuweisen. Hier handelt es sich um relativ späte, künstliche Gestaltungen, z.B. in der Form des Akrostichons. Diesem Typos der Gebetsliteratur wird neue Aufmerksamkeit zuzuwenden sein. Die späte Form holt aus der Gebetstradition das »konventionierte Formelgut« ein und stellt Psalmengebete zusammen. Vgl. LRuppert, Psalm 25 und die Grenze der kultorientierten Psalmenexegese: ZAW 84 (1972) 576–582.

Das Gebetslied der Volksgemeinde ist in Ps 80,5 mit dem die Gruppe erfassenden Begriff תפלת עם bezeichnet. Charakteristisch ist das »Wir« der sprechenden und singenden Gemeinschaft. Während die Gebetslieder Einzelner jeweils in den Thema-bestimmten Kategorien aufgezählt werden sollen (vgl. b α–ε), sind als Gebetslieder der Kult- und Volksgemeinde zu nennen: Ps 44; 60; 74; 77; 79; 80; 83; 85; 90; 94; 123; 126; 129; 137. Gegenüber der Darstellung in BK XV, 1.–4. Aufl. wird nunmehr die Einteilung und Bezeichnung in Dank- und Vertrauenslieder des Volkes aufgegeben. Zur Eliminierung der »Danklieder des Volkes«: FCrüsemann, Studien zur Formgeschichte von Hymnus und Danklied in Israel: WMANT 32 (1969) 309. – Zum »Gebetslied der Volksgemeinde« vgl. Gunkel-Begrich, EinlPs § 4; HWWolff, Der Aufruf zur Volksklage: ZAW 76 (1964) 48–56 = GesStudzAT: ThB 22 (^{2}1973) 392–401.

Wie die Gebetslieder Einzelner, so beginnen auch die Gebetslieder der Volksgemeinde zumeist mit einer Anrufung Jahwes. Bemerkenswert ist alsdann der geschichtliche Rückblick, der das Heilswirken Jahwes in früheren Zeiten bedenkt und in einem Appell an die Bewährung der Heilstreue des Gottes Israels gipfelt (vgl. Ps 44,1ff.; 126,2ff.). Notschilderungen, Bittrufe, Reflexionen und Fragen bestimmen das Hauptstück des Gebets (vgl. Ps 44; 83). Äußerungen des Vertrauens klingen immer wieder an (Ps 44,5ff.; 46; 125; 126). In Ps 123 gehen Motive des Gebetsliedes eines Einzelnen und der Volksgemeinde ineinander über. Offenbar konnte ein Einzelner als Sprecher der Volksgemeinde heraustreten. Es ist nicht auszuschließen, daß der Einzelne der König war (vgl. 1 Kö 8,29). Damit aber kommt die Gebetsliturgie in den Blick. Mit seinen Kehrversen ist Ps 80 deutlich als ein liturgisches Gebet gekennzeichnet. Liturgische Abläufe schatten sich auch in Ps 77 und 85 ab. An der Sprache der »Zionlieder« (§ 6,4) partizipiert Ps 137. Weisheitliche Traditionen haben sich in Ps 90 und 94 durchgesetzt; damit rücken diese Psalmen in die Nähe der »Lehrdichtungen« (§ 6,5).

In jedem der Gebetslieder der Volksgemeinde neu zu erfragen ist die Situation der Not, die Anlaß zur Gebetsliturgie an heiliger Stätte gegeben hat. Zu den Situationen, in denen ein Gebetslied der Volksgemeinde zu sprechen war: 1 Kö 8,33–40. Jedenfalls war es Brauch in Israel, in Augenblicken großer Not ein »Fasten auszurufen« (vgl. HWWolff, ZAW 76, 1964, 48ff.) und im Heiligtum in Gestus und Ritus Buße zu tun. Zu bedenken wäre, daß in der Zeit nach der Zerstörung des salomonischen Tempels regelmäßige Buß- und Fastenkulte in Jerusalem stattfanden (Jer 41,5ff.; Sach 7,1ff.; 8,18ff.). Zu diesen kultischen Feiern: HEvWaldow, Anlaß und Hintergrund der Verkündigung Deuterojesajas: Diss. Bonn (1953); HJKraus, BK XX (^{3}1968) 8ff. Die Gebetslieder der Kult- und

Volksgemeinde schauen aus nach einer Antwort Jahwes, die in der Form eines »priesterlichen Heilsorakels« oder eines kultprophetischen Spruches übermittelt wird. Vgl. JBegrich, Das priesterliche Heilsorakel: ZAW 52 (1934) 81–92; SMowinckel, Offersang og sangoffer 305ff.

γ Das Danklied eines Einzelnen (תודה) steht – wie bereits gezeigt wurde – in engstem Zusammenhang zu den Gebetsliedern Einzelner. Vorauszusetzen ist jeweils die geschehene Wende, die Errettung aus der Tiefe der Not. Wie kann diese Wende bezeichnet werden? Zuerst und vor allem mit dem Hinweis auf das Ereignis der Errettung. Dann aber auch im Hinblick auf »schicksalwendende Eingriffe«, wie sie im »priesterlichen Heilsorakel«, im kultprophetischen Spruch, im Gottesurteil, durch (priesterlich gedeutete) Zeichen oder durch Theophanie-Visionen geschehen sind. Es wird von Fall zu Fall in den Dankpsalmen zu prüfen sein, welches Ereignis die Wende herbeigeführt hat. Die Toda steht in einer (oft deutlich bezeichneten) Korrespondenz zum Dankgelübde, das der Beter in seinem in der Not gesprochenen Gebet abgelegt hatte. Das Danklied eines Einzelnen hat im Psalter seine klar erkennbare Intention und Thematik. In die Gruppe der תודה gehören: Ps 18; 30; 31; 32; 40A; 52; 66B; 92; 116; 118; 120. Nicht immer ist in den aufgezählten Liedern die Form klar und eindeutig. Zur formkritischen Analyse und Bestimmung: FCrüsemann, Studien zur Formgeschichte von Hymnus und Danklied in Israel: WMANT 32 (1969) 210ff. Zum Danklied eines Einzelnen vgl. auch WBeyerlin, Kontinuität beim ›berichtenden‹ Lobpreis des Einzelnen: Wort und Geschichte. Festschrift für KElliger, AOAT 18 (1973) 17–24. – Das Zusammenfließen mehrerer Formelemente ist z.B. in Ps 92 deutlich wahrnehmbar. Vor allem hat die Toda die Tendenz, mit den zurückblikkenden Notschilderungen und dem Ereignis der Wende lehrhafte Mitteilungen zu verbinden (vgl. § 6,5). Der »Sitz im Leben« der Danklieder bringt es sodann mit sich, daß der Akt der Darbringung des Dankes (Dankopfer, Danklied) im größeren kultischen Zusammenhang des Einzuges in den Tempel (Ps 118) bzw. in einem liturgischen Rahmen gesehen wird (Ps 52). Zu Ps 52 vgl. JJeremias, Kultprophetie und Gerichtsverkündigung in der späten Königszeit: WMANT 35 (1970) 120. Aber auch zu einem »Königslied« (§ 6,3) kann die תודה in Beziehung treten (Ps 18), so daß die Bezeichnung dieses Psalms als »Königsdanklied« angebracht wäre (FCrüsemann 256).

Wesentlich ist die Frage nach dem kultischen »Sitz im Leben« der Danklieder. Aufschluß vermittelt eine Situationsbeschreibung, wie sie auch in anderen Dankliedern nachweisbar ist:

»Künden will ich deinen Namen meinen Brüdern,
dich preisen inmitten der Gemeinde.«

»Dir verdank ich mein Lob in der großen Gemeinde,
mein Gelübde erfüll' ich vor denen, die ihn fürchten.«
(Ps 22, 23.26)

Während der großen Kultfeste Israels hatte der aus Not und Leid Errettete Gelegenheit, in der versammelten Gemeinde, im Kreis von Familienangehörigen, Freunden und Zuhörern, sein Dankopfer darzubringen, von Not und Rettung zu berichten und das Lob anzustimmen. Sein Dank ist eine תהלה (Ps 22,26). Dennoch gehört das Danklied eines Einzelnen nicht zur Gruppe der »Loblieder« (§ 6,1), sondern in den thematisch und durch den »Sitz im Leben« bezeichneten Zusammenhang der תפלה. Denn im Danken wurde die תפלה aus der Tiefe der Not rekapituliert. Beim Dankfest wurden Gebetslieder, die fern vom Kultort entstanden waren (Ps 42,7), zur Mitteilung gebracht (vgl. § 8,1). In diesem Zusammenhang findet ein durch kleinasiatische Stelen bekanntgewordener Brauch Beachtung. Notbericht und Errettungsgeschehen wurden in schriftlicher Form veröffentlicht. So nimmt wahrscheinlich Ps 40,7f. Bezug auf die Praxis, auf einer Schriftrolle vom Leiden und von der Errettung zu berichten. Vgl. HJHermisson, Sprache und Ritus im altisraelitischen Kult: WMANT 19 (1965) 43ff.

Bei den Dankliedern eines Einzelnen wird an die Unterscheidung, die oben getroffen wurde, zu erinnern sein. Es gibt die beziehungsintensive Dank-Agende, in der die Kult-Relation mit den entsprechenden Darbringungsweisen deutlich wahrnehmbar ist (Ps 40A; 116; 118). Anderer Art sind die Formulare, in denen dann auch mehrere Formelemente zusammenfließen können (Ps 92); die kultischen Konturen sind abgeblaßt, Elemente der Lehrdichtung sind eingeflossen (vgl. § 6,5). Schließlich ist die Form des Dankliedes auch in die Gebetsliteratur übergegangen; sie hat in der künstlichen, konstruierten Gestalt eines Akrostichons ihren Ausdruck gefunden (Ps 9/10).

Das Danklied eines Einzelnen läßt im Notbericht nur selten die konkreten Leiden und Nöte erkennen, denen der Beter ausgesetzt war. Auf jeden Fall ist es erforderlich, die תפלה eines Einzelnen bzw. die im Danklied eines Einzelnen auftretenden Andeutungen auf die konkrete Notlage hin genauer zu untersuchen. Hier ist eine das Thema und den Inhalt betreffende Nachforschung und eine entsprechende Gruppierung der Gebetslieder erforderlich.

Die Frage nach dem Thema bzw. nach der konkreten Notlage der Beter führt zu folgender Gruppierung, die für die genauere Erforschung der Gebetslieder eines Einzelnen unerläßlich ist (s.o.): α) Gebetslied eines Kranken; β) Gebetslied eines Verfolgten und Angeklagten; γ) Gebetslied eines Sünders; außerdem sind zu bedenken: δ) der »Aufruf zum Dank« und ε) die Gebetsliteratur. – In den folgenden Abschnitten wird b die zusammenfassende Aufzählung der Gebetslieder eines Einzelnen in der Weise nachgeholt, daß die zur komplexen Gruppe gehörigen Psalmen in ihrer jeweiligen thematischen Näherbestimmung genannt werden.

α Nach der Aufstellung von KSeybold gehören zu den Krankheits- und Heilungspsalmen, die hier Gebetslieder eines Kranken genannt werden:
mit Sicherheit: Ps 38; 41; 88;
mit relativer Sicherheit: Ps 30; 39; 69; 102 103;
mit Wahrscheinlichkeit: Ps 6; 13; (31); 32; (35); 51; (71); 77; 91.

Doch nicht nur die Gewichtung, auch die Zuweisung zu den Formgruppen wird im einzelnen modifiziert werden müssen. In jedem Fall sind zur Thema-orientierten Gruppe zu zählen: Ps 6; 13; 22; (31); 38; 41; 69; 71; 88; 102 und 103. – Zu diesen Gebetsliedern eines Kranken vgl. RMartin-Achard, Approche des Psaumes: Cahiers Théologiques 60 (1969) 49–65; KSeybold, Krankheit und Heilung. Soziale Aspekte in den Psalmen: BiKi 20 (1971) 107–111; KSeybold, Das Gebet des Kranken im Alten Testament. Untersuchungen zur Bestimmung und Zuordnung der Krankheits- und Heilungspsalmen: BWANT V,19 (1973). In Ps 102,1 lautet die hebräische Bezeichnung eines solchen Psalms: תפלה לעני. Mit unterschiedlichem Gewicht und wechselnder Deutlichkeit tritt das Krankheitsleiden des Beters im Bericht heraus. Der Beter befindet sich in der Nähe und darum schon in der Sphäre des Todes (Ps 88). Von den Krankheitsleiden reden deutlich Ps 38; 41 und 69. Daß der Beter des 69. Psalms schwere Leiden zu ertragen hatte, geht aus V. 27 und V. 30 deutlich hervor. In 20ff. ist dann von den Schmähungen und Anklagen der Feinde die Rede. Diese Tatsache könnte Veranlassung geben, an eine Einstufung des Psalms in b β zu denken. Doch wird zu bedenken sein, daß der Kranke und Leidende der Frage ausgesetzt war: »Wer hat gesündigt: dieser oder seine Eltern . . .?« (Joh 9,2). Die Möglichkeit der Anklage und der feindseligen Einstellung liegt in diesem Kausaldenken beschlossen; zugleich auch das Hineinreichen der Gebetslieder Kranker in die Gebetsaussagen derer, die, mit Schuld und Sünde beladen, das Bußgebet sprechen (b γ). Man wird diese Überschneidungen beachten müssen, zumal nicht wenige der Gebetslieder eines Kranken Formularcharakter haben (vgl. vor allem Ps 103). In äußerster Not spricht der Kranke das Dankgelübde, mit dem er die Hoffnung und Gewißheit verbindet, daß er Jahwe beim Dankfest preisen wird. In jedem Fall aber wird anzunehmen sein, daß die Gebetslieder der Kranken ertönten, wenn beim Dankfest im Notbericht die – indessen überstandenen – Leiden rekapituliert wurden. Ein Kranker war nicht kultfähig. Erst als Geheilter durfte er in den Tempelbereich einziehen. Sühne- und Reinigungsakte waren erforderlich, bevor der Geheilte an der Feier der Gemeinde teilnehmen und die תודה begehen konnte (vgl. a γ). Zu den einzelnen Phasen: KSeybold, BWANT V,19 (1973).

Die Gebetslieder Angeklagter und Verfolgter sind durch die Forschungen von HSchmidt zum ersten Mal genauer ins Licht getreten. β
Bestand nie ein Zweifel, daß in zahlreichen Psalmen das Thema »Anklage und Verfolgung« eine große Rolle spielt, daß nachstellende Feinde und feierliche Unschuldsbeteuerungen zur Sprache kommen, so hat doch erst HSchmidt jene Gruppe von Gebetsliedern Einzelner umrissen, die er »Das Gebet der Angeklagten« nannte. Vgl. HSchmidt, Das Gebet der Angeklagten im Alten Testament: BZAW 49 (1928). Damit gelangte die Institution der Gottesgerichtsbarkeit im Heiligtum ins Blickfeld. Es heißt in 1 Kö 8, 31f., im Tempelweihgebet Salomos: »Wenn jemand gegen seinen Nächsten sündigt, und man legt ihm einen Eid auf, indem man ihn (für den Fall der Schuld) sich selbst verfluchen läßt, und er kommt her und spricht die Verfluchung vor deinem Altar in diesem Haus, so wollest du es im Himmel hören und eingreifen und deinen Knechten Recht schaffen, indem du den Schuldigen schuldig sprichst und seine Tat auf sein Haupt zurückfallen läßt, den Unschuldigen aber für unschuldig erklärst und ihm nach seiner Unschuld tust.« Es wurden ja auch aus dem Bereich der Ortsgerichtsbarkeit diejenigen Fälle, die als »zu schwierig« sich darstellten, z.B. weil keine Zeugen aufzubieten waren, in das Heiligtum verwiesen (vgl. Dt 17,8ff.). Die Institution der Gottesgerichtsbarkeit, um die es sich also handelt, und die als »Sitz im Leben« zahlreicher Psalmen vorauszusetzen ist, hat insbesondere WBeyerlin näher erforscht. Vgl. WBeyerlin, Die Rettung der Bedrängten in den Feindpsalmen der Einzelnen auf institutionelle Zusammenhänge untersucht: FRLANT 99 (1970). Unter der Benennung »Gebetslieder Angeklagter und Verfolgter« kann (mit leichten Ergänzungen) die Zuordnung der entsprechenden Psalmen übernommen werden, wie Beyerlin sie vollzieht. Danach gehören zu den Psalmen mit institutionsbezogenen Rettungsaussagen: Ps 3; 4; 5; 7; 11; 17; 23; 26; 27; 57; 63. Als Psalmen, in denen der Institutionsbezug nur schwach erkennbar ist, sind zu nennen: Ps 9/10; 12; 25; 42/43; 54; 55; 56; 59; 62; 64; 70; 86; 94; 109; 140; 142; 143. Was aber ist zur Institution der Gottesgerichtsbarkeit zu ermitteln und insbesondere aus den genannten Psalmen zu erschließen? Beyerlin hat auf den Forschungen von HSchmidt (s.o.) und den Arbeiten von LDelekat in kritischer Überprüfung aufgebaut. Vgl. LDelekat, Katoche, Hierodulie und Adoptionsfreilassung: Münchener Beiträge zur Papyrusforschung und antiken Rechtsgeschichte 47 (1964); LDelekat, Asylie und Schutzorakel am Zionheiligtum. Eine Untersuchung zu den privaten Feindpsalmen (1967). Nach allem, was zur Institution der Gottesgerichtsbarkeit erforscht worden ist, lassen sich in der Grundstruktur folgende Phasen und Akte erfassen:

1. »Zu dir flüchte ich«; »Bei dir berge ich mich«: Aufsuchen des Gottesschutzes im Tempelbereich in der Rechtsnot des Angeklagten und Verfolgten.
2. Voruntersuchung im Bereich des Tempeleinlasses: Ps 5,6–8. Der Angeklagte und Verfolgte darf in den Tempel einziehen – zur Proskynese.
3. Er birgt sich im »Schatten der Flügel« Jahwes (Ps 17,8; 27,5; 57,2 u.ö.). Vertrauensaussagen bekunden die Geborgenheit im Gottesschutz. Zu den Kerubenflügeln: HJKraus, Archäologische und topographische Probleme Jerusalems im Lichte der Psalmenexegese: ZDPV 75 (1959) 125–140.
4. Reinigungseid und Selbstverfluchung als rituelle Akte, die der unschuldig Angeklagte vornimmt (vgl. 1 Kö 8,31 und Ps 7,4ff.; dazu: JPedersen, Der Eid bei den Semiten, 1914, 6.82f.103f.112ff. und MNoth, BK IX/1 186).
5. »Richte mich, Jahwe!« »Schaffe mir Recht!« Die Bitten zielen ab auf die Erteilung des göttlichen Urteilsspruchs, der »am Morgen« ergeht. Doch zuvor setzt sich der Anklagte in nächtlicher Tempelinkubation der Prüfung und Erforschung durch den *Deus praesens* aus (Ps 17,3; 139ff.). Mit dem Opfer am frühen Morgen und der letzten Appellation liefert der Beter sich dem Gottesurteil aus.
6. Es kann der Fall eintreten, daß die den Beter anklagenden und verfolgenden Feinde das Gottesurteil nicht anerkennen bzw. nicht annehmen (vgl. Ps 4,2ff.). Der kultische Prozeß ist aber erst abgeschlossen, wenn die Feinde dem Gottesurteil zustimmen und mit ihrer nachstellenden Anklage »zuschanden werden«.
7. Ist der rettende Freispruch geschehen, dann begeht der aus Rechtsnot Errettete die תודה (a γ), in der nicht selten auch auf das Ereignis überwundener Anklage und eingestellter Verfolgung geblickt wird. In der Dankfeier ist dem Beter das *communio*-Mahl »angesichts der Feinde«, die am Kultort zugegen waren und noch anwesend sind, bereitet (Ps 23,5).

Auch hier wäre erneut darauf hinzuweisen, daß der Grad der Zugehörigkeit und Nähe der »Gebetslieder Angeklagter und Verfolgter« zur Institution der Gottesgerichtsbarkeit sehr unterschiedlich sein kann. Die Skala reicht von der beziehungsintensiven Institutions-Agende über das institutionsnahe und institutionsgelöste Formular bis zur Gebetsliteratur, die ältere Traditionen neu bearbeitet.

Wo immer aber die Kultbeziehung deutlich oder noch erkennbar ist, da handelt es sich zumeist um den Kultus des Zion-Tempels (der vorexilischen Zeit).

γ Die Existenz besonderer Gebetslieder eines Sünders ist umstritten. Nicht selten werden Psalmen, die durch das Thema »Schuld« bzw.

die Sündennot und Bußbereitschaft des Beters gekennzeichnet sind, in den Zusammenhang mit den Gebetsliedern eines Kranken gebracht (siehe dort!). Gleichwohl werden vor allem die beiden Psalmen 51 und 130 als »Gebetslieder eines Sünders« anzusprechen sein. Die Beischrift in Ps 51,1f. trifft in dieser Hinsicht eine eindeutige Aussage und gibt einen klaren Hinweis. Aber auch Ps 13 und Ps 40B sind wohl hinzuzuziehen, während Ps 32 aus der Sicht der תודה die Wende von der Schuldbelastung zur Vergebung als das große, befreiende Geschehen preist. Reinigungsriten werden das Ersuchen des Gebets begleitet haben (Ps 51,4.9). Die תודה aber steht im Zeichen zugesprochener und als gewiß erwiesener Vergebung (Ps 32).

Mit dem bereits erwähnten Dankgelübde, das in den verschiedenen Gebetsliedern eines Einzelnen auftreten kann, und mit dem Aufruf zum Dank (Ps 107) ist noch einmal die Brücke vom Gebetslied aus der Not zur תודה zu bedenken. In der Tiefe der Not gelobt der Beter Lob und Dank in der תודה. Im Festkult Israels erschallt dann zur vorgesehenen Stunde der Aufruf zur Einlösung der Gelübde und zur Darbringung dieser תודה.

Zuletzt sei noch einmal hingewiesen auf die Gebetsliteratur, also ε
auf jene späte, künstliche Unternehmung, umfassende (z.B. durch die Form des Akrostichon geprägte) Kompositionen zu bilden, in denen eine Fülle konventionierter Gebetsformeln und Gebetstraditionen rezipiert wurde. Zur Gebetsliteratur: LRuppert, Psalm 25 und die Grenze der kultorientierten Psalmenexegese: ZAW 84 (1972) 576–582.

Auch wenn der Begriff des »Privaten« nicht unproblematisch ist, wird doch auf folgende Erklärung GvRads hingewiesen werden können: »Die Macht des Stilzwanges kann bei diesen Dichtungen gar nicht überschätzt werden. Gattungen können auch ihren Sitz im Leben verlassen, d.h. man lernt auch außerhalb der sakralen Institutionen, also zu Hause, sich im Gedicht auszusprechen. Also die Gattungen wandern ab ins Private, aber – und das ist das Interessante! – die Gattung bleibt mit all ihren Formmerkmalen, mit ihrer traditionellen Topik erhalten, auch da, wo der Stilzwang des Sitzes im Leben weggefallen ist. Die konventionelle Form ist kaum zu zerstören. Natürlich gibt es Variationsmöglichkeiten, die gerade in Anbetracht der Allmacht des Stilzwanges besonders interessant sind. Gattungen können, wie schon Gunkel gerne sagte, schließlich auch zersungen werden« (GvRad, Gottes Wirken in Israel, 1974, 270). Doch erfaßt die Rede von der »Abwanderung ins Private« noch nicht ganz den Prozeß, der in diesem Abschnitt umrissen wurde – abgesehen von der Problematik des Begriffs des »Privaten«.

Zu den alttestamentlichen Gebetsliedern einzelner Beter sind vor allem in der akkadischen Literatur viele lehrreiche Parallelen zu finden. Vgl. FStummer, Sumerisch-akkadische Parallelen zum Aufbau alttestamentlicher Psalmen (1922); JBegrich, Die Vertrauensäußerungen im israelitischen Klagelied des Einzelnen und in seinem babylonischen Gegenstück: ZAW 46 (1928) 221–260; GWidengren, The Akkadian and Hebrew Psalms of Lamentation as religious Documents (1936); GDCastellino, Le lamentazioni individuali e gli inni in Babilonia e in Israele (1939). – Als Beispiel akkadischer Klagelieddichtung sei hier nur ein Psalm aus einer Inschrift Assurbanipals zitiert:

»Gott und Menschen, Toten und Lebendigen tat ich Gutes.
Warum sind (trotzdem) Krankheit, Herzeleid, Auszehrung und Verderben an mich geheftet?
Im Lande weicht Zwietracht, im Hause wilder Zank nicht von meiner Seite;
Aufruhr und böse Rede sind ständig angezettelt gegen mich.
Tiefe Bekümmernis und körperliches Leiden hat meine Gestalt niedergebeugt;
Unter Weh und Ach habe ich die Tage verbracht.
Am Tage des Stadtgottes, am Monatsfest bin ich verstört;
es hält mich der Tod, ich gerate in (schwerste) Not.
In Herzbeklemmung und Jammer klage ich Tag und Nacht,
bin so müde geworden: 'O Gott, dem nicht Gottesfürchtigen gib (das); ich aber möchte dein Licht sehen!'
Bis wann, o Gott, willst du mir dieses antun?
wie einer, der Gott und Göttin nicht fürchtet, werde ich behandelt!«
(zit. nach AFalkenstein/WvSoden 269f.)

Aus diesem Klagelied sind einige Grundformen, die auch im alttestamentlichen Klagelied hervortreten (s.o.), gut zu erkennen. Allerdings sind die meisten akkadischen Klagelieder durch formale Elemente ausgezeichnet, die sehr wesentlich von den alttestamentlichen Psalmen abstechen. Das hymnische Element nimmt in der Einführung zum Klagelied in der akkadischen Gebetsliteratur einen großen Raum ein. Man will die angerufene Gottheit günstig stimmen und sie durch Doxologien gewinnen. Auch Beschwörungen und magische Einwirkungsmomente durchziehen ständig das akkadische Lied.

3 ### 3. Königslieder (מעשי למלך Ps 45,2)

Zur thematisch bestimmten Gruppe der Königslieder sind folgende Psalmen des Psalters zu zählen: Ps 2; (18); 20; 21; 45; 72; 89; 101; 110; 132; 144,1–11. »Ihre innere Einheit haben die genannten Lieder dadurch, daß sie sämtlich von Königen handeln« (HGunkel-JBegrich, EinlPs 140). Mit dieser vorläufigen Erklärung wird man sich bei der Erfassung der Psalmengruppe hier zunächst begnügen müssen. Damit ist aber auch eine Grenze abgesteckt. Auf keinen Fall ist es möglich, den Begriff »Königslieder« auch auf Texte auszudehnen, die gar keine oder nur sehr schwache Anklänge an »königliche Motive« enthalten, aber durch die (auf einen König weisende) Überschrift לדוד gekennzeichnet sind. – Es ist geraten, in diesem Abschnitt mit der Frage nach dem »Sitz im Leben« der oben aufgezählten »Königslieder« einzusetzen. Bei welcher Gelegenheit werden die »Königslieder« aufgeführt? Ist es möglich, aus den Liedern auf einen bestimmten rituellen Akt zu schließen? Einen ersten Einblick ermöglicht Ps 110. Offensichtlich handelt es sich um ein Lied, das Situationsschilderungen und Botschaften des Thronbesteigungsfestes eines Königs von Jerusalem enthält. Die uralten Privilegien des (jebusitischen) Stadtkönigs von Jerusalem werden auf den Regenten aus der Dynastie Davids übertragen. Die feierlichen Initiationsriten und Orakelsprüche lassen deutlich erkennen, daß ein König inthronisiert wird. – Man könnte auch Ps 2; 72 und 101 als »Königslieder« bezeichnen, die zur Thronbesteigung des Regenten gehören. Aber es besteht die Frage, ob nicht dem grundlegenden Inthronisationsvorgang ein jährliches »Königs- und Tempelfest« korrespondiert, das die fundamentalen Grundlagen des Jerusalemer Kultus, die Erwählung Davids und die Erwählung des Zion, den Festpilgern in einem feierlichen Eröffnungsakt des jährlichen Hauptfestes vor Augen führt. Auf dieses »Jahresfest« hatte zuerst HGunkel hingewiesen (HGunkel-JBegrich, EinlPs 141). Ps 132 spielt in diesem Zusammenhang eine entscheidende Rolle (vgl. zu Ps 132). Dieser Psalm läßt einen Kultakt in Erscheinung treten, der mit dem feierlichen Aufzug der Lade zum Zion die »Erwählung Jerusalems« (Ps 132,13) und mit der Rezitation von 2 S 7 die »Erwählung Davids und seiner Dynastie« (Ps 132,11f.) begeht. Es wäre möglich, daß Ps 2; 72 und 101 diesem jährlich stattfindenden, das Laubhüttenfest eröffnenden »königlichen Zionfest« zuzuordnen sind; vgl. HJKraus, Die Königsherrschaft Gottes im Alten Testament (1951) 50ff.; HJKraus, Gottesdienst in Israel ([2]1962) 215ff. – Neben dem »Thronbesteigungsfest« und der jährlich stattfindenden »Königs- und Heiligtumsfeier« müßte nun auch auf die Hochzeit des Regenten hingewiesen werden. Ps 45 preist den König in seiner Pracht und bezieht sich ganz deutlich auf eine Hochzeitsfeier. – Endlich aber sind akute Notstände zu nennen, die Anlaß gegeben haben, daß der Regent bei einer Klagefeier vor allem Volk Jahwe anrief bzw. daß er nach wunderbarer Errettung im Heiligtum ein Danklied anstimmte (vgl. Ps 18; 20) – Nach diesen Hinweisen auf den »Sitz im Leben« der »Königslieder« seien die Hauptelemente der Formensprache aufgezählt. Zuerst ist das »Orakel« zu nennen – der (kultprophetische) Zuspruch an den Regenten (vgl. Ps 2,7ff.; 21,9–13; 110,1.3.4; 89,20ff.; 132,11f.). Im Anschluß an den die Dynastie begründenden Gottesspruch wird bei festlichen Gelegenheiten dem König Heil verheißen. Altorientalische Parallelen zu diesem sakralen Zuspruch sind bei JBPritchard, ANET 449f. zu finden (vgl. auch AFalkenstein/WvSoden, Sumerische und akkadische Hymnen und Gebete 292f. 393f.). Auf die ägyptischen Parallelen hat GvRad aufmerksam gemacht: GvRad, Das judäische Königsritual: ThLZ 72 (1947) 211–216 = GesStud: ThB 8 ([4]1971) 205–213. – Ein typisches Element der Königslieder ist ferner die Fürbitte. Priester oder

Propheten treten vor Jahwe für den König ein (Ps 20,2–6; 72,1; 132,1f.10). Diese Fürbitte findet in Ps 72 dann eine charakteristische Ausprägung in den Segenswünschen, die als unmittelbar wirksames Machtwort auf den Regenten gerichtet sind. – Singulär ist innerhalb des Alten Testaments der in Ps 45 hervortretende Stil des Preisliedes. Im hymnischen Stil wird dem König (למלך Ps 45,2) eine Ode gesungen. – Besonderen Anlässen sind die Formelemente einer aus Not hervorkommenden תפלה bzw. des Dankes entsprungen. In Ps 89,39ff. wird ein Gebet aus der Notlage des Niedergangs, den die Dynastie Davids erfahren hatte, angestimmt. Der Stil des Dankliedes ist in Ps 18; 20,7; 21,2ff.; 144,1ff. bestimmend. – Auch wäre noch ein eigenartiges Formelement zu nennen, das nur aus bestimmten rituellen Voraussetzungen erklärbar ist: In Ps 101 legt der König eine Loyalitätserklärung und ein Gelübde ab.

Außerhalb der deutlich als »Königslieder« gekennzeichneten Psalmen wären die in einigen Gebetsliedern und Danksagungen auftretenden Fürbitten für den König zu nennen: Ps 61,7ff.; 63,12; 80,18ff.; 84,10.

Alle Königslieder aber nehmen Bezug auf die Zeit, in der das Königtum in Israel bestand; sie sind in ihrem Ursprung vorexilisch – auch wenn man eine spätere Nachgestaltung nicht ausschließen kann. Nach dem im Psalter vorliegenden Befund wird darüber hinaus erklärt werden können, daß alle entscheidenden Hinweise auf das Königtum in Jerusalem gehen. Auch dort, wo man nordisraelitische Traditionen vermutet hat (Ps 45), liegt es näher, an Jerusalem zu denken.

Zu den Königsliedern vgl. u.a.: KRCrim, The Royal Psalms (1962); WHSchmidt, Alttestamentlicher Glaube in seiner Geschichte ([2]1975) 180ff. – dort weitere Literatur; SSPatro, Royal Psalms in Modern Scholarship: Diss. Kiel 1976.

4 ### 4. Zionlieder (שיר ציון)

Die Bezeichnung der Psalmgruppe als שיר ציון ist in Ps 137,3 verankert. Aus Ps 137,3 geht hervor, daß es unter den exilierten Juden diese fest umrissene Gruppe von Gesängen, Liedern und kunstreichen Psalmen gab, die sogar den Fremden als »Zionlieder« bekannt waren. Es handelt sich um Psalmen, die den Zion verherrlichen. Der heilige Berg Jerusalems ist der Ort, wo Jahwe gegenwärtig ist (Ps 46,6). Hier versammeln sich die Stämme zur gemeinsamen Verehrung Jahwes (Ps 122,4). Zur Gattung gehören: Ps (46); 48; 76; 84; 87; 122; (132). Situation und Zusammenhang dieser Psalmen sind aus einigen aufschlußreichen Versen gut zu ermitteln. So hat man (nach Ps 84,3f.; 122,2) beim Betreten der heiligen Stätte den Zion besungen. Die Psalmisten blicken bei dieser Gelegenheit auf die Wallfahrt zurück (Ps 122,1), wenden sich aber nun dem Wunder der Gottesstadt zu. Elemente des Wallfahrtsliedes (שיר המעלות § 4 Nr. 3) gehören in die Zionlieder hinein. Ein besonderes Thema bildet sodann die

»Erwählung des Zion« (vgl. Ps 132,13; 87,1ff.). Zusammenhänge zum großen kultischen Einzugsakt, in dessen Mittelpunkt die Lade stand, sind hier erkennbar; vgl. zu Ps 132. Der Erwählung Jahwes verdankt der Zion seine Herrlichkeit und seinen Glanz. Vorisraelitische Traditionen Jerusalems sind in den Psalmen 46; 48 und 76,4ff. feststellbar (vgl. zu Ps 46). Bei der Verherrlichung des Zion wird auf uralte Kultüberlieferungen des Jebusiterheiligtums zurückgegriffen. Man wird sich vorstellen können, daß diese Preislieder im Zusammenhang mit jenem festlichen Geschehen standen, welches in Ps 132 seinen Niederschlag gefunden hat. Aber es ist auch denkbar, daß während der großen Jahresfeste feierliche Umzüge rings um den Tempelbereich veranstaltet wurden (Ps 48,3ff.).

In einer Studie unter dem Thema »Lade und Zion« hat JJeremias die Ps 46; 48; 76; (87) zusammengefaßt und zunächst festgestellt: »Für die Zionpsalmen nun ist m.E. die Beobachtung von großem Gewicht, daß sie nicht nur sehr ähnlich aufgebaut sind, sondern darüber hinaus jeweils die gleichen drei syntaktischen Konstruktionen für die Hauptaussagen der Psalmen verwenden.« Vgl. JJeremias, Lade und Zion: Probleme biblischer Theologie. Festschrift für GvRad (1971) 183–198; 189f. Die formanalytischen Untersuchungen gelangen zu folgenden Feststellungen:

1. Betont und geradezu überschriftartig am Anfang stehen jeweils bekenntnisartige statische Aussagen, fast durchweg in Gestalt von *Nominalsätzen*, die Gott als Bewohner und Schützer des Zion bzw. Zion als von Gott prächtig ausgestattetes und geschütztes Bollwerk beschreiben.
2. Diese statischen Aussagen werden sachlich begründet durch *perfektische Verbalsätze*: Herr und Schützer des Zion ist Jahwe, weil er den Völkeransturm abgewehrt hat.
3. Jeweils zum Abschluß werden spezielle Folgen für die Hörer in *Imperativsätzen* genannt, denen in Ps 48 und 76 Jussive vorangehen und die zur Anerkennung Jahwes (46,9a.11), zur Festprozession (48,12ff.) oder zur Toda und Erfüllung der Gelübde (76,11f.) auffordern (190).

Zur Variabilität der mittleren Glieder der herausgestellten Psalmen vgl. JJeremias 190.

Die Zionlieder sind wohl zum größten Teil in *vorexilischer Zeit* entstanden. Die Stoffe aber sind auf die mannigfaltigste Weise tradiert und in späteren Zeiten rezipiert worden.

5. Lehrdichtungen 5

Als Anhaltspunkte für eine sachgemäße hebräische Bezeichnung der Lehrdichtungen oder auch Lehrlieder könnten aus Ps 49,4 die Begriffe חכמות und תבונות genannt werden. Zu beachten wären aber auch die Eingangsformulierungen des Ps 78. – Über Entstehung, Überlieferung und Gestaltung der Weisheitslehre in Israel kann hier nicht referiert werden. Nur auf die Einwirkungen der חכמה auf die Psalmendichtung soll hingewiesen werden. Dies soll zunächst in einer ersten Übersicht geschehen. Hernach sollen dann die Themen systematisch erfaßt werden. Zuletzt sollen dann einige formkritische Beobachtungen in Kürze zusammengestellt werden. – Wo immer in den Psalmen Ansätze zu einer lehrhaften Darbietung poetisch gefaßter Stoffe vorliegen, tritt die חכמה als mitbestimmendes Gestaltungsprinzip in Erscheinung. Es ist auffallend, wie z.B. das »Danklied des Einzelnen« jeweils dort, wo es lehrhafte Züge gewinnt, nach Form und Inhalt von der Weisheitsdichtung geprägt wird (vgl. z.B. Ps 34). Auch der »Geschichtspsalm« wird von der חכמה durchpulst, sofern er sich belehrend an die Kultgemeinde wendet (vgl. Ps 78). Die verhältnismäßig spät anzusetzenden »Torapsalmen« nehmen ebenfalls Gedankengut der »Weisheit« in sich auf (vgl. Ps 1 und Ps 119). Ps 1 weist den rechten Weg der צדקה und lehrt sowohl das Glück des צדיק wie auch das Unheil des רשׁע. Über »Jahwes gerechtes Handeln« wird in Ps 37 und 73 berichtet und gelehrt. Wiederum greift auch hier die חכמה ein, um die theologischen Grundprobleme angemessen zu erörtern. – Doch eigentlich ist die sachgemäße Form der Weisheitsdichtung der Spruch (vgl. die Proverbien). In Ps 127 und Ps 133 setzt sich die חכמה in ihrer Spruchgestalt im Psalter durch, während Sentenzen in Ps 112 und Ps 128 hervortreten.

Eine größere Gruppe von sapientiell geprägten Psalmen ist durch das Thema תורה bestimmt und wird deshalb angemessen mit der Bezeichnung Tora-Psalmen versehen. Zu dieser thematisch bestimmten Gruppe der Tora-Psalmen gehören: Ps 1; 19B und 119, aber im weiteren Sinn auch: Ps 34; 37; 49; 111; 112; 127; 128; 139. Vgl. GvRad, Weisheit in Israel (1970) 71. Die weisheitliche Reflexion hat sich der alten תורה-Traditionen bemächtigt und sie in der gewandelten Situation, in der die »Gemeinde der Gerechten« (Ps 1,5) nicht mehr mit »ganz Israel« identisch ist, in der Weise zum Lehrvortrag gebracht, daß sich Entscheidungen und Scheidungen herausbilden konnten. Von eigenartigem Gepräge ist insbesondere der Ps 119, der doch wohl zu verstehen ist als eine Sammlung von Äußerungen der Tora-Frömmigkeit in nachexilischer Zeit. Der Psalm ist hervorgegangen aus Elementen des Schriftstudiums, der kultischen Tora-Unterweisung des Einzelnen und Impulsen der Weisheitslehre. Bestimmend sind Liebe und Freude im Verhältnis zur gnädigen Gottesgabe der Tora. Im Umkreis dieses Themas sind auch diejenigen Psalmen zu sehen und zu verstehen, die über Ps 1; 19B und 119 hinausgehend genannt wurden.

Eine Gruppe besonderer Prägung tritt in den Problemdichtungen entgegen. Es handelt sich um Ps 37; 49; 73; 139. In der Ägyptologie ist der Begriff der »Auseinandersetzungsliteratur« eingeführt worden. Vgl. EOtto, Der Vorwurf an Gott. Zur Entstehung der ägyptischen Auseinandersetzungsliteratur: Vorträge der orientalischen Tagung in Marburg,

Fachgruppe Ägyptologie 1950 (1951). In diesem schon im alten Ägypten bekannten Traditionsstrom sind auch die genannten alttestamentlichen Psalmen zu erkennen, doch führen diese Psalmen jeweils solche Themen aus, die im Zusammenhang der Überlieferungen Israels zu erarbeiten sind (vgl. die Interpretation der angezeigten Psalmen). Vor allem ist die Grenze zu den Tora-Psalmen fließend.

Wie die Weisheitsreflexion in die verschiedensten Stoffe und Traditionen eingegriffen hat, so hat sie auch die Geschichtspsalmen durchdrungen (vgl. § 6,1bδ). Geschichtliche Ereignisse sind zum Exempel der Lehre und zur Erhebung rätselhafter Lebenszusammenhänge geworden: Ps 78.

In den meisten Fällen aber sind die vielfältigen Themen und Traditionen, in denen die Weisheitsreflexion und die sapientielle Lehrgestalt zum Ausdruck kommen, systematisch nicht zu erfassen. Insbesondere in der תפלה und in der תודה hat die Lehrdichtung der Weisheit ihre Spuren hinterlassen. Hinter der Feststellung weisheitlicher Prägungen »steht noch manches Ungeklärte, denn von einer bestimmten Gattung der Lehrgebete kann man nicht reden, nur von einer gemeinsamen Sprache und Thematik« (GvRad, Weisheit in Israel, 1970, 70). Vgl. auch SMowinckel, Psalms and Wisdom: VTSuppl 3 (1955); REMurphy, A Consideration of the Classification ›Wisdom Psalms‹: VTSuppl IX (1963) 156–167; PWSkehan, Studies in Israelite Poetry and Wisdom: CBQ-Monograph Series 1 (1971).

Aus dem Bereich der Spruchweisheit sind insbesondere drei Themen nachweisbar: Die Vergänglichkeit des Lebens in der Zeit (Ps 90); Hausbau, Schutz der Stadt und Mühsal der Arbeit (Ps 127); das Zusammenleben der Brüder (Ps 133).

Ein bemerkenswertes Element weisheitlicher Dichtung ist die autobiographische Stilisierung. Sie ist z.B. in Ps 73 feststellbar. Ein fiktives Erleben und Erleiden durchherrscht die Lehre und erzielt den Effekt einer Typisierung, in der sich ein – autobiographisch anmutendes – Schicksal verdichtet. Zur autobiographischen Stilisierung in den sapientiellen Traditionen: GvRad, Weisheit in Israel (1970) 56. Paralleltexte zur Veranschaulichung des Vorgangs: Prv 24,30–34; Sir 33,16–19; 51,13–16.

Die Formkritik vermag lediglich einige wenige charakteristische Formeln und Formulierungsweisen in den weisheitlichen Lehrdichtungen aufzuweisen, so den Lehreröffnungsruf, der in Ps 49,2 und Ps 78,1 vorliegt (vgl. auch Prv 7,24; Jes 28,23; Dt 32,1). Zur Eröffnung der Sprüche des Amen-em-ope vgl. AOT 39 und ANET 421; in der babylonischen Weisheit: AOT 290 und ANET 440. Grundlegendes zum »Lehreröffnungsruf«: HWWolff, BK XIV/1 ([3]1976) 122f.

Auch der Makarismus ist ein charakteristisches Introduktionselement der weisheitlichen Lehre: Ps 1,1; 32,1; 33,12; 34,9; 40,5; 41,2 u.ö. Vgl. WJanzen, *'Ašrê* in the Old Testament: Havard Theol. Review 58 (1965) 215–226; Elipiński, Macarismes et Psaumes de congratulation: RevBibl 75 (1968) 321–367; KKoch, Was ist Formgeschichte? ([3]1974) 322ff.; MSœbø, אשר THAT I 257ff.

Schließlich scheint das Akrostichon ein beliebtes Kunstmittel sapientieller Lehrgedichte gewesen zu sein (Näheres zu Ps 9/10 »Form«).

6 6. Festpsalmen und Liturgien

In Anbetracht der zahlreichen Hypothesen und Spekulationen, die sich bei der Frage nach Kult und Liturgie in die Psalmenforschung eingeschlichen haben, sind zunächst grundsätzliche methodologische Überlegungen und kritische Erörterungen erforderlich. Dabei wird man von der einfachen Feststellung ausgehen und die Tatsache apostrophieren müssen: Im alttestamentlichen Psalter ist nirgendwo ein Ritual überliefert. Während wir altorientalische Texte kennen, die sehr genau den gesamten kultischen Ablauf regulieren und sogar einzelne Regieanweisungen geben, läßt uns der Psalter an dieser Stelle ohne eine ausreichende Klärung. Die Psalmen haben im Grunde einen bruchstückhaften, fragmentarischen Charakter, wenn man sie vom Gesichtspunkt des geschlossenen Rituals aus betrachtet. Dieser Mangel ist das Einfallstor für mannigfache Kulthypothesen geworden. Die Prinzipien des altorientalischen Rituals wurden zur »Füllung« und »Vervollständigung« der lückenhaften alttestamentlichen Kulttraditionen herangezogen. Unter der Hand wurden dann diese »Füllungen« und »Vervollständigungen« das beherrschende Erklärungsprinzip. Von SMowinckel bis hin zu IEngnell wurde der Psalter in den Rahmen des altorientalischen Rituals der Lebenserneuerung zur Jahreswende hineingenommen. AWeiser zieht zur »Füllung« und »Vervollständigung« die Hypothese vom »Bundeserneuerungsfest« heran; er versetzt die Psalmen in den fiktiven Rahmen des Rituals eines alttestamentlichen Bundeskultes. Der methodische Fehler beginnt immer dort, wo man vor einer sorgfältigen formkritischen Analyse der Psalmen bereits (über die Gattungen hinweg) kultische Zusammenstellungen vorgenommen hat. – Im Gegensatz zu den von massiven Kultritualen ausgehenden Untersuchungen und Auslegungen versucht der vorliegende Kommentar, von Fall zu Fall die möglichen kultischen Hintergründe zu erarbeiten. Die formkritische Analyse ist jeweils neu der Ausgangspunkt. Man mag diesem Verfahren den Vorwurf machen, daß es aufspaltend und zerstückelnd wirke. Diesen Vorwurf muß sich gefallen lassen, wer die Nuancen zu erfassen sucht und den Vereinheitlichungstendenzen aus dem Wege geht. Auch werden bisweilen Fragen nach der kultischen Gelegenheit eines Psalms offenbleiben oder in ihren vielfachen Möglichkeiten diskutiert. Der Kommentar scheut sich nicht, die Grenze des Verstehens öfter deutlich zu kennzeichnen und hält das Fragezeichen für eine sachgemäßere Setzung als die Einbeziehung in eine pauschale Kulttheorie. – Der Begriff »Liturgie« ist ebenso umstritten und fragwürdig wie der Begriff »Ritual«. Liegen in einzelnen Psalmen wirklich »Liturgien« vor? Handelt es sich um einen geschlossenen Ablauf? Um »Teilstücke aus der Liturgie« (AWeiser 22)? Diese Fragen sind nicht mit einem Satz zu beantworten. Man hat nicht selten den Eindruck, als seien sehr willkürlich oder mit einer ganz bestimmten Tendenz von den Sängern und Dichtern einzelne Elemente aus einer »Liturgie« in den Psalmen zusammengestellt worden. Eine eigenartige »Auslese« wird z.B. in Ps 132 oder in Ps 110 getroffen worden sein. Auch die »Torliturgien« (Ps 15 und Ps 24) sind »Ausschnitte«. So ist der Erklärer gewiesen, sich größte Zurückhaltung aufzuerlegen. Es kann darum im Folgenden nur der vorsichtige Versuch unternommen werden, zum Thema »Festpsalmen und Liturgien« einige Beobachtungen zusammenzustellen.

Zuerst werden die drei großen Festpsalmen innerhalb des Psalters herauszustellen sein: Ps 50; 81 und 95. Mit Recht stellt JJeremias fest: Diese großen Festpsalmen sind im Psalter »eine Größe für sich« (JJeremias, Kultprophetie und Gerichtsverkündigung in der späten Königszeit Israels: WMANT 35, 1970, 125). Deutlich gekennzeichnet ist die Situation des Kultfestes in Ps 81,2–5. Die beiden anderen Psalmen sind nach Inhalt und Struktur Parallelen. Charakteristisch ist die Theophanieschilderung in Ps 50, die auf eine »Gattung« hinweist, der gerade im Psalter ein besonderes Interesse gelten muß. Zum Thema »Theophanie« vgl. JJeremias, Theophanie. Die Geschichte einer alttestamentlichen Gattung: WMANT 10 (1965). Weiter lassen die Festpsalmen erkennen, daß die Verkündigung der Gebote und an diese Verkündigung angeschlossene Mahnreden im Kultus geschahen. Nur sehr schwer ist die kultische Situation näher zu bestimmen. Doch vgl. Exkurs zu Ps 50.

Einen Ausschnitt aus dem Ritual des Einzuges in den Tempel enthalten diejenigen Psalmen, die als Einzugsliturgien, Tempeleinlaßliturgien, Torliturgien und Tora-Liturgien bezeichnet worden sind: Ps 15 und Ps 24. Vgl. KKoch, Tempeleinlaßliturgien und Dekaloge: Studien zur Theologie der alttestamentlichen Überlieferungen (1961) 45–60. – Die Einzugsliturgien stehen den Zionliedern nahe (§ 6,4). Auch Ps 118 mit seinen Ausrufen, Zurufen und Responsorien erinnert an das liturgische Tempeleinlaßgeschehen. Näheres s.u. zu Ps 24. – Dem Einzug steht das Entlassungszeremoniell beim Auszug aus dem Heiligtum gegenüber. Ps 121 weist in diese Situation. Der Psalm enthält ein liturgisches Wechselgespräch, vergleichbar mit Ps 24. Doch kann es sich auch um eine sekundäre Stilisierung handeln, die aber deutlich auf das kultisch-liturgische Ereignis des Tempelauszuges sich bezieht.

Neu ins Licht gerückt wurde die kultprophetische Klageliturgie. Vgl. JJeremias, Kultprophetie und Gerichtsverkündigung in der späten Königszeit Israels: WMANT 35 (1970). In diesen Zusammenhang gehören: Ps 12; 14 (=53); 52; 75; 82. In Ps 52 dürfte die Nachbildung einer Klageliturgie vorliegen. Zu den Einzelheiten des Aufbaus der Psalmen und des Ablaufs der Liturgie vgl. JJeremias bzw. s.u. die Kommentierung der genannten Psalmen. Zu vermerken wäre an dieser Stelle nur noch die Beziehung der in Betracht kommenden Psalmen auf Hab 1 und Hab 3.

Man hat bei der Erklärung des Ps 107 immer wieder auf eine Dankfestliturgie geschlossen, die aus Anlaß einer »Massendankfeier« dargeboten worden sei. Formkritisch gesehen wird die Erklärung zutreffend sein: »Aus einem Ausbau des namentlichen Aufrufs im imperativischen Hymnus ist die Grundstruktur von Ps 107 zu verstehen« (FCrüsemann, Studien zur Formgeschichte von Hymnus und Danklied in Israel: WMANT 32, 1969, 73). Doch scheint es in der Tat so zu sein, daß ein liturgischer Aufruf zur תודה als »Sitz im Leben« des Psalms anzunehmen ist.

Als liturgisches Tempellied könnte Ps 115 bezeichnet werden. Der Aufbau läßt auf einen kultischen Ablauf schließen: 1.2 Gebetslied der Volksgemeinde; 3–8 Bekenntnis in hymnischem Stil; 9–11 Ermahnung; 12–15 Segenswünsche; 16–18 Äußerungen im hymnischen Stil. – Auch Ps 67, ein eigenartiger, in Wunsch- und Bittform abgefaßter »Segenspsalm« könnte auf eine kultisch-liturgische Situation hinweisen. – Doch beginnen hier die Schwierigkeiten. Einzelne Psalmen, die in ihrem Aufbau dazu anregen, eine liturgische Situation zu ermitteln, haben keinerlei Erweiskraft. Es könnte sich um sekundäre Zusammenstellungen verschiedener Elemente handeln, die aus disparaten Vorgängen entnommen sind. Es könnten sogar literarische Kompositionen vorliegen, die jegliche Rückschlüsse verbieten.

Es soll darum zuletzt nur noch einmal auf die methodologischen Überlegungen und kritischen Erörterungen hingewiesen werden, mit denen in diesem Abschnitt eingesetzt wurde. Wir wissen immer noch viel zu wenig von den Festen Israels und ihrem Ablauf, um klare Auskunft geben zu können. Liturgien kennen wir nur in Ausschnitten oder Zusammenstellungen einer Auswahl. Alle Erklärungen tragen die Signatur der Hypothese.

§ 7. Die Beziehungen der Psalmen zur Geschichte Israels

1. Tritt man mit der historischen Fragestellung an die Psalmen her-

an, so begegnet man einer Fülle von Schwierigkeiten. Die Gattungsforschung trägt dazu bei, die geschichtlichen Fragen als sekundär zurücktreten zu lassen. Primär sind die kultischen Situationen zu erforschen; der Raum des Gottesdienstes – so meinte man – sei ein völlig geschichtsfremder. Aber es hat sich in neuerer Zeit gezeigt, daß der absolute Vorrang der kultischen Fragestellung zu mancherlei Fehldeutungen und Entstellungen geführt hat. Wird die Geschichtsdimension übersehen, dann brechen mythische und ideologische Erklärungskategorien in die Psalmenauslegung ein. Es ist darum ein dringendes Erfordernis, fortgesetzt nach den Beziehungen der Psalmen zur Geschichte Israels zu fragen. Das kann heute freilich nur geschehen, wenn die Wirklichkeit des Kultus in vollem Umfang vorausgesetzt und einbezogen wird. Eine ungebrochene Wechselbeziehung zwischen den Psalmen und einer entsprechenden »historischen Situation« kann nicht mehr behauptet werden. Die drei Größen »Psalmendichtung – Kultus – Geschichte« sind auf ihre innere und äußere Korrelation hin zu untersuchen. So lautet denn die Überschrift zu diesem Paragraphen nicht »Historische Situationen der Psalmen«, sondern vorsichtig: »Die Beziehungen der Psalmen zur Geschichte Israels«. Auf welche Bereiche könnte sich diese den Kultus integrierende Fragestellung erstrecken? – a) Es könnte nach dem Alter der Psalmen unter besonderer Beachtung der Sprache und Stilbildung gefragt werden; auch könnten bestimmte Themen, Vorstellungskomplexe und Aussageweisen einen Anhaltspunkt zur Datierung geben. b) Man könnte versuchen, den Zeitraum abzustecken, in den ein Psalm hineingehört. Auch der Kultus hat seine Geschichte. Die Kultgeschichte ermöglicht Rückschlüsse auf einen Zeitraum, in den das betreffende Kultlied anzusetzen ist. c) Viele Psalmen nehmen auf ältere geschichtliche Ereignisse Bezug. Die traditionsgeschichtliche Forschung hat die Aufgabe, die Eigenart dieser Verarbeitung, Rezitation oder auch kurzen Erwähnung heilsgeschichtlicher und geschichtlicher Überlieferungen zu untersuchen. d) In einzelnen Fällen ist die Bezugnahme der Psalmen auf die Geschichte Israels eine unmittelbare. Vor allem die »Gebetslieder des Volkes«, die einem bestimmten Notstand entspringen, deuten unmittelbar auf eine historische Situation. – In den meisten Fällen aber ist es unmöglich, in den Psalmen eine Beziehung zur Geschichte festzustellen. Insbesondere die Gebetslieder Einzelner und Loblieder entziehen sich zumeist jeder historischen Einordnung. Auch wenn man heute dazu neigen mag, die meisten Psalmen dieser beiden Gattungen in vorexilische Zeit anzusetzen, so mangelt es doch an einer eindeutigen und unzweifelhaften Begründung. Hier wirken sich erschwerend zwei Faktoren aus, die man in neuerer Zeit immer deutlicher zu erkennen beginnt: Die konventionelle Rede- und Vorstellungsform, die von Geschlecht zu Geschlecht sich unverändert durchzusetzen vermag – und die Traditionsgeschichte eines jeden Psalms, die Umbildungen und Konkretisierungen in die Lieder eingeführt hat (vgl. § 8). Beide Faktoren gehören wesenhaft zum Kultus, der die konventionierte Redeweise pflegt, aber auch die aktualisierende Neugestaltung der überlieferten Formulare und Dichtungen unter gewissen Umständen durchführt (vgl. § 8).

2. Die ältesten Psalmen innerhalb des Psalters sind an ihrer archaischen Sprache und an den in die kanaanäische Welt zurückweisenden urwüchsigen Stilbildungen und Vorstellungsgehalten zu erkennen. Natürlich kann man die Zeit der tatsächlichen Rezeption des kanaanäischen Sprach- und Gedankengutes nicht genau bestimmen, doch fällt die Ungebrochenheit der Begriffe und Vorstellungen in Ps 29; 68 und 18 besonders auf. Man möchte dazu neigen, Ps 29 als den ältesten Psalm zu bezeichnen und ihn in die vorkönigliche Zeit anzusetzen. Wenn die in den Auslegungen vorgelegten Beobachtungen richtig sind, müßten auch Ps 68 und Ps 18 in das 12. bzw. 11. Jahrh. v. Chr. datiert werden. Zu Ps 18 vgl. FMCross/DNFreedman, A Royal Song of Thanksgiving: JBL 72 (1953) 16ff.; zu Ps 68 vgl. WFAlbright, A Catalogue of Early Hebrew Poems – Ps 68: HUCA 23,1 (1950/51) 1–39.

3. Die grundlegenden heilsgeschichtlichen Überlieferungen Israels (Erzvätertradition, Ausführung aus Ägypten, Offenbarung am Sinai, Wüstenwanderung und Einzug in das Land Kanaan) treten in kurzen Erwähnungen oder umfangreichen Rezitationen sehr häufig in den Psalmen hervor. Vgl. MNoth, Überlieferungsgeschichte des Pentateuch (1948) 50ff. 54. 62f. Die beiden Hauptkomplexe der Tradition, »Ausführung aus Ägypten« und »Offenbarung am Sinai«, deren Überlieferungsgrundlagen GvRad zuerst erkannt hat, liegen einerseits in Ps 78; 105; 106 und 136, andererseits in Ps 50 und 81 in kultpoetischer Prägung vor; vgl. GvRad, Das formgeschichtliche Problem des Hexateuchs: BWANT IV, 26 (1938) 8ff. 22 = GesStud: ThB 8 ([4]1971) 16ff.31f. – Die grundlegenden heilsgeschichtlichen Traditionen Israels wurden im Gottesdienst aktualisiert. In diese Überlieferungen ist auch das Ereignis des Jordanübergangs bzw. Eintritts in das verheißene Land eingeschlossen (vgl. Ps 66; 114). – Nun ist aber sehr streng zu scheiden zwischen dieser Bezugnahme der Psalmen auf grundlegende Geschichtstraditionen und der tatsächlichen Ansetzung dieser Psalmen. Es wird von Fall zu Fall zu prüfen sein, welche Datierungshinweise die formkritische Analyse gibt. Durchaus möglich ist es, daß die kultpoetische Dichtung in einer verhältnismäßig späten Zeit die frühen Geschichtsereignisse (nach kanonischen Traditionsschemata) aufnimmt und wiedergibt. Auch ist es nicht ausgeschlossen, daß einzelne Geschichtspsalmen oder Geschichtshinweise sich bereits auf den schriftlich fixierten Pentateuch beziehen. – Zu diesen Fragen vgl. ALauha, Die Geschichtsmotive in den alttestamentlichen Psalmen (1945); SduToit, The Psalms and History: Studies on the Psalms.

Papers read at 6th Meeting of Die O.T. Werkgemeenskap in Suid-Afrika (1963) 18–29; CWestermann, Die Geschichtsbezogenheit menschlicher Rede von Gott im Alten Testament: Weltgespräch 1 (1967); FNJasper, Early Israelite Traditions and the Psalter: VT 17 (1967) 50–59.

4. Die Davidszeit gehört in den zumeist im Tempelkult Jerusalems verwurzelten Psalmen zu einem oft erwähnten Thema. Dem Kultgründer und Vater einer Dynastie von Tempelherren gilt das besondere geschichtliche Interesse. Man kann sagen, daß die Davidszeit im Psalter zu den grundlegenden Geschichtsereignissen gehört, auf die immer wieder Bezug genommen wird. Daß David die Lade, das Zentralheiligtum des Zwölfstämmeverbandes Israel, nach Jerusalem gebracht und damit den Zion als zentralen Kultort deklariert hat – diese Tat wird in Erinnerung gehalten (vgl. Ps 132 und Exkurs zu Ps 132). Damals hatte Jahwe »den Zion erwählt« und ihn zum Ort seiner Gegenwart in Israel bestimmt (Ps 78,68ff.). Damals wurde aber auch die Dynastie der in Jerusalem waltenden Kultherren begründet. Die Nathanweissagung (2 S 7) gilt als geschichtliches Fundament des Königtums (vgl. Ps 89,4ff.; 132,11ff. und Exkurs zu Ps 132). – Wird diese Geschichtsbeziehung des Jerusalemer Kultus und Königtums übersehen, dann brechen gerade an dieser Stelle die ideologisch-mythischen Erklärungskategorien der altorientalischen Umwelt in die Psalmen ein. In den Psalmen ist aber eindeutig zu erkennen: Die Fundamente des Kultus und des Königtums liegen in der Davidszeit. – Die kultische Proklamation und Aktualisierung dieser grundlegenden Traditionen aus der Davidszeit ist ein Problem für sich. Es wird jeweils zu fragen sein, wann und wie die Überlieferungen vergegenwärtigt wurden (vgl. auch zu dieser Frage: Exkurs zu Ps 132).

Neben den Überlieferungen von David, dem Kultgründer, und David, dem Vater der Dynastie, sind nun auch die Traditionen zu bedenken, die David als Dichter und Sänger schildern. Diese Traditionen treten namentlich in den Überschriften der Psalmen hervor (vgl. § 4 Nr. 2). – Zweifellos geht die Kunde, daß David Psalmen gedichtet und gesungen habe, auf ein historisches Faktum zurück. Die Tradenten und Sammler haben aber offensichtlich von dem Hinweis »Ein Psalm Davids« recht ausgiebigen Gebrauch gemacht. Sie fanden wohl, daß die historische Tatsache der Psalmendichtungen Davids in den Liedern und Sammlungen nicht ausreichend zutage trete und überschrieben zumeist die geschichtlich unprofilierten Gebetslieder eines Einzelnen mit לדוד. Teilweise wurden auch genaue Situationsangaben aus dem Leben Davids hinzugefügt. Diese sekundären Hinzufügungen lassen das Bestreben der Tradenten und Sammler erkennen, die Geschichtsbeziehung der Psalmen durch Verankerungen in die Davidszeit zu festigen. Die in den Überschriften angedeuteten Situationen sind historisch nicht haltbar; sie bekunden aber ein Interesse, eine Tendenz, die durchaus zu beachten ist. Die Tradenten und Sammler wollten den mit einer Überschrift und Situationsangabe versehenen Psalm unter Hinweis auf die angezeigten Vorkommnisse im Leben Davids verstanden wissen. Man könnte von einem »ältesten Kommentar« sprechen. – Als einen »echten Davidspsalm«

könnte man allenfalls Ps 18 verstehen, obwohl auch hier traditionsgeschichtliche Weiterbildungen zu beachten sind.

5. Daß eine ganze Anzahl alttestamentlicher Psalmen in den Zeitraum der Königsgeschichte Israels hineingehören, ist mit Recht immer wieder betont worden. In erster Linie ist natürlich an die Königsgeschichte Judas zu denken. Die Forschungsperiode, in der man die Gattung der »Königspsalmen« in die makkabäische Zeit ansetzte, ist endgültig überwunden. Es besteht heute kein Zweifel mehr, daß die Psalmen 2; 20; 21; 45; 72; 89; 101 und 110 in die geschichtliche Epoche der Königszeit hineingehören. Die Verwurzelung dieser Psalmen im Kultus Jerusalems (vgl. § 6,3) läßt es aber kaum als möglich erscheinen, eine genauere Ansetzung vorzunehmen. Man könnte lediglich darauf hinweisen, daß wahrscheinlich Ps 110 in die älteste und Ps 89 in die jüngste Königszeit zu datieren ist. – In die Königszeit im weitesten Sinn gehören auch diejenigen Lieder des Psalters, die (z.B. in einem fürbittenden Gebet) auf den Regenten anspielen (vgl. z.B. Ps 28; 84 u.a.). – Auch die »Zionlieder« möchte man größtenteils in die Königszeit ansetzen; vor allem dann, wenn älteste (vorisraelitische) Traditionen die Gottesstadt verherrlichen (vgl. Ps 46; 48; 76 und Exkurs zu Ps 46). – Schwierigkeiten bereitet immer noch das historische Verständnis des Ps 80. Man darf wohl an die Zeit Josias denken (vgl. die Auslegung des Psalms). – Im übrigen sind nur wenige Anhaltspunkte zur zeitlichen Ansetzung zu finden, doch könnte z.B. die Erwähnung »Assurs« in Ps 83,9 einen Fingerzeig geben. – Daß die Mehrzahl der »Gebetslieder eines Einzelnen« und »Loblieder« vorexilisch ist, kann als eine wahrscheinliche Auskunft häufiger gegeben werden.

6. Der Untergang Jerusalems und die Exilregierung der Judäer ist ein geschichtlicher Einschnitt, der sich auch in den Psalmen spiegelt. Die »Gebetslieder des Volkes« beziehen sich zumeist auf dieses umstürzende Ereignis. Ps 60 könnte Szenen des Jahres 587 v. Chr. vor Augen haben. Auch Ps 44; 74; 79 sind am besten im Hinblick auf die Exilierung zu verstehen. In exilischer und unmittelbar nachexilischer Zeit werden große Klagefeiern fortgesetzt den Untergang Jerusalems Jahwe vorgehalten haben (vgl. Sach 7,3). Die Erinnerungen an das grausame Geschehen waren unauslöschlich. – Ps 137 bezieht sich auf die »babylonische Gefangenschaft«. Die Zerstreuung der Juden ist forthin ein wichtiges Thema, das die exilische oder nachexilische Situation eines Psalms erkennen läßt (vgl. z.B. Ps 87). – Aber auch die Schicksalswende der Heimführung klingt in einigen Psalmen an und ist ein Anhaltspunkt zur Datierung (vgl. vor allem Ps 85; 126). – Von Fall zu Fall aber ist zu prüfen, wie nahe die in Frage kommenden Psalmen den genannten Ereignissen stehen und inwieweit sich z.B. auch die Botschaft

des Deuterojesaja auf sie auswirkt (vgl. z.B. zu Ps 96; 98).

7. Die Psalmen der exilisch-nachexilischen Spätzeit sind im übrigen nicht immer leicht zu erkennen. Man darf auf drei Gesichtspunkte hinweisen, die bei der Datierung wirksam sein könnten: a) Die Weisheitsdichtung setzt sich stärker durch und bestimmt sowohl mit ihren weitausholenden, reflektierenden Themen wie auch mit der in die Psalmenpoesie überspringenden Spruchform einzelne Psalmen (vgl. § 6,9). Natürlich soll hier nicht behauptet werden, daß die Gestaltungskräfte der חכמה generell nachexilisch sind. Hingewiesen wird nur auf das auffallende Einwirken inhaltlicher und formaler Faktoren in die Gattungen der Psalmen. b) Eine profilierte תורה-Frömmigkeit ist das Kennzeichen später Dichtungen (vgl. zu Ps 119). c) Aramäismen weisen einen Psalm als »nachexilisch« aus (vgl. Ps 116; 124). – Selbstverständlich können diese drei Gesichtspunkte nicht schematisch zur Anwendung gebracht werden. Auch das Thema תורה ist nicht unbedingt spät. Und Aramäismen können auch »uralt« sein. Gemeint ist in den bezeichneten Fällen das auffallende Überhandnehmen der Themen und Elemente. – Zu § 7: GSauer, Erwägungen zum Alter der Psalmdichtung in Israel: ThZ 22 (1966) 81–95.

§ 8. Zur Entstehungs- und Traditionsgeschichte der Psalmen

1. In § 4,2 und § 7,4 wurde gezeigt, daß לדוד kein zuverlässiger Hinweis auf den Dichter eines Psalms ist. Dieses kritische Urteil trifft auch für diejenigen Lieder zu, die nach Angabe der Überschrift Salomo, Mose, Asaph, den Korahiten, Heman oder Etan zuzuschreiben sind. Ursprünglich ist die gesamte Psalmendichtung anonym überliefert worden. Es könnte möglich sein, daß lediglich die von David persönlich gedichteten Lieder einen entsprechenden Vermerk trugen. Im Psalter sind jedenfalls authentische Nennungen von Dichtern nicht festzustellen. Diese Tatsache stellt die Psalmenforschung vor die Frage, wer denn als Dichter der Psalmen angenommen werden soll. Zeitweilig standen in einer schroffen Alternative zwei Ansichten gegenüber: die einen erklärten den Psalter für ein exklusiv priesterlich-kultisches Werk, die anderen dachten an eine Sammlung von »Privatgedichten«. Diese Alternative dürfte heute überwunden sein; vgl. SMowinckel, Offersang of sangoffer 353ff. Es wird davon auszugehen sein, daß die überwiegende Mehrzahl der Psalmen das Werk der Priester und Tempelsänger war, die die Agenden und Formulare aufsetzten. Bei den Gebetsliedern und Dankliedern Einzelner wird anzunehmen sein, daß Priester und Tempelsänger aus den Erzäh-

lungen Notleidender und Erretteter die entsprechenden Psalmlieder konzipierten, sich dabei aber weitgehend der konventionierten Formulierungen bedienten. Nur so ist es erklärbar, daß Gebetslieder wie Ps 42/43 mit ihren besonderen Mitteilungen tradiert werden konnten. In jedem Fall waren Priester und Tempelsänger die vermittelnden Instanzen. Sie nahmen nicht nur die Notschilderungen und ersten Aussprachen des Dankes auf, sie sprachen auch die Agenden und Formulare vor, wenn ein Einzelner – in den verschiedenen schicksalhaften Zusammenhängen (vgl. § 6,2b) – die תפלה und תודה darbrachte. Es ist anzunehmen, daß die Beter zumeist solche Psalmen sangen und beteten, die als Agenden und Formulare im Heiligtum vorlagen und deren Wortlaut den Priestern und Tempelsängern (wie Gesangbuchlieder) gegenwärtig waren. Doch wird auch der durch kleinasiatische Stelen bekanntgewordene Vorgang zu beachten sein. Ein aus Not erretteter Israelit läßt seine Noterzählung und Danksagung durch den Dienst der Priester und Tempelsänger in ein Gebetslied umsetzen und auf einer Stele oder Buchrolle niederschreiben. Unter Hinweis auf eine solche Veröffentlichung kann es heißen:

»Da sprach ich: Siehe, ich komme!
In der Buchrolle steht geschrieben über mich.«
(Ps 40,8)

Doch der Kontext in Ps 40 mahnt zur Differenzierung. Während nach altem Ritus die vom Priester oder Tempelsänger vorgesprochenen (kantilierten) Agenden und Formulare beim Opfer gesprochen wurden, hat die Dedikation eines Psalms an den *deus praesens* und die versammelte Gemeinde offensichtlich den Charakter eines Opferersatzes, der mit Spendeformeln wie Ps 19,15 dargebracht wurde. Die von den Priestern und Tempelsängern aufgenommenen »Protokolle«, die Erzählungen also, aus denen Gebets- und Danklieder nach den dem Kultpersonal vertrauten poetischen Regeln und überlieferten Formulierungsvariationen gestaltet wurden, werden in das Tempelarchiv aufgenommen worden sein. Diese Erklärung der Entstehung von Gebets- und Dankliedern eines Einzelnen steht in exklusiver Weise zwischen den Extremen der Annahme eines Rituals und der Annahme einer »Privatdichtung«. Rituale, wie sie vor allem aus den babylonischen Kulten bekannt sind, wären starre, schematische Vorlagen – ohne das den alttestamentlichen Gebets- und Dankliedern eingegebene Leben, Leiden und Erfahren, ohne Partizipation an der Geschichte. »Privatdichtungen« hingegen wären exzeptionelle Kreationen, die nur anachronistisch in das alte Israel und seinen Kultus hineinprojiziert werden könnten. Es wird in solchem Erklärungsunterfangen der Bildungsstand der alten Welt völlig verkannt. Lesen, Schreiben und Dichten war geradezu das Privileg der Priester und Tempelsänger, das mit dem Privileg der »Schreiber« (ספרים), d.h. der Beamten und Sekretäre am Hof des Königs, korresponierte. Da nun nach allem, was zu Ursprung, Geschichte und Tradition der Weisheit in Israel bekannt ist, die »Schreiber« auch die Hüter und Überlieferer der חכמה waren, liegt es nahe, den sapientiellen Einfluß auf die Psalmendichtung aus der zunehmenden »Korrespondenz« zwischen den im Jerusalemer Tempel und im königlichen Hofbereich vorhandenen Traditionen, Gaben und Fähigkeiten zu erklären.

In Kürze ist hier zusammenzufassen, was im Alten Testament hinsichtlich der beschriebenen Tätigkeit der Priester (und Tempelsänger) zu ermitteln ist. Die interessanteste Sequenz findet sich in Dt 31,19.22. Hier sind die drei Tätigkeiten des Priesters in die Begriffe gefaßt: כתב את־השׁירה (das Lied niederschreiben), למד (das Lied lehren) und שׂים בפי (das Lied in den Mund legen). Zum Wunsch der Niederschrift eines die Not schildernden Gebetsliedes: Hi 19,23f. Im Hinblick auf Jahwes rettende Taten heißt es in Ps 102,19: תכתב זאת לדור אחרון (»dies ist niedergeschrieben für ein kommendes Geschlecht«). – Zum Dienst der Sänger im Bereich des Heiligtums: 1 Ch 9,33; 15,16ff.; 2 Ch 20,21ff.; 23,13; 29,25ff.; Neh 12,28ff. Natürlich sind die angegebenen Stellen vom chronistischen Interesse geprägt. Doch wird anzunehmen sein, daß die Tempelsänger in vorexilischer Zeit mit den Priestern kooperierten und Dienste verrichteten, wie sie in Dt 31,19.22 angezeigt sind.

Auch für den Ursprung und die Entstehungsgeschichte der anderen Psalmengruppen (»Gattungen«) wird ein ähnlicher Prozeß wie der für die Gebets- und Danklieder angenommene vorauszusetzen sein. In der Gruppe der Zionlieder lassen Ps 84 und Ps 122 die Züge einer vom Kultpersonal aufgenommenen Wallfahrts-Erzählung erkennen, während Ps 46; 48 und 76 von Priestern verfaßt sein dürften. Daraus erklärt sich wohl auch die Formenstrenge der drei zuletzt genannten Psalmen (vgl. § 6,4).

Für die gesamte Kultgemeinde bestimmte Psalmen werden ausschließlich im Kreis der Priester und Tempelsänger entstanden sein. Hierzu gehören die Loblieder und die Gebetslieder der Volksgemeinde. Es ist kaum denkbar, daß diese »Gattungen« außerhalb des Heiligtumsbereiches gedichtet worden sind. Auch die »Geschichtspsalmen« sind ein charakteristisches Opus priesterlicher Herkunft. Man könnte an den Typus der »Levitenpredigt« denken (vgl. zu Ps 78), der dieser Kultpoesie zugrunde liegt. – Ein besonderes Problem der Entstehungsgeschichte der Psalmen bieten die »Königslieder«. Wer ist der Dichter dieser Psalmen? In Ps 2 und Ps 101 ist der König selbst der Sprecher. Ist er auch der Dichter? Die Möglichkeit ist nicht von der Hand zu weisen; doch wäre auch an einen Charismatiker unter den Kultdienern zu denken, der das Lied für den König angefertigt hat. Ps 45 ist das Preislied eines prophetisch begabten Sängers aus der Umgebung des Regenten. Wie aber sind Ps 110 oder Ps 132 zu deuten? In beiden Fällen handelt es sich nicht um ein geschlossenes Ritual, sondern um die Wiedergabe bestimmter Botschaften eines Festes, um Situationsschilderungen und Ausschnitte aus einem feierlichen Ablauf. Wer hat solche Dichtungen verfaßt? Hat ein Kultprophet vorwiegend seine eigenen Inspirationen festzuhalten gesucht (vgl. Ps 110), oder sind von einem charismatischen Sänger Momente aus dem Ritual, vor allem die grundlegenden Orakel, festgehalten worden? Diese Frage könnte auch im Blick auf die andersartigen Psalmen 50; 81 und 95 gestellt werden. Hier handelt es sich in erster Linie um prophetische Botschaften, die bei einem Fest der versammelten Kultgemeinde überbracht wurden. Der Rahmen des kultischen Ablaufs ist erkennbar. Das Hauptstück aber ist die prophetische Mitteilung. Hat der Prophet selbst die Kunde festgehalten? Haben Prophetenschüler das Ereignis fixiert? – Warum sind die »Torliturgien« (Ps 15; 24) aufbewahrt und tradiert worden? Das Interesse am Ritual ist innerhalb des Psalters gering. War es die תורה, die überliefert werden sollte?

Wieder wird abschließend zu betonen sein, daß es sich nur um einen Versuch der Auflichtung im Dunkel ferner Vergangenheit liegender Vorgänge handeln kann. Daß die Ausführungen dieses § teilweise recht einschneidende Neufassungen im Vergleich zu BK XV (1.–4. Aufl.) vortragen, soll zuletzt ausdrücklich erklärt werden.

2. Die Traditionsgeschichte der alttestamentlichen Psalmen kann man sich wohl nicht bewegt und vielfältig genug vorstellen. Bei der Fülle des anströmenden Liedgutes wird schon früh eine strenge Auslese getroffen worden sein. Viele Psalmen werden fortgesetzt als Formulare im Gebrauch gestanden haben. Einige Lieder gehörten gewiß zum überall auswendig gekannten und vertrauten Schatz. Bestimmte Formulierungen und Wendungen prägten sich unauslöschlich ein. Im Verlauf der Zeit lagerten sich die Dichtungen im Tempelarchiv an. Die Niederschriften wurden geordnet und gesammelt. Schon früh werden kleinere Teilsammlungen entstanden sein. Registraturvermerke, wie wir sie aus der akkadischen Kultpoesie kennen, waren geeignet, eine erste Gliederung vorzunehmen. Diesen ganzen Prozeß des Sammelns und Gestaltgewinnens einzelner »Liederrollen« vermögen wir nicht mehr zu durchschauen. – Bemerkenswert aber erscheint die Frage, inwieweit die tradierenden und sammelnden Priester in das ihnen anvertraute Überlieferungsgut eingegriffen haben. Zwei Beispiele sollen das Problem veranschaulichen. Ps 68 ist wohl der einzige Psalm, den man aus der Welt des nordisraelitischen Kultus ableiten kann (vgl. zu Ps 68). Wenn nicht alles täuscht, hatte dieser Psalm in der Frühgeschichte Israels auf dem Thabor seinen »Sitz im Leben«; vgl. nun auch HJKraus, Die Kulttraditionen des Berges Thabor: Festschrift für WFreytag BASILEIA (1959) 177–184; HJKraus, Gottesdienst in Israel (^{2}1962) 194ff. Wie aber aus Ps 68,30 hervorgeht, ist das ältere Lied in Jerusalem aufgenommen und erweitert worden. Die nordisraelitische Dichtung ist also später rezipiert und umgestaltet worden.

Ähnliches ist in Ps 107 zu beobachten. Hier handelt es sich um eine Dankfestliturgie, die ursprünglich wohl eine liturgische Einführung zu den verschiedenen תודות war. In späterer (nachexilischer) Zeit hat man den Psalm umgestaltet und ihn auf den Dank der Heimkehrer bezogen (Ps 107,3.33–43). Aus diesen beiden Beispielen ist zu ersehen, daß im Traditionsprozeß Rezeptionen, Erweiterungen und Aktualisierungen durchgeführt wurden. Die Psalmenüberschriften sind eine Fortführung dieser Tendenzen, die sich später nicht mehr auf den vorgegebenen Text, sondern nur noch auf seine Einführung erstrecken konnten. – Die allmählich sich bildenden Teilsammlungen und kleineren Liederrollen, auf die hingewiesen wurde, sind wahrscheinlich um 300 v. Chr. zu dem in seiner Entstehungsgeschichte nicht genauer erklärbaren Kanon zusammengewachsen (vgl. hierzu § 3,3). Der Psalter schließt also Dichtungen aus beinahe einem ganzen Jahrtausend in sich (vgl. § 7,2). Mittelpunkt der Entstehungs-, Traditions- und Sammlungsgeschichte ist der Tempel von Jerusalem gewesen.

§ 9. Zur Theologie der Psalmen

1. Tritt man an die alttestamentlichen Psalmen mit der Frage heran, wo denn der Gott Israels, den die Hymnen und Danklieder preisen, den die Klagelieder anrufen und dem alle Gesänge und Gedichte gelten, zu suchen und zu finden sei, so lautet die übereinstimmende, nie zweifelhafte und unaufhörlich ausgesprochene Antwort: Im Heiligtum von Jerusalem ist Jahwe Zebaoth gegenwärtig. Der Zion ist die Stätte der Gegenwart Gottes. Die Bezeichnungen für den Ort des *deus praesens* wechseln. Neben dem Namen »Jerusalem« (Ps 122,2ff.; 128,5; 137,5; 147,2) und der häufigeren Bezeichnung »Zion« (Ps 2,6; 9,12; 15,7; 20,3; 48,3ff.; 50,2; 74,2; 76,3; 99,2 u.ö.) kann auch vom »heiligen Berg« (Ps 2,6; 48,2; 87,1; 99,9), vom »(heiligen) Tempel« (היכל Ps 5,8; 11,4; 27,4; 48,10; 65,5; 138,2 u.ö.) oder vom »Haus (Jahwes)« die Rede sein (בית יהוה Ps 5,8; 23,6; 26,8; 27,4; 36,9; 52,10; 65,5; 69,10 u.ö.). Jerusalem gilt als das »Zentralheiligtum« Israels, zu dem die Stämme pilgern (Ps 122,4). Dort »wohnt« bzw. »thront« Jahwe Zebaoth (Ps 9,12; 74,2). Zwar sind alle Lande erfüllt von seiner herrlichen Gegenwart (Ps 8,2), doch nur zum Zion hin wendet sich der Mensch, wenn er dem Gott Israels begegnen will. Nur von der Stätte der Gegenwart Jahwes her ist Hilfe und Heil zu erwarten (Ps 14,7). So machen sich die Glieder des alttestamentlichen Gottesvolkes auf den Weg, um alljährlich zu den großen Hauptfesten zum Heiligtum zu pilgern (Ps 122,1). Wer in der Ferne weilen muß, denkt mit Wehmut an die Tage der Wallfahrt (Ps 42,5). Der Ruf בית יהוה נלך (Ps 122,1) ist der Anfang aller Freude und alles Heils. Die Sehnsucht nach der Stätte der Ge-

genwart Gottes treibt die Pilger an (Ps 84,3). Sie nehmen die Beschwerden der Wanderung auf sich und kommen mit wachsender Kraft dem wunderbaren Ziel näher (Ps 84,7f.). Erfüllung und höchstes Glück bereitet der Augenblick, in dem man die Tore der heiligen Stadt erreicht hat (Ps 122,2; 84,3), denn nun darf der Pilger inmitten der jubelnden Gemeinde Jahwe nahe sein. Nicht die immanente Heiligkeit, das magische Durchdrungensein vom Numinosum ist es, was die Beter suchen. Sie treten ein in die Begegnung mit der majestätischen Person Jahwes. Das Mysterium der Gottesstadt ist das wunderbare Ereignis: »Jahwe ist in ihrer Mitte« (Ps 46,6). Darum ist der Zion eine »Quelle des Lebens« (Ps 36,10). Der אל־חי (Ps 84,3) schenkt das Glück einer Zeit und Raum sprengenden »neuen Welt« (Ps 84,11). In einem ewigen Glanz liegt das Heiligtum. Hier herrscht שלום im Vollsinn des Wortes (Ps 122,8). Unter »dem Schatten der Flügel Jahwes«, unter den ausgeschwungenen Kerubenflügeln, ist ein unantastbarer Schutzbereich. – Das Wunder der Gottesgegenwart auf dem Zion wird der Festgemeinde alljährlich zu Beginn der Feiern durch einen sakralen Akt demonstrativ vor Augen geführt. Die heilige Lade, Thronsitz des unsichtbar gegenwärtigen Gottes und altisraelitisches Zentralheiligtum, wird in einem liturgischen Aufzug in den Tempel eingeführt (Ps 24B; 132). Diese Zeremonie ist nicht etwa (wie viele Forscher meinen) eine »Thronbesteigung Jahwes«, sondern ein kultischer Vorgang, der – entsprechend der grundlegenden Kultlegende 2 S 6 – die »Erwählung Jerusalems« als *verbum visibile* der Festgemeinde kundtut: Ps 132,13f. Über dem Gottesthron ist der מלך הכבוד Jahwe Zebaoth gegenwärtig, wenn die Lade durch die Tore des Heiligtums eingeführt wird (Ps 24,7–10). An die geschichtlichen Erstereignisse wird erinnert. David war es, der die Lade aus dem »Notquartier« Kirjath Jearim herausholte (Ps 132,6) und sie nach Jerusalem brachte. Erinnerungen an das letzte große Zentralheiligtum der vordavidischen Zeit, an Silo, klingen auf, wenn der Kultname יהוה צבאות laut wird. So erinnert der Einzug der Lade an das Grundgeschehen, er vergegenwärtigt die Kultlegende Jerusalems, die an das Zentralheiligtum der Lade geknüpft ist. Damals hat Jahwe den Zion als »Wohnsitz« (מושב Ps 132,13) und »Ruhstatt« (מנוחה Ps 132,14) »erwählt«. Dieses Grundereignis ist das Fundament und die Mitte des gegenwärtigen Gottesdienstes. – Mit der Lade zieht die Kultgemeinde in das Heiligtum ein. Jubel und Dank begleiten den feierlichen Akt (Ps 95,2; 100,4). Man durchschreitet die »Tore der Gerechtigkeit« (שערי־צדק Ps 118,19). Und an dieser Stelle wird nun die Frage aufgeworfen: »Wer darf hinaufsteigen auf Jahwes Berg, und wer darf treten in seinen heiligen Bezirk?« (Ps 24,3; 15,1). Jahwe ist ein Gott des Rechts und der Gerechtigkeit. Gottesdienst ist im Alten Testament keine naturhaft-magische Lebenserneuerung, keine dramatisch agierte Kraftzufuhr, sondern Begegnung mit dem Herrn des ganzen Lebens. Der Kultteilnehmer tritt nicht in eine Sphäre des Rausches ein. Er wird nach seinem alltäglichen Verhalten, nach seinem Gehorsam gegenüber Jahwes Weisungen gefragt. Eine »Loyalitätserklärung dem Rechtswillen Jahwes gegenüber« (GvRad, TheolAT I[6] 390) wird jedem Einzelnen abverlangt. Eine Auswahl aus den Geboten wird ihm in Erinnerung gerufen (Ps 15,2ff.; 24,4ff.). Wie ein Beichtspiegel werden die Sätze der תורה vorgehalten. Nur der פעל־צדק (Ps 15,2) darf durch die שערי־צדק (Ps 118,19) eingehen. Die Festfreude der Einziehenden kann jäh unterbrochen werden durch die Botschaft eines Propheten, der mit mahnender Stimme die Kultgemeinde auffordert, die Herzen nicht zu verhärten, sondern im Gehorsam vor Jahwe zu leben (Ps 95,8ff.). Wer die Stätte der Gegenwart Jahwes betritt, begegnet dem Herrn des ganzen Lebens. – Im Bereich des Heiligtums aber umfängt den Wallfahrer die unbeschreibliche Herrlichkeit des Zion, die in Hymnen und Gedichten gefeiert wird. »Himmelshöhen gleich« (Ps 78,69) ist die heilige Stätte errichtet. Als »Krone der Schönheit« (Ps 50,2) ist sie die »Wonne der ganzen Welt« (Ps 48,3). Wunderbare Ströme schenken der Gottesstadt Leben und Freude (Ps 46,5). In unerschütterlicher Festigkeit ist sie erbaut (Ps 48,4.14). Naturkatastrophen (Ps 46,3ff.) oder Völkerstürme (Ps 46,7ff.; 48,5ff.; 76,4ff.) können die heilige Stadt nicht antasten. »Jahwe ist in ihrer Mitte« (Ps 46,6) – das ist das Geheimnis und Wunder. Vorisraelitische Kulttraditionen sind von den Sängern aufgenommen worden, um die überirdische Pracht und Unerschütterlichkeit des Zion zu verherrlichen.

2. Lobpreis und Verherrlichung sind letztlich immer auf Jahwe selbst bezogen. Auf dem Zion huldigt die Festgemeinde dem *deus praesens*. Ihm, dem höchsten Gott, dem König, Schöpfer und Weltrichter wird die Ehre gegeben. Doch bevor die wichtigsten Prädikationen und Gottesbezeichnungen behandelt werden, soll zunächst gefragt werden: Wie bekundet Jahwe auf dem Zion seine Gegenwart? In vielen Psalmen wird erklärt: »Er erscheint«, »er strahlt auf« in seinem Glanz und in seiner Herrlichkeit (vgl. Ps 50,2; 97,3ff.; 18,10ff.). Die Theophanie Jahwes wird bezeugt. In machtvollen Schilderungen wird das verzehrende Feuerphänomen seines Erscheinens verkündigt. Blitz und Donner begleiten das strahlende Hervortreten Gottes. Sein »Angesicht« (פנים) leuchtet auf. Die Kultgemeinde bittet: »Erscheine!« (Ps 80,2; 94,1). Sie fleht: »Laß leuchten dein Angesicht!« (Ps 80,4). Und auch der einzelne Beter erwartet unter den Rufen »Erhebe dich!«, »Wache auf!« (Ps 7,7; 9,20; 10,12; 17,13; 35,23; 44,24; 57,9 u.ö.) die überwältigende Selbstbekundung des Gottes Israels. – Man hat immer wieder gefragt, wie diese Theophanieschilderungen der Psalmen vorzustellen sind. Hat man einst durch szenische Manipulationen die Phänomene der Gotteserscheinung im Kultus dramatisch sichtbar gemacht? Solche Aktionen widersprächen dem alttestamentlichen Glauben, der die Unsichtbarkeit und Bildlosigkeit Jahwes

allerorten betont, der vor allem aber die Verfügbarkeit des Menschen über Gottes Hervortreten streng zurückweist. So liegt es nahe, an charismatische Verkündigungen und Proklamationen im Gottesdienst tätiger Propheten zu denken, die aus der unergründlichen Koinzidenz von Tradition und Vision schöpfen. Traditionselemente sind die altisraelitischen Erzählungen von der Theophanie am Sinai und die aus der kanaanäischen Umwelt rezipierten Vorstellungen vom Erscheinen des Gewittergottes (vgl. zu Ps 29). Die Aktualität des Offenbarungsereignisses aber wird in der Vision erschlossen (vgl. Jes 6). Der Freiheit Jahwes korrespondiert im Kultus das Charisma. Eine Gemeinde, die um Jahwes Erscheinen bitten muß (Ps 80,2; 94,1), verfügt nicht über die Theophanie. Daß Jahwe erscheint und sich seinem Volk zuwendet, wird in der charismatischen Proklamation kundgetan. Die Kultformeln יהוה בהיכל קדשו (Ps 11,4) oder יהוה בהיכל קדשו הס מפניו כל־הארץ (Hab 2,20) werden als das entscheidende Kerygma der Erscheinung und Gegenwart Jahwes zu erklären sein. Die Festgemeinde wird gerufen, anbetend und huldigend vor dem *deus praesens* niederzufallen (Ps 29,2). Hier handelt es sich nicht um eine dramatisch inszenierte Massensuggestion, sondern um eine prophetische Proklamation, unter der auch dem einzelnen Glied der Kultgemeinde, das um Jahwes machtvolles Erscheinen und Eingreifen in eine persönliche Notlage gebeten hat, eine visionäre Vergewisserung zuteil werden kann. Im Grunde aber gehören Theophanie und Prophetie aufs engste zusammen. Jahwe ist kein schweigendes Numen, kein naturhaft losbrechendes oder gar religiösen Manipulationen zugängliches Phänomen. Er kommt und schweigt nicht (Ps 50,3). Seine Erscheinung ist wesentlich Ankündigung einer Botschaft. Die Theophanie ist ein Lautwerden des קול־יהוה (Ps 29,3ff.). Jahwe »redet« (דבר) und »ruft« (קרא): Ps 50,1. Er bekundet seine Gegenwart, indem er zur Übermittlung seines Wortes erscheint. Israel soll angesprochen werden. Der Prophet nimmt die Gottesrede auf und ruft: שמעה עמי ואדברה (Ps 50,7ff.; 81,9ff.). So offenbart sich der Gott Israels in Jerusalem. – Vor dem *deus praesens* fällt die Festgemeinde zu Boden. Die Proskynese vor dem gegenwärtigen Gott ist der Höhepunkt des Einzuges in den heiligen Bereich (Ps 95,6; 96,9; 99,5.9; 132,7; 138,2). Bei diesem kultischen Huldigungsakt werden die Hymnen angestimmt worden sein. Das Gotteslob bricht hervor. Die Verherrlichung kennt keine Grenzen. Auch die himmlischen Mächte stimmen den Lobpreis Jahwes an (Ps 29,1; 103,20f.; 149,1ff.). Alle Kreatur, die gesamte Schöpfung fällt ein (Ps 96; 98). Bei diesem Huldigungsakt werden auch Opfer dargebracht worden sein, doch erkennt man in Ps 50,8ff., daß die Prophetie streng über die Darbringung wacht. Nur Opfer, die Dank und Verehrung bekunden, dürfen vor Jahwe gebracht werden (vgl. zu Ps 50,8ff.); Opfer sind keine Mittel zur Einwirkung auf Gott. – Die Hymnen ehren den Gott Israels als höchsten Gott, König, Schöpfer und Weltrichter. Die Prädikationen und Epitheta, die Jahwe in der Doxologie beigelegt werden, sind vorisraelitischen Ursprungs (vgl. § 10,1); sie sind auf den Gott Israels übertragen worden. Majestätische Hoheit und universale Machtvollkommenheit bekunden diese Prädikationen und Benennungen. Jahwe ist עליון (אל). Er thront über allen Göttern (Ps 97,9). Die Mächte sind depotenziert. Sie haben alle Gewalt verloren. Jahwe allein ist עליון על־כל־הארץ (Ps 83,19; 97,9). Vom Himmel erschallt seine Stimme (Ps 18,14). Aus Ps 47,3 und Ps 97 geht hervor, daß der Gottesbezeichnung אל עליון das Epitheton מלך entspricht. Als עליון ist Jahwe מלך גדול על־כל־הארץ (Ps 47,3). In seinem כבוד thront dieser »Großkönig über alle Welt« auf dem Zion (Ps 24,7ff.; 48,3; 99,2). Sein Stuhl steht von Ewigkeit her fest (Ps 93,2). Darum bedarf der Gott Israels nicht, wie die sterbenden und auferstehenden Gottheiten der altorientalischen Umwelt, einer periodisch stattfindenden Inthronisation oder Machterneuerung. Die Kultgemeinde huldigt ihm mit dem Ruf יהוה מלך = »Jahwe ist König« (Ps 93,1; 96,10; 97,1; 99,1) und erkennt die universale Macht des Gottkönigs, deren Glanz alle Welt erfüllt. Der höchste Gott und König ist aber zugleich Schöpfer: Ps 24,1; 93,1; 95,3ff.; 96,5.10. Die Chaosmächte hat er überwunden (Ps 74,13ff.; 89,10ff.), der Erde Festigkeit verliehen (Ps 93,1; 96,10) und mit wunderbarer Ordnung und Gesetzmäßigkeit die gesamte Schöpfung durchdrungen (Ps 104). Auch die himmlische Sphäre und die Gestirne sind das Werk seiner Hand (Ps 8; 19A). – Die Schöpfungstat begründet die Weltherrschaft (Ps 24,1f.; 47,3ff.; 97,9). In alle Lande geht der כבוד des Königs und Schöpfers aus (Ps 8,1; Jes 6,3). Die Völker sind ihm unterworfen (Ps 47,4.9; 99,2). – Endlich aber ist der König und Schöpfer auch der Richter (Ps 96,10f.; 99,6). Er thront בעדת־אל (Ps 82,1) in himmlischer Höhe über den Völkern (Ps 7,8) und »richtet« die Nationen (Ps 7,9; 9,9; 96,10). – In allen diesen durch die Prädikationen klar bezeichneten Machtvollkommenheiten preist die Kultgemeinde im kultischen Huldigungsakt den auf dem Zion thronenden Gott Israels.

Angesichts der hier dargestellten theologischen Tatbestände erhebt sich die schwierige Frage nach dem Verhältnis von Offenbarung und Gottesdienst. Zwei Anschauungen stehen sich scharf gegenüber. In seinem Aufsatz »Kultus und Offenbarung« (Festschrift für SMowinckel 1955) schreibt RGyllenberg: »Kultus besagt, Gott und Welt begegnen einander: Der während des Alltags ferne und unnahbare Gott tritt herzu und läßt sein Angesicht über die versammelte Gemeinde leuchten, der *deus absconditus* wird zum *deus revelatus*. Somit ist der Kult der Rahmen des Gotterlebens, der Gottbegegnung, der Selbstmitteilung des Göttlichen . . .« (76) Wird hier die Offenbarung dem Kultus beinahe völlig integriert, so bezeichnet GvRad die Psalmen im wesentlichen als »Antwort Israels« (TheolAT I[6] 366ff.). Gegen beide Erklärungen bestehen Bedenken. Gyllenberg geht zu sehr von einem allgemeinen Phänomen kultischer Verrichtung aus. Dem Geheimnis der Freiheit Jahwes, das in den Psalmen überall bezeugt wird, wird nicht genügend entsprochen. – Gewiß wird man sich vor Augen halten müssen, daß Kultus immer in der Gefahr steht, der Eigengesetzlichkeit religiöser Zeremonielle zu verfallen. Die *securitas* führt Stabilisierungen ein und setzt unerschütterliche Gegebenheiten voraus. Zu diesem Problem vgl. zu Ps 46 (»Ziel«). Aber es wird zu bedenken sein, daß im Psalter ein großes Bitten, Klagen und Fragen laut wird. Jahwe ist eben nicht der Verfügbare, der in periodisch wiederkehrenden Prozessen »Lebenserneuerung« schenkt. Er ist freier, souveräner Herr. Diese Tatsache wird beachtet werden müssen, wenn das Thema »Kultus und Offenbarung« erörtert wird. – Auf der anderen Seite aber ist es zu wenig, wenn im Blick auf die Psalmen von der »Antwort Israels« gesprochen wird. Viele Psalmen bezeugen ein unmittelbar gegenwärtiges Offenbarungsgeschehen. Auch in dieser Hinsicht wird also eine Korrektur zu vermerken sein.

3. Auf dem Zion, der erwählten Stätte der Gegenwart Jahwes, ist der König aus dem Geschlecht Davids als Tempelherr eine zentrale Gestalt des kultischen Lebens. Für sein Amt und Wirken ist die Nathan-Weissagung (2 S 7) das tragende Fundament. Damals hatte Jahwe durch prophetischen Zuspruch David und seine Dynastie »erwählt« und eingesetzt. Einen »Bund« hatte er mit David geschlossen (vgl. Ps 89,4ff.; 132,12). Dieser grundlegenden Setzung gemäß wurden alle Regenten aus der Dynastie Davids als »Jahwes Könige« bezeichnet (Ps 2,6; 18,51). Bei ihrer Thronbesteigung, und wohl auch bei einem jährlich stattfindenden Kultakt (vgl. zu Ps 132), wurden die Davididen von Jahwe selbst erhöht (Ps 110,1) und durch kultprophetischen Zuspruch in eine einzigartige Stellung versetzt. Unverbrüchlich gilt die Erklärung Gottes: »Ich selbst habe geweiht meinen König auf Zion, meinem heiligen Berg« (Ps 2,6). »Zur Rechten Jahwes« (Ps 110,1), in wunderbarer Gottesnähe, steht der Regent als **משיח**, als unantastbarer Gesalbter des Gottes Israels (Ps 2,2; 18,51; 20,7; 89,52; 132,10). Er dient Jahwe in der Ehrenstellung des **עבד** (Ps 89,51). In **אמונה**, in unerschütterlicher Treue, steht Jahwe zu diesem »Bund« (Ps 89,20ff.). Und nur in völliger Ratlosigkeit können in Zeiten des Zerfalls der Dynastie die Klagen und Fragen des 89. Psalms laut werden. – Im Kultus Jerusalems ist die herausragende Stellung des Königs evident. Als Priester (nach der Ordnung Melchisedeks) wird ein Davidide – wie aus Ps 110,4 hervorgeht – bei seiner Thronbesteigung eingesetzt. Das Vorrecht freier Bitte fällt dem König zu (Ps 2,8; 21,3.5). Er lebt in einer einzigartigen Heilssphäre (Ps 21,3.7), die viele einzelne Beter veranlaßt hat, die konventionellen Formulierungen königlicher Prärogative in ihre Bitten und Lieder aufzunehmen (vgl. zu Ps 3). – Die »Königspsalmen« sind durchsetzt von den altorientalischen Vorstellungen eines idealen Regenten. Elemente des Hofstiles und der Königsideologie sind in Jerusalem rezipiert und in einer bemerkenswerten Weise neu gefaßt worden. Das Mysterium der Gottnähe wird in der Form einer Adoptionsaussage ausgedrückt (vgl. zu Ps 2,7 und Ps 110,3). Durch vollmächtigen Prophetenspruch wird der Regent zum »Sohn Gottes« erklärt. Die mythischen Elemente des *hieros gamos* und der göttlichen Geburt sind

weitgehend abgestreift, wenn sie auch in Ps 110 noch durchzuschimmern scheinen. »Abglanz der Herrlichkeit Gottes« ist der irdische König in seiner strahlenden Schönheit und im Glanze seines Hofstaates (Ps 45). Das Preislied kann ihn bei der Feier seiner Hochzeit אלהים nennen (Ps 45,7) und damit alle sonst säuberlich gezogenen Grenzen überspringen. Statthalter Gottes ist der Davidide – Repräsentant der Königsherrschaft Jahwes. So wird ihm die Weltherrschaft übertragen (vgl. Exkurs zu Ps 2). Völker und Könige sind ihm unterworfen. Und wenn die fremden Mächte sich auflehnen, tritt Jahwe selbst sogleich für seinen Gesalbten ein und schlägt durch den Arm seines Statthalters die aufbegehrenden Feinde nieder (Ps 2,8ff.; 110,5). In der Schutzmacht des göttlichen שׁם lebt der König (Ps 20,7). Jahwe ist über seiner Rechten (Ps 110,5) und schreitet vom Himmel her ein, wenn sein Knecht in Not gerät (Ps 18,10ff.; 20,7). – Groß ist die Heilsmacht, die vom erwählten König in Israel erwartet wird. Er ist Rechtssprecher an Gottes Statt (Ps 72,1; 122,5). Von seinem Regiment erhoffen die Armen Gerechtigkeit und Heil (Ps 72,4). Und der Ertrag des Landes wird auf wunderbare Weise gemehrt (Ps 72,3.6ff.; 132,15). – Die Festgemeinde aber gedenkt in Fürbitte des Königs (Ps 84,10). Sie weiß, daß von der Loyalitätserklärung des Regenten (Ps 101) und der Bewahrung des Davidsbundes alles Leben abhängig ist. – So nimmt der erwählte König aus dem Geschlecht Davids im Gottesdienst Jerusalems eine Schlüsselstellung ein. Als Tempelherr und Gesalbter hat er eine mittlerische Funktion. Er ist Organ des Herrschens und Richtens, des Helfens und Heilbringens Jahwes. Widersetzt sich der Regent, dann schließt sich das Tor göttlicher Segenszuwendungen. Darum umgibt die Gemeinde ihn mit ihren Bitten und Wünschen. Doch obwohl die Psalmen um die Menschlichkeit und Fehlbarkeit des Königs wissen, häufen dennoch die zumeist in prophetischem Zuspruch sich darstellenden Psalmen eine Fülle von Herrlichkeitsaussagen auf den Gesalbten Jahwes. Auch hindert die Bedeutungslosigkeit des immer mehr zusammenschrumpfenden Reiches die Sänger nicht, unverdrossen die weltweite Herrschaft und Heilsmacht des Davididen zu verkündigen. Quelle aller dieser Verherrlichungen ist die Verheißung, die auf David und seinem Geschlechte ruht. Und wo immer unbegreifliche Vollkommenheitsaussagen laut werden, da wird im Grunde nicht auf ein altorientalisches Königsideal hin »übertrieben«, sondern es wird im Walten und Wirken des Regenten die Entsprechung zu Jahwes eigenem Herrschen und Tun gesucht. Äußerungen, die wie Rausch und wirklichkeitsentrückter Enthusiasmus anmuten, sind letztlich charismatische Hinweise auf eine noch verborgene Herrlichkeit, die aber – um Jahwes Verheißung willen – jeden Augenblick in vollem Glanz hervorbrechen kann (vgl. auch GvRad, Erwägungen zu den Königspsalmen: ZAW 58, 1940/41, 219f.). Die Könige von Jerusalem sind eben nicht einfach unter die mythische Rubrik der

»göttlichen Regenten« zu subsumieren. Es sind Jahwes Könige. Sie sind in einer bestimmten Stunde der Geschichte Israels erwählt und eingesetzt worden. Ihre Existenz steht und fällt mit dem Grundwort des Davidsbundes. Ihr Amt und Reich ist von dem Geheimnis und Wunder der Statthalterschaft her zu verstehen.

4. Es versteht sich von selbst, daß in den Psalmen, die beinahe ausnahmslos aus Jerusalem stammen bzw. in Jerusalem überliefert und gesammelt worden sind, vorwiegend Traditionen und Institutionen des Zion zur Sprache kommen. Das bedeutet aber nicht, daß an irgendeiner Stelle oder zu irgendeiner Zeit die altisraelitischen Überlieferungen in den Hintergrund getreten wären. Der in Jerusalem gegenwärtige Gott heißt »Jahwe Zebaoth«. Dieser Name weist zurück in die vorkönigliche Zeit, in der sich der Zwölfstämmeverband in Silo versammelte (§ 10,1). Der *deus praesens* des Zion ist der »Gott Israels« oder »Gott Jakobs« (Ps 72,18; 106,48; 46,8.12 u.ö.). Vor allem ist die Lade mit ihren Traditionen der Garant der Kontinuität mit der Frühgeschichte (vgl. MNoth, Jerusalem und die israelitische Tradition: OTS VIII, 1950, 28–46 = GesStud: ThB 6, ³1966, 172–187). So finden sich denn in den Psalmen fortgesetzt zahllose Erinnerungen und Anspielungen auf das Leben, auf die Institutionen und Traditionen des alten Zwölfstämmeverbandes. Die heilsgeschichtlichen Grundüberlieferungen sind Fundament des in Jerusalem versammelten Gottesvolkes. Unaufhörlich sind die »Wunder« und »Taten«, die der Gott Israels an seinem Volk bewiesen hat, in aller Mund. Die großen Traditionskomplexe »Erzvätererzählung«, »Ausführung aus Ägypten«, »Führung durch die Wüste«, »Offenbarung am Sinai« und »Gabe des verheißenen Landes« finden in den Psalmen eine charakteristische Ausprägung. Betrachtet man z.B. die Geschichtspsalmen (Ps 78; 105; 106; 136), so ist zu beobachten, daß sich in ihnen ein Bild der Heilsgeschichte spiegelt, das wohl schon früh kanonische Gültigkeit hatte und in seiner Urform in Dt 26,5ff. vorliegt (vgl. GvRad, TheolAT I⁶ 368). Wahrscheinlich war die kultpoetische Rezitation und »fast asyndetische Aufzählung der *bruta facta* in Schöpfung und Heilsgeschichte« (GvRad), wie sie in Ps 136 erkennbar ist, die ältere Form gottesdienstlicher Aktualisierung der tragenden Grundgeschichte. Ps 78 und 106 zeigen dann eine jüngere Form der dichterischen Darbietung, in der das theologische Thema »Jahwes Huld und Israels Schuld« der bestimmende Gestaltungsfaktor der Geschichtsvergegenwärtigung ist. Die Verkündigung und Lehre der Geschichte wurde der Festgemeinde nahegebracht. – Wenden wir uns den einzelnen Traditionskomplexen in ihrer kultpoetischen Form zu, so wird zunächst auf die Rezeption der »Erzvätererzählungen« in den Psalmen zu achten sein. In extenso beschäftigt sich nur Ps 105 mit dem »Bund«, den Jahwe mit Abraham geschlossen hat. Inhalt dieses Bundes und der eidlichen Zusage an

den Patriarchen ist die Verheißung des Landes (Ps 105,9ff.). Der Psalmist erzählt von den Schicksalen des Erzvaters, der als »Fremdling« umherzog (Ps 105,12), aber in allen Situationen Jahwes unantastbarer »Gesalbter« und »Prophet« war (Ps 105,15). Der Psalm hebt besonders die Verheißungstreue des Gottes Abrahams hervor. Er gedachte seiner Zusage und gab Israel das versprochene Land (Ps 105,42). Diese Taten Jahwes erstrecken sich unmittelbar auf Israel, die »Söhne Abrahams« und Jakobs, des »Erwählten Jahwes« (Ps 105,6). Die Kultgemeinde zu Jerusalem ist »Volk des Gottes Abrahams« (Ps 47,10). Die traditionelle Identifizierung »Israel« = »Jakob« kommt auch in den Psalmen zur Geltung (Ps 14,7; 53,7; 59,14; 85,2; 135,4; 147,19 u.ö.). – Stärker als die Erzvätertradition tritt das Thema »Ausführung aus Ägypten« in den Psalmen hervor. In Ps 105,23 wird der Zusammenhang zwischen der Vorgeschichte der Patriarchenzeit und dem Schicksal der Israeliten in Ägypten gewahrt. Von den »Wundern in Ägypten« (Ps 78,12), insbesondere von der Tötung der Erstgeburt, ist in Ps 78,43ff.; 135,8f.; 136,10 die Rede. In diesen Ereignissen hat Jahwe seine Macht über das Großreich des Pharao bewiesen und seinem Volk den Weg in die Freiheit geschenkt. Das Schilfmeerwunder aber ragt in den Schilderungen besonders heraus. Vom wunderbaren »Zerteilen« des Meeres sprechen Ps 78,13 und 136,13f. Mythologische Vorstellungen von der Überwindung des chaotischen Urmeeres wirken ein; vor allem, wenn es in Ps 106,9f. heißt, Jahwe habe durch sein Schelten das Schilfmeer zurückgetrieben. Theophanietraditionen sind in Ps 114 maßgebend: das Meer »flieht« vor Jahwes machtvoller Erscheinung. Die wunderbare Ausführung aus Ägypten gilt als fundamentaler Gnadenerweis des Gottes Israel. Wie einen Weinstock hat er sein Volk aus Ägypten ausgehoben und nach Kanaan gebracht (Ps 80,6ff.). Die Ausführungstradition ist grundlegende Erwählungstradition (Ps 114,1f.). – Das Thema »Führung in der Wüste« hat in den Geschichtspsalmen (Ps 78; 105; 106; 136) seinen festen Platz. Auf wunderbare Weise hat Jahwe sein Volk durch das Ödland geführt (Ps 78,52; 136,16). Er hat Wasser in der Wüste gespendet (Ps 78,15; 105,41) und sein Volk ernährt (Ps 78,19). Aber das Aufbegehren und Murren des Volkes ist der Ausdruck einer wurzelhaft in Israel liegenden Schuld. Man will sich der wunderbaren Führung Jahwes nicht anvertrauen. Lüsternheit (Ps 78,18; 106,14) und Verstockung (Ps 95,8) triumphieren. Namentlich in den Lehrpsalmen, die Israels Schuld aufdecken wollen, ist dieses Thema »Murren in der Wüste« ein wichtiges Moment. – Eine auffallend geringe Rolle spielt in den Geschichtspsalmen das Thema »Offenbarung und Gesetzgebung am Sinai«. Zwar wird in Ps 78,5f. daran erinnert, daß Jahwe damals die bestimmenden Weisungen gegeben habe; doch zielt dieser Hinweis auf die Enthüllung: »sie hielten den Bund nicht« (Ps 78,10). Ps 106 nennt lediglich die große Verfehlung, daß (am Sinai) ein Kalb als Gußbild angefertigt wurde (19). Eine besondere Bedeutung aber kommt Ps 50 und Ps 81 sowie Ps 68 zu. Die beiden zuerst genannten Psalmen geben zu erkennen, daß im Festkult die Sinaiereignisse aktualisiert wurden. Beim Opfer wurde im Gottesdienst Jerusalems der »Bund geschlossen« (Ps 50,5). Ps 81,10f. enthält eine unmittelbare Vergegenwärtigung des 1. Gebotes. Ein »Fest der Bundeserneuerung« könnte – im Zusammenhang mit anderen alttestamentlichen Stellen – aus Ps 50 und 81 erschlossen werden (vgl. AAlt, KlSchr I 328f.; GvRad, Das formgeschichtliche Problem des Hexateuchs: BWANT IV, 26, 1938, 18ff. = GesStud: ThB 8, [4]1971, 28ff.). Allerdings wird es geraten sein, diesem Fest nicht die dominierende Bedeutung einzuräumen, die AWeiser überall voraussetzt. Vgl. hierzu die Erklärungen zu Ps. 50. Ein wieder ganz anders gelagertes Problem stellt Ps 68. Wenn dieser Psalm ursprünglich der Kulttradition des Thabor zuzuschreiben ist (vgl. zu Ps 68), so ist die eigenartige Rezeption der Erscheinungstheologie zu beachten. Während auf dem Zion die Theophanie Jahwes ein integrierender Bestandteil der kultischen Ortstradition ist (Ps 50,2) und in starken Spannungen zur »Wohnvorstellung« des Tempels steht, herrscht in Ps 68,9.18 die Überzeugung, daß der Gott Israels auf dem Sinai thront und zum Gottesdienst »kommt« und »erscheint« (vgl. zu Ps 68). – Zuletzt sei auf das Thema »Gabe des verheißenen Landes« in den Psalmen aufmerksam gemacht. Die Landgabe ist die Erfüllung des Bundes mit Abraham (Ps 105,11). Jahwe hat Völker vertrieben und seinem Volk einen Lebensraum geschenkt, der ein grundlegendes Heilsgut ist (Ps 44,3; 78,55f.; 80,9ff.; 105,44). Dieses Land ist die erwählte נחלה (Ps 47,5), auf der Israel die lebenschenkende, tragende Güte Jahwes allezeit erfahren und schmecken darf.

5. Die Festgemeinde versammelt sich vor Jahwe nicht nur zu Lobpreis und jauchzender Huldigung, zur Anbetung und zur Begegnung mit der Erscheinung und dem Wort des Gottes Israels, das die großen Taten Jahwes in der Vergangenheit und Gegenwart verkündigt – sie tritt zur Zeit großer Notstände auch in Sack und Asche mit Gebeten und Bitten in das Heiligtum. Dieses kultische Geschehen bezeugen die »Gebetslieder des Volkes«. Unsagbar groß ist die Anfechtung. Jahwe hat sein Volk »verworfen« (Ps 60,3ff.). Damit ist nicht nur die gesamte Heilsgeschichte in ihren Fundamenten problematisch geworden, sogar die Grundfesten der Erde sind ins Wanken geraten (Ps 60,4ff.). Ist der Gott Israels wirklich der Herr der Geschichte? Ist er der Schöpfer und König des Alls? Die klagende Gemeinde blickt zurück. Sie hält Jahwe die großen Ereignisse und Wunder der Erwählung, Befreiung und Landgabe vor (Ps 44,2ff.; 80,9ff.); sie erinnert an die ברית (Ps 44,18), in der die »Knechte Jahwes« (Ps 79,2) lebten. Ist nun alles hinfällig? Hymnische Zwischenstücke erinnern an die königliche Macht des Schöpfers, der das Urmeer überwand (Ps 74,12–17). – Wie ist das große Unheil zu erklären? Warum

ist Jahwes Zorn entbrannt? Diese Fragen brechen mit elementarer Kraft hervor. Tragen die Söhne die Schuld der Väter? (Ps 79,8). Wie soll Jahwes Handeln verstanden werden? Ps 44 spricht am deutlichsten die Gewißheit aus: Gottes Volk leidet um Jahwes willen. Wegen seiner Bindung an Jahwe widerfährt Israel Schmach und Anfeindung. Nicht selbstgerechte Unbußfertigkeit, sondern ein tiefes Wissen um das Mysterium »Israels« tritt in Ps 44 zutage. Die ברית weist alle Fragen und Anfechtungen in eine tiefere Schicht als die der Kausalität von Schuld und Strafe. Gottes Ehre steht auf dem Spiel (Ps 74,18f.). Die Heiden haben Jahwe verhöhnt (Ps 79,12). Herausfordernd lauern sie darauf, ob Jahwe wohl seine Heilszusage an Israel verwirklichen wird (Ps 79,10). Die Leiden des Volkes Gottes sind keine vorübergehenden politischen Krisen; es sind unermeßliche Anfechtungen, die sich im Hinblick auf das Fundament der Heilsgeschichte und die universale Geschichtsmächtigkeit Jahwes einstellen. Darum erheben sich die Bittrufe, Jahwe möge aus der Verborgenheit hervortreten und »erscheinen« (Ps 80,2ff.), er möge seinen Zorn wenden und Israel »wiederherstellen« (Ps 80,4; 85,5). In diesem Zusammenhang ist das furchtbare Gerichtsbegehren der Klagenden und Bittenden nicht einfach als »wilder Ausbruch eines dämonischen Rachegeistes« zu erklären. Die grausamen Worte in Ps 83,10–19 sind auf dem Hintergrund der alles bestimmenden Frage zu sehen: Ist Jahwe Herr der Geschichte? Wird er mitten in dieser Welt seine Macht erweisen? Wird er der Verwüstung seines Volkes ein Zeichen gegenüberstellen, das die Geschichtsmächtigkeit Jahwes unter den Völkern manifestiert? Es wäre ein schwerwiegender Fehler, wenn man den Geschichtsdoketismus des 19. Jahrhunderts, der die »Ideen« des Weltverlaufes erkannt zu haben glaubte, als kritischen Maßstab an das Alte Testament anlegen würde, um dann zugleich mit Hilfe des Psychologismus die unzuträglichen Emotionen in ihrer moralischen Verwerflichkeit zu kennzeichnen. Hier ist größte Zurückhaltung geboten. Die Gebetslieder Israels bekunden das unergründliche Geheimnis, daß die Heiden, die Jahwe nicht kennen (Ps 79,6) und ihn dennoch hassen (Ps 83,3), gegen den Zeugen des Heils- und Herrschaftswillens Gottes aufstehen, um ihn auszutilgen.

6. Wie in § 6,3 gezeigt wurde, nehmen innerhalb des Psalters die Gebets- und Danklieder der Einzelnen den größten Raum ein. Diese Lieder sind aber schlechthin unverständlich, wenn sie nicht sowohl von den grundlegenden Traditionen der Heilsgeschichte und des Kultus wie auch von der Wirklichkeit der in Jerusalem versammelten alttestamentlichen Gemeinde her gesehen werden. »Private Frömmigkeit« gibt es im Psalter nicht. Die Sänger der Gebets- und Dankpsalmen kommen immer schon vom Gottesdienst der Israelgemeinde her. Die Formeln und Formulierungen sind der Welt des Kultus erwachsen. Auch lebt die Erhörungsgewißheit, das Herzstück der Klage- und Bittlieder, von der unver-

rückbaren Realität, daß der Gott Israels die an ihn sich wendenden Väter begnadigt und ihnen geholfen hat (Ps 22,5f.). So bleiben denn auch die Heilserfahrungen der einzelnen Glieder des Gottesvolkes nicht in der »privaten Sphäre«, sie werden der »großen Gemeinde« (קהל רב Ps 22,26) erzählt und bezeugt. Gebet und Dank des Einzelnen sind umschlossen von der Wirklichkeit der Gemeinde. – Die Klagenden treten mit charakteristischen Selbstbezeichnungen vor Jahwe. Wie in der Überschrift תפלה לעני (Ps 102,1), so nennen die notleidenden Sänger des Psalters sich selbst häufig: עני, ענו, אביון, דל (vgl. § 10,3). In diesen Begriffen handelt es sich nicht – wie man lange Zeit annahm, um Bezeichnungen einer Gruppe, eines Ordens oder einer Partei. Die »Armen« sind die Hilfsbedürftigen, die das Heilsprivileg des Kultortes in Anspruch nehmen. Dieses »Privileg« ist gleichsam in der Gründungsurkunde Jerusalems enthalten: »Jahwe hat Zion erwählt – und dort finden Zuflucht die Armen seines Volkes« (Jes 14,32). Einen Rechtsanspruch auf Jahwes Hilfe haben die ענוים. Ihnen zu helfen, ist der Gott Israels in Jerusalem zugegen. Wer sich darum עני nennt, nimmt das »sakrale Armenrecht« in Anspruch. Von dieser Tatsache her erklärt sich die profilierte ענוים-Frömmigkeit der Psalmen. Doch neben die Selbstbezeichnung עני (bzw. die anderen Ausdrücke für »arm«) tritt die Benennung צדיק, die sich in den Gebetsliedern häufiger findet (Ps 7,10; 31,19; 34,18; 55,23 u.ö.). Nur der צדיק hat Zugang zu Jahwe (vgl. Ps 15,1ff.); wer רשע oder רע ist, kann nicht vor ihm bestehen (Ps 5,5). Der צדיק aber ist der gemeinschaftstreue, im bundesgemäßen Wandel lebende Mensch. Indem er עני, Hilfsbedürftiger, wird, ist seine צדקה zwar in Frage gestellt (s.u.); aber ebendarum geht es in den Gebetsliedern der Einzelnen: daß die צדקה des צדיק durch Jahwes hilfreiches Eingreifen bestätigt und gegen alle anklagenden Tatbestände und Mächte wieder neu erwiesen wird. Zu den Selbstbezeichnungen gehört auch das Wort חסיד (Ps 30,5; 31,24; 37,88), mit dem das Verhältnis liebevoller, huldreicher Ergebenheit charakterisiert wird. Endlich ist der Begriff עבד herauszuheben (Ps 27,9; 69,18; 86,2; 116,16; 143,2). Der Betende und Bittende bezeichnet sich selbst als »Gottesknecht«. – Welche Leiden, Nöte und Anfechtungen sind in den Gebetsliedern der Einzelnen zu erkennen? Man könnte in aller Vorsicht zunächst auf Krankheit (Ps 6,3; 22,15ff. u.ö.), Rechtsnot (Ps 7; 17 u.ö.) und Schuld (Ps 32; 51) hinweisen. Doch sind diese Leiden auf mannigfache Weise miteinander verbunden. Das allgegenwärtige Wissen um eine immanente Nemesis läßt den Kranken sofort nach seiner Schuld fragen. Die Rechtsnot aber wird zugleich entfacht, wenn in der Umgebung des Kranken sich Menschen erheben, die die Ursache des Leidens in einer konkreten Verschuldung zu benennen und zur Anklage zu bringen sich anschicken. Dieses Wechselverhältnis, diese Komplexität der Not, läßt weithin alle klaren Konturen konkret erlebten Unheils verschwimmen. Umgreifende, überindividuelle

Vorstellungen und Metaphern signalisieren die Anfechtung. Die Gebetssprache hat schon früh stehende Redensarten und Bilder geprägt, die teilweise aus der altorientalischen Umwelt eingedrungen und von Israel übernommen worden sind. Der Leidende wird von den in den Bereich des Lebens hineingreifenden chaotischen Mächten der שׁאול umringt. Die Wasser und Wogen der Totenwelt umfangen ihn (Ps 18,5f.). Er versinkt in den Schlamm einer gottfernen Sphäre (Ps 69,3ff.; 88,7) und nähert sich der Welt der Abgeschiedenen. Jede Lebensminderung, jeder Schwund der Lebenskraft (נפשׁ) wird als Zugriff der שׁאול verstanden. Die in der Tiefe liegende Unterwelt ist die in den Bereich des Lebens hineinragende, die נפשׁ verschlingende Feindmacht. Sie ist aber auch die kultferne, von Jahwe unendlich weit geschiedene Sphäre (Ps 6,6; 88,11). Wer in ihren Bannkreis gerät, steht ferne von Jahwe (Ps 10,1). Inbegriff alles Schrekkens ist die Gottverlassenheit, die in dieser Todessphäre durchlitten wird (Ps 22,2). Man beobachtet in den Gebetsliedern der Einzelnen immer wieder, wie weit die konventionellen Bild- und Vorstellungselemente, die der Beter übernommen hat, alle konkreten Notlagen transzendieren. Die Sänger sprechen von ihrer Anfechtung in typischen, überindividuellen Metaphern. Sie wissen um das Urleiden der Gottverlassenheit und des Preisgegebenseins an die שׁאול, das sich in allen Situationen der Anfechtung manifestiert. Die Qual ist unermeßlich, zumal alles Leid vor Jahwe erst wahrhaft leidvoll und bitter wird. Die Tiefe der Qual ermißt derjenige erst recht, welcher den Heiligen kennt, der hoch über den Lobgesängen Israels thront (Ps 22,4). »Anfechtung« ist in den Psalmen kein leichthin konstatierbares Phänomen der שׁאול-Verfallenheit, sondern eine Not, die erst in der Relation zu Jahwe ihr unendliches Gewicht bekommt. Die Hyperbeln der Sprache tragen das Zeichen einer Glossolalie, die das Unauslotbare chiffriert. Es ist der צדיק, der »Gottesknecht«, der das Furchtbare erleidet. Aus einem Abgrund ohnegleichen gellen die Schreie und Fragen: »Wie lange?« »Warum?« – Alle diese Qualen werden intensiviert durch das Auftreten der Feinde (vgl. § 10,4). Angesichts eines Kranken lautet die Logik des »Feindes«: Ihn hat Gott geschlagen, weil er sich verschuldet hat! Zum körperlichen Leiden gesellt sich die Anklage. Es erheben sich finstere Mächte, selbst unter den Freunden und Verwandten, die den Gottesknecht durch Anschuldigungen und Verfolgungen von Jahwe scheiden wollen. Das Verdammungsurteil soll über den צדיק gefällt werden. Fluchworte verfolgen ihn. Magische Verwünschungen sollen ihn vernichten. Höhnisch klingt die Frage auf: »Wo ist nun dein Gott?« Die Gottverlassenheit soll definitiv zur Scheidung von Gott führen – das ist das Bestreben dieser Feinde. – Ein häufig zu beobachtendes Thema aber ist – unabhängig von der Situation der Krankheit – die Verleumdung und Verfolgung, die unrechte Anklage, die den צדיקים widerfährt. Viele Gebetslieder der Einzelnen sind Gebete Angeklagter (HSchmidt). Von seinen Verfolgern gehetzt wie ein Wild, von Feinden, zahlreich wie ein Heer, umringt – so suchen die Unschuldigen Zuflucht bei Jahwe. Das Heiligtum ist Asyl, Zufluchtsstätte für die Angeschuldigten und Verfolgten, die als ענוים das »sakrale Armenrecht« (s.o.) in Anspruch nehmen und das Privileg des Rechtsbeistandes und der Hilfe Jahwes heischen. Auf dem Zion thront Jahwe als »Richter der Völker« (vgl. § 9,2). Ihn ruft nun der Angeklagte in seiner Not an (vgl. vor allem Ps 7,7ff.). Er deckt sein Innerstes vor dem allwissenden Gott auf (Ps 7,10; 17,3; 139,1ff.) und vertraut sich »auf Gedeih und Verderben« dem Gottesurteil an. Reinigungsriten, Eide und Selbstverwünschungen (für den Fall erwiesener Schuld) werden an heiliger Stätte kund. Wie der Kranke bittet: »Heile mich!« (Ps 6,3) und der Schuldige ein »reines Herz« begehrt (Ps 51,12), so fleht der Angeschuldigte: »Richte mich!« (Ps 7,9; 43,1). Jahwe möge eingreifen, einen realen Macht- und Heilserweis schenken und die Feinde überwinden – diesen Tatakt, diese Wende des Geschicks erbitten die Klagenden. Sie »rufen«, »schreien«, »weinen« und »flehen«. Sie appellieren an Jahwes »Gerechtigkeit« und »Huld«, an seine Heilstreue und Zusagen. Sie erinnern ihn an die erfahrenen und bezeugten Wundertaten. Sie sprechen ihn auf seine Ehre an. Und in allem Klagen und Bitten bekunden diese Beter unablässig Hoffnung, Vertrauen und Erhörungsgewißheit. – Wie aber geschieht nun die Wende? Wie vollzieht sich das hilfreiche Eingreifen Jahwes? Die Sänger erwarten Jahwes »Wort« (Ps 130,5). Man wird hier an das priesterliche Heilsorakel denken müssen, das in einigen Psalmen auch zitiert wird. Gottes Spruch kann Kranke heilen (Ps 107,20); er ist das unverbrüchliche Zeichen der heilvollen Zuwendung. Unter diesem Spruch wird es zur Gewißheit: »Du hast mich erhört« (Ps 22,22). Der in einigen Gebetsliedern zu beobachtende »Stimmungsumschwung« wird auf das Faktum des »Heilsorakels« zurückzuführen sein (Ps 6; 28; 56; 69). – Im Fall der Anklage bekommt das Orakel den Charakter eines »Gottesurteils«. Doch zeigt sich verschiedentlich auch, daß die Klagenden eine Theophanie erbitten (Ps 3,8; 7,7; 9,20; 17,13 u.ö.). Es ist schwer zu erkennen, ob diese Bitte auf das Erlebnis einer Vision (im Zusammenhang mit der Theophanie vor der Kultgemeinde) zielt oder ob der Erweis der Gotteserscheinung im Ereignis der tatsächlichen Schicksalswende (und der Überwindung der Feinde) erblickt wird. In Ps 18,8ff. wird eine Theophanie geschildert, die das Ereignis der Errettung bringt. Immer aber ist es die volle Diesseitigkeit, in der sich die ישועה auswirkt. Der Leidende wird aus der שאול herausgerissen (Ps 9,14; 18,17f.; 30,2.4 u.ö.). Die צדקה des צדיק wird erwiesen. Das Verdammungsurteil der Feinde wird zerrissen. Es triumphiert die Gewißheit: »Wer will die Auserwählten Gottes anklagen? Gott ist hier, der sie gerecht spricht. Wer ist es, der verdammen will?« (Rm 8,33f.). Die Feinde werden überwunden. Das Gerichtsbegehren der Angefochtenen, das sich bisweilen in Fluch- und Rachewünschen äußert, erwartet den Taterweis Gottes. Hier versagen alle psychologischen Urteile und moralischen Entrüstungen der Interpreten. Das Heil Gottes ist im Alten Testament kein spirituelles oder ideelles Wandlungsphänomen, sondern ein in die Weltwirklichkeit eingreifendes Ereignis. Die Zeichenforderung der Juden, von der Paulus spricht (1 Kor 1,22), tendiert auf *securitas*; die Bitte der Angefochtenen aber, aus einem Übermaß des Leidens erwachsend, erfleht *certitudo*. Wenn im Neuen Testament im Χριστὸς ἐσταυρωμένος eine neue *certitudo* offenbar wird, so wird dieses Ereignis nicht der Anlaß sein dürfen, nun von einer evangelischen Liebesideologie aus die unterwertigen Rachegedanken zu kritisieren. Die Frage nach der Geschichtsmächtigkeit Gottes bleibt auch im Neuen Testament bestehen, sie erstreckt sich auf den erhöhten Herrn (Apk 6,10). Der Voreiligkeit religiöser Werturteile ist hier eine Grenze gezogen. – Hat Jahwe eingegriffen und die Not der Leidenden gewendet, dann erhebt sich die תודה. Von den Tagen der Qual und von der wunderbaren Errettung erzählt der Sänger im Danklied. Die ganze Gemeinde soll Zeuge der Heilstat Jahwes sein (Ps 22,23ff.). Doch ruht das Gewicht der Erzählung und des Zeugnisses nicht auf den »persönlichen Erlebnissen«, sondern auf der Verkündigung des »Namens Jahwes« (Ps 22,31). Wieder treten die überindividuellen Aussageweisen und Metaphern hervor. Es sieht so aus, als stünden alle Beter in einem Ereigniszusammenhang, der ihr Leben transzendiert, aber doch auf wunderbare Weise unmittelbar bestimmt und trägt. Die תודה-Opfer sind Zeichen des Dankes und der Huldigung (Ps 27,6). Zum festlichen Gemeinschaftsmahl mit den Angehörigen und Freunden werden auch die »Armen« und Hilfesuchenden eingeladen worden sein, die Jahwes rettende Macht noch nicht erfahren haben (Ps 22,27). Der Heilskelch wird erhoben (Ps 116,13). Zeremonien des Dankens begleiten das Singen und Spielen (Ps 43,4), das zugleich Bekenntnis ist. תודה hat im Hebräischen den Doppelklang: »Dank« und »Bekenntnis«. Das Bekenntnis aber kann zur Lehre und Unterweisung sich wandeln. Die Erfahrungen des einzelnen sollen anderen Menschen zur hilfreichen Wegweisung werden (Ps 34). Sie sollen es lernen, Jahwe ganz zu vertrauen und von ihm allein Hilfe zu erwarten. – Zuletzt wird auf die Vertrauensäußerung hinzuweisen sein. Die Zuversicht und Erhörungsgewißheit, die bereits die Klagen durchpulst, findet hier ihren vollen Ausdruck. Das Glück der Gemeinschaft mit Jahwe wird in überschwenglichen Worten gepriesen. Bei dem Gott Israels weiß der Beter sich geborgen (Ps 16,9; 23,6), zu ihm hin ist stille seine Seele (Ps 62,2). Kein Unheil wird den Vertrauenden treffen (Ps 23,1.4). Er weiß sich nun allezeit von Jahwe behütet und geführt (Ps 23,3).

7. In den mannigfachen Leiden, von denen die Gebets- und Danklieder des Psalters sprechen, stehen wie eine steile, unübersteigbare Wand schwere Existenzfragen auf. Es erwachen die großen Probleme des

Lebens. Warum muß ich leiden? Warum werde ich in die Tiefe der שׁאול gestoßen? So tönt es aus den Klagepsalmen. Mit diesen Existenzfragen rühren die Beter an Denkbereiche der חכמה, in denen der Versuch unternommen wird, die Probleme des Lebens zu erfassen und zu bewältigen. Man würde aber fehlgehen, wenn die geistigen Vollzüge der חכמה mit der idealistischen Kategorie der »Theorie« identifiziert werden. Die aus der Umwelt des alten Orients von Israel aufgenommene Strömung der »Weisheit« wurzelt mit ihren festen Formen und Themen tief in der Existenz. Sie ist Erfahrungs- und Lebensweisheit. Der Denkende distanziert sich nicht, er »betrachtet« nicht. Im Grunde »reflektiert« er auch nicht. Lebensbewegungen werden in den Sprüchen und Erkenntnissen der חכמה unmittelbar erfaßt. Orientierungen und Zielfragen finden hier ihren Niederschlag. Das Problem der אחרית, des guten und heilsamen Ausgangs aller Dinge, wird in unmittelbarer existentieller Anteilnahme erörtert. Im Alten Testament tritt die »Furcht Jahwes«, das elementare Wissen um die alles Leben tragende und bestimmende Wirklichkeit Gottes, beherrschend in die חכמה ein. Entscheidendes Thema ist »das Leben vor Jahwe«. In diesem Sinne wird die »Weisheit« in die Klage- und Danklieder aufgenommen. – Warum leide ich? Die Antwort kann lauten: Jahwe hat mich zum »Heil« hin »gezüchtigt« (Ps 66,10; 118,18; 119,67.71); er hat auf ein gutes Ende hin gewirkt und seine Güte den Leidenden neu zu »schmecken« gegeben (Ps 34,9). Die Erniedrigung hatte das Ziel einer wunderbaren Erhöhung (Ps 118,22). Ein neuer Zeuge des lebendigen, heilvollen Eingreifens Jahwes ist aus der Sphäre des Todes in die Welt des Lebens zurückgeführt worden (Ps 118,17). Namentlich die Danklieder gelangen zu dieser befreienden Erkenntnis. In der Freude über Gottes rettendes Eingreifen schrumpft die Zeit der Klage zusammen und versinkt (Ps 30,6). Doch diese beglückende Erkenntnis setzt sich nicht überall durch. Einige Psalmen reden von dem Übermaß des Leidens, in dem der Angefochtene eine Orientierung sucht. Die anhaltenden Qualen wecken alle Kräfte des Geistes. Der Beter durchdringt die Rätsel seiner Situation. Er wird inne der Flüchtigkeit und Wesenlosigkeit seines Lebens. Wie ein »Hauch«, dünn und zerbrechlich, dahinschwindend und sich auflösend, ist die Existenz (Ps 39,5ff.; 62,10; 78,39; 144,4); sie hat keinen Wert, kein Gewicht in sich selbst. Ps 90 zeigt, wie diese Erkenntnis angesichts der Ewigkeit Gottes erst ihre letzte Tiefe erfährt. Gottes Zeit ist eine andere Zeit als die des Menschen. Er ist der Präexistente, Bleibende. Der Mensch ist Staub und Asche; vergehende, schuldige Kreatur. Nichtig ist alles »Gepränge« (Ps 90,10), hohl und betrügerisch aller Besitz (Ps 49). Dies alles sind nicht »Gedanken«, sondern das In-Worte-Fassen letzter Seinserfahrungen. In der Sphäre des Todes fragt der צדיק nach der Heilstreue Jahwes. Läßt der Gott Israels seinen Knecht versinken? Diese Frage tritt in ihrer Bitternis vor allem dann hervor, wenn der צדיק die Verteilung der Lebensschicksale betrachtet. Der רשע, der sich in seiner Lebensführung von Jahwe losgesagt hat, erlebt das Glück und die Freuden des Daseins. Sein Leben steht unter dem Vorzeichen des Segens und der Erfüllung. Der צדיק aber muß leiden. Er liegt in den Bereichen der שאול und trägt das Stigma der Verwerfung und des Ausgeschlossenseins vom Heil. In Ps 37 und Ps 73 wird dieses Problem entrollt. Nur wird man freilich beachten müssen, daß in diesen beiden Psalmen keine theoretische Lehrabhandlung über das Thema »Vergeltung«, »Theodizee« oder »die sittliche Weltordnung« vorgelegt wird. Hier wird vielmehr erzählt und berichtet, wie ein צדיק an der Vollkommenheit und Heilstreue Jahwes irre geworden ist. In letzter Einsamkeit sieht er sich den schweren Fragen ausgeliefert. Gibt Gott eine Antwort? Der Beter des 73. Psalms erzählt weiter, wie er Zuflucht zur Stätte der Gegenwart Gottes, zum Heiligtum, nahm und wie ihm dort die letzte Wahrheit enthüllt wurde. Das »Bleiben bei Jahwe« (Ps 73,23) und die Gewißheit der Entrückung (vgl. zu Ps 73,24) begründen dann den Glauben an eine unzerstörbare Lebensgemeinschaft mit Jahwe. Der Wohlstand der רשעים aber wird im Licht der letzten Enthüllung als Scheinglück entlarvt (Ps 73,17ff.). Über eine diesseitige Erfüllung hinaus wird hier die Heilstreue Jahwes als ein letztes, ins »Eschaton« reichendes Handeln offenbar. Die klagenden und fragenden Lieder schauen alle nach der Wiederherstellung der Gottesgemeinschaft aus. Sie erwarten die neue Gewißheit zumeist im Diesseits (Ps 37). In Ps 73 wird eine letzte Schranke geöffnet. Erst im Neuen Testament wird im Tod und in der Auferstehung Jesu Christi die Erfüllung der Heilstreue Gottes erschlossen. Zugleich aber verbirgt sich Gott in diesem letzten Geschehen in der Tiefe des Leidens und der Schande. – Wie werden die Probleme des Lebens bewältigt, die Fragen, die nicht nur im Leiden, sondern alltäglich den vor Jahwe lebenden Menschen bestürmen und anfechten? Die חכמה lehrt, daß alles menschliche Mühen umsonst ist (Ps 127,1ff.). »Die Furcht Jahwes ist der Anfang der Weisheit« (Ps 111,10). Allein das unerschütterliche Bleiben und Verwurzeltsein in der תורה, der gnädigen Willensoffenbarung Gottes, verleiht dem Leben Heil und Bestand (Ps 1). Dies ist der einzige Weg, der in dieser Welt gangbar ist (vgl. zu Ps 1). Der Weg des רשע führt ins Verderben (Ps 1,6) – wie glücklich er auch zunächst verlaufen mag. In der Freude und Lust, Gottes Willen zu tun, findet das Leben Sinn, Gestalt und Ziel (Ps 119). Werden Jahwe alle Wege befohlen (Ps 37,5), so wird der Gehorsame und Vertrauende nicht wanken und irregehen.

§ 10. Exkurse

1. Die Kulttraditionen Jerusalems

SMowinckel, Psalmenstudien II. Das Thronbesteigungsfest Jahwäs und der Ursprung der Eschatologie (1922); HSchmidt, Die Thronfahrt Jahwes (1927); BNWambacq, L'épithète divine Jahwé Sebaoth (1947); SMowinckel, Offersang og Sangoffer (1951); JGray, Canaanite Kingship in Theory and Practice: VT 2 (1952) 193–220; AAlt, Gedanken über das Königtum Jahwes: KlSchr I (1953) 345–357; HSchmid, Jahwe und die Kulttraditionen von Jerusalem: ZAW 67 (1955) 168–197; DMichel, Studien zu den sog. Thronbesteigungspsalmen: VT 6 (1956) 40ff.; HGross, Läßt sich aus den Psalmen ein ›Thronbesteigungsfest Jahwes‹ nachweisen?: TTZ 65 (1956) 24–40; JGray, The Hebrew Conception of the Kingship of God: VT 6 (1956) 268–285; SHHooke, Myth, Ritual and Kingship (1958); RMayer, Der Gottesname Jahwe im Lichte der neuesten Forschung: BZZ (1958) 26–53; HJKraus, Gottesdienst in Israel ([2]1962); JDWWatts, Yahweh Málak Psalms: ThZ 21 (1965) 341–348; WHSchmidt, Königtum Gottes in Ugarit und Israel ([2]1966), dort weitere Lit.; AAlbright, Yahweh and the Gods of Canaan (1968); HGese, Die Religionen Altsyriens (1970); FMCross, Canaanite Myth and Hebrew Epic (1973).

a. Die Bezeichnungen Jahwes

In Ps 24,7.10 wird Jahwe מלך הכבוד genannt. Dieses Epitheton gibt Veranlassung, einen zusammenfassenden Überblick und eine erste Erklärung der Bezeichnungen Jahwes in der Kulttradition Jerusalems zu geben. In welchen Überlieferungskomplex gehört insbesondere die Benennung Jahwes als מלך? Welche religionsgeschichtlichen und kulthistorischen Gegebenheiten gilt es zu bedenken? – In seinem Buch »Das Königtum Gottes« (1932) vertrat MBuber noch die Auffassung, daß die Bezeichnung מלך bereits am Sinai dem Gott Israels beigelegt worden sei. Der Sinaibund wird von Buber ein »Königsbund« genannt. Eine Stelle wie Dt 33,6 rückt in den Mittelpunkt der Erklärung. Doch mehr und mehr wurde dieses Verständnis des Königtums Gottes als unzutreffend zurückgewiesen. Es setzte sich die Auffassung durch, »daß die Vorstellung von Jahwes Königtum kein konstitutives Element im ursprünglichen Bestand der israelitischen Religion gewesen zu sein scheint« (AAlt, Gedanken über das Königtum Jahwes, KlSchr I 348). Die Aufmerksamkeit wurde stärker auf das Eintreten Jahwes in die kanaanäische Religionswelt gerichtet (GvRad, TheolAT I[6] 36). Damit bekam die religionsgeschichtliche Frage nach den vorisraelitischen Kulttraditionen einen bemerkenswerten Vorrang (HSchmid, Jahwe und die Kulttraditionen von Jerusalem: ZAW 67, 1955, 168–197). Die Ergebnisse der Ausgrabungen im syrisch-kanaanäischen Bereich trugen dazu bei, das Bild der religiösen und kultischen Traditionen der Urbevölkerung des Landes klarer hervortreten zu lassen. So ergab sich das Problem: Welche kanaanäischen Elemente sind in die Welt des Gottesdienstes Israels hineingekommen? Welche Kulttraditionen fand Israel an den übernommenen Heiligtümern Palästinas vor? Und wie wurden die vorgefundenen Überlieferungen rezipiert? Diese Fragen haben insbesondere im Hinblick auf das Zentralheiligtum Jerusalem eine große Bedeutung gewonnen. – Es hat sich herausgestellt, daß z.B. die Jahwe-Bezeichnung מלך einem religiös-kultischen Vorstellungskomplex zugehört, der in der Urbevölkerung des kanaanäisch-syrischen Bereiches eine wichtige Rolle spielte. Das Gottesepitheton מלך gehört nämlich hinein in den Kreis der kultischen Verehrung des »höchsten Gottes«. Einzelne, hervorragende Lokalnumina der alten Welt wurden im Zuge einer monarchischen Zuspitzung des Götterpantheons zu »Götterkönigen« erhoben. Es spiegelt sich in einem solchen Vorgang zumeist die politisch-dynastische Konstellation der Vormachtstellung eines bestimmten Stadtstaates. So hat – um zunächst auf Tatbestände außerhalb des kanaanäisch-syrischen Bereiches aufmerksam zu machen – mit dem Führungsanspruch des Stadtstaates Babylon im südlichen Euphrat-Tigris-Gebiet der Stadtgott Marduk im Pantheon des Zweistromlandes den Rang des »Königs der Götter«, des »Geehrtesten unter den großen Göttern«, eingenommen (AOT² 116. 117. 121. 122. 124). Und auch in Ägypten kennt die religiöse Verehrung den »König der Götter« (KSethe, Amun und die acht Urgötter von Hermopolis: Abh. d. preuß. Akad. d. Wiss., phil-hist. Kl., 1929, 128; HKees, Der Götterglaube im alten Ägypten, 1941, 468). Die kultischen und religiösen Verhältnisse Kanaans und Syriens aber sind durch die Amarna-Briefe und durch die Ras-Schamra-Texte in ein helles Licht getreten. So wird die monarchische Zuspitzung der Götterwelt z.B. schon in einem Brief aus der Amarna-Korrespondenz erkennbar, in dem der Mondgott *»ilani ša ilani«* (»die Götter der Götter«, d.h. »der höchste Gott«) genannt wird (vgl. WEichrodt, TheolAT I⁷ 115). Und in anderen Briefen tritt aus dem Pantheon der Baalim ein *»ba'alu ina šamê«* hervor: ein »Himmelsbaal« von höchstem Rang (vgl. WEichrodt, TheolAT I⁷ 126 Anm. 99). Durch die Ras-Schamra-Texte ist das religiöse Mysterium der Spitzengottheit besonders deutlich in Erscheinung getreten. Der בעל שמם, der schon durch die Inschrift des Jehimilk von Byblos als hervorragende Größe der syrischen Götterwelt bekannt geworden war (RDussaud, Syria 11, 1930, 306), bekommt durch diese Texte schärfere Konturen (OEißfeldt, *Ba'alšamem* und Jahwe: ZAW 57, 1939, 1–31 = KlSchr II, 1963, 171–198). Die im alten Ugarit hochverehrte Gestalt des *Al'iyān Ba'al* wird u.a. einmal der »Fürst, der Herr der Erde« genannt (I AB III 8–9, 20–21; vgl. GWidengren, Sakrales Königtum im Alten Testament und im Judentum, 1955, 69). Wie Virolleaud erklärt, enthält *al'iyu* wahrscheinlich die Bedeutung »die Oberhand gewinnen« (vgl. WFAlbright, From the Stone Age to the Christianity, 1946, 176). In anderem Zusammenhang wird in den Ras-Schamra-Texten *'el* als »König« und »Richter« bezeichnet (vgl. HBauer, ZAW 51,

1933, 82f.; OEißfeldt, EL im ugaritischen Pantheon: Berichte über die Verhandlungen d. Sächs. Akad. der Wiss., phil.-hist. Kl 98, 4. 1951). Alle diese – noch beliebig zu vermehrenden – Beispiele zeigen, daß es im alten Orient, insbesondere in der kanaanäisch-syrischen Welt, den Typos des »höchsten Gottes« gegeben hat, der als »König«, »Herr des Himmels«, »Fürst der Erde« und »Richter« einen Vorrang vor allen anderen Mächten und Numina innehatte. Diese religiös-kultische Anschauung vom »höchsten Gott« des Gemeinwesens, das im politischen Raum eine Vormachtstellung errungen hatte, enthält zweifellos die Tendenz zur Deklaration eines universalen Anspruchs. Die heilige Stätte, an der diese Gottheit verehrt wird, ist die »Mitte der Welt« (vgl. hierzu § 10,2). – Für das vorisraelitische Jerusalem, die alte Jebusiterstadt, sind nun die skizzierten religiösen und kultischen Vorstellungen vom »höchsten Gott« vorauszusetzen. Die vor allem im Psalter hervortretenden Bezeichnungen Jahwes als עליון (אל), אדון כל־הארץ, מלך und שופט sind – aller Wahrscheinlichkeit nach – aus den Kulttraditionen der alten Jebusiterstadt übernommen worden. Für die Begriffe עליון (אל) und מלך sind Anhaltspunkte für diesen religions- und kultgeschichtlichen Ursprung der Bezeichnungen Jahwes vorhanden. So wird in Gn 14,18 als Stadtgottheit von שלם (hier handelt es sich doch wohl um Jerusalem; vgl. Ps 110) ein אל עליון genannt. Und das Vorhandensein eines מלך-Kultes im Bereiche der Urbevölkerung Jerusalems ist aus Lev 18,21; 20,2f.; 2 Kö 23,10; Mi 6,7; Ez 20,25f. sowie aus Jer 7,18; 44,17 zu erschließen. Im kanaanäischen Fruchtbarkeitskult war dem אל עליון und מלך eine מלכת השמים zugeordnet. Wie aus den zitierten Stellen hervorgeht, waren die Einwohner Jerusalems zur Zeit Israels stets versucht, von Jahwe abzufallen und die althergebrachten Kulte der Naturgottheit zu pflegen – bis hin zum greulichen Brauch der Opferung eines Sohnes an den »Gottkönig«. Im Gottesdienst Israels werden diese Ansprüche der heidnischen Gottheit streng zurückgewiesen. Die Bezeichnungen אל עליון, מלך und אדון כל־הארץ kommen allein Jahwe zu. Die Epitheta mit ihrer universalen Intention werden auf den Gott Israels übertragen. Er ist der »höchste Gott«. Das kanaanäische Götterpantheon, das in der Vorstellung des Ps 82 auch im Zusammenhang mit Jahwe noch sichtbar wird, sinkt herab zu der Vorstellung von den בני־האלהים, die Jahwe als »dienstbare Geister« umgeben (Ps 103,19ff.; Jes 6,1ff.; 1 Kö 22,19; Hi 1,6ff.). Das Eintreten Jahwes in die Welt der kanaanäischen Religion bringt in der Geschichte des alttestamentlichen Gottesdienstes eine ungeheure Weitung des Horizontes mit sich. Bereits in den altisraelitischen Zentralheiligtümern Sichem, Silo, Gilgal und Bethel tragen kanaanäische Kulttraditionen dazu bei, den umfassenden Wirkungsbereich Jahwes erst zu entdecken und neue Beziehungen zu sehen. Doch kein Heiligtum der kanaanäischen Welt hat Israel vor die Aufgabe so weitreichender Rezeptionen gestellt wie die mit höchsten Götteraussagen und Kulttraditionen ausgestattete alte Jebusiterstadt Jerusalem. Der Prophet Jeremia sieht diese Aufgabe der Rezeption fremder Kultur- und Kultkreise darin, daß die Priester Israels, ja, die ganze Gemeinde gewiesen ist, im fremden Bereich unter der Frage איה יהוה der Gegenwart und Macht Jahwes ständig neu gewiß zu werden (Jer 2,6.8). In den Bezeichnungen und Vorstellungen, die sich in den Psalmen mit Jahwe verbinden, ist überall das Ringen um eine rechte Rezeption und Integration der vorisraelitischen Kulttraditionen in den Jahweglauben sichtbar. Dabei ist in aller Deutlichkeit festzustellen, daß der »Universalismus« in der Theologie der alttestamentlichen Psalmen nicht das Spätprodukt eines religiösen Entwicklungsprozesses innerhalb der Geschichte Israels, sondern vielmehr ein im Typos der Verehrung des »höchsten Gottes« bereits vorgegebenes Element der kanaanäischen Welt ist. Werden die Psalmenaussagen über Jahwe, den אל עליון, מלך, אדון und שׁופט, durchgemustert, so stellt sich auf dem Hintergrund der religions- und kultgeschichtlichen Vorgegebenheiten alsbald heraus, daß wir es hier mit einem sehr geschlossenen Komplex zu tun haben.

Jahwe ist der עליון (אל). Mit dieser Gottesbezeichnung verbinden sich folgende Vorstellungen: Als עליון thront Jahwe auf Wolkenhöhen (Jes 14,14) über allen Göttern (Ps 97,9). Nach Gn 14,19 ist der אל־עליון Schöpfer (קנה) Himmels und der Erden. Hier wird in einem sehr alten Stück die Schöpfungsmacht des »höchsten Gottes« bezeugt. An diese Tradition reihen sich die Aussagen über Jahwe, den עליון על־כל־הארץ an (Ps 83,19; 97,9). Der עליון ist nach Ps 47,3 מלך גדול על־כל־הארץ: Großkönig über die ganze Welt. Er teilt den Völkern ihre Gebiete zu (Dt 32,8) und wird vom Lobgesang der Israel-Gemeinde erhoben (Ps 7,18; 9,3; 92,2). Aus dem Himmel erschallt seine Stimme (Ps 18,14).

Wie schon aus Ps 47,3 und 97,9 hervorgeht, decken sich die Vorstellungen vom אל עליון und מלך Jahwe. Die Bezeichnung Jahwes als מלך gehört hinein in den Komplex der Theologumena über den »höchsten Gott«. Dieser sachliche Bezug wird sogleich deutlich, wenn in der Parallele zu den עליון-Vorstellungen die Aussagen über den מלך Jahwe zusammengestellt werden. Das älteste, noch sehr stark mit den archaischen Vorstellungen Kanaans vom »Himmelskönig« verbundene Element ist wohl in Ps 29,9ff. zu finden. Als מלך הכבוד (Ps 24,7.10) thront Jahwe über dem himmlischen »Ozean« (מבול): Ps 29,9ff. Auch in Ps 99,1; 97,2 schimmern Anschauungen vom Wohnsitz des »Himmelskönigs« in der Wolkensphäre durch. Das Heiligtum dieses »höchsten Gottes« und »Königs« aber befindet sich auf dem Zion (Ps 97,8; 99,2; Jes 6,5), den die Kulttradition Jerusalems als »Götterberg im Norden« (Ps 48,3) bezeichnet (vgl. § 10,2). Wie in den altbabylonischen Mythen und Epen ist der höchste Gott und König der Schöpfer der Welt (Ps 24,1; 93,1; 95,3ff.; 96,5.10 vgl. Gn 14,19). Seine Schöpfungstat begründet die Weltherrschaft (Ps 24,1.2; 47,3.8; 97,9). Der מלך Jahwe ist »Herr der ganzen Welt« (Ps 97,5; 24,1; 50,12; 74,16; 89,12; 115,16). In alle Lande geht sein כבוד aus (Ps 8,1; Jes 6,3). Die Völker sind ihm untertan (Ps 47,4.9; 99,2), so wie auch alle Götter dem »höchsten Gott« unterworfen sind (Ps 96,4ff.; 97,7). Die Proskynese vor dem »Weltkönig« Jahwe wird in den Psalmen als kultischer Akt auf dem Zion gefordert (Ps 95,6; 96,9; 99,5.9).

Jahwe als עליון, מלך und אדון, als Schöpfer und Herr der Welt, ist zugleich שופט (Ps 96,10.13; 99,8). Auch zu dieser Vorstellung wäre zunächst auf eine archaische Tradition hinzuweisen, die den אל עליון als richtenden Gott בעדת־אל bzw. בקרב אלהים sieht (Ps 82,1). Er thront in der »Himmelshöhe« über der Völkerwelt (Ps 7,8) und richtet die Nationen (Ps 7,9; 9,9.20; 96,10). Von dem auf dem Zion thronenden Gott wird in Ps 9,9 gesagt: ישפט־תבל – ידין לאמים. Jahwe ist also »Weltrichter« (Ps 58,12; 76,9ff.; 94,2ff.). – Wahrscheinlich wird von dieser universalen Gerichtsvorstellung, die der Kulttradition des »höchsten Gottes« zuzurechnen ist, die altisraelitische Überlieferung abzuheben sein, daß Jahwe Israel richtet. Man wird die Hinweise auf das Gericht über Israel wohl mehr in einem engen Zusammenhang zu der Verkündigung des Gottesrechtes vom Sinai sehen müssen (vgl. zu Ps 50,4). Das Gericht über die Völker aber, wie es z.B. in Am 1,2ff. vom Zion ausgeht, gehört zum Komplex der עליון-Tradition, die freilich in Israel wohl schon früh mit dem Gottesrecht gefüllt worden ist (Jes 2,2–5).

Während die Gottesbezeichnung מלך הכבוד in Ps 24,7.10 im Zusammenhang mit dem religionsgeschichtlichen Typus des »höchsten Gottes« zu verstehen ist, stellen uns nun die anderen hervorragenden Bezeichnungen Jahwes in Ps 24,8.10 vor die Aufgabe, die entsprechende kultgeschichtliche Erklärung zu umreißen. Wird Jahwe in 8 עזוז וגבור und גבור מלחמה genannt, so ist die Herkunft dieser Benennungen gut zu erkennen. Die Begriffe weisen auf die Institution des »Heiligen Krieges«, in der Jahwe als *deus praesens,* als »Kriegsgott« und Held für Israel eintrat (vgl. Ex 15,3; Jos 6,17; 2 S 5,10; GvRad, Der Heilige Krieg im alten Israel: ATANT 20, 1951, 82). Zur Bezeichnung Jahwes als גבור vgl. Dt 10,17; Jer 32,18. Palladium des »Heiligen Krieges« war in der Richterzeit die Lade. Über diesem Kultgegenstand war יהוה צבאות als der ישב הכרבים im Kriege gegenwärtig (1 S 4,4). Damit aber treten wir sogleich an die nächste Bezeichnung Jahwes in Ps 24,10 heran. Der Gott Israels wird יהוה צבאות genannt. Es sollte nicht zweifelhaft sein, daß in Ps 24,10 der Gottesname יהוה צבאות in einem unverkennbaren Zusammenhang zur Lade als dem alten Kriegspalladium steht. Die Vorstellungen, auf die יהוה צבאות sich bezieht, sind die des »Heiligen Krieges«. So werden in 1 S 17,45 die צבאות als die »Schlachtreihen« Israels erklärt. Und auch in 1 S 4,4 und Ps 24,8–10 tritt die Bezeichnung יהוה צבאות in einer bemerkenswerten Beziehung zum »Kriegsgott« Jahwe hervor. Aber meint der Begriff צבאות ursprünglich wirklich die kriegerischen Heerscharen? Schon syntaktisch bietet die Verbindung יהוה צבאות Schwierigkeiten. Man kann hier nicht ohne weiteres einen stat. cstr. annehmen. Das zeigt die erleichternde und interpretierende Wendung יהוה אלהי צבאות, die 18mal im Alten Testament vorkommt, aber kaum ursprünglich gewesen sein dürfte. צבאות hat man nun – abgesehen von der in 1 S 17,45 im Alten Testament gegebenen Deutung – im Hinblick auf Engelmächte (Ps 103,21), Sterne (Jes 40,26) oder den »Inbegriff alles irdischen und himmlischen Wesens« (Gn 2,1) verstehen wollen. Dem steht entgegen, daß im Alten Testament immer nur der sing. צבא die Engelmächte, Sterne usw. bezeichnet. Und vor allem bleibt die eigenartige cstr.-Verbindung ungeklärt. Neue Wege der Erklärung geht OEißfeldt, indem er in צבאות einen »intensiven Abstraktplural« in der Bedeutung »Mächtigkeit« erkennt und die Wortverbindung im attributiven Sinne versteht (OEißfeldt, Jahwä Zebaoth: Miscellanea academica Berolinensia, 1950, 128–150 = KlSchr III, 1966, 103–123). Aber auch diese Deutung bleibt problematisch, weil in ihr der Begriff צבאות an konkreter Fülle verliert und verallgemeinert wird. GvRad fragt mit Recht, ob es richtig sei, ein »so altes Element einer kultischen Epiklese unter allen Umständen rational erklärbar« zu machen (TheolAT I[6] 32). Vielleicht bezieht sich צבאות ursprünglich auf geheimnisvolle mythische Mächtigkeiten der Naturreligion (vgl. VMaag, Jahwäs Heerscharen: Festschrift für LKöhler, 1950, 27–52). Verhältnismäßig sicher dürfte auszumachen sein, daß die Bezeichnung יהוה צבאות in Silo aufgekommen ist und daß sie im Zusammenhang mit der Lade als dem alten Kriegsheiligtum Israels und im Hinblick auf die »Kriegsscharen Jahwes« entmythologisiert wurde. Unter diesem – offenbar vorherrschenden – Verständnis ist die Bezeichnung יהוה צבאות Kultname Jahwes in Silo gewesen (1 S 1,3.11; 4,4) und dann später mit der großen Erzählung vom Schicksal der Lade auf den Zion übergegangen (vgl. LRost, Die Überlieferung von der Thronnachfolge Davids: BWANT III, 6, 1926, 4ff. = Das kleine Credo und andere Studien zum Alten Testament, 1965, 119–253).

b. Wurde in Jerusalem ein »Thronbesteigungsfest Jahwes« gefeiert?

Es gibt im Psalter einige Lieder, in denen mit besonderem Nachdruck Jahwe als König gefeiert wird: Ps 24,7ff.; 47; 93; 96; 97; 98; 99. Diese Jahwe-Königs-Psalmen sind in der alttestamentlichen Forschung der Gegenstand verschiedenster Deutung gewesen. Nachdem sich die zeitgeschichtliche Erklärung als unzureichend erwiesen hatte und auch das eschatologische Verständnis viele Fragen offenließ, setzte sich die kultische Interpretation SMowinckels durch und fand weitgehende Anerkennung. Zur Geschichte der Exegese der Jahwe-Königs-Psalmen vgl.

HJKraus: Die Königsherrschaft Gottes im Alten Testament: BHT 13 (1951) 15–20. Mowinckel lehnte sich in seiner kultischen Deutung an die religionsgeschichtlichen Entdeckungen im Gebiete des Zweistromlandes an und konstruierte zur Thronbesteigungsfeier Marduks eine alttestamentliche Parallele. (Zum babylonischen Fest vgl. HZimmern, Das babylonische Neujahrsfest, 1926; Zum babylonischen Neujahrsfest, 1928.) Zuvor hatte bereits PVolz auf diese Parallele aufmerksam gemacht (PVolz, Das Neujahrsfest Jahwes, 1912). Im Mittelpunkt des israelitischen Thronbesteigungsfestes sah Mowinckel den Inthronisationsruf יהוה מלך (= »Jahwe ist König geworden!«) und die Schilderungen des kultisch-mythischen Geschehens (PsStud II). Zur Jahreswende wurde – nach Mowinckels Erklärung – Jahwe neu inthronisiert und als König und Schöpfer gefeiert. HGunkel hat sich mit einigen Vorbehalten dieser kultischen Erklärung angeschlossen, jedoch die kultisch-mythischen Elemente der Jahwe-Königs-Psalmen vorwiegend eschatologisch verstanden (EinlPs 94ff.). In den letzten Jahren haben sich aber einige kritische Stimmen erhoben und die gesamte Kultkonzeption bestritten (vgl. JJStamm, Ein Vierteljahrhundert Psalmenforschung: ThR 23/1, 46ff.).

Jede Erklärung der Jahwe-Königs-Psalmen ist entscheidend davon abhängig, wie die zentrale Formel יהוה מלך übersetzt und verstanden wird. Nachdem es lange Zeit als ausgemacht galt, daß יהוה מלך ein »Inthronisationsruf« sei (»Jahwe ist König geworden«), begegnen dieser Deutung heute schwerwiegende Bedenken. Das Verbum מלך hat nach dem lexikographischen Befund zwei Bedeutungen: »König sein« und »König werden«. Die Übersetzung »König sein« (mit עַל, בְּ oder לְ) ist in Gn 36,31; Jos 13,12.21; Ri 4,2; 9,8; 2 S 16,8; 1 Kö 14,20 u.ö. eindeutig nachweisbar. Die Bedeutung »König werden« hingegen will man in dem unter Posaunenschall ausgestoßenen »Inthronisationsruf« in 2 S 15,10 (1 Kö 1,11); 2 Kö 9,13 annehmen. Wichtig aber ist hier die Wortstellung: מלך אדניהו (1 Kö 1,11). Der Verbalsatz – deutlich als Ausruf gekennzeichnet – teilt eine soeben abgeschlossene Handlung mit. Somit könnte man also in der Übersetzung schwanken und entweder der abgeschlossenen Handlung (»Adonja ist König geworden«) oder dem bereits erreichten Zustand (»Adonja ist König«) den Vorrang geben. Das syntaktische Problem erfährt jedoch eine Klärung dadurch, daß in 1 Kö 1,18 der erreichte Zustand mit der Wortfolge ועתה הנה אדניה מלך beschrieben wird. Bedenkt man, daß z.B. der unter Posaunenschall ausgestoßene Ruf מלך אבשלום (2 S 15,10) die unmittelbare Nähe des König-Werdens bzw. Gewordenseins (also des Inthronisationsaktes) atmet (vgl. auch 2 Kö 9,13), so sieht man sich veranlaßt, den zweigliedrigen Verbalsatz, der mit מלך anhebt, zu übersetzen: »König geworden ist . . .« Dagegen schildert die umgekehrte Wortfolge einen Zustand, in dem der betreffende König bereits verharrt: »König ist . . .« Das vorangestellte Subjekt weist deutlich auf einen Zustandssatz hin, in dem das doppeldeutige Verbum מלך in der Bedeutung »König sein« fungiert. – Für die Jahwe-Königs-Psalmen ist aus diesen syntaktischen Beobachtungen und Feststellungen zu folgern, daß יהוה מלך in Ps 93,1; 96,10; 97,1; 99,1 zu übersetzen ist: »Jahwe ist König!« Eine ereignisnahe Inthronisationsproklamation läge dann nur in Ps 47,9 in dem Verbalsatz מלך אלהים vor (vgl. auch Jes 52,7). Zum Problem der Übersetzung und des syntaktischen Verständnisses der Formel יהוה מלך vgl. LKöhler, Jahwä mālāk: VT 3 (1953) 188f.; JRidderbos, JAHWÄH MALAK: VT 4 (1954) 87–89; DMichel, Studien zu den sogenannten Thronbesteigungspsalmen: VT 6, 1 (1956) 40–68.

Zu den Argumenten, die in dem verbalen Zustandssatz יהוה מלך die Vorstellung von einem Inthronisationsakt tilgen, treten drei grundsätzliche Erwägungen, die es als unmöglich erscheinen lassen, daß im alttestamentlichen Gottesdienst eine kultische Thronbesteigung Jahwes durchgeführt worden ist. 1. Es wird zuerst zu fragen sein, wie eine Inthronisation Jahwes in Israel überhaupt durchgeführt werden konnte. Es gibt hier weder ein Götterbild, das auf einen Thron erhoben worden sein konnte, noch ist irgendein Kultemblem bekannt, das Jahwe dargestellt hätte (vgl. DMichel, VT 6, 1. 47). Die babylonischen »Parallelen«, die heute immer weiter aus dem Horizont des Jerusalemer Kultus herausrücken, haben eigene Voraussetzungen in den massiv-rituellen Einrichtungen der Götterstatue und ihrer Erhebung auf den Thron des Erscheinungstempels. – 2. Es wird ferner die Frage aufzuwerfen sein, in welchem theologischen Zusammenhang denn eine »Thronbesteigung Jahwes« stehen könnte. HSchmidt gelangt (im Anschluß an SMowinckel) zu der Konsequenz, daß Jahwe seine Herrschaft im Rhythmus des jahreszeitlichen Naturmythus »tatsächlich eine Zeitlang verliert«, und er erklärt: »Es ist das ein Mythus, ähnlich dem vom zeitweiligen Hinabsteigen von Göttern zur Unterwelt und ihrem Wiederauferstehen« (zu Ps 47 im Psalmen-Kommentar). Diese Unterstellung einer Mythisierung Jahwes entbehrt jeder Grundlage innerhalb der Jahwe-Königs-Psalmen – darüber hinaus innerhalb des ganzen Alten Testaments. – 3. Es wird gegen alle »Mythisierungen«, die mit der Thronbesteigungsidee notwendig verbunden sind, vielmehr darauf zu achten sein, mit welcher Emphase die Jahwe-Königs-Psalmen das unveränderliche, allen Göttermächten überlegene Königtum Jahwes, sein beständiges König-Sein, hervorheben. Am deutlichsten geschieht dies in jenem Psalm, den man bisher am stärksten mit dem Naturmythus der Schöpfungserneuerung verbunden sah – in Ps 93,2: נכון כסאך מאז מעולם אתה. Eine Thronbesteigung Jahwes ist also auch aus sachlichen Gründen kaum annehmbar.

Dem aber steht nun entgegen, daß Ps 47 sowohl die »Inthronisationsformel« מלך אלהים als auch alle Merkmale eines Thronbesteigungsvorganges (6 עלה אלהים בתרועה) enthält. Und dem könnte ferner entgegenstehen, daß die Lade Jahwes im Alten Testament an charakteristischen Stellen als »Thronsitz Jahwes« bezeichnet wird (Jer 3,16.17; 17,12; 1 S 4,4; MDibelius, Die Lade Jahwes, 1906) und offensichtlich auch in einem kultischen Akt in den Tempel eingeführt wurde (2 S 6; 1 Kö 8; Ps 132). Ein solcher Einzug des Königs Jahwe ist in Ps 24,7ff. und Ps 68,25 ebenfalls wahrzunehmen. Müßte also nicht doch – entgegen allen obenaufgeführten kritischen Argumenten – von einer kultischen Thronbesteigung Jahwes gesprochen werden? Man tut wohl gut daran, den Ps 47 in Anbetracht der sachlichen Gründe, die gegen ein Thronbesteigungsfest Jahwes sprechen, zunächst einmal zurückzustellen. Es müßte mithin den anderen Texten, die eine kultische Einführung der Lade in den Tempel bzw. einen Einzug des Königs Jahwe erkennen lassen, eine besondere Aufmerksamkeit zugewandt werden: 2 S 6; 1 Kö 8; Ps 132; 24,7ff.; 68,25. Vgl. HJKraus, Die Königsherrschaft Gottes im Alten Testament, 23ff. und nun auch WEichrodt, TheolAT I⁵ 71ff. Es fragt sich aber sogleich, ob unter Beachtung dieser Zusammenhänge noch von einem »Thronbesteigungsfest Jahwes« (so WEichrodt) die Rede sein kann. Jahwe besteigt doch gar keinen Thron, sondern er zieht als der unsichtbar über der Lade Gegenwärtige mit dem Gottesthron in den Tempel ein. Man müßte korrekter von einer Einführung des Gottesthrones (nämlich der Lade) sprechen und bedenken, daß die Jahwe-Königs-Tradition als kultisches Überlieferungselement des alten Jebusiterheiligtums zu der Lade-Thron-Vorstellung, die schon in 1 S 4,4 erkennbar ist, hinzugetreten ist. Die Verherrlichung Jahwes als des Königs hat sich mit einer Einzugsfeier verbunden, deren Wurzeln in 2 S 6; 1 Kö 8 und Ps 132 liegen. Die Bedeutung dieser Einzugsfeier, die wahrscheinlich am ersten Tag des Laubhüttenfestes stattgefunden hat, ist nicht die einer Thronbesteigung Jahwes, sondern einer Feier der Erwählung Jerusalems und der Erwählung Davids (vgl. zu Ps 132). Ps 24,7ff. und Ps 68,25 nehmen auf diese Einzugsfeier des – nach der altjerusalemischen Tradition – »Königs« Jahwe Bezug. Die Einführung der Lade findet ihren Höhepunkt in der Proskynese vor dem »König« Jahwe, der nach den in diesem Exkurs unter a. beschriebenen Kultüberlieferungen »Schöpfer«, »Weltherr« und »Richter« ist (Ps 95,3–6; 96,9ff.; 99,9; 100,4).

Es bleibt bei dieser Erklärung ein Rest: Ps 47 (bzw. Jes 52,7). Wenn man in Anbetracht der bisher ausgebreiteten Deutung von der Voraussetzung ausgehen kann, daß ein Thronbesteigungsfest Jahwes aus grundsätzlichen theologischen Erwägungen im Alten Testament undenkbar ist, und wenn man ferner zur Kenntnis genommen hat, daß die Schilderungen vom Einzug der Lade in 2 S 6; 1 Kö 8 und Ps 132 eine andere Bedeutung haben als die einer Inthronisation Jahwes, so wird im Hinblick auf Ps 47 eine sachentsprechende Erklärung herbeigeführt werden müssen. Hier gilt es, drei verschiedene Interpretationsmöglichkeiten zu bedenken:

1. Es wäre möglich, daß in der Kulttradition des vorisraelitischen Jerusalem ein Thronbesteigungsfest der königlichen Gottheit gefeiert wurde – ein Fest, das seine sakralen Traditionen und Vorstellungsformen hinterlassen hat. 2. Es könnte sein, daß die politische Abhängigkeit Jerusalems von Assyrien und Babylonien, die mit kultischen Neuorientierungen verbunden war, Idee und Brauch einer Inthronisation der Gottheit nach Jerusalem gebracht hat. Dann wäre zu erwägen, ob vielleicht in der Zeit vor der Exilierung des Südreiches eine Thronbesteigungsfeier in Jerusalem eingeführt worden ist (so HGunkel, EinlPs 94ff.) – bzw. daß die Feier der Throneinführung als Inthronisation verstanden wurde. – 3. Könnte man fragen, ob nicht OEißfeldt die richtige Deutung getroffen hat, wenn er erklärt: Der Psalmsänger des Ps 47 »meint, daß Jahwe König ist, beschreibt aber, wie er König wird, weil er die Bedeutung des Zustandes an der Pracht des Aktes am besten veranschaulichen kann« (OEißfeldt, Jahwe als König: ZAW 46, 1928, 102 = KlSchr I, 1962, 190f.). Dann würde es sich also um eine bildliche Darstellung handeln, die dem Modell der Thronbesteigung eines menschlichen Königs abgewonnen ist. – 4. Wäre es denkbar, daß Ps 47 auf die durch das Exil veränderte Kultsituation in Jerusalem Bezug nimmt. Die Botschaft des Deuterojesaja (Jes 40–55) läßt erkennen, daß die Zeit, in der die Dynastie Davids im Zentrum des Gottesvolkes stand, zu Ende gegangen ist. Nun ist Jahwe selbst König Israels. Er besteigt den Thron (Jes 52,7: מלך אלהיך). Es ist schon von WBaudissin mit Recht herausgestellt worden, daß erst bei Deuterojesaja die Benennung Jahwes als »König« in der Prophetie zum Durchbruch gelangt: KYRIOS III (1929) 235f. Das hängt gewiß damit zusammen, daß der unbekannte Prophet auf die Jahwe-Königs-Traditionen des Jerusalemer Kultus zurückgreift. Aber diese Traditionen rücken nunmehr hinein in die Proklamation eines eschatologischen Umbruchs: Die Königsherrschaft Jahwes tritt heraus aus dem Bereich kultisch-hymnischer Verherrlichungen, sie wird in einem endzeitlichen Sinne geschichtsmächtig. Es könnte sein, daß Ps 47 an diese Botschaft anschließt. – Jedenfalls wird zum Schluß festzustellen sein, daß Ps 47 im Psalter das einzige Lied unter den Jahwe-Königs-Hymnen ist, das einen Thronbesteigungsakt transparent werden läßt. An diesen einzigen Psalm wird man nicht das ganze Gewicht einer »Thronbesteigungsfeier Jahwes« mit allen ihren kultischen und theologischen Konsequenzen aufhängen können. – Die deutungsbestimmende Parallele des babylonischen Neujahrsfestes aber rückt weiter aus dem Gesichtskreis des Jerusalemer Kultus. Insbesondere werden alle phänomenologischen Verallgemeinerungen des alttestamentlichen Gottesdienstes unter der Annahme eines altorientalischen Kultschemas (»pattern«) zurückzuweisen sein.

2. Die Verherrlichung der Gottesstadt

WFAlbright, Baal Zaphon: Bertholet-Festschrift (1950) 2ff.; HSchmid, Jahwe und die Kulttraditionen von Jerusalem: ZAW 67 (1955) 168–197; ERohland, Die Bedeutung der Erwählungstraditionen Israels für die Eschatologie der alttestamentlichen Propheten: Diss. Heidelberg (1956); AAlt, Jerusalems Aufstieg: KlSchr III (1959) 243–257; JSchreiner, Sion-Jerusalem, Jahwes Königssitz (1963); MNoth, Jerusalem und die israelitische Tradition: GesStudAT ([3]1966) 172–187; GWanke, Die Zionstheologie der Korachiten (1966); HSchmidt, Israel, Zion und die Völker: Diss. Zürich (1966); HMLutz, Jahwe, Jerusalem und die Völker (1968); MMetzger, Himmlische und irdische Wohnstatt Jahwes: Ugarit-Forschungen 2 (1970) 139–158; JJeremias, Lade und Zion. Zur Entstehung der Ziontradition: Probleme biblischer Theologie: GvRad zum 70. Geburtstag (1971) 183–198; OHSteck, Friedensvorstellungen im alten Jerusalem: ThSt Zürich 111 (1972); RJClifford, The Cosmic Mountain in Canaan and the Old Testament (1972); JJMRoberts, The Davidic Origin of the Zion Tradition: JBL 92 (1972) 329–344; WHSchmidt, Alttestamentlicher Glaube in seiner Geschichte ([2]1975) 206ff., dort weitere Lit.

Ps 46 enthält in auffallender Weise Vorstellungen und Schilderungen, die – nach allen topographischen und geographischen Gegebenheiten – ursprünglich nicht zu Jerusalem gehören, sondern erst sekundär auf die heilige Gottesstadt übertragen worden sind. HGunkel deutete diese fremden Elemente »eschatologisch«, doch hat es sich immer deutlicher gezeigt, daß hier mit uralten Kulttraditionen gerechnet werden muß, die größtenteils schon in vorisraelitischer Zeit im syrisch-kanaanäischen Raume eine im einzelnen kaum noch durchschaubare »Überlieferungsgeschichte« erlebten.

In Ps 48,3 wird von Jerusalem folgende »Lagebeschreibung« gegeben: הר־ציון ירכתי צפון. Welche Bedeutung hat die Tatsache, daß der Berg Zion als »Berg im Norden« bezeichnet wird? Wegweisend ist im Alten Testament zunächst die Stelle Jes 14,13–14: (In großer Vermessenheit hört ein Spottlied auf den König von Babel die übermütigen Worte des fremden Regenten:) »Zum Himmel hinauf will ich steigen, hoch über die Sterne Gottes erheben meinen Thron, will sitzen auf dem Berg der (Götter-)Versammlung im äußersten Norden. Ich will über Wolkenhöhen emporsteigen, dem Höchsten mich gleichstellen!« Demnach ist der צפון-Berg (ganz unabhängig von Jerusalem) ein himmlischer Olymp – über Wolken und Sternen, Thronsitz des עליון (des höchsten Gottes) und Versammlungsstätte des Götterpantheons. Doch nicht nur im Alten Testament, auch in der phönikisch-syrischen Welt ist von diesem צפון-Berg die Rede. Textfunde haben immer deutlicher gezeigt, daß dieser Götterberg nördlich vom alten Ugarit lag. Es handelt sich um den *dschebel el-akra*' (mons Casius), auf dem nach altsyrischer Überlieferung als »höchster Gott« der *b'l spn* (Baal Zaphon) thronte. Dieser –topographisch genau bestimmbare – Götterberg war im syrisch-kanaanäischen Raume das

Urbild des »Olymp«. Mit der Vorstellung vom »höchsten Gott« (vgl. § 10,1) wanderte das traditionelle Bild vom Götterberg »hoch im Norden« und wurde so auch auf den heiligen Berg Zion – wahrscheinlich schon in vorisraelitischer Zeit von den Jebusitern – übertragen. Einem Bergheiligtum wurde auf diese Weise eine universale Spitzenstellung zugeschrieben (zur Vorstellung vgl. auch Jes 2,2ff.). – Vgl. OEißfeldt, Baal Zaphon, Zeus Kasios und der Durchzug der Israeliten durchs Meer: Beiträge zur Religionsgeschichte des Altertums I (1932) 14ff.; WFAlbright, Baal Zaphon: Bertholet-Festschrift (1950) 2ff.

Als Göttersitz und Thron des »höchsten Gottes« ist der »Berg im Norden« Mittelpunkt der Welt; er ist מְשׂוֹשׂ כָּל־הָאָרֶץ (Ps 48,3). Überall spricht man von der Schönheit und Wonne des Gottesberges (Thr 2,15). Vorstellungen von einer paradiesischen Stätte verbinden sich mit dem צפון-Berg und führen in eine tiefere Schicht der Mythologie. Auch diese Vorstellungen sind auf Jerusalem übertragen worden.

In Ps 46,5 wird in der Schilderung der Gottesstadt Jerusalem auf Ströme hingewiesen, die die heilige Stadt »erfreuen«. Daß mit נהר פלגיו nicht die am Fuße des alten Stadthügels entspringende *giḫōn*-Quelle (*ʿēn umm ed-deredsch*) gemeint sein kann, ist selbstverständlich. Auch in Ps 65,10 und Jes 33,21 ist von Strömen in Jerusalem die Rede. Von einer Fruchtbarkeit und Heil spendenden Quelle, die vom Tempel Jahwes ausgeht, handeln Jl 4,18; Ez 47; Sach 14,8. HGunkel und HGreßmann haben zuerst erkannt, daß hier mythische Vorstellungen vom paradiesischen Gottesgarten auf die Stadt Jerusalem übertragen worden sind (HGunkel, Das Märchen im Alten Testament: Religionsgeschichtliche Volksbücher II, 23/26, 1921, 48ff.; HGreßmann, Der Messias, 1929, 179f.). Dieser »vorweltliche« Gottesgarten wird im Alten Testament in Gn 2 und Ez 47 geschildert. Im Urzeit-Endzeit-Schema hat HGunkel im Blick auf Ps 46,5 auf »eschatologische« Vorstellungen schließen können. Nun haben allerdings Texte aus Ras Schamra (Ugarit) gezeigt, daß das Bild vom wasserreichen Gottesgarten nicht isoliert betrachtet werden darf, sondern mit der Vorstellung vom Götterberg und Sitz des »höchsten Gottes« zusammengehört. Damit entfällt die protologische oder eschatologische Relation. Im alten Ugarit weiß man *El* sitzen »an der Quelle der beiden Ströme, inmitten der Brunnen der zwei Tiefen« (vgl. EGWright, Biblische Archäologie, 1958, 101). Die Gottheit wohnt also an einem Ort, an dem die unterirdische Urflut (*nhrm*) hervortritt und in gebändigter Gestalt (hebr. פלג) das Land feuchtet und fruchtbar macht (wahrscheinlich wird auch אד in Gn 2,6 in diesem Sinne zu verstehen sein). Auf Jerusalem sind diese Vorstellungen übertragen worden. Das »eherne Meer« (1 Kö 7,23–26) und die »Tempelquelle« (Jl 4,18; Ez 47; Sach 14,8) sind Zeugen der Übertragung einer zur Göttersitz-Mythologie hinzugehörigen syrisch-kanaanäischen *yammu*- bzw. *naharu*-Vorstellung. Wahrscheinlich sind auch diese Kulttraditionen und Institutionen schon in vorisraelitischer Zeit vom Jebusiterheiligtum als dem Sitz des אל־עליון rezipiert worden. – Zu Einzelheiten vgl. HSchmid, Jahwe und die Kulttraditionen von Jerusalem: ZAW 68, 187f.; ERohland, Die Bedeutung der Erwählungstraditionen Israels für die Eschatologie der alttestamentlichen Propheten, 127ff.; zur Bedeutung des »ehernen Meeres«: WFAlbright, Die Religion Israels im Lichte der archäologischen Ausgrabungen (1956) 166f.

In Ps 46,4 sind es ungestüme chaotische Wasser, die, von einem Erdbeben aufgerührt, gegen die Berge anrennen. In Ps 46,7 erscheinen die chaotischen, zerstörerischen Mächte in »historisierter« Gestalt: »Völker toben, Königreiche wanken.« Die Gottesstadt ist umdroht von feindlichen Heeren (vgl. Ps 2,2; 48,5ff.), die wie »Wasserfluten« tosen und branden (vgl. Jes 17,12f.; Jer 6,23). Der Mythos vom Aufbegehren chaotischer Mächte der Urflut ist hier in »historisierter« Gestalt auf Jerusalem übertragen worden. Die Gottesstadt in ihrer paradiesischen Schönheit bleibt nicht unberührt. Ein Aufstand der gottfeindlichen Kräfte, die die schöpferische Ordnung zerstören wollen, steht bevor. Man wird hier freilich weniger an einen im Kult aufgeführten Kampf (so SMowinckel, PsStud II 128) als vielmehr an uralte Kulttraditionen denken müssen, die in Erzählung und Lied auf dem Zion fortlebten.

Die Gottesstadt ist unüberwindbar: Ps 46,7ff. In der Kulttradition Jerusalems ist häufiger von der uneinnehmbaren Stadt die Rede (vgl. 2 S 5,6; Ps 87,5; 125,1f.; Jes 26,1). Die anrennenden Feinde werden zurückgeschlagen und vernichtet (Ps 76,4ff.; 48,6.7; Jes 17,13ff.; 24,21; 29,8). Jahwe selbst zerschmettert die fremden Mächte mit seinem Donner (Ps 46,7), mit seinem Schelten (Ps 76,7; Jes 17,13) und mit dem »Gottesschreck« (Ps 46,9; Jes 17,14). Er zerschlägt die Waffen (Ps 46,10; 76,4ff.). Eng mit den Vorstellungen vom hohen, unantastbaren Götterberg verbunden sind diese Vorstellungen vom Anrennen und Zerschmettertwerden der Feindheere. Jahwe tritt ihnen wie der אל־עליון als donnernder »Himmelskönig« (vgl. § 10,1 und die Ausführungen zu Ps 29) und die Urflut scheltender »Schöpfergott« entgegen. – Es ist möglich, daß auch dieser Vorstellungskomplex, der vom Ansturm der Feinde, von der Unüberwindbarkeit des Zion und von Gottes schrecklich eingreifender Macht handelt, schon in vorisraelitischer Zeit auf die Jebusiterstadt Jerusalem übertragen wurde (vgl. 2 S 5,6).

Rückblickend kann festgestellt werden, daß in Ps 46 eine sehr bemerkenswerte Kulttradition Jerusalems hervortritt, die doch wohl in vorisraelitische Zeit zurückgeht und eine Reihe mythologischer, altkanaanäischer bzw. altsyrischer Vorstellungen auf den Zion übertragen hat. Diese Kulttradition ist jedoch nicht nur in den Psalmen (z.B. Ps 48; 76) nachweisbar, sondern vor allem auch bei Jesaja, dem Jerusalemer

Propheten bzw. bei der mit Jesaja verwandten Prophetie: vgl. Jes 17,12ff.; 24,21; 26,1; 29,7f.; 33,20f. – Das Verhältnis zwischen Kulttradition und Prophetie ist nach allen diesen Feststellungen nun aber zweifellos in der Weise zu bestimmen, daß die Kultüberlieferungen das Primäre, die in eschatologische Aussagen transponierten Prophetien das Sekundäre sind. M.a.W.: Die Propheten haben Aussagen und Vorstellungen ihrer Verkündigung aus den Kulttraditionen Jerusalems geschöpft. Neben Jesaja und den nichtjesajanischen Prophetien im 1. Teil des Buches Jesaja wären vor allem auch Micha und Jeremia (aber auch Ezechiel, Zephanja und Deuterojesaja) zu nennen. Richtig hat ERohland das Verhältnis der Jerusalemer Kulttraditionen zur Prophetie und Eschatologie gesehen (ERohland, Die Bedeutung der Erwählungstraditionen Israels für die Eschatologie der alttestamentlichen Propheten 145ff.). Nicht richtig aber ist bei Rohland die Bezeichnung dieser Kultüberlieferungen als »Erwählungstraditionen«. Es müßte scharf getrennt werden zwischen den (vorisraelitischen) Kulttraditionen, wie sie in diesem Exkurs in einer ersten Übersicht zusammengestellt wurden, und dem genuin israelitischen Akt der »Erwählung des Zion« (vgl. zu Ps 132). Es muß auffallen, daß in den (vorisraelitischen und tief im Mythos verwurzelten) Kultüberlieferungen die Lade nicht erwähnt wird. Dagegen ist z.B. in Ps 132 ausdrücklich von der Einführung der Lade und von der Erwählung des Zion die Rede. Man müßte also die in diesem Exkurs erfaßten Aussagen unter das Thema »Kulttraditionen zur Verherrlichung des Zion« stellen.

Widerspruch gegen die vorgetragenen Erklärungen der Zion-Tradition ist erhoben worden von GWanke, Die Zionstradition der Korachiten in ihrem traditionsgeschichtlichen Zusammenhang (1966). Wanke hat zeigen und nachweisen wollen, daß »nicht nur die Korachiten und die ihnen zugeschriebene Psalmensammlung, sondern auch die in einem Teil der gesammelten Psalmen zum Ausdruck kommende Theologie ... in die nachexilische Zeit gehören« (108). Das Völkerkampfmotiv gewinnt im Zusammenhang der Darstellungen Wankes eine besondere Bedeutung (70ff.). Dabei wird die fraglos zutreffende Beobachtung und Erklärung, daß es in der außerisraelitischen Literatur keine Parallele für dieses Motiv gibt, sehr stark geltend gemacht und als wichtiges Argument herausgestellt. Die Möglichkeit der Ableitung dieses Motivs aus dem Chaoskampf wird bestritten und ausgeschaltet (77). Damit fallen im Duktus des Ganzen Vorentscheidungen, die in weittragenden Konsequenzen zum Austrag gebracht werden. Da die Psalmen keine ausreichende Datierungs- und Ansetzungsmöglichkeit bieten, werden die Texte Sach 14; Sach 12; Jl 4 und Mi 4,11ff. herangezogen; aus diesen Texten wird der Völkerkampf als »eschatologisches Motiv« erhoben. Der Ursprung dieses Motivs (in seiner eschatologischen Relevanz) wird bei Jeremia bzw. in spätvorexilischer Zeit gefunden. Im Anschluß an diese

Darstellungen wird – verglichen mit der oben dargelegten Auffassung – das Verhältnis von Kulttradition und Prophetie umgekehrt. Das Völkerkampfmotiv ist zuerst in der späten Prophetie ausgebildet worden und dann erst von der »Theologie der Korachiten« in die (spät anzusetzenden) Psalmen (Ps 46; Ps 48) eingebracht worden. Dieser Argumentation stehen Texte wie Jes 17,12ff. natürlich im Weg; sie werden kurzerhand in nachexilische Zeit angesetzt und bilden auf diese Weise kein Hindernis mehr (116f.). Doch gravierender als alle diese Maßnahmen ist die völlige Verkennung der archaischen Überlieferungen in Ps 46 und Ps 48 (aber auch in Ps 76 und zahlreichen in anderen Psalmen aufweisbaren Passagen). Dabei werden wesentliche Aspekte religionsgeschichtlicher und überlieferungsgeschichtlicher Arbeit von Anfang an ausgeschlossen. Hier müßte eine methodenkritische Analyse und Auseinandersetzung die Vorgänge im einzelnen beleuchten und kritisch apostrophieren. Zur kritischen Auseinandersetzung mit Wanke vgl. HMLutz, Jahwe, Jerusalem und die Völker: WMANT 27 (1968) 213ff. Nur in kurzer Zusammenfassung kann hingewiesen werden auf sieben Gesichtspunkte, die Lutz in der Kritik und Auseinandersetzung geltend macht: 1. Die von Wanke nur kurz behandelten prophetischen Texte aus Sach und Jl lassen sich nicht pauschal und in willkürlicher Setzung als Belege für das Völkerkampfmotiv in Anspruch nehmen; 2. Die Vorstellung vom »Feind aus dem Norden« steht mit keiner der drei Grundvorstellungen des Themas »Jahwe, Jerusalem und die Völker« in einem ursprünglichen Zusammenhang; 3. Die Texte Ez 38f. lassen sich nur bedingt in eine Vorgeschichte des Völkersturmmotivs, wie Wanke sie entwirft, eingliedern; 4. Wanke entledigt sich schnell der »unbequemen« Texte Jes 8,9f. und Jes 17,12ff., um die Zionlieder Ps 46; 48 und 76 in späte Zeit ansetzen zu können; 5. Die Geschlossenheit und Einheitlichkeit, mit der das Völkersturmmotiv im Alten Testament auftritt, muß zu dem Schluß führen, daß diese Tradition vor Jesaja, spätestens aber zu seiner Zeit ihre feste Gestalt erhalten haben muß; 6. Nicht die Häufigkeit, mit der ein Motiv oder Begriff im Alten Testament auftritt, entscheidet über die Frage des Alters, sondern die Gewichtigkeit, mit der Motiv und Begriff in früher Zeit ihren Platz behaupten; 7. Man wird also weiterhin mit der Annahme rechnen müssen, »daß es eine Jerusalemer Kulttradition gegeben« hat – eine Tradition, wie sie in diesem Exkurs dargestellt wurde.

3. Die Armen

ARahlfs, *'Ani* und *'Anāw* in den Psalmen (1892); ACausse, Les »pauvres« d'Israël (1922); HBirkeland, *'Ani* und *'Anāw* in den Psalmen: SNVAO II Hist.-Filos.Kl. (1933); PAMunch, Einige Bemerkungen zu den *'anijjim* und den *reša'im* in den Psalmen: Le Monde Oriental 30 (1936) 13–26; ACausse, Du groupe ethnique à la communauté religieuse (1937); AKuschke, Arm und reich im Alten

Testament: ZAW 57 (1939) 31–57; JJStamm, Die Leiden des Unschuldigen in Babylon und Israel (1946); JvdPloeg, Les pauvres d'Israël et leur piété: OTS VII (1950) 236–270; HBrunner, Die religiöse Wertung der Armut im alten Ägypten: Saeculum 31 (1961) 319–344; PvdBerghe, Ani et Anaw dans les psaumes: Le Psautier ed. RDeLanghe (1962) 273–298; RMartin-Achard, Yahwe et les Ananwim: ThZ 21 (1965) 349–357; LEKeck, The Poor among the Saints in Jewish Christianity and Qumran: ZNW 57 (1966) 54–78; OBächli, Die Erwählung der Geringen im Alten Testament: ThZ 22 (1966) 385–395; JMLiaño, Los pobres en el A.T.: EstB 25 (1966) 117–167.

Die Aussagen der alttestamentlichen Psalmen über die Armen und Elenden sollen an dieser Stelle gesammelt, gesichtet und in einer ersten Erklärung besprochen werden. Wir richten unser Augenmerk insbesondere auf folgende Begriffe, die als Bezeichnung oder Selbstbezeichnung mit Jahwe vertrauter Menschen dienen: עני (Ps 9,19; 10,2.9; 14,6; 18,28; 68,11; 72,2; 74,19 u.ö.), ענו (Ps 9,13; 10,17; 22,27; 25,9; 34,3; 37,11; 69,33; 147,6; 149,4), אביון (Ps 40,18; 70,6; 72,4; 86,1; 109,22), דל (Ps 41,2; 72,13; 82,3f.), חלכה (Ps 10,8.10.14). Den Anstoß zu einer eingehenden Beschäftigung mit diesen Begriffen des Psalters gab die Abhandlung von ARahlfs, *'Anī* und *'Anāw* in den Psalmen (1892). Seither ist das Problem fortgesetzt Gegenstand eingehender Erörterungen und Erklärungen gewesen. Rahlfs sah in den »Armen« eine Partei im alttestamentlichen Gottesvolk – die Gruppe der entschlossenen Anhänger Jahwes. Diese Interpretation hat u.a. bei Duhm, Kittel, Staerk und Gunkel fortgewirkt. Sie wurde modifiziert durch ACausse, Les »pauvres« d'Israël (1922). Causse deutete die Gruppe der »Armen« als »geistliche Familie und Bruderschaft«, deren Glieder »connaissent la douceur infimie de l'union des âmes, l'union dans le culte et dans l'inspiration« (105). Der Partei- und Gruppenvorstellung im alttestamentlichen Bild der »Armen« aber treten vor allem HABrongers und JVan der Ploeg entgegen (Literatur und Referat bei JJStamm, Ein Vierteljahrhundert Psalmenforschung: ThR NF 23, 1955, 1–68). Von anderer Seite kommt SMowinckel an die Frage nach der Bedeutung der Aussagen über die »Armen« heran. Die Deutung, daß es sich bei den »Armen« um eine Partei gehandelt habe, wird abgelehnt. Mowinckel sieht das ständige Gegeneinander zwischen den »Feinden« und den »Armen«. Seine Erklärung geht dann (im Zusammenhang mit seiner Auffassung von den Feinden – vgl. § 10,4) dahin, daß die »Armen« ursprünglich die Opfer magischer Einwirkungen ihrer Feinde gewesen seien; SMowinckel, PsStud I 113ff. VI 61. – Als von Mowinckel abhängig erweist sich HBirkeland in seinem Buch: *'Anī* und *'Anāw* in den Psalmen (1933). Auch er lehnt es ab, in den »Armen« eine Partei zu sehen; sie sind vielmehr die »aktuell Leidenden« – wobei es durchaus offenbleibt, wie die jeweilige »Aktualität« des Leidens zu beschreiben und zu erfassen ist.

Im Ansatz weisen die Untersuchungen Mowinckels zweifellos den richtigen Weg: in den Psalmen sind die »Armen« keine Partei, sondern die Opfer der »Feinde«. Eine eingehende Untersuchung des Vorkommens der Begriffe ergibt, daß der »Arme« der Verfolgte und Rechtlose ist, der vor den gewalttätigen Feinden (vgl. § 10,4) Zuflucht bei Jahwe sucht und seine verlorene Sache Gott als dem gerechten Richter anheimstellt. Der »Arme« ist also der auf Gottes Rechtshilfe Angewiesene: Ps 9,19; 10,2.8.9.10.14; 18,28; 35,10; 74,19. Die obengenannten Begriffe haben beinahe durchgängig die Bedeutung: »hilflos«, »elend«, »bedrückt«, »gering«, »schwach«, »arm«. In ihrer Notlage fliehen die »Armen« in den Tempelbezirk, bitten Jahwe um sein Einschreiten und um die Überwindung der Feinde. Eine bemerkenswerte Parallele aus der ägyptischen Religion ist das Gebet an Amon: »Amon, leihe dein Ohr einem, der allein steht im Gericht, der arm ist und sein Gegner ist mächtig. Das Gericht bedrückt ihn: ›Silber und Gold für die Schreiber! Und Kleider für die Diener!‹ Doch er findet, daß Amon sich in den Vezier verwandelt, damit der Arme hervorgehe« (AErman, Die Religion der Ägypter, 1934, 140). In diesem Zusammenhang sei auch hingewiesen auf die Studie von HBrunner, Die religiöse Wertung der Armut im alten Ägypten: Saeculum 31 (1961) 319–344.

Die vorauszusetzende Verfolgung durch die Feinde kann sehr verschiedene Formen annehmen: Verleumdung, Übervorteilung, Vertreibung – oder (wie Mowinckel besonders hervorhebt) auch die Form des magisch wirksamen Fluches; jedoch wird man dieses Moment nicht in einseitiger Weise hervorrücken dürfen. – Die »Armen« sind die intensivsten Besucher des Zion. Sie können als יודעי שמך (Ps 9,11) bezeichnet werden, weil sie in vertrautem Umgang und inniger Gemeinschaft mit dem in seinem שם gegenwärtigen Gott stehen. Vor allem aber erfährt der עני das Wunder der Heilszuwendung Jahwes in einer sein Schicksal wendenden, das Leben erneuernden Kraft. So werden die »Armen« zu den hervorragenden Empfängern der ישועה. Sie sind die Zeugen der wirksamen Gnadengegenwart Gottes und der Rechtshilfe des auf dem Zion thronenden אל־עליון: Ps 9,19; 10,17; 18,28; 22,27; 25,9; 37,11; 69,33; 147,6; 149,4. Man kann also sagen, daß die »Armen« auf dem Zion unvergleichliche Privilegien genießen, die allein darin ihren Grund haben, daß Jahwe ein Gott der Hilflosen ist. – Die seltsame Art und Weise, in der nun in den Psalmen von »den Armen und Elenden« als einer Gruppe von Menschen gesprochen wird, ist nicht auf irgendeine Parteibildung, sondern auf die Heilsprivilegien zurückzuführen, die der עני auf dem Zion empfängt. Das Danklied des Einzelnen hat mit der Rühmung des Heilserweises Gottes gegenüber dem »Geringen« und mit dem Bekenntnis zu Jahwe, dem Rechtshelfer der »Armen«, Privilegien und Rechtsansprüche herausgebildet, die für alle Hilfesuchenden gültig sind. Nur so ist es zu verstehen, daß sich forthin die verschiedensten Beter unter die Privilegien des »Armen« stellen, wenn sie Jahwe anrufen: Ps 40,18; 70,6; 86,1; 109,22. In der Auslegung solcher Stellen wird man sich vor zwei Fehldeutungen hüten müssen: Die Gruppe der »Armen« repräsentiert weder im massiven Sinn eine Partei, noch stellt sie im vergeistigten Sinn eine Menschenart dar, deren Frömmigkeitstyp zum Symbol erhoben worden wäre. Vielmehr erhalten alle, die in die Gruppe der »Armen« (d.h. der vorbehaltlos bei Jahwe Zuflucht Suchenden) eintreten, einen Rechtsanspruch auf Jahwes Hilfe. Jes 14,32: »Jahwe hat Zion gegründet – und dort finden Zuflucht die Armen seines Volkes.« Dieses in Erfahrung und Bekenntnis formulierte Privileg kennzeichnet die ganze Gruppe, deren intensive Teilhabe am Heil Jahwes bis in die prophetische Eschatologie hineinwirkt (Zeph 3,12).

Auch wenn es unverkennbar ist, daß die Armen in den Psalmen jene Gruppe von Menschen repräsentieren, die nicht nur in akuter Rechtsnot (Verfolgung, Anklage) sich befinden, sondern überhaupt – wie die Witwen und Waisen – rechtlos und einflußlos sind (Ps 82,3f.), so sollte nicht übersehen werden, daß »der Arme« in seinem sozialen Stand der Deklassierte, »Unterprivilegierte« ist: der Mensch ohne Brot (Ps 132,15), der Beraubte (Jes 3,14), der Land- und Besitzlose, der Verstoßene, der Fremdling. Die Spannweite hinsichtlich der sozialen Notlage wird erkennbar, wenn die Prophetie und die Weisheitsdichtung hinzugezogen wird. Die Armen sind die im Existenzkampf Benachteiligten und Hilflosen. Ihnen steht niemand bei. Daß sie gerade darum bei Jahwe nicht nur Beachtung und Beistand, sondern eine Wende ihres Schicksals erfahren, – diese Gewißheit durchzieht die Psalmen. Doch nicht nur Jahwe, auch der König, der »Gesalbte Jahwes«, tritt als Anwalt und Retter der Armen auf: »Er verschaffe Recht den Elenden im Volk, bringe Hilfe den Armen und trete nieder den Gewalttätigen« (Ps 72,4). Wie im Alten Orient, so ist auch und vor allem in Israel der König der Rechtsbeistand der Armen. Das Alte Testament betont dabei die Entsprechung zur Rechtshilfe Jahwes. »Die Gewißheit, daß die Rechtsschwachen und die im Lebenskampf Benachteiligten der Gegenstand eines besonderen Interesses Jahwes seien, reicht hoch hinauf in die Geschichte des Jahwevolkes. Dieser Begriff des Armen enthielt geradezu einen Rechtsanspruch an Jahwe; und dies war es gerade, was ihn später zu einer Selbstbezeichnung der Frommen vor Jahwe gemacht hat« (GvRad, TheolAT I[6] 413). Doch »fromm« kann hier nur bedeuten: ganz auf Jahwe »geworfen« (Ps 22,11), völlig auf ihn und auf ihn allein angewiesen. Im Alten Testament kann zwischen sozialer und »geistlicher« Armut nicht geschieden, ja noch nicht einmal unterschieden werden. Armut (in allen ihren Ausdrucksformen) ist Bedürftigkeit des Lebens, das nur als Leben vor Jahwe verstanden werden kann.

4. Die Feinde

HSchmidt, Das Gebet des Angeklagten im Alten Testament: ZAWBeih 49 (1928); HBirkeland, Die Feinde des Individuums in der israelitischen Psalmenliteratur (1933); PAMunch, Einige Bemerkungen zu den *ʿanijjim* und den *rešaʿim* in den Psalmen: Le Monde Oriental 30 (1936) 13–26; HBirkeland, The Evildoers in the Book of Psalms (1955); KSchwarzwäller, Die Feinde des Individuums in den Psalmen: Diss. Hamburg (1963); GWAnderson, Enemies and Evildoers in the Book of Psalms: BJRL 48 (1965) 16–29; LDelekat, Asylie und Schutzorakel am Zionheiligtum (1967); OKeel, Feinde und Gottesleugner. Studien zum Image der Widersacher in den Individualpsalmen: SMB 7 (1969); WBeyerlin, Die Rettung der Bedrängten in den Feindpsalmen der Einzelnen auf institutionelle Zusammenhänge untersucht: FRLANT 99 (1970); LRuppert, Der leidende Gerechte und seine Feinde (1973).

Insbesondere die Gebets- und Danklieder Einzelner geben Veranlassung, grundsätzlich nach der Gestalt, der Rolle und der Bedeutung der Feinde des Einzelnen zu fragen. Wird in dieser Weise pointiert nach den Feinden des Einzelnen gefragt, so wird man von allem Anfang an von einer strengen Scheidung auszugehen haben. In den in § 6,2aβ herausgestellten Gebetsliedern des Volkes sowie in den Königspsalmen handelt es sich bei den Feinden (צרים; אויבים) zweifellos um ausländische Mächte, die das Gottesvolk und seinen erwählten König bedrängen (Ps 44,11; 74,3ff.; 78,42ff.; 89,23; 106,10). Es sind in einem letzten und ausschlaggebenden Sinn Gottes Feinde (»deine Feinde«: 21,9; 66,3; 83,3; 89,11.52; 92,10; 110,1.2; »seine Feinde«: 18,1; 89,43; 132,18). – Von den »Feinden des Einzelnen« hingegen ist in den Gebets- und Dankliedern Einzelner die Rede. Sie werden überwiegend mit den Begriffen אויב, רשע, צר oder auch (um einen vielumstrittenen Terminus zu nennen:) mit der cstr.-Verbindung פעלי און benannt. Sie treten als »Verfolger« (7,2; 142,7) auf und sind »Verleumder« (5,9; 27,11; 54,7; 56,3; 59,11) und »Hasser« (35,19; 38,20; 41,8; 69,5; 86,17), handeln »vermessen« (54,5; 86,14) und »gewalttätig« (54,5; 86,14) und stellen dem Einzelnen in Lug und Trug nach. Drei Bildkreise veranschaulichen das gefährliche Treiben dieser Feinde: 1. das Bild vom angreifenden und belagernden Heer (3,7; 27,3; 55,19; 56,2; 59,5; 62,4 u.ö.); 2. das Bild des Jägers oder Fischers, der seine Beute zu fangen sucht (7,16; 9,16; 31,5; 35,7–8; 57,7; 59,8; 64,4; 140,6); 3. das Bild von den wilden Tieren, die ihrer Beute nachjagen (7,3; 22,13–14; 27,2; 35,21). Wer sind diese Feinde des Einzelnen? Zunächst wird man darauf achten müssen, daß die vorgenommene Unterscheidung zwischen den ausländischen Feinden und den Gegnern des »Individuums« bei denjenigen (vorwiegend skandinavischen) Forschern aufgehoben wird, die auch die Gebets- und Danklieder des Einzelnen in den großen Komplex der Königslieder einbeziehen. Diese von SMowinckel ausgehende Auffassung hat insbesondere HBirkelands Untersuchung (Die Feinde des Individuums in der israelitischen Psalmenliteratur, 1933) bestimmt. Die Feinde werden sämtlich als Nicht-Israeliten bezeichnet. Der in den Psalmen ausgetragene Gegensatz wäre also primär national bestimmt und würde Auseinandersetzungen spiegeln, die in älterer Zeit der König oder sein Heerführer, in späterer Zeit aber der Hohepriester zu bestehen hatte. Der einzelne Beter müßte also immer unter den hohen Würdenträgern des Volkes gesucht werden. Diese Auffassung bekommt noch eine besondere Note, wenn die in den »individuellen Klageliedern« angenommene »Königsideologie« auch noch in die Sphäre eines mythischen Thronbesteigungsfestes eingebettet wird. Dann wären (vor allem nach SMowinckel, PsStud II) Gesichtspunkte zu bedenken, nach denen ursprünglich mythische Chaosmächte in »historisierter« Gestalt in den verschiedensten Psalmen auf den Plan treten. Kurz: Die Feinde sind in dieser erklärenden Konzeption ursprünglich teils aus dem Mythos historisierte, teils aus den nationalen Auseinandersetzungen mit ausländischen Mächten hervorgehende Gestalten. Doch vertritt Mowinckel nun die Ansicht, daß diese Psalmen später auch auf den Einzelnen übergegangen sind: »Psalmen wurden auch zum Gebrauch für den Einzelnen – ursprünglich vielleicht nur für die »Großen« – bei den kultischen Handlungen vorgetragen« (Religion und Kultus, 1953, 119). Man spricht unter den Skandinaviern gerne von einer »Demokratisierung« ursprünglich zur »Königsideologie« gehöriger Klagelieder und Psalmen. Mit dieser Erklärung aber würde die zu Anfang gegebene strenge Unterscheidung zwischen den Feinden des Volkes und den Feinden des Individuums aufgehoben sein. Es fragt sich aber, ob es sachgemäß und richtig ist, diese Grenze einzureißen. Nun wird man freilich zunächst zugestehen müssen, daß über die gezogene Grenze zwischen den Feinden des Volkes und den Feinden des Einzelnen hinweg ein durch die Metaphern bedingter Austausch stattgefunden hat. Wenn also der Einzelne z.B. von Heeren spricht, die ihn verfolgen und umringen, so ist hier im Gebet des Einzelnen fraglos auf die Vorstellungen der königlichen Sphäre Bezug genommen worden (vgl. vor allem Ps 3). Und auch in den Bildkreis, in dem die Feinde wie wilde Tiere den Beter verfolgen, hat eine bisweilen mythisch-dämonisch gefärbte, aus einem das Leben und Leiden des Einzelnen transzendierenden Vorstellungskreis stammende Vorstellung Eingang gefunden. Hier sind Motive und Metaphern aus dem Bereich der Königspsalmen in die »individuellen Klage- und Danklieder« eingeströmt. Durch diese Erklärung aber wird der von den Skandinaviern angenommene Prozeß der »Demokratisierung« ursprünglich dem königlichen Kultdrama zugehöriger Lieder zunächst schon einmal problematisch. Sodann wird zu fragen sein, ob man denn wirklich eine weitreichende »Königsideologie« in den Gebets- und Dankliedern Einzelner feststellen könne. In den meisten dieser Psalmen läßt sich oft auch nicht eine Spur des unterstellten ursprünglichen königlichen Kultdramas erkennen. Vielmehr zeigt die Einzelauslegung der Gebets- und Danklieder immer wieder, daß man hier mit einem (von keiner Würde gezeichneten, oft sogar armen und einflußlosen) Glied des alttestamentlichen Gottesvolkes wird rechnen müssen. Wird freilich auch diese Beobachtung von den skandinavischen Gelehrten in einen mythisch-sakralen Akt des Königskultes (der König als sich entäußernder »Büßer«) eingegliedert, dann ist von der Mitte der unterstellten sakralen Königsideologie aus der circulus vitiosus geschlossen. (Vgl. MNoth, Gott, König, Volk im Alten Testament: GesStudzAT, 188–229.)

Stimmt man der schon bereits von Gunkel geäußerten Erklärung zu, daß Motive und Metaphern aus der Sphäre des Königtums in die Gebets- und Danklieder des Einzelnen eingedrungen sind, und wird mit dieser Erklärung die Spur eines relativen Rechts in den skandinavischen Aufstellungen von der »sakralen Königsideologie« und ihrer »Demokratisierung« anerkannt, so wird neu zu fragen sein, wer denn die Feinde des Einzelnen sind. Bevor der Versuch einer Beantwortung dieser Frage entworfen wird, sollte es sinnvoll sein, zunächst einmal einen Überblick über die verschiedenen, bisher vorgelegten Erklärungen vorzulegen:

1. Die Auffassung Mowinckels und derer, die in seine Fußstapfen getreten sind, wurde bereits umrissen, aber noch nicht ganz ausgeführt. Tendiert die »Königsideologie« dahin, die Grenze zwischen auswärtigen Feinden und den Feinden des Einzelnen zu verwischen, da ja doch auch in den Gebets- und Dankliedern Einzelner ebendiese »Königsideologie« bestimmend ist, so kann doch nicht übersehen werden, daß in das Bild der »ausländischen Feinde« mythologische Züge eingezeichnet worden sind. Die Feinde sind mythische Todesmächte, die den Aspekt eines »nationalen Feindes« transzendieren und den König widergöttlichen Mächten und unheimlichen Gefahren ausgesetzt sehen.

2. HSchmidt sah in den Feinden des Einzelnen in erster Linie die Ankläger und Verfolger, die den Gerechten und Frommen (»Armen«) wegen seiner Krankheit eines geheimen Verbrechens verdächtigten und vor Gericht zogen. Diese Auffassung ist – hinsichtlich der Institution der Gottesgerichtsbarkeit – präzisiert worden von WBeyerlin, Die Rettung der Bedrängten in den Feindpsalmen der Einzelnen auf institutionelle Zusammenhänge untersucht: FRLANT 99 (1970). Die »Feinde« werden von Beyerlin klarer als die Ankläger und Verfolger gedeutet, die im sakralen Gottesgericht auftreten und einen Schuldspruch, ein Gottesurteil erwirken wollten.

3. Unter besonderer Herausstellung der Bezeichnung פעלי און hat HBirkeland gemeint, die »Feinde« seien ursprünglich Zauberer gewesen (Ps 7,13ff.; 10,7ff.), die mit magischen Manipulationen das Verderben des »Armen« heraufbeschwören wollten. Diese Sicht und Deutung konnte sich auf die Tatsache beziehen, daß in der mesopotamischen Welt in den Gebeten Feindbilder entworfen wurden, in denen die Schilderung

des Zauberischen und Dämonischen überwog.
4. Eine heute kaum noch beachtete und diskutierte Auffassung trug BDuhm in seinem Kommentar vor. Für ihn waren die Feinde der Frommen: »griechenfreundliche Parteigänger«, die den antiquierten חסידים nachstellten. Diese Erklärungsweise steht ganz im Rahmen der zeitlichen Ansetzung der Psalmen durch Duhm. Die meisten der Psalmen sollen in der Makkabäerzeit entstanden sein.
5. Zu beachten ist alsdann ein variantenreiches, durch starken Realismus sich auszeichnendes »Feind«-Verständnis: Der Feind als Erpresser der Armen, als Unterdrücker der Recht- und Hilflosen, als Peiniger der sozial Benachteiligten. Oder: Der Feind als Bluträcher, als blutgieriger Verfolger des Bedrohten, der in das »Asyl« des Heiligtums flieht. Zur »Asylie« vgl. LDelekat, Asylie und Schutzorakel am Zionheiligtum (1967).
6. In den Gebetsliedern Einzelner – so OKeel – werden keineswegs sachliche Beschreibungen geboten. Vielmehr objektiviert sich in Sprache und Metapher die Angst des bedrängten Menschen. Die Feindbilder können als »Projektionen« verstanden werden. Der »Feind« ist das in der Gestalt des Todes auftauchende Nichts, das eine konkrete Inkarnation im feindlichgesinnten Menschen erfährt. Vgl. OKeel, Feinde und Gottesleugner (1969).

Im Blick auf alle diese Erklärungsversuche und mit der ständigen Frage nach dem Textgrund und Recht der vorgetragenen Auffassungen muß jetzt folgendes festgestellt werden: Insbesondere in den Gebets- und Dankliedern Einzelner bezeichnet der »Arme«, »Verfolgte« oder Bedrängte seine Widersacher – wie sie auch auftreten mögen – zumeist mit dem Begriff »meine Feinde« (3,8; 6,11; 9,4; 17,9; 25,11; 27,6; 30,2; 31,16; 35,19; 41,6 u.ö.). Man wird am besten ausgehen von den beiden, in den Gebetsliedern Einzelner immer wieder hervortretenden Leiden und Nöten, die der Betende zu tragen hat. Es handelt sich um schwere Krankheit und äußerste Rechtsnot (vgl. HSchmidt, Die Psalmen, 1934, Einl. S. VI). Die »Feinde« des leidenden Einzelnen treten bemerkenswerterweise immer in diesen Zusammenhängen auf. Den Kranken erklären sie als sichtbarlich »von Gott Verlassenen«, sie stöbern die Ursache seines Leidens in einem »Vergehen« auf und verspotten den unter seiner »gerechten Strafe« Dahinsiechenden. Die ganze Tiefe der Feindschaft liegt darin, daß der צדיק durch diese Feststellungen, Anschuldigungen und Urteile der Feinde von Jahwe geschieden werden soll. Die Bosheit dieser von einer »vulgären Kausalfrömmigkeit« geleiteten Gegner des an Jahwe sich klammernden צדיק ist unermeßlich; sie eröffnet Perspektiven, in denen die Feinde das dämonische Gesicht des von Gott schlechthin Scheidenden annehmen. Hier liegt die Ursache für die Entlehnungen aus dem mythisch-dämonischen Metaphernbereich auf der Hand. – Ein noch schärferes Profil gewinnt die Gestalt des Feindes in den Gebetsliedern des Rechtlosen. In diesem Zusammenhang wird man insbesondere zwei Bestrebungen der Feinde beachten müssen: die Verleumdung und die Verfolgung. In schwierigen Rechtsprozessen, in denen uneinsichtige Tatbestände mit im Spiel sind, soll nach alttestamentlichem Recht das zentrale Heiligtum aufgesucht werden (Dt17,8–13). Hier entscheidet dann der »Gottesspruch«, übermittelt durch den Priester. Die Feinde treten mit in das Heiligtum; oft suchen sie auch dann noch neue Anschläge und Verleumdungen vorzubringen, wenn der Gottesspruch zugunsten des Bedrängten ausgefallen ist (Ps 4). Der Klagende aber bittet vor Jahwe um sein Recht, er erklärt sich selbst für unschuldig (Ps 7) und nimmt Zuflucht zu dem rettenden Gottesspruch. Außerdem wird man die Asylfunktion des Heiligtums nicht außer acht lassen dürfen. Der hilflos Verfolgte flieht in den Tempelbezirk und erwartet von Jahwe die Entscheidung über Recht und Unrecht derer, die ihm nachstellen. Alle diese Zusammenhänge wollen bei der Erklärung der Feinde des Einzelnen bedacht sein. Und immer sind es letzte, von Gott trennende Aktionen, die der klagende Beter in den Unternehmungen seiner Feinde erkennt: vgl. zu Ps 4 (»Ziel«).

Will man angesichts dieser Herausstellungen den Versuch einer Zusammenfassung und Zuspitzung machen, so sind drei Momente zu bezeichnen, die sich jeweils auf das hier zuvor Ausgeführte beziehen:
1. Die Feinde des Einzelnen sind ohne allen Zweifel Menschen. Sie denken, reden und handeln als (böse) Menschen, als »Übeltäter«. So werden sie auch zur Rechenschaft gezogen, verurteilt und gerichtet (vgl. Ps 7,13ff.; 9,16; 35,7f.; 141,10 u.ö.).
2. Doch dieses menschlich geartete Feindbild wird ständig transzendiert: »Die Psalmen schildern offenkundig nicht eine dem Gerechten vor Augen stehende Wirklichkeit, sondern – wie es scheint – ein Bild maximaler Gottlosigkeit und böser Machtentfaltung, das ihnen von der Tradition vorgezeichnet ist« (CBarth, Einführung in die Psalmen: BiblStud 32, 1961, 54). Die »überhöhten Farben und Dimensionen« kennzeichnen den Feind als »Urtyp«, als »Urbild« des Bösen, Menschen Zerstörenden, die Schöpfung Korrumpierenden und von Jahwe Trennenden. Aus den verschiedensten Bereichen der Umwelt und der Lebens- und Leidenswelt Israels wurden die Komponenten dieses Feind-Bildes entnommen.
3. In den Psalmen ist das Urbild des Feindes in immer deutlicher sich herausbildendem Kontrast als Gegenbild zum urbildlichen »Armen« und »Gerechten« entwickelt und ausgestaltet worden. Der »Gewalttätige« ist das »negative Gegenbild« des עני. Vgl. GvRad, TheolAT I⁶ 414.

Zuletzt wäre noch Stellung zu nehmen zu Mowinckels (und Birkelands) Interpretation des Begriffs פעלי און (vgl. PsStud I 1–58). Mowinckel ist der Ansicht, daß און der magische Zauber sei, der von den »Feinden« ausgehe. Die Feinde wären demnach »magische Zauberer«. Auch JPedersen erklärt און als »the magic power« (Israel I–II, 1926, 431). Und tatsächlich bezeichnet der Begriff im Alten Testament etwas »Dunkles, Unheimliches, Lichtscheues« (Gunkel-Begrich, EinlPs 201). Die פעלי און wären also (zunächst vorsichtig ausgedrückt) »Täter des Unheimlichen«. Der magisch-zauberhafte Sinn von און ist in den Psalmen nur an einigen Stellen in verblaßten Spuren noch zu erkennen. So geht z.B. aus Ps 10,9 hervor, daß die פעלי און sich die geheimnisvolle Macht des Fluches zu eigen machen, um einen Menschen zu vernichten (vgl. auch Ps 59,13). Mit der Vorstellung vom wirkungsmächtigen Fluchwort wird man die Bezeichnung der Feinde als פעלי און stellenweise erklären dürfen. Sie verhängen über den צדיק einen ihn von Jahwe und seinem Segen trennenden magischen Spruch. Dadurch aber bekommt die Not des Einzelnen noch einen besonders unheimlichen Hintergrund.

§ 11. Literatur

1. Kommentare: EWHengstenberg, Kommentar zu den Psalmen, 4 Bd. ([2]1849–52). – JOlshausen, Die Psalmen (1853). – WMLDeWette, Commentar zu den Psalmen ([5]1856). – PSchegg, Die Psalmen, 3 Bd. ([2]1857). – FHitzig, Die Psalmen, 2 Bd. (1863/65). – HEwald, Die Dichter des Alten Bundes I, 2 ([3]1866). – HGraetz, Kritischer Commentar zu den Psalmen, 2 Bd. (1882/83). – HHupfeld, Die Psalmen, 2 Bd. ([3]1888). – HLesêtre. Le livre des Psaumes (1886). – FDelitzsch, Biblischer Kommentar über die Psalmen ([5]1894). – JWellhausen, The book of Psalms (1898). – HKeßler, Die Psalmen ([2]1899). – FBaethgen, Die Psalmen: Gött. Handkommentar z. AT ([3]1904). – TKCheyne, The book of Psalms (1904). – ABEhrlich, Die Psalmen (1905). – JKZenner/HWiesmann, Die Psalmen nach dem Urtext I (1906). – ChABriggs, A critical and exegetical Commentary on the book of Psalms I–II (1906/07). – NSchlögl, Die Psalmen hebräisch und deutsch (1911). – SRHirsch, Die Psalmen ([3]1914). – KBudde, Die schönsten Psalmen (1915). – WStaerk, Lyrik: SAT ([2]1920). – BDuhm, Die Psalmen ([2]1922). – SLandersdorfer, Die Psalmen lateinisch und deutsch (1922). – KLeimbach, Die Psalmen erklärt ([4]1922). – ABertholet, Das Buch der Psalmen: Die Heil. Schr. d. ATs II ([4]1923). – VThalhofer, Erklärung der Psalmen ([9]1923). – HGunkel, Die Psalmen: Göttinger Handkommentar z. AT ([4]1926; [5]1968). – PBoylan, The Psalms, 2 Bd. ([2]1926–31). – EKönig, Die Psalmen (1927). – RKittel, Die Psalmen ([5 6]1929). – NPeters, Das Buch der Psalmen (1930). – WEBarnes, The Psalms I–II (1931). – JKnabenhauer, Commentarius in Psalmos ([2]1930). – GRBerry, The Book of Psalms (1934). – JdeGroot, De Psalmen (1932). – HSchmidt, Die Psalmen: Handbuch z. AT ed. OEißfeldt (1934). – EKalt, Die Psalmen: Herders Bibelkommentar z. AT (1935). – JCalès, Le livre des Psaumes, 2 Bd. (1936). – HHerkenne, Das Buch der Psalmen: Die Heil. Schr. d. ATs (1936). – MButtenwieser, The Psalms – Chronologically treated with a new translation (1938). – SBFreehof, The Book of Psalms. A Commentary (1938). – FJames, Thirty Psalmists (1938). – RAbramowski, Das Buch des betenden Volkes: Psalmen I (1938); Das Buch des betenden Gottesknechts: Psalmen II (1939). – WOEOesterley, The Psalms (1939, 1953). – ABentzen, Fortolkning til

de gammeltestamentlige salmer (1939). – ChJCallan, The Psalms (1944). – FMThDeLiagreBöhl/BGemser, De Psalmen: Tekst en Uitleg (1946–49). – FNötscher, Die Psalmen: Die Heil. Schr. in deutscher Übersetzung. Die Echter-Bibel (1947). – BDEerdmans, The Hebrew Book of Psalms: OTS IV (1947). – EALeslie, The Psalms (1949). – WGScroggie, The Psalms (1948–51). – BBonkamp, Die Psalmen nach dem hebräischen Grundtext (1949). – EPodechard, Le Psautier (1949). – RJTournay, Les Psaumes: Bible de Jérusalem (1950). – ACohen, The Psalms: Soncino (1945). – AClamer, Les Psaumes: La Sainte Bible Tome V (1950). – EGBriggs, A critical and exegetical Commentary on the Book of Psalms (1951/53 vgl. ChABriggs 1906/07). – FMThDeLiagreBöhl, De Psalmen: Commentaar op de Heilige Schrift (1952). – EJKissane, The Book of Psalms, 2 Bd. (I 1953; II 1954). – TPiatti, Il Libro dei Salmi (1954). – WSMcCullough/WRTaylor u.a., The Interpreter's Bible Vol. IV (1955). – AChouraqui, Psaumes, Trad. et présentés (1956). – PGouichou, Les Psaumes commentés par la Bible I u. II (1958). – PDrijvers, Les Psaumes. Genres littéraires et thèmes doctrinaux (1958). – JRidderbos, De Psalmen II (1958). – HLamparter, Das Buch der Psalmen übers. u. ausgelegt (I 1958, II 1959). – EOsy, Les Psaumes (1960). – ABileham, El primer libro de los Salmos (Ps 1–41). Comentario mesiánico-escatológico sacerdotal (1965). – ACGaebelein, The Book of Psalms. A Devotional and Prophetic Commentary (1965). – AMaillot/ALelièvre, Les Psaumes. Traduction nouvelle et commentaire (1966). – AWeiser, Die Psalmen: ATD 14/15 (⁷1966). – JHEaton, Psalms. Introduction and Commentary: Torch Bible Commentary (1967). – CWestermann, Der Psalter (1967; ³1974). – MMannati/EdeSolms, Les Psaumes I (1966), II (1967), III (1967), IV (1968). – EALeslie, The Psalms. Translated and Interpreted in the Light of Hebrew Life and Worship: Apex Books (1968). – HGunkel, Die Psalmen (⁵1968). – ADeissler, Die Psalmen I (³1966), II (²1967), III (²1969). – MButtenwieser, The Psalms. Prolegomenon by NMSarna (1969). – SBullough, The Psalms (1969). – RE Murphy, The Psalms: Jerome Biblical Commentary (1970). – JPMvdPloeg, Psalmen (1971). – AAAnderson, The Book of Psalms (1972). – LJacquet, Les Psaumes, 1–41 (1975).

2. Text, Kanon: JvOrtenberg, Zur Textkritik der Psalmen (1861). – ENestle, Psalterium Tetraglottum (1879). – ChBruston, Le texte primitif des Psaumes (1873). – Pde Lagarde, Psalterium juxta Hebraeos Hieronymi (1874). – FBaethgen, Der textkritische Wert der alten Übersetzungen zu den Psalmen: JPTh 8 (1882) 405ff. 593ff. – JWellhausen, Bemerkungen zu den Psalmen: Skizzen und Vorarbeiten VI (1899). – FPerles, Analekten zur Textkritik des Alten Testaments (1895). – EKönig, Stilistik, Rhetorik, Poetik in bezug auf die biblische Literatur (1900). – JHalévy, Recherches bibliques III (1905). – GMüller, Studien zum Text der Psalmen (1910). – ABEhrlich, Randglossen zur hebräischen Bibel VI (1913). – JJoüon, Mélanges de la faculté orientale à Beyrouth VI 184ff. (1913). – ChDGinsburg, Liber Psalmorum (1913). – KBudde, Zum Text der Psalmen: ZAW 35 (1915) 175ff. – FDelitzsch, Die Lese- und Schreibfehler im Alten Testament (1920). – FWutz, Die Psalmen textkritisch untersucht (1925). – FBuhl, Liber Psalmorum (³1930). – ARahlfs, Psalmi cum Odis: Septuaginta Soc. Scient. Gotting. auct. X (1931). – ASchulz, Kritisches zum Psalter: Alttestamentliche Abhandlungen XII, 1 (1932). – WAIrwin, Critical Notes on 5 Psalms: AJSL 49 (1932) 9ff. – NPeters, Senkrechte Doppelschreibung als Fehlerquelle in den Psalmen: BZ 22 (1934) 1–12. – NPigoulewsky, Fragments syro-palestiniens des psaumes: Rev Bibl 43 (1934) 519–527. – GRDriver, Textual and Linguistic Problems of the Book of Psalms: The Harvard Theological Review 29 (1936)

171–195. – Ders., Problems in Job and Psalms Reconsidered: JTS 40 (1939) 391–394. – Ders., Notes on the Psalms: JTS 36 (1935) 147–156; 43 (1942) 149–160; 44 (1943) 12–23. – Ders., Hebrew Notes: VT 1 (1951) 241–250. – FZimmermann, The Text of Psalms in the Peshitta: JTS 41 (1940) 44–46. – RRowlands, Inner-Syriac Corruptions in the Book of Psalms: JTS 42 (1941). – AGuillaume, Notes on the Psalms II: JTS 45 (1944) 14f. – AClosen, Gedanken zur Textkritik von Ps 2,11b–12a: Biblica 21 (1940) 288–309. – HJunker, Einige Rätsel im Urtext der Psalmen: Biblica 30 (1949) 197–212. – HGinsberg, Some Emendations in Psalms: HUCA 23,1 (1950/51) 97–104. – CThNiemeyer, Het probleem van de rangschikking der Psalmen (1950). – ABruno, Die Psalmen – Eine rhythmische und textkritische Untersuchung (1954). – JHMarks, Der textkritische Wert des Psalterium Hieronymi juxta Hebraeos (1956). – JTMilik, Deux documents inédits du désert de Juda: Biblica 38 (1957) 245–268. – JWBBarns-GDKilpatrick, A new Psalms Document: Proceed. Brit. Acad. 43 (1957) 229ff. – ABea, El Nuevo Salterio Latino (1957). – DWGooding, The Text of the Psalms in Two Durham Bibles: Scriptorum 12 (1958) 94–96. – JMercati, Psalterii Hexapli reliquiae cura et studio . . .: Sacra Civ. Vatic. (1958). – LBieler, Notes on the Durham Copies of the Psalterium juxta Hebraeos: Scriptorum 12 (1958) 282f. – TAyuso Marazuela, Un Salterio 'juxta Hebraeos' y un Salterio Romano en un Códice tardio del Escorial: Estudios Biblicos 17 (1958) 5–46. – MAllony-ADiez Macho, Dos manuscritos 'palestinenses' más de la Geniza del Cairo: Estudios Biblicos 17 (1958) 83–100. – GBertram, Zur Prägung der bibl. Gottesvorstellung in der griech. Übersetzung des AT: WdO 2, 5 (1959) 502–513. – PSalmon, Les 'tituli Psalmorum' des manuscrits latins (1959). – JGribomont-AThibaut, Méthode et esprit des transductions du Psautier grec: Coll. Bibl. Lat. 13 (1959) 51–105. – DMichel, Tempora und Satzstellung in den Psalmen: Abh. z. Ev. Theol. Bd. 1 (1960) – ARHulst, Old Testament Translation Problems (1960) 92–114. – HDPreuß, Die Psalmenüberschriften in Targum und Midrasch: ZAW 71 (1959) 44–54. – CWestermann, Zur Sammlung des Psalters: Forschung am Alten Testament (1964) 336–343. – GCMercati, Psalterii hexapli reliquiae. Pars prima 'Osservazioni'. Commento critico al testo dei frammenti esaplari (1965). – JASanders, Variorum in the Psalms Scroll (11 QPsa): HThR 59 (1966) 83–94. – YYadin, Another Fragment (E) of the Psalms Scroll from Qumran Cave 11 (11 QPsa): Textus 5 (1966) 1–10. – JvdPloeg, Fragments d'un manuscrit de Psaumes de Qumran (11 QPs^b): RB 74 (1967) 408–412. – JQuellete, Variantes qumrâniennes du Livre des Psaumes: Revue de Qumran 7,1 (1969) 105–123. – HBardtke, Liber Psalmorum: Biblica Hebraica Stuttgartensia 11 (1969). – JDBarthélemy, Le Psautier grec et le papyrus Bodmer XXIV: Revue de Théol. et de Phil. III,19 (1969) 106–110. – BSChilds, Psalm Titles and Midrashic Exegesis: JSt 16 (1971) 137–150. – JLeveen, Textual Problems in the Psalms: VT 21 (1971) 48–58. – CBarth, Concatenatio im ersten Buch des Psalters: Wort und Wirklichkeit. Festschrift f. ELRapp (1976) 30–40.

3. Zur poetischen Form (Rhythmus und Metrum): GBickell, Carmina Veteris Testamenti metrice (1882). – JLey, Leitfaden der Metrik der hebräischen Poesie (1887). – ESievers, Studien zur hebräischen Metrik I, 2 (1901). – HGrimme, Psalmenprobleme (1902). – DHMüller, Strophenbau und Responsion: BiblStud III und IV (1907. 1908). – WRArnold, The Rhythmus of the Ancient Hebrews: OT and Semitic Studies in Memory of WRHarper I (1908) 165–204. – JWRothstein, Grundzüge des hebräischen Rhythmus (1909). – EKönig, Hebräische Rhythmik (1914). – GBGray, The Forms of Hebrew Poetry (1915). – GHölscher, Elemente arabischer, syrischer und hebräischer Metrik:

ZAWBeih 34 (1920) 93–101. – KFullerton, The Strophe in Hebrew Poetry and Psalm 29: JBL 48 (1929) 274–290. – JGabor, Der Urrhythmus im Alten Testament: ZAWBeih 52 (1929). – ABruno, Der Rhythmus der alttestamentlichen Dichtung – Eine Untersuchung über die Psalmen 1–72 (1930). – JBegrich, Zur hebräischen Metrik: ThR NF 4 (1932) 67–89. – WEBarnes, Hebrew Metre and the Text of the Psalms: JTS 33 (1932) 374–382. – ACondamin, Poèmes de la Bible. Avec une introduction sur la strophique hébraique (1933). – HWLund, Chiasmus in the Psalms: AJSL (1933) 281–312. – LDesnoyers, Les Psaumes. Traduction rhythmée d'après l'hébreu (1935). – THRobinson, Some Principles of Hebrew Metrics: ZAW 54 (1936) 28–43. – ChFKraft, The Strophic of Hebrew Poetry as illustrated in the First Book of the Psalter: Diss. Chicago (1938). – THRobinson, Basic Principles of Hebrew Poetic Form: Bertholet-Festschrift (1950) 438–450. – Ders., Hebrew Poetic From: VTSuppl I (1953) 128–149. – SMowinckel, Zum Problem der hebräischen Metrik: Bertholet-Festschrift (1950) 379–394. – Ders., Offersang og sangoffer (1951) 418–435. – Ders., Metrischer Aufbau und Textkritik an Ps 8 illustriert: Stud. Or. Ioanni Pedersen (1953) 250–262. – FHorst, Die Kennzeichen der hebräischen Poesie: ThR NF 21 (1953) 97–121. – SSegert, Vorarbeiten zur hebräischen Metrik: Archiv Orientalni 21 (1953) 481–542. – JMuilenburg, A Study in Hebrew Rhetoric: Repetition and Style: VTSuppl I (1953) 97–111. – SMowinckel, Real and Apparent Tricola in Hebrew Psalms Poetry: Avh. Norsk. Akad. I (1957). – RGBowling, 'Synonymous' parallelism in the Psalms: JSS 5 (1960) 221–255. – DNFreedman, Archaic Forms in Early Hebrew Poetry: ZAW 72 (1960) 101–107. – SMowinckel, The Psalms in Israel's Worship II (1962). – MDahood, A New Metrical Pattern in Biblical Poetry: The Catholic Biblical Quarterly 29 (1967) 574–579. – EBeaucamp, Structure Strophique des Psaumes: RSR 56 (1968) 199–224. – SSegert, Versbau und Sprachbau in der althebräischen Poesie: MIO 15 (1969) 312–321. – GBGray, The Forms of Hebrew Poetry (1972). – JSchildenberger, Bemerkungen zum Strophenbau der Psalmen: Estudios Eclesiaticos 34 (1960) 673–687.

4. Zu literarkritischen und historischen Fragen: FGiesebrecht, Über die Abfassungszeit des Psalters: ZAW 1 (1881) 276ff. – WStaerk, Zur Kritik der Psalmenüberschriften: ZAW 12 (1892) 91ff. – JKöberle, Die Tempelsänger im Alten Testament (1899). – ABüchler, Zur Geschichte der Tempelmusik und der Tempelpsalmen: ZAW 19 (1899) 96ff. 329ff.; 20 (1900) 97ff. – RHKenneth, The historical Background of the Psalms: OT-Essays (1928) 119ff. – ASchulz, Kritisches zum Psalter (1932). – NHSnaith, Studies in the Psalter (1934). – WOEOesterley, A Fresh Approach to the Psalms (1937). – HLJansen, Die spätjüdische Psalmendichtung – ihr Entstehungskreis und ihr »Sitz im Leben«: SNVAO II Hist.-Filos. Kl. (1937). – MButtenwieser, The Psalms. Chronologically treated (1938). – FHCosgrave, Recent Studies on the Psalms: Bull. Canad. Soc. Bibl. Stud. 5 (1939) 3–15. – ASchulz, Psalmen-Fragen (1940). – BDEerdmans, Essays on Masoretic Psalms: OTS I, 2/3 (1942) 105–300. – JLindblom, Bemerkungen zu den Psalmen I: ZAW 59 (1942/43) 1–13. – ALauha, Die Geschichtsmotive in den alttestamentlichen Psalmen (1945). – CHLFeinberg, The Date of the Psalms: Bibliotheca Sacra 104 (1947) 426–440. – AGClarke, Analytical Studies in the Psalms (1949). – EBaumann, Struktur-Untersuchungen im Psalter: ZAW 61 (1949) 114–176; 62 (1950) 115–152. – NHTur-Sinai, The Literary Character of the Book of Psalms: OTS 8 (1950) 263–281. – PRAckroyd, Criteria for the Maccabean Dating of Old Testament Literature: VT 3 (1953) 113–132. – MTsevat, A Study of the Language of the Biblical Psalms (1955). – PDescamps, Pour un classement littéraire des Psaumes: Mél. ARobert (1957)

187–204. – RTournay, Recherches sur la chronologie des Psaumes: Rev Bibl 65 (1958) 321–357; 66 (1959) 161–190. – AvSelms, Historiese en geografiese name in die boeck van die Psalmen: Hervormde Teologiese Studies 14 (1958) 1–12. – GPidoux, Du portique à l'autel. Introduction aux Psaumes (1959). – NHRidderbos, De huidige stand van het onderzoek der Psalmen: Gereform. Theol. Tijdschr. 60 (1960) 8–14. – CWestermann, Vergegenwärtigung der Geschichte in den Psalmen: Forschung am Alten Testament (1964) 306–335. – ASKapelrud, Die skandinavische Einleitungswissenschaft zu den Psalmen: VuF 11 (1966) 62–93. – GSauer, Erwägungen zum Alter der Psalmendichtung in Israel: ThZ 22 (1966) 81–95. – JCoppens, La date des Psaumes de l'Intronisation et de la Royauté de Yahvé: Misc. Bibl. 43: EThL 43 (1967) 192–197. – DJAClines, Psalm Research since 1955: Tyndale Bulletin 18 (1967) 103–126; 20 (1969) 105–125.

5. Zur Form- und Traditionsgeschichte: HGunkel, Die Psalmen: Reden und Aufsätze (1913) 92–125. – Ders., Die alttestamentliche Literaturgeschichte und die Ansetzung der Psalmen: ThBl 7 (1928) 85ff. – HGunkel-JBegrich, Einleitung in die Psalmen (1933; [3]1975). – HJahnow, Das hebräische Leichenlied im Rahmen der Völkerdichtung: ZAWBeih 36 (1923). – ACausse, L'ancienne poésie culturelle d'Israël et les origines du Psautier: RHPhR 6 (1926) 1–37. – HSchmidt, Das Gebet der Angeklagten im Alten Testament: ZAWBeih 49 (1928). – Ders., Grüße und Glückwünsche im Psalter: ThStKr 103 (1931) 141–150. – KGalling, Der Beichtspiegel. Eine gattungsgeschichtliche Studie: ZAW 54 (1929) 125–130. – JBegrich, Das priesterliche Heilsorakel: ZAW 52 (1934) 81–92 = GesStud: ThB 21 (1964) 217–291. – GvRad, Das formgeschichtliche Problem des Hexateuchs: BWANT IV, 26 (1938) = GesStud: ThB 8 ([4]1971) 9–86. – Ders., Das judäische Königsritual: ThLZ 72 (1947) 211–218 = GesStud: ThB 8 ([4]1971) 205–213. – MNoth, Überlieferungsgeschichte des Pentateuch (1948). – Ders., Jerusalem und die israelitische Tradition: OTS VIII (1950) 28–46 = GesStud: ThB 6 ([3]1966) 172–187. – ARJohnson, The Psalms: OTMSt (1951) 162–209. – HJKraus, Die Königsherrschaft Gottes im Alten Testament (1951). – HBückers, Zur Verwertung der Sinaitraditionen in den Psalmen: Biblica 32 (1951) 401–422. – AFeuillet, Les Psaumes eschatologiques du règne de JHWH: NRTh 73 (1951) 244–260, 352–363. – SMowinckel, Offersang og sangoffer (1951) 50ff. – CWestermann, Das Loben Gottes in den Psalmen (1953). – ARobert, L'exégèse des Psaumes selon les méthodes de la ›Formgeschichteschule‹: Misc. bibl. Ubach. Monserrat (1953) 211–225. – CWestermann, Struktur und Geschichte der Klage im Alten Testament: ZAW 66 (1954) 44–80 = Forschung am Alten Testament: ThB 24 (1964) 266–305. – JWWevers, A Study of the Form Criticism of Individual Complaint Psalms: VT 6 (1956) 80–96. – RTournay, En marge d'une traduction des Psaumes: RevBibl 63 (1956) 496–512. – AGelin, Genres littéraires dans la Bible: Diction. de Théol. Cathol. Tabl. 8 (1959) 1790–1794. – KHBernhardt, Die gattungsgeschichtliche Forschung am AT als exegetische Methode (1959). – REMurphy, A New Classification of Literary Forms in the Psalms: The Cath. Bibl. Quart. 21 (1959) 83–87. – FMand, Die Eigenständigkeit der Danklieder des Psalters als Bekenntnislieder: ZAW 70 (1958). – WBeyerlin, Herkunft und Geschichte der ältesten Sinaitraditionen (1961). – HWWolff, Der Aufruf zur Volksklage: ZAW 76 (1964) 48–65 = GesStud: ThB 22 ([2]1973) 392–401. – FLuke, The Songs of Zion as a Literary Category of the Psalter: Indian Journal of Theology 14 (1965) 72–90. – PDrijvers, The Psalms – Their Structure and Meaning (1965). – JvdPloeg, Réflexions sur les genres littéraires des Psaumes: Studia biblica et semitica ThCVriezen dedicata (1966) 265–277. – HKosmala, Form and Structure in Ancient Hebrew Po-

etry: VT 16 (1966) 153–180. – FNJasper, Early Israelite Traditions and the Psalter: VT 17 (1967) 50–59. – ELipiński, Les psaumes de supplication individuelle: Revue Ecclésiastique de Liège 53 (1967) 129–138. – RCCulley, Oral Formulaic Language in the Biblical Psalms: Middle and Near East Series 4 (1967). – WBeyerlin, Die *tôdā* der Heilsverkündigung in den Klageliedern des Einzelnen: ZAW 79 (1967) 208–224. – LTWhitelocke, The *rib*-Pattern and the Concept of Judgement in the Book of Psalms (1968). – RMartin-Achard, La prière des malades dans le psautier d'Israël: Lumière et Vie 86 (1968) 25–43. – ELipiński, Les psaumes d'action de grâces individuelle: Revue Ecclésiastique de Liège 53 (1967) 348–366. – FCrüsemann, Studien zur Formgeschichte von Hymnus und Danklied in Israel: WMANT 32 (1969). – WBeyerlin, Die Rettung der Bedrängten in den Feindpsalmen der Einzelnen (1970). – EGerstenberger, Der bittende Mensch. Bittritual und Klagelied des Einzelnen im Alten Testament: Habil. Heidelberg. – EGerstenberger, Der klagende Mensch: Probleme biblischer Theologie. GvRad zum 70. Geburtstag (1971) 64–72. – KHeinen, Das Nomen *tefillā* als Gattungsbezeichnung: BZ NF 16 (1972) 103–105. – WBeyerlin, Kontinuität beim ›berichtenden‹ Lobpreis des Einzelnen: Wort und Geschichte. Festschrift f. KElliger (1973) 17–24. – KKoch, Was ist Formgeschichte? Methoden der Bibelexegese ([3]1974). – EGerstenberger, Psalms: Old Testament Form Criticism, ed. JHHayes (1974) 179–223. – SSPatro, Royal Psalms in Modern Scholarship: Diss. Kiel (1976).

6. Zum alttestamentlichen Kultus: SMowinckel, Tronstigningssalmerne og Jahves tronstigningsfest: Norsk teologi til reformationsjubileet (1917) 13ff. – Ders., Psalmenstudien II. Das Thronbesteigungsfest Jahwäs und der Ursprung der Eschatologie (1922); III. Kultusprophetie und prophetische Psalmen (1923); V. Segen und Fluch in Israels Kult und Psalmdichtung (1924). – Ders., Det kultiske synspunkt som forskningsprinsipp i den gammeltestamentlige videnskap: NTT (1924) 1ff. – Ders., Le Décalogue (1927). – Ders., A quel moment le culte de Jahwé à Jerusalem est-il officiellement devenu un culte d'images?: RHPhR 9 (1929) 197ff. – Ders., Offersang og sangoffer (1951). – Ders., Zum israelitischen Neujahr und zur Deutung der Thronbesteigungspsalmen: ANVAO II Hist.-Filos. Kl. (1952). – Ders., Religion und Kultus (1953). – JBPeters, The Psalms as Liturgies: Paddock Lectures (1922). – WOEOesterley, The Sacred Dance (1923). – PVolz, Das Neujahrsfest Jahwes (1924). – GQuell, Das kultische Problem der Psalmen: BWANT NF 11 (1926). – HSchmidt, Die Thronfahrt Jahves (1927). – LAubert, Les Psaumes dans le culte d'Israel: RThPh NS XV (1927). – ALods, Eléments anciens et éléments modernes dans le rituel du sacrifice israélite: PHPhR (1928) 399ff. – IElbogen, Der jüdische Gottesdienst in seiner geschichtlichen Entwicklung ([3]1931). – LIPap, Das israelitische Neujahrsfest (1933). – SHHooke, Myth and Ritual. Essays on the Myth and Ritual of the Hebrew in Relation to the Cultic Pattern of the Ancient East (1933). – Ders., The Labyrinth. Further Studies in the Relation between Myth and Ritual in the Ancient World (1935). – Ders., The Origins of Early Semitic Ritual (1938). – Ders., Myth, Ritual and Kingship (1958). – RPreß, Das Ordal im alten Israel: ZAW 51 (1933) 121ff. 227ff. – JPedersen, Passahfest und Passahlegende: ZAW 52 (1934) 161ff. – ARJohnson, The Role of the King in the Jerusalem Cultus: The Labyrinth (1935) 71ff. – Ders., The Cultic Prophet in Ancient Israel (1944). – PHumbert, La *terou'a*. Analyse d'un rite Biblique (1946). – NHSnaith, Jewish New Year Festival, its Origins and Development (1947). – Ders., Hymns of the Temple (1951). – EKolari, Musikinstrumente und ihre Verwendung im Alten Testament (1947). – ABentzen, The Cultic Use of the Story of the Ark in Samuel: JBL 67

(1948) 37ff. – THGaster, Passover – its History and Traditions (1958). – MNoth, Gott – König – Volk im Alten Testament: ZThK 47 (1950) 157–191 = GesStud: ThB 6 (²1960) 188–229. – NHRidderbos, Psalmen en Cultus (1950). – AWeiser, Zur Frage nach den Beziehungen der Psalmen zum Kult: Bertholet-Festschrift (1950) 513ff. – HJKraus, Gilgal – Ein Beitrag zur Kultusgeschichte Israels: VT 1 (1951) 181–199. – Ders., Gottesdienst in Israel (1954; ²1962). – Ders., Zur Geschichte des Passah-Massot-Festes im Alten Testament: EvTh 18 (1958) 47–67. – EWerner, The Origin of Psalmody: HUCA XXV (1954) 327–345. – HSchmid, Jahwe und die Kulttraditionen von Jerusalem: ZAW 67 (1955) 168ff. – EKutsch, Das Herbstfest in Israel: Diss. Mainz (1955). – DMichel, Studien zu den sog. Thronbesteigungspsalmen: VT 6 (1956) 40ff. – RRendtorff, Der Kultus im alten Israel: Jahrbuch für Liturgik und Hymnologie (1956) 1–21. –Ders., Kult, Mythos und Geschichte im alten Israel: Festschrift f. HRendtorff (1957) 121–129. – MBič, Das erste Buch des Psalters – eine Thronbesteigungsfestliturgie: Atti dell'VIII Congr. Intern. di Storia delle Religioni (1956). – KRoubos, Profetie en cultus in Israel: Diss. Utrecht (1956). – HGross, Läßt sich in den Psalmen ein ›Thronbesteigungsfest Jahwes‹ nachweisen?: TTZ 65, 1 (1956) 24–40. – WSMcCullough, The ›Enthronement of Yahweh Psalms‹: Papers WAIrwin (1956). – WGWilliams, Liturgical problems in Enthronement Psalms: JBR 25 (1957) 118–122. – EKutsch, Erwägungen zur Geschichte der Passafeier und des Massotfestes: ZThK 55 (1958) 1–35. – EAuerbach, Die Feste im Alten Testament: VT 8 (1958) 1–18. – CEBCranfield, Divine and Human Action – The Biblical Concept of Worship: Interpr. 12 (1958) 387–398. – EAuerbach, Neujahrs- und Versöhnungsfest in den bibl. Quellen: VT 8 (1958) 337–343. – ASHerbert, Worship in Ancient Israel (1959). – AGHebert, The Idea of Kingship in the OT: Reform. Theol. Rev. 18 (1959) 34–45. – CHauret, L'interprétation de Psaumes selon l'école ›Myth and Ritual‹: Rev. des Sciences Rel. 33 (1959) 321–346; 34 (1960) 1–34. – EEhrlich, Die Kultsymbolik im AT und im nachbibl. Judentum (1959). – JLMcKenzie, Myth and the OT: Cath. Bibl. Quart. 21 (1959) 265–282. – MHaran, The uses of incense in the ancient Israel rituals: VT X, 2 (1960) 113–129. – RDeVaux, Les Institutions de l'Ancien Testament II (1960) = Das Alte Testament und seine Lebensordnungen II (1962; ²1966). – ThCVriezen, De godsdienst van Israël (1963). – HZirker, Die kultische Vergegenwärtigung der Vergangenheit in den Psalmen (1964). – MJBuss, The Meaning of ›Cult‹ and the Interpretation of the Old Testament: The Journal of Bible and Religion XXXII (1964) 317–325. – DWohlenberg, Kultmusik in Israel. Eine forschungsgeschichtliche Untersuchung: Diss. Hamburg (1967). – HHRowley, Worship in Ancient Israel. Its Forms and Meaning (1967). – RRendtorff, Studien zur Geschichte des Opfers im alten Israel: WMANT 24 (1967). – AArens, Die Psalmen im Gottesdienst des alten Bundes (1968). – ELipiński, La liturgie pénitentielle dans la Bible (1969). – PWelten, Kulthöhe und Jahwetempel: ZDPV 88 (1972) 19–32. – FStolz, Strukturen und Figuren im Kult von Jerusalem: ZAWBeih 118 (1970). – JJeremias, Lade und Zion. Zur Entstehung der Ziontradition: Probleme biblischer Theologie: GvRad zum 70. Geburtstag (1971) 183–198. – EBeaucamp, Liturgia e Salmi nelle grandi tappe della storia d'Israele: Bibbia e Oriente 13 (1971) 9–25. – CJdeMoor, New Year with Canaanites and Israelites I–II (1972). – BALevine, In the Presence of the Lord (1974).

7. Altorientalische Parallelen: HZimmern, Babylonische Hymnen und Gebete in Auswahl: AO 7, 3 (1905); AO 13, 1 (1911). – Ders., Das babylonische Neujahrsfest: AO 25, 3 (1926). – HGunkel, Ägyptische Parallelen zum Alten Testament: Reden und Aufsätze (1913) 131–141. – Ders., Ägyptische Dank-

lieder: Reden und Aufsätze (1913) 141–149. – Ders., Schöpfung und Chaos in Urzeit und Endzeit (^{2}1921). – RDussaud, Les origines cananéennes du sacrifice Israelite (1921). – FStummer, Sumerisch-akkadische Parallelen zum Aufbau alttestamentlicher Psalmen (1922). – Ders., Die Psalmengattungen im Lichte der altorientalischen Hymnenliteratur: JSOR 8 (1924) 123ff. – AJWensinck, The Semitic New Year and the Origin of Eschatology: Act. Or. (1922) 158ff. – Ders., The Arabic New Year and the Feast of Tabernacles (1925). – HGreßmann (ed.), Altorientalische Texte zum Alten Testament (^{2}1926). – GRDriver, The Psalms in the Light of Babylonian Research: The Psalmists ed. Simpson (1926) 109ff. (vgl. auch die anderen Aufsätze in diesem Sammelband). – FMThdeLiagre Böhl, Nieuwjaarsfeest en koningsdag in Babylon en in Israel (1927). – Ders., Hymnisches und Rhythmisches in den Amarnabriefen aus Kanaan: ThLBl (1914) 137ff. (vgl. auch OPERA MINORA, 1953). – JBegrich, Die Vertrauensäußerungen im israelitischen Klagelied des Einzelnen und in seinem babylonischen Gegenstück: ZAW 46 (1928) 221–260 = GesStud: ThB 21 (1964) 168–216. – KSethe, Dramatische Texte zu altägyptischen Mysterienspielen (1928). – LDürr, Psalm 110 im Lichte der neueren altorientalischen Forschungen (1929). – AJeremias, Das Alte Testament im Lichte des Alten Orients (^{4}1930). – TEPeet, Comparative Study in the Literatures of Egypt, Palestine and Mesopotamia: Schweich Lecture XXI (1931). – HBauer, Die Gottheiten von Ras Schamra: ZAW 51 (1933) 81–101; 53 (1935) 54–57. – SHHooke, Myth and Ritual. Essays on the Myth and Ritual of the Hebrew in Relation to the Cultic Pattern of the Ancient East (1933). – Ders., The Labyrinth. Further Studies in the Relation between Myth and Ritual in the Ancient World (1935). – Ders., Myth, Ritual and Kingship (1958). – AJirku, Kanaanäische Psalmenfragmente in der vorisraelitischen Zeit Palästinas und Syriens: JBL 52 (1933) 108ff. – ChGCumming, The Assyrian and the Hebrew Hymns of Praise: Columbia Univ. Orient. Studies 12 (1934). – HLGinsberg, A Phoenician Hymn in the Psalter: Atti del XIX. Congr. Intern. d. Orient (1935) 472ff. – Ders., Psalms and Inscriptions of Petitions and Acknowledgement: LGinsberg Jubilee Vol. (1945) 159ff. – MWitzel, Tamuz-Liturgien und Verwandtes: Analecta Orient. 10 (1935). – GWidengren, The Accadian and Hebrew Psalms of Lamentation as Religious Documents. A Comparative Study: Diss. Uppsala (1936). – Ders., Det sakrala kungadömet bland öst- och västsemiter: RoB II (1943) 49ff. – KFMüller, Das assyrische Ritual I. Texte zum assyrischen Königsritual: Mitteilungen d. vorderasiat.-ägypt. Ges. XLI, 3 (1937). – KGrzegorzewski, Elemente vorderorientalischen Hofstils auf kanaanäischem Boden: Diss. Königsberg (1937). – RGCastellino, Le lamentazioni individuali e gli inni in Babilonia e in Israele (1939). – JPedersen, Canaanite and Israelite Cultus: Act. Orient. XVIII (1940) 1ff. – WBaumgartner, Ras Schamra und das Alte Testament: ThR NF 12 (1940) 163–188; NF 13 (1941) 1–20. 85–102. 157–183. – Ders., Ugaritische Probleme in ihrer Tragweite für das Alte Testament: ThZ 3 (1947) 81 ff. – AKapelrud, Jahves tronstigningsfest og funnene i Ras Sjamra: NTT (1940) 38ff. – IEngnell, Studies in Divine Kingship in the Ancient Near East (1943). – JHPatton, Canaanite Parallels to the Book of Psalms (1944). – ABentzen, Det sakrale kongedomme (1945). – AHaldar, Associations of Cult Prophets among the Ancient Semites (1945). – RdeLanghe, Les Textes de Ras Shamra-Ugarit et leurs Rapports avec le Milieu Biblique de l'Ancient Testament I–II (1945). – JCoppens, Les Parallèles du Psautier avec les Textes de Ras-Shamra-Ougarit: Bulletin d'hist. et d'exég. de AT (1946) 113–142. – JJStamm, Die Leiden des Unschuldigen in Babylon und Israel (1946). – ChLFeinberg, Parallels to the Psalms in Near Eastern Literature: BiblS

104 (1947) 290–321. – HFrankfort, Kingship and the Gods. A Study of Near Eastern Religion as the Integration of Society and Nature (1948). – Ders., The Problem of Similarity in Ancient Eastern Religions (1951). – CJGadd, Ideas of Divine Rule in the Ancient Near East (1948). – FMCross, Notes on a canaanite psalm in the Old Testament: BASOR 117 (1950) 19–21. – ThGaster, Thespis. Ritual, Myth and Drama in the Ancient Near East (1950). – JGray, Canaanite Kingship in Theory and Practice: VT 2 (1952) 193–220. – TWorden, The Literary Influence of the Ugaritic Fertility Myth on the Old Testament: VT 3 (1953) 273–297. – RTO'Callaghan, Echoes of Canaanite Literature in the Psalms: VT 4 (1954) 164–176. – AFalkenstein/WvSoden, Sumerische und akkadische Hymnen und Gebete (1953). – JBPritchard, The Ancient Near East in Pictures (1954). – Ders., Ancient Near Eastern Texts relating to the Old Testament ([2]1955). – MH Pope, El in the Ugarit Texts (1955). – HGJefferson, Canaanite Literature and the Psalms: The Personalist 39,4 (1958) 202–211. – WRöllig, El als Gottesbezeichnung im Phönikischen: Festschr. JFriedrich (1959) 403–416. – CHGordon, Ugaritic Manual: Analecta Orientalia 35 (1955). – HCazelles, EDhorme u.a., La Bible et l'Orient (1955). – GRDriver, Canaanite Myths and Legends (1956). – RTournay, En marge d'une traduction des Psaumes: RevBibl. 63 (1956) 161–181. – Jde Savignac, Théologie Pharaonique et Messianisme d'Israel: VT 7 (1957) 82–90. – AKuschke, Altbabylonische Texte zum Thema »Der leidende Gerechte«: ThLZ 81 (1956) 69–76. – GRoeder, Kulte, Orakel und Naturverehrung im alten Ägypten (1960). – KHBernhardt, Das Problem der altorientalischen Königsideologie im Alten Testament: VT Suppl. VIII (1961). – JAistleitner, Die mythologischen und kultischen Texte aus Ras Schamra (1959). – AS Kapelrud, The Ras Shamra Discoveries and the Old Testament (1965). – JA Taylor, The Signification of Mythological Motifs of Death and Netherworld in the Psalms (1967). – HDonner, Ugaritismen in der Psalmenforschung: ZAW 79 (1967) 322–350. – AAlbright, Yahweh and the Gods of Canaan (1968). – MHPope/WRöllig, Die Mythologie der Ugariter und Phönizier: Wörterbuch der Mythologie I ed. HWHaussig (1965) 217–312. – MJMulder, Kanaänitische Goden in het Oude Testament (1965). – WHSchmidt, Königtum Gottes in Ugarit und Israel ([2]1966). – HGese, Die Religionen Altsyriens: Die Religionen der Menschheit X,2 (1970) 1–232. – HHSchmid, *šālōm.* ›Frieden‹ im alten Orient und im Alten Testament: SBS 51 (1971). – RJClifford, The Cosmic Mountain in Canaan and the Old Testament (1972). – FMCross, Canaanite Myth and Hebrew Epic (1973). – MWakeman, God's Battle with the Monster (1973).

8. Sachprobleme; Theologie der Psalmen: BStade, Die messianische Hoffnung im Psalter: ZThK 2 (1892) 369ff. – RSmend, Über das Ich der Psalmen: ZAW 8 (1888) 49–147. – ARahlfs, *'ani* und *'anaw* in den Psalmen (1892). – GBeer, Individual- und Gemeindepsalmen (1894). – EBalla, Das Ich der Psalmen: FRLANT 16 (1912). – HGunkel, Die Endhoffnung der Psalmisten: Reden und Aufsätze (1913) 123–130. – Ders., Die Frömmigkeit der Psalmen: Chr. Welt (1922) 2ff. 18ff. 78ff. 94ff. 105ff. – SMowinckel, Psalmenstudien I. *'Awän* und die individuellen Klagepsalmen (1921). – Ders., Urmensch und ›Königsideologie‹: StudTheol II (1948) 71–89. – JHempel, Gebet und Frömmigkeit im Alten Testament (1922). – EKönig, Theologie der Psalmen ([3]1923). – ELDietrich, *šub šebut:* ZAWBeih 40 (1925). – LDürr, Ursprung und Ausbau der israelitisch-jüdischen Heilandserwartung (1925). – JHempel, Die israelitischen Anschauungen von Segen und Fluch im Lichte altorientalischer Parallelen: ZDMG 79 (1925) 20–110. – Ders., Gott und Mensch im Alten Testament ([2]1936). – ACWelch, The Psalter in Life: Worship and History (1926). – DSSimpson (ed.), The Psalmists

(1926). – HSchmidt, Gott und das Leid im Alten Testament (1926). – NNicolsky, Spuren magischer Formeln in den Psalmen: ZAWBeih 46 (1927). – CCKeet, Liturgical Study of the Psalter (1928). – OEißfeldt, Jahwe als König: ZAW 46 (1928) 81–105 = KlSchr I (1962) 172–193. – Ders., ›Mein Gott‹ im Alten Testament: ZAW 61 (1945/48) 3–16 = KlSchr III (1966) 35–47. – GMarschall, Die Gottlosen des ersten Psalmenbuches (1929). – FHorst, Die Doxologien im Amosbuch: ZAW 47 (1929) 45–54 = Gottes Recht: ThB 12 (1961) 155–166. – HGreßmann, Der Messias (1929). – BBomberg, Die Vergeltungslehre in den Psalmen: NKZ 41 (1930) 539–566. – SDaiches, Studies in the Psalms (1930). – CRNorth, The Religious Aspect of Hebrew Kingship: ZAW 50 (1932) 8–38. – KHFahlgren, *Seḏaka* nahestehende und entgegengesetzte Begriffe im Alten Testament (1932). – HBirkeland, *'ani* und *anaw* in den Psalmen: SNVAO II Hist.-Filos. Kl. (1933). – Ders., Die Feinde des Individuums in der israelitischen Psalmenliteratur (1933). – Ders., The Evildoers in the Book of Psalms (1955). – Ders., Myt och historia i Psaltaren (1955). – LGulkowitsch, Die Entwicklung des Begriffs *Ḥāsīd* im Alten Testament: Acta et Commentationes Univ. Tartuensis (1934). – AParenti, Notae exegeticae in Psalmos selectos (1934). – Ders., Notae introductoriae in librum Psalmorum (1935). – RGaldos, De Psalmis paenitentalibus: VD 16 (1936) 113–118. – Ders., De Psalmis sacerdotalibus: VD 16 (1936) 233–241. – JCalès, La doctrine des Psaumes, 2 Bd. (1936). – PAMunch, Einige Bemerkungen zu den *'anijjīm* und den *rešā'īm* in den Psalmen: Le Monde Oriental 30 (1936) 13–26. – Ders., Das Problem des Reichtums in den Psalmen 37. 49. 73: ZAW 55 (1937) 36–46. – Ders., Die jüdischen ›Weisheitspsalmen‹ und ihr Sitz im Leben: Acta Orient. 15 (1937) 112–140. – ACausse, Du groupe ethnique à la communauté religieuse (1937) 243–258. – SHylander, Gamla Testamentets Psalmbok (1937). – ARinkel, Psalter. Beschouwingen over de Psalmen, 2 Bd. (1937). – AMiller, Das Ideal der Gottverbundenheit nach der Lehre der Psalmen: Benediktinische Monatsschrift 19 (1937) 153–173. – Ders., Fluchpsalmen und israelitisches Recht: Angelicum 20 (1943) 92–173. – GDahl, The Messianic Expectation in the Psalter: JBL 57 (1938) 1–12. – AGuillaume, Prophecy and Divination among the Hebrews and other Semites (1938). – PVulliaud, Les Psaumes Messianiques. Traduction annotée d'après l'Hébreu (1938). – JdeGroot, In de Binnenkamer van het Oude Testament, uitleg van tien Psalmen (1939). – HEdelkort, Stil tot God – De psalmen voor heden (1941). – NHRidderbos, De ›werkers der ongerechtigheid‹ in de individueele psalmen: Diss. Amsterdam (1939). – Ders., De betuigingen van ›onschuld, rechtvaardigheid‹ in de psalmen: Gereform. Theol. Tijdschr. 50 (1950) 86–104. – AKuschke, Arm und reich im Alten Testament mit besonderer Berücksichtigung der nachexilischen Zeit: ZAW 57 (1939) 31–57. – RGyllenberg, Die Bedeutung des Wortes *Sela:* ZAW 58 (1940/41) 153–156. – GvRad, Erwägungen zu den Königspsalmen: ZAW 58 (1940/41) 216–222. – Ders., ›Gerechtigkeit‹ und ›Leben‹ in der Kultsprache der Psalmen: Bertholet-Festschrift (1950) 418–437 = GesStud: ThB 8 (⁴1971) 225–247. – MGierlich, Der Lichtgedanke in den Psalmen: Freiburger Theol. Studien 56 (1940). – VSchönbächler, Die Stellung der Psalmen zum alttestamentlichen Opferkult (1941). – AAlt, Gedanken über das Königtum Jahwes: KlSchr I (1953) 345–357. – AGuillaume, Magical Terms in the Old Testament: JRAS (1942) 111f.; (1943) 251ff.; (1946) 79ff. – PAHde Boer, Jahu's Ordination of Heaven and Earth: OTS II (1943). – CAKeller, Das Wort *OTH* als ›Offenbarungszeichen Gottes‹ (Diss. Basel 1946). – ABentzen, Der Tod des Beters in den Psalmen: Eißfeldt-Festschrift (1947) 57–60. – BNWambacq, L'épithète divine Jahwé Sebaoth (1947). – ABentzen, Messias – Moses redivivus – Menschensohn:

ATANT 17 (1948). – Ders., King and Messiah (1955). – JHScammon, God in History according to the Psalms: Diss. Harvard (1948). – ARJohnson, The Vitality of the Individual in the Thought of Ancient Israel (1949). – ChrBarth, Die Errettung vom Tode in den individuellen Klage- und Dankliedern des Alten Testaments (1947). – JPaterson, The Praises of Israel. Studies Literary and Religious in the Psalms (1950). – JZiegler, Die Hilfe Gottes ›am Morgen‹: Atl. Stud. f. FNötscher (1950) 281–288. – FPuukko, Der Feind in den alttestamentlichen Psalmen: OTS 8 (1950) 47–65. – RWeber, La traduction primitive de *baptizein* dans les psautiers latins: Vigiliae Christianae (1950) 20ff. – JvdPloeg, Les pauvres d'Israel et leur piété: OTS VII (1950) 236–270. – JSteinmann, Les Psaumes (1951). – SAalen, Die Begriffe ›Licht‹ und ›Finsternis‹ im Alten Testament, im Spätjudentum und im Rabbinismus: SNVAO II Hist.-Filos. Kl (1951). – MBuber, Recht und Unrecht. Deutung einiger Psalmen: Sammlung Klosterberg (1952). – AHvdWeijden, Die ›Gerechtigkeit‹ in den Psalmen (1952). – KKoch, *Sdq* im Alten Testament: Diss. Heidelberg (1953). – Ders., Gibt es ein Vergeltungsdogma im Alten Testament?: ZThK (1955) 1–42. – HJStoebe, Die Bedeutung des Wortes *ḥäsäd* im Alten Testament: VT 2 (1952) 244–254. – AGelin, Les pauvres de Yahwé (1953). – HRinggren, König und Messias: ZAW 65 (1953) 120–147. – Ders., Quelques traits essentiels de la piété des Psaumes: Mél.ARobert (1957) 205–213. – Ders., Psalterens fromhet (1957). – HABrongers, De *chasidim* in het boek der psalmen: NTT 8 (1954) 279–297. – JdeFraine, L'aspect religieux de la royauté israélite (1954). – HJFranken, The mystical Communion with Jhwh in the Book of Psalms (1954). – JBauer, Theologie der Psalmen: Bibel und Liturgie 23 (1955/56) 175–178. – ARJohnson, Sacral Kingship in Ancient Israel (1955). – HEHill, Messianic Expectation in the Targum to the Psalms: Diss. Yale (1955). – GWidengren, Sakrales Königtum im Alten Testament und im Judentum (1955). – GSGunn, God in the Psalms (1956). – PJNSmal, Die Universalisme in die Psalms: Diss. Amsterdam (1956). – JLMcKenzie, Royal Messianisme: CBQ 19 (1957) 25–52. – JGray, The Hebrew Conception of the Kingship of God: VT 6 (1956) 268–285. – RMartin-Achard, De la mort à la résurrection d'après l'Ancien Testament (1956). – Ders., Israel et les nations: Cahiers Théologiques 42 (1959). – GSauer, Die strafende Vergeltung in den Psalmen. Eine frömmigkeitsgeschichtliche Untersuchung: Diss. Basel (1957). – FHasselhoff, Urmensch und König: Diss. Hamburg (1957). – JCoppens, De Messiaanse Verwachting in het Psalmboek: Mededelingen v. d. Kon. Vlaamsche Acad. v. W. (1955). – Ders., Les psaumes des *Hasîdîm:* Mél. ARobert (1957) 214–224. – PDrijvers, Les Psaumes. Genres littéraires et thèmes doctrinaux (1958). – MPierik, The Psalter in the Temple and the Church (1957). – SGrill, Um die Theologie der Psalmen, ihre Messianität und ihre »Christianisierung«: Der Seelsorger 27 (1956/57) 367–373. – RBYScott, The Psalms as Christian Praise (1958). – PAHde Boer, De zoon van God in het Oude Testament (1958). – SBFrost, Asseveration by Thanksgiving: VT 8 (1958) 380–390. – RDeVaux, Les institutions de l'Ancien Testament I (1958) = Das Alte Testament und seine Lebensordnungen I (1960; ²1964). – MBerchat, La vie de foi du Psalmiste: Cah.Univ.Cath. (1958) 212–224. – SBFrost, The Christian Interpretation of the Psalms: The Canad. Journ. of Theol. 5 (1959) 25–34. – ALuger, Der Messianismus der Psalmen: Diss. Wien (1959). – MDidier, Une lecture des Psaumes du règne de Yahwé: Rev. Dic. de Namur 12 (1959) 457–470. – NEWagner, רנה in the Psalter: VT 10 (1960) 435–441. – JGray, The Kingship of God in the Prophets and Psalms: VT XI, 1 (1961) 1–29. – WIWolverton, The Psalmist's Belief in God's Presence: Canadian Journal of Theology 9 (1963) 82–94. – BGemser, Gesinnungsethik im Psalter: OTS XIII (1963) 1–20. – HRinggren, Faith of the Psalmist (1963). – REMurphy, A Consideration of the Classification ›Wisdom Psalms‹: VTSuppl IX (1963) 156–167. – SduToit, Studies on the Psalms (1963). – HABrongers, Die Rache- und Fluchpsalmen im Alten Testament: OTS 13 (1963) 21–42. – JDWWatts, Yahweh Málak Psalms: ThZ 21 (1965) 341–348. – SLTerrien, Creation, Cultus, and Faith in the Psalter: Horizons of Theological Education (1966) 116–128. – HReinelt, Die altorientalische und biblische Weisheit und ihr Einfluß auf den Psalter: Diss. Freiburg (1966). – GWanke, Die Zionstheologie der Korachiten: ZAWBeih 97 (1966). – JKühlewein, Das Reden von Geschichte in den Psalmen: Diss. Heidelberg (1966). – RAFMacKenzie, The Psalms – A Selection: OT Reading Guide 23 (1967). – WWilkinson, Israel's Praise. A Study of the Psalms: Approaching the Bible (1967). – LDelekat, Asylie und Schutzorakel am Zionheiligtum (1967). – NJMcEleney, The Melody of Israel. Introduction to the Psalms: Pamphlet Bible Series 42 (1968). – SAmirtham, To be Near to and Far away from Yahweh: Bangalore Theological Forum 2 (1968) 31–55. – RGuardini, The Wisdom of the Psalms (1968). – WJMartin, Shepherd Psalm. Patterns of Freedom: Christianity Today 12 (1968) 14f. – EBeaucamp, La théologie des Psaumes – un dialogue avec le Dieu vivant: Études Franciscaines 18 (1968) 103–136. – LMonloubou, L'âme des psalmistes ou la spiritualité du psautier: Coll. ›Paroles de vie‹ (1968). – ARose, Publications sur Psautier: La Maison-Dieu 93 (1968) 152–156. – HHSchmid, Gerechtigkeit als Weltordnung: BHT 40 (1968). – HWHuppenbauer, God and Nature in the Psalm: Ghana Bulletin of Theology 3 (1969) 19–32. – RMartin-Achard, Approche des Psaumes: Cahiers Théologiques 60 (1969). – PVonck, L'expression de confiance dans le Psautier: Publications de L'université Lovanium de Kishasa (1969) 1–51. – WSchottroff, Der altisraelitische Fluchspruch: WMANT 30 (1969). – AAAnderson, Psalm Study between 1955–1969: Baptist Quarterly 23 (1969) 155–163. – HRinggren, Psalmen (1970). – GWehmeier, Der Segen im Alten Testament (1970). – HJKraus, Die Biblische Theologie. Ihre Geschichte und Problematik (1970). – DVetter, Jahwes Mit-Sein. Ein Ausdruck des Segens (1971). – CBarth, Die Antwort Israels: Probleme biblischer Theologie. GvRad zum 70. Geburtstag (1971) 44–56. – KHeinen. Das Gebet im Alten Testament (1971). – HJKraus, Biblisch-theologische Aufsätze (1972). – OHSteck, Friedensvorstellungen im alten Jerusalem (1972). – LPerlitt, Anklage und Freispruch Gottes: ZThK 69 (1972) 290–303. – NAiroldi, L'antico mondo poetico dei Salmisti: Bibbia e Oriente 14 (1972) 97–105. – IRMParson, Suffering in the Psalms: Australian Biblical Review 20 (1972) 49–53. – DEichhorn, Gott als Fels, Burg und Zuflucht (1972). – JKühlewein, Geschichte in Psalmen (1973). – HHSchmid, Schöpfung, Gerechtigkeit und Heil: ZThK 70 (1973) 1–19. – LRuppert, Der leidende Gerechte und seine Feinde. Eine Wortuntersuchung (1973). – HGoeke, Die Anthropologie der individuellen Klagelieder: Bibel und Leben 14 (1973) 13–29. 112–137. – RAlbertz, Weltschöpfung und Menschenschöpfung (1974). – WHSchmidt, Alttestamentlicher Glaube und seine Umwelt ([2]1975). – FCrüsemann, Jahwes Gerechtigkeit im Alten Testament: EvTh 36 (1976) 427–449. – WDietrich, Rache. Erwägungen zu einem alttestamentlichen Thema: EvTh 36 (1976) 450–472.

Weitere Literaturangaben sind in den § 1–8 der Einleitung und in den Literaturverweisen zu den einzelnen Psalmen des Kommentars zu finden. Nachträge zur Literatur einzelner Psalmen finden sich im Register. Außerdem sei verwiesen auf folgende Übersichten: MHaller, Ein Jahrzehnt Psalmenforschung: ThR NF 1 (1929) 377–402. – JAMontgomery, Recent Developments in the Study of the Psalms: ATR 16 (1934) 185–198. – JJStamm, Ein Vierteljahrhundert Psalmenforschung: ThR NF 23 (1955) 1–68. – JHempel, Neue Literatur zum Studium des Psalters: ZAW 56 (1938) 171ff. – SMowinckel, Psalm Criticism between 1900 and 1935: VT 5 (1955) 13–33. – JBecker, Wege der Psalmenexegese: SBS 78 (1975). – PAHNeumann (ed.), Zur neueren Psalmenforschung: WdF 192 (1976). – EGerstenberger, The Lyrical Literature: The Hebrew Bible and its Modern Interpreters, ed. by DKnight and GMTucker (1985).

Psalm 1
Der wahrhaft glückliche Mensch

HSchmidt, Grüße und Glückwünsche im Psalter: ThStKr 103 (1931) 141–150. – NHSnaith, Five Psalms (1; 27; 51; 107; 34). A New Translation with Commentary and Questionary (1938). – ERArbez, A Study of Psalm 1: Cat BiblQ 7 (1945) 398–404. – PAuvray, Le psaume I. Notes de grammaire et d'exégèse: RevBibl 53 (1946) 365–371. – HWWolff, Psalm 1: EvTh 1949/50 Heft 9, 385–394. – HJKraus, Freude an Gottes Gesetz. Ein Beitrag zur Auslegung der Psalmen 1; 19B und 119: EvTh 1950/51 Heft 8, 337–351. – MBuber, Recht und Unrecht, Deutung einiger Psalmen (Sammlung Klosterberg, Europ. Reihe) 1952. – IEngnell, »Planted by the Streams of Water«, Some remarks on the problem of the interpretation of the Psalms as illustrated by a detail in Ps. 1: Studia Orientalia Ioanni Pedersen… dicata (1953) 85–96. – GBotterweck, Ein Lied vom glücklichen Menschen (Ps 1): Theol Quart 138 (1958). – MWeis, Via Thorae (hebr.): מעיבות 6 (1958). – LRoussel, Le psaume 1. Texte, Traduction, Commentaire (1959). – FCFensham, Malediction and Benediction in Ancient Near Eastern Vassel Treaties and the Old Testament: ZAW 74 (1962) 1–9. – WJanzen, *'Ašrē* in the Old Testament: HThR 58 (1965) 215–226. – JDupont, ›Beatitudes‹ égyptiennes: Bibl 47 (1966) 185–222. – SBullough, The Question of Metre in Psalm 1: VT 17 (1967) 42–49. – RBergmeier, Zum Ausdruck עצת רשעים in Ps 1,1 ...: ZAW 79 (1967) 229–232. – ELipiński, Macarismes et Psaumes de Congratulation: RB 75 (1968) 321–367. – JASoggin, Zum ersten Psalm: ThZ 23 (1967) 81–96. – CSchedl, Psalm 1 und die altjüdische Weisheitsmystik: Deutscher Orientalistentag 1 (1968) 318–333. – HJKraus, Zum Gesetzesverständnis der nachprophetischen Zeit: KAIROS 11 (1969) 122–133. – WKäser, Beobachtungen zum alttestamentlichen Makarismus: ZAW 82 (1970) 225–250. – GWAnderson, A note on Psalm 1,1: VT 24 (1974) 231–234. – RLack, Le Psaume 1 – Une analyse structurale, Bibl 57 (1976) 154–167. Literatur

1 Glücklich der Mann, der nicht im Rat der Frevler[a] wandelt, Text
nicht auf dem Weg der Sünder steht,
auch nicht im Kreis der Spötter sitzt; –
2 hingegen Lust an Jahwes Weisung[b] hat
und seine Tora lesend vor sich hinspricht Tag und Nacht.
3 Der gleicht dem Baum,
gepflanzt an Wasserläufe[c],
der stetig seine Frucht erbringt
und dessen Blätter nicht verwelken.
[Was er auch tut, vollführt er glücklich][d].
4 So sind die Frevler nicht, 'nein'[e],
vielmehr wie Spreu, die Wind verweht[f].
5 Drum können Frevler nicht in dem Gericht bestehen,
die Sünder nicht in der Gemeinde[g] der Gerechten.
6 Denn Jahwe weiß um der Gerechten Weg[h],
doch ins Verderben führt der Frevler Wandel.

a *S* trsp. בעצת et בדרך. Diese Lesart gibt zu erkennen, daß dem hebräischen 1
Sprachempfinden die Redeweise הלך בדרך geläufiger war als הלך בעצת. Gleich-

wohl wird man mit *M* lesen und die dort überlieferte Wendung in dem Sinne verstehen müssen: »einem Rate folgen« (2Ch 22,5; Mi 6,16; Ps 81,13; Jer 7,24). – Zu den Tempora in Ps 1 vgl. DMichel, Tempora und Satzstellung in den Psalmen (1960) 108ff. Schon GBergsträsser hatte erkannt: »In der Dichtung, vor allem der späteren, hat eine weitere Ausdehnung der präsentischen und futurischen Gebrauchsweisen des Perf. zu einer völligen Verwischung der Bedeutungsunterschiede der Tempora und einem regellosen Promiscuegebrauch sämtlicher Tempusbezeichnungen ... im Sinne der Gegenwart und Zukunft geführt. Beispiele für wechselndes Tempus zum Ausdruck von Gegenwart und Zukunft ohne ersichtlichen Grund: ... Ps 1,1ff. ...« (Hebräische Grammatik 2.1, 1926, 29). DMichel folgert: »Diese Schwierigkeiten lösen sich nun, sobald man die Tempora nicht mehr als Ausdruck von Zeitstufen deutet« (108). Vermutung über den Charakter der Tempora: »... die durch das perfectum bezeichneten Handlungen haben im Hinblick auf die handelnde Person akzidentiellen Charakter«; »... die durch das imperfectum bezeichneten Handlungen haben im Hinblick auf das
2 handelnde Subjekt substantiellen Charakter« (110). Vgl. auch 110ff. – **b** Gegen
den Ratschlag der Stilisten und Ästheten, die es als ungewöhnlich ansehen, daß
in zwei parallelen Versgliedern das gleiche Wort **תורה** steht, und die ein (in kei-
ner Textversion begründetes) **חקות** oder **יראת** (De Lagarde) einführen wollen, ist
M zu folgen. »So scheint hier doch auf dem Wort **תורת** ein Ton zu liegen, der
stärker als die Regeln der Dichtkunst ist. Wir müssen respektieren, daß er dem
3 Dichter gewichtiger war als seine Stilgesetze« (HWWolff 389). – **c** In Jer 17,8
fehlt der cstr. **פלגי**. Es zeigt sich jedoch, daß in nachexilischer Zeit, insbesondere
in der Weisheitsdichtung, **מים פלגי** eine übliche Phrase war: Ps 119,136; Prv 5,16;
21,1 (Thr 3,48; Jes 32,2). – **d** Die Worte dieser Zeile geben eine Erklärung des zu-
vor ausgeführten Bildes. Subjekt ist nicht der Baum, sondern der **צדיק**. Es han-
delt sich in dem auch metrisch nicht einfügbaren Versteil um eine Ergänzung aus
4 Jos 1,8. – **e** *G* fügt an dieser Stelle in nachdrücklicher Beteuerung ein οὐχ οὕτως
ein, das zu der Einsetzung von **לא כן** in *M* Anlaß geben kann, zumal erst dieser
Zusatz dem spärlichen Versteil seine Gestalt gibt. – **f** Der Zusatz in *G* ἀπὸ
5 προσώπου τῆς γῆς ist als ausmalende Hinzufügung zu verstehen, – **g** *G* hat of-
fensichtlich **בעצת** statt **בעדת** gelesen und übersetzt ἐν βουλῇ, doch ist *M* fraglos
6 vorzuziehen. – **h** Die oft durchgeführte textkritische Streichung des doppelten
דֶּרֶךְ verkennt die Ausdrucks- und Stileigentümlichkeit der Weisheitslehre, die
hier über die »beiden Wege« nachsinnt.

Form Der 1. Psalm war einst der Sammlung des Psalters als Einleitung, als Proömium, vorangestellt worden. Dieser Sachverhalt wird durch eine beachtenswerte Lesart zu Act 13,33 bestätigt. Bei der Zitierung des 2. Psalms heißt es dort: ἐν τῷ πρώτῳ ψαλμῷ. Vorausgesetzt wird also, daß der heutige Ps 1 als Vorspruch gar nicht gezählt worden ist. Für das Verständnis des 1. Psalms im Rahmen des Psalters wird diese Beobachtung von nicht geringer Bedeutung sein. – Unbegründet ist die Auffassung von WHBrownlee, Ps 1 und 2 seien zusammenhängend als »Coronation Liturgy« aufzunehmen und zu erklären. Brownlee bezieht sich auf Dt 17,14–20, auf das deuteronomische Königsgesetz, in welchem dem König das Lesen und Halten der Tora geboten wird (Dt 17,19f.). Doch findet sich in Ps 1 kein Anhaltspunkt, daß von einem König die Rede sein könnte. Zur Hypothese: WHBrownlee, Psalm 1–2 as a Coronation Liturgy:

Biblica 52 (1971) 321–336. Vgl. auch JASoggin (90ff.) im Gespräch mit IEngnell.

In seinem Aufbau ist Ps 1 gut durchschaubar. 1–3 handeln von dem Gerechten, 4–5 von dem Gottlosen, und 6 spricht zusammenfassend von dem Schicksal der beiden Wege. In seiner Textgestalt jedoch bietet Ps 1 ein schwer aufklärbares Bild. Das zeigt sich bei einer metrischen Gliederung. Schon 1 enthält erhebliche Schwierigkeiten. Das Metrum 3+3 wäre völlig sinnwidrig. Am besten kommt man mit der Akzentuierung 2+2+2 zurecht (Sievers, Gunkel). Es würde sich dann freilich ein klares 3+3 Metrum in 1 anschließen. Ungleich bleiben dann in den weiteren Versen die Metren: 2: 4+4; 3: 3+2(?) und 3+2(?); die letzte Zeile von 3 fällt als Hinzufügung aus dem Rahmen metrischer Erfassungsmöglichkeit; 4: 3+4; 5: 4+3; 6: 4+3. Zweifellos erbringt diese Feststellung der Metren ein unbefriedigendes Ergebnis; doch jede Korrektur des Textes unter metrischen Gesichtspunkten wäre sinnlos und unvertretbar. Naheliegen könnte die Vermutung, daß der Psalm überhaupt kein erkennbares Metrum aufweist, sondern in einer Art hymnisch-gehobener Prosa gehalten ist (SBullough, The Question of Metre in Psalm 1: VT 17, 1967, 42–49).

Der Psalm ist der themenorientierten Formgruppe der Lehrdichtungen zuzuweisen (s.o.S. 63ff. Einl § 6,5). Er ist zudem durch folgende Elemente gekennzeichnet: 1) Durch die einen »Gratulationstext« charakterisierende Einleitungsformel אשרי האיש. Diese beglückwünschende Formel ist an die Stelle der alten Segensformel ברוך getreten (Jer 17,7). – 2) Durch Begriffe und Vorstellungen der Weisheitslehre, die in den einzelnen Versen unschwer zu erkennen sind: Gunkel-Begrich, EinlPs 381–397. – 3) Durch die typische Terminologie und Anschauungswelt der Tora-Psalmen, die die Willensoffenbarung Jahwes als die Quelle aller Erkenntnis und als unentbehrliche Wegweisung feiern (vgl. vor allem: Ps 19B und 119, aber auch : Ps 34; 37; 49; 73; 111; 112; 127; 128; 139). Zur Gruppe der Tora-Psalmen: GvRad, Weisheit in Israel (1970) 71. Es wird jedoch zu bedenken sein, daß die Tora in später Zeit mehr und mehr mit der חכמה in Verbindung gebracht worden ist: Jahwes Weisung wird als Quelle der Weisheit verstanden (z.B. Ps 119,98).

Ist die Lehrdichtung Ps 1 thematisch wesentlich durch die begrifflichen Elemente der חכמה und vor allem der תורה bestimmt, so wird der Verfasser in Kreisen der Weisheits- und Toralehrer zu suchen sein. Die zeitliche Situation ist kaum zu bestimmen. Schon die Erklärung, Ps 1 sei jünger als Jer 17 (RKittel), könnte angefochten werden (MBuber). Allerdings wird man doch wohl im Blick auf die Gesamtausführung des Psalms an nachexilische Zeit denken dürfen. HWWolff erwägt Beziehungen auf die Verhältnisse des Ptolemäerreiches im 3. Jh. v. Chr. HGunkel erinnert Ort an die Zurückweisung der Samaritaner und die Trennung der Mischehen (zum Verständnis des ersten Verses). BDuhm schließlich datiert den Psalm in das letzte Jh. v. Chr. und hält die Möglichkeit offen, daß der Vorspruch des Psalters aus einer älteren Tora-Rolle entnommen sein könnte. In jedem Fall ist höchst bemerkenswert die in Ps 1 in Erscheinung tretende Verselbständigung des Individuums. Im Gottesvolk hat sich eine Spaltung und Trennung von unvorstellbaren Ausmaßen und Auswirkungen ereignet. Gruppen und Richtungen traten sich gegenüber. Der einzelne, vereinzelte צדיק steht der Mehrzahl der Gottlosen gegenüber. Die »Gemeinde der Gerechten« (Ps 1,5) ist nicht mehr das ganze Israel, sondern ein durch Entscheidungen und Scheidungen heraustretender Kreis, der sich dem Gros der Gottlosen gegenübergestellt sieht. In diese Zusammenhänge gehört Ps 1. Der Psalm preist in der Form der Lehrdichtung als wahrhaft glücklichen Menschen den צדיק, der in Jahwes Tora verwurzelt ist. Ein kultischer »Sitz im Leben« ist nicht erkennbar – auch wenn, wie sich im einzelnen zeigen läßt, einige Vorstellungen und Begriffe des Ps 1 aus dem gottesdienstlichen Bereich entstammen.

Wort 1 Die Gratulationsformel אשרי tritt in den Psalmen mehrfach auf: Ps 2,12; 32,1f.; 33,12; 34,9; 40,5; 41,2; 65,5 u. ö.; sie tritt insbesondere in der Weisheitsdichtung auf: Prv 3,13; 8,34; 20,7; 28,14; Hi 5,17; Sir 14,1f. u. ö. Als gegensätzliche Formel ist wahrscheinlich הוי zu benennen: HWWolff, Amos' geistige Heimat WMANT 18 (1964) 16ff. Zur Gratulationsformel: FCFensham, Malediction and Benediction in Ancient Near Eastern Vassel Treaties and the Old Testament: ZAW 74 (1962) 1–9. – WJanzen, *'Ašrê* in the Old Testament: Harvard Theol. Review 58 (1965) 215–226. – ELipiński, Macarismes et Psaumes de congratulation: RevBibl 75 (1968) 321–367. – KKoch, Was ist Formgeschichte? Methoden der Bibelexegesse ([3]1974) 8.322ff. – THAT Bd. I, 257ff. (dort weitere Literatur).

אשרי ist eine plur.-cstr.-Form, die der »Gratulationsformel« syntaktisch einen nominalen Charakter gibt (BrSynt § 7a). Die »Gratulation« ist jedoch nicht so sehr an eine Einzelperson herangetragener Wunsch oder Verheißung als vielmehr »ein freudiger Ausruf und eine begeisterte Feststellung«: »Wie glücklich ist doch der Mann!« (MBuber, Recht und Unrecht 65/66). Das »weltoffene« אשרי ist vom sakral-feierlichen בָּרוּךְ (Jer 17,7) zu unterscheiden. In den englischen Kommentaren wird darum mit Recht »happy« (ACohen, EGBriggs) dem »blessed« (GScroggie) vorgezogen. Ausruf und Feststellung zu Beginn von 1 sind in der Weisheitsdichtung bemerkenswerterweise an die Stelle des alten Mahnwortes getreten (WZimmerli, ZAW 51, 1933, 185f.). Früher rief das mahnende Wort der Weisheitslehrer erst zum Gehorsam auf, jetzt wird das Ereignis des wahrhaft glücklichen Lebens im Machtbereich der Tora Gegenstand der preisenden, gratulierenden Feststellung. Welches aber sind die *notae* des wahrhaft glücklichen Menschen? Das ist nun die Frage, auf die in 1–3 geantwortet wird, zuerst in negativen (1), hernach in positiven Beschreibungen. Der wahrhaft glückliche Mensch trennt sich vom gottfeindlichen Wesen. Er nimmt keinen Rat von den רשעים entgegen, betritt nicht den Weg der Sünder und sitzt nicht in der Runde der Spötter. Bemerkenswert ist die Klimax: הלך – עמד – ישב. Die strenge Scheidung von den Heiden ist ein Gebot der ältesten Zeit Israels (Nu 23,9). Zu einer innerisraelitischen Mahnung aber ist die Trennungsforderung besonders im Kreise der Weisheitslehrer erhoben worden: Prv 1,10–19; 4,14–19. Der Weise meidet jeden Umgang mit Spöttern, Frevlern und Toren. In der Tora-Relation unseres Ps ist es der צדיק, dessen Kennzeichen die Trennung von den gottfeindlich gesonnenen Menschen ist (Ps 26,4). – Es ist nun genauer festzustellen, von wem der wahrhaft glücklich zu preisende Mensch, der צדיק, sich scheiden soll. Der רשע ist ursprünglich der in der Rechtsgemeinde gegenüber einer Anklage als schuldig Erwiesene (LKöhler, TheolAT[3] 161). Daneben aber – und das ist für das Verständnis des Ps 1 von grundlegender Wichtigkeit – ist der רשע der vor der Tora Gottes als schuldig Befundene, der durch Priesterspruch vom Heiligtum ausgeschlossen ist (Ps 15; Ps 5,5 im Vergleich mit 5,8). Die רשעים verachten die Tora Jahwes, sie haben ihre eigenen Lebensprinzipien und Maximen (עצה). Die חטאים werden an einem ausdrücklichen Verstoß gegen ein gegebenes Gebot oder Verbot erkannt (LKöhler, TheolAT[3] 158). Darum ist von ihrem »Weg« die Rede, ihre Verfehlung ist im Vollzug erkennbar. Der לץ schließlich bevorzugt die »Runde«, die Zusammenkunft, in der er zu kräftigen, gegen Gott gerichteten Spottreden animiert wird. Seine Rede- und Denkweise ist im Alten Testament aus Jes 28,15; Ps 73,8–11 und Mal 3,14 zu erschließen. In der Weisheitsdichtung ist der »Spötter« eine immer wieder auftretende Gestalt. – Von allen diesen gottfeindlichen Menschen setzt sich der צדיק ab. Diese Trennung ist die Voraussetzung des wahren Glücks. Sie ist nicht »Pharisäismus« im engen Sinne, sondern eine Lebensvoraussetzung des Glaubens, die auch im Neuen Testament mit Nachdruck gefordert wird (2 K 5,11; 6,14–18; 2 Th 3,6).

In 2 geht nun die Beschreibung der *notae* des צדיק, also des wahrhaft 2
glücklichen Menschen, zum Positivum über. »Positiv charakterisiert ihn 1. ein Affekt: er reagiert auf die Willensoffenbarung Gottes mit Freude, und 2. er steht in einem ununterbrochenen Lebensverkehr mit dieser Willensoffenbarung« (GvRad, »Gerechtigkeit« und »Leben« in der Kultsprache der Psalmen: Bertholet-Festschrift, 1950, 421). Das Verständnis des Verses und des ganzen Ps hängt nun an der Erklärung des Begriffs תורה. Zurückzuweisen ist die herkömmliche Übersetzung »Gesetz«, die dann sogleich alle möglichen nomistischen Vorurteile und Reflexionen einführt. תורה ist die »Weisung« im Sinne der »gnädigen Willensoffenbarung Gottes« (vgl. GvRad, TheolAT[6] I 203ff.). In Ps 1 ist diese gnädige

Willensoffenbarung Gottes als eine schriftlich fixierte Größe vorausgesetzt. Zur Erklärung dieses תורה-Verständnisses ist in erster Linie die spätdeuteronomische bzw. deuteronomistische Vorstellung heranzuziehen: Die תורה ist die abgeschlossene, niedergeschriebene Willenskundgebung Gottes, die verlesen (Dt 31,9–11) und gelesen (Jos 1,7) werden kann. In diese Willensäußerung, die primär Gottesrecht enthält, sind auch die Geschichtsverkündigungen einbezogen (Dt 1,5; Ps 78,1; Neh 8,13ff.). Das Zentrum freilich der תורה ist und bleibt das durch Mose übermittelte Gottesrecht (Mal 3,22). Auf jeden Fall aber ist die תורה in diesem Verständnis die autoritativ gültige »Heilige Schrift«. Der Umfang der in Ps 1,2 vorauszusetzenden »Heiligen Schrift« ist nicht zu bestimmen. Handelt es sich um Dt, um den Pentateuch oder gar um den (teilweise) abgeschlossenen Kanon? Diese Frage hängt mit der Unsicherheit in der zeitlichen Ansetzung des Ps 1 zusammen. In seiner Eigenschaft als Proömium zum Psalter allerdings schließt der Begriff תורה auf jeden Fall, und zwar sogar in erster Linie, die Schriftrolle der Psalmen in sich.

Der in Ps 1 vorauszusetzende תורה-Begriff hat seinen Ursprung in der deuteronomischen Theologie. Dort wird nicht nur von Geboten, Anordnungen und Satzungen gesprochen, sondern es wird auch die Vielzahl der disparaten göttlichen Gebote als »Tora Jahwes«, und also als eine in sich geschlossene Einheit, bezeichnet. Damit ist der Durchstoß zu einer neuen Erkenntnis gelungen. »Alle Einzelweisungen werden nun als Teile einer im Grunde unteilbaren Willensoffenbarung angesehen. Damit war aber zugleich die Vorstellung von Jahwes Offenbarung endgültig dem Raum des Kultus entwachsen. Den Geboten und Gebotsreihen ebenso wie den priesterlichen Torot ist das ältere Israel im Kultus begegnet. ›Die‹ Tora aber war ein Gegenstand der theologischen Lehre, und ihr ›Sitz im Leben‹ wird jetzt mehr und mehr das menschliche Herz« (GvRad, Theol AT^6 I,213). Die Tora Jahwes soll dem Menschen allzeit gegenwärtig sein (Dt 6,6f.; Jos 1,8). Er soll ständig über sie nachsinnen; sie ist Inbegriff der Freude und des Glücks. Zweifellos ist, von der deuteronomisch-deuteronomistischen Theologie heraufgeführt, eine einschneidende Wende geschehen. Sie korrespondiert mit dem, was unter dem Randstichwort »Ort« zur Spaltung des Gottesvolkes ausgeführt wurde. Die Tora hörte auf, als Heilsordnung einer bestimmten, ihr »geschichtlich vorgegebenen Gruppe, eben der Kultgemeinde Israel, verstanden zu werden« (GvRad 214). Ist damit eine »Vergesetzlichung« verbunden? Wurde »das Gesetz« zu einer »absoluten und voraussetzungslosen Größe« (MNoth)? Zunächst wird daran festzuhalten sein, daß die Übersetzung des Wortes תורה mit »Gesetz« unangemessen und sinnentstellend ist. Die תורה ist und bleibt – unter welchen Voraussetzungen und in welchen Zusammenhängen sie auch stehen mag – Jahwes gnädige »Weisung« (MBuber). Wie auch immer ihr Umfang beschaffen gewesen mag: als Jahwes gnädige Weisung ist die Tora für den צדיק die Quelle der Offenbarung. Meditierend und lesend bittet er darum, mit offenen Augen die Wunder aus der Tora zu sehen (Ps 119,18). Der Verheißung, daß Jahwe aus der Tora spricht, begegnet eine große, ungestüme Erwartung.

Tendiert aber in dieser Weise der Begriff תורה auf die Heilige Schrift als den Mittler und Zeugen der Gottesoffenbarung, so ist jede Verengung auf den Begriff »Gesetz« und jedes Urteil über den »jüdischen Nomismus« zurückzuweisen. In der תורה vernimmt der צדיק die lebendige Anrede Gottes (Ps 119), sie ist erquickende (Ps 19,8) und erfreuende (Ps 19,9) Macht, sie strahlt Licht und Helligkeit aus (Ps 119,105.130). Diese Ereignisse in der Begegnung mit der תורה sind es denn auch, die zur Freude und »Lust« (חֵפֶץ) an der Willensoffenbarung Gottes Anlaß geben. In Ps 119 wird die Beziehung des צדיק zur תורה mit den Begriffen שעשועים (»Ergötzen«, »Vergnügen«: Ps 119,24.77.92.143.174) und אהב beschrieben: Ps 119,97.165. Dieses *delectari* an der Willensoffenbarung Gottes ist der bestimmende und tragende Affekt des wahrhaft glücklichen Lebens (Ps 112,1).[1] Die Kontinuität der inneren Lebensbeziehung zur תורה ist dann im zweiten Halbvers ausgesagt. הגה bezeichnet das leise murmelnde Sich-selbst-Vorlesen der Heiligen Schrift (הגה kann auch bedeuten: das Knurren des Löwen über seiner Beute Jes 31,4 oder das Girren der Taube Jes 38,14). *V* übersetzt: *meditari*. Der צדיק liest nachdenklich »Tag und Nacht« in der תורה. Die Phrase יומם ולילה heißt soviel wie »immerzu«, »beständig« (vgl. Ps 119,97.98: לעולם).[2]

Nachdem – in negativer und positiver Hinsicht – die Kennzeichen eines wahrhaft glücklichen Menschen, die *notae* des צדיק, beschrieben worden sind, wird nunmehr im Bild das Glück eines solchen Menschen anschaulich dargestellt: er gleicht dem an das Wasser gepflanzten Baum. Der Vergleich eines Mannes mit dem Baum ist im Alten Testament nicht selten (vgl. z.B. Jer 11,19; Ez 17,5ff.). Vor allem ist Ps 92,13–15 als Parallele heranzuziehen. Sorgsam zu bedenken aber bleibt die Traditionsgeschichte des in Ps 1,3 nun hervortretenden Bildes. 3

In der חכמה-Tradition finden wir die älteste Bezeugung des Bildes außerhalb des Alten Testaments, in den Sprüchen des Amen(em)ope. Dort heißt es: »Der wahrhaft Schweigende aber, wenn er sich auf die Seite stellt (?), der ist wie ein Baum, der (in?) einem Garten (?) wächst. Er grünt und verdoppelt seine Ernte. Er steht vor dem Antlitz seines Herrn, seine Früchte sind süß, sein Schatten ist lieblich, und er findet sein Ende in der Pflanzung« (d.h. »er wird alt im Garten«:

[1] »Ex his verbis discamus, minime Deo probari coactum vel servilem cultum, nec alios esse idoneos Legis discipulos, nisi qui hilari animo ad eam accedunt, et quos ita delectat eius doctrina, ut nihil potius ducant vel suavius quam in ea proficere. Ex hoc Legis amore fluit assidua eius meditatio...« Calvin, In librum Psalmorum Commentarius, zu Ps 1,2.

[2] »›Et in lege eius meditabitur die ac nocte‹. Non est sine damnatione meditatio, nisi prior sit voluntas, amor ipse per se docebit meditari. Verum haec voluntas desperatis nobis de viribus nostris per humilem in Christo fidem de coelo (ut dixi) petenda est. Hoc bene nota: Mos est et natura omnibus amantibus de suis amoribus libenter garrire, cantare, fingere, componere, ludere, item libenter eadem audire. Ideoque et huic amatori Beato viro suus amor, lex domini, semper in ore, semper in corde, semper (si potest) in aure est, ›qui enim ex deo est, verba dei audit‹. ›Cantabiles mihi erant, inquit, iustificationes tuae in loco peregrinationis meae‹. Et iterum: ›Et meditabor in iustificationibus tuis semper‹«. Luther, WA 5; 35, 24ff.

HGreßmann, AOT^2 39). Die glückliche, ideale Existenz ist in diesem ägyptischen Text die des »wahrhaft Schweigenden«. Er ist dann auch der gesegnete, erfolgreiche Mensch, der mit einem Baum verglichen werden kann. – Im Alten Testament finden wir dann das Bild neben (oder doch wohl genauer: zeitlich vor) Ps 1,3 in Jer 17,7–8 – in einem Text, den man in den Kommentaren mit Recht zumeist der Weisheitsüberlieferung zuschreibt. Bemerkenswert sind nun die Unterschiede zwischen Jer 17,7–8 und Ps 1,3. Jer 17,7 beginnt mit dem sakralgewichtigen בָּרוּךְ, während Ps 1 von dem »weltoffenen« אַשְׁרֵי her geprägt ist. Der gesegnete Mensch ist in Jer 17,7 derjenige, welcher auf Jahwe vertraut (בטח ביהוה), während der Glücklichgepriesene in Ps 1 der in der תורה verwurzelte צדיק ist. Aus diesem Unterschied hat HGunkel in seinem Kommentar völlig unzureichende frömmigkeitsgeschichtliche Konsequenzen gezogen: er stellt der lebendigen prophetischen Vertrauensreligion die starre nomistische Buchstabenreligion des Ps 1 gegenüber. In dieser Beurteilung ist 1) übersehen worden, daß das Bild vom im Saft stehenden Baum in der Weisheitstradition auf verschiedene Existenzweisen angewandt werden kann, deren Beschreibung jeweils aus dem Kontext genau erfaßt werden muß. Der צדיק von Ps 1 fügt sich aber nicht in das frömmigkeitsgeschichtliche Schema: prophetische Religionshöhe – nomistische Religionstiefe (s.o.). 2) Bleibt es zu beachten, daß die Eingangsformel des Ps 1 gerade nicht die Tendenz zu einer sakralen Erstarrung des בָּרוּךְ andeutet, sondern – im Gegenteil – eine erstaunliche Auflockerung zu erkennen gibt. »Wir sollen von vornherein auf den Tatbestand eingestellt sein, daß die, die entschlossen auf die Seite Jahwes gehören, nicht nur in geistlicher . . . Weise sich ›gesegnet‹ wissen dürfen, sondern daß sie auch von allem weltlich Wünschenswerten aus einfach ›glücklich‹ genannt werden können« (HWWolff 386).

Wer an der תורה seine »Lust« hat und in ihr lebt, dessen Lebensglück ist reich. Ein solcher Mensch gleicht dem Baum, der an »Wasserläufe« gepflanzt ist. פלג (akkad. *palgu*) bezeichnet den künstlichen Wassergraben. Das Wasser nährt also allezeit die Wurzeln des Baumes, so daß er בעתו (wörtl. »zu seiner Zeit«, d.h. regelmäßig, stetig) seine Frucht erbringt und im Blattwerk nicht welkt. Im übertragenen Sinne wird also auf die Zuverlässigkeit im »Ertrag des Lebens« hingewiesen (vgl. Ps 92,13ff.). Die Verbindung mit dem Lebenselement gewährleistet eine in jeder Hinsicht »fruchtbringende Existenz«. – An diese Veranschaulichung ist ein sehr nüchtern konstatierender, vom Bild zur Sache übergehender Einschub angeschlossen: der in Gottes תורה Verwurzelte wird alles, was er tut, glücklich vollenden.[1] Dieses hinzugefügte Versglied ist Jos 1,8 – ei-

[1] »Prosperitas quoque cave, ne carnalis a te intelligatur. In abscondito haec est et penitus in spiritu, adeo, ut nisi fide eam teneas, potius summam adversitatem iudices. Nam diabolus sicut folium et verbum dei extreme odit. Ita et eos, qui ipsum docent et audiunt, totius mundi adiutus viribus persequitur. Miraculorum ergo omnium miraculum audis, quando prosperari audis omnia, quae facit vir beatus. Quid enim mirabilius, quam quod fideles, dum occiduntur crescunt, dum minuuntur multiplicantur, dum subiiciuntur superant, dum expelluntur intrant, vincunt cum vincuntur?... Sic mirificavit dominus sanctum suum, ut hoc sit summae prosperitatis, quod summae est infelicitatis.« Luther, WA 5; 41, 27ff.

nem Text, der mit Ps 1,2 parallel geht – nachgebildet worden. In Jos 1,8
empfängt Josua den Zuspruch: כי־אז תצליח את־דרכך.

Während in 1–3 von den Kennzeichen, von Wesen und Wert des צדיק 4
als des wahrhaft glücklichen Menschen die Rede war, wird nun in 4–5
das dunkle Gegenbild vom Lebensschicksal des רשע entworfen. Nach-
drücklich wird das Leben des Frevlers von dem des Gerechten abgeho-
ben. Der Unterschied kann nicht kraß genug gezeichnet werden (Mal
3,18), zumal immer wieder die Neigung besteht, Übergänge zu schaffen
und die צדקה zu unterminieren (Mal 3,14). Der רשע gleicht der Spreu,
die beim Worfeln des Getreides vom Winde davongetragen wird, wäh-
rend die schweren Körner zu Boden fallen (vgl. Ps 35,5; Hi 21,18; Jes
17,13; Hos 13,3 – GDalman, AuS III 126–139). Dem Bilde des Fest-Ge-
gründeten und Bleibenden (3) steht das Bild vom Verwehenden und
Vergehenden (4) gegenüber. In der Weisheitslehre hat diese Schwarz-
weißtechnik zweifellos eine erzieherische Tendenz. Es soll unübersehbar
deutlich herausgestellt werden, wie sich das Leben des צדיק von dem des
רשע unterscheidet. Dabei wird nicht zu übersehen sein, daß der צדיק die
Züge einer urbildlichen Einsamkeit trägt, während die רשעים in ihrer
Vielzahl den Charakter einer *massa perditionis* haben. In 5 stehen wir vor 5
einem schwierigen exegetischen Problem, das sogleich mit der Überset-
zung des קום בְּ beginnt. Meist wird bedenkenlos übersetzt: »Darum be-
stehen (oder: werden bestehen) die Gottlosen nicht im Gericht.« Und an-
schließend wird dann die Frage erörtert: Handelt es sich in משפט um das
endzeitliche Gericht (Duhm, Kittel) oder um das »ständige gerechte
Walten Gottes« (Gunkel im Hinweis auf Qoh 12,14)? Mit dieser Frage-
stellung ist aber die wichtige genaue Übersetzung von קום בְּ bereits über-
rannt worden. Beachtung verdient hier eine Erklärung LKöhlers, der zu-
nächst übersetzt: »Die Gottlosen dürfen in der Rechtsgemeinde nicht auf-
stehen«, und der dann vermutet, »daß der Angeklagte während der Ver-
handlung über seine Schuld knieend oder liegend am Boden verharrt«
(LKöhler, Der hebr. Mensch, 1953, 149). Aber man wird die Deutung
doch noch in einer anderen Richtung suchen müssen. Als zu 1 eine Erklä-
rung des Begriffs רשע gegeben wurde (s. o.), wurde darauf hingewiesen,
daß man die Bezeichnung רשע nicht nur aus dem Bereich der Rechtsge-
meinde, sondern auch aus der Sphäre der von Jahwes תורה bestimmten
Kultgemeinde ableiten könne. Der רשע ist ein Mensch, der vor der תורה
Jahwes als schuldig erwiesen und darum vom Gottesdienst an heiliger
Stätte ausgeschlossen ist (Ps 15; 5,5–6). In einem sakralrechtlichen Akt
wird in Israel festgestellt, wer »auf Gottes heiligem Berge weilen darf« (Ps
15,1). In Ps 24,3 wird die Frage gestellt: »Wer darf hinaufziehen zum
Berge Jahwes und treten an seine heilige Stätte?« Im zweiten Halbvers
begegnen wir hier, in Ps 24,3, der Wendung קום בְּ. Damit könnte ein be-
deutungsvoller Zusammenhang aufgedeckt sein. Ps 1,5 müßte zunächst

im Hinblick auf Ps 24,3 übersetzt werden: »Darum treten Frevler nicht in das Gericht noch Sünder in die Gemeinde der Gerechten.« Und die Bedeutung wäre folgende: Die רשעים treten nicht in den sakralrechtlichen Akt (משפט), der die Voraussetzung zur Zulassung in das Heiligtum ist, ein und gelangen infolgedessen auch nicht in die עֵדָה der צַדִּיקִים, d.h. in die Gemeinde, die an heiliger Stätte Gott lobt (Ps 118,19.20; 111,1). Warum aber treten die Frevler in diese Bereiche nicht ein? Weil ihr Leben – wie die Spreu vom Winde – zuvor bereits verweht. Der Anschluß mit על־כן bekräftigt die gegebene Übersetzung und Deutung. Allerdings – und das wird nun mit Nachdruck betont werden müssen – ist wohl gar nicht daran zu denken, daß die sakralrechtlichen und kultischen Institutionen noch eine reale Bedeutung für unseren Psalm haben. Wohl sind die Vorstellungen und Formulierungen von daher geprägt, doch sind sie in einem hohen Maße spiritualisiert. Die in Ps 1 erwähnte sakralrechtliche Institution des משפט und die עדת צדיקים transzendieren die empirische Wirklichkeit des Kultisch-Sakralen und machen sie transparent für die ganze Existenz betreffende, auf die Endzeit hinweisende Größen. Hier würden also doch schließlich diejenigen Auffassungen als richtig erwiesen, die – zunächst vielleicht allzu kühn – von משפט als dem »Endgericht« und עדה als der »messianischen Gemeinde der neuen Welt« sprechen. Die von Gunkel gegebene Deutung, משפט sei das »ständige gerechte Walten Gottes«, verallgemeinert und zerfasert konkrete Vorstellungen, nach denen (namentlich bei der eigenartigen Zusammenfügung der Begriffe משפט und עדה) zu fragen ist. Vollends aber verwischt FNötscher jede Kontur der alttestamentlichen Botschaft, wenn er schreibt: »Der Lauf der Welt selbst wirkt sich als Gericht aus. Die Gottlosen bleiben nicht lange am Leben, sie verschwinden somit bald aus der Gemeinde.«

6 Zum Abschluß wird der Inhalt sowohl von 1–3 wie auch von 4–5 in einer Formel der Zwei-Wege-Lehre zusammengefaßt: Jahwe »kennt« den Weg der צדיקים, der Weg der רשעים »führt ins Verderben«. Nun ist es an der Zeit, ein paar erklärende Sätze zu dem von Anfang an eingeführten Begriff צדיק vorzubringen. Es mag hier genügen, wenn in der Parallele zur Interpretation des Begriffs רשע zunächst darauf hingewiesen wird, daß צדיק derjenige Mensch ist, der sich im konkreten Gemeinschaftsverhältnis gegenüber der Rechtsordnung als ein »Rechter«, nicht als schuldig zu Erweisender, bewährt hat. In der sakralrechtlichen Relation gegenüber der תורה Jahwes kann die zuvor gegebene Erklärung wiederholt werden – nur daß die Gemeinschaftsordnung nunmehr vom Gottesbund und vom Gottesrecht bestimmt ist. Die sakralrechtliche Frage nach dem צדיק findet sich z.B. in Ez 18 Ps 15 und Ps 24. Auf diesem doppelten Hintergrund der von der Rechtsgemeinde und von der Kultgemeinde ausgehenden Gemeinschaftsordnung ist der Begriff צדיק zu verstehen. Jedoch bekommt die Bezeichnung in Ps 1 ihre besondere Erklärungsnuance

durch den spezifischen Zusammenhang: Der צדיק wird daran erkannt, daß er alle von Jahwe wegreißenden Lebensbeziehungen meidet und sich der תורה als dem allein tragenden und bestimmenden Lebenselement zuwendet. Das Leben des צדיק ist gekennzeichnet durch Lust und Liebe zur Heiligen Schrift. Die צדקה des צדיק umspannt und bestimmt also das ganze Leben. Diesen צדיק, der ein wahrhaft glücklicher, in Gottes תורה verwurzelter Mensch ist, »kennt« Jahwe. ידע hat hier die Bedeutung »sich jmds. annehmen«, »jmd. mit inniger Anteilnahme begleiten«, »ihm nahe sein«... »für ihn sorgen«: Ps 34,16ff. Daß das Verb »nicht der Sphäre der Betrachtung, sondern des Kontaktes angehört«, betont insbesondere MBuber. Vgl. Ps 37,18ff. Während der Weg derer, die im Lichte der תורה leben, auch im Lichte Jahwes geführt wird (Prv 4,18), stürzt der Weg der רשעים ins Verderben ab (Prv 13,13).

Unter Hinweis auf den zusammenfassenden letzten Vers hat man häufig den Ps 1 unter das Thema gestellt: »Die beiden Wege«. Und immer wieder wird dann auf die konsequente Vergeltungstheologie der nomistisch infiltrierten Weisheitslehre des Ps 1 hingewiesen. Zudem sieht man zumeist in dem צדיק das »Ideal des gesetzestreuen, sich absondernden Pharisäers«. Als Dokument des nomistisch bestimmten Judentums wird Ps 1 dann gewertet. Ist diese Auffassung richtig? Entspricht sie der Intention des Ganzen? – Es kann doch niemandem verborgen bleiben, daß – um zunächst dort einzusetzen – die Weisheit unseres Psalms nicht die des »Herakles am Scheidewege« ist. Der Ps 1 weist doch nicht in dem Sinn auf die »beiden Wege« hin, als sei der Weg des רשע auch eine ernsthaft zur Diskussion stehende Existenzmöglichkeit. Dieser schlechthin verworfene, vergehende Weg ist im Grunde gar kein begehbarer Weg. Das furchtbare Schicksal der רשעים, also derer, die sich von Gottes »Weisung« losgesagt haben, ist nur die dunkle Folie zu einem allein empfehlenswerten, wahrhaft glücklichen Leben. Darum wird man den ganzen Psalm nur unter diesem Aspekt recht verstehen können. Dann aber konzentriert sich sogleich alle Aufmerksamkeit auf den צדיק, dessen Lebensweise unter dem freudigen Ausruf und der begeisterten Feststellung der Formel אשרי האיש gekennzeichnet und dargelegt wird: Wie glücklich ist doch dieser Mann! Er weiß, daß die רשעים ihn ins Verderben hinabreißen, darum trennt er sich von ihnen. Er ist verwurzelt im Lebensgrund der תורה in Freude und stetiger Vertiefung. Diese תורה aber ist nicht der tötende νόμος, sondern die lebenbringende, heilsame Offenbarungsgröße der damals vorliegenden Heiligen Schrift (vgl. Ps 119). Der צדיק ist nicht ein Epigone, der in Ermanglung lebendiger prophetischer Anrede einer »Religion der Observanz« zugefallen ist und nun kraft seiner eigenen (wie man sagt »typisch jüdischen«) Frömmigkeit eine Buchstabe gewordene Botschaft in schriftgelehrtem Eifer lebendig zu erhalten sucht. Ziel

Die Existenzweise des צדיק, insbesondere seine alles bestimmende Liebe und Lust zur תורה, lebt vielmehr aus der lebendigen Mitteilungs- und Tatkraft der תורה selbst (Ps 19B; 119).[1] Alles aber, was über den צדיק in Ps 1 ausgesagt wird, hat im Grunde einen Charakter, der jedes Einzelleben weit überschreitet. »Es sind trotz der persönlichen Stilisierung durchaus typische Aussagen, und als solche transzendieren sie entschieden die psychologischen oder moralischen Möglichkeiten des Menschen« (GvRad, TheolAT[6] I 394). Das Bild vom glücklichen צדיק trägt deutlich die Züge des Überindividuellen, Paradigmatischen. Der »Pharisäer« mit seinem äußersten, rigoristischen Gesetzesgehorsam vermag diesem Bild nicht seine Füllung zu geben. Das Neue Testament verkündigt, daß Jesus Christus, der »uns von Gott zur Gerechtigkeit gemacht ist« (1 K 1,30), das dem alttestamentlichen Psalm vorschwebende und bereits freudig ergriffene Urbild erfüllt hat. Seine Speise war es, den Willen dessen zu tun, der ihn gesandt hat (Joh 4,34). Durch ihn und in ihm erkennt und erfährt die Gemeinde des Neuen Bundes jenes allein in der mitteilenden und schenkenden Kraft Gottes begründete freudige Lebensverhältnis zur Bibel – wie es in Ps 1 geschildert wird. In ihm und durch ihn hat der Christ teil an der glücklichen Existenzweise der *nova creatura* des צדיק. – Vergessen wir aber zum Schluß nicht, daß Ps 1 Proömium des Psalters ist. Glücklich gepriesen wird der Mensch, der sich im Lesen und Nachsinnen über den Psalmen von der wegweisenden Botschaft leiten läßt.[2]

Psalm 2
Jahwes König und die Völker

Literatur

ASchulz, Bemerkungen zum 2. Psalm: ThGl 23 (1931) 87–97. – GEClosen, Gedanken zur Textkritik von Ps 2,11b–12a: Bibl 21 (1940) 288–309. – RKöbert, Zur ursprünglichen Textform von Ps 2,11.12a: Bibl 21 (1940) 426–428. – GvRad, Erwägungen zu den Königspsalmen: ZAW 58 (1940/41) 216–222. – HHRowley, The Text and Structure of Psalm II: JTS 42 (1941) 143–154. – ISonne, The Second Psalm: HUCA 19 (1945/46) 43–55. – GvRad, Das judäische Königsritual: ThLZ 72 (1947) 211–216. – JdeFraine, Quel est le sens exact de la filiation dans Ps 2,7: Bijdr 16,4 (1955) 349–356. – PAHdeBoer, De zoon van God in het Oude Testament: Leidse Voordrachten 29 (1958). – GCooke, The Israelite King as Son of God: ZAW 73 (1961) 202–225. – HCazelles, *Nšqw br* (Ps 2,12): Oriens Antiquus 3 (1964) 43–45. – RTournay, Le Psaume (de la Fête du

[1] »... sed aliud est esse in lege, aliud sub lege: qui est in lege, secundum legem agit; qui est sub lege, secundum legem agitur. Ille ergo liber est, iste servus.« Augustinus, Enarrationes in Psalmos: Migne 1 36/37, 69.

[2] »Scio autem futurum, si quis exercitatus in hac re fuerit, plura per se inventaturus sit in psalterio, quam omnes omnium commentarii tribuere possint.« Luther, WA 5; 47, 11f.

Christ-Roi) Ps 2. Le Roi-Messie: Assemblées du Seigneur 88 (1966) 46–63. – WVischer, ›Der im Himmel Thronende lacht‹: EvThBeih (1966) 129–135. – BLindars, Is Psalm 2 an acrostic Poem?: VT 17 (1967) 60–67. – GSauer, Die ἀκροστιχίδες Psalm 2 und 110: ZDMG 118 (1968) 259–264. – JASoggin, Zum zweiten Psalm: Wort, Gebot, Glaube. WEichrodt zum 80. Geburtstag (1970) 191–207. – WThiel, Die Weltherrschaft der judäischen Könige nach Psalm 2: Theologische Versuche III ed. JRogge/GSchille (1971) 53–63. – HGese, Natus ex virgine: Probleme biblischer Theologie: GvRad zum 70. Geburtstag (1971) 73–89. – OHSteck, Friedensvorstellungen im alten Jerusalem: TheolStud 111 (1972).

[1]Warum murren die Völker Text
und sinnen die Nationen vergebens?
[2]Es treten[a] auf Könige der Erde
und Fürsten schließen sich zusammen[b],
[– gegen Jahwe und gegen seinen Gesalbten][c].
[3]»Laßt uns zerreißen ihre Bande
und ihre Stricke[d] von uns abwerfen!«
[4]Der im Himmel thront, lacht;
der Herr[e] spottet über sie.
[5]Einst redet er sie an in seinem Zorn
und schreckt sie in seinem Grimm:
[6]»Ich selbst habe feierlich eingesetzt meinen König[f]
auf Zion, meinem heiligen Berg!«
[7]Kundtun will ich die Setzung Jahwes[g]:
Er sprach zu mir: »Mein Sohn bist du,
ich selbst habe dich heute gezeugt!
[8]Erbitte von mir[h],
und ich gebe dir[i] Völker zum Erbe,
zu deinem Gut die Enden der Erde.
[9]Du magst sie zerschlagen[j] mit eiserner Keule,
wie Töpfergeschirr sie zerschmeißen.« –
[10]Nun denn, ihr Könige, handelt weise!
Laßt euch warnen, ihr Richter der Erde!
[11]Dienet Jahwe in Furcht
'und mit Zittern küßt seine Füße'[k]!
[12]Daß er nicht zürnt und ihr bei eurem Vorhaben umkommt,
denn gar bald entbrennt sein Zorn.
Glücklich alle, die ihm trauen!

a יתיצבו im Sinne des kriegerischen Auftretens (1 S 17,16; Jer 46,4) gibt einen 2
guten Sinn und erübrigt eine Korrektur in יִתְיָעֲצוּ (so entsprechend Ps 83,4
Graetz, Lagarde und Gunkel). – **b** נוֹסְדוּ von סוד (KBL 386) vgl. auch Ps 31,14 =
»sich zusammentun« (zu einem סוֹד). *T* und *G* (συνήχθησαν). Die Verbesserung
zu נוֹעֲדוּ von יעד ist unnötig. – **c** In dieser Zeile handelt es sich wahrscheinlich um
eine Hinzufügung, die das Ziel der feindlichen Koalition erläuternd benennt und
das Pluralsuffix (»ihre Stricke«) erklären will. – *G* hat am Schluß von 2 ein סֶלָה
gelesen. – **d** Obwohl *S* mit עֻלְּתֵימוֹ und *G* mit τὸν ζυγόν eine Textkorrektur na- 3
helegen, wird man das parallel zu מוסרותימו liegende pluralische עבתימו in
M vorziehen. – **e** Ob der von vielen MSS überlieferte Eigenname יהוה »wir- 4
kungsvoller« (Gunkel) ist, kann in der Textkritik nicht ausschlaggebend sein.

6 **אדני** ist auf dem Hintergrund der **יהוה**-Versionen die fremdere Lesart. – **f** Die
häufig vorgenommene Korrektur, die (seit Wellhausen) eine Umprägung der
Gottesrede in Worte des Königs vornimmt (»ich bin geweiht als sein König auf
Zion, seinem heiligen Berg«), ist kaum berechtigt. Hier muß von einer Former-
klärung des ganzen Ps her entschieden werden. Grundlage der Korrektur sind
MSS in *G*: Ἐγὼ δὲ κατεστάθην βασιλεὺς ὑπ' αὐτοῦ. Das entspräche einem
hebr. Text: **נִסַּכְתִּי מַלְכּוֹ**. Wir bleiben jedoch bei *M*. Begründung s. u. zu »Form«. –
7 **g** Die in 6 vorgenommene Korrektur (s. unter f) zieht zumeist weitere Textver-
änderungen in 7 nach sich, die gänzlich unbegründet sind, zumal sie auch das
fremdartige, heute aber gut erklärbare **חק** zu »verbessern« bestrebt sind. Bei-
spiel: **אֹסִפְךָ אֶל־חֵקִי** »ich will dich auf meinen Schoß nehmen«. Wir lassen *M* un-
8 verändert. – **h** Aus metrischen Gründen sucht man das **שאל ממני** zu tilgen. Die
Berechtigung zu diesem Vorgehen wird zu prüfen sein (s. u. zu »Form«). – **i** Ob
mit *G* δώσω σοι das Suffix der 2. pers. ergänzt werden muß (**וְאֶתְּנֶךָּ**), ist nicht mit
Sicherheit zu behaupten, da das Objekt des Schenkens im Suffix des Nomens
9 enthalten ist und eine zweimalige Suffixbildung stilwidrig wäre. – **j** **תרעם** von **רעע**
II »zerschlagen«. Es handelt sich um eine aram. Form für hebr. **רצץ** (Mi 5,5; Jer
15,12; Hi 34,24). Daß das erste Verb in 9 von *G* fälschlich **תִּרְעֵם**, von *M* richtig
תְּרֹעֵם (poel von dem aram. **רעע** = hebr. **רצץ**) ausgesprochen wird, beweist das
11 parallele **נַפֵּץ** (vgl. BDuhm). – **k** *M* wörtlich: »und jauchzet mit Zittern« (und am
Anfang von 12:) »küsset den Sohn«. Der Text ist problematisch sowohl im Hin-
blick auf das »zitternde Jauchzen« als auch in der unerklärlichen Vorstellung
vom Küssen des **בר** (unverständlicher Aramäismus! In 7 steht **בן**). Der Text ist
verderbt. Eine evidente Textkonjektur hat nach langem Tasten (vgl. GEClosen)
ABertholet in ZAW 28 (1908) 58f. vorgeschlagen: Umzustellen sind die beiden
letzten Worte von 11 und die beiden ersten von 12. Es ergibt sich auf diese Weise
(sieht man von der mater lectionis, der Vokalisation und der Worttrennung ab)
als ursprünglicher und sachlich gut begründeter Text: **בִּרְעָדָה נַשְּׁקוּ בְּרַגְלָיו** »küs-
set seine Füße mit Zittern!« Durch diese Konjektur wird auch dem par. membr.
Rechnung getragen. – Zu den Tempora in Ps 2 und ihrer Bedeutung im syntakti-
schen Gefüge vgl. DMichel, Tempora und Satzstellung in den Psalmen (1960)
94f.

Form

In der Sammlung des Psalters ist Ps 2 ursprünglich einmal als 1. Psalm gezählt worden, denn Ps 1 galt als Proömium. In einer wichtigen Lesart zu Act 13,33 wird Ps 2 mit den Worten zitiert: ἐν τῷ πρώτῳ ψαλμῷ.

Der Aufbau des Ps bietet eigentlich kaum Schwierigkeiten, wenn man *M* folgt. Es ist nicht einzusehen, warum mit einer Korrektur von 6 (entsprechend einigen MSS in *G*) Aufbau und Gedankenführung des Textes sinnvoller werden sollen. Folgt man *M*, so bietet sich folgendes Bild: In 1–3 ist von der Weltrevolution der fremden Völker (gegen Jahwe und seinen Gesalbten) die Rede. Diesem Aufbegehren wird in jähem Kontrast die Reaktion Jahwes gegenübergestellt (4–6). Der Spruch in 6 enthält eine Erklärung Gottes – jene Rede, die als zukünftige Antwort auf das Vorhaben der feindlichen Völker und ihrer Könige in 5 angekündigt wird. Dieser zukünftige Gottesspruch (6) wird im Gefüge des Textes nun in 7–9 durch die Berufung des Königs auf seine Ermächtigung nachhaltig begründet. Und im Anschluß an diesen Hinweis auf die gegenwärtig wirksame Vollmacht des Königs, zugleich im Augenblick auf das zukünftige zornige Einschreiten Jahwes, wird den rebellischen Königen ein Ultimatum gestellt (10–12). Der ganze Ps ist so klar und durchsichtig gegliedert, daß jede Korrektur Verwirrung stiften muß. Doch wer ist der Sprecher? Die Antwort kann nur lauten: Der auf dem Zion thronende König. Er stellt mit Erstaunen das feindliche Aufbegehren der Völker und ihrer Könige fest (1–3), erklärt Jahwes Reaktion (4–6), proklamiert seine eigene Ermächtigung (7–9) und stellt den feindlichen Regenten das Ultimatum (10–12). Im Psalm sind geprägte Aussprüche zusammengefügt, die der König vorzutragen, d.h. bei einer noch zu ermittelnden Gelegenheit zu promulgieren hatte. – Psalm 2 gehört zur themabestimmten Formgruppe der Königslieder (s.o.S. 60ff. Einl § 6,3). Die Königslieder, als eine besondere Gruppe in Ps 45,2 deutlich bezeichnet, haben ihre sie verbindende Gemeinsamkeit im Thema »König«. Der »Sitz im Leben« dieser Psalmen ist von Fall zu Fall genau zu bestimmen (s.u. »Sitz im Leben«). – Zuvor sind die metrischen Verhältnisse zu prüfen. Es lassen sich exakte Doppeldreier nachweisen in: 1.2 (mit Ausnahme der wahrscheinlich hinzugefügten Worte »gegen Jahwe und gegen seinen Gesalbten«) 3.4.6.7 (mit Ausnahme der Einführung »kundtun will ich die Setzung Jahwes«) 8 (mit Ausnahme der beiden ersten Worte »Erbitte von mir«) 9.10.11 und 12 (mit Ausnahme der Schlußformal »glücklich alle, die ihm trauen«). Lediglich 5, der zukünftige Gottesspruch, der auch im inhaltlichen Sinnzusammenhang stark hervortritt, ist metrisch 4+3 zu lesen. Die oben ausgenommenen Versteile bedürfen einer kurzen Erörterung. Ist das Satzstück »gegen Jahwe und seinen Gesalbten«, wie es doch wohl wahrscheinlich ist, eine Ergänzung, dann scheiden diese Worte in der metrischen Erklärung aus. Die Einführung aber in 7 ist ein guter Dreier, der als feierliche Ankündigung des חק יהוה seine isolierte Stellung rechtfertigt. In 8 könnten die Worte שאל ממני vom folgenden Doppeldreier abgesetzt werden. Ein dl.mtr.cs. würde den unerhört bewegten Ps durch einen metrischen Schematismus vergewaltigen. Die Schlußformel »Glücklich alle, die ihm trauen« eröffnet formal und inhaltlich plötzlich eine positive Existenzmöglichkeit und beendet mit einem kurzen, hellen Klang den Ps. Hier wird man kaum an eine Hinzufügung denken dürfen.

Wir stellten fest, daß Ps 2 zur Gruppe der Königslieder gehört. Wie ist nun der »Sitz im Leben« dieses charakteristischen Liedes zu bestimmen? Es wird in den neueren Kommentaren zumeist die Erklärung gegeben, Ps 2 sei anläßlich der Thronbesteigungsfeier eines Königs in Jerusalem angestimmt worden. Es besteht jedoch keine Möglichkeit, etwa den Ablauf einer Inthronisationsfeier oder das Ritual der Krönung aus dem Text zu rekonstruieren. Man kann den Psalm nicht auf verschiedene Ort

Sprecher aufteilen; das lassen die Textverhältnisse nicht zu. Sänger oder Sprecher ist allein der König. Aber trifft nun die Auffassung zu, daß der jerusalemische Regent beim Fest seiner Thronbesteigung den Psalm vorgetragen habe? Für diese Deutung spräche die in 1–3 geschilderte Erhebung bisher untergebener Völkerschaften. Es ist aus der Geschichte des alten Orients bekannt, daß Vasallenstaaten mit Vorliebe die Gelegenheit eines Thronwechsels wahrnahmen, um das Joch der sie bindenden und bedrückenden Mächte abzuwerfen. Käme in diesem Sinn als »Sitz im Leben« eine Inthronisationsfeier in Betracht, dann träfe die von OHSteck (23) gegebene Erklärung zu: »Der Psalm stellt geprägte Wortteile zusammen, die der König zu sprechen hat am Ende des Vorgangs einer Inthronisation, wohl nachdem er auf seinem Thron im Palast Platz genommen hat. Der Psalm ist der rituale Ausdruck dessen, daß das Jerusalemer Königtum kraft Jahwe unangreifbar und unüberwindlich ist; deshalb in V.1–3 das Gegenbild eines erneuten chaotischen Völkeraufruhrs, der aber ob Jahwes Bändigung des Völkerchaos ... ja schon von vornherein zum Scheitern verurteilt ist.« – Aber der Rückverweis auf die Einsetzungsformulierungen der Inthronisation könnten auch auf einen anderen Zusammenhang als »Sitz im Leben« schließen lassen. Es könnte an eine »alljährliche Begehung der Thronbesteigung« nach Art des in Ägypten zeitweilig alle dreißig Jahre gefeierten *Sed*-Festes oder an ein »königliches Zionfest« (HJKraus, Die Königsherrschaft Gottes im Alten Testament, 1951, § 4; vgl. auch Exkurs zu Ps 132) gedacht werden. – Was nun die Entstehungszeit des Psalms betrifft, so wird gewiß an die Ära des judäisch-jerusalemischen Königtums zu denken sein; jedoch mit dem Vorbehalt, daß im Verlauf der Traditionsgeschichte Eingriffe in den Aussagebestand vorgenommen worden sind. Erschwert ist die genaue Bestimmung des Alters durch den konventionierten Sprachgebrauch. Doch scheinen die Aramäismen (רגשׁ und רעע in 9) einen Hinweis auf die angedeuteten späteren Eingriffe zu geben.

MTreves hat die Hypothese vertreten, Ps 2 sei aus dem Jahr 103 v.Chr. herzuleiten und zu erklären; er enthalte eine akrostichische Anspielung auf Jannaeus (VT 15, 1965, 81–90). Mit guten Gründen ist diese Auffassung bestritten worden von BLindars, Is Psalm II an acrostic Poem?: VT 17 (1967) 60–67.

Was kann zur Frage der Verfasserschaft beigetragen werden? Ist der König selbst der Sprecher, so könnte er auch der Dichter gewesen sein. Doch könnte man den Verfasser auch in Kreisen der für den König dichtenden Hofprophetie suchen, denn zweifellos ist der Ps 2 von einer starken prophetischen Kraft durchdrungen (so auch Gunkel).

Wort 1 Einen ausgesprochen prophetischen Charakter hat in 1 sogleich die mit למה eingeleitete Frage. Der Sänger ist erstaunt und verwundert, daß die Fremdvölker, die (das ist nach 3 vorauszusetzen) dem König von Jerusalem bisher unterworfen waren, einen Aufstand wagen. Dieses Staunen erhebt sich im Wissen um die souveräne Macht Jahwes (3), der seinem erwählten König die Fremdvölker doch übergeben hat (8). Wie also können diese Mächte sich erkühnen, gegen Jahwe und seinen »Gesalbten« (2) zu rebellieren?! Die mit למה eingeleitete Frage ist also nicht begleitet von besorgter Unruhe, sondern von einer über die Verwegenheit der Fremdvölker erstaunten Gewißheit. In 1 wird sehr eindrücklich das dumpfe Murmeln (רגש) und Raunen (הגה) der aufbegehrenden Mächte beschrieben; es ist aber von Anfang an »nichtig«, »vergebens« (ריק). In den Schilderungen des Zustandes kann übrigens das perf. neben dem imperf. stehen (BrSynt § 41i). »Weltrevolution gegen eine Weltherrschaft« (HSchmidt) – das ist die alle Grenzen sprengende Situation, in die 1–3 den Hörer versetzt. Und wenn in 8 später noch einmal von der Weltherrschaft des Königs von Jerusalem die Rede ist, dann wird eine Deutung dieser Vorstellung jetzt zunächst ein Verständnis des Ps eröffnen müssen.

Die Kommentare erklären beinahe übereinstimmend, daß die Vorstellung von einer Weltherrschaft des judäischen Königs, wie sie auch in Ps 18,44–48; 72,8–11; 89,26 ausgesagt wird, zu der geschichtlichen Wirklichkeit in stärkstem Widerspruch stehe, und daß selbst David kein Weltreich regiert habe (Gunkel). Man nimmt dann Zuflucht zu der Erklärung, daß es sich an diesen Stellen des Psalters um eine Nachahmung fremder Protz- und Prunkgedichte bzw. um die sich übersteigernden Rühmungen des altorientalischen »Hofstiles« handle (HGreßmann, Der Messias, 1929, 1–64). In neueren Deutungen sieht man die Aussagen über die Weltherrschaft des Regenten im Rahmen der sog. altorientalischen »Königsideologie« und ihrer mythisch-sakralen Grundlage (IEngnell, GWidengren). – Auf diesen Wegen ist aber kein Zugang zu der wesentlichen Botschaft des Ps 2 zu gewinnen. Vielmehr gilt es, drei Punkte zu beachten: 1) In Israel gibt es zunächst ohne Zweifel konkrete geschichtliche Ansatzpunkte für eine weitausgespannte Herrschaftsvorstellung. Hier ist Gunkel zu widersprechen. AAlt hat gezeigt, daß David König über ein Reich war, das in der Geschichte der Großreichbildungen des alten Orients eine bedeutende Rolle spielte (AAlt, Das Großreich Davids: KlSchr II 66–75). Alt schreibt: »Man mag es ›Hofstil‹ nennen, wenn etwa in den Liedern zum Regierungsantritt eines neuen Königs aus dem Hause Davids diesem eine Herrschaft ›vom Meer bis zum Meer und vom Strom (Euphrat) bis zu den Enden der Erde‹ gewünscht oder mit ähnlichen Worten ein universales Regiment in Aussicht gestellt wird (Ps 72,8); aber so übertrieben solche Formulierungen auch im Vergleich mit der tatsächlichen Macht oder Ohnmacht der Davididen nach Salomo klingen, so wenig sind sie doch sinnlos gewählt oder aus dem Formelschatz anderer Großreiche übernommen, sondern von Hause aus auf die ins Universale ausgeweitete historische Wirklichkeit des Großreiches Davids bezogen, die nun den Epigonen als Ideal und Postulat vor Augen gehalten werden soll« (KlSchr II 75). Mit der Beachtung dieses geschichtlichen Tatbestandes ist ein wichtiger Ansatzpunkt gegeben. Modell des Weltreiches der judäischen Könige ist das Großreich Davids. 2) Wird man nun bedenken müssen, daß die Vorstellung vom Großreich in den Königspsalmen zur Vorstellung vom Weltreich ausgeweitet worden ist. Lassen wir einstweilen einmal dahingestellt, ob die Tendenz dieser Übersteigerung Protz oder »Hofstil«, Ideal oder Postulat ist, so bleibt auf jeden Fall zu vermerken, daß eine konventionierte, stehende Bildsprache die gigantische Ausdehnung vollzieht. Es ist nicht zu bestreiten, daß der jerusalemische Königshof hier an Vorstellungs- und Darstellungsmitteln einer (im einzelnen freilich sehr differenzierten) altorientalischen »Königsideologie« partizipiert. Der Großkönig steht im Zentrum eines universalen Weltgrundes. Dieser universale Aspekt aber entsteht in der altorientalischen Königsideologie an dem Schnittpunkt von mythischer Kosmologie und sakraler Inthronisation. Der Regent ist »göttlicher König« und deswegen auch Weltherrscher. Hier liegt die entscheidende Stelle. 3) Ist der altorientalische Regent »göttlicher König« im Sinne der jeweiligen mythisch-sakralen Vorgegebenheiten – der Herrscher auf dem Zion ist Jahwes erwählter König. Seine Weltherrschaft ist nur zu verstehen von dem Weltschöpfer und Weltherrn Jahwe her (vgl. o.S. 94ff. Einl § 10,1). Die Vorstellung vom universalen Regiment gründet im Alten Testament im Schnittpunkt der Schöpfungslehre und der Erwählung Davids bzw. seiner Dynastie; sie ist in ihrem sachlichen Urgrund weder Protz noch Hofstil, weder Ideal noch Postulat, sondern das Ereignis eines umfassenden Mandates, das Jahwe als Schöpfer und Herr der Welt seinem erwählten König übereignet. Dem Gotte Israels, dem אדני (4; 8,2), gehören die Völker und die »Enden der Erde« (Ps 24,1–2; 47,3.9; 89,12; Jes 6,3), darum kann er sie seinem erwählten König übergeben (Ps 2,8). Mag auch die konventionierte Bildsprache von der Weltherrschaft des Königs in Israel und im alten Orient sich sehr ähneln, entscheidend ist die Frage: Mit welchem Recht erklärt der jeweilige König, er habe die Weltherrschaft übernommen, ererbt oder als Auftrag übereignet bekommen? Auf wen beruft sich der Regent? Wer ist Gott? Jahwe oder die religiösen Mächte? – Es kann im Verlaufe der Geschichte Israels wohl geschehen, daß ein König von Jerusalem mitten in seinem geringen und gefährdeten staatlichen Besitzstand sich bis zur Lächerlichkeit entäußert, wenn er von seiner »Weltherrschaft« spricht. Und doch steht hinter ihm Jahwe, der Schöpfer und Herr der Erde. Diese Diskrepanz steigert sich in der Erfüllungswirklichkeit des Neuen Testaments bis zum »Skandal« der völligen Verborgenheit der Herrschaft Gottes über die Welt in dem Messias Jesus von Nazareth. – Sieht man die Königspsalmen in diesem Zusammenhang, dann wird es nun ganz neu zur Frage, wer denn wohl die Königspsalmen recht verstanden hat: das Neue Testament und die im Anschluß an die neutestamentlichen Stellen durchgeführten messianisch-christologischen Exegesen oder jene modernen Auslegungen, die mit vorschnellen religionsgeschichtlichen Konsequenzen, gewonnen aus der Ähnlichkeit der konventionierten Bildsprache, die alttestamentlichen Lieder ihres eigentlichen Zeugnisgehaltes beraubt und teilweise völlig entleert haben. Es ist GvRad zuzustimmen, wenn er schreibt: »Die Königspsalmen zeigen das Reich und Amt des Gesalbten nach seiner – noch verborgenen – göttlichen *doxa,* die es für sie schon jetzt hat und die jeden Augenblick offenbar werden kann« (ZAW 58, 1940/41, 219/20).

2–3 Der Dichter des 2. Psalms sieht in der großen Weltrevolution gegen die Weltherrschaft Jahwes und seines Gesalbten die feindlichen Könige und »Würdenträger« (so eigentlich רוזנים; vgl. Ri 5,3; Jes 40,23; Hab 1,10) sich zusammenrotten. Wenn es sich in dem Satzstück »gegen Jahwe und seinen Gesalbten« auch um eine erklärende Hinzufügung handelt, so trifft doch diese Ergänzung genau den Sinn des ganzen Psalms. משיח ist der durch Salbung gezeichnete, unantastbare König Gottes (1 S 2,10.35; 12,3.5 u.ö.; Ps 18,51; 20,7; 28,8; 89,39.52; 132,10.17). Die feindlichen Mächte wollen »autonom« sein, unabhängig von Jahwe und dem Repräsentanten seiner Herrschaft. Die »Bande« und »Stricke« sind ein Bild für die Unterordnung und Unterwerfung. Die fremden Mächte wollen frei und selbständig sein.

In 4 kommt es nun heraus, warum die Frage des Sängers (1) so voller 4
Erstaunen die Rebellion der Völker wahrnahm und warum alle Unternehmungen der Fremdmächte von Anfang an als ריק bezeichnet wurden: Der König von Jerusalem weiß Jahwe als den weltüberlegenen, im Himmel thronenden Gott (vgl. Jes 18,4), der über das Ansinnen der Rebellen lacht (Ps 37,13; 59,9). Etwas von diesem Lachen Gottes klingt schon in 1, in der verwunderten Frage des Sängers, an. Der schrille Anthropomorphismus bezeugt Jahwe als den lebendig-reagierenden, am irdischen Treiben leidenschaftlich teilnehmenden Gott (LKöhler, TheolAT³ 6). Einer Vermenschlichung tritt die Vorstellung vom weltüberlegenen himmlischen Thronen entgegen. Hinter dem König von Jerusalem steht nicht irgendeine mythische Macht, sondern אדני – der gebietende Herr, der alles in seinen Händen hat (Ps 8,2) und der über den wahnwitzigen Machtaufwand der Empörer »spottet«. Diese Vision vom lachenden und spottenden himmlischen Herrn ist eine Botschaft von unerhörter prophetischer Wucht.[1] Denn das Lachen Jahwes ist Ausdruck seiner Souveränität, Majestät und Hoheit (vgl. HDPreuß, Verspottung fremder Religionen im Alten Testament: BWANT 92, 1971, 150). Doch Jahwe läßt den
Dingen nicht ihren Lauf, er wartet zu (Jes 18,4), wird aber »einst« (5) 5
den aufbegehrenden Mächten in seinem Zorn begegnen und sie mit seinem jäh hervorbrechenden Reden schrecken. Die Alternative, ob אז rückschauend oder futurisch zu verstehen sei, ist eindeutig im Sinne des futurischen Verständnisses zu klären: vgl. Mi 3,4; Zeph 3,9. ABentzens Interpretation des אז als eines rückschauenden Hinweises auf die urmenschliche Begründung der Königsideologie scheitert in doppelter Hinsicht an der von ihm selbst beigebrachten Parallele Ps 89,20, denn 1) steht in Ps 89,20 im Unterschied zu Ps 2,5 das perf. und 2) weist in der Parallelstelle das אז keineswegs auf eine urmenschliche Begründung des Königtums, sondern auf die geschichtliche Erwählung Davids (ABentzen, Messias – Moses redivivus – Menschensohn, 1948, 11–15).

Die Rede, mit der Jahwe »einst« die Rebellen schrecken und zornig 6
zurückweisen wird, wird in 6 nunmehr wörtlich vorgetragen. Sie enthält

[1] »Sic nunc rursum Deum nominans coeli habitatorem, hoc elogio extollit eius potentiam: acsi diceret, illaesam et integram manere quidquid homines molliantur. Quantumvis enim sese efferant, nunquam pertingent in coelum usque: imo dum coelum terrae miscere cogitant, saltant quasi locustae, Dominus interea quietus e sublimi spectat vesanos eorum motus«. Calvin, In librum Psalmorum Commentarius, zu Ps 2,4.

den Hinweis darauf, daß Jahwe selbst den auf dem Zion thronenden König »geweiht« hat (נסך bedeutet: »Trankopfer ausgießen«, »weihen«). Es steht also die Enthüllung eines den Fremdmächten verborgenen oder jedenfalls in seiner Tragweite nicht bewußten Sachverhaltes bevor. Gott bekennt sich vor den Völkern zu seinem erwählten König. Daß diese Enthüllung in »Zorn« und »Grimm« (5) vor sich geht, notieren einige Exegeten mit Befremden. Doch wird man fragen müssen, ob dieses Faktum nicht der prophetischen Botschaft entspricht, die im Kommen des Messias ein Gericht über die gegenwärtigen politischen Lebensprinzipien sieht (Jes 7). Die enthüllende Gottesrede ist ein eingreifendes, klärendes Endgeschehen, das freilich nicht im Sinne einer zeitlich ferne fixierten Eschatologie verstanden werden darf, denn Gottes zorniges Hervorbrechen ist ganz nahe (12), es steht unmittelbar bevor. – Bemerkenswert ist übrigens der Hinweis darauf, daß Gottes König auf Gottes Berg »geweiht« ist. Die beiden Suffixe der 1. pers. sing. weisen hin auf das Doppelthema der Erwählung der Davidsdynastie und der Erwählung Jerusalems (vgl. Ps 132 Exkurs; HJKraus, Die Königsherrschaft Gottes im Alten Testament, 65–70).

Trägt 6 die enthüllende Jahwerede vor, mit der »einst« die universale Ermächtigung des Königs von Jerusalem vor allen Völkern manifestiert
7 wird, so proklamiert in 7 der auf dem Zion thronende Regent die Ermächtigung, unter der schon jetzt seine Königsherrschaft zu sehen und zu verstehen ist: »Kundtun will ich die Setzung Jahwes.« חק ist ein Begriff des sakralen Königsrechtes. Er bezeichnet die Legitimationsurkunde, das Königsprotokoll, das bei der Inthronisation niedergeschrieben worden ist und forthin den rechtmäßigen Herrscher ausweist.

Die Erklärung des Begriffes חק im Zusammenhang des Königsrechts hat GvRad in seinem Aufsatz »Das judäische Königsritual«: GesStudAT I 205–213 gegeben. Parallelen im ägyptischen Königsritual bestätigen diese Interpretation von חק. Amon-Rê von Karnak spricht zu Hatschepsut: »Meine geliebte Tochter . . . Ich bin dein geliebter Vater. Ich setze deine Würde als Herrscher der beiden Länder fest. Ich schreibe dir dein Protokoll« (Roeder, Urkunden IV, 285, zit. bei vRad 209). Noch bedeutsamer, und vor allem für den Gesichtspunkt einer späteren Wiederholung des Thronbesteigungsprotokolls wichtig, ist folgende Stelle: »Da nun schrieb der Allherr das Protokoll S.M. auf als wohltätiger König im Umkreis Ägyptens, der die Länder ergreift und ihren Bedarf bestimmt. S.M. sprach, indem er das Protokoll für ihre Wiederholungen der Jubiläen schrieb...« – Die Funktion und Bedeutung der »Protokolle« im ägyptischen Königskult ist genauer erfaßt und dargestellt worden von WHelck, Ramessidische Inschriften aus Karnak: Zeitschr. f. ägypt. Sprache und Altertumskunde 82,2 (1958) 98–140. Bemerkenswert ist die Tatsache der Niederschrift von Königsnamen auf einen Baum. Im Zusammenhang mit diesem Akt, den Atum vornimmt, ergeht die göttliche Erklärung: »Ich habe dich, seit du an der Brust warst, zum König proklamiert auf meinem Thron. Du wirst sein bis zur Lebenszeit des Himmels, solange mein Name fest ist in alle Ewigkeit« (120).

Auch Thot, der ebenfalls Namen des Königs »in den Baum schreibt«, erklärt: »Es spricht Thot, der Herr der Gottesworte: Ich habe dir dauernd gemacht den großen Namen und das Protokoll in Kraft und Stärke, indem alle Fremdländer unter deinem Schrecken sind und der Umkreis des Himmels unter deiner Aufsicht...« (126). Helck sieht als Ausdruck des »Protokolls« in erster Linie die »Namensreihe«. Dem entspräche im Alten Testament: Jes 9,5. Doch wird der in Ägypten nachweisbare rituelle Akt der Niederschrift von Namensreihen begleitet von Proklamationen, in denen feierlich erklärt wird: 1) Der König ist bestimmt und designiert als Regent der Gottheit auf deren eigenem Thron. 2) Der »große Name«, den die Gottheit gab, wird in Kraft und Stärke Bestand haben. 3) Zur Unterwerfung aller Fremdländer ist der Regent ermächtigt. – Im Alten Testament wird das »Protokoll« in der Proklamationsform in Ps 2,7 חק genannt, in 2 Kö 11,12 עדות. Die Übersetzung von חק mit »Setzung« will den apodiktischen Legitimationscharakter der Proklamation des Protokolls herausstellen.

Der Inhalt der »Setzung Jahwes«, die der König nunmehr zum Erweise seiner Ermächtigung kundtut (ספר mit der hier ungewöhnlichen Präposition אל), lautet: »Mein Sohn bist du, ich selbst habe heute dich gezeugt.« Dieser protokollarisch festgelegte Spruch ist bei der (bereits zurückliegenden oder auch soeben vollzogenen) Inthronisation dem König feierlich mitgeteilt worden; auf ihn beruft sich der Regent angesichts der Weltrevolution. Die Probleme des Ermächtigungswortes, das als Ich-Rede Jahwes offenbar von einem Propheten übermittelt wurde, sind eingehend zu erörtern. Daß der König »Sohn Gottes« sei, ist eine im alten Orient geläufige Vorstellung. Jedoch sind die Voraussetzungen, unter denen diese Gottessohnschaft zu sehen und zu verstehen ist, jeweils genau zu bestimmen. In der religionsgeschichtlichen Schule, aber auch in dem neueren religionsphänomenologischen Postulat einer schematisch wirksamen »Königsideologie« (Engnell, Bentzen), sind die Differenzen und Nuancen weithin verwischt worden. Ein bemerkenswerter Unterschied besteht bereits zwischen der ägyptischen und der mesopotamischen Auffassung (wobei diese Gegenüberstellung schon eine im Grunde unzulässige Generalisierung geschichtlich abzustufender Ideen bedeutet). Vgl. zum Folgenden: HFrankfort, Kingship and the Gods (1948) und CJGadd, Ideas of Divine Rule in the Ancient East (1948). In Ägypten wird die Gottessohnschaft zumeist konsequent mythologisch verstanden. Der Pharao ist *Deus incarnatus*. Vgl. HJacobsohn, Die dogmatische Stellung des Königs in der Theologie der alten Ägypter: Ägypt. Stud. Heft 8 (1955) 19. Der Gott Amon hat ihn mit der Königinmutter gezeugt. Demgegenüber wird in Babylonien und Assyrien der König zumeist als von den Göttern berufener, eingesetzter und durch einen »Spruch« bevollmächtigter Diener verstanden.

Ein paar Beispiele zur mesopotamischen Auffassung: »An hat ihn (den König Lipitischtar) in seinem von Gnade überfließenden Herzen zum König berufen, hat zu ihm, dem königlichen Sproß, in Treuen gesprochen: ›Lipitischtar, dir habe ich Kraft verliehen – mögest du stolz das Haupt zum Himmel erheben, wie tobendes Unwetter, das aufsteigt, mögest du mit schrecklichem Glanz angetan sein, alle Feinde, das unbotmäßige Fremdland möge dein Unwetter bedecken!« Das ist ein sumerisches Stück (Falkenstein/vSoden, Sumerische u. akkad. Hymnen u. Gebete, 1953, 103/04). Aus einem anderen sumerischen Lied: »Der Gott, der den Samen ausgehen läßt, der Vater von allem, sprach zum König den feststehenden Spruch, entschied ihm das Geschick: ›Auserlesene Zeder, Zier im Hofe des Ekur, Urninurta, das Land Sumer möge deinen Schatten scheuen, aller Länder guter Hirte seist du...‹« (Falkenstein/vSoden, 106). – Zum Königtum Israels im Licht der altorientalischen Königsvorstellungen: KHBernhardt, Das Problem der altorientalischen Königsideologie im Alten Testament: VTSuppl 8 (1961); ARJohnson, Sacral Kingship in Ancient Israel ([2]1967); JSchabert, Heilsmittler im Alten Testament und im Alten Orient (1964); JASoggin, Das Königtum in Israel: ZAWBeih 104 (1967); JGray, Sacral Kingship in Ugarit: Ugaritica VI (1969) 289–302.

Der Ermächtigungsspruch an den König von Jerusalem liegt nun – zunächst phänomenologisch betrachtet – zwischen der ägyptischen und der mesopotamischen Auffassung. Die Betonung der Gottessohnschaft des Königs (vgl. im Alten Testament auch Ps 89,27.28; 2 S 7,13.14; 1 Ch 28,6) nimmt auf den ägyptischen Benennungsbrauch Bezug – jedoch ohne jegliche mythisch gegründete Vorstellung von einer physischen Zeugung. Der alttestamentliche König wird vielmehr »Sohn Gottes« durch Berufung und zugesprochene Einsetzung. In dieser Hinsicht gleicht der Vorgang der Inthronisation in Jerusalem dem mesopotamischen (vor allem: dem sumerischen) Ritual. Dazu kommt aber ein anderer wichtiger Gesichtspunkt: Die Sohnschaft des jerusalemischen Königs liegt in einem Adoptionsvorgang begründet. *Per adoptionem* wird der Regent durch einen sakralen Rechtsakt zum »Sohn Gottes« erklärt (vgl. zu diesem Rechtsakt außerhalb der königlichen Sphäre: Gn 30,3; 50,23). Hier liegen nun die letzten Tiefen jener Ermächtigung, die im חק ausgesprochen worden ist. Der prophetische Zuspruch »Du bist mein Sohn, ich selbst habe dich gezeugt!« erweist sich als ein schöpferisches, eine neue Existenz setzendes Wort. Der erwählte König wird auf die Seite Gottes gezogen, er wird zum Erben und Repräsentanten seiner Herrschaft. Es gilt also im Alten Testament, »daß der König nicht von Natur ›Sohn Gottes‹ war, auch nicht durch seine Thronbesteigung naturnotwendig in die Sphäre der Göttlichkeit eintrat, sondern durch eine Willensentscheidung des Gottes Israels beim Antritt seines Königsamtes zum Sohn erklärt wurde« (MNoth, Gott, König, Volk im Alten Testament: GesStudzAT 222). Hinzuweisen wäre schließlich darauf, daß der prophetische Ermächtigungsspruch – wenn auch nicht verbaliter (2 S 7,13.14 gehört nicht zum ursprünglichen Bestand der Nathanrede) – sein Fundament in jener Erklärung hat, die der Prophet Nathan dem David und seiner Dynastie für alle Zeiten gegeben hat: 2 S 7.

Das Vater-Sohn-Verhältnis zwischen Jahwe und dem von ihm erwählten und feierlich eingesetzten Regenten bedarf im einzelnen genauer Beachtung. – Daß in der Umwelt Israels der König als »Sohn Gottes« galt, ist bekannt und immer wieder hervorgehoben worden. Vor allem im alten Ägypten ist diese Sohnschaft mythologisch-physisch bestimmt. Der König kann erklären: »Mein Vater ist er, ich bin sein Sohn!« »Er ist wahrhaftig mein leiblicher Vater!« (GRoeder, Kulte, Orakel und Naturverehrung im alten Ägypten, 1960, 200ff.). Amon-Rê sagt zu Amenophis III.: »Mein lebendes Abbild, Schöpfung meiner Glieder!« »Du bist mein geliebter Sohn, aus meinen Gliedern hervorgegangen, mein Ebenbild, das ich auf der Erde eingesetzt habe!« (WHSchmidt, Alttestamentlicher Glaube und seine Umwelt, ^{2}1975, 195). – Demgegenüber hat Ps 2,7 die Bedeutung, das Ereignis einer Adoption kundzugeben. Im Kodex Hammurabi (§ 170f.) erkennt der Vater die Kinder der Sklavin an mit den Worten: »Meine Kinder seid ihr!« Es verweist darum das »Heute« in Ps 2,7 auf die Thronbesteigung und ihr Deklarationsgeschehen. Allerdings sollte man sich durch den (bedeutsamen) Adoptionsbegriff nicht zu sehr fixieren lassen. Denn die Proklamation in Ps 2,7 enthält und enthüllt recht eigentlich ein Erwählungsgeschehen. Der Kontext des Vater-Sohn-Verhältnisses zwischen Jahwe und Israel mit seiner klaren Erwählungskomponente wird nicht außer acht gelassen werden können: »Mein erstgeborener Sohn ist Israel!« (Ex 4,22f.); »Söhne seid ihr für Jahwe, euren Gott« (Dt 14,1). Auch Jes 42,1 und die im Zeichen der Erwählung stehenden Aussagen Deuterojesajas, in denen die Bezeichnung »mein Knecht« auftritt, wären zu bedenken. – Ein anderer Aspekt öffnet sich zu Jes 9,5 hin: »Uns ist ein Kind geboren, ein Sohn ist uns gegeben, und die Herrschaft kam auf seine Schulter...« HWildberger (BK X 380) versteht Jes 9,5f. »als prophetische Nachahmung einer Proklamation des Hofes zu Jerusalem, die bald nach der Geburt eines königlichen Kindes anläßlich seiner Einsetzung in die Würde eines Kronprinzen zu erfolgen pflegte«. Wahrscheinlicher ist, Jes 9,5f. auf den auch in Ps 2,7 erkennbaren Adoptions- und Erwählungsakt zu beziehen (vgl. AAlt, Jesaja 8,23–9,6. Befreiungstag und Krönungstag: KlSchr II 206–225, insbesondere 216ff.). Entsprechend dem ägyptischen Ritus der Thronbesteigung ist die Proklamation der Namensreihe (Jes 9,5) ein Indiz für diesen Bezug (s.o.). Sieht man aber Ps 2,7 in diesem weiteren Zusammenhang, dann gilt für den Inthronisationsvorgang: »Israel sah in dem Königwerden auf dem Zion eine reale Geburt durch den auf dem Zion thronenden Weltenkönig, der hier in diese Welt und Erde eingetreten war und Wohnung genommen hatte« (HGese, Natus ex virgine, 81). Und auch darin wird Gese zu folgen sein: »Es ist ganz gewiß richtig, daß man in Jerusalem diese Gottessohnschaft der Davididen, wenn man sie bis ins Rechtliche und Natürliche hinein hätte präzisieren wollen, wohl am ehesten als Adoption bezeichnet hätte. Aber es wäre zu weit gegangen, dem Zitat des Gottesorakels beim Höhepunkt der Thronbesteigungszeremonien Formulierungen zuzumuten, die rein negativer und einschränkender Art wären. In diesem feierlichen Moment höchster Heilszusage geht es nicht darum, eine als zu stark empfundene Rede im Nachsatz wieder abzudämpfen... Vielmehr hat das ›heute‹ durchaus einen positiven Sinn: jetzt, in diesem feierlichen Moment der Thronbesteigung vollzieht sich die Geburt...« (80).

Eines der Vorrechte des erwählten und bevollmächtigten Königs wird 8-9
das der freien Bitte (שאל ממני) gewesen sein (1 Kö 3,5ff.; Ps 20,5; 21,3.5; 2 S 24,12 vgl. GvRad, TheolAT I^{6} 332). Die konkrete Bitte aber, von der in 8 die Rede ist, wird durch eine zuvor gegebene Verheißung, durch ein

Versprechen geweckt. Jahwe will seinem erwählten König »Völker« zum Erbe und »die Enden der Erde« zum Eigentum übertragen. Der »Vater« ist Herr über die Völker und über die ganze Erde, ihm gehört das All, er ist der Schöpfer. Der »Sohn« ist der Erbe (Gal 4,7; Mt 21,38; Mk 12,6ff.). Ihm wird die Weltherrschaft übereignet (vgl. Exkurs zu Ps 2,1). In 9 wird dem »Sohne« mit dem übereigneten Erbe auch die richterliche Verfügungsgewalt über die Völker zugesprochen. Das Bild vom Zerschlagen des Töpfergeschirrs hat eine weitreichende Bedeutung. Im ägyptischen Ritual der Krönungs- und Jubiläumsfeste bekundete der König seine weltweite Macht durch symbolisches Zerschlagen von Tongefäßen, die den Namen fremder Völkerschaften trugen (vgl. ägyptische Ächtungstexte) oder durch symbolisches Abschießen von vier Pfeilen in die vier Himmelsrichtungen (HKees, Der Gottesglaube im alten Ägypten, 1941, 103). Im vergleichenden Sinne wird dann in mesopotamischen Texten häufig davon gesprochen, daß ein Regent Völker »wie Töpfergeschirr« zerschlägt; so wird von Sargon gesagt, daß er »die Länder alle wie Töpfergeschirr zerbrach und den vier Weltgegenden Zügel anlegte«. Die Vorstellung tendiert also auf jeden Fall auf »universale, richterliche Vollmacht«.

10–12 Nachdem der König von Jerusalem seine Einsetzung und Ermächtigung kundgetan hat (7–9), stellt er den aufbegehrenden Fremdmächten ein Ultimatum: »Nun denn, ihr Könige, handelt weise; laßt euch warnen, ihr Richter der Erde!« Diese Mahnung spricht nicht irgendein über sich selbst hinauswachsender, enthusiasmierter Regent aus, sondern der König Jahwes, dem alle Gewalt gegeben ist. Die feindlichen Könige, die sich als »Richter der Erde« aufspielen, sehen sich dem Herrscher gegenübergestellt, den Jahwe mit letzter richterlicher Vollmacht ausgestattet hat (9). Wie aber sollen die Könige sich verhalten? Was wäre das gebotene »weise Handeln«? Die Antwort wird in 11 gegeben: Jahwe in Furcht dienen. Der »Sohn« weist die fremden Mächte an den »Vater«, er nimmt keine Ehre für sich selbst in Anspruch. Das Küssen der Füße ist ein Zeichen der dienstbereiten Unterwerfung (Jes 49,23). Angesichts der Formulierung נשקו־בר ist der Hinweis mindestens zu erwägen, ob nicht unter Beachtung der ugaritischen Wurzel *brr* zu übersetzen ist: »küßt den Reinen« bzw. »küßt den Leuchtenden«. Vgl. HCazelles, *nšqw br* (Ps 2,12): Oriens Antiquus 3 (1964) 43–45. – Der Aufruf an die Könige der Völker ist wirklich ein Ultimatum; denn gehen die Rebellen weiter auf ihrem Weg, führen sie ihr Vorhaben (1–3) aus, dann werden sie mitten in ihrer Aktion umkommen. Das in 5 angekündigte Hervorbrechen des göttlichen Zornes kann sehr schnell, »unversehens« (כמעט) geschehen. Doch nicht mit dieser düsteren Warnung, sondern mit der Eröffnung einer guten, glücklichen Existenzmöglichkeit schließt der Ps 2: Alle, die Jahwe trauen (eigentlich: die sich bei ihm bergen, die bei ihm Schutz und Zuflucht suchen), die werden glücklich sein.

Wir greifen zunächst noch einmal den Satz vRads auf: »Die Königspsalmen zeigen das Reich und Amt des Gesalbten nach seiner – noch verborgenen – göttlichen *doxa*, die es für sie schon jetzt hat und die jeden Augenblick offenbar werden kann« (ZAW 58, 219/20). Im Alten Testament hat sich diese *doxa* immer mehr verborgen – bis sie in Christus *sub contrario crucis* in der tiefsten Verhüllung erschienen ist. Die neutestamentlichen Zeugen aber haben es geglaubt und erkannt, daß über der Verborgenheit des Messias Jesus von Nazareth die Botschaft des Alten Testaments nun erst recht leuchtet, weil der Gekreuzigte der Auferstandene ist. Ihm ist gegeben alle Gewalt im Himmel und auf Erden (Mt 28,18), er ist der Sohn und Erbe (Mt 21,38). Er ist der wahre Sohn des Vaters (Hebr 1,5; 5,5). Das Neue Testament sieht in Jesus Christus den König Gottes, der im umfassenden Sinn das Reich und Amt des alttestamentlichen Gesalbten angetreten und erfüllt hat. Es ist bezeichnend, daß namentlich Act und ApcJoh bei den Auseinandersetzungen des erhöhten Königs Christus mit den feindlichen Heidenvölkern den Ps 2 zitieren (Act 4,25f.; 13,33; ApcJoh 2,27; 19,15), wobei freilich תרעם in Ps 2,9 mit »weiden« übersetzt wird. – Inwieweit aber wird die neutestamentliche Deutung dem wesentlichen Aussagegehalt des Ps 2 gerecht? Das Ziel der Botschaft des 2. Psalms könnte man zusammenfassen in die Erklärung: das Aufbegehren der Völker und Könige gegen die universale Herrschaft Gottes und seines Gesalbten ist ein sinnloses Unterfangen – nur mit Verwunderung wird diese Rebellion zur Kenntnis genommen; und sogleich wird angesichts der weltüberlegenen Macht Gottes und der gültigen Ermächtigung seines Königs mit einem Ultimatum zur Besinnung gerufen. In die Richtung dieser Botschaft zielen auch die neutestamentlichen Zitate, indem freilich konsequent in Jesus Christus der endzeitliche König Gottes gesehen wird. Ziel

Vier Fragen sollen zum Schluß angeschnitten werden und zur Klärung der Entsprechungen zwischen Altem und Neuem Testament beitragen:

1) Bentzen schreibt in seinem Buch »Messias – Moses redivivus – Menschensohn« (1948): »Der Psalm ist – phänomenologisch betrachtet – Parallele und Typus des Weihnachtsevangeliums: Der Heiland ist geboren« (S. 16). Diese Erklärung ist nicht zutreffend. Sie bezieht (»auf phänomenologische Weise«) den in Ps 2,7 bereits abgestreiften physischen Zeugungsmythus auf die Geburt Jesu. Die neutestamentliche Entsprechung zur Einsetzung und Ermächtigung in Ps 2,7 ließe sich allenfalls in der Erzählung von der Taufe Jesu aufweisen (Mt 3,17). Auch dort wird durch einen Gottesspruch die Vollmacht der »Sohnschaft« proklamiert. Es wird aber sogleich grundsätzlich zu fragen sein, ob diese Entsprechung nicht den wesentlichen Aussagegehalt des Ps 2 nur an einem einzigen Punkt berührt. Im Zentrum des Ps 2 stehen Aussagen über das Verhältnis der Fremdmächte zur Herrschaft Jahwes und seines Gesalbten. Dieses Hauptthema wird man beharrlich im Auge behalten müssen. Es darf nicht durch Assoziationen auf herausragende heilsgeschichtliche Beziehungspunkte des Neuen Testaments aufgelöst werden.

2) Damit treten wir an einen heiklen Punkt heran: Gunkel schreibt in seinem Kommentar zu Ps 2: »Die christliche Gemeinde wird sich an einem solchen Psalm, an dem für ihr Empfinden mehr als ein ›Erdenrest‹ klebt, nur mit sehr großen Abstrichen erbauen können.« Norm für diese kritische Auffassung ist (und das dürfte für eine ganze Epoche der Theologie bezeichnend sein) ein bis aufs Äußerste spiritualisiertes, unter idealistischen Aspekten betrachtetes Christentum. Daß der neutestamentliche Christus Herr und König der Völker, ja der ganzen Schöpfung ist, wurde vergessen. So verlor man jede innere Beziehung zu den realen Fakten des Alten und Neuen Testaments. Auf der Folie des vergeistigten Evangeliums sah man im Alten Testament überall die peinlichen »Erdenreste«, die lediglich ein ästhetisch-lyrisches Verständnis noch zu deuten und vielleicht sogar zu preisen imstande war. Kein Beziehungspunkt konnte unter diesen Voraussetzungen zwischen Ps 2 und den neutestamentlichen Zitaten in Act und ApcJoh gesehen werden. Es ist der Theologie die Aufgabe gestellt, aus einem sachgemäßen Verständnis des Neuen Testaments heraus nach der alttestamentlichen Botschaft zu fragen.

3) Wo aber soll man denn konkret zwischen dem Neuen Testament und Ps 2 die Entsprechung sehen? HSchmidt schreibt in seinem Kommentar: »Wie fremd ist das Bild des Königs, der Völker mit der Eisenstange zerschlägt, dem Bild des Gekreuzigten!« In dieser Gegenüberstellung werden Bilder suggeriert, aber keine sachgemäßen Entsprechungen in der Botschaft gesucht. Im Zusammenhang des Ps 2 hat das Bild vom Zerschlagen der Tongefäße die Bedeutung, die richterliche Vollmacht des »Sohnes« als des Erben der Welt und ihrer Völker in einer dem alten Orient vertrauten Metapher herauszustellen. Weiß das Neue Testament etwa nichts von der richterlichen Macht Jesu über die Völker zu sagen? (Mt 28,18). So irrt auch diese Gegenüberstellung ab. Die Entsprechung der Botschaft aber liegt in dem auch im Neuen Testament geäußerten, ultimativen Ruf, daß die Völker bereits unter der Macht Gottes und seines Christus stehen (ApcJoh 12,10ff.) und keinen Raum mehr zu einem selbständigen, gottabgewandten oder gottfeindlichen Leben haben. Im Eschaton des Neuen Bundes ist alles aufs äußerste verschärft. »Glücklich sind die, die Zuflucht bei Gott suchen.«

4) Große Schwierigkeiten ergeben sich in der biblisch-theologischen Perspektive, wenn die Aussage σήμερον γεγέννηκά σε in Lk 3,22 im Zusammenhang und unter Berufung auf Ps 2,7 »adoptianisch« verstanden wird. Doch wird zu bedenken sein, daß die Interpretation von Ps 2,7 im strikten Sinn der Adoption eine Verengung darstellt (s.o.). Zum einen ist der Aspekt der Erwählung einzuführen; zum anderen sind die bedeutsamen Erklärungen von HGese aufzunehmen (s.o.). Bedenkt man zudem, daß Jesus von Nazareth nicht ein zu inthronisierender judäischer König ist, dann stünde für das Neue Testament (speziell für Lk 3,22) der Erklärung nichts im Weg: ». . . das ›heute‹ ist . . . der nicht chronologisch zu fixierende Gottestag, das νῦν *aeternitatis* seiner Erwählung, die jetzt proklamiert wird« (KBarth, KD IV, 4 70).[1]

[1] »Quanquam etiam possit ille dies in prophetia dictus videri, quo Jesus Christus secundum hominem natus est; tamen hodie quia praesentiam significat, atque in aeternitate nec praeteritum quidquam est, quasi esse desierit; nec futurum, quasi nondum sit; sed praesens tantum, quia quidquid aeternum est, semper est; divinitus accipitur secundum id dictum, Ego hodie genui te, quo sempiternam generationem virtutis et sapientiae Dei, qui est unigenitus Filius, fides sincerissima et catholica praedicat«. Augustinus, Enarrationes in Psalmos: Migne 1 36/37, 71.

Psalm 3
Von Feinden umringt

Literatur

JBotterweck, Klage und Zuversicht der Bedrängten. Auslegung der Psalmen 3 und 6: BiLe 3 (1962) 184–189. – WBeyerlin, Die Rettung der Bedrängten in den Feindpsalmen der Einzelnen auf institutionelle Zusammenhänge untersucht: FRLANT 99 (1970) 75–84.

Text

1 Ein Psalm Davids, als er vor seinem Sohne Absalom floh.
2 Jahwe, wie zahlreich sind meine Gegner!
Viele erheben sich gegen mich!
3 Viele sind es, die von mir sagen:
»Für den gibt es keine Hilfe[a] bei Gott[b]!« Sela.
4 Doch du, Jahwe[c], bist ein Schild um mich[d];
bist meine Ehre, erhebst mein Haupt.
5 Rufe ich laut zu Jahwe,
so erhört[e] er mich von seinem heiligen Berg. Sela.
6 Ich legte mich nieder und schlief,
– ich erwachte, denn Jahwe hält mich.
7 Ich fürchte mich nicht vor einer Schar von zehntausend[f],
die ringsum mich belagern.
8 Erhebe dich, Jahwe! Hilf mir, mein Gott[g]! –
Ja, du hast alle meine Feinde[h] auf den Backen[i] geschlagen,
zerbrachst der Frevler Zähne.
9 Bei Jahwe steht die Hilfe!
Dein Segen komme auf dein Volk. Sela.

a Zur dichterisch oft verwendeten Endung תָה – vgl. Ges-K § 90g. – **b** Die in *G* 3
überlieferte Lesart ἐν τῷ θεῷ αὐτοῦ = באלהיו würde der spöttischen Rede einen
noch kräftigeren Ausdruck verleihen, doch nimmt die Übersetzung in *G* nur den
Dat. לו auf. *M* ist also vorzuziehen. – **c** יהוה ist nicht mtr. cs. zu streichen (gegen 4
Buhl u. Duhm). »Der neue Absatz beginnt mit dem lebhafteren Siebener unter
sonstigen Doppeldreiern, dasselbe Ps 44,18.24; 100,5; 102,13f.; 103,19 u.ö.«
(Gunkel). – **d** *G* bietet an dieser Stelle den Text ἀντιλήμπτωϱ μου εἶ. Hat sie
סֹעֲדִי gelesen? – **e** Im Nachsatz liest man statt וַיַּעֲנֵנִי hier besser וְיַעֲנֵנִי nach α´ε´ 5
Hier (Lagarde). – **f** *T* bringt hier den cstr מְרִיבֵי. – **g** Der isoliert stehende Halbvers 7.8
wird oft als störend empfunden, weil er das Gleichmaß des Liedes zu unterbrechen scheint. Doch wird man – gegen jeden metrischen Schematismus – an der Existenz einzelner, von keinem Parallelismus begleiteter Ausrufe, unterbrechender Feststellungen usw. festhalten müssen. – **h** את ist mit einigen MSS wohl zu tilgen, zumal das Versmaß dadurch geklärt wird. – **i** *G* liest an dieser Stelle ματαίως, was dem hebr. חִנָּם entspräche. Die Lesart in *M* ist jedoch durch den par. membr. gesichert.

Form

Mit Psalm 3 beginnt im Psalter die Gruppe der Davidspsalmen (Ps 3–41). Zum Psalter als Sammlung vgl. o.S. 8ff. § 3.

In textlicher Hinsicht bietet Ps 3 keine Schwierigkeiten. Auch das Metrum stellt uns vor keine Probleme. Es handelt sich im wesentlichen um Doppeldreier, die nur in 4 durch ein 4+3 Metrum abgelöst werden. Und in 8a stoßen wir auf einen isolierten Halbvers mit vier tontragenden Hebungen. – Auch der Aufbau des Psalms ist gut zu durchschauen, bedarf aber im einzelnen natürlich der exegetischen Erklärung. Unmittelbar nach der Beischrift des erläuternden Apparates in 1 setzt der Ps mit klagenden Feststellungen ein 2–3, es folgen dann Äußerungen des Vertrauens in 4–7. Mit den Worten »Erhebe dich, Jahwe! Hilf mir, mein Gott!« (8a) bittet der Psalmsänger dann in äußerster Not um das Einschreiten Gottes. Das tatsächlich geschehene, alle Gefahr wendende Eingreifen Jahwes wird dann in dem Vers ausgesagt: »Ja, du hast alle meine Feinde auf den Backen geschlagen, zerbrachst der Frevler Zähne.« In 9 schließt der Ps dann mit Bekenntnis und Segen.

Es kann kein Zweifel bestehen, daß Ps 3 zur themenorientierten Formgruppe der Gebetslieder, herkömmlich: der Klagelieder des Einzelnen, gehört (Gunkel-Begrich, EinlPs § 6). Zur Gruppe der Gebetslieder vgl. o.S. 49ff. Einl § 6,2. Der Beter zeigt Jahwe die große Not an, in der er sich befindet (2–3). Äußerungen der Gewißheit und des Vertrauens erheben sich in 4–5, aber auch – in einer noch näher zu erklärenden Weise – in 6–7. In 8aα tritt der Hilferuf, der Jahwes Eingreifen erbittet, deutlich hervor. 8aβ.b sieht auf das geschehene Eingreifen Jahwes zurück und ist deutlich vom Vorhergehenden abzuheben (s.u.). 9 ist aufzunehmen als ein für den liturgischen Gebrauch des Psalms hinzugefügter Schlußsatz, als Epiphonema (JBotterweck, 188).

Ort Wer ist der Beter? Dieser Frage begegnen Schwierigkeiten, die wohl kaum restlos zu klären sind. HGunkel hielt den Psalmbeter für einen »Privatmann«, der in großartigen Metaphern, die ins Militärische hinübergreifen, den Ernst und die Größe der Gefahr, in der er schwebt, veranschaulichen will. RKittel hingegen denkt an einen Heerführer Israels, der bei seiner Kriegsführung in eine bedrohliche Situation geraten sei. BDuhm (mit der für seinen Psalmenkommentar typischen Spätdatierung) versetzt den Psalm in die Parteikämpfe und Auseinandersetzungen der Makkabäerzeit; er will in dem Sänger eine hochgestellte, angesehene Persönlichkeit sehen (»Von Zehntausenden von Gegnern kann, auch wenn er noch so hyperbolisch spricht, kein Privatmann reden«). ABentzen schließlich definiert unseren Text als »Königspsalm« und vertritt die Meinung, daß alle »Klagepsalmen, welche ausdrücklich den König nennen« bzw. in eine für das Königtum charakteristische Lage versetzt werden können, in diese Gattung aufzunehmen sind (ABentzen, Messias – Moses redivivus – Menschensohn, 1948, 20). AWeiser geht im Sinne dieser in der Erklärung der Psalmen sich heute mehr und mehr ausbreitenden »Königsideologie« noch weiter und schreibt: »Der Psalm gehört vermutlich zum Königsritual, in dem die Vorstellung vom Kampf Jahwes gegen die Feinde den heilsgeschichtlichen Rahmen bildet, der für das Verständnis der besonderen Lage des Beters von Bedeutung ist.« Die Vielfalt der Deutungen entspricht den Themen und Bildern, die in dem kurzen Psalm zutage treten. – Nun wird man in jedem Fall von einer Deutung des Psalms im Licht der späten redaktionellen Einleitung in 1 absehen müssen. Daß die Interpretation, die um eine Herausstellung der »Königsideologie« bemüht ist, sich die Angaben in 1 als Argument aneignet, kann nicht als gerechtfertigt angesprochen werden. Auf der anderen Seite wird die Auffassung immer fragwürdiger, in den Gebetsliedern der Psalmen spräche ein »Privatmann«. Vielmehr wird an vorgeformte Agenden zu denken sein (um den kaum angemessenen Begriff »Ritual« zu vermeiden). Vgl. EGerstenberger, Der bittende Mensch. Bittritual und Klagelied des Einzelnen im Alten Testament: Habilitationsschrift Heidelberg. In die Gebetsformulare sind dann Metaphern und konventionierte Vorstellungsformen, institutionelle Vorgänge (WBeyerlin) und übliche Erlebnisgehalte eingegangen. Die Feinde des Beters (vgl. s.o. S. 112ff. Einl § 10,4) können dann u.a. mit der Belagerung durch ein ganzes Heer verglichen werden. In dieser Hinsicht wird der das Gebetsformular aufnehmende Beter in eine »königliche Situation« versetzt, die sein Einzelschicksal transzendiert und in der Weise umgreift, daß er sich darin unterbringen kann.

Die Uppsala-Schule und viele Anhänger der myth-and-ritual-school vertreten die Ansicht, ältere, von der Königsideologie bestimmte und für den König gedichtete Psalmen seien im Verlaufe der Zeit »demokratisiert« worden. Doch ist der Prozeß der Überlieferung und Ausbildung von Gebetsformularen und Agenden mit solcher Erklärung unzureichend erfaßt und auf eine unangemessene Formel gebracht worden. – Noch sind wir weit davon entfernt, den Prozeß der Ausbildung von Gebetsformularen sachgemäß erfassen und darstellen zu können. Denn die altorientalischen Parallelen können wegen des ausgesprochen magischen, der Beschwörung dienenden Charakters der Rituale nur bedingt und mit großer Vorsicht als Parallelen herangezogen werden. Hier liegen die Grenzen der angezeigten Studie von EGerstenberger.

Zuweilen wird Ps 3 unter das Thema »Ein Morgenlied« gestellt. Diese Überschrift nimmt Bezug auf 6 und folgert aus dem Inhalt dieses Verses, der ganze Psalm sei am frühen Morgen angestimmt worden. Nicht selten verbindet sich mit dieser Erklärung ein frommer Lyrizismus. Näher liegt die schon von SMowinckel erkannte Möglichkeit, der Psalm beziehe sich auf eine Tempel-Inkubation (PsStud I 156) und führe in die Situation nach der im Heiligtum durchwachten Nacht. Deutlicher hat WBeyerlin den »Institutionszusammenhang« gesehen (s.u.).

Eine zeitliche Ansetzung des Psalms ist nicht möglich; sie kann, wenn Ps 3 als »Gebetsformular« verstanden wird, auch nur approximativ erfolgen. Darum ist es angemessen, statt von der Herkunft des Psalms aus vorexilischer Zeit – von seiner Herleitung aus der Epoche des ersten Jerusalemer Tempels zu sprechen (WBeyerlin, 75).

Wort 1 Die erläuternde Beischrift in 1 sucht den Ps 3 als »Davidspsalm« (zu מזמור לדוד vgl. o. S. 15ff. Einl. § 4 Nr. 2) in eine bestimmte Situation des Lebens Davids einzuordnen: 2 S 15–18. Diese Ansetzung wird von dem Inhalt des Ps als irrig erwiesen und dient nicht zur Klärung des Textes. Denn der Sänger unseres Ps flieht nicht wie David und läßt keine Spur von Trauer (um Absalom) erkennen. Die Divergenz im einzelnen ist offenkundig.

Die erläuternde Beischrift ist redaktionelle (spätere) Hinzufügung. »Es kommt dem Redakteur offensichtlich nicht darauf an, durch eine historisierende Überschrift den Eindruck einer exakten historischen Angabe zu erwecken; vielmehr geht es darum, eine Situation aus der Geschichte seines Volkes, einen Ort in der Erwählungsgeschichte zu finden, von wo aus der Psalm jeweils verstanden werden kann. Man wird also in den Psalmentiteln Zeugen erster exegetischer Tätigkeit zu sehen haben« (KHBernhardt, Das Problem der altorientalischen Königsideologie im Alten Testament, 1961, 11).

2-3 Wie es in vielen Gebetsliedern üblich ist, beginnt der Sänger mit dem Anruf an Jahwe (im Vokativ). Das beteuernd feststellende מה weist auf die Größe der Gefahr und die ausweglose Not des Beters hin. Eine solche Klage über die Fülle der Feinde findet sich in den Ps häufiger: 22,17; 25,19; 31,14; 38,20; 56,3; 69,5; 119,157. Auch der Vergleich mit einem großen Kriegsheer ist nicht selten. Der Beter ist von Gegnern umringt, die feindlich gegen ihn sich erheben (das ist die Bedeutung von קום על Ps 54,5; 86,14; u.ö.). Die leidenschaftlichen Wiederholungen in 2–3 (רבים – רבו – רבים) wollen die Größe der Gefahr nachhaltig hervorheben und Jahwe zum Einschreiten bewegen. Der Beter bringt dann vor Jahwe die höhnische Feststellung seiner Widersacher zur Sprache: »Für den gibt es keine Hilfe bei Gott!«[1] אמר לְ hat die Bedeutung »über jmd. sprechen« (Gn 20,13; Thr 4,20), und נפש ist ohne jeden spezifischen Sinngehalt einfach mit »Ich« zu übersetzen; das Wort bezeichnet im weitesten Sinne »das Vitale am Menschen« (GvRad, TheolAT I^{6} 166). Der Hinweis auf das höhnische Wort der Feinde soll Jahwe veranlassen, gegen alle sicheren Prognosen der Widersacher seine göttliche Macht zu erweisen. ישע hat in seiner Etymologie wohl die Bedeutung »weit, geräumig sein« (vgl. arab. *wasiᶜa*) und müßte im kausativen hiph. mit »weit, geräumig ma-

[1] »Hoc certe Christus in cruce audivit ›Confidit in deo, liberet eum nunc, si vult‹, sicut et Ps 22 praedictum est ›Omnes videntes me deriserunt me, locuti sunt labiis et moverunt caput: Speravit in domino, eripiat eum, salvum faciat eum, quoniam vult eum‹. Haec enim fiducia, illusio, irrisio, insultatio, epinicion et encomium adversariorum tanquam de triumphato et desperato penitus inimico extremum est et amarissimum tribulationis«. Luther, WA 5; 78, 19ff.

chen«, »jmd. Raum schaffen« wiedergegeben werden (ChrBarth, Die Errettung vom Tode, 1947, 127; SMowinckel, Religion und Kultus, 1953, 63). Das Gegenteil wäre צרר »zusammengedrängt, enge sein«. Luther: »Wie die Not unser enger Raum ist, der uns bedrückt und traurig macht, so ist die Hilfe Gottes unser weiter Raum, der uns frei und fröhlich macht.« – Zu סלה vgl. o.S. 22ff. Einl § 4 Nr. 13.

Mit ואתה »doch du« wird ein Gegensatz bezeichnet. In den Gebetslie- 4
dern ist es der Übergang von der Klage zu den Äußerungen des Vertrauens, der auf diese Weise eingeleitet wird. Bemerkenswert ist, daß die Sätze des Vertrauens nicht mit einem »Ich«, sondern mit einem »Du« begonnen werden. Das Vertrauen hat in Jahwe und nicht im glaubenden Menschen seinen Grund. Der Beter weiß sich wie von einem Schild von Gottes Gegenwart umgeben und in Gottes Schutz geborgen (vgl. Ps 27,5.6). »Ein gewöhnlicher Schild deckt nur von einer, Jahwe aber von allen Seiten« (Gunkel). Zu בעד vgl. Ps 139,11. Daß Jahwe wie ein Schild die Seinen schützt, wird in den Ps öfter gesagt, z.B. Ps 18,3; 28,7; 119,114. Der Beter ist nun dessen ganz gewiß, daß Jahwe seinen כבוד wiederherstellt und sein Haupt erhebt. כבוד muß nicht unbedingt in diesem Zusammenhang einen Menschen in »hervorragender Stellung« (Duhm) meinen, dessen »Würde« wiederhergestellt wird. Der hebr. Begriff bezeichnet im weitesten Sinne »das Gewichtige am Menschen«, »das, was ihn ansehnlich macht« (GvRad, ThW II 240ff.). In Unterdrückung und Verhöhnung wird dem Menschen seine Würde genommen (Hi 19,9). Der Beter vertraut aber: Jahwe wird sie wiederherstellen. Bei מרים ראשי denkt HSchmidt an einen Rechtsakt, in dem der Richter einen Beschuldigten, der sich niedergeworfen hat, vom Boden aufhebt und ihn damit freispricht (vgl. Lev 19,15; Ps 82,2). Diese Deutung zieht dann bei Schmidt erhebliche Konsequenzen nach sich: Ps 3 wird als »Gebet eines Angeklagten« verstanden (HSchmidt, Das Gebet der Angeklagten im AT: ZAWBeih 49, 1928, 26). Diese Auffassung ist deswegen naheliegend, weil man das Bild von der Erhebung des Hauptes aus einem Rechtsakt verstehen kann. WBeyerlin hat die Situation, die dem Psalm zugrunde liegt, deutlicher aufgehellt. Er versetzt Ps 3 in den Zusammenhang des Gottesgerichtsverfahrens. Der Beter ist in den Asyl- und Schutzbezirk des Tempels gelangt. Er weiß sich von Jahwe wie von einem Schild vor denjenigen geschützt, die ihn verfolgen und ihm sein Recht streitig machen. Nun sieht er dem Gottesspruch entgegen, durch den seine menschliche Würde wiederhergestellt und (durch Erheben des Hauptes) ihm das umstrittene und bei Jahwe gesuchte Recht wiedergegeben wird. Die Anschuldigung, die von den Feinden ausgeht, ist nicht bekannt.

Der zweite Satz des Vertrauens in 5 läßt die Gewißheit der Erhörung 5
erkennen. Laut ruft der Beter zu Jahwe. קול erscheint syntaktisch »als effiziertes Objekt mit instrumentaler Bedeutung« (BrSynt § 93n). Der

»heilige Berg« (Zion) ist der Ort der Gegenwart Gottes. Von hier geht die Erhörung aus (Ps 14,7; 20,3 u.ö.). Hier ist die Wende des Geschicks zu erwarten. Fest und unanfechtbar ist die Erhörungsgewißheit. Der Bedrängte zweifelt nicht, daß Jahwe einschreiten und helfen wird.

6–7 In 6 schaut der Beter zurück. Er legte sich nieder und schlief. Wo? Im Alltag des Lebens? Irgendwo im Land »angesichts der Feinde«? Es spricht doch vieles dafür, daß es sich um den Schutzbereich des Tempels handelt, in den der Beter eingegangen und in dem er sich niedergelegt hat. Das Gebetsformular bezieht sich auf diesen häufig wiederkehrenden Zusammenhang. »Die Inschutznahme, die ein sicheres Verbringen der Nacht und eine entsprechende Furchtlosigkeit trotz aller Feinde ringsum ermöglicht, aber bei all dem doch keine Dauerlösung darstellt, sondern von einer durchgreifenden Rettertat Gottes abgelöst werden will, versteht sich als Tempelschutz, der den Bedrängten bis zur Entscheidung des Gottesgerichts dem Zugriff seiner Feinde entzieht. So auch allein wird die Wirksamkeit jener Inschutznahme praktisch verständlich« (WBeyerlin, 77). Allerdings wird man die Erkenntnis der institutionellen Zusammenhänge exegetisch sorgfältig abschätzen müssen. Denn obgleich der Tempel als Schutzbezirk gilt, führt doch keine der Vertrauensäußerungen des Beters den Schutz auf den heiligen Bereich als solchen zurück. Dieser Beter ruft eben nicht »Der Tempel Jahwes, der Tempel Jahwes, der Tempel Jahwes ist hier« (Jer 7,4). Er setzt sein Vertrauen ganz und ausschließlich auf Jahwe. Er ist sein Schutz. Ihm vertraut er. »Jahwe hält mich.« Von daher wird zu erklären sein, daß das Gebetsformular – wie immer es mit der Institution des Tempelschutzes und des erwarteten Gottesurteils zusammenhängen mag – vom Kultus und Ritus ablösbar war und vielleicht auch im Verlaufe der Überlieferung abgelöst worden ist. Denn die Bezüge auf das Institutionelle sind nur noch schwach erkennbar; sie müssen durch ein kombinatorisches Verfahren ermittelt werden. – Zur Vertrauensäußerung in 6 vgl. Ps 23,5. Furchtlos blickt der Sänger auf einen ganzen Heerbann.[1] Zu עם als »Kriegsvolk« vgl. Nu 20,20; Ps 18,44. Von Feinden sieht sich der Beter ringsum belagert und umzingelt. Doch fürchtet er sich nicht, denn Jahwe wird erhören; Jahwe ist gegenwärtig (Ps 46). שית scheint ein militärtechnischer Begriff zu sein (vgl. Jes 22,7). Die furchtlose Geborgenheit gründet – das muß noch einmal betont werden – in dem in 4 zur Sprache gebrachten Vertrauen.

8 Nach den Worten des Vertrauens bricht in 8a nunmehr der äußerste Notruf des von Feinden umringten Beters hervor: »Erhebe dich, Jahwe! Hilf mir, mein Gott!« Zur Bedeutung dieser Bitte als eines äußersten Notrufes vgl. Jer 2,27, und in den Psalmen: 7,7; 9,20; 10,12; 17,13; 44,27;

[1] »Ita impotens et oppressus est secundum faciem et in oculis hominum, sed coram Deo et in spiritu robustissimus et adeo in virtute dei cum fiducia glorians«. Luther, WA 5; 81, 36ff.

74,22. Zu ישׁע vgl. 3. Es ist möglich, daß die Vorstellung vom קום und vom Einschreiten Gottes mit der Lade, dem leeren Gottesthron, verbunden war. Wie ein Herrscher sich von seinem Thronsitz erhebt und eingreift, so möge Jahwe aufstehen und zur Hilfe kommen (Nu 10,35).

In 8 aβ.b fällt die Entscheidung über den Sinn und die Bedeutung des Verses in der Erklärung der Tempora. Wie ist das perf. zu verstehen? Als Ausdruck »unerschütterlicher Erhörungsgewißheit« (JBotterweck, 188)? Als Feststellung einer Erfahrung, die der Beter immer gemacht hat? »Wie Jahwe in der Vergangenheit seine Hilfe immer wieder unter Beweis gestellt, so weiß der Beter glaubenssicher, daß er auch jetzt in der konkreten Bedrängnis hilft« (JBotterweck, 188). Die Situation des Tempus klärt DMichel, Tempora und Satzstellung in den Psalmen (1960) 61ff.: »Das perfectum im Bericht der Errettung«. Die beiden Halbverse sind auf jeden Fall zu übersetzen: »Du hast alle meine Feinde auf den Backen geschlagen, zerbrachst der Frevler Zähne.« Diese Aussage enthält »die triumphierende Gewißheit aus einer erfahrenen Hilfe« (HSchmidt). Vgl. auch WBeyerlin, 78ff. Man wird demnach 8aβ.b von 8aα deutlich absetzen müssen. Zwischen diesen beiden Versteilen liegt das Ereignis des tatsächlichen Eingreifens und Helfens Jahwes. Die Wende ist geschehen. – Aus dem Text ist nicht zu erkennen, wie die Wende geschah. Ist ein Gottesspruch in der Form eines »Heilsorakels« ergangen? Vgl. JBegrich, Das priesterliche Heilsorakel: ZAW 52 (1934) 84. – Es genügt die Feststellung: Der Vertrauensäußerung in 5 entsprechend hat Jahwe wirklich eingegriffen. Er hat die Feinde geschlagen. Der Backenstreich gilt im Alten Testament als eine schimpfliche, erniedrigende Bestrafung: 1 Kö 22,24; Hi 16,10; Mi 4,14; Thr 3,30. Wenn vom Zerschlagen der Zähne die Rede ist, so wird zu bedenken sein, daß in den Psalmen, insbesondere in den klagenden Gebetsliedern, häufiger von Mund, Kehle, Lippe oder Zähnen der Widersacher die Rede ist: Ps 5,10; 10,7; 31,19; 52,4; 57,5; 58,7; 59,8; 140,4. Der Mund, aus dem die höhnischen Reden der Feinde hervorgingen, ist zerschmettert (3). Die Feinde gelten als רשׁעים, sie sind in ihrem Wesen durch Freveltat und Gottlosigkeit qualifiziert (vgl. o.S. 112ff. Einl § 10,4).

Der Psalm schließt mit einem für den liturgischen Gebrauch hinzuge- 9
fügten Schlußsatz (Epiphona). Vertrauen und Zuversicht des Psalmbeters klingen aus in einem allgemein gültigen, credoartigen Theologumenon (JBotterweck). Bei Jahwe wird jeder, der ihm vertraut und ihn aus Not und Bedrängnis anruft, Hilfe finden. Bei Jahwe ist das Heil. Dieses Heil wird in der Form umfassender Segenszuwendung für das ganze Gottesvolk erbeten. Damit wird zugleich deutlich: Die Rettung und Hilfe, die dem Einzelnen widerfuhr, geschah in Israel. Aus diesem heilsgeschichtlichen Geschehenszusammenhang ist das Leben einzelner Beter nicht zu lösen.

Ziel Der Beter des Psalms wurde von einem Heer von Feinden und Verfolgern umdroht. Seine Lage mußte als hoffnungslos erscheinen. Die siegesbewußten, höhnenden Stimmen seiner Widersacher suchten auch den letzten Ausweg des zu seinem Gott fliehenden und von ihm Rettung erbittenden Mannes abzuschneiden. Diese Feinde und Verfolger waren ihrer Sache so sicher, daß sie sich ein Urteil über Gottes Spruch und Tat anmaßten: »Für den gibt es keine Hilfe bei Gott!« (3). Nach Gottes erlösendem Spruch und nach seiner befreienden Tat aber verlangte der Beter. Den feindlichen Aktionen und den als definitiv vorgetragenen Äußerungen über Jahwes Tun, die den Verfolgten in letzte Gottverlassenheit zu stoßen bestrebt waren, begegnet der Beter des Psalms mit einem unerschütterlichen Vertrauen zur gegenwärtigen und wirksamen Schutzmacht seines Gottes. Er weiß sich geborgen hinter dem Schild dieses Gottesschutzes. Er ist gewiß, daß er – entgegen allen anders lautenden Feststellungen und Prophezeiungen – Hilfe finden wird. Jahwe wird mit seinem כבוד für die Würde des Verfemten und von den Menschen Verworfenen eintreten; er wird dem von den Menschen bereits Verurteilten das verlorene Recht (im symbolischen Akt der Erhebung des gesunkenen Hauptes) zusprechen (4). Er wird gerechtfertigt werden – vor seinen Feinden (vgl. Jes 49,4; 50,8). Klar und uneingeschränkt tritt die Erhörungsgewißheit hervor (5). In solcher Erhörungsgewißheit mit Jahwe verbunden sein, auch angesichts eines Heeres von Widersachern und Widersprüchen, das ist im Psalter: Glaube. Dieser Glaube ist befreit von Furcht, auch wenn es Zehntausende sind, die das Leben umlagern und zu zerstören drohen (7). Der Bittruf ergeht in einer ins Heiligste der Selbstoffenbarung des Gottes Israels vordringenden Appellation (8aα). Der »Gott der Lade« wird angerufen, seine Theophanie erwartet.

Dann aber ist die Wende geschehen.[1] Es wird nicht mitgeteilt, wann, wo und wie sie geschah. Sollte sich 6, wie vermutet wurde, auf den institutionellen Akt der Wahrnehmung des Tempelschutzes beziehen, so läge es nahe, für die ursprüngliche Situation das Ereignis der Selbstkundgabe Jahwes (vielleicht durch einen Priester oder Tempelpropheten vermittelt) im Heiligtum anzunehmen. Doch sind die konkreten Konturen solchen Geschehens im jetzigen Psalmtext in weite Ferne gerückt. Zu bedenken wäre vor allem die Tatsache, daß 8aβ.b ein alle Dimensionen des Institutionellen sprengendes Geschehen bezeugt. Es wird also Zurück-

[1] Es ist erstaunlich, wie klar Calvin das Problem der Tempora in 8 gesehen hat. Er schreibt zur Stelle: »Bifariam exponi potest: vel ut precando in memoriam revocet superiores victorias, vel ut Dei auxilium expertus, et potitus suo voto gratiarum actionem subiungat, in quam sententiam libenter inclino. Primum igitur refert, se ad Dei opem fugisse in periculis, et salutem ab eo suppliciter precatum. Deinde, ob eam allatam gratias agit: quo testatur liberationem se Deo acceptam ferre«. (In librum Psalmorum Commentarius, zu Ps 3,8.)

haltung geboten sein. Nur das Echo, nur das Zeugnis der geschehenen Wende ist in 8β.b erkennbar. Die Feinde sind geschlagen, die Widersacher überwunden. Siegesbewußte Verfolger, die sich vermaßen, Gottes Urteil zu wissen und vorwegzunehmen (3), werden als רשעים entlarvt und dargestellt. Erwiesen und bewährt ist in diesem Geschehen: »Bei Jahwe steht die Hilfe!« (9). Dies ist die immerwährende Wirklichkeit im Gottesvolk, das unter dem Zuspruch des Segens, und also des Wirksamwerdens dieser Wirklichkeit lebt.

Das Gebetsformular des Ps 3 transzendiert und umgreift jedes Leiden und Verfolgtwerden einzelner Menschen. Doch geht von diesem Formular die Einladung an Leidende und Verfolgte aus, sich im weiten Aussageraum zu bergen und die je besondere Not in seiner Sprache zu artikulieren. In der Erfüllung des Neuen Testaments ist Jesus Christus der eine, der erste Beter der Psalmen. Er ist der »königliche Mensch« (KBarth). Er ist der Verfolgte und (vor den Menschen) in hoffnungslose Gottverlassenheit Gestoßene und Verstoßene. Er ist aber auch der Vertrauende, der Betende, der mit seinem Vater Verbundene, der von Gott Gerechtfertigte, der Auferstandene. Christen beten den Ps 3 ἐν Χριστῷ. Der weite Aussageraum der Sprache des Psalms ist erfüllt in der Wirklichkeit des Christus Jesus.

Psalm 4
In allen Anklagen geborgen bei Gott

Literatur

LDürr, Zur Datierung von Ps 4: Bibl 16 (1935) 330–338. – MMannati, Sur le sens de *min* en Ps 4,8: VT 20 (1970) 361–366. – WBeyerlin, Die Rettung der Bedrängten in den Feindpsalmen der Einzelnen auf institutionelle Zusammenhänge untersucht: FRLANT 99 (1970) 84–90.

Text

1Dem Chorleiter. Mit Saitenspiel. Ein Psalm Davids.
2Wenn ich rufe, erhöre mich[a], Gott meiner Gerechtigkeit!
– In Drangsal schufst[b] du mir Raum. –
Erbarm dich und vernimm mein Gebet!
3Ihr Angesehenen, wie lange bleibt meine Ehre geschmäht[c],
liebt ihr Eitles und suchet Lüge? Sela.
4Erkennt doch, daß große ‘Gnade mir’[d] Jahwe erwiesen.
Jahwe hört, wenn ich zu ihm rufe.
5‘Sinnet nur in euren Herzen’[e] – doch verfehlt euch nicht!
‘Grollt’[e] nur auf eurem Lager – doch schweigt! Sela.
6Bringt Rechtsopfer dar und vertraut auf Jahwe!
7Es sprechen viele: »Wer läßt uns schauen das Gute?

'Gewichen'[f] ist von uns deines[g] Antlitzes Licht!«
[8]Du, 'Jahwe'[h], gabst mir mehr Freude ins Herz
als jenen, wenn sie reich an Korn und Most.[i]
[9]In Frieden schlaf' ich, sobald ich liege,
denn du''[j] – so einsam ich bin – läßt sicher mich wohnen.

2 **a** *G* liest εἰσήκουσεν. Demnach wäre עֲנֵנִי zu lesen, und die Tempora in 2
müßten alle entsprechend angeglichen und auf die Vergangenheit bezogen wer-
den. Es ist jedoch zu vermuten, daß *G* den imper. bereits auf das perf. in dem (wie
eine Parenthese wirkenden) Versteil בצר הרחבת לי abgestimmt hat, während in
M der parallele Halbvers zu בקראי ענני אלהי צדקי doch wohl in חנני ושמע תפלתי
zu suchen ist. – **b** Der Vorschlag, nun das perf. הרחבת als imper. הַרְחִיבָה den Im-
perativen ענני und חנני ושמע anzugleichen, kann ebensowenig überzeugen wie
die unter a besprochene Korrektur. Der Versteil hat eine eigenartige (wie eine
3 Einschaltung wirkende) Stellung. – **c** In *G* findet sich der Text ἕως πότε βαρυ-
κάρδιοι; ἵνα τί. Dies entspräche einem hebr. Wortlaut כִּבְדֵי לֵב לָמָּה. Damit aber
würde das Versgefüge zerstört. *M* wörtlich: »Wie lange (ist) meine Ehre zur
4 Schmach?« – **d** *M* wörtlich übersetzt: »daß Jahwe sich einen Frommen ausge-
sondert hat« (הפלה, MSS הפלא). Dieses Textverständnis ist syntaktisch kaum
möglich und im Sinnzusammenhang fragwürdig. In Ps 31,22 findet sich die un-
seren Text klärende Wendung הִפְלִיא חַסְדּוֹ לִי (vgl. auch Ps 17,7). Korrektur:
5 הִפְלִיא חֶסֶד לִי »er hat mir wunderbare Gnade erwiesen«. – **e** Der in *M* vorliegende
Text bereitet im Aufbau, d.h. in der Ordnung des par. membr., Schwierigkei-
ten. Sie lassen sich – ohne Eingriff in den Wortbestand – am besten durch eine
Umstellung in der Wortfolge klären: durch Austausch von רגזו und אמרו
בלבבכם. Das Motiv zu einer wahrscheinlich vorgefallenen Umsetzung von אמרו
בלבבכם vor על־משכבכם wäre erklärbar mit dem Hinweis darauf, daß die Vor-
stellung vom »Sinnen auf dem Lager« sehr naheliegend war (vgl. Ps 36,5; Mi
2,1). In den Kommentaren wird meist – in einem sehr umständlichen und kaum
begründeten Prozeß – das Wort בלבבכם hinter רגזו eingefügt (obwohl אמר בלבב
7 eine gebräuchliche Wendung ist), und אמרו wird korrigiert in מרו, הָמֵרוּ, הַמְרוּ. – **f**
Man wird נסה kaum als ungewöhnliche Schreibung von נְשָׂא bzw. שָׂא verstehen
können (im Sinne von Nu 6,26). Wahrscheinlich hat im hebr. Text einmal נָסְעָה
gestanden. Das würde im par. membr. einen guten Sinn geben. Die Präposition
על wäre dann im Sinne von Ps 81,6 zu verstehen (»from over« G RDriver, VT 1,
1951, 247). – **g** *S* schlägt das Suffix der 3. pers. פָּנָיו vor und glättet damit wohl ei-
8 nen vorliegenden Text auf das Verbum נשׂא hin. – **h** Es entspräche dem Sinnzu-
sammenhang (und dem Metrum), wenn יהוה als Vokativ statt am Ende von 7 am
Anfang von 8 gelesen würde. – **i** מֵעֵת wird als Komparativ wörtlich zu übersetzen
sein: »als zu der Zeit, da . . .« Freier (und unter Vorordnung der logisch praevalie-
9 renden Suffixe): »als jenen, wenn sie . . .« – **j** יהוה ist in diesem Vers wahrschein-
lich eine Hinzufügung, die mtr. cs. ausgeschlossen werden könnte. לבדד = »so
einsam ich bin« (HSchmidt) ist textlich sicherer; *G* κατὰ μόνας.

Form Ps 4 gehört zur Gruppe der Davidspsalmen (Ps 3–41). Budde vertritt die Ansicht, daß die Ps 3 und 4 zusammengehören und einmal eine Einheit bildeten. Diese – oft diskutierte – Auffassung ist unbegründet.

In seiner textlichen und metrischen Form bietet der Ps einige Schwierigkeiten. Die Umstellung in 5 ist erforderlich (s. Textkritik). Korrekturen müssen in 4.7.8 und 9 vorgenommen werden. Es ergibt sich danach im Versmaß folgendes Bild: 2a ist ein isolierter Vierer, dem ein Doppeldreier folgt. Das Metrum 4+4 liegt dann in 3.4.5.7.8.9 vor. Die Korrekturen mtr. cs. in 8 und 9 sind unerheblich. 6 wird man als isolierten Vierer verstehen dürfen.

Der Aufbau des Ps bereitet unter den bisher erarbeiteten Voraussetzungen (s. Textkritik) keine Schwierigkeiten. Umstellungen der Verse (EBaumann, Struktur-Untersuchungen im Psalter I: ZAW 61, 1945/48, 114ff.) sind unnötig und wenig sinnvoll. 2 enthält eine bittende Anrede an Jahwe, die bereits auf die Erfahrung der Hilfe Gottes rekurriert (vgl. 4). Doch der Beter ist noch immer umdroht und wendet sich darum an die ihn verfolgenden Feinde 3–6 (unter Hinweis auf die geschehene Begnadigung 4). In 7–9 wird dann abschließend die Verhaltensweise ungeduldig murrender Menschen (7) der vertrauensvollen Geborgenheit des Beters (8–9) gegenübergestellt. – Aus dieser Übersicht über den Aufbau und Inhalt des Psalms ergibt sich die in der Auslegung näher zu bestimmende und zu erklärende Festellung: Ps 4 gehört zur themenorientierten Formgruppe der Gebetslieder, die man herkömmlich »individuelle Klagelieder« nennt (Gunkel-Begrich, EinlPs § 6). Zur Gruppe der Gebetslieder vgl. o. S. 49ff. Einl § 6,2. Gerade angesichts des Ps 4 fragt es sich, ob die traditionelle Gattungsbestimmung, die in den Bezeichnungen »Klagelied« oder auch »Vertrauenslied« erfolgt, noch aufrechterhalten werden kann (so mit Recht: WBeyerlin, 89). Man sollte darum lediglich von einem »Gebetslied« (תפלה) sprechen und die näheren Erklärungen im Prozeß der Exegese herausarbeiten.

Die Situation, in der der Psalmbeter sich befindet, wird erkennbar zunächst in 2 und 4: Jahwe hat dem Beter Gnade erwiesen und ihm in einem gefährlichen Verfolgungs- und Anfechtungsgeschehen Raum geschaffen. Dennoch fahren die Feinde fort, ihn zu schmähen, zu verleumden (3) und Arges gegen ihn zu planen (5). Es liegt nahe, als »Sitz im Leben« einen Vorgang im Tempel anzunehmen; dazu gibt vor allem der Hinweis auf das Opfer in 6 Veranlassung. So wäre die Erklärung vorzuschlagen, daß ein unschuldig Verfolgter und Angeklagter durch einen Gottesspruch im Tempel sein Recht wiederhergestellt bekommen hat. In den kultisch-institutionellen Zusammenhang des Gottesgerichtsverfahrens versetzt der Psalm (HSchmidt; EALeslie; WBeyerlin). Der kultische Charakter wird durch den Hinweis auf die Opferhandlung unterstrichen. Allerdings besteht nun die Eigenart des vorauszusetzenden Vorgangs darin, daß die Verfolger und Bedränger nicht willens waren, den Gottesspruch, und also den Ausgang des Verfahrens zu respektieren. Es muß sich um hochgestellte, einflußreiche Personen handeln (3), die nicht nachlassen, ihre Anschuldigungen auch nach dem bereits geschehenen Eingreifen Jahwes vorzutragen (3) und wohl auch neue Argumente zu ersin- Ort nen (5). Unter diesen Gesichtspunkten werden die Konturen des Psalms sehr scharf und klar. 9 müßte dann im Zusammenhang der getroffenen Situationsbestimmung gedeutet werden: Der Beter liegt und schläft im Schutzbezirk des Tempels (vgl. zu Ps 3,6). – Die Erklärung des Psalms als »Abendlied« verkennt die konkrete Beziehung der Aussage in 9 und steht in Gefahr, einem frommen Lyrizismus zu huldigen.

Im Vergleich zu der in Ps 3 wahrzunehmenden bzw. kombinatorisch zu erschließenden Situation ergibt sich folgendes Bild: Der Beter des Ps 3 steht in 2–8aα vor dem Ereignis des Gottesgerichtsverfahrens. Auf die durch Jahwes Eingreifen heraufgeführte Wende wird in 8aβ.b nur in aller Kürze Bezug genommen, indem zurückgeschaut und das Faktum der Überwindung der Feinde bezeugt wird. In Ps 4 hingegen ist der entscheidende Spruch des Gottesgerichtsverfahrens gefallen (2 und 4). Aber dieser Spruch wird von den Feinden und Verfolgern des Beters nicht anerkannt. M.a.W.: die Rechtfertigung des Angeklagten durch Jahwe wird angefochten. Gottes Freispruch, sein Richtspruch wird von den »Angesehenen« (3) nicht akzeptiert. Die Bedränger setzen sich über den Gottesspruch hinweg; sie setzen ihre Anschuldigungen und Verleumdungen fort (vgl. WBeyerlin, 85).

Über den Verfasser und Beter des Ps sind die verschiedensten Meinungen geäußert worden. Meist ging man dabei von einer Überbewertung des Begriffes כבוד in 3 aus und dachte an die »Würde« eines Volksführers (Wellhausen u.a.), Königs (Baethgen) oder Hohenpriesters (Duhm). Aber es ist kaum richtig, כבוד in diesem exklusiven Sinne zu verstehen (s.u. zu »Wort«). Einen Anhaltspunkt bei der Frage nach der Person des Beters könnte man vielleicht in der Anrede in 3 und dann in 8 finden: Er gehört zu den Armen, Einflußlosen; er ist nicht reich an Korn und Most; er muß aufschauen zu den »Angesehenen«, die die Macht haben und das Recht für sich in Anspruch nehmen. Doch ist die Frage nach der »Person« unsachgemäß. Ps 4 ist ein Gebetsformular, verfaßt für einen außerordentlichen Fall: für den der Anfechtung des Gottesspruchs im Gerichtsverfahren des Tempels. – Die Frage nach der zeitlichen Ansetzung findet nur wenige Anhaltspunkte. In allen Punkten kann der Psalm ebensogut vor- wie nachexilisch sein (WBeyerlin, 84). Doch zweifellos ist der Psalm auf den Kultort bezogen (Opfer; Institution des Gottesgerichtsverfahrens) und dort überliefert worden.

Wort 1 Zu den Bezeichnungen der Überschrift in 1 sind folgende Hinweise zu geben: למנצח o.S. 25 Einl § 4 Nr. 17; בנגינות o.S. 21f. § 4 Nr. 9; מזמור לדוד o.S. 15ff. § 4 Nr. 2.

2 Der Psalm beginnt in 2 mit Bitten, wie sie für ein Gebetslied bezeichnend sind: für seine Bitten erfleht er Erhörung. Obwohl Jahwe »Raum schuf« und »große Gnade erwies« (4), hat – wie der Psalm als ganzer zu erkennen gibt und wie es in der Situationsanalyse festgestellt worden war

– die Bedrängnis der Feinde noch nicht nachgelassen. Die in den Kommentaren nicht selten vorgenommene Korrektur der Imperative in Perfekta wird der Situation und dem Inhalt des Psalms nicht gerecht. In einer außerordentlichen Not ruft der Beter Jahwe um Hilfe und Rettung an.[1] Die Gottesbezeichnung אלהי צדקי weist darauf hin, daß das Recht des Beters, die Deklaration seiner Unschuld gegenüber allen Beschuldigungen und Verleumdungen, von Jahwe ausgeht, von Gottes Richtspruch: Ps 17,2; 35,23; 37,6; 69,29 (vgl. GvRad, »Gerechtigkeit« und »Leben« in der Kultsprache der Psalmen: GesStudAT I 225–247). »Gott meiner Gerechtigkeit« wird Jahwe genannt, weil er sich mit befreiendem Rechtsspruch des Bedrängten angenommen und unbestechlich gegen alle Rechtsanmaßung einflußreicher Machthaber die Treue des Bundes und der Gemeinschaft mit dem Armen bewährt hat. Jahwes Gerechtigkeit ergreift Partei; sie gibt sich dem Hilflosen, der auf ihn vertraut und ihn anruft, zu eigen. Die besondere Situation des Beters in Ps 4 liegt darin, daß er von dem אלהי צדקי bereits eine Wiederherstellung seines Rechts und seiner Würde empfangen hat (4), daß aber gleichwohl dieses sein Recht noch immer bzw. mit neuen Argumenten (5) umstritten ist. Darum ist die Anrede »Gott meiner Gerechtigkeit« eine von Vertrauen getragene Bezeichnung, die die Hoffnung auf eine weitere Bewährung der Gerechtigkeit Jahwes enthält. – Mit den Worten »In Drangsal schufst du mir Raum« wird erinnert und bezeugt, daß der entscheidende Eingriff von seiten Gottes schon geschehen ist. צר bezeichnet die Enge, die das Leben abwürgende Bedrängnis. Dagegen ist הרחבת ein Begriff des »nomadischen Lebensgefühls« (Gn 26,22), das die Weite und Freiheit unbegrenzter Möglichkeiten vor sich sieht. In den Psalmen wird mit diesem Begriff wiederholt die befreiende Herausführung aus der Bedrängnis veranschaulicht (Ps 18,20; 31,9; 66,12; 118,5).

Nachdem die Bitte an Jahwe geäußert worden ist, wendet der Sänger 3
unseres Ps sich unmittelbar an seine Widersacher. Zu einer solchen aus dem Lied heraustretenden Anrede an andere vgl. Ps 6,9; 52,3f.; 58,3; 62,4; 119,115. בני איש ist wahrscheinlich eine Bezeichnung für angesehene und vornehme Leute. In Ägypten und Babylonien werden die einflußreichen Besitzenden im Unterschied von den Armen »Söhne eines Mannes« genannt (EMeyer, Geschichte des Altertums I², 250. 514; BMeißner, Babylonien und Assyrien I, 371ff.). Wir hätten also in Ps 4 den in der atl. Prophetie häufiger gegeißelten Vorgang vor Augen, daß die Einflußreichen den Armen mit falschen Anschuldigungen anklagen und verurteilen. Sie

[1] »Porro, Deum iustitiae suae appellat, acsi diceret iuris sui vindicem, quod passim omnes eum damnarent, et hostium calumniis, perversisque vulgi iudiciis oppressa esset eius innocentia. Idque diligenter notandum est. Nam quum nihil sit acerbius quam nos immerito damnari et una cum iniusta vi perferre infamiam, id tamen quotidie sanctis accidit«. Calvin, In librum Psalmorum Commentarius, zu Ps 4,2.

schmähen seinen כבוד (vgl. zu Ps 3,4) und zerstören damit seine Lebenswürde vor Gott und den Menschen. – Der Bedrängte beschuldigt nun seinerseits die Gegner, sie liebten ריק (hier wohl: die gegenstandslose, unbegründete Anklage) und suchten Lüge, d.h., sie nähmen ihre Zuflucht zu Verleumdungen. Vgl. MAKlopfenstein, Die Lüge nach dem Alten Testament: Diss. Bern (1964) 224. – Zu סלה vgl. o.S. 22ff. Einl § 4 Nr. 13.

4 Nun werden die angesprochenen Widersacher in 4 aufgefordert, das Faktum der von Jahwe her geschehenen Begnadigung zu erkennen. חֶסֶד vgl. zu Ps 5,8. Wir haben es hier mit einer »mit dem zeichenhaften Beweisgeschehen verbundenen Erkenntnisaussage« zu tun (WZimmerli, Erkenntnis Gottes nach dem Buche Ezechiel: ATANT 27, 1954, 56). Daß Jahwe dem Beter »wunderbare Gnade erwiesen« hat, wird in einem konkreten Gottesspruch oder in einem zeichenhaften Geschehen zum Ausdruck gekommen sein. Die Widersacher werden also aufgerufen, dieses Ereignis zu erkennen und anzuerkennen – das ist hier der Sinn von ידע. Im parallelen Versglied bezeichnet das imperf. die präsentische Erhörungsgewißheit – angesichts der fortwährenden Uneinsichtigkeit der Feinde. Diese Gewißheit ist als eine zu 2 korrespondierende Vertrauensäußerung zu verstehen. Der Angeschuldigte bekennt den Feinden ins Gesicht, daß Gott sein Klagen vernimmt und sich seiner Sache annimmt.

5 In 5 wird nun offenbar vorausgesetzt, daß die Gegner Pläne schmieden und Argumente suchen, wie sie den von Gott ins Recht Gesetzten übervorteilen können. אמר בלבב beschreibt das Sinnen und Planen, רגז die grollende Erregung. Mit kühn herausfordernden Imperativen ermuntert der Beter unseres Psalms die Verleumder, ihre feindseligen Überlegungen nur fortzusetzen, warnt sie jedoch, sich (vor Jahwe) zu vergehen (חטא drückt das Sichverfehlen aus). Er mahnt sie, unter allen Umständen zu schweigen, d.h. wohl: keine neue Anklage zu erheben. Auch die Aufforderung in 6 wird man in diesem Zusammenhang verstehen dürfen. Zunächst setzt der Vers doch wohl voraus, daß die ganze Auseinandersetzung zwischen dem Angeschuldigten und seinen Widersachern sich in der Sphäre des Heiligtums abspielt. Wenn man nun זבחי־צדק mit אלהי צדק (2) in Verbindung bringen darf – und das liegt sehr nahe –, dann würde es sich um Opfer handeln, mit denen das von Jahwe ausgehende Recht anerkannt wird (vgl. Ps 5,4). Wahrscheinlich wird man auch Ps 51,21, die zur Interpretation viel zitierte Parallele, in diesem Sinn deuten und verstehen können (s. zu Ps 51,21). Ein solches das Recht Gottes anerkennendes Opfer muß aber bei denen, die es darbringen, begleitet sein von Vertrauen und Zuversicht (vgl. Ps 5,4). Darum die Aufforderung: בטחו אל־יהוה.

Gegen diese Erklärung von זבחי־צדק ist Einspruch erhoben worden, so vor allem von RSchmid, Das Bundesopfer in Israel: StANT IX (1964) 40. Schmid meint, es entspräche die vorgetragene Erklärung kaum dem Sinngehalt von Ps 51,21 und auch Dt 33,19; »vielmehr handelt es sich um rechte Opfer, deren Richtigkeit darin gründet, daß sie den kultischen Vorschriften genügen oder – wohl eher – daß sie dem richtigen Geist, der lauteren Haltung Jahwe gegenüber erwachsen« (40). Doch diese Deutung, die der Auffassung vieler Interpreten entspricht, »trifft mit Bestimmtheit nicht zu« (WBeyerlin, 87). Aufzunehmen ist zunächst die von WBeyerlin gegebene Erklärung, die das oben zum Ausdruck gebrachte Verständnis präzisieren könnte: »צדק meint in diesem Zusammenhang vielmehr die von Jahwe ausgehende Heilsgabe, die die Menschen befähigt, von allem unrechten Tun abzustehen, den Friedensbruch zu beseitigen und den כבוד des zu Unrecht Beschuldigten wiederherzustellen. Die geforderten Opfer sind als Mittel der Übereignung des צדק verstanden. Bei ihrem Vollzug werden die Opfernden der Heilsgabe der צדק teilhaftig und durch sie instand gesetzt, ihren Teil zur Überwindung des Unrechts und der Gemeinschaftswidrigkeit beizutragen« (WBeyerlin, 87, unter Berufung auf KKoch, *Sdq* im Alten Testament. Eine traditionsgeschichtliche Untersuchung: Diss. Heidelberg 1953,32.42.76 u.ö.). Diese Erklärung ist noch schärfer zu fassen. Dabei ist auszugehen von der Tatsache, daß nach dem Ereignis des Eingreifens Jahwes die Erretteten beim Gemeinschaftsmahl (זבח) die großen Taten Gottes feierten und (als die zuvor Ausgestoßenen, Verfolgten und Verfemten) sichtbar und effektiv in die Gemeinschaft des Gottesvolkes aufgenommen wurden (Ps 22,27; 34,9 u.ö.). In diesem Zusammenhang kann es nur die Bedeutung der זבחי־צדק gewesen sein, nach dem Rechtsspruch Jahwes die Verfolger und den Verfolgten beim Opfer in ein neues Gemeinschaftsverhältnis einzuholen; und zwar in ein solches Gemeinschaftsverhältnis, das dem Erweis von צדק von seiten Jahwes entspricht. Hier liegt der innere Zusammenhang von אלהי צדק und זבחי־צדק in Ps 4.

Ist diese Erklärung des Aufrufs in 6 zutreffend, dann wäre der Sinn 6
von 5–6 folgendermaßen wiederzugeben: Die Feinde und Verfolger des Beters sollen sich in ihren gegen Jahwes Rechtsspruch (der einen Freispruch für den Bedrängten brachte) aufbegehrenden, verleumderischen Bestrebungen nicht versündigen. Vielmehr sollen sie die jetzt erforderliche זבחי־צדק darbringen, in die Gemeinschaft mit dem Freigesprochenen beim Opfermahl eintreten und Jahwe vertrauen. Die Wendung ובטחו אל־יהוה hat in diesem Zusammenhang die Bedeutung: In Jahwes Rechtsspruch einstimmen; diesen Spruch annehmen, ihm sich beugen. »Vertrauen« ist demnach Einstimmung in Wort und Tat des אלהי צדק. Widersetzen sich die Angesehenen der Darbringung und Teilnahme an den זבחי־צדק, so wäre dies Mißtrauen gegenüber der Gerechtigkeit Jahwes, Anfechtung seines Spruches.

In 7–9 wird nun das unruhige Fragen und Verlangen derer, die nicht 7
vertrauen (vgl. בטח in 6), der in Jahwe gegründeten Gewißheit und Geborgenheit des Beters gegenübergestellt. Es ist zunächst in 7 von Menschen die Rede, die mit ihrem Geschick hadern. Die Worte der Murrenden werden in direkter Rede wörtlich zitiert – so wie es in den Ps bisweilen üblich ist (Ps 3,3; 11,1ff. u.ö.). Bezeichnend ist nun, daß diese Leute Jahwe nicht ansprechen, sondern daß sie orientierungslos, also ohne Ver-

trauen (בטח in 6), über ihr dunkles Dasein klagen. Sie sehen das Gute
nicht, sie gewahren kein Zeichen der das Leben glückhaft aufhellenden
Zuwendung Gottes. Sie seufzen darüber, daß das Licht des Antlitzes Got-
tes (d.h. seine leuchtende Gegenwart) gewichen ist. Wenn mit der Wie-
dergabe dieser murrenden Worte die Gegner des Psalmsängers wohl auch
nicht direkt zitiert sind, so sieht der Bedrängte doch gewiß ihre Lebens-
einstellung unter dem Vorzeichen einer solchen orientierungslosen
Schicksalsklage. – Der Unruhe jener quälenden Nachfrage in 7 steht nun
8 in 8 die Gewißheit dessen gegenüber, der טוב bereits empfangen hat.
Jahwe hat dem Beter Freude ins Herz gegeben. Wenn Gott wunderbare
Gnade erweist (4) und mit der Zuwendung seiner Hilfe »Raum schafft«
(2), dann bedeutet das: שׂמחה, Freude, die das Innerste des Menschen er-
füllt. Diese Freude ist herrlicher als die Zeit (עת), in der die בני איש (3),
als die Vornehmen und Reichen, Korn und Most in Fülle haben. Es ist
bedeutsam, wie an dieser Stelle von allen Segensgaben des natürlichen
Lebens abgesehen und allein die von Jahwe gegebene Freude seiner
Heilszuwendung gepriesen wird (vgl. Ps 63,4: כי־טוב חסדך מחיים). Alle ir-
dischen Güter versinken hinter der huldvollen Liebe (חסד in 4) Gottes.
Das Glück dieser Freude ist begleitet von der Gewißheit ständiger Gebor-
9 genheit: 9. יחדו hat im Satzgefüge den Sinn »sobald ich liege, schlafe ich«.
In Frieden ruht der von Jahwes Freude Beschenkte. Er quält sich nicht in
sorgenvoller, schlafloser Unruhe (vgl. Ps 3,6). Geborgen ruht er. Gott
läßt ihn – so einsam er auch ist – sicher wohnen. Das Wort לבדד weist auf
die kritische Lage des Beters hin, der einflußlos und allein den בני איש ge-
genübersteht. Dennoch fürchtet er sich nicht (Ps 3,7); die erfahrene Hilfe
Gottes ist die Ursache einer unanfechtbaren Sicherheit. Wie zu Ps 3,6 ist
zu betonen, daß nicht der Asyl- und Schutzbereich des Tempels als sol-
cher das Schutzbewußtsein gewährt, bestimmend ist das Vertrauen zu
Jahwe, dem אלהי צדקי, der dem Einsamen und erneut Bedrängten Ge-
borgenheit und Überwindung seiner gefahrvollen Vereinzelung schenkt.
שׁלום ist die Gabe Jahwes, die sich auch und gerade angesichts akuter Be-
kämpfung und Bedrohung bewährt. Das sichere Wohnen ist keine sakrale
Selbstverständlichkeit, sondern Gewährung des Gottes Israels.

Ziel Ps 4 ist ein Zeugnis der unüberwindbaren Geborgenheit und Gewißheit, die unter dem wunderbaren Gnadenerweis des göttlichen Zuspruches allen Anfeindungen und Verleumdungen trotzt. In Jes 50,8.9 spricht der עבד־יהוה die Worte: »Er, der mir Recht schafft, ist nahe; wer will mit mir hadern? Lasset uns zusammen hintreten! Wer will mit mir rechten? Er komme heran! Siehe, der Herr Jahwe steht mir bei; wer will verdammen?« Diese Sätze entsprechen der Botschaft des Ps 4. Sie werden im Neuen Testament in die gewaltigen Schlußworte des Kap. Rm 8 aufgenommen (Rm 8,34). Wem Gott Recht schafft, den kann keine feindliche

Macht antasten. Das alttestamentliche Zeugnis ist in die neutestamentliche Verkündigung der Rechtfertigung aufgenommen worden. Damit wird der eschatologische Rahmen sichtbar, in dem alle diejenigen konkreten Vorgänge zu sehen sind, in denen den Knechten Gottes auf Erden von anderen Menschen ihr Recht und ihre Würde (כבוד) geschmäht und abgesprochen wird, in denen Gott aber für die Seinen eintritt (vgl. zu Ps 5: »Ziel«). Dieses Wunder der Heilszuwendung Gottes ereignet sich im Neuen Testament in Jesus Christus, dessen raumschaffende Hilfe jedoch auch immer nur in dem vertrauend ergriffenen Ereignis des konkreten Zuspruchs wirksam wird.

Psalm 5
Bitte um den Erweis der Gerechtigkeit Gottes

Literatur

LKrinetzki, Psalm 5. Eine Untersuchung seiner dichterischen Struktur und seines theologischen Gehaltes: Tübinger Quartalschrift 142 (1962) 23–46. – GWAnderson, Enemies and Evildoers in the Book of Psalms: BJRL 48 (1965) 18–29. – OKeel, Die Schilderung der Feinde in den individuellen Klage- und Lobpsalmen: Diss. Freiburg (1967). – NAvanUchelen, אנשי דמים in the Psalms: OTS 15 (1969) 205–212. – WBeyerlin, Die Rettung der Bedrängten in den Feindpsalmen der Einzelnen auf institutionelle Zusammenhänge untersucht: FRLANT 99 (1970) 90–95.

Text

1 Dem Chorleiter. Zum Flötenspiel (?). Ein Psalm Davids.
2 Höre, Jahwe, meine Worte, merke auf mein Seufzen!
3 Vernimm mein lautes Schreien, mein König und mein Gott!
Denn zu dir flehe ich
4 '' [a] in der Frühe; du wirst hören mein Schreien.
In der Frühe rüste ich dir zu und schaue aus 'nach dir' [b].
5 Denn du '' [c] hast nicht Gefallen am Frevel, kein Böser weilt bei dir.
6 Übermütige dürfen nicht treten vor deine Augen.
Du haßt alle Übeltäter [d],
7 vernichtest [e] die Lügner.
Den Mörder und Betrüger verabscheut [f] Jahwe.
8 Doch ich, dank deiner großen Huld, gehe ein in dein Haus,
bete an zu deinem heiligen Tempel hin, in Furcht vor dir [g].
9 Jahwe, leite mich in deiner Gerechtigkeit um meiner Feinde willen,
mache eben [h] vor mir [i] deinen Weg!
10 Denn nichts Wahres ist in 'ihrem' [j] Mund, ihr Inneres ist Verderben.
Ein offenes Grab ist ihre Kehle, glatt redet ihre Zunge.
11 Laß büßen sie, Gott, und stürzen [k] aus ihren Plänen!
Ob ihrer vielen Frevel stoß' sie fort, denn dir haben sie getrotzt.
12 Doch freuen mögen sich, die dir vertrauen, beständig jubeln, '......' [l]

und jauchzen in dir.., die deinen Namen lieben.
13 **Denn du segnest den Gerechten, Jahwe..[m],**
'beschirmst'[n] wie mit einem Schild 'ihn'[o], krönst[p] ihn mit Huld.

3 **a** mtr. cs. wird man 3c und 4a zusammenstellen müssen. Dann wäre am Ende
von 3 אתפלל zu lesen, יהוה müßte mtr. cs. ausgeklammert werden, und בקר wäre
im Fünfer in den ersten Halbvers einzubeziehen (zur Berechtigung dieser Text-
4 kritik mtr. cs.: s.u. zu »Form«). – **b** Es fehlt ein Versfuß, der als Objekt zu ואצפה
5 einzufügen bzw. zu ergänzen wäre. Vielleicht nach Mi 7,7 בָּךְ. – **c** Im durchgän-
gig feststellbaren Metrum des Ps 5 ist 5a zu lang. Auch im Sinnzusammenhang
6 würde das in MSS nachweisbare Fehlen von אל den Text klären. – **d** Wie in
3c/4a, so ist nun auch in 6c/7a eine ergänzende Einreihung in das Versmaß erfor-
7 derlich. – **e** *G* liest zusätzlich πάντας. Die entsprechende Ergänzung in *M* würde
freilich das Versmaß stören. – **f** Bisweilen wird יתעב, weil Jahwe im ganzen Ps
angeredet wird, in תְּתָעֵב geändert. Es ist aber durchaus denkbar, daß eine Varia-
8 tion vorliegt, so daß man die 3. pers. lesen sollte. – **g** Es ist möglich, daß ביראתך
9 einmal im ersten Halbvers stand (vgl. *S* und 9). – **h** K הוֹשַׁר Q הַיְשַׁר. Hiph. auch
Jes 45,2. – **i** Die in 2 MSS und MSS von *G* vorgeschlagene und in den Kommenta-
ren häufiger angenommene Korrektur der Suffixe in לְפָנֶיךָ und דַּרְכִּי erleichtert
den hebr. Text, der beizubehalten ist. דרכך liegt parallel zu בצדקתך und ist von
10 daher zu verstehen. – **j** Das Suffix im plur. בפימו ist aus dem Parallelismus קרבם
11 zu fordern. – **k** Möglich wäre auch die Lesart יַפִּלוּם מעצותיהם: »stürzen ihre Plä-
12 ne«. – **l** In 12 und 13 ist das in Ps 5 durchgängig feststellbare Metrum erheblich
gestört. 12c ist zu lang, 13c unverhältnismäßig kurz. Im Sinngefüge stört in 12c
ותסך עלימו, während diese beiden Worte (wie man längst erkannt hat) 13c, vor
כצנה, vorzüglich ergänzen. Diese Umstellung würde die textlichen Probleme lö-
13 sen. – **m** In 13 würde – nach den in Ps 5 vorherrschenden metrischen Gesetzen –
im ersten Halbvers zu lesen sein: כי אתה תברך צדיק. Dann fehlt aber hinter יהוה
offensichtlich ein Wort. Man ergänzt bisweilen, allerdings ohne zureichenden
Grund, בשלום. – **n** Vgl. Anmerkung 1. – **o** Bei einer Einfügung von ותסך עלימו
müßte das Suffix dem neuen Zusammenhang angeglichen werden: עָלָיו. – **p**
Wahrscheinlich wird an dieser Stelle das piel zu lesen sein: תְּעַטְּרֵהוּ (Ps 8,6;
103,4).

Form

Bei einer Untersuchung des Metrums gelangt man in Ps 5 mit EGBriggs und HGunkel zu der Feststellung, daß der Doppelfünfer das Bild der gesamten Dichtung bestimmt. In sinngleichen Parallelismen entsprechen einander jeweils zwei Verse, die im Versmaß 3+2 zu lesen sind. Dieses Metrum ist so klar bestimmbar, daß nur geringfügige Korrekturen mtr. cs. erforderlich sind, um auch in denjenigen Versen die ursprüngliche Ordnung wiederherzustellen, die in dem jetzigen Text von *M* aus dem poetischen Gleichmaß herausfallen (vgl. Textkritik). Zu den in diesem Zusammenhang beachtenswerten kritischen Verbesserungen gehört vor allem die Ergänzung von 3c durch 4a und 6c durch 7a, sodann die Umstellung in 12 und 13. Die Ausklammerung des Wortes יהוה in 4 und des Wortes אל in 5 ist unerheblich. Vielleicht müßte auch תאבד in 7 noch mtr. cs. herausgenommen werden. Ergänzungen sind in 4, 9, 12c und 13b notwendig. Während man in 4 einen Anhaltspunkt zur Hinzufügung des בָּךְ

durch Mi 7,7 erhält, bleiben die Auffüllungen des Versmaßes in 9, 12c und 13b hypothetisch. Aufs Ganze gesehen aber bietet Ps 5 einen Text, dessen metrische Ordnung ausgezeichnet durchschaubar ist und zu einer Rekonstruktion unbedingt Veranlassung gibt.

Aus der Reihe der Doppelfünfer läßt sich nun der Aufbau des Ps ebenfalls recht gut erschließen. In 2–4 vernehmen wir das Gebet in der Frühe des Tages. Die Gewißheit seiner Erhörung gewinnt der Beter alsdann aus dem Hinweis auf die Tatsache, daß Frevler nicht vor Jahwe treten dürfen, daß er selbst, der Klagende, aber Zugang zum Heiligtum Gottes hat 5–8. Es folgt dann die Bitte um Jahwes wegweisende Rechtshilfe 9. Sie ist begleitet von der gegen die Feinde gerichteten Anklage (10) und Urteilsforderung (11). Von der Freude und dem Segen der Gerechten handeln dann abschließend 12–13.

Der Psalm gehört zur themenorientierten Formgruppe der Gebetslieder. Zu dieser Gruppe der Gebetslieder vgl. o.S. 49ff. Einl § 6,2. Die Gattungsbestimmung »Klagelied eines Einzelnen« hat sich als unzulänglich erwiesen; der Psalm trägt keinen Klagecharakter (Beyerlin, 95). Er ist als תפלה hinreichend deutlich erfaßt und hat reine Anredeform. Der Beter bittet um Jahwes Einschreiten angesichts drohender Feindverfolgung und offenkundig bestehender (falscher) Anklage, die einer böswilligen Verleumdung gleichzusetzen ist. Der Psalm wird wohl als Formular in einer bestimmten Situation, die näher zu bestimmen ist, gedient haben (vgl. zu Ps 3 und 4). Inwieweit dieses Formular dem konkreten »Sitz im Leben«, der erkennbar ist (s.u.), im Verlauf der Tradition ferngerückt sein mag, läßt sich schwer feststellen. Jedenfalls wird es zur Wirkungsgeschichte des Psalms gehören, daß er auch außerhalb institutionsgebundener Relation in den seinem Inhalt entsprechenden Lebenslagen gebetet wurde.

Die Situation, der »Sitz im Leben«, der im Psalm erkennbar ist, läßt Ort
sich gut erfassen und rekonstruieren. Der Beter hat Einlaß in den Tempelbereich gefunden (8); damit widerfuhr ihm ein erster Gnadenerweis Jahwes. Angesichts der drohenden Gefahr anklagender und verfolgender Feinde, die möglicherweise auch im Bezirk des Heiligtums zugegen sind, rüstet der Bedrängte in der Morgenzeit ein Opfer zu (4). Er bittet um die Offenbarung der Hilfe Jahwes, die konkret in einem Gottesspruch besteht. Die kultische Institution des Gottesgerichts ist der Zusammenhang, in dem Ps 5 steht. Handelt es sich um ein Gebetsformular, so ist jede Möglichkeit näherer Bezeichnung des Beters zurückzuweisen. Nichts weist darauf hin, daß z.B. ein König oder ein Priester der Betende gewesen sei. Doch wird angenommen werden können, daß derartige Gebetsformulare von der Tempelpriesterschaft verfaßt und im Fall konkreter Anwendung Satz für Satz vorgesprochen wurden. – Eine zeitliche An-

setzung des Gebetsliedes ist aus naheliegenden Gründen kaum möglich. Ist der in 8 erwähnte Tempel der Tempel Salomos oder der Tempel der nachexilischen Zeit? Die Frage ist nicht zu beantworten. Auch Einzelbeobachtungen, z.B. die Bezeichnung Jahwes als »König«, helfen nicht weiter. Doch kann erklärt werden, »daß nichts im Text dieses Psalms eine Herleitung aus der Ära des vorexilischen Zion-Tempels ausschließt« (WBeyerlin, 90).

Wort 1 Die (redaktionelle) Überschrift enthält einige technische Begriffe. Zu למנצח vgl. o.S. 25 Einl § 4 Nr. 17. Zu אל־הנחילות o.S. 22 § 4 Nr. 10 und zu מזמור לדוד o.S. 15ff. § 4 Nr. 2. Es muß an dieser Stelle einmal erwähnt werden, daß die (in fundamentalistischen Kreisen immer noch übliche) Erklärung, der Psalm sei von David verfaßt worden, an der einfachen Tatsache scheitern muß, daß in 8 vom Tempel die Rede ist.

2–4 Im charakteristischen Stil eines Gebetsliedes beginnt der Psalm. Jahwe wird angerufen und gebeten, auf das Seufzen des Bittenden zu merken. הגיג ist – wie in Ps 39,4 – das flehende, jammernde Klagen. Der Beter schreit laut zu Jahwe[1] und nennt ihn »mein König und mein Gott« (Ps 44,5; 68,25; 74,12; 84,4). Die Bedeutung dieser Anrede ist engstens verbunden mit der Erklärung der sog. »Thronbesteigungspsalmen Jahwes« (vgl. Ps 47; 68,25; 93; 96; 97; (98); 99). Doch ist es naheliegend, auf jeden Fall an die Vorstellung von dem über der Lade thronenden, im Allerheiligsten gegenwärtigen »König Jahwe« zu denken (vgl. Jes 6). An den thronenden Richter wendet sich Ps 9,8. Unerhört kühn erscheint die Formulierung »mein König und mein Gott«, sie zeigt – gleich, in welche Zeit man sie ansetzen mag –, daß der einzelne dessen gewiß ist: Jahwe in seiner Herrschermacht kann von mir angerufen werden, er ist für mich da. Zu אלהי vgl. OEißfeldt, »Mein Gott« im Alten Testament: ZAW 61 (1945/48) 3–16. Das klagende Gebet wird in der Frühe des Tages vor Jahwe gebracht (vgl. Ps 88,14) und vom Opfer begleitet. ערך hat hier wohl die Bedeutung: ein Opfer zurüsten, die Opferstücke zurechtlegen (Lev 1,8f.12). Der Priester würde dann dieses zugerüstete Opfer darbringen. Doch kann ערך, etwa mit מִלִּין verbunden, auch die Bedeutung »Worte zurüsten, hervorbringen« haben (Hi 32,14) oder in der Wendung ערך משפט den Sinn tragen: »eine Rechtssache vorlegen« (Hi 13,18; 23,4; Ps 50,21). Der Kontext aber, insbesondere das Verbum צפה, legt die Vorstellung vom Darbringen eines Opfers nahe. So wird – im Zusammen-

[1] Während in vielen Kommentaren die Auffassung vertreten wird, das Schreien der Psalmbeter sei der naiven Vorstellung entsprungen, es müsse mit dem lauten Rufen die Distanz zwischen Mensch und Gott überbrückt werden, schreibt Calvin in seinem Psalmenkommentar: »Vox etiam clamoris pro clamosa vel sonora voce, ad notandum studii ardorem pertinet. Neque enim clamavit David tanquam ad aures surdi, sed fervor doloris, interiorque anxietas in clamorem erupit«. Calvin, In librum Psalmorum Commentarius, zu Ps 5,3.

hang des kultischen Gottesgerichts daran zu denken sein, daß der Beter in der Frühe des Morgens ein Brandopfer darbrachte, das seine Bitten und Bittrufe um einen Gottesspruch begleitete. HGunkel denkt an ein Omen-Opfer, in dessen Verlauf der Beter den Bescheid Gottes, Anzeichen seiner Zuwendung, erwartet. Doch die Vorstellung von einem dem Opfer inhärenten oder den Vorgang des Opferns begleitenden »Omen« ist abwegig. Diese für die kultische Praxis des Zweistromlandes charakteristische Erwartung findet sich im Alten Testament nicht. Der Beter sieht der Hilfe Gottes am Morgen entgegen (vgl. JZiegler, Die Hilfe Gottes ›am Morgen‹: Festschrift f. FNötscher BBB 1, 1950, 281ff.). Wie aber wird diese Hilfe manifest? Aus Nu 23,1ff. ist zu erkennen, daß beim Opfer eine Vision erwartet wird. Doch wird es sich in Nu 23 um einen besonderen (kult-)prophetischen Brauch handeln. Demgegenüber ist es bezeichnend, daß der Beter des Ps 5 »ausspäht« und »harrt« (יחל; vgl. zu den parallel stehenden Begriffen Mi 7,7), daß ihm ein דבר Jahwes (Ps 130,5), ein Gottesspruch, übermittelt durch den Mund des Priesters, mitgeteilt wird (JBegrich, Das priesterliche Heilsorakel: ZAW 52, 1934, 81–92). So ist es denn in 2–4 nicht ohne Bedeutung, die Erwartungshaltung zu erkennen, von der ein Opfer begleitet war. Das Opfer (und gewiß ist an ein Brandopfer zu denken) ist die sichtbare Seite des lauten Schreiens, Flehens und Bittens. Es zeigt die Stunde an, in der das ganze von Verfolgung und Not bedrohte Leben sich Jahwe zuwendet – und zwar in der Erwartung einer endgültigen Entscheidung, eines wirksamen Freispruchs. Wie im alten Israel Gerichtsentscheidungen am frühen Morgen gefällt worden sind (2 Sm 15,2; Jer 21,12; Ps 101,8), so wurde auch das Gottesgericht in der Frühe des Tages erwartet (vgl. LDelekat, Zum hebräischen Wörterbuch: VT 14, 1964, 8f.). Wie aus Ps 3,6 und Ps 4,9 zu erschließen ist, wurde die Nacht vor dem entscheidenden Morgen im Tempel zugebracht, nachdem die wichtige Vorentscheidung der Zulassung in den Bereich des Heiligtums gefallen war (vgl. 8).

Die Gewißheit seiner Erhörung gewinnt der Beter nunmehr aus der 5–8
Tatsache, daß die Frevler nicht vor Jahwe treten dürfen, während doch er selbst, der Bittende, Zugang zum Heiligtum hat (5–8). Hierzu bemerkt Gunkel in Verkennung der sakralrechtlichen Hintergründe, die bei 5–8 zu beachten sind: »Das ist freilich eine etwas bequeme Weise, der eigenen Gerechtigkeit gewiß zu werden.« Doch die sakralrechtlichen Voraussetzungen lassen den Text in einem anderen Licht erscheinen. Nach Ps 15 wird als »Gast und Schützling« (גור ist das entsprechende Verbum in Ps 15,1) in den Bezirk des Heiligtums nur derjenige eingelassen, welcher bestimmten erfüllbaren Satzungen der תורה Genüge getan hat und darum als צדיק deklariert worden ist (vgl. GvRad, »Gerechtigkeit« und »Leben« in der Kultsprache der Psalmen: Bertholet-Festschrift, 1950, 418–437). Diese »Sperre« einer strengen sakralrechtlichen »Kirchenzucht« hat der

Beter unseres Psalms mit einem sog. »Reinigungseid« (vgl. Hi 31) offensichtlich durchschritten (8). Er steht nun im heiligen Bezirk und weiß: An diesem Ort darf ein Übeltäter nicht »weilen« (גור). An רשע hat Jahwe keinen Gefallen. Die הוללים, die »übermütig«, »töricht« oder »wahnsinnig« sich Gebärdenden (vgl. Ps 73,3; 75,5), dürfen nicht vor Gott treten. התיצב (mit לפני oder לנגד) ist ein stehender Begriff für die im Heiligtum sich ereignende kultische Versammlung (Jos 24,1; 1 S 10,19), mit על ein terminus technicus des kultischen Dienens (Sach 6,5; Hi 1,6; 2,1). Jahwe haßt die Übeltäter und Lügner. Es wäre zu fragen, ob die Begriffe חפץ und שנא vielleicht der Sprache kultisch-sakraler Verwerfungsurteile entnommen sind (vgl. Am 5,21–22 und dazu EWürthwein, Amos 5,21–27: ThLZ 72, 1947, 143–152). Mörder und Betrüger verabscheut Jahwe. Der רשע ist vom Gottesdienst an heiliger Stätte ausgeschlossen (vgl. zu Ps 1,5). Der צדיק (13) hingegen darf in das Heiligtum Gottes eingehen (Ps 118,19–20). Diese Zulassung schreibt der Beter der Huld Jahwes zu. חסד ist in seiner wesentlichen Bedeutung »das zwischen einem Herrn und seinen Leuten herrschende Verhältnis des Wohlwollens und der Bundesgemäßheit« (MBuber, Der Glaube der Propheten, 1950, 164). Es handelt sich in חסד also um einen Verhältnisbegriff, der der »Verbundenheit und Solidarität« (NGlueck, Das Wort חסד im alttestamentlichen Sprachgebrauch, 1927) Ausdruck verleiht. Buber erinnert an die altgermanische Holdschaft. Nun erweist sich jedoch die liebreiche Huld Jahwes im realen Akt der Begnadigung und Zulassung (in Ps 4,4 ist es der reale Akt der im Gottesspruch geschehenen Heilszuwendung). Der Bedrängte darf nun im heiligen Bezirk, dem Tempel als dem Ort der königlichen Gegenwart Jahwes zugewandt (vgl. auch Ps 28,2; 138,2), seine Bitte vorbringen. Er tut es ביראתך, d.h. in dem Verhalten, das der lebendigen Gegenwart Gottes angemessen ist.[1] – Die verschiedenen Bezeichnungen für die Feinde und Frevler, die in Ps 5 hervortreten, geben Anlaß, die umfassende Orientierung zu diesem Thema zu beachten, die o.S. 112ff. Einl § 10,4 vorgetragen wird. Jedenfalls handelt es sich in Ps 5 um die Feinde des צדיק, um die Verfolger und Ankläger, die den Beter des Psalms in die Situation der Einholung des Gottesspruchs hineingetrieben haben. Sie sind »Lügner« (7), weil sie den Bedrängten mit falscher Anklage verleumden. Sie sind »Mörder« (7), weil sie mit der Anklage das Todesurteil über den צדיק heraufführen wollen.

9 Nachdem der Beter des Ps 5 die Gewißheit der Erhörung mit dem Hinweis auf den Ausschluß der Frevler aus dem heiligen Bereich (5–7)

[1] »Denn das bedeutet Fürchten im Vollsinn des Begriffs: von jemand oder von etwas die Aufhebung seiner Existenz erwarten müssen. Wo es sich um weniger als das handelt: nicht um diese Erwartung und nicht um den, von dem man das notwendig erwarten muß, da fürchten wir uns noch nicht wirklich. Was wir nicht über Alles fürchten, das fürchten wir eigentlich garnicht.« KBarth, Kirchliche Dogmatik II,1[2],37.

und den eigenen Eintritt in das Heiligtum (8) geäußert hat, wird die eigentliche Bitte um Jahwes wegweisende Rechtshilfe vorgebracht, wobei von Anfang an צדקה und דרך als zwei einander ergänzende und erklärende Begriffe verstanden werden sollten. Zu צדקה vgl. GvRad, Theol AT^6 I 382ff. In unserem Zusammenhang ist צדקה die »Heilserweisung« (vRad 384), die im Offenbarungsereignis der wegweisenden Rechtshilfe gegenüber dem Klagenden sichtbar wird. Die Manifestation der צדקה setzt das Kommen Gottes voraus (zur Verwurzelung der צדקה im Offenbarungs- und Theophaniegeschehen vgl. KKoch, *Sdq* im Alten Testament, Diss. Heidelberg 1953: »צדקה ist ein Bereich... In ihn hineingestellt sein, heißt seine Heilsmächtigkeit erfahren.« 38). Die Bitte um diese die Existenz des Beters umfangende Heilserweisung ist gerichtet gegen die Feinde. Sie sollen erfahren, daß Jahwe dem Klagenden »Recht« gibt. Den zu 9ab parallel laufenden Vers, der nicht die Vollform des Fünfers hat, wird man (ohne Korrektur der Suffixe) übersetzen müssen: »Mache eben vor mir deinen Weg!« Der »Weg Jahwes« ist im Psalter ein fester Begriff: Ps 25,4.5.12; 27,11; 32,8; 86,11. Es handelt sich um die konkrete Weisung, die Jahwe dem einzelnen mitteilt (Ps 25,12). Der »Weg Jahwes« ist gleichbedeutend dem »Gottesspruch«, der dem Beter erteilt wird (Ps 32,8–9; 27,11) und durch den sich vor seinen Augen (לפני) die von Gott gewiesene Zukunft auftut. Im Grunde ist also die in 9 ausgesprochene Bitte das entscheidende Gebet, Jahwe möge sich zu seinem Knecht bekennen und ihm durch den Erweis der Hilfe eine neue, in Gottes wegweisendem Rechtsbeistand liegende Existenzmöglichkeit schenken.

Auf die Bitte in 9 folgt eine gegen die Feinde gerichtete Anklage (10) 10–11
und Urteilsforderung (11). Auf die Lüge und Verleumdung der Feinde wird vor Gottes Augen hingewiesen. »Nichts Wahres ist in ihrem Munde.« נכונה wäre das, was sich als »beständig«, »zuverlässig« erweist. – Ihr »Inneres« ist erfüllt von Kräften, die »Verderben« bringen (zu הוות vgl. Ps 38,13; 52,4; 55,12). Ein »offenes Grab« wird der Mund der Verleumder genannt (Jer 5,16) – ein Sitz also von Tod und Verderben, der immer neue Tote in sich aufnimmt. Und ihre Zunge haben die Verleumder »glatt gemacht«, d.h. mit gefährlichen Worten bringen sie einen Menschen zu Fall (von der gefährlichen Schmeichelei, die Menschen zu Fall bringt, handeln Prv 2,16; 7,5; 28,23). Aus diesen Anklagen wird vollends deutlich, daß die Feinde des Beters hinterhältige Verleumder sind, vor deren Angriff der Bedrängte bei Jahwe Schutz und Hilfe sucht. – Die sich in 11 anschließende Urteilsforderung bittet, daß Jahwe die Feinde »büßen läßt«.[1] האשימם ist ein sonst ungebräuchliches hiph. von אשם (kal.

[1] »Hebraeum verbum, quod ›iudica illos‹ versum est, Hieronymus vertit ›condemna eos‹. Significat proprie hoc iudicium, quo ostenduntur, quales sunt, revelata eorum impietate, quo sensu et Paulus loquitur 2 Ti 3,9 ›Insipientia eorum manifesta erit omnibus, sicut et illorum fuit, ultra non proficient‹, quasi dicat propheta: fac, ut, sicut modo omnibus prob-

vgl. Ps 34,22.23). Die Widersacher sollen aus ihren (hinterhältigen) Plänen stürzen. Hier wird man gewiß die stark abstrakte Vorstellung im Sinne von *excidere consilio* = »kein Glück haben mit den Plänen« (Sir 14,2) noch nicht voraussetzen dürfen. Vielmehr ist an ein tatsächliches »Stürzen« der Verleumder gedacht (zu נפל vgl. Ps 20,9; 27,2; 36,13). Das zeigt auch das im parallelen Fünfer hervortretende Wort הדיחמו = »stoße sie fort«. Es geht um die Verstoßung derer, die sich mit der Verleumdung des Menschen vor Jahwe versündigt haben. פשע als ein Wort, das die »ganze Tiefe des alttestamentlichen Sündenbegriffs« in sich schließt (LKöhler, TheolAT[3] 159), hat die Bedeutung: »Auflehnung«, »Empörung«. Die Schuld der Feinde wird dadurch erst unermeßlich groß, daß sie es wagen, ihren aus Lug und Trug hervorgehenden Rechtsstreit im Bereiche des Heiligtums, vor Jahwe, auszutragen. מרה bezeichnet das verstockte »Trotzen« (Thr 1,20, 3,42; Ps 78,8). Man hat gefragt, ob diese Urteilsforderung des klagenden Beters denn nicht jedem »evangelischen Ethos« widerspräche. Mit dieser kritischen Frage aber würde verkannt, daß es im Alten Testament immer um den realen Erweis der Macht und Hilfe Jahwes geht. Die Entscheidungen fallen nicht in einem zukünftigen Äon, sondern in dieser Welt. Denn Gottes Gegenwart auf dem Zion ist keine imaginäre Praesenz irgendeines Numens, sondern die in das Leben des Menschen und seine Geschichte eingreifende Königsherrschaft Gottes. Für den Beter des Alten Testaments ist darum die auf dem Zion erhobene Anklage und Urteilsforderung etwas Letztes, schlechthin Entscheidendes. Jahwes Hilfe ist nicht ein »Trost«, unter dem der Bedrängte dann doch umkommt, sondern einschneidende Wende. – Das ist der Glaube der Psalmsänger. Es sollte also nicht mit einem spiritualisierten »Evangelium« die Realität alttestamentlicher Rechtshilfe herabgewürdigt werden; vielmehr sollte der neutestamentliche Glaube vom Alten Testament seine diesseitige Macht wiedergewinnen. Erst wenn dies bedacht ist, wird man fragen dürfen, ob angesichts des Kreuzes, an dem Jesus für seine Feinde bittet, noch eine Urteilsforderung im Neuen Bunde möglich ist.

12–13 Das helle Gegenbild zu Anklage und Urteil der Frevler (10–11) liegt in 12–13 vor. Wer sich bei Jahwe birgt und bei ihm Zuflucht sucht חסה, der möge sich freuen! Die letzten Verse haben die Form eines Wunsches, einer Aufforderung an alle, die Jahwe mit aufrichtigem Herzen vertrauen. Ihr Leben steht im Zeichen der Freude (Ps 4,8) und des jubelnden Frohlockens (עלץ vgl. akk. *elêṣu*). עלץ בְּ hat die Bedeutung »jauchzen in...« (Ps 9,3; 1 S 2,1), während »jauchzen über...« עלץ לְ heißen würde (Ps 25,2).

antur, amantur, iactantur, ita revelata eorum insipientia odiantur, eiiciantur, detestentur, ut homines videant, sese probasse male quod tu damnasti«.
»Non ergo tantum ad extremum iudicium haec pertinent, sed est oratio, ut veritas triumphet iudicante deo, quam illi opprimunt iudicante humano die. Iudica tu deus, quia male iudicant homines«. Luther, WA 5; 153, 6ff., 19ff.

Wer bei Jahwe sich birgt, jauchzt im Bereich seiner Gegenwart. Die צדיקים werden אהבי שׁמך genannt. שׁם ist hier Wechselbegriff für יהוה in der Sprache des Kultus (OGrether, Name und Wort Gottes im Alten Testament: ZAWBeih 64, 1934, 35–37). »Der שׁם bezeichnet die dem Menschen zugewandte, die offenbarungsmäßige Seite Jahwes. Er bedeutet Jahwe als deus revelatus, welcher als solcher von den Menschen verehrt wird« (Grether 40). Der צדיק ist der von Jahwe Gesegnete; wobei ברך die »Steigerung der Lebensmacht« anzeigt (FHorst, Segen und Segenshandlungen in der Bibel: EvTh 1947, 23–37). Zu צדיק vgl. zu Ps 1,6. Gegen alle Bedrängnis der Feinde wird der צדיק vom Schutze Jahwes wie von einem Schilde umgeben. צנה ist der den ganzen Körper deckende Schild (Ps 35,2). Zugleich wird der צדיק mit רצון, dem Erweis der Gunst und der Heilszuwendung Gottes, gekrönt. Die Schlußverse enthalten also in Wunsch und Aufforderung zugleich die Zuversicht des Beters, daß er unter den Jubelnden und damit unter den Gesegneten Jahwes sich befindet.

Die Bitte um den Erweis der Gerechtigkeit Gottes (9), in der das Zentrum des Ps 5 liegt, ist gerichtet an den König und Gott, von dem der Beter für sein Leben Hilfe und Heil erwartet. Man könnte die Gewißheit, wie sie in 5–8 zu Worte kommt, in den Satz fassen: »Ich habe ja das (sakralrechtlich) verbriefte Recht, deine wegweisende Rechtshilfe in deiner Gegenwart zu erbitten.« Die sakralrechtliche Institution des Alten Testaments mitsamt dem Opfer wird im Neuen Testament durch Jesus Christus aufgehoben. In ihm hat der Christ »Zugang in das Heilige« (Hebr 10,19), in ihm hat er auch die παρρησία zur Bitte. (Gleichwohl sollte man sehen, wie stark das Rechtselement der »Kirchenzucht« dem Christusereignis im Neuen Testament zugeordnet ist.) – Aber ist nun die Bitte um die wegweisende Rechtshilfe Gottes im Neuen Bund noch möglich? Gilt hier nicht das Wort des Paulus: »Nun ist überhaupt schon das ein Fehler an euch, daß ihr Rechtshändel untereinander habt. Warum laßt ihr euch nicht lieber Unrecht tun?« (1 K 6,7). Fraglos bekommen alle juristischen Probleme und alle Rechtsnöte des Christen im Neuen Testament eine ganz neue Ordnungsmitte durch das Urteil, das über Jesus Christus am Kreuz gesprochen worden ist. Doch bleibt noch jene von Gott scheidende, unheimliche Verleumdung, durch die mitten in der Gemeinde Gottes Entscheidungen aufbrechen, die bis zum Ende ausgetragen werden müssen. In diesem Sinn haben die Reformatoren die alttestamentlichen Klagelieder, die aus Rechtsnot heraus angestimmt werden, verstanden. Es geht für sie hier um den Kampf zwischen der wahren Gemeinde Gottes und den in der Kirche wirkenden zerstörerischen Elementen, die den Christen mit falschen Anschuldigungen von seinem Herrn trennen wollen. Diese Auseinandersetzung kann und darf nicht vertagt werden; sie wird vor den Augen des lebendigen Gottes mitten in

Ziel

dieser Welt ausgetragen (vgl. Luther zu Ps 7,9; siehe dort). In diesem Kampf kann es so weit gehen, daß auch eine Urteilsforderung über die Feinde laut wird: »Orandum, ut veritas triumphet« (Luther). So ist es jedenfalls in den Auslegungen Luthers und Calvins nachzulesen. In die Rechtfertigung vor Gott eingeschlossen ist das Lebensrecht der wahren Gemeinde Gottes auf Erden und ihr Sieg über den Lug und Trug der in der Kirche sich erhebenden Widersacher (vgl. Wortauslegung und »Ziel« zu Ps 7).

Psalm 6
Bitte um Abwendung des Zornes Gottes

Literatur JCoppens, Les Psaumes 6 et 41 dépendant-ils du livre de Jérémie?: HUCA 32 (1961) 217–226. – JBotterweck, Klage und Zuversicht der Bedrängten. Auslegung der Psalmen 3 und 6: BiLe 3 (1962) 184–193. – JASoggin, Osservazioni filologiche ed esegetiche al Salmo VI: Studi sull'Oriente e la Bibbia (1967) 293–302. – NAiroldi, Note critiche al Salmo 6: RBiblIt 16 (1968) 285–289. – RMartin-Achard, Approche des Psaumes: Cahiers Théologiques 60 (1969) 49–65. – HCKnuth, Zur Auslegungsgeschichte von Psalm 6: Beitr. z. Geschichte d. biblischen Exegese (1971). – KSeybold, Das Gebet des Kranken im Alten Testament. Untersuchungen zur Bestimmung und Zuordnung der Krankheits- und Heilungspsalmen: BWANT 99 (1973).

Text **1 Dem Chorleiter. Mit Saitenspiel auf der achten. Ein Psalm Davids.**
2 Jahwe, strafe mich nicht in deinem Zorn
und züchtige mich nicht in deinem Grimm!
3 Erbarme dich, Jahwe, denn ich verschmachte;
heile mich' '[a], denn meine Gebeine sind 'zerfallen'[b].
4 Meine Seele ist tief erschrocken
– aber du, Jahwe, ach wie lange!
5 Kehre wieder, Jahwe, errette meine Seele;
hilf mir um deiner Gnade willen!
6 Im Tod gedenkt[c] man deiner nicht;
in der Scheol, wer preist dich da?
7 Ich bin vom Seufzen ganz erschöpft, ...,[d]
schwemme jede Nacht mein Lager,
netze mit meinen Tränen mein Bett.
8 Getrübt von Kummer ist mein Auge,
ganz matt[e] ob aller meiner 'Not'[f].
9 Weicht von mir, all ihr Übeltäter,
denn Jahwe hat gehört mein Weinen!
10 Gehört hat Jahwe auf mein Flehen;
Jahwe nimmt mein Beten an.

[11]Schande und Schrecken trifft hart
all meine Feinde, ablassen müssen sie‘’[g] im Nu.

a יהוה im ersten Halbvers wird man nicht tilgen dürfen. Dagegen ist der 3
Gottesname im zweiten Halbvers mit *G* wohl auszuklammern. – **b** *M* müßte
übersetzt werden: »sie sind erschrocken«. Im par. membr. und in der Topik der
Psalmensprache ist נבהלו עצמי ungewöhnlich. Nach Ps 32,3 liegt die Korrektur
בָּלוּ עצמי nahe. Das würde im par. membr. einen guten Sinn geben. Die Ver-
schreibung in *M* könnte durch נבהלה in 4 beeinflußt sein (ein anderer Korrektur-
vorschlag: נָבְלוּ vgl. Jes 24,4; Ez 47,11). – **c** *G* liest ὁ μνημονεύων σου und hat also 6
das part. זֹכְרֶךָ gelesen. Dies ist unter Beachtung des אין gewiß die ursprüngliche
Lesart. – **d** Die beiden Worte am Anfang von 7 sind von dem dann folgenden 7
Vollvers abzusetzen. Es handelt sich entweder um das Fragment einer Ganzzeile
oder um einen Zusatz. – **e** *G* α΄σ΄ Hier lesen עָתַקְתִּי und lösen damit syntaktisch 8
den zweiten Halbvers von seiner Beziehung auf עיני ab. – **f** צררי = »meine Drän-
ger« soll wohl den Übergang zu 9–11 ebnen. Am besten liest man im par. membr.
mit Ps 31,10 בכל־צָרָתִי (Bertholet). – **g** Das in 11 zweimal auftretende יבשו ist 11
sehr unwahrscheinlich. Vielleicht ist das zweite יבשו eine Variante zu ישבי
(Gunkel) und deswegen auszuklammern.

Der Ps 6 ist in seiner metrischen Form nicht ganz einheitlich. Das Form
Versmaß 3 + 3 ist feststellbar in 2.4.6.7.8.10.11. Lediglich in 11 trägt eine Textkorrektur dazu bei, daß dieses Versmaß zustande kommt. Wird in 3 und 5 יהוה gestrichen und schaltet man in 9 ממני aus, dann würden (mit Ausnahme der beiden ersten Worte in 7, die sich jeder metrischen Erfassung entziehen) im ganzen Ps nur Doppeldreier zu lesen sein (Kittel). Vorsichtiger wäre es, 3.5 und 9 im Versmaß 4 + 3 zu belassen, da die Gründe zur Emendation nicht zureichen.

Bei einer näheren Analyse des Aufbaus wird man zu folgendem Ergebnis kommen können: 2 Anrufung Jahwes; 3–6 Bitten des Gebets; 7f. Schilderung der Notsituation; 9–11 Bezeugung der Erhörung (zu den Grundzügen: NAiroldi). HGunkel würde 6 als »Beweggrund für das Einschreiten Jahwes« besonders herausrücken. In 7f. schildert der Beter das Übermaß seines Leidens. Ein unerwarteter, jäher Umschwung (»Stimmungsumschwung«) ist dann mit 9–11 angezeigt. In diesem Zusammenhang weist der Beter die ihn bedrängenden Feinde in triumphierender Gewißheit zurück. – Der Psalm gehört zur themenorientierten Formgruppe der Gebetslieder (תפלה). 9–11 korrespondieren als Bezeugung der Erhörung. Man wird diese Verse nicht von Ps 6 absetzen und als »neues Gebet« ansprechen dürfen, wie dies HSchmidt unternimmt. Wie die Auslegung noch genauer zeigen wird, steht zwischen 8 und 9 das Ereignis der Erhörung und Zuwendung Gottes (vgl. zu Ps 3,8f.). Dieses Geschehen wird durch das zweimalige שמע יהוה eindrücklich akzentuiert (zum Tempus vgl. DMichel, Tempora und Satzstellung in den Psalmen, 1960, 62f.). Das Gebetslied Ps 6 ist des Näheren den durch das Thema »Krankheit und Heilung« gekennzeichneten Psalmen zuzuweisen. Zu diesem Zyklus zählt RMartin-Achard (49): Ps 6; 38; 41; 88; 102, während KSeybold drei Kategorien unterscheidet: mit Sicherheit gehören Ps 38; 41; 88 zu den Krankheits- und Heilungspsalmen, mit relativer Sicherheit: Ps 30; 39; 69; 102; 103, mit Wahrscheinlichkeit: 6; 13; (31); 32; (35); 51; (71); (73); 91. In jedem Fall ist Ps 6 den Krankheits- und Heilungspsalmen der Gebetslieder zuzuordnen. Vgl. o.S. 49ff. Einl § 6,2.

Ort Als Ort des Gebetsliedes wird man den Tempel von Jerusalem nennen können (RKittel). Aus schwerem Leiden bittet der Psalmist. Seine Krankheit hat ihn an den Rand des Grabes gebracht. Diese Situation wird völlig verkannt, wenn die im Psalm zur Sprache gebrachten Leiden als Ausdruck »seelischer Pein« verstanden werden und wenn hinzugefügt wird, die Orientalen schilderten solche seelische Not mit lebhafter Phantasie. Inwieweit im Ps 6 ein Schuldbewußtsein mitspricht und ob man also den Psalm unter die traditionellen sieben »Bußpsalmen« der Kirche wird rechnen können, muß später erörtert werden (die sieben Bußpsalmen sind: Ps 6; 32; 38; 51; 102; 130; 143). – Eine Datierung des Psalms ist schwerlich möglich. Seine Zugehörigkeit als Gebetsformular zum Tempelkult Jerusalems läßt aber eine vorexilische Abfassung nicht als unmöglich erscheinen. Eine Abhängigkeit vom Buch Jeremia (so JCoppens) wird man kaum behaupten können; vielmehr wird auf die gemeinsamen konventionierten Formulierungen und Vorstellungen in Ps 6 und im Jeremia-Buch hinzuweisen sein.

Wort 1 Zu den technischen Begriffen der (redaktionellen) Überschrift des Ps 6 sind folgende Hinweise zu geben: למנצח vgl. o.S. 25 Einl § 4 Nr. 17, zu בנגינות vgl. S. 21f. § 4 Nr. 9, zu על־השמינית vgl. S. 27 § 4 Nr. 25 und zu מזמור לדוד vgl. S. 15ff. § 4 Nr. 2.

2–3 Für das Verständnis des ganzen Ps entscheidend ist die Tatsache: Der Beter weiß sich unter dem Zorn Gottes stehend. Diese Tatsache gibt dem Leiden und Klagen, dem Bitten und Flehen das eigentliche Gepräge. »Zorn Gottes« bedeutet, daß Jahwe sich von einem Menschen abwendet, ihn verläßt und verstößt (Ps 27,9). Furchtbar ist dieser Zorn. Durch ihn kann die Erde beben, und Berge können zusammenstürzen (Jer 10,10); niemand kann ihn »stillen« (Hi 9,5). Menschen vergehen und schmachten dahin, wenn Gottes Zorn sie erfaßt (Ps 90,7; Hi 17,1). In seinem Zorn erweist Jahwe sich als Richter. יכח heißt in seiner Grundbedeutung: »das Richteramt ausüben«. In seinem körperlichen Leiden, von dem der Beter hernach spricht, erkennt er also eine Auswirkung des richterlichen Zornes Gottes, der die Verletzung des Bundes ahndet. So fällt denn auch die Bitte um Abwendung des Zornes mit dem Flehen um Heilung der Krankheit (3) zusammen. Unauflösbar ist im Alten Testament der Zusammenhang von Schuld und Krankheit (Ps 32,1ff.; 38,3ff.; 39,9.12 u.ö.

vgl. GvRad, TheolAT⁶ I 288). In der Krankheit wird die Schuld zugleich als menschliches Verderben und als Gotteszorn manifest. Mit der leiblichen Not »züchtigt« (יסר Ps 38,2; 39,12; 118,8) Jahwe den Menschen. Die Zusammenballung von göttlichem Zorn und menschlicher Todverfallenheit gibt der Anfechtung ihre unauslotbare Tiefe.[1] – Auf diesem Hintergrund werden die Bitten ein wenig erfaßbar. Der klagende Sänger bittet darum, daß das Zornesgericht von ihm genommen werde. D.h. aber: er bittet, daß Jahwe sich seines verschmachtenden und zerfallenden Lebens erbarmt und ihn heilt. Heilen kann nur Gott (Ex 15,26; 2 Kö 5,7), darum ergeht an ihn die Bitte (Ps 41,5; Jer 17,14; zu den entsprechenden Aussagen in anderen Psalmen vgl. Ps 30,3; 103,3; 107,20; 147,3). Die Not des Beters ist groß. מלל = »verwelken« (Ps 37,2; Hi 14,2; 18,16) und – wahrscheinlich – בָּלוֹ = »zerfallen« sind die Verben, die von der Todesnähe des Leidens sprechen.

Das Gebet in der Krankheit wird nach bestimmten Formularen gesprochen worden sein. Schwierigkeiten bereitet dabei die Frage nach der kultischen Situation. Wo, wann und wie ist das Gebetslied zur Sprache gekommen? In Sir 38,9f. heißt es: »Mein Sohn, in Krankheit sei nicht lässig, sondern bete zu Jahwe, so wird er dich heilen! Stehe ab von Versündigung und laß deine Hände rechtschaffen handeln und reinige dein Herz von aller Sünde! Bringe Weihrauch dar und ein Gedenkopfer von Weizenmehl und eine fette Opfergabe...« Hier wird auf die Restitutionspraxis hingewiesen, die ganz zweifellos am Kultort stattfand und mit einem Sühneakt ritueller Art eingeleitet wurde (KSeybold). Sir 38,12 fordert dazu auf, auch dem Arzt Zutritt zu gewähren und seinem Wirken keinen Widerstand entgegenzusetzen (vgl. Jes 38,21). Doch vertraut der Kranke zuerst und vor allem auf die Heilung durch Jahwe, den Arzt (Ex 15,26). Der Satz von Jahwe, dem Arzt, »klingt zugleich programmatisch und polemisch. Er bekundet, daß menschliches Leben mit all seinen Störungen vor Gott seine Einheit findet, und wehrt dem Gedanken, daß Zukunft anders als im Dialog mit ihm zu gewinnen sei« (HWWolff, Anthropologie des Alten Testaments, 1973, 219).

Die innere Erregung und leidenschaftliche Ungeduld des Beters wird 4–5
in 4 ausgesprochen. Für נפש kann man in der Übersetzung oft einfach »Ich« einfügen; an unserer Stelle freilich würde man LKöhler zustimmen können: »›Meine Seele‹ ist das Ich gleichsam in einer besonderen Sammlung und Steigerung und nach einer besonderen Seite hin, nämlich so, wie das Ich als ein geschlossenes, einheitliches Wesen auftritt« (TheolAT³ 131ff.). נפש kann auch bezeichnet werden als »das Selbst des bedürftigen, in Sehnsucht verschmachtenden Lebens« (HWWolff, Anthropologie des Alten Testaments, 1973, 48). Die ganze erschütterte und erschrockene

[1] »Igitur verum est, praesente hac agonia aliud non videri nisi infernum, nec ullam apparere redemptionem: aeterna omnia putantur esse, quae sentiuntur. Ira enim non mortalis hominis aliquando finienda, sed aeterni dei nunquam finienda hic sentitur. ›In tuo (inquit) furore ne arguas me‹, in furore hominis temporalis temporali argui parum est. Tum et omnia aguntur, quae in inferno.« Luther, WA 5; 210, 13ff.

Existenz erhebt sich hier zu einem eindringlichen Schrei: את יהוה עד־מתי. Es ist der Schrei dessen, der unter der Gewalt des Zornes Gottes vergeht (zu dem allein stehenden עד־מתי vgl. Jes 6,11; Hab 2,6; Ps 90,13). Und auch 5 enthält noch eine flehentliche Bitte, daß Gott einschreiten möge. שׁובה wird man wohl nicht im Sinne von Ex 32,12; 2 Kö 23,26 und Jon 3,9 als »vom Zorne ablassen« verstehen dürfen. Vielmehr gehört zur Topik der Psalmensprache der Imperativ שׁוב als Bitte, Jahwe möge sich einem Verlassenen »wieder zuwenden« (Ps 90,13; 80,15). Das zeigt auch der Kontext. Gott wird gebeten, einzugreifen und zu helfen. Zu חסד vgl. Ps 5,8 »Wort«, vor allem aber HJStoebe in THAT I 600–621 (dort weitere Literatur).

6 Daß der klagende Sänger unseres Psalms dem Tod nahe ist, ging schon aus 3 und 4 hervor. Nun ist vom Tod und von der Scheol die Rede. Im Tod gedenkt man nicht (der großen Taten) Jahwes. זכר ist das Gedenken der großen Taten Gottes im Lobpreis (Ps 111,4; 145,7). In der Scheol gibt es keine dankbare Rühmung Jahwes, sie ist eine kultferne Sphäre. שׁאול ist das »Nicht-Land«, das »Un-Land«, der Bereich, der nicht ist (LKöhler, Der hebräische Mensch, 1953, 100). Jenseits des Lebens ist das wesenlose Schattendasein, das von Gott weit, weit geschieden ist (GvRad, TheolAT[6] I 381). Der Beter hält also Jahwe vor: Laß mich, der ich den Sinn und Inhalt meines Lebens darin gefunden habe, dich zu preisen und zu loben, doch nicht in die Scheol sinken! Dieser Gott vorgehaltene Beweggrund zum Einschreiten läßt erkennen, wie im Alten Testament alle Entscheidungen diesseits der Todesgrenze fallen. Man könnte sagen: Alle soteriologischen und eschatologischen Fakta des Neuen Testaments hängen im Alten Testament am Leben in dieser Welt. Der Tod und die Scheol sind Sphären, die vom Leben weit entfernt sind. Vgl. hierzu: Ps 30,10; 88,11ff.; 115,17; Jes 38,18f.

7–8 7–8 schildern die Lage des Leidenden. Von Seufzen ist er völlig erschöpft. יגע ב = »ermüdet sein von...« (Ps 69,4; Jes 57,10; Jer 45,3). Das Krankenlager wird von Tränen über und über genetzt. Diese hyperbolische Redeweise will der unermeßlichen Tiefe des Wehs Ausdruck verleihen. Zu מטה und ערשׂ vgl. GDalman, AuS VII 185ff. Das Weinen und Klagen hat die Augen getrübt und ermattet. Vgl. Ps 31,10. Keiner der Aussagen des Psalms ist zu entnehmen, von welcher Krankheit der Beter geschlagen war. Es gehört wohl auch zum Formularcharakter dieser Psalmen, daß sie Schilderungen geben, in denen jedes Krankheitsleid sich auszusprechen und unterzubringen vermochte.

9–11 Mit 9 aber bricht nun Ps 6 die große Wende herein.[1] Plötzlich erhebt

[1] »Postquam dolores suos et molestias exoneravit David in sinum Dei, nunc quodammodo induit novam personam.« Calvin, In librum Psalmorum Commentarius. Zu Ps 6,9. – Bemerkenswert ist, wie stark Luther das Perfekt »Jahwe hat erhört« allein aus Glauben

sich der klagende Beter in einem triumphierenden Ausruf. Dieser Umschwung ist so einschneidend, daß man sogar an ein ganz neues Lied in 9–11 denken konnte. – Aber wie wird man sich die zwischen 8 und 9 liegende Wende denken müssen? In 9 und 10 erfahren wir durch den Ruf שמע יהוה, daß der klagende Sänger erhört worden ist. D.h. also: Jahwe hat seinen Zorn von ihm abgewendet, er hat den Kranken geheilt. Hier ist offenbar an heiliger Stätte jener Gottesspruch eingetroffen, auf den die Beter der Psalmen warten (Ps 130,5). In Ps 107,20 heißt es: ישלח דברו וירפאם. Dieses Ereignis wird auch vor 9–11 vorauszusetzen sein, denn die Aussendung des דבר vermittelt die Gewißheit שמע יהוה. Man wird also nicht an Orakel oder Opferzeichen im Sinne der kultischen Praktiken des Zweistromlandes denken dürfen. Die schicksalwendende Bedeutung, die der (durch Priester übermittelte) דבר hervorruft, läßt sich in vielen Psalmen an der Formel שמע (יהוה) ablesen: Ps 22,25; 28,6; 34,7; 66,19 (vgl. auch Ps 10,17; 31,23; 40,2). Der Beter hat das »Fürchte dich nicht« vernommen. Ihm ist die Zusicherung gegeben worden, daß Jahwe ihn nicht verlassen wird. Jahwe wird bei ihm sein; er wird helfen und heilen. Ein derartiger Zuspruch vermittelt die Gewißheit der Erhörung. Er gibt Anlaß zu Vertrauen und Hoffnung. Das Gebet ist von Jahwe angenommen worden (10). Die wiederholte Betonung dieses Ereignisses erweist ihr Gewicht und zeigt die Freude dessen, der erhört und errettet wurde.[1] Es wandelt sich die gesamte Lebenssicht. Denn sogleich wendet sich der Beter – in der Gewißheit der Erhörung – gegen seine Feinde. Diese Feinde sind nicht etwa die Urheber der Krankheit, etwa durch Zauber (Mowinckel), sie sind auch nicht eine Gruppe, die in den Parteikämpfen späterer Zeiten den Frommen seelische Pein bereitete (Kittel) – es handelt sich vielmehr um Menschen, die den Schwerkranken durch ihre Anklagen und Urteile von Gott scheiden wollten. Vgl. o.S. 87ff. Einl § 9,6. Es ist möglich, daß die פעלי און das Maß des Leidens voll gemacht haben, indem sie den sichtbaren Gotteszorn über dem Leidenden durch ein wirkungsmächtiges Fluchurteil ihrerseits ergänzt haben. Hat aber Jahwe den Beter erhört, dann sind die Widersacher ins Unrecht versetzt worden, dann können sie mit der triumphierenden Aufforderung סורו ממני aus dem Feld geschlagen werden. Zu einer solchen Anrede an die Feinde vgl. Ps 4,3f; 52,3ff; 58,2f.; 62,4; 119,115. Die Gewißheit der Erhörung wird in 10 in den Ausdruck gefaßt: »Jahwe nimmt mein Gebet an« (לקח). Es ist

und Hoffnung des Beters ableiten will: »Cum enim in spe et spiritu eum loqui certum sit, necdum coram Deo, praesente visione positum, certum simul est spe salvum factum, spe Dei gratiam consecutum, spe se consolatum haec universa sonare, quo abigat malorum illorum molestissimam turbam.« Einige Zeilen hernach heißt es: »Qualis spes, talis res«. Luther, WA 5; 215, 19ff.

[1] »Crebra eiusdem sententiae repetitio, non quasi narrantis necessitatem, sed affectum exsultantis ostendit; sic enim loqui gaudentes solent, ut non eis sufficiat semel enuntiare quod gaudent.« Augustinus, Enarrationes in Psalmos: Migne 1 36/37 95.

bemerkenswert, wie hier das Tempus wechselt. Der Wechsel besagt, daß der Sänger sich einen einmaligen, herausragenden Vorgang der Vergangenheit besonders lebhaft vergegenwärtigt (BrSynt § 42e). Hat Jahwe sich der Bitten des Beters aber angenommen, dann bedeutet das für die Feinde »Beschämung« und »Schrecken«. Alle, die den Leidenden bisher bedrängt haben, müssen ganz plötzlich (רגע) ablassen. Am Schicksal der Feinde wird der Beter der Realität seiner Begnadigung inne. Das ist im Alten Testament eine stehende Vorstellung. Vgl. zu Ps 5,10–11.

In der Restitutionspraxis wird die Beschämung der Feinde dadurch offenkundig, daß der Geheilte an dem Gottesdienst der Gemeinde teilnehmen und im kleineren Kreis die communio mit Gliedern des Gottesvolkes und mit Jahwe selbst erfahren darf (KSeybold). Den Feinden wird damit demonstrativ vor Augen gestellt, daß der von ihnen Beschuldigte und Ausgestoßene angenommen ist.

Ziel Duhm schreibt zu Ps 6: »Zur Vorlesung an einem christlichen Krankenbette eignet sich der Psalm nicht.« Und beinahe übereinstimmend erklären die neueren Kommentare, Ps 6 müsse aus der Reihe der traditionellen kirchlichen Bußpsalmen ausscheiden. Zu diesen auf den Inhalt bezogenen Urteilen gesellen sich dann bisweilen noch formale Kritiken, die der »kümmerlichen Dichtung« jede poetische Gewalt absprechen. – Eines aber wird in allen diesen kritischen Erklärungen des Ps 6 übersehen: daß hier ein Mensch die ganze Schwere des Zornes Gottes und der todnahen Hinfälligkeit irdischer Existenz trägt. Die Reformatoren haben das erkannt. Luther erklärt freimütig: »Nec est ullus, qui hunc affectum (quando nec inferiores) summum intelligat, nisi qui gustaverit, ideoque nec digne possumus eum tractare.« Die Wucht der unermeßlichen Anfechtung wird gesteigert durch die Tragweite der im Diesseits fallenden Entscheidung. Endgültig von Gott geschieden oder begnadigt – das ist das Entweder-Oder in Ps 6. Hier kann die Entscheidung nicht ins »Jenseits« vertagt werden, sie muß auf Erden fallen (Ps 27,13). Von Gott geschieden werden, das hieße aber: unter Gottes Zorn dem Tod als der »Un-Welt« der Gottesferne verfallen. Von Gott begnadigt werden aber bedeutet: sein gezieltes, den betenden und flehenden Menschen anredendes, lebenschaffendes und heilendes Wort vernehmen. Der Ps 6 lehrt den von Duhm »idealisierten Christen«, den Entscheidungsernst seines Lebens wahrzunehmen.[1] Er lehrt die oft in blassen Bußformeln betende

[1] »Hoc autem sciendum, quod talia passis huius psalmi doctrina diligentissime servanda est, ut non evagentur, non querulentur, non quaerant solatia hominum, sed apud sese consistant, manum dei ferant et cum propheta nusquam convertantur nisi ad dominum dicentes ›Domine, ne in furore tuo arguas me‹. Qua prudentia nisi praestent (ut volunt huius rei mystae) summo suo damno, e manu dei medentis et purgantis elabuntur, dum ad consolatiunculam creaturulae confugiunt: Non secus atque si lutum e manu figuli inter formandum elabatur peiusque collidatur, donec penitus inutile fiat aut proiici mereatur tanquam reprobum.« Luther, WA 5; 204, 34ff.

Kirche, in den grellen Bildern des individuellen Klageliedes das Entweder-Oder ihrer Existenz in dieser Welt zu erkennen. – Diese Bitten wollen bis zu dem Triumph durchdringen, der in 9–11 ausgesprochen wird: dem Triumph über alle Kräfte, die den Christen durch Anklage und Urteil von Gott scheiden wollen.

Wird in dieser Weise eine Ziel-Erklärung des Psalms versucht, dann geschieht dies in bewußter Distanz zu allen Deklarationen des »totaliter aliter«, die als vom Neuen Testament ausgehend behauptet werden. So schreibt HCKnuth (19): »Das Neue Testament bezeugt nicht eine neue Möglichkeit der Auslegung, sondern hebt die bisherigen Möglichkeiten auf durch ein endgültiges Verständnis unseres Psalms. Mag man gegen diese antithetische Verhältnisbestimmung von Altem und Neuem Testament auch einwenden, im Alten Testament habe es die neutestamentlichen Möglichkeiten des Verstehens immer a u c h schon gegeben – das soll gar nicht bestritten werden –, so ist das schlechthin Neue der neutestamentlichen Botschaft, daß sie gerade der Vielfalt der Möglichkeiten ein einziges Kriterium gegenüberstellt: nämlich Jesus selbst.« Doch ist zu fragen: Inwiefern ist »Jesus selbst« ein »Kriterium«? Wie anders begegnet die Botschaft des Neuen Testaments als im vielgestaltigen Kerygma der Zeugen Jesu Christi? Die antithetische Verhältnisbestimmung suggeriert ein einlinig aufweisbares Erfüllungsfaktum. Dabei wird übersehen, daß und wie ja doch im Neuen Testament die Zeugen des Christus Jesus sich der Sprache des Alten Testaments bedienen, um das »schlechthin Neue« im Kontext seiner Verheißung interpretieren zu können. Alles liegt daran, daß das Eigenzeugnis des Alten Testaments wirklich gehört wird und daß der Ausleger sich dann der biblisch-theologischen Frage nach der alttestamentlichen Textaussage im Licht der Christus-Erfüllung aussetzt. Wie die Antithesen, so sind auch die Synthesen streng zu vermeiden. Je neu werden die Bezugsverhältnisse zu erfragen und zu bestimmen sein. – Dabei können nicht immer die wörtlichen Zitierungen den Ausschlag geben. Mt 7,23 und Lk 13,27 zitieren Ps 6,9 in der Weise, daß Jesus denen, die »Herr! Herr!« sagen, aber den Willen Gottes des Vaters nicht tun, mit der Abweisung und Verwerfung begegnet: »Hinweg von mir, ihr Täter der Gesetzlosigkeit!« (ἐϱγαζόμενοι τὴν ἀνομίαν). Im Licht des Ps 6 erscheinen die Herr-Herr-Sager als Feinde des Leidenden. Jesus begegnet ihnen als der Richter, der das Verborgene ans Licht bringt. Diese Züge sind für Mt 7,23 und Lk 13,27 bedeutsam. Zur Erklärung von Ps 6 tragen sie nicht viel aus. Dieser Psalm wird vielmehr in seinem eigenartigen Profil erarbeitet und in der Ziel-Erklärung entsprechend erfaßt werden müssen. Dies ist zuvor versucht worden.

Psalm 7
Appellation an das gerechte Gericht Gottes

Literatur

MLöhr, Psalm 7; 9; 10: ZAW 36 (1916) 225–237. – GJThierry, Remarks on various Passages of the Psalms: OTS 13 (1963) 77–82. – JLeveen, The Textual Problems of Psalm 7: VT 16 (1966) 439–445. – WBeyerlin, Die Rettung der Bedrängten in den Feindpsalmen der Einzelnen auf institutionelle Zusammenhänge untersucht: FRLANT 99 (1970) 95–101.

Text **1 Ein *šiggajon* Davids, das er sang vor Jahwe wegen des Benjaminiten Kusch.**
2 Jahwe, mein Gott, bei dir suche ich Zuflucht;
rette mich vor ‘meinem Verfolger’[a]!
3 Daß er nicht wie ein Löwe mein Leben zerreißt,
und ‘niemand’[b] rettet und befreit.
4 Jahwe, mein Gott, wenn ich dies[c] getan,
wenn Unrecht an meinen Händen klebt,
5 wenn ich meinem Freunde[d] Böses antat
und beraubt[e] den, der grundlos mich bedrängt,
6 so verfolge[f] der Feind meine Seele und hole sie ein!
Er trete mein Leben zu Boden
und lege meine Ehre[g] in den Staub. Sela.
7 Stehe auf, Jahwe, in deinem Zorn!
Erhebe dich gegen[h] das Zorneswallen meiner Feinde!
Und wache auf zu mir hin[i]! – Gericht hast du entboten –.[j]
8 Die Schar der Völker[k] umstehe dich,
über ihnen in der Höhe ‘throne’[l]!
9 – Jahwe richtet die Völker –.[m]
Richte mich, Jahwe, nach meiner Gerechtigkeit
und nach meiner Unschuld[n]!
10 Ein Ende finde[o] die Bosheit[p] der Frevler,
doch den Gerechten richte auf!
Der Herzen und Nieren prüft,
gerechter Gott!
11 Mein Schild ‘über mir’[q] ist Gott
– ein Retter derer, die redlichen Herzens sind.
12 ‘Jahwe’[r] ist Anwalt des Gerechten
und ein Gott, der täglich straft[s]. –
13 Fürwahr, wieder schärft er sein Schwert[t],
spannt seinen Bogen und zielt.
14 Doch für sich selbst hat er Mordwaffen gerichtet,
machte er glühend seine Pfeile.
15 Sieh da: er empfängt Frevel, geht schwanger
mit Unheil und gebiert Lüge.
16 Eine Grube grub er aus und hob sie aus;
da stürzte er ins Loch, das er gemacht.
17 Es kehrt um das Unheil auf sein Haupt,
auf seinen Schädel kommt sein Frevel herab.
18 Ich will Jahwe preisen, denn er ist gerecht,
will singen dem Namen ‘’[u] des Höchsten.

2 **a** In Ps 7 ist in den wesentlichen Stücken nur von einem einzigen Feind des
3 klagenden Beters die Rede. Es wird darum מְרַדְּפִי zu lesen sein. – **b** Es erhebt sich

die Frage, ob פְּרֹק zum ersten Halbvers gehört (Korrektur: יִפְרֹק) oder ob das Wort mit *GS* in den zweiten Halbvers einzubeziehen ist (*G*: μὴ ὄντος λυτρουμένου μηδὲ σῴζοντος = אֵין פרק). Die Entscheidung hängt von der Bedeutung des Verbs פרק ab. Hat dieses Verb die Bedeutung »rauben« (Gunkel) oder muß es mit »herausreißen«, »retten« übersetzt werden? Die Stellen, an denen פרק belegt ist, sprechen eindeutig für die zweite Auffassung: Ps 136,24 (*G* ἐλυτρώσατο),
Thr 5,8 (*G* λυτρούμενος). So wird man also אין פרק ואין מציל lesen müssen. – **c** Es 4
ist eine unzulässige Vereinfachung, wenn statt זאת etwa גֵּאוּת (Grimme, Schlögl,
Gunkel) gelesen wird (s.u.). – **d** *G* hat den Plural gelesen τοῖς ἀνταποδιδοῦσίν 5
μοι = שֹׁלְמַי (vgl. auch Hier). Der Kontext bestätigt jedoch *M*. – **e** *G* ἀποπέσοιμι
ἀπὸ = וְאֶלְחֲצָה (so auch *S* und *T*). Für *M* spricht der Kontext. – **f** Mit der Punkta- 6
tion יִרַדֹּף sind wohl die Lesarten יִרְדֹּף und יְרַדֵּף zur Wahl gestellt; beide sind
möglich. – **g** Der Vorschlag כְּבֵדִי = »meine Leber« ist kaum zu rechtfertigen, da
כבוד in der Topik der Psalmensprache ein stehender Begriff ist, vgl. zu Ps 3,4. – **h** 7
Die Schwierigkeiten, die man im zweiten Halbvers sah und die durch verschiedenste Korrekturen beseitigt werden sollten, treten sofort beiseite, wenn בְּ in der Bedeutung des feindlichen »gegen« verstanden wird (BrSynt § 106 h). – **i** Die Änderung der Punktation in אֵלִי (*G* sogar: κύριε ὁ θεός μου) erleichtert den Text ohne Ursache. Vgl. vielmehr Ps 59,5: עוּרָה לִקְרָאתִי. – **j** Das Versstück wirkt störend – vor allem mit dem perf. צוית. Vielleicht ist צַוֵּה zu lesen. Dann könnten die Worte יהוה ידין עמים aus 9, die dort ebenfalls das Versgefüge stören, als zweiter
Halbvers (im Metrum 4 + 3) hinzugenommen werden. – **k** לאמים erweckt eine 8
Vorstellung, die sowohl in den Ps (unmittelbar im Kontext heißt es: יהוה ידין עמים; vgl. auch Ps 9,9; 96,10; 98,9 u.ö.), dann aber auch bei Dtjes (z.B. Jes 43,8ff.) durchaus begründet ist. Das in Ps 82,1 und Hi 1f. zugrunde liegende archaisch-mythologische Bild von Jahwe als dem von אלהים umgebenen himmlischen Richter, das zur Korrektur von לאמים in אלהים Veranlassung gab (Budde, Gunkel), wird demgegenüber zurücktreten müssen. – **l** שובה = »kehre zurück« gibt keinen rechten Sinn (»soll er das Gericht auf Erden vollziehen und dann in den Himmel zurückkehren? oder soll er vor dem Gericht den himmlischen Richterstuhl verlassen haben?« Gunkel). Sachgemäßer wäre שֵׁבָה. Zu ישב in der Bedeutung »thronen zum Gericht« vgl. Ps 9,5. Zur Verwechselung von שובה und
שבה in *M*: Nu 10,36; Ps 116,7; Jes 30,15. – **m** Vgl. zu 7 Anm. i. – **n** Eine Korrektur 9
oder Ergänzung von עלי ist unnötig (Wellhausen: עֱנֻנִי für עלי. Kittel: גְּמָלֵנִי. Graetz: וכתם פעלי). עלי bezeichnet (zur Verstärkung des Suffixes) die Macht der
Unschuld, die (wie ein unaufhebbares Gewicht) auf dem Beter liegt. – **o** Es ist in 10
der Punktation יִגְמַר vorzuziehen. Das Verb hat hier intransitive Bedeutung. – **p**
Hier ist besser רֵעַ statt רַע zu punktieren (Schlögl, Löhr, Gunkel, Schmidt). – **q** *M* 11
(»mein Schild ist auf Gott«) ist unverständlich. *S* (»mein Schild ist Gott«) würde
metrisch bedenklich sein. Am besten liest man עָלַי vgl. z.B. Ps 3,4. – **r** Steht im 12
parallelen Halbvers אֵל, so wird man mit dem Eingriff einer elohistischen Redaktion schon in Ps 7 rechnen müssen (Gunkel); es wird ein ursprüngliches יהוה geändert worden sein. So vielleicht auch schon in 11. – **s** Die Kritik vieler Kommentare an den Worten ואל זעם wird wegen des Sinnzusammenhangs eingeleitet und muß darum in der Auslegung (s.u.) aufgegriffen werden. – Keiner der vielen
Korrekturvorschläge wird den Textverhältnissen gerecht. – **t** Die – teilweise sehr 13
einschneidenden – Textkorrekturen in den Kommentaren richten sich (wie in 12 zu ואל זעם) auf den Sinnzusammenhang. Sie sind recht gewagt und problemreich. Man wird zunächst versuchen müssen, von einer wörtlichen Übersetzung
auszugehen. – **u** יהוה wird wahrscheinlich mtr. cs. (aber auch mit Rücksicht auf 18
יהוה im ersten Halbvers) auszuklammern sein.

Form Ps 7 gehört zur Gruppe der »Davidspsalmen«. Die Vermutung, daß der Psalm mit Ps 9 und 10 zu einer größeren Einheit zusammenzusetzen sei (MLöhr, ZAW 36, 1916, 225–237), wird zurückzuweisen sein. Verwandte Themen und Motive geben nicht das Recht zur Rekonstruktion literarischer Komplexe. Während nun MLöhr über Ps 7 hinausgreift, um eine größere Einheit zu gewinnen, nehmen einige Erklärer innerhalb des Liedes eine literarkritische Sonderung vor. 7–12 werden z.B. von BDuhm und EGBriggs als Fremdkörper empfunden. Duhm rückt diese Verse als selbständiges Lied heraus. Eine genaue Untersuchung der Formgestalt und des »Sitzes im Leben« wird jedoch zu dem Ergebnis gelangen, daß Ps 7 ein in sich geschlossenes Ganzes ist – ein Lied, dessen Aufbau aus der zugrunde liegenden Situation gut verständlich ist.

Die textlichen und metrischen Verhältnisse sind durch einige Unebenheiten gekennzeichnet. Schwierigkeiten im Hinblick auf die Textüberlieferung begegnen vor allem in 6.7.9.12.13. Nicht zu koordinierende (oder doch nur durch Umstellung einander zuzuordnende) Halbverse liegen in 6.7.9 vor. Als Doppeldreier lassen sich 14–18 lesen, außerdem 3.5.6 (mit Ausnahme des Vierers: ירדף אויב נפשׁי וישׂג) 7a.8.12. Im Metrum 4 + 3 sind zu erfassen: 2.4.13. Und das Versmaß 3 + 2 schließlich ist in 9 (mit Ausnahme von: יהוה ידין עמים) festzustellen. – Diese ersten Beobachtungen zur Form des Textes führen zur Frage nach dem Aufbau. Ein auf den Inhalt gerichteter Erfassungsversuch ergibt zunächst folgendes Bild: 1 enthält die einordnende Überschrift. In 2–3 tritt der Beter flehend an Jahwe heran, beteuert seine Unschuld 4–6 und appelliert in 7–10 an Gottes gerechtes Gericht. Nach den Äußerungen des Vertrauens und der Gewißheit in 11–12 spricht der Beter vom Angriff (13) und vom Schicksal (14–17) seines Feindes, um mit einem dankbaren Lobpreis (18) zu schließen. – Nicht überzeugen kann der textkritische Korrekturvorschlag von JLeveen (440); und sachlich nicht gerechtfertigt ist der glättende Deutungsversuch, den MDahood (42) vorlegt. Die nachfolgende Exegese wird erweisen, daß die bisher durchgeführten Formuntersuchungen zu einer angemessenen Texterklärung führen.

Ps 7 gehört zur Formgruppe der Gebetslieder (תפלה). Es hat sich immer deutlicher gezeigt, daß die bislang bestimmende Gattungserklärung im Sinne eines »individuellen Klageliedes« (Gunkel-Begrich, EinlPs § 6) der eigentlichen Form- und Aussagegestalt des Psalms nicht zu entsprechen vermag (so auch WBeyerlin, 101). Es müssen jedoch die einzelnen Bestandteile des Gebetsliedes genauer erfaßt und bestimmt werden. Dabei zeigt es sich, daß diese Bestandteile dem »Sitz im Leben« des Gebetsliedes erwachsen sind. Die Beteuerung der Unschuld in 4–6 hat die charakteristische Form eines unter den Äußerungen der Selbstverfluchung vorgetragenen Reinigungseides, der noch eingehend zu interpretieren ist (s.u.). Als Appellation an Jahwe, den Richter, sind 7–10 zu verstehen. Elemente einer »Gerichtsdoxologie« treten in 11–12 hervor. Die kohortativische Formulierung in 18 setzt den Vers ab vom üblichen Verständnis, in ihm käme eine *Toda* (Danklied eines Einzelnen) zum Ausdruck; vielmehr wird an eine das Lob ankündigende »Gelübdeformulierung« zu denken sein (so FCrüsemann, Studien zur Formgeschichte von Hymnus und Danklied in Israel: WMANT 32, 1969, 275). Zum Verständnis der »Gebetslieder« vgl. o.S. 49ff. Einl § 6,2.

Die Situation, in die Ps 7 hineinweist, ist gut zu erkennen. Der Psalm setzt die Institution des Gottesgerichts voraus, in die ein von Feinden Angeklagter und Verfolgter eingetreten ist, um den Richtspruch Jahwes zu empfangen. Dieser »Sitz im Leben« führt in den Bereich des Tempels von Jerusalem. Zur Erforschung der Situation vgl. HSchmidt, Das Gebet des Angeklagten im Alten Testament: ZAWBeih 49 (1928) 17; vor allem aber WBeyerlin, 96f. Der Beter wird von Widersachern verfolgt. Er flieht ins Heiligtum, beteuert seine Unschuld (mit dem Formular des Reinigungseides) und ruft Jahwe als gerechten Richter an. Der kultische Kasus wird in 1 Kö 8,31ff. so beschrieben: »Wenn sich jemand gegen einen seiner Volksbrüder versündigt hat, und jener legt ihm einen Eid auf und läßt ihn schwören, und dieser nimmt vor deinem Altar in diesem Haus den Eid auf sich, so höre du im Himmel und handle und richte deine Knechte, indem du den Schuldigen für schuldig erklärst und sein Tun auf sein Haupt kommen läßt, den Gerechten aber für gerecht erklärst und ihm entsprechend seiner Gerechtigkeit gibst.« Damit ist die Situation genau beschrieben. Man wird annehmen müssen, daß die verschiedensten Beter zu verschiedenen Zeiten in diesen Akt des Gottesgerichts eingetreten sind. Ps 7 wird als Formular benutzt worden sein. Wenn HGunkel in der Erklärung des Psalms feststellen zu können meint, »daß darin die Worte des Königs nachklingen«, so wird zu bedenken sein, daß die Gebetsformulare Vorstellungen und Metaphern aufgenommen haben, die jedes Einzelschicksal transzendieren (vgl. Ps 3 und die dort gegebenen Erklärungen). Die zeitlichen Zusammenhänge können nur erschlossen werden. Das Gebetslied wird in vorexilischer Zeit entstanden sein. In vieler Hinsicht macht es einen archaischen Eindruck und wird in sehr frühe Zeit angesetzt werden können. Ort

Zu שגיון vgl. o.S. 20 Einl § 4 Nr. 6. Der erklärende (redaktionelle) Situationshinweis, der mit einer Erinnerung an die Verleumdungen (?) des Benjaminiten Kusch gegeben wird, ist nicht mehr verständlich. Die Erzählung 1 S 18,21ff. kann wohl kaum gemeint sein. Wahrscheinlich hat der Verfasser der ein historisches Erklärungsmodell einführenden Beischrift eine Begebenheit vor Augen, die im Alten Testament nicht überliefert ist. HGunkel denkt an eine unbekannte Legende. Wort 1

2-3 Vor seinem Verfolger sucht der Beter unseres Ps bei Jahwe Zuflucht (vgl. Ps 11,1). חסה ב bezeichnet den Vorgang des Schutz-Suchens und Sichbergens im Bereiche der Gegenwart Gottes. Häufiger ist in den Psalmen von den »Flügeln« oder dem »Schatten der Flügel« der Keruben die Rede, unter die der hilfesuchende Beter sich flüchtet (z.B. Ps 57,2; 61,5). Zu אלהי vgl. OEißfeldt, »Mein Gott« im Alten Testament: ZAW 61 (1945/48) 3–16. Der Verfolgte bittet Jahwe um Hilfe – und zwar (wie 9 zeigen wird): um Rechtshilfe. Mit einem reißenden Löwen wird der Feind des Klagenden verglichen. Ein solches Bild veranschaulicht den Ernst der Gefahr (vgl. o.S. 112ff. Einl § 10,4). Wie ein Raubtier will der Verfolger den Beter zerreißen. נפש könnte an dieser Stelle die ursprüngliche Bedeutung »Gurgel« haben (HSchmidt). Mit der Schilderung der Not möchte der Beter Jahwe zum Einschreiten veranlassen. Vor allem der Hinweis auf die völlige Hilflosigkeit will Gott zum Eingreifen bewegen.

4-6 An die flehende Klage schließt sich nun der gewichtige Eid an, den der Beter zur Beteuerung seiner Unschuld vorträgt. Die Äußerungen in 4–6 sind durch eine genaue formgeschichtliche Untersuchung in ihrer Bedeutung zu erfassen.

Im Eid des Unschuldigen ist zunächst die Stilisierung bemerkenswert. זאת nimmt auf die vom Verfolger vorgebrachten Anschuldigungen Bezug. Es folgen dann zwei weitere mit אם eingeleitete Vordersätze, die auf einen möglichen Fall des Vergehens Bezug nehmen. An diese kasuistischen Sätze schließt sich dann die Selbstverfluchung an. Eine Parallele zu diesem Eid des Unschuldigen in 4–6 liegt in Hi 31 vor. Dort sind mehrere Stücke zusammengestellt. Die charakteristischen, mit אם eingeführten Sätze sind gut zu erkennen: Hi 31,5–8.9 bis 10.16–22.24–28. Verwischt ist der in Ps 7 und Hi 31 aufweisbare klare Formtypus in Ps 17,3–4; 26,4–6 – während er außerhalb der Rechtssphäre in Ps 137,5.6 in Erscheinung tritt. Den Vorgang der im Kultus üblichen Vereidigung wird man sich folgendermaßen vorstellen können: In schwieriger, nicht aufklärbarer Rechtslage wird das zentrale Heiligtum aufgesucht (Dt 17,8–10). Dort wird ein vollmächtiger דבר המשפט (Dt 17,9) bzw. eine תורה (11) aus Priestermund erwartet. Dem sich für unschuldig Erklärenden wird ein Eid auferlegt: נשא־בו אלה להאלתו (1 Kö 8,31). Die zitierte Formulierung erfaßt genau den Vorgang der Unschuldsbeteuerung und der Selbstverfluchung. לפני מזבח (1 Kö 8,31) wird dieser Eid des Unschuldigen ausgesprochen. Wahrscheinlich war dieser sakrale Akt begleitet von einer symbolischen Handwaschung und einem Altarumgang (Ps 26,6). Zur »Abiuratio«: FHorst, Der Eid im Alten Testament: EvTh 1957 Heft 8/9, 366–384. Zum Reinigungseid im Rahmen und Gefüge der Institution des Gottesgerichts: W. Beyerlin, 96ff. »Der Wortlaut des Eids in 4–6 besitzt wohl mit seinen Parallelismen eine feierliche Nachdrücklichkeit, mutet jedoch in der strikten Konzentration auf einen Gedanken recht urtümlich an. Vor allem will eines beachtet sein, daß nämlich in dem ersten der konditionalen Vordersätze der Gegenstand der Beschuldigung mit dem rückbezüglichen Demonstrativpronomen זאת umschrieben ist: ›Wenn ich dies getan habe…‹ (4a). Da in den voraufgehenden Psalmversen nicht gesagt ist, was dem Psalmisten zur Last gelegt wird, ist nur der eine Schluß möglich, daß nämlich, ehe er zu beten begann, das Gravamen ausdrücklich genannt worden war« (WBeyerlin, 97).

In 4–6 nimmt der Eid des Unschuldigen zunächst auf die von seinem Verfolger vorgebrachten Anschuldigungen Bezug. Die Formel אם־יש־עול בכפי könnte in ihrem konkreten Vorstellungsgehalt von der beim Reinigungseid (wahrscheinlich) zu vollziehenden Handwaschung her zu verstehen sein (Ps 26,6; Jes 1,15–16). עול ist im Alten Testament oft das die Hände befleckende Unrecht (1 S 24,12; Jes 1,15; 59,3.6). Einen – wenigstens kurzen – Einblick in die dem Beter vorgeworfenen Delikte empfangen wir in 5: der Verfolgte soll ein Vertrauensverhältnis mißbraucht haben. Mit שׁולמי könnte die Person genannt werden, »die den Burgfrieden des gleichen Hauses mit jmd. hält« (HSchmidt). In dieser Bedeutung (vgl. auch Ps 41,10; Jer 38,22) wäre der Begriff dem Worte רֵעַ gleichzustellen. Der Mißbrauch des Vertrauensverhältnisses aber soll nun darin bestanden haben, daß der Angeschuldigte sich an dem Eigentum seines Freundes vergangen hat. חלץ bezeichnet in einem sehr intensiven Sinne die Beraubung und Plünderung, so daß man an fortgesetzte veruntreuende Übergriffe denken müßte. Doch die Hände des Beters sind leer, grundlos (ריקם) wird er verfolgt: diese Beteuerung klingt schon durch die kasuistisch formulierten Vordersätze hindurch. In der Selbstverfluchung (6) erklärt dann der Angeschuldigte, daß er bereit sei, die Verfolgung seines Feindes auf sich zu nehmen und Leben und Ehre zu verlieren, wenn die vorgebrachten und im Eid deklarierten Vergehensmöglichkeiten zutreffen sollten. Zu כבוד vgl. Ps 3,4, zu נפשׁ Ps 6,4–5.

Der Eid des Unschuldigen ist offenbar die Voraussetzung zu der nun 7–10
folgenden Appellation an Jahwe, den Richter. Mit drei Imperativen קומה – הנשׂא – עורה wird Gott angerufen. Begriffe und Vorstellungen der vorgebrachten Appellation legen es nahe, an die Lade als den richterlichen Thronsitz Gottes zu denken. Im einzelnen wären folgende Momente zu beachten: 1) Jahwe thront als König und Richter auf der Lade (Ps 99,1; Jes 6,1ff.; Ps 94,1ff.), seine majestätische Gegenwart sprengt jedoch den kubischen Raum des Allerheiligsten (Jes 6,1ff.). Wie Jahwe auf Erden thront, so thront er im Himmel (Ps 11,4). Darum kann vom Heiligtum auf dem Zion gesagt werden, es sei »Himmelshöhen gleich errichtet« (Ps 78,69; Jes 2,2–5). Ps 7,7–8 nimmt auf diese Vorstellungen Bezug. Der auf dem Zion gegenwärtige Gott ist der im Himmel thronende König – vgl. hierzu o.S. 94ff. Einl § 10,1. – 2) Diesem majestätischen König und Richter sind die Völker unterworfen. Er richtet und regiert sie (Ps 9,9; 96,10; 98,9 u.ö.). Daß der über der Lade und im Himmel thronende Gottkönig Weltherrscher und Weltrichter ist, wird in Jerusalem immer neu verkündigt (vgl. o.S. 94ff. Einl § 10,1). Auf diese Vorgegebenheiten nehmen in Ps 7 insbesondere 8–9 Bezug. Es ist unnötig, diese Vorstellung durch das in Ps 82,1 vorliegende Bild abzulösen. – 3) Die Lade bleibt (auch nach der Einholung in den Jerusalemer Tempel zur Zeit Salomos) umgeben von den Traditionen des heiligen Krieges, in den sie einst als

Palladium geführt wurde (Nu 10,35–36; 1 S 4,3). Der über der Lade thronende Gottkönig ist und bleibt der »Held im Streit« (Ps 24,8). In diesem Vorstellungszusammenhang ist offensichtlich Ps 7,7 zu deuten. Der Ruf קומה יהוה ist in dem alten Ladespruch Nu 10,35–36 verankert. Und die Bitte um das zornige Eingreifen Gottes gegen die Feinde (plur.!) läßt die Gebetsformel eines Königs nachklingen, der Jahwe, den »Helden im Streit«, um sein Eingreifen anfleht. Zusammengefaßt: Der Beter des Ps 7 wendet sich mit seiner Appellation an den thronenden Völkerrichter und Kriegshelden Jahwe, dessen Gegenwart über der Lade in Jerusalem Ereignis ist. – Fremder, und von den traditionellen Vorstellungen von der Lade zu unterscheiden, ist die hinter dem Anruf עורה verborgene Anschauung. Der Schlaf ist ein mythisch-ritueller Zustand der Vegetationsgottheit (1 Kö 18,27). עורה ist in dieser religiösen Sphäre ein kultischer Weckruf, der das mit der Vegetation gestorbene Numen wieder ins Leben ruft. Man wird jedoch nicht behaupten können, daß sich mit dem an Jahwe gerichteten Anruf עורה auch nur die Spur relevanter mythologischer Vorstellungen verbindet (gegen GWidengren, Sakrales Königtum im Alten Testament und im Judentum: Franz Delitzsch-Vorlesungen 1952, 1955, 67). Der bewegte mythologische Hintergrund des Naturkultes ist hinter dem Ruf עורה in Ps 7,7 völlig erstorben und verbannt. Der Gott Israels »schläft und schlummert nicht« (Ps 121,4). Der Imperativ עורה ist ohne mythisches Eigengewicht in die Sprache der Appellation eingegangen.

Was erwartet nun der Beter mit seiner Appellation an Jahwe, den Richter? Er hofft auf eine Antwort (vgl. den Appellationsruf in Hi 31,35); er wartet darauf, daß Jahwe »seine Sache führt« (Ps 35,23). Der antwortende Gottesspruch kann etwa den Inhalt von Ps 12,6 haben; ja, im Grunde ist es sogar eine Theophanie, die der Anrufende mit den gewichtigen Appellationsformeln erwartet (Ps 18,8ff.). Vgl. zu הנשׂא Ps 94,2 Jes 33,10. Das Gebet des Einzelnen fügt sich auch an dieser Stelle ganz in die auf dem Zion lebendigen Lade- und Theophanietraditionen ein. Diese Zusammenhänge werden verkannt von der Kritik derjenigen Kommentatoren, die es für »vermessen« oder »hochpathetisch« halten, wenn ein einzelner das Weltgericht Gottes gegen seine Feinde anruft (ACohen macht dagegen mit Recht auf Gn 18,25 aufmerksam). Es sind lebendige gottesdienstliche Traditionen und Vorstellungen, auf die der Beter Bezug nimmt; in sie tritt er ein mit dem entscheidenden Anruf שׁפטני יהוה כצדקי (9; vgl. auch Ps 26,1; 35,24; 43,1). Das Verbum שׁפט tendiert fraglos zunächst auf einen richterlichen Entscheid. Aber LKöhler hat recht, wenn er in den Begriff das Moment der Rechtshilfe einbezieht (Der hebräische Mensch, 1953, 152). Der Anrufende ist gewiß, daß von Jahwe sein משׁפט ausgeht (יצא: Ps 17,2). Er verweist dabei noch einmal nachdrücklich auf seine Gerechtigkeit und Unschuld. Hier ist auf keinen Fall eine anmaßende sittliche Selbstqualifikation ausgesprochen, vielmehr handelt es sich um eine sehr konkrete Loyalitätserklärung, die in dem Eid 4–6 ihren Grund hat. Der Beter hält an der ihn umgebenden und über ihm (wie ein Gewicht) hängenden Unschuld (תמי עלי) und Gerechtigkeit fest (vgl. Hi 27,6).

Die Berufung des Psalmbeters auf die »eigene Gerechtigkeit« ist seit der Zeit der Reformation zu einer Aufgabe scharfer theologischer Unterscheidung geworden. Calvin erklärt zu diesem Problem: »Solutio facilis est, quia hic non agitur quomodo respondeat, si exigat ab eo Deus totius vitae rationem: sed se hostibus suis comparans, non frustra se eorum respectu iustum esse asserit« (zu Ps 7,9). Genauer geht Luther in seinen »Operationes in Psalmos«, 1519–1521, zu Ps 7,9 auf das theologische Problem ein. Er schreibt: »Aliud in sacris litteris esse iustitiam meam et iustitiam dei, quod illa sit causa cuiusqe propria iusta, qua coram hominibus et in conscientia sua sit irreprehensibilis, licet coram dei iudicio non sufficiat; haec vero sit gratia et misericordia dei iustificans nos etiam coram deo.« In unseren Tagen hat KBarth sich sehr eingehend mit der »Stimme jenes merkwürdigen Trotzes« befaßt, mit der alttestamentliche Beter »sich vor Gott und den Menschen der eigenen Gerechtigkeit rühmen« (Kirchliche Dogmatik IV, 1, 1953, 636–639).

Religionsgeschichtliche Parallelen zur Appellation an die Götter gibt es im alten Orient in großer Zahl. So tritt in einem Gebet an Schamasch und Adad ein Rechtsuchender mit folgenden Worten auf: »Das Bild eurer großen Gottheit beräuchere ich; sättigt euch am Zedern(duft); es mögen sich am Zedern(duft) als Geschenk die großen Götter sättigen! Um mir Recht zu sprechen, setzt euch hin und sprecht mir Recht! Auf mein Wort, auf mein Händeerheben hin möge in allem, was ich tue, und in dem Spruch, den ich bete, Richtigkeit sein!« (Falkenstein/vSoden, Sumerische und akkadische Hymnen und Gebete, 1953, 278). Ein Opferschaugebet an Ninurta enthält die Bitten eines Priesters: »Achte (mich) nicht gering, tritt herzu und entscheide die Rechtssache; nimm mein Flehen an und höre mein Gebet! Für alles, was ich mir vorgenommen hatte, schaffe (mir) eine Entscheidung, daß ich auf Grund deines zuverlässigen Jawortes die Weisung erteilen kann!« (Falkenstein/vSoden, 277). Aus einem Gebet an Girka: »Du fällst den Rechtsspruch für den Entrechteten und die Entrechtete! In meiner Rechtssache tritt her zu mir wie der Krieger Schamasch und fälle für mich den Rechtsspruch und triff für mich die Entscheidung!« (Falkenstein/vSoden 348). Auch in der Welt des Zweistromlandes wartet also der Mensch in Rechtsnot auf ein Gotteswort und auf das kriegerische Eingreifen der Gottheit, jedoch dominiert die Erwartung und Erteilung eines Omens bei der Opferschau. Im übrigen wird man die Erklärungen KBarths bedenken müssen: »Daß das ›Unschuldsmotiv‹ auch den babylonischen Psalmen wohl bekannt ist, ändert ja nun doch nichts daran, daß es im israelitischen Psalter seinen Sinn, sein Recht, seine Notwendigkeit von Israels gnädiger Erwählung her hat, auf Grund deren Gott den Bund mit ihm aufrichten und halten wollte« (Kirchliche Dogmatik IV, 1 638).

In der Unschulds- und Gerechtigkeitsbeteuerung der Psalmbeter Israels handelt es sich keineswegs um eine sittliche Selbstqualifikation bzw. um das, was man »Selbstgerechtigkeit« zu nennen pflegt. Vielmehr handelt es sich um ein in der Institution des Gottesgerichts zur Entscheidung stehendes »schuldig« oder

»unschuldig« im Blick auf die konkreten Anschuldigungen, die durch die Ankläger und Verfolger erhoben werden. In 1 Kö 8,31ff. ist die Situation deutlich gekennzeichnet. Alles entscheidet sich an dem (von einem Priester übermittelten) Gottesspruch, in dem Jahwe selbst für »schuldig« oder »unschuldig« (= צדיק) erklärt. Die Deklaration enthält eine Alternative. Beteuert darum ein Beter seine Unschuld, hält er sich selbst für »gerecht«, dann handelt es sich in solchen Äußerungen um Formulierungen, die dem deklarativen Urteil Jahwes voraufund entgegeneilen. Nicht um die iustificatio impii geht es, sondern um die iustificatio iusti: darum also, daß Gott die Gerechtigkeit des Gerechten gegen alle Infragestellung und Anfechtung ans Licht bringt. Die angemessene neutestamentliche Analogie liegt vor in Rm 8,31ff.

10 Die Bitte שפטני יהוה wird in 10 dahingehend expliziert, daß Gott den רשעים ein Ende setzen, den צדיק aber aufrichten möge. Im Alten Testament fallen die Entscheidungen Gottes stets in einem konkreten Handeln. Der Erweis der Hilfe Jahwes wird sichtbar und handgreiflich angetreten. Solch eine Tat darf der Beter im alten Bund Gott zutrauen. Er tut es in Vertrauen und Gewißheit. Die hymnisch getönte Formel בחן לבות וכליות (vgl. Ps 17,3; Jer 17,10) ist ein Element der »Gerichtsdoxologie«, in der Jahwe als der gerechte Richter gepriesen wird (FHorst, Gottes Recht: GesStud, 1961, 155–166). Gott sieht in das Verborgene und kennt das Innere des Menschen. אלהים צדיק ist hier eine emphatische Benennung (BrSynt § 19c), in der Jahwes gemeinschaftstreues, heilsames Wirken doxologisch angesprochen wird. Zu צדיק vgl. GvRad, TheolAT[6] I 393f.
11 Auch 11 hat einen doxologischen und vertrauenden Grundklang. Der »Schild« ist Symbol für die schützende Rechtshilfe, die die ישרי־לב umgibt. Wenn die Korrektur עלי richtig ist, würde die Erklärung gegeben werden können, daß der Beter die schützende Rechtshilfe des »Schildes«
12 bereits über sich weiß und ihr Herabkommen erwartet. Ebenso wäre V. 12 (wie die Partizipialformel in 10b) am besten als ein Element der »Gerichtsdoxologie« zu verstehen. Der richtende Gott wird als Rechtshelfer des צדיק und als ständig Strafender der רשעים verherrlicht. Solche Gerichtsdoxologien treten heraus aus dem pragmatischen Zusammenhang der speziell den Beter betreffenden Ereignisse, sie preisen das stets gültige, unveränderliche Rechtswalten Gottes. Diese Gesichtspunkte sind bei den zahlreichen Konjekturen, die man in 12b unternommen hat, nicht berücksichtigt worden. Die Gerichtsdoxologie fällt aus der erlebnismäßigen Folge, die man in Ps 7 nach psychologischen Gesichtspunkten stufenweise zu rekonstruieren suchte, grundsätzlich heraus; sie erfaßt gültige Sachverhalte, die jenseits der Not des Beters liegen, die jedoch für ihn Trost und aufrichtende Gewißheit bedeuten.[1]

[1] »Sed quanquam non statim iudicia sua exsequitur, quia nullum tempus est, imo nullus dies praeterit, quo non certis documentis probet, quae permista sunt in mundo, a se discerni.« Calvin, In librum Psalmorum Commentarius, zu Ps 7,12.

Auf die doxologischen Äußerungen, in denen der Beter Trost und Zu- 13
versicht sucht, folgt nun in 13 – seltsam abrupt – ein Hinweis auf das ge-
fährliche Rüsten des Feindes. Man hat viel an der Bedeutung des einlei-
tenden אם־לא herumgerätselt. Um einen Schwursatz kann es sich nicht
handeln – das ist zu Recht immer wieder betont worden. Doch wäre es
möglich, daß אם־לא in der sakralen Rechtsappellation einen festen Platz
hat. Auch in Hi 31,31 wird im Gefüge der eidlichen Erklärungen ein Satz
mit אם־לא eingeleitet. Offenbar beginnen beteuernde Hinweise auf einen
vor Gericht wichtigen Tatbestand mit אם־לא. Dann könnte auch 13 als
ein solcher »beteuernder Hinweis« verstanden werden. Doch seltsam
bleibt das Verb ישׁוב, das (freilich nur mit gewissen Vorbehalten) wört-
lich übersetzt worden ist. Hat hier einmal ein Ruf zur Umkehr seinen
Platz gehabt? (vgl. Hi 6,29). Oder ist שׁוב an dieser Stelle einmal im Sinne
von 17 gewertet worden? Jede Textkorrektur, die sich von solchen Erwä-
gungen leiten läßt, muß tiefgreifende und im Grunde nicht zu rechtferti-
gende Änderungen vornehmen. Nun, auf jeden Fall spricht 13 von dem
drohend sich erhebenden Feind. »Schwert« (Ps 37,13f.; 55,22; 57,5;
63,11; 64,4) und »Bogen« (Ps 11,2; 37,14; 57,5; 64,4; 120,4) sind in seiner
Hand. Es sind כלי־מות (14), von denen der Beter bedroht ist. Militärische
Bilder und Metaphern aus dem Jagdbereich veranschaulichen in 13–17
die todbringenden Nachstellungen des Verfolgers. Sogar von den (bei Be-
lagerungen eingesetzten) Brandpfeilen ist die Rede (14). Zum Verständ- 14–17
nis des Abschnittes 14–17 wesentlich sind aber vor allem zwei Fragen: 1)
Wie soll man es verstehen, daß die feindseligen Unternehmungen des
Verfolgers auf ihn selbst zurückschlagen? 2) Wie gelangt der Beter zu der
Gewißheit, daß die Feinde sich mit ihren grundlosen Nachstellungen
selbst richten?

1) Man hat früher gemeint, in Sätzen wie 14–17 spräche sich ein vulgäres, durch die alttestamentliche »Gesetzlichkeit« verschärftes *Vergeltungsdogma* aus. Dieser These ist KKoch mit seinem Aufsatz »Gibt es ein Vergeltungsdogma im AT?« (ZThK 52, 1955, 1ff.) entgegengetreten. Er geht von der Beobachtung aus, daß im Alten Testament die Vorstellung herrscht: Jede böse Tat schlägt unheilvoll auf den Täter zurück, die gute aber heilvoll. Das Hebräische kennt keinen Begriff für »Strafe«. In der »synthetischen Lebensauffassung« der alten Welt bilden vielmehr die in der »Vergeltungsvorstellung« getrennt liegenden Momente »Tat – Strafe« oder »Tat – Lohn« eine in sich geschlossene Einheit. Koch spricht von einer »schicksalwirkenden Tatsphäre« (vgl. auch GvRad, TheolAT[6] I 396ff.). Diese »immanente Nemesis« (vRad) wird nun im Alten Testament der »Allkausalität Jahwes« integriert. Dadurch bekommt das bisher unter dem Thema »Vergeltung« angesprochene Problem ein neues Gesicht. Zu fragen bleibt freilich, ob die pauschale Integration der »schicksalwirkenden Tatsphäre« in die »Allkausalität Jahwes« nicht einer sehr

sorgfältigen theologischen Deskription bedarf. Wie verhält sich denn das personale Reagieren Gottes zu der ontologischen Sphäre der »immanenten Nemesis«? Es ist lehrreich und wichtig, zu dieser Frage einige Stimmen aus der Geschichte der Auslegung des Ps 7 zu vernehmen. Luther erklärt: »Hic est enim divini iudicii modus incomprehensibilis, quod impios non nisi proprie eorum consilio capit et in perditionem a se repertam inducit« (WA 5; 246, 26f.). Bei Calvin finden wir die Sätze: »sed mirabili Dei providentia in contrarium finem versas esse«; »Deus arcana manus suae directione in eorum capita retorquet«. Und Franz Delitzsch schließlich erinnert mit der Definition »Selbststrafe der Sünde« an das göttliche »Dahingeben« in Rm 1,24. Alle diese theologischen Näherbestimmungen wird man bei den Aussagen des Textes in 14–17 erwägen müssen.

2) Wie aber ist der Beter des Ps 7 zu der Gewißheit gelangt, daß die böse Verfolgung seines Feindes unheilvoll zurückschlägt? HSchmidt vermutet, daß 13–17 Bestandteil eines in 18 hervortretenden Dankliedes ist. Dann müßte zwischen 12 und 13 das Ereignis der gnädigen Zuwendung Gottes zu dem appellierenden Beter anzusetzen sein. Das ist kaum möglich. Man müßte auch die Frage aufwerfen, ob die (mit starken Konjekturen eingeleitete) Einbeziehung von 13 bei Schmidt gerechtfertigt ist. Nach der oben dargelegten Erklärung wäre 13 als beteuernder Hinweis auf den gefährlichen Ansturm der Feinde zu verstehen. Die Zäsur müßte also zwischen 13 und 14 eingelegt werden. – Allerdings muß gegen diese ganze Interpretation vorgebracht werden, daß 18 nicht als definitives Danklied, sondern als »Dankgelübde« (»ich will Jahwe preisen...«) aufzufassen ist. Dann müßten 14–17 als Äußerungen einer kühnen Gewißheit verstanden werden. Und diese Gewißheit wiederum hätte in den über alle Rechtsnöte erhabenen Worten der Doxologie in 12 ihren Grund. Eine solche Deutung würde übrigens auch dann vertretbar sein, wenn 18 (gleichsam im Anschluß an die Worte kühner Gewißheit 14–17) als »Dankvers« verstanden wird.

Die Vorstellungen in 15 und 16 sind im Alten Testament auch außerhalb des Ps 7 bekannt. Zu 15 vgl. Hi 15,35; Jes 59,4. Das Bild von der Grube, in die der Grabende selbst hineinfällt, ist dem Jagdleben entnommen. Man sucht in einer Jagdgrube Tiere zu erlegen. Zu 16 vgl. Ps 9,16; 35,7.8; 57,7; 141,10; Prv 26,27. In 17 schließlich wird man sich die Szene vorstellen müssen, daß ein hochgeschleuderter Stein auf den Kopf des Werfenden zurückfällt (Prv 26,27; Sir 27,25). Hinter allen Aussagen und Bildern steht die Überzeugung, daß die immanente Nemesis das Unheil im gleichen Maße zurückwirken läßt, wie es als Tat des Verfolgers geplant war.

18 In seiner kohortativischen Formulierungsweise ist 18 als ein »Lobgelübde« aufzunehmen (s.o. »Form«). Der Dank, wie er in den Toda-Formeln zum Ausdruck kommt, wird noch nicht vollzogen, sondern erst für

die Zukunft angekündigt (FCrüsemann, s.o.). – צדק hat hier die Bedeutung »Rechtshilfe«, »Heilserweisung«.[1] Und כ drückt die Übereinstimmung aus (BrSynt § 109c). הודה aber, das wir mit »preisen« übersetzten, bedeutet eigentlich: »bekennen«, »bejahen«; das Verb bezieht sich meist auf das Faktum der Heilserweisung (GvRad, TheolAT[6] I 368). עליון ist eine Gottesbezeichnung, die in Jerusalem eine traditionelle Bedeutung hatte und wahrscheinlich in vorisraelitische, altkanaanäische Zeit zurückreicht (vgl. auch Gn 14,18; Ps 47,3; 78,35 u.ö.). HSchmidt denkt an den »hochragenden Gott« (1 Chr 21,16), an den אל des heiligen Felsen von Jerusalem (Der heilige Fels in Jerusalem, 1933, 86). Doch deuten außerbiblische Zeugnisse auf eine Gottheit, die als »Himmelsbaal« überall im syrisch-kanaanäischen Bereich, sonderlich in Phönikien, verbreitet war. Unter der Bezeichnung אל־עליון konnte ein lokal gebundenes Numen in den Kreis der großen universalen Gottheiten aufsteigen und in seinem Kult mit dem Himmelsgott identifiziert werden (OEißfeldt, ZAW 57, 1939, 3ff.). Im Alten Testament ist עליון eine Hoheitsbezeichnung Jahwes, die einen archaisch-hymnischen Charakter hat. Wahrscheinlich stammt diese Bezeichnung aus dem vordavidischen Jerusalem (HSchmid, Jahwe und die Kulttraditionen von Jerusalem: ZAW 68, 1955, 168ff.).

1) Der Beter des Ps 7 sucht in seiner Rechtsnot Zuflucht bei Jahwe Ziel (2ff.). Der Gott Israels ist ein Gott des Rechts, in dessen Gegenwartsbereich Verfolgte und Verleumdete fliehen und Schutz suchen dürfen.

2) In einer Rechtsnot bei Jahwe Zuflucht suchen heißt: sich »auf Gedeih und Verderben« seiner Macht ausliefern. Der Eid der Unschuldigen mit seinen Selbstverfluchungen ist ein Zeugnis dieses völligen Sichauslieferns.

3) Der Verfolgte ruft den Weltrichter in seiner Rechtsnot an. Der Weltrichter aber nimmt sich jedes einzelnen an. Die Gerichtsdoxologie ehrt ihn als gerechten, allezeit wirksam eingreifenden Gott. Der Beter ist gewiß, daß Jahwe hilft.

4) Die auf den Dankvers zulaufenden Aussagen (14–17) geben der kühnen Gewißheit Ausdruck, daß der Feind bereits gerichtet ist.

Die Frage wird immer wieder gestellt, welche Bedeutung die alttestamentlichen Unschuldsbeteuerungen in der neutestamentlichen Gemeinde noch haben. Ist die sakrale Institution einer im Kultus üblichen Appellation an das Gericht Gottes nicht völlig abgelöst worden? Bekommen nicht alle Rechtsnöte des Christen eine ganz neue Orientierungsmitte durch das Urteil, das am Kreuz über Jesus Christus gesprochen worden ist? (vgl. 1 K 6,7). Es ist lehrreich, an dieser Stelle die Auslegung der Reformatoren zu Rate zu ziehen. Doch wird grundsätzlich zu erklären

[1] Calvin, In librum Psalmorum Commentarius, zu Ps 7,18.

sein: Es handelt sich in Gebetsliedern wie Ps 7 nicht um eine iustificatio impii, sondern um die iustificatio iusti, also darum, daß Gott die Gerechtigkeit des Gerechten gegen alle Infragestellung und Anfechtung ans Licht bringt (vgl. Rm 8,31ff.). In diesem Skopus hat Ps 7 eine bleibende Bedeutung, kann er auch zum Gebetsformular der Christen werden.

Luther erkennt die Bedeutung des Ps 7 darin, daß 1) jeder Christ unter allen Umständen für die Wahrheit und für das Recht streiten muß und sich also nicht als Erleidender zurückziehen darf. 2) Wird es eine dringende Aufgabe sein, in Theologie und Kirche die Frage nach der Schuld oder Unschuld in aller Schärfe auszufechten. – Zu 1): »Ita videmus non satis esse, si quis ob iustam causam, aut pro veritate patiatur, rem deo committere et paratum esse cedere et in pulverem cum gloria sua redigi, sed sollicite oportet orare, ut deus iudicet et iustificet causam veritatis non pro suo ipsius commodo, sed pro ministerio dei et populi salute, quorum salus sine periculo non est nec sine tua culpa, si stulta humilitate pro veritate et iustitia tua servanda aut recuscitanda non ores sollicitissime. Nam non tantum curare debes, quam humilis et abiectus tu esse possis, quantum ne populus veritate et iustitia simul alienetur et mendaciis ac iniquitate illaqueetur« (WA 5; 233, 26ff.). Zu 2) Luther weist in seiner Auslegung von Ps 7 sehr nachdrücklich auf 1 K 4,2ff. hin. Der Apostel Paulus beteuert seine Unschuld. Dann heißt es zu Ps 7: »Talis timor et humilitas et hodie nobis necessaria est, qui certamus de Theologiae syncertitate et Ecclesiae potestate.« »Orandum, ut veritas triumphet.« WA 5; 227, 28ff.

Psalm 8
Die Herrlichkeit des Schöpfers und die Hoheit des Menschen

Literatur PSfair, De genuina lectione Ps 8,2: Bibl 23 (1942) 318–322. – JLindblom, Bemerkungen zu den Psalmen I: ZAW 60 (1943) 1–13. – PAHdeBoer, Jahu's Ordination of Heaven and Earth. An Essay on Psalm VIII: OTS 2 (1943) 171–198. – LKöhler, Psalm 8,5: ThZ Basel I (1945) 77f. – JMorgenstern, Psalm 8 and 19A: HUCA 19 (1945/46) 491–523. – CLouis, The Theology of Psalm VIII (1946). – JJKoopmans, Psalm 8: ThT 3 (1948) 1–10. – ThC Vriezen, Psalm 8,2 en 3: ThT 3 (1948) 11–15. – SMowinckel, Metrischer Aufbau und Textkritik an Ps 8 illustriert: Studia Orientalia Joanni Pedersen... dicata (1953) 250–262. – ADeissler, Zur Datierung und Situierung der ›kosmischen Hymnen‹ Ps 8; 19; 29: Lex tua Veritas. Festschr. f. HJunker (1961) 47–58. – JHempel, Mensch und König. Studie zu Psalm 8 und Hiob: FuF 35 (1961) 119–123. – CSchedl, Psalm 8 in ugaritischer Sicht: FuF 38 (1964) 183–185. – MTanner, Ps 8,1–2. Studies in Texts: Theology 69 (London 1966) 492–496. – JLKoole, Bijbelstudie over Psalm 8: GThT 66 (1966) 1–8. – JASoggin, Salmo 8,3. Osservazioni filologico-esegetiche: Bibl 47 (1966) 420–424. – HGrafReventlow, Der Psalm 8: Poetica 1 (1967) 304–332. – OLoretz, Die Gottebenbildlichkeit des Menschen (1967). – BSChilds, Psalm 8 in the Context of the Christian Canon: Interpretation 22 (1968) 20–31. – AGelston, A Sidelight on the ›Son of Man‹: Scottish Journal of

Theology 21 (1968) 189–196. – WHSchmidt, Gott und Mensch in Ps 8. Form- und überlieferungsgeschichtliche Erwägungen: ThZ 25 (1969) 1–15. – RMartin-Achard, Remarques sur le psaume 8. A propos de l'hymnologie israélite: Approche des Psaumes: Cahier théologiques 60 (1969) 71–85. – JASoggin, Zum achten Psalm: Annual of the Swedish Theological Institute 8 (1970/71) 106–122. – EOtto, Der Mensch als Geschöpf und Bild Gottes in Ägypten: Probleme bibl. Theologie. GvRad zum 70. Geburtstag (1971) 335–348. – RTournay, Le Psaume VIII et la doctrine biblique du nom: RB 78 (1971) 18–30. – VHamp, Psalm 8,2b.3: BZ NF 16 (1972) 115–120. – HRinggren, Psalm 8 och kristologien: SEÅ 37/38 (1972/73) 16–20. – JduPreez, Bible Study on Psalm 8: A Prayer of Praise on the Glory and Greatness of God: Ned.Geref. Teol. Tydskrift 14 (1973) 206–213. – KGouders, Gottes Schöpfung und der Auftrag des Menschen: Bibel und Leben 14 (1973) 164–180. – WBeyerlin, Psalm 8. Chancen der Überlieferungskritik: ZThK 73 (1976) 1–22. – WRudolph, ›Aus dem Munde der jungen Kinder und Säuglinge . . .‹ (Ps 8,3): Beiträge zur Alttestamentlichen Theologie. Festschr WZimmerli (1977) 388–396.

1 Dem Chorleiter. Nach der Githitischen. Ein Psalm Davids. Text
2 Jahwe, unser Herrscher, wie herrlich ist dein Name in aller Welt!
Der du deinen Glanz 'gelegt hast'[a] auf die Himmel.
3 Aus dem Munde der Kinder und Säuglinge
hast du ein Bollwerk erbaut
um deiner Feinde willen[b], um ein Ende zu bereiten
dem Feind und dem Rächer.
4 Wenn ich deine Himmel[c] schaue, deiner Finger Werk,
den Mond und die Sterne, die du dahingesetzt,
5 – was ist der Mensch, daß du sein gedenkst,
und das Menschenkind, daß du dich seiner annimmst!
6 Du machtest ihn wenig geringer als himmlische Wesen
und mit Ehre und Hoheit kröntest du ihn.
7 Du setztest ihn zum Herrscher über deiner Hände Werk,
alles legtest du ihm zu Füßen:
8 Schafe und Rinder zumal
und auch die Tiere des Feldes,
9 Vögel des Himmels und Fische des Meeres
– was die Wege der Wasser[d] durchzieht.
10 Jahwe, unser Herrscher, wie herrlich ist dein Name in aller Welt!

a *M* אשׁר תנה = »welche gib doch« ist weder syntaktisch noch dem Sinne nach 2
möglich. *G* bietet den Text ὅτι ἐπήρθη. Von diesem griechischen Verb aus hat man den hebräischen Text zu konjizieren gesucht und u.a. auf ein Verb תנה = »besingen« geschlossen. Aber diese Versuche bleiben problematisch. Hier (qui posuisti) *ST* haben נָתַתָּה gelesen – vielleicht sogar die Kurzform תַּתָּה (2 S 22,41), die die Ursache zu einer Verschreibung in תנה gewesen sein könnte. Die Version in Hier *S* und *T* ist zweifellos am besten begründet, zumal das häufig kritisierte אשׁר am Anfang des Satzes als Fortsetzung der hymnischen Beschreibung dienen kann (Ps 84,4; 95,9; 115,8; 129,6; 135,10; 146,5). Andere Korrekturen: נִתַּן (Lindblom), נְתֻנָה (Weiser). Bedenklich im Hinblick auf den durch 10 gesicherten Refrain ist jede Textverbesserung, die בכל־הארץ ablöst, um dann mit korri-

giertem 2b einen neuen par. membr. zu bilden: u.a. בכל־הארץ אַדַּרְתֶּךָ. Erwägenswert wäre die Möglichkeit, daß תנה mit יסדת in 3 vertauscht worden ist, denn תנה עז ist z.B. in Ps 86,16 belegt, während יסדת sich in 2b gut einfügen könnte. – Neu aufgegriffen wurden die textkritischen Probleme durch HDonner (ZAW 79, 1967, 324ff.). Donner weist die Möglichkeit ab, תנה unter Hinweis auf das ugaritische Verbum *tny* zu erklären (»dessen Pracht man preist am Himmel«). Er schließt sich der glänzenden Konjektur BDuhms an: אשׁרה נה (»Ich will besingen...«), geht jedoch in seiner Konjektur noch weiter (326f.). Eine Übersicht über die Fülle der Verbesserungsvorschläge zu Ps 8,2 gibt FCrüsemann, Studien zur Formgeschichte von Hymnus und Danklied in Israel:
3 WMANT 32 (1969) 289 A.2. (vgl. auch VHamp und WHSchmidt). – **b** למען
צורריך wird meist als sekundäre Hinzufügung gestrichen. Doch wird damit ein Halbvers aus dem Gefüge des Textes gerissen. Diese Störung ist schwerlich durch weitere Minderung des Textbestandes (Streichung von ויונקים und עז) auszugleichen. Zur festen Verbindung עוללים ויונקים vgl. 1 S 15,3; 22,19; Jer 44,7; Thr 2,11. Es wird kaum möglich sein, ohne Eingriffe das Textgefüge zu klären. Möglich wäre die Umstellung למען השבית צורריך; dann würden zwei Fünfer
4 hervortreten. – **c** *G* τοὺς οὐρανούς. Es fehlt also in *G* das Suffix. Der Text wird
9 auf diese Weise geglättet. – **d** Statt ימים wird man mit Rücksicht auf den par. membr. und die übliche Variation מַיִם lesen sollen.

Form Die Textschwierigkeiten in 2 und 3 sind kaum in der Weise zu klären, daß von einer evidenten Lösung die Rede sein könnte. Textkritische und metrische Probleme greifen eng ineinander und erschweren die Entscheidung. Immerhin wird man kaum an der Tatsache vorübergehen können, daß der Kehrvers in 10 bereits in 2 einer eigenen metrischen Erfassung bedarf. Eine angemessene Erklärung könnte mit dem Versmaß 2 + 2 + 2 gegeben werden (vgl. Ps 1,1). 2b bliebe dann wohl als ein alleinstehender Vierer zu deuten. Zu 3 vgl. Textkritik Anm. b; doch wird man Zurückhaltung wahren müssen. Als Doppelvierer wird man 4 lesen können, während Doppeldreier das Versmaß in 5–8 bestimmen. In 9 handelt es sich um ein Versmaß 4 + 3 und in 10 (wie in 2a) um 2 + 2 + 2. Das ist – aufs Ganze gesehen – ein sehr unebenes und bewegtes Bild in der Form des Ps 8. Vielleicht wird man die metrischen Variationen auf den Wechselgesang zurückführen dürfen, der im Lied zur Geltung kommt (s.u.). Zu den Problemen von Parallelismus und Metrum mit einem Versuch neuer Klärung vgl. HReventlow, 311ff.

Ps 8 gehört zur Gruppe der Loblieder (תהלה). Zur themenbestimmten Formgruppe vgl. o.S. 43ff. Einl § 6,1. Doch ist die Eigenart des Psalms genauer zu erfassen. Das Loblied ist gänzlich geformt und bestimmt durch die Anrede an Jahwe in der 2. Pers. Dieser hymnische Anredestil ist relativ selten (vgl. Ex 15,1–18) und ist nach HGunkel erst spät in den israelitischen Hymnus eingedrungen (Gunkel-Begrich, EinlPs 47). Jedenfalls kann das eigentliche Hauptstück des Psalms als »Hymnus eines Einzelnen« bezeichnet werden (FCrüsemann, Studien zur Formgeschichte von Hymnus und Danklied in Israel: WMANT 32, 1969, 294f.).

Eingerahmt ist dieses Loblied eines Einzelnen in einen Chorvers (2a.10), so daß also ein kultischer Wechselgesang zugrunde gelegen haben mag. Im »Hymnus des Einzelnen« aber bildet die rhetorische Frage (5) das Zentrum. – In neuerer Zeit sind die Exegeten mehr und mehr auf die verschiedenartigen Formenelemente in Ps 8 aufmerksam geworden, so u.a. auf Elemente der Klage und des Dankes (HReventlow, 310f.330), aber auch auf weisheitliche Züge (WHSchmidt, 9f.). Die von HGunkel als Echtheitskriterium so hoch veranschlagte »Formenreinheit« liegt ganz gewiß nicht vor. Doch ist der hymnische Grundzug kaum zweifelhaft. Dabei sollte man die von WHSchmidt erkannten weisheitlichen Züge beachten. In thematischer Hinsicht ist Ps 90 eine Parellele zu Ps 8. Die rhetorische Frage »Was ist der Mensch?!« (Ps 8,5) wird gewiß als staunender Ausruf zu verstehen sein, ließe sich aber auch im Licht der in Ps 90,12 geäußerten Bitte verstehen: »Lehre uns, ein weises Herz zu gewinnen!« Die Weisheit reflektiert das Geheimnis der Hoheit und Hinfälligkeit des Menschen. Das ist ihr Thema. Zu Ps 8 wäre als Parallele thematischer Ausführung Sir 17,2ff. heranzuziehen. In beiden Texten handelt es sich um Spiegelungen von Gn 1,26ff. Doch ist an der Formbestimmung festzuhalten: Ps 8 ist ein durch Chorverse (Refrain) eingerahmtes Loblied eines Einzelnen.

Diese Formbestimmung legt es nahe, einen kultischen »Sitz im Leben« anzunehmen. Es bestünde die Möglichkeit, an ein nächtliches Fest zu denken, in dessen Verlauf das lobpreisende Lied im Wechselgesang angestimmt worden ist. Zu solchen nächtlichen Gottesdiensten vgl. Ps 134,1; Jes 30,29; 1 Ch 9,33. Aber es sind doch noch einige andere Überlegungen erforderlich; sie betreffen die zeitliche Ansetzungsmöglichkeit. JHempel meint, dem Ps 8 liege ein kanaanäisches Lied zugrunde, das von dem königlichen Repräsentanten der Kultgemeinde (vielleicht zu Ehren Hadads) gesungen wurde, dann aber in Israel auf den Menschen übertragen worden sei. Diese Erklärung versucht, das Geheimnis der aus Ps 8 hervorblitzenden (archaischen) »Königsideologie« zu lüften. Doch dürfte zunächst einmal kein Zweifel bestehen, daß sich Ps 8 auf Gn 1,26ff. bezieht. Der Psalm ist textlich jünger als Gn 1,26ff.; so begegnet z.B. die Anrede אדנינו (2.10) nur in nachexilischer Zeit (Neh 10,30; Ps 135,5; 147,5). Auch deuten alle Beobachtungen zur Form und Thematik auf eine relativ späte Zeit. Diese Ansetzung schließt jedoch nicht aus, daß traditionsgeschichtlich ältere Elemente in Ps 8 zur Geltung kommen (WHSchmidt, 12 A.25). Es ist dies ein bemerkenswertes Phänomen, das z.B. auch in der Auslegung des Daniel-Buches immer deutlicher beobachtet wird: Alte, kanaanäische (ugaritische) Überlieferungen tauchen in später Zeit auf (vgl. die Gottesvorstellung in Dn 7). Zu den traditionsgeschichtlichen, insbesondere aber überlieferungskritischen Fragen

Ort

vgl. WBeyerlin, ZThK 73 (1976) 1ff. Diese neuere Untersuchung rollt die gesamte Problematik auf. – Wie aber ist im Zusammenhang dieser Erklärungen die (kultische) Situation des Psalms zu verstehen? »Von einer speziellen, unverwechselbaren Situation, deren Erlebnis die Grundlage von Ps 8 sein könnte, ist nichts mehr zu erkennen. Das ›Ich‹... ist nicht biographisch zu verstehen« (WHSchmidt, 9). So wäre ein »exemplarisches Ich« anzunehmen, das im Loblied seine Stimme erhebt – umschlossen vom Chorlied der Gemeinde. Die Aussage dieses »exemplarischen Ich« ist gekennzeichnet durch weisheitliche Reflexion, die sich – in sorgsamer Rezeption – alter Traditionen bedient, aber primär auf Gn 1,26ff. bezieht. Und da wäre es wohl denkbar, daß wir es in Ps 8 mit einem Lied zu tun haben, das im Gottesdienst des nachexilischen Heiligtums seinen »Sitz im Leben« hatte. – Es sollte freilich schon jetzt die Bezeichnung des Ich, das im Ps 8 seine Stimme erhebt, in der Weise präzisiert werden, daß von einem »urbildlichen Ich« als dem (kultischen) Repräsentanten des Ersterschaffenen, des Urmenschen, die Rede ist.

Wort 1 Die Überschrift in 1 bringt (redaktionelle) Anweisungen und Erklärungen, die u.a. kultische Technika betreffen. Zu למנצח vgl. o.S. 25 Einl § 4 Nr. 17. Zu על־הגתית: o.S. 27 § 4 Nr. 23. Zu מזמור לדוד o.S. 15ff. § 4 Nr. 2.

2 Jahwe wird von der singenden Gemeinde אדנינו genannt. »Unser Herrscher« ist im Alten Testament eine charakteristische Anrede des Königs (1 Kö 1,11.43.47). In Ps 97,5 wird der Gottkönig Jahwe אדון כל־הארץ genannt. Von seiner Größe und Macht ist in Ps 135,5 und 147,5 die Rede. Der Herrscher Israels ist Herr der Schöpfung (vgl. o.S. 94ff. Einl § 10,1). Er ist der weltüberlegene Gebieter (Ps 2,4). So handelt also Ps 8 nicht etwa von der Herrlichkeit der Schöpfung, sondern von der Herrlichkeit des Herrschers Israels, der der Herr alles Geschaffenen ist. שם wahrt die Exklusivität seiner Macht und damit auch die Ausschließlichkeit der Herrlichkeitsoffenbarung, die in der Selbstvorstellung an Israel begründendes Ereignis der Gotteserkenntnis geworden ist. Der Name des Herrschers Israels tritt in seiner majestätischen Größe in aller Welt hervor. Staunend und verwundert stellt der Hymnus die unermeßliche Macht des Gottes fest, der zu seinem Herrschaftsbereich das erwählte Volk bestimmt hat. Die Selbstvorstellung Jahwes in Israel (Ps 76,2) ermöglicht die Erkenntnis seiner Selbstdarstellung in der gesamten Schöpfung. Denn der Name als Inbegriff der Offenbarung und Gegenwart Jahwes in seinem Volk dechiffriert das Geheimnis der Schöpfung (vgl. auch RTournay).[1] Der »Welt« (ארץ), in der die Herrlichkeit des Namens auf-

[1] »Der Name Gottes ist der Name des Herrn des ganzen Daseins. Wer ihn hört, der steht eben damit vor der Entscheidung, die über das ganze Dasein gefallen, von der es in seinen beiden Aspekten bestimmt und beherrscht ist. Und wer ihn hört und der von ihm vollzo-

leuchtet, entspricht (im Parallelismus) שָׁמַיִם, der Himmel, auf dem der Glanz Gottes widerscheint. Zur Interpretation dieser Aussagen des Chorverses: Ps 104,1f. und Ps 19,1 (siehe dort).

Diese Rühmung des Gottes Israels als des Herrn und Schöpfers aller Welt wird man nicht aus einer spontanen »festlichen Begeisterung« (so HSchmidt), sondern aus bestimmten gottesdienstlichen Vorgegebenheiten verstehen müssen. Der in Jerusalem gegenwärtige und in der Theophanie erscheinende »Jahwe Zebaoth« wird in der liturgischen Tradition des Jerusalemer Tempelheiligtums als der Weltenkönig gefeiert: Jes 6,3; Ps 99 (vgl. o.S. 94ff. Einl § 10,1). Diese Ausweitung des göttlichen Herrschaftsbereiches hat ihre religionsgeschichtliche Parallele in der Erhebung bestimmter Lokalnumina zu höchsten Himmelsgottheiten und Schöpfungskönigen. Auch wenn eine Gottheit nur eine geringe Bedeutung hat, kann diese Erhebung und Ausweitung geschehen. So kann z.B. der Wettergott Ischkur in einem altsumerischen Hymnus mit folgenden Worten besungen werden: »Vater Ischkur, Herr, der auf einem Sturmwind reitet, dein Name reicht bis zum Ende des Himmels, Vater Ischkur, der auf einem großen Sturmwind reitet, dein Name reicht bis zum Ende des Himmels« (Falkenstein/vSoden, Sumerische und akkadische Hymnen und Gebete, 1953, 81).

Aber welche Bedeutung hat nun 3? Der Inhalt dieses Verses ist im Al- 3
ten Testament ohne jede auch nur ferne Parallele. Es nimmt darum nicht wunder, wenn die Aussage als seltsam, bisweilen sogar als ein Fremdkörper empfunden wurde. Aber alle Korrekturen helfen nicht weiter. Die Deutung muß gewagt werden. מִפִּי wird im Zusammenhang des Hymnus als eine verkürzte Redeweise verstanden werden können – und zwar im Sinne von: »aus dem Lob des Mundes...«. Hier setzen aber schon die Fragen ein: Haben Kinder das Loblied mitgesungen? Oder hat der Sänger eine gleichnishafte, vielleicht sogar eine episodische Vorstellung vor Augen? Man wird diese Möglichkeiten nur andeuten können, denn jedes Ausmalen endet in einer gequälten Deutung. Gewiß aber wird man die Tendenz der Aussage mit Gunkel so nachzeichnen dürfen: Gott »tut seine großen Taten durch scheinbar ganz unzureichende Mittel, damit sich seine Macht um so deutlicher offenbare« (vgl. 1 K 1,27).[1] Worin aber bestehen die großen Dinge, die Gott mit dem Kindermund verrichtet? Aus

genen Entscheidung recht gibt, der wird notwendig auch das Recht des von ihm bestimmten und beherrschten Daseins anerkennen müssen« (KBarth, KD III,1 434).

[1] »Sensus ergo est, Deum, ut providentiam suam commendet, non opus habere magna rhetorum facundia, ac ne formato quidem sermone: quia mutas infantium linguas ad eam celebrandam satis promptas et disertas habeat.« »Caeterum quod parvulos non solum testes vel praecones Dei gloriae inducit, sed eorum ori attribuit firmum robur, magna energia non caret. Perinde enim est ac si dixisset invictos esse Dei milites, qui totum impiorum exercitum, si ad conflictum ventum fuerit, facile dissipent ac proterant. Notandum enim est, contra quos infantibus munus iniungat tuendae gloriae Dei: nempe contra ferreos Dei contemptores, qui gigantum more bellum coelis indicere non dubitant.« Calvin, In librum Psalmorum Commentarius, zu Ps 8,3.

dem stammelnden Lob der Kinder baut Jahwe ein Bollwerk, errichtet er eine bleibende Macht, die gegen die Feinde Gottes gerichtet ist und ihnen ein Ende bereitet. Hier wird man zwei Vorstellungen aus dem Psalter zur Erklärung heranziehen können: 1) Das Vorhandensein von Verächtern und Feinden Gottes wird in den Schöpfungshymnen als eine schreiende Disharmonie empfunden. Wie kann es auch in dem strahlenden Herrschaftsbereich Gottes noch das dunkle Unwesen eigenwilliger, anarchistisch gesonnener Gottloser geben!? Vgl. Ps 104,35. Von Gottes majestätischem Feuerglanz werden die Feinde verzehrt Ps 97,3.4. Dieses Thema »Ende aller Anarchie in Gottes Schöpfungsbereich« wird zunächst zu beachten sein. 2) Eigenartig ist es aber, daß in Ps 8 der Weg zur Beendigung aller Feindschaft in Gottes Schöpfung über den Mund der Kinder führt. Auf diesem Weg richtet Jahwe עז auf. In Ps 86,16–17 bittet ein einzelner Beter, Gott möge ihm in der Auseinandersetzung mit seinen Feinden עז geben, damit der Feind beschämt und überwunden werde. Das endgültige Niederringen aller Feinde durch Gottes Eingreifen hat also seine verborgenen Präludien in den Heilserweisungen, die Jahwe einzelnen Betern zukommen läßt. – So wäre also auch jenes Bollwerk, das Jahwe mit dem Lob der Kinder aufrichtet, solch ein verborgenes Präludium zur endgültigen Überwindung der Feinde – freilich ein Präludium, das schon lange tönt und seine Wirkungen ausübt. – Es bleibt jedoch dabei: Im Alten Testament ist die Aussage in 3 einzigartig. Vielleicht darf man annehmen, daß die Reflexion der Weisheit im Spiel war und anzeigen wollte, daß und wie die Macht der Feinde durch schwacher Kinder Stimme zerbrochen wird. In Mt 21,16 wird der Vers aufgenommen und auf das Lob der Kinder gedeutet.

4 Mit 4 erhebt sich die Stimme eines einzelnen Sängers, der in den
leuchtenden orientalischen Sternenhimmel hinaufschaut. Es ist Gottes
Himmel, von dem er singt (zum Suffix vgl. Ps 20,7; 115,16; 144,5; Thr
3,66). In diesen Sphären hat keine andere Macht Raum oder Besitzrecht.
Jahwe hat den Himmel geschaffen (Ps 33,6; 96,5; 102,26; 136,5). Er ist
seiner »Finger Werk«; d.h.: alles trägt die »persönliche Note« des maje-
stätischen Schaffens und Wirkens Gottes. Die Gestirne sind in das Ge-
wölbe »hineingesetzt« (כוננתה) und dort befestigt worden. Gn 1,17:
ויתן ... ברקיע השמים. Jes 40,26: ברא אלה. Nun verweilt jedoch der Sänger
keinen Augenblick in der Schau des strahlenden Himmels. Das כי am An-
fang des Verses kündigt bereits an, daß der Hymnus einer Erkenntnis
entgegeneilt, die bei der Betrachtung des großen nächtlichen Gewölbes
gewonnen wird. An die Stelle aber des nach dem einleitenden כי eigent-
5 lich zu erwartenden Folgesatzes »so muß ich ausrufen« ist der mit einem
staunenden מה eingeleitete Ausruf selbst getreten. Der Sänger wird im
Großraum der von Gottes Herrlichkeit und Größe zeugenden Schöpfung
der letzten Tiefen seines Menschseins inne. Doch wie die Schöpfermacht

Gottes in aller Welt nur im Medium der Offenbarungsgröße des שׁם auf-
geschlossen ist (2), so erkennt der Psalmist das Geheimnis und Wunder
der menschlichen Existenz in der aus Gottes Selbstmitteilung zu Herzen
gefaßten Gewißheit: er gedenkt meiner (זכר); er nimmt sich meiner an
(פקד). Es ist also nicht eine weltimmanente Relation, aus der heraus das
Wesen des Menschen in spontan ergriffener, intuitiver Erkenntnis be-
stimmt wird.[1] Daß Gott sich zum Menschen herabbeugt und ihm die
Gewißheit seiner Zuwendung gibt – diese Tatsache öffnet unter dem ge-
stirnten Himmel als dem Zeugen der unermeßlichen Größe Gottes das
tiefe Mysterium des menschlichen Lebens. אנושׁ führt oft die Vorstellung
vom hinfälligen, ohnmächtigen Wesen mit sich (Ps 9,21; 90,3; 103,14),
und בן־אדם bezeichnet die erdgewordene (אדמה), erdgebundene
Menschenart im Sinne der charakteristischen Eigenschaft (zu dieser Be-
deutung von בן vgl. BrSynt § 74c). Der schwache, unter dem hohen
Himmel Gottes verlorene Mensch ist unbegreiflicherweise der begnadig-
te, angenommene Mensch (Ps 144,3, vgl. auch Hi 7,17; 14,3). Daß aber
Gott der menschlichen Existenz »gedenkt« (זכר) und sich ihrer »an-
nimmt« (פקד), liegt in einer längst bestehenden und allezeit gültigen Tat
des Schöpfers begründet. Von dieser Tat singen 6–7. Der Psalmist verge- 6
genwärtigt sich eine grundlegende Setzung Gottes, durch die der Mensch
מעט מאלהים in der Schöpfung seinen Platz hat. Maßstab der hinfälligen
menschlichen Existenz in der verlorenen Tiefe unter dem Himmel sind
wunderbarerweise die hohen himmlischen Wesen. Der Psalm redet
Jahwe an (2), infolgedessen (aber auch im Hinblick auf die plur. Auffor-
derung »lasset uns...«, mit der Gott sich in Gn 1,26 bei der Schöpfung des
Menschen mit den אלהים-Wesen zusammenschließt) wird man אלהים mit
»Gottwesen«, »himmlische Wesen« übersetzen müssen. *G* übersetzt
אלהים folgerichtig mit ἄγγελοι (vgl. auch Hebr 2,5.7). Das bedeutet also:
Der Mensch hat unmittelbar unter den himmlischen Wesen, die Jahwes
königlichen Thronsitz umgeben (1 Kö 22,19; Hi 1,6; Jes 6,1–3), seinen
ihm von Gott zugewiesenen Platz in der Schöpfung. Er ist – in alttesta-
mentlicher Begrifflichkeit ausgedrückt – »elohimartig« erschaffen
(GvRad, TheolAT^{6} I 159). Strahlender Glanz (כבוד) und majestätische
Zierde (הדר) ruhen auf ihm wie eine Krone (עטר). כבוד והדר kennzeich-
nen den König (Ps 21,6). Hieraus (aber auch aus dem Herrscherprädikat
in 7) hat ABentzen den Schluß ziehen wollen, daß unser Psalm vom »Ur-
könig« und »Urmenschen« im Sinne der sakralen Königsideologie handle

[1] »Igitur grande miraculum est, hominem, qui in seipso et omnium oculis derelictus, desperatus, oblitus dei nihil minus sentit quam deum sui memorem, esse deo in memoria. Et cor hominis debet ac potest hoc capere et credere, deum esse iucundum, benevolentem, dulcem, quem non sentit nisi iracundum, horrendum, insustentabilem. Quis non miretur? Quis non dicat: ›Quid est homo, quod memor es eius?‹ Opera dei sunt haec incomprehensibilia, nisi per fidem.« Luther, WA 5; 270, 17ff.

(Messias – Moses redivivus – Menschensohn: ATANT 17, 1948, 12. 39). Doch auch von Gott selbst wird gesagt, daß er in כבוד והדר erscheine (Ps 29,1; 104,1). Es soll also von der königlichen und göttlichen Hoheit, die auf dem Menschen ruht, gesungen werden. Der kleine, hinfällige Mensch (5) gehört nach Jahwes Bestimmung und Setzung zur Welt Gottes. Wie der herrliche Name Gottes auf Erden manifest wird und Gottes Hoheit den Himmel durchleuchtet, so tritt auch aus dem Menschen als dem der אלהים–Welt Zugeordneten die strahlende Majestät Gottes hervor. In der Schöpfung, dem »theatrum gloriae Dei« (Calvin), in dem alles leuchtet
7 und glänzt, bildet der geringe Mensch keine Ausnahme. Im Gegenteil: Ihm ist sogar die Herrschaftsgewalt über alle Werke des Schöpfers übertragen. Betont heißt es im zweiten Halbvers: Alles (הכל vgl. Jes 44,24; Koh 3,1) ist dem Menschen (wie eine Beute) unter die Füße gelegt worden. Der Schöpfer und Weltherrscher Jahwe übergibt dem Menschen wie einem von ihm eingesetzten König (vgl. Ps 2,8) die Welt. Doch unterscheidet sich der Herrschaftsbereich des Menschen merklich von dem eines königlichen Regenten. Dem König werden Völker und Feinde des geschichtlichen Bereiches unterworfen (Ps 110,1), dem Menschen sind die Tiere untergeordnet (Gn 1,28ff.). Hier wird keine »sakrale Königsideologie« entfaltet, sondern hier werden die verborgenen Hintergründe des alltäglichen menschlichen Lebens aufgedeckt. Das Weiden und Schlachten der Tiere, das Jagen und Fangen des Wildes und der Fische ist ein von Gott ausgehendes Hoheitsrecht, an dem zeichenhaft die Überordnung des Menschen über alles Geschaffene – mehr noch: seine אלהים–Gestalt offenbar wird.[1]

Wenn der jetzt vorliegende Text in 6–7 in der Weise interpretiert wird, wie es soeben geschah, dann ist mit vollem Recht jede Relation zur sog. »Königsideologie« ausgeschaltet worden. Vom Menschen ist die Rede (5). Doch dieser Mensch, der in Ps 8 seine Stimme erhebt, ist Repräsentant des ersterschaffenen Menschen (Gn 1,26ff.), er ist urbildlicher Mensch, Urmensch. Es ist nicht zu leugnen, daß die hintergründige Perspektive der Traditionsgeschichte des Ps 8 Vorstellungen altorientalischer »Königsideologie« in Erscheinung treten läßt. Auch wenn das Verb »krönen« (6) nicht unbedingt in striktem Sinn aufgenommen werden muß, so weisen doch die Begriffe כבוד und הדר in den Zusammenhang der Sprache am altorientalischen Königshof (Ps 21,6; 110,1). Noch wichtiger und beziehungsträchtiger ist die Tatsache, daß in altägyptischen Texten der König als Abbild Gottes gesehen und gefeiert wurde. Damit ist die in Ps 8 (in Analogie zu Gn 1,26ff.) zum Ausdruck gelangende imago-Dei-Theologie in den religionsgeschichtlichen Kontext der altägyptischen Königsvorstellungen verwiesen. Darauf hat vor allem HWildberger aufmerksam gemacht (Das Abbild Gottes: ThZ 21, 1965, 245–259.481–501). Auf einer Stele des Königs Amenophis

[1] »Rarus certe et incomparabilis honor, quod mortalis homo vice Dei in mundo tanquam suo iure dominatur: et quocunque flectat oculos, videt nihil sibi ad beatam vitam deesse.« Calvin, In librum Psalmorum Commentarius, zu Ps 8,7.

II. aus Amada wird der Pharao gepriesen als »sein geliebter leiblicher Sohn des Re, Herr der Fremdländer ... der gute Gott, die Schöpfung des Re, der Herrscher, der bereits stark aus dem Leib gekommen ist; Ebenbild des Horus auf dem Thron seines Vaters; groß an Kraft...« (zit. bei HWildberger, 485). Bisher gab es keinen Beleg dafür, daß der König »Bild Gottes« hieß. Nun wissen wir, daß seit dem 17. Jh. v. Chr. der Pharao als Abbild des Schöpfer- und Sonnengottes galt – bis in die hellenistische Zeit hinein. Geläufig sind folgende Wendungen: »Abbild des Re, Amun, Atum«; »heiliges Abbild«; »lebendiges Abbild auf Erden« (vgl. WHSchmidt, Alttestamentlicher Glaube in seiner Geschichte, ^{2}1975, 195f.). Die ägyptischen Parallelen verdienen eine ganz neue Beachtung (vgl. EOtto, Der Mensch als Geschöpf und Bild Gottes in Ägypten: Probleme biblischer Theologie. GvRad zum 70. Geburtstag, 1971, 335–348). Zur Erklärung rückt die altorientalische »Königsideologie« näher an die alttestamentlichen Texte, insbesondere an Ps 8 heran. So könnte man durchaus auch zu folgender Erwägung gelangen: »Die hohe Stellung des Menschen zeigt sich in der Herrschaft, die er über die gesamte Tierwelt ausübt (7ff.). Selbst diese Aussage liegt nicht völlig außerhalb der altorientalischen ›Königsideologie‹; denn dem König kann auch die Gewalt über die Natur zugesprochen werden (vgl. Jer 27,6; 28,14). Ps 8 braucht also nicht notwendig mit der ›Demokratisierung‹ der königlichen Würde den Machtbereich von der Menschen- auf die Tierwelt verlagert zu haben; vielleicht hat er nur vorhandene Vorstellungen eingeengt« (WHSchmidt, Gott und Mensch in Psalm 8,12). Man sollte aber wohl den Begriff der »Demokratisierung« ganz ausscheiden, denn es geht ja doch um Rezeption und Integration königlicher Vorstellungen in das Bild vom ersterschaffenen Menschen, vom Urmenschen. Hier lagen die Beziehungen ohnehin nahe (»Urmensch und König«). Bedeutsam ist, wie sorgfältig und vorsichtig in Ps 8 die königlichen Vorstellungen und Begriffe mitsprechen, jedoch in der Weise zur Sprache kommen, daß sie der Herrlichkeitsaussage über den urbildlichen Menschen dienstbar sind. Darum ist es wohl angemessen, zwischen der Auslegung des Psalms in seiner uns vorliegenden Textgestalt und dem auf Rückschlüssen beruhenden Verfahren der Analyse und Erkenntnis traditionsgeschichtlicher Perspektive zu unterscheiden.

In 8–9 »durchmustert der Psalmist mit Hochgefühl des Menschen 8–9
Herrschaftsgebiet, dem Königssänger vergleichbar« (Gunkel). צנה bezeichnet die Kleinviehherde, אלפים ursprünglich das dem Menschen dienstbare Rind, hier wohl Großvieh (GDalman, AuS VI 172). כלם will die beiden zuvor genannten Haustiergruppen in allumfassender Generalisierung verstanden wissen. Doch nicht nur im Bereich des Hauses und Hofes sind die Tiere dem Menschen untergeordnet, auch die »Tiere des Feldes« gehören in seinen Herrschaftsbereich. גם weist deutlich über die im ersten Halbvers genannte Gruppe hinaus und bezieht sich doch wohl auf alle tierischen Lebewesen jenseits des menschlichen Wohn- und Weidebereiches (mit Ausnahme der Vögel und Fische, von denen in 9 die Rede ist). Anstelle von בהמה würde man nach גם eigentlich חית השדה erwarten (Gn 1,24; 2,20; 3,14 u.ö.), doch vgl. zu בהמות השדה im umfassenden plur. Jl 1,20; 2,22. Und immer mehr wird im Hymnus der Machtbereich des Menschen erweitert: auch die Vögel und Fische gehören dazu.

Bei עבר ארחות מים wird man wohl an die großen Seetiere denken müssen, die in der alten Welt vom Nimbus des Unüberwindbaren umgeben waren.

10 Im Hinblick auf 10 stellt sich jetzt nur die Frage ein, warum 2 nicht vollständig zitiert worden ist. Kehrverse werden sonst, wenn sie mehrgliedrig sind, auch mehrgliedrig wiederholt (vgl. Ps 24,7–10; 46,4.8.12; 67,4.6; 80,4.8.(15).20; 99,5.9). EBaumann wird recht haben, wenn er darauf hinweist, daß die gekürzte Wiederholung im Gedankengang des Psalms beschlossen liegt: es »umfassen die Gedanken des Psalmisten 3–9 im wesentlichen nur die Erde« (vgl. demgegenüber z.B. Ps 148: EBaumann, Struktur-Untersuchungen im Psalter I: ZAW 61, 1945/48, 116–125).

Ziel Von der Herrlichkeit des Schöpfers und der Hoheit des Menschen handelt Ps 8. Der Hymnus besingt zuerst die offenbare Selbstdarstellung des Gottesnamens in aller Welt, um dann das Geheimnis und Wunder der menschlichen Existenz in staunender Betrachtung in den Vordergrund treten zu lassen. Überhaupt wird es zu beachten sein, daß der gesamte Lobpreis die Merkmale verwunderten Innewerdens trägt (vgl. מה in 2 und 5). In der Anbetung offenbaren sich lebenbestimmende Erkenntnisse. Welt und Mensch sind durchwirkt von der strahlenden Macht göttlicher Schöpfung und Setzung. Doch die Einsicht in dieses Durchwirktsein erwacht unter dem Ereignis der Heilsoffenbarung, in der Jahwe Israel als אדנינו in namentlicher Selbstvorstellung begegnet ist und in der er sich zugleich jedem einzelnen Menschen zuwendet (זכר und פקד). – Doch wie sind nun diese gewaltigen Hoheitsaussagen über den Menschen in 6–9 zu verstehen? Hier liegt die Kernfrage der Auslegung unseres Hymnus. Franz Delitzsch hat sehr nachdrücklich in seinem Kommentar gefragt, ob es denn gültige Bewertungen seien, die in 6–9 ausgesprochen sind; ob nicht vielmehr mit ganzem Ernst jener Bruch (Gn 3) bedacht werden muß, durch den die Hoheit des Menschen pervertiert worden ist. Es ist eigenartig: die Schuld des Menschen tritt im Hymnus des Ps 8 ebensowenig in das Blickfeld wie in der Schöpfungslehre des Kap. Gn 1. Und es wäre nur völlig verfehlt, im Sinne der traditionellen Dogmatik von einem »Urstand« zu sprechen, auf den Hymnus und Lehre zurückblicken. Vielmehr ist alles das, was in Gn 1 und Ps 8 über die Hoheit des Menschen ausgesagt wird, Hinweis auf eine absolut gültige, unaufhebbare Setzung Gottes (zur Fortwirkung der אלהים-Gestalt vgl. Gn 5,3; 9,6b). Wo Jahwe in seinem שׁם aus der Verborgenheit hervortritt, wo er als אדנינו gepriesen wird und wo endlich er des Menschen »gedenkt« und sich seiner »annimmt«, da wird mit Staunen das in der Schuldsphäre nicht einsichtige, nun aber als schlechthin bestimmend hervortretende Wunder der menschlichen Existenz erkannt. Der Mensch gehört zur

Welt Gottes. Von Gott hat er unfaßbare Herrschaftsbefugnisse verliehen bekommen und ist mit Ehre und Majestät gekrönt worden. In Hebr 2,5 werden diese Ereignisse auf die zukünftige Welt übertragen (τὴν οἰκουμένην τὴν μέλλουσαν), und Jesus Christus wird als der υἱὸς ἀνθρώπου (Hebr 2,6) benannt, der zwar eine kleine Zeit unter die Engel erniedrigt war, dann aber mit Herrlichkeit und Ehre gekrönt und zum Herrscher des Alls eingesetzt worden ist. Damit konzentriert das Neue Testament das ganze in Ps 8 zutage tretende Mysterium der menschlichen Existenz auf den vom Himmel gekommenen Menschensohn (Dan 7) Jesus Christus und den durch seine Erniedrigung und Erhöhung angebrochenen zukünftigen Äon. In diesem Erfüllungskerygma wird der verborgene »eschatologische« Sinngehalt des alttestamentlichen Hymnus offenbar. Hb 2,6–9 verkündigt: Es geht in Ps 8 im Grunde um die neue Welt, in der keine gottfeindlichen oder gottfremden Störungen mehr Raum haben (vgl. Ps 8,3); es geht um den neuen Adam Jesus Christus, der in das hinfällige Wesen des אנוֹשׁ erniedrigt wurde und dem als dem erhöhten König allein die Herrschaft über das All zukommt (vgl. auch Eph 1,22 und 1 K 15,27). Nun ist jedoch in Ps 8 keineswegs auch nur die Spur dieser eschatologisch-messianischen Eröffnung des Neuen Testaments erkennbar. Die »neue Welt« ist dem lobpreisenden Sänger ohne jede Reflexion oder Ausschau gegenwärtig, sie ist nicht jenseitig oder zukünftig – sie ist dem anbetenden Glauben in der vollen Diesseitigkeit bereits anschaubar. Hier liegt das ganze Gewicht der alttestamentlichen Verkündigung, die freilich erst dann zur staunenerregenden und erdrückenden Wirklichkeit wird, wenn sie von der eschatologisch-messianischen Enthüllung her betrachtet wird – so wie ja auch Israel das Geheimnis der Schöpfung und des Menschen im alttestamentlichen Ereignisbereich nicht anders als nur durch die erwählende Herabneigung Jahwes eröffnet bekam. (Zur bibl.-theol. Perspektive: BSChilds, 20–31.)

Die Stellung des Menschen vor dem Angesicht der Götter ist in der alten Welt Gegenstand sehr unterschiedlicher Bewertungen gewesen. Mythologische Einordnungen und emphatische Selbstbeurteilungen bestimmen das Bild der Aussagen. Bemerkenswert sind in der altorientalischen Anthropologie zwei Grundzüge: 1) Mensch im Vollsinn ist allein der König. Im alten Sumer wird er *lugal* = »Großmensch« genannt. Der König steht in engster Beziehung zu den Göttern. Er wird von den himmlischen Mächten gezeugt, von Göttinnen gesäugt und erzogen. Der göttliche König allein trägt den Strahlenkranz der himmlischen Welt. Als »Ebenbild der Götter« kann er bezeichnet werden (BMeissner, Babylonien und Assyrien, I, 1920, 46ff.; FMThDe Liagre Böhl, Das Menschenbild in babylonischer Schau; Supplements to NVMEN 2, 1955, 28–48). Den ägyptischen König formten die Götter »ihrer eigenen Schönheit nach« (Hierat. Pap. Berlin 3048 col. IV Z. 3–VII Z. 1; vgl. Religionsgeschichtliches Lesebuch, Heft 10, 11ff.). Der göttliche König ist also der vollkommene Mensch. Er ist »das auf Erden lebende Abbild Gottes« (AErman, Die Religion der Ägypter, ihr Werden und Vergehen in vier Jahrtausenden, 1934, 52). Die in der religionsphänomenologischen These von der »sakralen Königsideologie« schematisch zusammengerafften Beobachtungen haben GWidengren (Religion och Bibel, 1943, 59 A. 1) und ABentzen (Messias – Moses redivivus – Menschensohn 12. 32) als Interpretament auch in den Ps 8 einführen wollen. Zur Kritik an dieser Auslegung s.o. – 2) Der Einzelmensch tritt hinter dem König völlig zurück. Auch in den Weltentstehungsmythen dominiert die Gestalt des Urkönigs und Urmenschen. Nur in sehr relativem Sinn ist von einer direkten physischen Beziehung zur Götterwelt, an der jeder Mensch partizipiert, die Rede. Götterblut kreist – durch die Vermittlung des königlichen Urmenschen – in allen Sterblichen (ThCVriezen, TheolAT 119; BMeissner, Babylonien und Assyrien II, 1925, 106). Als »himmlische Mitgift» wirkt im Menschen eine »göttliche Seele« (Meissner, II 135). Alle Aussagen sind eingebettet in die grundsätzlich auf einer Linie liegenden Theogonien und Kosmogonien. Daß der Mensch wesensmäßig göttlichen Geschlechts und göttlicher Herkunft ist, klingt als dumpfe Ahnung durch die Mythen hindurch und wird anschaulich zur Darstellung gebracht. Doch diese Äußerungen stehen in scharfem Gegensatz zu den Selbstbeurteilungen, wie sie andrerseits in den kultischen Liedern hervortreten. – Aus dem geistigen Raume der griechischen Welt wird immer wieder zu Ps 8 das Wort des Sophokles aus der »Antigone« zitiert: »Vieles Gewaltige lebt, doch nichts ist gewaltiger als der Mensch.« Doch kann es z.B. bei Heraklit in einer leidenschaftlichen Zurückweisung aller im Gottesbild wirksamen Anthropomorphismen heißen: »Verglichen mit Gott ist der schönste Mensch ein Affe« (WJaeger, Die Theologie der frühen griechischen Denker, 1953, 145). – Alle diese Hinweise greifen aus dem unübersehbar weiten Feld der im einzelnen sehr differenzierten antiken Anthropologie einige Beispiele heraus, um den Horizont mythischer Deutung und emphatischer Selbstbeurteilung anzudeuten, von dem das alttestamentliche Zeugnis sich abhebt (vgl. WZimmerli, Das Menschenbild des ATs: Theol. Ex. heute N.F. 14, 1949; WEichrodt, Das Menschenverständnis des ATs[2]: ATANT 4). Dabei sollten zum Schluß zwei Aspekte der alttestamentlichen Anthropologie besonders herausgestellt werden: 1) Der Mensch ist bestimmt, Gott zu loben. Dies wird angesichts des urbildlichen Menschen in Ps 8 deutlich. »Der Mensch des 8. Psalms, der seine Überlegenheit in der Welt entdeckt, kann sie nicht im Selbstruhm zur Sprache bringen, sondern nur in der preisenden Anrede Gottes« (HWWolff, Anthropologie des Alten Testaments, 1973, 328). – 2) Der Mensch ist zum Herrschen bestimmt. Dabei führt Ps 8 »zu der letzten, entscheidenden und umfassenden Erkenntnis, indem er herausstellt, daß die Krönung des Menschen zum Weltverwalter angesichts seiner Winzigkeit im All und seiner Fürsorge bedürftigen Erbärmlichkeit alles andere als selbstverständlich ist und ganz und gar nicht in ihm selbst begründet liegt« (HWWolff, 327f.).

Psalm 9/10
Jahwe als Retter der Armen und Bedrängten

Literatur KMarti, Zu Psalm 9,14: ZAW 36 (1916) 245–246. – JLeveen, A Note on Psalm 10,17–18: JBL 67 (1948) 249. – HJunker, Unité, composition et genre littéraire des psaumes IX et X: RB 60 (1953) 161–169. – RMartin-Achard, Yahwé et les ʿ*anāwīm*: ThZ 21 (1965) 349–357. – GSchuttermayr, Studien zum Text der Ps 9–10 und 18: Diss. München (1966). – JBecker, Israel deutet seine Psalmen: SBS 18 (1966) 61ff. – WBeyerlin, Die *tôdā* der Heilsvergegenwärtigung: ZAW 79 (1967) 221ff. – WGSimpson, Some Egyptian Light on a Translation Problem in Ps 10: VT 19 (1969) 128–131. – PRBerger, Zu den Strophen des 10. Psalms: Ugarit-Forschungen Bd. 2 (1970) 7–18.

Text

9 1 Dem Chorleiter. Nach ‘Alūmot’. Ein Psalm Davids.
2 Ich danke ‘dir’[a], Jahwe, von ganzem Herzen,
will erzählen alle deine Wunder.
3 Ich will jubeln und jauchzen über dich,
will singen deinem Namen, du Höchster.
4 Denn meine Feinde wandten sich um,
strauchelten und vergingen vor dir.
5 Du hast mein Recht und meinen Streit geführt,
hast dich auf den Thron gesetzt, ein gerechter Richter.
6 Völker hast du gescholten, den Frevler vernichtet[b],
ihren Namen gelöscht für immer und ewig.
7 Der Feind ist dahin[c], zertrümmert[d] auf ewig.
Du hast Städte entvölkert[e], ihr Ruhm ist zu Ende.
‘Erregt’[f] 8 hat ‘Jahwe’[g] für immer ‘sich niedergelassen’[h],
seinen Thron zum Gericht aufgestellt.
9 Er richtet die Erde in Gerechtigkeit,
spricht den Völkern ihr Urteil nach Gebühr.
10 Da ward[i] Jahwe eine Burg dem Bedrängten,
eine Burg in Zeiten ‘der Not’[j].
11 Und es ‘vertrauten’[k] auf dich, die deinen Namen kennen,
denn du wirst nicht verlassen, die dich suchen, Jahwe.
12 Singet Jahwe, der auf dem Zion thront,
verkündet unter den Völkern seine Taten!
13 Denn ein Bluträcher ist er und denkt an sie;
nicht vergißt er den Schrei der Armen.
14 Jahwe ‘war’[l] mir gnädig, ‘sah’[m] mein Elend
– er, ‘der mich aufhob’[n], erhöht aus den Pforten des Todes,
15 damit ich erzähle all deinen Ruhm,
in den Toren der Tochter Zion juble über deine Hilfe.
16 Versunken sind die Völker in der Grube, die sie gemacht;
im Netz, das sie legten, verfing sich ihr Fuß.
17 Jahwe tat sich kund, hielt Gericht;
im Werk seiner Hände ‘verfing sich’[o] der Frevler.
– *higgajon.* **Sela.**
18 Möchten die Frevler zur Unterwelt fahren
– alle Völker, die Gott vergessen!
19 Denn nicht für immer wird der Arme vergessen,
entschwindet der Elenden Hoffnung auf ewig.
20 Stehe auf, Jahwe, daß der Mensch nicht trotze,
daß die Völker vor dir gerichtet werden!

9 21 Bereite, Jahwe, ihnen ein ‘Schrecknis’[p],
damit die Völker erkennen, daß sie nur Menschen sind. Sela.

10 1 Warum, Jahwe, stehst du ferne,
verhüllst dich in Zeiten ‘der Not’[a]?
2 In ‘Hoffart’[b] verfolgen Frevler die Armen;
sie werden ergriffen von Ränken, die sie erdacht[c].
3 Denn er preist ‘den Frevel’[d], ‘’[e] die Gier seines Schlundes,
lobt ‘den Gewinn’[f], verachtet Jahwe.
4 Der Frevler (denkt) hochnäsig:
»Er ahndet nicht; es ist kein Gott.«
‘Vor ihm’[g] (liegen) all seine Pläne,
5 ‘von Dauer sind’[h] allezeit seine Wege.
Hoch droben sind deine Gerichte, ferne von ihm;
gegen alle seine Gegner schnaubt er.
6 Er spricht in seinem Herzen: Ich werde nicht wanken
– von Geschlecht zu Geschlecht vom Unglück verschont[i].
7 Voll Fluch ist sein Mund, voll Trug und Bedrückung
– unter seiner Zunge Unheil und Tücke.
8 Er sitzt im Hinterhalt der Gehege,
heimlich mordet er Schuldlose.
Seine Augen späh’n nach ‘dem Schwachen’[j],
9 er lauert versteckt wie ein Löwe im Dickicht[k].
Er lauert darauf, den Armen zu fangen;
er greift den Geringen, zieht ihn in sein Netz.
10 ‘Er spähte aus und harrt’[l], kauert sich nieder,
und es fallen ‘durch seine Pläne’[m] die Schwachen[n].
11 Er spricht in seinem Herzen: »Gott hat es vergessen,
hat sein Antlitz verborgen, sieht in Ewigkeit nicht.«
12 Stehe auf, Jahwe, ‘’[o], erhebe deine Hand,
vergiß nicht die Geringen!
13 Warum darf der Frevler Gott verachten,
im Herzen sprechen: »Du ahndest nicht«?
14 Du hast ‘’[p] Unheil und Kummer gesehen;
blickst hin, nimmst es in deine Hand.
Dir stellt es anheim der Schwache[q], die Waise;
du bist doch Helfer.
15 Zerbrich den Arm des Frevlers und des Bösen;
ahnde seinen Frevel, daß er ‘schwinde’[r]!
16 Jahwe ist König für immer und ewig;
verschwunden sind die Völker aus seinem Land.
17 Das Begehren der Armen hast du vernommen, Jahwe;
machst fest ihr Herz, neigst dein Ohr,
18 um Recht zu schaffen Waisen und Bedrückten,
daß nicht ferner Gewalt übt ein Mensch von der Erde.

9,2 **a** Im Stil der Klage- und Danklieder des Psalters ist יהוה Vokativ. Infolgedes-

sen ist mit *G* (ἐξομολογήσομαί σοι) אוֹדְךָ zu lesen (Ps 86,12; 138,1). – **b** *G* Hier: 9,6
אֲבַד. Doch liegt kein zwingender Grund vor, *M* zu korrigieren. – **c** תמו bezieht 7
sich auf das Kollektivum האויב. – **d** חרבות לנצח ist תמו האויב zugeordnet – wie
אבד זכרם dem Versstück ועָרים נתשת. Daß חרבות sich auf האויב beziehen kann,
ist 2 Kö 19,17; Jes 37,18; 60,12 zu entnehmen (gegen Gunkel). Im übrigen sind
alle tiefgreifenden Korrekturversuche in 7 unbegründet. Die Rekonstruktion ei-
ner ד-Strophe im Akrostichon (z.B. דָּמוּ אוֹיֵב לְחָרְבוֹת) kann nur als ein Versuch
betrachtet werden. Doch wird die ד-Strophe ausgefallen sein. – **e** נתשׁ bezeichnet
das Ausreißen oder Ausrotten von Pflanzen, ist dann aber – auf Völker und Län-
der übertragen – zu einem terminus technicus für die Deportation und Entvölke-
rung geworden (Jer 1,10; 12,14ff.; 18,7 u.ö.). – **f** המה am Ende von 7 ist keine Ver- 8
stärkung des Suffixes von זכרם, sondern (entsprechend dem Versmaß und der im
Akrostichon fälligen ה-Strophe) erstes Wort in 8. Am Anfang von 8 gibt הֵמָּה aber
keinen Sinn und ist mit *G* (μετ' ἤχους) am besten הֹמָה (= »erregt« Prv 7,11) zu
punktieren. (Zum Inhaltlichen vgl. Ps 7,7.) – **g** Im Zusammenhang mit הֹמָה ist
יהוה statt ויהוה zu lesen. – **h** Die Punktation יָשַׁב (Ps 29,10) ist an dieser Stelle an-
gemessen. – **i** Im Textzusammenhang ist die Punktation וַיְהִי vorzuziehen. – **j** Als 10
cstr.-Verbindung im Zusammenhang mit לעתות ist statt בצרה besser הצרה zu le-
sen. – **k** Im Textzusammenhang: וַיִּבְטְחוּ. – **l** Ein imp. würde den Sinnzusammen- 11.14
hang stören, darum punktiere man חָנְנֵנִי. – **m** vgl. 1, punktiere רָאָה. – **n** *M* = »von
meinen Hassern« ist unmöglich. Es ist מְנַשְּׂאִי zu lesen. KMarti korrigiert: חנני
יהוה ראה עניי שׂאני מרום משערי־מות (»Sei mir gnädig, Jahwe, sieh meine Not,
hebe mich empor aus des Todes Pforten«) ZAW 36 (1916) 245–246. – **o** Mit 17
G α´ *ST* Hier נוֹקֵשׁ. – **p** Lies mit α´ϑ´ Hier *T* und MSS *M*: מוֹרָא. 21
a vgl. zu Ps 9,10 Anm. j. – **b** Ist im Zusammenhang des Verses בְּגֵאוּת zu punk- 10,1.2
tieren. – **c** Die Korrektur in יִתְפְּשׂוּ und חָשַׁב ist nicht unbedingt erforderlich. Die
Pluralformen können sich auf die Kollektiva רשׁע und עני beziehen. – **d** *M* »denn 3
der Frevler preist nach (?) dem Gelüst seiner Seele, und der Gewinnsüchtige seg-
net«. *G* liest pass.: ἐπαινεῖται und ἐνευλογεῖται (vgl. auch *ST*). Der Text ist auf
jeden Fall in 3–5 in Unordnung geraten. Die alphabetische Folge im Akrosti-
chon ist schwerlich zu rekonstruieren. *G* beginnt 25 mit παρώξυνεν τὸν κύριον
und ermöglicht die Wiederherstellung der נ-Strophe. Mit dieser Umsetzung wird
aber 3 über Gebühr verkürzt und 4 unzulässig verlängert. Man wird *M* folgen
müssen. Dann erheben sich aber Schwierigkeiten. Wie ist על zu übersetzen? Wie
sind die einzelnen Versstücke syntaktisch zu verstehen? Gut ist der Vorschlag
von Ehrlich, רָשָׁע und וּבֹצֵעַ zu lesen. Dann müßte על auf jeden Fall gestrichen
werden. – **e** vgl. Anm. d. – **f** vgl. Anm. d. – **g** *G* ergänzt לְפָנָיו. – **h** Zur Übersetzung 4–5
von יחילו vgl. Hi 20,21. – **i** Die Rekonstruktion der פ-Strophe durch Einbezie- 6
hung von אלה in 6 kann kaum die Schwierigkeiten des in 4–11 sehr verderbten
Textes mildern. Konjekturen in 6b sind die Folge. Gunkel: אַשְׁרַי לֹא־תַכְרִיעַ אָלָה
(»meine Schritte trifft kein Fluch«). *M* ist doch wohl beizubehalten. אשׁר לא־ברע
kann nach *G* (ἄνευ κακοῦ) übersetzt und verstanden werden. – **j** חלכה findet sich 8
im Alten Testament nur in Ps 10,8.10. (חלכאים) 14. *G* τὸν πένητα (von πένομαι:
arm, dürftig sein, entbehren). *G* zu 14 (9,35): ὁ πτωχός. – **k** *M* = »in seinem Dik- 9
kicht«. Hie בְּסֻכָּה = »im Dickicht«. – **l** וְדָכָה (von דכה?; vielleicht יִדְּכֵא = »er wird 10
zerschlagen«) ist im Hinblick auf ישׁח (vgl. Hi 38,40) schwer verständlich. Wenn
man von der Tatsache ausgehen kann, daß im Akrostichon eine צ-Strophe fällig
ist, wäre die von Duhm vorgeschlagene Konjektur möglich: צָפָה יְחַכֶּה. Anders
Gunkel: צדיק ידכא ישׁח = »der Gerechte wird niedergeschlagen, stürzt«. – **m** *M* =
»und es fällt (fallen) durch seine Starken die Armen« ist schwer verständlich.
Duhm: בְּצַמִּימָיו = »durch seine Stricke«. Besser Gunkel: בְּמוֹעֲצֹתָיו = »durch

10,10 seine Pläne«. – **n** vgl. 8 Anm. j. Ist das Wort aus חֵל כָּאִים gebildet? Man wird
12 חלכים lesen müssen. – **o** In der ungewöhnlichen Doppelung יהוה אל wird אל zu
streichen sein (wahrscheinlich ist אל unter Bezugnahme auf 11 in den Text hin-
14 eingekommen. – **p** Die ר-Strophe wird durch ein störendes כי אתה, das vielleicht einmal vor ראיתה gestanden hat, unterbrochen. Es ist außerdem zu fragen, ob 14 nicht in seiner ursprünglichen Ordnung erheblich gestört worden ist. לתת בידך kann nur mit starken Bedenken übersetzt werden: »... es in deine Hand zu nehmen«. Durch Umstellung der einzelnen Versstücke und kleinere Ergänzungen kommt Gunkel zu der Textübersetzung: »Du schaust ja Kummer und Elend, denn du blickst auf den Schwachen ›und‹ Verwaisten; dir vertraut er es an, es in
15 deine Hand zu geben, du bist ja ›sein‹ Helfer.« – **q** vgl. 8 Anm. j. – **r** *S* תִּמָּצֵא = »daß er (der Frevel) nicht (mehr) gefunden werde«. Andere Textkorrekturen zu 15 vgl. Gunkel und HSchmidt.

Form

Ps 9/10 sind als Einheit zu betrachten (so jetzt auch JBecker, 61ff.). Es sprechen für diese (schon seit langem erkannte) Auffassung insbesondere folgende Beobachtungen und Feststellungen: 1) Ps 9/10 sind durchgehend von der alphabetischen Folge des sog. Akrostichons bestimmt (zur Form des Akrostichons im allgemeinen und zu Ps 9/10 im besonderen s.u.). 2) Die Septuaginta faßt Ps 9 und 10 zu einem einzigen Psalm zusammen und weicht deshalb fortan von der Zählung der hebräischen Bibel ab. 3) Ps 9 schließt ab mit dem sonst nur innerhalb eines Liedes gebräuchlichen liturgisch-technischen Trennungsbegriff סלה (zu סלה vgl. o.S. 22ff. Einl § 4 Nr. 13). 4) Ps 10 trägt im masoretischen Text nicht die in der Gruppe der Davidspsalmen zu erwartende (redaktionelle) Überschrift. 5) Die Gemeinsamkeit des Sprachgebrauchs und des Stils in Ps 9/10 ist ein wichtiges Argument für die Einheit (vgl. לעתות בצרה in 9,10 und 10,1 als Beispiel).

Alphabetisch geordnete Lieder wie Ps 9/10 finden sich im Alten Testament in Ps 25; 34; 37; 111; 112; 119; 145; Prv 31,10–31; Thr 1–4 (Nah 1,2–8). In diesen Liedern ist die Reihe des Alphabets ganz oder teilweise im ersten Buchstaben des ersten Wortes je eines Verses oder einer Strophe formbestimmend. Der Sinn dieser seltsamen Formgebung ist bisher nicht recht deutlich gewesen. Man dachte u.a. an eine magische Relevanz des Alphabets (Löhr). Doch werfen die Funde in Ras Schamra ein Licht auf das Problem. Man hat festgestellt, daß im alten Ugarit schon früh das Alphabet zu Unterrichtszwecken aufgezeichnet worden ist; vgl. WFAlbright, Alphabetic Origins and the Idrimi Statue: BASOR 118 (1950) 11–20; WFAlbright, The Origin of the Alphabet and the Ugaritic ABC again: BASOR 119 (1950) 23–24; EASpeiser, A Note on Alphabetic Origins: BASOR 121 (1951) 17–20. Es liegt nahe, die alphabetische Ordnung eines Liedes als Gedächtnisstütze zu erklären. Auf jeden Fall bringt der Alphabetismus einen Formzwang mit sich, der sich mit schematisierender Ordnungskraft auf die jeweilige Dichtung auswirkt (vgl. HJKraus, BK XX, 6f.).

In Ps 9/10 bereitet die Rekonstruktion der alphabetischen Folge einige Schwierigkeiten. Die ד-Strophe fehlt. Die מ-Strophe könnte mit מרום in 5 einmal begonnen haben. Es liegt jedoch in 4–11 ein so stark verderbter Text vor, daß jede Wiederherstellung zwischen נ und ק so gut wie unmöglich ist. Die in den Kommentaren vorgenommenen – teilweise recht tiefgreifenden – Korrekturen und Konjekturen sind hypothetisch und nicht selten sehr kühn. Man wird in 4–11, so gut es geht, *M* folgen dürfen, um dann – in aller Zurückhaltung – die Möglichkeiten der Rekonstruktion des Alphabets zu erwägen. In 12–17 ist die Folge ק bis ת dann gesichert. Zu jeder, mit dem jeweiligen Buchstaben des Alphabets einsetzenden »Strophe« gehören zwei volle Verszeilen, deren Metrum im Gesamtbild sehr schwankend ist. Das hängt teilweise mit der Textverderbnis zusammen, hat aber auch im Gattungswechsel und in den inhaltlichen Aussagen seinen Grund. Im Versmaß 4 + 4 sind zu lesen: 9,6.7. 11.14–17.19.21; 10,2.3.7.15.17. Im Metrum 4 + 3: 9,2.8–10.12. 13.20; 10,1.13.14 (2. Zeile). 16.18. Auch 3 + 4 Metren sind zu berücksichtigen: 9,5; 10,5 (von מרום an) 6.8–11. Als Doppeldreier sind aufzunehmen: 9,3.4.18; 10,4.5. (bis עת) 12.14.

Eine Übersicht über den Aufbau und Inhalt führt zur Herausstellung folgender Abschnitte und Sinngruppen: 9,2–5 (der Beter dankt Jahwe für erwiesene Hilfe), 6–9 (Jahwe als Richter der Völker), 10–11 (Jahwe ist die Burg der Bedrängten), 12–15 (dankbare Verkündigung der erfahrenen Hilfe), 16–17 (Völker sind durch Jahwes Gerichte gefallen), 18–21 (Bitte um Gottes Gericht über die gottlosen Völker); 10,1–11 (der hochmütige und sichere Frevler, dem alles gelingt, wird dem Psalmisten zur Anfechtung), 12–15 (Bitte um Jahwes Rechtshilfe für den Armen), 16–18 (Jahwe als König ist Richter der Völker und Retter der Armen). – Diese Übersicht zeigt zunächst, daß vorwiegend drei Themen in Ps 9/10 behandelt werden: 1) die Errettung des Hilflosen und Armen aus der Hand der Feinde; 2) Jahwes weltweites Gericht und Königtum über die Völker; 3) der selbstsichere Frevler als Anfechtung für den Glauben der Schwachen. Der ständige Wechsel dieser drei Themen, vor allem der bemerkenswerte Rückschlag im Fortgang des Liedes zu Beginn von Kap. 10, hat die Erklärer immer wieder zu dem Urteil gelangen lassen, daß der Textinhalt »gesucht« sei (Gunkel), daß das Ganze einen sehr »zwiespältigen Eindruck« erwecke (HSchmidt) und daß der »verschiedenartige Ton« (Kittel) kaum angemessen erklärt werden könne. Die dauernd wechselnden Bilder und Vorstellungen werden zumeist auf den Formzwang des Akrostichons zurückgeführt.

Den Beobachtungen zum Aufbau und Inhalt entspricht das Ergebnis, das bei einer formkritischen Analyse zu gewinnen ist, wenn die thematische Strukturierung gleichermaßen beachtet und bedacht wird. Zuerst ist aufmerksam zu machen auf die Formelemente eines Lobliedes, das sich als Danklied eines Einzelnen erweist (vgl. o.S. 43ff. Einl § 6,1). Diese Formelemente zeigen sich vor allem in 9,2–5.14.15, aber auch in 6–13.16–17, während 18–21 als Gebetslied (תפלה) zu bezeichnen ist (s.o.S. 57 Einl § 6,2). 18–21 findet seine – auch formbestimmte – Fortsetzung in 10,1–11, weiterhin in 12–18; doch klingen 16–18 als Loblied aus. Beinahe unvermittelt werden jeweils die Formtypen abgelöst und durch neue Elemente ersetzt. So kritisiert HGunkel nicht ohne Grund das »Umherfahren in den Gattungen«, das für den an das Alphabet gebundenen, schematisch verfahrenden Dichter und sein Opus charakteristisch sei.

Ob in Ps 9/10 die *Toda* als Heilsvergegenwärtigung zu verstehen und aufzunehmen ist (so WBeyerlin, 221ff.), erscheint zweifelhaft. Aus zwei Gründen: 1) sind die Psalmen, die Beyerlin zusammenstellt, in Form und Inhalt nicht derartig konform und analog, daß von einem bestimmten Typos gesprochen werden kann (zusammengestellt werden: Ps 9/10; 26; 40; 71), zu schnell wird auf »verschiedene Akte desselben liturgischen Zusammenhangs« (223) geschlossen; 2) Ps 9/10 sind eine künstliche Konstruktion, ein relativ spätes Gebilde schematisch zusammengesetzter Elemente, dem eine weitreichende Theorie über Form und Kultakt kaum entnommen werden kann.

Ort Setzt man bei der Frage nach der Situation der Ps 9/10 mit dem Danklied (Loblied) des Einzelnen ein, d.h. also mit jenen Äußerungen, die unter dem Thema »Errettung aus der Hand der Feinde« stehen, so ist der Ort, an dem ein solches Lob- und Danklied angestimmt wurde, in 9,15 deutlich erkennbar. Der aus großer Not Errettete »erzählt« (9,15) die »Ruhmestaten« Gottes und preist Jahwe. Er steht im Tempelbezirk und »bekennt« die Heilstaten Jahwes. Dieses dankbare Bekennen und Rühmen Gottes, wie es für die Danklieder des Einzelnen im Psalter typisch ist, hat im traditionsgeschichtlichen Fortgang nun teilweise die Form einer umfangreichen Belehrung der Zuhörer angenommen (vgl. Ps 34,12). Und hier liegt nun das Einfallstor für die verschiedensten Mitteilungen, die – über das persönliche Errettungserlebnis hinausgehend – in anderen Gattungen vorgebracht werden. In Ps 9/10 sind die Themen »Jahwes weltweites Gericht und Königtum über die Völker« und »Der selbstsichere Frevler als Anfechtung für den Glauben der Schwachen« in das Danklied des Einzelnen hineingekommen. Es ist keineswegs erforderlich, diesen Vorgang als »Übermalung privaten Erlebens durch überarbeitende Hand« zu erklären, wie HSchmidt es tut. Schmidt meint, »daß ein einem Dichter zweiter Hand vorliegendes Danklied eines Freigesprochenen überarbeitet, umgedichtet und außerordentlich erweitert worden ist«. Es wäre aber ebensogut denkbar, das umfangreiche »Erzählen« als eine genuine Darstellung aufzufassen, die freilich in späte (nachexilische) Zeit anzusetzen wäre. Der Psalmist würde sich dann – vom Danklied ausgehend – verschiedenster überkommener Bilder, Vorstellungen und Formulierungen bedienen. Sein zum Lehrhaften hin tendierender Vortrag nahm u.a. Probleme auf, die durch die Hiobdichtung und Ps 73 in nachexilischer Zeit aktuell waren (10,1–11). Doch wird man auch mit älteren Elementen rechnen müssen. Bemerkenswert ist die Verwandtschaft mit Thr 3 (vgl. HJKraus, BK XX, 46ff.). Ob man freilich die Datierung in ein »sehr spätes Zeitalter« (Gunkel), vielleicht sogar in die Zeit des Hellenismus (Duhm, Bertholet, Schmidt), veranschlagen sollte, ist nicht zu entscheiden. Es bleibt zu beachten, daß die Form des Akrostichons im 6. Jh. v.Chr. eine besondere Vorliebe erfuhr. – In seiner jetzt vorliegenden Gestalt ist das Lob- und Gebetslied in Ps 9/10 ein recht künstliches Gebilde. Der Formularcharakter der Lob- und Gebetslieder ist in eine konstruktive Gesamtgestalt hineingeführt worden. Sowohl diese Gestaltgebung wie auch der didaktische Trend des Ganzen lassen eine weisheitliche Rezeption älterer Einzelelemente als möglich erscheinen.

Die redaktionell-technische Überschrift beginnt mit למנצח (vgl. s.o. Wort 9,1
S. 25 Einl § 4 Nr. 17). Zu עלמות לבן o.S. 27 § 4 Nr. 24. *G* hat עֲלָמוֹת (»das Heimliche« oder »Jugendstärke«?) gelesen. Zu מזמור לדוד o.S. 15ff. § 4 Nr. 2.

In 2–3 liegen die charakteristischen Ausdrucksformen der Einfüh- 2.3
rung in das Danklied eines Einzelnen vor. Bezeichnend sind die fünf Verben. Der Beter will Jahwe für die Wunder (נפלאות), die er erfahren hat, von »ganzem Herzen« danken. Das Lied enthält zugleich Lobpreis, Bekenntnis und Erzählung; zum Liedeinsatz vgl. Ps 111,1; 138,1. Aller Ruhm gilt Jahwe. שמך עליון – diese Gottesbezeichnung reicht wahrscheinlich in vorisraelitische, altkanaanäische Zeit zurück (Ps 7,18; 47,3; 78,35 u.ö. Gn 14,18). עליון wird die universale Gottheit genannt, die den Rang des »höchsten Gottes«, des »Himmelsgottes« und »Gottkönigs« innehat (vgl. o.S. 94ff. Einl § 10,1). Im Alten Testament führt dieses Epitheton Jahwes immer die entsprechenden Hoheitsvorstellungen vom Weltenrichter und Herrn aller Völker mit sich. So wird man auch in Ps 9/10 das Thema »Jahwe als Richter der Völker« nicht a priori als späte, eschatologische Verkündigung ansprechen dürfen, vielmehr handelt es sich um eine archaische Vorstellung, die mit Jahwe, dem אל־עליון und מלך (Ps 10,16) von Jerusalem, engstens zusammengehört. Diese Traditionsgehalte entstammen wahrscheinlich dem vordavidischen Jerusalemer Kult (HSchmid, Jahwe und die Kulttraditionen von Jerusalem: ZAW 68, 1955, 168ff. und WHSchmidt, Königtum Gottes in Ugarit und Israel, ²1966).

Nach dem Introitus (2–3) in das Danklied folgt sogleich das eigentli- 4–5
che Hauptstück in 4–5. Hier werden nun die im Worte נפלאותיך angekündigten wunderbaren Gottestaten genannt. Der Sänger wurde von Feinden verfolgt, flüchtete ins Heiligtum, suchte bei Jahwe sein Recht und erlebte es, daß Gott eingriff. Die Feinde mußten zurückweichen (zu שוב אחור Ps 44,11; 56,10). Sie strauchelten und vergingen, denn Jahwe hatte sich als »gerechter Richter« erwiesen. ישבת לכסא ist wohl eine alte

Theophanieformel, die auf das Erscheinen und wirksame Eingreifen Gottes hinweist. Die Präposition לְ (sonst על) bedeutet: »Richtung auf ein Ziel hin« (BrSynt § 107a). Das Danklied preist den göttlichen Retter, der die Feinde (s.o.S. 112ff. Einl § 10,4) überwand. Über die Art und Weise des Eingreifens Jahwes erfahren wir nichts (vgl. zu Ps 7).

9,6–9 In 6–9 weitet sich plötzlich der Horizont. יהוה ist עליון (3). Sein Machtbereich wird nunmehr mit den Begriffen גוים (6), ערים (7), תבל und לאמים (9) umschrieben. Politische, universale Vorstellungen treten in den Vordergrund. Der Gott Israels, bei dem der von Feinden verfolgte einzelne Zuflucht sucht, ist der König und Richter der Völker. Man kann nicht sagen: »Den einzelnen Fall verallgemeinert der Dichter gern zum Völkergericht« (FNötscher); es handelt sich vielmehr um in sich geschlossene Kulttraditionen Jerusalems, auf die der Sänger rekurriert (vgl. zu Ps 7). So besingt der Psalmist nun, indem er von der ihm persönlich widerfahrenen Rettung absieht, die נפלאות des אל־עליון, der auf dem Zion thront. Er rekapituliert die gottesdienstlichen Verherrlichungen, die Jahwe als dem »Helden im Streit« (Ps 24,8) und dem universal mächtigen König der Erde (zu תבל in 9 vgl. Ps 24,1) in Jerusalem entgegengebracht werden. Rudimente mythologischer Vorstellungen und politisch-kriegerischer Metaphern treten in den hymnischen Aussagen zusammen. So ist גער (6) ein Ausdruck der Mythologie[1]: Ps 68,31; 76,7; 80,17; 104,7; Jes 17,13; 66,15. Bemerkenswert ist, daß sich die Begriffe גוים und רשע ständig decken. Die גוים sind Verkörperung einer außerhalb des Bundes und der Gottesordnung lebenden Fremdmacht. Bei den Aussagen in 7 wird man nicht an konkrete historische Ereignisse denken dürfen. Hier haben gottesdienstliche Rühmungen Jahwes, des »Helden im Krieg« (Ps 24,8), ihren Niederschlag gefunden. Mittelpunkt aller Verherrlichungen ist der auf dem Zion thronende Völkerrichter Jahwe (8–9), der »im Zorn« (zu הֵמָּה vgl. Ps 7,7) erscheint und seinen richterlichen Thron für alle Zeiten (לעולם) aufgerichtet hat. תבל ist ein kosmologischer Begriff, der das lichte, lebentragende »Festland« (akkad. *tābālu*) bezeichnet (Ps 24,1). Zum Thema »Jahwe als Richter der Völker« vgl. Ps 7,9; 96,13; 98,9; 1 S 2,10; Act 17,31.

10 Die in 6–9 verherrlichte Macht Jahwes ist für alle Bedrückten und Schutzsuchenden »Burg« (מִשְׂגָּב) und Zufluchtsort. Die oft vorgeschlagene Korrektur לעתות הצרה könnte sich erübrigen, wenn WFAlbrights Vermutung richtig ist, daß עתות die Bedeutung »Vorzeichen« hat. Albright erklärt, עתות »ist entweder ursprünglich identisch mit *ʿanatu-ettu*

[1] »Putabam, audituros nos esse fragorem armorum et quadrupedantem aliquem tumultum equorum et equitum. Et ecce sonum et increpationem verbi facit tanti negocii machinam. Increpat solum et facta sunt omnia. Quis non miretur? Hoc est, quod ex ore infantium et lactentium perficit virtutem. Hoc est, quod spiritus veritatis arguit mundum de peccato, de iustitia et de iudicio: Solo verbo facit omnia.« Luther, WA 5; 294, 22ff.

oder ist ein paralleles Wort vom gleichen Stamm« (zu עתות wird außerdem auf Ps 31,16 hingewiesen: WFAlbright, Die Religion Israels im
Lichte der archäologischen Ausgrabungen, 1956, 217 Anm. 14). בטח und 9,11
דרש sind charakteristische Verben, die das vertrauensvolle Verlangen und Erwarten der in Jahwes Schutzbezirk geflohenen Menschen ausdrücken. יודעי שמך werden diejenigen Menschen genannt, die in vertrautem Umgang, in inniger Gemeinschaft mit Jahwes im שם verbürgter Gegenwart stehen.

Doxologisch setzt der Sinnabschnitt 12–15 ein. Der auf dem Zion 12–15
thronende Jahwe soll von allen gepriesen werden. Die persönliche Heilserfahrung (4–5) und die gottesdienstlichen Erkenntnisse der Gemeinde (6ff.) fließen zusammen in der Anbetung des יהוה ישב ציון, dessen Ruhmestaten in die Völkerwelt hinausdringen und bekannt werden sollen. Jahwe ist דרש דמים (»Bluträcher«). Er ahndet als שופט צדק (5) die blutigen Anschläge, Verfolgungen und Gewalttaten. Er hört das Schreien der »Armen«. Einen solchen rettenden Heilserweis hatte der Psalmist erfahren, darum kommt er in 14–15 auf sein persönliches Erleben zurück. Die Begnadigung ereignete sich, indem der Notleidende »aus den Pforten des Todes« herausgehoben wurde. שערי מות (vgl. Ps 107,18; Hi 38,10; Jes 38,15; Mt 16,18) – dieses Bild bezeichnet die »Sphäre des Todes« und der völligen Gottferne (ChrBarth, Die Errettung vom Tode, 1947, 78). Demgegenüber repräsentieren die שערי בת־ציון (15) den Bereich des Lebens und der Gottesnähe. Der Dankende besingt und erzählt im Tempelbezirk die erfahrene Hilfe. Er hat es erlebt, daß Jahwe die »Armen« errettet. Zur Selbstbezeichnung der »Armen« und »Elenden« sei an dieser Stelle nur erklärt: Bis in die älteste Zeit der Geschichte Israels reicht die Gewißheit, daß Jahwe sich den »Unterprivilegierten«, den Rechtsschwachen und im Lebenskampf Benachteiligten in besonderer Weise zuwendet und sich ihrer annimmt. Man kann beobachten, daß der Begriff des »Armen« geradezu einen Rechtsanspruch auf Jahwes Aufmerksamkeit und Hilfe enthielt. Daraus erwuchs die qualifizierende Selbstbezeichnung der Beter vor Jahwe (vgl. Ps 12,6; 14,6; 18,28; 35,19; 116,8; 140,13; 146,7; 149,4). Die »Armen« verstehen sich selbst als die ersten und eigentlichen Anwärter der Heilszuwendung des Gottes Israels. In ihrer Hilflosigkeit und Wehrlosigkeit haben sie nur eine Zuflucht und Zuversicht: Jahwe. Ihre Armut besteht darin, daß sie sich selbst nicht helfen können und in absoluter Rettungsbedürftigkeit ihre Bitten erheben. – Diese Armen führen den dunklen Schatten, das Gegenbild mit sich: verfolgt werden sie von Feinden und Gewalttätigen, die das Lebensrecht und das Anrecht auf Hilfe, das den Armen von Jahwe her zugesprochen ist, mit Füßen treten und die Elenden gänzlich vernichten wollen (Ps 10; 35,10; 37,14). Zur Bezeichnung und Selbstbezeichnung der »Armen« s.o.S. 108ff. Einl § 10,3. Zur Rede von den »Feinden« o.S. 112ff. Einl § 10,4.

9,16–17 Jahwes Rechtshilfe erweist sich im Leben des einzelnen und im Schicksal der Völker in der Form einer verborgenen »immanenten Nemesis«. Die Völker fallen in die Grube, die sie ausgehoben haben, sie verstricken sich selbst im Netz, das sie auslegten. »Grube« und »Netz« sind die Fallen, die der Jäger dem Wild stellt (GDalman, AuS VI 334f.338). Zur »immanenten Nemesis« und den sich an diese antike Vorstellung anschließenden theologischen Problemen vgl. zu Ps 7,14–17. Von Gottes Einschreiten handeln 16–17 in der charakteristischen hymnischen Form, die ein definitives (eschatologisches) Ereignis schildert. Gunkel erklärt mit Recht 16–17 als Elemente des »eschatologischen Hymnus«. Doch wird in umfassender Untersuchung zu klären sein, ob »eschatologisch« hier der angemessene Begriff ist. – Zum Abschluß von 17 weisen die kultisch-technischen Worte *higgajon* (s.o.S. 22 Einl § 4 Nr. 12) und *sela* (o.S. 22ff. § 4 Nr. 13) auf die Beendigung eines Sinnabschnittes hin.

18–21 In 18–21 treffen zwei Elemente zusammen: die Bitte um endgültige Vernichtung der Feinde (Völker) und die Vertrauenserklärung des Armen. Auf einer einzigen Ebene stehen (wie in 6f.): רשׁעים und גוים. Sie sind gekennzeichnet als die שׁכחי אלהים (vgl. Ps 50,22). Diesen feindlichen, sich von Gott abwendenden Mächten wünscht der Sänger die »Rückkehr« in die Scheol – in die Sphäre der Gottferne jenseits des Herrschaftsbereiches Jahwes (Ps 10,16). שׁוב hat hier die Bedeutung »hinfahren«, »wenden«. Zu 18 vgl. Ps 31,18; 55,16.24; 63,10. Der »Arme« hingegen darf der Heilszuwendung Gottes auch in äußerster Verlassenheit gewiß sein. Der Abschnitt 18–21 schließt mit dem Appellationsruf (vgl. zu Ps 7,7). In einem typisierenden Begriff werden alle Feinde Gottes als אנושׁ bezeichnet, wobei die Vorstellung vom hinfälligen, ohnmächtigen Wesen der »Menschenart« mitschwingt (Ps 8,5; 90,3; 103,15). Unter dem richterlichen Machterweis Gottes sollen die Völker ihre Nichtigkeit erfahren.

10,1–11 Die ל-Strophe im Akrostichon hat dem Dichter des Ps 9/10 Anlaß zu einer mit למה eingeleiteten Frage und Klage gegeben. In der »Formensprache« (Gunkel) eines individuellen Klageliedes wird in 1–11, in einem teilweise sehr verderbten Text, von der Hoffart und Sicherheit des רשׁע gehandelt. Der »Arme« aber erlebt unter den Schrecken der Verfolgung (2) die Verborgenheit Gottes (1). Zu 1 vgl. Ps 22,2; zu לעתות בצרה: Ps 9,10. Die Feinde des einzelnen erscheinen als hochmütige Frevler, die gefährliche Pläne zur Vernichtung des עני ersinnen. Ihr Lobpreis gilt der Untat, der schrankenlosen Gier und dem (unrechtmäßigen) Gewinn (3); der רשׁע verachtet Jahwe. Seine Gesinnung spricht sich in den Worten aus: בל־ידרשׁ אין אלהים. Hier äußert sich aber kein theoretischer Atheismus, sondern die sichere Anschauung, daß Jahwe nicht einschreitet (Ps 14,1; Jer 5,12; Zeph 1,12; ThBoman, Das hebräische Denken im Vergleich mit dem griechischen, 1977⁶, 37). דרשׁ hat wie in 9,13 und 10,13 die

Bedeutung »ahnden«. Das Denken und Verhalten des רשע ist dem עני Gegenstand einer bedrückenden Anfechtung: Dem Gottlosen gelingen alle Pläne und Unternehmungen (4), das Gericht Gottes ist »ferne von ihm«, und er kann selbstsicher erklären: בל־אמוט. Eigenartig ist die Wendung יפיח בהם (5). Handelt es sich hier um einen »Hauchzauber« (Mowinckel, Gunkel)? Oder wird einfach zu übersetzen sein: »er schnaubt gegen sie«? Vielleicht darf man im Hinblick auf אלה in 7 an ein magisch wirksames Fluchwort denken, das die רשעים bedenkenlos gegen den עני ausgehen lassen, um ihn zu verderben. Betont ist in 7 von den gefährlichen Worten des Frevlers die Rede. Sein Mund ist ein Arsenal voll tödlicher Waffen (Rm 3,14). In 8–9 werden die Nachstellungen des רשע geschildert. Wie der Löwe im Dickicht, so lauert der Feind auf sein schwaches Opfer (vgl. Ps 17,12; 37,32; 56,7; 59,4). Der Verfolgte wird נקי, עני, חלכה genannt. Der heimtückische Überfall wird vor allem in 10 sehr anschaulich ausgemalt. Und in 11 schließt die Klage über den hochmütigen, sicheren Frevler mit dem erneuten Hinweis auf die herausfordernde Erklärung der רשעים: »Gott hat es vergessen; er hat sein Angesicht verborgen, sieht in Ewigkeit nicht« (vgl. 10,4). Im fragenden und klagenden Gebet des Angefochtenen soll diese herausfordernde Gesinnung der Feinde Jahwe zum Einschreiten bewegen. Die in 10,1 zutage getretene Not soll überwunden werden. Und so setzt denn auch 12 sogleich mit dem Appellations- und Weckruf an Jahwe ein. Doch wird es wichtig sein, zunächst im Rückblick auf 1–11 einige biblisch-theologische Zusammenhänge zu beobachten. Der lehrhaft ausgeweitete Ps 9/10 befaßt sich in 1–11 offenbar mit der Situation, daß einem Beter, der bei Jahwe Zuflucht sucht, kein Zeichen des Heilserweises Gottes gegeben wird. Der Feind triumphiert, seine Pläne und Nachstellungen gelingen, Jahwe aber schweigt. Er hat den עני verlassen und sich verhüllt (10,1). Angesichts dieser Not erwacht eine eindringliche Klage und Frage. Es ersteht aber zugleich auch jenes Problem, das in Ps 73 und im Buche Hiob abgewickelt wird: Warum gelingen dem, der Jahwe verachtet, alle seine Unternehmungen, während der hilflose עני (unter den ihm zustehenden Privilegien der Anrufung Gottes) vergeblich nach einem Zeichen des Eingreifens Jahwes ausschaut. An dieser Stelle des sich verzögernden Heilserweises Gottes ist – traditionsgeschichtlich betrachtet – die »Problemdichtung« des Hiob und des Ps 73 entstanden.

Durch die Erkenntnisse, die der Psalmist in 1–11 ausgesprochen hat, 10,12–15
wird nun in 12–15 die Appellation an Gottes gerechtes Gericht mit einer besonderen Leidenschaft erhoben (vgl. zu den mit קומה eingeleiteten Appellationsrufen Ps 7,7), Jahwe möge als gerechter Richter einschreiten. Die Handerhebung Gottes könnte als Schwurgeste gedeutet werden, wahrscheinlich gilt sie aber nur als Zeichen des Eingreifens. In Ägypten ist die Handerhebung eine symbolische Geste des Kriegs- und Königsgot-

tes (HJacobsohn, Die dogmatische Stellung des Königs in der Theologie der alten Ägypter: Ägypt. Stud. Heft 8, 1955). Ausdrücklich wird Jahwe das Leid der »Armen« und der herausfordernde Trotz der Frevler vorgehalten. Mit bewegten Worten bittet der Beter um den Erweis der richterlichen Macht Gottes, durch den alle falschen Hoffnungen der רשעים widerlegt werden sollen (15). Die Verhaltensweise des עני, der seine Sache vorbehaltlos Jahwe anvertraut hat, wird mit den bezeichnenden Worten עליך יעזב חלכה (14) beschrieben. Der Hilflose vertraut darauf, daß Jahwe עוזר ist. Die Hilfe Jahwes aber würde sich in einem realen, sichtbaren Eingriff offenbaren. Hier denkt das Alte Testament immer ganz massiv diesseitig. Und ebendieses Warten auf ein Zeichen des wirksamen Eingreifens Gottes ist es denn auch, das bei den Wartenden die Anfechtung und das Gewicht der Probleme untragbar schwer gemacht hat.

10,16–18 Der Schluß (16–18) preist in hymnischer Form Jahwes köngliche Macht, er äußert eine strahlende Erhörungsgewißheit. Zu יהוה מלך s.o. S. 94ff. Einl § 10,1. Die Gottesepitheta עליון – שופט – מלך liegen in Ps 9/10 auf einer Linie. Sie künden die Hoheit des auf dem Zion thronenden Gottes. Jahwe überwindet alle Feinde – in dieser hymnisch geäußerten Gewißheit schließt der Ps. In seinem Herrschaftsbereich können die gottfeindlichen גוים sich nicht behaupten. Wie im ganzen Ps 9/10, so strömen auch in diesem Schlußstück die beiden Themen »Jahwe als Richter der Völker« und »Jahwe als Rechtshelfer des einzelnen« zusammen. Der »Arme« weiß sich von dem völkerbeherrschenden Gottkönig Jahwe erhört. Jahwe hat es wahr gemacht, daß er ein Gott der Armen und Waisen ist. Die Hilflosen genießen das Privileg seines Heils. Und wieder – wie in 9,16–17 – hat 18 den Klang des Definitiven, Eschatologischen. אנוש – seit 9,20 ein pauschaler Terminus für die hinfällige Menschenwelt – soll nicht mehr (עוד) Gewalt üben, denn Jahwe ist König (vgl. Ps 29,10; 145,13; 146,10).

Ziel Die Auslegung hat gezeigt, daß die teilweise recht abwertenden Urteile der Kommentatoren über Ps 9/10 nicht gerechtfertigt sind. Geht man von Anfang an von der Tatsache der »lehrhaften Ausweitung« eines individuellen Dankliedes aus, dann verfallen die im einzelnen sehr disparaten Vorstellungen und Sinnabschnitte nicht einer zertrennenden Kritik, sondern es wird dann vielmehr erkannt, daß das Ganze letztlich eine Einheit bildet. Die analytische Sonderung der Formen und Vorstellungen hat zumeist das Zentrum der vielen verschiedenen Aussagen aus dem Auge verloren. Mitte des Liedes Ps 9/10 ist Jahwe als עליון (9,3), שופט (9,5.9.17.20; 10,5.18) und מלך (10,16). Er ist der Richter der Völker. Diese doxologische Hoheitsaussage über den ישב ציון (9,12) ist ein gottesdienstliches Element des Kultus von Jerusalem, sie durchzieht wie ein roter Faden Ps 9/10. Jahwe, der sich erniedrigt hat, auf dem Zion zu wohnen – er ist der אל־עליון, der höchste Gott und Richter der Welt (vgl. Act 17,31). Vor diesen Weltrichter aber tritt auf dem Zion der עני, der Hilflose und Verfolgte. Ps 9/10 läßt einerseits erkennen, welche Wunder (9,2) der Errettung und Heilszuwendung den יודעי שׁמך (9,11) zuteil werden. Er läßt aber andrerseits auch sichtbar werden, welche Anfechtung dann erwächst, wenn die Zeichen der Hilfe Gottes ausbleiben (10,1–11). So ist die »lehrhafte Ausweitung« des individuellen Dankliedes denn auf der einen Seite von hymnischen, auf der anderen Seite von klagenden und flehenden Äußerungen geprägt. Gottverlassenheit und Triumph treten in ein- und demselben Psalm ganz nah und beinahe unvermittelt nebeneinander. Jubel und Klage durchziehen das Lied. Es stoßen hart aneinander zweierlei Erfahrungen, wie sie unter dem Weltkönigtum Gottes auf dem Zion gewonnen werden: wunderbare Errettung und unbegreifliche Verzögerung. Es ist aber wichtig, die Stimme der Anfechtung genau zu vernehmen. Unter der Last der verzögerten Heilszuwendung breitet sich nicht Verzweiflung aus. Leidenschaftliches Rufen und zugleich tiefes Vertrauen kennzeichnen die Aussagen in 10,12–15. In den hymnisch bestimmten Schlußworten (10,16–18) aber wird die Anfechtung des Wartenden in den eschatologischen Hymnus hineingenommen. Sie wird nicht hymnisch überblendet, sondern sie wird aufgenommen in eine definitive Klärung aller Rätsel, die bei dem מלך Jahwe liegt. Die gottesdienstliche Überlieferung, daß Jahwe Richter und König der Völker ist, bedeutet für den Glaubenden also etwas Letztes, von keiner Macht Überbietbares. Man wird diese »Lösung« des in Ps 10 aufbrechenden »Hiob-Problems« besonders beachten müssen. Es zeigt sich, daß es schon im Alten Testament Beziehungen des Einzellebens auf definitive, eschatologische Fakten gibt, die den Glauben tragen und bestimmen.

Psalm 11
Jahwe ist meine Zuflucht

ISonne, Psalm Eleven: JBL 68 (1949) 241–245. – JMorgenstern, Psalm 11: JBL 69 (1950) 221–231. – WBeyerlin, Die Rettung der Bedrängten in den Feindpsalmen der Einzelnen auf institutionelle Zusammenhänge untersucht: FRLANT 99 (1970) 101–105. Literatur

1Dem Chorleiter. Von David. –
Bei Jahwe habe ich mich geborgen. Wie könnt ihr zu mir sagen: Text
»'Flieh' in die Berge wie ein Vogel'![a]
2Denn siehe da: die Frevler – sie spannen den Bogen,
haben schon ihren Pfeil auf der Sehne gerichtet,

um im Dunkel[b] zu schießen auf die, die redlichen Herzens sind.
[3]Wenn die Grundfesten eingerissen werden,
was vermag da der Gerechte?« –
[4]Jahwe weilt in seinem heiligen Tempel.
Jahwe – im Himmel steht sein Thron.
Seine Augen schauen[c], seine Wimpern prüfen die Menschen.
[5]Jahwe prüft den Gerechten[d] und den Frevler.
Wer Gewalttat liebt, den haßt seine Seele.
[6]Er läßt regnen auf Frevler feurige 'Kohlen'[e] und Schwefel. –
Glühender Wind ist ihres Bechers Los.
[7]Denn gerecht ist Jahwe und liebt gerechte Taten,
Rechtschaffene schauen sein Angesicht[f].

1 **a** *M* (K): »Fliehet in eure Berge, ihr Vögel«. *G* α΄ *ST* Hier Q und pl. MSS lesen
נוּדִי. Außerdem findet sich bei *G* α΄ *ST* Hier die Version הַר כְּמוֹ צִפּוֹר »… auf den
Berg wie ein Vogel«. Auf diese Weise wird die schwer verständliche Aufforde-
rung in *M* in das Sinngefüge des Textes eingeordnet. Graetz, Budde, Gunkel
und Schmidt gehen noch weiter und rekonstruieren als »ursprünglichen Text«:
נוּד מַהֵר כְּמוֹ צִפּוֹר »flieh eilends wie ein Vogel«. Die Anpassung des hebr. Textes
wird auf diese Weise zu weit geführt. Vielleicht könnte in *M* (K) ein altes Sprich-
wort vorliegen (Ewald, Wellhausen, Weiser). Doch wird eine Korrektur im
2 Sinne von *G* α΄ *ST* Hier kaum zu umgehen sein. – **b** Für במו אפל schlägt Gunkel die
scharfsinnige Verbesserung כְּמוֹ עוֹף vor (Verwechselung von א und ע durch Hör-
fehler, ל als Dittographie). Damit wird aber eine wichtige Nuance in der Schilde-
4 rung der heimtückischen Umtriebe der Verfolger in *M* gelöscht. – **c** Die Ergän-
zung eines Objektes (*G* εἰς τὸν πένητα ἀποβλέπουσιν oder εἰς τὴν οἰκουμένην)
5 erleichtert den hebr. Text; sie ist abzuweisen. – **d** Eine Umstellung צדיק ורשע
6 יבחן ist unerläßlich – **e** *M* = »Er läßt regnen als Fallen Feuer und Schwefel.« Die-
ser Text ist kaum möglich. Es wird hier wohl פֶּחָם אשׁ (vielleicht פַּחֲמֵי־אשׁ nach
7 Bickell) zu lesen sein. – **f** *M* = »Rechtschaffene (kollektivisch) schauen ihr Ange-
sicht«. Hier wird פָּנָיו zu lesen sein.

Form In seiner Textgestalt und im Versmaß zeigt Ps 11 einige geringfügige Unebenheiten. Als isolierter Halbvers ist 2b zu verstehen. Das Metrum dieses Halbverses ist das des Vierers. Im Versmaß 4 + 3 sind zu lesen: 1 (mit Ausnahme der Überschrift) 2a.7. Das Metrum 4 + 4 liegt in 5 und 6 vor. Vereinzelt treten auf: 3 + 3 in 4; 3+2 in 3 und 2 + 2 + 2 im zweiten Teil von 4 (עיניו … אדם). – Der Aufbau des Psalms hingegen ist einfach und klar. Sogleich hinter der kultisch-technischen Überschrift spricht der Psalmist von seinem Vertrauen zu Jahwe und weist den in 1b–3 ausführlich zitierten Ratschlag wohlmeinender Freunde zurück. Von Jahwe als dem gerechten Richter und Rechtshelfer der Verfolgten handelt dann 4–7.

Man wird den Psalm der Formgruppe der Gebetslieder (תפלה) zuzurechnen haben (vgl. o.S. 49ff. Einl § 6,2). Auffallend sind die Vertrauensäußerungen, die früher zu der Auffassung Anlaß gaben, Ps 11 in die Gattung der »Vertrauenslieder« einzuordnen. Ein solches Dominieren der Vertrauensäußerungen findet sich auch in Ps 16; 23 und 27. In dem Gebetslied, das recht eigentlich erst in 4ff. vorliegt und bemerkenswerte Bekenntnisformulierungen enthält – von Jahwe ist in der 3. Pers. die Rede! –, schließt sich an die erste Vertrauens- und Bekenntnisäußerung in 1b sogleich eine Anrede an einen Kreis von Menschen an, die dem Beter offenbar geraten hatten, in das wüste Bergland zu fliehen und dort Schutz zu finden (1b). Aus diesem eigenartigen Gefüge des Psalms ist schon abzulesen, daß die Bestimmung »Gebetslied« nur eine sehr weite, umfassende Erstangabe sein kann, die einer Klärung und Konkretisierung durch die Ermittlung der Situation des Psalmisten bedarf.

Die Situation des Ps 11 geht aus 1 und 4 deutlich hervor. Der Beter hat im Tempelbezirk Zuflucht vor nachstellenden Feinden gefunden. Er begegnet im Bereich des Heiligtums offenbar jenen Menschen, die ihm einen anderen Weg empfahlen: nämlich nicht den Weg der Zuflucht zu Jahwe, sondern den der Flucht ins Gebirge. Es kann kein Zweifel bestehen, daß der Psalm der kultischen Institution der Gottesgerichtsbarkeit zuzurechnen ist (vgl. Ps 3; 4; 5; 7; 17 u.ö.; dazu WBeyerlin, 103). Das Verbum חסה in 1 ist charakteristisch für den Weg der Schutzsuche im Asylbereich des Tempels (LDelekat, Asylie und Schutzorakel, 1967; EGerstenberger, THAT I, 621f.). Doch ist der Sprecher des Psalms nicht dem Schutzbereich als solchem, sondern allein Jahwe zugewandt; bei ihm hat er sich geborgen. Es ist im Einzelnen nicht zu erkennen, welche Akte des prozessualen Geschehens der Schutzsuchende schon durchlaufen hat (WBeyerlin, 103). Festzustehen scheint nur, daß er den eigentlichen Richtspruch Jahwes noch nicht empfangen hat. Bekenntnis und Vertrauen sind dem gerechten Richten und Wirken des Gottes Israels ergeben und sehen der entscheidenden Stunde hoffnungsvoll entgegen. Ort

Von einem »Königsritual« wird man im Blick auf Ps 11 nicht gut sprechen können. ABentzen hat die Auffassung vertreten, das Lied sei einem König im dramatischen Kultakt zuzuschreiben (ABentzen, Messias – Moses redivivus – Menschensohn, 1948, 20). Zur Bedeutung der das Schicksal einzelner Beter transzendierenden Vorstellungen und Aussagen vgl. zu Ps 3. Es wird anzunehmen sein, daß Ps 11 als Formular im Tempelarchiv vorlag und dort auch traditionsgeschichtlich bedingte Veränderungen (Spiritualisierungen?) erfuhr. Zur Beobachtung der vergeistigenden Aussagen: WBeyerlin, 102.

Eine zeitliche Ansetzung des Psalms ist nach allem, was zu seiner Form und Situation ausgeführt wurde, kaum möglich. Daß das Formular in den Bereich des Tempels und des Kultaktes der Gottesgerichtsbarkeit gehört, ist nicht zu bezweifeln. Vorexilische Entstehung ist möglich. Doch ist mit solcher Ansetzung die überlieferungsgeschichtliche Perspektive nicht abzuschneiden.

Wort 1 Zu למנצח: s.o.S. 25 Einl § 4 Nr. 17. Zu לדוד: S. 15ff. § 4 Nr. 2. – Sogleich hebt der Psalm an. Bei Jahwe hat der Sänger sich geborgen. חסה ist im Psalter der charakteristische Begriff für das Schutz-Suchen Verfolgter (Ps 7,2; 31,2; 64,11; 71,1). Der Weg in den Bereich der Gegenwart Gottes auf dem Zion ist – und das ist bezeichnend für den Ps 11 – zu einem Akt des Vertrauens und Bekennens geworden. Dem Sänger stehen Menschen gegenüber, die eine ganz andere Verhaltensweise dem Bedrohten und Verfolgten anrieten. Sie hielten eine Flucht ins Gebirge für zweckmäßig. Mit einer entrüsteten, mit אֵיךְ eingeleiteten Frage stellt der Psalmist seine Ratgeber zur Rede. Sie verfolgten mit ihrem Rat zweifellos eine gute Absicht, denn im unwegsamen, zerklüfteten Bergland haben sich in Israel häufig Menschen in Sicherheit bringen können. Vor allem hat der Sänger unseres Psalms seinen Ratgebern die Mitteilung vom gefahrbringenden
2 Vorhaben der Feinde zu verdanken. In 2 nämlich begründen die wohlmeinenden Ratgeber ihren Fluchtvorschlag. Das hinweisende הנה macht auf einen tödlichen Anschlag heimtückischer Verfolger aufmerksam. Im Bild des Jägers bzw. des gerüsteten Kriegers werden die Feinde dargestellt (vgl. Ps 7,13ff.; 10,8; 37,14; 64,3ff. o.S. 112ff. Einl § 10,4). »Den Bogen spannt man durch ein ›Treten‹ (דָּרַךְ) der Sehne, den ›Pfeil‹ (חץ) ›richtet‹ (כונן) man auf der ›Sehne‹ (יתר), um zu ›schießen‹ (ירה)« GDalman, AuS VI 330. Diese gefährlichen Umtriebe aber – so melden es die Ratgeber – geschehen »im Dunkel«. Unheimlich und abgründig ist das Wirken der Feinde. Man kann an Verleumdung oder trügerische Nachstellungen denken. Das Opfer dieses tödlichen Treibens aber weiß sich unter den ישרי־לב, unter denen, die reines Herzens und unschuldig sind (vgl. zu Ps
3 7,4ff.). Daß der Verfolgte צדיק ist, bestätigen ihm auch die Ratgeber (3). Doch diese hilfsbereiten Menschen sehen die Lage des Angefeindeten als hoffnungslos an. Den Satz כי השתות יהרסון mit dem schwererklärbaren Begriff שת (»Fundament«?) wird man im Sinne von Ps 82,5 verstehen dürfen (FNötscher): Wenn alle Ordnungen umgestoßen sind und das Chaos in der Form roher Gewalt losbricht – was kann da der »Gerechte« noch tun. »Das perf. (פעל) konstatiert nach einem imperf. künftige Ereignisse und Zustände, die als sicher zu erwarten sind« (BrSynt § 41f). Die Ratgeber halten es also für völlig aussichtslos, daß sich angesichts der abgründigen Gewaltmaßnahmen der Feinde noch eine Rettungschance für den צדיק ergibt. Aber dieser kluge und einsichtige Rat wird von dem Sänger des Psalms in einer eindeutigen Erklärung als Anfechtung seines Glaubens, als kleingläubige Selbsthilfe entlarvt und entrüstet zurückgewiesen (1). Vertrauend birgt sich der Verfolgte bei Jahwe. »Wer glaubt, flieht nicht« (Jes 28,16). Dieses Vertrauen ist Bekenntnis zur Schutzmacht Gottes und Zurückweisung aller Selbsthilfe.

4 In 4 treten hymnische Elemente in das Vertrauenslied ein. Der Sänger verkündigt lobpreisend den Gott, bei dem er sich birgt. Dicht und unver-

mittelt stehen nebeneinander die Aussagen: »Jahwe weilt in seinem heiligen Tempel« und »Jahwe – im Himmel steht sein Thron.« Wie sind diese beiden Vorstellungen zu erklären? Daß Jahwe den Zion erwählt hat (2 S 6) und im Tempel Wohnung genommen hat (1 Kö 8), ist die grundlegende gottesdienstliche Tradition des Zionsheiligtums (vgl. Ps 132). Von daher sind Kultrufe wie Hab 2,20 und viele Psalmenaussagen zu verstehen. Jahwe ist der ישב ציון (Ps 9,12). Er ist aber zugleich »höchster Gott« (אל־עליון s. zu Ps 7,18), Weltrichter (s. zu Ps 7,7ff.) und Gottkönig (vgl. o.S. 94ff. Einl § 10,1). Das in der syrisch-kanaanäischen Welt häufig zu beobachtende religionsgeschichtliche Phänomen der Erhebung von Lokalnumina zu »höchsten Gottheiten« ist im Jerusalemer Gottesdienst eine entscheidende doxologische, konfessorische und kerygmatische Tradition, die in ihren Vorstellungsformen sehr wahrscheinlich durch den vordavidischen Kultus vermittelt wurde. So liegen im Zeugnis der Psalmen die Niedrigkeitsaussage von der Erwählung und Einwohnung Jahwes auf dem Zion und die Hoheitsaussage von der Himmelsherrschaft und dem weltweiten Richtamt Gottes unmittelbar nebeneinander und ineinander. Der unschuldig Verfolgte, der auf dem Zion seine Sache Jahwe anvertraut, ist deswegen gewiß, daß er vor dem himmlischen Richter steht (vgl. Ps 7,7ff.). Auch in die unheimliche und undurchsichtige Rechtslage, vor deren chaotischer Abgründigkeit wohlmeinende Zungen zur Flucht raten (1), hat der himmlische Richter Einblick (vgl. Ps 33,13f.; 102,20; 139,1ff.).[1] – Zu den nebeneinander stehenden Aussagen: »Jahwe weilt in seinem heiligen Tempel« und »Jahwe – im Himmel steht sein Thron« vgl. MMetzger, Himmlische und irdische Wohnstatt Jahwes: Ugarit-Forschungen 2 (1970) 139–158.

Der Sänger des Vertrauensliedes ist gewiß, daß Jahwe den צדיק und 5–7
den רשע prüfend und ergründend durchschaut. Zu צדיק und רשע vgl. Ps 1. In leidenschaftlicher Anteilnahme »haßt« Gottes נפש (d.h. sein vital-teilnehmendes Ich) jeden, der die Gewalttat liebt. 5 enthält das Credo dessen, der als unschuldig Verfolgter sein Schicksal ganz in die Hand Jahwes gelegt hat. Wie er sich die eingreifende Rechtshilfe Gottes vorstellt, wird in 6 kundgetan: »Feurige Kohlen und Schwefel läßt er auf Frevler herabregnen«. Urbild dieser Vorstellung vom vernichtenden Eingreifen Jahwes ist auf der einen Seite die Erzählung von der Zerstörung Sodoms und Gomorrhas (Gn 19,24), auf der anderen Seite die Theophanie-Tradition, wie sie z.B. in Ps 18,13ff. hervortritt. Vor allem

[1] »Nam si Deus in coelo regnat, et illic locatum est eius solium: sequitur, fieri non posse quin rebus humanis intentus sit, ut tandem iudicium suum exerceat. Nam Epicurus et similes, qui otiosum fingunt, potius sternunt illi cubile, quam tribunal erigant. Haec autem fidei gloria est, Deum mundi opificem minime negligere ordinem a se conditum. Quanquam autem ad tempus iudicia suspendat, in solo tamen eius intuitu acquiescere nos decet.« Calvin, In librum Psalmorum Commentarius, zu Ps 11,4.

die zuletzt genannte Stelle wird man beachten müssen. In das traditionelle Bild vom Erscheinen Jahwes mischen sich vulkanische Vorstellungen. Der Sänger unseres Psalms denkt also an eine Epiphanie, durch die »vom Himmel her« die Frevler vernichtet werden. In eine Ereignissphäre, die das Einzelleben weit transzendiert und die man am liebsten mit dem König und den von ihm geführten Kriegen in Zusammenhang bringen möchte (ABentzen), tritt der Psalmist mit seiner vertrauensvollen Erwartung und Gewißheit ein (vgl. Ps 140,11). Der »Glutwind« (רוח זלעפות) begleitet das vernichtende Eingreifen vom Himmel her – das ist das »Becherlos« oder »Becherteil« der Feinde. Man hat die seltsame Vorstellung von der מנת־כוסם meist mit dem Hinweis auf das Bild vom austeilenden und ausschenkenden Hausvater gedeutet. Doch liegen gewiß tiefere, kultisch-sakrale Vorgänge im Hintergrund. Es gibt den »Becher des Heils« (כוס־ישועת Ps 116,13), den Jahwe einschenkt: Ps 23,5; es gibt aber auch den »Becher des Zornes« (כוס חמתו Jes 51,17.22; Thr 4,21.32.33 u.ö.). Dieses Entweder-Oder läßt auf einen Gottesentscheid schließen, der vielleicht im Ordal (Nu 5,26ff.) einst fiel. Doch handelt es sich jetzt um stehende Metaphern, deren konkreter ursprünglicher Sakralzusammenhang verblaßt ist. Dem Reagieren Gottes auf die Untat des Frevlers (6) stellt der Psalmist in scharfem Kontrast die Liebe zum צדיק und seinem gerechten Handeln gegenüber (7). Der Hintergrund zu den Aussagen über Jahwes »Hassen« und »Lieben« könnten kultische Deklarationen gewesen sein (vgl. zu Ps 5,6). Formmerkmale der sog. Gerichtsdoxologie sind unverkennbar (vgl. zu Ps 7,10f.). Während nun der רשע zugrunde geht, darf der צדיק bzw. ישר »das Angesicht Gottes schauen«. Diese Formulierung ist ihrer Herkunft nach auf die Schau des Gottesbildes im heidnischen Kultus zu beziehen (vgl. FNötscher, Das Angesicht Gottes schauen, 1924). Im Alten Testament erstreckt sich die Redeweise auf die Theophanie bzw. auf das Ereignis der Gottesgegenwart im Tempel (Ps 17,15; 27,4). Daß Jahwe »gerecht« ist (7), ist für den Beter eine höchst konkrete Wirklichkeit, deren Erweis er erwartungsvoll entgegengeht. Zur Gerechtigkeit Gottes vgl. o.S. 94ff. Einl § 10,1. Im übrigen stimmt die Aussage in 7 voll überein mit dem, was in Ps 5,5ff. ausgesagt ist. Auf die dort vorgetragenen Erklärungen ist hinzuweisen.

Ziel Ps 11 handelt von dem Geheimnis und Wunder des Vertrauens zu dem Gott Israels. Wo auch der wohlmeinende Rat nur noch Flucht und Selbstsicherung als Ausweg aus der abgründigen Not zu sehen vermag, da birgt sich der Sänger des Vertrauensliedes bei dem Gott, der sich in Raum und Zeit erniedrigt hat und der doch zugleich himmlischer Richter und Retter ist. Die definitive Lösung der verworrenen und unheimlichen Situation sieht der Psalmist in Gottes Händen. Dem alttestamentlichen Glauben gemäß ist es gewiß, daß ein entscheidender Eingriff in der vollen

Diesseitigkeit unmittelbar bevorsteht. – Das Neue Testament verkündigt Jesus Christus als den »Ort« der Gottesgegenwart. Ihm ist gegeben alle Gewalt im Himmel und auf Erden (Mt 28,18). Das eschatologische Gericht ist in ihm zugleich offenbar und verhüllt. In der neutestamentlichen Gemeinde wird der einzelne die vertrauensvolle Geborgenheit, von der Ps 11 spricht, allein bei Jesus Christus suchen. Die ὀλιγόπιστοι (Mt 8,26), die angesichts des Chaos verzagen, werden zum vollen Vertrauen zu seiner alle feindlichen Mächte überwindenden Macht gerufen. Es wird jedoch im Blick auf einen Psalm wie den vorliegenden auch zu bedenken sein, daß er eine ekklesiologische Rezeptionsmöglichkeit eröffnet. So gesehen könnte er zum Bekenntnis- und Vertrauenslied der ecclesia pressa werden, die jede eigenwilligen Flucht- und Schutzwege (1b) sich versagt weiß und die ihr Vertrauen allein auf die Gerechtigkeit und Hilfe ihres Gottes setzt. Ist Ps 11 ein Formular gewesen, das vielen Generationen offenstand und in dem zahlreiche Verfolgte und in ihrem Recht bedrohte Glieder des Gottesvolkes ihre Not untergebracht haben, dann ist die ekklesiologische Relation unverkennbar. Die Psalmen sind die Gebetslieder des Gottesvolkes.

Psalm 12
Jahwes helfendes Wort in einer Welt des Frevels

Literatur

MBuber, Recht und Unrecht. Deutung einiger Psalmen: Sammlung Klosterberg. Europ. Reihe (1952). – JJeremias, Kultprophetie und Gerichtsverkündigung in der späten Königszeit Israels: WMANT 35 (1970) 112–114.

Text

1 Dem Chorleiter. Auf der Achten. Ein Psalm Davids.
2 Hilf, Jahwe, denn mit dem Frommen[a] ist es aus,
die Treuen unter den Menschen sind ‘dahingerafft’[b].
3 Trügerisches reden sie, einer zum andern;
mit glatter Zunge und zwiespältigem Herzen äußern sie sich.
4 Es vertilge Jahwe alle glatten Lippen,
die Zunge, die Vermessenes redet;
5 die da erklären: »Mit unserer Zunge sind wir mächtig,
unsere Lippen helfen uns, wer kann Herr über uns sein!« –
6 »Wegen der Bedrückung der Armen und Seufzer der Schwachen
will ich jetzt mich erheben«, spricht Jahwe,
»ich will ins Heil versetzen, den man hart bedrängt«[c].
7 Jahwes Sprüche sind lautere Worte,
geläutertes Silber‘ ’[d], gereinigt siebenmal.

[8]Du, Jahwe, wirst sie halten,
wirst ihn[e] behüten vor diesem[f] Geschlecht allezeit –
[9]mögen auch ringsum Frevler einhergeh'n
'und'[g] sich Gemeinheit erheben bei den Menschen.

2 **a** Unter Hinweis auf Hos 4,1 (Jer 7,28) und den Zusammenhang des Ps wird
häufig die nicht hinreichend begründete Korrektur חֶסֶד statt חסיד vorgeschlagen.
Zu אבד חסיד vgl. aber Mi 7,2; Jes 57,1. – **b** פסו ist im Alten Testament sonst nicht
belegt. Das Verb müßte im Parallelismus membrorum die Bedeutung »aufhö-
ren« haben. Doch ist das ein Postulat. Vielleicht darf zu einer Korrektur סָפוּ (Ps
6 73,19) herangezogen werden. – **c** Die Übersetzung von יפיח לו ist seit langem
stark umstritten. Gewöhnlich übersetzt man: »der sich danach sehnt«. Besser:
»gegen den man schnaubt« (= »den man hart bedrängt«) vgl. Ps 10,5 und Hab
2,3 zum Verständnis des Verbs und seiner Konstruktion mit לְ. Man wird aber
auch das Suffix der 3. pers. sing. in תצרנו (8) beachten müssen. – Textkorrektu-
ren werden z.B. nach *G* (παρρησιάσομαι ἐν αὐτῷ) vorgenommen: אוֹפִיעַ (Ps
7 94,1). Aber man erwartet das Objekt zu אשית. Gunkel: מְיַחֵל לִי. – **d** Große
Schwierigkeiten bereitet die (vielleicht als erklärende Hinzufügung eingetrage-
ne) Wendung בעליל לארץ. *G*: δοκίμιον τῇ γῇ. Nach *T* müßte »im Tiegel« oder
»in der Werkstatt« übersetzt werden. Sind hier völlig unverständliche Rand-
Lesarten in den Text eingeflossen? (Gunkel). Es wäre möglich, daß בעליל לארץ
einen Vorgang im Schmelzverfahren bezeichnet: vielleicht das »Einsenken« (Hi
8 16,15 עלל) der Gußmasse in eine Erdform. – **e** *M* »du wirst ihn behüten« ist nicht
mit *G* in תִּצְּרֵנוּ zu verbessern. Das Suffix bezieht sich auf יפיח לו in 6. In תשמרם
nimmt das Suffix auf אמרות in 7 Bezug. – **f** zu זו ohne Artikel vgl. GesK § 126y. –
9 **g** Der Anschluß des zweiten Halbverses mit כְּ ist schwerlich richtig. Es ist mit pc
MSS בְּרוּם zu lesen (in der freien Übersetzung mit »und« angeschlossen).

Form Im Versmaß zeigt Ps 12 eine ebenmäßige Form. Der Doppelvierer herrscht vor: 2.3.5.7. Darf man mit Gunkel in 4b וכל vor לשון ergänzen, so würde auch dort 4 + 4 zu lesen sein. Die Gottesrede in 6 hebt sich als dreigliedriger Vierer deutlich in dem ihr eigenen Gewicht ab. Der Psalm schließt mit zwei Doppeldreiern in 8 und 9. Die Zitate in 5 und 6 geben dem Lied ein bewegtes Bild. Sein Aufbau ist gut zu durchschauen: 2–3 der klagende Hilferuf des Beters; 4–5 der Wunsch, die Frevler möchten vernichtet werden; 6 der hilfreiche Gottesspruch; 7–9 die vertrauensvolle Antwort auf den Spruch Jahwes in 6.

Die Frage nach der Gattung (Formgruppe) des Psalms sah sich lange Zeit großen Schwierigkeiten ausgesetzt. Die Auffassungen gingen überwiegend dahin, in Ps 12 das »Klagelied eines Einzelnen« zu sehen und den Gottesspruch in 6 als »priesterliches Heilsorakel« (JBegrich) zu verstehen. Die stark generalisierende Redeweise, in der die Untaten »der Frevler« und die Leiden »der Armen« zur Sprache kommen, hat aber auch zu der Vermutung geführt, daß eine Kollektivität hinter dem Psalm steht. Entsprechend war von einem »Volksklagelied« oder von einer »kultischen Liturgie« die Rede (HGunkel, AWeiser). Wie auch immer im Einzelnen man urteilen mag, in jedem Fall ist es geraten, eine erste Formbestimmung mit der weiten, umfassenden Erklärung zu treffen: Ps 12 ist ein Gebetslied (vgl. o.S. 49ff. Einl § 6,2), in das ein Gottesspruch (6) aufgenommen worden ist. Nähere Erklärungen lassen sich nur auf kombinatorischem Weg einleiten. Vor allem JJeremias hat das Verständnis des Psalms durch seine Untersuchungen wesentlich gefördert. Er deutet Ps 12 (wie Ps 14 und 75) als »kultprophetische Klageliturgien« und sieht in unserem Psalm die Form in eindeutigster Gestalt repräsentiert. Nach Jeremias ist der Kultprophet Sprecher des ganzen Psalms, insbesondere aber des Gotteswortes in 6, das er als Heilsbotschaft übermittelt. »Das Gotteswort in 6 ist durch seine sprachliche Unabhängigkeit von der vorausgehenden Klage, durch das Fehlen der Anrede und durch die Hervorhebung des ›Jetzt‹ im Handeln Jahwes deutlich vom ›priesterlichen Heilsorakel‹ unterschieden, wie es JBegrich erarbeitet hat« (113). Diese Merkmale verbinden Ps 12,6 eng mit Hab 1,6ff. – wie überhaupt eine große Übereinstimmung des Psalms mit der kultprophetischen Liturgie in Hab 1 festzustellen ist.

Die Erklärung des Gebetsliedes als »kultprophetische Liturgie« ver- Ort
setzt Ps 12 in den Zusammenhang des Gottesdienstes Israels und geht von der Annahme aus, daß ein Kultprophet der Sprecher der liturgischen Stücke war, also nicht nur des Gottesspruchs in 6, sondern auch der im Namen der Gemeinde gesprochenen Klagen und Bitten. Es fehlen die Wir-Klagen. Der Prophet redet als Repräsentant seines bedrückten Volkes (JJeremias, 113). Parallele Ausdrucksformen und Intentionen in der alttestamentlichen Prophetie sind zu beachten: Hos 4,1; 7,4; Jes 9,16; Mi 7,2; Jer 5,1ff. u.ö. Mit diesem Verständnis sind alle psychologisierenden oder individualisierenden Erklärungsbemühungen ausgeschlossen. Auch von einem Kultdrama, in dessen Mittelpunkt der König stünde (ABentzen), ist keine Spur zu erkennen. Die kultprophetische Klageliturgie eröffnet neue Möglichkeiten der Interpretation des Ganzen. Sie darf jedoch nicht so eng und ausschließlich gefaßt werden, daß die Möglichkeit verbaut wird, Ps 12 als Gebetsformular, das dieser Psalm in seiner Folgegeschichte doch zweifellos war, zu betrachten. Die kultliturgische Näherbestimmung kann und muß im Rahmen des weiteren, umfassenderen Verständnisses vollzogen werden und dort ihren Platz haben. – Die Frage, wann der Psalm entstanden ist, hat Jeremias wortstatistisch untersucht. Er ist zu dem Ergebnis gelangt, daß sowohl die frühe Königszeit wie auch die spätnachexilische Epoche ausscheiden. Damit würde eine spätvorexilische Ansetzung möglich sein (Zeit Habakuks).

Zu למנצח vgl. o.S. 25 Einl § 4 Nr. 17. Zu der Formulierung Wort 1
על־השמינית: S. 27 § 4 Nr. 25. Und zu מזמור לדוד: S. 15ff. § 4 Nr. 2.
Ps 12 beginnt mit einem Bittruf, der angesichts äußerster Not (»mit 2

dem Frommen ist es aus«) ausgestoßen wird und Jahwes rettendes Einschreiten erfleht (vgl. Ps 3,8; 6,5; 7,2 u.ö.). Der חסיד droht von den feindlichen, widergöttlichen Mächten verschlungen zu werden. Der Begriff חסיד ist seiner Herkunft nach ein ausgesprochener Kollektivbegriff gewesen, der die Zugehörigkeit zum Jahwebund bezeichnet hat (LGulkowitsch, Die Entwicklung des Begriffes *ḥāsīd* im Alten Testament, 1934, 22). חסיד ist jetzt der in gemeinschaftstreuer, bundesgemäßer Existenzweise lebende Mensch, der auch צדיק genannt werden kann (s.o.S. 108ff. Einl § 10,3). Der Sprecher des Ps 12 tritt für diejenigen Glieder des Gottesvolkes ein, die schuldlos verfolgt werden (vgl. Ps 7): für die Armen und Rechtlosen. Er erhebt seine Stimme für die אמונים, die treu an Jahwe und seiner Bundesordnung festhalten (zur Wurzel אמן vgl. HWildberger in THAT I, 177ff.; dort weitere Literatur).

3 Das Wirken der Gewalttätigen und Verfolger wird in 3 zunächst allgemein angedeutet. Sie reden »Trügerisches«; sie äußern sich mit »glatter Zunge und zwiespältigem Herzen«. An verleumderische Anklagen und geschickt in Umlauf gebrachte Gerüchte wird zu denken sein. שוא ist das Gehaltlose, Leere (MAKlopfenstein, Die Lüge nach dem Alten Testament: Diss. Bern, 1964, 310ff.). Nur von der Wortmacht der Feinde ist die Rede, so auch in 5. Offenbar soll eine Kontrastierung erzielt werden, die in 7 mit der Charakterisierung der Worte Jahwes an den Tag kommt. Zum Wirken der Feinde: o.S. 112ff. Einl § 10,4. חלקות sind die glatten, heimtückischen Reden, die zum Sturz führen (Jes 30,10; Dn 11,32). In psychologischem Erfassungsvermögen erkennt der Sprecher, daß die verlogenen und verleumderischen Worte der Verfolger einem geteilten, zwiespältigen Herzen entspringen. לב אחד (Jer 32,39; Ez 11,19; 1 Chr 12,39; Act 4,32) ist die »bewußte vollkommene Einigung des Wollens, Denkens und Empfindens« (Franz Delitzsch, System der biblischen Psychologie, 1855, 206). Demgegenüber kennzeichnet die Wendung בלב ולב den ἀνὴρ δίψυχος (Jk 1,8). FNötscher macht zur Veranschaulichung auf Dt 25,13 aufmerksam; dort bezeichnet אבן ואבן das falsche Gewicht. In der bewußten Lüge spaltet sich das Zentrum, der Personkern menschlicher Existenz. Die Menschen dieses Schlages haben das Übergewicht; ihr Treiben prägt die Wirklichkeit des Lebens, die eine tief gespaltene und zerrissene ist. Unverkennbar ist die Kraft prophetischer Rede, die das Ganze durchdringt.

4–5 Angesichts der zerrütteten und gefährlichen Lage bittet der Sprecher um Jahwes Einschreiten, ruft er sein Gerichtswirken herbei. Die Verleumder, die sich ihrer uneingeschränkten, heimtückischen (»glatten«) Wortmacht rühmen, sollen vernichtet und ausgerottet werden. Wie in Ps 10,4.6 zitiert der Sprecher die hochfahrenden Reden der Feinde, um Jahwe zum Einschreiten zu bewegen. Man könnte geneigt sein, die Aussagen in 5 als magische Fluchworte zu verstehen, die von den רשעים ausgehen (SMowinckel). Es könnten aber auch in einem allgemeinen Sinn die vermessenen und sicheren Reden gemeint sein, durch die die Armen eingeschüchtert und niedergeschlagen werden sollen (vgl. Ps 73,8–9). Der Kontrast wird angebahnt: Den Worten מי אדון לנו in der hybriden Rede der Frevler steht das machtvolle Wirken Jahwes, in 6 und 8f. angezeigt, gegenüber.

Im Brennpunkt der prophetischen Liturgie steht der vom Kultpro- 6
pheten übermittelte Spruch Jahwes (6). Franz Delitzsch konnte noch erklären: Ps 12 zeigt, »wie der Psalmdichter, indem er sich in geistlicher Erregung befindet, in den Ton eines unmittelbar Gottes Wort vernehmenden und also inspirierten Propheten übergeht«. Doch handelt es sich tatsächlich um einen prophetisch übermittelten Spruch, der vom priesterlichen Heilsorakel (JBegrich) abzuheben und zu unterscheiden ist. Kennzeichnend für den prophetischen Charakter des דבר ist die akut-geschichtliche Ansage: »Jetzt will ich mich erheben!« Auch ist die Auswirkung dieser »Erhebung« zu beachten: Nicht nur für einen einzelnen Verfolgten, sondern »wegen der Bedrückung der Armen« schreitet Jahwe ein. Sein Gericht betrifft das ganze Gottesvolk. Gleichwohl handelt es sich in 6 um ein Zeugnis der Heilsprophetie. Der Spruch Jahwes, den der Kultprophet übermittelt, bringt den Unterdrückten und Schwachen Heil.

Bemerkenswert ist die Parallelität zur kultprophetischen Liturgie in Hab 1. Auch in diesem Text schreit und bittet der prophetische Sprecher angesichts der Gewalttat und Unterdrückung um Hilfe (2). Er muß Unheil schauen, Bedrükkung und Gewalttat werden vor seinen Augen verübt (3), das Recht wird verdreht (4). Dann aber tritt die Wende ein, auf die 5 vorbereitet. Der prophetisch übermittelte Gottesspruch in 6ff. kündigt das Eingreifen Jahwes in einer Ich-Rede Gottes an. Es handelt sich um den Einbruch der Chaldäer. Im Unterschied freilich zu Ps 12,6 handelt es sich in Hab 1 im Kern um ein Gerichtswort (vgl. 12), auf jeden Fall aber um die Ankündigung des Eingreifens Gottes in den Zerfall des Rechts und die korrupten Lebensverhältnisse im Gottesvolk.

Mit der Bitte קומה (vgl. Ps 7,7) wurde in Israel das Einschreiten Jahwes im Bittruf erfleht. אקום wäre folgerichtig als Ankündigung der nunmehr sich ereignenden oder unmittelbar bevorstehenden Erhebung Gottes zu erklären (Ps 18,8ff.). עתה enthält die Spitze prophetisch angesagter Aktualität. »Mit diesem ›Jetzt‹ bricht mitten im äußersten des Unheils die Manifestation des Heils auf, das nicht erst kommen soll, sondern stets gegenwärtig ist und nur wirksam zu werden braucht« (MBuber, 14).[1] Zu

[1] »Subest etiam magna emphasis in adverbio nunc, quo significat Deus salutem apud se nobis ita esse repositam, ut non statim eam proferat: se enim hactenus iacuisse dicit, donec suorum miseriis et clamoribus expergefactus fuerit. Ergo quoties iniuriae hostium, rapinae, et vastationes nihil nobis praeter lacrymas et gemitus reliquum facient, meminerimus

fragen wäre freilich, ob die Formulierung »stets gegenwärtig« angemessen ist. Der Akzent liegt auf der akuten Gegenwärtigkeit der Rettung. אשית בישע ist eine pointierte Zusage des Gottesspruchs. Man müßte wörtlich übersetzen: »Ich will in die Sphäre des Heils versetzen«. Objekt dieses die Lage verändernden Eingreifens Gottes ist יפיח לו. SMowinckel denkt hier (wie z.B. auch zu Ps 10,5) an Hauchzauber und übersetzt: »den man angeblasen hat« (PsStud I 23.54f.). Selbst wenn hier auf einen magischen Fluchgestus Bezug genommen worden wäre, wird man doch annehmen müssen, daß er verblaßt bzw. in der Weise zu verstehen ist, daß vom wütenden, gefährlichen Schnauben der Verfolger die Rede ist, die dem Unterdrückten hart zusetzen.

7–9 Von der alles entscheidenden und bestimmenden Bedeutung des Gottesspruchs in 6 handeln 7–9. Der Bezug auf die אמרות zeigt an und will im Stil eines Bekenntnisses aussagen, daß alle Aussprüche Jahwes bewährt und zuverlässig sind. Im Gegensatz zum trügerischen, leeren Gerede der sich gewaltig aufspielenden Frevler hat das Wort Gottes auch nicht den geringsten trügerischen Beisatz. Jahwes Sprüche sind lauter und echt, man kann sich auf sie verlassen. Zur syntaktischen Fügung des Satzes in *M* vgl. BrSynt. § 126a. Wie mehrfach geläutertes Edelmetall sind die Zusagen Gottes: ohne eine Spur des Falschen oder Unechten. Diese Lauterkeit und Reinheit des Gottesspruchs erweist sich darin, daß Jahwe sein Wort »hält« (שמר vgl. Jer 1,12). 8 ist Gebetsanrede an Jahwe, die nicht nur als Erhörungsgewißheit auf den Bittruf in 2 bezogen ist, sondern unmittelbar auf die gegebene Zusage in 6 sich erstreckt. הדור qualifiziert die ganze, jetzt lebende Generation im Sinne von 2ff. Die Redeweise wird im Neuen Testament aufgenommen: Mt 11,16; 12,41f.; 23,36 u.ö. Die Heilszusage Jahwes aber bedeutet Schutz für den Armen, auch wenn er von Frevlern umringt ist (vgl. Ps 3,2ff.), wenn Niedertracht überall regiert.

Ziel Im Mittelpunkt des Psalms steht ohne Frage der prophetisch übermittelte Gottesspruch in 6. Er steht im Zusammenhang einer kultprophetischen Liturgie, in der sich der Sprecher zunächst im Amt der Fürbitte äußert. Dieser Sprecher tritt als Repräsentant der Gemeinde vor Jahwe. Er tritt für die Armen und Bedrängten seines Volkes ein. Die Fürbitte war eine Hauptfunktion der Kultpropheten (GvRad, TheolAT[6] II 59f.). Vom munus propheticum ist das Gebetslied getragen. Die Bitte greift weit über ein Einzelschicksal hinaus; sie erstreckt sich auf die Notlage des Gottesvolkes. In diesem Zusammenhang werden die Frevler in ihrem verderblichen Treiben (wie in einer prophetischen Anklagerede) entlarvt. Doch

iam adesse tempus quo Deus ad iudicium surgere velit. Haec eadem doctrina animos nostros ad tolerantiam formare debet, ne molestum nobis sit inter miseros et inopes censeri, quorum Deus se vindicem fore promittit.« Calvin, In librum Psalmorum Commentarius, zu Ps 12,6.

steht im Zentrum des kultprophetischen Geschehens der Spruch Jahwes. Der konkrete und aktuelle (עתה 6) Zuspruch der Rettung und des Eingreifens tritt heraus als eine Macht, die verfolgtes und verzweifeltes Leben der Sphäre des Untergangs entreißt. Jahwe erhebt sich in seiner Majestät und wendet sich den Hilflosen zu. Der Psalm zeigt, daß und wie alles am Gotteswort hängt und wie zuverlässig und hilfreich dieses Wort tatsächlich ist. – In dem allem geht es in erster Linie um den Weg des Volkes Gottes. Ekklesiologisch ist die Relation, in der Ps 12 aufgenommen und zur Geltung gelangen will.

Psalm 13
Fragen und Klagen am Abgrund des Todes

Literatur

EBaumann, Struktur-Untersuchungen im Psalter I: ZAW 61 (1945/48) 114 bis 176. – CBarth, Die Errettung vom Tode in den individuellen Klage- und Dankliedern des Alten Testaments (1947). – LWächter, Der Tod im Alten Testament (1967).

Text

1Dem Chorleiter. Ein Psalm Davids.
2Wie lange noch, Jahwe? Willst ewig[a] du mich vergessen?
Wie lange noch verbirgst du dein Antlitz vor mir?
3Wie lange soll ich Sorgen[b] tragen in meiner Seele,
Kummer in meinem Herzen Tag für Tag[c]?
Wie lange erhebt sich mein Feind gegen mich?
4Schaue doch, erhöre mich[d], Jahwe, mein Gott!
Erleuchte meine Augen, daß ich nicht zum Tod[e] entschlafe!
5Daß mein Feind nicht spreche: Ich habe ihn überwältigt[f]!
Meine Gegner nicht jauchzen, daß ich wanke.
6Doch ich – ich traue auf deine Huld,
es jauchze mein Herz über deine Hilfe!
Singen will ich Jahwe, daß er mir Gutes erwies[g].

a Das Wort נצח (*G* εἰς τέλος) bezeichnet nach עד־אנה oder עד־מָתַי die Unge- 2
duld des Wartens und Klagens: Ps 74,10; 79,5; 89,47. – **b** עצות (*G* βουλὰς) in der 3
Bedeutung »Sorgen« wird durch Prv 27,9 und Sir 30,21 bestätigt. Doch vermutet
man häufig die Lesart עַצֶּבֶת oder עַצָּבוֹת. – **c** *G*^{ALO} und Syh ergänzen וָלָיְלָה; doch
handelt es sich hier wohl mehr um eine instinktive Auffüllung. – **d** Die ebenfalls
als möglich erwogene Lesart עָנְיִי (Ps 9,14; 25,18; 119,153) wird man *M* nicht
vorziehen können. – **e** Der Vorschlag, אִישָׁנָה מָוֶת zu lesen (Baethgen u.a.), will
den Anstoß des Artikels mildern. Vgl. aber Ges-K § 117r Anm. 2. – **f** יכל meist 5
mit ל: Gn 32,26; Nu 13,30 u.ö.; darum übersetzt *G* ἴσχυσα πρὸς αὐτόν. Dem-
nach wäre wahrscheinlich יָכֹלְתִּי לוֹ zu lesen. Vgl. aber BrSynt § 90a. – **g** *G* Fügt 6
hinzu: καὶ ψαλῶ τῷ ὀνόματι κυρίου τοῦ ὑψίστου (vgl. Ps 7,18).

Form Der 13. Psalm gehört zur Gruppe der Davidspsalmen. In seinem Aufbau bietet er ein klares Bild. Nach den technischen Vorbemerkungen in 1 setzt das Lied mit einer Folge von verzweifelten Fragen ein: 2 und 3. Diese Fragen gehen in 4 und 5 in klagende Bitten über, während in 6, zum Abschluß, Vertrauen und Dank aufklingen. Eine strophische Ordnung kann nicht aufgewiesen werden. Das Metrum ist unbeständig. Folgt man *M*, so ist das Versmaß 4 + 4 in 2 und 4 zu lesen; 4 + 3 in 3 und 5; 3 + 3 in 6. – Halbverse ohne korrespondierenden Parallelismus Membrorum liegen in 3 und 6 als einfache Vierer vor. Zu fragen bleibt, ob die Hinzufügung zum Textbestand des Psalms in *G* ursprünglich ist. Dann wäre in 6 ein zweiter Parallelismus Membrorum zu bilden. Alle Korrekturen mtr. cs. bleiben unbefriedigendes Flickwerk.

Ps 13 ist der Formgruppe der Gebetslieder (תפלה) zuzuweisen (vgl. o.S. 49ff. Einl § 6,2). HGunkel ordnete den Psalm in die Gattung der individuellen Klagelieder ein (Gunkel-Begrich, EinlPs § 6) und meinte, Ps 13 sei ein besonders deutliches Muster seiner Gattung. Doch ist der Begriff der Klage aufzugeben. Die Beter der Psalmen lamentieren nicht; sie führen auch nicht Klage. Sie breiten ihre Not vor Jahwe aus und bitten um sein Eingreifen. Dies nennt man füglich ein Gebet. Entsprechend bezeichnet die hebräische Tradition ein solches Gebetslied als תפלה. Aus den עד־אנה-Fragen in 2–3 spricht die lange währende Notlage, die der Beter vor Jahwe aufdeckt. Es folgen in 4 und 5 die forcierten Imperative der Bittrufe, die angesichts des verfolgenden Feindes eine große Dringlichkeit anzeigen (5). In 6 sind zwei Aussageintentionen voneinander abzuheben. 6a enthält eine Vertrauensäußerung, zusammengefaßt in dem Satz »Ich traue auf deine Huld«; mit dieser Vertrauensaussage verbunden ist die Zuversicht und der Wunsch, daß das Herz des Beters über Jahwes Hilfe (sein konkretes Eingreifen) jauchzen möge. Demgegenüber sieht 6b auf die erwiesene Heilstat zurück und äußert im Stil des Loblieds eines Einzelnen den Dank (*Toda*) für erfahrene Rettung. Züge des »berichtenden Lobes« klingen an (vgl. DMichel, Tempora und Satzstellung in den Psalmen, 1960, 63.65).

Ort In welcher Situation befindet sich der Beter des Psalms? Bietet das Gebetslied zur Beantwortung dieser Frage irgendwelche Anhaltspunkte? Eine besondere Aufmerksamkeit hat 4 immer wieder auf sich gezogen. Offensichtlich ist der Beter dem Tod nahe. Seine Lebenskraft, zermürbt von lange andauerndem Leid (2f.), ist zerstört. So könnte man an einen Todkranken denken. Doch ist tatsächlich von der Krankheit, etwa von der Art der Leiden, in irgendwelchen konkreten Anhaltspunkten keine Spur zu erkennen. HSchmidts Meinung, es könnte sich um einen Augenkranken handeln, bezieht sich auf eine unsachgemäße Interpretation der Bitte »Erleuchte meine Augen!« (s.u.). Das eigentliche Leid, unter dem der Psalmbeter seufzt, ist die Trennung von Gott bzw. die Erfahrung des Zornes Gottes. Doch wird auch das Auftreten des Feindes (5) zu beachten sein, der danach trachtet, den Schwachen zu vernichten (durch verleumderische Anklage? Durch Aufdeckung einer Schuld, die der Krankheit zugrunde liegen soll?). Im Wesentlichen aber hat HGunkel recht, wenn er hervorhebt, daß nicht der körperliche Schmerz des Beters im Mittelpunkt steht, sondern vielmehr die Tatsache, »daß seine Hoffnung auf Gott zu scheitern und sein Glaube nicht recht zu bekommen scheint«. – Völlig abwegig ist es, unter Verweis auf die Überschrift לדוד an verborgene »messianische« Motive zu denken und Ps 13 als »Königspsalm« im Rahmen eines dramatischen Klageritus zu deuten (in dieser Weise interpretiert ABentzen). – Das kraftvoll komponierte Gebetslied könnte recht alt sein, doch ist eine zeitliche Ansetzung kaum möglich. Der Psalm wird im Heiligtum angestimmt worden sein und als Gebetsformular seine Bedeutung gehabt haben.

Zu למנצח vgl. o.S. 25 Einl § 4 Nr. 17. Zu מזמור לדוד s.o.S. 15ff. § 4 Nr. 2. Wort 1

Die Fragen und Klagen in 2 und 3 zeigen in formaler Hinsicht zunächst eine bemerkenswerte Eigentümlichkeit. Viermal setzen die Fragen mit עד־אנה ein. Immer handelt es sich – metrisch gesehen – um Vierer. Man könnte darum versucht sein zu fragen, ob der zweite Halbvers in 3a nicht mtr. cs. als störender Dreier überhaupt ausgeschaltet werden müßte. Dann würden vier mit עד־אנה eingeleitete Vierer zu lesen sein. Eine solche Rekonstruktion könnte sich auf eine babylonische Parallele berufen. 2.3

In einem Klagelied Nebukadnezars I. heißt es:
»Wie lange noch bei mir
Wie lange noch in meinem Lande
Wie lange noch in meinem Volke
Bis wann, Herr von Babel,
das Seufzen und Darniederliegen?
das Weinen und Trauern?
das Klagen und Weinen?
weilst du in Feindesland?«

Dieser Text äußert die vierfache Frage (»wie lange noch?«) in 2 + 2 bzw. 4 Hebungen. Das Lied wurde bearbeitet von HZimmern (AO VII 7/8) und wird von EBaumann (Struktur-Untersuchungen im Psalter I 126f.) zur Rekonstruktion eines ursprünglichen Textes in der Erklärung von Ps 13 herangezogen. Obwohl die formale Parallele bemerkenswert ist, wird man bei einer Rekonstruktion des »Urbestandes« von Ps 13 Zurückhaltung wahren sollen. Das babylonische Königs- bzw. Volksklagelied ist doch formal und inhaltlich eine Größe für sich. Baumann erkennt diese Unterschiede, geht aber gleichwohl in seinen parallel angelegten Strukturanalysen sehr weit.

Die verzweifelten Fragen עד־אנה sind Zeugen der Unerträglichkeit des Leidens, das der Beter lange Zeit erdulden mußte. Vgl. Ps 6,4; 35,17; 74,10; 79,5; 94,3; 80,5 u.ö. Jahwe wird angerufen. Auf ihn wird also alles Leid zurückgeführt. Wen Jahwe »vergißt«, wen er verläßt, der muß die unerträgliche Not tragen, von der in Ps 13 die Rede ist.[1] Die eigentliche und tiefste Pein, um die es sich in unserem Klagelied handelt, ist die Gottverlassenheit (Ps 22,2). Sie erscheint im Zeichen des Wortes נצח. In der Kontradiktion »wie lange – ewig« will FNötscher eine erstarrte Redensart sehen, die zwar ein logischer, aber kein psychologischer Widerspruch sei. Wenn man auch fragen kann, ob die Unterstellung einer »Erstarrung« zutreffend ist, so wird man doch die Interpretation Nötschers als richtig ansprechen können – sofern sie im Sinne der folgenden Erklärung von Franz Delitzsch gemeint ist: »Es liegt in dem Wesen des göttlichen Zornes, daß dessen Empfindung immer vom Eindrucke der Ewigkeit und also einem Vorschmacke der Hölle begleitet ist« (»Hölle« = absolute Gottverlassenheit). Zu נצח vgl. Jer 15,18; Am 1,11 (Ps 16,11). Nun wird man freilich in den עד־אנה-Fragen nicht nur die Zeichen einer stürmischen Ungeduld sehen dürfen, sondern auch signa einer großen Geduld, die nicht abließ, im lange währenden Leiden Jahwe anzurufen, die jetzt aber durch das Übermaß der Not in eine verzweifelte, hoffnungslose Lage geraten ist und die unabsehbare Dauer der Gottverlassenheit nicht mehr zu ertragen vermag: »Wie lange noch verbirgst du dein Antlitz vor mir?« – פנים ist im Alten Testament eine Vergegenwärtigungsweise, in der Jahwe sich offenbart (LKöhler, TheolAT³ 110f.). Verbirgt nun Jahwe sein Angesicht, dann ist der Mensch von Gott verlassen. Er ist allein mit seinen עצות (3). Er quält sich in sorgenvollen Erwägungen und »macht sich besorgliche Vorstellungen«: FDelitzsch, System der biblischen Psychologie (1855) 161. Diese עצות kreisen wohl beständig um das Problem des Zusammenhangs von Leid und Schuld, um die Urfrage aller Not: Warum muß ich dies erdulden? Parallel zu עצות steht die Wendung יגון בלבבי; sie widerrät jeder Korrektur des Wortes עצות (vgl. auch Prv 27,9; Sir 30,21). 3a handelt von den selbsterforschenden, selbstverurteilenden und skrupulösen Überlegungen, die in der Gottverlassenheit angestellt werden und die das Leid ins Unermeßliche steigern. Hier tritt auch sogleich der »Feind« des Beters auf den Plan. Zum Problem »Die Feinde des Individuums« vgl. o.S. 112ff. Einl § 10,4. Der Feind des einzelnen ist eine von Gott scheidende Macht, deren Erklärungen einen de-

[1] »Nonne aptis verbis hunc asperrimum et amarissimum affectum pingit, qui deum undique aversum, adversarium, implacabilem, inexorabilem, aeternaliter iratum sentit? Hic enim spes desperat et deperatio simul sperat vivitque solus ille gemitus inenarrabilis, quo spiritus interpellat, incubans super aquas tenebris opertas, ut Gen. 1 dicitur. Nemo haec intelligit, qui non gustarit: non aguntur haec obiectis et phantasmatibus, sicut speculatores ludere possunt quieti, sed intimo immortalis vitae, idest animae sensu.« Luther, WA 5; 385, 17ff.

finitiven Charakter haben (Ps 3,3). Der Feind urteilt: Du bist von Gott getrennt – dein dem Tode verfallenes, geschlagenes Leben ist der Beweis! Der Beter fragt am Rande des Grabes: עד־אנה.

Die Fragen und Klagen gehen nun in Bitten über (4 und 5). Die Im- 4.5
perative sind letzte, äußerste Hilfeschreie. הביטה ist im Alten Testament ein charakteristischer Gebetsruf (vgl. Jes 63,15). Der Beter, der sich von Gott »vergessen« weiß (2), bittet nunmehr um die Anteilnahme und um das Aufmerken Gottes.[1] Er erfleht eine Antwort – wahrscheinlich einen konkreten Gottesspruch, ein »Heilsorakel« (JBegrich, Das priesterliche Heilsorakel: ZAW 52, 1934, 81–92). Zu אלהי OEißfeldt, »Mein Gott« im AT: ZAW 61 (1945/48) 3–16. Das Aufmerken und Antworten Jahwes aber möge zur erlösenden Tat werden – das ist die Bitte des Klagenden. האירה עיני hat die Bedeutung »stelle meine Lebenskraft wieder her!« Vgl. ChrBarth, Die Errettung vom Tode in den individuellen Klage- und Dankliedern des Alten Testaments (1947) 35.[2] In Kummer und Krankheit erlischt der Lebensglanz der Augen, sie werden trübe und matt: Ps 6,8; 38,11; Thr 5,17. Kräftigende Nahrung kann den Glanz wiederbringen: 1 S 14,27.29. Vor allem aber ist es die Lebensmacht Jahwes, die das Auge wieder leuchten läßt: Ps 19,9; Prv 29,13. Wie nun in Ps 13 die Bitte um Gottes Aufmerken und Antworten der Erfahrung des Vergessenseins (2) gegenübersteht, so wird die Bitte um Wiederherstellung der Lebenskraft jener schrecklichen Erfahrung in 2b korrespondieren, daß Jahwe sein Antlitz verbirgt: Läßt Jahwe sein Angesicht wieder »aufleuchten« (Nu 6,25), dann werden auch die erlöschenden Augen das Licht des Lebens empfangen. »Erleuchte meine Augen!« Dieser Bittruf bedeutet soviel wie: »Laß mich das Licht des Lebens sehen!« Vgl. HJKraus, Hören und Sehen in der althebräischen Tradition: Biblisch-theologische Aufsätze (1972) 84ff. Die Situation ist in 4b deutlich zu erkennen: Der Beter ist dem Tod nahe. Der Tod wird als Schlaf vorgestellt (vgl. Jer 51,39; Hi 3,13; 14,12), als Zustand, in dem man dem Leben vor Gott weit entrückt ist. Vgl. Ps 6,6 und die Auslegung zu diesem Vers. Für den Leidenden wäre der Tod die Besiegelung einer unaufhebbaren Scheidung von Jahwe. Er wäre ein Triumph des Feindes, dessen ganzes Streben dahingeht, den Leidenden mit definitiven Urteilen zu überwältigen. Das Wanken

[1] »›Respice‹ autem tropo scripturae effectum dei miserentis significat, sicut de verbo ›Exurgere‹ dictum est psalmo praecedente, et praesentiorem gratioremque effectum respicere quam meminisse significat, sicut asperiorem non meminisse quam non respexisse.« Luther, WA 5; 388, 11f.

[2] »Illuminare oculos, Hebraeis tantundem valet ac dare spiritum vitalem, vitae enim praecipuus vigor in oculis apparet ... Caeterum in summa fatetur David, nisi a Deo affulgeat lux vitae, se mortis tenebris statim iri obrutum: ac se iam esse quasi exanimem, nisi Dominus vigorem inspiret. Hinc vero nobis vitae fiducia, quod licet mille mortes nobis intentet mundus, tamen est in manu Dei vitae nostrae instauratio.« Calvin, In librum Psalmorum Commentarius, zu Ps 13,4.

und Zusammenbrechen des Beters würde den Jubel der Gegner hervorrufen. Die von Gott scheidenden Mächte würden recht bekommen. Soll das so sein? Sollte Jahwe nicht eingreifen können? Die Bitten des Klagenden enthalten einen Appell an die Ehre und Macht Gottes.

6 Die mit ואני ansetzende Äußerung des Vertrauens hat den Sinn einer nachdrücklichen Beteuerung: Obwohl sich alles zum Tode und zum Ende hinneigt, vertraue ich auf deine Huld. Zu חסד vgl. die Auslegung zu Ps 5,8. Der Beter vertraut auf die im Bund zugesagte Hilfsbereitschaft Gottes. Durch keine Macht läßt er sich von der huldvollen Heilserklärung Jahwes abdrängen. Sein Vertrauen in 6a ist nicht »aus der Luft gegriffen«. Und schon sehen Wunsch und Zuversicht der bevorstehenden Wende entgegen – der Wunsch, daß das Herz jubeln möge über die erfahrene Errettung. 6b enthält – in einem einzigen Satz aufklingend – den *Toda*-Hymnus eines Einzelnen: das Loblied, das auf das geschehene Eingreifen Jahwes zurückblickt und davon berichtet, daß dem Leidenden »Gutes erwiesen« wurde. Wie die Wende geschah, wird nicht mitgeteilt. Genug: sie ist geschehen und wird lobsingend bezeugt.

Ziel Im Zentrum des ersten Psalmteils (2–3) steht das unauslotbare Leid der Gottverlassenheit. Nicht die möglicherweise vorhandene Krankheit in ihrer lebenbedrohenden Erscheinungsform kommt zu Wort, sondern nur der Bruch der Gemeinschaft mit Gott. Der Beter wird erdrückt vom Zorn Gottes (vgl. zu Ps 6). Luther erklärt: »Christus in eandem in Cruce tulit tribulationem« (WA 5; 386, 26). Mit diesem Satz weist Luther auf die Erfüllung der Gottverlassenheit hin (Mt 27,46), von der her unser Psalm allein recht verstanden werden kann. Die Bitte aber um Errettung vom Tod (4) hat im Alten Testament die Bedeutung, daß die von Gott scheidende Macht (Ps 6,6) mitten in diesem Leben entmächtigt werde. Finden die Feinde des Individuums keine Gelegenheit zum Jubel über den Gestürzten, so ist auch dies ein Triumph über die Kräfte, die den Beter von Jahwe trennen wollen (5). Vertrauend und hoffend schaut das Gebetslied aus nach dem Augenblick, in dem der Jubel über das rettende Eingreifen Gottes ausbrechen wird. Doch erstaunlich ist die Tatsache, daß die geschehene Wende in 6b deutlich angezeigt wird. Der Lobgesang wird nicht nur erhofft (6a), er erhebt sich schon mitten im Abgrund der in 2f. geschilderten Gottverlassenheit. Dabei steht nicht die Schicksalswende als solche, sondern allein der rettende Gott, der aus der Sphäre des Todes herausführt, die Augen erleuchtet (4) und Gutes erweist (6b), im Zentrum.

Psalm 14
Die Hilfe Gottes in einer vom Verderben beherrschten Welt

Literatur

CHCTorrey, The archetype of Psalms 14 and 53: JBL 46 (1927) 186–192. – KBudde, Psalm 14 und 53: JBL 47 (1928) 160–183. – MBuber, Recht und Unrecht, Deutung einiger Psalmen (Sammlung Klosterberg, Europ. Reihe) 1952. – ESanPedro, Problemata philologica psalmi XIV: VD 45 (1967) 65–78. – JJeremias, Kultprophetie und Gerichtsverkündigung in der späten Königszeit Israels: WMANT 35 (1970) 114–117.

Text

1 Dem Chorleiter. Von David.
Es spricht der Tor in seinem Herzen:
»Es ist kein Gott!« –
Sie handeln böse[a] und verderbt[b].
Keiner tut Gutes.
2 Jahwe[c] schaut vom Himmel nieder
auf die Menschenkinder,
zu sehen, ob da ein Verständiger ist,
einer, der nach Gott (noch) fragt.
3 Sie sind alle abtrünnig,
insgesamt verkommen;
da ist keiner, der Gutes tut,
auch nicht ein einziger[d].
4 Haben denn keine Einsicht[e] all[f] die Übeltäter,
die mein Volk verschlingen (wie) man Brot ißt[g],
Jahwe[h] nicht anrufen?
5 (Doch) dann erschrecken sie gewaltig[i],
denn Gott ist bei den Gerechten[j].
6 Am Plan gegen den Armen[k] werdet ihr scheitern,
denn Jahwe ist seine Zuflucht.
7 Ach, daß aus Zion Israels Heil[l] erschiene!
Wenn Jahwe das Geschick seines Volkes wendet,
wird Jakob jubeln, Israel sich freuen.

a In Ps 53,2 und *T*: וְהִתְעִיבוּ. Doch ist der asyndetische Anschluß ohne וְ weit- 1
aus wirkungsvoller; die Copula erleichtert den Text. – **b** In Ps 53,2 und *T*:
עָוֶל. עלילה (»das Tun«) ist im Vergleich mit עול blaß und könnte eine erleich-
ternde Tendenz enthalten. – **c** In Ps 53,3, im elohistischen Psalter, steht אלהים. – 2
d *G* schaltet an dieser Stelle die in Rm 3,13–18 im Neuen Testament (nicht aber 3
in Ps 53) nachweisbaren Verse ein. Es liegt der Verdacht nahe, daß diese Verse
von christlicher Hand aus Rm 3 in *G* nachgetragen worden sind. – **e** *G* σ´ Hier *T* 4
יֵדְעוּ. Doch ist das perf. in *M* im Zusammenhang der anderen, in Ps 14 auftreten-
den perf. beizubehalten. – **f** כל־ fehlt in Ps 53,5. – **g** *GS* Hier אֹכֵל (*G* βρώσει ἄρτου)
versucht, die (schwierige) abkürzende Redeweise in *M* (»wie man Brot ißt«) zu
entschlüsseln. Die textlichen Schwierigkeiten beginnen mit 4 und erstrecken sich
bis 6. Problematisch ist der Versuch, לחם יהוה als cstr.-Bildung zusammenzuzie-
hen, שְׁמוֹ zu ergänzen und 4 auf die Priester zu beziehen (HGunkel, HSchmidt).

Mit dieser folgenreichen Korrektur wird der Zielpunkt des ganzen Psalms verschoben. Die gottlosen Priester treten plötzlich in den Mittelpunkt. Gunkel unterstellt für diesen textkritischen Eingriff einen »echt-prophetischen Sprung«. – **h**
5 Ps 53,5 (im elohistischen Psalter): **אלהים**. – **i** In Ps 14,5 und 53,6 liegt nun ein stark voneinander abweichender und zunächst nur schwer verständlicher Text vor:

14,5: שׁם פחדו פחד כי אלהים בדור צדיק
עצת־עני תבישו כי יהוה מחסהו

53,6: שׁם פחדו פחד לא־היה פחד כי־אלהים פזר עצמות חנך
הבשתה כי־אלהים מאסם

Man wird die Aufmerksamkeit zunächst auf die mit **כי** eingeleiteten Nebensätze richten müssen. Dabei zeigt sich, daß Ps 14,5 mit seinen Parallelismen ein klareres Bild ergibt als Ps 53,6; 53,6: »Dort erschrecken sie gewaltig – es war (bisher?) kein Erschrecken –, denn Gott zerstreut die Gebeine deines Belagerers; du beschämst (wen?), denn Gott verwirft sie«. Die ohne kühne Konstruktionen kaum erkennbare Bedeutung dieser Aussagen ist auf dem Wege über die einfachen, durchsichtigen Sätze in Ps 14,5 zu finden. Hier stellt sich aber zunächst die Frage: Wie soll **שָׁם** verstanden werden? Gewiß nicht temporal (»damals« oder »dann«). Vielmehr liegt es nahe, **שׁם** im Kontext auf das lokale Faktum der in 14,4 ins Licht gerückten Untaten zu beziehen. »Dort«, »dabei« (nämlich: bei dem in 4 geschilderten Tun) »erschrecken sie (die Übeltäter) gewaltig«. – Dieses Hervortreten des Gerichts, das (wie die Parenthese in 53,6 zu erkennen gibt) bisher verborgen war, hat 53,6 in eine Anrede verwandelt (vgl. Ps 14,6: **תבישו**). Dabei denkt *M* in 53,6 doch wohl an eine (verheißungsvolle) Anrede an Bedrängte: »Jahwe zerstreut die Gebeine (vielleicht besser: **עֵצוֹת** »die Pläne« entsprechend 14,6) deines Belagerers«. Als Objekt zu **הבשתה** müßte man an den »Belagerer«, den Gewalttätigen, denken, den Gott »verwirft« (plur.). – **j** **דור** in der Bedeutung »Menschenklasse«, »Menschengruppe« tritt in der Übersetzung zu-
6 rück. – **k** **עצת־עני** liegt im Kontext wahrscheinlich parallel zu **שׁם** und bezieht sich sachlich auf 4. Es würde sich also um eine abgekürzte Redeweise handeln. Doch ist das Ganze nur ein Versuch, den verderbten Text unter starker Anlehnung an
7 *M* zu verstehen. – **l** Atnach steht fälschlich unter der cstr.-Form **ישועת**. Leider sind – das gilt für die gesamte Textkritik zu Ps 14 – die Rekonstruktionen eines Urtextes durch CHCTorrey und KBudde zu tiefgreifend und teilweise auch zu willkürlich.

Form Der Text unseres Psalms wird in Ps 53 mit leichten Abweichungen noch einmal überliefert. Offenbar war also das Lied in zwei Sammlungen, die in den jetzigen Psalter aufgenommen worden sind, vorhanden (vgl. Einl § 2). Die Textgestalt in Ps 53 ist (vor allem in 53,6) komplizierter und undurchsichtiger als in Ps 14. Es empfiehlt sich deshalb, der Auslegung und Erklärung den Ps 14 zugrunde zu legen. Die Textkritik nahm auf die Abweichungen in Ps 53 Bezug. Schwierigkeiten, die nur in aller Vorsicht ein wenig entwirrt werden können, bleiben auf jeden Fall in Ps 14,4–6 bzw. 53,5–6 bestehen. Aufs Ganze gesehen hat BDuhm deutlich gezeigt, daß die abweichenden Lesarten des Ps 53 in allen Stücken Ps 14 gegenüber sekundär sind (mit Ausnahme von Ps 14,4, bedingt durch die elohistische Redaktion).

In seinem Versmaß bietet Ps 14 einige Anstöße, die aber vielleicht doch besser erklärt werden können, als man gemeinhin annimmt. Nach Ausklammerung der Überschrift למנצח לדוד liegen in 1 und 2 vier 3 + 2-Verse vor. Es folgen dann in 3 zwei 2 + 2-Verse. Entsprechend der oben vorgetragenen Übersetzung gliedert sich 4 in drei Teile, die 3 + 3 + 2 gelesen werden müßten. Geht man nun von der Beobachtung aus, daß in 5 und 6 wieder zwei Verse im Metrum 3 + 2 vorliegen, so könnte man geneigt sein, in den textkritisch umstrittenen Worten אכלו עמי אכלו לחם eine spätere Hinzufügung zu sehen. Doch ist das kaum möglich. Der Text bereitet in 4–6 nicht zu beseitigende Schwierigkeiten. In 7 folgt auf einen einsamen Vierer ein 4 + 4 zu lesender Schluß.

In seinem Aufbau läßt Ps 14 sich relativ leicht zergliedern. Auf die redaktionelle Überschrift folgt in 1b–4 ein erstes, in sich geschlossenes Stück, das über die verderbten Verhältnisse im Gottesvolk klagt; dabei endet 4 in einer verzweifelten Frage. 5f. zeigt ohne Zweifel eine plötzlich eingetretene Wende an, die alsbald ihre Auswirkungen haben wird (6). 7 sollte wohl ein späterer Zusatz sein (JJeremias, 115); von diesem Vers wird die formkritische Analyse weitgehend absehen müssen. – Erhebliche Differenzen hat die formgeschichtliche Untersuchung unseres Psalms in der Forschung bisher erbracht. Bemerkenswert ist, wie HGunkel und HSchmidt die Formkritik vollzogen haben. Drei Bestandteile werden voneinander abgehoben: Eine prophetische Scheltrede in 1–3, ein prophetisches Drohwort in 6 und der hinzugefügte »Stoßseufzer« in 7. Damit wird dem Psalm ein überwiegend prophetischer Charakter zugeschrieben. – Die ersten Formbeobachtungen bei HGunkel und HSchmidt sind in einer bemerkenswerten Weise durch JJeremias bestätigt worden. Jeremias hat in Ps 12; 14 und 75 kultprophetische Liturgien erkannt. Hinzuzuziehen ist Hab 1. In allen diesen Liturgien sind zwei Grundbestandteile feststellbar: Die Klage des prophetischen Sprechers und die Zitierung bzw. die Bezugnahme auf den Spruch Jahwes (vgl. zu Ps 12). In Ps 14 liegen die Verhältnisse so, daß zuerst in »stark distanzierter Nüchternheit« die heillosen Zustände im Gottesvolk zur Sprache gebracht werden (1–3). Die Klage, die der prophetischen Anklage durchaus vergleichbar ist, findet ihren Höhepunkt in der verzweifelten Frage in 4. Notstände im Volk Gottes sind nicht der Gegenstand irgendeiner »individuellen Klage«; sie werden in prophetischer Enthüllung zur Sprache gebracht. »Mein Volk« (4) sagt nicht ein Einzelner, sondern der Prophet. Auf die Klage folgt in Ps 12,6 und Hab 1,6ff. der Gottesspruch, den der Prophet übermittelt. In Ps 14,5 ist der Vorgang ein anderer. Der prophetische Sprecher »berichtet in 5 in konstatierenden (›prophetischen‹) Perfecta den visionär geschauten Untergang der Frevler, der mit Jahwes Eingreifen begründet wird...« (JJeremias, 115). Wie in Ps 12,6 (עתה) wird die Plötzlichkeit des Geschehens hervorgehoben. 6 redet die Frevler an und sagt ihnen den Untergang an.

Ort Wie Ps 12, so wird auch Ps 14 in eine kultische Situation der spätvorexilischen Zeit anzusetzen sein (vgl. die auffallende Parallele zu Hab 1). Doch sind Einzelheiten nicht zu ermitteln. Daß es sich um eine Zion-Tradition handelt, geht auch aus der Hinzufügung in 7 hervor. Doch wird der Psalm mit seinen radikalen Enthüllungen zu einem Gebetslied der Erkenntnis und der Zuversicht überall dort geworden sein, wo er, aus der kultliturgischen Situation gelöst, neu rezipiert wurde. Insbesondere 7 läßt deutlich in Erscheinung treten, daß es eines besonderen Bittwunsches und einer grundsätzlichen Einsicht bedurfte, wenn der Psalm im Gottesdienst der Gemeinde nachgesprochen wurde.

Wort 1 Zu למנצח vgl. o.S. 25 Einl § 4 Nr. 17. Zu לדוד S. 15ff. § 4 Nr. 2. – Der Psalm beginnt sogleich mit einem auffallenden Hinweis auf das Denken und Urteilen des נבל. Zum Stilelement אמר נבל vgl. נאם־פשע in Ps 36,2. Der Eingang des Psalms lenkt also sofort die Aufmerksamkeit auf einen Menschentyp, der unter der heimlichen Voraussetzung lebt: אין אלהים. Einen Menschen, der so denkt, nennt das Alte Testament sonst meist רשע. Der Begriff נבל ist der Traditionswelt der חכמה entlehnt und tendiert auf die geistige Denkweise, die sich jedoch sogleich in einem verderbten und abscheulichen Handeln ausprägt. Dieser Typ des נבל beherrscht das gesamte Gemeinschaftsleben. Der prophetische Sprecher holt unversehens zu einem allgemeinen Urteil aus (vgl. Ps 12,2f.): אין עשה־טוב . Wo Gott nicht ist, da ist auch keine gute Tat.[1] Dem אין אלהים korrespondiert das אין עשה־טוב.

Man hat mit Recht immer wieder betont, daß das Urteil אין אלהים keinen theoretischen, sondern einen praktischen Atheismus enthalte. »Es ist kein Gott«, d.h. nach Ps 10,4.11: »er ahndet nicht«, »er hat sein Angesicht verborgen«, »er sieht nicht«. Der Gottesleugner bestreitet nicht das Sein, sondern das konkrete Wirken Gottes. Mit dem Urteil לוא הוא verbindet er die Behauptung: »Kein Unheil wird über uns kommen« (Jer 5,12). Der Gottlose »kennt kein Erschrecken vor Gott« (Ps 36,2). Der Gegensatz zu אין אלהים wäre דרש את־אלהים (Ps 14,2). Der נבל ruft Gott nicht an (Ps 14,4). Hier kann eine dezidierte Entscheidung vorliegen, die dann zustande kommt, wenn Jahwe nicht eingreift (Hi 2,9). – »Daß Gott da ist, dieser Satz ist die große Gabe des Alten Testaments an die Menschheit. Gottes Dasein ist in ihm die völlige Selbstverständlichkeit, immer vorausgesetzt, unablässig geäußert, nie geleugnet oder auch nur in Frage gestellt. Daß es Gott nicht gebe, sagt zwar der Tor Ps 14,1; 53,2, und auch die Törinnen mögen so reden Hi 2,10; oder man mag ihn verleugnen und sagen, es sei nichts mit ihm לוא הוא Jer 5,12. Aber das sind Äußerungen von Leuten, die unverständig sind, so unverständig, daß sie fast ebensogut frech und verderbt heißen können; und auch sie reden so, nicht um Gott selber zu leugnen, sondern um

[1] »Primo itaque sciendum est, quantumvis mundus versutis et nasutis hominibus applaudat, qui sibi quidvis licentiae indulgent, insaniae tamen ipsos a spiritu sancto damnari: quia nullus est magis brutus stupor, quam Dei oblivio.« Calvin, In librum Psalmorum Commentarius, zu Ps 14,1.

sich seinem Urteil und der Bindung an seinen Willen zu entziehen. Sie ziehen sein Wirken, nach dem man sich richten müßte, aber nicht sein Dasein in Frage. Es ist praktischer Atheismus, wie ihn der Sünder treibt, nicht theoretischer Atheismus, von dem das Alte Testament nichts weiß« (LKöhler, TheolAT³ 1).

Die in 1 geäußerte Klage und Feststellung wird in 2 und 3 durch ein Urteil des himmlischen Richters unterbaut. Wenn in den Psalmen von Jahwes Thron im Himmel und von dem prüfenden Herabschauen Gottes die Rede ist, dann handelt es sich immer um das weltüberlegene Richtamt Jahwes Ps 9,8f.; 11,4f.; 33,13; 102,20. Der Kreis der Gerichteten weitet sich unter diesem Horizont sogleich. Jahwe ist Weltrichter (Ps 7,7ff.), er schaut **על־בני־אדם** (vgl. auch Ps 11,4). Diese Ausweitung entspringt traditionsgeschichtlich der Vorstellung, daß der auf dem Zion thronende Gott der **אל עליון**, der **אדון**, **מלך** und **שופט** der ganzen Welt ist. So darf man im Hinblick auf 1–3 nicht von »Übertreibungen der Leidenschaft« (Gunkel) oder hyperbolischen Verallgemeinerungen sprechen. Zur Tradition s.o.S. 94ff. Einl § 10,1. Vor dem prüfenden Richterblick Jahwes kann niemand bestehen. Es gibt nirgendwo einen **משׂכיל**, der seine Weisheit darin bewiese, daß er nach Gott fragt (vgl. Ps 12,2f.). Alle sind abtrünnig (**סר**) und verdorben (**נאלחו**). Das Urteil Jahwes bestätigt die proleptisch gefaßte Feststellung in 1: **אין עשׂה־טוב**. Und mit einer ausschließenden Erklärung wird hier hinzugefügt: **אין גם־אחד**. Das bedeutet also: Die Verderbtheit des **נבל** beherrscht die Welt. Der prophetische Sprecher geht (vergleicht man seine Aussagen mit Ps 12 oder Hab) darin eigene Wege, daß die Klage »das vom Propheten in 1 geäußerte vernichtende Urteil über das Israel seiner Zeit in 3 von Jahwe als Richter nach einem himmlischen Prüfungsakt in noch schärferen Worten bestätigt werden läßt« (JJeremias, 115). »Da ist keiner, der Gutes tut, auch nicht ein einziger!« 2–3

Unter dieser radikalen Festellung, wie sie durch das Urteil des himmlischen Richters besiegelt ist, erhebt sich nun die verzweifelte Frage des Psalmsängers in 4: »Haben denn keine Einsicht alle die Übeltäter, die mein Volk verschlingen, (wie) man Brot ißt, Jahwe nicht anrufen?« An die Stelle des Begriffs **נבל** tritt jetzt die konkretere Bezeichnung **פעלי און**, die in den Psalmen zumeist die Feinde des Individuums benennt (s.o.S. 112ff. Einl § 10,4). Der Psalmsänger klagt über die Blindheit der »Übeltäter«, die in Israel ihr Wesen treiben. Das perf. **ידעו** bezeichnet wiederholte Handlungen, also eine fortwährende Uneinsichtigkeit (BrSynt § 41a). Fortgesetzt (wiederum: perf.) »vertilgen«, »verschlingen« (**אכלו**) die **פעלי און** »mein Volk«. Mit **עמי**, einer nur im Mund eines Propheten denkbaren Aussage, zeigt es sich deutlich, daß in Ps 14 ein Repräsentant des Gottesvolkes spricht (vgl. Ps 12). Die Frevler erscheinen im Bild wie gewaltige Ungeheuer, die Israel verschlingen; sie verschlingen die Glieder des Gottesvolkes »so gefühllos und gleichgültig, wie man Brot ißt« (HGunkel). Vgl. Mi 3,3 Prv 30,14. Jedenfalls bildet 4 den Höhepunkt der 4

Klage in der Form einer verzweifelten, zu Jahwe hin ausgestoßenen Frage.

5 Der parallelen Struktur in Ps 12 und Hab 1 entsprechend haben wir mit 5 die von Jahwe heraufgeführte Wende zu erwarten. Sie wird nicht durch ein prophetisch übermitteltes Jahwe-Wort bezeichnet (wie in Ps 12,6), sondern durch eine Visionsschilderung (JJeremias, 115). Dabei wäre zu fragen, wo und wie der Prophet des in 5 geschilderten Geschehens inne geworden ist. Doch diese Frage, die in grundsätzlicher Weise das Problem der Kultprophetie betrifft, läßt sich aus dem Text nicht beantworten. Zum Problem: SMowinckel, PsStud III; ARJohnson, The Cultic Prophet in Ancient Israel (1944); AHaldar, Associations of Cult Prophets among the Ancient Semites (1945); Zu Haldars Buch: HHRowley, Ritual and the Hebrew Prophets: JSS (1955) 338ff. – Es sind konstatierende Perfecta, in denen der Sprecher die unverbrüchliche Gültigkeit und Faktizität des Geschauten ausspricht. Die Frevler, die »kein Erschrecken vor Gott kennen« (Ps 36,2), werden vom Gottesschrecken überfallen, der wie im Heiligen Krieg plötzlich hervorbricht. Und Jahwe erweist seine Gegenwart unter den Gerechten; er tritt auf ihre Seite, er wird unter ihnen manifest.

6 Aus der (visionären) Erkenntnis des Eingreifens Jahwes und der damit gegebenen Gewißheit der Wende geht die Anrede an die פעלי און hervor, die spontan anhebt: תבישו »ihr werdet scheitern«. Dieses Scheitern hebt schon an im Planen. Das Vorhaben kommt nicht zur Ausführung. Die Breviloquenz עצת־עני deutet hin auf das in der Wurzel zu Boden geschlagene Unternehmen. Es sind die Armen, für die Jahwe eintritt (s.o. S. 108ff. Einl § 10,3).

7 Wie der in seinem Aufbau ähnlich ablaufende Ps 12 mit einer sehnsüchtigen Bitte schließt, so endet auch der Ps 14 in einem eindringlichen Wunsch: Die ישועת ישׂראל möge hervorbrechen! Die als Frage vorgetragene Bitte מי יתן erstreckt sich auf ganz Israel bzw. auf das vom prophetischen Sprecher als »gerecht« und »arm« angesprochene Volk (vgl. עמי in 4). Die abschließende Bitte erfleht einen neuen Zustand aller Dinge, eine heilbringende Wende. Zu שׁוב שׁבות vgl. ELDietrich, שׁוב שׁבות, 1925. Bringt Jahwe seinem Volke Heil und wendet er alles zum Neuen, dann herrschen Jubel und Freude in einer Gemeinschaft, die jetzt noch im dunklen Schatten der in 1ff. getroffenen Feststellungen und Klagen steht.

Ziel Um ein rechtes Verständnis der besonderen Aussagen des Ps 14 zu gewinnen, wird man zwei Sachverhalte sorgfältig beachten müssen:

1) In 1–3 wird das »törichte« Sinnen und Trachten a l l e r Menschen (בני־אדם) ins Licht gerückt. Es ist gleichsam eine Urbewegung und ein überall bestimmendes Raunen bemerkbar: אין אלהים. Keiner tut unter diesem bestimmenden Vorzeichen der gesamten menschlichen Existenz

Gutes – auch nicht einer. Die Exklusivität dieses Urteils gründet in der Tradition und Verkündigung von Jahwes weltweitem Richtamt (vgl. auch Gn 6,5). Sie wird nicht berührt von der Tatsache, daß in Ps 14,4–6 von den Opfern der Frevler die Rede ist, bei denen Gott helfend gegenwärtig ist. Auch wird man die Ausschließlichkeit des Urteils nicht als leidenschaftliche Übertreibung (Gunkel) verstehen dürfen: sie entspricht vielmehr der radikalen und totalen Schuldenthüllung des Alten Testaments, die durch keine andersartige Vorstellung zu relativieren ist (Ps 143,2). In diesem Sinn und mit diesem Ziel hat der Apostel Paulus den ersten Teil des Ps 14 in Rm 3,10ff. zitiert. »Juden und Griechen« stehen unter der Herrschaft des Verderbens: οὐ γάρ ἐστιν διαστολή· πάντες γὰρ ἥμαρτον καὶ ὑστεροῦνται τῆς δόξης τοῦ θεοῦ (Rm 3,22.23).

2) Auf die Frage: Wo findet das die Welt beherrschende, gottlose und verderbliche Treiben ein Ende? Wo ist Gott? antwortet Ps 14: Gott ist mit seiner machtvollen Gegenwart wunderbarerweise bei den Gerechten und Armen. Hier stößt der Übeltäter plötzlich auf eine Grenze. Hier begegnet er Gott als dem auf Erden eingreifenden Richter – in der Schwachheit der Hilflosen. Hier scheitern die Pläne, die unter dem Vorzeichen »אין אלהים« durchgeführt werden. – Das Neue Testament aber verkündigt dann, daß die Gerechten und Armen des Alten Bundes nur Platzhalter des Christus waren, in dessen Schwachheit Gott die stolze Sicherheit zum Scheitern bringt (1 K 1,27). Der Gekreuzigte, das Opfer der Gottlosen, ist der Richter (ApcJoh 1,7). Er umschließt fortan alle »Armen«. Und jeder feindselige Akt gegen sie trifft ihn selbst (Mt 25,40) – den Richter: Mt 25,41ff.

Zuletzt aber wird man sich klarmachen müssen, wie skandalös die Aussagen des Ps 14 tatsächlich sind. Ihre ekklesiologische Spitze wird nicht verkannt werden können: Gottes Volk – ein Volk von Gottlosen und Übeltätern, in dem keiner Gutes tut, auch nicht ein einziger. Im Gottesvolk sind die Mächtigen, die Frevler am Werk. Sie verschlingen die Schwachen und Armen wie Brot. Nur durch das Eingreifen Gottes wird das wahre Israel errettet und kenntlich gemacht. Das wahre Gottesvolk ist das Volk der Armen, deren Zuflucht ihr Gott ist. Doch die Szenerie wird beherrscht von denen, die nicht nach Gott fragen, die, wiewohl sie Glieder des Volkes Gottes sind, aus dem Bewußtsein leben und handeln: »Es ist kein Gott!« So muß das Gericht anfangen »beim Haus Gottes« (1 Pt 4,17). Ohne Zweifel erweist sich Ps 14 als ein prophetischer Psalm, dessen Aussagen im Kontext alttestamentlicher Prophetie zu sehen und zu verstehen sind (Mi 7,2; Jer 5,1ff.; 8,6; Jes 59,4). Die Tatsache, daß dieser prophetische Psalm unter den Liedern und Gebeten des Alten Testaments zu finden ist, gibt Anlaß, die Aktualität der Prophetie im Gottesdienst neu zu bedenken und den Schrecken (5) liturgisch nicht zu absorbieren oder zu übersingen, der von diesem Text in die Gemeinde Gottes ausgeht.

Psalm 15
Die Bedingungen zum Eintritt in das Heiligtum

Literatur GvRad, »Gerechtigkeit« und »Leben« in der Kultsprache der Psalmen: Ges Stud I 225–247. – KKoch, Tempeleinlaßliturgien und Dekaloge: Studien zur Theologie der alttestamentlichen Überlieferungen (1961) 45–60. – JLKoole, Psalm 15 – Eine königliche Einzugsliturgie?: OTS 13 (1963) 98–111. – VWRabe, Israelite Opposition to the Temple: CBQ 29 (1967) 228–233. – OGarcia de la Fuente, Liturgias de entrada, normas de asilo o exhortaciones proféticas. A propósito de los Salmos 15 y 24: Aug 9 (1969) 266–298. – JASoggin, Il Salmo 15. Osservazioni filologiche ed esegetiche: Bi e Or 12 (1970) 83–90.

Text **1 Ein Psalm Davids.**
Jahwe, wer darf weilen in deinem Zelt[a],
wer[b] darf wohnen auf deinem heiligen Berg?
2 Wer untadelig wandelt und Gerechtigkeit übt
und es wahrhaftig meint in seinem Herzen.
3 Wer nicht mit der Zunge Verleumdung verbreitet[c],
seinem Nächsten nichts Böses antut
und Schmach auf den Nachbarn nicht lädt.
4 Dem verächtlich ist der Verworfene[d],
doch ehrt, die Jahwe fürchten.
Der 'nicht'[e] schwört zur bösen Tat
und nicht vertauscht '...'[f]
5 Sein Geld gibt er nicht um Wucher,
nimmt Bestechung gegen Unschuldige nicht an. –
Wer so handelt, wird ewig nicht wanken.

1 **a** pl. MSS בְּאֹהָלֶיךָ; diese Versionen denken an die Zelte, die von den Wallfah-
rern im Bereiche des Heiligtums aufgeschlagen werden. – **b** *GS* Hier erleichtern
3 mit der Copula den asyndetischen Anschluß in *M*. – **c** Zur Bedeutung von רגל =
4 »als Verleumder umherlaufen« vgl. 2 S 19,28; Sir 5,14. – **d** נמאס = »der Verach-
tete«, »der Verworfene«. Man sollte im par. membr. eigentlich מוֹאֵס oder viel-
leicht מְנָאֵץ (»der Lästerer«) erwarten. *G*: πονηρευόμενος. Doch ist נמאס in der
Bedeutung »(von Gott) verworfen« durch Jes 54,6 bestätigt. – **e** Der Text ist verderbt. Es fehlt in *M* der zweite Halbvers. Doch legt der nach Form und Inhalt zu Ps 15 als Parallele hinzuzuziehende Ps 24,1–6 es nahe, in 15,4b an den verstümmelten Überrest eines par. membr. zu denken, in dem der erste Halbvers mit לֹא, der zweite mit וְלֹא eingeleitet war (vgl. Ps 24,4). Man wird demnach לֹא vor נשבע einfügen und hinter ימר ein ausgefallenes Wort annehmen dürfen. *GS* versuchen, mit לְהָרֵעַ (τῷ πλησίον αὐτοῦ) die nach Fortfall des לֹא entstandene Schwierigkeit zu meistern. Die Übersetzung von *M* »den Eid hält er, auch wenn es ihm schadet« ist kaum möglich. Offensichtlich ist an dieser Stelle ein Wort ausgefallen. Umstellungen (so HSchmidt) helfen nicht weiter.

Form Der Ps 15, in der Sammlung des Psalter zu den »Davidspsalmen« gerechnet, ist in seinem Aufbau sehr klar angelegt. Auf die in 1 geäußerte

Frage wird in 2–5 geantwortet. Im Metrum überwiegt der Doppeldreier (1.3.4.5.). Im Versmaß 4 + 3 ist 2 zu lesen. Als nicht ergänzter Dreier steht der erste Halbvers von 3. In 4b wird man wahrscheinlich mit der Verstümmelung eines Vollverses rechnen müssen (s.o.).

Die erste Beobachtung zur Form des Ps 15 wird sich auf 1 zu konzentrieren haben. Jahwe wird angeredet, er wird gefragt. Der Stil eines Gebetsliedes könnte naheliegen; doch zeigt es sich, daß der Psalm überwiegend von der in 2–5 gegebenen Antwort her geprägt ist. Dem Korrespondenzverhältnis von Frage und Antwort wird alle Aufmerksamkeit zugewandt werden müssen. HGunkel hat zuerst darauf hingewiesen, daß Ps 15 die Vorstellung von der in Israel üblichen תורה-Befragung zugrunde liegt. Ein Mensch geht zum Priester und erbittet von ihm eine im Namen Jahwes übermittelte »Weisung«. Als Beispiel für solche Thora-Erfragung sind folgende Stellen zu nennen: Sach 7,1ff.; Hagg 2,1ff.; 2 S 21,1ff. Wie die Frage letztlich an Jahwe gerichtet ist, so wird auch an Jahwes Statt die Antwort kundgetan. Nun zeigt es sich aber, daß Ps 15 keineswegs als Anfrage eines Einzelnen verstanden werden kann. Die Frage in 1 erstreckt sich im umfassenden Sinn auf die Bedingungen zum Eintritt in das Heiligtum. Und die Antwort in 2–5 zählt einige Sätze des alttestamentlichen Gottesrechts auf, deren Befolgung die Voraussetzung zur Teilnahme am Kultus anweist (zu diesen Sätzen vgl. KKoch, 46ff.). Der Vorgang der Thora-Erfragung ist demnach in ein Ritual der Kultgemeinde übertragen worden. Und dieser Vorgang wird in einem größeren Zusammenhang zu sehen sein, dessen »Sitz im Leben« zu erfragen ist. Schon jetzt wird als angemessene Erklärung die Formbezeichnung »Thora-Liturgie« oder – wie im Einzelnen noch zu zeigen sein wird – »Einzugsliturgie« eingeführt werden können. Solche Liturgien gehören zum Kult auf dem Zion und stehen diesem Themenkreis nahe. Vgl. o.S. 62f. Einl § 6,4. Doch wird Ps 15 dem in Ps 24 bezeugten Geschehen zuzuordnen sein (siehe dort!) und also in den Zusammenhang der Einzugsvorgänge gehören.

Ps 15 steht im Alten Testament nicht isoliert. Er ist (darauf wurde schon aufmerksam gemacht) Ps 24 unmittelbar zuzuordnen. Als weitere Parallelen sind hinzuzuziehen: Jes 33,14–16; Mi 6,6–8 und Ez 18,5ff. (dazu KKoch, 51ff.). Koch sieht die älteste Form in Ps 15 und Mi 6,8 repräsentiert. Er gelangt zu der traditionsgeschichtlichen Feststellung: »Die Ausgestaltung der ursprünglich einfachen, positiv gehaltenen Einlaßbedingungen durch die Aufnahme dekalogartiger Sätze ist ... in der Königszeit vollzogen worden« (58). Die Auslegung des Ps 15 wird sich auf die angegebenen parallelen Stücke zu beziehen haben.

Die Situation des Ps 15 läßt sich aus der Zusammenstellung mit Ps 24 rekonstruieren. Beim Einzug in das Heiligtum von Jerusalem fand ein liturgischer Akt statt (vgl. o.S. 67 Einl § 6,6). Die Kultteilnehmer Ort stehen vor den Toren des Kultbereiches und stellen die Frage: »Jahwe, wer darf weilen in deinem Zelt, wer darf wohnen auf deinem heiligen Berg?« Es antwortet von drinnen ein priesterlicher Sprecher mit der Deklaration der Einlaßbedingungen (vgl. Ps 24,3ff.; vgl. KKoch, 46). Dann erst beginnt der Einzug (Ps 24,7ff.). Die Bezeichnung des Ps 15 als »Thora-Liturgie« oder »Einlaßliturgie« ist demnach vom »Sitz im Leben« dieses Psalms her sachgemäß. Ps 15 gehört in den Traditionsbereich des Jerusalemer Tempels (»dein heiliger Berg«; »dein Zelt« 15,1). Seine Abfassung und Verwendung im vorexilischen Kult ist kaum zu bezweifeln. Später wird der Psalm als Gebetslied dem Betenden die *notae* des צדיק vergegenwärtigt haben und ein Bestandteil der תורה-Frömmigkeit des Judentums geworden sein. Doch auch auf die urchristliche Überlieferung hat Ps 15 eingewirkt.

Im altorientalischen Kultus ist überall die Fixierung bestimmter Bedingungen zu beobachten, um die der Kultteilnehmer beim Eintritt in das Heiligtum wissen muß. An einem heiligen Bezirk findet man in Ägypten die Inschrift: »Wer hier eintritt, soll rein sein, und er soll sich reinigen, wie er sich reinigt für den Tempel des großen Gottes.« Es geht vor allem um die »reinen Hände« des Kultteilnehmers: AErman, Die Religion der Ägypter (1934) 190. In einem akkadischen Bußgebet wird als besonders schwerwiegende Schuld bekannt: »In meiner Unreinheit betrat ich immer wieder den Tempel. Was dir stärkstens zuwider ist, tat ich immer wieder« (Falkenstein/vSoden, Sumerische u. akkad. Hymnen und Gebete, 1953, 273). Aus Ägypten sind dann ganze Reihen von Beteuerungen aus dem Totenbuch bekannt, die der Mensch vorträgt, um in der Form eines Reinigungseides seine Annahmefähigkeit zu erklären: »Nicht habe ich gesündigt gegen die Menschen, nicht habe ich die Menschen elend gemacht, nicht habe ich die Gottesrinder geschlachtet, nicht habe ich gesündigt an der Stätte der Wahrheit, nicht wußte ich von Schlechtem, nicht habe ich Böses getan…« vgl. zu dieser Kette von Beteuerungen: ELehmann/HHaas, Textbuch zur Religionsgeschichte, ^{2}1922, 273f.). Die Formulare mit der Reihe der Beteuerungen lagen als »Beichtspiegel« vor (KGalling, ZAW 47, 1929, 125). – Im Alten Testament finden wir bezeichnende Beispiele für einen »Beichtspiegel« bzw. einen »Reinigungseid« in Dt 26,13ff. und Hi 31. Zu diesem ganzen Komplex gehören die in Ps 15 und 24 vorliegenden »Einzugsliturgien« unmittelbar hinzu. Diese Psalmen enthalten die liturgischen Elemente einer festen Reinigungsinstitution, die beim Eingang oder Einzug in das Heiligtum in Geltung trat. In Ps 15 und 24 umreißt die Tora-Antwort die »*notae* des צדיק« (GvRad, »Gerechtigkeit« und »Leben« in der Kultsprache der Psalmen, 228). Es wird das Bild eines »exemplarischen צדיק« (vRad) gezeichnet (vgl. hierzu Ez 18,5–7). Der צדיק ist der rechte Kultteilnehmer in Israel. Die עדת צדיקים (Ps 1,5) darf in das Heiligtum Jahwes einziehen: Ps 5,8; 24,3ff.; 118,19–20; Jes 26,2. – In neuerer Zeit sind die religionsgeschichtlichen Untersuchungen zu Ps 15 weiter ausgedehnt und neue Parallelen herangezogen worden. Vgl. vor allem OGarcia de la Fuente, 270ff.

Wort 1 Zu מזמור לדוד vgl. o.S. 15ff. Einl § 4 Nr. 2.

Am Anfang des Ps 15 wird an Jahwe die Frage gerichtet, wer in das Heiligtum eintreten und dort verweilen darf. An Jahwe selbst wenden sich die vor den Toren des Heiligtums stehenden Wallfahrer. Der im Tempel gegenwärtige Gott allein entscheidet, wer vor ihm erscheinen darf. Die Verben גור und שׁכן nehmen auf die Vorstellung Bezug, daß der ins Heiligtum eingelassene Kultteilnehmer Schutzbefohlener Gottes (Ps 61,5) ist und im heiligen Bezirk »Bürgerrecht« (Eph 2,19; Phil 3,20) empfängt. Wo Jahwe gegenwärtig ist, da herrscht »verzehrendes Feuer« (Jes 33,14). Wer darf sich hier aufhalten? Der Ort der Gegenwart Jahwes wird mit zwei Begriffen bezeichnet, die eindeutig auf das Heiligtum in Jerusalem weisen: אהלך und הר קדשׁך. אהל als Bezeichnung für den Tempel (vgl. auch Ps 61,5; Jes 33,20) ist nicht in erster Linie archaisierende oder poetische Redeweise. Vielmehr lebt in dieser Benennung die Tradition vom Zeltheiligtum Jahwes fort (2 S 7,6). Zu הר קדשׁך vgl. Ps 2,6; 3,5; 43,3; 48,2 u.a.

Auf die liturgische Frage der Einzug heischenden Gemeinde antwor- 2–5
ten nun 2–5. Das Kultpersonal tut im Namen Jahwes die Einlaßbedingungen kund, indem Sätze des alttestamentlichen Gottesrechts ausgerufen werden. Betrachtet man zunächst die formale Eigenart dieser Sätze des Gottesrechts, so wird man der Ansicht von HSchmidt und FNötscher, es handle sich – wie beim Dekalog – um zehn Worte, nicht zustimmen können. Es muß nämlich unterschieden werden zwischen der grundsätzlichen, allgemeinen Äußerung in 2 und der in einzelne Konkreta hineindringenden Explikation in 3–5. Auch abgesehen von diesem Sachverhalt ist es problematisch, die Parallelaussagen eines Vollverses in der Form von zwei verschiedenen Sätzen aufzufassen (so HSchmidt und FNötscher). Diese Vermutung scheidet also aus. Bemerkenswert aber ist die in 3–5 (mit Ausnahme von 4a) vorgetragene Satzbildung mit לא. Zu 4b vgl. Textkritik. – Von der Reihe der Rechtssätze hebt sich dann der Schlußsatz עשׂה־אלה לא ימוט לעולם als Verheißung klar ab. Beachtet man nun die Inkongruenz von Frage in 1 und Antwort in 5 (Schlußverheißung), so wird man das Sinngefüge des ganzen Psalms zwischen 2 und 3 zertrennt sehen müssen. Die Antwort auf 1 wird in 2 gegeben. Die Explikation von 2 in 3–5 aber läuft schon auf die Schlußverheißung in 5 zu.

Die liturgische Frage in 1 wird also im wesentlichen in 2 beantwortet. 2
Hier wird in sehr grundsätzlichen Worten die Bedingung zum Aufenthalt am heiligen Ort genannt. In partizipialer Form stehen drei Aussagen nebeneinander. הולך תמים bezieht sich auf das Hineingebundensein in ein Gemeinschaftsleben, in dessen Ordnungen es um einen untadeligen Wandel geht; vgl. LKöhler, TheolAT³ 155f. פעל צדק ist die zentrale Formulierung des Psalms, die von der eigentlichen Grundbedingung des Einlasses spricht. In Jahwes Heiligtum eintreten darf nur der צדיק.[1] Nur der

[1] »Sed quia multis caeremoniis hypocritae se ut plurimum venditant (quorum tamen impietatem coarguit vita exterior, dum pleni sunt fastu, crudelitate, violentia, fraudibus et

Mensch, der bundesgemäß lebt und die Ordnungen des Gemeinschaftsverhältnisses zwischen Jahwe und seinem Volke wahrt (פעל) – nur dieser Mensch darf in den heiligen Bereich hineingehen. Zur näheren Bestimmung des צדיק bzw. פעל צדק vgl. u.a. Ez 18,5–7. Dieses rechte, untadelige Verhalten gegenüber der von Jahwe gesetzten Ordnung des Bundes zielt auf das Innerste des Menschen: דבר אמת בלבבו. דבר בלבבו meint die Gedanken und das Sinnen des Herzens. Sind die innersten Denkbewegungen und Willensrichtungen »treu« und »zuverlässig«? Sind sie אמת? Das Eindringen des Wortes in die innersten Bezirke der menschlichen Existenz ist in Dt 6,4 bezeugt. Es geht also – ohne Vorbehalte – um den ganzen Menschen. Die צדקה ist etwas Ganzes, Vollkommenes. »War man צדיק, so war man es nicht inchoativ und nicht approximativ, sondern man war es ganz« (GvRad, »Gerechtigkeit« und »Leben« in der Kultsprache der Psalmen, 232). Es wird also die מי-Frage in 1 mit dem Hinweis auf einen in sich geschlossenen, untadeligen Typus beantwortet, der der Bundesordnung Jahwes entspricht. Es wird in einem typisierenden Sinne das Urbild des צדיק gezeichnet – eine exemplarische Größe.

Die theologische Frage, die sich im Hinblick auf 2 erhebt, wird man nicht übersehen können: Ist in Ps 15 die Vollkommenheit des צדיק die Voraussetzung zum Eintritt in die Gottesnähe und zum Heilsempfang? – In den Kommentaren werden auf verschiedene Weise Überlegungen vorgetragen, wie sich Ethos und Kultus in Ps 15 zueinander verhalten. Man denkt zumeist an einen (in später Zeit vorgefallenen) Einbruch des prophetischen Ethos in die Sphäre des Kultus. HGunkel erklärt zu 2: »Man erkennt hierin deutlich den Einfluß der prophetischen Bewegung, welche die Opfer und heiligen Bräuche ganz beseite geschoben und die Sittlichkeit an ihre Stelle gesetzt hat.« Die Annahme eines solchen »prophetischen Einflusses« wirkt sich natürlich sogleich in der Datierung unseres Psalms aus: in nachexilischer Zeit – so erklärt man – habe das prophetische Ethos im kultischen Bereich Einfluß gewinnen können. Beklagt aber wird in diesem Zusammenhang die nomistisch-konditionale Ausprägung des prophetischen Ethos, die zum typisch jüdischen Verhalten und zum »Eid der Essener« hin tendiere (BDuhm). Sind diese Erklärungen zutreffend, dann wäre Ps 15 das Musterbeispiel einer gesetzlichen Frömmigkeit, die den vollkommenen Gehorsam zur Voraussetzung der Heilsbegegnung erhebt. Zu diesen Problemen schreibt GvRad: »Daraus braucht zwar noch nicht gefolgert werden, daß im alten Israel die Erfüllung der Gebote grundsätzlich dem kultischen Heilsempfang vorgeordnet war, denn diejenigen, die hier Einlaß begehrten, traten ja nicht zum erstenmal vor Jahwe, sie waren seit je Glieder der Jahwegemeinde. Aber das wird deutlich, daß denen, die zum Kultus kamen, so etwas wie eine Loyalitätserklärung dem Rechtswillen Jahwes gegenüber abgefordert wurde. Diese Gebote galten ja durchaus als erfüllbar. Die Frage, ob sich die Eintretenden zu ihnen bekennen und bekannt haben, war also nichts anderes als die Frage nach ihrer צדקה.

rapinis dediti) ut in lucem trahantur quicunque tales sunt, verae et sincerae fidei probationem peti ex secunda Legis tabula. Nam ut quisque iustitiam et aequitatem cum proximis suis colit, re ipsa demonstrat se Deum timere.« Calvin, In librum Psalmorum Commentarius, zu Ps 15,2.

Darum spricht man von den ›Toren der Gerechtigkeit‹, durch die nur ›Gerechte‹ eingehen« (GvRad, TheolAT[6] I 390). Hinzuweisen ist auf Ps 118,19f.; Jes 26,2. Somit stellt also die Einzugsliturgie jeden einzelnen Kultteilnehmer immer neu vor die Frage, ob er auch in der zwischen Fest und Fest verflossenen Zeit den Ordnungen Gottes entsprechend gelebt und gehandelt hat. In Israel sind Gottesdienst und Leben engstens miteinander verbunden. Die im Kultus schon in ältester Zeit übliche Bundesverpflichtung kulminiert in einem Bekenntnis, das sich auf das ganze Leben erstreckt (Jos 24,15.21.24). Das Gottesrecht war in Israel ursprünglich der wesentliche Inhalt des Gottesdienstes. Darum wird man die Einzugsliturgie nicht als spätes Ergebnis einer Begegnung zwischen Prophetie und Kult ansprechen dürfen. Die Propheten tragen das Ethos nicht als etwas Neues, Revolutionierendes in den Kultus ein – sie sind vielmehr Erneuerer, Reformatoren eines Festkultus, der sich im Verlaufe der Zeit vom Gottesrecht gelöst hat. In Ps 15 gehört das Gottesrecht noch wesensmäßig zum Kultus hinzu. Wenn aber der Prophet Jeremia in das Tempeltor treten soll, um den »Hineingehenden« das Gottesrecht zuzurufen (Jer 7,1ff.), so setzt dieser Auftrag voraus, daß die Institution der Thora-Liturgie zerfallen ist.

Von 3 an werden nun die Aussagen in 2 expliziert. Einzelne konkrete 3
Verhaltensweisen im Alltag werden benannt und den Kultteilnehmern als geltendes Gottesrecht in Erinnerung gerufen. Von den groben Übertretungen, die etwa Jeremia den Einziehenden in der Form einer schuldaufdeckenden Scheltrede vorhalten soll (Jer 7,5ff.), ist in 3–5 keine Rede. Es wird als selbstverständlich vorausgesetzt, daß die einfachen, großen Grundgebote in Kraft stehen. Nur einzelne Vergehen werden in der Einzugsliturgie angesprochen – und zwar solche, die, der normalen Gerichtsbarkeit entzogen, im Verborgenen geschehen. In dieser Hinsicht ist die Reihe der Rechtssätze in Ps 15 mit dem apodiktischen Gottesrecht verwandt, denn die apodiktischen Gebote erstrecken sich auf Taten und Lebensbereiche, die nicht zu einem juristischen Kasus werden bzw. von der Gerichtsbarkeit unter Umständen unerreicht bleiben. Aber die Richtung der Aussage ist in Ps 15 eine andere. Im apodiktischen Recht begegnet Israel der unmittelbar an die Gemeinschaft gerichteten Willenskundgebung dessen, der in Israel der Herr ist. In Ps 15 werden – auf der Grundlage des der Gemeinde bekannten Gottesrechts – die *notae* des צדיק, die Kennzeichen des in Jahwes Heiligtum Zugelassenen, umrissen. – Der צדיק läuft nicht umher (רגל), um zu verleumden, er fügt seinem Nächsten nichts Böses zu und lädt durch falsche Gerüchte oder böse Machenschaften keine Schmach auf seinen Nachbarn. In 3 handelt es sich also um das Verhältnis zum Nachbarn. Hier bewährt sich im Alltag der unsträfliche Wandel, die Ausübung der Gerechtigkeit und die Lauterkeit der innersten Regungen (2).

Durch Israel hindurch geht ein Riß. Es gibt Menschen, die Jahwe 4
verworfen hat (die Jahwe verachten?), und es gibt Menschen, die ihn fürchten. In 4 wird nun das Verhalten des צדיק zu diesen beiden Gruppen angesprochen. Es gilt, den (von Gott) Verworfenen für »verächtlich« zu

halten, seine Einflußsphäre zu meiden (vgl. Ps 1,1). Dagegen sind die יראי יהוה zu ehren (כבד). Hier ist dem צדיק ein Bekenntnis in den Fragen des täglichen Umgangs abgefordert. Um dieses Thema handelt es sich vor allem in Ps 1. – Wenn der verderbte Text in 4b richtig korrigiert worden ist (s.o. unter »Textkritik«), dann wird nun von dem falschen Schwören gesprochen. In Ps 24,4 lautet der entsprechende Passus: אשר לא־נשׂא לשוא נפשו ולא נשבע למרמה. Es handelt sich um das unbedachte, nichtige Schwören, mit dem man irgend etwas Unrechtes ausrichten (להרע) will. Vgl. hierzu Lev 5,4. Der Vers ist nicht mehr vollständig zu rekonstruieren.

5 Vom Geldverkehr handelt 5. Der צדיק bereichert sich nicht auf unrechte Weise. Auf ausgeliehenes Geld legt er keine Wucherzinsen, Bestechung nimmt er nicht an. Der Geldverleih wird im alttestamentlichen Recht ausschließlich als eine Hilfeleistung verstanden Ex 22,24; Lev 25,36f.; Dt 23,20. Aus dem altorientalischen Geldwesen sind ungeheuer hohe Zinsforderungen bekannt. In Babylonien wurden 33,3 Prozent, in Assyrien sogar bis zu 50 Prozent Zinsen gefordert (BMeißner, Babylonien und Assyrien I 156, 364). Solch eine unrechte Bereicherung soll in der Gemeinschaftsordnung Israels nicht möglich sein. פעל צדק (2) bedeutet: mit dem Leihbetrag helfen und nicht wuchern. – Auf die Bestechlichkeit nimmt das alttestamentliche Gottesrecht in Ex 23,8; Dt 16,19; 27,25 Bezug. Der צדיק tritt für das Recht des נקי ein. So zeigt auch die in 5 erwähnte Bedingung zum Eintritt in das Heiligtum, daß es sich stets um die rechte Verhaltensweise im alltäglichen Gemeinschaftsleben handelt. In den verborgenen Handlungsweisen und Geschäften, die dem Einblick und dem Eingreifen einer juristischen Instanz nicht zugänglich sind, erweist der Kultteilnehmer des Zion vor Jahwe, der ein Gott des Rechts und der Hilfe ist, seine צדקה. Die Heilsgabe im alttestamentlichen Kult ist kein magisches Kraftzentrum, sie wird nicht bei jedem Fest in unpersönlicher Fülle ausgeschüttet. Jedem Besucher des Zion wird die Loyalitätserklärung abverlangt: Lebst du auch im Bund Jahwes? Ist Jahwe der Herr deines Alltags? An dieser Stelle zeigt das Alte Testament, daß sich das עבד der Jahwegemeinde nicht auf kultische Fertigkeiten und Spezialanordnungen, auf rituelle Verhaltensweisen und esoterische Regeln, sondern auf das ganze Leben bezieht (Jos 24,15.21.23). Die Verheißung לא ימוט לעולם empfängt der Täter des Wortes (Jak 1,21ff.). Welche Bedeutung aber hat die Aussage לא מוט? Man wird nicht zu schnell in allgemeiner Weise von »Segen« oder »Beistand gegen Unfall« (Herkenne) sprechen dürfen. Es liegen in der Sprache der Psalmen bestimmte Vorstellungen zugrunde. Die einziehende Gemeinde der צדיקים tritt ein in den Bereich, in dem Jahwe als »ewiger Fels« gegenwärtig ist (Jes 26,2–4). Mit dem heiligen Fels des Jerusalemer Tempelberges verbinden sich in der Kulttradition des Zion kosmische Vorstellungen von einem seit der

Urzeit festbestehenden und hochragenden Weltengrund: HSchmidt, Der heilige Fels in Jerusalem (1933) 94ff. Diese (wahrscheinlich aus vorisraelitischer Zeit stammenden) Vorstellungen sind auf Jahwe übertragen worden. Er selbst ist der »ewige Fels« Ps 31,4; 42,10. Wer darum in das Heiligtum eintritt, der tritt auf einen Grund, den die großen kosmischen Katastrophen nicht anrühren können, er »wankt nicht« Ps 26,12; 61,3–5 u.a. Dieses Ereignis der Teilhabe an Jahwe, dem »ewigen Fels«, wird als etwas Fortwirkendes, das Leben des Menschen Tragendes und Bestimmendes verstanden Ps 112,6. Das לעולם in 5 ist in diesem Sinne zu verstehen (vgl. auch Ps 16,8).

Der auf dem Zion thronende Jahwe ist ein Gott des Rechts. Sein Kult ist keine naturhafte, magische Kraftzufuhr an die versammelte Gemeinde. Jahwe ist der Herr des ganzen Lebens. Wer in den Bereich seiner Gegenwart eintritt, wird im Hinblick auf die alltäglichen Verhaltensweisen befragt und zur Verantwortung gerufen. Der Gottesdienst an heiliger Stätte beginnt mit einer entscheidenden Frage nach dem Gehorsam. Die »Bedingungen« zum Eintritt in den Tempelbereich zerstören jeden Kultrausch, sie wenden die Aufmerksamkeit des Kultteilnehmers zurück – hin zur täglichen Lebensführung. »Nicht die Herr-Herr-Sager, sondern die Gottes Willen tun, haben bei ihm Gast- und Hausgenossenrecht« (Franz Delitzsch). – Nun wird jedoch die neutestamentliche Gemeinde zwei Gesichtspunkte besonders bedenken müssen: 1) Der Zion hat im Alten Testament den Charakter einer alle irdischen Lebensverhältnisse hoch überragenden Letztwirklichkeit (Jes 2,2ff.). Jeder Gang zu diesem Heiligtum steht im Zeichen einer letzten Freude und eines letzten Ernstes. Das Neue Testament hat folgerichtig vom Zion »eschatologisch« gesprochen (Hebr 12,22). Das »himmlische Jerusalem« der ApcJoh ist das letzte Ziel aller Wege der Gemeinde. So wird also in der Kirche des Neuen Bundes vom Zion nur »eschatologisch« die Rede sein können. Schon die alttestamentlichen Aussagen haben eine unverkennbare Transparenz zu diesem Letzten hin. Jedoch wird sich die neutestamentliche Gemeinde fragen müssen, wie sich diese Letztwirklichkeit im jeweiligen konkreten Gottesdienst, seinen Ordnungen, Liturgien und Verkündigungen, abschattet. 2) Wenn es in Ps 15 heißt, daß nur der פעל צדק Zugang zum Heiligtum Gottes hat, und wenn die *notae* dieses צדק, als eines urbildlichen Typos, so überindividuell und exemplarisch bezeichnet werden, dann wird sogleich zu beachten sein, daß Christus die Erfüllung ist: er ist von Gott »gemacht zur Gerechtigkeit« (1 K 1,30). In ihm tritt das überindividuelle und exemplarische »Urbild« des alttestamentlichen צדיק hervor. Doch bedeutet Zugehörigkeit zu der »neuen Kreatur«, Gemeinschaft mit Christus: Leben in ihm. Nur der Täter des Wortes hat teil an ihm (Rm 2,13; Jak Ziel

1,22ff.).[1] Das apostolische Wort verkündet, daß die προσαγωγή zu Gott nur im Glauben an Jesus Christus Ereignis ist (Rm 5,2).

Es ist traditionsgeschichtlich bedeutsam und könnte zu weiteren biblisch-theologischen Überlegungen Anlaß geben, daß noch die neutestamentlichen Logien vom »Eingehen in das Reich Gottes« vom Aufweis der δικαιοσύνη reden. Die Tradition und das Schema der alten Torliturgie haben – übermittelt durch jüdische Rezeptionen – nachgewirkt (vgl. HWindisch ZNW, 1928, 177ff.).

Psalm 16
Das glückliche Los angesichts des Todes

Literatur EZolli, Die Heiligen im Psalm 16: ThZ Basel 6 (1950) 149–150. – HWBoers, Psalm 16 and the historical Origin of the Christian Faith: ZNW 60 (1969) 105–110. – ASchmitt, Psalm 16,8–11 als Zeugnis der Auferstehung in der Apostelgeschichte: BZ NF 17 (1973) 229–248.

Text
1Ein *miktam* Davids.
Behüte mich, Gott, denn ich flüchte zu dir!
2Ich 'sprach'[a] zu Jahwe: »Mein Herr bist du,
mein Glück 'steht nur bei dir'[b]«.
3Zu den Heiligen auf Erden 'steht sein Begehren'[c],
'er verherrlicht'[d] an ihnen 'seinen'[e] ganzen Heilswillen.
4...[f]
groß sind ihre Schmerzen, die andern (Götter) umwerben sie[g].
Ich mag nicht spenden ihre Blutopfer,
ihre Namen nicht auf meine Lippen nehmen.
5Jahwe, mein Besitzteil und Becher,
du bist es, der mein Los 'festlegt'[h].
6Mir ist die Meßschnur gefallen auf köstlichen Grund,
ja, 'mein'[i] Erbe gefällt mir wohl.
7Ich preise Jahwe, der mich beraten,
auch in Nächten mahnt mich mein Inneres.
8Beständig stelle ich mir Jahwe vor Augen,
bleibt er mir zur Rechten, so wanke ich nicht.
9Darum freut sich mein Herz und jubelt meine Seele,
auch mein Leib wird sicher wohnen.
10Denn du gibst mein Leben nicht preis der Scheol,
läßt nicht zu, daß dein Frommer die Grube schaut.
11Du weist mir den Weg des Lebens.

1 »Observa autem ›operator iustitiae‹, non ait ›qui loquitur, cogitat, audit iustitiam‹, quia non auditores, sed factores legis iustificabuntur.« Luther, WA 5; 432, 5f.

Freude die Fülle vor dir!
Wonne zu deiner Rechten ewig!

a nonn Mss אָמַ֫רְתִּי. Vgl. *G S* Hier. – **b** Der Text in *M* bereitet Schwierigkeiten. 2
Ist אדני אתה das erste Satzglied der Anrede an Jahwe, dann ist טובתי בל־עליך
als zweites Satzstück zu verstehen. בל als poetische Negation ist aber im Sinn-
zusammenhang wohl nur denkbar, wenn der Text mit σ´ *T* Hier (non sine te)
בַּל בִּלְעָדֶ֫יךָ verbessert wird (FBaethgen). Es wäre keine Korrektur von עליך erfor-
derlich, wenn על im Sinne von BrSynt § 110f verstanden werden könnte. Driver
verbessert כֻּלָּהּ עליך »mein Glück steht ganz auf dir«. Eine ganze andere Mög-
lichkeit des Textverständnisses ergäbe sich, wenn אדני emendiert würde; dann
lautete das erste Satzglied der Anrede an Jahwe: אתה טובתי. Die Negation
בל־עליך müßte dann zu 3 hinzugenommen werden. Hier aber stellen sich dann
neue Schwierigkeiten ein (s.u.). – **c** Der Text in 3 ist verderbt. Es kann nur eine 3
Konjektur weiterhelfen. הֵ֫מָּה am Schluß des ersten Halbverses bietet einen An-
stoß. Man erwartet ein Verb. Ist an dieser Stelle הָמָה zu lesen? Vgl. zu לְ (מעי) המה
Jer 31,20. Doch vielleicht (vgl. par. membr. חפץ): חָמַד mit לְ BrSynt § 107c. –
d ואדירי in *M* ist kaum möglich. Die cstr.-Bildung bietet eine ungewöhnliche
Form. *G* liest ein Verb: ἐθαυμάστωσεν. Damit wäre ein Anhaltspunkt für eine
Korrektur zu יַאְדִיר (vgl. Jes 42,21) gegeben. – **e** *G* hat כל־חפצו־בם gelesen und lei-
tet damit zu einem gut möglichen Textverständnis an. – **f** 4 wird wohl im Gegen- 4
satz zu 3 auf die Götzendiener Bezug genommen haben. Aus dem Kontext ist das
noch zu erkennen. Es besteht die Vermutung, daß der erste Halbvers zu dem
Satzstück ירבו עצבותם אחד מהרו ausgefallen ist. Das Suffix in עצבותם nimmt
doch wohl auf zuvor genannte Menschen (רשעים im Gegensatz zu קדושים?) Be-
zug. – **g** מהרו ist umstritten, weil das »Umwerben« sich auf das weibliche Ge-
schlecht bezieht (Ex 22,15). *G* las מִהֲרוּ (ἐτάχυναν). Als möglich erwogen wird in
einigen Kommentaren auch הֵמִירוּ (vgl. Jer 2,11). Jedenfalls meint אחר doch
wohl אל אחר (Ex 34,14). – **h** Ein Verb ימך, von dem die hi.Form תומיך abgeleitet 5
sein könnte, ist im Alten Testament unbekannt. *G* σὺ εἶ ὁ ἀποκαθιστῶν deutet
auf eine (im Hymnus übliche) Partizipialbildung: תּוֹמֵךְ von תמך. – **i** Mit *G* (τὴν 6
κληρονομίαν μου) und *S* ist hier gewiß נחלתי zu lesen.

Schon in der auf das Formale gerichteten Betrachtung des Ps 16 wirkt sich die Textverderbnis in 3 und 4 erschwerend aus. Nur mit dem Vorbehalt der Wahrscheinlichkeit des in der Übersetzung dargebotenen Textverständnisses wird der Psalm erklärt werden können. Der Ausleger darf sich der Verpflichtung nicht entziehen, an gegebener Stelle auch andere Möglichkeiten der Interpretation zu erwägen. – Folgt man der vorgelegten Übersetzung, so bietet sich im Aufbau des Ps 16 folgendes Bild dar: 1–2 Vertrauensäußerung, 3–4 Reflexion über die Stellung Jahwes zu den Heiligen und das Verhältnis des Beters zu den Götzendienern, 5–8 Vertrauen und Zuversicht zu Jahwe, 9–11 Gewißheit der Errettung vom Tod. Darf man von einem solchen Verständnis des Aufbaus und der sinngemäßen Gliederung des Ganzen ausgehen, so erhebt sich nun zunächst die Frage nach der metrischen Form. Daß sehr ungleichmäßige Verse in Ps 16 vorliegen, ist gewiß im allgemeinen Textzustand begründet. Doch enthält der textlich unversehrte Teil 5–9 durchgehend das Vers- Form maß 4 + 3 (in 10: 4 + 4). In den übrigen Versen ist folgende Akzentuierung wahrzunehmen: 1–2a: 4 + 4; 2b: Dreier ohne Parallelismus; 3: 3 + 3; 4: x + 4 und 3 + 4; 11: 3 und 3 + 3.

Herkömmlich wird Ps 16 zur Gattung der individuellen Klagelieder gezählt (vgl. Gunkel-Begrich, EinlPs Nr. 24). Doch sind Elemente der Klage nicht festzustellen. Darum ist es angemessen, Ps 16 als ein Gebetslied zu bezeichnen (hebr. תפלה). Vgl. o.S. 49ff. Einl § 6,2. Geht man die einzelnen Verse durch, so kann die Formbestimmung vom Inhaltlichen her konkretisiert werden. 2f. enthält eine Bekenntnisäußerung, die in der Anrede an Jahwe vertrauensvoll formuliert ist – wie überhaupt Ps 16 eine Reihe von Vertrauens- und Bekenntnisaussagen enthält. In 7 wird der Ton des Lobpreises angeschlagen (vgl. o.S. 43ff. Einl § 6,1). Das Gebetslied redet Jahwe an (2.5.10f.), doch ist gelegentlich auch von Jahwe in der 3. Pers. die Rede (3.7f.).

Ort Es kann angenommen werden, daß Ps 16 im Bereich des Heiligtums (von Jerusalem?) angestimmt worden ist (1). Der Beter ist in den Schutzbereich des Tempels geflohen. Zu חסה vgl. EGerstenberger, THAT I 621ff.; LDelekat, Asylie und Schutzorakel (1967). Eine genaue Nachfrage, wer denn eigentlich der Beter gewesen sein mag, vorsichtiger: welche Lebensituation sich aus dem Gebetsformular des Psalms erschließen läßt, ist zunächst nur mit einer Umrißskizze zu beantworten. In den Aussagen in 4–6 muß man den Eindruck gewinnen, als spreche hier ein Priester, ein Levit (zur Erklärung s.u. zu »Wort«). Wäre diese Erklärung zutreffend, dann müßte festgestellt werden, daß der Psalm sich auf besondere Lebensverhältnisse bezieht und als priesterliches Gebet zu bezeichnen wäre. Aber es könnte auch durchaus möglich sein, daß im Gebetsformular Vorstellungen und Begriffe aus der priesterlichen Lebenswelt spiritualisiert worden sind, bzw. daß die Verfasser des Formulars, die im Priesterkreis zu suchen sind, Elemente ihrer Theologie in das Gebetslied einbezogen haben – so wie in Ps 3 Aspekte des Königtums rezipiert wurden (siehe dort). Die Einzelfragen werden sich nur in der Textauslegung bei genauer Beachtung der Nuancen erörtern lassen. – Ein Versuch der zeitlichen Einordnung kann angesichts der vielfachen Schwierigkeiten, die sich bei der Situationsbestimmung in den Weg stellen, wohl kaum gewagt werden. Man denkt bisweilen an die in Jes 57,3ff.; 62,11f.; 65,1ff. erkennbaren Verhältnisse und ist dann geneigt, Ps 16 auf die Situation der nachexilischen Diaspora zu beziehen (HGunkel), oder man vermutet eine noch spätere Ansetzung (BDuhm). AWeiser rückt den Psalm in den Zusammenhang des von ihm angenommenen »vorexilischen Bundesfestkultes«. Doch alle Versuche sind auf unsicheren Grund gestellt. Eine vorexilische Abfassung ist – auch von einer wortstatistischen Überprüfung her – nicht auszuschließen.

Zu מכתם s.o.S. 18f. Einl § 4 Nr. 4. Zu לדוד S. 15ff. § 4 Nr. 2. Wort 1
Mit einer Bitte, die sonst für Gebetslieder Verfolgter und die Institu-
tion der Gottesgerichtsbarkeit Aufsuchender charakteristisch ist (vgl.
Ps 11), setzt Ps 16 ein. Das bedeutet auf jeden Fall: das Vertrauen zu
Jahwe ist der konkreten Rettung aus einer bestimmten Notlage erwach-
sen. In 9–11 wird es sich zeigen, daß der Beter in Todesgefahr schwebt.
Verallgemeinernde Auslegungen beeinträchtigen den Sinngehalt des
Liedes. Ein Notleidender flüchtet zu Jahwe (d.h. in das Heiligtum), um
sich bei ihm zu bergen. Zu שמרני vgl. Ps 17,8; 140,5; 141,9. Zu חסיתי: Ps
7,2; 11,1; 25,20; 31,2; 71,1; 141,8; 144,2. Die Verben deuten hin auf die
Asylfunktion des Heiligtums (Ps 61,5). – Zu der schutzsuchenden Bitte in
1 wird in 2 eine vertrauensvolle Anrede an Jahwe hinzugefügt: אדני אתה. 2
Der auf dem Zion thronende Gott ist אדון – so lautet eine seiner Bezeich-
nungen in der kultischen Tradition (s.o.S. 94ff. Einl § 10,1). Der ein-
zelne darf sich an ihn wenden (vgl. Ps 7). Sogleich bekennt der Beter, daß
sein Glück nur bei Jahwe steht. Von Gott erwartet er allein »Gutes«. Er
allein ist des Schutzsuchenden »höchstes Gut«. Diese Worte des Vertrau-
ens erfahren in 5–6 eine nachhaltige Auslegung. Doch ist schon jetzt zu
beachten und zu bedenken, mit welchem Nachdruck die Formulierung
»nur bei dir« mit der Exklusivforderung des 1. Gebots korrespondiert.
»In einer solchen Aussage bahnt sich geradezu eine Unterscheidung zwi-
schen der Erfüllung des Lebens und dem Gottesverhältnis an; denn die
Gemeinschaft mit Gott (8; vgl. Ps 23,6; 27,4) scheint der Beter höher zu
achten als die Gaben des Lebens« (WHSchmidt, Das erste Gebot:
TheolEx 165, 1970, 42).

Bevor 3 im Sinne der oben vorgelegten Übersetzung erklärt wird, ist zunächst im Hinblick auf die mögliche Verbindung der Aussagen in 2 und 3 eine Überlegung anzustellen. Bei der Konjektur des verderbten Textes in 3 sind verschiedentlich Versuche unternommen worden, בל־עליך zu 3 hinzuzuziehen. Diese Versuche befriedigen bisher nicht recht, weil hernach in 4 erhebliche Schwierigkeiten im Verständnis des Kontextes auftreten. – Erwägenswert aber wäre wohl folgender Versuch: setzt man ein mit טובתי בל־עליך und rekonstruiert 3 (im unmittelbaren Anschluß an diesen Einsatz) unter Anlehnung an Ps 73,25, so könnte unter Einbeziehung des Wortes לקדושים übersetzt werden: »Mein Glück (steht) nicht über dir bei den Heiligen.« Nachdem MNoth gezeigt hat, daß man bei den »Heiligen des Höchsten« im Alten Testament doch vorwiegend an himmlische Wesen zu denken habe (MNoth, GesStudzAT 274–290), könnte eine solche Auffassung naheliegen. In Ps 73,25 fragt der Beter: מי־לי בשמים. Im Anschluß an eine solche Rekonstruktion könnte man nun weiter fragen: Ist in Ps 16,3 בארץ fälschlich auf לקדשים bezogen worden? Könnte בארץ vielleicht in einem ursprünglichen Text (wie in Ps 73,25) die komplementäre Parallelaussage bestimmt haben – etwa in dem Sinne: »und an allem, was auf Erden ist, habe ich kein Gefallen«? Dann stünde חפצי dem Worte טובתי gegenüber. Aber wie soll dann 4 verstanden werden? Geht der Beter plötzlich zu den Götzendienern über, die ihr Vertrauen nicht auf Jahwe setzen und deswegen »viele Schmerzen« haben? – Daß die Möglichkeiten einer Textrekonstruktion in 3 von der Auffassung des Wortes לקדושים stark beeinflußt sind, hat auch EZolli erkannt. Er denkt allerdings in einer für das Alte Testament begrifflich nicht zutreffenden Erklärung an die »mächtigen Toten« (im Anschluß an GvdLeeuw, Phänomenologie der Religion, 1933, 111). Die Aussagen in 4ff. werden dann von Zolli ganz auf dieses Verständnis des Begriffs לקדושים bezogen (ThZtschr Basel 6, 1950, 149–150).

3 Wird 3 in Anlehnung an *G* konjiziert, dann handelt es sich um eine Besinnung des Beters auf die Richtung des Heilswirkens und Wohlgefallens Jahwes. Den »Heiligen im Land« wendet er sich zu. Doch wer könnte hier mit קדושים gemeint sein? Es kommen zwei Möglichkeiten in Betracht: 1) Der Begriff קדושים dient als Benennung der חסידים (Ps 34,10, vgl. auch 16,10). Dann müßte übersetzt werden: »die Heiligen im Land«. 2) Die levitischen Priester sind die »Heiligen«, weil Jahwe in ihrer Mitte ist (Nu 16,3). In diesem Fall müßte übersetzt werden: »die Heiligen auf Erden«, denn es wäre an das irdische Gegenbild zu den Jahwe umgebenden und ihm dienenden himmlischen Wesen zu denken. Zur Deutung der Vorstellung von den »Heiligen des Höchsten« als den himmlischen Wesen vgl. SMowinckel, Religion und Kultus (1953) 35; MNoth, »Die Heiligen des Höchsten«: GesStudzAT 274–290. Die zweite Deutung ist die wahrscheinlichere, denn in 4 wird man doch wohl in dem Beter unseres Psalms einen Priester erkennen müssen (s.u.). Auch das (korrigierte) Verbum יַאְדִיר spräche für diese Auffassung. Der Sinn wäre dann folgender: das in 2 ausgesprochene Vertrauen des (priesterlichen) Beters stützt sich auf die Gewißheit, daß Jahwe sich in besonderer Weise den Priestern seiner Umgebung zuwendet und an ihnen seinen Heilswillen (חפץ) verwirklicht. Diese Erklärung des Sinngehaltes kann sich auf die in 5–6 deutlich hervortretende Levitenprärogative berufen (s.u.).

4 Durch die Aussagen in 4 kann man sich nur vorsichtig hindurchtasten. Übergeht man zunächst die Worte ירבו עצבותם אחר מהרו, so wird in 4 deutlich, daß der Psalmsänger kultisch-rituelle Aufgaben zu verrichten hat. Er bringt Trankopfer dar und nennt die Namen fremder Menschen. Hier handelt es sich doch aller Wahrscheinlichkeit nach um priesterliche Funktionen, und zwar um die Libation und die Einholung eines Gottesspruchs für einen anderen (1 S 1,17) bzw. um die Fürbitte für ihn (Nu 12,13). Es ist nun zu fragen, ob der Beter unseres Psalms sich in 4 vielleicht als ein treuer Kultdiener ausweisen will, indem er erklärt – und nun wird man den wahrscheinlich verstümmelten Ansatz von 4 miteinbeziehen müssen –: Die Blutopfer (verbotene Libation von Blut?) der Götzendiener habe ich nicht gespendet, auch ihre Namen (als kultischer Mittler) nicht auf meine Lippen genommen. So verstanden läge 4 in der Nähe des »Reinigungseides«, den hier ein Priester ausspricht. Zum »Reinigungseid« vgl. zu Ps 7,4–6. Aber es könnte auch sein – und nun würde der Akzent auf die Worte ירבו עצבותם אחר מהרו zu legen sein –, daß der Beter

den »Heiligen«, die Jahwe vertrauen, die Götzendiener gegenüberstellt, die sich durch das Umwerben fremder Götter viel Herzeleid bereiten (zu dieser Bedeutung von עצבות vgl. Prv 15,13; Ps 147,3). Dann würde die hernach folgende Aussage in 4 die Bedeutung haben, daß der Beter sich in seinem gesamten Wirken von diesen (nicht auf Jahwe vertrauenden) Menschen streng getrennt weiß. – Nachzutragen ist der Hinweis auf die Schwierigkeiten, die sich angesichts der Aussage über die נסכים ergeben. Denn »höchst eigentümlich ist dabei die singuläre Aussage, daß es sich um נסכים von Blut (מדם) handeln solle« (RRendtorff, Studien zur Geschichte des Opfers im alten Israel: WMANT 24, 1967, 171). Rendtorff äußert den Verdacht, daß der Text zerstört sein könnte. Doch wird zu bedenken sein, daß in Jes 66,3 von einer מנחה von Blut die Rede ist. Es handelt sich in jedem Fall um eine recht diffizile Textstelle.

In 5–6 treten hymnisch durchwirkte Vertrauensäußerungen des 5–6
Psalmsängers hervor. Sie schließen an die Erklärung »mein Glück steht nur bei dir« (2) an. Das in 5–6 nunmehr eröffnete Begriffsfeld sollte sogleich überschaut werden. Wir begegnen den Worten: כוס – מנת־חלקי – גורל – חבל – נחלה. Fast alle diese Begriffe stehen unverkennbar in einem sachlichen Zusammenhang zur Institution der Landverteilung (vgl. Jos 14,4; 15,13; Nu 16,55; Jos 17,5; Nu 18,21; Dt 4,21; Jos 13,23). Nur das Wort כוס scheint aus dem Rahmen der Vorstellung herauszufallen. Doch kann כוס, wenn die kultisch-sakralen Hintergründe dieses Begriffs bedacht werden, soviel wie »Entscheid«, »Los« bedeuten, ohne daß mit dem Bild des Bechers nun ein ganz anderer Anschauungszusammenhang bedacht werden müßte. Zum kultisch-sakralen Hintergrund von כוס vgl. zu Ps 11,6. – Was aber bedeutet es, daß der Beter unseres Psalms sein Vertrauen zu Jahwe plötzlich in der Begriffswelt der Institution der Landverlosung bekundet? Handelt es sich um »urwüchsige, fast kindliche Bilder« (HSchmidt)? Der Sachverhalt liegt tiefer. In Israel wurde in einem sakralen Akt der Auslosung das Land an die Stämme aufgeteilt. Von diesem Vorgang berichtet der zweite Teil des Josua-Buches. Nur Levi war aus diesem Akt der Landverteilung ausgenommen. Dafür erhielt diese Gruppe vor allen anderen Stämmen ein einzigartiges Vorrecht: »Jahwe ist sein Besitz (נחלתו)« Dt 10,9; Jos 13,14; »Ich (Jahwe) bin dein Teil (חלק) und Besitz (נחלה)« Nu 18,20. »Dieser Satz enthält zunächst einfach eine Unterhaltsregel und ist demgemäß ganz materiell zu verstehen; Levi empfängt seinen Unterhalt nicht durch bäuerliche Arbeit; er hat ja keinen Grundbesitz, sondern er lebt von den Anteilen an den Opfern und sonstigen kultischen Abgaben« (GvRad, Theol AT[6] I 417). Es handelt sich also um eine besondere Levitenprärogative, die allerdings schon früh über das rein materielle Verständnis hinausgegangen sein dürfte, da in Israel die נחלה mehr bedeutet als nur »Grundbesitz für den Unterhalt«. Die נחלה ist im weitesten Sinn der von Jahwe geschenkte Lebensgrund. Der Levit hat

also das bedeutsame Privileg, daß ihm dieser von Jahwe geschenkte Lebensgrund nicht in der Heilsgabe des Grundbesitzes, sondern in der Gottesnähe des Heiligtums, in Jahwe selbst, begegnet.

Von hier aus ist zu fragen, ob GvRad Ps 16 richtig versteht, wenn er in der Äußerung »Jahwe ist mein Teil« eine »spirituelle Exegese« des alten Satzes Dt 10,9 oder Nu 18,20 sieht und damit die spezielle Levitenprärogative in einen verallgemeinerten, sekundären, »vergeistigten Asylgedanken« umprägt (TheolAT[6] I 415f.). In Ps 16 spricht doch nicht irgendein Beter, der sich im vergeistigten Sinne die alten Prärogativen der Leviten angeeignet hätte. Hier spricht zunächst der Levit selbst. Und es ist eine zweite Frage, inwieweit sein Vertrauenslied später auch von anderen Kultteilnehmern in dem spirituellen Sinn gesungen und gebetet worden ist. – Wahrscheinlich deutet übrigens die starke Verderbnis des Textes in 3 und 4 auf Eingriffe in einen älteren Textbestand, die in der Geschichte der Überlieferung und Benutzung des – vielleicht sehr alten – Levitenliedes vorgenommen worden sind.

Die Sätze in 5–6 äußern ein letztes, ausschließlich in Jahwe gegründetes Vertrauen. In ihm, in Jahwe, hat der Beter seinen tragenden Lebensgrund empfangen. Das hymnische Partizip תּוֹמִךְ schattet im Vertrauen den Lobpreis ab. Lieblich (נעם) ist das höchste Los: in Jahwes Nähe, in ihm selbst leben zu dürfen (Ps 84,4–5). An dieser Stelle gibt das Alte Testament leise Ansätze zu einer »mystischen« Gemeinschaft mit Gott zu erkennen. Sie liegen in der Eigenart der Levitenprärogative begründet.

7 In 7 tritt der Lobpreis im Stil des individuellen Dankliedes (Gunkel-Begrich, EinlPs § 7) hervor. בָּרֵךְ hatte wohl ursprünglich einmal die Bedeutung: »die Macht der Götter steigern«. Doch in der Bibel spielen diese dynamistischen Verwurzelungen keine Rolle mehr. Hier bedeutet בָּרֵךְ: »jmd. in seiner Machtstellung und in seinem Hoheitsanspruch in aller Form anerkennen« (FHorst, Segen und Segenshandlungen in der Bibel: EvTh Heft 1/2, 1947, 31). Die lobpreisende »Anerkennung« der Macht Jahwes bezieht sich in 7 auf eine hilfreiche Offenbarung Gottes. Jahwe hat dem zu ihm flüchtenden (1) Beter einen Rat gegeben (יעץ). Zur Erklärung dieses Verbs wird man wohl 11 hinzuziehen dürfen: Jahwe hat dem Beter den »Lebensweg kundgetan«; darin besteht der »Rat«. So werden wir also an einen Gottesspruch denken dürfen, den der Sänger unseres Psalms empfangen hat (JBegrich, Das priesterliche Heilsorakel: ZAW 52, 1934, 81–92). Den »Lebensweg« (11) hat Jahwe einem in Todesnot (9–10) Schwebenden kundgetan. 7b wird man aus dem Kontext so verstehen dürfen, daß »das Innere« ständig an die hilfreiche Offenbarung Jahwes erinnert. כליות wird im Alten Testament der Sitz der innersten seelischen Regungen genannt (GvRad, TheolAT[6] I 167; Ps 73,21; Jer 17,10). Diese Erklärung wird durch 8 bestätigt. Es ist die Eigenart des in Ps 16 vorliegenden Vertrauensliedes, daß hier auf der Grundlage einer

einmal geschehenen Gottesoffenbarung (7a.11) eine fortwährende Geborgenheit kundgetan wird.

תמיד = »beständig« lebt der Beter in der Gewißheit der ihm geschenk- 8
ten Gegenwart Jahwes. Wenn er sich nun »Jahwe allzeit vor Augen stellt« (8a), so ist hier nicht an eine visionäre Imagination zu denken.[1] Vielmehr handelt es sich um die stets lebendige und gegenwärtige Erinnerung an das geschehene יעץ (7a). Ob es eine Theophanie gewesen ist, in der Jahwe dem Sänger unseres Psalms begegnete? Und ob dieses Ereignis, in dem das Gotteswort erging, in der Folgezeit immer neu als Halt ergriffen wird? Jedenfalls weiß der Beter Jahwe immerzu gegenwärtig. »Er bleibt zur Rechten.« »Zur Rechten« steht der machtvolle Beschützer (Ps 110,5; 121,5). Zum Verbum מוט vgl. zu Ps 15,5.

Weil Jahwe mit hilfreichem Rat eingriff (7) und stets gegenwärtig ist 9–10
(8), darum tritt mit dem Vertrauen die frohlockende Freude in das Leben des Notleidenden ein – auch wenn der Leib (offenbar auch jetzt noch) vom Tod umdroht ist. Die entscheidende exegetische Frage in 9–10 lautet: Spricht der Sänger von einer Errettung vom Tode oder klingen hier Worte einer Auferstehungshoffnung auf?

Ein orientierender Rückblick auf die Geschichte der Auslegung ist hier am Platze. Im Neuen Testament wird Ps 16,9–10 auf die Auferstehung Jesu Christi bezogen: David »hat vorausschauend geredet über die Auferstehung Christi, daß er weder im Totenreich gelassen worden ist noch sein Fleisch die Verwesung gesehen hat« (Act 2,31; 13,35f.). Diese Erklärung des Neuen Testaments bestimmte die Exegese des Ps 16. Auch Luther und Calvin haben sich eindeutig für die messianisch-christologische Auslegung ausgesprochen. Immerhin sieht Calvin, daß eine andere Interpretation möglich wäre: Man könnte auch an eine innerzeitliche Errettung vom Tod denken. Doch weist Calvin eine solche Auffassung schnell mit folgendem Satz zurück: »Quantula vero et quam ieiuna consolatio haec esset, paulisper respirare, donec mors tandem sine spe salutis nos absorbeat?« – Unter den neueren Forschern glaubte GBeer (Der Biblische Hades: Festschrift für HJHoltzmann, 1902, 27) die spätjüdische Lehre von der Aufnahme der Frommen »ins himmlische Paradies« in Ps 16,10f. gefunden zu haben. Für das Verständnis unserer Stelle im Sinne einer Aussage über die Unsterblichkeit sprechen sich dann folgende Alttestamentler aus: ESellin, RSmend, FBaethgen und (mit gewissen Einschränkungen) RKittel. Zur neuesten Auslegung dieser Art vgl. JJStamm, ThR NF 23/1, 65f. Mit Recht schreibt aber ChrBarth zu diesen Erklärungen: »Alle diese Äußerungen sind schon darum anfechtbar, weil sie keinen Aufschluß darüber geben, was nun eigentlich unter ewigem Leben im Jenseits verstanden werden soll. Bei der Auslegung der Psalmen, in denen dieser Begriff immerhin keine Selbstverständlichkeit ist, wäre der Versuch einer entsprechenden Definition wohl am Platze gewesen. Da eine solche nicht zu finden ist, entsteht der Anschein, als ob diese Exegeten ohne Rücksicht auf Vers 1–9, die

[1] »Nam Deum in conspectu statuere, nihil aliud est quam tenere suos omnes sensus ligatos, ne alio diffluant. Necesse quidem est aliis quam carnis oculis ipsum conspicere: quia raro apparet, nisi supra mundum conscendimus, sed fides tamen nos coërcet, ne tergum ei obvertamus.« Calvin, In librum Psalmorum Commentarius, zu Ps 16,8.

deutlich von diesem Leben handeln, eine Fortsetzung nach dem Tode postulieren wollten« (Die Errettung vom Tode in den individuellen Klage- und Dankliedern, 1947, 154). – Während seit WNowack und BDuhm die Erklärung im Sinne eines Auferstehungs- oder Unsterblichkeitsglaubens immer schärfer bestritten wird (9–10 sprechen nach der Ansicht dieser Forscher ausschließlich von einer Errettung aus der Todesgefahr), bleibt die bemerkenswerte Auslegung von Franz Delitzsch zu beachten: er schreibt zunächst: »Es ist die Hoffnung, nicht zu sterben, welche David Vers 10 ausspricht«; dann aber heißt es weiter: »Das leibliche Nichtsterben ist nur die Außenseite dessen, was David für sich hofft«, nach der Innenseite ist es »Leben aus Gott, mit Gott, in Gott dem Lebendigen«, und zwar im Gegensatz »zum Tode als Zornerweisung Gottes und Abgeschiedenheit von ihm«. Diese kluge Zurückhaltung gegenüber einem pauschalen Auferstehungsverständnis ist bezeichnend für den die Textaussagen gründlich abwägenden Exegeten Franz Delitzsch.

Daß es sich in Ps 16 nicht um Auferstehung oder gar Unsterblichkeit, sondern um Errettung aus einer akuten Todesgefahr handelt, geht aus zwei Beobachtungen hervor: 1) Ps 16 setzt im Stil eines Gebetsliedes mit der Bitte um Bewahrung und Bergung vor der Todesgefahr ein. Es handelt sich also um eine akute Lebensbedrohung, wie sie auch sonst im Zusammenhang mit einer Verfolgung oder Erkrankung geschildert wird. Auch zeigen 7 und 11, daß dem zu Jahwe Fliehenden eine Antwort zuteil geworden ist. Der »Lebensweg« ist ihm gewiesen worden. 2) Die Aussagen über die Errettung vom Tod in 9–10 unterscheiden sich nicht wesentlich von den entsprechenden Schilderungen in anderen Psalmen. Hier hat ChrBarth durch seine Studie »Die Errettung vom Tode« der Psalmenexegese in überzeugender Weise zur Klarheit verholfen. Er kommt in bezug auf Ps 16,9ff. zu der Auffassung: »Der Dichter hofft und vertraut darauf, als Glied der Gemeinde Jahwes durch alle Gefahren hindurch seinen Lebensweg gehen zu können« (154). Im Sinne dieser Erklärung wird man ein sachgemäßes Verständnis des Textes suchen müssen. – Der Beter ist gewiß, daß sein »Fleisch sicher ruht« (9b). בשׂר ist der »körperliche Stoff« der menschlichen Existenz (LKöhler, TheolAT³ 123). Die leibliche Existenz ist also bedroht (1). Doch ist der Beter dessen ganz gewiß, daß sein »Fleisch sicher wohnt«, daß er durch die Gegenwart Jahwes geschützt und geborgen ist. שׁכן לבטח bezieht sich im Alten Testament immer auf das ungestörte Leben in dieser Welt, vor allem aber wird man an das »sichere Wohnen« im Bereich des Heiligtums denken dürfen (Ps 15,1.5). So wird also in erster Linie davon auszugehen sein: Der Beter ist gewiß, daß die große Gefahr, es könnte ein jäher Tod seine Verbindung mit Gott zerreißen, überwunden ist. Doch reicht die Gewißheit, die ihm geschenkt ist, »unendlich viel weiter« (GvRad, Glaubensaussagen vom Leben und vom Tod: Gottes Wirken in Israel, 1974, 263f.). In Jahwes Wirken liegen keine Grenzen. Darum ist auch das Vertrauen zu ihm kein limitiertes Vertrauen. Vgl. HJKraus, Vom Leben und Tod in den Psalmen: Biblisch-theologische Aufsätze (1972) 258–277. Das נפש-Verständnis in 10 tendiert dahin, das preisgegebene, hilfsbedürftige Menschenleben in seiner Hinfälligkeit zu kennzeichnen. Zu נפש s.o.S. 112ff. Einl § 10,4. Der Beter ist gewiß: Jahwe wird die נפש nicht der שאול (vgl. zu Ps 6,6) preisgeben. Die שאול ist als »Unterwelt«: die Un-Welt. Der חסיד wird die Grube nicht schauen. In allen diesen Aussagen liegen beständig die Concretissima des diesseitigen Lebens und der Errettung vor dem drohenden Tod im Vordergrund. Doch ist damit der »unendliche Hintergrund« nicht geschlossen. Die Vertrauensaussagen sind transparent im Blick auf die souveränen Möglichkeiten des Gottes Israels. Grundsätzlich wird das Todesproblem im Alten Testament nicht gelöst, doch ist deutlich, wohin die Aussagen des Vertrauens weisen: Der Mensch ist zum Leben bestimmt. Er erfährt die Befreiungsmacht Jahwes, die keine Grenzen kennt. Vgl. HWWolff, Anthropologie des Alten Testaments (1973) 323f. – Wird der Psalm erklärt im Bezug auf die engeren priesterlichen Vorstellungen, die durch 5f. nahegelegt worden sind, dann wird angenommen werden können, daß ein vom Tod bedrohter Priester im Bekenntnis der für ihn gültigen Levitenprärogative, vor allem aber im Vertrauen auf Jahwes hilfreiche Offenbarung (7), dessen gewiß ist, daß Jahwe sein Leben erhält und vor dem Tod bewahrt. Indessen wird doch auch die unter »Ort« angedeutete, weitere Möglichkeit in die Überlegungen einzubeziehen sein: Es wäre denkbar, daß Vorstellungen und Sprachelemente der Priesterprärogative ein Gebetsformular gestaltet und geprägt haben, das Verfolgte (1), mit ihrem Leben Bedrohte, Kranke und dem Tod Verfallene aufnehmen konnten, um ihre Situation betend auszusagen.

Jahwe weist den Weg zum Leben. Durch die – offenbar noch anhal- 11
tenden – Todesgefahren führt er den Beter hindurch. Da herrscht dann Freude die Fülle in der Nähe Jahwes (vgl. 8). Der Schlußvers spricht von der Wonne der Gottesnähe, die mitten durch den Tod hindurch einen Lebensweg bahnt, der mit Freude beschritten werden kann.[1]

Gehen wir nun von 7 aus: Jahwe hat sich dem schutzsuchenden Beter Ziel
durch einen gnädigen Ratschlag, durch einen hilfreichen Gottesspruch kundgetan. Die Reaktion auf diese zu Herzen gefaßte Offenbarung ist Vertrauen, Gewißheit, Lobpreis und eine beständige Erinnerung an das geschenkte Heil. Die Bekenntnisse der Levitenprärogative (5–6) und die Aussage in 8 suchen das ganze Geheimnis und Wunder der Geborgenheit bei Gott und in Gott darzustellen. Nie kann der Beter vergessen, daß

[1] »Commendat hoc versu incomparabilem fidei fructum, cuius passim meminit Scriptura: nempe quod non modo tranquilli, sed laeti etiam et hilares sub Dei praesidio degimus. Scimus praecipuum beatae vitae caput esse εὐθυμίαν, sicuti nihil infelicius est quam inter varias curas et pavores aestuare.« Calvin, In librum Psalmorum Commentarius, zu Ps 16,9.

Jahwe sich durch sein Wort als der ins Leben weisende (11), gütige Gott kundgetan hat. Er existiert nur aus dem Lebensgrund, der Jahwe selbst ist. – An die Stelle des ביהוה im Alten Testament ist in der Erfüllung des Neuen Bundes das ἐν Χριστῷ getreten. In Christus fallen alle priesterlichen Prärogativen, in denen sich im Alten Testament nur das Mysterium der letzten Gemeinschaft mit Gott abschattete. – Die Bedeutung des die Existenz des Menschen umschließenden Naheseins Gottes stellt der Sänger des Ps 16 im Hinblick auf die konkreten Gefahren heraus, die ihn umdrohen. Das leibliche Leben ist von dem gegenwärtigen Gott umgeben. Und wenn es in 10 heißt: »Du gibst mein Leben nicht preis der Scheol, läßt nicht zu, daß dein Frommer die Grube schaut«, so ist hier »doch sichtlich zunächst nur an eine Bewahrung vor einem bösen Tod gedacht« (GvRad). Jede vorschnelle Spiritualisierung bricht der wesentlichen Aussage unseres Psalms die Spitze ab. Mit Recht macht HGunkel darauf aufmerksam: »Das geschichtliche Verständnis solcher Stellen (vgl. auch Ps 118,17; 49,16) wird durch das Gegenstück in den Dankliedern (wie 9,14; 30,4) über allen Zweifel sichergestellt.« Die Todesmächte dringen auf den Beter ein. Aber er weiß unter dem Spruch Jahwes: Mein Leben ist geborgen, es ist nicht der in diese Welt tief hineingreifenden Todesmacht, der Scheol, preisgegeben – es ist von allen Seiten schützend umschlossen (Ps 139,5). Die konkrete Dimension, die es zuerst zu beachten und in die es einzutreten gilt, hat eine bleibende Bedeutung: »In einer Welt, in der das Überleben immer unwahrscheinlicher zu werden droht, begründet die biblische Einsicht in die Bestimmung des Menschen neue Lebenserwartung« (HWWolff, Anthropologie des Alten Testaments, 1973, 324). Der Mensch ist zum Leben bestimmt. »Du gibst mein Leben nicht preis der Scheol!« In diesem Vertrauen dürfen Menschen leben. So ist das im Christus Jesus ans Licht getretene Leben die das menschliche Leben heute und jetzt umschließende Macht. »Mitten wir im Tode sind von dem Leben umschlossen« (ChrBlumhardt). Der Leib des Menschen wird m i t t e n i n d e r S p h ä r e d e s T o d e s von Gott erhalten und getragen. Daß Gottes Macht auch den Sterbenden d u r c h d e n T o d in das Leben der neuen Welt Gottes hindurchträgt – diese Gewißheit, die in der Auferweckung des Christus Jesus begründet ist, war den Menschen des Alten Testaments noch verborgen. Nur die Kraft des unbegrenzten Vertrauens ließ sie über die letzte Grenze hinweg hoffen. Darum sind die Vertrauensäußerungen des Gebetsliedes durch jene eigenartige Transparenz gekennzeichnet, die dann bei der Gestaltung und Bezeugung der Auferstehungsgewißheit im Neuen Testament eine nicht geringe Rolle gespielt hat (vgl. HWBoers; ASchmitt). In der Sprache des alttestamentlichen Gebetsliedes wird in Apg 2,24ff. die Auferweckung des Christus Jesus kundgetan. Damit aber ist es an den Tag gekommen, daß die Vertrauensäußerungen der Psalmbeter dem urchristlichen Christuszeugnis die

Sprache und die kategorialen Vorstellungen zur Verfügung gestellt haben, in denen auch das Letzte aussagbar wird: Die Auferweckung vom Tod.

Psalm 17
Hilferuf eines unschuldig Verfolgten

HSchmidt, Das Gebet des Angeklagten im Alten Testament: ZAWBeih 49 (1928). – JLindblom, Bemerkungen zu den Psalmen I: ZAW 59 (1943) 1–13. – DGualandi, Salmo 17 (16),13–14: Bibl 37 (1956) 199–208. – JLeveen, The textual Problems of Psalm 17: VT 11 (1961) 48–54. – JvdPloeg, Le psaume XVII et ses problèmes: OTS 14 (1965) 273–295. – LHardouin-Duparc, Je suis là, je t'appelle (Ps 17,6 Is 42,6): Vie Spirit 120 (1969) 129–137. – WBeyerlin, Die Rettung der Bedrängten in den Feindpsalmen der Einzelnen auf institutionelle Zusammenhänge untersucht: FRLANT 99 (1970) 105–111. Literatur

Text

1Ein Gebet Davids.
Höre, Jahwe, 'meine Gerechtigkeit'[a], merke auf mein Schreien,
vernimm mein Gebet von Lippen ohne Trug!
2Von dir geht mein Recht aus.
Deine Augen[b] mögen sehen, was recht ist!
3Du prüfst mein Herz, untersuchst es bei Nacht,
erprobst mich – da findest du keine 'Schandtat an mir'[c].
Nicht wallt über mein Mund[d] 4bei[e] den Taten der Menschen;
auf das Wort deiner Lippen habe ich geachtet.
'Von'[f] den Wegen des Räubers 5'standen ab'[g] meine Schritte,
in deinen Gleisen wankten nicht meine Tritte.
6Ich rufe dich an, denn du erhörst mich, o Gott;
neige dein Ohr zu mir, horch auf mein Wort!
7Erweise Wunder deiner Huld, du Retter derer, die sich bergen
vor den Empörern gegen deine Rechte[h]!
8Behüte mich wie einen Augapfel[i],
birg mich im Schatten deiner Flügel
9vor den Frevlern, die mir Gewalt angetan[j],
meinen Feinden, die mich gierig umstellen!
10'Fett haben sie ihr Herz'[k] verschlossen,
mit ihrem Munde reden sie Vermessenes.
11'Sie lauern mir auf'[l] – nun 'umringen sie mich'[m],
trachten danach, (mich) zu Boden zu werfen.
12Er gleicht dem Löwen, gierig nach Raub,
dem Jungleu, der im Versteck liegt.
13Erhebe dich, Jahwe, tritt ihm entgegen, wirf ihn nieder,
rette mich vor dem Frevler mit deinem Schwert!
14'Ein grausamer Tod'[n] von deiner Hand, Jahwe,
ein grausamer Tod 'beende'[o] ihren Anteil am Leben!
'Was du zugedacht'[p] – (damit) fülle ihren Leib,

daß ihr Söhne (noch) satt werden
und einen Rest ihren Kinden hinterlassen!
15Ich aber will in Gerechtigkeit schauen dein Antlitz,
mich sättigen beim Erwachen an deiner Gestalt.

1 **a** *G* (δικαιοσύνης μου) las צדקי. Oder ist אל־צדקי (Ps 4,2) zu lesen? יהוה צדק
2 in *M* ist ungewöhnlich und kaum ursprünglich. – **b** *M* wird durch den Kontext in
3 3 bestätigt. *G*: οἱ ὀφθαλμοί μου. – **c** Nach der Versanordnung, wie sie auch aus
G α´σ´ *S* erschlossen werden kann, gehört זמתי zu בל־תמצא. Man lese also זִמָּתִי (Ps
18,24). – **d** עבר hier in der Bedeutung »überlaufen« (vgl. Ps 73,7). Die inhaltlich
nicht recht zu klärende Aussage will wohl bedeuten, daß der Psalmbeter sich von
4 jeder Versündigung durch das Wort ferngehalten hat. Vgl. den Kontext in 4. – **e**
Zur möglichen Bedeutung von לְ an dieser Stelle vgl. BrSynt § 107c. – **f** Wird
ארחות פריץ zu 5 hinzugezogen, dann ist תמךְ an dieser Stelle nicht möglich. *M*:
»die Pfade des Räubers hielten fest meine Schritte«. Im verderbten Text würde
eine dem Sinnzusammenhang gemäße Konjektur etwa lauten müssen: »von den
Pfaden des Räubers standen ab meine Schritte«. Das ergäbe folgenden hebrä-
5.7 ischen Text: מֵארחות פריץ תַּעֲמֹד אשורי. – **g** Zu עמד מן vgl. Gn 29,35; Jon 1,15. – **h**
בימינך kann kaum von חוסים abhängig sein; es wird demnach dieses Wort auf
8 ממתקוממים zu beziehen sein. – **i** אישון בת־עין ist hier wohl ein zusammengesetzter
Begriff (Dt 32,10; Prv 7,2 und Thr 2,18). Man wird kaum an zwei Bezeichnungen
9.10 denken können. – **j** שדד wie Prv 13,3; Hi 12,6; 15,21. – **k** *M*: »ihr Fett haben sie
verschlossen«. – Wahrscheinlich ist חֵלֶב לִבָּמוֹ zu lesen: »mit Fett haben sie ihr
11 Herz verschlossen« (vgl. Ps 119,70; Hi 15,27). – **l** Der Text ist schwer verständ-
lich: »unser Schritt – nun haben sie mich (K; Q ›uns‹) umringt«. *G* ἐκβάλλοντές
με orientiert sich am aramäischen אשדוני. *S* אַשְׁרוּנִי. – Vielleicht darf das erste
Wort im par. membr. יְשֻׁרֻנִי »sie spähen nach mir aus«, »sie lauern mir auf« ver-
bessert werden. Die Korrektur bleibt ein Versuch. JLindblom schlägt אשרימו
14 vor: »Jetzt umgeben mich ihre Schritte« (ZAW 59, 1943, 9f.). – **m** K סבבוּנִי. – **n**
Der Vers bereitet Schwierigkeiten – vor allem das zweimal auftretende Wort
ממתים, das wörtlich mit »Männer«, »Menschen« übersetzt werden müßte. Aber
bei diesem Textverständnis bleibt die Wiederholung des Wortes und der Sinnzusammenhang dunkel. Wenn *G* ממתים מחלד mit ἀπὸ ὀλίγων ἀπὸ γῆς übersetzt, dann handelt es sich hier nur um eine notdürftige Kombination (ὀλίγων = מתי in Ps 105,12; γῆς = חלד in Ps 49,2). Alle bisher versuchten Konjekturen sind problematisch. Gut möglich aber wäre es, in ממתים eine Defektivschreibung des pl. intens. מְמוֹתִים (Jer 16,4; Ez 28,8) zu erkennen. Dann könnte z.B. ממתים מידך (happl. מ) gelesen werden: »ein grausamer Tod von deiner Hand«. Bei diesem Verständnis von ממתים würde die nachdrückliche Wiederholung verständlich. – **o** An dieser Stelle wird man nun nach der angebahnten Rekonstruktion des Verses ein Verb erwarten. Stand hier einmal ein imperf. (Jussiv) pi. oder hi. von חדל (Vertauschung der Konsonanten)? – **p** K וּצְפִינְךָ Q וּצְפוּנְךָ.

Form Der zu den Davidspsalmen zählende Ps 17 bietet bei der Frage nach dem Aufbau keine Schwierigkeiten. In 1–2 wird eine Bitte an Jahwe vorgebracht, in 3–5 folgt eine Unschuldsbeteuerung; dann bricht in 6–9 wieder die Bitte durch, die angesichts der Feinde an Gott gerichtet wird 10–12; in 13–14 appelliert der Beter an Jahwes Strafgericht, und 15 schließlich äußert einen Wunsch und eine Gewißheit, die der Psalmsänger für sich selbst hegt. – Nach diesem Überblick sei zunächst das Metrum in Ps 17 beachtet. Die Verse sind nicht gleichförmig und enthalten teilweise in die Textkritik hinübergreifende Probleme. Im Versmaß 4 + 4 sind zu lesen: 1.3bβ–4abα.4bβ–5.6.7.9.13. Das Metrum 4 + 3 kann festgestellt werden in 3abα.8.12.15. Im Versmaß 3 + 3 stehen 2.10, während 3 + 4 in 11 und 14 maßgebend ist. Schwierigkeiten bereitet der zweite Versteil in 14 von וצפינך an. Der textliche Zustand läßt eine metrische Erfassung nicht zu. Andrerseits ist es kaum möglich, vom Metrum aus textkritische Maßnahmen einzuleiten. – Schon die erste Analyse, die sich auf Form und Aufbau des Psalms erstreckt, ergibt mit großer Deutlichkeit, daß wir es in Ps 17 mit einem Gebetslied zu tun haben, das überwiegend durch Bitten gekennzeichnet ist. Zur Formgruppe der תפלה vgl. o.S. 49ff. Einl § 6,2. Das Bittgebet spricht Jahwe in der 2. Pers. an (2ff.6ff.13ff.). Die herkömmliche Gattungsbestimmung, es handle sich um ein »individuelles Klagelied« (Gunkel-Begrich, EinlPs § 6,26), ist nicht zutreffend. Irgendwelche Spuren einer Klage finden sich nicht. Vielmehr wird zu beachten sein, daß in 3–5 die Erklärung der Unschuld in besonderer Weise in den Vordergrund tritt und daß der Beter auf Ankläger und Verfolger sich bezieht. Damit ist eine besondere Situation angezeigt, die eine nähere Erklärung herausfordert. Darauf hat schon HSchmidt (Das Gebet des Angeklagten im Alten Testament, 19f.) aufmerksam gemacht.

Aus einzelnen Aussagen ist die Situation, in der der Beter des Ps 17 sich befindet, zu erkennen bzw. zu erschließen. Wie aus 8 hervorgeht, sucht der Psalmist Zuflucht »im Schatten« der Kerubenflügel (s.u.). Er wird verfolgt und von Feinden umstellt (7.9.11). Die entscheidende Forderung aber wird in 1 laut. Und 2 ist in wörtlicher Übersetzung wiederzugeben: Ort

»Von deinem Angesicht geht mein Rechtsentscheid aus.
Deine Augen schauen, was recht ist.«

Der Bittende, Schutzsuchende erwartet demnach den Gerichtsspruch Jahwes in der kultischen Institution der Gottesgerichtsbarkeit (WBeyerlin, 105ff.). Damit ist eine Situation angezeigt, wie sie auch in Ps 3; 4; 5; 7; 11 u.ö. zugrunde liegt. Offensichtlich erwartet der Sprecher des Psalms eine Weitergewährung des Tempelschutzes (8), erbittet aber vor allem die rettende Rechtsentscheidung (13–14). Aus 15 geht hervor, daß der Schutzsuchende im Tempel übernachtet (vgl. Ps 3,6), ja daß er sich zu einer »Inkubation« niedergelegt und sein Inneres – im Schlaf – der Prüfung durch Jahwe geöffnet hat (SMowinckel; HSchmidt). Vor allem in 2f. wird die Bitte um Prüfung laut (vgl. Ps 139). Ob man deswegen von einem »Inkubationsgebet« sprechen kann, wird zu prüfen sein. – Über die Abfassungszeit des Psalms ist schwerlich eine einigermaßen zutreffende Auskunft zu geben. Nicht unbedingt ist eine Spätansetzung geraten; keineswegs mit der Behauptung, aus 5 sei zu folgern, der Beter gehöre zu den strengen, gesetzestreuen Juden alttestamentlicher Spätzeit (HDuhm). Vielmehr wird doch anzunehmen sein, daß der Psalm zu den Kulttraditionen Jerusalems gehört (vgl. 8) und der Institution der Gottesgerichtsbarkeit als Gebetsformular zugeordnet war. Damit ist aber zugleich die Perspektive der Überlieferung aufgetan, und es ergibt sich die Frage, in welchem Maß Ps 17 auf die Institution noch bezogen werden kann und ob nicht an ein spiritualisierendes Herauswachsen des Gebetsliedes aus den kultischen Zusammenhängen gedacht werden muß.

GvRad hat gemeint, die Aussage in 8 habe sich aus einer konkreten Kultbeziehung gelöst; sie sei im »vergeistigten Sinn« in die allgemeine Gebetssprache eingegangen (TheolAT[6] I 415). Als Parallelen werden genannt: Ps 57,2; 59,17; 61,5; 64,11. Dagegen erklärt WBeyerlin: Es »entspricht der Text des 17. Psalms so vollkommen einem nach verschiedenen Akten gegliederten institutionellen Gottesgerichtsverfahrens, daß seine Zuordnung zu einem solchen Verfahren recht wahrscheinlich erscheint. Ein von ihm losgelöstes Psalmgedicht würde schwerlich noch die Konturen der einzelnen Verfahrensakte so unverwischt und scharf voneinander unterschieden nachzeichnen. Wohl läßt sich von den einzelnen Motiven im vorliegenden Psalmtext sagen, sie seien vom institutionellen Wurzelboden abgelöst und, im vergeistigten Sinne verstanden, als Element der allgemeinen Gebetssprache gebraucht. Von einer in sich wohlgefügten Folge mehrerer noch immer scharf umrissener Motive läßt sich dergleichen weit weniger behaupten. Hier liegt tatsächlich die Annahme unverminderter Institutionsbindung näher« (107). Das damit angezeigte Problem bedürfte einer ausführlichen und umfassenden Klärung. Doch wird die Alternative nicht so schroff vollzogen werden können, wie es hier geschieht. Schließlich ist davon auszugehen, daß auch die im Boden des Kultus verwurzelten Psalmen im Prozeß ihrer Rezeption als Gebetslieder aus ihrem ursprünglichen Grund gelöst worden sind. Auch wenn man meint, im kombinatorischen Verfahren eine »wohlgefügte Folge« auf die Institution bezogener Szenen und Motive feststellen zu können, so bleibt es doch letztlich ein hartes Faktum, daß in der Sammlung der Psalmen keine wirklichen Rituale überliefert werden. Hier sind der kultorientierten Forschung Grenzen gesetzt, die gerade dann nicht überschritten oder vergessen werden sollten, wenn im kombinatorischen Verfahren Schlüsse gezogen und Abläufe rekonstruiert werden. An diesem Punkt unterscheiden sich die Psalmen des Alten Testaments wesentlich von den aus der Umwelt uns bekannten Kulttexten.

Wort 1–2 Zu תפלה vgl. o.S. 21 Einl § 4 Nr. 8. Zu לדוד S. 15ff. § 4 Nr. 2.

Bittend tritt der verfolgte Beter vor Jahwe, der in seiner Gottheit der Inbegriff von צדק ist. Er ist אלהי צדקי Ps 4,2. Der Begriff צדק in 1 impliziert hier das in 2a Ausgesagte: מלפניך משפטי יצא. Jahwe ist der Gott, der verwirrte Situationen durch heilsames Eingreifen wieder in die Ordnung bringt. Der Appell an seine »Gerechtigkeit« ist ein Ruf nach seinem heilsamen Rechtsspruch. In dieser eindringlichen Bitte läßt der Psalmsänger bereits erkennen, daß er unschuldig ist. Seine תפלה kommt »von Lippen ohne Trug« – so bekennt er. Aus 2 geht deutlich hervor, daß der unschuldig Verfolgte auf einen Gottesspruch wartet. In undurchsichtigen Rechtslagen sucht der Israelit das Heiligtum auf (Dt 17,8–11; 1 Kö 8,31ff.). Angesichts feindlicher Verfolgungen und Anklagen hofft der Beter auf den Freispruch Jahwes, auf seinen Rechtsspruch. Doch Voraussetzung ist, daß der Hilfesuchende sich Gott völlig ausliefert. Er verweist auf seine Gerechtigkeit, also auf seine Unschuld. Mit »Selbstgerechtigkeit« hat die Aussage nichts zu tun; sie bezieht sich vielmehr auf eine konkrete Anschuldigung, unter der das Leben des Verfolgten bedroht ist. Doch was Gerechtigkeit ist, ob der aus tiefster Not schreiende Beter als צדיק erklärt wird, das bestimmt allein Jahwe. Aus dem hinter Ez 18,5ff. stehenden Ritual, aus Gn 15,6 und Dt 6,25 ist dies deutlich zu ersehen. Darum wartet und hofft der Bittende auch darauf, daß sein Recht von Jahwe »ausgehen«, d.h. in einer manifesten Deklaration an den Tag kommen möge (vgl. Ps 37,6). Es ist in dieser Situation der umstrittenen, angefochtenen Gerechtigkeit – und davon handelt Ps 17 – alles von der konkreten Offenbarung Gottes abhängig, von seinem Spruch, von seiner Erklärung. Der Hinweis auf die eigene Gerechtigkeit und Unschuld kann demnach im Gebet nur auf der Seite der Bitte zum Ausdruck kommen. Erklärung und Zuspruch der צדקה sind freier Gnadenerweis des Gottes Israels. Doch hinsichtlich der konkreten Anschuldigungen, die den Schutzsuchenden getroffen haben, wird in der völligen Selbstauslieferung die Prüfung durch die Augen Jahwes erbeten.

Es ist möglich, ja sogar wahrscheinlich, daß die Prüfung des Beschul- 3–5
digten während der Tempelinkubation geschah (vgl. 15). Doch entscheidend ist, was geschieht. Vertrauensvolle Anrede an Jahwe tut kund, daß der Verfolgte sich von Jahwe durchschaut weiß. Gott »prüft« die Mitte menschlicher Existenz, das Zentrum allen Denkens, Sinnens, Planens und Tuns: das Herz (לב). Dieses »Prüfen« ist ein Einblicknehmen in die Tiefen des Sinnens und ein »Erproben« (צרף) der Gedanken. Es geschieht dieses בחן und צרף in der Nacht. Hier darf man wohl an eine Inkubation an heiliger Stätte denken. Der gegenwärtige Gott sucht den sich ihm ausliefernden Beter heim und »untersucht« ihn; beide Momente (heimsuchen, untersuchen) liegen in der Wurzel פקד. Es herrscht wohl die Vorstellung, als habe der Mensch im nächtlichen Schlaf nicht mehr die Möglichkeit, seine Gedanken zu verbergen.[1] Das Innere ist aufgedeckt. Diese Selbstdarstellung des Menschen in einer Tempelinkubation wird neben dem Reinigungseid (vgl. zu Ps 7,4–6) eine wichtige Rolle bei

[1] »Tempus noctis in Dei visitatione exprimit, quia ubi quis subductus est ab hominum oculis, clarius videt quae alioqui laterent vitia: sicuti rursum hominum conspectus pudore vitia nostra obducit: acsi dixisset: Domine, quum noctis tenebrae conscientiam sublatis integumentis magis aperiant, et tunc sine testibus et arbitris liberius se proferant affectus, si eo articulo me examines, nihil in corde meo reperietur perfidiae.« Calvin, In librum Psalmorum Commentarius, zu Ps 17,3.

der Einholung eines Gottesurteils gespielt haben. Der unschuldig Verfolgte ist gewiß: »Du findest keine Schandtat an mir.« Diese Erklärung kann man nicht mit HHerkenne unter Anleitung eines theologisch umfassenden Unschuldbegriffs als »juridisch und relativ« bezeichnen. Damit würde man den letzten Ernst jener Beteuerung verkennen, die vor Jahwe geäußert wird. Es geht in dem »juridischen« Vorgang jeweils um Ereignisse von lebenbestimmender Konsequenz. Die Feinde (10–12) wollen den Psalmbeter von Jahwe scheiden, ihn als רשע deklarieren und verstoßen. Immer handelt es sich in den »juridischen und relativen« Vorgängen um etwas Letztes: um die Gemeinschaft mit Gott. – Wenn sich nun der Beter näher zu seiner Unschuld äußert, so geschieht dies zunächst in negativer, hernach in positiver Formulierung. »Nicht kommt es über meinen Mund bei den Taten der Menschen.« Diese Beteuerung will offenbar besagen, daß der Beter sich nicht vergangen hat in seinem Reden. »Ich breche nicht in hitzige Worte aus. Der Dichter denkt an die Versuchung zu besinnungslosen, bitteren Worten, die die Taten der Feinde veranlassen können« (JLindblom, ZAW 59, 1943, 8). Will diese Erklärung darauf hinweisen, daß der Beter sich nicht selbst geholfen hat? Daß er dem Urteil Gottes nicht vorgriff mit einem Fluchwort? Die positive Aussage in 4 weist demgegenüber darauf hin, daß der Verfolgte die Worte Jahwes stets beachtet hat. Es ist hier wohl an die Willenskundgebung Gottes in der Thora zu denken. Mit 4bβ setzt dann wieder eine negative Aussage ein, auf die erneut eine positive Erklärung folgt. Man wird diesen Parallelismus zweier jeweils negativ und dann positiv gerichteter Beteuerungen beachten müssen.

Unter Beachtung dieses Parallelismus erscheint es zweifelhaft, ob JLindblom recht hat, wenn er in der textkritischen Rekonstruktion von 4bβ und 5a von der Voraussetzung ausgeht, daß hier nur noch positive Beteuerungen vorliegen. Lindblom hält ארחות פריץ für eine »in den Text eingedrungene Randglosse« und stellt damit in 5 einen inhaltlich positiven Doppeldreier her.

In 4bβ und 5 bekennt der Beter, daß er »auf den Wegen des Räubers« nicht gewandelt sei. Wahrscheinlich handelt es sich hier um die Zurückweisung einer konkreten Anschuldigung, die gegen den Verfolgten vorgebracht worden ist. Hat man dem Beter vorgeworfen, daß er geraubt hat? Der Angeschuldigte bekennt: »In deinen Gleisen wankten nicht meine Tritte« – d.h.: ich wich von dem durch deinen Willen gewiesenen Weg nicht ab. Die Beteuerungen erinnern inhaltlich an den »Reinigungseid « (vgl. zu Ps 7,4–6), sind jedoch in ihrer Formensprache anders strukturiert. Der dezidierten Zurückweisung folgt jeweils eine Loyalitätserklärung zu Jahwes Rechtswillen.

6–9 Nun bittet der Psalmsänger in 6–9 um Jahwes Aufmerken und Einschreiten. Er ist gewiß: כי־תענני אל. Das hilfreiche Eingreifen Gottes, das in 2 unter der Formulierung stand: מלפניך משפטי יצא, wird nun mit den Worten erbeten: הפלה חסדיך. חסד bezeichnet ein gütiges Verhalten, das in spontaner Liebe Verbundenheit betätigt: NGlueck, Das Wort חֶסֶד im alttestamentlichen Sprachgebrauch: ZAWBeih 47 (1927); HJStoebe, Die Bedeutung des Wortes חֶסֶד im Alten Testament: VT 2 (1952) 244 bis 254. Dieses Einschreiten Jahwes, durch das er seine huldvolle Verbundenheit mit dem unschuldig Verfolgten erweist, ist ein wunderbares Geschehen. Die Wurzel פלא bezeichnet das Ungewöhnliche, Außerordentliche (KBL 759). In der Bitte um das wunderbare Eingreifen wird Jahwe מושיע חוסים genannt. Damit wird auf eine ständige Wirksamkeit Gottes hingewiesen. Er »schafft Raum« (zu dieser Bedeutung von ישע vgl. zu Ps 3,3) denen, die sich in Not und Angst bei ihm bergen. Die Armen und Hilflosen finden bei Jahwe Schutz (s.o.S. 108ff. Einl § 10,3). Die Widersacher des unschuldig Verfolgten, in 9b איבי genannt, werden in 7b als מתקוממים bezeichnet – als »Empörer« gegen Jahwes Macht (בימינך). 8 gibt dann die Asylfunktion des Heiligtums zu erkennen. Der Verfolgte bittet im Schutzbereich Jahwes um behutsame und aufmerksame Beachtung (»wie ein Augapfel«) und will sich decken unter dem Schatten der Flügel Gottes. צל ist in der altorientalischen Bildsprache ein Ausdruck für den unmittelbaren Schutzbezirk. Wer im »Schatten des Königs« lebt, erfreut sich seiner Schutzmacht (vgl. neben vielen ägyptischen Texten: Thr 4,20). Der Begriff כנפיך bezieht sich wohl auf die über der Lade ausgeschwungenen Flügel der Keruben, die als Symbol des Gottesschutzes gelten (Ps 36,8; 63,8). Die Beziehung dieser Aussage auf das Allerheiligste des Tempels, in dem die Keruben sich befanden, ist unschwer zu erkennen (vgl. vor allem: Ps 80,2). Vgl. JMaier, Das altisraelitische Ladeheiligtum: ZAWBeih (1965) 53f.; MHaran, The Ark and the Cherubim: IEJ 9 (1959) 30–38; REClements, God and Temple (1965) 31. Doch konnte sich diese bildhafte Redeweise in späterer Rezeption des Gebetsliedes in vergeistigter Form durchsetzen (s.o.). – In 9 tritt die Situation der Bedrohung durch die Feinde deutlich ins Licht. Zu den Aussagen über die »Feinde« s.o.S. 112ff. Einl § 10,4. Die Verfolger umstellen den Beschuldigten und dringen auf ihn ein. Ihr Fanatismus, ihre »Gier« wird mit dem Wort בנפש angezeigt, wobei hier die ursprüngliche Bedeutungsnuance von נפש gut erkennbar ist: »Schlund«, »Gier« (Jes 56,11; Ez 7,19). Vgl. HWWolff, Anthropologie des Alten Testaments (1973) 25ff.

In seinem Bittgebet legt der Psalmsänger in 10–12 eine Schilderung 10–12
des Treibens seiner Feinde vor. Kennzeichnend für die Verfolger ist die gefühllose Verschlossenheit (חלב לבמו) und die stolze Selbstsicherheit des Redens (פימו דברו בגאות vgl. Ps 73,9). Die in 9 schon anklingende Nachstellung wird dann in 11 und 12 noch eindringlicher dargestellt. Der Verfolger gleicht dem beutehungrigen Löwen (vgl. Ps 10,8–10). Durch diese

Schilderung des feindlichen Treibens soll Jahwe zum schnellen Eingreifen bewegt werden. Darum geht nun auch (wie in Ps 10,12) der Beter sogleich über zum Appell an Jahwe.

13.14 קומה יהוה lautet der Anruf an den Richter (vgl. zu Ps 7.7). Jahwe möge einschreiten und den רשע zurückwerfen. Wie man auch den textlich schwierigen Vers 14 rekonstruieren mag, unzweifelhaft handelt es sich hier um die Bitte, Jahwe möge als Richter ein Urteil über die Feinde des Beters vollstrecken. Liest man ממתים als Defektivschreibung im Sinne der textkritischen Bemerkungen (s.o.), dann erbittet der Psalmbeter den Tod seiner Verfolger – wobei der zweite Teil in 14 vielleicht der Vorstellung vom tödlichen Gift des Ordal entlehnt ist (Nu 5,19ff.). Das göttliche Todesurteil soll aber nicht nur auf die Verfolger, sondern auch auf deren Nachkommen sich auswirken (14b). Zu diesem Gericht, das über Generationen wirksam ist, vgl. Ex 20,5. – Man wird nun bedenken müssen, daß die übliche Auffassung der Bitte in 14 unter dem Gesichtspunkt der Rache nicht zutreffend ist. Es handelt sich in Ps 17 nicht darum, daß ein Mensch seiner Rachsucht vor Gott Raum gibt. Ein Verfolgter fleht um sein Recht (2) und um den Erweis der Huld Jahwes (7). Im Alten Testament fallen die Entscheidungen in dieser Welt. Der Erweis des Eingreifens Gottes wird in der vollen Diesseitigkeit angetreten und immer neu als Wunder (7) erhofft. Die Appellation an das richterliche Einschreiten Jahwes hat darum im Alten Testament den Charakter einer Letztgültigkeit, an der alles hängt. Man wird demnach aus der neutestamentlichen Perspektive heraus dem »rachsüchtigen Haß« nicht eine »versöhnliche Liebe« gegenüberstellen dürfen. Solche Konfrontationen entspringen meist einem nicht-theologisch begründeten Interesse an der Herausstellung des Dualismus »Altes Testament – Neues Testament«. Vielmehr sind die Gerichtsappellationen und -bitten (vom Neuen Testament aus betrachtet) Präludien des Letzten Gerichtes. Die alttestamentlichen Beter sind dessen gewiß, daß die Richtmacht Jahwes mitten in das Leben hineinwirkt. Die Verfolgten und Hilflosen bitten darum, daß Gott ein Zeichen seines rettenden Tuns und zugleich eine Schranke gegenüber aller Freveltat sichtbar werden läßt. Sie glauben, daß Gott Herr in dieser Welt ist und daß der רשע sein Lebensrecht im Machtbereich Jahwes verwirkt habe, denn es handelt sich ja doch bei den רשעים um Glieder Israels.

15 Geschieht es nun, daß der klärende Rechtsspruch von Jahwe ausgeht (משפט יצא 2) und daß Gott wunderbare Huld erweist (הפלה חסד 7), dann steht der Beter בצדק – er befindet sich im Heilsbereich (KKoch, *Sdq* im Alten Testament; Diss. Heidelberg 1953, 38). Der Psalmsänger äußert den Wunsch und die Hoffnung, daß er בצדק, als der von Jahwe Begnadigte, Gottes Angesicht schaut. Der Parallelbegriff zu פניך ist תמונתך. Das

»Gott schauen« bezieht sich also auf eine konkrete Gestalt (Nu 12,8). Hier wird also offensichtlich an eine Theophanie etwa im Sinne von Jes 6,1ff. gedacht. בהקיץ aber ist nun wohl mit לילה (3) in Verbindung zu bringen. Am Morgen nach der Nacht der Gottesprüfung möchte der Beschuldigte und Verfolgte sich sättigen an der äußersten Begegnung mit Jahwe in einer Theophanie.

Die Auslegung des Verses 15 war je und je heftig umstritten. Man dachte in der Geschichte der Auslegung früher meist an die Auferstehung am Jüngsten Tage. Luther erklärt: »Et pulchre verbum resurrectionis posuit ›cum evigilavero‹, scilicet a somno mortis, ut non in hac, sed in futura vita sacietatem nostram esse doceat« WA 5; 489, 39f. Calvin hingegen erkannte schon, daß diese – weithin übliche – Auslegung nicht möglich ist. Er versteht unter dem Schlaf, aus dem der Beter erwachen und Gott schauen möchte, die Ermattung der akuten Anfechtung: »Verum mihi aptius videtur, referre verbum ›evigilandi‹ ad Davidem, ut tantundem valeat ac respirare a tristitia. Etsi enim stupore nunquam fuerat oppressus, fieri tamen non potuit quin post longam fatigationem quasi sopitus iaceret. Neque enim omnes conflictus tam animose sustinent ac repellunt. Sancti, quin pro carnis infirmitate languescant ad tempus, vel tanquam offusis tenebris expavescant, hanc igitur perturbationem David sopori comparat«: In librum Psalmorum Commentarius. – Daß große Schwierigkeiten bestehen, Ps 17,15 auf die Auferstehung zu beziehen, hat auch Franz Delitzsch erkannt. Er spricht sich aber dennoch für eine solche Erklärung aus: »Daß alle, die in den Gräbern liegen, dereinst die Stimme des Totenerweckers hören werden, wie in der nachexilischen Zeit Dan 12,2 gelehrt wird, wußte David freilich noch nicht. Aber warum soll diese Offenbarungswahrheit, welcher die Prophetie Jes 26,19; Ez 37,1–14 in Riesenschritten zuschreitet, nicht auch schon in den Psalmen Davids, wie später in dem Buche Hiob, als kühnes Postulat des Glaubens, als aus der trostlosen Vorstellung vom Scheol losgerungene Hoffnung vernehmbar werden?« – Während man nun in neuerer Zeit vielfach textkritische Eingriffe vornahm, um das schwierige בהקיץ sinngemäß zu erklären, haben SMowinckel und HSchmidt die Exegese, es handle sich um den Morgen nach der Inkubation, vorbereitet. – Gegen diese Deutung wendet sich JLindblom, indem er אחזה פניך in dem Sinne versteht: »Ich will das Leben in seiner Fülle genießen« (vgl. Hi 33,25f.). Diese Auffassung läßt sich aber angesichts des parallelen תמונתך nicht halten. Auch kann die allgemeine Vorstellung vom gnadenvollen Eingreifen Gottes am Morgen (Thr 3,23; Ps 30,6; 46,6) bei der Interpretation von 15 nicht weiterhelfen, da diese allgemeine Vorstellung wahrscheinlich gerade dem konkreten Vorgang des in der Frühe ergehenden Gottesspruchs erwachsen ist (gegen JLindblom, ZAW 59, 1943, 12).

Auf die theologischen Hauptfragen zum Gebetslied des unschuldig Angeklagten und Verfolgten sei unter Hinweis auf die »Ziel«-Ausführungen zu Ps 7 zunächst aufmerksam gemacht. Charakteristisch für Ps 17 sind die einzelnen Formulierungen, in denen der Beter seine Unschuld beteuert und um Gottes Einschreiten bittet. Die Psalmaussagen kulminieren in der Bitte um das Gericht über die Feinde (14) und in dem Wunsche, Jahwes Angesicht in Gerechtigkeit zu schauen. Das betonte אני in 15 rückt das eigene Schicksal in einen scharfen Gegensatz zum Schick- Ziel sal der Feinde. Dem »grausamen Tod« (ממתים) der Gerichteten als dem tiefsten Verwerfungsurteil steht als höchstes Glück des Begnadigten das »Gott Schauen« gegenüber. Von hier aus betrachtet ist es verständlich, wenn die mit neutestamentlichen Kategorien auslegende Exegese dieses »höchste Glück« als etwas Letztes, die Auferstehung Ankündigendes ansah. Die Erklärer können sich auf ApcJoh 22,4 berufen. Für das Verständnis der alttestamentlichen Gegebenheiten aber wäre es wichtig, die Realpräsenz des Letzten Gerichtes und der letzten Begnadigung im diesseitigen Leben zu erkennen.

Psalm 18
Danklied des Königs nach siegreichem Kampf

Literatur EBaumann, Struktur-Untersuchungen im Psalter I: ZAW 61 (1945/48) 131 bis 136. – FMCross/DNFreedman, A Royal Song of Thanksgiving: JBL 72 (1953) 16ff. – FSchnutenhaus, Das Kommen und Erscheinen Gottes im Alten Testament: ZAW 76 (1964) 1–21. – JJeremias, Theophanie. Die Geschichte einer alttestamentlichen Gattung: WMANT 10 (1965). – GSchuttermayr, Studien zum Text der Psalmen 9/10 und 18. Probleme der Textkritik und Übersetzung und das Psalterium Pianum: Diss. München (1966). – DEichhorn, Gott als Fels, Burg und Zuflucht: EHS.T4 (1972) 30ff.

Text **1Dem Chorleiter. Vom Knechte Jahwes. Von David, der zu Jahwe die Worte dieses Liedes sprach – am Tage, da Jahwe ihn errettete aus der Hand aller seiner Feinde und aus der Hand[a] Sauls.**

2Und er sprach:
»Ich will dich ‘erheben’[b], Jahwe, meine Stärke,
3‘ ’[c] mein Fels, meine Burg, mein Retter,
mein Gott, mein Hort, zu dem ich flüchte,
mein Schild und Horn meines Heils‘ ’[d]«.
4‘Durchbohrt’[e] rief ich zu Jahwe –
und ward vor meinen Feinden errettet.
5Es hatten mich ‘Wogen’[f] des Todes umgeben
und Ströme des Verderbens erschreckt.
6Schlingen der Scheol umfingen mich,
es überfielen mich Fallen des Todes.
7In meiner Not rief ich zu Jahwe
und schrie zu meinem Gott.
Er hörte aus seinem Tempel mein Rufen,
und mein Schrei ‘ ’[g] drang an seine Ohren.
8Da wankte und schwankte die Erde,
die Grundfesten der Erde erbebten
– und sie schwankten, denn er war zornig –[h].

9 Rauch stieg auf aus seiner Nase,
und Feuer drang verzehrend aus seinem Mund
– Kohlenglut brannte vor ihm her –[i].
10 Er neigte den Himmel und fuhr herab,
Wolkendunkel zu seinen Füßen.
11 Er fuhr auf dem Kerub fliegend daher
und schwebte auf des Sturmes Flügeln.
12 Er machte Finsternis zu seiner Verhüllung ‘’[j],
zu seiner Hütte Wasserdunkel ‘’[k].
13 Aus dem Glanz vor ihm her ‘’[l] kamen
Hagel und feurige Kohlen.
14 Den Donner ließ Jahwe im Himmel dröhnen,
der Höchste ließ seine Stimme erschallen ‘’[m].
15 Er schoß seine Pfeile und streute sie aus,
‘schleuderte’[n] Blitze und jagte sie hin.
16 Da wurden sichtbar die Tiefen des ‘Meeres’[o],
es lagen bloß die Grundlagen der Erde –
vor deinem Schelten, Jahwe,
vor dem Schnauben des Sturms deines Zorns.
17 Er griff herab aus der Höhe, faßte mich,
zog mich heraus aus großen Wassern.
18 Er rettete mich vor ‘meinen Feinden, die stark waren’[p],
vor meinen Hassern, die mächtiger als ich.
19 Sie überfielen mich am Tage meines Unglücks,
doch Jahwe wurde mir zur Stütze.
20 Er führte mich heraus ins Weite,
errettete mich, denn er hatte Wohlgefallen an mir[q].
21 Jahwe handelte an mir nach meiner Gerechtigkeit,
nach meiner Hände Reinheit vergalt er mir.
22 Fürwahr, Jahwes Wege hielt ich inne,
fiel nicht ab von meinem Gott.
23 Fürwahr, all seine Rechte standen vor mir,
und seine Gebote wies ich nicht von mir.
24 Auch war ich untadlig vor ihm
und hütete mich vor Frevel.
25 Da vergalt mir Jahwe nach meiner Gerechtigkeit,
nach der Reinheit meiner Hände vor seinen Augen.
26 Gegen den Frommen[r] erzeigst du dich huldvoll,
gegen den aufrichtigen ‘Mann’[s] lauter.
27 An den Reinen erweist du dich als rein,
doch an den Falschen als verkehrt.
28 Ja, du bist ‘’[t] meine Leuchte, Jahwe.
Mein Gott erhellt mir das Dunkel.
30 Denn mit dir erstürme ich Mauern,
und mit meinem Gott überspringe ich Wälle.
31 Gott – sein Weg ist vollkommen,
das Wort Jahwes ist lauter.

Ein Schild ist er allen, die sich bergen bei ihm.
32Denn wer ist Gott außer Jahwe?
Und wer ein Fels? – Doch nur unser Gott!
33Gott – er gürtete[u] mich mit Kraft,
er machte untadlig meinen Weg.
34Er machte meine Füße den Hinden gleich,
und auf (meine) Höhen ließ er mich treten.
35Er lehrte meine Hände den Kampf,
daß meine Arme den ehernen[v] Bogen spannten.
36Du gabst mir den Schild deiner Hilfe,
– deine Rechte stützte mich –[w],
'dein Zuspruch'[x] machte mich stark.
37Du schufest Raum meinem Schritt, den ich tat,
und meine Knöchel wankten nicht.
38Ich verfolgte meine Feinde und holte sie ein
und kehrte nicht um, bis ich sie vernichtet.
39Ich zerschlug sie, sie konnten nicht aufstehn,
sie fielen unter meine Füße.
40Du gürtetest mich mit Macht zum Kampf,
zwangst meine Gegner unter mich.
41Meine Feinde mußten mir den Rücken kehren,
meine Hasser konnte ich vernichten.
42Sie schrien – doch da war kein Retter,
'zu'[y] Jahwe, er erhörte sie nicht.
43Ich zerrieb sie wie Staub vor dem Winde,
'zertrat sie'[z] wie Kot auf der Gasse.
44Du hast mich gerettet aus 'zahllosem'[aa] Heer,
setztest mich zum Haupt der Nationen.
Völker, die ich nicht kannte, wurden mir dienstbar –
45sobald sie von mir hörten, gehorchten sie mir ''[bb].
46Die Söhne der Fremde verschmachten
und zittern aus ihren Kerkern.
47Jahwe lebt! Gepriesen mein Fels!
Erhaben der Gott meines Heils!
48Gott – er gewährte mir Rache,
zwang Völker unter mich.
49Er rettete mich vor meinen zornigen Feinden,
erhöhte mich über meine Gegner,
entriß mich dem Manne der Gewalt.
50Darum will ich dich preisen
unter den Völkern, Jahwe,
und deinem Namen singen.
51Er verlieh seinem König große Hilfe
und erwies Huld seinem Gesalbten:
David und seinem Samen für immer.

a 2 S 22,1: מִכַּף. ומיד könnte die Bedeutung »und insbesondere« haben (Ges-K 1
§ 154a). – **b** רחם ist als Ausdruck der Liebe zu Gott nur an dieser Stelle im Alten 2
Testament belegt und darum fraglich. Dem hymnischen Einsatz des Dankliedes
(s.u. zu »Form«) entspräche das in Ps 30,2; 145,1; Jes 25,1 nachweisbare Verb
אֲרֹמִמְךָ. Im Textbestand und in der Anordnung der Parallelverse differieren Ps 18
und 2 S 22 zu Beginn. Während in 2 S 22 der Halbvers ארחמך יהוה חזקי (Ps 18,2)
fehlt, vermißt man in Ps 18 das Versstück ומנוסי משׁעי מחמס תשׁעני (2 S 22,3bβ). –
c 2 S 22,2 beginnt mit der Anrede יהוה, die im Text Ps 18,3 störend wirkt, weil 3
hier alle Substantive in 3 einschließlich חזקי in 2 Appositionen zu יהוה in 2 sind. –
d Da der Ps 18 metrisch fast durchgehend vom Doppeldreier bestimmt wird
(s.u.), ist משׂגבי als innertextliche Variante wohl mtr.cs. auszuscheiden. – **e** *M* 4
מְהֻלָּל »gepriesen« ist syntaktisch, auch sachlich kaum möglich. Man wird 4 in
Entsprechung zu 7 rekonstruieren müssen. Vielleicht wird man מְחֹלָל (Jes 53,5)
lesen dürfen. Eine solche Aussage entspräche den Schilderungen in 5ff. Die Kor-
rektur מִמְּהֹלְלַי ist eine blasse, schulmäßige Ergänzung zum parallelen Wort
מן־איבי. – **f** חבלי־מות »Schlingen des Todes« ist eine im Alten Testament häufig 5
auftretende cstr.-Verbindung, die an dieser Stelle wohl durch חבלי־שׁאול (6) ver-
ursacht worden ist. Der par. membr. und 2 S 22,5 legen eine Verbesserung nahe.
Statt חבלי ist מִשְׁבְּרֵי zu lesen. – **g** לפני fehlt in 2 S 22,7 und ist als störende Hinzu- 7
fügung zu streichen. – **h** Daß es sich in 8b um eine Glosse handelt, ist nicht nur 8
aus dem erklärenden und belehrenden Charakter der Aussage zu entnehmen,
sondern auch aus der auffallenden Sprengung des Doppeldreiers. – **i** Auch hier 9
handelt es sich wohl um eine ergänzende Hinzufügung. – **j** Der Text in 12 ist ei- 12
genartig überfüllt und in seinem Wortbestand unsicher. In 2 S 22,12 fehlt סתרו;
in *G* hingegen wird dieses Wort überliefert. Als Parallelbegriffe stehen sich ge-
genüber סתרו und סכתו sowie die Objekte חשׁך und die Doppelbeschreibung
חשׁכת־מים עבי שׁחקים. Es besteht die Frage, wo Ergänzungen eines möglichen ur-
sprünglichen Textes (im Doppeldreier) vorgenommen worden sind. Im ersten
Halbvers (Atnach steht an falscher Stelle) könnte סביבותיו hinzugefügt worden
sein. – **k** Im zweiten Halbvers ist eine der Doppelbezeichnungen wahrscheinlich
textinnere Variante – vielleicht עבי שׁחקים. – **l** *M* »vor dem Glanze vor ihm fuhren 13
daher seine Wolken«. עביו fehlt in 2 S 22,13 und ist wahrscheinlich zu streichen.
Vielleicht ist עביו eine Variante zu נגדו. – **m** Nun taucht in 14b als (im Sinnge- 14
füge unverständliche) dittogr. noch einmal 13b auf. – **n** Nach 2 S 22,15 ist hier 15
בָּרָק zu lesen (vgl. auch Ps 144,6). – **o** 2 S 22,16 liest יָם. – **p** Auffallend in *M* ist die 16.18
Konstruktion מאיבי עז; auffallend ist auch das Suffix im sing.; *S* liest statt עז die
Verbalform עזו. Das entspräche dem par. membr.; ו ist dann fälschlich vor משׂנאי
getreten. Zudem wird man – dem par. membr. entsprechend – vor עזו wahr-
scheinlich כי ergänzen müssen (haplogr.?). In מאיבי ist entsprechend 4 das Suffix
plur. zu lesen. – **q** *G* fügt hier hinzu: ῥύσεταί με ἐξ ἐχθρῶν μου δυνατῶν καὶ ἐκ 20
τῶν μισούντων με. – vgl. 18. – **r** Hier ist dem par. membr. entsprechend wahr- 26
scheinlich איש zu ergänzen (Gunkel); eine solche Ergänzung wäre auch mtr.cs.
zu fordern. – **s** גבר als aram. Form für גֶּבֶר vgl. Ges-K § 93s. – **t** תאיר fehlt in 2 S 29
22,29 und ist auch aus metrischen Gründen auszuscheiden. Die Hinzufügung
wollte wohl ein verbales Äquivalent zu יגיה im par. membr. erstellen. – **u** Der 33
Lesart מעוזי in 2 S 22,33 ist *M* in Ps 18 auf jeden Fall vorzuziehen. – **v** Bei maßge- 35
benden Doppeldreiern wäre hier נחושה auszuscheiden. – **w** In 2 S 22,36 fehlt 36
וימינך תסעדני. Man wird dieses Versstück als Hinzufügung ansehen müssen. – **x**
M ענותך »deine Demut« gibt keinen Sinn. *GS* ϑ´ übersetzen ἡ παιδεία σου. Das
entspräche dem inf.pi. עַנּוֹתְךָ; aber auch diese Lesart ist nicht möglich. 2 S 22,36:
עֲנֹתְךָ = »dein Antworten«, »dein Erhören«, »dein Orakel«, »dein Zuspruch«. – **y** 42

43 Mit 2 S 22,42 ist statt על hier אֶל zu lesen. – **z** אריקם in *M*: »ich leerte sie aus«.
Diese Form ist im Sinngefüge unmöglich. Mit 2 S 22,43 ist zu lesen אֲדַקֵּם אֶרְקָעֵם.
44 – **aa** מריבי עם in *M*: »aus Kämpfen des Volkes« ist eine sehr seltsame cstr.-Ver-
bindung, die durch Ps 3,7; 68,10 aufzuklären ist. Es muß מֵרִבְבוֹת עָם nach der
45 Topik der Psalmensprache an dieser Stelle gelesen werden. – **bb** Bei den Halb-
versen בני־נכר יכחשו לי und בני־נכר יבלו handelt es sich offenbar um textinnere
Varianten. 45b ist wahrscheinlich zurückzustellen.

Form In Metrum weist Ps 18 beinahe durchgängig die Form der Doppeldreier auf. Geringfügige Anstöße sind in folgenden Versen festzustellen: In 8 und 9 sowie in 31.36.49 und 51 ist das Versmaß 3 + 3 durch einen weiteren Halbvers überschritten worden. Man müßte in 8.9.31 und 36 an erklärende Hinzufügungen (Glossen) denken. In 49 und 51 könnte der Abgesang die Erweiterungen eingebracht haben. 50 liest man mit Sievers und Gunkel am besten im Versmaß 2 + 2 + 2. Zu den übrigen Versen wäre zu bemerken, daß 26 in *M* im Metrum 2 + 3 gelesen werden müßte. Doch ist im ersten Halbvers wohl איש mtr.cs. zu ergänzen. Ein Anstoß in 35 (3 + 4) ist kaum zu beseitigen.

Bevor der Text nach Inhalt und Aufbau erfaßt wird, sind zunächst einige grundsätzliche Fragen zu bedenken. Die Parallelüberlieferung zu Ps 18 in 2 S 22 ist sorgfältig zu beachten. Ein Vergleich zwischen den beiden Versionen ergibt, daß Ps 18 dem textkritisch zu erarbeitenden Urbild näher steht als 2 S 22. Jedoch gibt 2 S 22 in Einzelheiten wertvollen Aufschluß. – Nun ist in neuerer Zeit Zweifel entstanden, ob Ps 18 überhaupt als Einheit betrachtet werden kann. HSchmidt zerlegt den Psalm in zwei Teile: Ps 18A,1–31; Ps 18B,32–51. Diese literarkritischen Eingriffe sind in der formgeschichtlichen Forschung begleitet von Bestimmungen der Gattung. So ist HSchmidt der Auffassung, daß Ps 18A das »Klagelied eines unschuldig Angeklagten« sei, während Ps 18B als »Königspsalm« bezeichnet werden kann. Diese Auffassung schließt sich u.a. EBaumann an (Strukturuntersuchungen im Psalter I: ZAW 61, 1945/48, 131–136). Wo immer die Teilung des Ps 18 in zwei verschiedene Psalmen vertreten wird, da werden folgende Argumente vorgebracht: 1) Die zwei verschiedenen Berichte des Psalmisten in 4ff. und 32ff. heben sich so deutlich voneinander ab, daß sie nicht zu einer Einheit zusammengefügt werden können; 2) In 21ff. liegen deuteronomistische Reflexionen vor, die eine frühe Herleitung des ersten Teils als unmöglich erscheinen lassen, oder doch erweisen, daß ein früher Text spätere Ergänzungen erfahren hat; demgegenüber wäre der zweite Teil als selbständiges Lied (aus älterer Zeit) zu betrachten. – Schwierigkeiten aber enthält Ps 18 nicht nur in der Grundfrage seiner Teilung, sondern auch im Detail. Die Rederichtung wechselt oft und abrupt. Die »Formensprache« ist nicht eindeutig. Abschnitte wie 8–16, die eine Theophanieschilderung enthalten, müssen zudem als eine Gattung für sich betrachtet werden und haben eine eigene Vorgeschichte gehabt. Die Erklärung kann demnach nur sehr vorsichtig voranschreiten; sie muß viele Fragen unbeantwortet lassen. – Zunächst würde gegen eine Teilung des Psalms in zwei Lieder folgendes sprechen: 1) Es ist durchaus möglich, daß im Danklied eines Einzelnen (zur Formgruppe s.u.) die Errettung, auf die der Dankende zurückschaut, in zwei Erzählungs- und Berichtsphasen geschildert wird; 2) Die deuteronomistischen Stücke könnten als spätere Einschaltung verstanden werden und geben keinen Aufschluß darüber, ob ein selbständiges erstes Psalmlied angenommen werden kann oder sogar angenommen werden muß; 3) Es wird im einzelnen zu erarbeiten sein, in welchen Sachzusammenhang die Aussagen in 21ff. hineingehören (s.u.); 4) Die Tatsache der einheitlichen Parallelüberlieferung des ganzen Psalms in 2 S 22 gebietet zur Vorsicht.

Beim Versuch einer ersten Übersicht und Gliederung ergibt sich folgendes Bild: Überschrift in 1; Lobpreisender Aufgesang in 2–3; Erzählung der großen Rettungstat Gottes in 4–20; Gedanken zur Frage: Warum rettete Jahwe? in 21–27; vom Geheimnis der wunderbaren Kraftzuwendung handeln 28ff.; daraus entwickelt sich eine neue Erzählung vom Wunder der Errettung in 36–49. Abgesang in 50f. – Aus dieser ersten Übersicht und Gliederung ergibt sich bei einer formkritischen Analyse, daß in 2–31 das Danklied eines Einzelnen vorliegt. Vgl. o.S. 53f. Einl § 6,2aβ. Doch die *Toda* im ersten Teil des Psalms ist »in jeder Beziehung eine Ausnahme unter den alttestamentlichen Dankliedern« (FCrüsemann, Studien zur Formgeschichte von Hymnus und Danklied in Israel: WMANT 32, 1969, 254; zu den Einzelfragen siehe dort). Auch in 32–50 sind die Grundzüge des Dankliedes eines Einzelnen, vor allem in der Form und Gestalt des Berichtes unverkennbar. Allerdings sind es da hymnische Züge, die viel stärker hervortreten. Auch nimmt 51 deutlich – wenn es sich nicht um eine Hinzufügung handelt – auf den König Bezug. So könnte von einem Königslied (o.S. 60ff. Einl § 6,3), oder genauer: von einem »Königsdanklied« (FCrüsemann, 256) die Rede sein. Nur hypothetisch kann auf diesen Befund aufgebaut werden, denn nicht zu verschweigen sind die Schwierigkeiten, die sich überall in den Weg stellen und jeden Schritt nur als einen Versuch gelten lassen. Vor allem stellt sich nach dem bisher Ausgeführten erneut die Frage ein, wie der Psalm als Einheit zu erklären und zu verstehen ist. Doch dazu sind neue Erklärungsversuche erforderlich.

Bei welcher Gelegenheit wurde das Danklied angestimmt? Wo wurde es gesungen? Wer ist der Dichter und Sänger? Das sind die Fragen, die zu Ps 18 besonders lebhaft diskutiert worden sind. Wird der Psalm in zwei Teile zerlegt, dann lautet die Antwort: Teil A ist das »Danklied eines schlichten Menschen« (Baumann) oder eines beliebigen Angeklagten Ort

(Schmidt), der im Heiligtum seinen Dank abstattet – wahrscheinlich anläßlich eines Festes; Teil B hingegen muß als »Danklied eines Königs« verstanden werden. An heiliger Stätte dankt der König Jahwe für einen Sieg. Diese Sicht des Psalms könnte sich darauf berufen, daß in 32ff. die Konturen königlichen Waltens und Wirkens schärfer hervortreten als in 4ff. Aber ist ein solches Urteil zutreffend? In 4ff. begegnen Bilder und Vorstellungen, die einer Ereignissphäre zugehören, die alle Grenzen innerweltlicher Lebensverhältnisse sprengt. Hier handelt es sich um urgewaltige Darstellungsformen, die sich in der Polarität »Scheol – himmlische Welt Gottes« bewegen. Der Notleidende versinkt in die tiefste Gottesferne – aber Jahwe greift ein aus der Höhe des Himmels. – Zeigt nun der zweite Teil des Ps 18 deutlich die Züge eines königlichen Dankliedes – warum könnten nicht auch die Vorstellungsformen des ersten Teils auf den König bezogen werden? Es ist das Naheliegende, von dem Gesichtspunkt der Einheit des ganzen Liedes auszugehen (s.o.). Dann aber sind die zu Beginn dieses Abschnitts (»Ort«) geäußerten Fragen mit Nachdruck zu wiederholen. Daß Ps 18 im Heiligtum gesungen worden ist, geht aus 7 und dem – auch in anderen Dankliedern feststellbaren – »Sitz im Leben« hervor. Der König singt den Psalm an heiliger Stätte. – Bei welcher Gelegenheit aber wird das Danklied angestimmt? Die Antworten der Kommentatoren schwanken zwischen dem Historischen und dem Mythischen. Während man in älteren Auslegungen nach einem konkreten historischen Ereignis forschte, konnte HGunkel ganz allgemein von einem königlichen »Siegesdankfest« sprechen, während HSchmidt Verbindungen zu einem Thronbesteigungsfest Jahwes sieht und die Skandinavier mythologische Hintergründe aufdecken (Höllenfahrt und Erwekkung im Rahmen des Naturkultus). Gunkel ist wohl auf dem richtigen Weg: das Danklied bezieht sich auf einen Sieg, den Jahwe seinem erwählten König geschenkt hat. Dabei ist von vornherein anzunehmen, daß dieses Siegesdanklied nicht einmal, sondern – als Formular – mehrfach benutzt wurde und später aus dem Bereich des Königtums in den der ganzen Gemeinde überging (vgl. zu Ps 3). Diese Geschichte eines Psalms im Gottesdienst macht es unmöglich, zur Frage der Verfasserschaft und der zeitlichen Ansetzung präzise Ergebnisse vorzutragen. Die Skala der oft geäußerten Auffassungen spiegelt im Grunde das Bild einer bewegten Überlieferungsgeschichte: WFAlbright meint, Ps 18 gehöre »so gut wie sicher« in das 10. Jahrhundert (Die Religion Israels im Lichte der archäologischen Ausgrabungen, 1956, 146). OEißfeldt hält es für »nicht ganz ausgeschlossen«, daß David der Dichter gewesen sein könnte (EinlAT² 555). HGunkel hingegen deutet im Hinblick auf die Breite des Ausdrucks und die vielfachen Wiederholungen auf die letzte Zeit Judas (Josia). Alle diese Erklärungen erfassen Phasen der Tradition des Ps 18. Gewiß wird man eine Urgestalt des Psalms, die nicht zu eruieren sein dürfte, in frühe

Zeit, vielleicht sogar in das 10. Jahrhundert, ansetzen können. Die Untersuchungen von FMCross und DWFreedmann haben die archaisch-kanaanäischen Elemente bis in orthographische Eigentümlichkeiten hinein aufgewiesen (A Royal Song of Thanksgiving: JBL 72, 1953, 16ff.). Und doch sind die Stilbeobachtungen Gunkels nicht beiseite zu rücken: Ps 18 trägt die Züge späterer Neuformulierung. Als unzutreffend freilich wird Gunkels Kriterium zurückzuweisen sein, daß umfangreiche Lieder immer in spätere Zeit anzusetzen seien, während der Kurzpsalm die wahren Kennzeichen hohen Alters trage. Eine solche Auffassung scheitert z.B. am Debora-Lied (Ri 5).

Die Überschrift in 1 ist ausführlicher als die über den anderen Da- Wort 1
vidspsalmen. Zu למנצח vgl. o.S. 25 Einl § 4 Nr. 17. Zu לדוד S. 15ff. Einl § 4 Nr. 2. In der Ergänzung wird David als עבד יהוה bezeichnet (vgl. Ps 36,1; 144,10). Ihm wird das ganze Danklied zugeschrieben. Dies ist in jedem Fall der erste Kommentar, der besagt, daß Ps 18 in einer Klammer gesehen werden soll, die von der ausdrücklichen Nennung des Königs David in 1 (David sprach die Worte dieses Liedes) zu 51 hinführt – also zu jenem Vers, in dem vom König, von David und seinem Samen die Rede ist. Wäre es möglich, daß eine Urform des Psalms auf David selbst zurückgeht und daß der »Überlieferungszuwachs«, d.h. die mögliche Erweiterung, die das Lied erfahren hat, dem Interesse der Tradenten an diesem besonderen Traditionsgut zuzuschreiben ist? Nur die Frage kann gestellt werden. – Die Situationsangabe in 1 bleibt im Allgemeinen: »Als Jahwe ihn errettete aus der Hand aller seiner Feinde«. »... und aus der Hand Sauls« – diese Worte erwecken den Eindruck einer späteren Näherbestimmung, die jedoch keineswegs geeignet ist, die »historischen Probleme« aufzuhellen bzw. eine Situation anzugeben, die der Texterklärung dienen kann (vgl. zu Ps 3,1).

Der Introitus des Dankliedes trägt alle Kennzeichen hymnischer Er- 2–3
hebung. Die Korrektur ארממך statt ארחמך ist formal und sachlich begründet. In der hymnischen Einleitung wird Jahwe »erhoben« (Ps 30,2; 145,1; Jes 25,1). רחם ist an dieser Stelle als Ausdruck der Liebe des Menschen zu Jahwe unmöglich, denn רחם bezeichnet im Alten Testament das aus dem Innersten hervorkommende Erbarmen Gottes. – Die Häufung der Gottesprädikate im Introitus hat hymnischen Charakter. Alle Bezeichnungen Jahwes beziehen sich auf den Retter und Helfer. מפלטי ist also der zentrale Begriff, um den sich Ausdrücke des sakralen Asylrechtes und der Jerusalemer Kultsprache gruppieren. So spielt z.B. der Begriff צור auf eine wichtige Sakraltradition Jerusalems an. Mit dem heiligen Fels des Jerusalemer Tempelberges verbinden sich in der Kulttradition des Zion kosmische Vorstellungen von einem seit der Urzeit fest bestehenden und hochragenden Weltengrund: HSchmidt, Der heilige Fels in

Jerusalem (1933) 94ff. Diese (wahrscheinlich aus vorisraelitischer Zeit stammenden) Überlieferungen sind auf Jahwe übertragen worden. Er selbst ist der »ewige Fels« Ps 31,4; 42,10. Zu ihm als »Burg«, »Schild« und »Hort« flüchten alle, die in Not und Gefahr schweben, vgl. DEichhorn 30ff. Zu קרן־ישע vgl. 1 S 2,10; Ps 132,17; Luk 1,69. – Der hymnische Introitus verherrlicht also Jahwe als den beständigen Schutzgott aller Bedrängten.

4–7 Mit 4 beginnt die erste Erzählung, die von der wunderbaren Rettung berichtet. Bis 7 geht zunächst die Schilderung der Not und Bedrängnis. Von Anfang an wird man bedenken müssen, daß die von der Scheol und vom Eingreifen Jahwes handelnden Stücke jede historisch mögliche Situation transzendieren. In mythenähnlichen Chiffren und Bildern wird die konkrete Notlage des Beters beschrieben.[1] Ein überindividuelles, in letzte Dimensionen hineingreifendes Geschehen wird aufgerufen, um das Geheimnis und Wunder der Gottestat zu veranschaulichen. Man konnte deshalb in der Erklärung des Ps 18 bisweilen den Eindruck gewinnen, als handle es sich gar nicht um einen menschlichen König, der da leidet und errettet wird, sondern vielmehr um einen Gott (HSchmidt). Das ganze Geschehen ist aufgerissen zu einem urbildlichen Ereignis hin, in dessen weitschichtigem Bereich der Beter sich mit seiner konkreten Not »unterbringt«. Versteht man die gesamte Erzählungsphase in 4–20 unter diesem Vorzeichen, dann wird auf der einen Seite das historisierende Nachfragen, auf der anderen Seite die mythologisierende Hypothese unterbunden. Der (königliche) Beter tritt ein in einen konventionierten, urbildlichen Vorstellungsbereich. In 4–7 wird das unauslotbare Mysterium der als Gottferne verstandenen Not anschaulich geschildert. In der Stunde seiner Not geriet der Sänger in die Sphäre der שאול (ChrBarth, Die Errettung vom Tode in den individuellen Klage- und Dankliedern, 1947, 76ff.). Alle Bilder veranschaulichen diese Situation. מְחֹלָל bezeichnet auch in Jes 53,5 das äußerste Leid, das todwunde Zerschlagensein. – Der Sänger des Dankliedes läßt aber keinen Augenblick einen Zweifel aufkommen: in dieser notvollen Lage rief er Jahwe an (4) und wurde errettet. Die proleptische Äußerung ist charakteristisch für das Danklied, das von der erfahrenen Hilfeleistung herkommt. – Die Feinde sind hier, in Ps 18, fraglos Fremdmächte (s.o.S. 112ff. Einl § 10,4). Doch ihr Wirken wird darin gesehen, daß sie gegen den צדיק (21ff.), den zu Jahwe Gehörigen,

[1] Zur anschaulichen Sprechweise des Ps 18 erklärt Calvin: »Nam Spiritus sanctus cum malignis et pravis hominum ingeniis certare volens, Davidem hic quasi hyperbolica facundia instruxit, quae ad consideranda Dei beneficia mundum expergefaceret. Vix ullum est tam palpabile Dei auxilium, quod non obscuret nostra malignitas. Ergo David, ut efficacius sensus nostros penetret, salutem sibi divinitus allatam, in toto mundi opificio conspicuam fuisse dicit. Hoc eius consilium tenendum est, ne putemus in stylo altiore modum excedere.« Calvin, In librum Psalmorum Commentarius, zu Ps 18,5.

aufbegehren. – Das Chaosmeer ist der Inbegriff der gefährlichen, gottfeindlichen Macht. Darum wird das drohende Verderben in 5 mit den Metaphern der Tiamat-Mythologie (vgl. Ps 93) beschrieben: Ps 69,2f.15; Thr 3,54; Jon 2,4.6; Ps 42,8; 88,8; 93,4. מות und בליעל sind die Mächte, die in der Sphäre der שאול wüten. An Bildern aus dem Bereich der Jagd wird das Heimtückische der verderblichen Mächte veranschaulicht (6): GDalman, AuS VI 337. 339. In dieser Not (בצר) rief der Beter des Psalms zu Jahwe. Er schrie und erlebte das Wunder der Erhörung. Denn der Notruf drang an das Ohr Jahwes, der im Tempel (von Jerusalem) thront (Jon 2,8). מהיכלו bezieht sich wohl nicht auf den himmlischen Palast, sondern auf den Tempel, in dem das Danklied nun dargebracht wird.

8–16 bringt nun eine gewaltige Theophanie-Schilderung. Zu dem in 8–16
der Sphäre der tiefsten שאול bedrängten Beter neigt sich Jahwe aus dem höchsten Himmel herab. Hier erkennt man deutlich die überindividuelle Polarität. Die Gotteserscheinung wird durch ein Beben der Erde eingeleitet (8). Diese Ankündigung des Kommens Gottes ist charakteristisch für die Theophanie-Schilderungen des Alten Testaments: Ri 5,4ff.; Dt 33,2f.; Jes 30,27ff.; Hab 3,4ff.; Ps 97,2ff. Das Beben erfaßt auch die מוסדי הרים: die Urfundamente des Dauerhaften und Festen. Die ganze himmlische Machtwelt senkt sich herab (10). ירד als terminus technicus der göttlichen »Kondeszendenz« ist hier zu beachten: Gn 11,5.7; 18,21; Ex 3,8; 19,11.18.20; 34,5. Die Beziehungen der Beschreibung zur Sinai-Theophanie in Ex 19 sind nicht zu übersehen. »Wolkendunkel« umhüllt den erscheinenden Gott. Als der Kommende ist er verhüllt. Als der *revelatus* bleibt er der *absconditus*: vgl. auch 12 (Ex 19,16.18; Ps 97,2; Ez 1,4). Die chiffrenhafte Beschreibung des erscheinenden Gottes erwähnt in 11 den כרוב als »Gefährt« der nahenden Theophanie. Im Alten Testament thront Jahwe über den Keruben der Lade (Ps 80,2; Ez 1; Ps 99,1; 1 S 4,4). Sind diese Keruben Thronwächter des Heiligen oder sind sie »Personifikation« der Gewitterwolke? Diese Frage ist aus unserer Stelle nicht eindeutig zu beantworten. Sehr wahrscheinlich haben sich sakrale Abbildungselemente des Thronwagens (Ez 1) der Lade mit Himmelsphänomenen der Wolkenbildung verbunden. Die Vielschichtigkeit der antiken Symbole vermögen wir nicht mehr zu durchdringen. Immerhin wird es zu beachten sein, daß כרוב und כנפי־רוח im par. membr. synonyme Begriffe sind. – Obwohl der erscheinende Gott sich verhüllt (12), strahlt ein gleißender Glanz vor ihm her (vgl. Dt 33,2; Hab 3,4). Dieser aufleuchtende Lichtglanz repräsentiert das eigentliche Wunder der Theophanie (Ps 50,2). Hagel und feurige Kohlen kommen hernieder (13). Ereignisse eines gewaltigen Unwetters und eines vulkanischen Ausbruchs schieben sich ineinander: Jes 30,30; Ps 97,5; 104,32 und Ps 11,6; 140,11. Vom dröhnenden Donner als dem Ankündigungsschall der Gotteserscheinung handelt 14 (vgl. Ps 29). Jahwe wird עליון genannt: Gott des Himmels (s.o.S.

94ff. Einl § 10,1). Er schießt die Blitze wie Pfeile herab (15) Hab 3,9.11; Ps 77,18f.) und deckt durch seine Erscheinung die אפיקי מים auf. Hier greift die Theophanie-Schilderung in die Vorstellungswelt des Urchaos und der Erdentstehung hinüber (HGunkel, Schöpfung und Chaos in Urzeit und Endzeit², 102f.). Jahwes Eingreifen vertreibt die Chaosmächte (vgl. 5) und erstellt die מוסדות תבל. Hier handelt es sich um kosmologische Termini, die auf die Fundamente des festen, vom Chaosmeer befreiten Landes hinweisen. Der dröhnende Donner der Theophanie (Ps 29) wird mit dem urzeitlichen Machtwort kombiniert, durch das Gott die Mächte der שאול zurückgetrieben hat (Ps 104,7).

Die Theophanie-Schilderungen des Alten Testaments stellen in verschiedener Hinsicht noch immer ein nicht durchschaubares Problem dar. Was zunächst die Vorstellungselemente dieser Schilderungen angeht, so vermischen sich hier zwei Bildsphären: die aus dem Hadad-Rimmon-Mythus bekannten Anschauungen der Epiphanie des Unwettergottes und Metaphern, die in vulkanische Bereiche weisen. – In einem Hymnus auf den Unwettergott kann es heißen: »Vater Iškur, Herr, der auf dem Sturm daherreitet, ist dein Name, hochragender Gott, Vater Iškur, der auf dem Orkan daherreitet, ist dein Name, hochragender Gott, Vater Iškur, der auf gewaltigem Löwen daherreitet, ist dein Name, hochragender Gott, Iškur, Löwe des Himmels, erhabener Stier, strahlender, ist dein Name, hochragender Gott. Dein Name bedeckt die Welt wie ein Kleid, bei deinem Donner wankt der große Berg, Vater Enlil, bei deinem Gebrüll zittert die große Mutter Ninlil« (HGreßmann, AOT² 249). Auf der anderen Seite deuten die vulkanischen Vorstellungen auf Traditionsbeziehungen zum Nordosten und zum äußersten Südosten (jenseits des Golfes von Akaba). Die Ereignisse einer Unwetter- und Vulkanerscheinung sind bereits im Bild der Sinai-Theophanie enthalten (Ex 19) und wirken von dort aus auf die Schilderungen der Gotteserscheinung im Alten Testament. Doch spielen bisweilen auch vorisraelitische und außerisraelitische Vorstellungsrudimente in die alttestamentlichen Theophanien hinein. Sie dienen zur poetischen und prophetischen Veranschaulichung des Kommens Gottes. Hier aber erhebt sich sogleich die Frage, wie man sich denn eine Theophanie konkret vorzustellen habe. Daß die Gotteserscheinung ein Erzählungs- und Verkündigungsbestandteil der Sinai-Tradition ist, bedarf wohl keiner näheren Begründung (GvRad, Das formgeschichtliche Problem des Hexateuchs: GesStudAT I 20ff.). Hat diese Theophanie aber auch eine kultisch-aktuelle Bedeutung? SMowinckel und AWeiser haben sich dafür ausgesprochen, daß im dramatischen Kultablauf auch eine Theophanie-Darstellung angenommen werden müsse. Ist diese Auffassung zutreffend? – Wir sind nicht in der Lage, die wirklichen Vorgänge im Gottesdienst Israels exakt nachzeichnen zu können. Dazu bieten die Quellen keine Grundlage. So ist die Annahme einer dramatisch dargestellten Theophanie als ein Versuch anzusehen. Die Frage muß jedoch erhoben werden: Wie soll eine solche Darstellung der Theophanie durchgeführt worden sein? Ist es denkbar, daß Israel sich zu gestalthaften Manifestationen im Kultus hinreißen ließ? Sollte man nicht vielmehr in aller Zurückhaltung erwägen, ob vielleicht bei einer Lade-Prozession (2 S 6; 1 Kö 8; Ps 132) im Stil einer kerygmatischen Proklamation auf das Kommen und Erscheinen Gottes hingewiesen wurde? Ps 50 und Ps 97 könnte man als solche kultischen Proklamationen der Gotteserscheinung verstehen. Ps 18 aber würde dann seine Vorstellungen aus dem gottesdienstlichen Kerygma entlehnt haben. – Die Gattung und Thematik der Theophanieschilderungen ist umfassend aufgearbeitet und dargestellt worden von JJeremias, Theophanie (1965). Das Buch enthält eine bedeutsame Vorstellung und Interpretation der religionsgeschichtlichen Materialien (73ff.). Die Einflüsse aus der Umwelt Israels und die Herkunft der einzelnen Vorstellungen werden aufgezeigt. Eingehend wird die Schilderung der Theophanie in Ps 18 erklärt (34ff.). Dabei gelangt Jeremias zu folgender Zusammenfassung: »In diesem mächtigen Theophanietext sind ganz verschiedene Vorstellungen zu einer Schilderung des Kommens Jahwes zusammengeschmolzen worden. Jahwes Kommen mit Feuer (9) steht in keinem direkten Zusammenhang zu seinem Nahen auf sich niedersenkenden Gewitterwolken (10). Davon wieder zu unterscheiden ist sein Heraneilen im Sturmwind (11b). Mit seiner Glanzerscheinung (13a) haben vulkanische Elemente (13b) und Gewittererscheinungen (14f.) unmittelbar nichts zu tun. Jahwe war nicht Gott einer einzelnen Naturerscheinung« (37f.). – Zur Theophanie vgl. auch FSchnutenhaus 1ff.

Vom Eingreifen Jahwes und der tatsächlichen Errettung sprechen 17–20
17–20. Der in der Theophanie vom Himmel herniederfahrende Gott greift nun in die Tiefe des Verderbens hinein (vgl. auch Ps 144,7). Aus der Sphäre des Chaos (ממים רבים) zog Jahwe den Verlorenen heraus.[1] Aus der Hand der mächtigen Feinde und Hasser, denen der Notleidende keine eigenen Kräfte mehr entgegenzustellen wußte, hat Gott ihn errettet. 19 deutet an, daß der – nunmehr danksagende – König an einem dunklen Tag von Feinden überfallen und überwältigt wurde. Daß also auch in 2–31 von einer Situation des königlichen Feldherrn die Rede ist, kann nicht bezweifelt werden. Dem Verlorenen aber wurde Jahwe zur Stütze (למשען). In 20 wird das Heil in anschaulichen Begriffen beschrieben. Die Not (צר) ist der »enge Raum«, die Hilfe Gottes eine »freimachende Weite« (vgl. zu Ps 4,2). Das Geschenk Jahwes ist Befreiung.

In 21–27 fragt der Sänger nach dem Grund des Einschreitens Gottes. 21–27
Warum hat Jahwe gerade mir geholfen? Diese Frage steht unausgesprochen über dem bezeichneten Abschnitt. Nun hat man immer wieder gemeint, 21–27 stelle im Gefüge des Dankliedes einen »deuteronomistischen«, wenn nicht sogar einen jüdisch-nomistischen Rückfall in allerlei selbstgerechte Reflexionen dar. Diese Ansicht ist dadurch zustande gekommen, daß man sich durch einzelne Begriffe irreführen ließ. Der Abschnitt 21–27 ist aber nicht »deuteronomistisch« oder »nomistisch« zu verstehen, vielmehr liegen die Grundlagen zu einem sachgemäßen Verständnis in Ps 15 und der dort vorauszusetzenden Institution der Tora-Liturgie: vgl. zu Ps 15. »Bürgerrecht« auf dem Zion hat nur der צדיק, der

[1] »Hic breviter tam splendidae narrationis finis ostenditur: nempe ut sciamus Davidem ex profundis abyssis non propria industria, neque etiam hominum opibus emersisse, sed Dei manu fuisse extractum. Dicitur enim Deus e sublimi auxilium mittere, ubi mirabiliter et modis insolitis nos servat: atque ita haec missio terrenis subsidiis opponitur, quibus perperam solemus mentes nostras affigere.« Calvin, In librum Psalmorum Commentarius, zu Ps 18,17.

Israelit, der den Bundesordnungen Jahwes entsprechend lebt. Er allein hat Anspruch auf die Schutzmacht Gottes (vgl. zu Ps 15,1). Der רשע darf vor Jahwe nicht erscheinen, ihm steht Gott entgegen (Ps 5,6ff.). So wird also in 21ff. das Bild des bundesgemäßen, zum Heiligtum zugelassenen צדיק gezeichnet. Und wieder greift diese Schilderung ins Urbildliche, Überindividuelle aus (GvRad, TheolAT[6] I 390). Die Betonung des Gehorsams gegenüber der תורה und die Beteuerung des rechtschaffenen Wandels sind im Grunde ein Rückgriff auf die beim Eintritt in das Heiligtum übliche Loyalitätserklärung des Kultteilnehmers (21–24). Dabei ist es bemerkenswert, daß hier der König in das Urbild des צדיק eintritt – eine Vorstellung die im Alten Testament auch andrenorts bezeugt ist: Jer 23,5; Sach 9,9. Die Äußerungen als solche sind mit Ps 1 und 119 verwandt. Den Beteuerungen eines Reinigungseides entsprechen die mit כי beginnenden Sätze 22 und 23. Als Begriffe, die Jahwes Willensäußerung und Weisung bezeichnen, sind zu vermerken: דרך, מִשְׁפט, חק. Das Urbild des צדיק wird umschrieben mit den Worten: תמים, חסיד, נבר. In 21 und 25 bekennt der Beter, daß Jahwe – der צֶדֶק des Beters entsprechend – handelte. Das kausative hi. ישיב weckt die Vorstellung, als sei die צדקה ein heilsamer Machtbereich, in dem Jahwe eine »immanente Rückwirkung« sich vollziehen läßt: dem צדיק begegnet צדק = »Heil« (vgl. KKoch, Gibt es ein Vergeltungsdogma im Alten Testament? ZThK 1955, 1ff.). Die »Allkausalität« Jahwes läßt es geschehen, daß in der Heilssphäre der צדקה dem צדיק die Schutz- und Rettungswirkungen Gottes zukommen. Von diesen Vorgegebenheiten aus ist dann auch die Aussage in 26 und 27 zu verstehen. Es herrscht eine einzige große Entsprechung: der חסיד erfährt Gottes חסד.[1] Doch der עִקֵּשׁ erlebt das unheilvolle Wirken Jahwes. Hier handelt es sich weder um Prinzipien strenger Vergeltung (FNötscher) noch um Grundsätze des ius talionis (HGunkel). Vielmehr: wer zur Jahwegemeinde gehört und in den Bundesordnungen Gottes lebt, der existiert ebendamit in einem heilwirkenden Machtbereich. Wer jedoch Jahwe verachtet, der schließt sich selbst aus der Heilssphäre aus. Das alles sind Ordnungen der Jahwe-Gemeinde, die das Heilsgeschehen voraussetzen.

28 In 28 wird nachdrücklich noch einmal betont, daß Jahwe dem עם־עני hilft. Alle Hilflosen und Notleidenden haben in Jerusalem das große Pri-

[1] Calvin will die Aussage »den Reinen bist du rein« nicht als einen allgemeinen Satz verstanden wissen, sondern will diese Aussage streng auf den Kontext beziehen: »Primo enim ad contextum accomodanda est haec sententia, quod Deus hominem innoxium toties a praesenti morte eripiens, benignum se erga benignos, et purum erga puros re ipsa probaverit. Deinde communem doctrinam elicere convenit, Deum nunquam frustrari servos suos, quin benigne eos tractet, si modo eius auxilium cum mansuetudine et patientia exspectent.« – »Finis est, ut bona spe fideles se ad colendam integritatem animent, quia ad unumquemque redibit iustitiae suae fructus.« Calvin, In librum Psalmorum Commentarius, zu Ps 18,26f.

vileg einer besonderen Heilszuwendung, das allen צדיקים hier gilt (s.o. S. 108ff. Einl § 10,3). Indem also der Beter auf die urbildliche צדקה der Tora-Liturgie rekurriert, erwähnt er zugleich die Privilegien der »Armen«, die Gottes besondere Rechtshilfe genießen.[1] Tritt aber der König unter die Privilegien des עם־עני, so wird man hier an Sach 9,9 erinnert. Und das ist so bemerkenswert an Ps 18: der König reiht sich ein in die Gemeinde der צדיקים und ענוים. Daß ihm Rettung widerfahren ist, verdankt er nicht seiner königlichen Sonderstellung, sondern der Solidarität mit dem »Gerechten« und »Armen« seines Volkes. Tatsächlich wird hier ein Ton angeschlagen, der den anderen Königspsalmen fremd ist. Spricht hier jener König, der sich tief unter die altisraelitischen Institutionen gebeugt hat? Der die Lade nach Jerusalem brachte und wohl auch die alten Zutrittsordnungen zum »Zelt«-Heiligtum (Ps 15,1) streng beachtete? Spricht hier David? Die bisweilen stark archaische Sprache mit ihren hinreißenden, urbildlichen Vorstellungen läßt es zu, daß wenigstens die Frage gestellt werden darf. Eine sichere Antwort kann nicht gegeben und wohl auch nicht erwartet werden.

Die Hilfe Jahwes wird in 29 mit einem Licht verglichen, das in die 29–35
Dunkelheit hineingetragen wird. Jahwe selbst war das Licht. Vor ihm schwand das Dunkel. Der mit כי eingeleitete Vers hat den Klang eines beteuernden, doxologischen Bekenntnisses. Allein die Gegenwart Jahwes brachte die Wende. Eine eigenartige Modifikation erfahren in 30ff. die Vorstellungen vom heiligen Krieg (vgl. GvRad, Der Heilige Krieg im alten Israel: ATANT, 1951). Stand im Israel der vorköniglichen Zeit Jahwe als »Kriegsmann« seinem Volk bei, so konzentriert sich sein hilfreiches Wirken jetzt auf einen einzigen Mann: auf den König. Ihm steht Gott zur Seite – so wie er einst dem charismatischen Führer nahe war. Mauern und Schutzwälle sind kein Hindernis, wenn Jahwe zugegen ist (30). Die Wegweisung (דרך) Gottes, sein (Orakel-) Spruch (אמרת־יהוה), ist vollkommenes Unterpfand der hilfreichen Gegenwart: 31. Wie hinter einem Schild kann sich der König bei dem *deus praesens* bergen (31b). Heldenkraft, Kriegsglück, Schnelligkeit und Gewandtheit sind die Gaben Jahwes (33–35). Das Danklied erhebt immer wieder in Lobpreis und Bekenntnis die einzigartige Macht, die im Charisma an den König dargereicht wird (32; 1 S 2,2; Ps 144,1). Aus der Schilderung dieser wunderba-

[1] »Ita reddit optime rationem omnium praedictorum et iustum dei iuditium praedicat. Ideo enim sanctos sanctificat, quia humiles salvos facit, ergo sancti sunt humiles, idest viles et abiecti, ideo et perversos pervertit, quia oculos superborum humiliat, ergo perversi sunt superbi et honorati et magnificati, quasi dicat: haec iuditii tui aequitas, imo natura tua, humiles exaltare et cum illis esse, superbos autem humiliare et contra eos esse, de qua re multa diximus et plena est scriptura.« Luther, WA 5; 524, 5ff.

ren Kraftzuwendung entwickelt sich nun im Danklied des Königs ein zweiter Bericht.

36–49 Jahwe schützte und stützte den in Not geratenen König. Er erhörte sein Rufen (7) und antwortete ihm. In 36b ist עֲנֹתְךָ = »dein Antworten« zu lesen. Mit seiner Antwort, mit seinem heilbringenden Zuspruch, hat Jahwe die Wende gebracht (Ps 35,3). Wie schon in 31, so wird man auch hier an ein Orakel zu denken haben, das der König mitten in der Schlacht eingeholt hat: 1 S 32,2; 28,6.15; 30,8; Jes 45,1ff. Jahwe schuf Raum dem Schritt des Bedrängten (37) und machte aus dem Unterliegenden einen Verfolger (38–40). Die zweite Erzählungsphase wendet sich ganz dem Kampfe zu und berichtet vor allem von dem wunderbaren Sieg über die Feinde (40ff., vgl. 1 S 2,4). Die Gegner wurden vernichtet (41); (vgl. Ex 23,27). Ihr Schreien zu Jahwe hatte keinen Erfolg (42). – Man könnte in 40–42 meinen, die Begriffe קמי, איבי und משנאי erstreckten sich auf ein innerisraelitisches Geschehen. Vor allem das Schreien der Feinde »zu Jahwe« (42) könnte man in diesem Sinn verstehen. Wahrscheinlich wird man daran denken müssen, daß der Psalm im Verlaufe der Zeit gerade an dieser Stelle abgeschliffen wurde. Ist das Danklied später auch von der Gemeinde gesungen worden, so haben sich gewiß Vorstellungen vom »Feinde des Individuums« an dieser Stelle eingeschoben (s.o.S. 112ff. Einl § 10,4). Es ist aber durchaus möglich, daß bereits das königliche Danklied innerisraelitische Auseinandersetzungen behandelte. – Der König zerrieb die Feinde wie Staub und zertrat sie wie Kot: 43 (zum Bild vgl. Jes 10,6; Mi 7,10). Aus der tiefsten Not hat Jahwe seinen König aufs höchste erhöht (44). Der Unterliegende wurde zum ראש גוים. Völker wurden ihm dienstbar (44–46). Hier wird das in den Königspsalmen geläufige Thema »Weltherrschaft des Gesalbten Jahwes« angeschlagen (vgl. zu Ps 2,8). Im Gehorsam beugen sich die Unterworfenen, die Besiegten zittern in den Kerkern. Es ist eine totale Wende geschehen. Und an dieser Stelle werden im Danklied die hymnischen Akzente nun stärker und stärker. חי־יהוה muß hier gewiß heißen: »Jahwe lebt!« (47). Zu den mit dem Thema חי־יהוה im konkreten und weiteren Zusammenhang angeschlagenen Problemen vgl. HJKraus, Der lebendige Gott: Biblisch-theologische Aufsätze (1972) 12f.; WHSchmidt, Alttestamentlicher Glaube in seiner Geschichte ([2]1975) 156f.

GWidengren denkt an Formulierungen der Sakralsprache, die in 47 vorliegen. Nach seiner Ansicht sind die Wendungen im Kultdrama verwurzelt – und zwar ursprünglich im Fruchtbarkeitskult. »In den ugaritischen Kulttexten bezeugt *El* sein Wissen, daß *'Al'iyān Ba'al* nach seinem Ableben und seiner Hadeswanderung wieder zum Leben zurückgekehrt ist, mit den folgenden Worten:

Ja, ich weiß, daß *'Al'iyān Ba'al* lebt,
daß der Fürst, der Herr der Erde, existiert.

Diese Kultformel lautet also: חי אלאין בעל, *'Al'iyān Ba'al* lebt! Es scheint von größter Wichtigkeit zu sein, daß in Ps 18, in einem Königslied, die gleiche Kultformel wiederkehrt, wenn der betende König spricht: Jahwe lebt! Ps 18,47. Hier entspricht חי יהוה der ugaritischen Formel חי אלאין בעל. Wie es sich uns ergeben hat, daß die Vorstellungen von Schlaf und Erwachen der Gottheit altes kanaanäisches Erbe darstellen, so haben wir dasselbe für die Formel anzunehmen, in der sich die Gewißheit ausspricht, daß die Gottheit zum Leben zurückgekehrt ist. Auch in diesem Fall ist es von Wichtigkeit, daß die Formel in kanaanäisch geprägtem Kontext auftritt; denn Ps 18 gehört zu den von kanaanäischen Wendungen am meisten gefüllten Psalmen« (GWidengren, Sakrales Königtum im Alten Testament und im Judentum, Franz Delitzsch-Vorlesungen 1952, 1955, 69). Man wird diese Zusammenhänge unter allen Umständen beachten müssen. Jedoch räumt Widengren der kanaanäischen Komponente im Inhaltlichen eine zu starke Relevanz ein. Handelt es sich in Ps 18,47 nicht doch nur um die Übernahme einer archaischen Formel? Sollte man wirklich annehmen können, daß die naturmythologischen und kultdramatischen Hintergründe im Alten Testament noch lebendig sind? ThCVriezen nennt solche Formulierungen wie חי־יהוה sogar eine »antithetische Entsprechung zum kanaanäischen Glauben an die sterbenden und auferstehenden Götter der Vegetationsreligion« (TheolAT 143).

Die lebendige Wirksamkeit Jahwes, die im Ausruf חי־יהוה bezeugt ist, bezieht sich nicht auf ein naturmythologisches oder kultdramatisches Datum, sondern auf das Heilshandeln Gottes in der Geschichte, auf das wunderbare Eingreifen Jahwes in die Not seiner Erwählten. Jahwe wird als אלוהי ישעי benannt. Diese Gottesprädikate, insbesondere das Wort צור deuten auf den Zion als den Ort der Gegenwart Gottes. – Zu der Form ist übrigens zu bemerken, daß das Danklied nunmehr von Jahwe in der 3. pers. spricht. Man erkennt hier den Übergang vom danksagenden Bericht zur Doxologie. – 48 beginnt dann (wie schon 31 und 33) mit dem Ausruf האל. Gott wird verherrlicht als Geber des Sieges. Dieser hymnische Abschluß der zweiten Erzählungsphase des Dankliedes gipfelt in 49 in einem zusammenfassenden Satz des Bekenntnisses und des Lobpreises. Jahwe »rettete« und »erhöhte«. Das Verstück מאיש חמס תצילני könnte eine Hinzufügung sein, die beim Gemeindegebrauch des alten Dankliedes entstanden und im Sinne der Vorstellungen vom »Feinde des Individuums« (vgl. o.S. 112ff. Einl § 10,4) formuliert worden ist.

50 zeigt die typischen Merkmale des hymnischen Abgesangs, der mit 50–51
על־כן auf die Erzählungen von Jahwes rettendem Einschreiten zurückweist. Das Lob des Königs erhebt sich vor dem Zuhörerkreis der Völker. חסד und ישועות nennt der Sänger die göttliche Heilstat an dem »Gesalbten«. משיח ist der durch Salbung gezeichnete, unantastbare König Gottes (1 S 2,10; 12,3.5; Ps 2,2; 20,7; 28,8 u.ö.). Zuletzt wird der Erweis der Hilfe Jahwes in David und seiner Dynastie verankert. 51 unterstreicht damit, daß Ps 18 von dem Königsheil handelt.

Die Hauptlinien des Kerygmas in diesem Danklied des Königs sind Ziel
zunächst im Hinblick auf das berichtete Geschehen in dreifacher Hinsicht herauszurücken: 1) Jahwe erhört von der Stätte seiner Gegenwart

aus den Notschrei und das Gebet des Bedrängten (7.26). Seine Erhörung wird real in einem unverzüglichen, machtvollen Eingreifen. 2) In die äußerste Tiefe der Todessphäre, in den Bereich der Scheol, beugt sich die höchste Himmelsmacht Jahwes herab und reißt den Bedrängten aus aller Gefahr (5.6.10ff.). 3) Aus dem Unterliegen hilft Jahwe nicht nur zum Sieg, sondern zur wunderbaren Erhöhung (19.44f.). – In diesem Geschehen richtet sich nun das Augenmerk auf die Gestalt des Königs: Er ist der Leidende (4ff.19). Seine Bedrängnis wird in Bildern und Vorstellungen veranschaulicht, die alle innerweltlichen Situationen transzendieren. In ein urbildliches Leiden tritt der König ein. Dort aber erweist er sich als der Betende – als ein Mensch, der allein auf Jahwe traut (7). Der Notleidende beruft sich nicht auf königliche Privilegien oder göttliche Eigenschaften. Er unterstellt sich der Loyalitätserklärung der צדיקים (21ff.) und beruft sich auf die Heilsprärogative des עם־עני (28). – Indem Jahwe nun seine Hilfe gewährt, wird der leidende König zu einem von Gottes Streitmacht mitgerissenen charismatischen Helden (30ff.), der alle Feinde überwindet. Der Leidende wird der über alle Völker Erhöhte (44f.).

Ps 18 schildert also in der Gattung des Dankliedes das wunderbare Heilshandeln Gottes an seinem königlichen Knecht (עבד 1). Mythische Metaphern und Formeln mischen sich in die Erzählung. Doch nicht der Mythus oder das Kultdrama sind herrschend. Das Geheimnis der alttestamentlichen Königslieder liegt in der geschichtlichen Dimension. Mythische Rudimente aus dem Bereich des Kultes der sterbenden und auferstehenden Götter veranschaulichen die Gegenwart des Gottesheils im geschichtlichen Leben. Der Weg der Auslegung führt darum auf einem schmalen Grat zwischen Mythus und Geschichte hindurch. Es besteht die Gefahr der Mythologisierung oder Historisierung. Suchte man in früheren Zeiten die Beziehungen zur »Historie Davids« aufzudecken, so erstrebt man heute vielfach (unter Anleitung der religionsgeschichtlichen Parallelen) eine Mythisierung des Psalms. Doch das Kerygma des Ps 18 sperrt sich gegen beide Unternehmungen. Es ist freie Aussage, die über Jes 53 in das Neue Testament hineinweist. Gegen jede Phänomenologie, die das mythisch-kultdramatische Element des Sterbens und Auferstehens im göttlichen Königskult direkt mit dem Christusereignis des Neuen Testaments in Beziehung versetzen will, wehrt sich freilich die Geschichtsintention des Dankliedes, das auf wirkliche Vorgänge Bezug nimmt.

Schließlich ist darauf hinzuweisen, daß Ps 18 Spuren einer Benutzung durch die alttestamentliche Gemeinde erkennen läßt. Der schlichte Beter tritt später in die Sphäre königlicher Aussagen ein und stellt sich damit auf den Boden unverrückbarer Heilstatsachen, die in seiner Not als gültig aufgenommen werden (vgl. zu Ps 3).

Psalm 19
Jahwes Offenbarung am Himmel und auf Erden

OSchroeder, Zu Psalm 19: ZAW 34 (1914) 69–70. – LDürr, Psalm 19: Festschr ESellin (1927) 37ff. – JMorgenstern, Psalm 8 and 19A: HUCA 19 (1945/46) 491–523. – HJKraus, Freude an Gottes Gesetz: EvTh 11 (1951) 337–351. – AJirku, Die Sprache der Gottheit in der Natur: ThLZ 76 (1951) 631. – DFokos-Fuchs, Psalm 19,5: IGoldziher Mem.Vol. II (1958). – KHBernhardt, Zur Bedeutung der Schöpfungsvorstellung für die Religion Israels in vorexilischer Zeit: ThLZ 85 (1960) 821–824. – MWeippert, Mitteilungen zum Text von Ps 19,5 und Jes 22,5: ZAW 73 (1961) 97–99. – JvdPloeg, Psalm XIX and some of its Problems: Jaarsbericht v.h. Vooraziatisch-Egyptisch Genootschap Ex Oriente Lux 17 (1963) 193–201. – AHvanZyl, Psalm 19: Biblical Essays 1966 (1967) 142–158. – JASoggin, La radive ḤWH II in ebraico, con speciale riferimento a Ps 19,3b: Annali dell'Istituto Universitario Orientale di Napoli NS 17 (1967) 1–8. – NSarna, Psalm XIX and the Near Eastern Sun-God Literature: Fourth World Congress of Jewish Studies I (1967) 171–175. – HJKraus, Zum Gesetzesverständnis der nachprophetischen Zeit: Biblisch-theologische Aufsätze (1972) 179–194. – DJAClines, The Tree of Knowledge and the Law of Yahweh (Psalm XIX): VT 24 (1974) 8–14. Literatur

A 1 **Dem Chorleiter. Ein Psalm Davids.** Text
2 **Die Himmel erzählen die Herrlichkeit Gottes,**
und das Werk seiner Hände verkündet die Feste.
3 **Ein Tag übermittelt dem anderen Worte,**
und eine Nacht tut kund der anderen Wissen.
4 **Ohne Wort und ohne Rede –**
mit nicht vernehmbarer Stimme.
5 **In alle Lande geht aus ihr Schall**[a]
und an[b] **das Ende der Welt ihre Sprache.**
Der Sonne hat er bereitet ein Zelt in ihnen[c].
6 **Sie ist wie ein Bräutigam, der da kommt aus der Kammer,**
frohlockt wie ein Held, zu laufen die Bahn.
7 **Vom Ende des Himmels geht sie aus**
und läuft wieder 'bis'[d] **zum Ende –**
und nichts bleibt verborgen vor ihrer Glut.

B 8 **Die Weisung Jahwes ist vollkommen,**
sie erquickt die Seele.
Das Zeugnis Jahwes ist verläßlich,
es macht weise den Toren.
9 **Die Befehle Jahwes sind recht,**
sie erfreuen das Herz.
Das Gebot Jahwes ist lauter,
es erleuchtet die Augen.
10 **Das 'Wort'**[e] **Jahwes ist rein,**
es besteht auf ewig.

Die Rechte Jahwes sind Wahrheit,
sie sind allzumal gerecht;
11 sie, die kostbarer sind als Gold,
als viel Feingold;
und süßer als Honig
und Wabenseim.
12 Auch läßt dein Knecht sich warnen durch sie;
wer sie bewahrt, hat reichen Lohn.
13 Versehen – wer nimmt sie wahr?
Von Unbewußtem sprich mich frei!
14 Auch vor Frevlern[f] behüte deinen Knecht,
daß sie nicht herrschen über mich!
Dann bin ich unsträflich[g] und rein
von schweren Vergehen.
15 Laß dir gefallen meines Mundes Worte,
und meines Herzens Sinnen mag gelangen zu dir,
Jahwe, mein Fels und Erlöser!

5 **a** קַוָּם gehört hier nicht zum Begriff קַו oder קָו = »Schnur«, »Richtschnur«. In
Jes 28,10.13 ist קַו ein Schallwort (KBL 830). *G* φθόγγος, Hier *sonus*. Jedoch sollte
eine Korrektur zu קוֹלָם nicht durchgeführt werden. – **b** α´ empfiehlt die Präposi-
tion ל, doch ist בְּ durchaus möglich (BrSynt § 106a). – **c** Die häufiger vorgenom-
mene Korrektur von בהם zu בַּיָּם ist unnötig. בהם bezieht sich auf השמים (2) und
wird durch 7 auch sachlich als richtig erwiesen: Die Sonne geht vom Ende des
7.10 Himmels aus. – **d** Mit 18 MSS und *G* (ἕως ἄκρου) ist עַד statt עַל zu lesen. – **e**
יראת = »Furcht« könnte beibehalten werden, doch spricht Ps 119,38 für die Le-
14 sung אִמְרַת. In den Variationen des תורה-Begriffs wirkt יראת störend. – **f** Es
könnte erwogen werden, ob für זדים = »Vermessene«, »Frevler« nicht זָדוֹן =
»Vermessenheit«, »Trotz«, »Frevelmut« zu lesen wäre. Dann würde ein Gegen-
satz zu den versehentlichen und unbewußten Sünden, von denen in 13 die Rede
ist, herausgebildet werden. Doch greift die entsprechende Korrektur zu tief in
den Textbestand von *M* in 14 ein. – **g** Atnach steht an falscher Stelle und ist unter
בי zu setzen (vgl. Metrum).

Form Schon seit langer Zeit hat man erkannt, daß Ps 19 aus zwei verschiedenen Psalmen besteht. Teil A handelt vom hymnischen Lobpreis Jahwes in der Natur, Teil B von der Herrlichkeit der תורה. Die Unterschiede zwischen den beiden Psalmteilen sind so auffallend, daß sie zunächst keiner näheren Erklärung bedürfen. Doch wäre es unsachgemäß, Ps 19A und 19B wie zwei völlig disparate Texte zu behandeln. Die Tradition hat die beiden Teile zusammengeschlossen. Damit ist die Aufgabe gestellt, im Anschluß an die Erklärung der beiden Stücke nach dem Grund und nach der Bedeutung der Zusammenstellung zu fragen.

Nicht nur im Inhalt, sondern auch schon in der metrischen Form zeigt es sich, daß Ps 19A und 19B verschiedene Größen sind. Das Versmaß in Ps 19A ist folgendermaßen zu bestimmen: 2.3 und 6: 4 + 4. 4 und

5a: 4 + 3. 7a: 3 + 3. Isolierte Kurzverse (ohne Parallelismen) liegen in 5b als Vierer und in 7b als Dreier vor. Demgegenüber ist Ps 19B überwiegend im Metrum 3 + 2 zu lesen: 8–10 und 12–14 (14a freilich hat das Versmaß 4 + 2; hier liegen im Text Störungen vor). In 11 erscheint ein Vers im Metrum 4 + 4, und in 15 wird nach einem Doppeldreier ein einfacher Dreier noch anzunehmen sein.

Bei der Frage nach der formgeschichtlichen Bestimmung des Ps 19A stellen sich große Schwierigkeiten in den Weg. Zwar hat man schon seit langer Zeit erkannt, daß dieser Psalmteil der Gattung der Hymnen zuzuweisen sei (Gunkel-Begrich, EinlPs § 2,13), doch ist die Argumentation keineswegs schlüssig. Bei einer genauen Untersuchung zeigt es sich vielmehr, daß Ps 19A völlig singuläre Formen aufweist und in dieser Hinsicht mit Ps 114 und Ps 68 zu vergleichen ist; alle diese Psalmen stehen »ganz außerhalb der sonstigen Formensprache des Hymnus« (FCrüsemann, Studien zur Formgeschichte von Hymnus und Danklied in Israel: WMANT 32, 1969, 306 A.1). Gleichwohl wird man Ps 19A im weiteren Sinn der Formgruppe der Loblieder zurechnen können. S.o.S. 43ff. Einl § 6,1. Man wird wohl den besonderen (archaischen) Traditionstyp der drei einzigartigen und isolierten Psalmen zu bedenken haben und die Frage nach den Ursprüngen stellen müssen. – In andere Zusammenhänge ist Ps 19B einzuweisen. Man könnte von einem Lobpreis der Tora sprechen und also die hymnischen Grundzüge herausstellen. Doch 13ff. geht deutlich in ein Gebetslied über; Jahwe wird in der 2. pers. angesprochen. Formcharakteristika der Lehrdichtungen (s.o.S. 63ff. Einl § 6,5) treten zudem in Erscheinung. Die Formgruppe, zu der Ps 19B zu zählen wäre, ist demnach keineswegs eindeutig zu bestimmen. Doch wird man in thematischer Hinsicht den Psalmteil in die Gruppe der Torapsalmen einzufügen haben. Vgl. GvRad, Weisheit in Israel (1970) 71 (s. auch zu Ps 1).

Während Ps 19A alle Kennzeichen eines hohen Alters trägt, ist Ps 19B wohl nicht in die Zeit vor Esra anzusetzen. Der Lobpreis der תורה setzt voraus, daß die תורה als eine komplexe, schriftlich fixierte Größe von hoher Autorität im Leben der alttestamentlichen Gemeinde eine besondere Rolle spielte (s.u.). Beide Psalmen aber werden als Kultlieder im Gottesdienst Israels angestimmt worden sein: Ps 19A bei der Verherrlichung Jahwes als des Schöpfers (vgl. Ps 8; 104; 148), Ps 19B vielleicht anläßlich der Verlesung der תורה, die im Anschluß an Neh 8 als ein gottesdienstlicher Brauch vorauszusetzen sein dürfte. Beide Kulthymnen gehören aller Wahrscheinlichkeit nach in den Herbstfestkreis. Ort

Zu למנצח s.o.S. 25 Einl § 4 Nr. 17. Zu מזמור לדוד S. 15ff. Einl § 4 Nr. 2. Wort 1

2 In 2 setzt der Hymnus mit einer Beschreibung des Lobliedes der Himmel ein. Der himmlische Raum und die »Feste« treten als lebendige Mächte auf, die »erzählen« (ספר) und »verkündigen« (הגיד). הרקיע als kosmologischer Begriff bezeichnet die Platte (latein. *firmamentum*), durch die das blaue Meer des Himmelsozeans gehalten und eingedämmt wird (Gn 1,6ff.; Ez 1,22ff.; Ps 150,1). Der Lobpreis dieser himmlischen Sphäre gilt dem כבוד־אל und dem מעשׂה ידיו. Wirkungsvoll ist die chiastische Wortfügung dieses gewaltigen Introitus. כבוד enthält semasiologisch den Begriff der Schwere, des gewichtigen Ansehens (gravitas). Das Alte Testament meint mit diesem Begriff meist »etwas sinnenfällig Erfahrbares« (GvRad, TheolAT⁶ I 252). Ist von Jahwes כבוד die Rede, so werden die eindrücklichen Vorstellungen der Theophanie geweckt. Der Lobgesang der Himmel richtet sich auf den über den Himmeln thronenden Gott (vgl. Ps 29,9.10), der auf dem Zion gegenwärtig ist und dessen Lichtglanz alle Lande erfüllt (Jes 6,3). מעשׂה ידיו sind die Gestirne (Ps 8,4). Damit kündigt 2 bereits den in 5b hervortretenden Sonnenhymnus an. – Der himmlische Lobgesang hat demnach Jahwes Erscheinungsglanz und zugleich das Schöpfungswerk Gottes zum Inhalt. »Die Doxa, welche Gott als Abglanz der seinigen der Kreatur verliehen hat, wird von dieser widergestrahlt und Gotte gleichsam bekenntnisweise zurückgegeben« (Franz Delitzsch).

Schon im Blick auf 2 stellt sich die Frage ein, ob über den Ursprung des Ps 19 A in der religionsgeschichtlichen Umwelt Israels irgend etwas ausgemacht werden kann. Wenn in 2 von אל die Rede ist, so könnte die Vermutung naheliegen, es handle sich um einen Beleg dafür, daß die Ehrerweisung ursprünglich dem kanaanäischen Gott El galt (so WHSchmidt, Alttestamentlicher Glaube in seiner Geschichte, ²1975, 153). AJirku weist hin auf Beziehungen des Psalms zum Baal-Anat-Zyklus; doch bestreitet HDonner, daß eine solche Beziehung vorliegt (Ugaritismen in der Psalmenforschung: ZAW 79, 1967, 330). Ungewiß ist auch die Beziehung unseres Psalms auf konkrete Texte der Literatur über Sonnengottheiten, auch wenn diesen Parallelen nachgegangen werden muß. Zu fragen wäre lediglich, ob die vorisraelitische Ortstradition von Jerusalem mit den Beziehungen auf die Gottheit El auch die Sonne betreffende Traditionen mitgeführt hat, die in dem Tempelweihspruch Salomos anklingen (1 Kö 8,12).

3 Neue Verben beschreiben in 3 das »Erzählen« und »Künden« der himmlischen Sphäre. הביע (»sprudeln«) bezeichnet das ekstatische, überwallende und erregte Sprechen. חוה, ein aramäisches Zeitwort, hat wiederum die Bedeutung »kundtun« (Hi 15,17; 32,6.10.17; 36,2). Vier Verben des bewegten, mitteilenden Sprechens beschreiben also in 2 und 3 den Hymnus der Himmel. Es ist bemerkenswert, daß die speziellen Zeitworte des Singens und Lobens fehlen. Wie aus 4 hervorgehen wird, ist es eine einzigartige Kunde, die in der himmlischen Welt vermittelt wird. In 3 wird diese Kunde mit den Begriffen אמר und דעת dargestellt. Die Erzäh-

lung der Himmel ist »Wort« (אמר) und schließt in sich ein »theologisches Wissen«. דעת enthält in Hos 4,1; 6,6 die Vorstellung vom besonderen Vertrautsein (eines Priesters) mit dem in Israel kundgewordenen Gottesrecht; man könnte von einer »Urform von Theologie« sprechen (HWWolff, ›Wissen um Gott‹ bei Hosea als Urform von Theologie: Ges StudAT 182–205). Es ergibt sich sogleich die Frage, ob in eine solche priesterliche דעת auch die Schöpfungstheologie eingeschlossen werden kann (Gn 1). Dann würde eine priesterliche Vorstellung in die himmlische Verkündigung hineinprojiziert worden sein. Wie es auf Erden eine »theologische Schöpfungstradition« gibt, so wird auch von den himmlischen Mächten ein Wissen um den Schöpfer und sein Werk weitergegeben. Im Text heißt es, daß ein Tag dem anderen und eine Nacht der anderen diese דעת vermittelt: »wie zwei Chöre, die sich ablösen« (FNötscher). Eine ebenso geheimnisvolle wie wunderbare Überlieferungskette sieht der Hymnus am Werk. Von einer fortwirkenden Kette im Bereich der Natur berichtet übrigens in einem anderen Sinn Hos 2,23f. Die Verse 2 und 3 erwecken den Eindruck, als habe der Sänger die hymnische und lehrhafte Schöpfungstradition der priesterlichen Kreise Israels auf die himmlische Sphäre übertragen. Die intuitive Deutung BDuhms, es handle sich um eine »Glossolalie lebendiger Gotteswerke«, oder die Erklärung HGunkels, hier sei im Text das Phänomen der »Sphärenmusik« vorauszusetzen, treffen den Sachverhalt nicht. – Die in 3 vorliegenden Probleme hat GvRad neu aufgegriffen und in größerem Zusammenhang zu klären gesucht. GvRad meint, es erscheine zwar das Reden eines Teiles der Schöpfung als eine Begleiterscheinung der göttlichen Selbstoffenbarung, doch sei es unwahrscheinlich, daß die Himmel erst im Zusammenhang dieses Ereignisses zum Zeugnis ermächtigt worden seien und vorher stumm waren. Dann heißt es: »Der Vorstellung, daß die Welt nicht stumm ist, daß sie eine Aussage hat, begegnen wir zunächst im Hymnus: die Welt verkündigt sich vor Gott als Schöpfung; der Himmel ›erzählt‹, das Firmament ›verkündet‹ (Ps 19,2). ›Alle seine Werke loben Gott‹ (Ps 145,10). Im Zusammenhang einer Theophanieschilderung konnte gesagt werden: ›Die Himmel verkünden seine (Gottes) Gerechtigkeit‹ (Ps 96,6).« (GvRad, Weisheit in Israel, 1970, 211). Somit wären Elemente der Schöpfung Offenbarungsträger, die das Geheimnis der Schöpfung mitteilen. Und in der Weisheitstradition lassen sich dann – nach GvRad – entsprechende Vorstellungen nachweisen: Die Weltordnung ruft den Menschen an, sie teilt sich ihm mit. Anders HDonner: »Der Psalmist ist nicht ernstlich der Ansicht, der Himmel ›erzähle‹ und das Firmament ›verkündige‹; er kleidet vielmehr die religiöse Erfahrung, an der er teilhat, in das Gewand der Metonymie« (ZAW 79, 1967, 328). Das Problem ist recht schwierig. Wäre vRad zuzustimmen, dann müßte die Frage nach der »natürlichen Theologie« neu aufgerollt werden (vgl. den Hinweis vRads auf KBarth, KD IV,3 157.159). Doch wird man mit dem Blick auf die Aussage in 3 den Kontext in 4 nicht übersehen dürfen.

4 Eigenartig ist die Aussage in 4, sie hat nach den Schilderungen in 2 und 3 den Charakter einer Paradoxie. Die Weitergabe des lobpreisenden und wissenden »Wortes« (אמר in 3) geschieht אין־אמר ואין דברים. Man hat diese Paradoxie textkritisch auszugleichen versucht. HGunkel bedauert mit Recht diese rationalistischen Manipulationen, verfällt aber dem anderen Extrem: der Mystifikation. Die Bedeutung des anstößigen Halbverses 4a geht aus dem exegesierenden Parallelismus Membrorum eindeutig hervor. »Wort« (אמר) und »Rede« (דברים) der himmlischen Mächte sind für menschliches Ohr nicht vernehmbar. Die Negationen in 4a deuten also auf ein einzigartiges, analogieloses Verkündigen der fernen Schöpfungsräume, das hoch über dem Menschen steht und nicht aufgenommen werden kann. Das ganze Gewicht dieser Vorstellung ist implicite im Begriff דעת enthalten – sofern es sich schon in dem priesterlichen Bereich um »Geheimwissen« handelt, das nicht jedem zugänglich ist (JBegrich, Die priesterliche Tora: ZAWBeih 66, 1936, 72.86f.). Wie andersartig ist dann erst die himmlische דעת!

5a Das einzigartige, analogielose Verkündigen der himmlischen דעת wird in 5 קו genannt. Nach Jes 28,10.13 handelt es sich in diesem Begriff um eine Bezeichnung für das stammelnde, glossolalische Sichäußern berauschter Propheten. Solche Laute sind unverständlich (Jes 28,11), sie sind »fremder Schall«. Der Sänger des Ps 19 A hört es, wie dieser hymnische und zugleich überwältigend belehrende »Schall« der Himmel in alle Lande ausgeht (vgl. Jes 6,3). Auch an das Ende der Welt dringt die (unverständliche) Sprache. Das aramäische Wort מליהם ist vom parallelen קום her zu verstehen. תבל ist ein kosmologischer Begriff, der das lichte, lebentragende »Festland« (akkad. *tābālu*) bezeichnet (Ps 9,9; 24,1). Die gesamte Schöpfung ist erfüllt von einer gewaltigen, jedoch unvernehmbaren Kunde, die den כבוד־אל und die מַעֲשֵׂה ידיו erhöht.

5b Mit 5b setzt nun plötzlich ein Stück ein, das auf die Sonne und ihren strahlenden Umlauf Bezug nimmt. Vielleicht sollte man annehmen, daß zwischen 5a und 5b ein Satz ausgefallen ist. 5b setzt zu abrupt ein. Das Suffix in בהם könnte sich auf ein Wort in dem – nach unserer Annahme – ausgefallenen Satz beziehen. Daß im gegenwärtigen Text das Suffix auf השמים zurückgeht, sollte nicht bezweifelt werden (vgl. Suffixe in 5a und die Aussage in 7a). Die Sonne ist eines von den מַעֲשֵׂה ידיו (2b). Sie tritt nun in den Vordergrund. Sehr altertümlich sind die Vorstellungen von dem שׁמשׁ (mask.), der (wie die Himmel in 2a) als lebendige Macht auftritt und an den babylonischen Sonnengott *Šamaš* in seinem Auftreten erinnert. Doch allen Mythologien wird sogleich die Spitze abgebrochen, wenn es in 5b heißt: Gott hat dem שׁמשׁ ein Zelt bereitet. Der שׁמשׁ ist also keine selbständige, höchste Macht, sondern eines von den Werken der

Hände Gottes (2b). Wie in Gn 1,17 wird über die Sonne verfügt. Der Sonne wird ein Platz angewiesen. אהל erinnert an alte Lebensverhältnisse. Die Sonne hat keinen Palast (היכל), sondern ein Zelt. Vielleicht sind diese Archaismen von Israel bewußt beibehalten worden, um den כבוד־אל gebührend abzuheben. אהל ist in der Vorstellung unseres Textes
die nächtliche Unterkunft des שׁמשׁ. Am Morgen tritt die Sonne dann in 6
dem strahlenden Glanz des Bräutigams, des »Neuvermählten« (LKöhler, Der hebräische Mensch, 1953, 25) aus seiner Kammer (zum Brauch vgl. GDalman, AuS VI 35). Freudig und wie ein Held tritt der שׁמשׁ auf. Licht und Freude gehören zusammen (vgl. Ps 104). Der Titel גבור für den שׁמשׁ stammt aus der altorientalischen Mythologie. In einem sumerischen Hymnus wird der Sonnengott »Held, der herausgeht« genannt (OSchroeder, ZAW 34, 70). ארח (akkad. *arḫu*) ist ein gemeinsemitisches Zeitwort in der Bedeutung »umkreisen« (WFAlbright, Die Religion Israels im Lichte der archäologischen Ausgrabungen, 1956, 167). Die Sonne
tritt ihren »Umlauf« an (Sir 43,1ff.). Dieser »Umlauf« erstreckt sich 7
מקצה השמים ... עד־קצותם. Auch 7c ist der *Šamaš*-Tradition der babylonischen Hymnen entlehnt, denn der Sonnengott gilt als höchster Richter, der in alle Taten der Menschen Einblick hat.

Die Zusammenhänge des Sonnenhymnus in Ps 19,5b–7 mit den altorientalischen Mythen umd Hymnen auf die Sonnengottheit bedürfen einer orientierenden Umschau. Sowohl im Zweistromland wie auch in Ägypten nimmt die Sonnengottheit im Pantheon der Götter einen hohen, meist den höchsten Rang ein. Im Sumerischen sind es *Utu* oder *Babbar*, denen der Hymnus der Kultgemeinde gilt. In der babylonisch-assyrischen Mythologie ist *Šamaš* der mit inbrünstigen Hymnen geehrte Sonnengott: AUngnad, Die Religion der Babylonier und Assyrer (1921) 185ff. – HGreßmann, AOT² 242ff. – AFalkenstein/WvSoden, Sumerische und akkadische Hymnen und Gebete (1953) 240ff. Jeden Morgen kommt nach den Vorstellungen der babylonischen Mythologie *Šamaš* »aus dem großen Berge hervor«, er »öffnet die große Türe des strahlenden Himmels« und »eilt durch unbekannte, ferne Gegenden, in ungezählten Stunden dahin«; nachts steigt er zur Unterwelt ab. *Šamaš* ist zugleich höchster Richter und Gott des Orakels und der Schriftzeichen: BMeissner, Babylonien und Assyrien II 20. 166. – Vom ägyptischen Sonnenkult in Heliopolis schreibt HKees: »Jeden Morgen wiederholte der Gott seine Erscheinung, wenn seine Strahlen die wohl vergoldete Spitze des Obelisken trafen. Der chthonische Urhügel ist damit zu einem ›Erscheinungsplatz‹ des Sonnengottes geworden« (Der Götterglaube im alten Ägypten, 1941, 232). – In Israel sind Schöpfungstraditionen, die auf die Sonne bezug nehmen, zweifellos sehr alt. Schon der Tempelweihspruch Salomos (1 Kö 8,12) spricht von der Schöpfung der Sonne (vgl. den textkritischen Apparat in BHS). Die außerisraelitischen Traditionen von der Sonne sind auf Jahwe, den Schöpfer, übertragen worden. Damit werden die relevanten Mythen ausgeschieden. »Bei anderen Völkern entsteht ein ›Mythus‹, indem das, was z.B. heute die Sonne tut und leidet, auf ein erstes uranfängliches Tun und Leiden zurückgeführt und damit eine Erzählung von einem einmaligen Vorgang geschaffen wird; hier aber (in Ps 19A) ist nicht von einem Geschehen, sondern von einem Tun die Rede, von Tat und Willen eines souveränen Schöpfers, und darum entsteht ein

Tatbericht, kein Mythus, eine Geschichte, keine Schicksalpoesie« (BDuhm). – Zum Ps 19A ist schließlich in neuerer Zeit noch eine ganz andere bemerkenswerte Parallele aus dem alten Ugarit entdeckt worden: AJirku, Die Sprache der Gottheit in der Natur: ThLZ 76 (1951) 631. Diese Parallele bezieht sich auf 2ff.

8–15 Ps 19 B enthält einen Lobpreis der תורה, die in ihren Vollkommenheiten und Wirkungen Gegenstand beglückter Betrachtung ist. Bei der Erklärung des zugrunde liegenden Verständnisses der תורה wird die spätdeuteronomische bzw. deuteronomistische Vorstellung heranzuziehen sein: תורה ist die abgeschlossene, niedergeschriebene Willenskundgebung Gottes, die verlesen (Dt 31,9–11) und gelesen (Jos 1,7; Ps 1,2) wird. In diese göttliche Willensäußerung, die vor allem Gottesrecht enthält, sind auch die Geschichtsverkündigungen einbezogen (Dt 1,5; Ps 78,1; Neh 8,13ff.). Doch das eigentliche Zentrum der תורה ist und bleibt das durch Mose übermittelte Gottesrecht (Mal 3,22). Auf jeden Fall aber ist תורה – insbesondere seit Esra – die autoritativ gültige »Heilige Schrift«.

Eine eingehende Studie zum תורה-Begriff hat GÖstborn vorgelegt: *Tōrā* in the Old Testament, A Semantic Study (1945). – Umstritten ist die Frage nach der theologischen Auffassung der תורה in den Ps 1; 19B und 119. BDuhm weist die Hymnen auf »das Gesetz« bedenkenlos den Pharisäern und Schriftgelehrten der spätesten Zeit zu. Vom »Judaismus« dieser »Gesetzesfrömmigkeit« ist dann immer wieder in kritischen Bemerkungen gehandelt worden. MNoth hat in seiner Schrift »Die Gesetze im Pentateuch« die Beziehungen zwischen »Bund« und »Gesetz« im Alten Testament untersucht. Er vermißt in Ps 1; 19B und 119 das innere Gegründetsein der תורה auf der Größe des »Bundes«. Nach seiner Meinung ist »das Gesetz« zu einer absoluten, voraussetzungslos gültigen Macht geworden. Zu den Aussagen des Ps 19B heißt es bei Noth: »In diesen und ähnlichen Fällen zeigen schon die Formulierungen, wie ›das Gesetz‹ zum Gegenstand einer vom Menschen zu vollziehenden persönlichen Wertung geworden ist und vom Menschen auch eine solche Einstellung gegenüber ›dem Gesetz‹ erwartet wird, andrerseits der Mensch dann auch die Folgen dieser seiner Einstellung für sich zu tragen hat« (GesStudzAT 127). – Man wird angesichts aller dieser Deutungen drei Beobachtungen festhalten müssen: 1. Mit dem Begriff תורה verbindet sich im Alten Testament nicht in erster Linie die streng nomistische Auffassung, die man mit der Übersetzung »das Gesetz« leicht in die Erklärung einbringt. תורה ist die gnädige Willensäußerung Jahwes, die als »Weisung« (Östborn, 9) dem Menschen begegnet und ihm einen Weg absteckt, der weder zur Linken noch zur Rechten verlassen werden darf. – 2. Ps 1; 19B und 119 zeigen übereinstimmend, daß die תורה keine starre, leblose Größe ist, die erst durch des Menschen »Wertung« in eine absolute Gültigkeit erhoben wird. Vielmehr ist der Mensch der תורה als einer wirkenden Macht begegnet. Er hat die lebendige Anrede Gottes in ihr vernommen (Ps 119), durch sie ist er erquickt (Ps 19,8) und erfreut (Ps 19,9) worden. Licht und Helligkeit strahlt die תורה aus (Ps 119,105.130). Der Hymnus in Ps 19 B ist ein Echo, eine Antwort auf das Geschehen, das die תורה eingeleitet hat (vgl. zu Ps 1,2). – 3. Die Einstellung des Menschen zur תורה, die durch »Freude«, »Liebe« und »Lust« gekennzeichnet ist, trägt nicht den Charakter einer nomistischen Observanz bzw. einer voraussetzungslosen Bindung. Es wird zu fragen sein, welche Bedeutung Texte wie Dt 30,11–14 und Jer 31,31–34 für das nachexilische Verständnis der תורה gehabt haben. In Ps 40,8.9 und Ps 37,30.31 bezieht sich der Psalmbeter nachdrücklich auf die durch Jer 31,31–34 proklamierte Realität des Neuen Bundes. HGunkel bemerkt zu Ps 40,9: »Auch unter der Herrschaft des Gesetzes... hat also in gewissen frommen Laienkreisen der Geist der Propheten fortgelebt, und diese sind unbefangen genug gewesen, die Verehrung des Gesetzes und die prophetischen Gedanken miteinander zu verbinden: sie haben die *Tōrā* in prophetischem Sinne gelesen...« Und KBarth fragt zu Ps 40,8: »Wer ist der Mensch, der mit Ps 40,8f. von sich sagen kann. ›Da sprach ich: Siehe, hier bin ich; in der Schriftrolle steht, was ich tun muß. Ich habe Lust, deinen Willen zu tun, mein Gott, und dein Gesetz trage ich in meinem Herzen‹? Sicher ein Subjekt aus der jüdischen Gemeinde hat das von sich selbst gesagt: aber in welcher Dimension denkend, in welcher eigentümlich verborgenen, eigentümlich von ihm selbst weg und in irgendeine Ferne und Höhe weisenden Sinn muß er das gesagt haben, wenn man nicht annehmen will, daß es in der kuriosesten Aufblähung und Selbsttäuschung gesagt worden sei?... Der Psalmist hat dort wohl von sich selber geredet, aber offenbar gerade von sich selbst, indem er nicht auf sich selbst, sondern ganz anderswohin, nämlich dorthin geblickt hat, wohin er zuletzt jenes Gebet richtet. Es ist ja die uns aus Jer 31,31f. bekannte Verheißung von dem neuen Bund, der Endzeit, die in jenen Versen fast wörtlich anklingt. Dann – wenn und indem Gott jenen neuen Bund aufrichten wird – wird es geschehen, daß ›ich werde mein Gesetz in ihr Inneres legen und ihnen ins Herz schreiben!‹ Was in Jer 32,39 das ›andere Herz‹ und was Ez 11,19; 36,26 der verheißene ›neue Geist‹ ist, dieses schlechthin durch Gottes Gnadenwerk lebende und wirkende und wieder durch Gottes Gnade und Wort dem Israeliten zugesagte und zukünftige Ich ist es offenbar, das in jenen Sätzen das Wort geführt hat« (KBarth, Kirchliche Dogmatik II/2,671f.). Demnach sind im Verhalten des Menschen zur תורה (die Übersetzung »Gesetz« sollte man nach Möglichkeit vermeiden) Voraussetzungen zu bedenken, die jeden Gedanken an Nomismus, Judaismus und strenge Observanz ausschalten. Vgl. HJKraus, Freude an Gottes Gesetz: EvTh 8 (1951) 337–351; Ders., Zum Gesetzesverständnis der nachprophetischen Zeit, 179ff.

Die תורה wird in 8 als תמימה gepriesen. תמים ist eigentlich ein Begriff 8
der Opfersprache. Das fehlerlose, makellose Tier wird תמים genannt. Hier bezeichnet das Wort die *sufficientia* der »Heiligen Schrift« (vgl. Dt 32,4). Die Wirkung dieser vollkommenen תורה wird nun darin gesehen, daß sie die נפש »zurückbringt«. D.h., sie stellt die Lebenskraft wieder her (vgl. Thr. 1,11.16). Erquickende Kraft geht von der תורה aus. Sie ist נאמנה (»verläßlich«) und vermittelt Weisheit dem פתי: dem Einfältigen, leicht Verführbaren (Prv 1,22; 7,7; 9,6; 19,25; 21,11; Ps 119,130). Vorstellungen der חכמה-Theologie verbinden sich auch in Ps 1 und 119 mit dem nachexilischen תורה-Verständnis. Aus der Weisung Gottes strömt Leben und Weisheit. Die Tora ist Anweisung zum Leben. – Die Erklärung von DJAClines, 8–10a enthalte eine Meditation über die Tora im Licht von Gn 3, diese Meditation verweise in Zusammenhänge des Themas »Schöpfung« (Gn 1) und könne die Zusammenstellung von Ps 19A und Ps 19B erklären, vermag nicht zu überzeugen (VT 24, 1974, 8–14).

In der Variation, wie sie vor allem in Ps 119 durchgeführt wird, treten 9–11 verschiedene Wechselbegriffe für תורה auf: פקודים (21mal in Ps 119), מצוה, אמרה (korr. in 10a), משפטים. Alle diese Wechselbegriffe lassen das Moment der Rechtsbelehrung der תורה besonders hervortreten. In immer neuen Worten wird die Vollkommenheit der göttlichen Weisung gepriesen. Sie »erfreut das Herz« (9a), sie »läßt Augen leuchten« (9b), d.h., sie schenkt neue Lebenskraft. לעד (»auf ewig« 10a) besteht das Wort, das Jahwe durch die תורה spricht. Bewährt (אמת) und im umfassenden Sinne »recht« (צדק) sind alle משפטים (»Rechtsbelehrungen«). Vom hohen Wert und von der erquickenden Wohltat der תורה handelt 11, während mit 12 dann die Töne eines Klageliedes angeschlagen werden.

12–14 In 12 gibt der Sänger eine Art Loyalitätserklärung ab. Er läßt sich durch die תורה »warnen« und »bewahrt« sie allezeit – so erklärt er. Ein solches, von der Weisung Gottes geleitetes Leben weiß sich reich belohnt. Jedoch – es gibt Versehen und unbewußte Verfehlungen, die zur Klage Anlaß geben (13). Aus dem Lobpreis (8–11) wird plötzlich eine Bitte: Jahwe möge von allen unbewußten Verfehlungen »seinen Knecht« freisprechen. Hier klingen Formeln des Reinigungseides an – wie überhaupt die תורה-Psalmen einen sachlichen Zusammenhang zur Tora-Liturgie (vgl. Ps 15) und zur Loyalitätserklärung des צדיק aufweisen (vgl. zu Ps 1). – Ein wesentliches Motiv des individuellen Klageliedes ist die Bitte um Befreiung von den Frevlern. Sie wird in 14 ausgesprochen und inhaltlich mit 13 verknüpft. Denn die Feinde werden als Ursache unbewußter Verfehlungen angesehen. Wie Ps 1, so ist auch Ps 19B auf das Urbild des in der Weisung Gottes lebenden צדיק bezogen. Es leuchtet ein ungetrübtes Lebensglück auf, das wie ein neuer Äon in Erscheinung tritt. Als störend und quälend werden die תורה-fremden Frevler empfunden. Sie bedrohen das innige Verhältnis des Menschen, der alle seine Lebenskraft aus der Weisung Gottes schöpft und sich von der תורה allein leiten läßt. Dieses innige Verhältnis wird in Ps 19B mit dem Begriff עבדך (12.14) ausgedrückt.

15 Ps 19B schließt mit einer Weiheformel (vgl. Ps 104,34; 119,108). Solche Formeln wurden in alten Zeiten über der Darbringung des Opfers gesprochen, nun leiten sie das hymnische Lied aus. »Das Gebet ist Opfer des inneren Menschen« (Franz Delitzsch).

Ziel Ps 19A und B sind in der Tradition des Textes miteinander verbunden worden. Dieses Faktum gilt es zu erklären. HSchmidt deutet: »Das erste ist ein Gedicht, in dem das geheimnisvoll Lebendige in der Natur, in dem die Sterne und die Sonne als Zeugen der Herrlichkeit Gottes vor uns treten, das zweite spricht von etwas anderem geheimnisvoll Lebendigen: von ›dem Gesetz‹, von der ehernen Forderung des sittlichen Gebotes. Und auch hierin offenbart sich die Herrlichkeit Gottes«. Diese intuitive Zusammenschau, die im Anschluß an IKant vom »gestirnten

Himmel über mir« und dem »Sittengesetz in mir« als von einer »göttlichen Einheit« spricht, findet sich als Erklärung zu Ps 19 in vielen Kommentaren. Erfaßt sie die Aussagen richtig? Ist Ps 19B nur eine Ergänzung, die dem Wunder der Natur das Wunder des »Sittengesetzes« hinzufügt? – Man wird nicht übersehen können, daß die gewaltige »Überlieferung« (3) des Schöpfungshymnus, von der Ps 19A spricht, ein für den Menschen nicht vernehmbares Wort ist. Ausdrücklich heißt es in 4: אין־אמר ואין דברים. Das den Himmel und die Erde machtvoll durchdringende Lehren und Loben der Natur bleibt ein unergründliches Geheimnis: בלי נשמע קולם (4b). Mit Recht wird darum in SapSal 13,1ff. und R 1,19.20 erklärt: Der Mensch erkennt Gott nicht aus den Werken der Schöpfung. Es dringt zwar eine gewaltige Kunde auf ihn ein – aber er versteht sie nicht. Die glossolalischen Chiffren der naturinneren Überlieferung, die den Schöpfer lobt und lehrt, kann kein Mensch vernehmen. Der Kosmos feiert Gottes כבוד, aber er lehrt nicht seinen Willen. Darum ist Ps 19B als entscheidender Hinweis, gleichsam als Enthüllung des dechiffrierenden Kodewortes, hinzugefügt worden. In der תורה – da ist Gott vernehmbar, – dort erkennt man, wer Gott ist. Die Willenskundgebung Gottes gelangt dort zum Menschen.[1] Sie wirkt, was die Natur nicht zu wirken imstande ist: sie leitet den Menschen als עבד־יהוה, sie richtet den Verzweifelten auf und bricht durch die Sphäre der Schuld einen Weg. Das תורה-Verständnis des Ps 19B hat nichts mit Nomismus zu tun, vielmehr sollte dieser Psalm immer neu Anlaß geben, über das Geheimnis und Wunder der Offenbarung Gottes in seinem Wort nachzudenken, und zwar über das Wort, das Zuspruch und Anspruch zugleich enthält. Dieses Wort ist der Ort, an dem Gott selbst dem Menschen in lebenschaffender und lebenerhaltender Treue als der Schöpfer begegnet. In diesem Wort wird vernehmbar, was die Äußerungen der geschaffenen Welt nicht mitzuteilen vermögen, wohl aber kundzutun unablässig am Werk sind.

Psalm 20
Das Gebet für den König

WHSchmidt, Alttestamentlicher Glaube in seiner Geschichte (²1975) 180ff. (dort weitere Literatur zum Thema »Königtum«). Literatur

[1] »Sed quia in luce clara caecutimus, sine verbi subsidio nihil nobis prodesset splendida ista gloriae Dei repraesentatio, licet sonorae concionis loco esse debeat. Itaque Deus quos ad salutem vocare statuit, peculiari gratia dignatur: sicuti olim, quamvis omnibus sine exceptione testatus sit se esse Deum: tamen Abrahae filiis seorsum Legem dedit, quae certiore et magis propinqua notitia eos imbueret.« Calvin, In librum Psalmorum Commentarius, zu Ps 19,7.

Text **1 Dem Chorleiter. Ein Psalm Davids.**
2 Es erhöre dich Jahwe am Tag der Not,
es schütze dich der Name des Gottes Jakobs!
3 Er sende dir Hilfe aus dem Heiligtum[a]
und vom Zion aus stehe er dir bei!
4 Er gedenke all deiner Gabeopfer
und 'frage'[b] nach deinem Brandopfer[c]! – Sela.
5 Er gebe dir[d], was dein Herz begehrt,
und erfülle all dein Planen!
6 So wollen wir jubeln über dein Heil
und über den Namen unseres Gottes 'jauchzen'[e].
– Jahwe erfülle alle deine Bitten!
7 Jetzt habe ich es 'gewiß'[f] erkannt,
daß Jahwe seinem Gesalbten hilft.
Er erhört ihn aus seinem heiligen Himmel
mit hilfreichen Taten seiner Rechten.
8 Diese (vertrauen) auf Wagen und jene auf Rosse,
doch wir rufen an den Namen '[g] unseres Gottes.
9 Sie stürzten und fielen,
doch wir richteten uns auf und standen aufrecht.
10 Jahwe, hilf dem König[h]!
Er erhöre uns am Tag, da wir rufen!

3.4 **a** *S* hat מקדשׁו gelesen und also die Kopula in ומציון zu מקדשׁ gezogen. – **b** *M*
müßte übersetzt werden: »er erkläre es für fett«. AWeiser hält dieses Verbum für
einen Terminus der Ritualsprache. Für diese Auffassung gibt es freilich im Alten
Testament keine stützende Parallele. Ehrlich liest יִדְרְשֶׁנָּה = »er frage danach«.
Es müßte also der Ausfall eines ר angenommen werden. Diese Lesart hat den
Vorzug, daß sie durch den par. membr. bestätigt wird. – **c** Den Plural וְעוֹלֹתֶיךָ
5.6 bieten 4MSS *ST*. – **d** 5MSS G^{Aal}*S* ergänzen יהוה. – **e** *M* von דָּגַל = »wir wollen das
Panier erheben« (?). *G*: μεγαλυνθησόμεθα. Mit *G* wäre eine Korrektur נַגְדִּיל
oder נְגַדֵּל auch im par. membr. sinnvoll (Bickell, Wellhausen). Doch ist wohl נָגִיל
zu lesen und entsprechend zu übersetzen (vgl. HBardtke, BHS 11). Weniger
wahrscheinlich ist der Vorschlag von PHaupt (JBL 37, 1918, 229ff.) und GRDri-
ver (HThR 29, 1936, 174f.), vom akkadischen *dagālu* auszugehen (»warten auf«);
7 vgl. par. membr. – **f** Beginnt der parallele Halbvers mit כי, so ist im ersten Vers-
teil gewiß ein Wort ausgefallen. Es wird mit mtr. cs. vielleicht der intensivierende
8 inf. abs. יָדוֹעַ zu ergänzen sein. – **g** Durch יהוה, das in G^{A} fehlt, wird der zweite
10 Halbvers über das Versmaß hinaus erweitert; יהוה ist auszuklammern. – **h** At-
nach steht an falscher Stelle und muß unter המלך gesetzt werden.

Form Ps 20 zerlegt sich in zwei Teile. Nach 6 setzt ein neuer Gedanke ein. Der Aufriß ergibt folgendes Bild: 1 Überschrift; 2–6 Fürbitte für den König; 7–9 Gewißheit der Erhörung des Gebets; 10 Wiederholung der Fürbitte. – Im Metrum überwiegt der Doppeldreier, jedoch ist in 4 und 8 das Versmaß 4 + 4 zu lesen. Ein einzelner Vierer liegt in 6b vor.

Die Frage nach der formgeschichtlichen Zuordnung des Ps 20 begegnet einigen Schwierigkeiten. Zunächst wird man davon ausgehen müssen, daß in 2–6 mehrere Sprecher in Erscheinung treten (6a), während in 7ff. ein einzelner Sprecher zu Wort kommt. In diesem Wechsel zeigt sich der liturgische Charakter des Psalms, dessen Situation genauer zu bestimmen ist (s.u.). 2–6 ist ein Gebetslied (s.o.S. 49ff. § 6,2). Genauer: Eine Gruppe, die doch wohl die im Gottesdienst versammelte Gemeinde Israels repräsentiert, tritt fürbittend für den König ein. Demgegenüber ist in 7ff. das Danklied eines Einzelnen zu erkennen (s.o.S. 54f. § 6,2aγ); Sprecher und Sänger dieses Dankliedes ist der König. Demnach liegt eine ähnliche Formgestalt wie in Ps 18 vor. – Der durch die Formanalyse festgestellte Sachverhalt wird ergänzt werden müssen durch die Beobachtung, daß Ps 20 durchgehend vom König handelt (משיחו 7; מלך 10). Die Liturgie ist demnach den »Königsliedern« zuzuordnen (s.o.S. 60ff. Einl § 6,3).

Aus den Beobachtungen der Gattungsanalyse ergibt sich zunächst, daß Ps 20 einem Kultakt zuzuweisen ist, in dessen Mittelpunkt der König und Tempelherr des Zionsheiligtumes (3) steht. Die Schwierigkeiten stellen sich sogleich ein unter der Frage: Bei welcher Gelegenheit ist die Bittliturgie angestimmt worden? Daß es unmöglich ist, ein konkretes historisches Datum zu nennen, betonen fast alle neueren Kommentare. Calvin hat bereits diese Erkenntnis geäußert.[1] In der näheren Bestimmung der Situation sind vor allem zwei Auffassungen zu bedenken: 1. könnte Ps 20 die Liturgie eines »Bettages vor dem Krieg« gewesen sein (HGunkel). Dabei wäre anzunehmen, daß die Liturgie »bei ähnlichen eintreffenden Situationen wiederholte Male zur Aufführung gekommen sein mag« (SMowinckel, PsStud III 73). 2. wird erklärt, daß Ps 20 ein Stück aus dem Ritual des Festes der Inthronisation des Königs (BDuhm) oder der Feier der Thronbesteigung Jahwes (HSchmidt, AWeiser) gewesen sein könnte. – Während die Auffassung HSchmidts und AWeisers sich auf einen problematischen Komplex bezieht, sind die Erklärungen HGunkels und BDuhms beide erwägenswert. Eine Entscheidung wird man angesichts der unbestimmten Redeweise in Ps 20 nicht fällen können. Allerdings wird die Spätdatierung Duhms (s.u.) unter allen Umständen abzulehnen sein. Für Gunkels Interpretation spräche der Sachzusammenhang zu Ps 18, für Duhms Auffassung die inhaltlichen Beziehungen zu Ps 2. Ort

Bei der Bestimmung der kultischen Situation sind einige Einzelheiten von Bedeutung. Die Fürbitte (2–6) ist von Opfern begleitet wor-

[1] »Quod vero multi interpretes ad certum tempus precem hanc restringunt, mihi non probatur. Fieri potest ut prima occasio sumpta ex uno bello fuerit, sive contra Ammonitas, sive contra alios hostes. Consilium tamen Spiritus sancti (meo iudicio) fuit, ordinariam precandi formam Ecclesiae tradere, cuius usum ex verbis fuisse colligimus quoties discrimen aliquod instabat.« Calvin, In librum Psalmorum Commentarius, zu Ps 20,1.

den (4). Es ist möglich, daß die Mehrzahl der Sänger in 2–6 mit dem Hinweis auf priesterliche Tempelsänger zu erklären ist (HGunkel). Der Gesang der Priester würde dann das Opfer begleitet haben. Zwischen 6 und 7 wird man das Ereignis einer Opferthora bzw. eines »Orakels« anzunehmen haben. Zur Opferthora vgl. EWürthwein, ThLZ 72 (1947) 147f. und RRendtorff, Die Gesetze in der Priesterschrift (1954) 74f. Zum »Orakel«: JBegrich, Das priesterliche Heilsorakel: ZAW 52 (1934) 81–92. Weniger wahrscheinlich ist es, daß eine »kultische Theophanie« die in 7ff. hervortretende Erhörungsgewißheit veranlaßt habe (zu AWeisers Vermutung).

Bei der zeitlichen Ansetzung des Ps 20 schwanken die Meinungen zwischen der Davidszeit (Weiser) und der Ära des hasmonäischen Königtums (Duhm). Doch wird Gunkel die richtige Erklärung getroffen haben, wenn er an spätvorexilische Zeit denkt. Auffallend ist die stark profilierte שׁם-Theologie, die einen deuteronomischen Einschlag vermuten läßt. Doch wäre es denkbar, daß diese שׁם-Theologie in Jerusalem bereits vor dem 7. Jahrhundert zu einem festen Traditionselement des zentralen Heiligtums geworden war.

Wort 1 Zu למנצח vgl. o.S. 25 Einl § 4 Nr. 17. Zu מזמור לדוד S. 15ff. Einl § 4 Nr. 2.

2 In 2–5 äußert die bittende Gruppe in der Form verbaler Wunschsätze (BrSynt § 8a) das liturgische Gebet für den König. Allem voran steht die Bitte, Jahwe möge den König am »Tag der Not« erhören. יום צרה wird hier der Tag der Bedrängnis genannt, an dem der König, von Feinden umringt, zu Jahwe schreit (vgl. Ps 18,7). Aus dem Inhalt des Ps 20 ist nicht zu ersehen, ob dieser Unglückstag unmittelbar bevorstehen könnte oder ob an eine irgendwann einmal mögliche Katastrophe gedacht ist. Im ersten Falle wäre unser Psalm vor dem Auszug des Königs zum Kampf gesungen worden, im zweiten Falle müßte ein Fest des Königskultes (Inthronisation? vgl. zu Ps 2) angenommen werden. 2a bittet, daß der Regent Erhörung finden möge. Wie der Psalm sich die Verwirklichung dieser Erhörung im Ernstfalle vorstellt, geht zunächst aus 2b hervor: der Name des Gottes Jakobs möge den König schützen. Vom שׁם Gottes ist in Ps 20 dreimal die Rede: 2b.6aβ.8b. Es liegt hier die dem Deuteronomium und dem deuteronomistischen Schrifttum verwandte Vorstellung zugrunde, daß Jahwe selbst im Himmel thront, während auf Erden nur sein שׁם zugegen ist (RKittel; OGrether, Name und Wort Gottes im Alten Testament: ZAWBeih 64, 1934, 46). Der שׁם wirkt jedoch nicht (wie in der heidnischen Umwelt) als magische Potenz (FNötscher). Er ist die schützende, auf Erden wirkende Macht, mit der Jahwe auf die Bitte des

Königs antworten und seine Gegenwart erweisen kann.[1] Diese »Namenstheologie«, die mit dem zentralen Heiligtum und der dort wirksamen *praesentia Dei* zusammenhängt, spielt in den Psalmen eine große Rolle: Ps 44,6; 54,8; 118,10–12; 124,8. Der שׁם ist ein bergendes Bollwerk (Prv 18,10). Die Wurzel שׂגב weckt die Vorstellung von etwas Hohem, Uneinnehmbarem. Das Verb hat im pi. die Bedeutung »schützen«, »retten« (Ps 69,30; 91,14). Die Fürbitte erfleht den Schutz des שׁם אלהי יעקב. Es hat den Anschein, als habe der alte Gottesname der Erzväterzeit אביר יעקב die Tradition von der starken Schutzmacht des »Gottes Jakobs« ins Leben gerufen (Ps 46,8.12).

Der שׁם Jahwes ist im Zionsheiligtum gegenwärtig. Die Fürbitte äu- 3
ßert den Wunsch, daß Jahwes עזר, seine im שׁם gegenwärtige Schutzmacht, wie eine heilbringende Gestalt von der heiligen Stätte ausgesandt werde und dem König Beistand leiste (vgl. Ps 18,7). Einst zog Jahwe selbst mit der heiligen Lade in den Kampf (1 S 4,3ff.; Ps 44,10), jetzt soll er vom Standort der Lade aus – vom Ort aus, an dem sein שׁם wohnt – in die Schlacht eingreifen. Die kultische Fixierung der Lade läßt die alten Vorstellungen vom »Heiligen Krieg« nur noch indirekt zur Geltung gelangen (vgl. auch Ps 24,8).

Die Bitten der Sängergruppe begleiten die Opfer des Königs (4). Es 4
könnte sich um Opfer handeln, die vor einem Kriegszug dargebracht werden (1 S 7,9; 13,9ff.; 1 Kö 8,44f.), es wäre aber auch möglich, daß auf Opferhandlungen des regelmäßig wiederkehrenden Königskultes Bezug genommen wird (2 S 6,18; 1 Kö 8,5; 2 Kö 16,15). Zum Zusammenhang von Opfer und Erhörung vgl. Ps 66,13–15. – מנחה ist das »Gabeopfer«, in dem Abgaben der Herde, später des Getreides erstattet werden (LKöhler, TheolAT³ 174); so kann מנחה die Bedeutung »Mehlopfer« haben (Gunkel). עֹלָה ist die (im Feuer) aufsteigende »Huldigungsgabe«, das Brandopfer (LKöhler, TheolAT³ 175). So ist also in 4 recht deutlich von der »Kraft des Opfers« die Rede, deren hemmungslose Inanspruchnahme die Propheten des Alten Testaments scharf ablehnen. Man sollte jedoch nicht übersehen, daß in den Psalmen meist Opfer und Bitte zusammengehören (vgl. zu Ps 4,6; 5,4). Der Mißbrauch des Opfers besteht in der vom Wort und Leben des Menschen isolierten Ausnutzung magischer Potenzen. – Zur Frage des »Opfers« in 4 vgl. RRendtorff, Studien zur Geschichte des Opfers im Alten Testament: WMANT 24 (1967) 193.

In 5 wird darauf hingewiesen, daß der König vor Jahwe das Recht der 5
freien Bitte hatte. Dieses wichtige Moment läßt sich deutlich aufweisen:

[1] »Quod nomen Dei pro Deo ipso ponitur, ratione non caret: nam quia nobis incomprehensibilis est Dei essentia, quantenus nobis patefacta est eius gratia et virtus, in eum sperare convenit. Itaque ex nomine, invocandi fiducia nascitur.« Calvin, In librum Psalmorum Commentarius, zu Ps 20,2.

Ps 2,8; 21,3.5; 1 Kö 3,5ff. (vgl. hierzu GvRad, TheolAT[6] I 332). Zu den Privilegien des erwählten Königs, zu dem durch Einsetzung geschaffenen Vater-Sohn-Verhältnis (Ps 2), gehörte das Vorrecht des freimütigen Gebets. Um die beständige Gültigkeit und Wirksamkeit dieses Vorrechts bittet 5. Die Erfüllung der Pläne des Königs steht bei Jahwe. – Man wird also 5 nicht in dem Sinne an 4 anschließen dürfen, als erhalte der Regent als Belohnung für die Opfer die Erhörung und Erfüllung der Gebete. In 5 wird auf ein bestehendes Privileg Bezug genommen.

6 An die Bitten der Sängergruppe, wie sie in 2–5 vorgebracht wurden, schließt sich nun in 6 ein Gelübde an, das in die Gattung des Dankliedes hinüberweist: Wird dem König durch Jahwes Einschreiten geholfen, dann soll der Jubel über diese ישועה ertönen. Dankbar soll die Schutzmacht des שׁם besungen werden. Die 1. pers. plur. in der Verbalform weist hin auf die (priesterlichen) Sänger, die wohl stellvertretend für die versammelte Gemeinde sprechen. Bemerkenswert ist, daß die ישועה – entsprechend 2b – ganz dem שׁם zugeschrieben wird. – 6b sollte man nicht (mit Rücksicht auf eine intakte Gedankenfolge) hinter 5 versetzen. Das Versstück nimmt zum Abschluß des ersten Psalmteils noch einmal den wichtigsten Gedanken auf: Jahwe erfülle doch alle Bitten des Königs!

7 Mit dem plötzlich auftretenden עתה werden wir in eine neue Situation versetzt. Dem Gebet in 2–6 ist ein Zeichen der Erhörung gefolgt. Jahwe hat der betenden Gemeinde kundgetan, daß er dem König ישועה schenken will. Das Ereignis dieser Mitteilung ist dem Leser des Psalms verborgen. Es könnte sich – wie schon angedeutet wurde – um eine Opferthora oder um ein »Heilsorakel« handeln. ידעתי bezeichnet das Zur-Kenntnis-Nehmen des Zuspruchs (WZimmerli, Erkenntnis Gottes nach dem Buche Ezechiel: ATANT 1954, 44). Das perf. הושיע konstatiert ein Ereignis, das als sicher zu erwarten ist (BrSynt § 41f.). – Der König wird משיחו genannt. Er ist der durch Salbung gezeichnete, unantastbare Erwählte Gottes (Ps 2,2; 18,51; 28,8; 89,39.52; 132,10.17). Die Aussage יענהו משמי קדשו läßt erkennen, daß Jahwe selbst im himmlischen Heiligtum thront, dort das Bittgebet vernimmt und letztlich aus der Höhe seine hilfreichen Eingriffe durchführt. – In 7ff. tritt übrigens aus dem Chor (6) ein einzelner Sänger hervor und jubelt über das erhörte Gebet.

8–9 Daß der Psalm als ganzer sich auf ein kriegerisches Geschehen (und nicht etwa auf einen dramatisch-mythischen Kultakt) bezieht, geht aus 8 und 9 deutlich hervor. Es werden gegenübergestellt: Menschen, die sich auf bespannte Streitwagen verlassen, und »wir, die wir den Namen unseres Gottes anrufen«. אנחנו bezieht sich zweifellos auf die bittende, Jahwe vertrauende Gemeinde. Ihre Stärke ist der שׁם ihres Gottes. Auf »Wagen« und »Rosse« aber vertrauen offenbar die Fremdmächte, denen der König am יום צרה (2) begegnet. Die Waffen helfen nichts; die aber auf den שׁם trauen, halten stand in der Schlacht. Hier klingen die Bekenntnisse des

»Heiligen Krieges« nach (GvRad, Der Heilige Krieg im alten Israel: ATANT 20, 1951, 82). Mit dem erwählten Königtum verbindet sich der zentrale Glaube der (längst erloschenen) Institution des »Heiligen Krieges«: Ps 18; 21; 144; Jes 7,1ff. Die Gewißheit, daß alle Waffen vor der gegenwärtigen Macht Jahwes zerschellen, ist im Alten Testament stets bewahrt worden: Jes 30,15.17; 31,1; Sach 4,6.

Abschließend wird in 10 noch einmal die eigentliche Bitte des Psalms 10
aufgenommen. Das ist formgemäß (Gunkel). Mit dem Schlußsatz kehren einzelne Psalmen zum Anfang zurück (Ps 8,10; 2 S 1,27; Ps 21,14). Jahwe möge dem König helfen – das ist das Hauptthema der Liturgie, die im wesentlichen als »unser Rufen« (קראנו), d.h. als Bittgebet der Gemeinde, verstanden wird.

Die Liturgie Ps 20 ist getragen von dem Glauben, daß der erwählte Ziel
König Jahwes allein durch die ישועה und durch die Schutzmacht des göttlichen שם in den kriegerischen Auseinandersetzungen bestehen kann. Weil alles menschliche Potential an Waffen nichts ausrichtet, bittet die Gemeinde – durch ihre priesterlichen Sänger – für den Regenten. Sie erhält die Zusage und damit die Gewißheit, daß Jahwe »vom Himmel her« einschreitet (7) und dem König hilft. – Es besteht die Frage, welche Bedeutung Ps 20 in der Gemeinde des Neuen Bundes hat. Luther überträgt die Aussagen des Psalms direkt – ohne jeden christologischen Bezug – auf die *»principes populorum«*, denen in Ps 20 der Rat gegeben sein soll, sich auf die wahre Streitmacht zu besinnen, dem Glauben an die Waffen abzusagen und Gott zu vertrauen.[1] Calvin dagegen möchte Ps 20 ausschließlich im Hinblick auf das »Reich Christi« verstanden wissen. Denn nur für das »Reich Christi« gelten nach seiner Meinung die Zusagen, aus denen 7 in solch uneingeschränktem Maß Gewißheit und Zuversicht schöpft. Beide Erklärungen werden beachtet werden müssen, jedoch so, daß dem von Calvin eröffneten Verständnis die absolute Priorität eingeräumt wird. Die *»principes populorum«* empfangen die Vollmacht des Bittens und die Aktualität des Zuspruchs ausschließlich von der durch das Heilsgeschehen des Alten Testaments und des »Reiches Christi« aufgeschlossenen Wirklichkeit her. – Allerdings wird zur Präzisierung auch der Unterschied deutlich zu kennzeichnen sein. Die neutestamentliche Gemeinde tritt nicht in Fürbitte für ihren König Christus ein – im Gegenteil: Er ist

[1] »Totus autem psalmus per singulos ferme apices hoc vult, ut princeps populorum nullis praesumat viribus, nullis confidat opibus, nullis nitatur suis consiliis, iuxta illud Ps 33: ›Non salvatur rex per multam virtutem et Gygas non salvabitur in multitudine virtutis suae. Fallax equus ad salutem, in abundantia autem virtutis suae non salvabitur‹, sed de coelo expectet adiutorium, de coelo venire sciat victoriam et in solo nomine domini speret et oratione sicut Moses pugnet. Ita propheta simul orat et docet necessariam sane doctrinam, quam rari observant principes.« Luther, WA 5; 569, 8.

der Hohepriester, der für die Seinen eintritt. Dieser markante Unterschied wird festzuhalten sein. Gleichwohl kann die Fürbitte in 2–6 in der Weise aufgenommen werden, daß sie für die Sache, und also für das Reich des Christus laut wird. Der ekklesiologische Bezug des Psalms wird demnach besonders zu bedenken sein.

Psalm 21
Das Heil des erwählten Königs

Literatur EBeaucamp, Le psaume 21 (20), psaume messianique: Coll. Bibl. Lat. 13 (1959). – FJMorris, Psalm XXI,10 – an Example of Haplography: VT 18 (1968) 558–559.

Text **1 Dem Chorleiter. Ein Psalm Davids.**
2 Jahwe, über deine Macht[a] freut sich der König,
und über dein Heil – wie[b] jauchzt[c] er so sehr!
3 Den Wunsch seines Herzens hast du gewährt,
und das Begehren seiner Lippen nicht versagt. Sela.
4 Ja, du begegnetest ihm mit Segensgut,
setztest ihm auf sein Haupt die goldene Krone.
5 Leben erbat er von dir – du hast es ihm gegeben,
Länge der Tage – für immer[d] und ewig.
6 Groß ist seine Herrlichkeit durch deine Hilfe;
mit Majestät und Macht rüstest du ihn aus.
7 Denn du setzt ihn zum Segen für immer,
erfreust ihn[e] mit Wonne vor[f] deinem Angesicht.
8 Denn der König vertraut auf Jahwe,
und durch die Huld des Höchsten wird er nicht wanken. –
9 Deine Hand wird finden alle deine Feinde,
deine Rechte wird finden[g] deine Hasser.
10 Du wirst sie zum Feuerofen machen, wenn du erscheinst; ‘’[h]
‘dein’[i] Zorn wird sie verschlingen, und Feuer wird sie fressen.
11 Ihre Frucht wirst du von der Erde vertilgen,
ihren Samen aus den Menschenkindern.
12 Haben sie auch Unheil gegen dich gewandt,
Ränke ersonnen – nichts sollen sie ausrichten!
13 Denn du wirst sie in die Flucht schlagen,
mit deinem Bogen zielen auf ihr Gesicht.
14 Erhebe dich, Jahwe[j], in deiner Macht,
so wollen wir singen und spielen deiner Großtat!

2 **a** Das Wort עז = »Macht« wird an dieser Stelle anzunehmen sein; durch 14 ist der Begriff gesichert. – **b** מה fehlt in *GS* Hier; in diesen Versionen liegt zweifellos

eine Texterleichterung vor. – **c** K יָגֵיל; Q יָגֶל. – **d** Einige MSS lesen לְעוֹלם. – **e** Das 5.7
aramaisierende Verb חדה sollte man nicht korrigieren (HGunkel: תְּרַוֵּהוּ = »du
labtest ihn«). – **f** *T* erleichtert mit der Lesart מֵאֵת den Text. – **g** Es wird immer 9
wieder geraten, das doppelte תמצא durch textkritischen Eingriff zu variieren.
Diese Maßnahme ist unbegründet. Handelt es sich in 9ff. um ein Orakel (s.u.),
dann könnte die nachdrückliche Betonung תמצא als Antwort oder Erklärung
Gottes eine sehr konkrete Bedeutung haben. Die Stilgesetze der hebräischen Poe-
sie werden doch weithin überschätzt (vgl. zu Ps 1,2). – **h** *M* wörtlich in 10: »Du 10
wirst sie zum Feuerofen machen zur Zeit; dein Angesicht (zur Zeit deiner Er-
scheinung?), Jahwe, verschlinge sie in deinem Zorn, und das Feuer fresse sie.«
Die Erfassung des überdehnten Verses kann nur versuchsweise geschehen. At-
nach wäre dann unter פניך zu setzen, יהוה zu streichen. Eine Hilfe zum Ver-
ständnis des Textes könnte der Vorschlag sein, statt לעת zu lesen: לְעֻמַּת (»Du
wirst sie machen wie einen feurigen Ofen vor deinem Angesicht«) vgl. FJMorris,
VT 18 (1968) 558–559. – **i** G^{A} ὀργῇ σου, jedoch wird ב wohl zu streichen sein:
אפך. So würde dann 10b in seiner chiastischen Stellung die Interpretation zu 10a
sein. – **j** Die Umstellung בעז יהוה ist unbegründet. 14

Bei der Betrachtung des Aufbaus wird man in Ps 21 die Aufmerksamkeit auf zwei formal völlig verschiedene Hauptstücke und einen kurzen Bittvers richten müssen. Nach der kultisch-technischen Überschrift in 1 setzt der eigentliche Psalm mit einem Gesang ein, der das Heil des Königs preist (2–8). Demgegenüber richten sich die Zusagen in 9–13 an den König. 14 enthält ein Bittgebet der Gemeinde. – Im Metrum bietet Ps 21 unebenmäßige Formen. Als Doppeldreier sind aufzunehmen: 7.8.11.12.13.14. Im Versmaß 4 + 4 sind zu lesen: 2.5.10. Außerdem 4 + 3: 3.9. Und 3 + 4: 4.6. Der Text ist verhältnismäßig gut überliefert, er enthält nur in 10 Schwierigkeiten. Form

Wie Ps 20, so bietet auch Ps 21 hinsichtlich des mehrschichtigen und in der Form variierenden Aufbaus einige Schwierigkeiten. Doch dies ist deutlich: In 2–7 liegt ein Danklied vor (s.o.S. 54f. Einl § 6,2aγ), vergleichbar mit dem auf Dank gestimmten Teil in Ps 20, aber auch in Ps 18. Bitten des Königs sind erfüllt worden (3). Unter dem ihm zugesprochenen Privileg freien Gebetszugangs hat der König Erhörung und Hilfe erfahren. Man wird annehmen können, daß ein einzelner Sprecher dieses Danklied vorgetragen hat. In 8 wird eine grundsätzliche Aussage über den König gemacht: Er vertraut auf Jahwe und wird darum nicht wanken. Dieser Vers wird als Abschluß des Dankliedes zu verstehen sein. 9–13 enthält den Inhalt einer Hilfe- und Heilszusage an den Regenten. Diese Zusage wird durch einen Kultpropheten übermittelt worden sein (vgl. JJeremias, Kultprophetie und Gerichtsverkündigung in der späten Königszeit Israels: WMANT 35, 1970, 188f.). Man kann 1 Kö 22,5ff. heranziehen, um die mögliche Situation sich zu vergegenwärtigen, doch ist auch eine regelmäßige kultische Begehung denkbar (s.u.). In 14 wird in knapper Ausführungsweise ein Bittgebet vorgetragen, das in ein abschließendes Lobgelübde übergeht. Somit könnte der ganze Psalm als

»Liturgie« bezeichnet werden; doch wird nur an einen Auszug aus dem tatsächlichen (nicht kenntlich gemachten) Ritual gedacht werden können.

Ort Darf man von der Annahme der Zusammenfügung liturgischer Stücke ausgehen (Danklied – prophetische Heilszusage – Bittgebet und Lobgelübde), dann steht die umstrittene Frage nach dem »Sitz im Leben« zur Diskussion. Spiegelt sich im Ps 21 der Ablauf eines Festes, eines Rituals, aus dem einzelne Stücke herausgegriffen worden sind? Um welchen Kultakt, um welches Ritual könnte es sich handeln? Während man in einem früheren Stadium der Forschung nach einer historischen Beziehung fragte und u.a. an ein »Siegeslied« dachte, besteht seit BDuhm fast überwiegend die Auffassung, daß Ps 21 zum Ritual des königlichen Hofes in Jerusalem gehört. Allerdings wird man Duhms Ansicht, der Psalm müsse in die Zeit der Hasmonäer angesetzt werden, nicht teilen können. Doch bemerkenswert ist Duhms Meinung, es sei an eine »Jahresfeier der Krönung« zu denken. Auch HGunkel lenkt die Aufmerksamkeit auf ein »Königsfest« (Hos 7,5; Gn 40,20), ohne genauere Zusammenhänge ermitteln zu können. AWeiser vermutet in Ps 21 die Bestandteile eines Krönungsrituals; er lehnt seine Erklärung vor allem an 4 an. Da diese Auffassung in neuerer Zeit häufiger vertreten wird, müßte die Beziehung zu Ps 2 und seinen Aussagen bedacht werden (vgl. zu Ps 2). Eine genaue Situationserklärung wird kaum möglich sein. Doch könnte es sich bei der vorauszusetzenden Kulthandlung tatsächlich um eine Inthronisationsfeier oder um das »königliche Zionfest« handeln (s.o.S. 94ff. Einl § 10,1; und zu Ps 132). Nicht abzuweisen ist auch die Auffassung von SMowinckel, Ps 21 sei (wie Ps 20) eine »Liturgie für den Bettag vor dem Auszug des Königs in den Krieg« (PsStud III 76). Ob im Zusammenhang eines solchen Rituals die Heils- und Hilfszusagen in 9–13 eine schärfere Kontur gewinnen könnten, bleibt angesichts von Ps 2,8f. zu fragen. – Man wird Ps 21 in die Zeit des judäischen Königtums ansetzen können; jedenfalls spricht nichts gegen eine solche Erklärung.

Wort 1 Zu למנצח vgl. o.S. 25 Einl § 4 Nr. 17. Zu dem nachfolgenden מזמור לדוד S. 15ff. Einl § 4 Nr. 2.

2 In 2–8 betrachtet die Gemeinde dankbar das Heil des von Jahwe erwählten Königs. Sie sieht den König eingehüllt in die Heilsgaben und Segenswirkungen Jahwes. Die Schutzmacht Gottes umgibt ihn. עז hat in 2 dieselbe Bedeutung, die שם in Ps 20,2 hat. Über diese Schutzmacht Jahwes freut sich der König, er jubelt über das ihn umfangende Heil (ישועה). Mit den Begriffen עז und ישועה schlägt der Psalm das Hauptthema an.

3 Die Situation des Dankliedes wird in 3 deutlich bezeichnet: Der König hat eine Bitte an Jahwe gerichtet, und diese Bitte ist erhört worden. Hier

wird zunächst zu bedenken sein, daß im Alten Testament dem erwählten
König Gottes das Privileg der freien Bitte zugehört (1 Kö 3,5ff.; Ps 2,8;
20,5; GvRad, TheolAT^6 I 332). Eine priesterliche Sonderstellung hat er
inne: Jer 30,21. Über den Inhalt des königlichen Gebetes erfahren wir
Näheres in 5. In 4 wird an Gaben erinnert, die dem Regenten zugekom- 4
men sind (zu קדם = »jmd. entgegenkommen mit etwas« vgl. GesK
§ 117ff.) und die nun seine Existenz bestimmen. Der erwählte König hat
das Privileg der Gebetserhörung (3), ihm begegnete Jahwe mit »Segens-
gut« und setzte ihm eine goldene Krone auf das Haupt (4). Die beiden
letzten Aussagen sind genauer zu interpretieren. ברכות טוב bezeichnet die
»Lebenssteigerung« im umfassenden Sinne (FHorst, EvTh 7, 1947, 29);
sie ist dem Hause Davids zugesagt (2 S 7,29).[1] Signum der von Gott aus-
gehenden, die königliche Existenz überschüttenden Segensmacht ist die
goldene Krone. Leider können wir uns von dem Aussehen dieser Königs-
krone kein genaues Bild machen. Wahrscheinlich handelt es sich um ein
von einer goldenen Spange gehaltenes Diadem (נזר Ps 132,18; 2 S 1,10;
2 Ch 12,30; 2 Kö 11,12), das an einem Kopfbund befestigt war. – AWei-
ser will nun aus 4 auf ein Krönungsritual schließen. Das scheint möglich
zu sein, ist aber kein unbedingt zwingender Schluß. Die Krönung könnte
gerade bei einer »Jahresfeier der Krönung« (BDuhm) oder bei einem
»königlichen Zionfest« (vgl. zu Ps 132) Erwähnung finden. Auch im Zu-
sammenhang eines Bettages vor dem Auszug in den Krieg (SMowinckel)
wäre sie möglich.

Die in 3 bereits erwähnte Erhörung des Gebets wird in 5 wiederum der 5
Gegenstand dankbarer Betrachtung. Jetzt erfährt man den Inhalt des
Königsgebets. »Leben« (חיים) hatte der König erbeten – diese Bitte war
ihm gewährt worden. Zur Korrespondenz der Begriffe שׁאל und נתן vgl.
Ps 2,8. Die Bitte um ein langes Leben gehört im Orient zu den »Grundge-
beten« jedes Regenten, die auch im Alten Testament immer wieder laut
werden (1 Kö 3,11.14; Ps 61,7; 72,17). Jedoch sind eng ineinander ver-
flochten die Heilsverheißungen an David (2 S 7,13ff.) und die natürlichen
Lebenserwartungen eines jeden Königs. – Das perf. in 3 und 5 bezeichnet
etwas definitiv Geschehenes (BrSynt § 41g), während das impf. in 2ff.
wiederholte Begebenheiten schildert (BrSynt § 42α).

In 6 wird die Majestät und Hoheit des von Jahwe gesegneten Königs 6
hervorgehoben. Sein כבוד empfängt Macht und Größe in der Sphäre der

[1] In seinem Psalmen-Kommentar deutet Calvin den Ps 21 unter Hinweis auf 2 S 7,14. Was ברכות bedeutet, soll allein dort ablesbar sein. Dann wird wörtlich erklärt: »Per benedictiones intellige affluentiam vel largitatem. Quod quidam Hebraicum טוב Bonitatem vertunt, mihi non placet: potius enim pro beneficentia vel gratuitis Dei muneribus et donis accipitur: acsi dictum esset, nihil regi defore ad beatae vitae summam, quia Deus sponte cum multiplici bonorum copia ad locupletandum eum occurret.« Calvin, In librum Psalmorum Commentarius, zu Ps 21,4.

7 göttlichen ישועה. 7 scheint deutlich auf 2 S 7,13f. sich zu beziehen. Eine Setzung Jahwes wirkt sich an dem jeweiligen Regenten aus Davids Geschlecht aus. Wieder (wie in 4) spricht der Psalm von ברכות (vgl. Gn 12,2; Jes 19,24; Sach 8,13; Ps 37,26; Prv 10,7). Vor allem ist Ps 72,17 als Parallele heranzuziehen. Vor Jahwes Angesicht lebt der König unter der besonderen Heils- und Segenszuwendung Gottes.

In diesem Zusammenhang ist über die Bedeutung des Ewigkeitsbegriffs in der Existenzsphäre des Königs nachzudenken. Sowohl in 5 wie auch in 7 ist von dem »ewigen« Leben des Regenten die Rede. ChrBarth hat in seiner Studie »Die Errettung vom Tode in den individuellen Klage- und Dankliedern des Alten Testaments« darauf aufmerksam gemacht, daß es sich beim Begriff des »Zeit-habens« immer nur um ein inhaltlich bestimmtes und gefülltes Dasein handelt. »Zum Wesen des Lebens gehört: Zeit-haben für die Verwirklichung und Erfüllung der Absichten, Erwartungen und Verheißungen, die ihrerseits da als gegeben vorausgesetzt werden müssen, wo es aktuell zum Leben kommen soll. Das Leben bedeutet für seinen Träger – was die nötige Zeit betrifft – die Möglichkeit, das zu sein und zu werden, was er ist« (ChrBarth 23). Unter diesen Voraussetzungen wird auch das »ewige« Leben des Königs zu verstehen sein. Hier wird die Realisierung eines Lebens in den Verheißungen Gottes (2 S 7) erbeten und erfüllt. Die Vollkommenheit des Lebens kommt darin zur Geltung, daß der Regent in der Gemeinschaft mit Jahwe, vor seinem Angesicht (את פניך 7), steht und wirkt.

8 Für die in Ps 21 vorherrschende Beurteilung des Königtums maßgebend ist 8. Der König wird als der Vertrauende, allein in Jahwe Gegründete gesehen. Er lebt in der »Huld Jahwes«. Hier könnten mit dem Begriff חסד die חסדי דוד (Ps 89,25.29.34; Jes 55,3) gemeint sein. Vgl. GvRad, TheolAT[6] I 323.

9 Mit 9 setzt nun das zweite Hauptstück der Liturgie ein. Die bereits geäußerte Formbestimmung, daß es sich in 9–13 um ein »Heilsorakel« handelt (JBegrich, Das priesterliche Heilsorakel: ZAW 52, 1934, 81–92), ist umstritten. HGunkel sieht in 9–13 Wunschsätze (»Deine Hand möge finden alle deine Feinde...«). Gegen das Verständnis des zweiten Hauptstückes im Sinne einer »Heilszusage« wird von Gunkel geltend gemacht, daß die Einführungsformeln fehlen. Dieses Argument ist aber unzutreffend, denn Gunkel selbst hält verschiedene Stücke in den Psalmen für »Orakel«, die nur in den seltensten Fällen charakteristische Einführungsformeln führen. »Heilszusagen« sind eben in der Mehrzahl nur aus der Intention des Textes heraus zu verstehen und entbehren namentlich in der Liturgie jeder besonderen einführenden Kennzeichen. – Man wird sich nun vorstellen dürfen, daß 9–13 von einem Kultpropheten dem König zugesprochen wurde. Bei welcher Gelegenheit? Diese Frage drängt sich immer neu auf. Inhalt der Heilszusage ist der Zuspruch, daß Jahwes erwählter König alle seine Feinde überwinden und vernichten wird. Dieses Thema ist im Rahmen eines regelmäßig wiederkehrenden Königsfestes möglich (vgl. Ps 2,8), jedoch wäre mit SMowinckel zu bedenken, daß

in Ps 21,9–13 die »Verheißung für eine bestimmte, konkrete Situation« vorliegen könnte (PsStud III 76). Die Frage ist schwer zu entscheiden. Jedoch wird es sich bei den »Feinden« des Königs um ausländische Mächte handeln (s.o.S. 112ff. Einl § 10,4). Der Regent wird sie »finden« (מצא) – so betont der Zuspruch zweimal. Hat der König mit Widersachern zu kämpfen, die immer wieder in das Land einfallen und nicht zum Kampf gestellt werden können? Handelt es sich um kriegerische Wüstenstämme, die sich schnell in unerreichbare Gegenden zurückziehen?

Ein vernichtendes Gericht soll die Feinde des Königs treffen. Vor al- 10
lem in 10 sprechen die bildhaften Veranschaulichungen von einer grausamen Niederlage der feindlichen Mächte. Wie ein »Feuerofen« (תנור אשׁ) sollen die Gegner brennen. Zur Vorstellung vom תנור vgl. MNoth, WAT³ 126. Eine verzehrende Kraft soll von dem erwählten König ausgehen – eine Kraft, wie Jahwe selbst sie als Gericht in die Geschichte der Völker hineinfahren läßt (Mal 3,19; Jes 30,27; 33,11f.; Ps 18,9). Doch die Vernichtung soll geschehen לעת פניך: zur Zeit, wenn der König erscheint. Zu פנים als Ausdruck für die königliche Erscheinungsmacht vgl. 2 S 17,11. Im Kampf des Königs wirkt Jahwe das Vernichtungsgericht über die Feinde und schenkt seinem Erwählten Heil. Hier klingen Traditionen des »Heiligen Krieges« in den Zuspruch der prophetischen Botschaft hinein: vgl. GvRad, Der Heilige Krieg im alten Israel: ATANT 1951, 82. Die Vorstellungen sind so gewaltig, daß man an dieser Stelle schon früh in den Text eingegriffen und die dem König gegebenen Gerichtszusagen wieder auf Jahwe zurückbezogen hat. Vielleicht erklärt sich so die Verwirrung im Textgefüge und das Auftreten des Namens יהוה.

Das dem König zugesprochene Vernichtungsgericht soll bis zur völli- 11–13
gen Ausrottung aller Nachkommenschaft der Feinde reichen (11). Alle hinterlistigen Pläne und Anschläge sollen nicht zum Ziele kommen: 12. Die Verheißung בל־יוכלו erinnert an die Zusage, die Jesaja dem König Ahaz im syrisch-ephraimitischen Krieg gibt: לא תקום ולא תהיה (Jes 7,7). Sollte man in Ps 21 nicht doch an eine Zurückweisung konkreter feindlicher Unternehmungen denken müssen (SMowinckel)? Doch ist Ps 2,2–4 nicht zu übersehen. – Dem erwählten König wird zugesagt, daß er die Feinde in die Flucht schlagen und mit dem Bogen zusammenschießen wird. »Die Sehnen mehrerer Bogen sind als Bild verwandt« (GDalman, AuS VI 331). Gunkel hält על־פניהם für korrekturbedürftig, denn auf der Flucht – so lautet seine Überlegung – schießt man dem Gegner nicht ins Gesicht, sondern in den Rücken. Aber diese Erwägungen sind falsch. Die Zusage erfährt gerade darin ihre Spitze, daß dem König erklärt wird: Du wirst die Feinde zum Kampf stellen, du wirst sie finden (9) und mit »Stumpf und Stiel« ausrotten (11). So ist also in 13b an ein Gefecht gedacht, in dem die Fliehenden ihr Ende finden.

14 Die »Liturgie« schließt in 14 mit einem Bittvers. Im Anschluß an die Zusage der prophetischen Botschaft (9–13) bittet die Gemeinde, Jahwe möge sich in seiner kriegerischen Macht erheben und – der Verheißung entsprechend – eingreifen. Dieser kurze Bittruf wird ergänzt durch ein Gelübde: »so wollen wir singen und spielen deiner Großtat«. Dieses Gelübde weist hinüber in ein neues Danklied, das die Gemeinde anstimmen will, wenn Jahwe seine Verheißungen wahr gemacht hat. גבורה bezeichnet vor allem die kriegerische Macht Jahwes, die sichtbar wird, wenn Gott seinem erwählten König beisteht.

Ziel Die eigenartig unbestimmte Ausdrucksweise des Ps 21 erschwert nicht nur das Erkennen der Situation, sondern auch das Vernehmen des Kerygmas. Die Aussagen haben etwas Schwebendes, Überschwengliches. Es ist darum zunächst verständlich, wenn HGunkel urteilt: »Eine pathetische, echt-orientalische Schilderung des israelitischen Königsideals«. Aber es zeichnen sich ja nun doch einige wichtige Mitteilungen ab, die es zu erheben gilt. Der erwählte König lebt freudig in Gottes Schutzmacht (2). Seine Gebete werden erhört (3.5). Jahwe schenkt dem erwählten Regenten Lebenssteigerung bis hin zur Darstellung seiner vollen Majestät (4.5.6.7). In dieser Sphäre des Schutzes und Segens verhält sich der König als der Vertrauende (8). Er bezieht seine gesamte Existenz auf die fundamentalen Setzungen und wiederholten Segenszuwendungen Jahwes. – Diesem König aber wird die Überwindung aller seiner Feinde zugesagt. Sein Reich soll triumphieren (9–13). So läßt das »Königsheil«, von dem Ps 21 spricht, Ereignisse erkennbar werden, die das alttestamentliche Geschehen transzendieren. Doch wird man im innerbiblischen Zeugnis gehalten, nicht in einem echt-orientalischen Königsideal, sondern auf der von 2 S 7 in das Neue Testament hineinführenden Spur den Schlüssel zur Erklärung der Aussagen zu suchen. – Zu den biblisch-theologischen Zusammenhängen und Problemen vgl. zu Ps 2 (»Ziel«).

Psalm 22
Aus der Gottverlassenheit errettet

Literatur WEBarnes, Two Psalm Notes, Ps 22,17; 95,6: JTS 37 (1936) 385–387. – MSSeale, Arabic and OT-Interpretation: Expository Times 66 (1954/55) 92f. – CWestermann, Gewendete Klage, Eine Auslegung des 22. Psalms: BiblStud 8 (1955). – HdeSaint-Marie, Le psaume 22 (21) dans le juxta Hebraeos: Collecteana Biblica Latina 13 (1959) 151–187. – JMagne, Le texte du psaume XXII et sa restitution sur deux colonnes: Sem XI (1961) 29–41. – RMartin-Achard, Remarques sur le Psaume 22: VC 65 (1963) 78–87. – GJThierry, Remarks on various Passages of the Psalms: OTS XIII (1963) 85ff. – JASoggin, Appunti per esegesi cristiana della prima parte des Salmo 22: Bi e Or 7 (1965) 105–116. – AJepsen, Warum? Eine lexikalische und theologische Studie: Festschr LRost (1967) 106–113. – RKilian, Psalm 22 und das priesterliche Heilsorakel: BZ 12 (1968) 172–185. – HGese, Psalm 22 und das Neue Testament: ZThK 65 (1968) 1–22. – NAiroldi, ›Deus meus, Deus meus, quare me derelinquis?‹: Psalmus 22 (21): VD 47 (1969) 96–103. – ELipiński, L'hymne à Yahwé Roi au Psaume 22,28–32: Bibl 50 (1969) 153–168) – HHSchmid, ›Mein Gott, mein Gott, warum hast du mich verlassen?‹ Psalm 22 als Beispiel alttestamentlicher Rede von Krankheit und Tod: WuD NF 11 (1971) 119–140. – HDLange, The Relation between Psalm and the Passion Narrative: Concordia Theological Monthly 43 (1972) 610–621. – RTournay, Note sur le Psaume XXII,17: VT 23 (1973) 111–112.

Text

1 Dem Chormeister. Nach »Hinde der Morgenröte« (?).
Ein Psalm Davids.
2 Mein Gott, mein Gott, warum hast du mich verlassen,
bist ferne meinem 'Schreien'[a], den Worten meines Flehens?
3 [b]Ich rufe bei Tage, und du antwortest nicht,
bei Nacht, und finde keine Ruhe.
4 Doch du thronst als Heiliger[c],
du Lobpreis[d] Israels!
5 Auf dich vertrauten unsere Väter,
sie vertrauten, und du hast sie gerettet.
6 Zu dir schrien sie und wurden befreit,
auf dich vertrauten sie und wurden nicht zuschanden!
7 Aber ich bin ein Wurm und kein Mensch,
der Leute Spott, vom Volke verachtet.
8 Alle, die mich sehen, verhöhnen mich,
verziehen den Mund, schütteln den Kopf.
9 'Er hat's gewälzt'[e] auf Jahwe, der befreie ihn,
der rette ihn, denn er ist ihm ja wohlgesonnen!
10 Du zogest[f] mich aus dem Mutterleib,
bargst mich an der Mutterbrust.
11 Auf dich bin ich geworfen vom Mutterleibe an,
vom Mutterschoße her bist du mein Gott.
12 Sei mir nicht ferne,
denn nah ist die Not,
denn niemand hilft. –
13 Viele Stiere umgeben mich,
die Starken Basans umringen mich.
14 Ihren Rachen sperren sie gegen mich auf[g] –
Löwen, reißend und brüllend.
15 Wie Wasser bin ich hingegossen,
gelöst haben sich alle meine Glieder.
Mein Herz ist wie Wachs geworden,
zerflossen in meinem Inneren.
16 'Meine Kehle'[h] ist trocken wie eine Scherbe,

und meine Zunge klebt am Gaumen.
In Todesstaub legst du mich.
17 Denn 'viele'[i] Hunde umgeben mich.
eine Rotte von Frevlern umringt mich.
Sie 'binden'[j] mir Hände und Füße. –
18 Ich kann zählen[k] alle meine Gebeine.
Sie schauen und gaffen auf mich.
19 Sie teilen meine Kleider unter sich
und werfen über meinem Gewand das Los.
20 Doch du, Jahwe, bleibe mir nicht ferne;
meine Stärke, eile mir zur Hilfe!
21 Errette vor dem Schwert mein Leben,
vor den Hunden mein einziges Gut!
22 Entreiß mich dem Rachen des Löwen
und den Hörnern des Büffels.
– Du hast mich erhört![l] –
23 (Nun) will ich künden deinen Namen meinen Brüdern,
dich preisen inmitten der Gemeinde.
24 Die ihr Jahwe fürchtet, preist ihn,
ehret ihn, alle Nachkommen Jakobs
– und betet[m] vor ihm, aller Same Israels!
25 Denn er hat nicht verschmäht
noch verachtet
die Not des Armen.
Nicht hat er sein Antlitz vor ihm verborgen,
als er schrie, hörte er auf ihn.
26 Dir verdank ich[n] mein Lob in großer Gemeinde,
mein Gelübde erfüll' ich vor denen, die ihn fürchten.
27 Die Armen sollen essen und satt werden.
Jahwe sollen preisen, die ihn suchen.
Euer Herz[o] soll aufleben für immer!
28 Daran sollen gedenken und umkehren ''[p] alle Enden der Erde,
'vor ihm'[q] niederfallen alle Geschlechter der Völker!
29 Denn Jahwe gebührt das Königtum, 'er herrscht'[r] über Völker.
30 'Nur ihm'[s] sollen huldigen alle, die in der Erde 'schlafen'[t],
vor ihm sich beugen alle, die hinabfuhren zum Staub,
(und dessen Seele nicht 'am Leben blieb'[u]).
31 'Mein'[v] Same wird ihm dienen
'und wird erzählen'[w] von dem Herrn
'kommendem'[x] Geschlecht.
32 'Erzählen'[y] werden sie seine Heilstat
dem nachgeborenen Volk,
denn er hat's vollbracht!

2 **a** *M* = »ferne von meiner Hilfe sind die Worte meines Schreiens«. Wahrscheinlich wird man – parallel zu **שׁאגתי** – die Verbesserung מִשַּׁוְעָתִי vornehmen
3 müssen. – **b** **אלהי** ist in das Versmaß nicht aufzunehmen; es handelt sich wohl um

einen Zusatz. – **c** Atnach ist unter יוֹשֵׁב zu setzen; zu קדוש יושב vgl. Jes 57,15. – **d** 4
pl. Mss lesen תהלת. *GS* Hier sing. Vgl. auch Dt 10,21; Ps 71,6; 109,1; Jer 17,14. – **e** 9
GS Hier גַּל. Vgl. auch Mt 27,43. *T* übersetzt ישבח und hat wahrscheinlich יָגִיל ge-
lesen. – **f** Eine Korrektur des Wortes גחי ist nicht geraten. Bisweilen wird in An- 10
lehnung an Hier עֻזִּי (*propugnator meus*) verbessert. – **g** Es ist doch fraglich, ob פצו 14
עלי פיהם dem par. membr. angeglichen werden muß (פצה פיהו). Die Bilder sind
in 13ff. seltsam asyndetisch geschichtet. – **h** כחי = »meine Kraft« paßt nicht gut 16
zum Prädikat. Es wird ein Schreibfehler vorliegen. Man liest wohl besser חִכִּי =
»mein Gaumen« (vgl. auch par. membr.). – **i** Mit *G* ist רַבִּים zu ergänzen. Da- 17
durch wird das Metrum gefüllt. – **j** *M* = »wie ein Löwe meine Hände und Füße«.
GS Σ bieten eine Verbalform. *G* ὤρυξαν, *S* laceraverunt, σ´ ὡς ζητοῦντες δῆσαι.
Wahrscheinlich ist ein Verbum כרה anzunehmen (Driver, KBL 454). כָּרוּ = »sie
binden zusammen«. – **k** *GS* Hier lasen יְסַפְּרוּ. – **l** Die notdürftigen Korrekturen der 22
auffallenden Verbalform עניתני = »du hast mich erhört« vermögen nicht den ei-
genartigen Tatbestand zu beseitigen, daß vor dem Einsatz des Dankliedes (23ff.)
die Erhörungsgewißheit einen deutlichen Ausdruck findet. Die Verbalform
עניתני schließt das Klagelied ab und leitet über zum Danklied. – **m** K Or *G* lasen 24
יָגוּרוּ – **n** *M* = »von dir geht aus mein Lob«. Eine Korrektur אֲמִתְּךָ (»deine 26
Treue«) ist nicht begründet. – **o** *G* αἱ καρδίαι αὐτῶν (vgl. auch *S*). – **p** אל־יהוה 27–28
wird doch wohl als erklärende Hinzufügung zum Verbum שׁוּב zu streichen sein.
– **q** Mit *GS* Hier ist hier wohl לְפָנָיו zu lesen. – **r** Man wird vielleicht וּמֹשְׁלוֹ lesen 29
können vgl. *GS*. – **s** Der Text in 30–32 ist stark verderbt. *M* = »gegessen haben 30
und niedergefallen sind alle Fetten der Erde«. Dieser Text ist – dem par. membr.
entsprechend – zu rekonstruieren. Statt אכלו ist zu lesen אַךְ לוֹ. – **t** Dem par.
membr. würde die Korrektur יְשֵׁנֵי am besten entsprechen (Dn 12,2). – **u** Die Zu-
gehörigkeit von 30b ist umstritten. Vielleicht handelt es sich um eine verdeutli-
chende Hinzufügung. Es wäre dann wohl חָיָה zu lesen. AWeiser denkt im Blick
auf *M* (»und wer seine Seele nicht lebendig macht«) an einen späteren dogmati-
schen Zusatz. Aber um welchen dogmatischen Satz könnte es sich handeln? – **v** *G* 31
ϑ´ זַרְעִי – **w** Vielleicht kann die Korrektur וְסֻפַּר den Anschluß an 31a herstellen. –
x *G* bezieht יָבֹאוּ aus 32 zu לדור: γενεὰ ἡ ἐρχομένη. – **y** Die Kopula in ויגידו 32
könnte dittogr. sein. Man lese hier יַגִּידוּ.

Es ist bereits um die Mitte des vorigen Jahrhunderts festgestellt wor- Form
den, daß Ps 22 sich aus zwei verschiedenen Stücken zusammensetzt. Von der Not der Gottverlassenheit handeln 2–22, während in 23–32 Dank und Lob über Jahwes Hilfe laut werden. Man konnte zu dem Urteil gelangen: Ps 22 besteht aus zwei völlig verschiedenen Psalmen (Duhm, Cheyne, Kautzsch-Bertholet, HSchmidt). Aber diese Auffassung ist unbegründet. Es wird sich noch zeigen, wie der Umschwung in 23ff. zu erklären ist (s.u.). – Metrisch bietet Ps 22 viele Probleme, die zum größten Teil textkritisch nicht gelöst werden können. Tastet man den Text vorsichtig ab, so wird man folgende Versmaße erheben können: Der Doppeldreier liegt vor in 5.6.7.9.10.13–16a.17a.18–21.23.24a.25aγ/b.27a. Im Metrum 4 + 4 sind zu lesen: 2.26.28.30a. Im Versmaß 4 + 3: 3. Und 3 + 4: 8.11. 3 + 2 ist zu lesen in 4.22. Das dreigliederige Metrum 2 + 2 + 2 ist festzustellen in 12.25aαβ.31.32. Versstücke ohne Parallelergänzung liegen vor in 16b.17b.24b.27b.29.30b. Auch wird man in 22b das Wort

עניתני aus dem metrischen Gefüge herauslösen müssen. Es handelt sich um eine Interjektion, die für das Verständnis des Zusammenhangs zwischen 2–22 und 23–32 sehr wichtig ist. – Zum wenig wahrscheinlichen Prozeß der Rekonstruktion von zwei Parallelkolumnen vgl. JMagne 29ff.

Formgeschichtlich gehört Ps 22 zur Gruppe der Gebetslieder. S.o. S. 49ff. Einl § 6,2. Die Anrede an Jahwe, die sogleich in 2 den Psalm prägt, enthält größtenteils Notschilderungen. Die Bitten treten deutlich in 12 und 20–22 hervor. Eingefügt sind immer wieder Vertrauensäußerungen: 4–6 und 10–12. – Bemerkenswert ist der in 23–32 zutage tretende Umschwung. An die Stelle von Notschilderung, Schrei und Bitte ist der Dank getreten. Große Bedeutung kommt dem Wort עניתני (»Du hast mich erhört!«) in 22 zu. Dieses Wort ist Hinweis auf eine geschehene Wende, die das Danklied hervorgerufen hat: vgl. »Wort« zu 22. In jedem Fall wird das Stück 23–32 als das Danklied eines Einzelnen zu verstehen sein. Zur *Toda* in den Psalmen vgl. o.S. 54f. Einl § 6,2aγ. – Hinzuweisen wäre schließlich noch auf die Formel ישב תהלות ישׂראל (4), die (wie die Formeln in Ps 80,2; 135,21 und 2,4) nicht nur in hymnischen Zusammenhängen auftritt und deutlich von den hymnischen Partizipien zu unterscheiden ist (FCrüsemann, Studien zur Formgeschichte von Hymnus und Danklied in Isarel: WMANT 32, 1969, 125).

Ort Nachdem die Auslegung des Ps 22 im Hinblick auf David (1) als unzutreffend erwiesen worden war, meinte man zunächst, der klagende und dankende Sänger sei ein »schlichtes Glied aus der alttestamentlichen Gemeinde«. Diese Auffassung wird in neuerer Zeit von den Vertretern der Königsideologie (GWidengren, ABentzen) bestritten. Daß der König im kultischen Ritual die sterbende und wiederauflebende Gottheit repräsentiert – diese Idee meint man auch in den individuellen Klageliedern wiederzufinden. Vgl. ABentzen, Messias – Moses redivivus – Menschensohn: ATANT 1948, 20. Der Gottverlassene in Ps 22 wäre also der im kultischen Ritual »sterbende König«, und der Dankende (23–32) wäre der im gottesdienstlichen Drama »wiederauflebende Regent«. Im Kreis der Exegeten, die diese Auffassung verfechten, rechnet man mit einer späteren »Demokratisierung« der königlichen Kultworte. Richtig ist, daß in Ps 22 die Erklärung, es handle sich um ein »schlichtes Glied aus der alttestamentlichen Gemeinde« nicht ausreicht, um die eigenartig gefüllten Aussagen zu interpretieren. Es werden auf den Beter des Ps 22 vielerlei Leiden gehäuft (GvRad, TheolAT^6 I 412). Das »Urleiden« der Gottverlassenheit bestimmt alle Einzelaussagen (vgl. zu Ps 18). Eine typisierende Tendenz ist unverkennbar. Wie der »Arme« (s.o.S. 108ff. Einl § 10,3), so ist auch der »Leidende« in Israel zu einer urbildlichen Gestalt geworden, die in ihren Klagen und Bitten an einem konventionellen Sprach- und Vorstellungskomplex partizipiert. Eine kritische Analyse der einzelnen Aussagen des Ps 22 könnte jene Schicht sichtbar machen, in der die überkommenen Motive ein vorgegebenes Ganzes bilden. Aber dennoch lassen sich in Ps 22 doch auch einige scharfe Profile herausarbeiten. Der Leib des Beters ist durch Krankheit entstellt (7f.), er ist umringt von »Krankheitsdämonen« und »Feinden« (s.u. »Wort«), im Fieber erleidet er die Vorwehen der Agonie (15–16) und sieht, wie man bereits mit seinem Tode rechnet (19). Das »Urleiden« der Gottverlassenheit wird also in einer tödlichen Krankheit erfahren. So gesehen ist Ps 22 das herausragende Beispiel alttestamentlicher Rede von Krankheit und Tod (HHSchmid, 119ff.). Und sogleich wird man sich klarmachen müssen, welche Bedeutung der Psalm als Gebetsformular im alttestamentlichen Gottesvolk gehabt hat. Kein Zweifel: In dieses Klage- und Bittgebet sind zu verschiedenen Zeiten verschiedene Beter eingetreten. Der Psalm trägt vor allem in den letzten Versen Spuren von Erweiterungen und Neuformulierungen. Eine Zeitbestimmung ist darum kaum möglich. – Bei einer Erklärung der Situation wäre abschließend noch auf 23 und 26 aufmerksam zu machen. Der Beter und Sänger bringt Klage und Dank בתוך קהל bzw. בקהל רב vor. Er ist also offenbar während eines großen Festes aufgetreten und hat im Vorhof des Tempels sein Lied angestimmt. Wahrscheinlich wurde der Psalm bei einer Opfermahlzeit gesungen, zu der die »Armen« eingeladen und versammelt wurden (27).

Zu למנצח vgl. o.S. 25 Einl § 4 Nr. 17. Zur Formel על־אילת השחר Wort 1
vgl. Einl § 4 Nr. 20. Zu מזמור לדוד: Einl § 4 Nr. 2. – Interessant, daß bereits Calvin zu der Formel על־אילת השחר bemerkt hat: »Mihi certe credibile est initium fuisse cantilenae vulgaris« (In librum Psalmorum Commentarius, z.St.).

Das Gebetslied (2–22) setzt mit einem doppelten, eindringlichen Ruf 2
אלי אלי ein. Die Wiederholung des Anrufes ist ein Zeichen für die Tiefe des Leides, aus der der Beter zu Gott schreit. Doch hält der Klagende daran fest: Jahwe ist »mein Gott« (vgl. OEißfeldt, »Mein Gott« im Alten Testament: ZAW 61, 1945/46, 3–16); ich darf von ihm Hilfe und Heil erwarten. Der Ruf אלי bekundet die individuelle Aneignung der Bundes- und Heilszusage, die Israel gegeben ist. – Das schwere, unergründliche Leid der Gottferne und Gottverlassenheit (עזב) wird in der Klage mit einem »Warum?« eingeleitet. Der Gott, von dem Hilfe und Heil erwartet werden darf, ist der Verborgene und Ferne (Jer 23,23). Hart nebeneinander stehen der vertrauensvolle Anruf אלי אלי und der verzweifelte Aufschrei למה עזבתני.[1] Im Urleiden der Gottverlassenheit klammert der

[1] »Idem quotidie quisque fidelium in se experitur, ut pro carnis sensu, a Deo se reiectum et desertum existimet: fide tamen apprehendat absconditam gratiam. Ita fit ut in eorum precibus contrarii affectus simul permixti sint ac impliciti.« Calvin, In Librum Psalmorum Commentarius, zu Ps 22,2.

Klagende sich an »seinen Gott«.[1] In dem Wort עזבתני ist alle Not zusammengefaßt. Jahwe ist der Klage und dem Schreien des Beters ferne. In שׂאג, einem Verbum, das sonst das Brüllen des Löwen bezeichnet (Jes 5,29), schattet sich der äußerste Schmerz des Leidens ab. In diese tiefste Not der Gottverlassenheit ist der gekreuzigte Christus hineingekommen (Mt 27,46; Mk 15,34). Zu 2 vgl. AJepsen, 106ff. und NAiroldi, 96ff. Zur biblisch-theologischen Rezeptionsproblematik vgl. HGese, 6ff.

3 Vom unablässigen Rufen und Klagen spricht 3. Das Leiden erstreckt sich über einen langen Zeitraum. Jahwe antwortet nicht. Darin liegt die eigentliche Bitterkeit des Verlassenseins. Doch der Klagende sagt Gott nicht ab (Hi 2,9), er hält fest an »seinem Gott« und kommt nicht zur Ruhe. Zu דמה vgl. Thr 3,49; Jer 14,17.

4–6 Rückhalt des im Rufe אלי geäußerten Vertrauens ist die beständige Macht und Heilswirksamkeit Jahwes in Israel (4–6). Jahwe ist unwandelbar derselbe Gott. Er thront als der Heilige. קדושׁ יושׁב erinnert an den יושׁב כרובים (Ps 99,1; 80,2), der als der קדושׁ auf dem Zion thront (Ps 99,3; Jes 6,3; 57,15). Zur Vorstellung s.o.S. 94ff. Einl § 10,1. Der thronende Gott ist תהלת ישׂראל (vgl. Dt 10,21; Ps 71,6; 109,1; Jer 17,14). Vom Dank und Lob Israels ist Jahwe umgeben. Jahwe ist Ursache, Gegenstand und Inbegriff der תהלה; und zwar deswegen, weil noch je und je die Vertrauenden die Macht des קדושׁ יושׁב im konkreten Erweis der Hilfe und Rettung erfuhren: 5.[2] Das Verbum בטח wirft Licht auf die Intention des mit אלי אלי eingeleiteten Klagens. – Der Sinn der Aussagen in 4–6 ist deutlich: Der klagende Beter richtet sich auf an der Tatsache, daß Jahwe bisher denen, die ihm vertrauten, half. Die Heilswirklichkeit Israels (4) ist der Trost des einzelnen. Jahwes Macht hat sich unter den Vätern bewährt, darum kann sich der Leidende an diesem Faktum aufrichten. Jedoch liegt alles an der Verhaltensweise des בטח, durch die die unwandelbar gegenwärtige Heilsmacht erschlossen wird. בטח aber heißt: Tag und Nacht rufen, nicht zur Ruhe kommen (3.6).

7–9 In 7 weist der Klagende auf die Entstellung seines Lebens und auf die in den Staub getretene Würde des Menschen hin (CWestermann). לא־אישׁ bedeutet: ich habe alle Menschenähnlichkeit verloren (vgl. Jes 52,14; 53,3). Dem im Staube kriechenden Wurm gleiche ich (vgl. zu diesem Bild Hi 25,6; Jes 41,14). Diesem erniedrigten und entstellten Men-

[1] »Itaque nos longe sumus a salute, dum patimur, sed ille est prope, ut auxilietur, quia quod nobis impossibile et desperatum est, illi possibile et facile est, ut universa longinquitas sit ex parte infirmitatis nostrae patientis, idest derelictae, quae aliud non est quam ipse sensus cruciatuum.« Luther, WA 5; 607, 5ff.

[2] »Sunt qui putant aeternam et immutabilem Dei statum opponi miseriis quas sentiebat David, quibus non subscribo: quia simplicior et magis genuinus occurrit sensus, nempe quod Deus se electo populo semper ostenderit propitium. Neque enim hic agitur qualis sit in coelo, sed qualem se hominibus ostenderit.« Calvin, In Librum Psalmorum Commentarius, zu Ps 22,4.

schen treten aber sofort die »Feinde« entgegen (s.o.S. 112ff. Einl § 10,4). Spott und Hohn wollen die sichtbare Erniedrigung besiegeln und den Leidenden von Gott scheiden.[1] יניעו ראשׁ bezeichnet eine Geste des Hohns (Ps 44,15; 64,9). Der spöttische Rat der »Feinde« wird dann von dem Klagenden zitiert: er möge doch seine Not Jahwe anheimstellen (zu dieser Bedeutung von גלל vgl. Ps 37,5; Prv 16,3), der möge ihn aus der hoffnungslosen Lage erretten, denn er ist ihm ja wohlgesonnen. Diese ironische Empfehlung hat den Unterton: Jahwe möge demjenigen helfen, der da von sich behauptet, daß Gott Gefallen an ihm habe. חפץ spielt auf einen deklaratorischen Akt an. Zu diesem »Anklingen eines ›Anrechnungsvotums‹« vgl. RRendtorff, Studien zur Geschichte des Opfers im alten Israel: WMANT 24 (1967) 259.

Wie in 4–6, so wird nun auch in 10 + 11 von dem klagenden Beter ein 10.11
Rückhalt gesucht. In 10 wird das Vertrauen ausgesprochen: Du hast mir das Leben geschenkt. Und in 11 wird diese Aussage ergänzt durch die Gewißheit: Vom Augenblick der Geburt an steht mein Leben in deiner Hand. Es wäre denkbar, daß in diesen Erklärungen des Beters königliche Prärogativen anklingen, wie sie durch die »Adoption« des Regenten zum »Sohn Gottes« gegeben sind (vgl. zu Ps 2,7). Doch wird man diese Beobachtung nicht sogleich zum Anlaß nehmen können, Ps 22 dem Königskult zuzuweisen (so ABentzen, Messias – Moses redivivus – Menschensohn, 20). Vielmehr nimmt der Beter in den Worten des Vertrauens Vorstellungen der königlichen Heilssphäre auf. – Eine andere Auffassung der Aussagen in 10 und 11 könnte von Ps 139,13ff. aus (im Rekurs auf die Schöpfung des Menschen) eingeleitet werden. – Jedenfalls enden die Klagen in 2–11, zweimal durch Vertrauensäußerungen unterbrochen
(4–6 und 10–11), in 12 in einer eindringlichen Bitte. Der »ferne Gott« (2) 12
möge die Gottverlassenheit seines Knechtes aufheben! Die Not (צרה) ist wie eine eigenständige Macht dem Beter nahe, und es ist (außer Jahwe) kein Helfer vorhanden.

In 13 setzt die Schilderung der »nahen Not« (12) mit Bildern und 13
Symbolworten ein. »Stiere« und »Starke Basans« umringen den Leidenden. אבירי בשׁן erinnert wohl an eine besonders kraftvolle Stierart der Landschaft Basan (vgl. Am 4,1; Dt 32,14; GDalman, AuS VI 170f.).

Wenn die Not des Beters in 13ff. durch die Bilder anrennender und den Leidenden umringender Tiere veranschaulicht wird, so wird man sich die Bedeu-

[1] »Vides ergo, confessorem Christi et praedicatorem Euangelii dei talem esse oportere, qui non miretur, si omnes homines et totus populus eum exhorreat et abominetur, immo nisi abominetur, nondum esse perfectum Christi confessorem. Argumentum enim salutis suae est, esse opprobrium hominum et abiectionem plebis. Sic enim et Jer 20,8 queritur: ›Et factus est mihi sermo domini in opprobrium et in derisum tota die‹. Et Christus ›Eritis odio omnibus hominibus propter nomen meum‹. Et Mt 5,11 ›Beati estis, cum maledixerint vobis homines et eiecerint nomen vestrum tanquam malum propter me‹.« Luther, WA 5; 615, 31ff.

tung dieser Metaphern zunächst klarmachen müssen. HGunkel erklärt in seinem Kommentar: »Die Tiervergleiche haben für das Empfinden des Altertums nichts Beschimpfendes; vielmehr will der Dichter sagen, daß es sich um mächtige, vornehme Leute handelt, deren Wut furchtbar ist«. Gunkel geht also davon aus, daß mit den Tiervergleichen letztlich Menschen – nämlich die mächtigen und vornehmen »Feinde des Individuums« gemeint sind (s.o.S. 112ff. Einl § 10,4). Tatsächlich kann es nicht zweifelhaft sein, daß das Toben feindlicher Menschen mit den Tiermetaphern geschildert werden kann (Ps 7,3; 10,9f.; 27,2; 35,21f.). Aber es wird zu bedenken sein, daß diese »Feinde« in den Klageliedern stets von Gott scheidende, dämonische Mächte repräsentieren. Es wird deshalb nötig sein, bei der Erklärung der Tierbilder noch eine andere Dimension zu berücksichtigen. In den Beschwörungsgedichten des Zweistromlandes werden die dämonischen Mächte, auf die man Krankheit und Leiden zurückführt, in Gestalt gefährlicher Tiere vorgestellt. So kann es z.B. in einer »Beschwörung gegen den Dämon Samana« heißen: »Enuru-Beschwörung. Samana, der mit dem Löwenmaul, der mit dem Drachenzahn, der mit den Adlerkrallen, der mit dem Skorpionschwanz, der wilde Löwe Enlils, der Löwe Enkis, der den Hals abschneidet, der Löwe Ninínsinnas mit dem bluttriefenden Maul, der Löwe der Götter, der das Maul aufsperrt...« (AFalkenstein/WvSoden, Sumerische und akkadische Hymnen und Gebete, 214). Die dem Menschen feindlichen dämonischen Mächte begegnen also in Tiergestalt. Dabei treten verschiedene Bildschichten ineinander, um die verzerrte Wesensart der fremden Macht zu beschreiben (vgl. SMoscati, Geschichte und Kultur der semitischen Völker: Urban-Bücher, 1953, 57f.). Über die Gemeinsamkeit der Motive unterrichtet auch GWidengren, The Accadian and Hebrew Psalms of Lamentation as Religious Documents: Diss. Uppsala 1936 (1937).

14–16 14 ist im Hinblick auf das Ineinanderfließen der verschiedensten Bildschichten zu verstehen. Die gefährlichen Mächte reißen das Maul auf – wie ein Löwe, reißend und brüllend kommen sie auf den Leidenden zu. Daß es sich in 13 und 14 vielleicht um Krankheitsdämonen handelt, würde der Anschluß in 15f. nahelegen. Die beiden Verse 15 und 16 veranschaulichen die Agonie: das Vergehen und die Auflösung des Körpers unter der Glut des Fiebers. Das perf. praesens (Gunkel-Begrich, EinlPs 215) schildert den Vorgang in drastischen Bildern: »wie Wasser« (vgl. Jos 7,5; Ez 7,17; 21,12), »wie Wachs« (vgl. Dt 20,8; 2 S 17,10). Das Äußere (**עצמותי**) und Innere (**לב**) »zerfließt«. Die Fieberhitze dörrt die Mundhöhle aus (vgl. Ps 69,4). Der Leidende steht unmittelbar vor dem Tod (**לעפר־מות**).

17 Wie eine Meute wilder Hunde umgibt die **עדת מרעים** (»die Rotte von Frevlern«) den Leidenden und bindet (?) ihm Hände und Füße. Die dämonischen Mächte lassen hier das Menschenantlitz der Spötter (8 + 9) wieder erkennen. Sie überwältigen den Todkranken. Der Text ist leider an dieser Stelle beschädigt. Man weiß nicht: handelt es sich in **כרו ידי ורגלי** um ein Bild oder um einen wirklichen Vorgang? Hat man den Leidenden als einen Übertreter der Gebote Gottes gefangen (Ps 107,10ff.)?

FNötscher will in **כארי** ein Verbum mit der Bedeutung »durchbohren« wiedererkennen (»sie durchbohren mir Hände und Füße«) und denkt an eine Kreuzigung, wundert sich aber, daß diese Stelle des Psalms im Neuen Testament in der Passionsgeschichte nicht aufgenommen worden ist. (»Hat man die Worte damals trotz der alten Übersetzungen doch nicht in diesem Sinne verstanden?«) – Es ist kaum möglich, in dieser Weise den Text zu konjizieren. Es bleiben nur zwei Möglichkeiten: 1) Das Binden (?) der Hände und Füße entwickelt das Bild einer Jagd weiter; dann wären die Hunde in 17a Jagdhunde (vgl. Abbildungen aus dem Zweistromland), und der Leidende wäre die Beute einer Hetzjagd. Oder 2) Die wilden Hunde (17a) sind bildliche Veranschaulichungen des Treibens der »Frevler«, die den (nach ihrem Kausaldenken) schuldig Leidenden tatsächlich gefangennehmen. Diese zweite Erklärung würde im Kontext (18f.) sinnvoller sein.

18 und 19 lassen erkennen, daß man den Leidenden entblößt hat. Er liegt da – abgemagert durch Krankheit und Kummer (vgl. Ps 102,6; Hi 19,20; 33,21). Die Frevler »gaffen« ihn an. Zu רָאָה בְּ vgl. BrSynt § 106a. Sie haben von der Kleidung des Sterbenden und Gefesselten Besitz ergriffen und werfen das Los zur Aufteilung. Dem durch Gottes Urteil gezeichneten Menschen wird das Letzte genommen. Das Werfen des Loses bekundet dem Leidenden: du bist für uns gestorben (Sir 14,15). In einem Lied aus dem Zweistromland heißt es: »Geöffnet war der Sarg, man nahm schon meine Kostbarkeiten an sich; ehe ich noch tot war, war die Totenklage schon fertig« (AUngnad, Die Religion der Babylonier und Assyrer, 1921, 230). – An dieser Stelle äußerster Not erklingt (wie in 12) wieder die Bitte, Jahwe möge nicht ferne bleiben, sondern zur Hilfe eilen. Die Bitte erstreckt sich über drei Verse (20–22). חרב ist wohl ein Bild für die Todesmacht (Ps 37,14), während כלב auf 17 Bezug nimmt. Im Grunde bittet der Klagende um Errettung aus der Hand der von Gott scheidenden, dämonischen Mächte. אריה in 22 bezieht sich auf 14. Ungewiß ist, welche wilde Tierart mit רמים gemeint ist. Handelt es sich um das in altorientalischen Abbildungen häufiger nachweisbare Einhorn? 18–22

Die bemerkenswerte Interjektion עניתני steht zwischen den beiden Hauptstücken des Psalms. Sie verbindet das Klagelied mit dem in 23ff. folgenden Dank- und Loblied. Durch ein einziges Wort erklärt der Sänger: Jahwe hat mich erhört. Der in einigen Psalmen bisweilen abrupt erfolgende Übergang von der Klage zum Dank ist in Ps 22 mit der Formel עניתני bezeichnet. Damit ist das לא תענה in 3 endlich aufgehoben. Man wird annehmen dürfen, daß Jahwe durch ein »Heilsorakel« dem Klagenden Antwort und Rettung schenkte (Ps 107,20; JBegrich, Das priesterliche Heilsorakel: ZAW 52, 1934, 81–92). Menschen, denen eine solche Hilfe zuteil wurde, »die sollen Jahwe danken« (Ps 107,21f.). Hier ist der Übergang zu 23ff. deutlich angezeigt. – Eine andere Auffassung vertritt RKilian (BZ 12, 1968, 172ff.). Er ist der Meinung, daß kein Heilsorakel anzunehmen sei und daß folglich auch kein effektiver Umschwung angenommen werden könne. Vielmehr wird das Stück 23ff. als Vertrauensäu- 22bß ßerung verstanden; »perfecta confidentiae« werden angenommen. Doch diese Auffassung scheitert an dem formgeschichtlich zu erhebenden Befund, der in den Psalmen recht eindeutig ist. Zu den Tempora vgl. DMichel, Tempora und Satzstellung in den Psalmen, 1960, 63ff. So wird also doch vorauszusetzen sein: Der Beter des Psalms »hat das ›Fürchte dich nicht‹ vernommen und dann die Zusicherung, daß Jahwe den Beter nicht verlassen werde, daß Jahwe mit ihm sein werde und daß er sein Helfer sei« (GvRad, TheolAT⁶ I 414).

Auch in den Gebeten des Zweistromlandes warten die Kranken und Leidenden auf eine Antwort der Gottheit. Sie sehen dem »Heilsorakel«, dem »zuverlässigen Jawort«, entgegen, um dann, wenn die Hilfe eingetroffen ist, der Gottheit zu danken. »... auf euer zuverlässiges Jawort, das nicht umgestoßen wird, möge ich, euer Diener, leben und gesund werden, dann will ich eure Großtaten verherrlichen, euch die Huldigungen darbringen!« (AFalkenstein/WvSoden, Sumerische und akkadische Hymnen und Gebete, 347). Das »Jawort« des Heilsorakels kann auch in dem priesterlichen Zuruf »Genug!« bestehen (Falkenstein/vSoden, 338). Immer aber folgt auf das hilfreiche Eingreifen der Götter der dankbare Lobpreis der »Großtaten« (Falkenstein/vSoden, 336.338.345.348).

23–24 אספרה שמך לאחי ist nicht die Formel eines Gelübdes, das der Klagende in seinem Leid ablegt, sondern bereits der Einsatz des Dank- und Lobliedes (Ps 66,16; 109,30; 107,32). – Als einzigen Inhalt seines Liedes vor der Kultgemeinde (קהל) nennt der Sänger den שׁם Jahwes. שׁם ist die gegenwärtige Heilsmacht Jahwes (vgl. zu Ps 20,2.6.8). Die Zuhörer des Liedes sind אחי = die Kultgenossen der Israelgemeinde (4). Zu קהל als Begriff für die versammelte Kultgemeinde vgl. Ps 35,18; Ex 16,3; Lev 4,13ff.21; Nu 10,7; 15,15; 17,12; 20,6 u.ö. – In den Lobgesang einstimmen sollen alle, die Jahwes Wirklichkeit erfahren haben (יראי יהוה). In diesem Zusammenhang haben die Konstruktusbildungen זרע יעקב und זרע ישׂראל die Bedeutung, das »wahre Israel« zum Lobpreis aufzurufen. 24b betont das Erschrecken vor dem Wunder, in dem Jahwe seine Gegenwart bekundet.

25 In 25 wird das Wunder der Rettung ausgesprochen. Jahwe hat die Not des עני nicht verachtet. Der Leidende zählt sich zu den »Armen« (s.o. S. 108ff. Einl § 10,3).[1] Zu ולא־הסתיר פניו ממנו könnte man fragen, ob bei dem Heilsorakel (22: עניתני) eine Theophanie mitbestimmend war (vgl. zum Problem der Theophanie: Ps 18,8–16). Die Interjektion עניתני wird in 25b in die Worte gefaßt: ובשועו אליו שמע.

26 Das Danklied 23–32 wird in 26 תהלה genannt (also nicht, wie eigentlich zu erwarten wäre: תודה). Der Begriff תהלה in 26 ist gewiß auf die Bezeichnung Jahwes in 4 zu beziehen. Daß Jahwe תהלת ישׂראל ist, wird in 26

[1] »Sit ergo pauper, qui volet esse semen Israel et Euangelii gratia gaudere. Stat sententia fixa: deus noster talis est, qui pauperes respicit. Et vide copiam prophetae ac dilligentiam. Non satis, semel dixisse ›non sprevit‹, addit ›nec despexit‹, item ›non avertit‹, item ›exaudivit‹«. Luther, WA 5; 660,26ff.

in der Weise verstanden, daß der Lobpreis des Beters von Jahwe ausgeht. Jahwe ist in seinem Handeln ein zum Lobpreis führender Gott. Auf sein Wirken kann der Mensch nur mit Lob antworten. קהל רב ist die »Vollversammlung« der Gemeinde zur Zeit der großen Jahresfeste. Bei dieser Gelegenheit werden »Gelübde bezahlt«. Zu נדרי אשלם vgl. Ps 50,14; 61,9; 66,13; 116,14.18. In der Not gelobt der Leidende Opfer (Lev 7,15–21) und Dank in den Vorhöfen des Tempels. »Solch ein Gelübde aus der Not heraus ist völlig mißverstanden, wenn man es als einen Handel mit Gott nach dem Motto: ›Gibst du mir das, gebe ich dir das‹, interpretiert. Vielmehr ist darin ausgesprochen, daß die Verbindung zwischen dem zu Gott Flehenden und Gott nicht damit zu Ende sein soll, daß Gott ihn errettet hat, sondern sie soll nach der Errettung darin weitergehen, daß der Gerettete seinen Brüdern von der Rettung, die ihm widerfuhr, erzählt« (CWestermann, Die Geschichtsbezogenheit menschlicher Rede von Gott im Alten Testament: Weltgespräch 1, 1967, 21).

Es ist wahrscheinlich vorauszusetzen, daß das Lob- und Danklied 23–32 bei einem Opfermahl für die Armen angestimmt worden ist. So jedenfalls wäre 27 gut zu verstehen. Die ענוים, zu denen der Beter unseres Psalms sich zählt (25), sollen essen und satt werden. Dieser Wunsch hat aber nach 27b eine letztgültige Bedeutung: die Armen mögen die Lebensfülle der Gottnähe allezeit erfahren! Zu יחי לעד vgl. ChrBarth, Die Errettung vom Tode in den individuellen Klage- und Dankliedern, 24. 27

Wenn nun in 28f. alle »Enden der Erde« und »alle Geschlechter der Völker« zur Einsicht, Umkehr und Huldigung aufgerufen werden, so handelt es sich hier nicht um enthusiastische Steigerungen des Hymnus, sondern um Traditionen des Jerusalemer Kultus, die sich mit dem קדוש יושב verbinden. Der auf dem Zion thronende Gott ist אל־עליון, Schöpfer und Herr aller Welt (s.o.S. 94ff. Einl § 10,1). Auf diese allezeit gültige Tatsache sollen sich die Völker »besinnen« (זכר) und »umkehren« (שוב). וישתחוו enthält die Vorstellung von der Huldigung der Völker. Vor allem in 29 wird die Beziehung zur Kulttradition Jerusalems deutlich. Jahwe wird auf dem Zion als מלך und משל verehrt (s.o.S. 94ff. Einl § 10,1). Er ist Weltherrscher. Darum gebührt ihm das Lob aller Völker. – Sogar die Toten werden in die große Huldigung eingeschlossen. Das ist um so verwunderlicher, als im Alten Testament sonst eine unüberschreitbare Schranke besteht: die Toten haben keine Verbindung zu Jahwe, sie loben ihn nicht (vgl. Ps 6,6; 88,11–13). Die שאול ist der kultferne Ort. Nun aber ist die Schranke durchbrochen. Auch die in der Erde Schlafenden (Dan 12,2) werden in die Huldigung Jahwes einbezogen. 28.29 30

Die Nachkommenschaft des Erretteten wird in 31 besonders hervorgehoben. Sie soll Jahwe dienen. זרע bezeichnet wie in 24 die unmittelbare Teilhabe an dem Heilswirken Gottes. Es soll – so versichert der Sänger – eine unzerreißbare Traditionskette gebildet werden, die den kommenden 31.32

Geschlechtern und dem nachgeborenen Volk die Heilstat Jahwes übermittelt. Zu צדק vgl. GvRad, TheolAT[6] I 382ff. Durch die Überlieferung von Gottes großer Tat (כי עשה) würde den kommenden Generationen jene Gewißheit gegeben, die der Beter des Ps 22 in 4–6 äußerte.

Ziel Ps 22 durchläuft unfaßliche Dimensionen. Aus der Tiefe der Gottverlassenheit erhebt sich der Gesang des Erretteten zu einem weltweiten Hymnus, der auch die Toten in eine große Huldigung Jahwes einbezieht. – Es wäre wohl zunächst einmal darauf zu achten, wie »gemeindegebunden« das ganze Lied ist. Der Beter schöpft in äußerster Not Vertrauen aus der Tatsache, daß die Väter Israels auf ihr Klagegebet Antwort und Rettung erfuhren (4–6). Sein Leben ist umgriffen von der Wirklichkeit des קהל. Nachdem nun auch er erhört worden ist, stimmt er den Lobgesang in der Gemeinde an (23.26) und versichert zum Schluß, daß seine Nachkommen für die künftigen Geschlechter das Ereignis der großen Tat Gottes in der Überlieferung festhalten (31–32). – Diese innige Beziehung zum קהל hat ihren Grund darin, daß der Beter sich zu den ענוים zählt (25). Der »Leidende« und der »Arme« ist der intensivste Besucher des Zion. Er ist mit seiner ganzen Existenz auf Jahwe »geworfen« (11) und wartet auf die heilsame Hilfe Gottes. Er erlebt in vollkommener Freude das Wunder der Heilszuwendung (25) und bezieht sich in Klage und Lob auf die sein Leben transzendierende Wirklichkeit des königlichen Heiligtums zu Jerusalem.

Im Neuen Testament wird Ps 22 in der Leidensgeschichte mehrfach zitiert: 2 in Mt 27,46; Mk 15,34; 8 in Mt 27,39; Mk 15,29; 9 in Mt 27,43; 16 in Joh 19,28(?); 19 in Mt 27,35; Joh 19,23–24. Aus diesem Rekurs der Passionsgeschichte auf Ps 22 konnte in der früheren kirchlichen Auslegung der Schluß gezogen werden: Ps 22 gehört zu den »messianischen Weissagungen«. Doch diese Erklärung ist als unzutreffend erwiesen worden. Ps 22 handelt nicht vom »Messias« (im Sinne eines endzeitlichen Heilskönigs). Ps 22 ist auch keine »Weissagung«. In diesem Sinne konnte etwa HGunkel urteilen: »Die ›messianische‹ Erklärung, die zuletzt Delitzsch vertreten hat, ist endgültig dahingefallen, seitdem man erkannt hat, daß der Psalm überhaupt keine Weissagung enthält, und daß die Idee eines leidenden Messias dem Alten Testament auch sonst fremd ist.« In diesem Urteil spiegelt sich ein Verständnis, wie es in der neueren Psalmenexegese fast allerorten zutage tritt. So kann ACohen in den »Soncino Books of the Bible« denn zu der Feststellung gelangen: »A christological intention has long been read into this Psalm, but modern Christian exegetes are agreed that it describes a situation then existing and does not anticipate an event in the future.« – Die Frage muß also neu gestellt werden: Worin liegen die inneren Beziehungen zwischen Ps 22 und der neutestamentlichen Passionsgeschichte?

Man wird ausgehen können von einer Erklärung, die Franz Delitzsch in seinem Psalmen-Kommentar gegeben hat. Er schreibt: »In Ps 22 steigt David mit seinen Klagen in eine Tiefe hinab, die jenseits der Tiefe seines Leidens liegt, und er steigt mit seinen Hoffnungen in eine Höhe hinauf, die jenseits der Höhe seines Leidenslohnes liegt.« Diesen eigenartigen Sachverhalt nennt Delitzsch eine »Steigerung des Typischen zum Prophetischen«. Delitzsch hat richtig erkannt: Die Aussagen des Todkranken in Ps 22 transzendieren jedes Einzelschicksal. Das Typische und Paradigmatische der Leidens- und Lobaussage erfaßt im Rekurs auf die konventionierten Sprach- und Vorstellungsmittel etwas Urbildliches, Überindividuelles. Indem nun Jesus in der Agonie am Kreuz die ersten Worte des 22. Psalms betet, geschieht ein Doppeltes: 1) Jesus tritt hinein in das Urleiden der Gottverlassenheit, das von Betern des Alten Testaments erfahren und mit den übergreifenden Worten und Bildern geschildert wurde. D.h. aber: Jesus erklärt sich solidarisch mit der ganzen Fülle des Leidens. Der Weg des vom Himmel kommenden Menschensohns führt in das tiefste Elend. 2) Die Urgemeinde sah nun Assoziationen zwischen dem Schicksal des alttestamentlichen Beters in Ps 22 und dem Kreuzestod Jesu. In der Kategorie »Weissagung – Erfüllung« griff sie Entsprechungen des äußeren und inneren Geschehens auf, weil Jesus mit dem Gebet Ps 22,2 selbst diesen Weg des Nachfragens gewiesen hatte. Vom Alten Testament her aber bieten sich die urbildlichen, überindividuellen Aussagegehalte des 22. Psalms als »prophetische« Elemente an, die auf eine Füllung und Erfüllung des weitausgespannten Rahmens hindeuten.

Die eingehende Studie von HGese (ZThK 65, 1968, 1ff.) hat die Beziehungen des Neuen Testaments auf Ps 22 untersucht, insbesondere den ältesten Bericht vom Tod Jesu und von der Entstehung des Herrenmahls. Es können hier nur zwei Ergebnisse festgehalten werden. 1) »Die älteste Darstellung des zentralen Ereignisses des Todes Jesu wird verborgen unter dem Schleier von Ps 22. Damit werden wir hier nicht nur eine alte Interpretation des Todes Jesu vor uns haben, sondern, wie mir scheint, das älteste Verständnis des Golgathageschehens. Es ist hier nicht wie in Jes 53 vom Sühnopfer die Rede, ja noch nicht einmal vom Messias, sondern der zur tiefsten Leiderfahrung gesteigerte Tod führt mit dem aus dem Tod herausrettenden Gotteshandeln zum Einbruch der eschatologischen βασιλεία τοῦ θεοῦ. Derjenige, der diese βασιλεία in seinem Leben verkündet hat, führt sie in seinem Tod herbei« (17). – 2) »Zu dem Gemeinschaft und neues Sein stiftenden Mahl gehört untrennbar der Lobpreis Jahwes, das Bekenntnis Jahwes als des Retters durch das Gedenken des Rettungsgeschehens...« (18). Gese macht deutlich, »daß es sich beim Herrenmahl um die *Toda* des Auferstandenen handelt« (22). – Zusammenfassend: »Wir lernen aus Ps 22, wie die Errettung aus dem Tod im Licht der Offenbarung erfahren wird, wie Israel die Leiderfahrung zur Erfahrung des Urleidens gesteigert und das Gottesheil der Errettung apokalypitsch als Anbruch der eschatologischen Königsherrschaft Gottes erwartet wird. Wir sehen, daß die Verwirklichung dessen im neutestamentlichen Ereignis sich vollzieht. Wir verstehen den Bericht vom Tod Jesu, der ursprünglich ganz von Ps 22 geprägt wird, und das Herrenmahl als Bekenntnis dieses Ereignisses, als Stiftung eines neuen Seins, in dem der Auferstandene da ist« (22).

Psalm 23
Geborgenheit in der Güte und Huld Jahwes

Literatur Siegesmund, Psalm 23 in palästinischer Beleuchtung: PJB 5 (1909) 97–100. – PVolz, Psalm 23: NKZ 36 (1925) 576ff. – JBoehmer, Der Reichtum von Psalm 23: BZ 23 (1935/36) 166–170. – JMorgenstern, Ps 23: JBL 65 (1946) 13–24. – TJMeek, Old Testament Notes I. The Metrical Structure of Psalm 23: JBL 67 (1948) 233–235. – EVogt, The ›Place in Life‹ of Ps 23: Bibl 34 (1953) 195–211. – LKöhler, Psalm 23: ZAW 68 (1956) 227–234. – EPfeiffer, Eine Inversion in Ps 23,1bα?: VT 8 (1958) 219f. – VMaag, Der Hirte Israels: SThU 28 (1958) 2–28. – HvanZyl, Psalm 23: Die ou Testamentiese Werkgemeenskap in Suid-Afrika (1963) 64–83. – GEaton, Problems of Translation in Psalm 23,3f.: BiTrans 16 (1965) 171–176. – ACMerril, Psalm 23 and the Jerusalem Tradition: VT 15 (1965) 354–360. – JJStamm, Erwägungen zu Psalm 23: EvThBeih 44 (1966) 120–128. – EBeaucamp/ARose, Le Psaume 23 (22): Commentaire et lecture pour les chrétiens: Feu Nouveau 9,11 (1966) 11–20. – ARJohnson, Psalm 23 and the Household of Faith: Proclamation and Presence: Old Testament Essays of GHDavies (1970) 255–271. – OEißfeldt, Bleiben im Hause Jahwes: Beiträge zur Alten Geschichte und deren Nachleben. Festschr FAltheim I (1969) 76–81. – GSchwarz, Einen Tisch angesichts meiner Feinde? Eine Emendation: VT 20 (1970) 118–120. – WBeyerlin, Die Rettung der Bedrängten in den Feindpsalmen der Einzelnen auf institutionelle Zusammenhänge untersucht: FRLANT 99 (1970) 111–116.

Text 1**Ein Psalm Davids.**
Jahwe ist mein Hirte, mir wird nichts mangeln.
2**Auf grünen Auen[a] läßt er mich lagern[b].**
Zu[c] ruhigen Wassern führt er mich.
3**Er erquickt meine Seele.**
Er führt mich auf rechten Pfaden
um seines Namens willen.
4**Auch wenn ich wandre im finstern[d] Talgrund,**
fürchte ich kein Unheil,
denn du bist bei mir;
dein Stab und dein Stock –
sie geben mir Mut[e].
5**Du deckst vor meinen Augen einen Tisch[f]**
– angesichts meiner Feinde.
Du salbst mein Haupt mit Öl.
Gefüllt ist mein Becher.
6**Nur Güte und Huld werden mir folgen**
alle Tage meines Lebens,
und ich ‘werde bleiben’[g] im Haus Jahwes,
solange ich lebe.

a Um 2a dem Metrum 3 + 2 anzupassen und auf diese Weise ein einheitliches 2
Bild im Versmaß zu gewinnen, wird bisweilen נאות mtr. cs. gestrichen. Man wird
hier jedoch zurückhaltend sein müssen. – **b** *G* überliefert den Text: εἰς τόπον
χλόης, ἐκεῖ με κατεσκήνωσεν. – **c** על ist nicht unbedingt durch אֶל zu ersetzen.
Es könnte die Vorstellung vom Stehen der Tiere über dem Wasser in על enthal-
ten sein. – **d** *G* ἐν μέσῳ · σκιᾶς θανάτου. – **e** Die Korrektur יַנְחֵנִי wird doch zu 4
schnell eingeführt. Zwar kann נחם an dieser Stelle nicht die Bedeutung »trösten«
haben (»Trost ist die Antwort auf Leid« LKöhler), doch übersetzt JMorgenstern
(JBL 65, 1946, 17) richtig: »they reassure me«. – **f** EPower (Bibl 9, 1928, 5
434–442) hat für שלחן נגד eine falsche dittogr. angenommen (שֶׁלַח statt שֻׁלְחָן)
und übersetzt: »du hältst vor mir den Wurfspeer bereit« (vgl. auch JMorgenstern
und LKöhler). LKöhler meint: »Damit schwinden alle Schwierigkeiten des Zu-
sammenhangs, und das Bild des Hirten liegt einheitlich dem ganzen Psalm zu-
grunde« (ZAW 68, 1956, 233). Mit dieser Korrektur und der erstrebten Verein-
heitlichung werden aber neue Probleme aufgerührt, die noch einer eingehenden
Besprechung bedürfen (s.u. »Form«). – **g** *M* »und ich kehre zurück«. Hier wäre 6
an ein Wallfahrtsgelübde gedacht. Besser *G* σ´ וְשִׁבְתִּי (»und mein Wohnen«). Am
besten: Hie *ST* וְיָשַׁבְתִּי (»und ich wohne«); vgl. Ps 27,41.

Form

Der textliche Zustand des Psalms ist ausgezeichnet. Im Metrum bietet sich ein klares Bild. Das Versmaß 3 + 2 ist bestimmend in 2b/3a. 3bα/β. 4aα/β. 5aα/β. 5bα/β. 6aα/β. 6bα/β. Eine Ausnahme bilden der Liedeinsatz 1b/2a in 3 + 3 und der Abschluß des ersten Psalmteiles in 4 mit dem ausklingenden Versmaß 2 + 2 + 2. Allerdings ist die zuletzt getroffene Feststellung umstritten. Schließt mit 4 wirklich der erste Psalmteil ab? Diese Frage, die – über das Formale hinaus – bereits umfangreiche Sachprobleme aufruft, bedarf einer ersten Untersuchung. LKöhler behauptet, Ps 23 sei ein durchlaufendes einheitliches Lied, in dem nur ein einziges Bild in Erscheinung trete: das Bild vom Hirten.

LKöhler geht (im Gegensatz zu Siegesmund, PJB 5, 1909, 97ff.) von der Vorstellung aus, daß der Weidewechsel die bestimmende Metapher des Ganzen sei (zur sog. Transhumanz vgl. MWeber, Das antike Judentum, 1921, 11; AAlt, Erwägungen über die Landnahme der Israeliten in Palästina: PJB 35, 1939, 28ff.; LRost, Weidewechsel und altisraelitischer Festkalender: ZDPV 66, 1943, 205ff.). Beim Weidewechsel werden mit der Herde große Tagemärsche zurückgelegt. Unter Beachtung dieses Sachverhaltes würde 3 und 4 gut verständlich sein. In 5 wird dann die von EPower vorgeschlagene Korrektur eingeführt (»Du hältst vor mir her meinen Bedrängern gegenüber den Wurfspieß bereit« s.o.). So wäre auch 5a im Zusammenhang der Transhumanz zu verstehen. 5b deutet Köhler als Maßnahme der Wundbehandlung (die Schafe verletzen sich leicht am Kopf, die Wunden müssen mit Öl präpariert werden). – Nachdem Köhler mit der Vereinheitlichung unter dem Generalthema »Transhumanz« bis hierhin gekommen ist, den »Tisch« in 5a »beseitigt« und das Öl in den Dienst der Tierpflege gestellt hat, stößt er zum Schluß noch auf Schwierigkeiten. Seit wann trinken Schafe aus einem »Becher«? Und zu 6: Endet die Transhumanz der Herde im Tempel? Doch auch mit diesen Hindernissen wird Köhler fertig. Im Becher war Öl – so meint er. Und בית in 6 wird zu בְּיָד korrigiert. Dieses Verständnis des Ps 23, das in ähnlicher Weise auch JMorgenstern vorträgt, ist zwar originell, aber nur mit bedenklichen Eingriffen in den Text bis zum Ende durchzuführen. Diese »Vereinheitlichung« der Bildelemente des Psalms scheidet aus.

Der Interpretationsweise Morgensterns und Köhlers steht die differenzierende Deutung bei Briggs und Weiser gegenüber. Hier wird Ps 23 in drei Teile und damit auch in drei Bildkreise zerlegt: der Hirte (1 und 2) – der Wanderer (3 und 4) – der Wirt (5f.). Zu 3 bemerkt Weiser: »In 3 wechselt die lebhafte Phantasie des Morgenländers das Bild: Gott erscheint hier als der Führer des Wanderers auf dem Lebensweg.« Ist diese Erklärung richtig? Ist es wirklich der Wanderer, den Jahwe in 3 und 4 führt? Das ist eigentlich kaum möglich, denn שבטך ומשענתך bezieht sich doch fraglos auf das Schützen, Führen und Weiden des Hirten. So wird also als Ergebnis zu vermerken sein: Ps 23 besteht aus zwei Teilen, 1–4 (mit dem Versmaß 2 + 2 + 2 ausklingend) handelt von dem Hirten Jahwe und 5f. von Gott, dem Gastgeber an heiliger Stätte.

Ps 23 gehört zur Formgruppe der Gebetslieder. S.o.S. 49ff. Einl § 6,2. Bemerkenswert sind die Äußerungen des Vertrauens, die dazu Anlaß gaben, den Psalm einer Gattung der Vertrauenslieder zuzuschreiben (Gunkel-Begrich, EinlPs § 6,27). Damit würde eine Zuordnung zu den »individuellen Klageliedern« kenntlich gemacht sein. Doch sind die Bekenntnisformulierungen in 2 und 3 zu beachten. Sie sprechen dafür, das Gebetslied in die Nähe eines Dankliedes zu rücken, das ein Einzelner gesprochen hat. Zur *Toda* s.o.S. 54f. Einl § 6,2aγ. Näheres wird zu ermitteln sein, wenn nach der Situation (»Sitz im Leben«) des Psalms gefragt wird. Daß die Erklärung, es handle sich in Ps 23 um ein Gebetslied, zutreffend ist, zeigt sich insbesondere in 4f., in den Anreden an Jahwe (in der 2. pers.). 6 ist noch einmal eine Bekenntnisaussage.

Ort

Wo ist Ps 23 angestimmt worden? Bei welcher Gelegenheit? Wer ist der Sänger? Nehmen wir die letzte Frage zuerst auf. Folgt man *M* in 6b, so sollte es sich bei dem Sänger des Psalms um einen Kultteilnehmer handeln, der im »Hause Jahwes« besondere Segnungen erfahren hat, im Vertrauen auf Gott das Heiligtum verläßt und das Gelübde ausspricht: »Ich werde wiederkehren in das Haus Jahwes...«. Aber diese Lesart entspricht nicht der Topik der Psalmensprache (vgl. Ps 27,4f.; 52,10; 61,5; 63,3). וישבתי müßte wohl gelesen werden (s.o.). Wer aber ist dann der Sänger? Handelt es sich um ein »royal prayer« (GEaton, 171ff.)? War der Beter des Psalms ein im Kult auftretender König? Ein Priester (HSchmidt)? Oder der Vertreter einer »sublimen Kultmystik«? (GvRad, »Gerechtigkeit« und »Leben« in der Kultsprache der Psalmen: Bertholet-Festschrift, 1950, 432). Die Frage ist von 6 aus schwerlich zu beantworten. Etwas deutlicher werden die Umrisse in 5. Hier wird gesagt: Der Beter hat »Feinde«; Jahwe aber bereitet ihm »angesichts der Feinde« ein

Mahl – offenbar ein Opfermahl (vgl. 6 בבית־יהוה). SMowinckel denkt an ein »Dankopferfestmahl« (PsStud I 126.131), und EVogt geht noch einen Schritt weiter und spricht (unter Berücksichtigung der »Feinde«) von dem Festmahl eines Angeklagten, das nach erfolgtem Freispruch veranstaltet worden ist (Bibl 34, 1953, 195ff.). Diese Deutungen sind auf der richtigen Spur, sie sind auf eine tragfähige Basis gestellt worden durch WBeyerlin (111–116). Nachdem das Gottesgericht geschehen und der Freispruch, der einen unschuldig Angeklagten für צדיק erklärt, ergangen ist, findet eine Opfermahlzeit statt, an der offensichtlich auch die Feinde, d.h. die Verfolger und Ankläger, teilnehmen. (Zu den »Feinden« s.o.S. 112ff. Einl § 10,4). Diese Situation wird aus Ps 4,6 deutlich (siehe dort). Demnach würde Ps 23 einem solchen »Sitz im Leben« erwachsen sein, in dem die *Toda*, das Danklied des Einzelnen angestimmt wurde. Für diesen Akt ist bezeichnend eine aus dem Vertrauen hervorgehende Bekenntnisformulierung. Vertraute der Beter in der Not und Bedrängnis auf Jahwe, so kann er nach geschehener Wende seines Geschicks in Aussagen des Bekennens die Taten Gottes rühmen. – Ps 23 gehört gewiß in die Tradition Jerusalems (ACMerril, 354ff.). Er könnte in vorexilische Zeit angesetzt werden. Doch wird anzunehmen sein, daß das Gebetslied als Formular, angestimmt beim Opfermahl (5), immer wieder benutzt wurde. Die konkrete Situation aber, die sich im Blick auf 5 und im Vergleich mit Ps 4,6 erschließen läßt, hebt die Textschwierigkeiten auf, die nicht selten beklagt worden sind (vgl. die Korrektur bei GSchwarz, 118ff., der durch Umstellung Erleichterungen schaffen will).

Zu מזמור לדוד vgl. o.S. 25 Einl § 4 Nr. 2. Wort 1

יהוה רעי. Wie ist dieser zweigliedrige Nominalsatz zu verstehen? LKöhler meint, daß 1 einen polemischen Klang bekomme, wenn רעי als Subjekt und יהוה als Prädikat aufgefaßt wird. Der Sinn wäre – nach Köhlers Ansicht – dann der, »daß der Irrtum abgelehnt wird, daß nicht Jahwe, sondern ein anderer Gott mein Hirte sei« (ZAW 68, 1956, 228). Köhler hält diese – bisher übliche – Auffassung des Textes für unmöglich. Er hingegen sieht in יהוה das Subjekt und in רעי das Prädikat. Der Satz wäre dann »invertiert« und könnte in temporaler oder kausaler Fassung folgendermaßen wiedergegeben werden: Entweder: »Solange Jahwä mein Hirte ist...«; oder: »Weil Jahwä mein Hirte ist...« – Diese syntaktischen Erklärungen Köhlers sind aber nicht zutreffend (EPfeiffer, Eine Inversion in Ps 23,1bα?: VT 8, 219f.). רעי ist Subjekt, יהוה ist Prädikat. Die in der 3. pers. über Jahwe getroffene Aussage hat bekenntnisartigen Charakter. Bekenntnisse aber haben u.a. auch immer antithetischen Charakter. Sie heben den שׁם hervor (3). – Nun bezieht sich das Bild vom Hirten ursprünglich auf das Volk, das als Herde geführt und geschützt wird. In der Kulttradition Jerusalems wird Jahwe als רעה ישׂראל (Ps 80,2) verherrlicht. Diese Vorstellung geht auf eine stehende Metapher des alten Orients zurück: Der König ist Hirte seines Volkes. Auf Jahwe übertragen findet sich diese Vorstellung im Alten Testament an einigen Stellen: Ps 79,13; 95,7; 100,3; Jes 40,11 u.ö. Stets ist in dieser Metapher der Gedanke der machtvollen und zugleich gütigen Herrschaft maßgebend. Nur selten löst sich im Alten Testament aus dem Bild vom Hirten und seiner Herde die Vertrauensäußerung eines einzelnen (vgl. Gn 48,15). Ein einzelnes Glied der »Herde« weiß sich geborgen unter der gütigen und machtvollen Herrschaft des »Hirten«; es leidet keinen Mangel (לא אחסר). Der Bedeutungsgehalt der altorientalischen Metapher verbietet es, Ps 23 »idyllisch-lieblich« (so u.a. HHerkenne) zu verstehen.

Vom gütigen und machtvollen Hirtenamt der Gottheit weiß auch ein Text aus dem Zweistromland zu berichten. In einem Hymnus an *Šamaš* heißt es: »Die Menschen der Länder insgesamt betreust du; was immer Ea, der König, der Regent, hervorbringen ließ, ist überall dir übergeben. Die den Lebensodem haben, die weidest du allzumal« (AFalkenstein/WvSoden, Sumerische und akkadische Hymnen und Gebete, 1953, 240f.).

2 Der Hirte führt seine Herde zu den grünen Triften (GDalman, AuS VI, 211) und an die Wasserstellen. דשא ist einfach »das Grüne«. Der Sänger will betonen: Der Hirte leitet seine Herde nicht über karge Gefilde, auf denen die Schafe nur das von der Hitze verbrannte Gestrüpp finden – er wählt die saftigen, idealen Weideplätze. Und auch zu den besten Wasserstellen treibt er seine Herde. מי מנחות sind die stillen, aufgestauten Tränken, an denen das Vieh sich ohne Hast laben kann. Wasser ist hier in Fülle vorhanden. »Aquas quietum dixit, pro leniter fluentibus: quia ad ovium potum incommodi sunt rapidi torrentes, atque etiam ut plurimum noxii« (Calvin). Der Sänger bekennt sich also zu der Segensfülle, die er im Volke Gottes als einzelner erlebt hat.

3 Auf den Weideplätzen und an den Wasserstellen gibt der Hirte seiner Herde neue Frische. נפשי ישובב heißt wörtlich »die Lebenskraft, die Vitalität, zurückbringen« (vgl. Ps 19,8; Thr 1,11.16.19). Unter der gütigen Herrschaft Jahwes erlebt der einzelne die Erquickung der Fürsorge Gottes. – Wandert die Herde, dann sucht der gute Hirte מעגלי־צדק = »rechte Pfade«, die der Herde heilsam sind. Im übertragenen Sinn heißt das: Der Beter ist gewiß, daß Jahwe ihn vor jedem Fall behüten und unter seiner צדק recht führen wird. Diese Vertrauensäußerung könnte auf eine Bitte, wie sie z.B. in Ps 5,9 laut wird, bezogen werden: יהוה נחני בצדקתך למען שוררי. Auch der Beter des Ps 23 steht in der Auseinandersetzung mit feindlichen Mächten (5), die ihn von Jahwe scheiden und zu Fall bringen wollen. Doch vertraut der Sänger der Schutzmacht des göttlichen שם (vgl. Ps 20,2), die ihre Ehre dareinsetzt, den rechten Weg zu führen. Zu למען שמו vgl. OGrether, Name und Wort Gottes im Alten Testament: ZAWBeih 64 (1934) 53f.

Auch 4 handelt von den Gefahren der Wanderschaft, in denen sich die Schutzmacht des Hirten bewährt. Die Herde muß auf der Suche nach guten Weide- und Wasserstellen bisweilen finstere Talgründe durchziehen.[1] גיא צלמות ist in wörtlicher Bedeutung »das Tal des Todesschattens«: der gefahrvoll dunkle Talgrund. Bei der Erklärung dieser Wanderungen der Herde wird man nicht unbedingt an die weiten Wegstrecken der Transhumanz denken müssen, wie LKöhler Ps 23 deuten will (s.o.). Zur Sache: Auch im finstern Talgrund, auf gefahrvollen Wegen, fürchtet der Sänger unseres Psalms kein Unheil. – Und nun geht das Lied erstmalig in eine Anrede an Jahwe über: כי־אתה עמדי. Das ist der eigentliche Kernsatz des Vertrauens (vgl. Gn 26,3.24; 28,15; 31,3; Dt 31,6f. u.ö.). Mit seiner gewaltigen Schutzmacht ist Gott gegenwärtig. Der Hirte trägt zum Schutz seiner Herde שׁבט, eine mit Eisen beschlagene Keule (GDalman, AuS VI, 238f.). Mit dieser Waffe schlägt er die feindlichen Tiere und Menschen zurück (vgl. 1 S 17,43). Zugleich hält der Hirte einen Stab (משׁענתך) in seiner Hand, um die säumigen Schafe anzutreiben und die abirrenden zur Herde zurückzuführen. Die Schutzwaffe und der Leitstab geben also dem Geführten Mut und furchtloses Vertrauen – so erklärt der Sänger des Psalms. Er weiß sich unter Gottes Schutz und Führung. Dabei ist die Aussage »... denn du bist bei mir« ein Reflex der Jahwe-Zusage »Ich will mit dir sein« (vgl. HDPreuß, ›... ich will mit dir sein!‹: ZAW 80, 1968, 139–173; zu Ps 23,4; 151). 4

Ein ganz neues Bild tritt mit 5 in den Vordergrund. Jahwe erscheint als der gütige Gastgeber, der einem Verfolgten demonstrativ den Tisch deckt und ihn auf diese Weise in seine Schutzsphäre hineinnimmt. Dem Gast wird das Haupt mit Öl gesalbt. Voll wird ihm der Becher eingegossen. Dieses Bild vom schutzbereiten Gastgeber, der sich eines Verfolgten annimmt, ist sogleich – von 6 aus – in einem besonderen Rahmen zu sehen. Die Stätte, an der Jahwe Schutz- und Gastrecht gewährt, ist בית־יהוה: der Tempel (vgl. Ps 15,1; 6,15). Dort sind die »Armen« und Verfolgten, die Gottes Hilfe und Heil erfahren haben, beim Opfer Mahlgenossen Jahwes (Ps 22,27). Es ist demnach gut möglich, das in 5 entworfene Bild im Zusammenhang eines Dankopferfestmahles zu sehen (SMowinckel, EVogt). Denn bemerkenswert ist das Demonstrative der in 5a geschilderten Zubereitung des Mahles (zu ערך שׁלחן vgl. Ps 78,19; Prv 9,2; Jes 21,5). Zum Verständnis von נגד צררי zitiert HGunkel eine bemerkenswerte Stelle aus den Amarna-Briefen. Ein der Oberhoheit Ägyp- 5

[1] »Ita non modo sibi non promittit continuas delicias, sed etiam ad varios eventus fortiter subeundos Dei auxilio se munit. Porro in metaphora persistens, quam Deus in gubernandis fedilibus curam adhibet, pastoris baculo et pedo comparat, ea se ad vitae tutelam contentum esse dicens. Quemadmodum enim si per vallem obscuram oberret ovis, sola pastoris praesentia ab incursu ferarum aliisque noxis tutam ipsam praestat: ita nunc pronunciat David, quoties in aliquod discrimen inciderit, sibi in pastorali Dei cura satis fore praesidii«. Calvin, In librum Psalmorum Commentarius.

tens unterworfener Stadtfürst richtet an den Pharao die Bitte: »Er gebe Geschenke an seinen Diener, während unsere Feinde zuschauen« (Knudtzon, El-Amarna-Tafeln Nr. 100, 33–35). Auch hier soll es sich um eine demonstrative Geste des Pharao handeln, durch die den Feinden bewußt wird: dieser Stadtfürst steht unter der machtvollen Schutzmacht des Königs. In 5 bedeutet also die Mahlgemeinschaft mit dem Gastgeber Jahwe (beim Opfer): Ich stehe unter der nun auch den Feinden bewiesenen Schutzmacht Gottes. 5b spricht von der Fürsorge des Gastgebers für den Verfolgten. כוסי könnte auf den in Ps 116,13 erwähnten כוס־יְשׁוּעוֹת anspielen (vgl. zu dieser Vorstellung die Ausführungen zu Ps 11,6).

6 Erstaunlich ist nun die Aussage in 6a. Geht man von der Tatsache aus, daß ein Bedrohter und Verfolgter vor seinen »Feinden« (s.o.S. 112ff. Einl § 10,4) den Schutz des Tempelasyls gefunden hat, so stellt die Vertrauens- und Bekenntniserklärung in 6a jetzt eine totale Wende fest: Nicht die Feinde, sondern טוב וחסד »verfolgen« (רדף) forthin (כל־ימי חיי) den Beter. Die im Heiligtum (בבית־יהוה) erfahrene Güte und Huld (vgl. zu חסד zu Ps 5,8) Jahwes läuft ihm nach. Die Äußerung des Vertrauens und des Bekenntnisses geht dann über in die Schlußerklärung: »Ich werde bleiben im Haus Jahwes – solange ich lebe.« Das ist nicht »fromme Illusion, geboren aus Überschwang« (so LKöhler). 6b könnte ursprünglich ein Levitenbekenntnis gewesen sein (vgl. zu Ps 16,6f.). Dieses Levitenbekenntnis wäre dann spiritualisiert und zur Ausdrucksform einer »sublimen Kultmystik« umgeprägt worden (GvRad, »Gerechtigkeit« und »Leben« in der Kultsprache der Psalmen: Bertholet-Festschrift, 1950, 432). Wer Jahwes ישׁועה erfahren hat, der möchte allezeit in dem Bezirk des Heils, im Heiligtum, bleiben (vgl. Ps 27,4f.; 52,10; 61,5; 63,3). Zu dem Bekenntnis in 6 vgl. vor allem: OEißfeldt, 76ff. Natürlich ist es kaum möglich, die Situation des Beters wirklich zu erkennen. Auch wird der »Rezeptionssinn« von 6 in späterer Aufnahme des Formulars zu bedenken sein.

Ziel Ps 23 ist nicht versponnen in die Seligkeit des Vertrauens, die in idyllisch-lieblichen Bildern frommer Ergebenheit hier ausgebreitet wird. Dieses lyrisch-romantische Verständnis des Liedes ist in den meisten Auslegungen bestimmend. Den Hintergrund des Vertrauenspsalms bildet eine konkrete Gefahr. Der Beter hat Feinde (5), sein Leben ist bedroht und verfolgt. Aber im Tempel, in der Gemeinde Jahwes, ist dem Verfolgten טוב וחסד begegnet. Nun weiß er sich in der Schutzmacht des שׁם allezeit geborgen. Der Sänger greift in seinem Vertrauenslied zunächst den in der Gemeindetradition Jerusalems bekannten Bildkomplex von Jahwe, dem Hirten seines Volkes (Ps 80,2), auf und bezieht ihn auf sein Leben. »Vollkommene Erquickung« und »fortwährende Geborgenheit« – das sind die bestimmenden Themen des ersten Bildkreises. In 5 wechselt das

Bild. Jahwe als Gastgeber demonstriert in der Mahlgemeinschaft (des Opfers?) gegenüber den Feinden seine Schutzmacht (5a) und überschüttet den Verfolgten mit seiner Heilsfülle. Durch diese Erfahrung weiß der Beter sein Leben allezeit geborgen und vom Heil umgeben. – HSchmidt hat recht, wenn er in Ps 23 eine Illustration des alttestamentlichen Begriffs האמין (Jes 7,9; 28,16; 30,15) sieht. Allerdings geben die Traditionen, auf die Ps 23 zurückgreift, deutlich zu erkennen, daß dieser Glaube kein individualistisches Verhalten ist. Dieser vertrauende Glaube lebt aus der Heilsmacht des Ortes, an dem Jahwe sich seinem Volk geoffenbart hat. In der Erfüllungsbotschaft des Neuen Testaments ist Jesus Christus ὁ ποιμὴν ὁ καλός (Joh 10,11ff.).

Psalm 24
Der Einzug Jahwes, des Königs der Welt

Literatur

IWSlotki, The Text and the Ancient Form of Recital of Psalm 24 and 124: JBL (1932) 214–226. – JDSmart, The Eschatological Interpretation of Psalm 24: JBL 52 (1933) 175–180. – GRDeaver, An Exegetic Study on Psalm 24: Th. M. Thesis. Dallas (1953). – HSchmid, Jahwe und die Kulttraditionen von Jerusalem: ZAW 67 (1955) 168–197. – KKoch, Tempeleinlaßliturgien und Dekaloge: Studien zur Theologie der alttestamentlichen Überlieferungen (1961) 46–60. – MTreves, The Date of Psalm 24: VT 10 (1960) 428–437). – ARose, ›Attollite portas, principes, vestras...‹ Aperçus sur la lecture chrétienne du Psaume 24 (23) B: Studi G. Lercaro (Roma 1966) 453–478. – WZimmerli, Planungen für den Wiederaufbau nach der Katastrophe von 587: VT 18 (1968) 229–255. – OGarcia de la Fuente, Liturgias de entrada, normas de asilo o exhortaciones proféticas. A propósito de los Salmos 15 y 24: Aug (1969) 266–298. – PRBerger, Zu Psalm 24,7 und 9: Ugarit-Forschungen Bd. 2 (1970) 335f.

Text

1 Von David. Ein Psalm.
Jahwe gehört die Erde und ihre Fülle,
das Land, und die darauf wohnen[a].
2 Denn er ist es, der aufs Meer sie gegründet
und über Strömen fest errichtet. –
3 Wer darf hinaufsteigen auf Jahwes Berg,
und wer darf treten in seinen heiligen Bezirk?
4 Wer reine Hände hat und ein lauteres Herz,
'seine'[b] Seele nicht nach Eitlem richtet
und trügerisch nicht schwört.
5 Der wird von Jahwe Segen empfangen
und Gerechtigkeit vom Gott seines Heils.
6 Das ist das Geschlecht derer, die nach 'Jahwe'[c] fragen,
die da suchen das 'Antlitz des Gottes'[d] Jakobs. Sela.

[7]Erhebt, ihr Tore, eure Häupter,
erhebt euch, ihr uralten Pforten,
daß einziehe der König der Ehren!
[8]Wer ist der König der Ehren?
Jahwe, der Starke, der Held!
Jahwe, der Held im Krieg!
[9]Erhebt ihr Tore, eure Häupter,
'erhebt euch'[e], ihr uralten Pforten,
daß einziehe der König der Ehren!
[10]Wer ist denn dieser König der Ehren?
Jahwe Zebaoth –
der ist der König der Ehren. Sela.

1 **a** *G* καὶ πάντες οἱ κατοικοῦντες ἐν αὐτῇ. Die durch diese Übersetzung emp-
4 fohlene Ergänzung durch כָּל־ ist aber unnötig. – **b** Hier ist mit einer Reihe von
Handschriften gewiß נַפְשׁוֹ zu lesen. Diese Korrektur ist im Sinnzusammenhang
6 zu fordern. – **c** Mit einzelnen Handschriften von *G* ist wohl (auch mtr. cs.) דֹּרְשֵׁי
יהוה zu lesen. – **d** *M* müßte übersetzt werden: »Die dein Angesicht suchen, Ja-
kob«. Diese Lesung ist im par. membr. und im Sinnzusammenhang kaum mög-
lich. Der Text in *G* lautet: ζητούντων τὸ πρόσωπον τοῦ θεοῦ Ιακῶβ. Entspre-
9 chend wäre *M* zu korrigieren: פְּנֵי אֱלֹהֵי יעקב. 2Mss *S*: פניך אלהי יעקב. *T* פָּנָיו. – **e**
Mit pl. Mss ist entsprechend 7 והנשׂאו zu lesen.

Form

Schon bei einer Betrachtung der metrischen Verhältnisse fällt es auf, daß in Ps 24 zwei, wenn nicht sogar drei Teile voneinander abzuheben sind. Das Versmaß in 1 und 2 ist durch zwei Doppeldreier gekennzeichnet. In 3–6 ist das Metrum unregelmäßig: 3 und 6 bieten das Versmaß 3 + 4. In 4 liest man zunächst: 4 + 4; in 4b folgt dann ein nicht ergänzter Halbvers mit drei Akzenten. Das Metrum 4 + 3 ist in 5 festzustellen. Ganz anders ist die metrische Form in 7–10. 7–9 enthalten die Versmaße 3 + 3 + 3, während 10 mit 3 + 2 + 2 abschließt. Man könnte demnach den ganzen Psalm entweder in zwei Teile zerlegen: 1–6 und 7–10 oder sogar drei Einzelstücke annehmen: 1–2, 3–6 und 7–10. Da der Einschnitt zwischen 6 und 7 besonders markant ist, gehen einige Kommentare von der Auffassung aus, daß es sich um zwei verschiedene Psalmen (Ps 24A und Ps 24B) handelt. Aber diese Annahme ist – wie noch zu zeigen sein wird – nicht zutreffend.

Eine Analyse der in Ps 24 erkennbaren Form- und Gattungselemente kann zu folgendem Ergebnis gelangen: Der Psalm beginnt mit einem Bekenntnis zum universalen Eigentumsrecht über die gesamte geschaffene Welt (1f.). Von dieser Aussage über die Weltherrschaft und Schöpfungsmacht Jahwes hebt sich das Stück 3–6 deutlich ab. 3 hat den Charakter und die Funktion einer Tora-Frage, die offensichtlich in einem kultisch-rituellen Zusammenhang steht (vgl. 7ff. und zu Ps 15). So wird man von einer Tora-Liturgie sprechen können, denn die Antwort auf die in 3 gestellte Frage wird in 4 gegeben. In 5f. werden Segensverheißungen angeschlossen, die denjenigen gelten, die den in 4 promulgierten *notae* des צדיק entsprechen; 5 hat die Form einer Verheißung, einer Zusage; während 6 demonstrativisch auf diejenigen hinweist, die den *notae* in 4 tatsächlich entsprechen. In 7–10 folgen Anrufe, Fragen und Antworten aufeinander. Auf die Tora-Liturgie folgt eine Tor-Liturgie, die vor den Pforten des Heiligtums ihren »Sitz im Leben« gehabt haben mag (s.u.). Alle Beobachtungen und Untersuchungen zur Form des Ps 24 führen unmittelbar an die Frage nach dem kultischen »Sitz im Leben« heran. – Zu der Beziehung der Tempeleinlaßliturgien auf die Dekaloge vgl. KKoch, 46ff.).

Forscht man nach dem »Sitz im Leben« des Ps 24, so ist am besten Ort
von dem Stück 7–10 auszugehen. Eine Gruppe von Kultteilnehmern steht vor den Pforten des Heiligtums. Sie will den »König der Ehren« Jahwe Zebaoth hineinführen. Dieser – offenbar zu einer Prozession zusammengeschlossenen – Gruppe wird zweimal (8.10) die Frage entgegengerufen: »Wer ist der König der Ehren?« Hier handelt es sich um einen kultischen Wechselgesang, um ein liturgisches Zeremoniell, das zweifellos mit einem Einzug der heiligen Lade in den Tempel von Jerusalem verbunden ist (s.u.). Die Situation der liturgischen Rufe, Fragen und Responsorien ist gut zu durchschauen: Die Spitzengruppe der Ladeprozession stößt vor den Toren des Heiligtums den Ruf in 7 und 9 aus. Darauf wird aus dem Innenraum (des Tempel oder des heiligen Bezirks) jeweils die Frage laut: »Wer ist der König der Ehren?« (8.10). Die Antworten werden von der Einlaß begehrenden Prozessionsgruppe gegeben. Diesem liturgischen Zeremoniell vor den Toren des Heiligtums ist nun aber die Tora-Liturgie in 3–6 gut zuzuordnen. Vor dem Hineingehen in den heiligen Bezirk werden die Bedingungen zum Zutritt erfragt und von den Priestern bekanntgegeben (vgl. Ps 15). 3 würde dann also von den Gliedern der Prozession geäußert worden sein. In 4–6 geben Priester die Antwort. Schließlich könnten im Rahmen dieses kultischen Ablaufs auch 1–2 als ein Bekenntnis der Festgemeinde verstanden werden. So enthielte Ps 24 also einzelne Stücke einer Liturgie, die den gottesdienstlichen Akt der Lade-Einführung in das Heiligtum begleitet. Der Psalm ist als Einheit aufzufassen. Zur Zugehörigkeit des Hymnus in 1–2 und der Einführung der Lade in 7–10 vgl. Ps 95,2–6. Im Hinblick auf 3–6 sei noch eine Erklärung Mowinckels zitiert: »Wie wir es an Ps 24 sehen können, war es ein fester Bestandteil des Festrituals, daß der Festzug nach den Zutrittsbedingungen fragen muß und durch die Priester, die an der Tempelpforte wachen, zur Antwort erhält: nur wer reinen Herzens ist und reine Hände hat, darf ›Jahwes heiligen Berg besuchen‹« (SMowinckel, Religion und Kultus, 1953, 115). Vgl. auch S. 66ff. Einl § 6,6.

Umstritten ist die Frage, zu welchem Fest Israels die Einführung der Lade in das Heiligtum gehört. Die Spätdatierung BDuhms (auf ein Tempelfest des Jahres 165 v. Chr.) scheidet aus, sie entspringt einem unsachgemäßen Vorurteil im Hinblick auf die Entstehungsgeschichte der Psalmen. Dagegen steht die Interpretation des Ps 24 noch immer unter dem Eindruck der »Entdeckung« des »Thronbesteigungsfestes Jahwes« durch PVolz (Das Neujahrsfest Jahwes: Sammlung gemeinverständlicher Vorträge und Schriften aus dem Gebiet der Theologie und Religionsgeschichte 67, 1912) und SMowinckel (PsStud II). In Einl § 10,1 (S. 94ff.) wird eingehend erarbeitet, ob die Hypothese eines alljährlich gefeierten »Thronbesteigungsfestes Jahwes« textlich und kultgeschichtlich haltbar ist. Hinzuweisen ist auf HJKraus, Gottesdienst in Israel (1962) 239ff. Doch wie die Frage nach der Existenz oder Nichtexistenz eines »Thronbesteigungsfestes Jahwes« auch beantwortet werden mag, auf jeden Fall wird Ps 24 der vorexilischen Zeit und der Tradition des Jerusalemer Heiligtums zuzuweisen sein. Allerdings, daß für Ps 24 die früheste Königszeit (etwa die Zeit Salomos) nicht in Frage kommt, könnte man mit HGunkel aus dem Begriff פתחי עולם schließen. Die Tore des Heiligtums gelten bereits als alt-ehrwürdig. Oder darf man den Begriff עולם nicht zeitlich ausdeuten? – Die Überschrift des Psalms in *G* (τῆς μιᾶς σαββάτων) bezieht sich auf einen späteren Gebrauch des Liedes im jüdischen Gottesdienst. Diese Notiz ist kein Argument für die These von NHSnaith, daß die Jahwe-Königs-Psalmen »Sabbath-Psalms« gewesen seien (NHSnaith, The Jewish New Year Festival, 1947, 195ff.). Über den späteren Gebrauch des Ps 24 wissen wir nichts. Es ist jedoch zu vermuten, daß der erste Teil des Psalms zur Rezeption im Sinne eines Gebetsliedes der jüdischen Thora-Frömmigkeit geführt hat. Ob der zweite Teil (7–10) im Rahmen des Laubhüttenfestes und der Neujahrsfeier eine Rolle spielte, ist nicht festzustellen.

Wort 1 Zu לדוד und מזמור vgl. o.S. 15ff. Einl § 4 Nr. 2.

1–2 In dem hymnischen Stück 1–2 wird Jahwe als Herr und Schöpfer der Welt geehrt. »Jahwe gehört die Erde und ihre Fülle«. לְ bezeichnet den Besitzer (BrSynt § 107d). Dieses umfassende Besitzverhältnis wird in ähnlicher Weise in Ps 50,12 und 89,12 ausgesprochen. In Ps 97,5 wird Jahwe אדון כל־הארץ genannt. ארץ tendiert in allen diesen Aussagen hin zu der Vorstellung von einem universalen Bereich. Sowohl durch den summierenden Begriff מלואה wie auch durch den kosmologischen Terminus תבל wird diese Auffassung als richtig erwiesen. Zu מלואה vgl. Dt 33,16; Jes 34,1; Mi 1,2; Ps 50,12; 89,12. Gemeint ist der gesamte Inhalt der geschaffenen Welt. תבל als kosmologischer Begriff (vgl. akkad. *tābālu*) bezieht sich auf das lichte, lebentragende »Festland« oder »Fruchtland«, wie es – nach den alten Kosmogonien – dem Chaosmeer abgewonnen wurde (vgl. vor allem Ps 18,16; 77,17–19; 93,1). Während מלואה sich mehr auf den Sachinhalt der geschaffenen Welt erstreckt, weist der Parallelbegriff ישבי בה auf die lebenden Wesen, insbesondere auf die Menschen hin. Das All steht in der Hand Jahwes. Ihm als dem Herrscher gehört die Welt. Das begründende כי (2) schließt die Weltherrschaft (1) mit der Weltschöpfung zusammen. Jahwe, er (vgl. das betonte הוא) war es, der die Erde schuf, er ist darum auch ihr Herr. 2 nimmt Vorstellungen der altorientalischen Kosmogonie auf. Unter der Welt liegt das Urmeer, das hier mit den Worten ימים und נהרות bezeichnet wird (zur Vorstellung vgl. Gn 1,6; 7,11; Ex 20,4; Dt 33,13). Wie ein Pfahlhaus ist die Erde auf Pfeilern in das Wasser hineingebaut worden (vgl. Ps 104,5; Hi 38,4ff.). Die Verben יסד und כון (polel) beschreiben die Fundamentierung und Festigung des Erdgebäudes. Das Alte Testament preist Jahwe als den Schöpfer, der der Welt durch sein Werk einen festen Bestand gegeben hat (Ps 93). Wie eng die Verherrlichung des Weltherrschers und Weltschöpfers mit dem Einzug des מלך הכבוד (7.9) zusammengehört, kann man aus Ps 95,1–6 ersehen. Wahrscheinlich gehören die Schöpfungspsalmen zu den Hymnen einer großen Proskynese vor dem König Jahwe (Ps 95,6; 100,4). – Zu den Perfekta in den Verben von 2ff. vgl. DMichel, Tempora und Satzstellung in den Psalmen (1960) 118f. Michel meint, die Perfekta bezeichneten »akzidentielle Handlungen« (118).

In 3 wird nun die Frage der in das Heiligtum einziehenden Pilger laut: 3–6
מי־יעלה בהר־יהוה. הר־יהוה ist der Tempelberg zu Jerusalem (Ps 2,6) – der heilige Bereich, der im Parallelismus Membrorum מקום קדשו genannt wird. עלה ist terminus technicus der zum Bergheiligtum hinaufführenden Prozession (Ps 47,6; 2 S 6,12.15; 1 Kö 8,4; 12,33; Jes 2,3 u.ö.). Als gebräuchlicher Begriff wird auch קום ב zu verstehen sein (vgl. Ps 1,5). Die einzugsbereite Prozessionsgruppe erbittet mit ihrer Frage eine תורה. Die kultischen Einlaßbedingungen, die an allen heiligen Stätten der alten Welt als Sakralrecht fixiert sind (vgl. zu Ps 15 »Ort«), werden in der liturgischen Antwort der Priesterschaft (4) mehr angedeutet und in einer Pauschalerklärung deklariert als wirklich eingehend dargelegt. Die Einlaß-Tora in Ps 15 ist inhaltsreicher und differenzierter. In Ps 24 ist die Erklärung der Priesterschaft in 4aα generalisierend und umfassend. כפים und לבב (Hand und Herz) – hier wird die Reinheit und Lauterkeit des äußeren Tuns und der innersten Herzensbewegungen gefordert. Dieser Hauptforderung entspricht Ps 15,2. Doch ist die in Ps 24 (etwas umständlich mit אשר eingeleitete) Explikation der Hauptforderung wesentlich knapper als die entsprechenden Ausführungen in Ps 15,3ff. Es werden nur zwei Vergehen genannt, die die Teilnahme am Kultus ausschließen: der Götzendienst und der Meineid. Zu נשא נפש vgl. Dt 24,15; Hos 4,8; Prv 19,18; (vgl. vor allem נשא את שמו לשוא in Ex 20,7). Das »Vitale am Menschen« (נפש) will den Numina des Landes zufallen, die in einem urteilen-

den Begriff als שוא (»Eitles«, »Leeres«) sehr unbestimmt und allgemein angedeutet werden. Wie in Ps 15, so werden auch in der תורה des Ps 24 ausschließlich die versteckten, heimlichen Übertretungen benannt. Zum Thema »Kultus und Ethos« sowie zum theologischen Problem der ethischen Bedingungen beim Eintritt in das Heiligtum vgl. zu Ps 15,2. Die Tora-Antwort der Priesterschaft schließt mit einer Feststellung ab. Diese Feststellung enthält einen Segenszuspruch (vgl. auch Ps 15,5b). Wer den Bundesordnungen Jahwes gemäß lebt, der hat teil an ברכה und צדקה. Von Jahwe (מאת יהוה) gehen »Segen« und »Gerechtigkeit« aus. Der »heilige Bezirk« ist kein magischer Heilsbereich. Der Gottesdienst Israels ist auf den Herrschaftswillen und auf die Heilsgaben Jahwes als das allein bestimmende Zentrum hin ausgerichtet. Zu ברכה vgl. CWestermann, Der Segen in der Bibel und im Handeln der Kirche (1968); CAKeller/GWehmeier, THAT I 353–376. Da »Segen« und »Gerechtigkeit« in 5 synonym stehen, ist von der צדקה als dem konkreteren Begriff auszugehen. Er hat in Korrespondenz zur Tora-Liturgie eine profilierte Bedeutung. Von Jahwe geht die צדקה in Gestalt der Anrechnungserklärung an den צדיק aus (vgl. zu Ps 17,2; GvRad, TheolAT[6] I 390f.). Der deklaratorische Akt der Anrechnung von Gerechtigkeit wird auch im Zusammenhang der Tora-Liturgie, und zwar im Bezug auf die *notae*-Kundgabe in 4 eine Bedeutung gehabt haben. Wer aber für »gerecht« erklärt wird, der empfängt damit den Segen, u.d.h. die volle Bereicherung und Erfüllung des Lebens im Kultbereich und im alltäglichen Dasein. Die צדיקים sind die Gesegneten Gottes. – Das »wahre Israel« besteht aus Menschen, die dem Anspruch der תורה ihr tägliches Leben unterstellen. So sieht das kultbereite, vor Jahwes Angesicht erscheinende »Geschlecht« (דור hat hier die Bedeutung »Menschenart«) aus. Das Wort der »Seligpreisungen« μακάριοι οἱ καθαροὶ τῇ καρδίᾳ, ὅτι αὐτοὶ τὸν θεὸν ὄψονται nimmt nicht nur im ersten Satzteil, sondern auch im Nachsatz auf Ps 24 Bezug. Auf die Erscheinung (פנים) Gottes läuft der Psalm zu (7–10). דרש und בקש sind termini technici für die Wallfahrt zum Heiligtum (Am 5,5; 2 S 21,1; Hos 5,15; 2 S 12,16). Doch haben die beiden Verben im Zusammenhang mit dem demonstrativen Hinweis auf die »wahre Kultgemeinde« einen intensiveren Sinn als den geläufigen. Die Bindung des Kultteilnehmers an die תורה wirkt läuternd im Hinblick auf das Verständnis des Gottesdienstes, wie es in Ps 24 zutage tritt. Bemerkenswert ist die Erinnerung: Der אלהי יעקב, dessen Heiligtum einst in Bethel war, ist nun in Jerusalem gegenwärtig. – Mit dem Trennzeichen סלה (vgl. Einl § 4 Nr. 16) wird in *M* die »Tora-Liturgie« (3–6) von dem liturgischen Wechselgesang in 7–10 abgehoben.

7–10 Das kultische Zeremoniell des Einzuges der Lade in das Heiligtum beginnt damit, daß die Tore (des heiligen Bezirkes oder des Tempels?) angesungen werden. Zur Anrede an eine Pforte vgl. Jes 14,31. Mit der

Lade will die »gerechte Gemeinde« (vgl. 3–6) durch die Tore in das Heiligtum eingehen (Ps 100,4; 118,19f.; Jes 26,2). Jahwe als einziehender König wird als hochragender Gott vorgestellt (Jes 6,1). Welche konkrete Anschauung man allerdings mit dem Wort ראשיכם verbinden könnte, ist nicht zu ermitteln. Handelt es sich um die oberen Torflügel oder das aufliegende Querstück des Pfortenrahmens? Die »altehrwürdigen« (so HGunkel zu עולם) Tore sollen dem großen König Einlaß gewähren. Man wird jedoch in Erwägung ziehen müssen, daß die kultischen Vorstellungen, die sich mit dem »König« Jahwe verbinden, nicht einfach in den irdischen Dimensionen aufrechenbar sind. Der »Himmelskönig« (vgl. Ps 29,9f.) sprengt alle begrenzten Anschauungen (Jes 6,1), er reicht in seiner machtvollen Größe bis in den Himmel hinein. Irdisches und himmlisches Heiligtum werden in der altorientalischen Kultschau stets zusammengesehen. Darum könnte mit Recht gefragt werden, ob mit פתחי עולם nicht die »Tore des Himmels« gemeint sind (dann müßte עולם im Sinne von »ewig«, »himmlisch« verstanden werden). Doch werden im Heiligtum die Dimensionen des Raumes transzendiert und gesprengt (vgl. MMetzger, Himmlische und irdische Wohnstatt Jahwes: Ugarit-Forschungen 2, 1970, 145). Genauer ist zu erklären: »Der an dieser Stätte (unsichtbar) thronende Gott sprengt den Rahmen des Raumes. Dies ist kaum als Zeichen einer vergeistigten Gottesauffassung zu verstehen, sondern auf ein religiöses Raumverständnis zurückzuführen, für das am Tempel (Gottesberg), dem Ort der Gottesgegenwart, die Kategorien von Irdisch und Himmlisch aufgehoben sind, da das Heiligtum den gesamten Kosmos repräsentiert« (JMaier, Das israelitische Ladeheiligtum, 1965, 66f.). Und ebendiese Repräsentation des gesamten Kosmos kommt in Ps 24 deutlich in 1f. zum Ausdruck. Es wird daher die kosmische Weite des Advent Gottes mitzubedenken sein. – Nicht nur ugaritische Parallelen lassen ein ähnliches Verständnis erkennen. Auch im ägyptischen Kult zeigen sich derartige kultisch-kosmische Relationen.

Bei der Öffnung des Heiligtums wird im ägyptischen Gottesdienst gesungen: »Die Tore des Himmels werden geöffnet, die Tore der Erde werden aufgetan. Die Tore des Himmels werden geöffnet, und die neun Götter zeigen sich strahlend...« (vgl. KMöhlenbrink, Der Tempel Salomos: BWANT IV, 7, 1932, 135; HSchrade, Der verborgene Gott – Gottesbild und Gottesvorstellung in Israel und im alten Orient, 1949, 50). – Vgl. auch Gn 28,17.

Der מלך הכבוד will einziehen (בוא). כבוד ist »Charakteristikum der königlichen Macht und des königlichen Glanzes und bezeichnet dann des Königs Majestät« (so unter Hinweis auf Esth 1,4; Ps 21,6: BStein, Der Begriff *k^ebod Jahweh* und seine Bedeutung für die alttestamentliche Gotteserkenntnis, 1939, 107). Vgl. zu dem vom König Jahwe ausgehenden כבוד: Jes 6,3.

Aus dem Innenraum des Heiligtums wird den Einlaßbegehrenden die liturgische Frage entgegengehalten: »Wer ist der König der Ehren?« Die daraufhin gegebene Antwort rekurriert auf Begriffe und Vorstellungen, die sich auf die Lade als Palladium des Heiligen Krieges beziehen. Als »Einlaßparole« wird der Name des »Kriegshelden« Jahwe genannt. Die Traditionen des Ladeheiligtums Silo werden aufgerufen (1 S 4,4; 17,45). Hier zeigt sich deutlich, wie bedeutsam jene Vorgänge, die in der Erzählung vom Weg der Lade von Silo nach Jerusalem geschildert werden, für das Kultgeschehen des Einzuges sind (vgl. LRost, Die Überlieferung von der Thronnachfolge Davids: BWANT III, 6, 1926, 4ff.). Es wird in der »Einlaßparole« mit einem entscheidenden Gewicht betont: Der einziehende Gott ist der Gott des altisraelitischen Heiligtums Silo: der »Kriegsheld« **יהוה צבאות** (10). **מלך הכבוד** – das ist ein formaler, hymnischer Titel, der die Pforten des Heiligtums nicht öffnet und also nicht eigentlich im Zentrum des kultischen Geschehens liegt. Entscheidend sind die Namen des altisraelitischen Ladegottes. Es wird sich darum in Ps 24 um einen gottesdienstlichen Akt handeln, der Ereignisse der Davidszeit, d.h. der Periode erster Übertragungen amphiktyonischer Ladetraditionen in den Bereich jebusitischer Kultüberlieferungen, spiegelt (vgl. zu Ps 132). Der **מלך הכבוד**, der »Himmelskönig« (Ps 29,9f.), der seit Davids Tagen in Jerusalem verehrt wird – das ist **יהוה צבאות**, der von Silo herkommt (2 S 6). Zu **המלך יהוה צבאות** vgl. Jes 6,5. – Im einzelnen sind zu 7–10 folgende Hinweise zu geben: Zum Epitheton »König« für Jahwe s.o.S. 94ff. Einl § 10,1. Zum Kultus auf dem Zion: o.S. 94ff. Einl § 10,1 (HJKraus, Gottesdienst in Israel, 1962).

Ziel Die Liturgie Ps 24 feiert Jahwe Zebaoth, den Gott Israels, der in das Heiligtum einzieht. Er ist Weltherr (1), Weltschöpfer (2) und »König der Ehren« (7.10). Begleitet und umgeben ist er von den »Gerechten« (3–5), von dem »wahren Israel« (6). Die Mitte der gesamten Schöpfung liegt nach dem Zeugnis des 24. Psalms an dem Ort, an dem Jahwe in seiner Gemeinde erscheint und gegenwärtig ist. – Wenn Ps 24 in der Kirche Jesu Christi als Adventspsalm gelesen und aufgenommen wird, dann ist hier das Letztgültige der hymnischen Botschaft der alttestamentlichen Liturgie recht erkannt worden. Der aus der Verborgenheit der alten Israelgeschichte hervorkommende Gott tritt in den Glanz universaler Verherrlichungen. In der Erfüllung des Neuen Testaments kommt in Jesus von Nazareth Gott selbst aus der Verborgenheit der Geschichte Israels heraus in die Mitte seines Volkes und in die Mitte der Welt. Er ist der König, dem alle Gewalt im Himmel und auf Erden gegeben ist. »Iam quia Christi adventu visibilis illa umbra evanuit, mirum non est in monte Sion templum non conspici, cuius amplitudo totum orbem occupat« (Calvin).

Psalm 25
Bitte um Vergebung und gnädige Wegweisung

Literatur

HMöller, Strophenbau der Psalmen: ZAW 50 (1932) 240–256. – NHRidderbos, The Psalms-Style-Figures and Structure: OTS 13 (1963) 61ff. – PVonck, L'expression de confiance dans le Psautier: Message and Mission. Publications de l'Université Lovanium de Kishasa (1969). – LRuppert, Psalm 25 und die Grenze der kultorientierten Psalmenexegese: ZAW 84 (1972) 576–582.

Text

1Von David.
Auf dich 'hoffe ich'[a], Jahwe,
ich erhebe meine Seele 'zu meinem Gott'[b].
2' 'Auf dich traue ich, laß mich nicht zuschanden werden,
laß meine Feinde nicht über[c] mich triumphieren!
3Keiner, der auf dich harrt, wird zuschanden;
doch die Abtrünnigen müssen leer 'ausgehen'[d].
4Tue mir kund, Jahwe, deine Wege,
deine Pfade[e] lehre mich!
5Laß mich wandeln in deiner Treue' '[f],
denn du bist der Gott meines Heils,
'und'[g] auf dich hoffe ich täglich.
6Gedenke deiner Barmherzigkeit, Jahwe,
und deiner Gnaden, denn sie sind von Ewigkeit her!
7Der Sünden meiner Jugend ' '[h] gedenke nicht,
nach deiner Gnade aber gedenke du meiner –
um deiner Güte willen, o Jahwe![i]
8Jahwe ist gütig und getreu,
' '[j] er weist den Sündern den Weg.
9Er läßt die Bedrückten eintreten in das Gericht
und lehrt die Bedrückten seinen Weg.
10Alle 'seine'[k] Pfade sind Huld und Treue
denen, die seinen Bund und seine Zeugnisse halten.
11Um deines Namens willen, Jahwe,
vergib mir meine Schuld, denn sie ist groß!
12Wer ist der Mann, der Jahwe fürchtet?
Ihm weist er den Weg, den er wähle.
13Seine Seele wird weilen in Gutem,
und sein Same wird erben das Land.
14Jahwes Rat (gelangt) zu denen, die ihn fürchten,
und sein Bund (wird kund), sie zu unterweisen.
15Meine Augen blicken stets auf Jahwe,
denn er wird meine Füße aus dem Netz ziehen.
16Wende dich zu mir und sei mir gnädig,
denn ich bin einsam und elend.
17Die Enge meines Herzens 'mache weit'[l]

(und) führe mich aus der Drangsal heraus!
18 ‘Merke auf’[m] mein Elend und meine Mühsal
und vergib mir alle meine Sünden!
19 Sieh doch, wie zahlreich meine Feinde sind,
wie sie mich hassen mit frevelndem Haß!
20 Bewahre meine Seele und errette mich,
laß mich nicht zuschanden werden, denn ich traue auf dich!
21 Unschuld und Redlichkeit mögen mich behüten,
denn ich harre auf dich, ‘Jahwe’[n]!
22 Erlöse, o Gott, Israel
aus allen seinen Nöten!

1 **a** Zu 1 fehlt der parallele Halbvers. Zur Ergänzung ist **אלהי** aus 2a heranzu-
ziehen. Diese Maßnahme ist durch *G* nahegelegt (dort steht ὁ ϑεός μου am Ende
von 1). Aber auch die alphabetische Folge des Akrostichons fordert, daß 2 mit **ב**
beginnt. Bei der Rekonstruktion eines par. membr. könnte man FBuhl folgen, ent-
sprechend 3a das Verbum **קוה** einfügen und also folgendermaßen lesen: **אליך**
2 **קויתי יהוה נפשי אשא אל־אלהי**. – **b** **אלהי** ist in 1 übernommen vgl. Anm. a. – **c**
Ungewöhnlich ist die Verbindung des Verbums **עלץ** mit **לְ**. Eine Korrektur zu
3 **לעג** (*G* καταγελασάτωσάς μου) ist deswegen aber nicht erforderlich. – **d** Schwie-
rigkeiten bereitet die eigenartige Wendung **יבשו. הבוגדים ריקם** in 2b ist wohl un-
ter dem Einfluß von **יבשו** in 2a eine fehlerhafte Dittographie geworden. Hier
könnte ursprünglich **יָשֻׁבוּ** gestanden haben (Ehrlich, Buhl). Vgl. 2 S 1,22; Jes
4–5 55,11; Jer 50,9. – **e** *G* **וְארחותיך** – **f** **ולמדני** klingt in einer das Versmaß überdeh-
nenden und schleppenden Weise nach. Wahrscheinlich ist das Wort aus 4b
durch eine aberratio oculi eingedrungen. – **g** Mit 4Mss *GS* ist unter Beachtung
7 der alphabetischen Folge im Zeilenbeginn des ganzen Liedes **וְאותך** zu lesen. – **h**
Durch **ופשעי** ist der erste Halbvers überdehnt. Man wird das Wort als Hinzufü-
gung verstehen müssen (vgl. *S*). – **i** Die Koordinierung der Halbverse ist in 7 of-
fensichtlich gestört. Zu 7aα gehört dem Sinn und Satzgefüge entsprechend 7b als
paralleler Halbvers. Es wäre denkbar, daß 7aβ einst den isolierten Halbvers in 5b
ergänzt hat und also im Verlaufe der Textüberlieferung an eine falsche Stelle ge-
8 rückt ist. – **j** Bei Beachtung des vorherrschenden Versmaßes 3 + 3 könnte **על־כן**
eine erleichternde Übergangspartikel sein, die erst später in das Satzgefüge ein-
10 getreten ist. – **k** Im Doppeldreier, der Ps 25 bestimmt, könnte **יהוה** eine das Suffix
17 im ursprünglichen **אֹרְחֹתָיו** explizierende Ergänzung sein. – **l** *M* (»Die Enge mei-
nes Herzens machen weit«) gibt keinen Sinn. Die Endung **ו** in **הרחיבו** ist als Ko-
pula zu **ממצוקותי** zu ziehen. Dann wäre **הַרְחֵיב** zu lesen: »mache weit« … »und«
18 … – **m** Da die **ק**-Zeile in 18 folgen muß, ist statt **ראה** (vgl. 19) am besten **קְשַׁר** zu
21 lesen (oder **קְחָה, קַדֵּם, קְרֵה**). – **n** Mit *G* ist **יהוה** mtr. cs. zu ergänzen.

Form Der 25. Psalm gehört zu denjenigen Liedern des Psalters, die sich formal durch das Kunstmittel eines alphabetisch geordneten Zeilenanfangs auszeichnen. Zu diesen alphabetisch geordneten Liedern vgl. zu Ps 9/10 unter »Form«. Die Textkritik (s.o.) ist in der Lage, Verbesserungen durchzuführen, wo die alphabetische Folge durch die Textüberlieferung und ihre Schäden verwischt worden ist. In 2 beginnt die Zeile mit **בך** (**אלהי** ist mit *G* in 1 einzubeziehen). 5b müßte mit dem Wort **ואותך** einsetzen und als Monostichos sehr wahrscheinlich durch 7aβ aufgefüllt werden. In 18 wäre in der ק-Zeile statt ראה vielleicht קְשַׁר zu setzen. Aus der alphabetischen Ordnung fällt 22 heraus. Es könnte sich um eine Hinzufügung von späterer Hand handeln. – Im Metrum dominiert der Doppeldreier. Eingriffe mtr. cs. dienen in 8. 10 und 21 zur Stabilisierung des Versmaßes. Nur in 15 (3 + 4) und 22 (3 + 2) wird man auf eine Angleichung des Metrums verzichten müssen.

Das den Psalm gestaltende Kunstmittel des alphabetisch gereihten Zeilenanfangs (Akrostichon) wirkt sich in einem unverkennbaren Formenzwang aus. »Der Verfasser läßt sich durch den Buchstaben leiten«, erklärt HGunkel. Wiederholungen sind nicht selten, und eine deutliche Gliederung ist wegen des fehlenden Gedankenfortschrittes nicht vorzunehmen. Gleichwohl lassen sich in der formkritischen Analyse einige grundsätzliche Feststellungen treffen. Man wird den Psalm in die Formgruppe der Gebetslieder (תפלה) einreihen können. S.o.S. 49ff. Einl § 6,2. Die herkömmliche Auffassung, es handle sich um ein »individuelles Klagelied« (Gunkel-Begrich, EinlPs § 6), ist aufzugeben. Der Psalm enthält keine Klagen. Vielmehr ist das Gebetslied überwiegend gekennzeichnet durch Bitten und durch Vertrauensäußerungen (PVonck). 8ff. hat die Form eines Bekenntnisses bzw. einer dezidierten lehrhaften Mitteilung. Auch in 12 und 13 sind Sätze zu erkennen, die dem weisheitlichen Typ der Lehrgedichte nahestehen (s.o.S. 63ff. Einl § 6,5). Die Analyse der Formen bestätigt demnach die zu Beginn getroffenen Feststellungen zur Uneinheitlichkeit der Form.

Die Situation, in der Ps 25 gesungen worden ist, kann wohl kaum genau bestimmt werden. Wenn AWeiser etwa an den »Bundesfestkult« denkt, so wird mit dieser Erklärung die Tragfähigkeit der Verse 10.13 und 15 überschätzt. Der aus sprachlichen und formalen Gründen relativ spät (vielleicht in nachexilische Zeit) anzusetzende Psalm läßt jede Kontur einer genauen »Ortsbestimmung« vermissen. Eine Fusion verschiedener Traditionen und Situationsvorstellungen hat sich ereignet. Das läßt bereits die Formanalyse erkennen. Immerhin sollten jedoch zwei Beobachtungen besonders bedacht werden. 1) Der Beter weiß sich von zahlreichen Feinden umgeben. Er wird mit »frevelndem Haß« verfolgt (19). Auch in 2.15 und 17 wird diese Situation vorauszusetzen sein. Somit bedient sich der Sänger unseres Psalms also der Vorstellungen, Begriffe und Aussagen eines Verfolgten bzw. »unschuldig Angeklagten« (21). Vgl. hierzu HSchmidt, Das Gebet der Angeklagten im Alten Testament: ZAWBeih 49 (1928); WBeyerlin, Die Rettung der Bedrängten in den Feindpsalmen der Einzelnen auf institutionelle Zusammenhänge untersucht: FRLANT 99 (1970). – 2) Der Psalmbeter weiß sich schuldig (8). Er bittet um Vergebung seiner Sünden (7.11); er reflektiert über den »Got-

Ort

tesfürchtigen« (12f.) und »Gerechten«, den Jahwe unterweist und errettet. Worte und Vorstellungen der Tora-Psalmen klingen an (vgl. Zu Ps 1; 19B; 119). Aber es dürfte absolut abwegig sein, den in spätere (nachexilische) Zeit weisenden Psalm einer kultischen Situation zuzuordnen. Hier wird in der Tat »die Grenze der kultorientierten Psalmenexegese« deutlich erkennbar (LRuppert). Diese Grenze beginnt dort, »wo das lebendige, in den kultischen Institutionen beheimatete oder doch wurzelnde Gebet Israels durch Gebetsliteratur abgelöst wird« (Ruppert, 582). So wird mit Ruppert festzustellen sein: 1) Ps 25 ist eine literarische Komposition; 2) Ps 25 weist auf eine Fülle geprägter Gebetsformeln; 3) Ps 25 ist thematisch weitgehend von der חכמה bestimmt (578). So haben wir es also mit der künstlich geschaffenen Form eines Gebetsformulars zu tun.

Wort 1 Zu לדוד s.o.S. 15ff. Einl § 4 Nr. 2.

Betend und hilfesuchend wendet sich der Beter des Ps 25 an Jahwe. Zu נשׂא נפשׁ vgl. Ps 24,4; 86,4; 143,8. Ziel des Flehens und Bittens ist die Offenbarung von Jahwes דרך (vgl. auch Ps 143,8) und der Erweis der göttlichen Hilfe in großer Not (19). Zu אלהי vgl. OEißfeld, ›Mein Gott‹ im
2 Alten Testament: ZAW 61 (1945/48) 3–16. – Die Hinwendung zu Jahwe geschieht im Vertrauen (בטח). בטח kennzeichnet eine Verhaltensweise, die der Erfüllung aller Bitten gewiß ist (Ps 22,6). Vertrauen zu Jahwe fassen bedeutet aber zugleich inständige Bitte, daß der Betende nicht »zuschanden wird«. Es lauern die Feinde des Beters darauf, daß er keine Hilfe bei Jahwe findet. Die Vorstellungen des Klageliedes eines »unschuldig Verfolgten« sind an dieser Stelle deutlich zu greifen. Zu עלץ לְ vgl. שׂמח לְ in Ps 30,2.

3 Während בטח das Moment der Erfüllungsgewißheit impliziert, enthält קוה die Vorstellung von einem »gespannten Aussein auf jmd. oder etwas«. Zu קוה vgl. CWestermann, Das Hoffen im Alten Testament: Theologia viatorum (1952). Der Vertrauende ist gewiß, daß keiner, der angespannt auf Jahwes Hilfe wartet, beschämt wird. Doch die Abtrünnigen müssen »leer ausgehen«. בגד ist ein bezeichnender Begriff für den treulosen, verräterischen Abfall. Ist die Korrektur ישׁבו ריקם richtig (s.o.), dann wird mit dieser Phrase das Verbum בושׁ in einer anschaulichen Weise verdeutlicht. 3 als Aussage des Vertrauens hat bekenntnismäßigen Charakter.

4.5 Der Psalmsänger erbittet von Jahwe Mitteilung seiner Wege. Der Begriff דרך hat eine ähnliche, beinahe parallele Geschichte wie der Begriff תורה. Auch דרך ist ursprünglich wohl die »Weisung« oder »Anweisung«, die auf Befragen vom Priester oder Kultpropheten erteilt wird. דרך – das ist der דבר, der eine vollmächtige Klärung in ethischen Fragen herbeiführt oder in großer Not eine neue Existenzmöglichkeit eröffnet (vgl. z.B. Ps 27,11; 16,11). Dann aber ist דרך im sing. oder plur. vorwiegend zu einem stehenden Begriff zur Bezeichnung für die Gottesweisungen der תורה geworden. Die Willensäußerungen der תורה sind »Jahwes Wege«, die er den Menschen wissen läßt. Im deuteronomistischen Sprachgebrauch wird dieses Verständnis von דרך in besonderer Weise ausgebildet. Vgl. Dt 9,12.16; 1 Kö 2,3; 3,14; Jer 5,4. Schließlich ist der Begriff דרך in den Bereich der Weisheitslehre eingegangen (Prv 3,17; 4,11; Ps 1,6). Vgl. AKuschke, Die Menschenwege und der Weg Gottes im Alten Testament: Studia Theologica V, 2 (1951) 106–118. In Ps 25 ist דרך die hilfreiche, wegweisende Willensäußerung Jahwes, die sowohl persönliche Antwort an den Bittenden als auch (im überindividuellen Sinne) Willenskundgebung an die Gemeinde ist. Mit dieser Erklärung ist das eigentliche Problem des Ps 25 angedeutet. Das Gebetslied ist nicht mehr streng auf die eine, von dem Beter erwartete Gottesantwort bezogen, die nur an ihn ergeht. Die Mitteilung des דרך ist vielmehr – bei aller persönlichen Erwartung – hineingenommen in die Kundgabe der תורה. Zwar nennt der Beter Jahwe אלהי ישעי (5), aber das Geschehen der Heilsübereignung ist doch hineingebettet in ein Ereignis der Gemeinde (8ff.).

In 6 und 7 tritt ein Gebet um Vergebung der Sünde in den Vorder- 6–7
grund. Der Beter appelliert an Jahwes Barmherzigkeit und Huld, die מעולם bewährt ist. Vergebung aber heißt: der Jugendsünden nicht mehr gedenken. Zum Begriff חטאות נעורי vgl. Hi 13,26. Zu den Begriffen und Vorstellungen vom »Vergeben« Jahwes: JJStamm, Erlösen und Vergeben im Alten Testament (1940) 130. In 11 wird die Bitte um Vergebung der Schuld fortgesetzt, sie wird aber zunächst durch hymnisch klingende Aussagen über Jahwe unterbrochen.

Daß Jahwe טוב־וישר ist, zeigt sich nach 8 darin, daß er den Sündern 8–10
den Weg weist. Jahwe hilft also den »Sündern« zurecht. *G* empfiehlt eine abschwächende Lesart חֹטְאִים, die der zweifellos ärgerlichen Tatsache aus dem Weg geht, daß die חַטָּאִים (so *M*; »die dauernden Sünder«) Jahwes Wegweisung erfahren. 9 entfaltet Jahwes Tat. Gott läßt die ענוים eintreten במשפט. Zu ענוים s.o.S. 108ff. Einl § 10,3. משפט ist entweder (wie in Ps 1,5) eine spiritualisierende Erinnerung an die sakralrechtliche Institution der Tora-Liturgie (vgl. zu Ps 15) – oder ein Rekurs auf das Gottesurteil, das dem »Armen«, d.h. hier dem »unschuldig Angeklagten«, als neuer דרך (als Heilsorakel) durch Jahwe eröffnet wird. Konkrete Situationsvorstellungen schatten sich in 8 ab. Die »Wege«, die Jahwe weist, werden in 10 verherrlicht. Sie sind ihrem Wesen nach חסד ואמת, und sie übereignen חסד ואמת an die, die Gottes Bund und Zeugnisse halten.[1] Zu חסד vgl. zu Ps 5,8.

[1] »Promissionum summam complecitur hoc dulcissime versiculo: Omnes viae Domini misericordia et veritas, custodientibus foedus eius et testimonia eius, id est Deus vere est misericors et beneficus erga Ecclesiam suam, quae verbum ab ipso traditum amplecitur, et fide eius verbi ipsum invocat et eum colit«. Melanchthon zu Ps 25,10 (CR 13,1055).

11 Im Anschluß an die hymnischen Ausführungen in 8–10 ist die Redewendung למען־שמך auf Jahwes Offenbarungswirken zu beziehen. Dieses Wirken aber zielt auf Gottes Ehre ab. Mit seiner Bitte greift der Psalmsänger diesen Sachverhalt auf (OGrether, Name und Wort Gottes im Alten Testament: ZAWBeih 64, 1934, 53). Um seiner im Offenbarungswirken erwiesenen Huld willen soll Jahwe einschreiten und die große Schuld vergeben.

12.13 Die Frage in 12 könnte eine späte Nachbildung jener Frage sein, die in früheren Zeiten in der Torliturgie laut wurde (Ps 15,1; 24,3). Dann würde sich auch Ps 25 im Kreis derjenigen Aussagen bewegen, die im typischen und exemplarischen Sinne den צדיק beschreiben (vgl. zu Ps 1). Nur tritt in Ps 25 an die Stelle des Begriffs צדיק die Bezeichnung ירא יהוה, und an die Stelle der תורה rückt das Wort דרך. – Daß der »Gottesfürchtige« den »Weg« wählen kann, ist bezeichnend für die überindividuelle Gestalt des דרך. Wer im Gehorsam dem gewiesenen und erwählten Weg folgt, der wird »übernachten« (תלין) im Bereich des Guten, d.h., er wird allezeit weilen in Glück (vgl. Ps 1,3). Auch seine Nachkommenschaft wird gesegnet sein und »das Land besitzen« (vgl. Mt 5,5). Inbegriff des Segens ist das ständige Genießen des guten Ertrages des Landes.

14 14 enthält eine bekenntnisähnliche Feststellung. Eigentümlich ist der Parallelismus סוד יהוה – בריתו. Beide Begriffe liegen im Kraftfeld der Offenbarung des דרך. סוד hat darum die Bedeutung: »wegweisender Ratschluß« (vgl. Am 3,7). Und ברית ist die »wegweisende Willensäußerung des Gottesbundes« (vgl. 10). In der Offenbarung kommen סוד und ברית zum Menschen. לְ bezeichnet die Richtung: BrSynt § 107a. In GesK § 114i wird darum 14b folgendermaßen aufgefaßt: »et foedus suum manifestaturus est eis«.

15 In 15 bekennt der Psalmsänger sein Vertrauen zu Jahwe. Zu ihm blickt er beständig auf (vgl. zu Ps 16,8). Und dieses Aufschauen ist verbunden mit der Hoffnung, daß Jahwe die Füße des Verfolgten frei machen wird. רשת ist hier ein Bild aus dem Bereiche der Jagd (GDalman, AuS VI 335).

16–21 Mit 16 setzen dann wieder die nachdrücklichen Bitten ein. Der Beter unterstellt sich dem alten Rechtsprivileg der »Armen« (s.o.S. 108ff. Einl § 10,3). Er weiß sich in eine letzte Einsamkeit verstoßen (HSeidel, Das Erlebnis der Einsamkeit im Alten Testament: Theol. Arbeiten 29, 1969). Aufschlußreich und anschaulich sind in diesem Zusammenhang die Bitten in 17. In der Bedrängnis ist das Innerste des Menschen (לבב) »eng« (צר – צרר). Durch Jahwes Eingreifen soll eine Weitung, eine Befreiung geschehen. »Wie die Not der enge Raum ist, der uns bedrückt und traurig macht, so ist die Hilfe Gottes der weite Raum, der uns frei und fröhlich macht« (Luther). »Die Enge meines Herzens mache weit!« »Hier fallen noch anginöse Beschwerden und Angstzustände zusammen. Doch schon in Ps 119,32 läßt die Rede vom ›Weiten‹ des Herzens, d.h. von der Krampflösung, den Gedanken an die körperliche Genesung hinter sich...« (HWWolff, Anthropologie des Alten Testaments, 1973, 74). Allerdings fragt es sich, ob dieser in Ps 119,32 festgestellte Sinn nicht schon in Ps 25 vorauszusetzen ist. Die Bitte in 17 hat doch die Bedeutung: »Mach' mich frei!« »Befreie mich!« Die Nöte, die den Beter bedrängen, sind in 18 mit den Begriffen עני, עמל und חטאות bezeichnet. Und in 19 wird die Vielzahl der Feinde hervorgehoben. 18 und 19 wollen Jahwe zum Aufmerken und Eingreifen bewegen. Mit 20 kehrt der Psalmsänger zu den Aussagen in 1 zurück, verwendet aber neue Begriffe. Dieser Pleonasmus ist bezeichnend für das späte Herkunftsdatum des Psalms. Aus einer Fülle vorgegebenen Traditions- und Formelgutes wird geschöpft. – Bemerkenswert ist schließlich, daß in 21 noch einmal ausdrücklich um תם־וישר gebeten wird. Die Schuld soll schwinden. An ihre Stelle sollen die Kräfte eines neuen Lebens treten.

Ob 22 ein späterer Nachtrag ist, ist nicht mit Sicherheit zu bestimmen. Jedenfalls wird am Schluß des Psalms, der ständig auf die Gemeinde »Israel« Bezug nahm, um eine Erlösung und Befreiung des gesamten Gottesvolkes gebeten. 22

Einer kritischen Analyse der Begriffe, Phrasen und Vorstellungen des 25. Psalms sind unübersteigbare Schranken gesetzt. Das Gebetslied ist überladen mit verschiedensten Elementen, die sich auf engstem Raum sehr dicht ineinanderschlingen. In einer abschließenden Gesamtbetrachtung, die den wesentlichen Aussagegehalt des Psalms erhebt, wird der Ausleger sich an die herausragenden Leitbegriffe halten müssen. In erster Linie wird hier das Wort דֶּרֶךְ hervorzuheben sein. Ein von Feinden bedrohter Mensch, dessen Lebensweg bisher von »Jugendsünden«, von Verfehlungen (חטא), bestimmt war, erbittet Vergebung (7.11.18), Errettung (2.15.19f.) und vor allem: eine Neuorientierung seines Lebens auf Jahwes »Wesen« (4.5.9.12.21). Mit diesen Bitten greift der Psalmsänger zurück auf Jahwes bisher gewirkte Heilstaten (3.6.8.9.10.14). Das Gebet hat in der Gemeinde seinen Ort – und zwar in einer Gemeinde, in der Jahwes דֶּרֶךְ kundgetan wird. Der einzelne tritt flehend und vertrauend in diesen Bereich ein. Er erwartet »hoffend« (קוה 1.3.5b.21), mit gespannter Erwartung, daß Jahwe seiner Existenz einen »neuen Weg« eröffnet und weist. Ps 25 ist durchweht vom Geist der Umkehr. Hält man sich an die Leitbegriffe, dann ersteht bei aller Verästelung der Einzelaussagen, die weitgehend durch die alphabetische Folge hervorgerufen worden ist, ein klares Bild. Wenn HGunkel dagegen urteilt, der Psalm sei »mehr fromme Kunstübung als ein persönlicher Erguß«, so ist 1) festzustellen, daß zwischen »Kunstübung« und «persönlichem Erguß« mit Hilfe der wesentlichen Leitbegriffe aus den Aussagen ein klares Kerygma zu vernehmen ist. Ziel

Und 2) ist daraufhinzuweisen, daß der »persönliche Erguß« weniger von der »Kunstübung« verschüttet als vielmehr von den typischen, exemplarischen und traditionsgesättigten Aussagen ausgeweitet worden ist.

Psalm 26
Bitte und Bekenntnis eines unschuldig Bedrängten

Literatur HSchmidt, Das Gebet der Angeklagten im Alten Testament: ZAWBeih 49 (1928). – EBaumann, Struktur-Untersuchungen im Psalter: ZAW 61 (1945/48) 114–176. – LASnijders, Psaume 26 et l'innocence: OTS 13 (1963) 112–130. – LWächter, Drei umstrittene Psalmstellen (Ps 26,1; 30,8; 90,4–6): ZAW 78 (1966) 61–68. – MDahood, Vocative *lamedh* in the Psalter: VT 16 (1966) 299–311. – WBeyerlin, Die Rettung der Bedrängten in den Feindpsalmen der Einzelnen auf institutionelle Zusammenhänge untersucht: FRLANT 99 (1970) 117–122.

Text 1 **Von David.**
Schaffe mir Recht, Jahwe[a],
denn unsträflich bin ich gewandelt
und habe Jahwe vertraut – ohne zu wanken.
2 **Prüfe mich, Jahwe, und versuche mich,**
erprobe[b] mir Nieren und Herz.
3 **Denn deine Huld stand mir vor Augen,**
und in deiner Wahrheit wandelte ich.
4 **Nicht saß ich bei trügerischen Männern,**
bei Heimtückischen[c] trat ich nicht ein.
5 **Ich mied die Versammlung der Bösen,**
und bei Frevlern saß ich nicht.
6 **Ich wasche meine Hände in Unschuld**
und umwandle deinen Altar ‘’[d],
7 **um laut das Danklied zu künden[e],**
zu erzählen alle deine Wunder.
8 ‘’[f] **Ich liebe deines Hauses Stätte,**
den Ort, da deine Herrlichkeit wohnt.
9 **Raffe nicht hinweg mit den Sündern meine Seele**
und mit Mördern mein Leben,
10 **an deren Händen Schandtat klebt,**
deren Rechte gefüllt mit Bestechung.
11 **Doch ich wandle in Unschuld.**
Erlöse mich[g] und sei mir gnädig!
12 **Mein Fuß steht auf ebenem Plan,**
in Versammlungen preise ich[h] Jahwe.

a Der Vers ist zweifellos überfüllt und in seiner in *M* vorliegenden Form me- 1
trisch exakt nicht erfaßbar. Es wird darum vorgeschlagen, entweder שׁפטני
יהוה כי zu streichen oder – vielleicht noch besser – וביהוה בטחתי auszugliedern.
Beide Eingriffe in den Text bleiben problematisch. Zum Versuch einer Klärung
und Rekonstruktion vgl. LWächter. Doch wird es schwierig bleiben, die in 1 vor-
liegenden Probleme angemessen zu lösen. – **b** K צְרוּפָה Q צָרְפָה. – **c** Eine Korrek- 2.4
tur (מְעַוְּלִים Ps 71,4 statt נעלמים) ist nicht erforderlich. נַעֲלָמִים sind die »Verbor-
genen«, d.h. die Versteckten, Heimtückischen KBL 709. – **d** Die nachhängende 6
Anrede יהוה wird als eine Hinzufügung aufzunehmen sein. – **e** pc. MSS *GS* lesen: 7
לִשְׁמֹעַ, doch ist *M* vorzuziehen. – **f** Die Anrede יהוה ist offensichtlich eine Hinzu- 8
fügung zum ursprünglichen Textbestand. – **g** *G* fügt יהוה hinzu und könnte da- 11
mit zur Füllung des Doppeldreiers beitragen. – **h** *G* אֲבָרֶכְךָ. 12

Im Versmaß bereitet lediglich 1 Schwierigkeiten. HGunkel liest (unter Ausgliederung von ביהוה בטחתי) 2 + 2 + 2. Aber diese metrische Erfassung ist unbefriedigend. Auch der Versuch EBaumanns, שׁפטני als Randstichwort aufzufassen und Umstellungen im Text vorzunehmen (Reihenfolge: 2.12.1), dient nicht zur Klärung. Die Textstörungen werden ohne Eingriff hingenommen werden müssen. Sonst läßt der Psalm eine Reihe klarer Doppeldreier erkennen. Nur in 11 wäre 3 + 2 zu lesen – wenn nicht auch in diesem Vers durch Einschaltung der Anrede יהוה ein Versmaß 3 + 3 mit *G* rekonstruiert werden könnte. – Man hat Ps 26 bislang überwiegend der Gattung der »individuellen Klagelieder« zugeschrieben (Vor allem Gunkel-Begrich, EinlPs § 6). Doch wird diese Erklärung endgültig aufzugeben sein (vgl. WBeyerlin, 121). Im Psalm ist keine Spur von Klage zu erkennen. Vielmehr wird Ps 26 zunächst in das weite Gefüge der Gebetslieder eingeordnet werden müssen. Zur תפלה s.o. S. 49ff. Einl § 6,2. Die Anreden und Bitten 2f. und 9f. prägen das Gesamtbild. Doch wird die Analyse der Situation genauer herausstellen, daß Ps 26 das Gebetslied bzw. die Appellation eines unschuldig Verfolgten und Angeklagten ist (s.o.S. 57f. Einl § 6,2bβ). In diesen Zusammenhang gehören die Unschuldbeteuerungen (4ff.11). Der von Feinden Bedrängte blickt aus und erwartet den Augenblick, in dem er das Danklied anstimmen und Jahwes Wunder erzählen kann (7). S.o.S. 54f. Einl § 6,2aγ. Man wird wahrscheinlich 12 absetzen und als ein Stück der *Toda* erklären können (s.u.). Oder handelt es sich um Erhörungsgewißheit? Form

Die Situation, in der Ps 26 gesungen worden ist, läßt sich gut rekonstruieren. Während noch HGunkel der Ansicht war, daß ein Schwerkranker das Klagelied angestimmt hat (vgl. 9), konnte HSchmidt einen neuen Weg weisen. Ps 26 gehört zu den Gebeten eines unschuldig Angeklagten: HSchmidt, Das Gebet der Angeklagten im Alten Testament: ZAWBeih 49 (1928) 12. Von Anklägern verfolgt, flieht der Beter ins Heiligtum, findet dort Asyl, beteuert seine Unschuld und ruft Jahwe als ge- Ort rechten Richter an. Das ist die vorauszusetzende Lage. Ein solcher Vorgang spielte sich im Heiligtum zu Jerusalem immer wieder ab. In 1 Kö 8,31ff. heißt es: »Wenn sich jemand gegen einen seiner Volksgenossen versündigt hat und jener legt ihm einen Eid auf und läßt ihn schwören, und der nimmt vor deinem Altar in diesem Haus einen Eid auf sich, so höre du im Himmel und handle und richte deine Knechte, indem du den Schuldigen für schuldig erklärst, den Gerechten aber für gerecht erklärst und ihm gibst entsprechend seiner Gerechtigkeit.« Im Anschluß an diese Ausführung des »Gebetes Salomos« sind in Ps 26 folgende Vorgänge zu erkennen: 1) die Appellation eines unschuldig Angeklagten an Jahwe, den Richter (1–2 9–11); 2) der Reinigungseid (1 Kö 8,31) נשׂא־בו אלה: Ps 26,4ff.; 3) der Ritus der Unschuldsbeteuerung vor dem Altar (6; 4) die Erwartung, daß Jahwe den unschuldig Angeklagten seiner צדקה entsprechend (4f. 11) für צדיק erklärt: 1 Kö 8,32. Zu Einzelheiten vgl. zu Ps 7. – Die institutionellen Zusammenhänge sind präziser herausgestellt worden durch die Monographie von WBeyerlin (117). Demnach handelt es sich im Ps 26 grundsätzlich darum, daß ein Angeklagter aus der Bedrängnis durch Feinde und Verfolger durch einen Gottesgerichtsentscheid errettet werden soll. Der Bedrängte befindet sich bereits im Bereich des Heiligtums. Er beteuert seine Unschuld, setzt sich der Prüfung durch Jahwe aus und appelliert an sein gerechtes Gericht. Dabei wäre es denkbar, »daß sich der Beter des 26. Psalms gegen die Anklage des Abfalls (von Jahwe) wehrt« (zur Begründung: WBeyerlin, 118f.). Zur Situation: »Ps 26 ist in einem relativ frühen Stadium des Gottesgerichtsverfahrens zum Vortrag gekommen: In den Tempelbereich ist der Beter bereits aufgenommen, ohne daß es dabei auf die schützende Wirkung des Temenos angekommen zu sein scheint. Die gerichtliche Untersuchung kommt erst in Gang. Jahwes Epiphanie zum Gerichtsakt steht immer noch aus« (WBeyerlin, 120). Es wird anzunehmen sein, daß der Psalm als Gebetsformular benutzt wurde. Seine älteste Form weist in den Zusammenhang des (vorexilischen?) Tempelkultes. Eine Näherbestimmung ist nicht möglich.

Wort 1 Zu לדוד s.o.S. 15ff. Einl § 4 Nr. 2.

שׁפטני יהוה – mit dieser Bitte ruft ein Verfolgter und unschuldig Angeklagter Jahwes Rechtsbeistand an (vgl. Ps 7,9; 35,24; 43,1). In Ps 7 wird der Vorgang der Appellation sehr konkret dargestellt (vgl. zu Ps 7). Der Bedrängte beteuert seine Unschuld. תֹּם bezeichnet das unbefleckte, lautere Verhalten des צדיק, der den Bundesordnungen Jahwes gemäß lebt (vgl. Ps 7,9; 25,21; 41,13; 101,2). In Ps 7,9 steht der Begriff צדק parallel zu תם. Der Beter mißt seine Existenz (wie vor allem 3ff. zeigen wird) am Urbild des צדיק. Sein Anruf um Rechtsbeistand kommt heraus aus dem Vertrauen (בטח) zu Jahwe – einem Vertrauen »ohne Wanken«. לא אמעד ist
2 als verbaler Umstandssatz zu verstehen Ges-K § 156g. – Nun stellt sich

der Beter, indem er die Rechtshilfe Jahwes erfleht, der Prüfung durch Gott. Zu einer solchen »Prüfung« vgl. Ps 11,5; 17,3; 66,10; 139,23. Aus Ps 17,3 geht hervor, daß der unschuldig Angeklagte »bei Nacht« (wahrscheinlich bei einer Tempelinkubation) sein Inneres dem Einblick Gottes öffnete. Die Verben צרף–נסה–בחן weisen auf eine Tätigkeit hin, die den »echten Gehalt« zu ermitteln sucht. HGunkel erinnert an die Untersuchungen des »Münzbeschauers«, die ursprünglich mit diesen Verben bezeichnet wurden (vgl. z.B. Jer 6,27). Vielleicht könnte man noch besser an den Metallschmelzer denken (Ps 66,10). Die innersten Regungen und Bewegungen des menschlichen Herzens »prüft« Jahwe auf תם und צדק. Zu כליות ולב vgl. Ps 7,10; Jer 11,20.

Man könnte 3 entweder im Zusammenhang mit 1–2 verstehen und 3
die Aussage dem Sinne nach neben ביהוה בטחתי stellen oder – und diese Möglichkeit wäre vielleicht vorzuziehen: – 3 könnte auch bereits ein Bestandteil des in 4–5 deutlich hervortretenden Reinigungseides sein. Dann würde 3 gleichsam die positive Seite des Urbildes des צדיק anrühren, während 4–5 die Negationen bringt. Am exemplarischen Urbild des צדיק jedenfalls mißt der Beter seine Existenz und sein Verhalten (vgl. zu Ps 1). Die »Huld« Jahwes stand ihm vor Augen. In der »Wahrheit« Jahwes wandelte er. Zu חסד als der huldvollen Verhaltensweise, die Jahwes liebevolle Verbundenheit zu seinem Knecht charakterisiert vgl. MBuber, Der Glaube der Propheten (1950) 164; NGlueck, Das Wort חסד im alttestamentlichen Sprachgebrauch (1927) und HJStoebe, Die Bedeutung des Wortes *ḥäsäd* im Alten Testament: VT 2 (1952) 244–254. Vgl. auch THAT I 600ff.; dort weitere Literatur. Aber wie kann Jahwes חסד jmd. »vor Augen stehen«? Welche Vorstellung liegt hier zugrunde? Als Parallele wäre eine Stelle wie Ps 16,8 heranzuziehen. Tut sich die huldvolle Bundestreue Jahwes in einer Theophanie kund? Rekurriert der Psalmbeter auf das Ereignis einer im Gottesdienst hervortretenden Manifestation von Jahwes חסד? In Jahwes אמת »wandeln« aber hat hier gewiß die Bedeutung: im beständigen, zuverlässigen Erweis der huldvollen Bundestreue Gottes leben. חסד wird im Akt der Zuwendung kund, אמת erweist die Stetigkeit und Dauer der gütigen Verhaltensweise Jahwes.

Beteuert 3 positiv die Existenzweise des Angeklagten, so wird in 4–5 4–5
in Negationen die gewissenhafte Distanzierung von allen Kreisen des Bösen kundgetan. Die Aufzählung erinnert stark an die *notae* des צדיק in Ps 1,1. Bei den Begriffen מתי־שוא (vgl. Hi 11,11) und נעלמים könnte man an Beschwörer denken – an finstere Manipulationen, wie sie in Dt 18,10ff. zurückgewiesen werden. Hat man den Beter des Ps 26 angeklagt unter Hinweis auf zauberische und beschwörerische Untaten? Wie in einer Abrenuntiation spricht 5 das Urteil über die »Versammlung der Bösen« und die רשעים aus. Zu רשע vgl. zu Ps 1,4f. Bemerkenswert sind die Tempora in 4 und 5. Im ersten Halbvers steht jeweils ein perf., im zweiten Halbvers

ein impf. Dieser Tempuswechsel bekundet die für alle Zeiten zutreffende Gültigkeit der Aussagen. Der Reinigungseid in 4–5 ist übrigens formal bei weitem nicht so straff und klar strukturiert wie in Ps 7,4ff. Er ist den Bekenntnisaussagen über die *notae* des צדיק angenähert: vgl. Ps 18,26ff.

6 In 6 sind die üblichen Riten beim Reinigungseid wahrnehmbar. Das Wasser als Symbol des Reinen und Reinigenden wäscht die Hände und dokumentiert ihre Reinheit (Ps 24,4). Zum Brauch: Dt 21,6; Ps 73,13; Jes 1,16; Mt 27,24. Das Umwandeln des Altars ist wahrscheinlich mit Bittrufen um Erhörung verbunden gewesen (1 Kö 18,26). Nach 1 Kö 8,31 wird der Reinigungseid in der Form der Selbstverfluchung am Altar vorge-
7 bracht. ל mit inf. am Anfang von 7 weist auf das Ziel der Bitten, Beteuerungen und Riten hin: Als der Erhörte und Begnadigte möchte der Psalmsänger בקול (d.h. »mit lauter Stimme«) eine תודה darbringen. Der parallele Halbvers expliziert den Begriff. Eine תודה anstimmen heißt: Jahwes Wundertaten erzählen (vgl. zu Ps 22,23ff.). Jahwes hilfreiches Eingreifen, mit dem er den unschuldig Angeklagten für צדיק erklären würde (1 Kö 8,32), wird als »Wunder« aufgefaßt. נפלאות sind die unbegreiflichen Großtaten Gottes, vor denen der Mensch staunend steht (Ps 9,2; 71,17 u.ö.). Die תודה enthält Dank und Bekenntnis zu den Heilswundern Jahwes.

8 Die Liebe zur heiligen Stätte, an der der Tempel (בית) steht, wird in 8 geäußert. Im Bereich des Heiligtums hat der Verfolgte Schutz gefunden, hier ist ihm stets die חסד Jahwes begegnet (3), hier erwartet er auch jetzt die wunderbare Bekundung der hilfreichen Gegenwart Gottes. In ähnlicher Weise sprechen von der Liebe zum heiligen Bereich des deus praesens: Ps 23,6; 27,4; 84,2.5. Der Tempel ist der Ort, an dem der כבוד Jahwes »wohnt« (שׁכן). Der כבוד יהוה, ein festgeprägtes Traditionselement der ältesten Zeit Israels (GvRad, TheolAT[6] I 252ff.), füllte im Augenblick der ersten Einführung der Lade den Tempel (1 Kö 8,11).

9 Mit einer neuen Bitte setzt 9 ein. Im Alten Testament ist es eine oft geäußerte Gewißheit, daß Jahwe die »Sünder« vertilgt: Ps 1,6; 5,7; 55,24 u.ö. Ihr Tod ist Besiegelung eines verworfenen Lebens. Nun bittet der Psalmsänger, seine נפשׁ (das Vitale in ihm) und seine חיים mögen nicht
10 mit den חטאים und אנשׁי דמים dahingerafft werden. Sein einziges Verlangen ist: nur nicht mit denen, die »unreine Hände« haben, in gleichem Todesschicksal zugrunde gehen! An den Händen der Sünder klebt זמה – befleckende Schandtat. זמה ist im Alten Testament vor allem ein kennzeichnender Begriff für die sexuelle Unzucht: Lv 18,17; 19,29; 20,14; Jer 13,27; Ez 16,27; 22,9; 23,21; 24,13 u.ö. Bestechungsgeld füllt die Rechte dieser (reichen) Menschen.

11 Ein scharf abhebendes ואני leitet einen Satz ein, mit dem der Beter noch einmal seinen unschuldigen Wandel betont. An diese Beteuerung schließt sich sogleich ein letzter Ruf nach Erlösung und Begnadigung an.

פדה hat hier die Bedeutung: herauslösen aus dem Todesschicksal der חטאים (9). Zu פדה vgl. JJStamm, Erlösen und Vergeben im Alten Testament (1940) 14. Die Bitte um Rechtsbeistand (1) endet also in einem Flehen um Begnadigung.

Gewißheit der Erhörung bekundet 12. 12a steht im Zusammenhang 12
einer in den Psalmen häufiger auftretenden Metapher. Der Fuß des Befreiten, von Jahwe Begnadigten »strauchelt nicht«, »hängt nicht im Netz«, »gleitet nicht« – sondern er steht fest (Ps 31,9; 40,3; 56,14; 66,9; 121,3 u.ö.) Der Psalmsänger ist gewiß: er steht auf einem festen, ebenen Grund. 12b kündet die תודה (vgl. 7) an. ברך hat die Bedeutung: »jmd. in seiner Machtstellung und in seinem Hoheitsanspruch in aller Form anerkennen« (FHorst, Segen und Segenshandlungen in der Bibel: EvTh 1/2, 1947, 31). Das Verbum weist auf die hymnische Intention der תודה hin – zugleich auch auf die öffentliche, in aller Form vollzogene Verherrlichung Jahwes. מקהלים sind nicht die »Chöre« (so HEwald), sondern die Scharen, die sich im Bereiche des Heiligtums um denjenigen sammeln, der »in den Vorhöfen« von Jahwes »Wundertaten erzählt« (7; Ps 22,23; 35,18; 109,30; 116,14). – Doch wäre es auch denkbar, 12 in der Weise vom Vorhergehenden abzusetzen, daß dieser Vers des *Toda* zugeordnet wird. Dann wäre die Situation des Dankliedes, die in 7 erhofft wird, bereits angebrochen. Der Beter stünde dann schon auf einem neuen Boden und würde, wie es in der *Toda* üblich ist, die Wunder Jahwes (7) in den Versammlungen preisen (12; vgl. Ps 22,6).

Der Beter des Ps 26 steht mit seiner Existenz unter dem drohenden Ziel
Vorzeichen der Anklage und Beschuldigung. Hat er »unreine Hände« und Gemeinschaft mit den Frevlern – wie offenbar von ihm behauptet wird, dann ist sein Leben dem Todesschicksal der חטאים (9) preisgegeben, dann ist das Band zwischen ihm und Jahwe zerschnitten. Im Ringen um den Erweis der Unschuld geht es letztlich um die Gemeinschaft mit Gott, um die Gewißheit der Zugehörigkeit zu Jahwe. Ist diese Gemeinschaft heil, unversehrt (תם) oder ist sie tatsächlich an einer entscheidenden Stelle zerbrochen und zerstört? Der Verklagte und Angefochtene stellt seine Sache Gott anheim. Seine Bitten und Rufe sind getragen von Vertrauen (בטח 1), von Gewißheit der »Huld« und »Wahrheit« Jahwes (3) und von Liebe zum Ort der Gottesgegenwart (8). Der Beter öffnet sein Innerstes vor Jahwe, ihm stellt er sich zu einem prüfenden Einblick (2) und beteuert sein Leben in der צדקה (4–5). Er erfleht das wunderbare Eingreifen Gottes (7) und die Erlösung aus dem Todesschicksal der Verworfenen (11). Doch im Bitten, Rufen und Flehen eilt der Psalmsänger der תודה entgegen – der Verherrlichung Jahwes im dankbaren Lied (7.12). – In diesem Psalm handelt es sich nicht um sittliche Selbstqualifikation oder hybrides Unschuldsbewußtsein eines sich selbst Rechtferti-

genden (zum theologischen und religionsgeschichtlichen Problem der sog. Unschuldspsalmen vgl. zu Ps 7,7–10). Den Psalm betet ein Angefochtener, ein Verklagter. Im Verhältnis des einzelnen zu Jahwe steht der Bund auf dem Spiel. Wird der Verklagte von der חסד Jahwes geschieden? Der Psalm ist durchströmt von der Gewißheit: Nichts kann mich scheiden von der Huld Gottes, die sich an der Stätte seiner Gegenwart wirksam erweist: Rm 8,33ff. Die Gemeinde des Neuen Testaments wird den Psalm im Blick auf Jesus Christus aufnehmen und verstehen – jedoch so, daß diesem Ringen um die Gerechtigkeit nichts von der konkreten Diesseitigkeit genommen wird. Vgl. zu Ps 5 »Ziel«.

Psalm 27
Vertrauen und Klage eines unschuldig Verfolgten

Literatur IWSlotki, The Metre and Text of Psalm XXVII: JTS (1930) 387–395. – HBirkeland, Zur Einheitlichkeit von Psalm 27: ZAW 51 (1933) 216–221. – NHSnaith, Five Psalms (1; 27; 51; 107; 34), A New Translation with Commentary and Questionary (1938). – MMannati, *Tûb*-Yahwé en Psaume XXVII – La bonté de Yahwé, ou les biens de Yahwé?: VT 19 (1969) 488–493. – JSchreiner, Vertrauen und Klage in höchster Bedrängnis. Meditation zu Psalm 27 (26), 1–14: BiLe 11 (1970) 41–45. – WBeyerlin, Die Rettung der Bedrängten in den Feindpsalmen der Einzelnen auf institutionelle Zusammenhänge untersucht: FRLANT 99 (1970) 122–129.

Text
1 Von David.
Jahwe ist mein Licht und mein Heil,
vor wem sollte ich mich fürchten?
Jahwe ist meines Lebens Schutzburg,
vor wem sollte mir bangen?
2 Dringen Übeltäter auf mich ein,
mein Fleisch zu fressen –
meine Gegner und meine Widersacher,
sie müssen straucheln und fallen.
3 Lagert sich ein Heerlager gegen mich,
mein Herz fürchtet sich nicht[a].
Erhebt sich auch Krieg gegen mich,
trotzdem bleibe ich getrost.
4 Eines habe ich von Jahwe[b] erbeten,
das begehre ich:
zu wohnen in Jahwes Haus
alle Tage meines Lebens[c] –
zu schauen Jahwes Freundlichkeit

und auszuspähen in seinem Tempel.
5Denn er birgt mich in ‘seiner’[d] Hütte
am Tage des Unheils.
Er schirmt mich im Schutz seines Zeltes,
auf einen Felsen hebt er mich hoch.
6Und nun erhebt[e] sich mein Haupt
über meine Feinde ringsum.
In seinem Zelt will ich opfern
Opfer voller Jubel.
Ich will Jahwe singen und spielen.
.....
7Höre, Jahwe, laut rufe ich,
sei mir gnädig und erhöre mich.
8Dir hält vor mein Herz (dein Gebot):
»Suchet mein Antlitz!«[f]
So such ich, Jahwe, dein Antlitz,
9verbirg nicht dein Antlitz vor mir!
Weise nicht ab im Zorn deinen Knecht!
Meine Hilfe bist du.
Verstoße mich nicht und verlaß mich nicht,
Gott meines Heils!
10Ob Vater und Mutter mich verlassen –
Jahwe nimmt mich auf.
11Weise mir, Jahwe, deinen Weg!
Leite mich auf ebener Bahn
um meiner Feinde willen!
12Gib mich nicht preis[g] der Gier meiner Gegner,
denn es erheben sich falsche Zeugen gegen mich
und ‘entfachen’[h] Unrecht.
13Ach wenn ich nicht die Gewißheit hätte, zu schauen[i]
die Güte Jahwes im Land der Lebendigen –!
14Hoffe auf Jahwe![j]
Fest und stark sei dein Herz!
Und hoffe auf Jahwe!

a 12 Mss אִירָא. – **b** Eine Korrektur: מיהוה statt מאת־יהוה ist nicht erforderlich. 3.4
– **c** Dieser Fünfer wird von einigen Kommentaren als Ergänzung aus Ps 26,6 auf-
gefaßt. Das ist sehr wahrscheinlich. Die Zeile könnte ebensogut fehlen (s.u.
»Wort«). – **d** K *G*[B] σ´: בְּסֻכָּה »in einer Hütte« (vgl. Ps 31,21). Doch ist mit Q α´ 5
Hier *TS* zu lesen: בְּסֻכּוֹ »in seiner Hütte« (vgl. Thr 2,6; Ps 76,3). – **e** *G* σ´ Hier יָרִים. 6
Doch lese man *M*. – **f** Geht man von der Tatsache aus, daß in בקשו פני eine Got- 8
tesforderung vorliegt, auf die der Beter sich beruft, dann müßte im einleitenden Halbvers eine Breviloquenz angenommen werden: »Zu dir hin (לְ der Richtung: BrSynt § 107a) spricht mein Herz« – d.h. »mein Herz hält dir vor«. Schwerlich kann man in בקשו פני – wie das meist geschieht – eine textinnere Variante zu 8b sehen und dann die ersten drei Worte in 8a zu 7 ziehen. Eine oft angeratene Korrektur lautet:

שמע־יהוה קולי · ביום אקרא
וחנני וענני אלי כי מר לבי

(בקשו פני wäre dann als Variante zu streichen). Diese Konjektur ist sehr proble-
matisch, denn sie entstellt den Konsonantenbestand des Textes und entledigt
12 sich auf eine unbegründete Weise des Satzstückes בקשו פני. – **g** Hier fügt יהוה hin-
zu. – **h** Mit *S* ist besser וְיָפִחַ = וִיפִיחוּ zu lesen (vgl. Prv 6,19; 14,5.25; 19,5.9;
12,17). *M* = »schnaubend«(?) von יפח? – **i** לולא leitet einen Bedingungssatz ein
13 und findet sich meist in der Satzkonstruktion »wenn nicht... dann...« Der Nach-
satz kann aber fehlen. Dann bekommt der mit לולא beginnende Satz den Charak-
14 ter einer Gewißheitsaussage (Ges-K § 159dd). – **j** קוה אל־יהוה sollte nicht gestri-
chen werden. Handelt es sich in 14 um ein »Heilsorakel« (s.u. »Form«), dann
wäre die eindringliche Aussage unter allen Umständen (gegen jede formale Kri-
tik) beizubehalten.

Form Die Hauptfrage der Formanalyse in Ps 27 erhebt sich angesichts des bemerkenswerten Bruches, der zwischen 6 und 7 festzustellen ist. Während 1–6 getragen ist von Vertrauen und Gewißheit, klingen aus 7–14 Klage und Bitte hervor. Die formkritische Definition der »Gattungen« ist bislang zu dem Ergebnis gelangt, daß in 1–6 ein individuelles Vertrauenslied vorliegt, während in 7–14 die Elemente eines individuellen Klageliedes überall erkennbar sind. Zu beachten wäre schließlich, daß 14 wohl kaum eine Selbstermunterung des klagenden und bittenden Sängers darstellt, sondern als ein »Heilsorakel« verstanden werden muß, das an den Psalmisten ergeht (zum »Heilsorakel« vgl. JBegrich, Das priesterliche Heilsorakel: ZAW 52, 1934, 81–92). Nun wird allerdings in vielen Kommentaren aus der in der Gattungsverschiedenheit begründeten Zweiteilung des Ps 27 gefolgert: Es handelt sich um zwei ganz verschiedene Lieder, die nichts miteinander zu tun haben und also auch gesondert erklärt werden müssen. Gegen diese kritische Zertrennung hat jedoch HSchmidt geltend gemacht: »Die beiden Psalmen beleuchten sich gegenseitig. Sie stammen von der gleichen Hand und aus der gleichen Lage.« Und FNötscher erklärt: »Beiden gemeinsam ist die von bösartigen Feinden noch drohende Gefahr, das rückhaltlose Gottvertrauen und die Sehnsucht nach Gottes Nähe.« Diese Beobachtungen sind zutreffend, bedürfen aber einer letzten Präzisierung. – Zu beginnen ist mit einer Abweisung der bisherigen Gattungsbestimmung des Ps 27 als eines »individuellen Klageliedes«. Vielmehr ist der Psalm in den weiteren Rahmen der Formgruppe der Gebetslieder (תפלה) einzuordnen (s.o.S. 49ff. Einl § 6,2) und näher zu erfassen als Gebetslied eines Verfolgten und Angeklagten (o.S. 57f. Einl § 6,2bβ). Bekenntnis und Vertrauen kennzeichnen die Aussagen in 1–6. Die Bitten treten von 7 an immer deutlicher hervor. Das Verständnis des Psalms ist ganz von der Situation her zu gewinnen, in der er gesprochen wurde (s.u.). Einzelne Stücke werden von daher zu erklären sein; auch die Einheit des Psalms wird sich dann erweisen. Doch müssen zunächst die metrischen Probleme eine den Erfassungsmöglichkeiten angemessene Klärung finden. Hier ergibt sich im Hinblick auf 1–6 ein verhältnismäßig ausgeglichenes Bild. Das Versmaß 3 + 2 dominiert. Auch in dem zweiten Vollvers in 2 könnte (nach Ausscheidung von ונפלו) ein Metrum 3 + 2 angenommen werden, während 6b einen abschließenden Dreier ohne Parallelergänzung bringt. In 7–13 gibt ebenfalls das Versmaß 3 + 2 den Ton an. Eine Ausnahme bilden: 7 (4 + 3), 8b/9aα (3 + 3), 13 (3 + 3) und die isolierten Dreier in 11aα und 12a. Eine textkritische Korrektur mtr. cs. wäre in 9aα möglich: durch Ausscheidung des Wortes ממני könnte ein Metrum 3 + 2 auch hier rekonstruiert werden. Für die Feststellung der Einheit des Ps 27 ist das vorherrschende 3 + 2-Metrum zweifellos ein nicht unerhebliches Argument. 14 sollte von textkritischen Eingriffen unberührt bleiben. Das an den Beter gerichtete Heilsorakel hebt sich sachlich und formal deutlich ab (2 + 3 + 2).

Die eigentliche Hauptfrage, unter deren Beantwortung sich dann auch das Problem der Einheit des Psalms klären kann, wird folgendermaßen zu stellen sein: Aus welcher Situation sind die verschiedenartigen Stücke und Formen in Ps 27 zu verstehen? Wieso bilden diese Elemente eine Einheit? – Doch zuvor ist die Frage nach dem Sprecher oder Sänger des Psalms zu stellen. Um wen handelt es sich? HEwald dachte an einen Heerführer (6). BDuhm läßt – recht phantasiereich – das Bild eines Hohenpriesters erstehen; und ABentzen (mit ihm die an der Königsideologie orientierte Exegese der Psalmen) deutet auf einen König (Messias – Moses redivivus – Menschensohn: ATANT, 1948, 20). In allen diesen Erklärungen sind einzelne Bezugsmöglichkeiten des Psalms mit irrtümlichen Konsequenzen für das Ganze ausgewertet worden. Klarheit hat erst HSchmidt geschaffen (Das Gebet der Angeklagten im Alten Testament: ZAWBeih 49, 1928, 15f.27f.). Es handelt sich um einen Verfolgten und unschuldig Angeklagten (vgl. 2f. 12). Er hat im Tempelbereich Zuflucht gesucht (4f.) und ist nun gewiß, daß Jahwe ihn schützt (1). Er fürchtet sich nicht (2f.), er weiß vielmehr, daß er Jahwe als dem Gott seiner Rettung und seines Heils Dankopfer darbringen wird (6). Das Bittgebet in 7ff. hat den Charakter einer Appellation. Zum Schluß klingt noch ein Heilswort auf, durch das der Beter ermutigt wird, an Jahwe festzuhalten (14). So spiegeln sich im Ablauf des Psalms drei Phasen: Das Vertrauen des Bedrohten (1–6), die Bitte und Appellation im Heiligtum, die Gottesantwort (14), der man wohl die Bedeutung eines Heilsorakels zusprechen kann. Die institutionellen Zusammenhänge sind in ihren Konturen geschärft worden durch WBeyerlin (122ff.). Das Ganze ist eine – in sich schlüssige – Zusammenstellung, die als Formular für unschuldig Angeklagte und Verfolgte in Jerusalem zur Verfügung stand. Zur zeitlichen Ansetzung fehlen die konkreten Anhaltspunkte. Doch wäre es gut mög- Ort lich, den Ps 27 in vorexilische Zeit anzusetzen. Jedenfalls spricht nichts gegen ein solches Verständnis. Als Formular ist das Gebetslied dann später in Rezeptionsphasen übergegangen, in denen die Institutionsbildung keine Rolle mehr spielte.

Wort 1 Zu לדוד s.o.S. 15ff. Einl § 4 Nr. 2.

Vertrauen und Bekenntnis strahlt 1 aus. Nach Jes 10,17; 60,1 hat es in Jerusalem eine traditionelle Gottesbezeichnung gegeben, die Jahwe אור־ישׂראל nennt. Wie in Ps 23,1 wird nun im Vertrauenslied diese (wahrscheinlich in der Kulttradition geläufige) Prädikation Jahwes von einem einzelnen Beter aufgenommen. אור bezeichnet (wie das synonyme ישׁע erkennen läßt) den Heilsgott (Am 5,18.20; Mi 7,8f.; Jes 9,1; Ps 97,11; 112,4). Die vertrauensvolle Heilsaneignung ermächtigt den Bedrängten zu der kühnen Frage: ממי אירא.[1] Jahwe ist die »Schutzburg meines Lebens«. Zu מעוז־חיי vgl. Sir 51,2 (zu מעוז Ps 28,8; 31,5; 37,39; 43,2; 52,9). In Jahwes schützende Heilsmacht weiß der Beter sich hineingenommen, sie umfängt ihn auch ferne vom Heiligtum – mitten in der Bedrängnis und Gefahr.

2.3 Die Feinde des einzelnen werden מרעים, צרי und איבי genannt (s.o. S. 112ff. Einl § 10,4). Wie wilde Tiere wollen sie das Fleisch ihres Opfers fressen (vgl. Ps 7,3; 17,12; Hi 19,22). Angesichts dieser vor Augen stehenden Bedrohung ist der Sänger dessen gewiß, daß die Verfolger straucheln und fallen. Ein anderes, noch kräftigeres Bild von der drohenden Gefahr wird in 3 gezeichnet. Es wird angenommen, ein Heerlager werde gegen den Bedrängten aufgeboten und Krieg erhebe sich – auch in diesem Fall äußerster Bedrohung ist der Sänger getrost (vgl. Ps 3,7). 2 und 3 lassen erkennen, daß im Vertrauenslied nach anschaulichen Bildern äußerster Lebensbedrohung gegriffen wird. Aus diesen Metaphern kann man keine Folgerungen hinsichtlich der Person des Psalmisten ziehen. Ein Verfolgter und unschuldig Verklagter nimmt umfassende Bilder der Anfeindung auf. Von 2 zu 3 ist eine Steigerung wahrzunehmen, die sogar in die königliche Vorstellungssphäre hineingreift.

4 In 4 teilt das Vertrauenslied das appellierende Gebet mit, das der Bedrängte in seiner Not, ferne vom Heiligtum ausgesandt hat. – Und nun wird man zunächst wohl annehmen müssen, daß die Zeile שבתי בבית־

[1] »Lucis autem nomine iucunditatem et beatae vitae summam notari, satis tritum est. Expositionis causa adiungit salutem esse ac robur vitae: quia scilicet Dei ope tutus sit, et immunis servetur a mortis tenebris, inde certe metus omnes oriri deprehendemus, quod nimis cara sit nobis vita: eius vero non agnoscimus Deum custodem. Itaque nulla erit animis tranquillitas, donec persuasi erimus vitam nostram probe munitam esse, quia eam Dominus manu virtuteque sua tuetur. Interrogatio autem ostendit quantum Dei praesidio tribuat David, quum secure cunctis hostibus et noxiis insultat. Et certe non aliter Deo iustus defertur honor, nisi dum eius ope freti de certa salute gloriari audemus.« Calvin, In librum Psalmorum Commentarius, zu Ps 27,1.

יהוה כל־ימי חיי aus Ps 23,6 eingedrungen ist, denn sowohl syntaktisch wie auch sachlich fügt sich dieses Stück schlecht in den Textzusammenhang. Die Sehnsucht des Psalmsängers geht dahin: er möchte Jahwes Freundlichkeit schauen. Zu נעם vgl. Ps 90,17; 135,3. Gemeint ist die liebevolle Heilszuwendung Gottes, der 1–6 entgegensieht. Geschieht diese Heilszuwendung in einer Theophanie, so daß sie also »zu schauen« wäre? Die alttestamentlichen Beter erwarten zumeist ein »Heilsorakel« (JBegrich, Das priesterliche Heilsorakel: ZAW 52, 1934, 81–92). Welche Bedeutung aber haben nun die Worte im parallelen Halbvers ולבקר בהיכלו? Wie ist das Verb בקר zu übersetzen und zu verstehen? Zweifellos befriedigt die oft angenommene Bedeutung »untersuchen«, »betrachten« oder »Freude haben an« (KBL zu בקר) nicht. Man wird an eine speziellere, kultische Tätigkeit denken müssen (vgl. auch 2 Kö 16,15). So hat schon SMowinckel die Auffassung vertreten, daß in בקר die Opferschau gemeint sei (PsStud I 146). Im Nabatäischen ist *mubaqqiru* eine Bezeichnung für eine kultische Amtsperson, wahrscheinlich den Opferschauer (CF Jean, Dictionnaire des Inscriptions Sémitiques de l'Ouest, 1954; CIS II 2118, 2593, 2661, 2667ff.). Es wäre darum durchaus möglich, daß בקר dieselbe Bedeutung hatte wie צפה in Ps 5,4 und Hab 2,1. Es könnte sich also um einen Begriff handeln, der ehemals das Erspähen eines Omens beim Opfer (vgl. Gn 15,11) beschrieb, der dann aber im alttestamentlichen Kultus vorwiegend das Ausschauen und Erwarten eines Gottesspruchs, eines »Heilsorakels«, kundtat (vgl. Hab 2,1 und zu Ps 5,4). Jedenfalls sehnt sich der Psalmsänger nach einem Zeichen des Heils im Tempel Jahwes.

Die sehnsüchtige Bitte (4) ist begleitet von zuversichtlichem Vertrauen: Jahwe wird mich in seiner »Hütte« bergen und in seinem »Zelt« mich schirmen (5). סכה und אהל sind archaisierende Metaphern, die eine altisraelitische Tradition wachhalten: einst wohnte Jahwe in einem »Zelt« (2 S 7,2). Diese Überlieferung wurde auf dem Zion durch einen Kultakt lebendig erhalten (vgl. Ps 132,3f.). Der Tempel (היכל 4) gilt als אהל des Gottes Israels (Ps 15,1) und als סכה (Ps 76,3; Thr 2,6). Der Psalmist weiß: Jahwe wird mich am Ort seiner Gegenwart »schirmen« und »bergen«. Hier wird deutlich auf die Asylfunktion des heiligen Bereiches hingewiesen (vgl. zu Ps 15,1; 1 Kö 1,50; Ex 21,12ff.). Der Verfolgte und unschuldig Angeklagte findet Zuflucht im Bereich der Gottesnähe. יום רעה wird hier offenbar der Tag genannt, an dem die verleumderischen Anklagen gegen den Bedrängten an heiliger Stätte erhoben werden (12). Der Psalmsänger zweifelt nicht: in dieser entscheidenden Stunde wird er nicht nur bei Jahwe geborgen sein, sondern von seinem Gott »auf einen Felsen hoch erhoben werden«. In der Heiligtumstradition des Zion ist צור jener mythisch umwitterte Urfels, den die Brandungen des Chaos nicht erreichen (Jes 30,29; Ps 28,1; 61,13). – Auch in 6 findet die Gewißheit Ausdruck, 5–6 daß Jahwe dem Verfolgten Heil und damit den Triumph über seine Feinde schenken wird. Das »Erheben des Hauptes über die Feinde« ist ein Symbol für die sieghafte Erhöhung (vgl. Ps 3,4; 83,3; 110,7). Mit der Intention des Gelübdes erklärt der Psalmsänger, er wolle in Jahwes »Zelt«, in Jahwes Tempel also, זבחי תרועה darbringen. תרועה ist der »Festjubel« vgl. PHumbert, *TEROU'A*, Analyse d'un rite biblique, 1946. Wie Franz Delitzsch richtig erkannt hat, ist תרועה hier ein synonymer Begriff zu תודה (Ps 26,7). In Ps 107,22 werden die unter Jubel und Dank dargebrachten Opfer derer, die Jahwes Heilszuwendung erlebten, זבחי תודה genannt. Die תרועה äußert sich in שיר und זמר. Gewißheit, Vertrauen und Gelübde liegen in den Aussagen in 6 ineinander.

7–8 Mit 7 beginnt nun das Bittgebet, das der Verfolgte an heiliger Stätte vor Jahwe bringt. Mit lauter Stimme bittet er um Gehör und erfleht Gnade und Erhörung. Das ganze nun folgende Gebet aber ist getragen von dem schon ferne vom Heiligtum vorgebrachten Vertrauen (1–6). In 8 bringt das Klage- und Bittlied ein Zitat: die Gottesforderung בקשו פני, auf die der Beter sich offenbar beruft, indem er an Jahwe herantritt. Zu בקש פנים vgl. zu Ps 24,6; außerdem 2 S 12,16; 21,1; Hos 5,15; Am 5,4 u.a. Der eindringliche Ruf, Jahwes Angesicht in allen Nöten zu suchen, muß im Leben des Gottesvolkes eine große Rolle gespielt haben: Am 5,4; Jer 29,12ff. und vor allem Ps 50,15. Von der letztgenannten Stelle (Ps 50,15) aus könnte die Zitierung in 8 ohne alle Schwierigkeiten verständlich werden. Nun sucht der Beter dem Rufe und der Einladung Jahwes entsprechend »sein Angesicht«, d.h., er ruft den *deus praesens* an.

In den Amarna-Briefen ist die nach Form und Inhalt bemerkenswerte Parallele nachweisbar:
»Du gibst mir Leben
und du gibst mir Tod –
auf dein Antlitz schaue ich!«
JAKnudtzon, Die El-Amarna-Tafeln (1915) Nr. 169, 7–9. Vgl. FMThDe Liagre Böhl, Opera minora (1953) 378.

9.10 Das Verbergen und Verhüllen des Angesichtes (9) wäre ein Zeichen der Abweisung und des Zornes. Die Bitten in 9 flehen Jahwe als den Richter und Retter an, er möge den Hilfesuchenden nicht zurückstoßen. אל־תט – diese Bitte gehört formgeschichtlich in den Zusammenhang der Gerichtsbarkeit, die eine Rechtsforderung nicht zurückweisen soll (Jes 19,21; Am 5,12; Mal 3,5; Prv 18,5). Vor den אלהי ישעי (vgl. 1) tritt der Beter mit der Selbstbezeichnung עבד, die eine dienstbereite Zugehörigkeit zu Jahwe bekundet (Ps 19,12). Der von seinen engsten Angehörigen Verstoßene (10) sucht Zuflucht bei Jahwe, denn die Anklage hat ihn offensichtlich als einen gemeinschaftsunwürdigen רשע gebrandmarkt. Die bergende Sphäre des Heiligtums aber gibt dem Appellierenden und Bittenden das feste Vertrauen: »Jahwe nimmt mich auf« (vgl. 5). ABentzen meint, daß 10 auf Elemente und Vorstellungen der »Königsideologie« hinweise. Im sakralen Adoptionsakt der Inthronisation (vgl. Ps 2,7) – so nimmt Bentzen an – habe die Aussage in 10 ihren Platz: vgl. ABentzen, Messias – Moses redivivus – Menschensohn (1948) 20. Diese Deutung überschätzt die Relevanz des Metaphorischen. Sollte wirklich das Adoptionsmotiv in den Vers hineinspielen, so müßte (wie in Ps 22,11 – siehe dort) ein Partizipieren an den hohen Vorgängen der königlichen Welt angenommen werden (so ja auch in 3).

Mit der Bitte um rechte Wegweisung (11) erfleht der Psalmsänger die Eröffnung einer neuen Lebensmöglichkeit durch Jahwes eingreifendes Heilswort. Zu דרך vgl. zu Ps 5,9; 16,11; 25,4; 86,11; 143,10. Die »Gier« (zu נפש in dieser Bedeutung vgl. zu Ps 17,9) will den Verfolgten vernichten (2), sie will ihn von Jahwe trennen und als Ausgestoßenen deklariert wissen. Am heiligen Ort erheben sich gegen den Bedrängten die Ankläger (ביום רעה 5). עדי־שקר, Lügenzeugen, Verleumder werden aufgeboten, um חמס (»Unrecht«, »Gewalttat«) zu entfesseln. Zu diesen Vorgängen vgl. Ps 5,10; 7,4ff.; 10,2; 12,4 u.ö. Der Beter wartet, daß von Jahwe »sein Recht ausgeht« (Ps 17,2; 7,7ff.). Unausdenkbar wäre es, wenn der Psalmsänger in solch einer äußersten Bedrohung seiner Existenz nicht fest und zuversichtlich zu Jahwe sich gehalten hätte (13). האמין ist das bezeichnende Verbum, das das schon in 1–6 zutage tretende Vertrauen hervorhebt. Der Beter hat seine Existenz in Jahwe »gegründet«, »festgemacht« – das bedeutet hier האמין. Hat das Verbum im »Heiligen Krieg« seinen ursprünglichen Sitz (so GvRad, Der Heilige Krieg im alten Israel: ATANT, 1951, 31), dann wird die Beziehung des Begriffs auf die Vorstellungen in 3 offenkundig. Zugleich wird sichtbar, daß der Psalmist sich hineinstellt in die alle Grenzen der personalen Existenz sprengenden Dimensionen des Heilswirkens Jahwes an seinem Volk. In seiner konkreten Not ist der Beter gewiß: ich werde nicht sterben, sondern leben (vgl. Ps 118,17); ich werde nicht verstoßen werden in die »Sphäre des Todes« (Chr Barth, Die Errettung vom Tode in den individuellen Klage- und Dankliedern des Alten Testaments, 1947, 76ff.), sondern die »Güte Jahwes« im »Land der Lebendigen« schauen. טוב־יהוה ist als synonymer Begriff zu נעם־יהוה in 4b zu verstehen. Beide Worte strahlen das Wunder der Heilszuwendung und des Lebens aus (vgl. Ps 16,10f.). Der mit לולא eingeleitete Satz läßt von ferne die unausdenkbare Katastrophe ahnen, die hereingebrochen wäre, wenn das feste Vertrauen zu Jahwe das Leben nicht durch die Gefahren hindurchgetragen hätte. Der unvollendete Satz bezeugt aber um so kräftiger das Wunder der Gewißheit. 11–13

MMannati will טוב יהוה als Plural verstanden wissen. Die Übersetzung ergäbe dann folgendes Bild: »J'ai la certitude de voir les biens que Yahwé prodigue dans la terre des vivants« (VT 19, 1969, 488ff.). Zur Bedeutung von טוב in der cstr.-Bildung vgl. aber HJStoebe, THAT I 652ff.

14 Zwei Erklärungsversuche sind zu 14 von vornherein auszuscheiden. Die Anrede קוה אל־יהוה ist keine »Ermahnung an sich selbst« (so HGunkel im Hinweis auf Ps 42,6). Es heißt nicht נפשי (Ps 42,6), sondern לבך. Aus dieser Beobachtung zum Suffix kann aber nun andrerseits auch nicht gefolgert werden, daß eine ermutigende Anrede an andere gerichtet wird (wie z.B. in Ps 2,12). Es liegt doch noch am nächsten, an einen Gottesspruch zu denken, durch den der Bittende ermutigt wird, fest und stark zu sein (vgl. 1 S 1,17). Dieser Spruch könnte freilich dann nur als Hinweis auf ein endgültiges »Heilsorakel« verstanden werden. Doch handelt es sich fraglos um ein Ja, um eine ermutigende Antwort, die aus 14 hervortönt (vgl. zu Ps 22,22). Zu קוה vgl. CWestermann, Das Hoffen im Alten Testament: Theologia viatorum (1952).

Ziel Für das rechte Verständnis des Ps 27 vorauszusetzen ist die Tatsache, daß ein Mensch (ein anonymer einzelner) von feindlichen Mächten verfolgt und mit verleumderischen Anklagen (12) bedroht wird. Die Widersacher wollen den »Knecht Jahwes« (9a) von Gott scheiden. Er ist bereits – auch von den nächsten Angehörigen – verstoßen und sieht den Tod als Bereich der Gottverlassenheit (9.13) vor sich. Auf diesem Hintergrund sind Vertrauen (1–6) und Bitte (7–13) zu verstehen. Schon fern vom Heiligtum faßt der Psalmsänger Vertrauen zu Jahwe. Er sehnt sich nach dem erlösenden Heilszuspruch im Tempelbereich und nach der Bergung am heiligen Ort (4). Aber der Gott des Heils (אלהי ישעי 9b) ist auch mitten im Widerstreit, mitten in der äußersten Gefährdung seines Knechtes schon gegenwärtig (1–3). Auch das mächtigste Aufgebot der Verfolger kann darum keine Furcht mehr erregen. Diese auch im Bittgebet (7–13) tragende Gewißheit wird mit dem herausragenden Verbum האמין (13) kundgetan. Sein Leben hat der Bedrängte ganz in Jahwe verankert. Darum kann ihn keine feindliche Macht überwältigen und vom Gotte des Heils (1.9b) trennen. Hinter den Gebeten der Verklagten, die sich vertrauensvoll an Jahwe als Rechtshelfer und Retter halten, könnte man immer wieder das neutestamentliche Wort sehen: τίς ἐγκαλέσει κατὰ ἐκλεκτῶν ϑεοῦ; ϑεὸς ὁ δικαιῶν (Rm 8,33). Die tödlich Bedrohten sind gewiß, daß nichts sie von ihrem Gott scheiden kann. Sind sie auch von den nächsten Angehörigen verstoßen (10) – Gott nimmt sie auf und eröffnet ihnen einen Weg des Heils (11.13.14). Die Diesseitigkeit dieser Gewißheit (13) wird man (wie in Rm 8,33ff.) unter allen Umständen beachten müssen.

Psalm 28
Hilferuf und Dank eines Todbedrohten

AUrban, ›Herr, schweige nicht hinweg von mir!‹ Meditation über Ps 28 (27): BiLe 8 (1967) 196–201. – DEichhorn, Jahwe als Fels, Burg und Zuflucht: EHS.T4 (1972). Literatur

Text

1 Von David.
Zu dir, Jahwe, rufe ich, mein Fels.
Wende dich nicht schweigend ab von mir,
auf daß du vor mir verstummst und ich gleiche
denen, die zur Grube gesunken!
2 Höre[a] die Stimme meines Flehens,
wenn ich schreie zu dir,
wenn ich meine Hände erhebe
zu deiner heiligen Zella!
3 Raffe mich nicht dahin mit den Frevlern
und mit den Übeltätern,
die freundlich reden mit ihren Nachbarn,
aber Unheil im Herzen tragen!
4 Gib ihnen[b] nach ihrem Tun,
nach der Bosheit ihrer Taten!
Nach dem Werk ihrer Hände gib ihnen,
vergilt ihnen ihre Untat!
5 Denn sie achten nicht auf Jahwes 'Tun'[c]
und auf das Werk seiner Hände.
'Darum'[d] wird 'Jahwe' sie niederreißen
und nicht (mehr) bauen.
6 Gepriesen sei Jahwe, denn er hat erhört
die Stimme meines Flehens!
7 Jahwe ist meine Macht und mein Schild,
auf ihn vertraut mein Herz.
Mir ward geholfen, da jubelt[e] mein Herz[f],
und mit meinem Lied will ich ihm danken.
8 Jahwes ist 'seines Volkes'[g] Macht –
und Schutz und Heil seines Gesalbten.
9 Hilf deinem Volk und segne dein Erbe,
weide und trage sie in Ewigkeit!

a *G*[MSS] Hier fügen יהוה hinzu. Doch ist *M* zu lesen. – **b** *G*[ℵ] liest zusätzlich יהוה, 2.4
doch folge man *M*. – **c** Mit 10Mss α´ ist besser פְּעֻלַּת zu lesen. – **d** Ein rhythmi- 5
scher Vollvers liegt hier in verstümmelter Form vor. Geht man davon aus, daß
ולא יבנם der zweite Halbvers ist, so wird יהרסם durch Konjektur ergänzt werden
müssen. Vielleicht darf – dem Sinnzusammenhang entsprechend – עַל־כֵּן יהוה
hinzugefügt werden. – **e** *G* ϑ´ ἀνέϑαλεν *S germinavit*, ε´ ἐκρατύνϑη = וַיִּחֲלֵף. – **f** *G* 7
ἡ σάρξ μου καὶ ἐκ ϑελήματός μου. Dadurch käme im Text eine Umgruppierung
zustande: בְּשָׂרִי וּמִלִּבִּי. Alle diese Lesarten beruhen offensichtlich auf einer ande-
ren Texttradition, die *M* schwerlich zu korrigieren vermag. – **g** 8Mss *GS* לְעַמּוֹ. 8

Form Der Aufbau des Ps 28 ist klar zu durchschauen. 1–2 Anrufung Jahwes und Bitte um Erhörung; 3–5 Bitte (im Hinblick auf das Schicksal der Frevler); 6–7 Dank; 8–9 Bekenntnis und Fürbitte. Die Trennung des Liedes in zwei Psalmen (1–5; 6–9), wie BDuhm sie vornimmt, verkennt wichtige formgeschichtliche Gegebenheiten (s.u.). – Im Versmaß liegen einige Schwierigkeiten vor. Geht man von der Beobachtung aus, daß das Metrum 3 + 2 dominiert, dann könnte der Versuch einer Rekonstruktion der nicht im Fünfer überlieferten Verse unternommen werden. In 1aα könnte יהוה ausgeschieden werden, dann wären in 1 zwei Fünfer zu lesen. 2bα müßte durch ein zusätzliches Wort ergänzt werden; HGunkel schlägt vor, הַבִּיטָה hinzuzufügen: »siehe auf, wenn ich meine Hände erhebe...!« So würden dann auch in 2 zwei Fünfer vorliegen. 3 enthält zwei Fünfer. Um ein gleiches Bild in 4 zu erzielen, könnte תן להם in 4aγ als nicht ursprüngliche Wiederholung der Aufforderung aus 4aα verstanden werden; השב würde dann zum ersten Halbvers des zweiten Fünfers in 4 zu zählen sein. In 5 müßte כי gestrichen werden. Zur Rekonstruktion von 5b vgl. die Konjektur (s.o. »Text«). Kaum möglich sind irgendwelche Korrekturen mtr. cs. in 7–9. – Ps 28 gehört zur Formgruppe der Gebetslieder. Zur תפלה s.o.S. 49ff. Einl § 6,2. Im einzelnen ist folgender Aufbau festzustellen: Auf die Anrufung in 1f. wird die Bitte vorgetragen (3–5). Dann aber ist eine bemerkenswerte Zäsur hinter 5 wahrzunehmen. Es wird anzunehmen sein, daß vor dem in 6 anhebenden Danklied eines Einzelnen das Ereignis des Eintreffens eines »Heilsorakels« anzusetzen ist (zum »Heilsorakel« vgl. JBegrich, Das priesterliche Heilsorakel: ZAW 52, 1934, 81–92). Jahwe hat die Stimme des Beters vernommen (6b). Nun preist er im Danklied den rettenden Gott (vgl. zu Ps 6,9 und Ps 22,22; zur *Toda* s.o.S. 54f. Einl § 6,2aγ). Das Danklied schließt mit einem Bekenntnis (8). Angeschlossen ist ein fürbittendes Gebet in 9.

Ort Von 8–9 wird man bei der Frage nach der Person des Beters also nicht ausgehen dürfen. ABentzen (Messias – Moses redivivus – Menschensohn, 1948, 20) und SMowinckel (Offersang og sangoffer, 1951, 84) erklären Ps 28 als »Königspsalm«. Hier werden Beobachtungen aus 8–9 fälschlich auf den ganzen Psalm übertragen. Die Frage nach der Person und nach der Situation des Beters ist aus 1–7 zu beantworten bzw. zu erschließen. Eindeutig kann die Erklärung allerdings nicht ausfallen, weil das eigentliche Schicksal des Klagenden und Bittenden nur verhüllt erscheint. Aus dem Begriff יורדי בור (1) und einem nach *GS* ε´ verbesserten Text in 7 schließt HSchmidt, daß es sich um einen Schwerkranken gehandelt hat, der mit seinem Lied vor Jahwe trat. Doch wäre es auch möglich, an einen unschuldig Verfolgten zu denken, der im Heiligtum Gottes Zuflucht sucht (vgl. 3–5 und die Parallelen in 27,9.10 sowie 7). Auf jeden Fall sind Klage und Dank im Heiligtum angestimmt worden (2). Und aus

8–9 kann gefolgert werden, daß Ps 28 in die Königszeit anzusetzen ist (Baethgen, Briggs, Gunkel) und möglicherweise sehr alt sein mag (HSchmidt). Als Gebetsformular in den verschiedensten Nöten wird Ps 28 zur Verfügung gestanden und benutzt worden sein.

Zu לדוד s.o.S. 15ff. Einl § 4 Nr. 2. Wort 1–2

Der Psalmsänger ruft Jahwe an und nennt ihn »mein Fels« (צורי). Vgl. zu צורי: Ps 18,3.47; 19,15; 62,3.7; 92,16; 144,1. Bezieht diese Benennung sich auf den »Heiligen Felsen«, über dem der Tempel errichtet ist? (HSchmidt, Der Heilige Fels in Jerusalem, 1933, 87). Liegt hier eine Beziehung zu dem in 2 erwähnten »Allerheiligsten« (דביר) als der Zella, die den »Fels« umschließt, vor? In der Psalmensprache ist צור der feste »Urort«, die unerschütterliche »Zuflucht«. Die Bitte אל־תחרש ממני erfleht die Heilszuwendung Jahwes in einem דבר, in einem heilbringenden Spruch, der aus priesterlichem Mund kommt: vgl. Ps 35,22; 39,13; 83,2; 109,1; 143,7. Der Beter steht im Bannkreis der Todessphäre; er würde, wenn Jahwe schweigt und ihn verläßt (Ps 22,1), den יורדי בור gleich sein. בור steht in Ps 30,4 und 88,4f. synonym zu שאול und bezeichnet also das »Totenreich«, die »Todestiefe«. Zu יורדי בור vgl. Ps 30,4; 88,5; 143,7; Prv 1,12 u.ö. Es ist der Zustand der Gottverlassenheit, aus dem der Beter ruft. Er bittet um Erhörung (2). Zu קול תחנוני, einem bezeichnenden Begriff des Klageliedes: Ps 86,6; 116,1; 130,2; 140,7. Betend erhebt der Flehende seine Hände. Ursprünglich war dies eine Gebärde des Schutzflehenden (HGreßmann, AOB 137), die dann überall als Geste des Betenden bekannt ist (*našû ḳâtâ*: BMeißner, Babylonien und Assyrien II, 1925, 80f.). Aus dem Zweistromland sind »Handerhebungsgebete« bekannt (sum. *šu'illa*: AFalkenstein/WvSoden, Sumerische und akkadische Hymnen und Gebete, 1953, 49). Zur Geste vgl. im Psalter: Ps 63,5; 134,2; 141,2 (Thr 2,19; 3,41; Neh 8,6 und im NT: 1 Ti 2,8). Die Richtung, in die der Beter seine Klagen und Bitten vorbringt, wird in 2bβ genannt: אל־דביר קדשך. Es handelt sich um die heilige Zella, um das »Allerheiligste« (1 Kö 6,5.16.19–23.31; 7,49; 8,6.8; 2 Ch 3,16; 4,20; 5,7.9; KMöhlenbrink, Der Tempel Salomos: BWANT IV, 7, 1932, 131ff.). Hier, in der Zella, ist Jahwe über der Lade gegenwärtig: 1 Kö 8,6f.13. Zur Gebetsrichtung vgl. Ps 5,8; 134,2; Thr 2,19; 1 Kö 8,35.

Die Rede von Jahwe, dem »Fels« (1), und von der »heiligen Zella« (2) verweist in den Zusammenhang alter Jerusalemer Traditionen. Dabei wird die Benennung Jahwes als »Fels« in alte, vordavidische Traditionen zurückweisen, während die »Zella« der Tempeltradition zugehört. – Hier ist vom Thema »Fels« zu handeln. Dabei ist Bezug zu nehmen auf die Monographie von DEichhorn, Jahwe als Fels, Burg und Zuflucht (1972). Eichhorn erklärt mit Recht, der »heilige Fels« sei der Ort, an dem Jahwe sich aktuell als der, der sein Volk schützt, der gegen die Chaosmächte und gegen »die Völker« einschreitet, offenbart (91). Gegenüber dem (offenbar in älteste Stadien religionsgeschichtlicher Ausbildung zurückführenden) Gebrauch von צור ist die Benutzung des Wortes סלע zurückgetreten (95). Und nun heißt es wörtlich: »צור als Anrede und prädikative Bezeichnung Gottes, die durch das Suffix der 1. per. sing. determiniert ist, begegnet im Munde eines Individuums nur in solchen Psalmen, die unbeschadet der Verschiedenheit der traditionellen Gattungsbestimmung und unbeschadet der Bestimmung der Person des Beters ... in ihrer Struktur auf eine Offenbarung Jahwes bezogen sind, die durch den Beter, dessen Verhältnis zu Jahwe durch das צור-Sein Jahwes für ihn bestimmt ist, vermittelt wird, und die durch das so charakterisierte Verhältnis Jahwes zu dem Beter qualifiziert wird« (45f.). So weit kann Eichhorn gefolgt werden. Doch ist sein Insistieren auf ein institutionelles Mittleramt in diesem Zusammenhang nicht hinreichend begründet. Zum Amt des Mittlers vgl. vor allem 25f.

3–5 Der Beter fürchtet, daß er mit den »Frevlern« (רשׁעים) dahingerafft wird. Er steht in Gefahr, ohne Deklaration seiner צדקה dem Todesschicksal der רשׁעים zu verfallen (vgl. zu Ps 26,9–10). Es liegt nahe, hier an einen unschuldig Angeklagten zu denken, der um seine צדקה ringt (vgl. zu Ps 7 »Ort«). Zum Verständnis der Begriffe רשׁעים und פעלי און, die auf die Feinde des Individuums hinweisen, s.o.S. 112ff. Einl § 10,4. Der Sinn der Aussagen in 3–5 ist doch der, daß der Psalmsänger sich von den רשׁעים abgehoben wissen will. Die Gerichtsforderungen über die »Frevler« enthalten latent den Erweis: ich aber bin kein רשׁע! An der abgründigen Falschheit der »Frevler« hat der Beter doch keinen Anteil (3)! Zu Recht besteht die Forderung, daß Jahwe auf die Untaten der רשׁעים reagieren möge. Zu dem »Vergeltungsgedanken« vgl zu Ps 7,14–17, jedoch wird zu beachten sein, daß in Ps 28 das richterliche Reagieren der majestätischen Person Jahwes die Vorstellung von einer »immanenten Nemesis« an den Rand drängt. 5 spricht von פעלת יהוה und meint damit das Gerichtswirken, das die רשׁעים übersehen und vergessen (vgl. Ps 10,4f.; 54,5; 73,17ff.; Jes 5,12; 28,21; Hab 1,5). 5b ist dessen gewiß: Jahwe wird die »Frevler« – mit Recht – niederreißen und nicht mehr aufrichten (vgl. Jer 24,6; 42,10; 45,4). Bemerkenswert sind in 5 die Anklänge an die Prophetie des Jesaja (5,12) und Jeremia (24,6; 42,10; 45,4). Ob hier eine wirkliche Abhängigkeit oder die Bezugnahme auf einen konventionierten Sprachgebrauch vorliegt, ist nicht zu entscheiden.

6.7 Für das im hymnischen Stil erklingende Danklied in 6–7 ist vorauszusetzen, daß die Bitte des Flehenden erhört worden ist (שׁמע קול תחנוני). Diese Erhörung wird in einem »Heilsorakel« offenbar. Nun preist der Psalmsänger Jahwe. Zu ברוך יהוה im Danklied: Ps 124,6; 144,1, im Hymnus: Ps 68,20.36; 135,21. ברך hat die Bedeutung: jmd. in seiner Machtstellung und in seinem Hoheitsanspruch in aller Form anerkennen (FHorst, Segen und Segenshandlungen in der Bibel: EvTh 1/2, 1947, 31). Wenn Jahwe als עזי ומגני verherrlicht wird, dann zeigen gerade diese Begriffe, daß der Beter des Ps 28 in Bedrängnis stand und verfolgt wurde.

Jahwe als צור (1) hat sich als machtvoller Schutz bewährt. בו בטח לבי kennzeichnet wie האמנתי in Ps 27,13 die Verhaltensweise des zuversichtlichen Sichgründens in Jahwes Heilsmacht. Wer Jahwes Hilfe erlebt, dessen Herz jubelt im dankbaren Lied. Deutlich wird auf die תודה Bezug genommen (vgl. zu Ps 27,6).

Als ein Bekenntnis zu den überindividuellen Heilsempfängern ist 8 aufzufassen. Das Ereignis der Erhörung und Heilszuwendung Jahwes zu einem einzelnen Beter geschieht in der Wirklichkeit des Gottesvolkes und in dem Bereich des königlichen Heiligtums zu Jerusalem. Darum rühmt der Psalmsänger in seinem Bekenntnis die Macht, die Jahwe seinem Volke zuwendet, und den heilbringenden Schutz, der dem regierenden König gilt. Zu משיח vgl. zu Ps 2,2. Man kann an dieser Stelle sehr schön erkennen, wie der einzelne beständig an einer größeren, sein Einzelschicksal umgreifenden und tragenden Heilswirklichkeit partizipiert. Wenn Gunkel von einem »patriotischen Schluß« spricht, wird man ihm die ins Extrem verfallende, überspannte Polemik gegen die Mystifikationen einer »messianischen Exegese« zugute halten müssen. Die »messianische Exegese« war auf der rechten Spur, nur hat sie sich durch ein dogmatisches Leitbild vom משיח fangen lassen. Die skandinavische »Königsideologie« hingegen vermag den eigenartigen Sachverhalt der »individuellen Partizipation am Mysterium der königlichen Heilssphäre« nicht zu sehen; sie dehnt die »königlichen Elemente« aus und überzieht die individuellen Klagelieder mit einer fiktiven ideologischen Erklärungskategorie. 8

Das Bekenntnis (8) geht in 9 in eine Fürbitte für das Gottesvolk über. Hilfe und Segen werden für Israel erbeten (vgl. zur Bedeutung der Fürbitte in den Psalmen: FHesse, Die Fürbitte im Alten Testament: Diss. Erlangen, 1951, 65ff.). נחלה als Bezeichnung für Israel wird ein Begriff sein, der sich aus den Theologumena um den אל־עליון entwickelt hat (vgl. Dt 32,8f. und S. 94ff. Einl § 10,1). Die Vorstellungen vom »Weiden« und »Tragen« nehmen Bezug auf das Bild vom guten Hirten: Ps 80,2; Jes 40,11; Ps 23,1; 74,1; 79,13; 95,7. So bittet also der Psalmsänger abschließend darum, daß die Heilsgegenwart Jahwes weiterhin, in Ewigkeit (לעולם), in Israel bleiben möge. Auch dieses fürbittende Gebet zeigt noch einmal, wie tief der Psalmist die erfahrene Hilfe in der Zuwendung Jahwes zu Israel verankert sieht. 9

Ein sachgemäßes Verständnis des Ps 28 entwickelt sich, nachdem die formalen und inhaltlichen Abgrenzungen getroffen sind, am ehesten von 8 aus. Hier wird nämlich von der schützenden und heilbringenden Realität gesprochen, zu der ein Todbedrohter in seiner Not flieht und die er dankend bekennt: das Gottesvolk und sein König. Da findet man עז, מעוז und ישועה, denn mitten in diesem Gottesvolk, im königlichen Eigentempel von Jerusalem, ist Jahwe in der heiligen Zella gegenwärtig (2). Die Ziel neutestamentliche Gemeinde sieht in dieser alttestamentlichen Heilswirklichkeit des *deus praesens* die σκιὰ … τῶν μελλόντων ἀγαθῶν (Hebr 10,1), die in Jesus Christus wesenhaft erschienen sind. Der Angeklagte, Angefochtene und tödlich Bedrohte sucht hier den unerschütterlichen »Fels« (1) und bringt seine Klagen und Bitten. Mitte der Klage ist die Not: Ich werde vom Strom der gottfernen Mächte (רשׁעים 3) in das Verderben des Verworfenseins gerissen. Der von Jahwe erbetene Heilsspruch bedeutet für Leidende: Ausgliederung aus dem Todesschicksal der Verworfenen. Um dieses εὐαγγέλιον geht es in Ps 28 (vgl. Rm 8,33f.). Das Gericht über die רשׁעים bildet zum Heilsereignis die dunkle Folie. Der Vertrauende (בטח 7) findet Erhörung (6) und jubelt dankbar über Jahwes Hilfe.

Psalm 29
Die machtvolle Erscheinung Jahwes im Gewitter

Literatur

KFullerton, The Strophe in Hebrew Poetry and Psalm 29: JBL 48 (1929) 274–290. – THGaster, Psalm 29: JQR 37 (1946/47) 55–65. – IWSlotki, The Metre and Text of Psalm 29,3 und 9: JTS 31, 186–198. – FMCross, Notes on a Canaanite Psalm in the Old Testament: BASOR 117 (1950) 19–21. – DGualandi, Salmo 29 (28): Bibl 39 (1958) 478–485. – EVogt, Der Aufbau von Psalm 29: Bibl 41 (1960) 17–24. – ADeissler, Zur Datierung und Situierung der ›kosmischen Hymnen‹ Ps 8; 19; 29: Lex tua Veritas. Festschrift für HJunker (1961) 47–58. – EPax, Studien zur Theologie von Psalm 29: BZ NF 1 (1962) 93–100. – FCFensham, Psalm 29 and Ugarit: OTWP (1963) 84–99. – BMaggioni, Osservazioni sul Salmo 29 (28). ›Afferte Domino‹: Bi e Or 7 (1965) 245–251. – FCFensham, Ugarit and the Translator of the Old Testament: BiTrans 18 (1967) 71–74. – NAvanUchelen, De LXX-interpretatie van Ps 29: NTT 24 (1969/70) 171–181. – HStrauß, Zur Auslegung von Psalm 29 auf dem Hintergrund seiner kanaanäischen Bezüge: ZAW 82 (1970) 91–102.

Text

1 Ein Psalm Davids[a].
Gebt Jahwe, ihr Gottwesen,
gebt Jahwe Ehre und Macht!
2 Gebt Jahwe seines Namens Ehre,
fallt nieder vor Jahwe bei ‘seiner’ heiligen Erscheinung[b]!
3 Jahwes Stimme über den Wassern!
(Es donnert der herrliche Gott)[c]
Jahwe über gewaltigen Wassern!
4 Jahwes Stimme erschallt mit Macht.
Jahwes Stimme mit Majestät!
5 Jahwes Stimme zerschmettert Zedern,

es zerschmettert[d] Jahwe die Zedern des Libanon.
6 Er läßt den Libanon 'hüpfen'[e] wie ein Kalb,
den Sirjon wie einen jungen Wildochsen.
7 Jahwes Stimme sprüht Feuerflammen[f].
8 Jahwes Stimme läßt erbeben die Wüste,
erbeben läßt Jahwe die Wüste von Kadesch.
9 Jahwes Stimme versetzt die Hinden in Wehen,
läßt kreißen die Zicklein[g].
.....
Und in seinem Palast ruft alles: Herrlichkeit!
10 Jahwe thront auf der Flut,
es thront Jahwe als König in Ewigkeit.
11 Jahwe gebe Macht seinem Volk!
Jahwe segne sein Volk mit Heil!

a *G* fügt zur Überschrift hinzu: ἐξοδίου σκηνῆς. – **b** Das Wort הדרה, dessen 1.2
Übersetzung und Erklärung in den Lexika und Kommentaren bisher in Anlehnung an הדר (= »Schmuck«) gesucht wurde, ist durch die ugaritischen Texte in ein neues Licht getreten. In KRT 155; 145,5 steht *hdrt* parallel zu *hlm* (= »Traum«, »Vision«) und hat offensichtlich die Bedeutung »Offenbarung«, »Erscheinung« (»theophany« CHGordon, Ugaritic Handbook: Analecta Orientalia 25, 1947, III 225). Diese Bedeutung ist auch für Ps 96,9; 1 Ch 16,29 vorauszusetzen, während der archaische Begriff schon in 2 Ch 20,21 zu der im AT bekannteren Wurzelbedeutung von הדר (= »Schmuck«) hin tendiert. Mit *GS* wird am besten קדשׁוֹ zu lesen sein. *GS* bieten freilich den Text בְּחַצְרַת קָדְשׁוֹ (ἐν αὐλῇ ἁγίᾳ
αυτοῦ). – **c** Die Worte אל־הכבוד הרעים sind wahrscheinlich als versprengter 3
Halbvers anzusehen (s.u. Anm. **f**). – **d** Bemerkenswert ist in 5b ff. das ו consecu- 5
tivum (Ges-K § 111r), das man nicht in ein ו copulativum verbessern sollte. – **e** 6
Die metrische Versfügung ist gestört, wenn man *M* folgt (»er läßt sie hüpfen wie ein Kalb, Libanon und Sirjon wie einen jungen Wildochsen«). Es ist wohl am be-
sten וַיַּרְקִד oder וַיַּרְקִיד (Bickel, Wellhausen) zu lesen. – **f** 7 fällt als isolierter Halb- 7
vers aus der metrischen Ordnung. Man könnte erwägen, ob 7 nicht mit dem versprengten Halbvers אל־הכבוד הרעים in 3 zu einem Vollvers zusammenzusetzen
ist: קול־יהוה חצב להבות אשׁ אל־הכבוד הרעים. – **g** Der zweite Halbvers enthält 9
Schwierigkeiten, die mit Driver (JTS 32, 255) nur versuchsweise geklärt werden können, indem das hapax legomenon יערות als plur. von יערה (KBL 391) aufgefaßt wird und für חשׂף die Bedeutung »zu frühem Gebären bringen« angenommen wird (KBL 339). Ein anderer Korrekturversuch liest אילוֹת (= אֵילִים) statt אַיָּלוֹת und יערות (= יְעָרִים): »Jahwes Stimme läßt Eichen hüpfen und schält Wälder ab«. Aber dieser Vorschlag ist sehr problematisch.

Ps 29 preist in 1–9 die machtvolle Erscheinung Jahwes im Gewitter Form
und beschreibt die Wirkungen der (Donner-)Stimme. In 9b setzt dann abrupt mit ובהיכלו die Schilderung der Verherrlichung Jahwes im himmlischen Palast (im Rekurs auf 1–2) ein. Dieser abrupte Einsatz könnte die Vermutung nahelegen, daß vor ובהיכלו ein Stück ausgefallen ist. In 11 wird abschließend ein Gebetswunsch geäußert. – Die metrischen Verhältnisse sind in Ps 29 vorerst noch nicht klar zu durchschauen. Die

Bemühungen, von den ugaritischen Texten her das Versmaß zu erfassen, stecken noch ganz in den Anfängen und sind erschwert durch den textlichen Zustand der ugaritischen Überlieferung. Immerhin versucht FMCross, folgendes Bild zu rekonstruieren: 1. Strophe (1–2): 2 + 2 2 + 2; 2 + 2 2 + 2. 2. Strophe (3–6): 2 + 2 + 3; 2 + 2 + 3; 2 + 2 3 + 3. Für 7ff. wird angenommen, daß der Psalm nur ein Torso des ursprünglichen Textes bietet (FMCross, BASOR 117, 20). Versuchsweise könnte (im Anschluß an die Gliederung von Cross) für 8–9 das Versmaß 2 + 2 2 + 2; 2 + 2 + 3 angenommen werden. Fraglos liegen in Ps 29 archaische Metren vor, die sich von der sonstigen alttestamentlichen Psalmendichtung deutlich abheben. Es ist richtig, wenn unter Beachtung der unverkennbaren Beziehung des Ps 29 zu altkanaanäischen Texten (s.u.) auch in den Fragen des Metrums eine sachentsprechende Erklärung versucht wird.

Bei der formkritischen Hauptfrage nach der »Gattung« des Psalms wird vom religionsgeschichtlichen Befund auszugehen sein. Man hat erkannt und eindrucksvoll dargestellt, daß dem Ps 29 ein altkanaanäisches (durch ugaritische Texte repräsentiertes) Lied zugrunde liegt (THGaster, FMCross, FCFensham, HStrauß). Vgl. auch: WHSchmidt, Königtum Gottes in Ugarit und Israel: ZAWBeih 80 ([2]1966) 55ff. Die archaisch-hymnische Form, mit der Ps 29 ansetzt, wird wohl aus dem kanaanäischen Bereich übernommen worden sein; wie überhaupt anzunehmen sein wird, daß Israel die Urform des Hymnus aus der unmittelbaren Umwelt übernommen hat. Auf jeden Fall wird Ps 29 – seinem Auftakt entsprechend – als Loblied (תהלה) aufzunehmen und dieser Formgruppe zuzurechnen sein. S.o.S. 43ff. Einl § 6,1. Doch gehen die imperativischen Aufrufe in 1f. über in eine Theophanieschilderung, die als eine eigene »Gattung« bezeichnet werden muß (vgl. JJeremias, Theophanie. Die Geschichte einer alttestamentlichen Gattung: WMANT 10, 1965, 30f.). Während der Aufruf in 1f. sich an die בני אלים (s.u.) richtet, kommt der spezifisch israelitische Bezug des Psalms – sieht man zunächst von der Einfügung des Jahwe-Namens ab – erst in der Wunschbitte des Verses 11 zum Ausdruck. Man wird demnach von Anfang an damit zu rechnen haben, daß ein kanaanäischer Baal-Hymnus mit seiner Theophanieschilderung ohne tiefgreifende Rezeption von seiten der alttestamentlichen Tradenten in Israel überliefert wurde. Die archaischen, vorisraelitischen Themen und Vorstellungen sind unschwer erkennbar.

Ort Wo könnte Ps 29 seinen »Sitz im Leben« gehabt haben? Man wird sogleich an eine kultische Situation denken. AWeiser bezeichnet Ps 29 als »Theophaniepsalm« und vertritt die Auffassung, daß die Gotteserscheinung der »Höhepunkt des Festkultes« gewesen sei. HSchmidt bezieht den Hymnus auf das »Fest der Thronfahrt Jahwes« (HSchmidt, Die Thronfahrt Jahwes: Sammlung gemeinverständlicher Vorträge 122, 1927, 26f.).

Diese Auffassungen liegen im Bannkreis der These SMowinckels, daß in Jerusalem ein Thronbesteigungsfest Jahwes gefeiert worden sei (SMowinckel, PsStud II), und rücken sinngemäß die Bezeichnung Jahwes als »König« in 10 stark heraus. Doch zum Problem der Bezeichnung Jahwes als »König« s.o.S. 43ff. Einl § 10,1; sowie HJKraus, Gottesdienst in Israel (1962) 239ff. Zudem wird es schwierig sein, eine (dramatisch dargestellte?) Theophanie für den Gottesdienst Israels anzunehmen. Daher darf die Vermutung geäußert werden, daß der aus dem kanaanäischen Bereich übernommene und auf Jahwe übertragene Kultgesang bei der Proskynese vor dem in das Heiligtum eingezogenen König Jahwe angestimmt worden ist (vgl. zu Ps 95,6; 96,9; 99,5 und o.S. 43ff. Einl § 10,1). *G* könnte insofern eine zuverlässige Tradition enthalten, als dort an das Laubhüttenfest erinnert wird (doch zu den targumartigen Paraphrasen und Interpetationen der Septuaginta vgl. NAvan Uchelen, 171ff.). – Nach allem, was zur Herkunft des Ps 29 aus dem kanaanäischen Bereich ausgeführt wurde, sollte man eigentlich annehmen, daß der alttestamentliche Psalm in sehr früher Zeit rezipiert worden ist. Ob man Näheres feststellen kann, erscheint doch als fraglich. So nimmt HCazelles an, eine älteste Schicht des Ps 29 gehöre in die Zeit Davids, dann aber sei später, unter prophetischem Einfluß, eine Neuinterpretation erfolgt (HCazelles, Une relecture du Psaume XXIX?: A la rencontre de Dieu. Mémorial AGelin, 1961, 119–128). ADeissler meint sogar Anhaltspunkte dafür vorweisen zu können, daß Ps 29 in nachexilischer Zeit entstand. Feste Anhaltspunkte sind jedoch nicht zu gewinnen. Vielmehr wird das generelle Urteil THGasters leitend sein können: »Certain hymnodic patterns, derived from these (sc. ugaritic) earlier usages, survived in literary convention« (64). Vor allem die Traditionen der Theophanie repräsentieren einen altkanaanäischen Traditionstyp (vgl. JJeremias, 73ff.).

Die Bilder und Vorstellungen in Ps 29 lassen Jahwe wie einen Gewittergott erscheinen. Hier werden fraglos Elemente der altorientalischen Verehrung des Gewittergottes aufgenommen und auf Jahwe übertragen. In der religiösen Literatur Babyloniens sind Hymnen zu finden, die Enlils gewaltige Donnerstimme preisen. Dieselben Vorstellungen und Verherrlichungen werden dann später auch auf andere Götter, vor allem auf Marduk, übertragen:

»Das Wort, das oben die Himmel erbeben läßt;
das Wort, das unten die Erde wanken läßt;
das Wort, das die Anunnaki zunichte macht...
Sein Wort läßt die Himmel erbeben, läßt die Erde wanken...
Des Herrn Wort ist eine aufstehende Sturmflut, die das Antlitz verdüstert;
das Wort Marduks ist eine Überschwemmung, die den Damm erfaßt.
Sein Wort, große Lotusbäume (?) fegt es weg;
sein Wort ist ein Wetter, alles bindet es zu Lasten (?).
Das Wort Ellils stürmt einher, ohne daß ein Auge es sieht.«

Vgl. BMeißner, Babylonien und Assyrien II, 1925, 158f. Zu beachten wären vor allem die Adad-Ramman-Hymnen, in denen die machtvolle Erscheinung der

Gewittergottheit geschildert wird (HGreßmann, AOT² 248f.). Daß Ps 29 wahrscheinlich unmittelbar auf einen kanaanäischen Baal-Hymnus zurückgeht und die Gewittererscheinung dieses Numens preist, hat zuerst HLGinsberg erkannt und mit dem Hinweis auf kanaanäische und ugaritische Parallelen belegt (HLGinsberg, Kitwe Ugarit. The Ugaritic Texts, 1936, 129f.). Vgl. auch THGaster, Psalm 29: JQR 37, 55ff. und FMCross, BASOR 117, 19ff. An die Stelle des Baal-Hadad aber ist Jahwe getreten. Die polemische, den kanaanäischen Mythus überwindende Bedeutung dieser Rezeption wird die Auslegung herausarbeiten müssen. – Bei der Frage nach den religionsgeschichtlichen Vorgegebenheiten wird freilich nicht zu übersehen sein, daß Jahwe nicht an die Stelle irgendeines Baal-Hadad tritt, sondern daß Ps 29 sehr deutlich die monarchische Zuspitzung des Götterpantheons erkennen läßt. Die Vorstellung vom **בעל שמם**, dem die **בני אלים** subordiniert sind (1), und das Bild vom »Himmelskönig« (10), der majestätisch über dem **מבול** thront, liegen im Hymnus zugrunde. – Jedenfalls ist Ps 29 sehr alt – vielleicht einer der ältesten Psalmen des Alten Testaments überhaupt.

Wort 1 Zu **מזמור לדוד** s.o.S. 15ff. Einl § 4 Nr. 2.

Im hymnischen Auftakt des Ps 29 sind die Imperative bezeichnend. Sogleich wird eine Gruppe, ein Chor aufgerufen, Jahwe die Ehre zu geben. Es handelt sich um die »Gottwesen«, die **בני אלים**. Mit diesem Begriff wird eine mythologische Vorstellung lebendig, die auf ihre Voraussetzungen und Zusammenhänge hin zu untersuchen ist. Sie birgt zwei Bedeutungsstufen in sich, die im einzelnen zu bedenken sind. 1) **בני אלים** erinnert an das Pantheon jener Götter, die einer königlichen Spitzengottheit unterworfen sind. Der Gottkönig (vgl. 10) empfängt die Huldigung der ihm untergeordneten niederen Gottheiten. So wird in Babylonien dem Gottkönig Marduk von den subordinierten Göttern die Ehre gegeben. Im Alten Testament schimmert dieses Bild vom himmlischen Pantheon am deutlichsten in Ps 82,1 durch (s.o.S. 94ff. Einl § 10,1). Jahwe sind die Götter und Mächte untertan (Ps 97,7). Er tritt an die Stelle der höchsten Gottheit, die im alten Kanaan **בעל שמם**, **מלך** und **אל־עליון** genannt wurde. 2) Im Alten Testament ist dieses Götterpantheon der **בני אלים** »entmythisiert« worden, indem die göttlichen Mächte als dienstbare Geister der himmlischen Welt aufgefaßt wurden (1 Kö 22,19; Jes 6,2f.; Hi 1,6; 2,1; 38,7; Ps 89,7; 103,20; 148,1ff.). In diesem Sinn wird **בני אלים** auch in Ps 29,1 aufzufassen sein (zur Bedeutung von **בני** vgl. BrSynt § 74c). Jedoch schimmert die zuerst bedachte Bedeutung durch. Zum Thema **בני אלים** vgl. WHerrmann, Die Göttersöhne: ZRGG XII (1960) 242–251; GCooke, The Sons of (the) God(s): ZAW 76 (1964) 22–47 (zu Ps 29: 24ff.). – Die »himmlischen Wesen« sollen Jahwe »die Ehre geben« (vgl. Ps 148,1ff.). Die Art und Weise, wie die Aufforderung **הָבוּ כָּבוֹד** ausgeführt werden soll, wird in 9 offenkundig. **כבוד** als Ruf, als hymnische Akklamation, ist wohl eine Ehrung archaischen Gepräges, in der ursprünglich magische Applikationen eine Rolle gespielt haben mö-

gen: Eigene כבוד wird dem Stärkeren, Mächtigeren im Zuruf dediziert, im machtvollen Wort des Hymnus übertragen. Aber es ist nach der besonderen Bedeutung von כבוד zu fragen. Dabei wird mit dem Zusammentreffen von zwei Komponenten im Alten Testament zu rechnen sein: 1) כבוד hat einen unverkennbaren (auf vorisraelitische Traditionen zurückgehenden) Zug ins Naturhafte und bezieht sich vor allem auf die glanzvollen und furchtbaren Theophanien der (kanaanäischen) Numina am Himmel und auf Erden. 2) Im spezifisch israelitischen Verständnis von כבוד geht es um die Gewichtigkeit Jahwes in seinem Handeln, die respektiert werden muß (vgl. CWestermann, THAT I 805f.). Jedenfalls ist כבוד im Alten Testament »etwas sinnenfällig Erfahrbares«, Jahwes »Mächtigkeit, Ansehen, seine Ehre, auf die verschiedenste Weise in der Welt sinnenfällig geworden« (GvRad, TheolAT^{6} I 252). Sie erfüllt die ganze Schöpfung (Jes 6,3). Irdische und himmlische Wesen haben die Pflicht, »im Lobpreis Gott diese Ehre seiner Macht zuzuerkennen« (GvRad, 252). Würde Ps 29 der feierlichen Proskynse vor Jahwe zuzurechnen sein (s.o.), dann müßte angenommen werden, daß dem irdischen Lobpreis und anbetenden Hymnus der entsprechende himmlische Akt korrespondierte (vgl. vor allem Ps 148). In diesem Zusammenhang wäre die Rezeption des kanaanäischen Psalms verständlich, vor allem die kraftvolle Depotenzierung der בני אלים zu מלאכים (Ps 148,2), die, wenn auch nicht explizit, so doch implizit auch für die alttestamentliche Rezeption von Ps 29 angenommen werden kann. Denn die himmlischen Wesen repräsentieren den Hofstaat des Königs Jahwe (10; vgl. Gn 1,26ff.; Ps 8,6); sie sind
dienstbare Geister vor Jahwe (Ps 104,4). – Zu כבוד שמו in 2 vgl. OGre- 2
ther, Namen und Wort Gottes im Alten Testament: ZAWBeih 64 (1934) 38f. Es geht in Ps 29 um den שׁם, um יהוה. Er ist der König der himmlischen Welt, kein anderer. Die Vorstellungen des ursprünglich kanaanäischen Hymnus sind von der Mitte des Namens יהוה und der Wirklichkeit dieses in Israel offenbaren Gottes her durchleuchtet. Die Huldigung der himmlischen Machtwelt gebührt nur ihm. Durch ugaritische Texte ist die Bedeutung von בהדרת־קדשׁו (s.o. Textkritik) ins Licht getreten. Bei der Erscheinung des Himmelskönigs (im Gewitter) soll die hymnische Huldigung Jahwes aufklingen.

Nach dem Introitus (1–2) wird nun in 3–9 die Theophanie im Gewit- 3
ter geschildert. קול ist die Donnerstimme, das dröhnende Machtwort.

Die Hymnen auf den Gewittergott (Adad Ramman, Baal Hadad) lassen es deutlich erkennen, daß im Donnerschall das Machtwort der Gottheit vernommen wurde. In ugaritischen Texten ist *kl* das Donnerwort: CHGordon, Ugaritic Handbook II 141 (51, V, 70; 51, VII, 29–31). In den Amarna-Texten wird die Stimme des Pharao, sein Machtwort, mit dem Donner Adads verglichen: *ša id-din ri-ig-ma-šu i-na šāmē ki-ma addi ù ta(r)-ku-ub gab-bi mâti*^{ti} *iš-tu ri ig-mi-šu* (JAKnudtzon, Die El-Amarna-Tafeln: Vorderasiatische Bibliothek 2, 1915, 608).

Im Alten Testament haben diese Vorstellungen einen bemerkenswerten Nachklang gefunden. Die Macht Jahwes tut sich im Donner kund (Ps 18,14; Jes 30,30; Hi 37,4f.). Aus dem Himmel schallt seine Donnerstimme (Ps 68,34) als Machtwort des Richters (Am 1,2; Jl 4,16; Jer 25,30). Wie sich in der alten Welt mit der Vorstellung vom höchsten Gott und Himmelskönig der Glaube verbindet, daß die Spitzengottheit Richter und Schöpfer ist, so ist auch קול, das donnernde Machtwort, die Stimme des Richters (Ps 46,7; Jes 30,30) und Schöpfers (Ps 77,18; 104,7).

Wenn es in 3 heißt, die Donnerstimme Jahwes erschalle »über den
Wassern«, so ist hier gewiß an den in 10 erwähnten מבול gedacht. Im my-
thisch-kosmologischen Terminus מבול wird der »Himmelsozean« begrif-
fen: Gn 6,17; 7,6ff.; 9,11 (JBegrich, Zeitschr. f. Semitistik VI, 1928,
135ff.). המים sind – entsprechend der Definition in Gn 1,7: – המים אשר
מעל לרקיע. D.h. also: im höchsten Himmel dröhnt die Donnerstimme
(קול – הרעים) Jahwes, des אל־הכבוד. Vgl. hierzu מלך הכבוד in Ps 24,7ff.
und im Neuen Testament ὁ ϑεὸς τῆς δόξης (Act 7,2). כח und הדר, Macht
4 und Majestät, strahlt die Stimme Jahwes aus (4), sie fährt herab in die
5 Welt mit zerstörender Kraft (5). Die Zedern des Libanon, Symbole des
Hohen und Stolzen (Jes 2,13), Bilder des Saftigen und Beständigen (Ps
92,13; 104,16), werden zerbrochen. Libanon und Sirjon »hüpfen«, sie er-
6 zittern unter dem Grollen der Donnerstimme (6). Der Parallelismus »Li-
banon – Sirjon« kann auch in ugaritischen Texten nachgewiesen werden
(CHGordon, Ugaritic Handbook II 142: 51, VI, 18–19.20–21). Es han-
delt sich offenbar um eine stehende Redeweise, die aus dem phönikischen
Raum stammt. Wo ist nun der שרין (ugarit. *šryn*) zu suchen? Gordon
denkt an den Antilibanon (Ugaritic Handbook III 274). Doch wird die in
Dt 3,9 gegebene Erklärung richtig sein: die Phöniker (צידנים) nannten
den Hermon Sirjon. Zum Bild in 6 vgl. Ps 114,4.

7 Mit להבות אש (7) treten die Blitze in der Beschreibung der Gewitter-
theophanie hervor, vgl. Ps 18,9; 97,3f.; Jes 30,27. Die Vorstellung ist da-
bei folgende: die Donnerstimme Jahwe »sprüht« (eigentlich: »zerspaltet«
חצב) die Feuerflammen aus. 7 wirkt zwischen 6 und 8 wie eingesprengt
und könnte (durch die Worte אל־הכבוד הרעים in 3 ergänzt) hinter 2 oder
vor ובהיכלו in 9 gestanden haben. Jedenfalls gehört die geographische
8 Gegenüberstellung Libanon (6) und Kadesch (8) doch wohl eng zusam-
men und läßt eine landschaftliche Orientierung erkennen, die nicht »be-
liebig« (FNötscher) gewählt, sondern traditionell geprägt ist. Zur Er-
wähnung der »Wüste Kadesch« (*mdbr qdš*) in Ugarit vgl. CHGordon,
Ugaritic Handbook II 145: 52, 65. Auch die Wüste erzittert unter dem
Dröhnen der Donnerstimme. Wird mit »Libanon« und »Kadesch« (*'ēn
ḳdēs*) der Herrschaftsbereich des מלך als des אדון כל־הארץ (vgl. Ps 97,5) in
einer möglicherweise traditionellen, der monarchischen Spitzengottheit
gebührenden altkanaanäischen Raumerfassung beschrieben? – Die letzte

Aussage über die machtvolle Stimme Jahwes und ihre Wirkungen in 9 bezieht sich auf die Tierwelt, die in bebender Angst frühzeitig ihre Jungen zur Welt bringt. Geheimnisvoll und untergründig ist diese Assoziation von Erdbeben und Geburtswehen. Aber nun sollte man eigentlich erwarten, daß auch von den Wirkungen der Donnerstimme Jahwes auf die Menschen noch die Rede ist. Doch an dieser Stelle bricht die Schilderung jäh ab. Wahrscheinlich ist im Verlaufe der Texttradition hier ein Schaden entstanden. 9

In seinem Schlußstück (9b.10) lenkt der Hymnus auf die im Introitus (1–2) wahrnehmbare Situation zurück. היכל ist der himmlische Palast (Ps 11,4; Mi 1,2; Hab 2,20). Er ist das Urbild und überweltliche Gegenbild zum Tempel. Hier wird Jahwe die große Huldigung mit dem Rufe כבוד dargebracht (vgl. Jes 6,3; Ps 19,2; 148,1; 150,1). »Dieser Vers 9b ist der Schlüsselvers des ganzen Psalms; er führt uns aus dem irdischen Aufruhr hinauf in das himmlische Heiligtum, wo der Chor der Himmlischen auch dieses Geschehen auf Erden als eine Offenbarung der Herrlichkeit Jahwes erkennt und feiert« (GvRad, TheolAT[6] I, 371). Als מלך thront (wörtlich: »er hat sich gesetzt«) hier Jahwe über dem מבול »in Ewigkeit« (Ps 93,2). Er ist der Weltherr, der das drohende Chaos zu seinen Füßen liegen hat (Ps 93,3ff.). Hier klingen wohl Momente der Schöpfungstheologie an (vgl. HGreßmann, AOT[2] 111.116f.). 9b.10

Gleichgültig nun, ob man 11 als späteren Zusatz oder ursprüngliches Stück ansieht: dieser Vers ist kein »patriotischer Anhang« (so HGunkel in nicht müde werdender, gewollter Säkularisierungstendenz). Der Gebetswunsch bekundet im Zusammenhang des Psalms die Gewißheit: der in seinem Wort mächtige Gott ist der Herr seiner Gemeinde. Er möge die ganze, zuvor beschriebene Macht seinem erwählten Volke heilvoll zuwenden. 11

In seinem Buch »Gott und Mensch im Alten Testament« (BWANT III, 2, 1926, 38) erklärt JHempel unter Hinweis auf Ps 29: »Es läßt sich nicht verkennen, daß der Glaube an Jahwes Macht in Natur und Geschichte in der älteren Zeit einseitig, weil wesentlich auf die zerstörend-gewalttätige Seite des göttlichen Wirkens eingestellt gewesen ist.« Diese Einstufung des sehr alten Ps 29 in ein religionsgeschichtliches Entwicklungsschema ist nicht sachgemäß. Durch diese Erklärung wird hinter den akut-polemischen Vorgang der Auseinandersetzung Jahwes mit dem monarchischen Anspruch der kanaanäischen Spitzengottheit gegriffen, und es wird die naturhaft-zerstörende Komponente der im Gewitter erscheinenden Gottheit einem frömmigkeitsgeschichtlichen Wertkriterium unterworfen. Wesentlich aber ist für das Verständnis des Hymnus folgendes: Ziel

1) Alle Hoheits- und Herrlichkeitsaussagen, die im kanaanäischen

Bereich dem Baal-Hadad und »Himmelskönig« zukommen, werden ausschließlich auf Jahwe übertragen. Er allein ist der מלך הכבוד (9b.10; Ps 24,8ff.), dem die himmlischen Mächte huldigen (1–2.9b). Ihm allein gebührt aller Ruhm. Bedeutsam ist, wie Israel in die Anspruchssphäre der »höchsten Gottheit« eindringt und in der Rezeption und Überwindung der archaischen Machtaussagen Jahwes Wirklichkeit neu erfährt. So kann es sich also keineswegs nur darum handeln, daß Israel einen ursprünglich kanaanäischen Hymnus (und damit kanaanäische Theologie) durch bloße Ersetzung des Baal-Namens durch das Tetragramm einfach usurpiert hat. Vielmehr hat Israel »diesen und ähnliche Texte buchstäblich im ›Namen Jahwes‹ konzipiert und als Glaubensaussage verwendet und überliefert« (HStrauß, 101).

2) Die Erscheinung Gottes im Gewitter ist im Alten Testament zu einem wesentlichen Element der Theophanieschilderungen geworden. Jahwes Offenbarung ist immer ein Ereignis. In dem Ausbruch des Gewitters, dem Dröhnen des Donners und dem Zucken der Blitze, geschieht die Erscheinung (הדרה 2) Jahwes. Damit wird das Drohende, Niederschmetternde und Überwältigende des Kommens Gottes, des »ganz Anderen«, gleichsam signalisiert, chiffriert. Nie aber wird im Alten Testament Jahwe als Gewittergottheit vorgestellt, stets handelt es sich nur um eine Erscheinungsweise, aus der dann Jahwe in voller Personhaftigkeit, Menschen anredend, verheißend und gebietend heraustritt. Der Name »Jahwe«, seines Namens כבוד (2), tritt derartig bestimmend und beherrschend in den Mittelpunkt des Ganzen, daß der Hymnus und seine Theophanieschilderungen nur von Jahwe her und auf Jahwe hin recht gehört und verstanden werden können. Dabei sollte man nicht vergessen, daß Ps 29 im Gottesdienst Israels nicht isoliert dastand, sondern im Kontext anderer Jahwe-Lieder und Jahwe-Gebete angestimmt wurde. Auch wird die polemisch-antithetische Komponente gegen die Verehrung kanaanäischer Gottheiten mit ihrer akuten Spitze nicht verkannt werden können. Ps 29 wird als Jahwe-Hymnus in einer vom Baalskult geprägten Umwelt laut. Damit wird das Recht des Schöpfers Jahwe auf die himmlische und irdische Welt manifest. Er erscheint. Sein כבוד strahlt auf. Seine Stimme erschallt. Er bewegt den Himmel und die Erde. Ihm müssen alle Mächte huldigen und dienen.

3) Nun ist freilich der דבר, mit dem Jahwe sonst im Alten Testament an Menschen herantritt und sein majestätisches Ich kundtut, in Ps 29 überhallt von dem קול־יהוה, der im Himmel erdröhnt, das Land in Beben versetzt und die Tiere ängstet. Dieses »Personlose«, »Naturhafte« im קול־יהוה ist bedingt durch die andringende, enge Auseinandersetzung mit dem vorgegebenen kanaanäischen Hymnus. Aber kann man denn in Israel unter קול־יהוה eine andere Stimme verstehen als ebendie Stimme des Gottes, der sich seinem erwählten Volk kundgetan hat? Sieht nicht

der alttestamentliche Beter, der in die Huldigung des Königs Jahwe einstimmt, im קול־יהוה immer nur eine einzige große Veranschaulichung des machtvoll wirksamen דבר־יהוה? Gewiß, es ist der zerschmetternde Richter, der in seiner Donnerstimme sich kundtut (vgl. Am 1,2; Jl 4,16) – aber kann man »Gericht« und »Heil« entwicklungsgeschichtlich so aufrechnen, wie Hempel es unternimmt?

4) Es wird zu beachten sein, daß 11 die ganze, in 1–10 geschilderte Macht Jahwes für die Gemeinde erbittet. Heilvoll soll sie sich im erwählten Volk auswirken. In welche Zeit man auch die Wunschbitte des Verses 11 ansetzen mag, ob sie ursprünglich oder – was näher liegen mag – sekundär ist: Die Aussage in 11 stellt nur deutlich heraus, was zu jeder Zeit, in der Ps 29 im alttestamentlichen Kult angestimmt worden ist, unverbrüchlich galt und die Voraussetzung des Verstehens bildete: Jahwe ist der Gott Israels – bekannt nur in dieser Relation. Er ist der Gott, der mit seiner Macht für sein Volk einsteht und darum auch angerufen werden und gebeten werden kann, sein Volk mit שׁלום zu segnen: Aus der Fülle seiner Gewalt als Gott des Himmels und herrschender König.

Psalm 30
Danklied eines vom Tod Erretteten

Literatur

JSchildenberger, Tod und Leben. Eine Auslegung von Ps 30 (29): BiKi 13 (1958) 110–115. – LWächter, Drei umstrittene Psalmstellen (Ps 26,1; 30,8; 90,4–6): ZAW 78 (1966) 61–68. – EJTromp, Psalm 30 en de bijbelse bezinning op de dood: Ons gestelijk leven 44 (1967/68) 364–376. – JSchreiner, Aus schwerer Krankheit errettet. Auslegung von Psalm 30: BiLe 10 (1965) 164–175. – HJKraus, Vom Leben und Tod in den Psalmen: Biblisch-theologische Aufsätze (1972) 258–277. – WBeyerlin, Kontinuität beim ›berichtenden‹ Lobpreis des Einzelnen: Wort und Geschichte. Festschr KElliger AOAT 18 (1973) 17–24.

Text

1 Ein Psalm. Ein Lied zur Einweihung des Tempels. Von David.
2 Ich will dich erheben, Jahwe, denn du zogst mich empor
und ließest meine Feinde nicht jubeln über mich.
3 Jahwe, mein Gott,
ich flehte zu dir;
du hast mich geheilt.
4 Jahwe, du holtest aus der Scheol meine Seele,
riefst mich ins Leben ‘aus den zur Grube Gesunkenen’[a].
5 Singet Jahwe, ihr seine Frommen,
und preist zu seinem heiligen Gedenken!
6 Ja, nur kurz ist sein Zorn, lebenslang seine Huld[b];
am Abend ‘’[c] (herrscht) Weinen, doch am Morgen – Jubel!
7 Ich sprach (einst) in sicherem Glück[d]:

»Nie werde ich wanken!«
8 ‘ ’[e] Durch deine Huld ‘ward ich gestellt’[f] auf ‘feste Berge’.
Du verbargst dein Antlitz, da wurde ich erschreckt.
9 Zu dir, Jahwe, schrie ich,
und ich flehte zu meinem Herrn:
10 Was nützt dir mein Blut, wenn ich zur Grube fahre?
Wird Staub dich preisen, verkünden deine Treue?
11 Höre, Jahwe, und erbarme dich!
Jahwe, sei mir Helfer!
12 Verwandelt hast du meine Klage in einen Reigen,
gelöst mir den Sack, mich mit Freude umgürtet,
13 daß dir singe ‘mein Herz’[g] und nicht schweige,
auf daß, Jahwe, mein Gott, ich ewig dich preise.

4 **a** Q מִיָּרְדִי (»aus meinem Hinabfahren«, »so daß ich nicht hinabfahre«). Rich-
6 tig: K Mss *G* ϑ´ *S* מִיּוֹרְדֵי־בוֹר (vgl. Ps 28,1). – **b** Wörtlich müßte man übersetzen:
»Ja, nur kurz (handelt er) in seinem Zorn, lebenslang in seiner Huld«. – **c** Die Ei-
genart des Verses 6 besteht darin, daß ohne jedes Verbum in vier kurzen, zwei-
gliedrigen Sätzen Zustände bzw. unter Jahwes Walten herbeigeführte Zustands-
änderungen geschildert werden. ילין erweckt den Eindruck einer erleichternden
7 Hinzufügung, die mtr. cs. auszuscheiden ist. – **d** שלוי ist wahrscheinlich eine
8 Kontraktion oder ein Schreibfehler für שַׁלְוָתִי. – **e** Zur Textkritik in 8 vgl. auch
LWächter (ZAW 78, 1966). יהוה ist wohl mtr. cs. zu streichen. – **f** *M* ist unver-
ständlich (»du hattest hingestellt meinem Berge Macht«?). *T* לְהַרְרֵי עז = »auf fe-
13 ste Berge«. Dann müßte wohl הֶעֱמַדְתָּנִי oder הֶעֱמַדְתִּי verbessert werden. – **g** *G*
כְּבֹדִי.

Form »Ps 30 ist in poetischer Hinsicht einer der besten, ausgezeichnet durch leichten, trotz des schwierigen Metrums flüssigen Stil, durch schöne und treffende Bilder, durch klare Disposition und einheitliche Stimmung« (BDuhm). Die »klare Disposition« ergibt zunächst folgendes Bild: 1 Überschrift; 2–4 Lobpreis auf Jahwe, der den Beter aus Krankheit und Scheol errettete; 5–6 Aufruf zum Lobpreis an alle Frommen und bekenntnisähnliche Erklärung (6); 7–13 Schilderung der Heilung und Hilfe mit abschließendem Lobpreis. – Das Versmaß in Ps 30 hingegen ist außerordentlich unruhig und bewegt. Es dominiert das Metrum 4 + 4: 6.8.10.12.13. Das Versmaß 4 + 3 liegt vor in 2 und 4. 3 + 3 in 5.9.11. 3 + 2 in 7 und 2 + 2 + 2 in 3.

Ps 30 gehört zur weiteren Formgruppe der Gebetslieder und ist deutlich gekennzeichnet als Danklied eines Einzelnen, als *Toda*. S.o.S. 54f. Einl § 6,2aγ; FCrüsemann, Studien zur Formgeschichte von Hymnus und Danklied in Israel: WMANT 32 (1969) 235f. 2 hat die Form, die die *Toda*-Formel prägt. Charakteristisch ist in 5f. der Anredestil. In der Form des imperativischen Hymnus, der zum Singen und Danken auffordert, werden Menschen in der Umgebung des Sängers und Beters aufgefordert. Dabei ist es bemerkenswert, daß sentenzartig Allgemeingültiges über Jahwes Handeln ausgesagt wird. Das konkrete Geschehen wird umgriffen und in seinem entscheidenden Ablauf erfaßt mit einem Satz, wie er in 6 laut wird. Zur Funktion eines solchen Verses: LKrinetzki (ZThK 83, 1961, 350f.). In der Gebetsanrede an Jahwe wird im Folgenden berichtet: von der Not (8b), vom bittenden Flehen (9–11) und von der rettenden Wende (12). Das Ziel des Handelns Jahwes in allem, was sich ereignet hat, wird in 13 abschließend angezeigt.

Der Sänger des Psalms blickt dankend und lobpreisend zurück auf das Ereignis der Heilung und Hilfe, die ihm von Jahwe her zuteil wurde. Aus 3 geht eindeutig hervor, daß der Psalmist auf den Tod erkrankt war und geheilt (רפא) wurde. Er schildert in 7ff. eindrücklich, wie er einst aus sorglosem Glück herausgerissen wurde (7) und (in der Krankheit) die Verborgenheit Jahwes erschreckend erlebte (8). Das Bittgebet, das dann aus Not und Angst zu Jahwe kam, klingt in 10–11 an. Doch triumphieren jetzt Dank und Lobpreis angesichts der wunderbaren Wandlung des Geschicks. Man wird annehmen müssen, daß der Psalmsänger sein Danklied als תודה an heiliger Stätte anstimmt. Ps 30 wird sehr alt sein. Ort

Zu מזמור und לדוד s.o.S. 15ff. Einl § 4 Nr. 2. Die Definition שִׁיר־חנכת הבית erweckt den Eindruck, als sei sie – sekundär – zwischen מזמור und לדוד eingeschoben worden. Das individuelle Danklied Ps 30 hat offenbar beim Fest der Tempelwiederherstellung seit dem Jahre 165 v. Chr. (1 Makk 4,52ff.; 2 Makk 10,5ff.; Joh 10,22) eine wichtige Rolle gespielt und ist also aus dem Einzelleben auf die Gemeinschaft und ihren Kultus übertragen worden. Wenig wahrscheinlich ist die Vermutung Torczyners, daß שִׁיר־חנכת הבית einst Unterschrift zu Ps 29 gewesen sei (ZDMG 64, 1912, 402). Wort 1

Mit dem hymnischen Ausruf אֲרוֹמִמְךָ יהוה setzt das Danklied ein (vgl. Ps 18,2 korr.; Ex 15,2; Jes 25,1; Ps 34,4; 99,5.9.; 145,1). Jahwe wird lobpreisend »erhöht«, weil er den Leidenden und in die Scheol Versinkenden »emporgezogen« (דלה) hat. Wie man einen Schöpfeimer aus dem Brunnen emporzieht (so דלה kal. in Ex 2,16.19; Prv 20,5), hat Jahwe den Todkranken (s.u.) aus den Tiefen (Ps 130,1) herausgeholt (vgl. auch Ps 18,17). Die Feinde (s.o.S. 112ff. Einl § 10,4) treten in den Gebetsliedern der Kranken an bezeichnender Stelle hervor. Sie urteilen über den Leidenden als einen sichtbarlich »von Gott Verlassenen«, sie stöbern die Ursache der Krankheit in einem »Vergehen« auf und verspotten den unter seiner »gerechten Strafe« Dahinsiechenden. Die Feinde erklären auch den nahenden Tod als definitive Scheidung von Jahwe und »freuen sich« über den Erfolg ihrer Existenzanalyse. Durch das hilfreiche Eingreifen Jahwes aber ist dieser »Erfolg« der Feinde zunichte gemacht worden. Die von Gott scheidenden Mächte können nicht triumphieren. 2

3–4 In 3 und 4 wird in aller Kürze ein erster Dankbericht über das Wunder der Erhörung und Errettung gegeben. Zur Anrede אלהי vgl. OEißfeldt, »Mein Gott« im Alten Testament: ZAW 61 (1945/48) 3–16. Das »Flehen« (שוע) der Klage und Bitte (vgl. 10–11) wurde erhört (zu שוע אל vgl. Ps 18,7; 22,25; 28,2; 31,23; 88,14). Jahwe »heilte« den Todkranken (vgl. Ps 6,3; 41,5; 103,3; 107,20; GvRad, TheolAT[6] I 287). Todkrank sein – das bedeutet im Alten Testament und in der Vorstellung des alten Orients: in der »Sphäre der שאול« schweben (ChrBarth, Die Errettung vom Tode in den individuellen Klage- und Dankliedern des Alten Testaments, 1947: 93ff.). Durch die rettende Heilung hat Jahwe die נפש aus dem Bannkreis der שאול, d.h. aus der Unheilssphäre der Un-Welt, der das Leben verschlingenden Unterwelt, »herausgeholt« (העלה). נפש ist hier »das Leben selbst«, das Leben des Beters (HWWolff, Anthropologie des Alten Testaments, 1973, 37). Zu שאול vgl. zu Ps 6,6. Der Kontrast Leben – Tod ist scharf. Aus der Sphäre des Todes, aus dem Tod, rief Jahwe den Beter des Psalms heraus. Er entnahm ihn der Gruppe derer, die in die »Grube« herabsteigen. בור ist ein bildlicher Ausdruck, der die Vorstellung vom Grab und von der שאול koinzidieren läßt. So ist also von der »Rückkehr des ganzen, in seiner Krankheit schon der Todesmacht ausgesetzten Menschen in das gesunde Leben« die Rede (HWWolff, 40). Doch wird zu bedenken sein, daß der Psalm nicht ein Einzelschicksal schildert, sondern als Formular denjenigen gedient hat, die ein den umfassenden Gebets- und Dankaussagen entsprechendes Rettungsgeschehen erlebt haben und nun im Bereich des Heiligtums Jahwe danken. In diesem Formular konnte sich manches Lebensschicksal unterbringen und finden: In der Erkenntnis und Aussage der Tiefe der Not und im Bekenntnis des Dankes für die erfahrene Rettung.

5–6 In seinen dankbaren Lobpreis (2.13) ruft der Psalmsänger die חסידים, die Jahwe huldvoll ergeben sind, hinein. So war es in Israel üblich. Die תודה wendet sich an eine Gruppe von Kultteilnehmern, die am heiligen Orte Zeugen des Dankliedes sind (vgl. Ps 22,23ff.; 35,18; 40,10; 116,14). Die Heilserfahrung des einzelnen wird in die Gemeinde eingebracht. Dort wird »zu seinem heiligen Gedenken« Lobpreis und Bekenntnis laut. Durch das Danklied wird die Heilstat Jahwes vergegenwärtigt. זכר, oft synonym zu שם, bekundet die im kultischen Lied geehrte Präsenz Gottes. – Es ist in der תודה üblich, daß die Einzelerfahrungen in allgemein verbindliche, bekenntnisartige Feststellungen erhoben werden. In diesem Sinne ist 6 zu verstehen. Hat Jahwe Hilfe erwiesen, dann schrumpft die Zeit, in der Gott zornig war, in der er »sein Antlitz verbarg« (8) und den Psalmisten in der »Sphäre des Todes« leiden ließ, zu einem kurzen Augenblick (רגע) zusammen, – während die Begnadigung die Dauer des Lebens füllt und bestimmt (vgl. Jes 54,7–8). Das *opus proprium Dei* bestimmt das Zeitverständnis (vgl. KBarth, Kirchliche Dogmatik II,

1,468). Das Leid, das Weinen, wird zu etwas Gestrigem, Vergangenem. Mit dem neuen Morgen, dem Zeitpunkt des heilvollen Eingreifens Jahwes (vgl. Ps 46,6; 90,14; 143,8), bricht der Jubel als fortan bestimmender Lebensinhalt hervor. Das Verhältnis des Menschen zur Zeit wird im Alten Testament entscheidend bestimmt durch die Gottesnähe (Ps 84,11). Hier kommt dem Leben jene wesenhafte Fülle zu, die den Sinn der Existenz in sich trägt. Auch das *opus alienum Dei* (Zorn und Verborgenheit) wird erst im Licht der Heilserfahrung deutbar.[1]

In 7–13 schildert der Psalmsänger nun noch einmal das ganze Geschehen und holt weit aus. Er greift zurück in die Tage, in denen er unangefochten und sicher das Bewußtsein hatte: »Ich werde nicht wanken!« (7). Diese Äußerung einer sorglosen Selbstsicherheit wird in Ps 10,6 den Gottlosen in den Mund gelegt, sie ist charakteristisch für den Toren (Prv 1,32). Warnungen vor Selbstzufriedenheit werden in Dt 8,11ff. und 1 K 10,12 ausgesprochen. Aber der Psalmist bekennt, daß er durch Jahwes רצון diesen Platz der ungestörten Sicherheit einnahm (8). In einem anschaulichen Bild wird der feste Standort beschrieben: העמדתי להררי עז (vgl. Ps 18,34; 27,5 u.ö.). Dann aber geschah es, daß Jahwe »sein Angesicht verbarg« und den Unangefochtenen in Erschrecken versetzte. Von Jahwe also gingen Krankheit und Leid aus. Sein Zorn (6) traf den bisher so Glücklichen. – Aus seiner Not schrie er (קרא; שוע in 3) und brachte sein Flehen vor den Herrn (9). Der Psalmsänger erinnert an sein Klage- und Bittgebet, aus dem in 10–11 nur ein paar Worte zitiert werden. Die Frage מה־בצע בדמי ist zunächst sehr eigenartig, wird aber durch den zweiten Halbvers in ihrer Bedeutung bestimmt. Wie in Ps 6,6 hält der Beter Jahwe vor: wenn ich sterbe (»zur Grube fahre«), verlierst du, Jahwe, einen Menschen, der dich preisen und deine אמת verkündigen könnte. In der שאול lobt man Jahwe nicht mehr (Ps 6,6; 88,11f.; 115,17). Jahwe hätte demnach einen Verlust und keinen Gewinn zu verzeichnen, wenn der Todkranke in die שאול eingehen würde. Dieser eigenartige Beweggrund zum Einschreiten, den der Klagende Gott vorhält, läßt erkennen, wie der Psalmist sein Leben versteht. Sinn seiner Existenz ist der Lobpreis Gottes. Daß dieses Lob nicht erlösche, wird als einziger Grund für Jahwes Errettung vorgebracht (vgl. zu Ps 6,6). In 11 werden die charakteristischen

7–11

[1] »Conditio nostra, fateor, tot miseriis in hoc mundo implicita est, tantaque varietate agitatur, ut nullus fere dies sine molestia et dolore praetereat, deinde inter tot dubios eventus fieri non potest quin assidue anxii simus ac trepidi. Quocunque igitur se vertant homines, labyrinthus malorum eos circumdat: sed quamlibet multis irae suae signis terreat Deus, atque humiliet fideles suos, dulcedinem tamen gratiae suae semper adspergit, quae moerorem temperet ac leniat. Ergo si iusta trutina examinent iram et beneplacitum, semper verum erit, illam esse momentaneam, hoc autem extendi usque ad vitae finem, quanquam ultra progredi convenit: perperam enim includitur Dei gratia intra huius caducae vitae fines. Ac omnino sic habendum, nullos, nisi qui coelestis vitae gustu supra mundum feruntur, serio hunc indefessum et perpetuum gratiae Dei cursum sentire, ut alacriter eius castigationes perferant.« Calvin, In librum Psalmorum Commentarius, zu Ps 30,6.

Gebetsrufe eines Klageliedes (vgl. HGunkel-JBegrich, EinlPs § 6) mitgeteilt. Der Klagende bittet um Erhörung (שׁמע) und Begnadigung (חנן). Er ruft Jahwe als Helfer (עזר) herbei. Diese Erinnerung an den Einbruch des Unheils und an die Klage wird aber sogleich wieder überstrahlt von dem Ereignis der Heilszuwendung Gottes (12).

12 Durch sein Eingreifen hat Jahwe eine Wandlung geschaffen. הפךְ bezeichnet eine gründliche, totale Umkehrung aller bestehenden Verhältnisse. In dieser Bedeutung kommt das Verb im Zusammenhang der Tradition von der Zerstörung Sodoms und Gomorrhas häufiger vor. Als Helfer und Retter hat Jahwe die Klage des Leidenden in einen Reigen umgewandelt. Der Reigentanz ist höchster Ausdruck der Festfreude (Ri 21,21; Jer 31,13; Thr 5,15). Das Bußgewand (שׂק), das der Klagende trug, ist gegen ein Festgewand ausgetauscht worden. Jahwe selbst hat diese Wandlung vollzogen (vgl. Ps 23,5). Die bekenntnisartige Feststellung in 6 hat in diesem Geschehen ihren Erlebnisgrund.

13 Das Danklied des Einzelnen begann mit einer hymnischen Aussage. Mit dem Lobpreis schließt auch der Psalm. Die erste Phase des Berichtens wird aus dem hymnischen Aufgesang heraus entwickelt (1–4); die zweite Phase läuft auf den lobpreisenden Abgesang zu (7–13). Mit למען wird auf die zweite Schilderung zusammenfassend Bezug genommen. Zu כבוד in der Bedeutung »Herz« vgl. zu Ps 3,4. Unaufhörlicher Dankgesang soll aus dem Mund des Erretteten erschallen.

Ziel Es ist bezeichnend für Ps 30, daß aus der Perspektive des dankbaren Lobpreises das erfahrene Leid in einem besonderen Licht erscheint. Das Leid wird in einem umfassenden Sinn in den Gang des Lebens eingeordnet. – Da war einst eine Zeit unangefochtener Sicherheit (7–8); Jahwes Huld schenkte das ungestörte Glück. Dann aber brach das Unheil plötzlich herein. Jahwe verbarg sich. Sein Zorn traf den Menschen (zu אף vgl. zu Ps 6,2). In die Not der Krankheit und in die »Sphäre des Todes« sank das Leben. Welchen Sinn hatte dieses zornige Wirken Jahwes? Im Licht der geschehenen Wandlung (12) und Rettung wird diese Frage nicht grüblerisch reflektiert, sie wird aus der Gewißheit der Heilserfahrung beantwortet: Erweist Jahwe Gnade, dann fällt die ganze Schwere und Last des Leides zu einem »kurzen Augenblick« (רגע) in sich zusammen. Eine schwache Erinnerung nur an das Weinen eines Abends! Jetzt triumphieren Huld und Jubel, Dankbarkeit und Lobpreis. Es kündet sich die Gewißheit an: αὕτη ἡ ἀσθένεια οὐκ ἔστιν πρὸς θάνατον ἀλλ᾽ ὑπὲρ τῆς δόξης τοῦ θεοῦ (Joh 11,4). Die neue Wirklichkeit der Gottesnähe und Gotteshilfe erfüllt das Leben und bestimmt das Existenzverständnis. Sinn des Lebens ist das Gotteslob (10.13). Die חסידים werden hineingerufen in die Verherrlichung Gottes, die der Einzelne kündet (5). Denn das, was der Einzelne erfahren hat an Hilfe von Gott, das ist im eigentlichen Sinn nicht sein – etwa in eine private Sphäre weisendes – Erlebnis und Eigentum. Wie in der Gemeinde das Formular des Dankgebets vorgegeben war, so ist im Gefäß der vorformulierten Aussagen das eigene Erleben und Erleiden, vor allem die Erfahrung der Hilfe und Rettung durch Jahwe der Gemeinde zu bezeugen und zu übergeben. Es wäre ein unabsehbares Versagen, wenn dieses Bezeugen und Übergeben nicht stattfinden würde; wenn der Errettete schweigen würde (13 vgl. Ps 32,8; 66,16 u.ö.). »Hier handelt es sich gewiß nicht um ein Lehren in dem allgemeinen Sinn des Wortes, um die Mitteilung einer bewährten Lebensweisheit, sondern um ein Zeugnis im strengen Sinn des Wortes, d.h. um ein durch eine vorausgegangene Gottestat ermächtigtes Wort« (GvRad, Gottes Wirken in Israel, 1974, 247). So haben denn auch die in solchem Zusammenhang zur Sprache kommenden Sentenzen (vgl. 6) weniger den Sinn einer allgemeinen Belehrung als vielmehr den einer durch das konkrete Schicksal bewährten Eröffnung.

Psalm 31
Bitte, Vertrauen und Dank eines tödlich Bedrohten

Literatur

HSchmidt, Das Gebet der Angeklagten im Alten Testament: ZAWBeih 49 (1928). – CWinkler, ›In deiner Hand ist meine Zeit‹. Besinnung zu Ps 31,16: Bibel und Leben 10 (1969) 134–137. – WBeyerlin, Die Rettung der Bedrängten in den Feindpsalmen der Einzelnen auf institutionelle Zusammenhänge untersucht: FRLANT 99 (1970).

Text

1 Dem Chorleiter. Ein Psalm Davids.
2 Bei dir, Jahwe, habe ich mich geborgen,
laß mich nie mehr zuschanden werden!
In deiner Gerechtigkeit rette mich[a]!
3 Neige zu mir dein Ohr,
eilends[b] errette mich!
Sei mir ein schützender[c] Fels,
eine feste Burg, mir zu helfen!
4 Denn mein Fels und meine Feste bist du.
Um deines Namens willen, Jahwe[d],
wollest du mich leiten und führen[e],
5 wollest du mich befreien aus dem Netz,
das man mir heimlich gelegt!
Denn du bist meine Zuflucht[f].
6 In deine Hand befehle ich meinen Geist,
du erlösest mich, Jahwe, treuer Gott!

7Du[g] hassest, die sich halten an eitle Nichtigkeiten;
doch ich vertraue auf Jahwe.
8Ich will jubeln und mich freuen über deine Huld,
daß du hast angesehen mein Elend,
dich angenommen der Nöte meiner Seele[h]
9und mich nicht in die Hand des Feindes überliefert,
auf weites Feld meine Füße gestellt.
10Sei mir gnädig, Jahwe, denn mir ist angst,
getrübt wird mein Auge von Kummer '''[i].
11Ja, es vergeht in Jammer mein Leben
und in Seufzen (verrinnen) meine Jahre.
Es zerfällt im 'Elend'[j] meine Kraft,
meine Gebeine werden schwach[k].
12Vor allen meinen Feinden
bin ich zur Schmach geworden
und meinen Nachbarn zum 'Hader'[l],
ein Schrecken für meine Bekannten.
Die mich sehen auf der Straße,
fliehen vor mir.
13Vergessen bin ich, wie ein Toter aus dem Sinn,
bin wie ein zerschlagenes Gefäß.
14Denn ich höre das Flüstern vieler
– Grauen ringsum –
wie sie miteinander beraten gegen mich,
darauf sinnen, mir das Leben zu nehmen.
15Aber ich – ich traue, Jahwe, auf dich.
Ich spreche: Du bist mein Gott.
16In deiner Hand ruht meine Zukunft; rette mich
aus der Hand meiner Feinde und Verfolger!
17Laß leuchten dein Antlitz über deinem Knecht,
hilf mir in deiner Huld!
18Jahwe, laß mich nicht zuschanden werden, denn ich rufe dich an;
zuschanden mögen werden die Frevler – verstummen zur Scheol.
19Es mögen schweigen die Lippen der Lüge,
die da reden gegen den Gerechten Freches in Hochmut '''[m]!
20Wie reich ist, 'Jahwe'[n], deine Güte,
die du denen zugedacht, die dich fürchten,
(und) bereitet denen, die sich bei dir bergen
vor den Menschen!
21Du birgst sie im Schutz deines Angesichtes[o]
vor den Verleumdungen[p] der Leute.
Du birgst sie in einer Hütte
vor dem Hader der Zungen.
22Gepriesen sei Jahwe,
daß er mich wunderbar begnadigt
in der 'Zeit der Bedrängnis'[q]!
23Doch ich – ich dachte in meiner Angst:

Ich bin 'verstoßen'[r] aus deinen Augen.
Doch du hörtest
mein lautes Flehen,
als ich schrie zu dir.
24Liebet Jahwe, ihr Frommen all!
Die Treuen schützt Jahwe.
Doch er vergilt mit vollem Maß
dem, der Hochmut übt.
25Seid stark und getrosten Herzens
alle, die ihr auf Jahwe harrt!

a *G* und Ps 71,2 fügen hinzu וְהַצִּילֵנִי. – **b** Vielleicht ist hier מְהֵרָה zu lesen. – **c** ε´ 2.3
und Ps 71,3 lesen מָעוֹן. – **d** Mit 1 Ms *S* wird man wahrscheinlich יהוה mtr. cs. er- 4
gänzen müssen. Zum Problem des Metrums s.u. (»Form«). – **e** Anstelle von
תנחני ותנהלני bringt *S* nur נַחֲמֵנִי. – **f** Vielleicht ist die Punktation מָעוֹזִי vorzuzie- 5
hen. – **g** Es wird mit 1 Ms *G* Hier S שָׂנֵאתָ gelesen werden müssen, denn der mit 7
ואני eingeleitete Nachsatz ist sonst in seiner gegensätzlich gerichteten Tendenz
nicht verständlich. – **h** *G* gibt mit der Übersetzung ἔσωσας ἐκ τῶν ἀναγκῶν τὴν 8
ψυχήν μου zu erkennen, wie im Sinnzusammenhang des Textes ידע בְּ zu verste-
hen ist. Es wäre problematisch, auf Grund der Übersetzung in *G* einen hebr. Text
הוֹשַׁעְתָּ מִצָּרוֹת in Erwägung zu ziehen. – **i** נפשי ובטני (= »meine Seele und mein 10
Leib«) ist gewiß eine ergänzende Hinzufügung, die als solche auszuklammern
ist. – **j** *GS* lasen statt בעוני (= »in meiner Schuld«): בְּעָנִי. Noch besser σ´: בְּעָנְיִי 11
(vgl. 8). Für בעוני in *M* ist in Ps 31 kein Anhaltspunkt gegeben. – **k** עששו bringt
KBL mit dem akkad. Wort *uššu* (= »Betrübnis«) in Zusammenhang. Eine Kor-
rektur scheint hier nicht erforderlich zu sein. – **l** מאד (= »sehr«) hat eine eigenar- 12
tige Stellung im Text und fügt sich schlecht in den Sinnzusammenhang. In der
Korrektur hat man vorgeschlagen, מוֹרָא, מָנוֹד oder מָגוֹר zu lesen. Am besten wohl
Briggs: מָדוֹן (= »Hader«) vgl. Ps 80,7. – **m** ובוז fehlt in *S* und wird aus dem über- 19
ladenen zweiten Halbvers auszuscheiden sein. Andere Kommentatoren strei-
chen עתק oder sogar על־צדיק עתק. – **n** Mit 3 Mss *G* ist mtr. cs. der Gottesname 20
יהוה einzufügen (s.u.). – **o** Es liegt nahe, mit Ps 61,5 בסתר כְּנָפֶיךָ zu verbessern: 21
»im Schutz deiner Flügel«. Doch könnte פניך auch möglich sein. – **p** רֻכְסֵי von רֹכֶס
ist hap. leg. Es liegt nahe, mit Bickell und Duhm zu korrigieren: מֵרְכִילֵי. – **q** בְּעִיר 22
מצור (= »in der befestigten Stadt«) gibt an dieser Stelle keinen Sinn. Mit Well-
hausen und Duhm ist בְּעֵת מָצוֹר zu lesen. – **r** נגרזתי findet sich im Alten Testa- 23
ment nur hier. Wahrscheinlich sind die Konsonanten vertauscht worden. Geläu-
figer ist: נִגְזַרְתִּי (vgl. Jes 53,8; Ps 88,6; Thr 3,54).

Der Ps 31 besteht aus zwei Teilen, die sich deutlich voneinander abheben: 2–9 und 10–25. Diese beiden Teile äußern beide Klage, Vertrauen und Dank. So konnte die Auffassung vertreten werden, in Ps 31 müßte mit zwei verschiedenen Liedern gerechnet werden (so HSchmidt). Es zeigt sich jedoch, daß zwei gleichlaufende Teile innerhalb eines einzigen Psalms auch in Ps 18; 30 und 102 vorliegen. Offenbar war also der Formtypus, in dem zwei Phasen bemerkbar sind, eine bekannte Erscheinung. Dabei fällt auf, daß zumeist die in tiefste Klage zurückgreifende Erzählung des individuellen Dankliedes diesen eigenartigen Doppelbericht Form enthält. Zu den Einzelelementen des Aufbaus in Ps 31 wird die Gattungsanalyse (s.u.) Entscheidendes beitragen.

Große Schwierigkeiten bereitet die metrische Rekonstruktion des 31. Psalms. HGunkel erklärt zum Grundsatzproblem: »Bei solchem Text ist es schwer zu sagen, wie weit man berechtigt ist, ihn zu glätten.« Das Ebenmaß des Parallelismus membrorum wird häufig gestört durch dreigliedrige Passagen, die dem Versuch einer sachgemäßen Wiederherstellung des Versmaßes erhebliche Widerstände in den Weg setzen. So wird man von der Beobachtung ausgehen müssen, daß es sich in Ps 31 um ein »Mischmetrum« handelt. Nur in aller Vorsicht können die einzelnen Stücke koordiniert werden. Vor allem in 2–4 sind die Schwierigkeiten erheblich. Es sei darum zu diesen Versen lediglich festgestellt, wie die Akzentuierung vorgenommen werden müßte: In 2: 3 + 2 + 2; in 3 wahrscheinlich: 3 + 2 und 3 + 3; in 4: 3 und 3 + 2. In 5ff. bietet sich dann folgendes Bild: Doppeldreier liegen vor in 6.7.8 (dazu am Anfang ein isolierter Dreier). 9.10.13.16.20.23 (bis עיניך). 25. Im Metrum 3 + 2 sind zu lesen: 11.14.17.21 (bis איש). 24. Das Versmaß 2 + 2 + 2 liegt vor in 5.12 (zweimal). 22.23 (zweiter Versteil). 2 + 2 in 21 (zweiter Versteil). 4 + 3 in 15. 4 + 4 in 18. Und 3 + 4 in 19.

Die erste Übersicht (s.o.) zeigte schon an, daß im Ps 31 verschiedene Formen und Aussageelemente festzustellen sind. Doch bevor die Analyse die einzelnen Formgestalten apostrophiert, wird zuerst das Ganze des Psalms der Formgruppe der Gebetslieder zuzuweisen sein. S.o.S. 49ff. Einl § 6,2. Im einzelnen aber wird die Wiedergabe des Aufbaugefüges durchkreuzt von der formkritischen Beobachtung, daß in 2–18 Bitten, Notschilderungen und Vertrauensäußerungen vorliegen, während zwischen 18 und 19 ein Umschwung, eine Wende konstatierbar ist. In 19 hat der von Feinden Verfolgte offenbar Anlaß und Vollmacht, seinen Widersachern mit der Aufforderung zum Schweigen entgegenzutreten. Er ist erhört worden. Darum kann er im hymnischen Stil Jahwe preisen und danken (19ff.). In 23 wird die geschehene Wende deutlich bezeugt: »Doch du hörtest mein lautes Flehen, als ich schrie zu dir!« Der Psalm schließt mit einer Paränese an alle, die auf Jahwe hoffen (24f.). – Es wird davon auszugehen sein, daß Ps 31 als Gebetsformular tradiert wurde. Es wird zu ermitteln sein, in welche Situation dieses Formular weist.

Ort Die letzten Verse des Psalms lassen deutlich erkennen, daß der Sänger und Beter des Ps 31 sich an eine Gruppe von Menschen wendet. Offenbar hat er, wie es bei der *Toda* üblich war, Zuhörer aus der Kultgemeinde um sich gesammelt, um in ihrem Kreis das Gebetslied zu sprechen und das Geschehene zu bezeugen. Vgl. o.S. 54f. Einl § 6,2aγ. Es ist die in Ps 22,23 erkennbare Situation, in der das Lied angestimmt wird. Nach einer persönlichen Lebenslage wird nicht zu fragen sein. Die Gebetsformulare typisieren und lassen nur in Umrissen die Lebenslage in Erscheinung treten, in die hinein der Beter sein Erleiden und Erleben unterbringen und bezeugen konnte. Ob und inwieweit die von der Priesterschaft erstellten und wohl auch vorgesprochenen Gebetslieder durch berichtete Einzelzüge ergänzt und »konkretisiert« wurden, kann nicht ermittelt werden. Doch wird man sich den Prozeß der Tradition, Rezeption und Ergänzung nicht lebendig genug vorstellen können. Insbesondere mehrschichtige, umfangreiche Gebetslieder tragen die Spuren eines Überlieferungsvorgangs, der im einzelnen kaum nachzuzeichnen sein dürfte. – Aus Ps 31 ist zu erschließen: Schwach und zerschlagen war das Leben (10.11.13), von Schmähungen umgeben (12). Die Freunde wandten sich ab (12). Feinde erhoben sich mit Lüge (19) und Verleumdung (21). Man plante einen Mordanschlag (5.14). Es bestand höchste Lebensgefahr (6). Alle diese Aussagen machen es wahrscheinlich, daß das Formular für einen unschuldig Verfolgten bestimmt war, der sich im Bereich des Tempels geborgen und Jahwes Rechtshilfe erfleht hatte. Vor allem 2 erinnert an die Institution der Gottesgerichtsbarkeit (vgl. HSchmidt; WBeyerlin). Doch wird zu erklären sein, daß die Konturen des Institutionellen stark verblaßt sind. Konkrete Bezüge zum sakralen Prozeß der Gottesgerichtsbarkeit sind nicht wahrzunehmen. Darum wird auch wohl mehr an konventionierte Sprachformen als an unmittelbar auf einen Rechtsakt bezogene Aussagen zu denken sein. – Die Abfassungszeit ist nach allem, was bisher ausgeführt wurde, kaum zu bestimmen. Eine in Ps 31 häufiger beobachtete Berührung mit den »Confessiones« des Propheten Jeremia gibt auf keinen Fall Anlaß zu der Behauptung, der Psalm sei »aus Zitaten zusammengeflickt«. Vielmehr wird gerade in solchen Berührungen die geprägte Formularsprache zu bedenken sein.

Zu למנצח vgl. o.S. 25 Einl § 4 Nr. 17. Zu מזמור לדוד S. 15ff. Einl § 4 Nr. 2. Wort 1–4

Das Klage- und Bittlied des zu Jahwe flüchtenden Beters beginnt mit der Feststellung: בך יהוה חסיתי (Ps 7,2; 11,1; 16,1). Im Schutzbereich des Heiligtums bittet er um Jahwes hilfreiches Eingreifen, denn wer die Heilszuwendung Gottes nicht erfährt, der »wird zuschanden«. Sein Leben ist verwirkt und preisgegeben. Die Präposition בְּ in בצדקתך legt die Auffassung nahe, als sei צדקה ein heilsamer Kraftbereich, in dem Jahwe Erhörung und Rettung schafft (KKoch, *Sdq* im Alten Testament: Diss. Heidelberg 1953, 35ff.). Doch ist »Gerechtigkeit Gottes« die Vollkommenheit der richtenden und rettenden Machtpräsenz, an die der Beter in seiner Not appelliert. Bemerkenswert ist die Tatsache, daß unschuldig Verfolgte, die sich auf die Gerechtigkeit Gottes verlassen und die *iustificatio iusti* erwarten, von der צדקה Rettung und Freispruch erhoffen. Diese Erkenntnis von der rettenden Gerechtigkeit, die Luther in den Psalmen und in Rm 1,16f. gewann, gehört zu den Grundlagen reformatorischer Theologie. Doch hatte das Wesentliche schon Augustinus gesehen.[1] In jedem Fall wäre es wichtig, צדקה nicht »sphärisch« zu verstehen, sondern – zu beachten wäre das Suffix – »personal« im Kontext zu erklären. Um Erhörung bittet der Ruf הטה אלי אזנך (3). Die Dringlichkeit betont der Wunsch מהרה הצילני. Die Situation der Verfolgung und Bedrängnis wird deutlich aus dem Schutzverlangen des Beters, Jahwe möge ihm »schützender Fels« und »feste Burg« sein. Zu den Sakraltraditionen von צור vgl. zu Ps 18,3. Der mit כי eingeleitete Vers 4 weist auf das Vertrauen des Bittenden hin. Die persönlich angeeignete Gewißheit könnte ein Beweggrund zum Einschreiten Jahwes sein. Zu סלעי ומצודתי vgl. Ps 18,3. Der erbetene Schutz möge aber auch außerhalb des Heiligtums wirksam sein – das ist der Wunsch des Sängers. In der Bitte תנחני ותנהלני geht es um die Permanenz der Heilszuwendung (in diesem Sinne ist schon לעולם in 2 zu verstehen). Vgl. Ps 23,3. Zu למען שמך: OGrether, Name und Wort Gottes im Alten Testament: ZAWBeih 64 (1934) 53.

5.6 Die Aussagen in 5 lassen erkennen, daß der Beter von heimtückischen Feinden verfolgt wird (zum Thema »Feinde des Individuums« s.o.S. 112ff. Einl § 10,4). Wie der Jäger dem Wild ein getarntes Netz auslegt (GDalman AuS VI 335), so suchen die Bedränger ihr Opfer zu fangen und zu Fall zu bringen (Ps 9,16; 25,15; 140,6). Jahwe aber möge rettend einschreiten. Mit der Erklärung in 6 überantwortet der Verfolgte sein Leben der Macht Jahwes; er liefert es ihm aus.[2] רוח ist der Lebensodem und damit die Lebenspotenz überhaupt (LKöhler, TheolAT^3 124). פקד בידך – diese Erklärung bringt eine völlige Enteignung der Existenz mit sich. Das Leben geht in den Macht- und Eigentumsbereich eines anderen über. Inwieweit die Vorstellung von dem Verbum פדה mitgeprägt ist, läßt sich nicht erklären. Zu פדה vgl. JJStamm, Erlösen und Vergeben im Alten Testament (1940) 14. Auch ist nicht leicht zu entscheiden, ob das perf. פדיתה ein perf. der Gewißheit ist (so HGunkel) oder ob hier bereits die Erhöhung vorauszusetzen ist. Eine Interpretation im Sinne der zweiten Erklärung wäre im Textzusammenhang sehr unwahrscheinlich. Jahwe wird

[1] »Est enim iustitia Dei, quae et nostra fit, cum donatur nobis. Ideo autem Dei iustitia dicitur, ne homo se putet a seipso habere iustitiam.« Augustinus, Enarrationes in Psalmos: Migne 36/37, 233.

[2] »Hic unus est ex praecipuis Scripturae locis ad corrigendam diffidentiam maxime idoneus: Primum ne se perversis curis et molestiis ultra modum torqueant fideles: deinde, ne metu fracti, ab officio discedant, ne ad captandas vanas spes et fallacia subsidia defluant vel labantur, ne terroribus succumbant, ne denique mortem exhorreant: quae licet carnis sit interitus, animas tamen non exstinguit. Praecipue vero ad superandas omnes tentationes valere hoc debet, quod Christus animam suam moriens Patri commendans, omnes suorum animas custodiendas suscepit: ideo et Stephanus Act. 7,59 eum custodem invocat. Domine Jesu, suscipe spiritum meum, inquit. Caeterum, quia anima sedes est vitae, ideo pro vita accipi satis notum est.« Calvin, In librum Psalmorum Commentarius, zu Ps 31,5.

als אל אמת bezeichnet: als treuer, zuverlässiger Gott (vgl. 2 Chr 15,3). Von Anfang an drängt Ps 31 sehr stark hin zu einer fortdauernden Bewährung der Heilswirklichkeit (לעולם 2). אל אמת ist in diesem Zusammenhang die angemessene Gottesbezeichnung.

Sollte nun 7 nach *M* gelesen und verstanden werden müssen, obwohl 7
das gegensätzlich gerichtete ואני dann Schwierigkeiten bereiten würde, so könnte man einen Augenblick an die Spuren eines Reinigungseides denken, der in einer Vertrauens- und Loyalitätserklärung gegenüber Jahwe endete (vgl. zu Ps 7,4ff.). Wird jedoch שָׂנֵאתָ gelesen – und das ist wahrscheinlicher –, dann müßte 7 im Kontext folgendermaßen verstanden werden: Jahwe erweist als אל אמת, als treuer Gott, seine Zuverlässigkeit darin, daß er die Götzendiener seinen wirksamen Haß spüren läßt. Begriffe wie הבלים (Dt 32,21; 1 Kö 16,13.26; Jer 8,19; 14,22) oder הבלי שוא (Jon 2,9) könnten als prophetische Desillusionierungen der heidnischen Numina im Abrenuntiationskult ihren »Sitz« haben. Der Psalmsänger aber gehört nicht zu denjenigen, die sich an »eitle Nichtigkeiten« halten (zu שמר vgl. Hos 4,10; Jon 2,9), er vertraut auf Jahwe.

Die Worte אגילה ואשמחה בחסדך am Anfang von 8 könnten als Ge- 8–9
lübde auf ein zukünftiges Danklied oder als Danklied selbst verstanden werden. Beide Deutungen sind möglich. Zu חסד vgl. zu Ps 5,8. Erweist Jahwe seine »Huld«, dann hat er das Elend und die Not des Klagenden angesehen, ihn nicht »zuschanden werden lassen« und ihn also nicht den Feinden preisgegeben. Zur Bedeutung der Wurzel רחב in במרחב vgl. zu Ps 4,2.

Während 8 und 9 bereits den Klang des Dankliedes enthalten, steigt 10–19
der Psalmsänger mit der in 10 einsetzenden zweiten Phase des Psalms noch einmal in die Tiefe der Not und Bedrängnis herab. Das Flehen um gnädige Heilszuwendung wird erneut laut – und zwar im Hinweis auf die das Leben abschnürende Enge (צר) und Angst. Die Lebenskraft läßt nach. Das besagt die Phrase עששה בכעס עיני (vgl. Ps 6,8). Man könnte in 10 und 11 an die Klage eines Todkranken denken. Aber wahrscheinlich sind an dieser Stelle in das Lied eines Verfolgten stehende Aussageformeln aus der Klage der Kranken eingeflossen. Sie drücken anschaulich die Schwäche und das Zerschlagensein des Verfolgten aus. Er ist umgeben von Schmähungen (12). Auch die Freunde und Bekannten verlassen und fliehen den von Unheil Umwitterten (vgl. Ps 38,12; 55,14; 88,9.19). Vergessen wie ein Toter – zerschlagen wie ein Tongefäß: das sind zwei unvermittelt nebeneinander gesetzte Aussagen, die das ganze Elend veranschaulichen (13). Vgl. zum zweiten Bild: Jer 22,28; 48,38. – Von der drohenden Gefahr aber spricht vor allem 14. Der Verfolgte hörte das Raunen der Feinde, die einen Anschlag gegen ihn planten. מגור מסביב könnte eine landläufige Redewendung gewesen sein – ein Ausruf, der die Ausweglosigkeit einer Gefahr kennzeichnete (Jer 6,25; 20,10; 46,5;

49,29). Das Ziel des Anschlages ist es, לקחת נפשי. Mitten in dieser tödlichen Bedrängnis aber vertraut der Beter auf Jahwe (vgl. 7). Er zitiert die Vertrauenserklärung אלהי אתה. Zu אלהי vgl. OEißfeldt, »Mein Gott« im Alten Testament: ZAW 61 (1945/48) 3–16. Es folgen dann die Worte vertrauensvoller Ergebung. Zu der von WFAlbright vorgeschlagenen Kombination von עתות mit dem akkad. *'anatu-ettu* vgl. zu Ps 9,10. Zur Bitte in 16 vgl. 5 und 9. – פנים in 17 ist eine »Vergegenwärtigung« Jahwes (LKöhler, TheolAT[3] 110). Das »Leuchten« des Angesichtes wäre ein Zeichen der huldvollen, freundlichen Gegenwart Gottes (Nu 6,25), während das »Weichen« des Lichtes seines Angesichtes (Ps 4,7) ein Ausdruck seines Zornes ist. Denkt der Beter in der Bitte um das Leuchten des Angesichtes Jahwes an eine Theophanie? Würde eine Gotteserscheinung die Huld (חסד) Gottes manifestieren? Vgl. zu Ps 7,7–10. Zu 18 vgl. 2. Jahwe erweist seine Heilszuwendung und Macht, indem er die רשעים verstummen und zur שאול fahren läßt. Zu שאול vgl. Ps 6,6. In 19 aber wird es deutlich, daß verleumderische Anklagen gegen den Psalmsänger erhoben worden sind. Der Beter erfleht das Einschreiten Jahwes, das die Lügen zum Schweigen bringt.

20–23 In 20–22 treten unverkennbar hymnische Elemente in den Vordergrund. מה am Anfang von 20 und ברוך zu Beginn von 22 sind deutliche Kennzeichen der Sprache des Hymnus, die im Danklied zur Geltung kommt. Reiche Güte hat Jahwe denen, die ihn fürchten und sich bei ihm bergen, zugedacht und bereitet. Das Heil war also längst da. Verborgen war es und tritt im Akt der Erhörung hervor. Zu נגד vgl. Ps 23,5. בני אדם bezeichnet wie אנוש in Ps 9,21; 10,18 die Feinde des Individuums, die Menschen, nicht Gott sind – wie hochmütig sie sich auch gebärden (19). Wie in 20, so werden auch in 21 zunächst allgemein verbindliche und gültige Erfahrungen in hymnischer Form ausgesprochen. Jahwe birgt alle, die bei ihm Zuflucht suchen, »im Schutz seines Angesichtes«. סתר פניך ist der bergende Bereich der Gottesnähe. Zu פנים, das hier doch wohl ursprünglich ist, vgl. 17. Die Verleumdungen der Feinde werden in der Sphäre der Gottesgegenwart hinfällig. – In 22 kommt nun die persönliche Heilserfahrung zum Ausdruck. Der Beter ist wunderbar begnadigt worden. Zu הפליא חסדו לי vgl. Ps 17,7. Die Heilszuwendung Jahwes ist geschehen. Sie ist ein Wunder. Noch einmal blickt der Beter dann in 23 zurück und erwähnt, wie er am Rande einer verzweifelten Hoffnungslosigkeit gestanden habe. Aber Jahwe hat sein Schreien gehört.

24–25 Das Danklied hat immer die Tendenz, Ereignisse zu bezeugen, Erfahrungen zu vermitteln, zu lehren und zu mahnen. Dieser didaktische Zug kommt in den paränetischen Mahnworten der Verse 24 und 25 zur Geltung (vgl. GvRad, TheolAT[6] I 371 A. 8). Zur Liebe gegen Jahwe wird eingeladen. Er bewahrt die Treuen (vgl. Ps 12,2). Eine andere Aussage bietet *G*; sie steht Jes 26,2 und Ex 34,7 nahe. »Er vergilt den Übermütigen übermäßig«; hier steht der Akkusativ als Objektskasus (BrSynt § 90c). 25 könnte ein Zusatz sein (vgl. Ps 27,14).

Es wird auszugehen sein von der bereits getroffenen Feststellung, daß in Ps 31 einzelne Stücke zusammengestellt und zu einem Ganzen miteinander verwoben sind. Diese Tatsache erschwert die Möglichkeit, so etwas wie einen Skopus oder auch nur einen »roten Faden« zu kennzeichnen. Der Ausleger wird versucht sein, sich an groben Mustern: Bitte, Notschilderung, Vertrauen und Dank zu orientieren und die Nuancen in einer generalisierenden Gesamterfassung untergehen zu lassen. Doch werden im einzelnen die Züge der Bitte, die besonders innig mit den Vertrauensaussagen verwoben sind, herauszustellen sein. Ps 31 ist in vieler Hinsicht das Muster eines erhörungsgewissen Gebets. Der Beter wird nicht müde, jeden Satz der Bitte vertrauensvoll an Gewißheitsaussagen anzulehnen. Insbesondere kommt der Akt der Selbstauslieferung an Jahwe immer wieder zum Ausdruck. Er findet seine Zuspitzung in der Aussage: »In deine Hand befehle ich meinen Geist, du erlösest mich, Jahwe, treuer Gott!« (6). Es ist nach Lk 23,46 das Gebet des sterbenden Christus am Kreuz. Die vertrauensvolle Selbstauslieferung aber steht unter dem Vorzeichen der Gewißheit, daß Jahwe das ganze notüberflutete, geschmähte und verfolgte Leben nicht nur angesehen und wahrgenommen, sondern angenommen hat (8). Auch angesichts der mit Lüge und Haß auftretenden Feinde und in einer Situation letzter Verlassenheit heißt es: »Du bist mein Gott. In deiner Hand ruht meine Zukunft!« (15f.). Der Psalm klingt aus in Dank und Lob. Alle Bitten sind erfüllt. Wer der **אל אמת** ist (6), das wird im ganzen Psalm bezeugt, insbesondere in 20f. In seiner Treue und Zuverlässigkeit gewährt Jahwe dem Geretteten, der sich verstoßen wähnte (23), Güte und Geborgenheit, Schutz und Freiheit. – Aus Leid und Dank, aus der Erfahrung der göttlichen Hilfe, geht die Paränese hervor, mit der der Psalm abschließt. Wer auf Jahwes Hilfe hofft, der sei zuversichtlich und getrost (25). Das Gebet ist eine Bezeugung des **אל אמת** (6). Die Wahrheit Gottes ist die Bewährung seiner Gnade und Treue. Ziel

Psalm 32
Vom Glück der Sündenvergebung

EBaumann, Struktur-Untersuchungen im Psalter I: ZAW 61 (1945/48) 140f. – RGCastellino, Psalm XXXII,9: VT (1952) 37–42. – ASvanderWoude, Zwei alte *Cruces* im Psalter: OTS 13 (1963) 131–135. Literatur

Text **[1]Von David. Ein *maskil*.**
Glücklich, wem Frevel vergeben[a],
Verfehlung bedeckt!
[2]Glücklich der Mann, dem Jahwe
Verschuldung nicht zurechnet,
in dessen Herz keine Falschheit!
[3]Da ich schwieg, zerfielen[b] meine Gebeine
unter täglichem Stöhnen.
[4]Denn Tag und Nacht lastete schwer
auf mir deine Hand.
Gewandelt ward ‘meine Zunge’[c]
‘wie’[d] in Sommergluten. Sela.
[5]So tat ich dir kund meine Verfehlung,
verhehlte nicht meine Schuld.
Ich sprach: Bekennen will ich
Jahwe meine Freveltaten[e]. –
Da hast du vergeben
meiner Verfehlung Schuld. Sela.
[6]Darum soll beten
jeder Fromme zu dir
zur Zeit, da er (dich) findet[f].
»Wenn dann gewaltige Wasser heranfluten,
treffen sie ihn nicht.«
[7]Du bist mir Schutz,
bewahrst mich vor Not.
Mit rettenden ‘Schilden’[g]
umgibst du mich. Sela. –
[8]Ich will dich weisen und lehren den Weg, den du gehen sollst,
will dir raten – über dir ist mein Auge!
[9]‘Sei’[h] nicht wie Roß und Maultier ohne Verstand,
‘deren Kraft’[i] nur mit Zaum und Zügel zu zähmen. –
Nicht soll man dir nahen!
[10]Zahlreich sind die Schmerzen des Frevlers[j],
doch wer Jahwe vertraut, den umgibt er mit Huld.
[11]Freut euch über Jahwe und jauchzt, ihr Gerechten,
und jubelt, ihr Redlichen alle!

1 **a** נשׂוי steht hier für נְשֻׂא. Die Schreibweise ist zu verstehen als Angleichung
3.4 an das parallele כסוי. – **b** pl. Mss כָּלוּ. – **c** *M* ist unverständlich, denn לשׁדי von
לְשָׁד (= »Ölkuchen«, »Backwerk« Nu 11,8) ist absurd. Angemessen erscheint die
von Olshausen bereits vorgeschlagene Korrektur לְשֹׁנִי. – **d** *M* »in Sommerglu-
5.6 ten«. Besser: כְּחרבוני (Σ *T*). – **e** Mss *G* α´σ´ Hier כְּשָׁעַי. – **f** Schwierig und seltsam
ist in der Konstruktion dieses Versstückes רַק. Eine Korrektur in רַע zieht pro-
blematische Veränderungen des Wortes מצא nach sich. GMüller verbessert:
עֲצֹם רַע (»zur Zeit, wenn übermächtig das Unheil«). EBaumann hingegen korri-
giert: רק לעת בהמצאו = »nur jene Zeit, da du dich finden läßt« (ZAW 61, 141). –
7 **g** רני wäre Plur., vom inf. רן (רנן). *G* α´ Hier verstehen רני (= »mein Jubel«) als
Anrede Gottes (Baethgen). Diese Erklärungen sind sehr fragwürdig. Anspre-

chend ist die Korrektur Buddes: מָגִנֵּי (»mit Schilden der Rettung umgibst du
mich«). – **h** Man erwartet entsprechend dem Kontext den Sing. תְּהִי (2Mss). – **i** 9
עֶדְיוֹ = »sein Schmuck«. *G* τὰς σιαγόνας αὐτῶν = »seine Backen«. SMowinckel
sieht in עֲדִי einen Begriff, der nicht nur die Bedeutung »Schmuck« hat, sondern
auch die »Kraft« oder »Leidenschaft« bezeichnen kann (PsStud I 52f.). Wahr-
scheinlich liest man besser עֻזּוֹ. – **j** Zur Stellung des adjektivischen Attributs vgl. 10
BrSynt § 58.

Im Versmaß des 32. Psalms ist bemerkenswert, daß in 3–5 zwei Form
strophenähnliche, mit סלה abgeschlossene Stücke aufeinander folgen (3–4 und 5), die jeweils durch das Metrum 3+2 3+2 2+2 gekennzeichnet sind. Dieses Mittelstück des 1. Psalmteiles (1–7) ist eingerahmt in zwei Glückwünsche (zu Beginn in 1–2): 3+2 3+2 (3) und didaktische bzw. bekenntnisähnliche Aussagen in 6–7: 2+2+2 3+2 2+2 2+2. Andersartig ist das Versmaß im 2. Psalmteil (8–11). Hier folgen aufeinander: 4+3 4+4 (2) 3+4 4+3. Dieser 2. Psalmteil hebt sich also deutlich von 1–7 ab.

Ps. 32 gehört zur Formgruppe der Gebetslieder. S.o.S. 49ff. Einl § 6,2. Bezeichnend ist die Anrede an Jahwe in 4–7, zu der wohl auch 3 hinzuzuziehen ist. Diese Verse, die das eigentliche Mittelstück des Psalms bilden, enthalten Notschilderungen und – in 7 – Vertrauensäußerungen. Wenn in 11 ein imperativischer Aufruf zum Lobpreis hervortritt, so ist zu erkennen, daß Ps 32 als *Toda*, als Danklied eines Einzelnen, aufgenommen sein will. S.o.S. 54f. Einl § 6,2aγ. Derartige Danklieder – auch wenn sie nur rudimentär in Erscheinung treten – sind meist als Einlösung eines Gelübdes zu verstehen. So trägt der Psalm alle Merkmale einer *Toda*: Schilderung der Not, Anrufung Gottes und erfahrene Hilfe, Dank bzw. Aufruf zum Lob. Die Wende ist angezeigt durch den wohl als Jahwe-Spruch aufzunehmenden Passus in 8f. Dieser Auffassung wird widersprochen, zuletzt von FCrüsemann, Studien zur Formgeschichte von Hymnus und Danklied in Israel: WMANT 32 (1969) 238f. Es wird geltend gemacht, eine solche Zitierung von Jahwe-Worten sei ungewöhnlich; man müsse vielmehr an eine »weisheitlich verallgemeinernde Anrede an andere Menschen« denken (239). Doch wird die Rückfrage zu stellen sein: Wo findet sich eine singularische Anrede an einen anderen Menschen in derartigen weisheitlich verallgemeinernden Ansprachen? Vor allem aber: Welcher Mensch könnte sich vermessen, zu einem anderen zu sagen: »Ich will dich weisen und lehren den Weg, den du gehen sollst, will dir raten – über dir ist mein Auge!« (8). Vom Inhalt her kommt nur ein Jahwe-Spruch in Betracht (s.u. »Wort«). – Bemerkenswert sind ferner die weisheitlichen Elemente in Ps 32. Der Einfluß der Lehrdichtungen ist unverkennbar. S.o.S. 63ff. Einl § 6,5. 1 und 2 bringen einen den weisheitlichen Lehrdichtungen eigenen Glückwunsch. Vgl. zu Ps 1; aber auch: HSchmidt, Grüße und Glückwünsche im Psalter: ThStKr 103 (1931) 141–150; WJanzen. *Ašrē* in the Old Testament: HThR 58 (1965)

215–226 (mit dem Übersetzungsvorschlag: »Beneidenswert ist, wer...«). In Ps 32 ist auch 10 ein durch die Erfahrungsweisheit geprägter Spruch. Das in der Intention und mit der formalen Spitze in 11 als *Toda* vorgetragene Gebetslied ist demnach von weisheitlichen Zügen der Lehrdichtung stark durchsetzt. Es wird anzunehmen sein, daß der Psalm als agendarisches Formular benutzt wurde. Auf keinen Fall wird man das Gebetslied als Bußpsalm verstehen können.

Ort Das mit 11 kenntlich gemachte Danklied eines Einzelnen kommt her vom Ereignis der Heilserfahrung, die durch den Gottesspruch in 8–9 vermittelt wurde. Vor einer Gruppe von Menschen erzählt der Sprecher von seiner Not und von seiner Begnadigung (3–5). Eine solche *Toda* hatte im Heiligtum ihren »Sitz im Leben«. Man wird die in Ps 22,23 geschilderte Situation voraussetzen dürfen (vgl. den Aufruf in 11). Häufiger tendieren die Danklieder des Psalters hin zur Erfahrungsmitteilung und Belehrung, zu Bekenntnis und Aufruf. Elemente weisheitlicher Lehrdichtung finden an dieser Stelle Eingang. Dies geschieht im Verlauf der Überlieferungsgeschichte im fortschreitenden Maß. Ps 32 wird in verhältnismäßig späte Zeit anzusetzen sein. – Wie aber ist die im Gebetslied erkennbare Notlage des Beters im einzelnen zu bestimmen und zu erklären? HSchmidt dachte an einen Schwerkranken. Doch bleibt zu beachten, daß eine Bitte um Heilung nicht laut wird. Die Not, aus der der Beter sich errettet weiß, ist die Not seiner Sünde. Nicht Krankheit und Heilung, sondern Schuld und Vergebung sind die bestimmenden Themen des Psalms. So wird man vorsichtig fragen können, ob Ps 32 mit Sündopfer- und Reinigungsriten in Zusammenhang zu bringen ist (SMowinckel, Religion und Kultus, 1953, 89). Diese Deutung könnte auch in der Weise geschehen, daß an eine ursprünglich solchen Riten zugehörige Dichtung gedacht wird, die sich später aus dem kultischen Zusammenhang gelöst hat.

Wort 1.2 Zu לדוד s.o.S. 15ff. Einl § 4 Nr. 2. Zu משׂכיל vgl. Einl § 4 Nr. 5. Das Danklied beginnt in einer freudigen, aber zugleich gewichtigen Weise mit zwei durch אשׁרי eingeleiteten Glückwünschen (vgl. HSchmidt, Grüße und Glückwünsche im Psalter: ThStKr 103, 1931, 141–150). Diese Glückwünsche sind frohlockende Feststellungen eines Menschen, der seine eigene Heilserfahrung (5b) werbend und mitteilend über andere ausruft: אשׁרי נשׂוי־פשׁע. Drei Begriffe für »Schuld« werden in 1–2 genannt und sind in ihrer semasiologischen Eigenart genau zu erfassen. פשׁע ist die »Losreißung von Gott« (FDelitzsch), die »Auflehnung des menschlichen Willens gegen den Willen Gottes« (LKöhler, Theol AT^3 160). חטאה bezeichnet die »Verfehlung«, die »Abirrung« (LKöhler, TheolAT^3 158). Und עון hat die Bedeutung: »Verkehrung«, »Verzerrung« (FDelitzsch), es drückt die »mit Gottes Willen nicht in Einklang stehende Gesinnung« aus (LKöhler, TheolAT[3] 159). Zu נשׂא פשׁע vgl. JJStamm, Erlösen und Vergeben im Alten Testament (1940) 67f. Es läßt sich »schwer sagen, ob dem Ausdruck einfach das Bild von der Sünde, die wie ein sonstiges Objekt weggenommen wird, zugrunde liegt oder ob dieses Bild eine spezielle auf irgendeinen Brauch zurückgehende Form hatte« (JJStamm 69f.). Auf jeden Fall sind die einzelnen Wendungen, die in 1 und 2 die Sündenvergebung beschreiben, zu stehenden Formulierungen geworden. Das gilt insbesondere von כסה חטאה = »die Sünde bedecken« (JJStamm 72f.). Der Phrase לא חשב עון liegt wohl ein deklaratorischer Akt zugrunde (GvRad, TheolAT[6] I 391). Glücklich gepriesen wird der Mensch, der die tiefen, umfassenden Heilswirkungen der Vergebung erfährt. Die dreifache Aussage will in diesem Sinn verstanden sein. – רוח, in der Übersetzung mit »Herz« wiedergegeben, ist im Zusammenhang der ethisch-religiösen Neutralität dieses Begriffs aufzunehmen (vgl. HWWolff, Anthropologie des Alten Testaments, 1973, 66). »Herz« oder »Wille« können sowohl lässig wie auch tatkräftig sein, aufrichtig oder falsch. Wenn Jahwe vergibt, ist die gesamte Denk- und Willensrichtung ohne Falsch.

Die Erzählung vom persönlich erlebten Wunder der Vergebung hat 3–5
den Charakter einer beispielhaften Demonstration, die das in 1 und 2 festgestellte Glück bezeugt. Doch ist zuerst von der Qual und Last der von Schuld gebannten Existenz die Rede. Die im Menschen festgehaltene, verschwiegene Schuld wirkt ins Physische hinein zerstörend und auflösend. Das Leben wird verzehrt und zerfressen von der gegengöttlichen Kraft. In einer tieferen Schicht als der einer rational einsichtigen Kausalität sehen die Psalmen den geheimnisvollen Zusammenhang von Schuld und Krankheit (GvRad, TheolAT[6] I 288). Schweigt der Mensch, öffnet er sich nicht zu Gott hin, dann »zerfällt sein Gebein«. Eine solche Not wird im Alten Testament meist als Wirkung des Zornes Gottes verstanden (vgl. zu Ps 6). Der Beter des Ps 32 spricht von der schwer und drükkend auf seinem Leben lastenden »Hand« Jahwes (vgl. Ps 38,3). In der Glut des Fiebers verdorrt die Zunge (vgl. Ps 22,16). Die Wendung aber hebt an, indem der Zerbrechende seine Verfehlung kundtut und Jahwe seine Schuld nicht mehr verschweigt. Hier handelt es sich nicht nur um die »erleichternde Macht des sich mitteilenden Wortes« in einem allgemein-phänomenologischen Sinne (GvdLeeuw, Phänomenologie der Religion, 1933, 419), sondern um die zu Jahwe hin sich öffnende und bekennende Existenz. Der Entschluß אודה עלי פשׁעי ליהוה brach den Bann. Zu הודה in der Bedeutung »bekennen« vgl. Prv 28,13. Auf das Bekenntnis der Schuld aber reagiert Jahwe sogleich mit dem Zuspruch der Vergebung (Prv 28,13; 1 Joh 1,9).[1] Es ist zu beachten, daß dem Psalmisten die

[1] »Caeterum his verbis docet, quoties se peccator cum ingenua confessione offeret, reconciliationem cum Deo paratam fore: quia non sibi uni placabilem fuisse Deum recitat, sed

Befreiung von seinen Sünden wichtiger ist als die wörtlich nicht erwähnte Genesung (vgl. JJStamm 132). Das Heil der Vergebung ist Ursprung der Heilung (Mt 9,2). Der Text gibt Anlaß, auf jene seelischen Verkrampfungen und Verheerungen zu achten, die durch nicht offen ausgesprochene Schuld angerichtet werden. Es ist offenbar eine psychologische Urerfahrung des Menschen, daß versteckte und verkapselte Schuld das ganze Leben aus den Tiefen des Inneren heraus zerstört, sich möglicherweise in krankhaften Prozessen äußert.

Zum Thema »Schuld und Vergebung« ist der Vergleich mit einer »nachaltbabylonischen Dichtung« lehrreich. Ein Beter äußert hier eine »Herzberuhigungsklage für jeden Gott«. Er bekennt: »Mein Herr, die Sünden sind schwer, die Versäumnisse sind schwer. Meine Göttin, die Sünden sind schwer, die Versäumnisse sind schwer.« Durch den Zorn der Götter, durch einen unheimlichen Krankheitsbann, ist das Leid entstanden: »Der Herr hat mich in seinem Zorn böse angeschaut, der Gott hat sich in seiner Wut gegen mich gewandt, die Göttin, die mir zürnt, hat mich krank gemacht.« In der Klage und Bitte aber tritt nun eine bewegende Unsicherheit und Orientierungslosigkeit im Hinblick auf die Welt der Götter an den Tag. Das Lied beginnt mit den Worten: »Möge sich der Zorn meines Herrn mir legen, möge sich der Gott, den ich nicht kenne, mir beruhigen, möge sich die Göttin, die ich nicht kenne, mir beruhigen!« Dieser letzten Ungewißheit über die Götter entspricht eine Unsicherheit und Unklarheit über das eigene Ich: »Die Sünde, die ich begangen habe, kenne ich nicht, die Versäumnisse, die ich begangen habe, kenne ich nicht, das Greuel, das ich gegessen habe, kenne ich nicht, das Greuel, auf das ich getreten bin, kenne ich nicht.« Aus dieser Not entspringt die erschütternde Situationsschilderung: »Dauernd suche ich (um Hilfe) – niemand streckt die Hand nach mir aus, ich weine – niemand tritt mir an meine Seite, ich rufe klagend – niemand erhört mich, ich bin in Qual, bin (wie mit einem Tuch) zugedeckt, kann nicht sehen.« Die Bitte um Errettung aus den »Sumpfwassern« und um die »Lösung« des lastenden Bannes beschließt das Klagelied. Zum Text vgl. SLangdon, Babylonian Penitential Psalms, 39–44. AFalkenstein/WvSoden, Sumerische und akkadische Hymnen und Gebete, 1953, 225ff.

6 Die Erzählung von der persönlich durchlittenen Sündennot und Vergebung (3–5) geht in 6 über in eine »didaktische Konsequenz«, die mit על־זאת eingeleitet wird. Die Erfahrung der Not und des Heils soll jeden Frommen, der im Bund mit Jahwe lebt, dazu veranlassen, zu Gott zu beten – לעת מצא רק. Diese in ihrer Konstruktion schwer erfaßbare Aussage ist dem Sinn nach gewiß mit Jes 49,8; 55,6 zusammenzustellen. Was ist das aber: die Zeit, in der man (Jahwe) findet? Handelt es sich um die »Stunde der göttlichen Gegenwart im Festkult« (AWeiser)? Kann der Zeitpunkt in dieser Weise sakral fixiert werden? Müßte nicht vielmehr von dem unverfügbaren Ereignis der gnädigen Zuwendung Jahwes her

communem in suo exemplo doctrinam tradit, ne dubitent qui laborant sub onere sibi fore propitium, simul ac recta et voluntario affectu ad eum se contulerint.« Calvin, In librum Psalmorum Commentarius, zu Ps 32,5.

der Termin seine Bestimmung erfahren (so Jes 49,8; 55,6)? Die Bedeutung der didaktischen Tendenz ist aber zweifellos folgende: Wer rechtzeitig zu Jahwe Zuflucht nimmt und sich ihm öffnet, der bleibt unberührt von den Wogen des Verderbens. Zur Metapher מים רבים vgl. Ps 18,5; Jes 8,7f; 17,12; 23,3. Gedacht ist an das plötzliche Losbrechen zerstörender Wildbäche. Doch der חסיד, der Jahwe zur rechten Zeit anruft, steht über dem Talgrund an sicherer Stelle (GDalman, AuS I 211).

In 7 wird in einem vertrauensvollen Bekenntnis die bergende Schutzmacht Jahwes verherrlicht. Er bewahrt vor Not. Mit rettenden Schilden umgibt er den, der sich ihm anvertraut (vgl. zu Ps 3,4). Im Zuge der lehrhaften Mitteilung ist auch diese Äußerung exemplarisch darstellend zu verstehen. 7

Zu 8 und 9 vertritt HGunkel die Auffassung, daß der Psalmist der Sprecher sei und wie ein Weiser den Unerfahrenen anrede. Auf die Parallelen Ps 34,12 und Hi 15,17 wird hingewiesen. Im Zuge dieser Interpretation wird עיני zu בְּנִי korrigiert. Auch FDelitzsch meint, der in 8 und 9 Redende könne nicht Jahwe sein. Begründung: »Der Angeredete müßte dann der Dichter sein, welcher aber die Erkenntnis, um die es sich hier handelt, bereits gewonnen hat.« Diesen Erklärungen ist zu widersprechen. 1) Heben sich 8ff. von den anderen didaktischen Sentenzen des Ps 32 schon metrisch ab. 2) Erweisen sich die einzelnen Aussagen in 8 und 9 bei näherem Zusehen deutlich als Gottesspruch, vor allem die Worte: בל קרב אליך–עליך עיני–איעצה. Gegen das Argument von Delitzsch ist darauf aufmerksam zu machen, daß ein individuelles Danklied alle seine Erkenntnisse aus dem entscheidenden Gottesorakel schöpft, das nicht selten in den Psalmen zitiert wird (vgl. JBegrich, Das priesterliche Heilsorakel: ZAW 52, 1934, 81–92). 3) Von der persönlich erhofften bzw. gewährten Wegweisung Jahwes ist in Ps 16,11 und in Ps 25 die Rede. 8 und 9 sind also als im Danklied zitierte Worte des Gottesspruchs zu verstehen. Der Zuspruch עליך עיני »über dir meine Augen!« versicherte den Beter der heilwirkenden Gegenwart Gottes (vgl. Ps 33,18). Und die Zusage בל קרב אליך, die sich in 6b und 7 spiegelt, erklärte die Unantastbarkeit des Begnadigten. Man wird freilich damit rechnen müssen, daß die in Ps 32 maßgebende Sprache der »Weisheit« sich auch auf die Wiedergabe des Gottesspruchs ausgewirkt hat – vor allem in 8a. Hier läßt es jedoch das singularische Suffix als unmöglich erscheinen, an den Psalmisten als den Sprecher zu denken (vgl. demgegenüber die Anrede in 11). Auch 9a bekommt eine spezifische Bedeutung, wenn man an eine Mahnung Jahwes denkt, die dem unverständigen, unbändigen und trotzigen Menschen galt, der ohne Gott sein Schicksal tragen wollte (3–4). Hier knüpft dann 8.9
sogleich auch die Erfahrungsaussage in 10 an. Sie enthält nicht etwa eine 10
»naive Vergeltungstheorie« (RKittel), sondern eine am eigenen Leib erlebte und erlittene Wirklichkeit. Der Psalmist befand sich selbst in der

Existenzweise des רשע. Auf ihm lastete die Schuld der Abwendung von Jahwe. Er wollte sein Leben Gott nicht öffnen und überantworten. Darum erlitt er מכאובים רבים (vgl. 3–4). Das Zerfallen des Leibes war eine Wirkung der Lebenshaltung des רשע. So jedenfalls erklärt und bezeugt es der Psalmsänger, dem alle durchlittene Not vom Glück der Vergebung (1–2) und von der Heilserfahrung der göttlichen חסד (10b) her in einem neuen Licht erscheint. Der Erstarrung und dem Trotz des רשע steht die von Huld umgebene Existenz des בוטח gegenüber. Es ist wichtig, daß auch in diesem Zusammenhang nichts von einer Heilung gesagt wird. An die Stelle der רבים מכאובים ist die חסד getreten.

11 Der Psalm schließt mit einem der Gattung des Hymnus entsprungenen Aufruf zu Freude und Jubel über Jahwe. Und es nimmt nun nicht wunder, daß mit besonderer Betonung die צדיקים und ישרי־לב zum dankbaren Lob aufgerufen werden.

Ziel Die Erklärung des 32. Psalms ist in den neueren Kommentaren teilweise von schweren Mißverständnissen überschattet. BDuhm bemerkt – vor allem im Blick auf 10 –: »Es ist bequem, sich vorzustellen, die Religion sei dazu da, uns das Glück zu schaffen, zu sichern und nach Trübungen rasch wiederherzustellen, und die dauernd Unglücklichen seien unbußfertige Gottlose; Christentum ist das nicht.« In diesen Worten wird die »Vergeltungstheorie« so stark von der erfahrenen Wirklichkeitsgrundlage des Dankliedes gelöst, daß sie nur noch als verzerrte, abstrakte Lehraussage erscheint. Das Geheimnis des 32. Psalms aber liegt darin, daß dieses Lied den Hörer und Leser von Anfang an in die beglückende Wirklichkeit der Vergebung und Heilszuwendung hineinnimmt. Die Lebensweise des רשע, der im geschlossenen Bannkreis der Schuld und der Abwendung von Jahwe verharrt, wird als schlechthin unmöglich (3–4) dahinten gelassen. »Vergebung« und »Huld« sind die von Jahwe kommenden Gaben, die dem sein Leben Öffnenden und die Schuld Bekennenden spontan gegeben werden (5). Es ist einfach unsachgemäß, dem Psalmisten einen krassen Eudämonismus zu unterstellen. Was »Glück« ist, was das wahre Glück ist, wird in Ps 32 überhaupt erst eröffnet, und zwar in einer überraschenden Weise. Vergebung der Schuld (1–2) und חסד – das ist das wahre Glück, und eben nicht in erster Linie die »rasche Wiederherstellung«, die äußere Heilung. So ist auch das Urteil HGunkels sehr fragwürdig, wenn er etwa herausstellt: »die inneren Erlebnisse, von denen der Psalmist spricht, sind stets zusammen mit äußeren, ja, eigentlich nur durch diese angeregt«. Man könnte zunächst fragen: Was berechtigt zu dieser Unterscheidung von »inneren« und »äußeren« Erlebnissen? Liegt hier nicht eine sehr problematische Anthropologie zugrunde, die von idealistisch-dualistischen Leitgedanken bestimmt ist? Und man könnte weiter fragen: Wo findet Gunkel Anhaltspunkte zu der Behauptung, daß die inneren Erlebnisse des Psalmisten eigentlich nur durch die äußeren angeregt seien? Es handelt sich doch in dem ganzen Danklied nur um das eine Thema: um das zerbrochene und durch Vergebung wiederhergestellte Verhältnis eines Menschen zu Gott. Und dieser Mensch ist kein zweigeteiltes Wesen, sondern eine körperlich-seelische Einheit. Alle modernen Spekulationen über die »antike Kausalität von Schuld und Krankheit« sind ja doch bereits in ihrer Ausgangsposition fragwürdig, weil sie von einer Teilung des Menschen ausgehen, die dann durch eine sekundäre Konstruktion (»Kausalität«) wieder verklammert werden muß. Wenn Gunkel zu Ps 32, einem der sieben Bußpsalmen der Kirche, erklärt: »die Buße des Psalmisten ist doch nur von ferne mit der christlichen verwandt«, so wird von ihm in den Begriff »christlich« eine dualistische Anthropologie hineinprojiziert. Wo immer aber die Kirche den Psalm 32 als Bußlied gebetet hat – ohne den anthropologischen Kategorienzwang –, ist sie in die tiefere Schicht der leib-seelischen Einheit vor Gott hineingeführt worden.

Wenn der Apostel Paulus Ps 32,1–2 in Rm 4,7–8 als Zeugnis für die δικαιοσύνη χωρὶς ἔργων zitiert, so ist dieses Zitat zunächst rein äußerlich durch das Verbum חשב (λογίζεται) in Gn 15,6 und Ps 32,2 veranlaßt (vgl. Rm 4,3 und 8). Damit verknüpft sind aber sachliche Analogien. חשב ist ein Verbum, das den deklaratorischen Zuspruch des Gerecht-Seins bzw. der Vergebung ausdrückt. Ohne jede Bemühung des Menschen übereignet Gott sein Heil. Er ist der Initiant, er ist der souveräne Geber. Glücklich ist allein, wer an dieser Vergebung Anteil hat. Paulus lenkt die Aufmerksamkeit des Lesers und Erklärers auf die freie Gabe, von der Ps 32 zeugt. Und man wird, von hieraus gesehen, wohl darauf achten müssen, daß Bekenntnis und Beichte (5–6) nicht zu einem neuen ἔργον werden, dem die Heilsübereignung subordiniert wird.[1]

Psalm 33
Lobpreis des Schöpfers und Weltherrn

ADeissler, Der anthropologische Charakter des Psalms 33 (32): Mélanges Bibliques rédigés en l'honneur de ARobert (1957) 225–233. – KKoch, Wort und Einheit des Schöpfergottes in Memphis und Jerusalem. Zur Einzigartigkeit Israels: ZThK 62 (1965) 251–293. – WHSchmidt, Alttestamentlicher Glaube in seiner Geschichte ([2]1975) vgl. Reg. Literatur

1a **Jubelt, ihr Gerechten, über Jahwe,** Text
den Rechtschaffenen ziemt Lobpreis.

[1] Zur Theologie des Ps 32 vgl. KBarth, Kirchliche Dogmatik IV, 1, 644f.

2 Preiset Jahwe mit der Leier,
mit der zehnsaitigen Harfe spielet ihm!
3 Singet ihm[b] ein neues Lied,
rührt schön die Saiten mit Jubelschall!
4 Denn Jahwes Wort ist wahrhaftig
und verläßlich all' seine Taten.
5 Er ist es, der da liebt Gerechtigkeit und Recht.
Von Jahwes Huld ist voll die Erde.
6 Durch Jahwes Wort sind die Himmel gemacht
und durch seines Mundes Hauch ihr ganzes Heer.
7 Der wie im 'Schlauch'[c] faßt die Wasser des Meeres,
in Speichern die Urfluten legt.
8 Es fürchtet sich vor Jahwe die ganze Erde,
vor ihm erbeben alle Bewohner der Welt.
9 Denn er, er sprach, und es geschah;
er, er gebot, und es stand da.
10 Jahwe zerbricht[d] den Rat der Heiden,
vereitelt die Pläne der Völker.
11 Doch Jahwes Rat hat ewig Bestand,
seines Herzens Pläne (gelten) für und für.
12 Glücklich das Volk, das Jahwe seinen Gott (nennt), –
die Nation, die er sich zum Erbteil ersah!
13 Vom Himmel blickt Jahwe herab,
sieht auf alle Menschen.
14 Von der Stätte, da er thront, schaut er nieder
auf alle Bewohner der Erde.
15 Er ist es, der ihr Herz gebildet zumal[e].
Er merkt auf all' ihre Taten.
16 Nichts hilft dem König die Größe des Heeres,
nicht rettet den Helden die Größe der Kraft.
17 Nichts nützen Rosse zum Sieg,
die Größe ihrer Kraft bringt keine Rettung[f].
18 Doch Jahwes Auge[g] (ruht) auf denen, die ihn fürchten,
die da harren auf seine Huld,
19 daß er vom Tod ihr Leben errette
und sie erhalte in Hungersnot.
20 Unsere Seele harrt auf Jahwe.
[h]Er ist uns Hilfe und Schild.
21 Denn seiner freut sich unser Herz,
denn wir trauen seinem heiligen Namen.
22 Deine Huld, Jahwe, (walte) über uns,
wie wir auf dich hoffen.

1 **a** In *M* fehlt die Überschrift. *G* Τῷ Δαυιδ. Ist diese Überschrift verlorengegangen – oder ist der Psalm erst nachträglich in die Sammlung der Davidslieder
3 aufgenommen worden? (Duhm, Cheyne, Gunkel). – **b** pc Mss c *T* ליהוה (in An-
7 gleichung an den üblichen Ruf, z.B. in Ps 96,1; 98,1). – **c** כנד = »wie zu einem

Damm«. Doch *G* Hier *T* σ´ כַּנֹּד = כַּנֹּאד (»wie in einem Schlauch«); vgl. zu dieser Lesart auch den par. mebr. באצרות. Zur Bedeutung s.u. (»Wort«). *M* denkt wohl
an das Meereswunder (Ex 15,8; Ps 78,13). – **d** Die Perfekta הפיר und הניא be- 10
zeichnen »wiederholte Handlungen« BrSynt § 41a. – **e** *G* κατὰ μόνας (יָחַד); doch 15
ist *M* vorzuziehen. – **f** *GT* יְמַלֵּט; doch ist *M* zu folgen. – **g** 1Ms *GS* lesen den Plur. 17.18
עֵינֵי (vgl. Ps 34,16). Doch zu עין vgl. Ps 32,8. – **h** *G* erleichtert den Übergang zum 20
zweiten Halbvers mit ὅτι (כִּי).

Die 22 Zeilen des Ps 33 lassen ein »alphabetisierendes Lied« erkennen (Bickell); es enthält so viele Verse, wie das Alphabet Buchstaben hat (vgl. Ps 38; 146; Thr 5). Der Text ist gut überliefert und bietet zumeist Doppeldreier: 1–4.9.13–22. Eine durchgängige Rekonstruktion von Doppeldreiern (z.B. durch Korrektur der cstr.-Verbindung חסד יהוה in חסדו in 5 u. ff.) kommt jedoch nicht zum Ziel. Im Mittelstück des Liedes liegen Mischmetren vor. 3 + 4 in 5 und 8. 4 + 3 in 6.7.10.11.12. Form

Ps 33 gehört zur Formgruppe der L o b l i e d e r. Zur Gruppe der תהלות s.o.S. 43ff. Einl § 6,1. Zur genaueren Erfassung des Hymnus vgl. FCrüsemann, Studien zur Formgeschichte von Hymnus und Danklied in Israel: WMANT 32 (1969) 129ff. Der Psalm beginnt mit einem »imperativischen Hymnus« in 1–4 (Crüsemann, 129). Der eigentliche Hauptteil (5–19), der in »sehr freier und souveräner Weise ganz verschieden geprägte Form- und Stilelemente nebeneinander gesetzt« hat (130), hebt in 5 und 7 mit Partizipialaussagen an. Thematisch ist der Hauptteil des Lobliedes klar gegliedert: 4–9 handeln vom »Wort Jahwes«, 10–12 vom »Rat Jahwes«, 13–15 vom schauenden »Auge Jahwes« und 16–19 im Stil eines Bekenntnisses von dem, der allein wahrer Helfer und Retter ist. Wie in Ps 135 ist das Nebeneinander der Form des imperativischen Hymnus und eines daran angefügten Korpus in Ps 32 deutlich erkennbar (Crüsemann, 131).

Schon HEwald hatte erkannt, daß das Loblied Ps 33 anläßlich eines Festes angestimmt worden war. Alle Versuche älterer Zeit, eine geschichtliche Situation zu ermitteln, sind als abwegig zu kennzeichnen. Auch eine eschatologische Deutung, wie WStaerk sie versucht hat, trifft die wesentliche Aussage des Psalms nicht. Vielmehr wird anzunehmen sein, daß Ps 33 in den Zusammenhang der kultischen Huldigung vor Jahwe, dem König, Weltschöpfer und Weltherrn gehörte. Vgl. Ps 95,6; 99,9; 100,4; dazu o.S. 94ff. Einl § 10,1. Man wird jedoch davon ausgehen müssen, daß Ps 33 in relativ späte Zeit anzusetzen ist (vgl. die »alphabetisierende Form«, aber auch den möglichen Reflexionsbezug auf Gn 1). Doch eine genaue geschichtliche Einstufung ist nicht möglich. Ort

Die Imperative des hymnischen Introitus rufen zum Lobpreis Jahwes auf. Angesprochen und ermuntert werden die צדיקים und ישרים, die nach Wort 1–3 alter Sakraltradition in den heiligen Bezirk einziehen und vor Jahwe erscheinen dürfen (Ps 118,19f. vgl. vor allem Ps 1; 15; 24 und Ps 100,4). Vor dem *deus praesens* wird das Loblied angestimmt. Zu נאוה im Hymnus vgl. Ps 93,5; 147,1. Musikinstrumente begleiten den Lobgesang. כנור ist die »Kastenleier«, נבל ursprünglich die Leier mit dem schrägen Joch (vgl. KGalling, BRL 390f.). Zur Bedeutung der *musica sacra* im Festkult vgl. Ps 92,4; 150. Der Klang der Instrumente jubelt Jahwe zu. שׁיר חדשׁ (3) ist nicht im zeitlich-relativen Sinne das »neue« Lied, sondern jener letzte, allumfassende, durch die Raum-Zeit-Kategorie hindurchbrechende Hymnus, der auch in Ps 96 und Ps 98 zutage tritt (vgl. auch Jes 42,10; ApcJoh 5,9). שׁיר חדשׁ trägt zweifellos einen »eschatologischen« Akzent, der jedoch in die »überzeitlichen« Aussagen des Hymnus eingelassen ist. היטיבו נגן heißt eigentlich: »macht gut das Spielen« (vgl. Jes 23,16). Zu תרועה (»Festjubel«) vgl. PHumbert, *TEROU'A*, Analyse d'un rite biblique (1946). Ein dröhnender Jubelschall soll Jahwes Macht und Majestät erheben.

4–9 Mit dem charakteristischen כי beginnt in 4 der Hauptteil des Hymnus. Es werden in feierlicher Folge die Gründe genannt, warum Jahwe Jubel und Lobpreis gebührt. In 4–9 steht zunächst die wunderbare Macht des דבר־יהוה im Mittelpunkt der hymnischen Betrachtungen. Von der *qualitas* des דבר spricht 4 in einer grundsätzlichen Feststellung. Das »Wort Jahwes« ist ישׁר, und alles, was er schafft, erweist sich באמונה (vgl. Ps 19,9; Dt 32,4). Doch דבר ist keine Hypostase. Souveränes Subjekt ist Jahwe selbst. Er »liebt Gerechtigkeit und Recht« (5). Dieser Tatsache erinnern sich hier insbesondere die צדיקים (1). Zur Wendung צדקה ומשׁפט in den Psalmen vgl. Ps 11,7; 37,28 u.ö. Unter חסד־יהוה sind wohl insbesondere die huldvollen Schöpfungstaten als Erweis der universalen Heilsmacht Gottes zu begreifen. Der Bundeswille Jahwes bestimmt das All. Es handelt sich hier um eine bemerkenswerte Variation der älteren liturgischen Vorstellungen, wie wir sie in Jes 6,3 und Ps 8,2 vorfinden. Entsprechend der hymnischen Tradition hebt auch Ps 33 vor allem die Schöpfungstaten Jahwes hervor und betont, daß die Himmel durch den דבר־יהוה ins Dasein gerufen worden seien. Hier wird offensichtlich auf die auch in Gn 1,6.14 herrschende Überlieferung von der Schöpfung durch das Wort Bezug genommen (vgl. Ps 147). Zur wunderbaren Schöpfung der Himmel vgl. Ps 8,4. Im par. membr. ist רוח פיו der synonyme Begriff zu דבר־יהוה. Der »Hauch des Mundes« (vgl. Jes 11,4), der beim Sprechen des Wortes ausgeht, hat das »Heer des Himmels«, die Sterne, ins Dasein gebracht (vgl. Ps 147,4; Jes 40,26). Doch bedeutet רוח an dieser Stelle ganz fraglos mehr als »Wind«. Vielmehr steht das Wort ja synonym zu דבר und bezeichnet also die schöpferische Wortmacht. Jahwes Atem ist schöpferische Lebenskraft. Das schöpferische Wort Jahwes hat die gewaltige himmlische Welt errichtet. Dieses begründende Ereignis wird in 7 mit Vorstellungsrudimenten des Mythus beschrieben. מי הים bzw. תהומות sind hier die »Wasser oberhalb der Himmelsfeste« (המים אשר מעל לרקיע Gn 1,7). Den »Himmelsozean« hat Jahwe (wie Vorräte) in einen Schlauch eingesammelt (zu כנס vgl. Neh 12,44; Koh 2,8.26) und in Speicher gelegt. Von »diesen himmlischen Vorratskammern« handeln auch Hi 38,22; Jer 10,13; Ps 135,7. Die Bilder, von mythischen Begriffen durchsetzt, veranschaulichen die souveräne Art und Weise, in der Jahwe die chaotischen Urmächte (תהומות) überwindet (vgl. HGunkel, Schöpfung und Chaos in Urzeit und Endzeit, 1894, 95). In ähnlicher Weise schildert Deuterojesaja die weltüberlegene Macht Jahwes: Jes 40,12ff. – Es ist bemerkenswert, wie Ps 33 stets betont, daß zwischen Jahwe und der geschaffenen Welt nicht nur eine urtümliche Schöpfungsbeziehung, sondern vor allem eine geschichtlich-aktuelle Lebensbeziehung besteht (5.8). Der Schöpfer ist der Herr der Welt. Die Bewohner der Erde »zittern« und »fürchten sich« vor dem, der alles Leben trägt und von dessen Wort das All schlechthin abhängig ist. Zu תבל vgl. zu Ps 24,1. Der Hymnus bricht immer wieder aus in visionäre Schilderungen der Weltlage, in denen alle Kreatur allein auf Jahwe bezogen ist (vgl. Ps 96; 98). – Abschließend und unterstreichend spricht 9 von der wunderbaren Macht des דבר־יהוה. Das Wort Jahwes ist wirkungsmächtig, dynamisch. Als gebietendes Befehlswort eines souveränen Herrn ist es vollzugskräftig (Ps 148,5; Jes 55,11). Hier wird auf die in Gn 1,3 zur Geltung gelangende Tradition Bezug genommen.

Wenn in Ps 33 vom Gotteswort als von einer schöpferischen Potenz die Rede ist, so erfordert dieses Thema eine religionsgeschichtliche Umschau. – Die schöpferische Macht des göttlichen Wortes ist in der ägyptischen Religionsgeschichte häufiger bezeugt (HKees, Der Götterglaube im alten Ägypten, 1941, 180). Nach einer memphitischen Inschrift wurde z.B. Ptah zum Herzen und zur Zunge des Atum, des Schöpfergottes. Thoth ging aus dem Herzen, Horus aus der Zunge hervor. Durch das vom Herzen Erdachte und von der Zunge Befohlene werden die Götter gebildet und das All erschaffen. Die Erzählung berichtet dann von der Entstehung der Welt: »Der Allherr spricht: Zahlreich sind die Entstehungen (?), die aus meinem Munde hervorkamen.« Von Thoth heißt es: »Es geschieht nach seinem Willen, was aus seinem Munde ausgeworfen wird, sein Wort wird zur Tat, und sein Befehl verwirklicht sich« (vgl. AErman, Ein Denkmal memphitischer Theologie: SAB, 1911, 916ff.936ff.). Auf der Tempelwand zu Dendera (aus der Zeit des Kaisers Nero) ist zu lesen: »Thoth, welcher ruht auf der Wahrheit; was meinem Herzen entquillt, das wird sofort, und was er ausgesprochen hat, besteht in Ewigkeit« (zit. bei OGrether, Name und Wort Gottes im Alten Testament: ZAWBeih 64, 1934, 143). – Auch in der Welt des Zweistromlandes wird das Wort der Gottheit als wirkungsmächtig gepriesen. In einem »Handerhebungsgebet« für Nanna lesen wir: »Wenn dein Wort am Himmel wie der Wind dahinfährt, bringt es dem Lande reichlich Speise und Trank, wenn dein Wort auf Erden ergeht, läßt es üppiges Gras wachsen, dein Wort macht Hürde und Pferch fett, macht die Lebewesen zahlreich. Dein Wort schafft Recht und Gerechtigkeit, so daß die Menschen die Wahrheit sprechen, dein Wort ist ferne im Himmel, ist in der Erde verborgen, niemand kann es durchschauen, wer kennt dein Wort, wer kann sich mit ihm messen?« (AFalkenstein/WvSoden, Sumerische und akkadische Hymnen und Gebete, 1953, 224). Weitere Texte aus dem Zweistromland bei OGrether, Name und Wort Gottes im Alten Testament, 140ff. Zum Problem vgl. auch: LDürr, Die Wertung des göttlichen Wortes im Alten Testament und im antiken Orient: MVAG 42,1 (1938). – Den Unterschied zwischen biblischem und altorientalischem Wort-Gottes-Verständnis sieht OGrether (Name und Wort Gottes ... 144) folgendermaßen: »So sehr in manchen Punkten eine Ähnlichkeit mit biblischen Anschauungen hervortritt, so zeigt sich doch bei näherem Zusehen, daß in der Betrachtung von Gottes Wort als Prinzip der Schöpfung und Welterhaltung ein tiefgreifender Unterschied zwischen der Bibel und den außerbiblischen Religionen besteht. Dort bildet die wahre Erkenntnis und die unbedingte Anerkennung seines Herrseins die auf göttlicher Offenbarung beruhende Grundlage für den Schöpfungsglauben und garantiert für seine Reinheit. Hier fehlt jene Voraussetzung, und die Gottheit wird in eine teils magische, teils naturhafte, teils pantheistische oder in sonst einer Weise schiefe Beziehung zur Welt gesetzt. Dieser Unterschied wirkt auch auf das Wort zurück. Dort dient es dazu, Gott in seiner Überlegenheit über die Welt zu verherrlichen und seinen Herrschaftsanspruch über die Natur zu sichern. Hier wird das Wort als eine magische oder naturhafte Größe oder als eine Emanation der Gottheit angesehen, so daß die Gottheit an die Natur gebunden oder mit ihr identifiziert wird.« Vgl. auch GvRad, Theol AT^6 I 156f. – Das religionsgeschichtliche Problem des »schöpferischen Wortes«, aus dem das All hervorgegangen ist, hat KKoch von Grund an neu zur Diskussion gestellt: ZThK 62 (1965) 251–293. Dabei wird insbesondere die altägyptische, »memphitische Theologie« untersucht. Koch meint, die Dokumente seien für den christlichen Theologen deswegen so aufregend, weil sie 1. von der Schöpfung der Welt durch das Wort Gottes reden – mindestens 1700 Jahre vor der Niederschrift von Gn 1, und weil 2. von einem Gott die Rede ist, der über einer geschlechtlichen Bestimmtheit steht (254). In dem allem wird der Schöpfergott in Ägypten durchaus »personhaft« gedacht und nicht als unbestimmter Urgrund alles Seins (260). Der auf S. 264 mitgeteilte Text wird von Koch folgendermaßen kommentiert: »Das Schöpfungswort ist ein Teil des Gottes selbst, es trennt sich nie völlig vom Sprecher, sondern überträgt seine ›Substanz‹ auf die durch den Ausspruch hervorgerufene Kreatur« (264). »Alles Leben entsteht durch das schöpferische Wort des einen Gottes« (265). Nach Koch erinnert das Nebeneinander von Wort und Werk in Ps 33,4 an die Doppelung von Sprechen und Wirken im Denkmal memphitischer Theologie (273). Auch andere Texte des Alten Testaments werden im Licht der »memphitischen Theologie« gesehen und kritisch diskutiert. Dabei wird festgestellt, daß im Alten Testament die Rede vom schöpferischen Wort »alles andere als uniform« ist (283). Vielmehr ist festzustellen:

1. In Memphis wie in Jerusalem ist die Idee vom schöpferischen Gotteswort als primäre Art göttlichen Wirkens erst im Verlauf einer komplizierten Überlieferungsgeschichte allmählich ausgebildet worden, und zwar in Tempelkreisen.

2. Hier wie dort ist dieses Wort mehr als eine bloß geistige Größe, vielmehr ein eigenständiges Etwas voll numinoser Kraft.

3. Das Wort des Schöpfers wird in beiden Fällen auf die mächtigste und einzige wirklich göttliche Gestalt zurückgeführt: in Israel auf den seit alters ausschließlich verehrten Jahwe, in Ägypten auf den alle anderen Gottheiten umfassenden Ptah (Amon).

Es gilt darum, »daß die beiden Religionen sich bei einem Thema ähneln, das keineswegs in jeder Religion hervortritt« (1–3 waren ebenfalls Zitat: S. 284). Koch greift schließlich die Frage nach der »Einzigartigkeit Israels« an (285ff.). Er stellt die Frage, auf die hier später zurückzukommen sein wird: »Welche Züge in den hymnischen und lehrhaften israelitischen Wort-Gottes-Aussagen heben sich so deutlich von den ägyptischen Parallelen ab, daß sie erklären, wieso Israel sich zunehmend aus der altorientalischen Gemeinsamkeit religiösen Denkens herausgelöst hat?« (288). Diese Frage geht auf den später ausführlicher eröffneten Aspekt zu: Die Einzigartigkeit Israels ist nichts Prinzipielles und Evidentes; sie tritt vielmehr »in jahrhundertelangen überlieferungsgeschichtlichen Bewegungen« erst hervor (291). So sieht Koch aus dem durch historische Forschung erhobenen Selbstverständnis Israels den modernen Offenbarungspositivismus widerlegt. Und ganz gewiß wird festzustellen sein, daß Koch eine verdienstvolle Arbeit geleistet hat – im Blick auf jene schablonenhafte Unterscheidung zwischen biblischer Offenbarung und außerbiblischer Naturreligion, die immer wieder und immer noch in der christlichen Theologie sich zu Wort meldet. Gleichwohl wird unter »Ziel« auf die Hauptthesen Kochs zurückzukommen sein.

Thema des hymnischen Hauptteils (4–19) in 10–12 ist עצת־יהוה (11). Da der Schöpfungsbereich zugleich der Bereich der Herrschaft Jahwes ist (10 vgl. Ps 24,1–2), können die nach geschichtlicher Macht trachtenden Pläne der Völker nicht zur Durchführung kommen (vgl. Jes 8,10). Der Weltschöpfer ist in jedem Augenblick der Geschichte der Weltherr. Sein Plan hat allein Bestand (11). Die Art, wie hier von dem geschichtsmächtigen Ratschluß Jahwes gesprochen wird, erinnert sehr an Jesaja (Jes 5,19; 8,10) und die ihm nahestehende Tradition (Jes 14,24; 46,10). Ist דבר־יהוה in Ps 33 die tragende Schöpfungsmacht, so ist עצת־יהוה die fortwaltende Geschichtsmacht. Und weil »Wort« und »Rat« Jahwes in Israel bekannt werden (Ps 76,2), darum wird das Volk, das Gott erwählt hat, glücklich gepriesen. Zu אשרי (12) vgl. HSchmidt, Grüße und Glückwünsche im Psalter: ThStKr 103 (1931) 141–150. 10–12

Der Schöpfer und Weltherr ist der im Himmel thronende Gott (13). Die Aussagen des Hymnus bewegen sich innerhalb der durch die Jerusalem-Tradition vorgegebenen Vorstellungen (s.o.S. 94ff. Einl § 10,1). Vom Himmel schaut Jahwe herab auf die Bewohner der Erde (vgl. Ps 11,4; 14,2; 102,20). Der Schöpfer und Weltherr ist der Weltrichter. Seiner Allwissenheit entgeht nichts. Von seiner himmlischen »Wohnstätte« (מכון־שבתו) überschaut er alle Menschen. Dieses universale Richtamt sieht 15 darin begründet, daß Jahwe allen das Herz »gebildet« hat. Ähnliche Aussagen finden sich in Ps 94,9; 139,13ff.; Sach 12,1. Die makrokosmische Relation »Schöpfer und Weltherr« wird demnach in 13–15 in den Bereich der zentralen menschlichen Lebensäußerungen hineingetragen: der Schöpfer des Herzens ist der Herr und Richter des Menschen. 13–15

Nachdem die Verherrlichung der Schöpfungsmacht und Herrschaft Jahwes in 15 bis in das Innerste des Menschen vorgedrungen ist, werden 16–19 in 16–19 nun alle innerweltlichen Machtfaktoren als nichtig erwiesen. Gültige Sprüche der sakralen Tradition des »Heiligen Krieges« werden in 16–17 zu allgemeinen, universal verbindlichen Sentenzen erhoben (vgl. dazu GvRad, Der Heilige Krieg im Alten Israel: ATANT 20, 1951, 82). So wird in 16 nun gewiß nicht mehr ausschließlich an israelitische Könige gedacht sein. Es geht in einem grundsätzlichen Sinn darum, daß menschliche Macht und Größe – auch in ihrer gewaltigsten Erhebung – unzuverlässig und nichtig ist. Der mit שקר einsetzende Vers 17 müßte wörtlich übersetzt werden: »Lüge, Täuschung ist…«. Die Rosse als Inbegriff »fleischlicher« Macht (Jes 30,15f.; 31,1f.) bringen keine Rettung. Die einzig zuverlässige Schutzmacht ist das »Auge Jahwes« (18); das denjenigen umfängt, dem Gott eine lebendige Wirklichkeit ist – d.h.: der »ihn fürchtet«. חסד ist in diesem Zusammenhang die sich schützend und bewahrend auswirkende göttliche Huld und Bundestreue. Wer von »Jahwes Auge« umfangen ist, der wird vor Hunger und Tod errettet (Ps 34,10; 37,19). Vgl. ChrBarth, Die Errettung vom Tode in den individuellen Klage- und Dankliedern des Alten Testaments (1947) 53ff.

20–22 Ps 33 schließt in 20–22 mit dem Abgesang. Die lobende Gemeinde »wartet« (חכה) auf Jahwe – sie späht aus nach seinem Kommen. Doch in dieser Erwartung ist Jahwe den Seinen Beistand und Schutz (vgl. 18). Freude und Vertrauen bestimmen das Leben des Gottesvolkes im Bereiche der Gegenwart Gottes (בשם קדשו). Zuletzt dringt eine Bitte um huldvolle Zuwendung zu Jahwe (22).

Ziel Der Jubel der צדיקים, die im Bund Jahwes leben und sein Heilswirken erfahren haben, äußert sich in Ps 33 als שיר חדש. Im Offenbarungsgeschehen des alten Bundes ist Israel der Macht des »Wortes« und »Rates« Jahwes begegnet und ihrer gewiß geworden. Das Gottesvolk hat erfahren, daß allein unter dem wirksamen Aufmerken des »Auges Gottes« Schutz und Hilfe zu finden sind. Und nun werden durch den Hymnus im Licht der Offenbarungsmacht verborgene Wirklichkeiten aufgedeckt. Ein letzter, fundamentaler Sachverhalt kommt an den Tag. Schöpfung und Geschichte sind von Jahwe schlechthin abhängig. Keine Macht hat neben ihm Bestand. Darum zittern die Völker, die nach eigenen Lebensgesetzen und politischen Plänen existieren. Alle kriegerische Macht ist nichtig. Im Glanz der Weltherrschaft Jahwes kommt es an den Tag, wer im Regiment sitzt. Und schon jetzt jubeln die צדיקים, die Glieder des erwählten Volkes (12), und freuen sich ihres Gottes. Der Ps 33 ist nicht in dem Sinn »eschatologisch«, daß er ein endgeschichtliches Bild zeichnet; seine »Eschatologie» ist innergeschichtlich, d.h., sie reißt mitten im bewegten, geschichtlichen Leben visionär das Geheimnis und Wunder der allezeit gültigen und letztbestimmenden Wirklichkeit in Schöpfung und Geschichte auf. Dem Hymnus ist die uneingeschränkte, »letzte« Herrschaft Gottes ein gegenwärtiges Ereignis, das die vordergründige Weltbetrachtung wandelt und neue Realitäten in den Blick bringt.

Bei der Diskussion mit K Koch, dessen religionsgeschichtliche Untersuchung auf die Problematisierung des landläufigen Verständnisses der »Einzigartigkeit Israels« hinausläuft, wird eine grundsätzliche Besinnung zuerst erforderlich sein. Unverkennbar ist Koch bedacht, eine die historischen Relativitäten überrennende oder verkennende Wort-Gottes-Theologie bzw. das, was er den »Offenbarungspositivismus« nennt, infrage zu stellen. Nun hat aber ausgerechnet derjenige Theologe, dem man allgemein die »absolute« Wort-Gottes-Theologie und den Offenbarungspositivismus zum Vorwurf macht, nämlich Karl Barth, zum Verhältnis »Offenbarung – Religion« einige grundsätzliche Äußerungen getan, die zur Kenntnis zu nehmen geraten ist. Es heißt in KD I,2 auf S. 307: »Gott ist in seiner Offenbarung tatsächlich eingegangen in eine Sphäre, in der seine Wirklichkeit und Möglichkeit umgeben ist von einem Meer von mehr oder weniger genauen, aber jedenfalls grundsätzlich als solche nicht zu verkennenden Parallelen und Analogien in menschlichen Wirklichkeiten und Möglichkeiten. Gottes Offenbarung ist tatsächlich Gottes Gegenwart und also Gottes Verborgenheit in der Welt menschlicher Religion. Indem Gott sich offenbart, verbirgt sich das göttlich Besondere in einem menschlich Allgemeinen, der göttliche Inhalt in einer menschlichen Form und also das göttlich Einzigartige in einem menschlich bloß Eigenartigen.« So wird man von der realen und schrankenlosen menschlichen und geschichtlichen Bedingtheit des biblischen Wortes (M Noth) immer wieder ausgehen müssen. Jeglichem Offenbarungspositivismus ist Absage und Widerspruch entgegenzubringen. – Diese Erkenntnis und Einsicht entbindet aber nicht von der Aufgabe, nicht nur im überlieferungsgeschichtlichen Prozeß (so Koch), sondern auch angesichts vorliegender biblischer Texte die Eigenart biblischer Aussage zu kennzeichnen. Dabei ist auszugehen von der Feststellung: Es ist Jahwes, des Gottes Israels Wort, von dem Ps 33 spricht. Dieses Wort steht als »Phänomen schöpferischer Kraft« nicht isoliert; es ist aus dem Kontext des Redens Jahwes im Alten Testament und im Zusammenhang biblischer Aussagen über dieses Reden zu sehen und zu erklären. Religionsgeschichtliche Forschung neigt immer dazu, ein Phänomen herauszuschneiden, es zu isolieren und an das vergleichbare fremdreligiöse Phänomen heranzuführen. Dadurch entstehen suggestive Vorstellungen von engster Zusammengehörigkeit der beiden ins Licht gerückten, verglichenen Phänomene, denen gegenüber der biblische Kontext im Dunkel steht. Es mag jedoch zu denken geben, daß schon im Ps 33 selbst die Eigentlichkeit, die Wahrheit und die Bewährung des Wortes Jahwes in der Auseinandersetzung mit dem »Rat der Heiden« und den »Plänen der Völker« (10) zur Sprache gebracht wird. Jahwes Wort ist ein in der Geschichte bewährtes, seinen Plan schöpferisch vollstreckendes Wort (11). Damit ist der Erweis seines schöpferischen Vermögens angetreten worden: Nicht in irgendeiner (mythischen) Vorzeit, an einem fernen Anfang, sondern in der Wirklichkeit der Geschichte.

Psalm 34
Dank und Lehre eines Erretteten

Literatur HWiesmann, Psalm 34 (Vulg. 33): Biblica 16 (1935) 416–421. – NHSnaith, Five Psalms (1; 27; 51; 107; 34). A New Translation with Commentary and Questionary (1938). – LJLiebreich, Psalms 34 and 145 in the Light of their Key Words: HUCA XXVII (1956) 181–192. – WVischer, Du texte au sermon – Psaume 34: Études Théologiques et Religieuses 44 (1969) 247–264. – JJMRoberts, The Young Lions of Psalm 34,11: Biblica 54 (1973) 265–267.

Text **1Von David. Als er sich vor Abimelech wahnsinnig stellte, so daß dieser ihn vertrieb und er wegging.**

2Preisen will ich Jahwe allezeit,
sein Lob soll stets in meinem Munde sein.
3Jahwes rühmt sich meine Seele;
die Armen sollen es hören und sich freuen!
4Erhöht Jahwe mit mir,
seinen Namen laßt uns zusammen erheben!
5Ich suchte Jahwe, da erhörte er mich
und befreite mich aus allen meinen Ängsten.
6'Blicket'[a] auf ihn, so werdet 'ihr'[b] strahlen,
und 'euer'[c] Antlitz braucht sich nicht zu schämen.
7Hier ist ein Armer, der rief, und Jahwe hörte
und half ihm aus allen seinen Nöten.
8Es lagert sich Jahwes Engel
rings um die, die ihn fürchten, und rettet sie.
9Schmecket und sehet, wie gütig Jahwe ist!
Glücklich der Mann, der zu ihm sich flüchtet!
10Fürchtet Jahwe, ihr seine Heiligen,
denn die ihn fürchten, denen mangelt nichts!
11'Reiche'[d] darben und hungern,
doch die Jahwe suchen, denen mangelt kein Gut!
12Kommt, ihr Söhne, hört mir zu!
Die Furcht Jahwes will ich euch lehren!
13Wer ist der Mann, der Leben begehrt
und Tage liebt, da Glück er schaut[e]?
14Bewahre deine Zunge vor dem Bösen,
deine Lippen vor frevler Rede!
15Halte dich fern vom Bösen und tue Gutes,
suche Frieden und strebe ihm nach!
16Jahwes Augen (wenden sich) zu den Gerechten
und seine Ohren zu ihrem Schreien.
17Jahwes Antlitz (richtet sich) gegen die Sünder,
ihr Gedächtnis im Lande zu tilgen.
18Sie schreien[f], und Jahwe hört
und rettet sie aus all ihren Nöten.
19Nahe ist Jahwe gebrochenen Herzen

und hilft denen, die zerschlagenen Geistes.
20 Zahlreich sind des Gerechten Leiden,
doch aus alledem befreit ihn Jahwe.
21 Er behütet all seine Gebeine,
nicht eines davon wird gebrochen.
22 Es tötet den Frevler das Unheil, –
wer Gerechte haßt, muß es büßen.
23 Jahwe erlöst die Seele seiner Knechte;
keiner büßt, wenn er ihm vertraut.

a *M* müßte wörtlich übersetzt werden: »sie blickten auf ihn und erstrahlten, 6
und ihr Angesicht soll sich nicht schämen«. Wer ist das Subjekt? Welchen Sinn
hat die Aussage? Eine Korrektur ist unumgänglich. הביטו wird in 8Mss α´ *S* Hier
als imper. הַבִּיטוּ gelesen. – **b** *G*α´ *S* Hier lesen וּנְהָרוּ. – **c** Das Suffix ist den Korrek-
turen im ersten Halbvers entsprechend mit *GS* Hier zu ändern: וּפְנֵיכֶם. – **d** *M*: 11
»junge Löwen darben«. Das Wort כפירים ist wohl kaum richtig wiedergegeben. *G*
πλούσιοι = כְּבֵדִים oder כַּבִּירִים (»Gewaltige«); BDuhm: כֹּפְרִים (»Leugner«, »Ab-
trünnige«). Doch sucht neuerdings JJMRoberts (Biblica 54 (1973) 265ff.) die
»jungen Löwen« zu retten. Er verweist auf Hi 4,7–11 und auf babylonische Sen-
tenzen. – **e** *G* ἀγαπῶν ἡμέρας ἰδεῖν ἀγαθάς = לראת ימים טובים. Es handelt sich 13
hier um eine erleichternde Wortstellung. – **f** *GST* fügen hinzu: צַדִּיקִים. Die Er- 18
gänzung ist erforderlich geworden, nachdem in der Texttradition 17 und 18 in
der Reihenfolge vertauscht worden sind (s.u. »Form«). Es ist jedoch *M* zu folgen.

Der Folge des Alphabets entsprechend sind die Zeilen des Ps 34 aneinandergereiht (zu den alphabetischen Psalmen vgl. zu Ps 9/10 unter »Form«). Es fehlt die ו-Zeile. Eine Umstellung der ע-Zeile hinter die פ-Zeile ist erforderlich (siehe Kontext in 18; zur Folge פ–ע vgl. Thr 2–4). Die letzte Zeile des Liedes (23) ist als späterer Zusatz zu kennzeichnen. Die alphabetische Form eines Psalms bringt es mit sich, daß die Gedankenordnung bisweilen gezwungen und nicht selten abrupt wirkt. – Im Metrum dominiert der Doppeldreier. Ausnahmen bilden 7.9.19 (4 + 3) und 11 (3 + 4). Der zusätzliche Schlußvers (23) ist im Versmaß 4 + 4 zu lesen. Form

Ps 34 bereitet der formkritischen Analyse erhebliche Schwierigkeiten. Zumeist wird ausgegangen von der in 5–7 deutlich hervortretenden Intention, die den Psalm in die Nähe des Dankliedes eines Einzelnen rückt (vgl. Gunkel-Begrich, EinlPs § 7). So kommt auch DMichel zu dem Ergebnis: »Die perf. Vers 5 berichten... die Fakten der Not und Errettung. In Vers 7 finden wir ... die für das Danklied typische Inversion« (Tempora und Satzstellung in den Psalmen, 1960, 67). Dem entspräche der hymnische Auftakt in 2f. Doch vermißt FCrüsemann »die doppelte Sprechrichtung«, »das konstitutive Formmerkmal dieser Gattung«. Auch stammt die Introduktion nicht aus dem Danklied (FCrüsemann, Studien zur Formgeschichte von Hymnus und Danklied in Israel: WMANT 32, 1969, 296). Crüsemann kommt zu dem Ergebnis: »Dieser

Psalm ist kein Danklied, er ist aber auch kein Hymnus und kein Weisheitslied. Er entzieht sich durchaus einer Klassifizierung in die normalen Gattungen. Keines der in ihm aufweisbaren Formelemente prägt seine Gesamtform. Die Form des alphabetischen Akrostichon hat in diesem Fall die überkommenen Gattungen völlig gesprengt; entstanden ist etwas Neues und Eigenes« (296f.). Gleichwohl wird man nicht darauf verzichten können, die auch von Crüsemann angesprochenen Elemente der »etwas Neues und Eigenes« darstellenden Mischform herauszustellen und den bestimmenden Trend des Ganzen aus der Formendominanz zu ermitteln. Die Intentionen (wenn auch nicht die reinen Formen) eines Dankliedes sind, wie oben gezeigt, unverkennbar. Doch sind sie aufgenommen in eine Lehrdichtung, die unter dem Einfluß weisheitlicher Traditionen konzipiert worden ist. S.o.S. 63ff. Einl § 6,5. Traditionsgeschichtlich ist das in Ps 34 vorliegende Exemplar einer aus dem Danklied hervorgegangenen, nun dominanten Lehrdichtung gut zu erklären. Denn es gehörte zur Eigenart der alten *Toda* die Anrede an die Gemeinde (Ps 22,23) – eine Anrede, in der die Erfahrungen des Sängers in Bekenntnis und Lehre mitgeteilt wurden.

Ort Es ist wohl fraglich, ob Ps 34 jenen »Sitz im Leben« gehabt hat, der bei den Klageliedern eines Einzelnen sonst vorauszusetzen ist. Ist das nach alphabetischer Anordnung entworfene Lehrgedicht nicht eine typische »Schreibtischarbeit« (HSchmidt)? Auffassungen und Urteile dieser Art neigen zu einem negativen und nicht selten karikierenden Bild von dem »über seine Schriftrolle gebeugten Gelehrten« und dem in starren Sentenzen sich äußernden Dichter. Man wird die Kunstform des Akrostichon als eine eigene, besondere Größe zu betrachten haben, die sich in exilisch-nachexilischer Zeit durchsetzte und in der jeder Versansatz wohl der Gedächtnisstütze diente. Gleichwohl ist es bemerkenswert, daß und wie der Psalmist auftritt. Seine weisheitlichen Erfahrungen beziehen und gründen sich auf eigenes Erleben (5–7). Auch wenn das »Ich« in den Formularen der Danklieder und vollends in einem Lehrgedicht eine typisierte Funktion hat, so ist doch jeweils das Erleben des sprechenden Ich akut.

Wort 1 Zu לדוד s.o.S. 15ff. Einl § 4 Nr. 2. – Die weitere Überschrift bemüht sich um eine geschichtliche Einordnung des »Davidspsalms« und begeht dabei den Fehler, Achis von Gath mit Abimelech (1 S 21,12–15) zu verwechseln. Eine innere Beziehung zu der alten Davidsgeschichte ist in Ps 34 nirgendwo gegeben.

2–4 Der Psalmsänger will Jahwe allezeit »preisen«. ברך als Begriff des Lobens hat die Bedeutung: »jemanden in seiner Machtstellung und in seinem Hoheitanspruch in aller Form anerkennen« (FHorst, Segen und Segenshandlungen in der Bibel: EvTh 7, 1947, 31). Dem Erretteten (5) wird der Lobpreis Jahwes zum bestimmenden Lebensinhalt. 2 hat den Charakter eines Gelübdes. Zu נפש in 3 vgl. GvRad, TheolAT[6] I 166. – Das Danklied des Erretteten »rühmt« Jahwe, aber es ist zugleich Zeugnis und Botschaft an die ענוים (zu ענו s.o.S. 108ff. Einl § 10,3). Die Bedrückten und Hilfebedürftigen sollen sich an der Heilserfahrung des Psalmisten aufrichten und erfreuen. Damit bekommt der ganze Psalm eine kerygmatische Zielrichtung, die in den Lehraussagen sorgsam bedacht werden muß. In allen Zeilen des Liedes aber soll Jahwes Name erhöht und erhoben werden. Die ענוים werden in das Lob hineingenommen. Es soll die alles überragende Wirkungsmacht der heilsbringenden Offenbarungsgegenwart (שׁם) Jahwes bezeugt werden.

Die zurückblickende Erzählung des Dankenden in 5 bezeichnet nur in 5
aller Kürze den Horizont der dann folgenden Lehraussagen. Der Leidende »suchte« Jahwe. Zu דרשׁ als term.tech. des Heiligtumsbesuches: Am 5,5; 1 Ch 21,30; 2 Ch 1,5. An heiliger Stätte »antwortete« (ענה) Jahwe dann durch den Mund des Priesters (vgl. JBegrich, Das priesterliche Heilsorakel: ZAW 52, 1934, 81–92). Sein Wort erwies sich als wirksam und »rettete aus allen Ängsten«. Das Heil Jahwes brachte also eine reale Lebenswende. Auch diese Tatsache ist wichtig für das Verständnis der Lehraussagen, die man herkömmlich gerne unter das Urteil »naive Vergeltungstheorie« (RKittel u.a.) stellt.

Der kerygmatisch-lehrhaften Zielsetzung entsprechend (3b) werden 6–11
alle Hilfebedürftigen aufgerufen, auf Jahwe zu blicken: 6. Dabei geht der Psalmsänger aus von der erlebten Offenbarung und der Zuwendung des »Angesichtes Gottes«, das seinen heilsamen Widerschein in denen abprägt, die ihn suchen. Zu נהר in der Bedeutung »vor Freude strahlen«: Jes 60,5. פניכם אל־יחפרו bedeutet soviel wie אל־יבושו: »sie werden nicht zuschanden werden«, d.h., sie werden Erhörung und Hilfe finden. – In dem mit זה beginnenden Vers 7 wird paradigmatisch und demonstrativ auf das erlebte Schicksal des Psalmisten gewiesen (vgl. Thr 3,1; dazu HJKraus in BK XX). 7 interpretiert damit die Aussagen in 6. Als Organ der wirksamen Hilfe Jahwes, die dem Bittenden und Gottesfürchtigen zuteil wird, nennt 8 den מלאך־יהוה. Insbesondere das Verb חנה läßt erkennen, daß der Psalmsänger hier auf eine uralte Tradition Bezug nimmt (vgl. Gn 32,1.2; Ex 14,19; Jos 5,14; Sach 9,8; Ps 103,20f.). Ein »Bote« aus dem himmlischen Heer schlägt rings um den Heilsempfänger sein Lager auf. Diese Aussage bringt anschaulich die schützende und helfende Gegenwart des Gottesheils zur Geltung (vgl. Ps 91,11). Der Psalmist ruft dazu auf, die Güte Jahwes zu »schmecken« und zu »schauen«. טעם hat die Bedeutung »kosten«, »ein wenig genießen« (1 S 14,24.29; 2 S 3,35; Jon 3,7). Der Zuhörer soll also gleichsam eine Kostprobe von dem nahen, heilbringenden Gottesgut nehmen. Man könnte fragen, ob der Psalmsän-

ger das Bewußtsein hat, daß sein verkündigender Bericht die gegenwärtige Gotteshilfe greifbar anbietet und übermittelt. Glücklich gepriesen werden alle, die zu Jahwe Zuflucht nehmen (vgl. Ps 2,12). – Immer wieder tritt der Psalmist mit Mahnungen an seine Hörer heran. So auch in 10. Die »Heiligen Jahwes« sollen Gott »fürchten«. קדשיו bezieht sich nach MNoth nur an dieser Stelle im Alten Testament auf Menschen (GesStudzAT 277; zum Problem vgl. zu Ps 16,3). Der Ausruf in 10a nimmt auf eine bekenntnisähnlich formulierte Grunderfahrung Bezug (10b): die Jahwe fürchten, denen mangelt nichts. Die persönlich erlebte Hilfe wird zu einer Heilserfahrung aller Gottesfürchtigen erweitert. In 11 empfängt die Lehraussage im Konstrast eine noch kräftigere Steigerung: »Reiche« darben und hungern, aber die Jahwe suchen (zu דרש vgl. 5) erleiden keinen Mangel an irgendeinem Gut. Bis zur krassen Schwarz-Weiß-Zeichnung ist hier die Lehre vom Reagieren Gottes auf die Verhaltens- und Lebensweise des Menschen hinausgezeichnet. Kann man hier nicht die »Vergeltungstheorie« des nomistisch-dualistisch bestimmten Judentums mit Händen greifen? Es wird zum Schluß (vgl. »Ziel«) zu der »Vergeltungslehre« des Ps 34 noch eine Erklärung fällig sein.

12–18 In 12 tritt der Psalmsänger wie ein Weisheitslehrer auf (vgl. Prv 2,1; 3,1). Er will seine Zuhörer »belehren« (אלמדכם) und betrachtet sie als seine Schüler (»Söhne«). Inhalt der Lehre ist die »Furcht Jahwes«. Viele Kommentatoren deuten יראת יהוה im allgemeinen Sinne als »Jahwe-Religion«, doch wird diese Erklärung dem spezifischen Bedeutungsgehalt von ירא in Ps 34 nicht gerecht. Wer Jahwe fürchtet, erkennt und anerkennt seine Wirklichkeit. יראת יהוה ist keine religiöse Theorie, sondern eine Mitteilung über das rechte, angemessene Sichverhalten und Leben des Menschen angesichts der Wirklichkeit Gottes. Diese Mitteilung geschieht in der Form von Fragen und Sentenzen (vgl. GvRad, TheolAT^6 I 371 A. 8). Ganz einfach, praktisch und diesseitig wird die Frage gestellt, wer ein glückliches Leben begehrt (13). Zu dieser Frage ist eine wörtliche Parallele aus Ägypten (aus der Zeit Tutenchamons) bekannt: Couroyer, Idéal sapiental en Egypte et en Israël: RevBibl 57 (1950) 174ff. Das urmenschliche Verlangen nach einem erfolgreichen, angenehmen Leben wird angesprochen.[1] Man könnte die Frage als »eudämonistisch« be-

[1] »Non interrogat propheta an quisquam ita sit affectus ac si sponte omnes miseriam sibi accerserent: scimus enim bene et feliciter agendi commune omnibus esse votum: sed in praeposteris studiis caecitatem et amentiam perstringit. Quod quum strenue omnes ad captandum quod sibi utile sit cursitent, vix centesimus quisque in animum inducat pacem, tranquillumque et optabilem vitae statum iustitia et aequitate redimere. Suos ergo discipulos admonet propheta, totum fere mundum iniustitia labi et errare, dum aliunde sibi beatam vitam promittit, quam ex Dei benedictione, qua solos simplices et integros dignatur. Sed plus vehementiae in se continet haec exclamatio, ut melius expergefiant torpentes et sopiti animi: ac si dixisset, Quum omnes felicitatem appetant, qui fit ut ad eam obtinendam nemo fere adiiciat animum? ac sibi potius quisque sua culpa varias molestias accersat?« Calvin, In Librum Psalmorum Commentarius, zu Ps 34,13.

zeichnen. Die Antwort aber (14–15) lehrt nun die »Furcht Jahwes« und behauptet, daß alle wünschenswerten Lebensfreuden demjenigen zufallen, der in seinem alltäglichen Wandel die יראת יהוה bewährt. D.h. konkret (14): Glücklich ist, wer sein Reden in Zucht nimmt (Ps 141,3; Prv 4,24; 13,3; 21,23; Sir 28,13ff.; Mt 12,36; 1 Pt 3,10–12). Schon in diesem Verhalten würde es sich erweisen, ob der Mensch vor dem lebendigen Gott lebt. Glückliches Leben in der יראת יהוה heißt ferner (15): vom Bösen sich fernhalten (vgl. zu Ps 1,1), Gutes tun (vgl. Am 5,15), Frieden suchen und ihm nachstreben.[1] Zu den Weisungen in 15 vgl. Ps 37,27; Prv 3,7; 13,19; 16,6.17; Hi 28,28; Hebr. 12,14. So enthalten also 14 und 15 die *notae* des צדיק (vgl. die Ausführungen zu Ps 1 und Ps 15). Ein glückliches Leben erfährt der »Gerechte«, denn Jahwes Augen wenden sich ihm zu, und Jahwes Ohren hören sein Schreien in den Stunden der Not (vgl. Ps 1,6; 32,8; 33,18). Hier wird es deutlich: wahres Lebensglück ist es, vor dem lebendigen Gott in der יראת יהוה zu existieren. Die עשׂי רע (17) und רשׁעים (22) hingegen erleben den Widerstand und Zorn Jahwes. Ihr זכר wird getilgt (vgl. zu Ps 1,4.6). Die צדיקים erfahren vor allem in der Not die Wirklichkeit und Heilswirksamkeit Jahwes (18).

Daß Ps 34 keineswegs eine »naive Vergeltungstheorie« lehrt, zeigen 19–23
insbesondere die Verse 19–21. Die צדיקים sind nicht einfach die Gesunden und vor Lebenskraft Strotzenden. An ihrem »religiösen Wohlverhalten« wirkt sich das Reagieren Gottes nicht »planmäßig« in einem ungetrübten Wohlleben aus. Das »Glück«, von dem der Psalmist spricht, liegt in einer tieferen Schicht verborgen. Die צדיקים sind die Leidenden, sie tragen viele Schmerzen. נשׁברי־לב sind Menschen, die von einer großen Verzweiflung über sich selbst erfaßt sind. Ihr natürliches Lebensvertrauen ist gebrochen und zerstört. Ein solcher Zusammenbruch deutet stets in letzte Tiefen des Verhältnisses zu Gott. Doch gerade der an sich selbst Verzweifelnde steht unter der Verheißung der Gottesnähe. Die נשׁברי־לב erfahren das Glück ihrer Lebensbeziehung zu Jahwe darin, daß er ihnen in der Zerbrochenheit ihres Innersten nahe ist (19). Diese Nähe Gottes ist niemals etwas Statisches, etwas metaphysisch über dem Menschen Ruhendes, sondern Bewegung von Gott aus, der auf Erden eingreift und seine befreiende Heilsgegenwart erweist (20b). So gilt von den צדיקים: Alle ihre Gebeine stehen in Jahwes Schutz (21); ihnen kann keine Willkür widerfahren (Joh 19,36). Den leidenden Gerechten wendet Jahwe seine Heilsmacht zu. An ihnen wirkt sich das Unheil nicht verderblich aus. Den רשׁע hingegen »tötet« das Unheil (22); er erleidet das Verderben des »bösen Todes« (vgl. ChrBarth, Die Errettung vom Tode in den individuellen Klage- und Dankliedern des Alten Testaments, 1947,

[1] »Quid est, ex parte? Concordes simus hic, diligamus proximum quomodo nos. Sic dilige fratrem quomodo teipsum, habe cum illo pacem.« Augustinus, Enarrationes in Psalmos: Migne 36/37, 318.

53ff.). Zum Problem der immanenten, schicksalwirkenden Tatsphäre vgl. zu Ps 7,14–17. Der Haß, den der »Frevler« gegen den »Gerechten« hegt (der צדיק trägt also unter seinen »vielen Leiden« auch den Haß des רשע), findet in Jahwe einen Richter (vgl. zu Ps 14,6). – Der Schlußvers (23) weist hin auf die (endliche) Erlösung der Knechte Gottes und wendet das in 22 angekündigte Gericht ab von denen, die Jahwe vertrauen.

Ziel Es ist eigenartig, wie abfällig und verständnislos in fast allen Kommentaren über Ps 34 geurteilt wird. RKittel schreibt: »Durch das ganze Gedicht klingt die naive Vergeltungstheorie als Grundton durch, nach der es Gott den Seinen unbedingt gelingen läßt.« Und BDuhm bemerkt herabwürdigend: »Es ist merkwürdig, daß immer die kleinsten Geister am großartigsten auftreten und sich für Lehrer der Menschheit halten; sie tun es wohl nicht aus Überhebung, sondern aus Unschuld.« Diese Urteile zwingen zu einem sorgfältigen Aufmerken auf die wesentlichen Aussagen des Psalms. Dabei ist folgendes zu bedenken:

1) Ps 34 ist in seinem Ansatz und in seiner Intention ein Danklied. Auch wenn die Spuren einer realen Heilserfahrung nur schwach sind (5.7), so sind sie doch unübersehbar vorhanden. Die Lehraussagen wurzeln also in einem Ereignis, in einer tatsächlichen Erfahrung: Jahwe hat einem Menschen, der ihn suchte und fürchtete, geantwortet; aus allen seinen Nöten und Ängsten hat er ihn befreit. Der Horizont und Hintergrund aller Lehraussagen ist also – und das gilt es zunächst einmal festzustellen – keine abstrakte Theorie (»Vergeltungstheorie«), sondern ein Geschehen.

2) Dank, Erzählung und Lehre des Psalms haben ein Ziel. Die Zuhörer, insbesondere die heilsbedürftigen ענוים, sollen die ihnen übermittelte Kunde und Lehre zu Herzen nehmen und sich freuen (3). Der Psalmsänger will seine Hörer hineinziehen in das eigene Erleben der Heilswirklichkeit Gottes (4), er will sie schauen und schmecken lassen, wie gütig Jahwe ist (9). Die entscheidende Einstellung zu Gott, die Verhaltensweise des ירא und דרש (10.11), möchte er ihnen vermitteln. Im Zuge dieses Dranges zur Mitteilung und Anteilgabe erweitert der Psalmist seine persönliche Heilserfahrung zu allgemein gültigen Bekenntnissen und Lehranweisungen, die teilweise dem Gedankengut der חכמה entnommen sind.

3) Fragt man einmal, wie der Psalmsänger denn eigentlich dazu kommt, so »naiv« und »unschuldig« vom Heil der Gerechten und vom Unheil der Gottlosen zu sprechen, dann wird man zunächst beachten müssen, daß der »naive Eudämonismus« in Ps 34 in einer bemerkenswerten Weise durchbrochen ist. Die צדיקים sind die Leidenden (19–20). Nicht von den Glückserwartungen des Menschen her ist der »Eudämonismus« (13) bestimmt; die Nähe und Wirklichkeit Jahwes allein enthält

das wahre Glück, das freilich auch alles menschlich Wünschenswerte einschließt. In dieser Beziehung denkt die Bibel durchaus nicht idealistisch (vgl. GBornkamm, Der Lohngedanke im Neuen Testament: EvTh 2/3, 1946, 143–166). – Dann aber ist noch ein anderer Gesichtspunkt zu bedenken. Die Zweifel an der Gerechtigkeit Gottes – jene leidvollen Skrupel, die z.B. im Hiobbuch und in Ps 73 zutage treten – entstehen in dem Augenblick, in dem sich die Heilszuwendung Gottes verzögert (vgl. zu Ps 9/10 »Ort«). Diese schmerzvolle und problemreiche Situation ist in Ps 34 nicht gegeben. Der Exeget sollte also keine »tieferen Reflexionen« dort als Maß seines Urteilens aufwerfen, wo aus unmittelbarer Heilserfahrung gedankt und gelehrt wird.

4) Eine besondere Rolle spielt in Ps 34 die יראת יהוה (12). Immer wieder wird zur »Furcht Jahwes« aufgerufen. ירא aber bedeutet in Ps 34: Jahwe in seiner Wirklichkeit, insbesondere in seiner Heilswirklichkeit erkennen und sich entsprechend verhalten. Es ist einfach nicht zu verkennen, daß in dem mit Urteilen wie »formalistisch« und »theoretisch« abgewerteten Psalm ein Feuer brennt, das auf die Zuhörer übergreifen will. Die religionsgeschichtliche Forschung hat da ihre Grenze, wo sie Realitäten in Phänomene und Theorien verwandelt; das zeigt sich in ihrer Interpretation des 34. Psalms.

5) Sind die spezifischen Voraussetzungen und Zusammenhänge erkannt, in denen die Lehraussagen des Ps 34 stehen, dann sollte auch nicht übersehen werden, daß und in welchem Ausmaß die traditionellen Auffassung der Weisheit in die Lehrdichtung hinein ausstrahlen. Für die חכמה gilt, was in Ps 34 in Spuren feststellbar ist: »In ihrer ›Lehre von den Gütern‹ ist diese Ethik tatsächlich erstaunlich realistisch. Sie stellt das Streben des Menschen nach Glück und Erfüllung nirgends unter Kritik, es sei denn in seinen Auswüchsen. Sie setzt es einfach als gegeben voraus. Dieses Verlangen nach Glück – aber wir sollten wohl zurückhaltender sagen: dieses Verlangen, zu überstehen und nicht zu scheitern und das Leben in einer heilsamen Ordnung geborgen zu wissen – ist den Menschen tief eingepflanzt und wird ohne weiteres bejaht. Ja, die Lehrer unterstützen es selbst, indem sie die Wege, die dahin führen, zeigen« (GvRad, Weisheit in Israel, 1970, 111). Im Licht dieser erklärenden Sätze wäre vor allem Ps 34,13ff. zu sehen und zu verstehen.

Psalm 35
Bitte um Jahwes Rechtshilfe gegen falsche und feindliche Zeugen

Literatur HSchmidt, Das Gebet der Angeklagten im Alten Testament: ZAW Beih 49 (1928). – GRinaldi, Testimone di violenza (Ps 35,11): Bibbia e Oriente 2 (1960) 62. – JASoggin, *Škwl* nel Salmo 35,12: Bibbia e Oriente 9 (1967) 67f. – WBeyerlin, Die Rettung der Bedrängten in den Feindpsalmen der Einzelnen auf institutionelle Zusammenhänge untersucht: FRLANT 99 (1970).

Text **1Von David[a].**
Streite, Jahwe, gegen die, die mich bekämpfen,
führe Krieg gegen die, die mich bekriegen!
2Ergreife Schild und Tartsche,
erhebe dich, mir zu helfen[b]!
3Schwinge Speer und 'Beil'[c]
meinen Verfolgern entgegen!
Sprich zu meiner Seele:
»Deine Hilfe bin ich!«
4Zuschanden und beschämt sollen werden,
die mir nach dem Leben trachten;
schmachvoll sollen weichen,
die mir Böses zugedacht.
5Wie Spreu vor dem Wind sollen sie werden,
und der Engel Jahwes stoße 'auf sie'[d] ein!
6Ihr Weg sei finster und schlüpfrig,
und der Engel Jahwes möge sie jagen!
7Denn grundlos legten sie mir ''[e] ihr Netz,
'eine Falle'[f] gruben sie mir.
8Verderben treffe ihn unbemerkt!
Und das Netz, das er legte, fange ihn selbst;
ins Verderben[g] möge er fallen!
9Doch ich will jubeln über Jahwe,
mich freuen über seine Hilfe.
10Alle meine Glieder sollen sprechen:
Jahwe, wer ist wie du?
Der du rettest den Schwachen
vor dem Stärkeren
''[h] und den Armen vor seinem Räuber!
11Frevle Zeugen treten auf,
fragen mich, was ich nicht weiß.
12Sie vergelten mir Böses
für Gutes,
'trachten'[i] mir nach dem Leben.
13Doch ich, da sie krank waren, legte um den Sack,
kasteite mit Fasten mich selbst
– o daß mein Gebet zurückkehrte in meine Brust! –,

14 als gelte es meinem Freund oder Bruder.
Ich ging umher[j] wie in Trauer[k] um die Mutter,
geschwärzt und niedergebeugt.
15 Doch bei meinem Sturz jubelten sie und rotteten sich zusammen,
traten vereint gegen mich.
'Fremde'[l], die ich nicht kenne,
'zwinkern sich zu'[m] ohne Unterlaß.
16 Als ruchlose Verspotter des Rückhaltes[n]
'fletschen'[o] gegen mich sie die Zähne.
17 Herr, wie lange siehst du zu?
Rette mein Leben vor den 'Brüllenden'[p],
vor den Löwen mein einziges Gut!
18 Ich will dich preisen in großer Versammlung,
vor zahlreichem Volk dich loben!
19 Laß nicht jubeln über mich verlogene Feinde,
die mich grundlos hassen, mit den Augen zwinkern!
20 Denn sie reden nicht zum Frieden.
Und gegen die Stillen im Land
ersinnen sie listige Pläne;
21 reißen auf gegen mich ihr Maul,
rufen: Haha! Haha!
Wir sahen's mit eigenen Augen!
22 Du hast es gesehen, Jahwe, so schweige doch nicht,
Herr, bleib mir nicht ferne!
23 Erhebe dich, wache auf für mein Recht,
mein Gott und mein Herr, für meinen Streit!
24 Schaffe mir Recht nach deiner Gerechtigkeit, Jahwe,
mein Gott 'Laß sie nicht jubeln'[q] über mich!
25 Laß sie nicht sprechen bei sich selbst:
Haha! 'Haha'[r] – unser Genuß!
Laß sie nicht sagen: Wir verschlangen ihn!
26 Zuschanden und beschämt sollen werden zumal,
die über mein Unglück sich freuen!
In Schmach und Schande sich kleiden,
die sich gegen mich großtun!
27 Jubeln ''[s] sollen, die meine Gerechtigkeit wünschen,
immer sollen sie sprechen:
Groß ist Jahwe, der da will
das Heil seines Knechtes!
28 Meine Zunge soll deine Gerechtigkeit künden,
dein Lob jeden Tag!

a *G* legt die Ergänzung מזמור nahe. – **b** pl. Mss *G* übersetzen, als hätte in ihrer 1.2
Vorlage לְעזרתי gestanden (εἰς βοήθειάν μου). Doch bezeichnet בְּ die Bewegung
auf ein Ziel hin (BrSynt § 106a). – **c** *M* wörtlich: »und verschließe«. Im Textzu- 3
sammenhang ergibt diese Lesart keinen Sinn. Es ist die Punktation וְסָגָר vorzu-
nehmen. סגר (akkad. *šikru*) ist das »Doppelbeil« (KBL 650). – **d** Im Verb ist (ent- 5

7 sprechend *G* und רדפם in 6) das Suffix der 3. pers. plur. einzusetzen: דֹּחָם. – **e** *M*
»denn grundlos legten sie mir die Grube ihres Netzes«. שחת רשתם ist kaum mög-
lich. Dagegen fehlt in 7b das Objekt zu חפרו. Der Text ist offensichtlich durch
Umstellungen verderbt. שחת wird aus 7a herauszunehmen und in 7b einzusetzen
sein. – **f** חנם ist eine textentstellende Wiederholung aus 7a, die durch שחת (»Fall-
8 grube«) ersetzt werden muß (vgl. unter e). – **g** *S* legt nahe, statt בשואה das Wort
בַּשּׁוּחָה (»in die Fallgrube«) zu lesen; doch könnte *M* (vgl. 8aα) auch möglich sein.
10 – **h** עני tritt in einer eigenartigen Doppelung auf und wird doch wohl zu emendie-
12 ren sein. – **i** *M* wörtlich: »Kinderlosigkeit für meine Seele« ist gewiß verderbt
(anders RKittel); Cheyne: הִכְשִׁילוּ נַפְשִׁי »sie lassen straucheln meine Seele«. Am
besten: שָׂכוּ (»sie lauern«); ל wäre dann Dittogr. JASoggin will die Wurzel כלל
einführen, er nimmt an, daß ein altertümlicher Kausativ, mit שׂ gebildet, erhal-
ten geblieben ist. Übersetzung: »Mein Wesen ist zerstört« (Bibbia e Oriente 9,
14 1967, 67f.). – **j** Atnach steht unter התהלכתי an falscher Stelle. – **k** אבל־ als stat.
15 cstr. von אָבֵל »trauernd« (Ges-K § 93 hh). – **l** נֵכִים (von נכה »schlagen«?) ist un-
verständlich. Angemessen wäre die vielfach vorgeschlagene Korrektur נָכְרִים (ר
ausgefallen). – **m** קרעו (»zerreißen«, »zerfleischen«) ist im Kontext zu stark und
schwerlich richtig. Besser ist קרצו (צ statt ע) zu lesen (vgl. 19) oder קראו »sie
16 schreien«. – **n** Der meist als sinnlos bezeichnete Text in *M* ist durchaus annehm-
bar, wenn מעוג von der Wurzel עוג (»gekrümmt sein«) den Ort bezeichnet, zu
dem man sich wendet (den Rückhalt). Vgl. KBL 545 zu 1 Kö 17,12. – **o** Viel-
17 leicht ist besser חרקו zu lesen. – **p** *M*: »rette mein Leben vor ihren Verwüstun-
gen« (?). Die Bedeutung dieser Aussage ist nicht faßbar. Korrekturvorschläge:
מִשֹּׁאֲגִים (»vor den Brüllenden«), מִשֹּׁאֲפִים (»vor den Lechzenden«), מִשִּׁנֵּיהֶם (»vor
ihren Zähnen«). Der erste Vorschlag entspräche dem parallelen Wort מכפירים. –
24 **q** Wird אלהי (mtr. cs.) zum zweiten Halbvers genommen, so müßte וְ fortfallen. –
25.27 **r** האח hier Haplogr. vgl. 21aβ. – **s** Die verbale Doppelung ist metrisch nicht er-
faßbar. Wahrscheinlich ist וישמחו auszuklammern vgl. BHK³.

Form Der verhältnismäßig umfangreiche Psalm ist in Form und Aufbau nicht leicht zu erfassen. Es mag sein, daß ursprünglich einmal eine sehr regelmäßige Strophenbildung bestand (HGunkel). In seinem gegenwärtigen Zustand aber ist das Lied jedenfalls sehr unebenmäßig und in seiner metrischen Gestalt wohl kaum auf eine ausgeglichene Urform hin zu rekonstruieren. Immerhin kann doch festgestellt werden, daß das Versmaß 3 + 2 einmal bestimmend gewesen sein muß: 1–3a. 4aγ/4b. 8aβ/8b.9. 10aαβ. 13b 14aα. 15. 17aβ 17b. 26. 27. Doppelzweier, die im ersten Halbvers vielleicht zu einem Dreier zu korrigieren sind (vgl. BHK³), liegen in 3a und 4aαβ vor. Als Doppeldreier sind zu bezeichnen: 5–7.11.16.18.19.22–24.28. 4 + 3 in 13a. Dreigliedrige Versgebilde sind wohl anzunehmen in 10.12.20.21.25; vielleicht auch in 8.

Ps 35 ist der Formgruppe der Gebetslieder zuzuordnen. S.o.S. 49ff. Einl § 6,2. Bitten und Aufrufe, gerichtet an Jahwe, werden insbesondere in 1–8 und 22–26 laut. In 7 beteuert der Beter angesichts seiner Feinde und Verkläger seine Unschuld, und in 11ff. treten die Notschilderungen des Bedrängten hervor. Bemerkenswert ist die Tatsache, daß der Psalmsänger einem Danklied (*Toda*) zueilen will (9f.) und ein Lobgelübde in 18 spricht. Auch 27f. sieht dem künftigen Lob zuversichtlich entgegen. Die Form des Lobgelübdes wird verkannt, wenn die Auffassung vertreten wird, es liege de facto die Gattung eines (zerfallenen) Dankliedes in Rudimenten vor (so HSchmidt). Zu den Bitten und Aufrufen in 1ff. und 22ff. sei noch die Bemerkung hinzugefügt, daß der Beter des Psalms sich Hilferufe zu eigen macht, die ursprünglich der Institution des Heiligen Krieges zugehören. Vgl. GvRad, Der Heilige Krieg im alten Israel: ATANT 20 (1951). Jahwe wird aufgerufen, für den Bedrängten den Krieg zu führen, für ihn zu streiten (1f.). Die Erwartung eines »Heilsorakels« (JBegrich) ist in 3 deutlich zu erkennen. So wurde in Israel der Heilszuspruch formuliert: »Deine Hilfe bin ich!« – Auch wenn der Textbestand in Ps 35 stark in Mitleidenschaft gezogen ist, so wäre es doch übertrieben, wenn mit umfangreichen und tiefgreifenden Korrekturen vorgegangen wird, wie es BDuhm unternimmt.

In welcher Situation befindet sich der Beter des Ps 35? Der erste Aufruf in 1 kennzeichnet bereits die Lage: Der Beter wird von Feinden verfolgt. Genauer: Er wird verklagt. Falsche Zeugen und zum Letzten entschlossene Verfolger treten gegen ihn auf (11.3.12). Die Gerechtigkeit und Unschuld des Bedrängten steht auf dem Spiel. So könnte man mit HSchmidt annehmen, daß ein Verleumdeter und Verfolgter an heiliger Stätte seine Klage vor Jahwe bringt und ein Gottesurteil erwartet (ZAWBeih 49, 1928, 34). Aber die Situation ist komplizierter. Zunächst wird festzustellen sein, daß nur schwache Anhaltspunkte für den Bezug auf die von WBeyerlin erarbeitete Institution der Gottesgerichtsbarkeit aufweisbar sind (zur Institution: FRLANT 99, 1970). Auch müßte gefragt werden, welche Bedeutung die in 15 erkennbare Erkrankung haben mag (vgl. **צלע** in 15). Hat diese Erkrankung Anlaß gegeben, aus kausalen Rückschlüssen eine Anschuldigung zu erheben? (Vgl. Joh 9,2). Wer sind die Feinde? S.o.S. 112ff. Einl § 10,4. Deutlich wird die Bitte und Forderung, Jahwe möge einen Freispruch gewähren, in 23f. Aber hat diese Bitte noch einen realen Institutionsbezug? Handelt es sich nicht vielmehr um eine ganze Fülle von Formulierungen und Formeln, die in späterer Zeit zusammengestellt worden sind? Die zahlreichen Fragen, die der Psalm aufgibt, sind kaum mit zureichenden Mitteln zu beantworten. Ort

Zu **לדוד** s.o.S. 15ff. Einl § 4 Nr. 2. Wort 1–8

Der Psalmbeter steht in einem Rechtsstreit und Krieg mit seinen »Feinden« (s.o.S. 112ff. Einl § 10,4). Bittend nimmt er Zuflucht zu Jahwe als dem Richter (vgl. zu Ps 7) und Kriegsmann (s.o.S. 94ff. Einl § 10,1). Er vertraut seine verlorene Sache Jahwe an. Der »Kriegsheld« Jahwe Zebaoth (Ps 24,8.10) soll sich rüsten (2), den schützenden Großschild zur Deckung des Verfolgten ergreifen (vgl. 1 S 17,7) und die

Tartsche als Waffe zur Hand nehmen. Zu קומה vgl. zu Ps 7,7–10. חנית וסגר sind die Waffen des Fußkämpfers, die Jahwe zum Schutz des Bedrohten den Feinden entgegenschwingen soll (3). Doch die wirksamste Hilfe ist der Zuspruch Jahwes: ישעתך אני. Hier handelt es sich um das Musterbeispiel eines »priesterlichen Heilsorakels«, das – wie z.B. auch in Thr 3,57 – einem Bedrängten als vollmächtiger Gottesspruch übermittelt wird (JBegrich, Das priesterliche Heilsorakel: ZAW 52, 1934, 81–92). Unter einem solchen Spruch würde der Verfolgte der Schutzmacht Jahwes gewiß sein. Vgl. als Parallele zum Heilsorakel in 3: Jes 49,25 את־יריבך אנכי אריב ואת־בניך אנכי אושיע. Die Hilfe Jahwes aber erweist sich darin, daß die Feinde zuschanden und beschämt werden (4). In 5–6 werden tödliche Gerichtswünsche laut. Wie die Spreu sollen die Verfolger verweht werden (vgl. Ps 1,4; GDalman, AuS III 126–139). Der מלאך יהוה als unsichtbarer Krieger des himmlischen Heeres (vgl. zu Ps 34,8) und Zeuge der gegenwärtigen Macht Gottes soll auf die »Feinde« einstoßen und sie davonjagen. Ein finstrer und schlüpfriger Weg soll sie zu Fall bringen (vgl. Ps 73,18). Im Alten Testament steht die Macht Jahwes im weltlichen Wirklichkeitsbereich zur Entscheidung. »Alle Fluchworte jener Psalmen stammen aus dem lauteren Quell selbstlosen Eifers für Gottes Ehre« – so wagt Franz Delitzsch zu den »Rachepsalmen« zu erklären. Jedenfalls wird man in aller Zurückhaltung die Psalmworte hören müssen und die neutestamentliche ἀγάπη nicht im emotionalen und letztlich psychisch-humanisierenden Sinn der alttestamentlichen Bitte um Gottes realen Machterweis gegenüberstellen dürfen. – Als Beweggrund für das richtende Einschreiten Gottes wird die heimtückische Handlungsweise der »Feinde« geltend gemacht (7). Ohne Ursache legten sie Netze und gruben sie Fallgruben (GDalman, AuS VI 334ff.). Das Verderben (שׁואה) soll sich in einer »immanenten Nemesis« an den Verfolgern vollstrecken (8). Die Untat soll den Feinden auf den Kopf zurückschlagen (vgl. Ps 7,16; 9,16; 57,7; 141,10; siehe zu Ps 7,14–17).

9–10 9–10 streben dem Danklied zu. Der Psalmbeter ist des Heiles gewiß und gelobt, daß er Jahwe ein jubelndes Danklied singen wird. Die Hilfe wird sich einstellen. Man sollte in diesem in die Zukunft weisenden Lobgelübde nicht die Reste eines einst ausgeführten Dankgesanges sehen, sondern in ihnen vielmehr Zeugnisse einer unbedingten Erhörungsgewißheit erkennen. »Alle Glieder« des Leibes werden genesen und sollen sprechen: יהוה מי כמוך. Die vorausgenommenen Aussagen des Dankes und Lobes tragen alle Kennzeichen des Hymnus. Zu fragen wäre, ob das Lob- und Danklied der »Gebeine« einen Hinweis auf die Krankheit des Psalmsängers enthält (so HGunkel unter Hinweis auf Ps 6,3; 31,11; 51,10).

11–16 Die Schilderungen der Klage in 11–16 tragen Jahwe die ganze Schwere der Not vor. עדי חמס (11) bringen Anschuldigungen vor, die der

Bedrängte »nicht kennt«; phantastische Vergehensnachweise tauchen auf. Und diese feindselige Einstellung, in der die Verfolger den עני (10) in seiner Schuld bloßstellen und von Jahwe trennen wollen, steht in krassem Gegensatz zu der Verhaltensweise, die der Psalmsänger selbst einnahm, als seine jetzigen Feinde früher einmal krank daniederlagen (13). Er tat ihnen Gutes an (12f.). Doch nun vergelten sie das Gute mit Bösem. Man könnte schließen: Also ist tatsächlich die Ursache der in Ps 35 akuten Anfeindung doch in einer schweren Krankheit zu suchen, von der aus die Widersacher auf eine »alte Schuld« schließen. Ganz anders der Psalmbeter selbst: Er forschte, als seine jetzigen Feinde einst krank waren, nicht nach ihren Vergehen, erhob keine Anklage, sondern trat fürbittend für die Leidenden ein (vgl. FHesse, Die Fürbitte im Alten Testament: Diss. Erlangen 1951, 65ff.). Zum Zeichen der teilnehmenden Buße legte er den »Sack« um und kasteite sich mit Fasten (Lev 16,29.31; Jes 58,3.5), um den Geschlagenen solidarisch zu sein und ihr Unheil abzuwenden. ותפלתי על־חיקי תשׁוב versteht man mit FNötscher am besten als Parenthese, in der das fürbittende Gebet angesichts der jetzt zutage tretenden Feindschaft gleichsam zurückgenommen wird (vgl. Mt 10,12f.). 14 fährt fort in der Schilderung der innigen Anteilnahme, die der Psalmist am Schicksal der Nächsten nahm. Als Freunde und Brüder betrachtete er sie, trug Leid wie in der Totenklage um die eigene Mutter, war »geschwärzt« (von der Asche des Bußritus: Jos 7,6; Ez 27,30; Thr 2,10) und »niedergebeugt« (vgl. 1 Kö 18,42; Jes 58,5). So verhielt sich der nunmehr Verfolgte. Die »Feinde« hingegen jubelten über den »Sturz« (15). צלע (vgl. Ps 38,18; Hi 18,12) könnte auf einen verletzenden Fall, aber auch auf eine plötzliche Wende des Lebens durch Erkrankung hinweisen. Man »rottete sich zusammen«, und mit feindseligen, heimtückischen Gebärden treten auch Fremde auf. Die Ankläger und Verfolger, die »heimliche Vergehen« ans Licht ziehen wollen, verachten den Ort, an dem der Bedrohte Zuflucht und Hilfe suchen könnte (מעוג = »Rückhalt«), drohend wie Raubtiere fletschen sie die Zähne (16).

Mit 17 beginnt eine Reihe von Bittrufen, in die Vertrauensäußerun- 17–26
gen und Klagen eingegliedert sind. אדני כמה תראה – durch diese Frage wird Jahwe zum Einschreiten bewegt (17), denn wie »brüllende Löwen« (vgl. zu Ps 7,3) bedrohen die Feinde das Leben des Beters: יחידתי (»mein einziges Gut« vgl. zu Ps 22,21). Ein Dankgelübde in 18 unterbricht die Bittrufe und bezeugt die Gewißheit der Erhörung (zu 18 vgl. Ps 22,23; 40,10; 116,14). 19 bittet Jahwe um Einschreiten gegen die verlorenen und heimtückischen Feinde (vgl. Ps 69,5; Joh 15,25). Die Verleumder stören שׁלום (20): den gedeihlichen und geordneten Zustand des Lebens, sie ersinnen listige Pläne gegen den, der still und ruhig (רגע) in der שׁלום-Ordnung des Landes lebte. האח האח – lauten die Rufe eines nachstellenden, triumphierenden Hohnes (21). Die Formulierung ראתה עינינו könnte eine

stehende Redeform des Rechtsprozesses sein, durch die Zeugen eine Versicherung abgeben. Doch der Psalmsänger nimmt gegen die falschen Zeugenaussagen seiner Feinde Zuflucht bei dem höchsten Zeugen: Jahwe (22). Er wird gerufen, in den Rechtsstreit einzutreten (vgl. 1) und nicht zu schweigen. Zu העירה והקיצה in 23 vgl. zu Ps 18,47, aber auch: Ps 7,7; 44,24; 59,5. Die Rechtshilfe Jahwes erfleht 24. Zu צדק vgl. zu Ps 5,9. Den Triumph der Feinde soll Jahwe zunichte machen (24–26). נפשנו in 25a übersetzt HGunkel sehr schön: »unser Genuß« (wörtlich: »unser Schlund« – im Zusammenhang mit בלע). Zu 26 vgl. 4.

27–28 Zu Jubel und Lob aber ruft der Psalmsänger schon jetzt alle, die seinen צדק »begehren« (27). חפצי צדקי hat hier die Bedeutung: »die meine Rechtfertigung begehren« bzw. »die die Wiederherstellung meines ungestörten Lebensverhältnisses zu Jahwe wünschen«. Der Psalmist verherrlicht Jahwe, denn er ist gewiß, daß er das »Heil« seines Knechtes will. שלום steht hier in seiner Bedeutung synonym zu צדק und bezeichnet die ungestörte Lebensbeziehung. 28 greift dann schon über in die hymnischen Formen des Dankliedes. צדק ist das heilsmächtige Ordnungswirken Jahwes, das zerrissene und verletzte Lebensbeziehungen wiederherstellt.

Ziel Eine besondere Nuance trägt das Klagelied des unschuldig Verklagten unter den anderen Liedern dieser Gattungsgruppe darin, daß eine bittere Erfahrung vor Gott ausgebreitet wird. Während der Beter stets bedacht war, die Not seiner Nächsten mitzutragen, fürbittend zu heilen und zu binden (ein Exempel von צדק!), treten in der Stunde seiner eigenen Not Menschen und Mächte auf, die zerstören und den Psalmisten von Gott scheiden wollen (13ff.). Als falsche Zeugen und Ankläger erheben sie sich, um dem Leidenden den Todesstoß eines letzten Gottesurteils über das sichtlich gestrafte Leben zu geben. In dieser Bedrängnis nimmt der Beter des Ps 35 Zuflucht zu dem Zeugen (22), Richter (1ff.) und »Kriegshelden« Jahwe. Er erbittet einen wirksamen, sichtbaren Erweis des Eingreifens Gottes (4ff. 24ff.) und will sich bergen in der Schutzmacht des Zuspruchs: ישעתך אני (3b). Es ist bemerkenswert, mit welch kühner Gewißheit der Klagende und Bittende dem Heilsereignis entgegensieht. Immer wieder greift er – noch umringt von Gefahren – in die Aussagen des Dankliedes hinüber (9–10.18.27–28). – Zur theologischen Bedeutung der Klagelieder eines unschuldig Verfolgten vgl. zu Ps 7 (»Ziel«).

Psalm 36
Der Lebensinhalt des Gottlosen und das Lebensglück der Gottesgemeinschaft

Literatur

EBaumann, Struktur-Untersuchungen im Psalter: ZAW 61 (1945/48) 141–146. – LAFLeMat, Textual Criticism and Exegesis of Psalm 36: Studia Theologica Rheno-Traiectina (1957). – LJacquet, Abîme de malice et abîme de bonté, Ps 36: BiViChr 81 (1968) 36–47. – WBeyerlin, Die Rettung der Bedrängten in den Feindpsalmen der Einzelnen auf institutionelle Zusammenhänge untersucht: FRLANT 99 (1970).

Text

1 Dem Chorleiter. Von Jahwes Knecht, von David.
2 'Angenehm'[a] ist die Schuld dem Gottlosen
tief in 'seinem Herzen'[b].
Es gibt keine Gottesfurcht
vor seinen Augen.
3 Denn er glättet sich selbst vor sich hin (den Weg)[c],
um 'Vergehen'[d] zu suchen und zu hassen.
4 Seines Mundes Worte sind Lug und Trug;
er gab es auf, weise zu handeln und gut.
5 Bosheit ersinnt er auf seinem Lager,
er betritt einen unguten Weg,
Böses verschmäht er nicht. –
6 Jahwe, in den Himmel (reicht) deine Huld,
deine Treue bis an die Wolken!
7 Deine Gerechtigkeit gleicht Gottesbergen,
dein Recht 'dem großen Urmeer'[e].
Menschen und Tieren hilfst du,
8 Jahwe[f], wie köstlich ist deine Huld!
'Zu dir kommen'[g] die Menschenkinder,
finden Schutz im Schatten deiner Flügel.
9 Sie laben sich am Fett deines Hauses,
am Bach deiner Wonnen tränkst du sie.
10 Ja, bei dir ist die Quelle des Lebens,
in deinem Licht schauen wir Licht.
11 Erhalte deine Huld denen, die dich kennen;
deine Gerechtigkeit denen, die redlichen Herzens!
12 Laß des Übermütigen Fuß nicht über mich kommen,
des Frevlers Hand mich nicht verjagen! –
13 'Es erschauern'[h], es fallen die Frevler,
stürzen und stehen nicht wieder auf.

a *M* = »Es spricht die Schuld zum Gottlosen...« Demnach würde es sich um ein Orakel des פשׁע handeln. Eine solche Vorstellung ist aber ungewöhnlich und seltsam. Alle Mystifizierungen (vgl. HGunkel) scheitern am Kontext. Es fehlt der Spruch des פשׁע. In 2ff. wird vielmehr eine Schilderung des Treibens des רשׁע entworfen. Sieht man (unter Berücksichtigung dieser Tatsachen) zunächst ein- 2

mal von dem seltsamen נאם ab, so enthält 2 klare Aussagen über den רשע, in dessen Herzenstiefen פשע wohnt. Das erste Wort müßte dann wohl eine verbale oder adverbiale Näherbestimmung sein. Es liegt nahe, mit Ehrlich נְעִים zu lesen oder נָאוֶה zu korrigieren; vielleicht auch verbal: נָעֵם. Im Zusammenhang des Psalms würde diese Korrektur sehr sinnvoll sein, denn sie stellt dem, was dem רשע »angenehm« und »lieblich« ist, die »Wonnen« dessen, der Jahwes Huld kennt, gegenüber (6ff.). Zu den textkritischen Problemen vgl. LAFLeMat 4ff. – **b** *M* = »in meinem Herzen«. Dem Kontext entsprechend ist mit pc. Mss *G* ο εβϱ´ Hier *S*
3 לִבּוֹ zu verbessern. – **c** Der Vers bereitet nicht die Schwierigkeiten, die man gemeinhin in ihm sieht. Bedeutet החליק על = »es gegen jmd. glatt machen« (»jmd. schmeicheln« Prv 29,5), so muß החליק אל übersetzt werden: »es zu jmd. hin (nämlich: »zu sich selbst hin« vgl. בעיניו) glatt machen«. Wörtlich: »denn er macht es glatt zu sich selbst vor sich«. Das ist eine Schilderung des Treibens des רשע. – **d** *M* = »um seine Schuld zu suchen, zu hassen«. Besser mit *G*: עָוֹן וְלִשְׂנֹא. –
7.8 **e** Hier wird wahrscheinlich ergänzt werden müssen כִּתהום (vgl. par. membr.). – **f** יהוה ist mtr. cs. zu 8aα hinzuzunehmen. – **g** אלהים und das folgende ו kann unmöglich richtig sein. BDuhm konjiziert entsprechend Ps 65,3: אֵלֶיךָ יָבֹאוּ »sie
13 kommen zu dir«. – **h** שָׁם (»dort«) kann nicht temporal übersetzt werden und ist im Zusammenhang merkwürdig. Der par. membr. (zwei Verben hintereinander) legt nahe, statt שָׁם – שָׁמְמוּ zu lesen.

Form Ist Ps 36 eine Einheit? Die Beantwortung dieser Frage ist umstritten. BDuhm und HSchmidt nehmen zwei verschiedene Lieder an (A 2–5.13; B 6–12). Thematische Gesichtspunkte sind bei dieser Trennung maßgebend: Ps 36A handelt vom Treiben des Gottlosen, Ps 36B von der Wonne der Gottesgemeinschaft. Doch der Psalm ist unzweifelhaft eine Einheit (s.u.). – Im Metrum ist der Doppeldreier bestimmend (3–4.6–13). In 1–2 sind zwei 3 + 2-Verse anzunehmen. 5 enthält (zum Abschluß des ersten Gedankenganges in Ps 36) ein dreigliedriges Versmaß 3 + 3 + 2.

Hinsichtlich der formkritischen Analyse bietet Ps 36 viele Schwierigkeiten. Daß es sich um ein Gebetslied handelt, dürfte angesichts von 7ff. nicht zweifelhaft sein. Vor allem in 11ff. treten die Züge des Bittens und Flehens deutlich hervor. 2ff. schildert das Treiben der den Beter verfolgenden Feinde und damit die Notlage, in der er sich befindet. Das Gebetslied (s.o.S. 49ff. Einl § 6,2) ist durchdrungen von Äußerungen des Bekennens (10) und der Weisheit. Damit grenzt der Psalm an die Gruppe der Lehrdichtungen (s.o.S. 63ff. § 6,5).

Ort Wer ist der Beter des Ps 36? Die Antwort wird in 12 gegeben: Es handelt sich um einen Menschen, der von übermütigen Feinden (s.o.S. 112ff. Einl § 10,4) verfolgt wird, aber bei Jahwe Schutz gesucht hat (8). Darin aber liegt die Eigenart des Psalms, daß er nicht in der üblichen Form des Gebetsliedes Jahwe die persönliche Lebensnot darlegt und um das Einschreiten Gottes bittet, sondern daß eine betrachtende, schildernde Darstellungsweise in 2–5 von dem Treiben des Gottlosen und in 6–10 vom Glück der Geborgenheit an heiliger Stätte spricht. Erst in 11f.

treten Bitten hervor. Offenbar hat die reflektierende Weisheitsdichtung hier einen starken Einfluß auf das Gebetslied gewonnen. Die betrachtende Gegenüberstellung ist kennzeichnend. – Daß aber Ps 36 eine Einheit ist, zeigt sich vor allem darin, daß dem Drohen der Feinde und Verfolger (2ff.) die bergende und beglückende Schutzsphäre des Heiligtums gegenübergestellt wird. Doch wird es kaum möglich sein, einen festen Institutionsbezug in Ps 36 zu erkennen. Die von WBeyerlin erarbeitete Institution der Gottesgerichtsbarkeit könnte nur von ferne geahnt werden (vgl. FRLANT 99, 1970). Im übrigen lassen die hymnisch getönten Bekenntnisse zur Heilssphäre des Heiligtums (10) Anklänge an Psalmen, die das Glück und Heil auf dem Zion preisen, in Erinnerung treten. Es ist schwer zu erkennen, in welcher Zeit der Psalm anzusetzen ist. Man ist geneigt, eine Spätdatierung anzunehmen. Daß ältere Traditionen in das einer Lehrdichtung nahestehende Gebetslied eingeflossen sind, wird nicht bezweifelt werden können.

Zu למנצח vgl. o.S. 25 Einl 4 Nr. 17. – Zu לדוד S. 15ff. Einl § 4 Nr. 2. – Wort 1
עבד־יהוה ist (wie in Ps 18,1) ein Ehrentitel Davids.

Wird in 2 die Korrektur vorgenommen und נעם statt נאם gelesen, 2–5
dann ist ein angemessenes Verständnis des Kontextes möglich. Denn würde נאם־פשע nicht korrigiert, so müßte ein »Spruch« des פשע erkennbar werden. Diesen »Spruch« in 2b anzunehmen dürfte aber kaum möglich sein. Die nach Ps 14,1 unternommenen Rekonstruktionen stoßen im Kontext des Ps 36 auf Schwierigkeiten (3). Man müßte also 2 bereits als Schilderung des רשע verstehen. Sein Leben ist von פשע (»tief in seinem Herzen«) regiert. פשע ist die Auflehnung, die Rebellion gegen Jahwe (vgl. LKöhler, TheolAT^3 159f.). Im parallelen Halbvers wird ausgesagt, was es heißt, von פשע bestimmt sein: Der רשע kennt keine »Gottesfurcht«. Jahwe ist ihm keine lebendige Wirklichkeit, die sein Leben in Frage stellt und die er also zu fürchten hat. Vgl. Ps 10,4.11.13; 14,1; 73,11; 94,7. Der רשע setzt sich mit List und Intrigen durch (»er glättet es sich selbst vor sich«) und trachtet allein nach »Vergehen« und »Haß«. עון ist »die mit Gottes Willen nicht in Einklang stehende Gesinnung« (LKöhler, TheolAT^3 159). Verhängnisvolle Aussagen (און) und Verleumdungen sind seine Waffen (4). Die רשעים sind פעלי און (13; s.o.S. 112ff. Einl § 10,4 und LeMat 57ff.). Der רשע hat es aufgegeben, weise und gut zu handeln. השכיל ist ein Wort aus der Terminologie der Weisheitslehre (Prv 10,5.19; 14,35; 15,24). Die »Gottesfurcht« erweist sich nach den Grundsätzen der חכמה in weisem und gutem Handeln. Das ganze Sinnen und Trachten des Gottlosen aber ist nur auf און ausgerichtet. און bezeichnet das unheimliche, unheilvolle Treiben und erstreckte sich ursprünglich wohl auf magische Praktiken (JPedersen, Israel I–II, 1926, 431; SMowinckel, PsStud I 1–58). Zu 5aα vgl. Ps 4,5; Mi 2,1. Der Weg des רשע ist לא־טוב (Jes 65,2;

Prv 16,29). Zur Schilderung in 2–5 vgl. Ps 14. Daß in 2–5 der Feind des Beters geschildert wird, läßt erst 12 erkennen. Aussagen, die im Gebetslied Jahwe zum Einschreiten veranlassen wollten, sind im ersten Psalmteil zur darstellenden Betrachtung geworden. Mit einem lehrhaften (nicht »moralisierenden« – so BDuhm) Ton wird der Lebensinhalt des רשע ausgebreitet. Das ist der »Gottlose«! Seine unheilvollen, unheimlichen Taten bedrohen den Beter des Psalms.

6–10 Mit 6 tritt in Ps 36 ein so starker Umschwung ein, daß die Meinung vertreten werden konnte, hier setze ein neuer Psalm ein. Doch wendet sich der Psalmsänger an dieser Stelle plötzlich von dem Treiben des רשע ab und verherrlicht die Segensfülle des Tempels (9), in dem er Zuflucht (Asyl) gesucht hat (8). Nicht das unheimliche Wirken des רשע, sondern Jahwes Huld füllt das All. In Ps 36 stehen des Frevlers און und Jahwes חסד gegenüber. In 6 bilden im par. membr. חסד und אמונה eine synonyme Verbindung. חסד ist die huldvolle Verbundenheit Jahwes mit denen, die ihn kennen und in seiner צדקה leben (11); אמונה bezeichnet die Beständigkeit und Treue, in der diese Huld wirksam ist. Zu חסד vgl. zu Ps 5,5–8. Vgl. auch HJStoebe, THAT I 600ff. (dort weitere Lit.). Die »Reichweite« von חסד und אמונה entspricht der Wirklichkeit Gottes (1 Kö 8,27): Ps 57,11f.; 108,5f. Die Aussagen in 6ff. tragen deutlich hymnische Akzente. – In seiner »Huld« und »Treue« waltet Jahwe in צדקה und משפט (7). Diese synonymen Begriffe weisen hin auf die unbestechliche Rechts- und Heilsordnung, die im Gottesbund wirksam ist und die sich gegen Verleumdung und Unrecht (4.12) durchsetzt. – Die Doxologien des Hymnus streben dann nach Vergleichen. Die צדקה gleicht »Gottesbergen«, d.h. machtvollen, hochragenden Gebirgen. Zu diesen »Superlativbildungen« vgl. Ps 50,10; 80,11. Den »Gottesbergen« steht die unermeßliche, gewaltige Tiefe der תהום gegenüber. Zu תהום vgl. Gn 7,11; Ps 24,2. Die Vergleiche greifen ins Mythische aus. Der Psalmsänger preist die Recht und Heil bringende Gottesmacht, der er sein Leben angesichts des רשע anvertraut (12). Der Vers 7b/8aα sieht die Hilfe Jahwes (ישע) in ihrer ganzen Weite über die Welt der Menschen und Tiere sich erstrecken (vgl. Ps 104,14.21.27f.; 147,9; Hi 38,39ff.). Die Wirkung der »Huld« ist universal. Gedanken der Schöpfungspsalmen klingen hier an (Ps 33; 104). מה ist im Hymnus ein Ausruf staunender Einsicht (vgl. Ps 8,2.5; 31,20; 104,24). Die בני אדם (hier wieder universal gemeint) ›kommen herzu‹ (korr. nach Ps 65,3) und finden Schutz im Schatten der Flügel Jahwes. בצל כנפיך יחסיון ist ein »Asylbekenntnis« (GvRad, TheolAT[6] I 415. Vgl. Ps 17,8; 57,2). Der Verfolgte flieht in das Heiligtum und sucht Zuflucht in der Schutzsphäre Jahwes, die durch das Bild der ausgespannten Kerubenflügel bezeichnet wird. Im Heiligtum aber hat der Schutzsuchende Anteil an der Segensfülle der Gottesgegenwart (9). דשן ביתך ist eine Breviloquenz, die an die Fettstücke des Opfers (Jes 43,24) denkt, das im Heiligtum dargebracht wird. דשן ist Symbol der erquickenden Fülle (Jer 31,14). נחל könnte anspielen auf mythologische Stromvorstellungen, wie sie z.B. in Ps 46,5 und in Ez 47,1ff. hervortreten (s.o.S. 104ff. Einl § 10,2). Jedenfalls besingt 9 das Wunder der erquickenden Heilsfülle, die im heiligen Bezirk der Gottesgegenwart genossen wird (vgl. Ps 65,5.10). – Bei Jahwe ist die »Quelle des Lebens« (10). Von dem אל חי geht alles Leben aus (Jer 2,13). Hier könnte wieder auf die in Ez 47,1ff. erkennbare Tradition hingewiesen werden. 10b sollte nicht korrigiert werden, denn der Text in *M* bietet einen sachgemäßen Parallelismus zu 10a. Das »Licht Jahwes« ist (wie aus der cstr.-Verbindung in Ps 4,7 und 89,16 hervorgeht) das »Licht seines Angesichtes«, d.h. also: der Lichtglanz des *deus revelatus*. 10b würde demnach aussagen: Im Licht deiner Offenbarungsgegenwart »schauen wir Licht«. ראה־אור aber bedeutet: »leben« (vgl. Ps 49,20; Hi 3,16). Der Psalmsänger bekennt also im Hymnus: Das Lebenslicht empfangen wir von dem Licht der Gegenwart Gottes her. Bemerkenswert ist übrigens der Übergang von der 3. pers. plur. in 8–9 zur 1. pers. plur. in 10. Dieser Übergang stellt den Bekenntnischarakter von 10 heraus.

In 11f. werden Bitten an Jahwe vorgebracht. 11 bleibt noch im Allge- 11–13
meinen und erfleht den Fortbestand der Huld Jahwes für die, die ihn kennen. Zu ידע vgl. zu Ps 9,11 (aber auch Ps 79,6; 87,4). 11 ist Fürbitte. Der Psalmsänger aber sieht sich selbst fraglos in der Gruppe derer, die Jahwe kennen und »redlichen Herzens« sind. – Die einzige konkrete Gebetsaussage findet sich in 12. Hier wird es erkennbar, daß ein »übermütiger Feind« den Psalmisten bedroht. In der Formulierung בוא רגל wird die Vorstellung zugrunde liegen, daß der Sieger seinen Fuß auf den Nacken des Besiegten stellt (vgl. Ps 110,1). Der Beter bittet darum, daß sein Feind ihn nicht überwinden möge. Die Hand des רשע möge ihn nicht (aus dem Bereich des Heiligtums) verjagen! 13 trägt den Ton der Erhörungs- und Heilsgewißheit. Die פעלי און, deren Treiben in 2–5 geschildert wurde, werden fallen und nicht mehr sich erheben.

Beim Verständnis der wesentlichen Aussagen des Ps 36 wird man von Ziel
12 ausgehen müssen. Der Psalmist ist bedroht; der רשע bedrängt und verfolgt ihn. In dieser Situation stellt nun der Psalmsänger die Lebensweise der רשעים und die Segensfülle der Gottesgegenwart bzw. Gottesgemeinschaft gegenüber. Auf der einen Seite און, auf der anderen Seite חסד. In Schilderungen, die von Klagemotiven getragen sind, wird die Existenz der Gottlosen dargestellt; in hymnischen Verherrlichungen wird die Heilsfülle der Stätte, an der Jahwe gegenwärtig ist, gepriesen. Größer als alles unheimliche und unheilvolle Treiben der רשעים ist Jahwes welterfüllendes, huldvolles Wirken. Darum kann der Ps 36 auch schließen mit den Perfekta der Gewißheit (13). Vom Ort der Gottesgegenwart geht die Macht eines huldvollen und gerechten Waltens aus. Zu diesem Ort

kommen die Rechtlosen und Hilflosen. Sie finden hier die Fülle des Heils, die Quelle des Lebens und den Herrn aller Welt. Die neutestamentliche Gemeinde wird 6–10 allein von Jesus Christus her verstehen. In ihm ist Gott gegenwärtig als »Quelle des Lebens« (Joh 14,19) und Bollwerk gegen alle Mächte, die sich anklagend und tötend gegen die »Auserwählten« erheben (Rm 8,32ff.).

Psalm 37
Belehrung über Jahwes gerechtes Walten

Literatur EOtto, Der Vorwurf an Gott. Zur Entstehung der ägyptischen Auseinandersetzungsliteratur: Vorträge der orientalischen Tagung in Marburg, Fachgruppe Ägyptologie 1950 (1951). – GvRad, Weisheit in Israel (1970). – SMorag, ומתערה כאזרח רענן (Psalm XXXVII,35): Tarbiz 41 (1971/72) 1–23.

Text
1Von David.
Ereifere dich nicht über Böse,
[a]zürne nicht über Übeltäter,
2denn wie Gras verdorren sie schnell
und verwelken wie grünes Kraut.
3Vertraue auf Jahwe und tue Gutes,
wohne im Lande und bewahre Treue!
4Und habe an Jahwe deine Lust,
denn er wird dir geben,
was dein Herz begehrt.
5Befiehl Jahwe deinen Weg
und vertraue auf ihn; er wird es ausrichten.
6Er läßt aufgehen wie Licht deine Gerechtigkeit
und dein Recht[b] wie Mittagshelle.
7Sei stille vor Jahwe und harre auf ihn!
Ereifere dich nicht über den Erfolg des Glücklichen –
über den Mann, der Ränke übt!
8Stehe ab vom Zorn und laß den Groll!
Ereifere dich nicht; es führt nur zum Bösen.
9Denn die Bösen werden ausgetilgt,
doch die auf Jahwe hoffen ‘’[c],
werden das Land besitzen.
10Nur noch kurze Zeit, dann ist der Gottlose verschwunden;
und blickst du auf seine Stätte, so ist er nicht mehr da.
11Doch die Armen werden das Land besitzen
und werden ihre Lust haben an der Fülle des Heils.
12Arges sinnt der Frevler gegen den Frommen
und knirscht die Zähne gegen ihn;

13doch der Herr lacht über ihn,
denn er sieht, daß sein Tag kommt[d].
14Das Schwert ziehen die Gottlosen[e]
und spannen ihren Bogen,
um zu fällen den Armen und Schwachen,
zu ermorden, die aufrichtig wandeln.
15Ihr Schwert dringt ihnen selbst ins Herz,
und ihre Bogen werden zerbrochen.
16Besser das wenige des Gerechten
als 'großer'[f] Reichtum der Gottlosen.
17Denn die Arme der Gottlosen werden zerbrochen,
doch die Gerechten stützt Jahwe.
18Jahwe kennt die Tage der Makellosen,
ihr Erbe bleibt ewig bestehen.
19Sie werden nicht zuschanden[g] in Zeiten des Unglücks,
und in den Tagen des Hungers werden sie satt.
20Denn die Gottlosen kommen um[h],
und die Feinde Jahwes – wie die Pracht der Auen
vergeh'n sie, vergehen in[i] Rauch.
21Der Gottlose muß leihen und kann nicht zahlen,
doch der Gerechte kann spenden und geben.
22Denn die er segnet, besitzen das Land,
die er aber verflucht, werden vertilgt.
23Jahwe lenkt die Schritte des Mannes,
'er stützt den, dessen Weg'[j] ihm gefällt.
24Fällt er, so stürzt er nicht hin,
denn Jahwe stützt seine Hand.
25Ich war jung, wurde alt,
doch nie sah ich einen Gerechten verlassen
noch seine Kinder betteln um Brot.
26Alle Tage kann er schenken und leihen,
und seine Nachkommen werden zum Segen.
27Weiche aus dem Bösen und tue Gutes,
so bleibst du ewig wohnen.
28Denn Jahwe liebt Recht,
verläßt nicht seine Frommen.
'Die Frevler'[k] werden auf ewig 'vertilgt'[l],
und der Gottlosen Same wird ausgerottet.
29Die Gerechten werden das Land besitzen
und immer darin wohnen.
30Der Mund des Gerechten spricht Weisheit
und seine Zunge redet Recht.
31Seines Gottes Weisung (trägt er) im Herzen,
seine Schritte[m] wanken nicht.
32Der Gottlose lauert auf den Gerechten
und sucht ihn zu töten.

33 Doch Jahwe überläßt ihn nicht seiner Gewalt,
läßt ihn nicht verdammen, wenn man ihn richtet.
34 Hoffe auf Jahwe und bewahre seinen Weg,
so erhöht er dich, das Land zu besitzen;
bei der Ausrottung der Gottlosen siehst du zu.
35 Ich sah den Gottlosen 'frohlocken'[n],
sich 'erheben'[o] wie eine grüne 'Zeder'.
36 'Ich kam vorüber'[p] – da war er verschwunden,
ich suchte ihn – er war nicht mehr zu finden.
37 Bewahre 'Unschuld'[q] und 'übe Redlichkeit'[r];
eines (solchen) Mannes Ende ist Heil.
38 Die Abtrünnigen werden alle vertilgt,
das Ende der Gottlosen ist Verderben.
39 ' '[s] Die Hilfe der Gerechten (geht aus) von Jahwe,
er ist ihre Zuflucht in der Notzeit.
40 Jahwe hilft ihnen und rettet sie,
er befreit sie von Gottlosen und hilft ihnen,
denn sie suchen Zuflucht bei ihm.

1.6.9 **a** pl Mss lesen וְאַל. – **b** mlt Mss *S* וּמִשְׁפָּטֶיךָ. – **c** Im Versmaß bereitet המה
13 Schwierigkeiten und wird wohl ausgeklammert werden müssen. – **d** 6Mss legen
14 das Perf. בָא vor. – **e** In der Koordinierung der Halbverse sind im Verlauf der Textüberlieferung Verwirrungen eingetreten. Sachgemäß wäre folgende Zuordnung:

חרב פתחו רשעים　　לטבוח ישרי־דרך
ודרכו קשתם　　להפיל עני ואביון

Es wird allerdings zu fragen sein, ob die beiden mit לְ eingeleiteten Nachsätze nicht als sekundäre Hinzufügung anzusprechen sind. Dann könnte der ursprüngliche Text gelautet haben:

חרב פתחו רשעים ודרכו קשתם

Diese Korrektur wird durch 15 nahegelegt. Willkürlich werden alle Versuche, die beiden Nachsätze zur Füllung fragmentarischer Halbverse in Ps 37 an ande-
16 rer Stelle »unterzubringen«. – **f** רבים ist eine falsche Angleichung an רשעים. Mit
19 *G* Hier *S* ist parallel zu מעט hier רָב zu lesen. – **g** Im par. membr. wird statt יבשו
20 vielfach die Korrektur יִוָּרְשׁוּ empfohlen; doch wird *M* zu folgen sein. – **h** Wie in 14, so liegen auch in 20 Schwierigkeiten in der sachgemäßen Zuordnung der Halbverse vor. Der Text ist entstellt. Es scheinen Worte zu fehlen. Folgende Korrektur wäre denkbar:

כי רשעים יאבדו　　כיקר כרים כלו
ואיבי יהוה ......　　בעשן כלו

23 **i** pl Mss *G* Hier כְּעָשָׁן. – **j** Die grammatisch exakte Übersetzung müßte über die Gesetze des par. membr. sich hinwegsetzen (»von Jahwe her werden die Schritte eines Mannes gefestigt – und zwar desjenigen, an dessen Weg er Gefallen hat«). Mit גבר aber endet der erste Halbvers. Darum ist zu lesen: כּוֹנְנוֹ und (mit
28 BDuhm) בְּדַרְכּוֹ. – **k** *M*: »auf ewig werden sie bewahrt«. In der alphabetischen Folge ist jedoch die ע-Strophe zu erwarten. *G*[ℵA] legt die Hinzufügung des Wortes עַוָּלִים (ἄνομοι) nahe; dieses Wort könnte durch Happlogr. verlorengegangen sein, wird jedoch auch durch den par.membr. gefordert. – **l** Die Einführung des Wor-
31 tes עַוָּלִים und der par.membr. fordern die Korrektur נִשְׁמְדוּ (vgl. *G*). – **m** *G* וְלֹא. –

n *M*: »ich sah den Frevler gewalttätig«. *G* empfiehlt die dem par.membr. ange- 35
messene Korrektur עַלִּיז (ὑπερυψούμενον). – **o** *M*: »und einen sich Entblößen-
den wie einen grünen Eingeborenen«. Der Text ist entstellt und sinnlos. *G* liest
καὶ ἐπαιρόμενον ὡς τὰς κέδρους τοῦ Λιβάνου (vgl. auch S^{Aphr}). Dem würde
ein hebräischer Text וּמִתְעַלֶּה כְּאַרְזֵי הַלְּבָנוֹן entsprechen. – **p** Dem parallelen 36
ואבקשׁהו entsprechend ist mit *G* Hier *S* וָאֶעֱבֹר zu lesen. – **q** *M* hat die Nomina in 37
fälschlich in Adjektiva verwandelt. Mit *G* Hier *ST* ist תֹּם zu lesen. – **r** Mit *GST* יָשָׁר 37
– **s** ו ist wohl zu tilgen mit pc. Mss Hier *S*. 39

Form

Die alphabetische Folge des sogenannten Akrostichon bestimmt die Form des Ps 37 (zur Form des Akrostichons vgl. zu Ps 9/10). Die Strophenordnung läßt jeweils zwei Vollverse zusammentreten und gedanklich aufeinander abgestimmt erscheinen. Im Duktus des Ganzen fehlt es freilich an einem strengen Gedankenfortschritt. – Im Versmaß dominiert der Doppeldreier 1–3.6.11–13.15–17.19.22–24.28–30.33.35.36. 38.39. Das Metrum 3 + 2 ist in 14 (?). 26.27.31.32 anzunehmen; 4 + 3 in 8.10.18.21.37; 3 + 4 in 5. Dreigliedrige Verse sind in 4.7.9.25.34.40 zu erkennen. Die metrische Erklärung in 14 und 20 muß offenbleiben.

Ps 37 gehört zur Formgruppe der Lehrdichtungen. S.o.S. 63ff. Einl § 6,5. Erfahrungen und Erkenntnisse werden im Stil der alttestamentlichen Weisheitsdichtung vorgetragen und mitgeteilt. Als Akrostichon ist der Psalm mehr als eine Sentenzensammlung. Ohne strengen Aufbau bleibt der Vortrag fest an seinen drei Hauptthemen: »Erhitze dich nicht über die erfolgreichen Bösen« (1.7b); »Vertraue, hoffe auf Jahwe, die Gerechten werden nicht zuschanden, sondern das Land besitzen (3.7.19.22.34). »Mit den Bösen nimmt es ein böses Ende, nur noch kurze Zeit, dann ist der Böse nicht mehr da« (2.10.20). Vgl. GvRad, 263. Der Typus der in Ps 37 vorliegenden Lehrdichtung ist vergleichbar der ägyptischen »Auseinandersetzungsliteratur« (EOtto).

Ort

Die Lehrdichtung des Ps 37 wird im Stil jener Lehrermahnungen übermittelt, die für die חכמה charakteristisch ist. Der Lehrende stellt sich selbst dar als ein alter, erfahrener Mann, der das Aufbrausen und die Ungeduld jugendlicher »Gerechtigkeitsfanatiker« dämpfen und zur Besinnung rufen will. Doch wird man die »autobiographische Stilisierung«, die ein typisches Mittel der Weisheitsbelehrung ist (vgl. Prv 24,30–34; Sir 51,13–16; 33,16–19), nicht verkennen dürfen (GvRad, 56). Auch in 35f. tritt der Ich-Bericht noch einmal hervor. Man wird Ps 37 in verhältnismäßig späte Zeit ansetzen müssen. Er steht den Tora-Psalmen nahe (GvRad, 71). Nachexilisch sind die leitenden Themen und Traditionszusammenhänge (vgl. MNoth, Die Gesetze im Pentateuch: GesStudzAT, 134f.).

Wort 1–11 Zu לדוד vgl. o.S. 15ff. Einl § 4 Nr. 2.

Der Weisheitslehrer, der in Ps 37 das Wort führt, redet einen Menschen an, dessen Inneres von Zorn entbrannt ist über die »Bösen« (1). Für das Verständnis des Psalms ist es wesentlich, die Begriffe מרעים und עשׂה עולה den allgemeinen moralischen Wertkategorien zu entziehen. Im Alten Testament handelt es sich um eine Gruppe von Menschen, deren Tun und Treiben von Jahwe her beurteilt und verstanden wird. Die »Bösen« entziehen sich der Herrschaft Gottes und widerstreben seinem Willen. Das Sichereifern des Frommen ist also nicht einfach »moralische Entrüstung«, sondern ein leidenschaftliches Fragen nach der lebendigen Wirklichkeit Jahwes, nach der Kraft seiner Herrschaft in dieser Welt (vgl. Prv 24,19). Von Anfang an wird die zornige Entrüstung über das unangefochtene, glückliche Leben des »Übeltäters« als überflüssig und sinnlos hingestellt (2). »Schnell« vollzieht sich an ihnen das Todesgericht. Wie das Grün im heißen Glutwind plötzlich verdorrt, so fällt auch die Existenz des »Bösen« unversehens ins Verderben (Hi 14,2; Jes 40,6f.). Das Sichereifern und Grollen (1) wäre ein Zeichen des Mißtrauens gegenüber der richterlichen Wirklichkeit Jahwes. Darum ermahnt der Weisheitslehrer zum Vertrauen auf Jahwe (3), zum guten Wandel und zum Erweis unverdrossener Stetigkeit (אמונה) im Leben auf dem Land, das als höchstes Heilsgut und Inbegriff der existenztragenden Güte Gottes gilt. In 4 wird der Unterwiesene gerufen, von jedem Hader mit Jahwe (im Hinblick auf die Gottlosen) abzusehen, um die Heilsfülle getrost aufzunehmen und zu genießen, die Gott seinen Knechten darreicht. Kühn ist der Begriff des sich »Labens«, ja des sich »Verwöhnenlassens bei Jahwe« (ענג vgl. GvRad, TheolAT[6] I 394; zur *fruitio Dei*: KBarth, Kirchliche Dogmatik II, 1 737ff.). Wer sich der Herrschaft Jahwes unterstellt, der darf das Glück der Heilsnähe froh genießen (vgl. 11; Jes 58,14; Hi 22,26; 27,10). Er erfreut sich der großen Privilegien freier Bitte, die in alter Zeit dem König zugesprochen wurden (vgl. zu Ps 2,8; 20,5). Die drohenden Sorgen und Anfechtungen aber, die sich beim Anblick der Gottlosen einstellen, sollen auf Jahwe »gewälzt« (גול vgl. Ps 22,9) werden (5). Er wird sich als tätiger (עשׂה), eingreifender Gott erweisen. Es wird nicht gleichgültig sein, ob man Jahwe dient oder nicht (Mal 3,13ff.). Nicht grau und unterschiedslos wird alles Leben dahintreiben. Die »Gerechtigkeit« (צדק) des צדיק wird wie die Sonne »aufstrahlen« (6); das bundesgemäße Verhalten (צדק) wird sich in leuchtender Kraft durchsetzen und evident werden in seinen Segnungen. Der in Ps 37 vielfach angenommene »Lohngedanke« tritt hier ganz aus dem Blickkreis, denn es ist nicht so, daß ein Frommer für seine guten Taten belohnt würde, sondern die gehorsame Lebensbeziehung als solche strahlt auf als evidentes Zeugnis der Gottzugehörigkeit und des in dieser Gottzugehörigkeit beschlossenen Heiles. Es wird zu fragen sein, ob nicht alle »Lohngedanken« und »Vergeltungsideen«, die man in Ps 37 finden wollte, diesem entscheidenden Gesichtspunkt unterzuordnen sind (vgl. KKoch, Gibt es ein Vergeltungsdogma im Alten Testament?: ZThK 52, 1955, 1ff.). Jahwe vertrauen (3), auf ihn die Last der Anfechtungen »wälzen« (5), das würde bedeuten: »stille sein« und »harren« (7 vgl. Ps 62,2.6) – auch wenn die gottlosen Ränke Erfolg und Glück haben. Mit großem Ernst wird hier zu geduldigem Warten ermahnt (8).[1] Wer sich zornig ereifert, tritt in den Bannkreis des Bösen ein (Ps 39,2; 73,2; Eph 4,31). In 9 wird die fundamentale, doppelseitige Aussage getroffen: Die Bösen (מרעים vgl. 1) werden ausgetilgt, die aber auf Jahwe hoffen, werden das Land besitzen. Auf dem »Land«, das Jahwe als Heilsgut und Lebensgrund gegeben hat, entscheidet sich das Schicksal derer, die sich von Jahwe abwenden, und derer, die auf ihn hoffen. Auch hier handelt es sich nicht um einen »Lohn«, denn beide, Gottlose und Gerechte, haben das Land als Unterpfand der Heilszuwendung und der lebentragenden Güte Jahwes empfangen. Den »Bösen« wird genommen, was sie nicht in dankbarem Gehorsam entgegennahmen. Sie haben das Leben im Herrschafts- und Heilsbereich Gottes verwirkt. Die aber mit Jahwe in fester Verbindung stehen, auf ihn hin »gespannt« (קוה) sind, die erben den Lebens- und Heilsbereich des Landes (vgl. Ps 25,13; im eschatologischen Sinn: Jes 57,13; 60,21; 65,9). Es dauert nicht lange – »schnell« (2) schwindet der Gottlose dahin (10; zur Satzbildung vgl. BrSynt § 13a). Den רשעים stehen die ענוים gegenüber (s.o.S. 108ff. Einl § 10,3), sie genießen auf dem Lebensgrund des Landes die Fülle des Heils (vgl. zu 4). – Zum Thema »Hoffnung« vgl. WZimmerli, Der Mensch und seine Hoffnung im Alten Testament (1968): Die Hoffnungsaussagen der Psalmen, 33ff.

Der צדיק reflektiert über die Existenzweise des רשע nicht aus der Di- 12–20
stanz dogmatischer Betrachtung, er wird bedrängt (12) und bedroht wegen seiner צדקה. Wie ein Raubtier stellt der Gottlose ihm nach (vgl. Ps 35,16). Der צדיק ist der Leidende, er ist der Schwache, der sich einer Übermacht gegenübersieht. Aber der Weisheitslehrer deutet hin auf das überlegene, triumphierende Lachen des Weltherrn Jahwe (vgl. Ps 2,4), der den Tag des Untergangs schon auf den Frevler zukommen sieht. Die

[1] »Alß solt er sagen: Es will dich verdriessen, das du in rechter sachen ungluck empfindist, und wil nit, wie du gern woltist, von statten gehn, und sihist doch, das dem unrechten nach allem seynem mutwillen geht, das eyn sprich wort hirauß geflossen ist – yhe grosser schalck, yhe besser glueck. Aber sey weyß, liebes kindt, laß dich das nit bewegen, halt auff got: deynß hertzen begirt wirt auch kummenn gar reychlich. Es ist aber noch nit tzeyt. Es mus des schalcks gluck vorgehn und seyne zeyt haben, bis fur ubir kumpt. Ynn deß mustu gott befelhen, ynn yhm dich erlusten, seinen willen dir gefallen lassen, auff das du seyn werck ynn dir und inn deinem feind nit hynderst, wie die thun, die nit auffhoren zu wueten, sie haben den yhr ding entwedder mit dem kopff hyn durch odder tzu drummern bracht. – Er braucht hie eyn feyn hebreisch wort: ›Sile domino et formare ei, schweig und mach dich schickerlich‹. Gleych wie eyn frucht ynn mutterleyb sich got machen lest, also bistu in dißem fal auch ynn got empfangen, und er wil dich machen zu rechter form, ßo du still helltist.« Luther, WA 8; 216, 30ff.

רשעים mit ihren tödlichen Waffen (14) verfallen einer »immanenten Nemesis« (15 vgl. zu Ps 7,14–17). Angesichts dieses Gerichtes und in der Gewißheit, daß Gott in das Lebensschicksal dieser Welt eingreift, kommt die Weisheitsaussage des Psalms zu dem Schluß: Der geringe Lebensunterhalt des צדיק ist besser als der große Reichtum des רשע. Damit wird deutlich ausgesagt: Entscheidend ist es, daß ein Mensch צדיק ist. In dieser Existenzweise liegt alles Glück beschlossen (vgl. Prv 15,16; 16,8; Ps 4,8; 84,11). Das Tun und Treiben der רשעים findet ein Ende (17). Der צדיק aber findet Jahwes Beistand (17b), sein Lebensweg liegt unter dem fürsorglichen Aufmerken Gottes (18 vgl. Ps 1,6). Diese Tatsache bewährt sich vor allem in Notzeiten (19 vgl. Ps 33,19). Die »Gottlosen« hingegen vergehen wie das Grün der Auen (20 vgl. 2).

21–29 Die Erfahrungen, die die Weisheitserkenntnis hinsichtlich des Schicksals des צדיק und des רשע gewonnen hat, werden u.a. in 21–29 aneinandergereiht. In Notzeiten (vgl. 19) wird der רשע plötzlich mittellos (21a), während der צדיק weiterzugeben und zu helfen in der Lage ist (21b). Der צדיק empfängt den Segen des Heilsgutes, den das Land gewährt, der רשע hingegen wird vom Fluch der Vernichtung getroffen (22; zum Thema »Segen und Fluch« vgl. JPedersen, Der Eid bei den Semiten, 1914; SMowinckel, PsStud V; JHempel, Die israelitischen Anschauungen von Segen und Fluch im Lichte altorientalischer Parallelen: ZDMG 79, 1925, 20ff.). In allem seinem Tun wird der »Gerechte« von Jahwe begleitet und erfährt seine Hilfe (23–26). »Von Jahwe werden ihm die Schritte gelenkt« (vgl. BrSynt § 36b). Der Weisheitslehrer tritt als Zeuge dieser Erfahrung auf (25). Hier liegt nun jene »autobiographische Stilisierung« vor, auf die unter »Form« hingewiesen wurde. »Sicher handelt es sich hier viel mehr um eine traditionelle Stilform, in die der Lehrer von Fall zu Fall seine Unterweisung kleiden konnte und die sich auch zu größeren Einheiten ausspinnen ließ. Unser modernes Interesse an der Biographie der biblischen Autoren darf sich also nicht täuschen lassen, denn um echte Erlebnisse handelt es sich dabei kaum, mindestens erscheinen sie in stark konventionierter Form« (GvRad, 57). Die Tendenz ist klar: Jede Ermahnung basiert auf Erfahrung (27). Das Leben hat sie geprägt, nicht die Theorie. Die geheimnisvolle Rechtsordnung aber, nach der Jahwe verfährt, wenn er den צדיק segnet und den רשע verwirft, wird in 28 משפט genannt. Dieser משפט ist vor allem Rechtshilfe, rettendes Recht für den חסיד, der auch in äußerster Not nicht verlassen ist. 29 nimmt die Aussage in 11 wieder auf.

30–40 30 und 31 handeln von den wegweisenden und lebenbestimmenden Kräften in der Existenz des צדיק. Er spricht חכמה vor sich hin. Zu הגה vgl. zu Ps 1,2. Der komplexe Begriff חכמה bezeichnet die Lebensklugheit, die von Jahwe herkommt (Prv 2,6) und in allen Lagen den rechten Weg zu finden vermag. משפט tendiert hier auf die Vorstellung von gültigen Lebensordnungen, die der Willensäußerung Jahwes entspringen. תורה (31) ist die Gottesweisung (vgl. zu Ps 19B). Ein Anklang an Jer 31,31–34 ist in 31 nicht zu überhören (vgl. auch Ps 40,9 und zu Ps 19,8). Dabei wird eine besondere Aufmerksamkeit dem vom Vorzeichen der Heilsgabe bestimmten Tora-Verständnis in der nachprophetischen Zeit gelten müssen. Vgl. HJKraus, Zum Gesetzesverständnis der nachprophetischen Zeit: Biblisch-theologische Aufsätze (1972) 179–194. 32 setzt wie 12 an und schildert die Anfeindungen, unter denen der צדיק zu leiden hat. Unergründlich ist der Vernichtungswille des רשע, der sich an dem »Gerechten« austobt. In 32 und 33 sind Begriffe und Vorstellungen aus dem Gebetslied des unschuldig Verfolgten erkennbar (vgl. zu Ps 7). בהשפטו erinnert an den sakralen Prozeß, in dem der צדיק unter den falschen Anschuldigungen seiner Feinde die Hilfe Jahwes erwartet. Der Weisheitslehrer stellt fest: Jahwe läßt es nicht zu, daß der unschuldig Verfolgte verdammt wird. In 34 werden dann wieder Ermahnung und Verheißung laut. Der Gehorsame erlebt die »Erhöhung«, daß er das Land besitzen darf, während die Gottlosen vernichtet werden. Daß der »Gerechte« dieser Vernichtung »zusieht« (vgl. BrSynt § 106a), bedeutet, daß ihm das reale Eingreifen Jahwes nicht verborgen bleibt. Das תראה in 34 wird denn auch sogleich in 35ff. durch einen Erfahrungsbericht, der mit ראיתי eingeleitet wird, belegt. Zunächst wird das Bild des glücklichen und hochmütigen רשע gezeichnet (35). Doch »schnell« (vgl. 2.10) ändert sich alles: Der Gottlose war verschwunden (36); genaue Nachforschungen stellten heraus, daß er nicht mehr zu finden war. Und wieder folgt eine Ermahnung: 37. Es gilt, das Ende (אחרית) zu bedenken (37–38). »Die Reflexionen des Psalms sind einfach und gehen keine komplizierten Wege. Sein Fazit ist: es kommt auf das Ende an. Das Ende (אחרית) der Gottlosen ist Verderben, das Ende der Jahwetreuen ist Heil (37f.). Unter dem ›Ende‹ versteht der Psalm wohl den Abschluß einer Lebensführung, in dem Gottes Heil und Gericht dem Menschen dann schließlich doch offenbar werden« (GvRad, 263). Entscheidend ist, daß sich auch das weisheitliche Denken Israels zur Zukunft hin öffnet. In der »Zukunft« wird es sich herausstellen, wie das Ende des Prozesses ausfällt, der jetzt abläuft. Gemeint ist der Ausgang einer Sache, deren Gehalt und Wahrheit jetzt noch verborgen ist.

39f. spricht von der Hilfsbereitschaft Jahwes. Jahwe ist der Ursprung und die Quelle aller Hilfe, die den Gerechten widerfährt. Er ist ihre Zuflucht in der Zeit der Not. Die befreiende Macht des Gottes Israels steht zur Rede. Zuletzt wird also nicht ein Problem gelöst, sondern die Befreiung aus der Bedrängnis der Gottlosen verheißen. So bringt die Lehrdichtung bei aller eingeleiteten geistigen Auseinandersetzung im Letzten und Eigentlichen keine Problemlösungen, sondern Bezeugungen der Erlösung.

Ziel Die Weisheitslehre des Ps 37 enthält Erfahrungen, Ermahnungen und Verheißungen. Aber nun würde die Erklärung unbedingt in die Irre gehen, wenn der Inhalt des Erfahrungsberichtes darin gesehen wird, daß hier ein Mensch erklärt: »Es gibt eine Gerechtigkeit.« HGunkel meint in diesem Sinn, Ps 37 vermittle den »Glauben an die Vergeltung«. Dieses Verständnis ist nicht zutreffend. Im Zentrum des Ps 37 liegt nicht »die Gerechtigkeit« oder »die Vergeltung«, sondern das Zeugnis vom lebendigen Eingreifen Jahwes in das Leben der Menschen. Das ist ein wesentlicher Unterschied. Die »Erfahrung« des Ps 37 ist Zeugnis, Bezeugung. Und nirgendwo ist ein Prinzip der Gerechtigkeit oder eine Idee der Vergeltung – gleichsam über Gott stehend oder ihn repräsentierend – in dem Weisheitsgedicht zu erkennen. So rufen denn auch die Ermahnungen nicht etwa zum Glauben an die gerechte Vergeltung auf, sondern zum Vertrauen auf Jahwe. – Diese folgenreichen Revisionen im Grundsätzlichen ermöglichen einen neuen Zugang zu der wesentlichen Aussage des Psalms. Hier wird man vom eigenartig betonten Gedanken des Landbesitzes ausgehen müssen. Jahwe hat seinem Volk ein Land geschenkt, das zugleich Lebensgrundlage und Unterpfand des Heils ist. Auf diesem Land vollzieht sich im erwählten Volk eine große Scheidung. Es gibt Menschen, die dankbar in den Dienst Jahwes treten, ihm in allen Taten verbunden sind und aus der Fülle seiner Huld leben: die צדיקים. Und auf der anderen Seite sind da Menschen, die sich von Jahwe und seinen Gaben abwenden, stolz ihr Glück suchen und den an Jahwe erinnernden צדיק töten wollen: die רשעים. Die Situation, in die die Weisheitslehre unseres Psalms hineinspricht, ist von Anfang an klar zu erkennen: »Gerechte« ereifern sich und grollen über den רשע, der es wagt, als undankbarer Frevler und Intrigant in Gottes Herrschaftsbereich, auf dem Boden seiner Lebens- und Heilsgabe, zu existieren. Der Trost des alttestamentlichen Psalms lautet: Jahwe wird bald eingreifen. Der צדיק wird es erleben. In der Tat: das ist Trost, wenn man bedenkt, daß der צדיק in Todesgefahr schwebt (14.32). Ist Jahwe lebendiger Gott? Kann er seine Macht mitten in dieser Welt erweisen? Diese Fragen der Anfechtung kamen der idealistischen Psalmeninterpretation nicht in den Blick; sie transformierte Gott und Welt, vor allem aber die Beziehungen zwischen Gott und Welt, ins Reich der Ideen und entrüstete sich (im Kraftfeld der Humanitätsidee) über das »niedrige Ethos« der Vergeltungstheorie. Das Neue Testament wurde (wiederum im Kraftfeld der Humanitätsidee) zum Zeugen für ein reineres Ethos der Liebe angerufen. Übersehen wurde dabei, daß die ganze Diesseitigkeit der Hoffnung auf Gottes Eingreifen z.B. in den Seligpreisungen der Bergpredigt wieder in Erscheinung tritt (Mt 5,5 vgl. auch Mk 10,30). Erst wenn diese Zusammenhänge wirklich gesehen und in ihrer unauslotbaren Tiefe erkannt sind, sollte von der Überwindung und Durchbrechung der alttestamentlichen Aussagen im Neuen Testament die Rede sein. Die geistige Distanz dessen, der in Ps 37 Ideen rezensieren will, vermag das Wesen der Dinge nie in den Blick zu bekommen.

Psalm 38
Gebet aus Krankheit, Schuld und Anfeindung

Literatur

RArconada, Psalmus 37/38 retentus, emendatus, glossatus: VD 10 (1930) 48–56. 107–116. – RMartin-Achard, La prière d'un malade: Quelques remarques sur le Psaume 38: Verbum Caro 45 (1958) 77–82. – CRiggi, L'»auxesis« de Salmo 38 nel »De officiis« di S.Ambrogio: Salesianum 29 (Torini 1967) 623–668.

Text

1 Ein Psalm Davids. Zum Weihrauchopfer (?).
2 Jahwe, strafe mich nicht in deinem Zorn
und züchtige mich nicht[a] in deinem Grimm,
3 denn deine Pfeile schwirren auf mich nieder,
und ‘schwer lastet’[b] deine Hand auf mir.
4 Nichts Gesundes ist an meinem Fleisch ob deines Grolls,
nichts Heiles an meinen Gebeinen ob meiner Verfehlung[c].
5 Denn meine Vergehen wachsen mir über den Kopf,
wie eine schwere Last sind sie mir zu schwer.
6 Meine Wunden riechen übel, eitern
ob meiner Torheit.
7 Verstört bin ich[d], gebeugt gar sehr;
allzeit geh' ich trauernd einher.
8 Meine Lenden sind voller Brand,
nichts ist gesund an meinem Fleisch.
9 Ich bin erschöpft und zerschlagen[e] gar sehr,
ich schreie aus stöhnendem Herzen.
10 Herr, vor dir liegt all mein Sehnen,
mein Seufzen ist nicht verborgen vor dir.
11 Mein Herzschlag flattert, die Kraft hat mich verlassen,
und das Licht meiner Augen ‘’[f] ist mir erloschen.
12 Meine Freunde, ‘’[g] ‘auch sie’[h] ‘sind geflohen vor mir’[i],
und meine Nächsten stehen ferne.
13 Schlingen legten, die nach dem Leben mir trachten,
und die mein Unglück suchen, reden Frevles,
ersinnen Trug den ganzen Tag[j],
14 Ich aber bin wie ein Tauber, höre nicht,
und wie ein Stummer, der den Mund nicht öffnet.
15 Ja, ich ward wie ein Mann, der nicht hört
und auf dessen Mund keine Antwort zu finden[k].
16 Denn auf dich, Jahwe, harre ich,

du wirst antworten, Herr, mein Gott.
17Denn ich denke: Sie sollen nicht jubeln über mich;
wenn mein Fuß wankt, nicht großtun über mich!
18Denn ich bin ja auf meinen Sturz gefaßt,
und mein Schmerz steht mir immer vor Augen.
19Ja, ich bekenne mein Vergehen,
bin bekümmert über meine Verfehlung.
20Die mich 'grundlos'[l] befehden, sind stark,
viele sind's, die sinnlos mich hassen.
21Sie vergelten mir mit Bösem das Gute,
beschuldigen mich[m], weil dem Guten ich nachlief.
22Verlaß mich nicht, Jahwe,
mein Gott, sei nicht ferne von mir!
23Komm mir eilends zur Hilfe,
Herr, mein Heil!

2 **a** pl Mss ergänzen die in 2b (in Konsequenz von 2a) implicite enthaltene
3 Negation וְאַל. – **b** ותנחת ist eine wohl kaum ursprüngliche Wiederholung des-
selben Verbums im par.membr. *G* hat וַתְּנַחֵת, *T* וַתָּנַח gelesen. Der Topik der
4 Psalmensprache entspräche וַתִּכְבַּד vgl. Ps 32,4. – **c** *G* σ' *S* bieten den Plural חַטֹּאתָי.
7.9 – **d** Zu dieser Bedeutung von עוה vgl. 1 S 20,30; Jes 21,3; Prv 12,8 (KLB 686). – **e**
11 8Mss וְנִדְכֵּאתִי. – **f** גם־הם wirkt in 11b sehr störend und wird wohl kaum ur-
12 sprünglich hier gestanden haben. – **g** 12a ist in seinem Textbestand gestört. ורעי
macht den Eindruck einer sekundären Ergänzung. – **h** גם־הם aus 11b könnte in
12a den ursprünglichen Platz gehabt haben (vgl. Jer 12,6). – **i** יעמדו (vgl. auch
par. membr. 12b) ist kaum ursprünglich, נגעי (»mein Schlag«) wird darum kor-
rigiert werden müssen. *G* bietet den Text ἐξ ἐναντίας μου ἤγγισαν, der dem he-
13 bräischen Wortlaut מִנֶּגְדִּי נָגְשׁוּ entsprechen würde. – **j** Der dreigliedrige Versauf-
bau ist offensichtlich mit Schwierigkeiten verbunden. Wahrscheinlich sind die
15 Worte מבקשי נפשי ודרשי רעתי als sekundäre Ergänzung anzusehen. – **k** 15 ist
20 ein Echo auf 14 und dürfte als erweiternde Hinzufügung anzusprechen sein. – **l**
חיים (»lebendige«) paßt nicht recht in den Sinnzusammenhang. Der Topik der
21 Psalmensprache entspräche חִנָּם (Ps 35,19; 69,5; 109,3; Thr 3,52). – **m** Zu שׂטן
und seiner Bedeutung vgl. Ps 71,13; 109,4.20.29.

Form Ps 38 gehört zu den »alphabetisierenden Liedern« (Bickell), die so viele Verse enthalten, wie das Alphabet Buchstaben hat (vgl. Ps 33; 146 Thr 5). Das Versmaß ist schwankend. Es dominiert der Doppeldreier: 2.3.7–10.14.16.18.20.22. Das Metrum 4 + 4 liegt vor in 4.21. 4 + 3 in 11.12.15. 3 + 4 in 5.17. 3 + 2 in 6. Und 2 + 2 in 19.23.

Der Psalm gehört zur Formgruppe der Gebetslieder. S.o.S. 49ff. Einl § 6,2. Bezeichnend ist die den ganzen Psalm durchziehende Anrede an Jahwe in der 2. Pers. Der Aufbau ist gut zu erkennen. Bittrufe aus großer Not finden sich am Anfang und am Schluß des Gebetsliedes (2.22–23). In 3ff., also im umfangreichen Mittelstück, treten die Notschilderungen hervor. Die drei Themen dieser Notschilderung sind: Krankheit, Schuld und Anfeindung. Der Psalm ist demnach der Gruppe der Krankheits- und Heilungspsalmen zuzuweisen (vgl. KSeybold, Das Gebet des Kranken im Alten Testament. Untersuchungen zur Bestimmung und Zuordnung der Krankheits- und Heilungspsalmen: BWANT V,19, 1973). In 14 werden Jahwe Beweggründe zur Erhörung und zum Einschreiten vorgehalten.

Der Hinweis der kultisch-liturgischen Überschrift (להזכיר) kann Ort
nicht Ausgangspunkt der Situationsbestimmung sein; die Erklärung des Begriffs (vgl. o.S. 25 Einl § 4 Nr. 16) ist problematisch. Aus dem Gebet als solchem müssen die wesentlichen Anhaltspunkte erschlossen werden. Hier besteht kein Zweifel: Es handelt sich um einen Schwerkranken (3.4.6.8.11.18), der in seinem Leid ein Gericht über seine Schuld erkennt (2.4) und im Bußgewand (7) nun vor Jahwe um Hilfe und Erhörung bittet. Man wird an die in Lev 13,1–46 geschilderte Situation denken können. Der Schwerkranke, der wahrscheinlich unter Aussatz (6) leidet, ist aber zugleich ein Angeklagter (HSchmidt, Das Gebet der Angeklagten im Alten Testament: ZAWBeih 49, 1928, 30). Seine Feinde haben Vergehen aufgespürt, um dem Leidenden die Ursache seiner Krankheit nachzuweisen (s.o.S. 112ff. Einl § 10,4); er aber weiß sich unschuldig (20). Doch wird man nicht erklären können, daß die Institution der Gottesgerichtsbarkeit deutlich hervorträte. Die Aussagen des Gebetsliedes enthalten eine Fülle stehender Formulierungen, die die Erklärung nahelegen, es könnte sich um ein Formular handeln, das insbesondere in Krankheitsfällen und bei den die Krankheit begleitenden Anschuldigungen (Joh 9,2) aufgenommen worden ist. Jedenfalls ist es den Betern bewußt, daß ihre Krankheit eine große Störung an der Wurzel ihres Lebens bedeutet und daß mit der Bitte um Heilung das Bekenntnis der Schuld zur Sprache kommen muß. Ps 38 läßt Ansätze zur Reflexion erkennen. Er steht der Hiob-Problematik nahe und sollte in relativ späte Zeit angesetzt werden. Nähere Anhaltspunkte zur Datierung sind freilich nicht zu erkennen.

Zu מזמור לדוד s.o.S. 15ff. Einl § 4 Nr. 2. Zu להזכיר S. 25 Einl § 4 Nr. Wort 1
16.

Unter dem Zorn Gottes weiß sich der Beter. Diese Tatsache gibt – wie 2
in Ps 6,2 – dem Leiden und Klagen, Bitten und Flehen das eigentliche Gepräge (vgl. zu Ps 6,2). Krankheit und Unglück gelten als Wirkungen des Zornes Jahwes. Unauflösbar ist im Alten Testament der Zusammenhang von Schuld und Krankheit (vgl. GvRad, TheolAT[6] I 288). Der Gotteszorn macht offenbar, daß das menschliche Leben von Schuld gezeichnet ist. Krankheit ist im Alten Testament also nicht anonymes Verhängnis, sondern Reaktion Gottes auf ein schuldhaftes Vergehen. Jahwe »züchtigt« (יסר) mit der körperlichen Not den Menschen.

Klagend berichtet der Psalmsänger in 3–11 von der Krankheit, die 3–11 sein Leben gezeichnet hat. Wie ein Feind tritt Jahwe dem Leidenden entgegen und schießt verderbliche Pfeile aus der Höhe auf ihn herab (vgl. Ps 91,5; Hi 6,4). In dieser Weise redet auch die altorientalische Mythologie von den dämonischen Pfeilen, die einen Kranken getroffen und vergiftet haben. Das Unheil lastet wie ein Gewicht auf dem Kranken; es ist Jahwes Hand, die sich drückend bemerkbar macht (vgl. Ps 32,4; 39,11). Das Krankheitsbild des Aussatzes ist in 4–6 ziemlich deutlich zu erkennen. Bedeckt ist das Fleisch von Wunden (zu אין־מתם vgl. Jes 1,6), die Gebeine sind entstellt (4). Und sogleich wird hinzugefügt: מפני חטאתי. Die Krankheit ist der Herold der Schuld, sie kündet eine Verfehlung an, die, gleichsam nach außen ausgebrochen, manifest geworden ist. In der klagenden Schilderung seines Leidens eröffnet der Psalmsänger also sogleich seine Schuld. Der von Kopf bis zu Fuß von Wunden bedeckte Leib ist ein Zeuge des übermächtigen Vergehens (5), das wie eine Flut über dem Haupt des Kranken zusammenschlägt (vgl. Ps 69,3.16; 124,4). Hilflos bricht der von Gottes Zorn Getroffene unter der Last der Selbstentfaltung der Schuld, die zur Strafe auswächst, zusammen. Wenn 6 von übel riechenden, eiternden Wunden spricht, denkt man in erster Linie an Aussatz. Der Hinweis auf die »Torheit« (אולתי) erinnert erneut an die Schuld. Als Büßer stellt der Psalmsänger in 7 sich selbst dar: verstört, gebeugt und in Trauerkleidung gehüllt (vgl. Ps 42,10; Jes 58,5). Man wird sich vorstellen dürfen, daß der Beter sich außerhalb der Wohnstätten aufhält (Mk 5,3) und dort in Fäulnis und Verkommenheit hockt (8). Aus tiefster Erschöpfung und Zerschlagenheit kommen die Schreie aus stöhnendem Herzen (9). Doch mitten in Krankheit und Klage ist der Psalmsänger dessen gewiß, daß Jahwe sein Bitten und Flehen (2) hört (10). 10 enthält also ein Zeugnis der Erhörungsgewißheit; vor Jahwe ist das Flehen des Todkranken nicht verborgen. Doch fährt 11 sogleich in der Schilderung des beklagenswerten Zustandes fort. Das Herz des Kranken »flattert«. Das Pealal סחרחר müßte wörtlich übersetzt werden: »hin- und herfahren«. Gemeint ist wohl das abgerissene, Angstzustände verursachende Klopfen des Herzens im Augenblick letzter Erschöpfung. Im Unterschied zu Ps 6,8; 13,4 meint dann 11b wohl einen tatsächlichen Ausfall des Sehvermögens (und also nicht nur eine bildliche Andeutung des körperlichen Zusammenbruchs). – Die Not des Kranken wird dadurch gesteigert, daß auch die engen Freunde und Nachbarn vor dem schuldigen, von Gottes Zorn geschlagenen Menschen fliehen (12). Sie weichen dem mit Unheil Behafteten aus (vgl. Ps 88,9.19; Hi 19,14.15; Thr 1,2 u.ö.). Die Freunde und Nachbarn sind plötzlich zu Feinden geworden (13), denn ihr ganzes Augenmerk richtet sich nun auf die Frage: Warum muß der Erkrankte dieses Leiden tragen? Welche Schuld hat er begangen? Für welches Vergehen trifft ihn so sichtbar der Zorn Gottes? (s.o.S. 112ff. Einl § 10,4). Das Auslegen der Schlingen (vgl. Ps 109,11) und Ersinnen des Truges deutet hin auf den Eifer, mit dem die Schuld gesucht wird. Anklage wollen die »Feinde« gegen den Leidenden erheben. Durch den Aufweis der ursächlichen Verschuldung wollen sie ein sakrales Verwerfungsurteil erzielen und den Unheilsträger aus ihrem Lebenskreis verbannen.

14 berichtet zunächst, wie sich der Psalmsänger in diesem Wirbel von 14–21
Krankheit und Anfeindung verhalten hat. Er stellte sich taub gegenüber den Anklagen und öffnete seinen Mund nicht zum leidenschaftlichen Protest (vgl. auch 15).[1] Diese geduldige, alles Geschehen Jahwe anvertrauende Verhaltensweise wird im Gebetslied als Motiv zum Einschreiten Gottes zu verstehen sein (HGunkel), sie bezeugt aber vor allem den Glauben des Gottesknechts, der auch im äußersten Leiden Jahwe allein vertraut (Ps 22; Jes 53,7; 1 Pt 2,23). Der Kontext in 16 zeigt, daß der Psalmsänger sich allein Jahwe zuwendet und unbeirrt auf seine Antwort wartet (vgl. Ps 130,5). Es ist das »Heilsorakel«, der vollmächtige Zuspruch des Priesters, dem der Beter wartend entgegensieht (JBegrich, Das priesterliche Heilsorakel: ZAW 52, 1934, 81–92). Die כי-Sätze in 16–19 sind wohl alle in Abhängigkeit von 14–15 zu verstehen. D.h., es werden – begründend – die Erwägungen mitgeteilt, die der vor den Anklagen seiner Feinde Schweigende in sich trägt. 20 kommt dann wieder auf die Feinde zu sprechen. Aber zunächst: Welche Erwägungen stellt der Psalmsänger in sich selbst an – während er die Angriffe seiner Feinde ignoriert? Er spricht zu sich selbst (אמרתי): Sie sollen nicht jubeln und triumphieren über mich (17)! Nur mit seinem Schmerz und mit seiner Schuld hat es der Beter vorerst zu tun (18–19). Offen bekennt er vor Jahwe sein Vergehen. – Aber hier liegt nun eine Schwierigkeit. Nimmt man an, in 16–19 wende der Beter sich von den Herausforderungen seiner Feinde ab und spreche von seinen eigenen Erwägungen, von seiner Hinwendung zu Jahwe und vom Bekenntnis seiner Schuld – wie ist dann 20 zu verstehen? Wie kann der Psalmsänger in 19 erklären, er bekenne sein Vergehen, während er in 20 feststellt, daß die Feinde keinen Grund zu irgendeiner Anklage hätten? Haben wir es hier mit zwei verschiedenen Schuld-Begriffen zu tun? Handelt es sich in der Anklage der Feinde um ein Schuldpostulat, das in Gestalt schwerwiegender Verleumdungen den Leidenden von Jahwe scheiden will? Und enthält das Sündenbekenntnis des Klagenden (vgl. auch 2.4.6) die Enthüllung von Vergehen, die keinem Widersacher einsichtig sind und auch von Jahwe nicht zu scheiden vermögen (10)? Auf jeden Fall werden in 20 die Verleumdungen der Feinde, von denen in 13 die Rede war, zurückgewiesen. In der Klage

[1] »Nam primo significat falsis et perversis iudiciis ita se obrutum, ut ne verbum quidem iustae defensionis causa facere liceat. Deinde patientiam suam in medium profert coram Deo, quo magis eum ad misericordiam inclinet. Talis enim mansuetudo non tantum calamitosis et innoxiis hominibus favorem merito conciliat, sed verae quoque pietatis signum est.« Calvin, In librum Psalmorum Commentarius, zu Ps 38,14.

weist der Leidende auf die Macht und Vielzahl seiner Verfolger hin. Freunde und Nachbarn (12) vergelten dem Sänger des Psalms seine Wohltaten mit Bösem (vgl. Ps 35,12; 109,4). Hier klingt ein Motiv des Reinigungseides bzw. der Unschulderklärung auf: Gutes hat der Verfolgte seinen Nächsten angetan, dem Guten ist er nachgelaufen (21b).

22–23 Abschließend tritt wieder die Bitte des Leidenden in den Vordergrund (22–23). Der von den Freunden Verfolgte bittet darum, daß Jahwe ihn nicht verlassen möge (Ps 22,12.20; 35,22; 71,12). Zu אלהי vgl. OEißfeldt, ›Mein Gott‹ im Alten Testament: ZAW 61 (1945/48) 3–16. Um schnelles Einschreiten bittet der Todkranke – gewiß, daß Jahwe sein Heil, seine Hilfe ist.

Ziel Der Sänger des 38. Psalms durchschreitet die dunkelsten Abgründe des Leidens, der Gottverlassenheit und Einsamkeit. Krankheit, Schuld und Anfeindung aus dem Kreise der Nachbarn und Freunde – das sind seine Nöte. Die Summe des Unheils kann mit dem Hinweis auf den »Zorn Gottes« gezogen werden: 2. Konkrete Leiden sind erkennbar (Aussatz?), doch trägt der Klagende die Züge jenes leidenden Gottesknechtes, der in Ps 22 und Jes 53 geschildert wird. Sieht man von der geheimnisvollen und hintergründigen Schuld-Leid-Kausalität ab (vgl. zu Ps 6), so erscheint der Typus des Leidensträgers, der im »Gottesknecht« von Jes 53 seinen letzten Ausdruck gewinnt. – Wenn die Kirche den Ps 38 zu den »sieben Bußpsalmen« zählt, so hat sie sich in die Leidenstiefe und Komplexität der Aussagen des Ps 38 hineingestellt, um die Verlorenheit und Hinfälligkeit des Menschen zu bezeugen. Es mag in diesem Zusammenhang wichtig sein, daß in der Passionsgeschichte des Lukas-Evangeliums (23,49) die Stelle Ps 38,12 in Anklängen zitiert wird. Im Kreuzestod erleidet Jesus die Not einer letzten Verlassenheit, denn auch seine Angehörigen und Freunde sondern sich von ihm ab. Jesus Christus tritt ein in die Solidarität mit den Verstoßenen (vgl. zu Ps 22 »Ziel«) und macht sich ihr Schicksal zu eigen. In diesem Ereignis begegnet Gott allen Leidenden als Hilfe und Heil (23).

Psalm 39
Ringen um Hoffnung und Hilfe im vergänglichen Leben

Literatur EBaumann, Struktur-Untersuchungen im Psalter I: ZAW 61 (1945/48) 146–155. – DWThomas, נצב in Psalm XXXIX 6: Studies in the Bible (Festschr MHSegal). Publications of the Israel Society for Biblical Research 17 (1964) 10–16.

Text

1Dem Chorleiter. Von Jeduthun[a]. Ein Psalm Davids.
2Ich nahm mir vor: Ich will achthaben auf meine 'Worte'[b],
auf daß ich mich nicht verfehle mit der Zunge;
ich will meinem Mund einen Zaum 'anlegen'[c],
solange der Gottlose vor mir (steht)[d].
3Stumm und still war ich,
schwieg – ohne Glück.
Da ward aufgerührt mein Schmerz,
4heiß wurde mir mein Herz im Innern;
bei meinem Seufzen entbrannte ein Feuer –
da mußte meine Zunge sprechen:
5Laß mich wissen, Jahwe, mein Ende,
was da sei das Maß meiner Tage,
damit ich weiß[e], wie vergänglich ich bin.
6Siehe, nur spannenlang hast du gesetzt mir die Tage,
mein Leben ist vor dir wie nichts.
Nur 'wie'[f] ein Hauch steht jeder Mensch aufrecht, (Sela)[g]
7nur wie ein Traumbild wandelt der Mann dahin.
Nur für nichts häuft er 'Schläge'[h] auf
und weiß nicht, wer sie einheimst.
8Doch nun, worauf steht 'meine Hoffnung'[i], Herr?
Mein Harren gilt dir allein.
9Errette mich von allen, 'die sich gegen mich erheben'[j],
laß mich nicht ein Spott sein des Narren.
10Ich bleibe (nun) stumm, öffne nicht den Mund,
denn du hast es getan.
11Nimm hinweg von mir deine Plage,
unter der 'Wucht'[k] deiner Hand vergehe ich.
12Züchtigst du den Mann mit Strafen wegen Schuld,
so zerstörst du wie die Motte seine 'Pracht'[l],
nur ein Hauch ist jeder Mensch! Sela.
13Höre mein Gebet, Jahwe,
und vernimm mein Schreien, schweige nicht zu meinen Tränen!
Denn ein Fremdling bin ich bei dir,
ein Beisasse wie all meine Väter!
14'Schau'[m] weg von mir, daß ich froh werde,
bevor ich hingehe und nicht mehr bin.

a K לִידִיתוּן; Q לִידוּתוּן. – **b** *M*: »ich will achthaben auf meine Wege«; doch der 1.2
par. membr. legt nahe, דְּבָרַי zu lesen. – **c** Die Wiederholung von אשמרה ist wohl
kaum ursprünglich. *G* (ἔθέμην) hat אָשִׂימָה gelesen (vgl. 2 Kö 19,28). – **d** *G* si-
chert diese Übersetzung, jedoch ist eine Korrektur (בַּעֲמֹד statt בעד; so FWutz)
nicht erforderlich. – **e** Zum Anschluß des Nachsatzes vgl. BrSynt § 176c. – **f** Die 5.6
Übersetzung »es ist ja alles nur Hauch, jeder Mensch nur ein ›Setzling‹ (נְצָב) – so
FWutz im Anschluß an *M* – ist problematisch. Es liegt nahe, mit *S* כְּהֶבֶל zu lesen.
– **g** סלה steht hier an falscher Stelle und trennt ein sinngemäß zusammengehöri-
ges Versgefüge (6b/7aα). – **h** *M*: »um nichts lärmen sie«. Doch fordert das Suffix 7
in אספם ein Objekt zu יצבר. So wäre הָמוֹן oder הוֹנִים statt יהמיון zu lesen. – **i** Der 8

9 par.membr. gibt Veranlassung, mit *GS* מִי תִּקְוָתִי zu lesen. – **j** Die Vokalisation
führt irre. Der par.membr. und die Topik der Psalmensprache legen es nahe,
11 פִּשְׁעַי (Jes 66,24; Ez 20,38) zu lesen (Ges-K § 116i). – **k** *M* weist auf das aram.
Wort תִּגְרָה (»Hader«), das an die Stelle des sachgemäßen und wohl ursprüngli-
12 chen מִגְּבוּרַת (G ἀπὸ τῆς ἰσχύος) getreten ist. – **l** חָמוּד (»begehrenswert«) ist
14 wahrscheinlich mit Mss חֲמֻדוֹ zu lesen. – **m** הָשַׁע in *M* (von שׁעע »bekleben«) ist
gewiß ein Schreibfehler für שְׁעֵה (»blicke«) vgl. Hi 7,19; 14,6.

Form Das Metrum des Ps 39 ist ungleichmäßig und bewegt. Es sind folgende Metren festzustellen: 3 + 3 in 2aγ/2b.6b/7aα.7aβ/b.9.13aδ/b.14. 3 + 2 in 2aα/β.4aβ/b.8.10. 2 + 2 in 3a.3b/4aα. 4 + 3 in 6a und 3 + 4 in 11.13aαβγ. Dreigliedrig sind 5 (3 + 3 + 3) und 12 (4 + 3 + 2?). Diese Rekonstruktion der Metren kann nur ein Versuch sein, die einzelnen Verse zu erfassen.

Der Psalm gehört zur Formgruppe der Gebetslieder. S.o.S. 49ff. Einl § 6,2. In 5ff.8ff.13ff. ist die Anrufung und Bitte, an Jahwe in der 2. pers. gerichtet, deutlich erkennbar. Dabei treten immer wieder Notschilderungen, aber auch in die Formgruppe der Lehrdichtungen hinüberspielende Reflexionen auf. Zur Lehrdichtung s.o.S. 63ff. Einl § 6,5. Charakteristisch ist die Tatsache, daß die konkreten Notschilderungen den Ansatz für ins Grundsätzliche gehende Meditationen über die Hinfälligkeit und Vergänglichkeit des Lebens bilden. Dies prägt sich in der Form des Ganzen aus, die höchst eigentümlich ist. Ungewöhnlich ist schon der Introitus mit seiner ins »Biographische« tendierenden Notiz (2–4). Aber es handelt sich wohl um eine »biographische Stilisierung«, wie sie auch in Ps 37 zu beobachten ist (vgl. zu Ps 37 »Ort«). Als einheitliches Bittgebet wird dann das Korpus 5–14 aufzunehmen sein. Sinngemäß könnte eine Dreiteilung vorgenommen werden: 5–7.8–12.13–14. HGunkel sieht die Ordnung des Psalms von 8 an gestört; er bemüht sich um die Wiederherstellung einer sinnvollen Ordnung. Doch die Umstellungen sind recht fragwürdig. Man wird versuchen müssen, in aller Vorsicht den überlieferten Text in seiner Versfolge aufzunehmen, zu interpretieren und den Sinn der Aussagen zu verstehen.

Ort Für die Situation des Beters könnten zunächst folgende, aus dem Psalm abzulesende Tatsachen von Wichtigkeit sein: 1) Ein schwerer »Schlag« (11) hat den Beter des Psalms getroffen; offenbar handelt es sich um eine plötzlich ausgebrochene, das Leben bedrohende Krankheit (vgl. vor allem die Aussagen in 12). – 2) Das Leben des Beters ist dem Tod, dem »Ende« nahe (5), doch fehlt es noch an der Konsequenz und Tiefe der Einsicht in das unabwendbare Geschick. – 3) »Feinde« (s.o.S. 112ff. Einl § 10,4) haben sich gegen den vom Unheil Getroffenen erhoben; sie verhöhnen und bespitzeln ihn (2.9). Wie so oft in den Gebetsliedern Bedrängter treten die Feinde als Ankläger auf. Sie wollen die Ursache des Zusammenbruchs in einer Schuld aufspüren und an den Tag bringen. Doch alle diese Situationserschließungen sollten nicht mit zu großen Gewichten befrachtet werden. Die Reflexion und Meditation der Lehrdichtung gibt zu erkennen, daß der konkrete Bezug nur Anlaß und auslösendes Motiv zur ins Grundsätzliche strebenden Besinnung und Lehräußerung gewesen ist. Weisheitliche Traditionen, die bis in die frühe ägyptische Literatur hinein zu verfolgen sind, haben in relativ später Zeit den Ps 39 geprägt. Allerdings fehlen für eine Datierung des Psalms feste Anhaltspunkte.

Zu למנצח s.o.S. 25 Einl § 4 Nr. 17. – Zu לידותון S. 25f. Einl § 4 Nr. Wort 1
18. Und zu מזמור לדוד S. 15ff. Einl § 4 Nr. 2.

Mit einem Hinweis auf seinen vorgefaßten Entschluß setzt der Psalm- 2–4
sänger ein. Er berichtet, daß er sich vorgenommen habe, genau auf seine Worte zu achten und dem Mund einen Zaum anzulegen. Dieses zuchtvolle Schweigen geschieht im Hinblick auf den רשע. In seiner Gegenwart könnte der Beter des Psalms sich verfehlen. Was ist hier gemeint? An welche Verfehlungen denkt der Psalmsänger? Die Aussage in 10 läßt im Zusammenhang mit anderen Psalmstellen erkennen, welche Gefahr droht. Wenn der Psalmbeter von dem Unheil, das ihn getroffen hat, zu Gott sagt: אתה עשית (10b), so besteht die Möglichkeit, daß er mit Jahwe hadern könnte und Böses täte (Ps 37,8 vgl. auch Ps 73,15; Mal 3,14f.). Die Ehre Jahwes, der im unergründlichen Geheimnis unheilvollen Wirkens dem Beter begegnet, wird also zuerst bedacht und höher gestellt als alle naheliegenden Ausbrüche in Klage und Notschilderung. Wo andere Leidende unter den Psalmisten schreien, da schweigt er (Ps 37,7), verhält sich stumm und still (3). Doch dieses zu Gottes Ehre sich selbst auferlegte Schweigen hat den Beter weit abgebracht vom Glück (מטוב). Er hatte also doch offensichtlich angenommen, daß Jahwe sein bewußtes Schweigen »erhören« würde. Doch das geschah nicht. Der Leidende blieb tief in seiner Not stecken. »Da ward aufgerührt mein Schmerz« – so beginnt die Schilderung, die von der Wende berichtet. Aus dem Schweigen brach die Klage hervor. Ein längeres Verstummen war nicht mehr möglich (vgl. Ps 32,3; Jer 20,9). Das Herz »wurde heiß«; zu חם־לבי vgl. Dt 19,6. Wie ein Feuer entbrannte die Glut und brach aus. Da mußte die Zunge sprechen. So eröffnet der Psalmsänger einen Blick in die innere Entstehungsgeschichte seines Gebetsliedes, das mit 5 beginnt.

Ein erster Gedankengang wird in 5–7 zu erkennen sein. Folgt man *M*, 5–7
so bietet sich ein eigenartiges Bild: In 5 erbittet der Psalmist eine Belehrung über die Vergänglichkeit und Todverfallenheit seines Lebens, in 6–7 hält er die Nichtigkeit seiner Existenz Jahwe vor (הנה). Diese Beobachtung hat Gunkel veranlaßt, das erste Wort in 5 in אוֹדִיעֲךָ (»ich tue dir kund«) zu verwandeln. Er erklärt zu dieser Korrektur, die durch keinen

Text belegt ist, folgendermaßen: »der Text beruht auf einer absichtlichen Änderung, da man an dem allzukühnen, vermenschlichenden Worte Anstoß nahm«. Aber kann und darf man mit dieser Unterstellung die eigenartige Spannung ausgleichen, die in 5–7 zu bemerken ist? Der Beter erbittet von Jahwe eine Belehrung über das ihn ergreifende Todesschicksal, über die Vergänglichkeit seines Lebens. Das kann doch nur bedeuten: Jahwe möge ihm zeigen, daß der schnelle Weg in den Tod ein unaufhaltbares Verhängnis ist. Er soll ihn belehren, daß das Ende kommen muß. M.a.W.: der Psalmbeter will restlose Klarheit, aus dem Mund Jahwes will er die Wahrheit über das todverfallene Leben hören. Aber zugleich (6f.) hält er dieses kurze, nichtige Leben Jahwe vor, um ihn zum Einschreiten zu bewegen. Der Mensch ist הבל (»Hauch«, »Nichtigkeit«; vgl. Ps 62,10; 94,11; 144,4; Koh 1,2). Auch der feststehende, aufrechte Mann ist wie ein Nichts, wie ein Traumbild geht er dahin (7). So kann es auch in einem ägyptischen Text heißen: »Die Zeit, die man auf Erden zubringt, ist nur ein Traumbild« (AErman, Die Religion der Ägypter, 1934, 238f.). Sinnlos ist das Aufhäufen der Reichtümer (Lk 12,18ff.). Dieses hohle Traum- und Schattenbild der menschlichen Existenz (vgl. Ps 73,20; 102,12; 144,4) enthält implizite einen Appell an Jahwe, sich zu erbarmen und einzugreifen.

8–12 In 8–12 treten die Nöte des Psalmbeters klarer hervor. Aus der Leere und Hinfälligkeit der vom Tod gezeichneten Schattenexistenz (6f.) fragt er nach der Hoffnung seines Lebens (8). Wo ist sie? 8b enthält eine Äußerung des Vertrauens: תוחלתי לך היא. Aus dem hohlen, vergänglichen Leben streckt der Beter sich harrend und erwartend nach Jahwe aus, erhofft von ihm Hilfe. Ein erster Erweis des Eingreifens Jahwes würde darin bestehen, daß die Widersacher überwunden werden. Der Psalmist hat es mit Feinden zu tun, die sein Unheil als verdiente Strafe für ein Vergehen hinstellen wollen (s.o.S. 112ff. Einl § 10,4), sie spotten über den schwer Geschlagenen und gebärden sich wie »Toren«, für die Gott praktisch nicht existiert (vgl. zu Ps 14,1). Der Gedanke an die Feinde hat nun offenbar den Psalmbeter an seinen Vorsatz (2) erinnert, er bekennt sich darum erneut zum Schweigen und Verstummen. Denn wie kann gegen Jahwe geklagt werden? Widerspruch und ständiges Abdämpfen der Schreie und Klagen charakterisiert Ps 39. Das Wissen um Jahwes unabwendbare Tat (אתה עשית) und das Flehen um Erbarmen ringen miteinander. Wie im Übergang von 5 zu 6 vollzieht sich Bewegung von 10 und 11. Das verstummende Zurücktreten vor der unergründlichen Gottestat wendet sich doch immer wieder hin zum Appell an das erbarmende Einschreiten Jahwes. Das Leiden ist נגע (11), ein Gottesschlag. Unter der gewaltigen Hand Jahwes vergeht der Leidende (vgl. Ps 32,4). Um eine tödliche Krankheit wird es sich handeln. Und sogleich wird (wie stets in den Psalmen) der unauflösbare Zusammenhang von Schuld und Krankheit gesehen: Jahwe züchtigt den Menschen mit Strafen für Schuld (12). Vgl. hierzu: GvRad, TheolAT[6] I 288. Wie Motten Gewänder zerfressen (vgl. GDalman, AuS V 15), so ist die Schönheit des Körpers zerstört. Darf man unter diesem Bild an einen Aussätzigen denken, der das Gebetslied vor Jahwe bringt? Erneut wird in 12b der Hinweis auf die Nichtigkeit des menschlichen Lebens aufgenommen. – Zu סלה (fälschlich auch hinter 6) vgl. Einl § 4 Nr. 13.

Bitten um Erhörung werden in 13 laut. Der klagende Beter erfleht eine Gottesantwort und weist in diesem Zusammenhang auf seine Existenz als גר und תושׁב auf Jahwes Land hin. Die beiden Begriffe erinnern daran, daß Jahwe dem flüchtigen, fremden Leben gnädig einen Aufenthalt gewährt hat. Er ist der Herr des Landes, ihm gehört es. Die Israeliten sind Gäste und Beisassen (Lv 25,23; 1 Chr 29,15; Ps 119,19; Hebr 11,13), die seiner Fürsorge anempfohlen sind. Allerdings könnte man fragen, ob die Begriffe גר und תושׁב sich nicht auch auf die Asylfunktion des Heiligtums beziehen könnten (vgl. גור in Ps 15,1). Dann würde der Beter hinweisen auf seinen Aufenthalt im Tempelbereich und an die Güte des gegenwärtigen Gottes appellieren, der den Verfolgten und Hilflosen seine Heilszuwendung zugesagt hat. – Eigenartig ist die Bitte in 14. Sie widerspricht dem in 13 Erflehten. Diese Spannung ist charakteristisch für den ganzen Psalm. Gewöhnlich bittet der alttestamentliche Beter: »Schau her zu mir« (Ps 13,4; 25,19; 59,5; 74,20; 89,15; 119,159 u.ö.). Jetzt heißt es: »Schau weg!« (vgl. Hi 7,19; 10,20f.; 14,6). Das Bewußtsein, von Jahwe geschlagen zu sein und die schwere Hand Gottes spüren zu müssen, bestimmt diese Bitte. Nicht Jahwes Nahesein, sondern seine Abwendung würde das Dunkel des Lebens noch einmal auflichten. Das ist ein Gedanke tiefster Verzweiflung. Man wird darauf achten müssen, daß der Ps 39 von zwei gegeneinander strebenden Empfindungen durchdrungen ist. Darum ist es unrichtig, die zutage tretenden Spannungen durch Textverbesserungen und Umstellungen auszugleichen. Zu 14b ist endlich darauf hinzuweisen, daß der Beter hier von seinem unmittelbar bevorstehenden Tod spricht. »Die Toten existieren, aber sie sind als Lebende ›nicht mehr vorhanden‹« (ChrBarth, Die Errettung vom Tode in den individuellen Klage- und Dankliedern des Alten Testaments, 1947, 60). 13.14

Die Situation, aus der Ps 39 zu verstehen ist, kann deutlich erkannt werden: Ein Todkranker betet zu Jahwe. Er sieht sein nahes Ende als unabwendbares Verhängnis vor sich (5–7.14). Von Gott erwartet er die eindeutige Bestätigung, daß sein Leben sein Ziel gefunden hat (5). Und alles, was er erlitten hat an körperlicher Not und erdrückendem Schmerz (11), steht für ihn unter dem Vorzeichen: כי אתה עשׂית (10b). Dieses Übermaß des Leidens bringt den Menschen in Versuchung, gegen Gott zu rebellieren und sich im Reden zu verfehlen. Um dieser Versuchung Ziel aber aus dem Weg zu gehen, hatte der Psalmsänger sich vorgenommen, schweigend und geduldig sein Leiden zu tragen (2–4). Doch von der Verzweiflung und vom flehenden Rufen werden die selbstgesetzten Schranken nun durchbrochen (4). Der Beter ringt um Hoffnung und Hilfe in dem als vergänglich, hohl und sinnlos erscheinenden Leben. Er bittet Gott um sein Einschreiten, um eine letzte, sinngebende Füllung – um eine Antwort, die klärend und helfend wirken könnte. Aber verzweifelt bricht das Lied ab; es ist hineingetaucht in ein Dunkel ohnegleichen. Angesichts des Todes wird das ganze Leben fragwürdig und streckt sich aus nach der einzigen Hoffnung (8). Aber wo ist diese Hoffnung, wenn der Tod unaufhaltsam vordringt (5.14)? Der Psalmist steht in den Tiefen der Gottverlassenheit (Ps 22,2). Wie das Hiobbuch über sich selbst hinausfragt und nach einer letzten Gottestat verlangt, so sucht auch Ps 39 eine Antwort jenseits der im Alten Testament gesetzten Schranken der Gewißheit.

Psalm 40
Danklied eines Erretteten und Notschrei eines Verfolgten

Literatur

EBaumann, Struktur-Untersuchungen im Psalter I: ZAW 61 (1945/48) 155–159. – NHRidderbos, The Structure of Psalm XL: OTS XIV (1965) 296–304. – EVogt, Gratiarum actio Psalmi 40: Verbum Domini 43 (1965) 181–190. – JBecker, Israel deutet seine Psalmen: Stuttgarter Bibel-Studien 18 (1966) 70ff. – JHEaton, The King's Self-Sacrifice. A Reinterpretation of Psalm 40: Alta, The University of Birmingham Review 3 (1967) 141–145. – NAiroldi, Il Salmo 40B: Rivista Biblica 16 (1968) 247–258. – LRost, Ein Psalmenproblem: ThLZ 93 (1968) 241–246. – FCrüsemann, Studien zur Formgeschichte von Hymnus und Danklied in Israel: WMANT 32 (1969) 258–263.

Text

1 Dem Chorleiter. Von David. Ein Psalm.
2 Unbeirrt hoffte ich auf[a] Jahwe;
da neigte er sich zu mir
und hörte mein Schreien.
3 Er zog mich empor aus grausiger Grube,
aus Schmutz und Schlamm
und stellte auf Felsgrund meine Füße,
sicherte meine Schritte.
4 Er legte mir in den Mund ein neues Lied –
einen Lobgesang auf unseren Gott.
Viele sollen es sehen und sich fürchten
und vertrauen auf Jahwe.
5 Glücklich ist der Mann, der da setzt[b]

sein Vertrauen auf Jahwe,
sich nicht zu den Drängern wendet,
den in Lüge Verstrickten.
6Vieles hast du[c] vollbracht,
Jahwe ‘’[d], deine Wunder
und deine Pläne an uns!
Nichts ist dir gleich.
Wollt’ ich künden und reden (davon),
unzählbar sind sie.
7Schlacht- und Gabeopfer wolltest du nicht[e],
doch Ohren hast du mir gegraben.
Brand- und Sündopfer verlangtest du nicht!
8Da sprach ich: Siehe, ich komme!
In der Buchrolle steht geschrieben über mich. –
9Ich möchte tun, mein Gott, was dir gefällt[f].
Deine Weisung ist ja in meinem Herzen!
10Froh künde ich, ‘Jahwe’[g], Gerechtigkeit
in großer Versammlung.
Ja, meine Lippen verschließe ich nicht;
‘’[h] du weißt es.
11Deine[i] Gerechtigkeit verbarg ich nicht
in der Tiefe meines Herzens.
Deine Treue und Hilfe sprech’ ich aus;
nicht verhehle ich deine Gnade und Wahrheit
vor[j] der großen Versammlung.
12Du, Jahwe, wirst nicht verschließen
dein Erbarmen vor mir;
deine Gnade und Wahrheit
werden stets mich behüten.

13Denn Leiden haben mich umgeben –
ohne Zahl.
Ereilt haben mich meine (eigenen) Sünden;
ich kann nicht mehr aufsehen.
Zahlreicher sind sie als meines Hauptes Haare,
mein Mut verläßt mich.
14Gnädig, o Jahwe, errette mich;
‘’[k] zur Hilfe eile herbei!
15In Schmach und Schande mögen fallen zugleich,
die mir nach dem Leben trachten ‘’[l].
Zurückweichen sollen mit Schimpf,
die mein Unglück erstreben.
16Starr sollen werden vor Schande,
die da rufen ‘’[m]: Ha! Ha!
17Frohlocken und deiner sich freuen sollen
alle, die dich suchen.
Es sollen sprechen‘’[n]: Jahwe ist groß!

die deine Hilfe begehren.
18Doch ich bin elend und arm
– der Herr denkt an mich –[o].
Mein Helfer und Retter bist du[p],
mein Gott säume nicht!

2.5 **a** pl Mss fügen zur Erleichterung der Konstruktion אֶל־ hinzu. – **b** *GS* haben
6 fälschlich שֵׁם gelesen; es ist *M* zu folgen. – **c** אתה steht eigenartig exponiert und
wird bisweilen (allerdings ohne zureichenden Grund) in אִתָּנוּ verbessert. – **d**
7 אלהי wird mtr.cs. auszuklammern sein. – **e** Ohne Zweifel liegen in 7–9 Störungen
im Text vor; die Verse fallen aus der metrischen Ordnung heraus. Nicht gerecht-
fertigt aber sind die in den textkritischen Korrekturen und Konjekturen vorge-
nommenen Eingriffe, die teilweise willkürlich die Aussagen in ihr Gegenteil ver-
wandeln. Zurückhaltung ist hier geboten. In der Erklärung (siehe »Wort«) wird
der vorhandene Textbestand vorsichtig abgetastet und aus dem Zusammenhang
9 von 2–12 beleuchtet werden. – **f** Die Tempora in 9 sind als »Perfecta declaratio-
nis« zu verstehen. Vgl. DMichel, Tempora und Satzstellung in den Psalmen
10 (1960) 92f. – **g** Im Versmaß fehlt eine Hebung, die am besten durch die Ergän-
11 zung von יהוה aus 10b erzielt wird. – **h** vgl. zu **g**. – **i** Beachtlich ist die in G^B zu fin-
14 dende Lesart צדקתי. – **j** pl Mss *T* lesen (wie in 10aα) בְּקָהָל. – **k** יהוה wird hier
15 mtr.cs. zu streichen sein. – **l** לספותה (»sie hinwegzuraffen«) ist eine erläuternde
16 Hinzufügung, die mtr.cs. zu streichen ist. – **m** 16b als ergänzender Halbvers
überschreitet das Versmaß. לי und wahrscheinlich auch das zweite האח sind zu
17 tilgen (vgl. Ps 70,4). – **n** תמיד ist metrisch überschüssig und wohl auszuscheiden.
18 – **o** Vielleicht ist חוּשָׁה (entsprechend Ps 70,6) zu lesen und das Verständnis des
ergänzenden Halbverses dem Kontext anzugleichen. (Zu 14–18 vgl. Ps 70.) –
p אתה ist nach der Auffassung von NAiroldi kein pronom. pers., sondern eine
Form des Verbums *'atā*, das die Bedeutung »kommen« hat. Die Übersetzung
»Mein Helfer und Retter, komm!« würde in den par. membr. sich einfügen (Rivista Biblica 16, 1968, 247ff.).

Form Ps 40 zerfällt in zwei verschiedene Lieder, die sich in ihrer Form und Thematik deutlich voneinander abheben. Ps 40A (2–12) gehört zur Formgruppe derjenigen Gebetslieder, die sich als »Danklied eines Einzelnen« abheben. S.o.S. 54f. Einl § 6,2aγ. Demgegenüber ist das Gebetslied Ps 40B (13–18) mit seinen Notschilderungen und Klagen deutlich von der Grundform des Bittens und Flehens her geprägt. HGunkel und JBegrich bezeichneten diese »Gattung« als individuelles Klagelied (EinlPs § 6). Die Formkritik wird aber noch weiterschreiten müssen. Sie kann in Ps 40A ermitteln, daß erst von 6 an die dem Danklied eines Einzelnen charakteristische Anrede an Jahwe in der 2. pers. erfolgt. Vgl. FCrüsemann, 259. 2f. sind als Rückblick aufzunehmen. 4f. als Bekenntnis zur Inspiration, aus der das Danklied hervorging, verbunden mit einem Glückwunsch für alle, die Jahwe vertrauen (5). – Es stellt sich die Frage ein, ob die beiden Stücke in Ps 40, die als zwei verschiedene Psalmen gekennzeichnet worden sind, in irgendeiner Weise – wenn nicht formal, so doch inhaltlich – aufeinander bezogen werden können. Grundsätzlich stünde dem ja nichts im Weg, die Phase des Bittens und die des Dankens (bzw. umgekehrt) komplementär zu verstehen. S.o.S. 49ff. Einl § 6,2). Doch bei näherem Zusehen ist kein Anlaß zu irgendeiner Verklammerung wahrzunehmen. Es ist also davon auszugehen, daß zwei verschiedene Psalmen in Ps 40 zusammengestellt worden sind. Aus welchem Grund, das ist nicht zu ermitteln. Wenn 14–18 in Ps 70 (siehe dort!) als selbständiges Lied erscheint, so wird man annehmen können, daß Ps 40B ursprünglich isoliert überliefert wurde. Die Vermutung HGunkels soll doch wenigstens zitiert werden: »Die Hinzufügung wird von einem Manne herrühren, der bei allem Danken noch über sehr vieles zu klagen hatte und in einer Zeit lebte, da sich die Gattungen schon stark gemischt hatten.« Doch statt dieser psychologisierenden Vermutung wird man wohl einfacher an einen nahtlosen Übergang beim Abschreiben zu denken haben. – Im Folgenden beschränkt sich die Interpretation mit ihren Voruntersuchungen auf Ps 40A. Zu Ps 40B vgl. zu Ps 70. Es ist also nur das Danklied zu erarbeiten. – Das Metrum in 2–12 (13) weist in erster Linie den »Fünfer« (3 + 2) auf: 3–6.9–10.11 (3 + 2 3 + 3 + 2). 2 wird man im Versmaß 3 + 2 + 2 und 12 im Versmaß 3 + 2 2 + 2 lesen müssen.

Aus Ps 40A läßt sich zunächst folgendes zur Situation des Beters erschließen. Der »Rückblick« in 2f. gibt zu erkennen, daß dem Dank eine schreckliche Notlage vorausging. Das Leben war in die Sphäre des Todes, in das Totenreich, gefallen (3). Vielleicht wird man annehmen dürfen, daß der Beter sterbenskrank war, aber Rettung und Genesung erfuhr (3). Doch jetzt wird das Danklied »vor der großen Versammlung« (11) angestimmt. Wenn 8 zutreffend gedeutet wird (s.u.), dann wird man daran denken können, daß der Dankende seinen Psalm öffentlich ausgehängt hat: auf einer Buchrolle, in der von ihm berichtet wird. Dieser Aushang wäre dann zu verstehen als das eigentliche Dankopfer, das an die Stelle der blutigen Darbringung getreten ist. So gesehen würde auch die Opferkritik in 7 erklärbar sein. Auch der betonte Hinweis auf die Inspiration des Dank- und Lobliedes in 4 wäre motiviert. Und sogleich täten sich umfassende Aspekte auf, die ein Verständnis der Psalmendichtung eröffnen würden. Man wird nicht nur davon ausgehen können, daß Formulare mit Gebetsliedern, Bitten und Danksagungen (für die jeweilige Situation und Institution) im Heiligtum bereitlagen: agendarische Formulare, die von Priestern verfaßt und von den Betern Israels nachgesprochen wurden – es werden auch Aktionen, wie sie in 8 erkennbar sind, anzunehmen sein. Danach würde ein Beter und Sänger das von ihm selbst verfaßte (von ihm selbst oder von einem Schreiber aufgezeichnete) Gebetslied als Opfergabe, an Stelle des Opfers dargebracht, d.h. im Heiligtum ausgehängt haben. Dieser Verfasser – das würde den Ps 40A gut erklären – ist kein Priester (vgl. LRost, ThLZ 93, 1968, 241ff.). Er steht unter unverkennbarem Ort

Einfluß der Prophetie: Nicht nur in seiner Opferkritik (7), sondern auch in seinem Inspirationsbewußtsein (4), und nicht zuletzt in der Art und Weise, wie er von der Aneignung der Thora in seinem Herzen spricht (9). Denn der zuletzt erwähnte Zug deutet hin auf Abhängigkeit von Jer 31,31ff. und Ez 36,26ff. Somit müßte eine entsprechende Entstehungszeit in nachexilischer Zeit angenommen werden. Wir hätten es also mit einem Dokument prophetisch inspirierter Danksagung zu tun. Nichts spricht dafür, daß es sich in Ps 40A um »a royal Psalm« handeln könnte (zur Abweisung der These von JHEaton). – Das im Heiligtum ausgehängte Gebetslied wird im Tempelarchiv bewahrt und überliefert worden sein – möglicherweise zusammen mit Ps 40B, so daß also der Zusammenschluß der beiden Psalmen auch auf einen Traditionsvorgang hinweisen könnte.

Wort 1 Zu **למנצח** s.o.S. 25 Einl § 4 Nr. 17. Zu **מזמור** und **לדוד** S. 15ff. Einl § 4 Nr. 2.

2.3 Auf die Zeit der Not und Anfechtung blickt der Psalmsänger in 2–3 zurück. Mitten im unheilvollen Leid hoffte er zuversichtlich auf Jahwe. **קוה קויתי** beschreibt das unbeirrte, gespannte Sichhängen an Jahwe, wie es in den der Not erwachsenen Gebetsliedern immer wieder laut wird (vgl. z.B. Ps 130,5). Da neigte sich Jahwe in die Tiefe herab. 2b spricht vom Wunder der Erhörung. Über die Situation seiner Not redet der Psalmsänger in 3 in Metaphern. **בור שאון** – **טיט** – **יון** sind Begriffe, die den untergründigen, chaotischen Totenort beschreiben (Ps 69,3.15 vgl. ChrBarth, Die Errettung vom Tode in den individuellen Klage- und Dankliedern des Alten Testaments, 1947, § 7). Die Bildsprache ist gemeinorientalisch. Auch in akkadischen Gebeten heißt es: »nimm fort deine Strafe, aus dem Morast zieh mich heraus« (AFalkenstein/WvSoden, Sumerische und akkadische Hymnen und Gebete, 1953, 271). Wahrscheinlich fließen diese Vorstellungen aus dem Urmodell der Höllenfahrtmythen (Höllenfahrt der Ischtar). Der Psalmist fiel also in das Totenreich, d.h. in die »Sphäre des Todes« (ChrBarth). Das Leben drohte zu erlöschen, der Bereich des Todes umfing den (an schwerer Krankheit?) Leidenden. Zum »Sichherabneigen« und »Herausziehen« Jahwes vgl. auch Ps 18,7ff. Der Felsgrund (**סלע**) ist Inbegriff des Festen und Unerschütterlichen.

4 Bemerkenswert ist in 4 das Verständnis des Dankliedes: Der Dank ist nicht eine Gegengabe des Menschen an Gott, sondern eine Gabe Gottes an den Menschen. Jahwe legt (**נתן**) das Lied in den Mund des Erretteten. Für das Verständnis der Psalmen ist dieser Hinweis auf die »Inspiration« des Beters außerordentlich wichtig. Man wird die Aussage in 4 nicht dadurch entkräften können, daß etwa auf die Übernahme vorgegebener Dankformulare durch den Beter hingewiesen wird. Hier besteht vielmehr tatsächlich die Vorstellung von einer vollmächtig-inspirierten Äußerung

(vgl. auch eine entsprechende Äußerung in den Dankpsalmen von Qumran. MBurrows, Die Schriftrollen vom Toten Meer, 1957, 349). Und von dieser Vorstellung aus fällt auch ein Licht auf den Begriff שיר חדש (vgl. Ps 33,3; 144,9): es ist die geistmächtige, von Jahwe gewirkte, neue Kunde. Immer wieder tendiert das individuelle Danklied hin zu einem Zeugnis, zu einer Botschaft und Lehre für andere. In diesem Lied soll die Heilszuwendung Jahwes »sichtbar« gemacht werden – als *verbum visibile* für die hörende Gemeinde. Die dankbare Kunde soll Gewißheit über die lebendige Wirklichkeit Jahwes (ירא) und Vertrauen wirken. Zur Verbindung ירא־ראה vgl. Ps 52,8; Jes 41,5. Vgl. aber auch Ps 34,3ff.

HSchmidt versteht 5 als Wort des amtierenden Priesters. Das ist 5
kaum möglich. Der »Glückwunsch« kommt aus dem Mund des Dankenden, der mit seinem Zeugnis viele zum Vertrauen auf Jahwe führen möchte (vgl. Ps 34,9). Es besteht die Gefahr, daß der Notleidende und Bedrängte gebannt ist von der Übermacht der lügnerischen und verleumderischen Feinde, die ihn von Jahwe scheiden wollen (s.o.S. 112ff. Einl § 10,4). Die »Dränger« suchen Schuld im Leben des Leidenden und können mit ihrer Lüge Gewalt über ihn gewinnen. Im Vertrauen auf Jahwe, in der vollen Hinwendung zu ihm, liegt das Heil. 5 enthält also eine jener didaktischen Sentenzen, die im Psalter häufiger zu Wort kommen (vgl. GvRad, TheolAT[6] I 371).

6 bezieht das Wunder der Errettung des Einzellebens (3–4) auf die 6
Fülle der Heilserweisungen gegenüber Israel. Unvergleichlich und unzählbar sind die Taten Jahwes: vgl. Ps 92,6; 104,24; 106,2; 139,18. Der Psalmist sieht hier eine Grenze seiner Aussagemöglichkeit und deutet in hymnischem Stile die Wundertaten Gottes nur an.

In 7f. bietet das Textverständnis einige Schwierigkeiten. Der Text ist 7–9
offensichtlich in Unordnung geraten. Die Metren sind nicht zu rekonstruieren. Korrekturen helfen nicht weiter. So muß also vorsichtig den einzelnen Aussagen gefolgt werden. Der Psalmsänger stellt zunächst fest, daß Jahwe Schlacht- und Gabeopfer nicht will. זבח ist das Schlachtopfer, das von einer Mahlgemeinschaft verzehrt wird (vgl. LKöhler, TheolAT[3] 172). Mit den Dankfeiern an heiliger Stätte waren Opfermahlzeiten verbunden (vgl. zu Ps 22,27). מנחה bezeichnet das Gabeopfer, das als Huldigungsgabe vor Jahwe dargereicht wird (LKöhler, TheolAT[3] 174). Doch diese Opfer will Jahwe nicht – so erklärt der Psalmist, indem er auf ein anderes Faktum hinweist: »Ohren hast du mir gegraben«. Was heißt das? Fraglos wird mit dieser seltsamen Ausdrucksweise den Opfern der Gehorsam gegenübergestellt (1 S 15,22). Vor dieser neuen Wirklichkeit des Gottesverhältnisses scheiden auch die Brand- und Sündopfer aus (7b könnte ein Nachtrag sein). עולה ist das Brandopfer; das ganze Tier wird verbrannt als »im Feuer aufsteigende Huldigungsgabe« (LKöhler, TheolAT[3] 175). חטאה (besser wohl חטאת) ist eine Opferart, die Sinn und

Zweck in ihrem Namen trägt (vgl. LKöhler, TheolAT[3] 179). Die Worte הנה באתי in 8 könnten eine feste Formulierung aus der Dankfestliturgie sein (vgl. in Ps 118,19: אבא־בם אודה יה). Der Dankbereite weist hin auf sein Hinzuschreiten. Waren und sind es im üblichen Opferkult die Brand- und Sündopfer, die der Hinzuschreitende darbringt, so wird jetzt eine ganz andere Gabe vorgelegt. Der Satz »In der Buchrolle steht geschrieben über mich« enthält wohl einen Hinweis auf das in prophetischer Inspiration (4) verfaßte Gebets- und Danklied, das als »Opfergabe« im Heiligtum ausgehängt wurde. Ein solcher Akt der Darbringung ist durch kleinasiatische Stelen-Inschriften bezeugt. Darum kann gefolgert werden: »daß auch in Israel ein schriftlicher Bericht über das Tun des Beters und Jahwes Handeln an ihm öffentlich im Tempel aufgestellt wurde. ›In der Buchrolle steht über mich geschrieben‹ heißt dann: in der Schriftrolle steht geschrieben, was ich getan, was ich erlitten habe und wie Jahwe mich errettet hat. Das ist aber nichts anderes als die schriftliche Form des Lobliedes, das man sonst im Heiligtum mündlich vorzutragen pflegte – was hier wohl außerdem geschieht. Dann nimmt hier das schriftlich formulierte und in einer Schriftrolle dargebrachte Lob die Stelle des Opfers ein« (HJHermisson, Sprache und Ritus im altisraelitischen Kult: WMANT 19, 1965, 45; vgl. 43ff.). In 9 wird dann die schon in 7 geäußerte Gehorsamsbekundung aufgenommen – und zwar in einem spezifischen Sinn, der nur unter Bezug auf prophetische Verheißungen des Alten Testaments zu erklären und zu verstehen ist. Die Freude am Willen Gottes und die innige Aneignung der Tora im Herzen steht im Licht der prophetischen Verheißungen Jer 31,31–34 und Ez 36,26ff. Der Beter des Psalms weiß sich denen zugehörig, die das Geheimnis der Erfüllung erfahren. Die Freude an der Willenskundgebung Gottes in seinen Geboten ist ein wesentliches Thema des nachexilischen Judentums (vgl. vor allem Ps 119). Die תורה ist Gegenstand der Verehrung und Liebe. Dieses Faktum wird nicht als »Nomismus« gedeutet werden können. Vgl. HJKraus, Zum Gesetzesverständnis der nachprophetischen Zeit: Biblisch-theologische Aufsätze (1972) 179–194. Unverkennbar ist der prophetische Geist, der alle Aussagen in Ps 40A durchweht.

Die Frage, wie die Zurückweisung des Opfers in den Psalmen zu verstehen ist, wird man von Fall zu Fall sehr genau prüfen müssen. Es stehen sich im Grundsätzlichen zwei Auffassungen gegenüber. Zunächst nahm man an, in Ps 40,7; 50,13; 51,18 wirke der prophetische Protest gegen die Opfer nach. Doch SMowinckel hat sich entschieden dafür ausgesprochen, daß in den sogenannten »antikultischen Psalmen« das Opfer nicht etwa verworfen werde, vielmehr habe sich der Akzent vom Opfer auf das Lied verschoben (PsStud VI 51). Zu den Problemen vgl. JJStamm, Ein Vierteljahrhundert Psalmenforschung: ThR NF 23 (1955) 61f. Nach allem, was bisher zu Ps 40A ausgeführt wurde, ist nachdrücklich zu fragen, ob die alternative Sicht der Dinge zutreffend ist. Vielmehr wird man doch davon ausgehen müssen, daß zwei Momente koinzidieren: 1) Der Beter ist von der Prophetie her bewegt und bestimmt; er wird demnach in 7 auf prophetische Verwerfungsurteile über den Opferkult rekurriert haben, wie sie z.B. in Am 5,22; Jes 1,11 und Jer 6,20 zu vernehmen waren. 2) Doch die akute Handlung im Bereich des Kultus ist die Ersetzung des Opfers durch die Gabe der »Buchrolle«, die vom Notgeschick und von der Rettung des Beters berichtet. Auch wenn eine solche Ersetzung des Dankopfers durch das dargebrachte Danklied ein älterer Brauch gewesen sein mag, so ist doch unverkennbar das antithetische, prophetische Pathos, das den in 8 erkennbaren Akt begleitet. Im übrigen wird man hinsichtlich der Opferkritik die besonnenen Erklärungen GvRads zu bedenken haben: »Das Gewicht dieser Aussagen ist offenkundig, aber so wie die Dinge heute immer noch liegen, muß man doch davor warnen, in diesen Sätzen die gültigste Kritik, ja die geistige ›Überwindung‹ des blutigen Opferkultus schlechthin zu sehen. Sie haben ihn nicht überwunden und sollten ihn nicht überwinden. Sie entstammen den Traditionen der Tempelsänger, die gewiß Grund genug hatten, ihre etwas revolutionäre Auffassung von Kultus der der vornehmeren Priester entgegenzuhalten. Diese Sätze waren also sehr extreme und von ihren Verfassern gewiß auch sehr radikal gemeinte Parolen, wohl dazu geeignet, aus der den Opferkultus gewiß unablässig bedrohenden Sekurität aufzuschrecken, aber es ist falsch, in ihnen den Durchbruch zu einer allgemeinen, selbsteinleuchtenden Wahrheit zu sehen. Ihre Wahrheit haben diese Sätze im Zusammenklang mit all den Ordnungen und ›Wahrheiten‹, auf denen der Gottesdienst Israels ruhte und sich aufbaute und von denen er sein komplexes Wesen empfangen hatte« (GvRad, TheolAT[6] I 380f.). – Für Ps 40A ist nun charakteristisch, daß der Gehorsam, der dem Opferkult – prophetischer Botschaft entsprechend – gegenübergestellt wird (7), seine Konkretisierung im Bezug auf die *Tora* erfährt (s.o.). In der Zeit der nachexilischen תורה-Frömmigkeit ist dies geschehen. Und wahrscheinlich wird man den ganzen Psalm in diese Zeit ansetzen müssen. HGunkel erklärt: »Auch unter der Herrschaft des Gesetzes, das zu den Opfern eine so ganz andere Stellung einnimmt, hat also in gewissen frommen Laienkreisen der Geist der Propheten fortgelebt, und diese sind unbefangen genug gewesen, die Verehrung des Gesetzes und die prophetischen Gedanken miteinander zu verbinden: sie haben die Tora im prophetischen Sinne gelesen, die vielen Bestimmungen über das Opfer darin überlesen und sich an die sittlichen und wohl auch an die den Einzelnen betreffenden ›Zeremonialgesetze‹ gehalten.« Eine besondere Rolle wird in dieser prophetisch bestimmten תורה-Frömmigkeit das Deuteronomium (Dt 6,6; 30,11ff.) und die Prophetie des Jeremia gespielt haben (Jer 31,31–34 vgl. dazu Ps 19,8 und die zu dieser Stelle vorgetragenen Ausführungen). – So bringt der Dankende also vor Jahwe anstelle der Opfer eine Gehorsamserklärung gegenüber der תורה. – Bemerkenswert ist die typologische Interpretation von Ps 40,7–9 in Hebr. 10,5ff.

Der Dankende legt sein Zeugnis vor der »großen Versammlung« ab 10–12
(10). Als Freudenbote tritt er auf (vgl. בשׂר). Es ist möglich, daß der Einfluß Deuterojesajas sich in der Benutzung des Verbs bemerkbar macht (vgl. Jes 40,9; 52,7). Der Dankende verkündigt – im Zeichen der Freude –: צדק. Jahwes »Gerechtigkeit« war in Israel keine Norm, kein Rechtsprinzip, sondern Tat, Heilserweis, Bewährung seiner Verheißungs- und Gemeinschaftstreue. Vgl. THAT II, 507ff. Der Einzelne erfuhr in der Zeit seiner Not Jahwes צדק. Im Danklied hatte er diese »Gerechtigkeit« zu bezeugen und zu bekennen. In verschiedenen Bildern wird in 10 und 11

ausgesagt, daß Dank immer offenes, rückhaltloses Bekenntnis ist. Der Erweis der Treue und Hilfe Jahwes kann nicht im Inneren eines Menschen verborgen bleiben, er muß bekannt und bezeugt werden – »vor der großen Versammlung« (vgl. Ps 22,26; 35,18). In 12 wird dann das Vertrauen zur Permanenz des erfahrenen Heiles ausgesprochen. Und in der Zukunft weiß der Psalmbeter sich von der »Gnade und Wahrheit« Jahwes behütet. An dieser Stelle liegt dann der Ansatz zu dem nachfolgenden Gebetslied vor. Der Dankende schwebt in neuen Gefahren. 13 bildet den Übergang zu einem selbständigen Psalm, der an 2–12 sekundär angefügt worden ist. Zur Auslegung von 14–18 vgl. Ps 70.

Ziel Jahwe hat einen Menschen aus der Sphäre des Todes gerissen und ihm das Leben wiedergeschenkt. Von diesem Ereignis kommt der Dank her. Aber dieser Dank ist nicht »Gegenleistung«, menschliche Antwort oder »Opfer« (Mowinckel) – das Danklied hat Jahwe dem Sänger in den Mund gelegt. Nur Jahwes Geben ermöglicht das Zeugnis derer, die seine Hilfe erfahren haben. So wendet sich das Lied als Botschaft an die »große Gemeinde« und ruft sie auf, die Wirklichkeit Gottes zu erkennen und Jahwe zu vertrauen. Im größeren Rahmen der Heilstaten Gottes an seinem Volk wird die erfahrene Hilfe gesehen. Auch die Aussagen in 7f. werden zur Botschaft. Wer Jahwes Heil empfängt, der ist nicht in eine über das Opfer hinausführende Gottesbeziehung gestellt; er steht in einer durch die תורה gewiesenen Gehorsamsbeziehung, die sogar alle Mittelbarkeiten überwindet, wenn die Willensäußerung Gottes im Herzen des Menschen wohnt. Aus dem Dank entspringt also neuer Gehorsam.

Psalm 41
Von den Freunden heimtückisch verfolgt

Literatur JCoppens, Les Psaumes 6 et 41 dépendent-ils du livre de Jérémie?: HUCA 32 (1961) 217–226. – JvdPloeg, Le Psaume XLI dans une recension de Qumrân: RB 72 (1965) 210–217. – FCrüsemann, Studien zur Formgeschichte von Hymnus und Danklied in Israel: WMANT 32 (1969) 242f.

Text **1Dem Chorleiter. Ein Psalm Davids.**
2Wohl dem, der sich des Geringen 'und Armen'[a] annimmt;
am Tage des Unheils rettet ihn Jahwe.
3''[b] Er hält ihn am Leben; gepriesen wird er im Lande.
'Er liefert ihn nicht aus'[c] der Gier seiner Feinde.
4Jahwe stützt ihn auf seinem Siechbett,
sein ganzes Lager wendest du in seiner Krankheit[d].

5 So sprach ich: Jahwe sei mir gnädig!
Heile mich, denn ich habe an dir gesündigt!
6 Meine Feinde reden Böses ‘gegen’[e] mich:
Wann stirbt er endlich und erlischt sein Name?
7 Und wenn er zu Besuch kommt, redet er Trug,
sammelt Unheil, ‘’[f] erzählt’s auf der Gasse.
8 Sie zischeln zusammen ‘gegen mich’[g],
alle meine Hasser ‘’[h] denken Böses von mir:
9 Eine heillose Sache möge ihn treffen,
der da liegt, soll nie wieder aufstehen[i].
10 Auch der nächste Freund, dem ich traute,
der mein Brot aß, tut sich groß gegen mich ‘’[j],
11 Aber du, Jahwe, sei gnädig, richte mich wieder auf,
daß ich ihnen vergelte!
12 Daran erkenne ich, daß du mich liebst,
daß nicht jauchzt mein Feind über mich.
13 Mich aber stützt du ob meiner Unschuld,
läßt mich stehen vor deinem Antlitz für immer.
14 Gepriesen sei Jahwe, Israels Gott,
von Ewigkeit zu Ewigkeit!
Amen. Amen.

a Folgt man *M*, so wird mit *GT* und mtr. cs. וְאֶבְיוֹן zu ergänzen sein. Der Text 2
in *M* enthält freilich Schwierigkeiten, die in den Kommentaren immer wieder
herausgestellt werden. Wird in 2 wirklich dem Hilfsbereiten Glück und Heil zu-
gesprochen? Die Fragen reichen ins Exegetische. – **b** יהוה ist metr.cs. zu strei- 3
chen; es handelt sich um eine Dittogr. – **c** *M*: »du mögest mich nicht ausliefern«.
Hier ist der Abschreiber fälschlich in den Ton eines Klageliedes übergegangen. *G*
σ´ *S* Hier וְלֹא־יִתְּנֵהוּ. – **d** Die oft versuchten Textänderungen haben keine Stütze. So 4
z.B. HGunkel: כָּל־מַכְאֹבוֹ הָפַכְתָּ לְחָיִל (»all sein Leiden wandelst du in Kraft«).
Man wird bei *M* bleiben müssen. Zum Sinn der Aussage s.u. – **e** Mtr. cs. ist wohl 6
besser רָעָה עָלָי zu lesen. – **f** יצא (»er geht fort«) ist wohl zur Erleichterung in den 7
zweiten Halbvers eingefügt worden und mtr. cs. zu tilgen. – **g** Der Text wird 8
durch eine leichte Umstellung geglättet werden können. עלי ist vor כל־שׂנאי zu
setzen. Atnach ist entsprechend zu transponieren. – **h** Vgl. **g** – **i** Zu 9 vgl. GRDri- 9
ver. VT 1, 1951, 248; THGaster VT 4, 1954, 73–79. – **j** Der zweite Halbvers ist 10
überfüllt. עקב ist auszuklammern. Gehört עקב (oder עִקְּבָם) zu 11?

Der Text enthält Schwierigkeiten. Da aber das Metrum 4 + 4 (außer in 11 und 14; dort 4 + 3) die Form des Ps 41 bestimmt, sind entsprechende textkritische Maßnahmen nicht nur möglich, sondern sogar erforderlich. Form

In der formkritischen Analyse ist zunächst die Feststellung zu treffen, daß in 2 mit einem von Jahwe in der 3. pers. sprechenden אשׁרי-Satz begonnen wird. Vgl. HSchmidt, Grüße und Glückwünsche im Psalter: ThStKr 103 (1931) 141–150; und zu Ps 1. Solche Glückwünsche werden mit Vorliebe in Lehrgedichten ausgesprochen. Vgl. o.S. 63ff. Einl § 6,5. Es wird eine allgemeingültige, belehrende Aussage gemacht, in der der Beter seine Erfahrungen mitteilt. In 4 geschieht ein plötzlicher Stilbruch. Unvermittelt fällt der Psalmist aus der gratulierend-didaktischen Eingangsrede heraus und spricht von Jahwe in der 2. pers. Von 4b an ist deutlich zu erkennen, daß Ps 41 als Gebetslied zu verstehen ist. S.o.S. 49ff. Einl § 6,2. In 5–11 wird im Rückblick das Gebet aus der Not, der Bittruf mit den entsprechenden Notschilderungen rekapituliert. 12f. kennzeichnen die neue Situation. Der Notleidende ist erhört worden. Ihm widerfuhr das Wunder der Errettung. Darum hat 12f. die Form des Dankliedes eines Einzelnen. S.o.S. 54f. Einl § 6,2aγ; (auch FCrüsemann, 242f.). Somit sind es drei Elemente, die zu bedenken sind: Belehrung, Bitte und Dank. Die Formen und Intentionen sind im Gebetslied zusammengeschlossen.

Ort Im Heiligtum haben Danklieder eines Einzelnen ihren »Sitz im Leben«. Dort erzählen sie von der Situation der Not und vom Bittruf zu Jahwe. Dort bezeugen sie aber auch das Wunder der Erhörung und die Rettung aus der Tiefe des Leides. Der Dankende wendet sich an die versammelte Gemeinde. Er bezeugt die Hilfe Jahwes. Und im Bezeugen belehrt er, bezieht er sich auf die didaktischen Aussagen der Weisheits- und Lehrdichtung Israels, in denen er seine Erfahrungen mitteilt. Die konventionierten, allgemeingültigen Aussagen sind gleichsam der Erfahrungsspeicher des Gottesvolkes, in den der Einzelne sein Erleben und Erkennen einbringt, aus dem er dann aber auch schöpft. Die Situation des Beters tritt in deutlich wahrnehmbaren Konturen aus dem Gebetslied hervor. Er lag todkrank auf dem »Lager«. Vgl. zu Ps 6; sowie RMartin-Achard, Approche des Psaumes: Cahiers Théologiques 60 (1969) 49ff.; KSeybold, Das Gebet des Kranken im Alten Testament. Untersuchungen zur Bestimmung und Zuordnung der Krankheits- und Heilungspsalmen: BWANT V,19 (1973). Der Kranke war von Feinden umringt, von Freunden, die zu Feinden geworden waren. S.o.S. 112ff. Einl § 10,4. Diese Feinde suchten Anhaltspunkte für eine verleumderische Anklage und nutzen heimtückisch das Vertrauen aus. – Man kann angesichts des ganzen Psalms zu der Auffassung gelangen, »daß die unterschiedliche Funktion der verschiedenen Sprechrichtungen nicht mehr lebendig und deshalb der ursprüngliche Sitz im Leben wohl verlassen ist« (FCrüsemann, 243). Es ist möglich, daß Ps 41 einen langen Traditionsweg hinter sich hat, in dem er umgestaltet und neu formuliert wurde. Daraus würde sich der Stilwechsel in 4 erklären. Es handelt sich wohl um ein in relativ späte Zeit anzusetzendes Gebetslied. Eine Abhängigkeit vom Buch Jeremia (JCoppens) ist nicht festzustellen. Vgl. auch zu Ps 6.

Wort 1 Zu למנצח s.o.S. 25 Einl § 4 Nr. 17. – Zu מזמור לדוד S. 15ff. Einl § 4 Nr. 2.

Mit einem Glückwunsch setzt die didaktische Sentenz ein (vgl. Ps 2–4
34,9; 40,5; 65,5). Der Danksagende vermittelt denen, die ihm zuhören, ganz bestimmte Erfahrungen, die er in der großen Krise seines Lebens gewonnen hat. Im Glückwunsch empfiehlt er seine Erkenntnisse. Zu Beginn des Ps 41 wird glücklich gepriesen, wer sich des Geringen (und Armen) annimmt. Die Konstruktion השׂכיל אל ist in Neh 8,13 belegt und bereitet keine Schwierigkeiten. Wohl aber ist der Inhalt des Verses 2 ungewöhnlich. Sämtliche Parallelen (Ps 32,1f.; 34,9; 40,5; 65,5) reden vom Glück der rechten Verhaltensweise zu Gott. Aus diesem Grund sind einige Kommentatoren geneigt, in der Präposition אֶל das Nomen אֵל wiederzuerkennen und den Text entsprechend zu verändern. Aber die Aussage in 2 ist eigenartig und einmalig. Glück wird demjenigen zugesprochen, der dem Armen gegenüber klug, einsichtig bzw. fromm handelt (השׂכיל). Kommt dieser Glückwunsch heraus aus der bitteren Erfahrung, daß alle Freunde und Bekannten sich an dem Psalmisten versündigten, als er »arm« und »hilflos« darniederlag? Oder hat der Psalmsänger selbst seine »Gottesfurcht« früher darin bewährt, daß er den »Armen« in Einsicht begegnete? Auf jeden Fall wird an die Stelle der sonst in den Glückwünschen hervortretenden Gottesfurcht die Güte gegenüber dem Hilflosen gesetzt. Sich des Geringen annehmen – das ist ein Kennzeichen des צדיק. Wer sich so verhält, der wird am Tag der Not von Jahwe nicht im Stich gelassen werden. Sein Leben wird bewahrt bleiben (3), der gute Name wird in aller Mund bestehenbleiben. M.a.W.: die Verleumdungen und Anklagen der Feinde (s.o.S. 112ff. Einl § 10,4) kommen nicht zum Ziel, sein Leben wird nicht der »Gier« (נֶפֶשׁ = »Schlund«, »Gier«) seiner Feinde hilflos ausgeliefert sein. Die Zusagen des Glückwunsches fahren in 4 fort. Fällt der betreffende Mensch in Krankheit, dann stützt Jahwe ihn auf seinem Krankenlager. Der Parallelsatz כל־משכבו הפכת בחליו hat den Sinn: du erleichterst seine Krankheit, wendest sie zum Besseren. Zu משכב vgl. GDalman, AuS VII 186. Der Glückwunsch in 2–4 enthält die Zusage (nicht das Dogma!), daß Jahwe den צדיק, dessen צדקה sich im Verhalten zum »Armen« bewährt, nicht verläßt (Ps 34,10ff.).

In 5–11 weist der Psalmsänger in einem mit אני־אמרתי eingeleiteten 5–11
Stück auf seine frühere Klage, auf den Notschrei am יום רעה (2), hin. Diese Klage läßt erkennen, in welcher Situation der Psalmist sich befand. Aus Krankheit und Verlassenheit schrie er um Hilfe: יהוה חנני (5). Er bat um Heilung. נפש bezeichnet nicht die »Seele«, sondern das schwache, hinfällige Leben, das der Heilung und Hilfe bedürftig ist und danach schmachtet. Im Hintergrund von 5b steht die Vorstellung vom unlöslichen Zusammenhang von Krankheit und Schuld (GvRad, TheolAT[6] I 288f.). Vgl. auch Ps 6,2ff.; 32,3f.; 38,4f. Die Tatsache der schweren Erkrankung rief aber sogleich die Feinde des Leidenden auf den Plan. Sie stellten sich schnell ein, um Anklage gegen den sichtbar Gestraften zu er-

heben und für eine sofortige Ausstoßung des Unheilträgers zu sorgen. Das Raunen der Feinde wird zitiert: »Wann stirbt er endlich und erlischt sein Name?« Die Feinde wünschen den Tod des Leidenden, sie können das Erlöschen seines Lebens nicht abwarten (vgl. Ps 22,19) und erwarten, daß über das Grab hinaus der Name des von Gott Gestraften für alle Zeiten vergessen werde. – Unfaßliches hat der Leidende in der Zeit seiner Krankheit erlebt. Da kamen seine Nachbarn und Freunde, um »nach ihm zu sehen«. Zu solchen Krankenbesuchen vgl. Hi 2,11ff. Aber die teilnahmsvoll erscheinenden Bekannten »reden Trug«; sie verleumden den Kranken, indem sie ursächliche Verschuldungen herbeizitieren. »Hohles«, »Nichtiges« (שׁוא) bringen sie vor. Sie sammeln bei ihrem Krankenbesuch Anhaltspunkte für Unheilvolles (און) und setzen dann auf den Gassen dunkle Gerüchte und üble Nachreden in Umlauf. Der Leidende vernahm das feindselige Zischeln und ahnte die bösen Gedanken seiner Hasser (8). Die Feinde hegten den Wunsch: »Eine heillose Sache möge ihn treffen.« דבר־בליעל ist wohl nicht einfach (entsprechend der naheliegenden Zerlegung בלי־יעל = »ohne Nutzen«) rational zu verstehen. Daß mit בליעל eine unheimliche Todesmacht gemeint sein muß, geht z.B. aus Ps 18,5 hervor. Etwas Unheimliches soll dem Leidenden »zusetzen« (צוק). Man flüstert diesen Wunsch weiter und verhängt es zugleich wie einen beschwörenden Bann über den Kranken: אשׁר שׁכב לא־יוסיף לקום. Dieser Satz klingt wie ein Zauberspruch. Und man könnte mit SMowinckel fragen, ob die »Feinde des Individuums« sich vielleicht mit den unheimlichen Praktiken des Zaubers und der Beschwörung durchzusetzen suchen (s.o.S. 112ff. Einl § 10,4). – In den Kreis der Feinde traten auch die intimsten Freunde ein. אישׁ שׁלומי ist der Mann, mit dem der Psalmist ein unzerstörbares Vertrauens- und Freundschaftsverhältnis geschlossen hat: der nächste Freund. Zeichen einer solchen unverletzlichen Vertrauensbindung ist das gemeinsame Mahl: אוכל לחמי. Die Mahlgemeinschaft stiftet *communio* (vgl. JPedersen, Der Eid bei den Semiten, 1914, 24f.). Doch alle diese sakrosankten Bande haben die Freunde zerrissen, sie haben die gemeinsame Ebene des Lebens verlassen, sich großgemacht und den Leidenden erniedrigt. Das Gebetslied schließt mit einem Notschrei, Jahwe möge den Kranken wieder aufrichten, »damit ich ihnen vergelte«. Dieser Nachsatz wirkt zunächst befremdlich. Sobald man aber genauer nachfragt, wie denn diese »Vergeltung« vorstellbar sei, erheben sich viele Fragen. Fraglos ist doch nicht daran gedacht, daß der Genesende sich »handgreiflich« an den heimtückischen Gesellen rächen will. Vielmehr besteht doch die »Vergeltung« darin, daß die Verleumder durch das rettende Eingreifen Jahwes als רשׁעים entlarvt werden und beschämt ein Gottesurteil über sich ergehen lassen müssen. Sollte mehr als nur dies gemeint sein? Und ist eine solche Erwartung nicht den vielen anderen Aussagen innerhalb des Psalters angemessen?

Auf die gegenwärtige Lage kommen die Verse 12 und 13 zu sprechen. 12–13
Sie setzen das Ereignis der Erhörung und Heilszuwendung voraus. Der Psalmsänger hat erkannt und erkennt (ידעתי) die Tatsache, daß Jahwe Wohlgefallen an ihm hat, daran, daß der Feind nicht über ihn jubeln kann, d.h. doch: über seinen Tod jubeln kann. Die Gewißheit des Heils wird im Alten Testament den angefochtenen Menschen auf eine irdisch-diesseitige Weise gegeben. Über dieses Faktum kann sich ein spiritualisierender, christlicher Idealismus nicht hinwegsetzen. Gott ist wirklich Herr und Heiland auf dem Feld menschlicher Not und Krankheit, er kann die feindlichen Mächte, die den Frommen von Jahwe scheiden wollen, überwinden. Der biblische Erkenntnisbegriff hat seine eigenartige Prägung. In 12 »geht es nicht um eine Wesenserkenntnis Jahwes, sondern um die Erkenntnis des unmittelbar gnädigen und hilfreichen Gottes« (WZimmerli, Erkenntnis Gottes im Buche Ezechiel: ATANT 1954, 44). Durch das Ereignis der Genesung »rechtfertigt« Gott den Menschen gegen die ihn verklagenden Feinde: Ps 18,21ff.; 66,18f. Diese Beobachtung führt sogleich zu 13. Der Psalmist ist »unschuldig« (תם), seine Rettung erweist, daß die Anschuldigungen der Feinde nicht zutreffend waren. Dieser Unschuldserweis schließt nicht aus, daß der Beter in 5 auf seine Verfehlungen hinweisen konnte (zu dem doppelten Schuldbegriff in den Psalmen – vgl. zu Ps 38,14–21). Inbegriff der empfangenen Hilfe und des Heiles ist das »Stehen vor Jahwes Angesicht« (vgl. Ps 16,11). Im Danklied bezieht der Psalmsänger sich hier auf den Ort der Gegenwart Gottes.

Mit einer Doxologie schließt die Sammlung der Davidspsalmen (Ps 14
3–41) ab. Spätere Hände haben aus den liturgischen Responsorien ein doppeltes אמן hinzugefügt. Es ist dies ein Zeichen dafür, daß der Psalter in allen seinen Einzelstücken von der Gemeinde rezipiert und angeeignet wurde.

Der Psalmsänger ist erschüttert von dem heimtückischen Vertrau- Ziel
ensbruch, den er in den Zeiten tiefster Not erleben mußte. Als Hilfloser und Armer wurde der Psalmist belauert, verleumdet und durch unheimliche Aussagen von Gott und den Menschen geschieden. Die Klage bringt diese entsetzlichen Geschehen noch einmal zur Sprache. Doch dem Leidenden wurde geholfen, Jahwe erbarmte sich seiner und ließ die Feinde nicht triumphieren. Mit dieser von Gott heraufgeführten Entscheidung fällt ein schweres Urteil auf alle diejenigen, die den Leidenden und Hilflosen schmählich verstießen. Und so könnte man es verstehen, daß die didaktische Sentenz des Dankliedes (2–4) das Los derer glücklich preist, die den Armen nicht verachten, sondern sich seiner annehmen. So kündet der Psalm auf dem Hintergrund des dunklen Geschehens (5–11) die Zusage: »Selig sind die Barmherzigen, denn sie werden Barmherzigkeit erlangen« (Mt 5,7; 25,31ff.). – Bemerkenswert ist das in Ps 41 erkennbare

Verhältnis von Krankheit und Schuld, zu dem man erklären kann: »Rehabilitation ist auch das Hauptanliegen der von Krankheit handelnden Psalmen: Wiederherstellung des rechten Verhältnisses zu Gott, Wiederherstellung der Gesundheit und, dem folgend, Wiederherstellung des Rechtszustandes gegenüber den Menschen« (LWächter, Der Tod im Alten Testament, 1967, 32). Es geht um das Recht: Vor Gott und den Menschen. Das Motiv des Eingreifens Jahwes aber wird in 12 mit der Liebe zum Armen und Leidenden bezeichnet. Im Alten Testament steht diese Liebe im Zeichen ganz bestimmter und konkreter Erweise; in 12 der Überwindung der Feinde. Erkenntnis des Heils geschieht in effektivem Geschehen. Und Inbegriff des erneuerten Gottesverhältnisses ist es: Vor Jahwes Angesicht zu stehen »für immer« (13). Priesterliche Prärogativen werden hier vom Einzelnen rezipiert. Dies ist Anlaß zu Dank und Lob.

Psalm 42/43
Sehnsucht nach der Stätte der Gegenwart Jahwes

Literatur HHRowley, The Structure of Psalm 42/43: Biblica 21 (1940) 45–55. – NHSnaith, Hymns of the Temple (Ps 42/43; 44; 46; 50; 73), 1951. – AKlawek, Sehnsucht nach Jerusalem: RBL 8 (1955) 173–184. – JBBauer, Ad Deum qui laetificat iuventutem meam: Verbum Domini 40 (1962) 184–189. – EBeaucamp, Prière d'un fils d'Israël en exil, Ps 42f. (41f.): BTS 69 (1967) 2–5. – JSchreiner, Verlangen nach Gottes Nähe und Hilfe. Auslegung von Psalm 42/43: Bibel und Leben 10 (1969).

Text **42 1Dem Chorleiter. Ein *maskil* von den Korahiten.**
2Wie eine Hinde[a] lechzt
über den Wasserbächen,
so lechzt meine Seele
nach dir, 'Jahwe'[b].
3Es dürstet meine Seele nach 'Jahwe'[c],
dem Gott 'meines'[d] Lebens.
Wann werde ich kommen und 'schauen'[e]
das Angesicht 'Jahwes'[f]?
4Tränen sind meine Speise geworden
bei Tag und Nacht,
während 'sie'[g] den ganzen Tag zu mir sprechen:
Wo ist nun dein Gott?
5Daran denke ich und schütte aus
in mir meine Seele:
wie ich ins 'Zelt des Herrlichen'[h] einzog,
zu 'Jahwes'[i] Haus

bei Jubelschall und Dank –
in festlichem Gewoge[j].
6Was bist du so aufgelöst, meine Seele,
und[k] stöhnst in mir?
Harre auf 'Jahwe'[l], denn ihm werde ich noch danken,
'der Hilfe meines Antlitzes und meinem Gott'[m].
7In mir ist aufgelöst meine Seele,
darum denke ich an dich
aus dem Lande des Jordan und Hermonim[n],
vom Berge Misar aus.
8Eine Flut ruft es der anderen zu
beim Tosen deiner Wildbäche.
Alle deine Brecher und Wellen
sind über mich gegangen.
9Am Tage 'spähe ich aus'[o] nach Jahwe,
'und' nach '' seiner Huld bei Nacht.
'Ich singe'[p] bei mir ein Gebet
zum Gott meines Lebens.
10Ich spreche zu Gott, meinem Fels:
Warum hast du mein vergessen[q]?
Warum muß in Trauer ich gehen,
unter Bedrängnis vom Feinde?
11Bei der Zerschlagenheit in meinen Gebeinen
schmähen mich meine Widersacher,
denn sie sprechen den ganzen Tag zu mir:
Wo ist nun dein Gott?
12Was bist du so aufgelöst, meine Seele,
und stöhnst in mir?
Harre auf 'Jahwe'[r], denn ich werde ihm noch danken,
der 'Hilfe'[s] meines Antlitzes und meinem Gott!

43 1Richte mich, 'Jahwe'[t],
führe meinen Rechtsstreit
vor dem unholden Volk!
Vor den Männern der List
und Bosheit rette mich!
2Denn du bist der Gott meiner Zuflucht!
Warum hast du mich verworfen?
Warum muß in Trauer ich gehen,
unter Bedrängnis vom Feinde?
3Sende dein Licht und deine Treue,
sie mögen mich leiten,
mich bringen zu deinem heiligen Berg
und zu deinen Wohnungen!
4So werde ich kommen zu 'deinem'[u] Altar ''[v],
zum Gott 'meiner' Freude ''[w].
'Ich werde jubeln'[x] und danken zur Leier,

'Jahwe'[y], mein Gott!
[5]Was bist du so aufgelöst, meine Seele,
und '’[z] stöhnst in mir?
Harre auf 'Jahwe'[aa], denn ich werde ihm noch danken,
der Hilfe meines Antlitzes und meinem Gott!

42,2 **a** Um das Metrum 3 + 2 (s.u. »Form«) auch in 2a zu gewinnen, wird biswei-
len eine Verlängerung des ersten Halbverses angeraten: (כַּאֲשֶׁר) כְּמוֹ אַיֶּלֶת. Zur
Korrektur in *M* liegt aber keine begründete Veranlassung vor. – **b** *S* יהוה. Umset-
zungen von אלהים in יהוה sind im elohistisch redigierten Teil des Psalters erfor-
3 derlich. – **c** Vgl. zu **b**. – **d** Durch 9b wird nahegelegt, auch in 3 לאל חַיַּי zu lesen. – **e**
M: »und ich werde erscheinen«; pc. Mss *ST* וְאֶרְאֶה. Liegt der Punktation das
Dogma zugrunde, daß kein Mensch Gott schauen kann (Ex 33,20)? – **f** Vgl. zu **b**.
4.5 – **g** 4Mss *S* und 11 legen nahe, בְּאָמְרָם zu lesen. – **h** בַּסָּךְ muß zweifellos dem paral-
lelen בית אלהים entsprechend בְּסֹךְ punktiert werden; סֹךְ = »Laubdach«, »Hütte«
(KBL 656). Vgl. *G* ἐν τόπῳ σκηνῆς. אֶדַּדֵּם (= »ich ließ wandeln«) ist im Textzu-
sammenhang unverständlich. *G* weist mit Θαυμαστῆς auf אדיר als Gottesprädi-
kat vgl. Ps 8,2. – **i** Vgl. zu **b**. – **j** *G*: ἤχου ἑορταζόντων = הֲמוֹן חוֹגְגִים; doch ist
6 wohl *M* zu folgen. – **k** pc. Mss *G* σ′ *S* ergänzen (dem ersten Halbvers entspre-
chend) ומה־ (vgl. 12; 43,5). – **l** vgl. zu **b**. – **m** *M*: »den Hilfeleistungen seines An-
gesichtes«. Mit *GST* ist יְשׁוּעַת פָּנַי zu lesen. אלהי ist aus 7 zu 6 hinzuzunehmen:
7.9 וֵאלֹהָי (vgl. pc. Mss *G*^A *S*, 12 und Ps 43,5). – **n** 1MS וְחֶרְמוֹן; s. unter »Wort«. – **o**
M: »Am Tage entbietet Jahwe seine Huld, und bei Nacht ist sein Lied bei mir, ein
Gebet zum Gotte meines Lebens«. Der Text in *M* fällt nicht nur aus dem Vers-
maß, sondern auch aus dem Sinnzusammenhang heraus. Eine Korrektur ist
unumgänglich. HGunkel schlägt vor:

יומם אֲצַפֶּה ביהוה   וחסדו בלילה

Zum ersten Halbvers vgl. Mi 7,7; zum parallelismus membr. Ps 92,3. Der Fehler
ist also offenbar durch Verschreibung אצפה zu יצוה zustande gekommen. – **p** Die
Schreibung שִׁירֹה ist auffallend. In Konsequenz der unter o vorgeschlagenen
Verbesserung wäre אָשִׁירָה »ich will singen« zu lesen. THGaster, Psalm 42,8: JBL
73 (1954) 237f. will שִׁירֹה von ugarit. *šrt* = »Traumvision« ableiten und rekon-
10 struiert ein anderes Textbild. – **q** Eine Angleichung an Ps 43,2 ist wohl kaum
12 sachgemäß. 2Mss lesen זְנַחְתָּנִי statt שְׁכַחְתָּנִי. – **r** Vgl. zu **b**. – **s** Mit 1Ms *G* ϑ′ ist
43,1.4 יְשׁוּעַת zu lesen (vgl. **m**). – **t** Vgl. zu b. – **u** Mtr. cs. ist mit 4Mss Hier מִזְבַּחֲךָ zu le-
sen. – **v** אלהים ist in das Suffix aufzunehmen; vgl. **u**. – **w** *M*: »zum Gott der Freude
meines Jubels«. Der Vers ist überladen. Mit 1Ms ist שִׂמְחָתִי zu lesen. גילי ist zur
folgenden Verszeile zu ziehen. – **x** An ואודך angeglichen würde statt גילי – אָגִילָה
5 zu lesen sein. – **y** Vgl. zu b. – **z** Das ergänzende ומה wird entsprechend Ps 42,6 zu
streichen sein: וַתֶּהֱמִי. – **aa** Vgl. zu b.

Form Daß Ps 42/43 eine Einheit bilden, kann nicht zweifelhaft sein. Der Refrain des aus drei Teilen (Strophen) bestehenden Liedes kehrt in 42,6.12 und 43,5 wieder. Wie eng Ps 42/43 zusammengehören, zeigt zudem ein Vergleich zwischen 42,10 und 43,2 sowie auch der ganze Sinnzusammenhang. So ergibt sich also folgender Aufbau: 42,2–6.7–12; 43,1–5. – Im Versmaß dominiert das Kinah-Metrum (3 + 2). Ausnahmen sind im Refrain (3 + 2 und 4 + 3) sowie in 42,2 (2 + 2; 2 + 2) und 43,1 (2 + 2 + 2; 2 + 2) festzustellen.

Die durch den Refrain eng zusammengebundenen und als Einheit zu verstehenden Ps 42/43 sind der Formgruppe der Gebetslieder zuzurechnen. S.o.S. 49ff. Einl § 6,2. Bemerkenswert sind die Situationsangaben und Notschilderungen. Erst in Ps 43 treten die Bittrufe deutlich hervor, während in Ps 42 die Selbstdarstellung der nach dem lebendigen Gott schmachtenden Seele im Vordergrund steht. Immer wieder tritt die im Refrain sich äußernde »Selbstberuhigung«, d.h. der Zuspruch und die Ermahnung zur Geduld, an das eigene Innere gerichtet, hervor. Zugleich schaut der Beter aus nach dem Augenblick der Danksagung für geschehene Rettung (»ich werde ihm noch danken, der Hilfe meines Angesichts und meinem Gott«). Auffallend sind die Einleitungen in die Anreden an Jahwe und die eigene Seele (5.10f.). Die hebräische Bezeichnung für die in Ps 42/43 vorliegende Formgruppe tritt in 9 deutlich hervor. Der Beter »singt« (שִׁיר) eine תפלה. Darum ist die Bezeichnung »Gebetslied« die sachgemäße Benennung jener Formgruppe, die bislang »individuelles Klagelied« genannt wurde (zur Gattung des individuellen Klageliedes: HGunkel/JBegrich, EinlPs § 6).

Der Entstehungsort des Gebetsliedes wird in Ps 42/43 genau mitgeteilt. Ort Die exakte Beschreibung in 42,7 ist in den Psalmen, darüber hinaus in der gesamten hebräischen Dichtung, einzigartig. An den Jordanquellen befindet sich der Beter (zur genauen Lokalisierung: vgl. zu 42,7 »Wort«). Warum der Sänger des Klageliedes sich in dieser Gegend (außerhalb der Gebiete Israels: 43,1) aufhält, erfahren wir nicht. Daß er verbannt oder geflohen sei, geht aus dem Psalm nicht hervor. Auch über die Person des klagenden Sängers wird nichts ausgesagt. Um einen König handelt es sich gewiß nicht (gegen ABentzen, Messias – Moses redivivus – Menschensohn, 1948, 20). Schließlich kann auch die Frage nach der Lebenslage des Klagenden nicht genau beantwortet werden. Mächte des Verderbens wollen ihn erschlagen (42,8). In Trauer muß er einhergehen (42,10; 43,2). Jahwe hat ihn »vergessen« (42,10) und »verworfen« (43,2). Höhnende Feinde umgeben ihn (42,10f.; 43,1.2). Aus dieser Not, Verlassenheit und Bedrängnis sehnt der klagende Sänger sich nach dem Ort der Gegenwart Gottes. – Die Zeit der Entstehung dieses Gebetsliedes ist wohl kaum zu bestimmen. Nimmt man freilich an, daß der Beter des Psalms exiliert worden sei (EBeaucamp), dann ließen sich entsprechende Bezugsmöglichkeiten bedenken; doch fehlt zu einer solchen Erklärung der deutliche Anhaltspunkt. Es ist nicht unwahrscheinlich, daß Ps 42/43 in vorexilische Zeit gehört. Was den Traditionsvorgang betrifft, so kann angenommen werden, daß der Sänger des Gebetsliedes den Text (vgl. die »Schriftrolle« in Ps 40,8) nach seiner Errettung in den Tempel gebracht hat; dort wird er im Tempelarchiv aufbewahrt worden sein.

Wort 42,1 Zu למנצח s.o.S. 25 Einl § 4 Nr. 17. Zu משכיל S. 19f. Einl § 4 Nr. 5.

Eine Reihe von Psalmen werden im Psalter לבני־קרח zugeschrieben: Ps 42; 44–49; 84; 85; 87; 88. Wer sind diese Korahiten? Im Alten Testament empfängt man sehr verschiedene und kaum auszugleichende Mitteilungen. Ursprünglich soll es sich bei den Korahiten um ein horitisch-edomitisches Geschlecht gehandelt haben (Gn 36,5ff.). Von diesem Geschlecht wird in 1 Chr 2,43 berichtet, daß es sich den Judäern angeschlossen habe. In nachexilischer Zeit erscheinen die Korahiten als geschlossene Gruppe in den Angaben über das Tempelpersonal. Zunächst sind sie Türhüter des Tempels (1 Chr 9,19; 26,1.19), später treten sie als Sängergilde auf (2 Chr 20,19). Wenn im Psalter also »Lieder der Korahiten« überliefert sind, so ist anzunehmen, daß die בני־קרח Verfasser eines Liederbuches waren. Im übrigen werden die Korahiten zu den Leviten gerechnet (Ex 6,21; Nu 25,58; 1 Chr 6,7), es muß jedoch zeitweilig zu schweren Auseinandersetzungen im Jerusalemer Tempelpersonal gekommen sein (Nu 16; vgl. MNoth, Überlieferungsgeschichte des Pentateuch, 1948, 138). – Neuerlich wird der »Zionstheologie« der Korahiten im Zusammenhang umfassender Spätdatierung den Zion betreffender Grundaussagen (vgl. zu Ps 46) eine große Bedeutung zugemessen. Vgl. GWanke, Die Zionstheologie der Korachiten in ihrem traditionsgeschichtlichen Zusammenhang: ZAWBeih 97 (1966). Doch zur These der Monographie von GWanke: HMLutz, Jahwe, Jerusalem und die Völker. Zur Vorgeschichte von Sach 12,1–8 und 14,1–5: WMANT 27 (1968) 213ff.

2–5 Die erste Strophe des Gebetsliedes beginnt mit einem eindrücklichen Vergleich. Wie eine Hinde (איל für אילה vgl. Ges-K § 122f.) »über« (על) Wasserbächen lechzt, so lechzt der Klagende nach Jahwe. אפיקי־מים sind hier offensichtlich die ausgetrockneten Bachrinnen (vgl. Jl 1,20; Ps 126,4), in denen das verdurstende Tier vergeblich Wasser suchte. Zum Bild in 42,2 liegt nun eine ugaritische Parallele vor: *ʿn kšd aylt* (CHGordon, Ugaritic Handbook II: Text 67 I 17); doch hält HDonner die ugaritische Parallele für ganz unsicher. Auch schlägt Donner eine Korrektur in 2 vor. Vgl. HDonner, Ugaritismen in der Psalmenforschung: ZAW 79, 1967, 333 und 335f. Das nach Wasser schmachtende, schreiende Tier ist ein anschauliches Bild für die Qual und für das verzehrende Verlangen, mit dem der Beter nach Jahwe sich ausstreckt. Seine נפש »dürstet« nach Gott (3); vgl. Ps 63,2). נפש bezeichnet hier – und darüber hinaus im ganzen Text von Ps 42/43 – »das Selbst des bedürftigen, in Sehnsucht schmachtenden Lebens« (HWWolff, Anthropologie des Alten Testaments, 1973, 48). Die ersterbende נפש schreit nach dem lebendigen Gott. אל חי ist der Gott, der keinen Veränderungen oder Beschränkungen unterworfen ist, der also nicht am Schicksal der sterbenden und wiederauferstehenden Gottheiten teilhat. Der אל חי hat sein Leben in der Geschichte seines Volkes erwiesen. Er wird angerufen beim Eid. In ihm suchen die Beter die Quelle des Lebens (Ps 36,10). Von ihm weiß sich das Leben abhängig, getragen und bestimmt (Ps 42,9). Vgl. HJKraus, Der lebendige Gott: Biblisch-theologische Aufsätze (1972) 1–36. Dieser Gott ist im Heiligtum gegenwärtig. Darum fragt der Beter sehnsüchtig nach dem Augenblick, in dem er in den heiligen Bereich eintreten kann. Zu בוא als term. techn. für das feierliche Eintreten ins Heiligtum vgl. Ps 118,19. ראה פני יהוה bedeutet soviel wie: in die unmittelbare Nähe des *deus praesens*, in den Tempel treten (Jes 1,12). Das Gebetslied wird demnach nicht an heiliger Stätte gesungen (vgl. 42,7). In 4 schildert der Psalmsänger seine Qual: Tränen sind seine Speise (vgl. Ps 80,6; 102,10). Über die eigentliche Ursache des Weinens wird nichts gesagt. Leidet der Psalmist an schwerer Krankheit (so HGunkel)? In Leid und Trauer aber umgeben höhnende Feinde den Beter (s.o.S. 112ff. Einl § 10,4). Spottend und herausfordernd fragen sie: איה אלהיך (vgl. Ps 79,10; 115,2; Jl 2,17). Es ist bemerkenswert, daß diese Frage oft von den Heiden gestellt wird. Sie stellen angesichts der Lebensnot Israels oder eines Gliedes des Gottesvolkes die Existenz und Wirksamkeit Jahwes in Frage. Der Psalmsänger aber vergegenwärtigt (זכר) sich in 5 die glückliche Geborgenheit seines Lebens in der lobenden Gemeinde, in der er einst zu den festlichen Zeiten einherschritt. Vgl. zu dieser Erinnerung an die Geborgenheit in früheren Tagen: Ps 22,10f.; 71,6; 77,6ff. Der Sänger »schüttet seine נפש aus« d.h., er läßt seinen Erinnerungen und Gedanken freien Lauf (Ps 62,9; 102,1; 142,3). Zu עלי in der Bedeutung »in mir« – vgl. Ps 142,4; 143,4. Einst zog der Psalmist in das Heiligtum ein (עבר). Das Imperf. stellt vergangene Ereignisse mit lebhafter Anteilnahme dar (BrSynt § 42b). סך אדרים (vgl. »Text«) und בית יהוה wird das Tempelheiligtum genannt. Die Bezeichnung des Tempels als »Hütte« ist archaisierend und erinnert an das Zeltheiligtum (vgl. Ps 27,5; 76,3; Thr 2,6). Unter Jubel und Dank zog die Gemeinde in den Tempelbereich ein (vgl. Ps 100,4; 118,19f.). המון חוגג bezeichnet das Gewoge der festlichen Hymnen, die beim Einzug ins Heiligtum mit lautem Schall angestimmt wurden (vgl. Am 5,23; Ez 26,13). In der Erinnerung an die festlichen Freudentage will der Beter sich selbst aufrichten. Er will nicht vergessen, was Jahwe an Gutem ihm erwiesen hat (Ps 103,2).

Aus der Erinnerung an die glückliche Geborgenheit in der feiernden 42,6
Gemeinde erwächst der Zuspruch, den der Psalmsänger an seine eigene נפש richtet. Ps 42/43 hat an dieser Stelle Ähnlichkeit mit den »Herzberuhigungsgebeten«, die aus dem Gebiete des Zweistromlandes bekanntgeworden sind, jedoch fehlen im Alten Testament alle Zeichen einer magisch-beschwörenden Selbstbeschwichtigung. Der Zuspruch an die zerfließende, sich auflösende Kraft der נפש kommt heraus aus der Gewißheit: So wie ich Jahwe einst lobte und dankte (5), so werde ich ihm wiederum (עוד) Dank sagen. Darum ist eigentlich keine Ursache vorhanden, daß sich die נפש unter Stöhnen auflöst und vergeht. Beinahe erstaunt fragt der Psalmist sich selbst: Was tust du da? Er ruft sich zu geduldigem Warten auf, richtet seine Sinne auf das Danklied aus und ist gewiß: Jahwe

ist meine Hilfe und mein Gott (zu אלהי vgl. OEißfeldt, ›Mein Gott‹ im Alten Testament: ZAW 61, 1945, 48, 3–16).

42,7–12 In 7 setzt das Gebet neu an. Der Psalmsänger schildert (wie in 6) das Zerfließen (hitpael von שִׂיח) seiner נפשׁ, d.h. die Auflösung seiner Lebenskraft. Man könnte an eine schwere Krankheit denken. In seiner Not »gedenkt« der Psalmist an Jahwe. זכר in der Bedeutung »bittend sich ausstrecken nach...« vgl. Ps 63,7; 77,4; 119,55; Ez 6,9; Sach 10,9; Neh 4,8. Das Bittgebet geht aus von einer ganz bestimmten Stelle, die nun in 7 genau beschrieben wird. ארץ ירדן ist zunächst – wie aus dem Kontext hervorgeht – ganz allgemein das Gebiet der Jordanquellen. Mit dem eigenartigen plur. חרמונים könnte das gesamte Gebirgsmassiv vom eigentlichen Hermon (*dschebel et-teldsch*) bis nach *bānjās* gemeint sein. Demnach würde die geographische Angabe hinweisen auf die Quellköpfe des Jordan im Hermonmassiv. Die letzte Ortsangabe הר מצער nennt dann einen bestimmten Berg im Gebirgsmassiv des Hermon, den »kleinen Berg«, den GDalman nordöstlich von *bānjās* bei dem Dorf *zāʿōra* suchte (GDalman, PJB 5, 1909, 101–103). – Ferne vom Heiligtum, d.h. ferne von Jahwe, hört der Psalmsänger das unablässige Brausen der תהום, der chaotischen, vernichtenden Flut. Hier rücken ineinander das in dem Gebiet der Jordanquellen vertraute Bild von den rauschenden Wildbächen und die Vorstellung von der chaotisch vernichtenden Urflut (vgl. akkad. *tiāmat*). Zerstörende Mächte, die von Jahwe ausgehen, sind über den Beter hereingebrochen. Er droht zu versinken (vgl. Ps 18,5; 69,3; 88,8). In seiner verzweifelten Lage späht nun der Leidende nach Jahwe aus, wartet auf sein Einschreiten. Zu צפה vgl. Ps 5,4; Mi 7,7. Er fragt nach einem Zeichen der Huld Jahwes. Zu חסד vgl. zu Ps 5,5–8. Das Gebetslied, das aus der Not herausdringt, wird תפלה genannt. Zu אל חיי vgl. 42,3. Vertrauensvoll sind die durch das Suffix gekennzeichneten Aneignungen des Heils. Jahwe ist der »Fels« (10) des Beters (vgl. Ps 18,3; 31,4 u.ö.); er ist der rettende, feste Grund im Gewoge des Verderbens. Doch bang und ratlos sind die Fragen, die in zwei mit למה eingeleiteten Sätzen vorgebracht werden. Der Leidende weiß sich vergessen von Gott; in den staubbedeckten Gewändern des Büßers muß er trauernd einhergehen (vgl. Ps 35,14; 38,7; Hi 5,10; 30,28), während der Feind ihn bedrängt. רֶצַח in 11 (von רצח) wird wohl die Bedeutung »Zerschlagenheit«, »Todeszerfall« haben. Der Psalmsänger spürt den Tod in seinen Gebeinen. Auch hier könnte man an eine tödliche Krankheit denken. Und bei diesem Zerfall der Kräfte ertönt nun fortgesetzt die höhnische Frage der Feinde איה אלהיך (vgl. 42,4). – Zum Refrain in 12 vgl. 6.

43,1–5 Der an tödlicher Krankheit Leidende wird von den »Feinden« beschuldigt. Wie man sich auch die Not des Psalmsängers vorstellen mag, in 43,1 wird deutlich, daß er auch noch mit Beschuldigungen und Anklagen verfolgt wird. Dem Zerfall der Kräfte muß eine Schuld zugrunde liegen –

das ist die Logik des feindlichen Anklägers. In dieser Bedrängnis appelliert der Verfolgte an den Richter Jahwe und bittet ihn um sein Einschreiten (vgl. zu Ps 7,9f.; 9,5; 26,1). In der Fremde (vgl. 42,7) ist der Psalmist von einem גוי לא־חסיד umringt – von Menschen, die die zu liebevollem Verhalten veranlassende Bindung an Jahwe nicht kennen. »List« (מרמה vgl. Ps 5,7; 17,1; 34,14; 36,4 u.ö.) und »Bosheit« (עולה vgl. Ps 37,1; 107,42; 119,3 u.ö.) sind die Waffen der »Feinde« (s.o.S. 112ff. Einl § 10,4); sie sind Lügner und Verleumder. In 43,2 wird (wie in 42,10) mit einer Vertrauensäußerung eine doppelte Warum-Frage an Jahwe gerichtet. In der Wortwahl variiert 43,2 die Aussagen von 42,10. Der Psalmsänger weiß sich »verworfen« (זנח). Nun bittet er in 43,3 um Jahwes Eingreifen. Doch während z.B. in Ps 18,8ff. Jahwe selbst erscheint, um den Beter zu retten, bittet der Psalmist in 43,3, daß Jahwe אור und אמת (gleichsam als hilfreiche Vermittler und Diener) aussenden möge. Jahwes »Licht« ist eine bewahrende und wegweisende Macht, die den Gerechten begleitet (vgl. Hi 29,2ff.), Jahwes »Treue« ist der Erweis der Beständigkeit seines Heils. אור und אמת, diese beiden Schutz- und Heilsmächte, von Jahwe als »Geleit« ausgesandt, sollen den Beter führen und zu Jahwes Heiligtum bringen. Gegenüber 42,5 variierend wird nunmehr vom heiligen Bezirk mit den Bezeichnungen הר־קדשך (Ps 2,6; 15,1; 43,3) und משכנותיך (Ps 46,5; 84,2; 132,5.7) gesprochen. Zweifellos handelt es sich um Jerusalem. Von dem Eintritt in den heiligen Bezirk aber hat der Psalmsänger eine klare Vorstellung auf Grund des früher Erlebten (Ps 42,5): Er will an Jahwes Altar herantreten und an dieser Stätte des Dankopfers in Freude jubeln und das Danklied singen. Zur Leier (vgl. KGalling BRL 390f.) wird die תודה angestimmt. – Zum Refrain in 5 vgl. 42,6.

In seinem Kommentar zu den Psalmen erklärt HGunkel, man erkenne »aus den Herztönen, die der Psalm findet, daß das, was er im Grunde seiner Seele begehrt, dasselbe ist, wonach die wahre Religion zu aller Zeit dürstet, die gewisse Erfahrung des lebendigen Gottes, und wir begreifen« – so fährt Gunkel dann fort – »den Psalmisten, der aus dem dunklen Tal seiner Leiden zu jenen Höhen des Lebens emporschaut«. Angesichts dieser Erklärung erhebt sich die Frage, ob es sachgemäß ist, die Aussagen des Ps 42/43 in dieser Weise religionsphänomenologisch zu verallgemeinern. Das Gebetslied ist – wie von Anfang an deutlich wurde – durchwirkt von den Motiven der Zionslieder. Alle Sehnsucht des dürstenden und schmachtenden Beters geht hin zum Zion, dem Ort, den Jahwe erwählt hat, um dort seine Gegenwart zu bezeugen. Es ist *diese* Höhe, und also nicht irgendeine der »Höhen des Lebens«, nach der das Herz des Beters verlangt. Die Erwählung des Zion zum Ort der Gottesgegenwart ist im Neuen Testament auf Jesus Christus und seine Gemeinde übergegangen. Im Licht der Erfüllung wird neu erkannt, daß nur an der Ziel

Stätte der Gottesgegenwart und der versammelten Gemeinde Leben und Heil zu finden sind. Ferne von dieser Wirklichkeit waltet eine verzehrende Traurigkeit. Und nur der Zuspruch an das eigene Ich vermag die Heilserfahrungen der Vergangenheit in eine Ermahnung zu geduldigem und hoffnungsfrohem Warten umzusetzen. Gott selbst muß eingreifen und durch seine Sendboten (»Licht« und »Treue«) eine dunkle Kluft überbrücken.

Psalm 44
Gebetslied des unschuldsbewußten Volkes

Literatur

NHSnaith, Hymns of the Temple (Ps 42/43; 44; 46; 50; 73), 1951. – ELákatos, Psalm 44: RB 76 (1955) 40–42. – EVogt, Psalmus 44 et Tragoedia Ezechiae regis: Verbum Domini 45 (1967) 193–200. – WBeyerlin, Innerbiblische Aktualisierungsversuche – Schichten im 44. Psalm: ZThK 73 (1976) 446–460.

Text

1 Dem Chorleiter. Von den Korahiten. Ein *maskil*.
2 ‘Jahwe’[a], mit eigenen Ohren haben wir gehört,
unsere Väter haben uns erzählt
das Werk, das du zu ihren Zeiten vollbracht
in grauer Vorzeit – ‘du, mit eigener Hand’[b]!
3 Völker hast du vertrieben[c], aber sie eingepflanzt;
du zerbrachst Nationen, aber ihnen ließest du freien Lauf.[d]
4 Denn nicht durch ihr Schwert gewannen sie das Land,
und ihr eigener Arm gewann ihnen nicht den Sieg,
sondern deine Rechte und dein Arm
und das Licht deines Angesichtes,
denn du warst ihnen hold.
5 Du bist mein König ‘und Gott’[e],
der Jakobs Rettung ‘verordnet’.
6 Mit dir stoßen wir nieder unsre Gegner,
in deinem Namen zertreten wir unsre Widersacher.
7 Denn nicht auf meinen Bogen vertraue ich,
nicht mein Schwert bringt mir Sieg,
8 sondern du gibst uns Sieg über unsere Feinde
und machst unsere Hasser zuschanden.
9 ‘Wir rühmen uns Gottes’[f] jeden Tag
und danken deinem Namen[g] allezeit. Sela.
10 Und doch hast du (uns) verworfen und mit Schmach bedeckt
und zogst nicht aus mit unseren Heeren.
11 Du ließest uns die Flucht ergreifen vor dem Gegner,
so daß unsere Hasser sich Beute zusammenraffen konnten[h].

12 Du gabst uns hin wie Schlachtvieh
und zerstreutest uns unter die Völker.
13 Du verkauftest dein Volk für ein Nichts
und hattest doch keinen Gewinn aus seinem Erlös.
14 Zur Schande machtest[i] du uns für unsere Nachbarn,
zum Spott und Hohn für unsere Umgebung.
15 Zum Sprichwort machtest du uns unter den Völkern,
zum Kopfschütteln unter den Nationen.
16 Alle Tage steht meine Schande mir vor Augen,
und Schmach 'bedeckt'[j] mein Angesicht
17 vor dem Lärm des Spötters und Lästerers,
angesichts des Feindes und Rachsüchtigen.
18 All dies kam über uns, doch hatten wir dich nicht vergessen
und nicht verleugnet deinen Bund.
19 Unser Herz ist nicht zurückgewichen
noch 'unser Schritt'[k] von deinem Pfade abgebogen,
20 daß du uns niedergeschlagen am Ort der Schakale[l]
und uns mit Finsternis bedeckt hast.
21 Wenn wir unseres Gottes Namen vergaßen
und ausgestreckt nach fremden Göttern unsre Hände,
22 würde 'Jahwe'[m] das nicht merken?
Er kennt doch des Herzens Tiefen!
23 Ja, um deinetwillen werden wir immerzu getötet,
sind wie Schlachtschafe geachtet.
24 Erwache! Warum schläfst du, Herr?
Wach auf, verwirf nicht für immer!
25 Warum verbirgst du dein Antlitz,
vergißt unsere Not und Drangsal?
26 Ja, wir sind gebeugt in den Staub,
es klebt an der Erde unser Leib.
27 Erhebe dich, uns zur Hilfe!
Erlöse uns um deiner Huld willen!

a Im elohistisch redigierten Teil des Psalters wird יהוה als ursprüngliche Les- 2
art einzusetzen sein. – **b** *M*: »du, deine Hand« (im Zusammenhang von 3a). Auch
unter der Voraussetzung, daß die beiden Worte zu 3a gehören, wird בְּיָדְךָ zu lesen
sein (anders Joüon, Gr § 151c). Doch ist אתה בידך zu 2b zu ziehen; nur durch
diese Maßnahme erhält im Versgefüge der par.membr. seine Abrundung. – **c** 3
הורשת wird häufig in den Kommentaren durch גֵּרַשְׁתָּ oder שֵׁרַשְׁתָּ ersetzt. Vgl. je-
doch zu הורשת in *M*: KBL 407 (Ex 15,9; 34,24; Nu 14,12). – **d** Zur Bedeutung
von שלח vgl. KBL 975. – **e** *M*: »du bist mein König, – o Gott, entbiete…«; der 5
Imperat. ist an dieser Stelle unmöglich. *G* α´ *S* legen nahe, ואלהַי מְצַוֶּה zu lesen
(vgl. Ps 74,12). Zu dem mit אתה־הוא eingeleiteten Satz vgl. SRDriver, A Treatise
on the Use of the Tenses in Hebrew ([3]1892), App. V § 200; BrSynt § 30a. – **f** הלל 9
wird sonst mit dem Akk. verbunden. So wird man mit *G* הִלַּלְנוּ (oder הִתְהַלַּלְנוּ) le-
sen müssen. – **g** 1Ms *G* וּבְשִׁמְךָ. – **h** 4Mss Hier *ST* לָנוּ; doch ist *M* vorzuziehen. – 11
i תשימנו (vgl. auch 15) wirkt in der Doppelung eigenartig. Vielleicht sollte man 14
(entsprechend Ps 79,4) הָיִינוּ einsetzen. – **j** Die Suffixbildung ist störend; ange- 16

19.20 messen wäre dem Textbild: כִּסֵּתָה. – **k** mlt. Mss אֲשֻׁרֵנוּ. – **l** Zu der von HGunkel vorgeschlagenen Veränderung des Textes in תַּנִּין »Drache« (so schon Calvin) und der Auffassung von במקום in der Bedeutung »anstatt«, »gleichwie« – vgl.
22 HSchmidt. – **m** vgl. unter **a**. – Die Fragmente zu Ps 44, die in der Höhle I von Qumran gefunden wurden, geben in textkritischer Hinsicht keinen Aufschluß. (DBarthélemy/JTMilik, Qumran Cave I, 1955, 71).

Form Der Text des Ps 44 ist sehr gut erhalten. So ist auch das Metrum gut erkennbar. Dominierend tritt der Doppeldreier hervor. Aus diesem bestimmenden Versmaß rücken nur folgende Ausnahmen heraus: 4 schließt doch wohl mit 2 + 2 + 2; 18 und 24 beginnen mit 4 + 3, und 19 wird im Metrum 3 + 4 zu lesen sein.

Bei der formkritischen Analyse und Bestimmung der Formgruppe wird von 10–27 auszugehen sein. In diesem den ganzen Psalm prägenden Hauptstück liegt ein Gebetslied vor, das von der Volksgemeinde angestimmt worden ist. S.o.S. 53f. Einl § 6,2aβ und HGunkel/JBegrich, EinlPs § 4. Dem eigentlichen Gebetslied mit seinen Bitten und Notschilderungen ist ein größerer Introitus vorgeschaltet. Er bezieht sich auf das Heilswirken Jahwes am Anfang der Geschichte Israels, insbesondere bei der Landnahme (2–4). Die Erinnerung an Jahwes Wirken in der Frühzeit enthält einen Appell an die Bewährung der göttlichen Heilstreue; sie ist aber auch die Voraussetzung und der Grund des in 5–9 geäußerten Vertrauens. Das Hauptkorpus des Gebetsliedes der Volksgemeinde in 10–27 könnte in drei Teile gegliedert werden: 10–17 Notschilderung, 18–23 Reflexionen und Fragen, die sich auf die Ursache des gegenwärtigen Unheils beziehen, 24–27 Bitten und Rufe zu Jahwe.

Ort Das Volk wird von Feinden hart bedrängt – das ist die Lage, aus der Ps 44 zu verstehen ist. Die Heere Israels sind geschlagen worden (10), eine große Plünderung hat stattgefunden (11), viele wurden getötet (12.13), und höhnisch blicken die Nachbarn auf das geschlagene Volk herab (14–17). Im Augenblick eines solchen Notstandes versammelte Israel sich im Heiligtum (1 Chr 20,4f.); ein Fasten wurde ausgerufen. Angeleitet durch Vorbeter, sang die Gemeinde dann das Klagelied (1 Chr 20,6ff.). Die Stimme eines einzelnen Vorsängers wird in Ps 44 in 5, 7 u. 16 deutlich vernehmbar. Daß es sich um einen Heerführer oder gar um einen König handelt (HSchmidt), ist nicht unbedingt gesagt. Der einzelne Sänger könnte auch Repräsentant der Gemeinschaft sein, so daß also seine Aussagen unmittelbar auf die Lebenswirklichkeit des Volkes zu übertragen wären (vgl. die Klagelieder in Thr). Näheres über die Klagefeiern der Volksgemeinde, ihre Riten und ihren Ablauf, vgl. HEvWaldow, Anlaß und Hintergrund der Verkündigung Deuterojesajas: Diss. Bonn (1953). Doch vgl. auch o.S. 53f. Einl § 6,2aβ. – Allerdings, große Schwierigkeiten stellen sich sogleich ein, wenn nach der geschichtlichen Situation gefragt wird, aus der heraus Ps 44 verstanden werden könnte. EVogt geht davon aus, daß Ps 44 die Misere eines verlorenen Krieges voraussetze; er meint Anhaltspunkte zu sehen, die an die Katastrophe des Jahres 701 v.Chr. denken lassen (Verbum Domini 45, 1967, 193ff.). Ein anderer Aspekt scheint sich aufzutun, wenn eine Notiz in Sota 48a beachtet wird. Dort wird erwähnt, Ps 44,24a sei in der makkabäischen Zeit täglich von den Leviten gesungen worden. Auch die Kirchenväter der antiochenischen Schule äußern die Auffassung, daß Ps 44 in die Makkabäerzeit anzusetzen sei.

Auch Calvin nimmt diese synagogale und altkirchliche Tradition auf und schreibt in seinem Psalmen-Kommentar: »Quis fuerit Psalmi auctor incertum est, nisi quod liquido constat, a quovis potius quam a Davide fuisse compositum. Querimoniae autem quas continet, proprie conveniunt in miserum illud et calamitosum tempus, quo grassata est saevissima tyrannis Antiochi, nisi forte latius extendere libeat: quia post reditum ab exilio, nullum fere tempus a duris molestiis vacuum fuit.«

Die Auffassung, daß Ps 44 in die Makkabäerzeit anzusetzen sei, ist verständlicherweise von BDuhm als sehr willkommen aufgenommen worden. Er weist auf die in 1 Makk 9 geschilderten Ereignisse hin. Aber es fehlt doch auch nicht an Stimmen, die für eine frühere Ansetzung eintreten. So denkt HSchmidt an die persische Zeit – bald nach der Heimkehr aus dem Exil. Eine Entstehung im 6. Jahrh. nimmt EJanssen an (Juda in der Exilszeit, 1956, 19). Und schließlich meint AWeiser unter Hinweis auf 2 Chr 20,6ff., daß man eine vorexilische Ansetzung nicht völlig außer Betracht lassen dürfe. Zweifellos enthält Ps 44 uralte Traditionen (s. unter »Wort«) – darin hat Weiser recht. Aber wahrscheinlich ist die historische Frage als solche gar nicht sachgemäß. Die Volksklagelieder zeigen neben ältestem Überlieferungsgut Spuren jüngster Aneignung. Es liegt darum nahe, an kultische Formulare zu denken, die im Verlauf ihrer Geschichte an heiliger Stätte Korrekturen und Aktualisierungen erlebten. Man wird also Zurückhaltung im Hinblick auf historische Fixierungen wahren und die überlieferungsgeschichtliche Perspektive offenhalten müssen.

Zu למנצח s.o.S. 25 Einl § 4 Nr. 17. Zu לבני־קרח vgl. Ps 42,1. Zu משכיל o.S. 19f. Einl § 4 Nr. 5. Wort 1

In 2–4 vergegenwärtigt sich die versammelte Gemeinde die großen Taten Gottes, sie erinnert zunächst (2a) an den Überlieferungsprozeß, durch den das in alten Zeiten geschehene »Werk Jahwes« der gegenwärtig lebenden Generation bekanntgeworden ist. Zum Begriff פעל vgl. GvRad, Das Werk Jahwes: Studia Biblica et Semitica, ThCVriezen dedicata (1966) 290–298. Unter dem charakteristischen Geschichtsbegriff 2–4

פעל sind in 2 Erwählungstraditionen Israels aufgenommen worden (so HWildberger, Jahwes Eigentumsvolk: ATANT 37, 1960, 25). Von diesen Traditionen wird gesprochen. Die Väter haben ihren Kindern berichtet (vgl. Ps 78,3f.; Ex 10,1f.; 12,26f.; Dt 6,20ff.). Offensichtlich wird hier nicht auf die kultische Hauptüberlieferung, sondern auf die Familien- und Sippentradition angespielt. Inhalt der Überlieferung ist das »Werk« (פעל) Jahwes (vgl. Ps 64,10; 77,13; 90,16; 92,5; 95,9; 111,3; 143,5). Die Gemeinde hält in einer hymnisch akzentuierten Erinnerung Jahwe seine grundlegenden Heilstaten vor (3). Zur Zeit der Landnahme hat er Völker vertrieben und Israel »eingepflanzt« (zu נטע vgl. Ps 80,9; 2 S 7,10; Jer 11,17; 12,2 u.ö.). Weil diese grundlegende Heilstat gegenwärtig in Frage gestellt ist (10ff.), weil die Feinde Israel vertreiben und das Land plündern, darum werden die Ursprungstaten Gottes aufgerufen. Man appelliert an Jahwes Heilstreue, verlangt nach einer beständigen Realisierung der ursprünglichen Taten. Und bei diesem Appell zeigt die versammelte Volksgemeinde in einer Bekenntniserklärung an, daß alle Heilstaten der Vergangenheit ausschließlich aus Jahwes Wirken, ohne Mithilfe Israels, hervorgegangen sind (4). Die Grundüberlieferungen der Landnahme werden an dieser Stelle ohne Frage vereinfachend einem Bekenntnisthema unterstellt – dem Credo des Heiligen Krieges (vgl. GvRad, Der Heilige Krieg im alten Israel: ATANT 20, 1951, 82). Nach den Vorstellungen des Heiligen Krieges führt Jahwe ohne jede Mithilfe seines Volkes die Kriege Israels. Durch sein Eingreifen (»seine Rechte und seinen Arm«) schafft er Sieg. Einziger Beweggrund aller dieser gnädigen Machttaten ist: כי רציתם. – Die Vergegenwärtigung aller dieser huldvollen Taten enthält natürlich (im Blick auf das später folgende Klage- und Bittlied) einen verborgenen Appell: Jahwe möge doch erneut so machtvoll eingreifen und seinem hilflosen, allein auf ihn vertrauenden Volke beistehen.

5–9 Ausdruck des Vertrauens sind die Aussagen in 5–9. Dieses Vertrauen wurzelt in der in 2–4 geschilderten Gottestat. Hymnisch-akklamativ sind die einzelnen Verse. In 5 und 7 nimmt ein Vorbeter für die Gemeinschaft das Wort (vgl. Ps 60,11; 68,25; 74,12; 83,14; 89,48.51; 135,5). Er preist Jahwe als König und Gott. Zu מלך s.o.S. 94ff. Einl § 10,1. Zu אלהי: OEißfeldt, ›Mein Gott‹ im Alten Testament: ZAW 61 (1945/48) 3–16. Das Vertrauen appelliert an die Tatsache, daß Jahwe ישועות (»Rettungen«, »Heilstaten«) für sein Volk einer bestehenden Grundordnung gemäß aufbietet. Mit Jahwe (בְּ der Begleitung: BrSynt § 106b), d.h. im Kraftfeld seiner Offenbarungsmacht (בשמך), weiß das Volk sich befähigt, wie ein Stier (Dt 33,17) die Gegner niederzustoßen und zu zertreten (vgl. Ps 60,14). Zur Bedeutung von שֵׁם in 6 vgl. OGrether, Name und Wort Gottes im Alten Testament: ZAWBeih 64 (1934) 50. – 7 könnte einmal von einem König gesprochen worden sein, bezieht sich aber ebensogut auch auf einen Sprecher, der für die Gemeinde das Wort nimmt. Wie in 4 wird auch in 7 und 8 auf die Bekenntnisaussagen des Heiligen Krieges Bezug genommen. Nur Jahwe schenkt Sieg. Die Vertrauensaussagen abschließend, weist 9 darauf hin, daß die Kultgemeinde stets in Lobpreis und Dank Jahwe verbunden ist. Dieser Hinweis ist wichtig, denn in 18ff. wird auf die Treue und Beständigkeit des gottesdienstlichen Lebens aufmerksam gemacht.

In 10 beginnt das eigentliche Gebetslied. Es schildert in scharfem 10–17
Kontrast zu 2–4 die Schmach und Verwerfung, die das Gottesvolk in der Gegenwart erleidet. Zu זנח vgl. 24; 60,3.12; 74,1; 77,8; 88,15; Thr 3,31. Der Hinweis darauf, daß Jahwe nicht mit den Heeren ausgezogen sei (10b), ist ein Nachklang der archaischen Vorstellung, daß יהוה צבאות Israels Heerbann in den Krieg begleitet hat (1 S 4,3–11; Nu 10,35). Auch hier kommen also uralte Traditionen zu Wort. – Die gegenwärtige Notlage wird dann recht breit und im Ausdrucksbild sehr allgemein geschildert. Das Heer des Gottesvolkes mußte vor den Feinden fliehen (vgl. den Kontrast zu 3), wurde ausgeraubt und wie Schlachtvieh niedergemacht. Zum Bild von den »Schlachtschafen« vgl. GDalman, AuS VI 194f.; Sach 11,4ff.; Jer 12,3. Bei dem Hinweis auf die Zerstreuung des Volkes in 12b wird man an das Exil denken (Ez 5,10.12; 12,14f.; 20,23; 22,15; 29,12). Jahwe hat sein Volk »verkauft« (vgl. Ri 2,14; 3,8; 4,2.9; 10,7; 1 S 12,9 u.ö.). Doch einen Gewinn hat er nicht erzielt (13). Die klagende Gemeinde vermag also den Sinn des Unheils nicht zu sehen. – In 14–17 wird Jahwe die Not des Ausgeliefertseins an den Hohn und Spott der Nachbarn vorgehalten. Vgl. dazu Ps 79,4; 80,7; Dt 28,37; 1 Kö 9,7; Jer 18,16; 24,9; Thr 2,15f. שׂים משל in 15 hat die Bedeutung: »zum Schmählied machen« (KBudde, Geschichte der althebräischen Literatur, [2]1909, 10). Als Zeichen der spöttischen Verachtung galt das »Kopfschütteln« (Ps 22,8; Jer 18,16).

Bemerkenswert sind die Reflexionen, die nun in 18–23 über die Ursa- 18–23
che der kriegerischen Katastrophe angestellt werden. Nach der ursprünglichen, im deuteronomistischen Geschichtswerk schematisch ausgearbeiteten Auffassung war der Sieg der Feinde eine zornige Reaktion auf den Bundesbruch und den Abfall von Jahwe. Eine solche Verfehlung bestreitet die betende Gemeinde aber aufs heftigste. Ausdrücklich wird betont: Wir haben Jahwe nicht vergessen und seinen Bund nicht verleugnet (18), wir sind nicht von dem durch Jahwes Willensäußerung gewiesenen Weg abgewichen (19), wir haben uns nicht fremden Göttern zugewandt (21). Mit diesen Erklärungen reinigt das Volk sich und beteuert seine Unschuld. Schon in 9 wurde ja ausdrücklich hervorgehoben, daß sich das gottesdienstliche Leben durch Treue und Beständigkeit des Lobens und Dankens auszeichnet. Wie also sind die Unschuldsbeteuerungen zu verstehen? Handelt es sich um die »Anfänge pharisäischer Frömmigkeit«

(RKittel)? Man wird die Beziehungen der Unschuldsaussagen zu dem Reinigungseid der Gebetslieder Angeklagter nicht übersehen können (vgl. z.B. Ps 7,4ff.). Der Gedanke an »Selbstgerechtigkeit« liegt darum sehr fern. Das im Bund und in den Bundesordnungen lebende Volk ist צדיק, es weiß sich ebenso frei von aktueller Schuld wie der unschuldig Verfolgte, vermag also die unmittelbare Gegenwartsbedeutung einer Kausalität von Vergehen und Strafe nicht anzuerkennen. Die Klagelieder in Threni übrigens haben demgegenüber einen ganz anderen Klang. So drängt also das Gebetslied in Ps 44 zu einer neuen Erkenntnis: »um deinetwillen werden wir immerzu getötet« (23). Das Leiden trifft die Volksgemeinde, weil sie zu Jahwe gehört. Sie erleidet ein Martyrium – das ist die neue Erkenntnis des Psalms, die nun wirklich alles andere als »pharisäisch« ist. Auch an dieser Stelle sind Erfahrungen der individuellen Klagelieder aufgenommen worden: Der צדיק muß viel leiden (Ps 34,20) – es ist ein Wesensmerkmal seiner Existenz, daß ihn (ohne daß von Schuld die Rede sein könnte) Anfeindungen und Qualen überfallen (vgl. zu Ps 22). Diese Deutung verknüpft die Einzigartigkeit der Erwählung mit dem Mysterium des Leidens des Gerechten. Eine abgründige Seite der Existenz Israels tut sich hier auf, und es wäre im höchsten Maße unsachlich, wenn die Einzigartigkeit der Erwählung kurzschlüssig in ein »pharisäisches Überheblichkeitsbewußtsein« verwandelt würde.[1] – Einzelheiten zu 18–23: Bemerkenswert ist in 18b die Wendung שׁקר בריֹת (vgl. שׁקר אמונה in Ps 89,34); sie hat die Bedeutung: das Bundesverhältnis durch betrügerische Aktionen brechen. – מקום תנים in 20a ist der Ort, an dem die Schakale sich herumtreiben, also entweder die Wüste (Jer 4,29) oder das öde Trümmerfeld (Jes 13,22; 34,13; Thr 5,18). – Daß Jahwe die verborgenen Tiefen des menschlichen Herzens durchschaut, ist traditionsgeschichtlich eine hymnische Aussage im Zusammenhang mit dem Reinigungseid (vgl. zu Ps 7,10; 139,23f.; 1 S 16,7; Jer 17,10).

24–27 Stürmische Bitten beschließen das Gebetslied des Volkes in 24–27. Zu dem Weckruf עורה vgl. zu Ps 7,7 (auch Ps 35,23; 59,5f.; 78,65). Um das Einschreiten Jahwes bittet die Gemeinde. Sie fragt noch einmal nach der Ursache der Verborgenheit Gottes (25) und weist hin auf die Selbsterniedrigung, wie sie bei der sakralen Buße mit den Zeremonien des ausgestreckten Liegens vorgenommen wird. Zu קומה vgl. Ps 7,7.

Ziel Die Überlegungen zum wesentlichen Aussagegehalt des Ps 44 konzentrieren sich begreiflicherweise auf die Frage, ob denn das bedrängte,

[1] Anders versteht Calvin in seinem Psalmen-Kommentar den Vers 23. Er sieht in ihm eine Aussage, durch die Gott zum Eingreifen veranlaßt werden soll – um seiner eigenen Ehre willen: »non tamen frustra nec perperam fideles Deo obiicere, indigne se eius causa affligi: quo se acrius vindicem opponat, quia aequum est, rationem ab ipso haberi suae gloriae, cui tunc insultant impii, dum poterve saeviunt contra eius cultores«. Calvin, In librum Psalmorum Commentarius, zu Ps 44,23.

leidende Gottesvolk jemals in der Lage sein könne, den Gedanken an die eigene Schuld konsequent zurückzuweisen. Neben dem Urteil, Ps 44 huldige einer »pharisäischen Selbstgerechtigkeit«, findet sich u.a. auch die Auffassung, die Gemeinde weigere sich, den Grund des Leidens in eigener Sünde zu finden (HGunkel). Damit wäre also Ps 44 unter den Vorzeichen der Verstockung zu sehen. Aber alle diese Erklärungen lenken vom Entscheidenden ab. Die in Ps 44 betende Gemeinde weiß sich gegründet auf die gnädige Heilstat der Landgabe (2–4), sie steht treu und beständig, lobend und dankend im Vertrauen vor Jahwe (5–9). Sie lebt in der unverletzten בּרית (18b). Darum trifft die Anfeindung und Schmach das Gottesvolk allein wegen seiner Bindung an Jahwe (23). Es wird nicht gesagt – leider hat man 23 meist mißverstanden –, die Gemeinde werde wegen ihrer gehorsamen Befolgung der Gebote Gottes getötet. Im Text steht nur das rätselhafte עליך – »um deinetwillen«. Hier liegen die *signa crucis* bereits auf dem alttestamentlichen Gottesvolk (vgl. Rm 8,36). Israel ist erwählt zum Leiden.

Psalm 45
Lied zur Hochzeit des Königs

Literatur

SMowinckel, Psalmen-Studien III: Kultprophetie und kultprophetische Psalmen (1923) 96ff. – GvRad, Erwägungen zu den Königspsalmen: ZAW 58 (1940/41) 216–222. – ABentzen, Messias – Moses redivivus – Menschensohn, 1948. – JHDarby, Psalm 44 (45). The King and His Bride: Irish Eccl. Record 91 (1959) 249–255. – PJKing, A Study of Psalm 45 (44) Romae (1959). – EBeaucamp, L'Oint de Yahweh et la princesse étrangère: BiViChr 28 (1959) 34–45. – JSchildenberger, Zur Textkritik von Ps 45 (44): BZ 3 (1959) 31–43. – RTournay, Les affinités du Psaume XLV avec le Cantique des Cantiques et leur interprétation messianique: VTSuppl 9 (1963) 168–212. – CSchedl, Neue Vorschläge zu Text und Deutung des Psalms XLV: VT 14 (1964) 310–318. – EBeaucamp, Des justices plein ta main, de redoutables exploits plein ta droite (Ps 45,5c): Bibl 47 (1966) 110–112. – AMacintosh, The Meaning of אלהים in Ps 45,7: Trivium 1 (1966) 183f. – BMcGrath, Reflections on Ps 45: Bible Today 26 (1966) 1837–1842. – JAEmerton, The Syntactical Problem of Psalm XLV,7: JSS 13 (1968) 58–63. – JSMMulder, Studies on Psalm 45 (1972).

Text

1Dem Chormeister. Nach »Lilien« (?). Von den Korahiten.
Ein *maskil*. Ein Liebeslied.
2Mein Herz wallt mir über von guter Kunde;
singen will ich 'mein Lied'[a] für den König!
Meine Zunge sei (wie) ein Griffel des flinken Schreibers!
3'Du bist der Schönste'[b] unter den Menschen,
Holdes ist über deine Lippen ergossen,

darum hat 'Jahwe'[c] dich gesegnet für ewig.
[4]Gürte dein Schwert an die Lenden[d], o Held,
deine Hoheit und Pracht [5]'schmücke deine Hüften'[e];
zieh hin für die Sache der Wahrheit, der Armut 'und'[f] des Rechts!
Deine Rechte weise dir furchtbare Taten!
[6]Deine spitzen Pfeile 'mögen'[g] Völker erschrecken,
'den Mut sollen verlieren'[h] die Feinde des Königs.
[7]Dein Thron, o Göttlicher[i], (steht) immer und ewig,
ein schlichtendes Zepter sei der Stab deiner Herrschaft!
[8]Du liebst das Recht und hassest den Frevel,
darum salbte dich 'Jahwe'[j], dein Gott,
mit Freudenöl unter deinen Gefährten.
[9]Nach Myrrhe und Aloe ''[k] duften all deine Gewänder.
Aus Elfenbeinpalästen erfreut dich 'Saitenspiel'[l].
[10]'Eine Königstochter'[m] tritt dir 'entgegen'[n] –
als Gemahlin an deine Rechte in Ophir-Gold!
[11]Höre, Tochter, sieh und neige dein Ohr!
Vergiß dein Volk und dein Vaterhaus!
[12]Und er begehre ''[o] deine Schönheit, er ist ja dein Herr!
'Es falle vor dir nieder'[p] [13]'' die Tochter von Tyrus mit Gaben!
Es huldigen dir die Reichen 'der Völker'[q].
[14]All ihre Pracht ''[r] sind 'Korallen, gefaßt'[s] in Gold.
'Gekleidet'[t] [15]in bunte Gewänder, führt man sie zum König.
Jungfrauen folgen ihr, ihre Freundinnen 'geleiten sie'[u].
[16]'Man führt sie'[v] mit Freude und Jubel ''[w] in den Palast''[x].
[17]An die Stelle deiner Väter mögen treten deine Söhne;
du magst zu Gebietern sie einsetzen in aller Welt!
[18]Deinen Namen will ich künden von Geschlecht zu Geschlecht,
darum sollen die Völker dich ewig preisen ''[y]!

2 **a** מַעֲשֶׂה findet sich in der Bedeutung »Lied«, »Gedicht« nur an dieser Stelle
des Alten Testaments und wird in der Suffixbildung wahrscheinlich singularisch
3 aufzufassen sein: מַעֲשַׂי – **b** יפיפית ist eine Mißbildung. Nach *G* α´σ´ Hier ist entwe-
der יְפִי יָפִית oder יָפוֹ יָפִית zu lesen. – **c** Im elohistisch redigierten Teil des Psalters
4 wird יהוה als ursprüngliche Lesart einzusetzen sein. – **d** *G* σ´ *TS* überliefern das
5 Suffix der 2. pers. (ירכך). – **e** Dem Versgefüge des ganzen Psalms entsprechend
sind über 4b hinaus die beiden ersten Worte in 5a heranzuziehen. Diese Zusam-
mengehörigkeit bzw. die Fragwürdigkeit der in *M* vorgenommenen Versteilung
wird auch durch die fehlerhafte Dittogr. והדרך bzw. durch andere Stellung des: in
2Mss Hier S^{MSS} angedeutet. *G* hat für das zweite והדרך – וְהַדְרֵךְ gelesen. Der Text
ist entstellt. Im par. membr. liegt die Korrektur הֲדַר חֲלָצֶיךָ, die versuchsweise
vorgeschlagen wird, am nächsten; es würde lediglich eine Umstellung der Kon-
sonanten vorgenommen werden müssen. Die Verwirrung ist wohl durch die Dit-
togr. hervorgerufen worden. – **f** Sieht man von einer Korrektur des Wortes עַנְוָה
6 ab, so muß die Kopula ו vor צדק eingesetzt werden (*GT* Hier). – **g** *M*: »deine Pfeile
geschärft, Völker fallen unter dich, in das Herz der Feinde des Königs«. Es ist
kaum möglich, daß über die Parenthese עמים תחתיך יפלו hinweg von den Opfern
der Pfeile ohne verbale Näherbestimmung die Rede sein kann. RKittel bezieht

יפלו richtig zum Satz 6b, allerdings wird dann wohl mit HGunkel יִפֹּל לֵב »das
Herz möge sinken« zu lesen sein. 6a würde dann am besten (mit Gunkel) korri-
giert werden:

חציך שְׁנונים עמים יֵחַתּוּ

h vgl. unter **g**. – **i** *M*: »Dein Thron, o Göttlicher, (steht) immer und ewig«. Der 7
König würde demnach als אלהים angesprochen. Das ist im altorientalischen Kö-
nigskult eine durchaus geläufige Erscheinung, im Alten Testament aber ohne
Parallele. Bei Erwägungen einer Korrektur wäre es denkbar, daß der elohistische
Redaktor ein ursprüngliches יִהְיֶה fälschlich als יהוה gelesen und durch אלהים er-
setzt hat. Die Meinung, daß in 7 Jahwe angeredet wird, könnte ja bei Außeracht-
lassung des Zusammenhangs an dieser Stelle naheliegen. Zum textkritischen
Problem vgl. CRNorth, ZAW 50 (1932) 27ff.; MNoth, GesStudzAT 225. Zu fra-
gen wäre mit North, ob in 7 nicht auch eine abgekürzte Ausdrucksweise vorliegen
könnte. Dann wäre der Vers folgendermaßen aufzufassen: »Dein Thron ist (wie)
der (Thron) Gottes, nämlich bestehend für immer und ewig.« Und endlich
könnte man erwägen, ob כסאך אלהים nicht wie רוח אלהים in Gn 1,2 begriffen wer-
den könnte: »Dein göttlicher Thron« bzw. »dein machtvoller Thron«. In diesem
Sinn hat GRDriver den Text verstanden. JAEmerton verteidigt Drivers Deutung
»Thy throne is God for ever and ever« in der Bedeutung von: »Thy throne is like
God's throne for ever and ever.« Aber es wird doch *M* zu folgen sein (Hebr 1,8). –
j vgl. **c**. – **k** *M*: »Myrrhe, Aloe und Kassia«. קציעות ist nach dem sonst bestim- 9
menden Versmaß als Zusatz zu beurteilen. »Der Schreiber will wohl das zu sei-
ner Zeit ungebräuchliche אהלות durch das damals bekanntere oder kostbarere
קציעות ersetzen« (HGunkel). Zur Konstruktion des Satzes vgl. BrSynt § 14bα. –
l מִנִּי ist nach Ges-K § 87f. aus מִנִּים verkürzt. – **m** *M*: »Königstöchter sind unter 10
deinen Geliebten«. Nach dem Versmaß gehört jedoch נצבה gewiß zu 10a hinzu.
Dann würde בַּת־מְלָכִים zu verbessern sein (vgl. 14a). Auch im Sinnzusammen-
hang ist diese Lesung vorzuziehen. – **n** ביקרותיך (in *G* σ´ Hier *S* als Sing. aufgefaßt)
müßte nach KBudde zu לִקְרָאתֵךְ verbessert werden. – **o** Wie בת־מלך in 14, so ist 12
auch המלך in 12 offenbar eine erläuternde Ergänzung, die mtr.cs. auszuscheiden
ist. – **p** *M* in 12b–14: »und falle vor ihm nieder; und die Tochter Tyrus mit Ga-
ben; es huldigen dir die Reichen im Volke; ganz Pracht ist die Königstochter
drinnen, aus Goldwirkerei (ist ihr Gewand)«. Nach Form und Sinngehalt ist der
vorliegende Text nicht annehmbar. 12bβ gehört in der Versordnung zu 13 (vgl.
G). So würde sich folgender Text ergeben:

וְהִשְׁתַּחֲוֶה לָךְ בַּת־צֹר בְּמִנְחָה

– **q** *G* עם הארץ; doch wird im Sinnzusammenhang mit *T* עַמִּים zu lesen sein. – 13
r בת־מלך ist an dieser Stelle eine erklärende Ergänzung, die das Versgefüge zer- 14
reißt. – **s** Für das seltsame פנימה ist mit Recht in den meisten neueren Kommen-
taren (dem Zusammenhang entsprechend) פְּנִינִים eingesetzt worden. Daran
würde sich gut anschließen: מִשְׁבְּצוֹת. Demnach würde für den entstellten Text
folgender Korrekturvorschlag gegeben werden:

כָּל־כְּבוּדָּה פְּנִינִים מִשְׁבְּצוֹת זָהָב

t לבושה bezieht sich gewiß auf לרקמות und ist zu 15 in der Korrektur לְבוּשָׁהּ (*G* σ´
Hier) hinzuzunehmen. – **u** *M*: »ihre Freundinnen werden dir gebracht«. In An- 15
gleichung an אחריה wird מְבִיאוֹת לָהּ (2Mss cf. *S*) zu lesen sein. – **v** *M*: »sie werden 16
gebracht«. Offensichtlich aber handelt es sich im Sinnzusammenhang des Textes
um die Einführung der Königin. Darum ist wahrscheinlich תּוּבָלְנָה zu lesen. –
w תבאינה ist wohl als Ergänzung mtr. cs. auszuscheiden. – **x** מֶלֶךְ ist ebenfalls als
Ergänzung mtr.cs. zu streichen. – **y** Der Vers ist überfüllt. ועד (oder עַל־כֵּן) muß 18
mtr. cs. ausgeschieden werden.

Form Der Zustand des Textes enthält hinsichtlich der Rekonstruktion eines hypothetischen Urtextes viele Probleme. Bisweilen helfen nur Konjekturen weiter. Eine wörtliche Übersetzung, die sich bedenkenlos an *M* anlehnt, hat wenig Aussichten auf eine sinngemäße Erfassung des Liedes. Als wichtigen Anhaltspunkt wird man in der Ordnung der Verse das Metrum ansprechen können. Daß Ps 45 (mit Ausnahme von 4b) zumeist Vierer erkennen läßt, hat für die Textkritik wegweisende Bedeutung. Darüber hinaus wird man den gesamten Psalm (mit Ausnahme der Doppelvierer in 17 und 18) in dreigliedrige Versgebilde aufteilen können (vgl. HGunkel), so daß also die Versordnung 4 + 4 + 4 die formprägende Größe wäre. Zur textkritischen Erarbeitung des Ps 45 und der Herausstellung von Tristichen vgl. JSchildenberger (BZ NF 3, 1959, 31ff.).

Der Psalm gehört zur themenbestimmten Formgruppe der Königslieder. S.o.S. 60ff. § 6,3. Die hebräische Bezeichnung der Formgruppe findet sich in 2: מַעֲשַׂי לְמֶלֶךְ. Aus freudig erregtem Herzen geht das Preislied auf den König hervor (2a). Man könnte sogar von einer kultprophetischen Inspiration sprechen (SMowinckel, PsStud III, 101; bezweifelt von JJeremias, Kultprophetie und Gerichtsverkündigung in der späten Königszeit Israels: WMANT 35, 1970, 110). Im Alten Testament gibt es zu Ps 45 keine – auch nur annähernde – Parallele. Der König wird angeredet, geehrt und gepriesen. Dieses Preislied wird nur gelegentlich unterbrochen durch Situationsschilderungen (s.u. »Ort«), wie sie in 9f. und 16 heraustreten. In 11 wird eine »Königstochter« angeredet. Wünsche für den Regenten werden laut in 6 und 17. Das ganze Königslied entspricht dem Ton und Tenor des altorientalischen »Hofstils« (HGreßmann), der sich in überschwenglichen Rühmungen des Herrschers ergeht und dabei göttliche Epitheta und Prädikationen auf den Fürsten überträgt (vgl. 7). Zur Gattung vgl. auch HGunkel/JBegrich, EinlPs § 5.

Ort Die Gelegenheit, bei der das »Königslied« mit prophetischer Kraft angestimmt wird, ist aus dem Psalm unschwer zu erkennen: Ps 45 ist ein Lied zur Hochzeit des Königs. Mit dieser Beobachtung sind in neuerer Zeit viele Probleme verknüpft. Wie soll die Hochzeit des Königs gedeutet werden? Handelt es sich um eine sakrale Begehung, die, abgelöst von einer tatsächlichen Heirat, zu den sakralen und rituellen Begehungen des jährlich wiederkehrenden Königskultes gehört? (Vgl. ABentzen, Messias – Moses redivivus – Menschensohn, 27; GWidengren, Sakrales Königtum im Alten Testament und im Judentum 78). Oder muß an einen geschichtlichen Vorgang gedacht werden? – Die *Krt*-Legende aus dem aufgefundenen Schrifttum des alten Ugarit hat die Vermutung aufkommen lassen, daß die Hochzeit des Königs ein sakraler Akt der alljährlich begangenen kultisch-mythischen Thronbesteigungsfeier gewesen sei (JPedersen, Die *Krt*-Legende: Berytus VI, 2, 1941. – IEngnell, Studies in Divine Kingship in the Ancient Near East, 1943). – Auf der anderen Seite aber glaubte man Anhaltspunkte für eine geschichtliche Ansetzung des Psalms zu erkennen. Man dachte an eine Hochzeit Salomos oder Jorams (2 Kö 8,16). Doch auch Ereignisse am Hofe des Nordreiches wurden in Erwägung gezogen (HGunkel). FHitzig bezog Ps 45 auf die Heirat des Königs Ahab mit der tyrischen Prinzessin Isebel; HEwald wies auf Jerobeam II. hin. In neuerer Zeit meinte HSchmidt, drei Argumente für die von FHitzig aufgestellte Hypothese vorbringen zu können: 1) bei der in 12 erwähnten בת־צר denkt man zuerst an Isebel; 2) Elfenbeinhäuser (היכלי שן) gab es nach 1 Kö 22,39; Am 3,15 und dem Ausgrabungsbefund in Samaria; 3) אהבת in 8 könnte eine Anspielung auf den Namen »Ahab« sein. – Zu allen diesen Erklärungsversuchen wird festzustellen sein: 1) Die Annahme einer sakralen Begehung des mythischen Königskultes liegt für Ps 45 sehr fern; alle Äußerungen lassen an eine besondere, einmalige Hochzeitsfeier denken. 2) Die geschichtliche Deutungsweise legt den Psalm zu schnell auf ein bestimmtes Ereignis fest. Denn einmal wäre zu fragen, ob der Psalm nicht in seinen prophetisch formulierten Vollkommenheitsaussagen über ein historisches Königsbild hinausschießt. Auch müßte wohl bedacht werden, daß Lieder wie Ps 45 als Formulare übertragbar waren. Immerhin bleibt es – bei Beachtung dieser Sachverhalte – eigenartig, daß eine בת־צר erwähnt wird. Aber wer vermöchte zu bestimmen, welche der im Alten Testament genannten oder nicht erwähnten »Tyrustöchter« hier gemeint ist? Wahrscheinlich haben häufiger Könige von Israel oder Juda eine בת־צר zur Frau gehabt. Was läge auch näher?! Daß aber mit den »Elfenbeinpalästen« Gebäude in Samaria gemeint seien, ist keineswegs ausgemacht. Auch in Jerusalem wird man mit elfenbeingeschmückten Räumen rechnen müssen. Jedenfalls bestand z.B. der Thron Salomos aus Elfenbein (1 Kö 10,18). Für das Königtum von Juda spräche im Anschluß an die Nathanweissagung (2 S 7) die Äußerung in 3b und 7a sowie die in 17 vorausgesetzte feste Erbfolge (vgl. AAlt, Das Königtum in den Reichen Israel und Juda: KlSchr II 116–134).

Zu למנצח s.o.S. 25 Einl § 4 Nr. 17. – על־ששנים S. 26 Einl § 4 Nr. Wort 1
21. – Zu לבני־קרח vgl. zu Ps 42,1. – Zu משכיל S. 19f. Einl § 4 Nr. 5.

Mit dem Hinweis auf seine Inspiration beginnt der Sänger des Kö- 2
nigspsalms sein Lied. Offenbar handelt es sich hier bei dem Dichter um einen Kultpropheten (vgl. Ps 2; SMowinckel, PsStud III). דבר טוב ist nicht nur ästhetisch gemeint; das Wort des Kultpropheten ist »Heilsbotschaft« (vgl. Jes 52,7). Sein Opus (מעשה) gilt dem König, dient seiner Erhöhung und Verherrlichung. Wird in 2b die Zunge mit dem Griffel des Schreibers verglichen, der die Buchstaben auf Holztafeln oder Tonscherben, Papyrus oder Leder aufzeichnet, so wird man annehmen dürfen, daß

es üblich war, Preislieder auf den König schriftlich zu fixieren. – Zu מהיר vgl. Jes 16,5; Prv 22,29; Esr 7,6. Wahrscheinlich handelt es sich um ein aus Ägypten stammendes Fremdwort.

3 Als der Schönste unter den Menschen wird der König gefeiert. Gemeint ist hier die strahlende Erscheinung, das herausragend Majestätische (Ps 50,2). Man findet solche Preisungen in vielen Zeugnissen altorientalischer Königsverherrlichung (vgl. KGrzegorzewski, Elemente vorderorientalischen Hofstils auf kanaanäischem Boden: Diss. theol. Königsberg 1937, 34ff.). Auch im Petersburger Papyrus Nr. 1116 B recto wird vom ägyptischen König gesagt, er sei nfr-rhw = »Schönster der Menschen« (?). Vgl. LDürr, Ursprung und Ausbau der israelitisch-jüdischen Heilandserwartung (1925) 7. Wie ein perf. proph. ist alsdann הוצק aufzunehmen (Ges-K § 106n). Der Prophet sieht den König visionär in einer unvergleichlichen Vollkommenheit. Er trägt zukünftige Verhaltensweisen in das Bild seines Wesens ein. Hold sind seine Reden (vgl. Koh 10,12). – Bemerkenswert ist der Gebrauch von על־כן sowohl in 3b wie auch in 8. Aus einem durch das perf. proph. bezeichneten zukünftigen Vollkommenheitsbild wird eine Folgerung gezogen. Was bedeutet das? Schwebt dem Sänger ein visionäres Urbild vor, dem die ewige Segnung Jahwes gilt? Dann stünde die Nathanweissagung (2 S 7), untermischt von idealtypischen Vorstellungen des altorientalischen Königskultes, im Hintergrund des 45. Psalms. Zu ברך in der Bedeutung »jmd. in seiner Machtstellung und in seinem Hoheitsanspruch in aller Form anerkennen« vgl. FHorst, Segen und Segenshandlungen in der Bibel: EvTh 7 (1947) 31. Zum »Segen« des Königs vgl. zu Ps 21.

4–6 In 4–6 wird der König als strahlender Krieger geschildert. Vision und Wunsch malen das Bild des siegreichen Kämpfers, der ganz allein, ohne Heer, den Feinden entgegentritt. Das Schwert an der Seite, von Hoheit und Pracht umglänzt (vgl. Ps 21,6), möge der Regent für אמת – ענוה – צדק streiten. Hier erscheint der König als Helfer aller Entrechteten und als Schützer des gemeinschaftstreuen Wesens (vgl. Jes 11,2ff.; Ps 72,4). Die »Rechte« des Regenten wird in 5b wie eine selbständige Macht angesprochen, die den König anleiten möge, vor »Furchtbarem« (נוראות) nicht zurückzuschrecken. Im Kampf mit den Feinden (6) sollen die Völker erschrecken und verzagen unter den Geschossen des majestätischen Kriegers. Der Sänger sieht hier den Regenten mitten im Getümmel der Schlacht (vgl. Ps 2,9; 21,9f.13). Alle Widersacher sollen vor seiner Erscheinung den Mut verlieren.

Angenommen, die Übersetzung »Dein Thron, o Göttlicher, (steht) immer und ewig« sei richtig, wie müßte dann die Tatsache, daß der menschliche König hier als אלהים angesprochen wird, bewertet werden? Die Vergötterung des Königs ist im altorientalischen Raum in den verschiedensten Spielarten nachweisbar. Vgl. ChrJeremias, Die Vergöttlichung der babylonisch-assyrischen

Könige: AO XIX Heft 3–4 (1919); BMeißner, Babylonien und Assyrien I (1920) 46ff.; HJacobsohn, Die dogmatische Stellung des Königs in der Theologie der alten Ägypter (1955); HGreßmann, Der Messias (1929) 42ff. – Die geschichtlichen und mythologischen Hintergründe dieser Apotheosen eines menschlichen Königs müssen von Fall zu Fall genau untersucht werden (vgl. HFrankfort, Kingship and the Gods, 1948; CJGadd, Ideas of Divine Rule in the Ancient East, 1948). In Israel – und soweit wir wissen: vor allem in Jerusalem – haben die altorientalischen Königstraditionen im Hinblick auf die Göttlichkeit oder Gottähnlichkeit des Regenten in doppelter Weise sich niedergeschlagen: 1) ist eine modifizierte »Adoptionsaussage«, nach der dem inthronisierten König die Stellung eines »Sohnes Gottes« zugesprochen wird, in die Königspsalmen aufgenommen worden (vgl. zu Ps 2,7); 2) sind im Alten Testament Aussagen zu beobachten, die den irdischen König approximativ an Jahwe heranführen: David ist כמלאך האלהים (2 S 14,17.20; Sach 12,8) oder sogar כאלהים (Sach 12,8). Daß der König aber uneingeschränkt als אלהים bezeichnet wird, ist nirgendwo (es sei denn in Ps 45,7) bezeugt. (Allenfalls könnte man noch auf Jes 9,6 hinweisen.) So müßte man also annehmen, daß die altorientalische und im kanaanäischen Raum durch die Amarna-Texte vielfach belegte Vergöttlichung des irdischen Königs in dem Preislied Ps 45 auf eine singuläre und dem alttestamentlichen Glauben widersprechende Weise sich durchgesetzt hat. Das könnte in dem außergewöhnlichen Psalm, in dem der Regent angesprochen und verherrlicht wird, möglich sein, ist aber mit großer Zurückhaltung aufzunehmen, denn die Grundlage zu einer umfassenden Ideologie des göttlichen Königtums wird auf keinen Fall in Ps 45 gewonnen werden können. Dazu ist die Basis zu schmal. »Die Tatsache, daß wir im Alten Testament aller Wahrscheinlichkeit nach in bezug auf das Jerusalemer Königtum Abwandlungen und Umbiegungen von Vorstellungen einer Gott-Königs-Ideologie antreffen, spricht vielmehr dafür, daß diese Ideologie selbst auf dem Boden Israels eben nicht rezipiert worden ist und von den Voraussetzungen alttestamentlichen Glaubens aus nicht rezipiert werden konnte« (MNoth, Gott, König, Volk im Alten Testament: GesStudzAT 226). – In Hebr. 1,8 wird übrigens die θεός-Anrede in Ps 45,7 aufgenommen und auf Christus übertragen. – Zum Königtum Israels im Licht der altorientalischen Königsideologie vgl. KHBernhardt, Das Problem der altorientalischen Königsideologie im Alten Testament (1961); JASoggin, Das Königtum in Israel (1967); JGray, Sacral Kingship in Ugarit: Ugaritica VI (1969) 289–302; WHSchmidt, Alttestamentlicher Glaube in seiner Geschichte ([2]1975).

Der ewige Fortbestand des Thrones ist in der Nathanweissagung (2 S 7–9
7,16) im Alten Testament in grundlegender Weise für die Dynastie Davids ausgesprochen. Auf dieses Faktum könnte der Sänger in 7a anspielen. שׁבט (vgl. auch Ps 110,2) ist ein (ursprünglich zauberisch-magisches) Machtsymbol, das der Träger der Herrschaft in seinen Händen hält. מישׁר bezeichnet die schlichtende Kraft des Zepters. In 8 wird dem Regenten in der prophetisch-zusprechenden Form, die bereits in 3a beobachtet wurde, Liebe zu צדק zugesprochen. Man könnte erklären, daß die wie perfecta prophetica gesetzten Verben einen aktuell-zusprechenden, vollziehenden Charakter haben. Zu dem mit על־כן eingeleiteten Satz vgl. zu 3. Die Salbung ist Machtzuwendung wie der in 3 erwähnte Segen. Israels Könige werden gesalbt (1 S 10,1; 15,17; 2 S 12,7). Eigenartigerweise

ist dieser Brauch der Salbung von Königen nur im vorisraelitischen Syrien-Palästina sowie bei den Hethitern bekannt, dagegen weder im Zweistromland noch in Ägypten (vgl. MNoth, Amt und Berufung im Alten Testament: Bonner Akademische Reden 19, 1958, 15; JAKnudtzon, Die El-Amarna-Tafeln, 1915, Nr. 51, 4ff.; AGoetze, Kulturgeschichte des alten Orients III, 1, 1933, 84 A. 2). Die Salbung eines Menschen mit Öl ereignet sich in einem festlichen Akt, sie ist Ausdruck der Freude (Jes 61,3; GDalman, AuS VI 143). Wie die Königin von ihren Gespielinnen und Freundinnen geleitet wird (15), so geben dem König bei dem Festakt der Salbung die Gefährten das Ehrengeleit. Mit kostbaren Essenzen ist das Öl durchsetzt, so daß alle Gewänder des Gesalbten nach Myrrhe und Aloe duften (9; Ps 133,2). Der Sänger schildert die Pracht des Freude und Wohlgeruch ausströmenden Königtums. Er hört Saitenklänge aus den Elfenbeinpalästen – aus den mit Elfenbeinschnitzereien geschmückten Hallen (zu den archäologischen Fragen vgl. GEWright, Biblische Archäologie, 1958, 138f.). Vor den Königen treten Saitenspieler auf (1 S 16,17).

Man könnte im Rückblick auf 2–9 fragen, welche Bedeutung z.B. die besondere Hervorhebung der Salbung hat. Wird hier an die Thronbesteigung des Regenten wie an ein längst vergangenes Ereignis rückblickend erinnert, oder wird die gesamte Einsetzungszeremonie kultisch wiederholt (vgl. zu Ps 132)? Sollte vielleicht die königliche Hochzeit (10–18) in den Akt einer kultischen Begehung des Jerusalemer Königtums (im Anschluß an das Urdatum 2 S 7) aufgenommen worden sein? Es stellen sich im Hinblick auf 2–9 ähnliche Fragen ein wie zu Ps 2 (s. »Ort«). Es ist durchaus möglich, daß der königlichen Hochzeit eine festliche Wiederholung der Einsetzung des Davidserben im »königlichen Zionfest« voraufging. Die Aussagen lassen jedenfalls eher an einen kultischen Akt als an abstrakte Reminiszenzen denken.

10–16 In 10 setzt die Schilderung der Hochzeitszeremonie ein. Die Gemahlin des Königs ist eine בת מלכים. Sie nimmt den Ehrenplatz zur Rechten des Königs ein, geschmückt mit Ophir-Gold. Sogleich wendet sich der Sänger mit einem mahnenden Wort an die Königin (11). Mit der Heirat tritt sie aus ihrem Volk und Vaterhaus heraus und wird Glied einer neuen Gemeinschaft. Da ist der Ruf am Platze: »Vergiß dein Volk und Vaterhaus!« Der König ist nun אדני, Gebieter, über die fremde Königstochter. Durch das huldigende Niederfallen (השתחוה) wird dieser Einordnung und Unterordnung sinnenfällig Ausdruck gegeben. Mit Huldigungsgaben (מנחה) tritt die בַּת־צֹר vor ihren Gemahl – während Abgesandte der Völker ihre Geschenke überbringen (vgl. Ps 72,10f.). In 14–16 wird der prachtvolle Aufzug der fremden Königstochter näher beschrieben: Korallen in Gold gefaßt und bunte Kleider – das ist ihr Schmuck. Begleitet ist sie von Dienerinnen und Freundinnen. Wenn in 16 berichtet wird, daß die Königin in den Palast hineingeführt werde, so spielt sich offenbar die ganze festliche Zeremonie auf den Höfen ab. Somit wird auch מן־היכלי שן in 9b nicht (wie viele Exegeten es wollen) in מן־כלי שן zu verbessern sein.

Ein Wunsch für den König wird in 17 laut. Die Dynastie möge durch 17
Nachkommenschaft und ungestörte Erbfolge gesichert werden. Hier wird eine stabile Dynastie, wie sie in Jerusalem gegeben ist, vorausgesetzt. Der Gedanke an ein Großreich liegt wohl zugrunde, wenn der Sänger wünscht, daß die Königssöhne zu שׂרים, d.h. zu hohen Beamten, in aller Welt eingesetzt werden (vgl. zu Ps 2). Oder sollte בכל־הארץ sich nur auf den angestammten Territorialbesitz des Königreiches beziehen? Dann könnten Regierungsverhältnisse angesprochen sein, wie sie nach 2 Chr 11,23 durch Rehabeam in Juda eingeführt worden sind. – Der Psalm schließt mit dem Wunsch, daß das Preislied Zeit und Raum überstrahlen möge.

Ps 45 ist ein Lied zur Hochzeit des Königs. Die Frage wird sogleich Ziel
laut, aus welchem Grunde und mit welchen Gedanken ein solcher Psalm in den Kanon aufgenommen worden ist. Als »profan« kann man ihn zweifellos nicht bezeichnen, denn alle Aussagen beziehen sich auf den Jerusalemer Königskult. Eine Hochzeit des Regenten gehört mitten in das gottesdienstliche Leben des »Königsheiligtums«. Aber welche Bedeutung hat denn ein solcher Psalm? Wie hat man ihn zur Zeit der Kanonisierung des Psalters verstanden? Das Königtum war doch zerfallen. Konnte man in dieser Zeit allenfalls denjenigen Psalmen, in denen der König allein im Zentrum stand, ein messianisches Verständnis unterstellen – wie aber soll das Hochzeitsgeschehen »geistlich« rezipiert werden? Allegorien greifen an dieser Stelle im Judentum durch und deuten die Braut als Gottesgemeinde. In die kirchlichen Auslegungen sind diese Interpretationsanleitungen übergegangen. Sie bestehen schwerlich zu Recht. – Geht man bei der Frage nach dem wesentlichen Aussagegehalt des Psalms zunächst von den Preisungen des Königs aus, so wird herauszustellen sein, daß die Vollkommenheitsattribute über die empirische Wirklichkeit hinweg auf eine »idealtypische« Gestalt (HGunkel) bzw. auf ein visionär geschautes Urbild hindeuten. »Die Königspsalmen zeigen das Reich und Amt des Gesalbten nach seiner – noch verborgenen – göttlichen *doxa*, die es für sie schon jetzt hat und die jeden Augenblick offenbar werden kann« (GvRad, ZAW 58, 1940/41, 219f.). In Ps 45 wird diese ganze Herrlichkeit der strahlenden, duftenden Schönheit, der fröhlich klingenden Saitenspiele und der kriegerischen Macht mit allen nur erdenkbaren orientalischen Farben gemalt und in die Existenz des Regenten hineinprojiziert (zum theologischen Problem vgl. zu Ps 2 »Ziel«). Dieser König repräsentiert die königliche Gegenwart Gottes auf Erden. In diesem Sinn übernimmt Hebr 1,8 die Aussage Ps 45,7f. in den großen Christushym-

nus: Jesus Christus ist Gott; in ihm erscheint »am Ende der Tage« »der Abglanz der Herrlichkeit und das Ebenbild« des Vaters (Hebr 1,1ff.). – Wendet man sich nun in Ps 45 den hochzeitlichen Klängen zu, so fällt auf, wie stark das Thema der Huldigung vor dem König hier in den Vordergrund tritt. Die Einbeziehung, die machtvolle Integration und Unterordnung der strahlenden Pracht fremder Völker wird durch den Einzug der tyrischen Königstochter in den Palast veranschaulicht. Hier liegt der Akzent des zweiten Psalmteiles. Das z.B. in Jes 60,3ff. hervortretende Thema bestimmt auch Ps 45,12ff. – Der Glanz aber, der über Ps 45 liegt, geht aus von der prophetisch geschauten Schönheit des ewigen Königtums (2 S 7,16), das alle Spuren der Vergänglichkeit, Verborgenheit und Entstellung (vgl. Jes 53,2) abgestreift hat und nur noch Freude und Feier, Saitenspiel und vollkommenes Glück mit sich bringt.

Psalm 46
Jahwe ist eine feste Burg

Literatur

AFPuuko, Zur Exegese von Psalm 46: Studia Theologica I (1935) 29–33. – NHSnaith, Hymns of the Temple: Ps 42/43; 44; 46; 50; 73 (1951). – HSchmid, Jahwe und die Kulttraditionen von Jerusalem: ZAW 67 (1955) 168ff. – ERohland, Die Bedeutung der Erwählungstraditionen Israels für die Eschatologie der alttestamentlichen Propheten: Diss. theol. Heidelberg (1956) 123ff. – LKrinetzki, Der anthologische Stil des 46. Psalms und seine Bedeutung für die Datierungsfrage: MThZ 12 (1961) 52–71. – MWeiss, Wege der neuen Dichtungswissenschaft in ihrer Anwendung auf die Psalmenforschung: Bibl 42 (1961) 255–302. – LKrinetzki, Jahwe ist unsere Zuflucht und Wehr. Eine stilistisch-theologische Auslegung von Ps 46 (45): Bibel und Leben 3 (1962) 26–42. – JHHayes, The Tradition of Zion's Inviolability: JBL 82 (1963) 419–426. – SLKelly, The Zion-Victory Songs: Psalm 46, 48 and 76: Diss. Vanderbilt (1968). – JJeremias, Lade und Zion: Probleme biblischer Theologie. GvRad zum 70. Geburtstag (1971) 183–198.

Text

1 Dem Chorleiter. Von den Korahiten. Nach *'alāmot*. Ein Lied.
2 'Jahwe'[a] ist uns Zuflucht und Schutz,
als Hilfe in Nöten bewährt gar wohl.
3 Darum fürchten wir uns nicht, ob auch die Erde 'schwankt'[b]
und Berge mitten ins Meer taumeln.
4 Mögen tosen und brausen seine Wasser,
mögen Berge erbeben vor seinem Übermut:
'Jahwe Zebaoth ist mit uns,
eine Burg ist uns der Gott Jakobs'[c]. – Sela.
5 Des Stromes Arme erfreuen die Gottesstadt;
'geheiligt' hat 'seine Wohnung'[d] der Höchste.

6 'Jahwe'[e] ist in ihrer Mitte, so wankt sie nicht,
'Jahwe'[f] hilft ihr beim Anbruch des Morgens.
7 Völker toben, Königreiche wanken[g].
Es donnert – da zergeht die Erde!
8 Jahwe Zebaoth ist mit uns,
eine Burg ist uns der Gott Jakobs. – Sela.
9 Kommt und schaut Jahwes Werke,
der Entsetzen verbreitet auf Erden!
10 Der Kriegen steuert bis ans Ende der Welt,
der Bogen zerbricht und Lanzen zerschmettert[h],
die Wagen[i] im Feuer verbrennt.
11 Laßt ab und erkennt, daß ich 'Jahwe'[j] bin,
erhaben unter den Völkern, erhaben auf Erden!
12 Jahwe Zebaoth ist mit uns,
eine Burg ist uns der Gott Jakobs! – Sela.

a Im elohistisch redigierten Teil des Psalters wird יהוה als ursprüngliche Les- 2
art einzusetzen sein. – **b** המיר hat die Bedeutung »vertauschen« und kann an die- 3
ser Stelle keineswegs in einem andersartigen Wortverständnis beibehalten wer-
den. *G*: ἐν τῷ ταράσσεσθαι. Am besten liest man בְּהִמּוֹג (Ps 75,4). Andere Vor-
schläge: בַּהֲמֹר, בְּהָמִישׁ oder בַּהֲמוֹת. – **c** סלה am Ende von 4 sowie auch der Aufbau 4
des Psalms in drei gleichförmige Strophen legen es nahe, den Kehrvers (8.12)
auch hinter 4 einzusetzen. – **d** *M*: »die heiligste unter den Wohnungen des Höch- 5
sten«. Doch müßte nach Ps 43,3; 84,2; 132,5 der Plur. von משכן – מִשְׁכְּנוֹת heißen.
G: ἡγίασεν τὸ σκήνωμα αὐτοῦ ὁ ὕψιστος. Dem würde der hebräische Text ent-
sprechen: קִדֵּשׁ מִשְׁכָּנוֹ עֶלְיוֹן. – **e** Vgl. zu **a**. – **f** Vgl. zu **a**. – **g** Vielleicht ist hier besser 6.7
מָגוֹ zu lesen; doch wird man bei *M* bleiben können. – **h** Besser ist wohl יְקַצֵּץ. – **i** *G*: 10
Θυρεούς (עֲגָלוֹת). – **j** Vgl. zu **a**. 11

Durch den beherrschenden Kehrvers in 8 und 12, der auch hinter 4 einzusetzen ist (s.o.), wird der Psalm in drei Teile (Strophen) zerlegt: 2–4; 5–8; 9–12. Im Metrum geben die wuchtigen Langverse der Macht und Erhabenheit des Liedes Ausdruck. Das Versmaß ist im einzelnen folgendermaßen zu bestimmen: 4 + 4 in 2.7.11; 4 + 3 in 3.5.9; 3 + 4 in dem Kehrvers (4.8.12) sowie in 6 und 3 + 3 in 4. Ein dreigliedriger Vers findet sich in 10 (4 + 4 + 3). Form

Es sind verschiedene Versuche unternommen worden, die eigenartige Form und »Gattung« des Ps 46 zu erklären. Selbst HGunkel hat im Blick auf den vorliegenden Psalm viel Verwirrung gestiftet. Er rückte das Lied in die Nähe der Hymnen, wies hin auf seine »prophetische Redeweise« und erklärte unter Hervorhebung des zentralen Themas »Zion«, es handle sich um ein »eschatologisches Zionlied«. Aus dieser Kontamination ist eine Einsicht als wegweisend herauszustellen: Ps 46 ist der Formgruppe der Zionlieder zuzuweisen. S.o.S. 62f. Einl § 6,4; HGunkel-JBegrich, EinlPs § 8 II.

Die Gattung der Zionlieder hat JJeremias genauer untersucht (Probleme biblischer Theologie, 189f.). Die zu dieser Gruppe gehörigen Psalmen 46; 48; 76 (und 87) sind nicht nur sehr ähnlich aufgebaut, sie zeigen auch die gleichen syntaktischen Konstruktionen in den Hauptaussagen:
1) Betont und geradezu überschriftartig am Anfang stehen jeweils bekenntnisartige statische Aussagen, fast durchweg in Gestalt von Nominalsätzen, die Gott als Bewohner und Schützer des Zion bzw. Zion als von Gott prächtig ausgestattetes und geschütztes Bollwerk beschreiben.
2) Diese statischen Aussagen werden sachlich begründet durch perfektische Verbalsätze: Herr und Schützer des Zion ist Jahwe, weil er den Völkersturm abgewehrt hat.
3) Jeweils zum Abschluß werden spezielle Folgen für die Hörer in Imperativsätzen genannt, denen in Ps 48 und 76 Jussive vorangehen und die zur Anerkennung Jahwes (46,9a.11), zur Festprozession (48,12ff.) oder zur *Toda* und Erfüllung der Gelübde (76,11f.) auffordern. (1–3 wörtlich zitiert: JJeremias, 190.) Doch nicht nur formal – in den mittleren Gliedern in variabler Ausformungsart –, auch inhaltlich sind die Zionlieder durch einen gleichen Themen- und Vorstellungskreis verbunden.

Nicht zu verkennen sind in Ps 46 die Züge des Bekennens und Vertrauens. Sie gaben Veranlassung, den Psalm als »Volksvertrauenslied« zu verstehen (LKrinetzki). Doch wird es sachgemäß sein, bei der Erklärung, Ps 46 ist ein Zionlied, zu verharren. Dazu hat JJeremias die notwendigen Voraussetzungen geliefert. – Nicht zu erkennen ist, wie die von MWeiss betretenen und gewiesenen »Wege der neuen Dichtungswissenschaft« eine dem Psalm angemessene Interpretationsweise einzuführen vermögen. Die Negationen: »Weder eschatologisch, noch kultisch, noch historisch« tragen ebensowenig aus wie die positiven Beschreibungen des »ganzheitlichen Charakters« des Psalms und der in ihm vollzogenen »worthaften Setzung des Seins«.

Ort Wo, bei welcher Gelegenheit und wann ist Ps 46 gesungen worden? – Bevor diesen Fragen nachgegangen wird, wird zunächst darauf aufmerksam zu machen sein, daß eine Gemeinschaft das Lied gesungen hat. Gegenstand und Ort des Gesanges ist die Gottesstadt – zweifellos: Jerusalem. Aber bei welcher Gelegenheit wurde ein solcher Psalm, der Gewißheit und Vertrauen ausstrahlt, angestimmt? Während man in früheren Zeiten an eine bestimmte geschichtliche Situation dachte (z.B. an das Heranrücken Sanheribs im Jahre 701 v.Chr. oder an die Bedrohung Jerusalems durch Alexander d. Gr. bzw. Ereignisse der Makkabäerzeit), wendet man sich in unseren Tagen immer mehr der Frage nach der kultischen Situation des Ps 46 zu. Das prophetisch-eschatologische Verständnis HGunkels ist bereits deutlich in diese kultische Interpretationsweise eingeschwenkt, orientiert sich jedoch insofern noch ausgesprochen historisch, als nach den in der alttestamentlichen Prophetie vorgegebenen Elementen einer nun im Gottesdienst aufgegriffenen »Eschatologie« Ausschau gehalten wird. Demgegenüber vertreten SMowinckel und

HSchmidt die Auffassung, daß die »Ideen und Vorstellungen« des Ps 46 spezifisch kultverwurzelte Traditionen seien, aus denen die Propheten ihre Aussagen und Anschauungen entlehnt hätten. Dem umstrittenen »Thronbesteigungsfest Jahwes« wird Ps 46 zugeordnet (zu diesem »Thronbesteigungsfest« s.o.S. 94ff. Einl § 10,1). So erklärt etwa HSchmidt, man müsse bei der kultischen Erklärung von Ps 46 voraussetzen, »daß der Einzug Jahwes in seine Wohnung und damit der jährliche Neubeginn seiner Königsherrschaft mit brausendem Jubel begangen worden ist«. Das Vertrauenslied gründet sich demnach also auf das Faktum der soeben geschehenen Thronbesteigung Jahwes (HSchmidt, Die Thronfahrt Jahves am Fest der Jahreswende im alten Israel: Sammlung gemeinverständlicher Vorträge 122, 1927, 24). Richtig ist an dieser Erklärung, daß Ps 46 kulteigene Ziontraditionen enthält, die (wie noch zu zeigen sein wird) wahrscheinlich in vorisraelitische Zeit zurückweisen (HSchmid, Jahwe und die Kulttraditionen von Jerusalem: ZAW 68, 1955, 168ff.). Umstritten und sehr fragwürdig aber ist das zugrunde gelegte »Thronbesteigungsfest Jahwes«. – In seiner Dissertation »Die Bedeutung der Erwählungstraditionen Israels für die Eschatologie der alttestamentlichen Propheten« entwickelt ERohland ein neues Verständnis der kultischen Situation des Ps 46. Ausgehend von einer Analyse der Gattung wird im »Vertrauenslied des Volkes« ein »Erhörungsorakel« im Vers 11 aufgespürt. Aus diesen Beobachtungen folgert Rohland: Ps 46 hat seinen »Sitz im Leben« in einer kultischen Klagefeier der Volksgemeinde, die heilvoll beendet und zu einem »Vertrauenslied des Volkes« hinübergeleitet worden ist. Ist diese Erklärung zutreffend? 11 wird man wohl als »Heils- und Erhörungsorakel« ansprechen dürfen (vgl. JBegrich, Das priesterliche Heilsorakel: ZAW 52, 1934, 81–92). Sehr erwägenswert ist auch die kultische Situationsbestimmung. Und doch wird man fragen müssen, ob SMowinckel und HSchmidt nicht auf der richtigen Spur waren. – Die so stark profilierten Ziontraditionen legen es nahe, an ein (jährlich wiederkehrendes) Zionfest zu denken, das auf seinem Höhepunkt alte, vorisraelitische Kultüberlieferungen aufführte (vgl. zu Ps 132). Nach dem in die Davidszeit zurückweisenden Aufzug der Lade auf den Zion findet im Heiligtum eine große Proskynese vor dem »König Jahwe« statt (vgl. Ps 95,6; 99,5; 100,4 s.o.S. 94ff. Einl § 10,1). Bei dieser Gelegenheit brechen die uralten Kulttraditionen Jerusalems hervor und lassen die Gottesstadt mit ihrem Gottkönig im Glanz universaler Verherrlichungen erscheinen. Die Vorstellungen stammen zumeist aus dem vorisraelitischen, altkanaanäischen Bereich. Im Zusammenhang der Proskynese vor dem König Jahwe wird man Ps 46 verstehen können: die Verherrlichung des Zion, das Heilsorakel (11) und die Äußerungen des Vertrauens. – Ps 46 gehört in den vorexilischen Gottesdienst auf dem Zion und ist wahrscheinlich sehr alt.

Wort 1 Zu למנצח s.o.S. 25 Einl § 4 Nr. 17. – Zu לבני־קרח vgl. zu Ps 42,1. – Zu על־עלמות o.S. 27 Einl § 4 Nr. 24.

2–4 Wenn in der Formanalyse (s.o.) darauf hingewiesen wurde, daß Gegenstand und zentrales Thema des Ps 46 die Gottesstadt Zion sei, so wird diese formale Feststellung nun sogleich zu berichtigen sein. Nicht Jerusalem ist »Zuflucht und Schutz« in Nöten und Katastrophen, sondern Jahwe. Er selbst als der *deus praesens* ist, wie insbesondere der Kehrvers nachdrücklich hervorhebt, die »feste Burg«. מחסה aber ist zunächst der »sichere, unzugängliche Ort« (Ps 104,18); in den Psalmen meist ein Bild für die Asylfunktion des Heiligtums (Ps 14,6; 61,4; 62,8f.; 71,7 u.ö.). נמצא מאד – diese eigenartige Wendung weist auf die treffliche Bewährung der Hilfe hin, die Jahwe für sein Volk in Nöten bedeutete. Die Gemeinde vergegenwärtigt sich also in 2 – bekennend und vertrauend – die bisher wirksame Schutzmacht ihres Gottes (vgl. Ps 48,10). Und in 3 wird eine Folgerung für die Zukunft gezogen: »Wir fürchten uns nicht« – auch wenn die äußerste Bedrohung sich ereignet: wenn die Erde schwankt und die Berge (Symbole des Festen und Dauerhaften) »ins Meer taumeln«. Der Dichter hat hier die Vorstellung von einem Erdbeben, von einer gewaltigen, alle Erfahrungen sprengenden Naturkatastrophe vor Augen. Man denkt sogleich an die zahllosen Erdbeben, die Syrien und Palästina bis in die Gegenwart hinein heimgesucht haben: vgl. Jes 24,19f.; 54,10; Hagg 2,6. Zur Bedeutung von בלב in 3b vgl. BrSynt § 117e. – Von der Feindschaft chaotischer Mächte gegen das Bestehende, Feste, handelt 4. In das Bild einer durch das Erdbeben verursachten Sturmflut mischen sich vorweltliche, mythische Metaphern: die Urflut erhebt sich »in Übermut« und versetzt die Berge in Beben. Zu המה vgl. Ps 65,8; Jes 17,12; 51,15. »Israel scheint einen letzten Aufstand dieser ungeformten Mächte gegen Jahwe erwartet zu haben« (vgl. GvRad, TheolAT^6 I 166). – Zu dem (doch wohl hinter 4 schon einzusetzenden) Kehrvers einige Hinweise: יהוה צבאות ist der Kultname des auf dem Zion thronenden Gottes (s.o.S. 94ff. Einl § 10,1). אלהי יעקב als israelitische Gottesbezeichnung erinnert an das Zentralheiligtum Bethel – an den Ort, an dem die Erzvätertradition vom »Gott Jakobs« ihren Haftpunkt gefunden hatte (vgl. AAlt, Der Gott der Väter: KlSchr I 1ff.). Ist aber auch יהוה צבאות ursprünglich Kultname eines altisraelitischen Heiligtums (Silo – s.o.S. 94ff. Einl § 10,1), so wird die Israel-Tradition in den Gottesnamen des Kehrverses besonders hervorzuheben sein. משגב ist die auf unzugänglicher Anhöhe gelegene Hochburg (Jes 33,16; Jer 48,1; Ps 9,10; 18,3; 48,4; 59,10 u.ö.). – Zur Bekenntnis- und Vertrauensformulierung »Jahwe Zebaoth ist mit uns« erklärt HDPreuß: »Die Gemeinde der Gottesstadt legt das vertrauende Bekenntnis ab: ›Jahwe Zebaoth‹ ist mit uns‹ (עמנו). Jahwe wird dabei auch als Gott Jakobs tituliert. Seine Stadt ist Zuflucht in den Kämpfen. Zu dem ›mit uns‹ vgl. auch Sach 8,23 und 2 S 5,10.« (HDPreuß, ›... ich will mit dir sein!«: ZAW 80, 1968, 151). Damit wird die Bekenntnis- und Vertrauensformulierung in einen größeren Zusammenhang gerückt.

In 5ff. setzen sich im Psalm altjerusalemische Kult- und Ortstraditionen durch, die eine besondere Analyse und Übersicht erfordern. Vgl. dazu o.S. 104ff. Einl § 10,2. Aus dem in Einl § 10,2 Ausgeführten seien an dieser Stelle wenigstens die Hauptaspekte zusammengefaßt.

Die Zionpsalmen enthalten eine Reihe charakteristischer Aussagen über die Gottesstadt, die weder aus der Topographie Jerusalems noch aus irgendwelchen mythisch-eschatologischen Vorstellungen (so HGunkel) zu erklären sind. Vielmehr haben kanaanäisch-ugaritische Parallelen ein neues Verständnis der Aussagen und Bilder erschlossen, die insgesamt die Funktion der Verherrlichung und also der dichterisch-mythischen Überhöhung der Ortsgegebenheiten haben. Zu den kanaanäisch-ugaritischen Parallelen s.o.S. 104ff. Einl § 10,2. Hier nur die Hauptthemen:

1) Der Zion wird als Berg im Norden bezeichnet. Die Benennung צפון hat, von allen geographischen (nach Nordsyrien weisenden) Lagebeschreibungen abgesehen, die Bedeutung, auf den Götterberg, auf den »Olymp«, der in die himmlische Welt hineinragt, hinzuweisen. Vgl. Jes 14,13f.

2) Als »Berg im Norden«, u.d.h. als Göttersitz und Thron des »höchsten Gottes« (s.o.S. 94ff. Einl § 10,1), ist Zion der Mittelpunkt der Welt (Ps 48,3), eine paradiesisch schöne Stätte der Freude und Wonne (Thr 2,15).

3) In Jerusalem fließen Ströme, die die heilige Stadt »erfreuen« (Ps 46,5). Auch hier handelt es sich nicht um Ortsgegebenheiten, sondern um Traditionen, wie sie auch in Gn 2 und Ez 47 hervortreten. Der paradiesische Gottesgarten wird von Strömen durchflossen. Zion ist in der Verherrlichungsaussage die Stätte, an der die unterirdische Urflut hervortritt und in gebändigter Gestalt das Land feuchtet und fruchtbar macht.

4) Gegen die Gottesstadt erhebt sich der Völkersturm. In Ps 46,4 sind es chaotische Gewässer, die, von einem Erdbeben aufgerührt, gegen die Berge anbrausen. In Ps 46,7 erscheinen die chaotisch-zerstörerischen Gewalten in »historisierter Gestalt« als »Völker«. Dieser Aufstand der Völker als der gottfeindlich-chaotischen Mächte, die »wie Wasserfluten« anstürmen, wird im Alten Testament mehrfach erwähnt (z.B. Ps 2,2; 48,5ff.; Jes 17,12f.; Jes 6,23).

5) Doch die Gottesstadt ist unüberwindbar (Ps 46,7ff.). Sie ist uneinnehmbar (2 S 5,6; Ps 87,5; 125,1f.; Jes 26,1 u.ö.). Der Völkersturm wird zurückgeschlagen. Jahwe zerschmettert die Feinde mit seinem Donner (Ps 46,7), mit seinem Schelten (Ps 76,7; Jes 17,13), mit dem Gottesschreck (Ps 46,9; Jes 17,14). Vgl. JHHayes, The Tradition of Zion's Involiability: JBL 82 (1963) 419–426.

Das hohe Alter aller dieser in den Zionliedern hervortretenden Verherrlichungstraditionen kann kaum zweifelhaft sein. Doch ist eine Gegenthese aufgestellt worden: GWanke, Die Zionstheologie der Korachiten: ZAWBeih 97 (1966). Demnach sollen Psalmen wie z.B. Ps 46 »Erzeugnisse nachexilischen literarischen Wirkens« der Korachiten sein. »Dies vor allem deshalb, weil die in den Psalmen 46; 48 und 76 sich widerspiegelnde Theologie nicht mehr als eine alte Überlieferung in Anspruch genommen werden kann...« (115). Zur Auseinandersetzung mit den Thesen GWankes vgl. HMLutz, Jahwe, Jerusalem und die Völker: WMANT 27 (1968) 213ff. und o.S. 104ff. Einl § 10,2.

Von Strömen »erfreut«, wie ein paradiesischer Ort, erscheint die 5–8

»Gottesstadt« in 5. Bilder einer uralten Kulttradition verklären das Heiligtum: s.o. Damit scheidet die Auffassung HGunkels, das verzückte Auge des Dichters sehe hier eine endzeitliche Vision, aus. »Erfreuend« aber wirken die Wasser des Stromes, weil sie Fruchtbarkeit und Lebensfülle hervorbringen (vgl. Ps 65,10). Von einer »Wasserfestung« ist keine Rede. – Die Gottesstadt enthält die »Wohnung des Höchsten« (5b). Der עליון (s.o.S. 94ff. Einl § 10,1) wohnt auf dem Zion; gedacht ist an den Tempel (vgl. Ps 43,3; 84,2; 132,5). Der עליון hat seine Wohnung »geheiligt« (קִדֵּשׁ), d.h., er hat sie abgesondert und unnahbar gemacht (Ex 19,23). – Doch nicht eine immanente Mächtigkeit der Gottesstadt macht Jerusalem zu einem unerschütterlichen Bollwerk, sondern allein die Gegenwart Jahwes (6), sein hilfreiches Eingreifen »beim Anbruch des Morgens«. Es ist bemerkenswert, daß in Ps 46 alle Verherrlichungsaussagen über die Gottesstadt streng auf die majestätische Person Jahwes bezogen werden. Seine Gegenwart, er selbst, macht Jerusalem zur »festen Burg«. Der frühe Morgen ist übrigens der Zeitpunkt der Gottesantwort und der Gotteshilfe (vgl. Ps 90,14; 143,8; JZiegler, Die Hilfe Gottes ›am Morgen‹: Nötscher-Festschrift, 1950, 281ff.). Das chaotische Aufbegehren der Völker (s.o.) wird durch die Donnerstimme Jahwes (vgl. Ps 29) niedergeschlagen – die Erde zergeht vor diesem Schall. Der Donner gilt als Zeichen des göttlichen Einschreitens (1 S 2,10; 7,10; 12,16ff.; Jes 30,30f. u.ö.). Dazu ist zu bemerken: »Beim Völkersturm... ertönt wie in Am 1,2 Jahwes Donnerstimme. Von einem Ausgangsort Jahwes ist hier nicht die Rede. Jahwes Kommen wird wie in Am 1,2 durch das Ertönen seiner Stimme als ein Kommen im Gewitter charakterisiert, eine gegenüber Ri 5,4 und Mi 1,3 weiterführende Interpretation. Die Reaktion der Natur ist in Ps 46,7 wie in Ri 5,5; Mi 1,4 das Beben der Erde« (JJeremias, Theophanie. Die Geschichte einer alttestamentlichen Gattung: WMANT 10, 1965, 14). Doch wird zu fragen sein, ob sich nicht mit diesem Aspekt Vorstellungen des Heiligen Krieges verbunden haben. Vgl. GvRad, Der Heilige Krieg im alten Israel: ATANT 20 (1951) 12ff.

9–12 Am Anfang des dritten Psalmteiles wird aufgefordert, die Werke Jah-
wes zu schauen (vgl. Jes 33,13). Gedacht wird an die Zerstörungswerke
Gottes, die den aufrührerischen Kräften Einhalt gebieten. Mit dem ver-
nichtenden »Schrecken« kann Jahwe überall auf Erden eingreifen. Zu
שים שמות vgl. Ex 10,2; Ps 78,43. Von der Gottesstadt aus vermag Jahwe
»bis ans Ende der Erde« seine Macht unter Beweis zu stellen. Universal
ist der Wirkungsbereich des עליון; Zentrum der Welt ist der Gottesberg
(vgl. Jes 2,2). Die Waffen und Kriegsgeräte werden von Jahwe zerbro-
chen. Zu den mit eisernen Beschlägen versehenen Kriegswagen vgl.
MNoth GI ([3]1956) 133. Erbeutete Wagen oder Waffen werden nach al-
tem Brauch verbrannt (Jos 11,6.9; Jes 9,4; Hos 2,20; Ez 39,9f.). Zu fragen
wäre, inwieweit in die Aussagen von 10 die Traditionen vom Heiligen

Krieg (GvRad, Der Heilige Krieg im alten Israel: ATANT 20, 1951) und die Vorstellungen von einem ewigen Friedensreich (Jes 2,4; 11,6ff.; WEichrodt, Die Hoffnung des ewigen Friedens im alten Israel, 1920; JJStamm/HBietenhard, Der Weltfriede im Lichte der Bibel, 1959, 47ff.) eingeflossen sind. – Als »Heilsorakel« wird man 11 erklären dürfen. Hier ergreift Jahwe selbst das Wort und ruft dazu auf, daß die feindlichen Mächte ihren Aufstand lassen und Jahwe erkennen. Eigenartig ist, daß nur an dieser Stelle im Alten Testament eine »strenge Erkenntnisformel« mit אנכי verwendet wird (WZimmerli, Erkenntnis Gottes nach dem Buche Ezechiel, ATANT, 1954, 24 A. 35). Zur Bedeutung der Erkenntnisformel und zur Zusammengehörigkeit von Erkenntnis und Tat Jahwes vgl. WZimmerli, 40. – Als der עליון (5) ist Jahwe der »Erhabene« über Völker und Länder (vgl. Jes 57,15).

Die Gewißheit der in Ps 46 singenden Gemeinde gründet sich auf Ziel Jahwe, auf den in Nöten als Helfer bewährten Gott Israels. Nachdrücklich hebt der Kehrreim immer wieder hervor, daß die hilfreiche Gegenwart Jahwes jene Burg bildet, die auch in den großen Natur- und Geschichtskatastrophen unantastbar und unüberwindbar ist. Auf der unabsehbar gefährdeten Welt wird diese Schutz- und Heilsmacht Jahwes in der Gottesstadt Jerusalem manifest. Doch nur sofern Jahwe in der Mitte dieser Stadt ist (6), erweist sie sich als unerschütterbare Zuflucht. Die *certitudo* der vertrauenden Gemeinde gründet sich also auf die majestätische Person Gottes. Gleitet der Blick von Jahwe ab, dann schleicht sich sogleich eine auf immanente Machtsphären pochende gefährliche *securitas* (Luther) ein. Die *certitudo* spricht »Jahwe Zebaoth ist mit uns, eine Burg ist uns der Gott Jakobs«; die *securitas* hingegen ruft beschwörend: »Der Tempel Jahwes! Der Tempel Jahwes! Der Tempel Jahwes!« (Jer 7,4). – Die oft geäußerte Meinung, Ps 46 enthalte die Gefahr, einer verstockten Sicherheit den Boden zu bereiten, trifft nicht zu. Auch in seinem Mittelstück, das die Gottesstadt verherrlicht, heißt es ausdrücklich: »Jahwe ist in ihrer Mitte, so wankt sie nicht.« Man hat den Eindruck, als sei der Psalmsänger geradezu leidenschaftlich bemüht, unter Hinweis auf die Herrlichkeit und Unüberwindbarkeit der Gottesstadt nur von Jahwe zu reden, seine Macht zu erhöhen. Hier wird die Gemeinde lernen können, daß nicht »die Kirche« das unzerstörbare Bollwerk auf Erden ist, sondern allein die Kirche, in der Gott selbst gegenwärtig ist. Und von dieser Gottesgegenwart und Gottesherrschaft aus wird dann auch ein neues Verständnis des Lebens in der Völkerwelt und der Kriege eröffnet werden.

Psalm 47
Jubel über Jahwes triumphierende Auffahrt

Literatur OEißfeldt, Jahwe als König: ZAW 46 (1928). – KHRatschow, Epikrise zum Psalm 47: ZAW 53 (1935) 171–180. – MBurrows, כי in Ps 47,3.8a.10c: ZAW 55 (1937) 176. – JMuilenburg, Psalm 47: JBL 63 (1944) 235–256. – HJKraus, Die Königsherrschaft Gottes im Alten Testament: BHT 13 (1951). – ACaquot, Le Psaume 47 et la royauté de Yahwé: Revue d'Histoire et de Philosophie Relig. 39 (1959) 311–337. – HJKraus, Gottesdienst in Israel (1962) 239ff. – JMorgenstern, The Cultic Setting of the ›Inthronement Psalms‹: HUCA 35 (1964) 1–42. – YKil, כל העמים תקעו כף (Ps 47): Ma'yānōt 9 (Jerusalem 1968) 223–237.

Text

1 Dem Chorleiter. Von den Korahiten. Ein Psalm.
2 Ihr Völker alle, klatscht in die Hände,
jauchzt 'Jahwe'[a] zu mit Jubelschall!
3 Denn Jahwe, der Höchste, ist furchtbar,
ein großer König über die ganze Erde.
4 Völker unterwarf[b] er uns,
und Nationen (legte) er unter unsere Füße.
5 Er erwählte[c] uns unser Erbteil –
den Stolz Jakobs, den er liebt. – Sela.
6 'Jahwe'[d] stieg auf mit Jubelschall,
Jahwe beim Schall der Posaune.
7 Singet 'unserem Gott'[e], singet!
Singet unserem König, singet!
8 Denn König der ganzen Erde ist 'Jahwe'[f]
– singet ein Kunstlied!
9 König geworden ist 'Jahwe'[g] über die Völker,
'Jahwe'[h] sitzt auf seinem heiligen Thron.
10 Die Edlen der Völker sind versammelt
'mit'[i] dem Volk des Gottes Abrahams.
Denn 'Jahwe'[j] gehören die Schilde der Erde;
hoch erhaben ist er.

2 **a** Im elohistisch redigierten Teil des Psalters wird יהוה als ursprüngliche Les-
4.5 art einzusetzen sein. – **b** Zur Form ידבר vgl. Ps 18,48 (KBL 199). – **c** Der eigenar-
tigen Wendung יבחר־לנו את־נחלתנו will man meist ausweichen durch die Kor-
6 rektur יַרְחֵב statt יִבְחַר. Doch wird man bei *M* bleiben können (s.u.). – **d** vgl. zu a.
7–9 – **e** Mit *G* ist parallel zu לְאלֹהֵינוּ – למלכנו zu lesen. – **f** vgl. zu a. – **g** Die Einsetzung
von יהוה statt אלהים scheint unter den unter a dargelegten Gründen wahrschein-
10 lich zu sein. Jedoch wird Jes 52,7 beachtet werden müssen. – **h** vgl. zu a. – **i** *G*
μετὰ τοῦ θεοῦ (vgl. auch *S*). So wird man also haplogr. annehmen müssen und
עִם עַם korrigieren können. – **j** vgl. zu a.

Form Im Metrum des Ps 47 tritt der Doppeldreier hervor: 4–7.10. Im Versmaß 3+4 sind zu lesen: 2.3.9. Und schließlich finden sich zwei Verse im Metrum 3 + 2: 8.10 (zweiter Vollvers).

Ps 47 gehört zur Formgruppe der Loblieder. S.o.S. 43ff. Einl § 6,1. In der Grundstruktur ist er den imperativischen Hymnen zuzurechnen. Vgl. FCrüsemann, Studien zur Formgeschichte von Hymnus und Danklied in Israel: WMANT 32 (1969) 79 A.3. Die Eigenart dieses Lobliedes bzw. Hymnus liegt darin, daß ein zentrales Thema bestimmend ist und zu einer enger gefaßten Einordnung Anlaß gibt. Der Psalm verherrlicht die Königsherrschaft Jahwes. Da nun im Psalter eine Gruppe solcher Hymnen feststellbar ist, liegt es nahe, diese Lieder, die das Königtum Gottes preisen, als »Jahwe-Königs-Hymnen« zu bezeichnen. Zu dieser thematisch bestimmten Gruppe innerhalb der Loblieder gehören: Ps 93; 96; 97; 98; 99. S.o.S. 46f. Einl § 6,1bβ. – Der Aufbau des Ps 47 ist gut zu durchschauen: Der hymnische Auftakt in 2 ruft imperativisch zum Jubel auf. Es folgt dann – mit dem für die Loblieder charakteristischen כי eingeleitet – das Hauptstück, in dem die Gründe für die Verherrlichung des Gottkönigs Jahwe genannt werden (3–6). Ein erneuter Aufruf zum Lobpreis tritt dann – imperativisch – in 7 hervor. Und wieder folgt, mit כי eingeleitet, ein zweites begründendes Korpus (8–10). Vgl. HGunkel–JBegrich, EinlPs 33ff.).

Die viel diskutierte Hauptfrage lautet: Bei welcher Gelegenheit wurden die »Jahwe-Königs-Hymnen« angestimmt? Schon Calvin erkannte in seinem Psalmen-Kommentar, daß »ex toto contextu« hervorgehe: Ps 47 sei »ad solemnes conventus ... destinatum«. Es besteht kein Zweifel: Eine kultische Situation liegt dem Loblied zugrunde. Aber um welche Situation handelt es sich? Diese Frage ist zunächst im Kontext der anderen »Jahwe-Königs-Hymnen« zu beantworten, insbesondere im Hinblick auf Ps 95,6; 96,9; 99,5; 100,4. Nachdem die Kultgemeinde in das Heiligtum (von Jerusalem) eingezogen ist (Ps 95,6; 100,4), findet eine große Proskynese vor der Lade, dem Thronsitz Jahwes (Ps 99,1.5), statt. An dieser Stelle werden die Hymnen auf Jahwe gesungen. Der Gott Israels wird als König der Welt gefeiert (s.o.S. 94ff. Einl § 10,1). In diesem Zusammenhang ergibt sich aber nun die Frage, welcher Kultakt der Proskynese im Heiligtum voraufgegangen ist. Seit PVolz (Das Neujahrsfest Jahwes, 1912) und SMowinckel (PsStud II) wird in der Erklärung der Jahwe-Königs-Hymnen auf das Zeremoniell einer Thronbesteigungsfeier Jahwes hingewiesen. Vgl. jedoch zum Problem, ob es ein Thronbesteigungsfest in Israel gegeben habe, S. 94ff. Einl § 10,1. Zum Kultakt des Einzugs der Lade vgl. zu Ps 132. Wird in den genannten Abschnitten die Fragwürdigkeit der Annahme eines Thronbesteigungsfestes Jahwes herausgestellt, so wird zu Ps 47 hervorzuheben sein, daß in diesem Lied einzelne Aussagen an den Vorgang einer kultischen Inthronisation denken lassen: 6.9. Der Hymnus blickt zurück auf das Ereignis der Auffahrt Jahwes (עלה in 6), proklamiert die vollzogene Inthronisation Ort

(מלך in 9a) und sieht den Gottkönig nun auf dem Throne sitzend (ישב in 9b). Unter Beachtung der zu Ps 132 dargelegten Erklärungen zum Kultakt der Lade-Auffahrt als einer gottesdienstlichen Wiederholung und Vergegenwärtigung von Ereignissen der Davidszeit (Erwählung des Zion, Erwählung der Dynastie Davids) müßten zu Ps 47 nun folgende Erwägungen in Betracht gezogen werden: 1) Es wäre möglich, daß im vorisraelitischen Jerusalem ein Thronbesteigungsfest der königlichen Gottheit gefeiert wurde. Dieses Fest hätte dann mit seinen sakralen Traditionen und Vorstellungsformen später auch auf den Kultus Israels eingewirkt. 2) Es wäre möglich, daß im Verlauf der Kultgeschichte Jerusalems assyrische oder babylonische Einflüsse Idee und Brauch einer Inthronisation der Gottheit nach Jerusalem gebracht haben. 3) Könnte es sich in Ps 47 um bildliche Veranschaulichungen handeln, die dem Modell einer Thronbesteigung des irdischen Königs abgewonnen sind. 4) Sollte auch eine mögliche Abhängigkeit des Ps 47 von Deuterojesaja (vgl. Jes 52,7) erwogen werden (WBaudissin, KYRIOS III, 1929, 235f.; HJKraus, Die Königsherrschaft Gottes im Alten Testament 106ff.; ders., Gottesdienst in Israel, 1962, 237ff.; s. auch o.S. 94ff. Einl § 10,1).

Man wird bei der Erklärung des Ps 47 aber auf jeden Fall von der Tatsache auszugehen haben, daß die hymnische Verherrlichung vor dem über der Lade unsichtbar thronenden Gottkönig Jahwe dargebracht wird. Es wäre fehl am Platz, aus Ps 47 ein kultisches Ritual zu erschließen, das einen dramatischen Inthronisationsablauf einst begleitete. So nennt z.B. KHRatschow den Ps 47 eine »Ritualauslese« (ZAW 53, 180), und MBurrows will in dem dreimal hervortretenden כי, das doch zweifellos ein stehendes Stilelement des Hymnus ist, Anzeichen für eine Art »Regie-Anweisungen« des Rituals erblicken: »perhaps the כי of these verses was not originally the conjunction but an abbreviatur: either כ for כֹּהֲנִים or כי for כֹּהֲנֵי יהוה« (ZAW 55, 176). Demgegenüber ist jedoch auszugehen von der Tatsache, daß Ps 47 ein in sich geschlossenes Ganzes – ein Hymnus auf den im Heiligtum thronenden König Jahwe – ist.

Wort 1 Zu למנצח s.o.S. 25 Einl § 4 Nr. 17. – Zu לבני־קרח vgl. zu Ps 42,1. – Zu מזמור o.S. 15ff. Einl § 4 Nr. 2.

2 Der hymnische Introitus in 2 ruft die Völker auf, dem König Jahwe in Begeisterung und Freude zu huldigen. Universal sind die Vorstellungen, die sich mit dem Königtum Jahwes verbinden (s.o.S. 94ff. Einl § 10,1). Über alle Welt (3), über alle Völker ist Jahwe Herr und König. Das Händeklatschen ist ein Ausdruck begeisterter Freude (Ps 98,8; 2 Kö 11,12). Zu הריע vgl. Ps 98,4.6; Zeph 3,14; Sach 9,9 und תרועה in Ps 47,6. In die lobpreisende Verherrlichung der Israel-Gemeinde sollen alle Völker einstimmen (vgl. zu 10).

3–6 In dem mit כי eingeleiteten Hauptstück werden die großen Taten Jahwes gerühmt. Sie geben Veranlassung zu einem weltweiten Gotteslob. Jahwe ist der עליון (3). Der מלך-Titel impliziert die Vorstellung von einer monarchischen Zuspitzung des Götterpantheons, in der der Gottkönig als der »Höchste« in Erscheinung tritt (s.o.S. 94ff. Einl § 10,1). נורא = »furchtbar«, »schreckenumwittert« ist Jahwe in seiner machtvollen Majestät (Dt 7,21; Dn 9,4; Neh 1,5 u.ö.). Kein Widerstand gegen ihn ist möglich. Als Großkönig (מלך גדול) beherrscht Jahwe die ganze Erde (Ps 24,1; 95,4f.; 97,5). Als Schöpfer ist der עליון Weltherrscher: אדון כל־הארץ (Ps 97,5). Alle Lande sind erfüllt vom כבוד des Gottkönigs (Ps 8,2; Jes 6,3). – Einen ersten Machterweis Jahwes gegenüber den fremden Völkern sieht der Hymnus in dem die Existenz Israels begründenden Ereignis der Überwindung jener Bevölkerungselemente, die vor der Einwanderung des Gottesvolkes in Kanaan wohnhaft waren. Darüber hinaus wird auch an die Unterwerfung fremder Völkerschaften durch David gedacht sein. Auf jeden Fall weiß der Sänger aus der Geschichte Israels es zu bezeugen, daß Jahwe seine Herrschaft über die עמים in großen Siegen kundgetan hat. Die Völker wurden Israel unter die Füße gelegt. Im alten Orient war es üblich, daß der Sieger seinen Fuß auf den Nacken des Unterworfenen setzte (Jos 10,24; Ps 110,2; vgl. auch ägyptische und babylonische Darstellungen). – נחלה in 5 (im par.membr.: גאון יעקב) ist wahrscheinlich das Land Israels (vgl. Jes 58,14), dessen Übereignung an das Gottesvolk ein Akt der Herrschaft Jahwes über alle diesen Raum besitzenden Mächte war (Dt 4,38). Der עליון teilt den Völkern ihr Wohn- und Siedlungsgebiet zu (Dt 32,8ff.). Für Israel hat er das »Erbland«, den »Stolz Jakobs« erwählt. – Von der mit כי eingeleiteten »Begründung« des Lobpreises ist im Hauptstück des Psalms der Vers 6 durch סלה (vgl. Einl § 4 Nr. 13) abgerückt. Während nämlich in 3–5 auf die in machtvollen Geschichtstaten begründete Weltherrschaft Jahwes hingewiesen wird, nimmt 6 auf den Kultakt Bezug, der unmittelbar vor der jetzt gefeierten Huldigung stattfand. M.a.W.: 3–5 ist universal-geschichtlich, 6 dagegen kultisch orientiert. Mit עלה wird gewiß der Aufzug der Lade zum Zion beschrieben sein (vgl. zu Ps 132). Unter »Jubelschall« spielte dieser Kultakt sich ab (zu תרועה vgl. PHumbert, *TEROU'A*, Analyse d'un rite biblique, 1946). Posaunenschall begleitete den Aufzug: vgl. HSeidel, Horn und Trompete im alten Israel unter Berücksichtigung der »Kriegsrolle« von Qumran: Wissenschaftliche Zeitschrift der Karl-Marx-Universität Leipzig (1956/57) 589–599.

Zu 6 sind zwei Fragen zu erörtern, die sich 1) auf den Aufzug Jahwes, 2) auf das שופר-Blasen beziehen.

1) Sieht man den in Ps 132 und 1 S 6 geschilderten Aufzug der Lade Jahwes auf seine Bedeutung und sein Ziel hin an, so handelt es sich um die kultische Wiederholung eines Ereignisses aus der Davidszeit, das der Erwählung des Zion gilt. Das altisraelitische Ladeheiligtum des Jahwe Zebaoth nimmt Wohnung im Heiligtum von Jerusalem. Die dunkle Zella des Tempels ist das Ziel des gottesdienstlichen Aktes. Hier »wohnt« (1 Kö 8,12.13) und »thront« der Gottkönig Jahwe über dem Kerubenthron (Ps 99,1ff.). Der Tempel ist also das Ziel des Auf-

zuges. Aber man könnte mit Recht fragen, ob diese vordergründige Betrachtungsweise sachgemäß ist. Der Tempel ist das irdische Gegenbild des himmlischen Heiligtums. Dort, wo der Tempel steht, berühren sich Himmel und Erde (s.o.S. 104ff. Einl § 10,2). So müßte demnach bedacht werden, daß der Aufzug zum Zion zugleich Auffahrt in die Himmelshöhe ist. Der göttliche מלך und עליון ist »König des Himmels« (vgl. zu Ps 29,9f.); vor ihm tun sich nicht nur die Pforten des Heiligtums, sondern auch die »Tore des Himmels« auf (vgl. zu Ps 24,7ff.). Zu עלה in der Bedeutung »(zum Himmel) auffahren«: Gn 17,22; 35,13; Ri 13,20.

2) Der Schall der Posaune (שׁופר) und die תרועה begleiteten nicht nur den Aufzug des Gottkönigs, sondern auch die Inthronisation des menschlichen Königs (2 S 15,10; 2 Kö 9,13). Diese Parallele ist beachtenswert. Für noch wichtiger aber hat man die Zusammenhänge zwischen dem שׁופר-Blasen in Ps 47 und dem Posaunenschall bzw. dem Lärmblasen am Neujahrstag angesehen (vgl. Nu 29,1; Ps 81,4). Dieser Festbrauch setzte sich bis in die Mischna hinein durch. Als traditionelle Lesestücke des jüdischen Neujahrsfestes gelten dort die sog. *Schofaroth* und *Malkijoth* (vgl. SMowinckel, PsStud II 42f.). So wird denn die Folgerung gezogen, daß Ps 47 zum »israelitischen Neujahrsfest« gehört. Diese Erklärung könnte richtig sein, wenn der erste Festtag der Laubhüttenfeier auch in vorexilischer Zeit als Neujahrstag betrachtet wurde. Daß der Aufzug der Lade Jahwes am ersten Tag des Laubhüttenfestes in Jerusalem begangen wurde, läßt sich gut nachweisen (vgl. zu Ps 132). Zu den Problemen des Festkalenders vgl. EKutsch, Das Herbstfest in Israel: Diss. theol. Mainz (1955).

7–9 In 7 findet sich eine neue Hymneneinführung. Zum Singen und Spielen vor dem Gottkönig wird aufgerufen. Wahrscheinlich richtet sich dieser Appell an die Tempelchöre und Spielleute. Mit dem Suffix der 1.pers. plur. wird nachdrücklich darauf hingewiesen, daß der Gott Israels der Weltenkönig ist. Er ist מלך כל־הארץ (vgl. 3 und auch Ps 97,5). Darum gebührt ihm der Gesang eines משׂכיל (s.o.S. 19f. Einl § 4 Nr. 5). – Während das Hauptstück 3–6 insbesondere die rühmenswerten universal-geschichtlichen Fakten der Königsherrschaft Jahwes herausstellt und nur in 6 auf den Kultakt hinweist, deutet der zweite Psalmteil (7–10) lediglich in 8 die universale Bedeutung des Königtums Jahwes an (vgl. aber auch 10b) und nimmt stärker auf die gottesdienstlichen Vorgänge Bezug (9f.). Durch seinen Aufzug in den Tempel ist Jahwe König über die Völker geworden. מלך יהוה (in der Wortfolge des Verbalsatzes) muß übersetzt werden: »Jahwe ist König geworden!« Es liegt eine ereignisnahe Proklamation der Thronbesteigung vor (vgl. zu Ps 24). Zu den syntaktischen Problemen vgl. LKöhler, *Jahwä mālāk*: VT 3 (1953) 188f.; JRidderbos, JAHWÄH MALAK: VT 4 (1954) 87–89; DMichel, Studien zu den sogenannten Thronbesteigungspsalmen: VT 6 (1956) 40–68. – Das vorangestellte Subjekt in der parallelen Formulierung יהוה ישב על־כסא קדשׁו läßt einen Zustandssatz erkennen: Jahwe sitzt nun auf seinem heiligen Thron. Der »Thronsitz Jahwes« ist die Lade (vgl. Jer 3,16f.; Ps 99,1; MDibelius, Die Lade Jahwes, 1906). Der Lobgesang gilt יהוה צבאות, dem über dem altisraelitischen Lade-Heiligtum gegenwärtigen Gott (s.o.S. 94ff. Einl § 10,1 und die Ausführungen zu Ps 24,7ff.).

Die altorientalischen Kulttraditionen zum Einzug und zur Verherrlichung des Gottkönigs wird man als Parallele beachten müssen. Schon früh wurden die im Zweistromland gefundenen Texte zur Inthronisation der königlichen Gottheit ausgewertet und zur Erklärung des Alten Testaments herangezogen (PVolz, Das Neujahrsfest Jahwes, 1912; HZimmern, Das babylonische Neujahrsfest: AO 25, 1926; SMowinckel, PsStud II). Besonders die Marduk-Hymnen fanden große Beachtung. Die Gottheit hält Einzug in den Tempel, wird feierlich inthronisiert und nimmt die Huldigung der Festgemeinde entgegen. – In einem Lied Nabonids an Schamasch heißt es: »Schamasch hocherhabener Herr, wenn du in Ebarra, der Wohnung, in der du Ruhe findest, Einzug hältst, mögen die Tore, Eingänge, Kulträume und Postamente sich vor dir freuen, wie ›Blumen‹ dir zujauchzen! Wenn du in deiner herrschaftlichen Zella auf dem Sitz deines Richtertums Platz nimmst, mögen die Götter deiner Stadt und deines Tempels dein Gemüt besänftigen, die großen Götter dein Herz erfreuen!« (AFalkenstein/WvSoden, Sumerische und akkadische Hymnen und Gebete, 1953, 288). – Zu den ägyptischen Kulthandlungen vgl. KSethe, Amun und die acht Urgötter von Hermopolis: Abh. d. preuß. Akad. d. Wiss., phil.-hist. Kl. (1929); HKees, Der Götterglaube im alten Ägypten (1941). – Es ist unsachgemäß, diese Kultvorgänge einem einheitlichen altorientalischen Schema (»pattern«) zu unterwerfen (vgl. HFrankfort, Kingship and the Gods, 1948; CJGadd, Ideas of Divine Rule in the Ancient East, 1948). – Durch die Ras-Schamra-Funde treten die babylonischen Parallelen in neuerer Zeit mehr in den Hintergrund – zugunsten jener syrisch-kanaanäischen Ausprägung der Gott-Königs-Kulte, wie sie durch die Quellen aus dem alten Ugarit erkennbar geworden ist.

Auch 10 macht zunächst (im ersten Versteil) auf Realitäten des Kul- 10
tus aufmerksam: Zusammen mit dem »Volk des Gottes Abrahams« sind die נדיבי עמים versammelt, um Jahwe zu huldigen. נדיב ist der mächtige, einflußreiche Fürst (Ps 83,12; 107,40; 118,9; 146,3). Man wird sich vorstellen dürfen, daß bei den großen Jahresfesten in Jerusalem Abgesandte fremder Völker zugegen waren. In dieser Tatsache sieht der Psalmsänger Anzeichen für die Verwirklichung der universalen Gottesherrschaft (vgl. 3ff.). Man könnte fragen, ob mit der Erwähnung des אלהי אברהם der Universalismus der מלך-Tradition Jerusalems auf die Verheißungen an Abraham in Gn 12,1ff.; 22,18 Bezug nimmt.

Während zwischen den universal-geschichtlichen Aussagen in 3–5 und dem kultischen Hinweis in 6 ein trennendes סלה steht, beginnt in 10b eine universal gerichtete Äußerung nach ausgesprochen kultischer Bezugnahme (9f.) mit einem neu einsetzenden כי (vgl. כי in 3 und 8). In einer gültigen Feststellung wird erklärt, daß dem hocherhabenen Gott »die Schilde der Erde« gehören. מגני־ארץ ist ein im Alten Testament singulärer Begriff, der offenbar synonym zu נדיבי עמים zu verstehen ist. Aus Ps 89,19 und Ps 84,10 geht diese Beziehung klar hervor, denn in Ps 89,19 steht מגן parallel zu מלך, in Ps 84,10 ist der Parallelismus מגן – משיח zu beachten. Die »Schilde der Erde« sind also die Könige der Völker. Und also wird in 10 eine zunächst dem Kultus entnommene Schilderung (10a) von einer grundsätzlichen Aussage umschlossen: 10b.

Ziel Der Jahwe-Königs-Hymnus Ps 47 will in das Ereignis und Faktum der Erhöhung Jahwes zum universalen Weltkönig und höchsten Gott (עליון) alle Völker hineinziehen. In den Lobpreis der versammelten Israel-Gemeinde sollen alle Fremdmächte einstimmen. Anlaß zu dieser universalen Huldigung und Verherrlichung ist dadurch gegeben, daß im geschichtlichen Leben Jahwe sich bereits als souveräner Herr in der Völkerwelt erwiesen hat. Indem er Staaten überwand und Israel einen Existenzraum unter den Völkern gab, hat er seine Geschichtsmacht unter Beweis gestellt. Auch die Tatsache, daß hochgestellte Abgesandte der fremden Völker im Gottesdienst Israels zugegen sind, deutet die visionär ausgreifende Kraft des Hymnus als Verwirklichung der Weltherrschaft Gottes. – Im Neuen Testament werden die Vorstellungen des Ps 47 von der ApcJoh übernommen, um die Erhöhung und die Weltherrschaft Gottes und seines Christus zu veranschaulichen (ApcJoh 4,2.9; 5,1f.; 6,16; 7,10.17; 19,4; 21,5). Das Kerygma des Jahwe-Königs-Hymnus kann von der Kirche mit Recht typologisch auf die Himmelfahrt Christi übertragen werden. Denn wie es im Alten Testament sich darum handelt, daß der aus der Verborgenheit des Erwählungsbeginns herkommende אלהי אברהם (10) als König der Welt und Herr der Völker gepriesen wird, so gilt die Huldigung vor dem Auferstandenen und Erhöhten dem in die Niedrigkeit gekommenen Jesus von Nazareth; ihm ist alle Gewalt im Himmel und auf Erden gegeben (Mt 28,18).

Psalm 48
Die Herrlichkeit der Gottesstadt

Literatur
JMorgenstern, Psalm 48: HUCA 16 (1941) 1–95. – JABewer, Note on Psalm 48,8. – HSchmid, Jahwe und die Kulttraditionen von Jerusalem: ZAW 68 (1955) 168ff. – ERohland, Die Bedeutung der Erwählungstraditionen Israels für die Eschatologie der alttestamentlichen Propheten: Diss. theol. Heidelberg (1956) 131ff. – ADeissler, Der anthologische Charakter des Ps 48 (47): Sacra Pagina 1 = BEThL 12 (1959). – PHäring, Groß ist der Herr in unserer Gottesstadt: Beuron 36 (1960) 94–104. – LKrinetzki, Zur Poetik und Exegese von Ps 48: BZ 4 (1960) 70–97. – MPalmer, The Cardinal Points in Psalm 48: Bibl 46 (1965) 357–358. – SLKelly, The Zion-Victory Songs: Ps 46; 48 and 76: Diss-Vanderbilt (1968). – OHSteck, Friedensvorstellungen im alten Jerusalem: TheolStud 111 (1972). – ARobinson, Zion and *Ṣāphōn* in Psalm XLVIII,3: VT 24 (1974) 118–123.

Text
1 Ein Lied. Ein Psalm der Korahiten.
2 Groß ist Jahwe
und hoch zu rühmen
in der Stadt unseres Gottes[a].

Sein heiliger Berg[b],
3 prächtig sich erhebend,
ist die Wonne der ganzen Welt;
der Berg Zion, fern im Norden,
die Stadt eines großen Königs.
4 'Jahwe'[c] in ihren Burgtürmen
erweist sich als Schutz.
5 Denn siehe: Könige[d] versammelten sich,
zogen heran[e] miteinander.
6 Sie schauten auf – sogleich erstarrten sie,
erschreckt, bestürzt[f].
7 Zittern ergriff sie dort[g],
Angst wie eine Gebärende;
8 'wie'[h] der Ostwind zerschmettert
die Tarsisschiffe.
9 Wie wir's vernommen,
so haben wir's gesehen
' '[i] in der Stadt unseres Gottes:
'Jahwe'[j] hat sie fest gegründet für ewig. – Sela.
10 Wir veranschaulichen uns, 'Jahwe',[j] deine Gnade
in deinem Tempel.
11 Wie dein Name, 'Jahwe'[j],
so (reicht) dein Ruhm
'bis'[k] an die Enden der Erde:
Mit Heil gefüllt ist deine Rechte!
12 Es freut sich der Berg Zion,
es jubeln die Töchter Judas
über deine Gerichte.
13 Umschreitet Zion, umzieht es!
Zählt seine Türme! –
14 Richtet den Sinn auf 'seinen'[l] Wall,
mustert (?) seine Burgtürme,
damit ihr erzählet
dem künftigen Geschlecht,
15 daß 'Jahwe'[m] so ist:
unser Gott für immer und ewig.
Er wird uns leiten.
(*'al mūt*)[n]

a Ist der Text in *M* ursprünglich? Oder müßte גְּדוֹלָה וּמְהֻלָּלָה und עִיר (ohne בְּ) 2
gelesen werden (BHK³)? Inhaltliche Erwägungen legen es nahe, *M* zu folgen. – **b**
Der Versabschluß in *M* ist formal und sachlich nicht zutreffend. הר־קדשו ist zu
3aαβ hinzuzuziehen. – **c** Im elohistisch redigierten Teil des Psalters wird יהוה als 4
ursprüngliche Lesart einzusetzen sein. – **d** *G*[Mss] lesen מַלְכֵי הָאָרֶץ und interpretie- 5
ren *M* im Sinne von Ps 2,2. *M* ist vorzuziehen. – **e** Unter Hinweis auf Gn 14,3
wird die Korrektur חֲבֵרוּ oft anempfohlen, doch ist *M* durchaus möglich (Ri
11,29; 2 Kö 8,21). – **f** Während das Verb in *S* fehlt, lesen 4Mss נִפְחָזוּ. – **g** שָׁם fehlt 6.7

8.9.10 in σ´ S. – **h** Sinngemäß und richtig ist mit einigen Mss כְּרוּחַ zu lesen. – **i** בעיר־
יהוה צבאות ist wohl als erklärende Glosse oder Variante zu בעיר אלהינו aufzufas-
11 sen und aus formalen und inhaltlichen Gründen auszuscheiden. – **j** Vgl. zu **c**. –
14 **k** Sinngemäß ist עד (*S*) oder אֶל statt עַל zu lesen. – **l** Mit pc. Mss und *G* wird לְחֵילָהּ
15 zu lesen sein. – **m** Vgl. zu **c**. – **n** Kaum erklärbar ist עַל־מוּת am Ende von 15.
Handelt es sich um eine kultisch-liturgische Unterschrift? Oder um einen Bestandteil der Überschrift von Ps 49? Ist wie in Ps 9,1 עלמות mit einigen Mss zu lesen? G^A εἰς τοὺς αἰῶνας (עוֹלָמוֹת), *T* עַלמוּת, FNötscher wörtlich »über das Sterben«. Andere Auffassungen s.u. unter »Wort«.

Form Die metrischen Verhältnisse in Ps 48 sind in 2–3 und 9ff. nicht nach den üblichen Maßstäben zu klären. Doch zunächst ist festzustellen, daß das Versmaß 3 + 2 in 3aγ/3b.4–8.10.13.14.15aβ/15b bestimmend ist. Eine dreigliedrige Versfügung im Metrum 2 + 2 + 2 ist in 2.3.9.11.14/15 zu beobachten; 2 + 3 + 2 in 12. In 9 und 11 sieht es so aus, als würde ganz bewußt ein Effekt erzielt, indem nach dem Versmaß 2 + 2 + 2 ein Dreier folgt:

9:	11:
כאשר שמענו	כשמך יהוה
כן ראינו	כן תהלתך
בעיר אלהינו	על־קצוי־ארץ
יהוה יכוננה עד־עולם	צדק מלאה ימינך

Der Aufbau des Liedes ist gut zu durchschauen. Auf die lobpreisende Verherrlichung der Gottesstadt (2–4) folgt in 5–8 die Schilderung eines Völkersturmes und seiner Überwindung. Von der staunenden Kenntnisnahme der Macht Jahwes auf dem Zion und in der Welt handeln 9–12, während 13–15 als Aufruf zu einer Prozession zu verstehen sind. – In neuerer Zeit ist die Frage immer stärker in den Vordergrund getreten, ob Ps 48 nicht als ein in Strophen geordnetes Lied verstanden werden müsse. Dabei unterstützt MPalmer die von LKrinetzki vertretene Auffassung, daß Ps 48 ein vierstrophiges Gedicht sei, in dem jede Strophe sich auf eine der Himmelsrichtungen beziehe: Nord (3), Ost (8), Süd (11) und West (14). Es wird aus dieser Vermutung einer »theological geography« auf Jerusalem als den »Nabel der Welt« verwiesen (MPalmer, Bibl 46, 1965, 357ff.). Doch wird die Rekonstruktion einer »theological geography« als spekulativ und die Annahme einer Strophenordnung als wenig wahrscheinlich anzusprechen sein. Denn der Norden taucht im Zusammenhang einer ganz bestimmten Aussage über den Zion (vgl. ARobinson, VT 24, 1974, 118ff.), der Osten als »Ostwind« (8), der Süden und Westen aber expressis verbis überhaupt nicht auf. Zur Strophenordnung s.o.S. 35f. Einl § 5,3.

Bei der formkritischen Analyse des Ps 48 stellen sich ähnliche Schwierigkeiten in den Weg wie im Ps 46. HGunkel hielt den Ps 48 für einen Hymnus. Doch wird nach allem, was zu Ps 46 unter »Form« ausgeführt wurde, festzustellen sein: Der Psalm gehört zur themenbestimmten Formgruppe der Zionlieder. S.o.S. 62f. Einl § 6,4. Zur Erarbeitung der Formensprache vgl. JJeremias, Lade und Zion: Probleme biblischer Theologie. GvRad zum 70. Geburtstag (1971) 183ff. (vgl. zu Ps 46).

Wenn in 5–8 von einem Ansturm auf die Gottesstadt und von der Überwindung dieses Ansturmes die Rede ist, so hat sich im Hinblick auf diese Verse immer wieder die Frage nach der vorauszusetzenden Situation des Psalms eingestellt. Während man in älteren Kommentaren an wunderbare Rettungen Jerusalems dachte, so u.a. an die Ereignisse des Jahres 701 v.Chr., suchte HGunkel den Ps 48 »eschatologisch« zu verstehen. Prophetisch-visionär sind nach seiner Meinung die Schilderungen des letzten Völkersturmes. Aber in neuerer Zeit sind die Kulttraditionen in Ps 48 schärfer erkannt worden (vgl. Exkurs zu Ps 46 und o.S. 104ff. Einl § 10,2). Nicht Zukunftsbilder, sondern traditionelle Verherrlichungen der Gottesstadt, ihrer Unüberwindbarkeit und ihres himmlischen Glanzes spiegeln sich in den Vorstellungen des hymnisch getragenen Zionliedes. Ein uraltes Überlieferungsgut ist auf Jerusalem (wahrscheinlich schon in vorisraelitischer Zeit) übertragen worden. Daß hier mythische Elemente im Spiel sind, ist nicht zu bezweifeln. – Wie aber sind diese alten Kulttraditionen in der Israel-Gemeinde aufgenommen und vergegenwärtigt worden? SMowinckel und HSchmidt denken an dramatische Aufführungen, die im Zusammenhang mit dem »Thronbesteigungsfest Jahwes« dargeboten wurden. In den Worten הנה (5) und ראינו (9) will HSchmidt deutliche Hinweise auf ein Schauspiel erkennen. Als Parallele wird auf das symbolische Pfeilschießen im Kultus Ägyptens aufmerksam gemacht. Doch ist die Unterstellung eines mythischen und dramatisch ablaufenden Festes der Thronbesteigung Jahwes sehr problematisch (s.o. S. 94ff. Einl § 10,1). Ps 48 wird dem Festakt der Proskynese vor dem Weltkönig Jahwe zuzuordnen sein (vgl. Ps 95,6; 99,5; 100,4; vgl. zu Ps 24). Aus 10 geht dieser »Sitz im Leben« deutlich hervor: בקרב היכלך = »im Inneren des Tempels« wird Jahwe als mächtiger König geehrt, und seine »Königsstadt« (3) wird verherrlicht. Aufschlußreich ist in diesem Zusammenhang auch das Verb דמינו in 10. Die im »Inneren des Tempels« anbetende Kultgemeinde vergegenwärtigt sich die »Huld Jahwes« in Vergleichen, in gleichnishaften Bildern. Damit wird über die Funktion der alten (mythischen) Kultüberlieferungen Wichtiges ausgesagt: sie veranschaulichen die »Huld Jahwes«. Die traditionellen Verherrlichungen und Schilderungen dienen dem Zweck, zu demonstrieren: זה יהוה = »dies ist Jahwe« oder »so ist Jahwe« (15). Es treten also die Kultüberlieferungen in den Dienst des Hymnus und seines Kerygmas. – Aus 13ff., der Aufforderung zum Umwandeln der Gottesstadt, geht hervor, daß sich an die Proskynese vor dem auf dem Zion gegenwärtigen Gott eine Prozession Ort angeschlossen hat. Man könnte angesichts dieser Aufforderung sogar schließen: Unmittelbar vor dieser Prozession hatte das Zionlied Ps 48 seinen »Sitz im Leben«. Es leitete den feierlichen »Anschauungsunterricht« ein, der beim Umschreiten der Gottesstadt empfangen werden sollte. – Ps 48 wird ein in vorexilische Zeit anzusetzendes Lied sein. Zum Widerspruch bei GWanke, Die Zionstheologie der Korachiten in ihrem traditionsgeschichtlichen Zusammenhang: ZAWBeih 97 (1966); s.o.S. 104ff. Einl § 10,2 und HMLutz, Jahwe, Jerusalem und die Völker: WMANT 27 (1968) 213ff.

Wort 1 Zu שִׁיר s.o.S. 14f. Einl § 4 Nr. 1. – Zu מזמור S. 15ff. Einl § 4 Nr. 2. – Zu לבני־קרח vgl. zu Ps 42,1.

2–4 Von der Schönheit und Preiswürdigkeit der Gottesstadt auf dem Berge Zion handeln 2–4. Hier erweist sich Jahwe als גדול (vgl. Ps 96,4; 99,2; 145,3 bzw. מלך גדול in Ps 47,3). Mit מהלל מאד wird die hymnische Tendenz des Liedes eröffnet. עיר אלהינו (vgl. auch 9) scheint eine altüberkommene Bezeichnung der »Gottesstadt« zu sein. Auf Zion, dem »heiligen Berg« (vgl. Ps 2,6), liegt die Stadt Jahwes. In 3 werden vier Aussagen über den heiligen Berg und die auf ihm liegende Gottesstadt gemacht: 1) Der Berg ist יפה נוף = »schön ragend«, »schön sich erhebend«; zu יפה vgl. Ps 50,2 (מכלל־יפי) und Thr 2,15 (כלילת יפי); der Gottesberg wird als Ort vollkommener Schönheit gepriesen. 2) Eine weltbeglückende, zentrale Stellung hat der »heilige Berg« inne; er ist משׂושׂ כל־הארץ (vgl. Thr 2,15), sein Glanz erfreut die Erde; paradiesische Vorstellungen werden hier erweckt. 3) Der Zion wird als ein Berg ירכתי צפון bezeichnet (vgl. hierzu Exkurs zu Ps 46). 4) Stadt des מלך רב ist Zion; Jahwe ist »Großkönig«, »Weltregent« (vgl. מלך גדול in Ps 47,3; 95,3 und die entsprechende Bezeichnung der Großkönige im Akkadischen: *šarru rabû*). – Alle Aussagen verlegen den Zion in das Licht universaler Verherrlichungen. In der Gottesstadt regiert der König aller Welt (s.o.S. 94ff. Einl § 10,1). – Aber nicht die Gottesstadt als solche, in ihrer immanenten Mächtigkeit, besitzt den Glanz einer überweltlichen Unnahbarkeit – J a h w e erweist sich hier als Schutz. Er gibt der Gottesstadt die Kraft der Unüberwindbarkeit (vgl. Ps 46,6.8). ארמון ist der Burgturm (KBL 88). Zu נודע als Ausdruck für Gottes Selbsterschließung: Ps 9,17; 76,2; Ex 6,3; Ez 20,5.9; Jes 19,21. Zu משׂגב vgl. Ps 46,8.12. Mit der Feststellung in 4 ist nun auch der Abschnitt 5–8, der von einem Angriff auf die Gottesstadt berichtet, vorbereitet.

5–8 Mit כי־הנה wird jetzt in 5 eine gleichnishafte Veranschaulichung eingeleitet. Alte Kulttraditionen (vgl. Exkurs zu Ps 46) werden aufgenommen und in den Rang einer visionären Demonstration erhoben. Da rotten sich Könige zusammen und ziehen gegen die Gottesstadt heran. Handschriften von *G* exegesieren מלכים richtig in Erinnerung an die Parallelstelle Ps 2,2: βασιλεῖς τῆς γῆς = »Könige der Erde«. Der Völkersturm unter Anführung der »Könige der Erde« ist die geschichtliche Weise, in der das Chaos gegen das zentrale Bollwerk, den Sitz des Schöpfers und Weltherrn, anbrandet. Es handelt sich hier um eine historisierende Variante zu dem urzeitlichen Chaoskampf der Weltentstehungsmythen (vgl. HGunkel, Schöpfung und Chaos in Urzeit und Endzeit, 1895). Doch die anrennenden Feindmächte »schauen« – und sogleich erstarren sie in Schrecken und Bestürzung: 6. Was aber »schauen« sie? Warum erstarren sie vor Schrecken? In Ps 77,17 sind es die Chaosgewässer, die erbeben, weil sie Jahwe zu sehen bekommen haben. Das wird auch der Grund des starrenden Entsetzens der Völker und ihrer Könige sein: sie schauen den מלך רב, der in seinem כבוד vor den Feinden erscheint (Jes 66,18) und als der »Erhabene« (Ps 46,11) sich anschickt, das chaotische Machtaufgebot zu zerbrechen (Ps 46,10). Vgl. zu dieser urplötzlich sich einstellenden Wende auch Jes 29,8. Das Entsetzen des »Gottesschrecks« lähmt und verwirrt die Feinde (Ps 46,7.9; 1 S 14,15; Jes 8,9; 17,13; 29,5; 33,3). Zum Vergleich dieser zitternden Angst mit den Geburtswehen (7) vgl. Jes 13,8; 21,3; Jer 4,31; 6,24. – Seltsam ist in 8 das Bild von den im »Ostwind« zerschmetterten Tarsisschiffen. Das Gleichnis gehört in den phönikisch-syrischen Raum und würde zum dort gelegenen צפון-Berg (*dschebel el-aḳra'*) passen, denn »Tarsisschiffe« sind die prachtvoll ausgerüsteten (phönikischen) Überseeschiffe, die bis nach Tartessus in Spanien (Jon 1,3) segelten. Zudem scheint es, »als sei der ›Ostwind‹ geradezu Bezeichnung für jeden heftigen Wind von verderblicher Wirkung«, denn tatsächlich kommen die stärksten Stürme im syrisch-kanaanäischen Bereich vom Westen her (GDalman, AuS I 109). Wahrscheinlich ist רוח קדים ein Element des Mythos (Jes 27,8; Jer 18,17; Ez 27,26; Hi 27,21).

Man könnte annehmen, daß die aus der Kulttradition übernommene 9–12
Schilderung in 5–8 von einem einzelnen Sprecher der versammelten Gemeinde visionär vorgehalten wurde. Dann würde es sich in 9–12 um eine hymnische Antwort, um eine Bestätigung der Kultgemeinde handeln. Die Aussage in 9 hat den Sinn, die Zuverlässigkeit der in mythischen Urbildern veranschaulichten Gottestat nachdrücklich zu bekräftigen: Die Schilderung in 5–8 (כאשר שמענו) ist durch Erfahrungen (כן ראינו) bestätigt. Jahwe hat sich in der Gottesstadt als unüberwindbarer König erwiesen (vgl. hierzu נמצא מאד in Ps 46,2). Hier wird, wenn auch nicht an bestimmte, so doch auf jeden Fall an geschichtliche Ereignisse gedacht sein, die ein »Urgeschehen« in seiner Wirksamkeit bestätigten. Der effektvoll herausgehobene Satz יהוה יכוננה עד־עולם ist ein hymnisches Bekenntnis (ähnlich der Refrain Ps 46,6). Wieder ist zu beachten: Jahwe selbst gibt der Gottesstadt ihre unüberwindbare Macht. – 10 spricht von dem Vollzug des Kultaktes, der als »Sitz im Leben« für die Verherrlichung Jahwes und seiner Stadt vorauszusetzen ist. Die Gemeinde »vergleicht«, sie ver-

anschaulicht sich Jahwes חסד. Wertvollen Aufschluß über die Art und Weise, wie alte Kulttraditionen mythischen Charakters in der Israel-Gemeinde rezipiert wurden, gibt das Verbum דמה. Man könnte von paradigmatischen Demonstrationen sprechen, in denen die Verherrlichung Jahwes und seiner heiligen Stadt vorgenommen wurde. Dabei konzentriert sich alles auf den שׁם Jahwes (11). Höchster Gott (עליון in Ps 46,5) und מלך רב (3) über alle Welt ist Jahwe, der Gott Israels. Sein Name und sein Ruhm reichen bis an die Enden der Erde. Zum synonymen Gebrauch von שׁם und תהלה vgl. OGrether, Name und Wort Gottes im Alten Testament: ZAWBeih 64 (1934) 52. Und so erscheint Jahwe vor der Welt: Mit צדק gefüllt ist seine Rechte. צדק hat hier die Bedeutung »Heilserweisung« (vgl. GvRad, TheolAT[6] I 384). Seine Heilsmacht aber erweist Jahwe nach Ps 48 darin, daß er das Chaos der Völkerstürme niederschlägt (4–8) und dadurch ein universales Friedensreich heraufführt (Jes 2,2ff.). Der Berg Zion freut sich, und die »Töchter Judas« (die Landstädte Nu 21,25; Jos 17,16) jubeln למען משׁפטיך (12). משׁפטים sind die vernichtenden Taten, mit denen Jahwe die feindlichen Mächte überwindet (vgl. Ps 97; vor allem 97,8).

13 Zu einer Prozession fordert 13 auf. So wird also im Anschluß an die Verherrlichung im Tempel (10) ein feierlicher Rundgang um die Gottesstadt stattgefunden haben.

Welche Bedeutung hatte das feierliche Umschreiten der Gottesstadt? Aus Ägypten ist bekannt, daß die Mauern von Memphis mit der *Sokar*-Barke umzogen wurden. Es handelt sich hier um einen Akt des Fruchtbarkeitskultes (HKees, Der Götterglaube im alten Ägypten, 1941, 95). Als naheliegender aber erscheint eine andere Parallele aus dem ägyptischen Kultus: Beim *Sed*-Fest fand eine Prozession rings um die Mauern statt. Durch diesen Akt wurde das Tempelland der Gottheit geweiht (HKees, 168.192.296). Man könnte als alttestamentliche Parallele zu dieser Zeremonie der Weihung vielleicht Neh 12,27ff. nennen. Aber ein solcher Kultakt geht aus Ps 48 nicht hervor. Vielmehr hat man den Eindruck, als werde die Herrlichkeit und Unüberwindbarkeit des Zion gefeiert, indem die Türme und Bollwerke »betrachtet« werden. Es könnte sein, daß bereits in 9 mit dem Verbum ראינו auf den Prozessionsakt und das Zur-Kenntnis-Nehmen der Befestigungen Bezug genommen wird. Man könnte auch fragen, ob hier ein ursprünglich magischer Vorgang von Israel umgedeutet wird. Dieser magische Vorgang könnte das Ziel der Festigung der Stadt gehabt haben, so wie das Umschreiten der Mauern von Jericho (Jos 6) der Zerstörung eines befestigten Ortes galt (und dann ebenfalls in Israel eine neue Deutung erfuhr). Von einer »Dankprozession« (HGunkel) kann wohl keine Rede sein.

14–15 Das Zählen der Türme (13), die aufmerksame Betrachtung des Glacis (חיל 14) und das Mustern (?) der Burgtürme (ארמון vgl. 4) – alle diese Beobachtungen sollen einen unauslöschlichen Eindruck von der Stärke und Schutzmacht der Gottesstadt hinterlassen. Künftige Generationen sollen davon erfahren (vgl. Ps 102,19). Doch alle Herrlichkeiten des Zion weisen auf Jahwe hin (vgl. 4): זה יהוה (15). Der Schlußvers blickt dann in die Zukunft und äußert das Vertrauen, daß Jahwe immer derselbe bleiben wird. In seiner unüberwindbaren Macht wird er sein Volk »leiten«. Mit dem Verbum נהג wird die Lokaltradition Jerusalems in die Geschichtsdimension Israels übertragen. Jahwe wird (wie ein Hirte) seinem Volke vorangehen (Ps 78,52; Dt 4,27; Jes 49,10; 63,14).

על־מות ist (wenn überhaupt eine Erklärung möglich ist) am besten als ein versprengtes על־עלמות zu deuten. Und zwar würde dieser versprengte Bestandteil gut zu שיר in 1 passen: על־עלמות שיר (vgl. Ps 46,1). Recht phantasiereich ist die Auffassung von ARJohnson, der einen Gegensatz zwischen dem »Lebensgott« Jahwe und *Mot*, der vor allem durch die Naturmythologie von Ras Schamra hervorgetretenen Todesgottheit, konstruiert. Johnson übersetzt:

... Unser Gott für ewig und immer,
er führe uns gegen den ›Tod‹!

(ARJohnson, The Role of the King in the Jerusalem Cultus: The Labyrinth, ed. Hooke, 92).

Im Inneren des Tempels veranschaulicht sich die alttestamentliche Gemeinde in der Proskynese und Verherrlichung Jahwes die Weltmacht ihres »großen Königs« (10). Der Ort, in dem Jahwe gegenwärtig ist, wird als »Wonne der Welt« gepriesen. Der Ruhm Jahwes geht von hier aus bis an die Enden der Erde. Chaotische Mächte des geschichtlichen Raumes, die sich gegen den »großen König« erheben, werden durch sein Erscheinen in lähmendem Entsetzen niedergeschlagen. Die Unüberwindbarkeit der Gottesstadt ist allein darin begründet, daß Jahwe in ihrer Mitte ist (4 vgl. zu Ps 46 »Ziel«). Bewährt und unbestritten ist die Schutzmacht Gottes. Die neutestamentliche Gemeinde wird Ps 48 im Hinblick auf Mt 16,18 zu verstehen suchen. Sie wird jedoch streng darauf achten müssen, daß die souveräne Majestät Jahwes nicht durch den immanenten Glanz irgendeiner vorhandenen »Kirchlichkeit« überschattet wird. Auch wird bedacht werden müssen, daß alle Schutz- und Heilserweisungen Gottes universale Bedeutung haben. Der in der Israel-Gemeinde gegenwärtige und die Gottesstadt schützende »große König« bewahrt an dem zentralen Weltort die Schöpfung vor dem Einbruch des Chaos, das in Gestalt von Völkerstürmen entfesselt wird. Seine Gerichte verbürgen das Heil der Welt. Die Freude über diese universale Schutz- und Heilsmacht ist in Ps 48 nicht eschatologisch, sondern kultisch-gegenwärtig. Die Letztwirklichkeit der Welt ist dem anbetenden Glauben gleichnishaft in der vollen Diesseitigkeit anschaubar. Ziel

Psalm 49
Von der Nichtigkeit des menschlichen Reichtums

Literatur PVolz, Psalm 49: ZAW 55 (1937) 235–264. – JLindblom, Die ›Eschatologie‹ des 49. Psalms: Horae Soederblomianae I, 1 (1944) 21–27. – ChrBarth, Die Errettung vom Tode in den individuellen Klage- und Dankliedern des Alten Testaments (1947) 158–161. – JvdPloeg, Notes sur Psaume 49: OTS 13 (1963) 137–172. – RPautrel, La Mort est leur pasteur (sur le texte du Ps 49,14): RSR 54 (1966) 531–536. – ETromp, Psalm 49. Armoede en rijkdom, leven en dood: Ons Geestelijk Leven 45 (1968/69) 239–251. – GvRad, Weisheit in Israel (1970) 263ff. – LGPerdue, The Riddles of Psalm 49: JBL 93 (1974) 533–542.

Text 1 **Dem Chorleiter. Von den Korahiten. Ein Psalm.**
2 **Höret dies, ihr Völker alle,**
nehmet es auf, alle Bewohner der Welt,
3 **ihr einfachen Leute wie auch ihr Herrensöhne,**
Reiche und Arme zumal!
4 **Mein Mund soll Weisheit künden,**
das Sinnen meines Herzens ist Klugheit.
5 **Ich neige[a] dem Weisheitsspruch mein Ohr,**
zur Leier öffne ich mein Geheimnis.
6 **Warum muß ich mich fürchten in bösen Tagen[b],**
wenn mich der Frevel von Betrügern[c] umringt,
7 **die da vertrauen auf ihr Vermögen**
und ihres großen Reichtums sich rühmen?
8 **'Doch'[d] niemand kann je 'sich loskaufen'[e]**
oder Gott[f] ein Lösegeld zahlen,...
9 **[Zu teuer ist der Loskauf 'seiner'[g] Seele;**
er muß es aufgeben für immer!][h]
10 **... daß er noch weiterlebe auf ewig,**
nicht sehe die Grube.
11 **Fürwahr, man sieht: Weise sterben.**
Miteinander gehen Tor und Narr zugrunde.
Und sie hinterlassen anderen ihr Vermögen[i].
12 **'Gräber'[j] sind ihre Behausung für ewig,**
ihre Wohnstätte für alle Zeit.
Länder haben sie ihr eigen genannt[k].
13 **Doch der Mensch in seiner Pracht 'bedenkt nicht'[l],**
daß er gleicht dem Vieh, das vertilgt wird[m].
14 **Dies[n] ist das Los derer, die voller Zuversicht sind;**
das 'Schicksal'[o] derer, denen die eigene Rede gefällt: – (Sela)
15 **Wie eine Herde weidet sie der Tod,**
zur Unterwelt 'sinken sie nieder'[p]
............[q]
16 **Doch 'Jahwe'[r] erlöst meine Seele,**
er entreißt mich der Macht der Unterwelt[s]!

17Fürchte dich nicht, wenn ein Mann reich wird,
wenn den Glanz seines Hauses er ‘mehrt’[t].
18Denn im Tod nimmt er das alles nicht mit,
sein Schatz folgt ihm nicht hinab.
19Mag er seine Seele segnen im Leben,
und ‘sie preisen’[u], daß ‘es ihr gut geht’[v] –
20‘er’[w] muß doch zum Geschlecht seiner Väter,
die das Licht nicht schauen auf ewig.
21Der Mensch in seiner Pracht bedenkt nicht,
daß er gleicht dem Vieh, das vertilgt wird.

a *M* geht von der Vorstellung aus, daß der Weisheitslehrer den משל im Akt 5
einer Inspiration empfängt. Eine Korrektur (הַטּוּ אָזְנְכֶם nach Ps 78,1) ist kaum
angebracht. – **b** Korrekturen des Verses gehen von sinnändernden Vorausset- 6
zungen aus. אירא in 6a ist durch אל־תירא in 17a gesichert. Zur Bedeutung der
Aussagen s.u. (»Wort«). – **c** *G* עֲקֵבִי (wohl im Hinblick auf איש in 8 und אדם in
13.21). Doch wird *M* zu folgen sein. Zur Bedeutung von עקב vgl. Jer 17,9. – **d** *M*: 8
»einen Bruder löst nicht ein Mann« oder »ein Bruder löst nicht einen Mann«.
Mit 8Mss ist wohl אַךְ zu lesen. – **e** Sinngemäß müßte hier ni. יִפָּדֶה gelesen wer-
den (zum inf.abs. kal. in der Verbindung mit einer ni.-Form vgl. Ges-K § 113w).
– **f** Vielleicht ist unter Berücksichtigung der elohistischen Redaktion יהוה zu le-
sen. – **g** Mit *G* ist hier richtig נַפְשׁוֹ zu lesen. *M* bezieht das Suffix auf עֲקֵבַי in 6b. – 9
h 9 ist als sekundär eingeschaltete Parenthese zu verstehen; die in 8 getroffene
Aussage wird hier nachdrücklich bekräftigt. 10 schließt syntaktisch und sachlich
an 8 an. – **i** Man könnte fragen, ob 11b nicht besser hinter 12 gesetzt werden soll- 11
te; dann würde sich sachlich (und auch metrisch) dort ein sinnvoller Vers erge-
ben. – **j** *M*: »ihr Inneres« paßt hier nicht. Mit *G* ϑ´ *T* ist קְבָרִים zu lesen. – **k** Mit 12
G ϑ´ *S* ist ב in בשמותם zu streichen. Ein alter Rechtsbrauch bestand darin, daß im
Akt der Übereignung der Name des neuen Eigentümers über einem Objekt aus-
gerufen wurde (s.u. »Wort«). *M* ist durch die Phrase קרא בשם irregeführt wor-
den. – **l** *M*: »Der Mensch in seiner Pracht übernachtet (bleibt) nicht«. In 21 steht 13
statt ילין das sinnvollere Verbum יבין. Man wird 13 und 21 als »Refrain« aufein-
ander abstimmen dürfen. – **m** נִדְמוּ als Relativsatz zu כבהמות. – **n** זה weist nicht 14
auf das Vorhergehende, sondern auf die in 15 folgende Aussage. סלה hinter 14
zerspaltet diesen Zusammenhang. – **o** Parallel zu דרכם in 14a ist (entsprechend
Hi 8,13) besser אָרְחוֹתָם zu lesen = »ihre Pfade«. – **p** Der Text in 15 ist heillos ver- 15
derbt. Nur die ersten Worte sind – versuchsweise – rekonstruierbar. Dabei ist fol-
gende Neuordnung der Wortfolge (mit den entsprechenden Korrekturen) vor-
zunehmen: שַׁתּוּ כצאן מות ירעם לִשְׁאוֹל שָׁחוּ וְיָרְדוּ = »sie versetzten« ist also am be-
sten in שַׁחוּ = »sie sinken« zu verbessern und וַיִּרְדּוּ = »und sie beherrschten (tra-
ten nieder)« wird im Zusammenhang mit לשאול in eine Form von ירד = »hinab-
steigen« (vgl. 18b) zu korrigieren sein. – **q** Eine sachlich fundierte Rekonstruk-
tion ist im zweiten Teil von 15 unmöglich. *M*: »und es beherrschten sie Aufrich-
tige am Morgen und ihre Gestalt (?) zum Verzehren der Unterwelt, ohne Woh-
nung für ihn«. Vielleicht darf man als »feste Punkte«, ausgewiesen durch den
Kontext, לְבַלּוֹת (»zum Verzehren«) und מִזְּבֻל (»ohne Wohnstatt«) ansprechen.
Es wird also das Schicksal derer ausgemalt, die zur Unterwelt herabgefahren
sind. Soviel kann man aus dem entstellten Text noch erkennen. – **r** יהוה statt 16
אלהים im elohistisch redigierten Teil des Psalters. – **s** מִיַּד־שְׁאוֹל gehört zum zwei-
ten Halbvers und ist offenbar durch Atnach falsch abgesetzt, weil die eigenartige,

aber nicht abnorme Stellung von כי (Ps 128,2) in ihrer Bedeutung nicht erkannt
17.19 wurde. – **t** Vielleicht besser mit der Punktation יַרְבֶּה = »er mehrt«. – **u** In *M* ist
fälschlich von 19b an die 2. Pers. angenommen worden. Daß dies ein Irrtum ist,
wird spätestens in 20b offenkundig. 19–20 handeln vom Todesschicksal des Reichen. So ist statt וְיוֹדֻךָ wohl וְיוֹדֶהָ (Suffix bezieht sich auf נפש) zu lesen. – **v** Auch
20 כי־תיטיב לך ist entsprechend zu verbessern: יִיטַב לָהּ »es geht ihr gut«. – **w** Statt
תבוא folgerichtig: יָבוֹא.

Form Ps 49 ist in einem textlich sehr schlechten Zustand überliefert. Diese Tatsache wirkt sich teilweise auf die metrischen Verhältnisse aus. Bestimmend ist das Versmaß 3 + 3, und zwar in 2–8 und 13–21 (nicht erfaßbar ist der zweite Teil in 15 – s.o. »Text«). In 9–12 wird bei einer vorsichtigen Prüfung folgender Sachverhalt festzustellen sein: 9: 3 + 2; 10: 2 + 2 (?); 11: 3 + 4 (3); 12: 3 + 3 (3); darf man 11b hinter 12b setzen, so würde sich aus dem durch diese Maßnahme entstehenden Versgebilde ein Metrum 3 + 3 ergeben. – Bevor auf die Fragen der Gattungsanalyse eingegangen wird, ist zu fragen, ob möglicherweise einzelne Verse oder Versteile sekundär in den Psalm eingetragen worden sind. HGunkel ist der Ansicht, daß 11 und 16 als Zusätze zu beurteilen seien. Diese Zusätze sollen das Textbild verwirrt und verzerrt haben. Ohne Frage ist das ein sehr schwerwiegendes Urteil. Aber man wird beachten müssen, daß Gunkel an dieser Stelle lediglich mit (sehr eigensinnigen) inhaltlichen Erwägungen operiert. Es muß festgehalten werden, daß eine Ausscheidung von 11 und 16 aus formalen Gründen nicht zur Diskussion stehen kann. Dagegen wird man doch wohl 9 als eine glossierende Interjektion zu verstehen haben. Nach dieser Klarstellung ist zur Gattung des Ps 49 zunächst darauf hinzuweisen, daß die Wort- und Sinnelemente der »Weisheitsdichtung« in den meisten Versen des Psalms hervortreten (HGunkel-JBegrich, EinlPs § 10,2). Dies war die herkömmliche Klassifizierung. Sinn- und sachgemäßer wird von einer Lehrdichtung auszugehen sein. S.o.S. 63ff. Einl § 6,5. Schon der Eingang des Psalms prägt das Ganze. Es handelt sich in 2f. um einen Lehr-Eröffnungsruf (vgl. Dt 32,1; Jes 28,23). Zur Erklärung des »Lehr-Eröffnungsrufes« vgl. HWWolff, BK XIV/1,122. Die Lehre als solche wird man – wie Ps 73 und Ps 139 – der Gruppe der Problem- oder Reflexionsdichtungen zurechnen können (GvRad, 71). Dabei darf freilich nicht übersehen werden, daß und wie stark Elemente der Gebetslieder Einzelner, und zwar sowohl ihrer Bitten und Notschilderungen wie auch ihres Dankes in die Lehrdichtung einwirken. In 17f. wird die Form eines Heilsorakels imitiert. Vgl. JBegrich, Das priesterliche Heilsorakel: ZAW 52 (1932) 81–92. Auch wenn es sich in den Anklängen an die besagten »Gattungen« um Stilisierungen handeln mag, so besteht doch kein Recht, die »Ereignisgrundlage« zu eliminieren. HGunkel ist in seinem Kommentar auf geschickte Weise so verfahren. Um Reinheit der »Gattung« bemüht, hat er korrigiert. Es entspricht aber dem Zeugniswillen der Lehrdichtungen im Psalter, daß auf eine – wenn auch noch so undeutliche – Ereigniskomponente hingedeutet wird. Das Bekenntnis in 16 ist der klarste Ausdruck für die nicht preisgegebenen Zusammenhänge, die an ein Danklied erinnern, jetzt aber als Bekenntnis- und »Lösungs-« (besser:) Erlösungsaussage in die Lehrdichtung einbezogen sind.

Folgt man *M*, so ist nicht zu verkennen, daß der Dichter des Ps 49 von Ort
Feinden umringt war (6); er erlebte die drückende Überlegenheit reicher Menschen (7). Als inspirierter Sänger (5) eröffnet der Psalmist in 8–15 die Hintergründe des grausigen Todesschicksals, das über die unverständigen, sicheren Potentaten bereits verhängt ist. Wie der Dichter des Ps 73, so erfährt auch der Sänger des Ps 49 das »Endgeheimnis«: אבינה לאחריתם (Ps 73,17b). Diese charismatisch ergriffene »Eröffnung« wird in 16 in einen Satz des Dankliedes zusammengefaßt. In 17ff. gibt der Psalmist dann seine Erfahrung als Trost an alle diejenigen weiter, die wie er (6) unter dem Druck einflußreicher Machtmenschen zu leiden haben. Die entscheidende Erfahrung, die der Sänger in eigenen bösen Tagen gewonnen hat (13), teilt er dem mit, der in eine ähnliche Situation gelangt (21). Aber das Lehrgedicht erhebt sich über alle speziellen Relationen und ruft »Reiche und Arme« an (3). Der Reiche soll gewarnt, der Arme soll getröstet werden. Die Weisheit des Ps 49 wurzelt aber nicht in einem theoretischen Denkakt, sondern in der Realität einer Gottesbegegnung (16) – im Ereignis heilschaffender Eröffnungen. Ps 49 ist das Ergebnis einer durch die »Weisheitslehre« bestimmten Wiedergabe von Bitte und Dank. Lehrhaft und ins Allgemeine ausgreifend wird das Ereignis der Not und der Hilfe eröffnet (5). Das Lied gehört in die Spätzeit alttestamentlicher Psalmdichtung und gehört in den Kreis der »Armen«. Zu diesen »Armen« s.o. S. 108ff. Einl § 10,3. Offensichtlich verhielt es sich so, daß in einer bestimmten Tradition bzw. zeitlichen Phase der Geschichte Israels das Treiben reicher und auf Unrecht bedachter Menschen für die Armen eine quälende Anfechtung bedeutete (vgl. Ps 73).

Zu למנצח s.o.S. 25 Einl § 4 Nr. 17. – Zu לבני־קרח vgl. zu Ps 42,1. Wort 1
– Zu מזמור o.S. 15ff. Einl § 4 Nr. 2.

Ps 49 beginnt mit einer verhältnismäßig breit ausgeführten Einleitung 2–5
(2–5). Wie ein Prophet ruft der Sänger einen unübersehbar großen Hörerkreis an: »alle Völker«, »alle Bewohner der Erde«. חלד, in Ps 17,14 textlich problematisch, ist ein nur an dieser Stelle im Alten Testament auftretender Begriff für »Erde«. *G* übersetzt חלד in Ps 17,14 mit ἡ γῆ, in Ps 49,2 mit ἡ οἰκουμένη. Der Gottgesandte (5) weiß sich gegenüber der ganzen Welt verpflichtet. Doch gilt das Lied insbesondere den »Reichen und Armen«. Der Parallelismus mit seinem chiastischen Effekt zeigt, daß

die cstr.-Verbindung בני אדם den Sinn »einfache Leute« tragen kann, während בני־איש die »Herrensöhne«, die »Angesehenen« bezeichnet (vgl. zu Ps 4,3). Inhalt der Kunde ist חכמות = »Weisheit« (4). Damit ist der Grundcharakter des ganzen Psalms auch terminologisch bestimmt. »Weisheit« ist zwar ein Sinnen, Erwägen und Mitteilen des menschlichen Herzens, aber ihr Inhalt ist eingegeben. Von dem Mysterium der Inspiration handelt 5. Der Dichter neigt sein Ohr, öffnet sich der anderen Welt, um den entscheidenden Spruch zu empfangen, mit dem er die Reichen schrecken und die Armen trösten kann. משל ist hier der »Weisheitsspruch« (*G* παραβολή); vgl. OEißfeldt, Der *māschāl* im Alten Testament (1913); JPirot, Le ‚*māschāl*' dans l'Ancien Testament: RScR 37 (1950) 565–580; ARJohnson, מָשָׁל: VT Suppl III (1955) 162–169. Zu dieser Ankündigung in 5 vgl. Ps 78,2. Bemerkenswert ist, daß »Weisheitssprüche« als von Gott eingegeben gelten. Man wird darin nicht eine »spätprophetische Manipulation« sehen dürfen; vielmehr gehört es zum Wesen der alttestamentlichen חכמה, daß sie prinzipiell in der Gotteswirklichkeit, in der יראת יהוה (Prv 1,7), wurzelt. Beachtenswert ist ferner, daß Weisheitsgedichte zur Leier gesungen werden. Zu כנור vgl. KGalling BRL 390f. Das Geheimnis (*G* übersetzt חידה mit πρόβλημα) wird im inspirierten Gesang »eröffnet«.

6–7 Der Sänger vergegenwärtigt sich zunächst in 6–7 die Not »böser Tage« (vgl. Ps 27,5; 41,2 u.ö.), in denen er vom »Frevel« reicher (und darum einflußreicher) Männer umringt war. Zu עון in der Grundbedeutung »mit Gottes Willen nicht in Einklang stehende Gesinnung« vgl. LKöhler, TheolAT³ 158. Es handelt sich um Mächtige, die auf ihren Reichtum vertrauen (7) und den Einflußlosen, den Armen, betrügen und übervorteilen. Die mit למה eingeleitete Frage teilt eine wirkliche Notlage mit, sie führt hinein in die bange Ratlosigkeit derer, die hilflos den reichen Machthabern ausgeliefert sind. Der Sänger selbst hat diese Situation erlebt.

8–15 Im Klagelied des von Feinden Umringten wird Jahwe zumeist gebeten, sich gegen die Widersacher zu erheben und sie zu vernichten (vgl. zu Ps 7,7f.). In den späteren Psalmen wird – namentlich durch die Weisheitsdichtung – das erbetene und erwartete Gottesurteil über die Feinde als ein einsichtiges, schon jetzt wahrnehmbares Verhängnis dargestellt. Das dunkle Todesschicksal greift bereits in das Leben des Reichen ein und bringt es in eine verzweifelte Lage. Mit dem ganzen Aufgebot seines Reichtums ist der Mächtige und Selbstsichere nicht in der Lage, sich von diesem Todesgeschick loszukaufen (8). Zur Bedeutung von פדה vgl. JJStamm, Erlösen und Vergeben im Alten Testament (1940) 16. פדה in der Bedeutung: »durch Zahlung sich von der Todesstrafe freikaufen« vgl. Ex 21,29f.; Prv 6,35; 13,8. Gott selbst spricht mit dem Tod ein Urteil über den Reichen (8b), aus seiner Hand kann der Mächtige sich nicht freikaufen. Seinem Einfluß ist hier eine unüberschreitbare Grenze gesetzt. In 9 wird mit besonderem Nachdruck das letzte und darum die Existenz des Reichen auch allezeit kennzeichnende Unvermögen betont: Der Loskauf der נפש ist »unerschwinglich«, hier muß der Reiche seine selbstherrlichen Zielsetzungen aufgeben. Er kann nicht »ewig leben« (10) und der »Grube«, der Unterwelt, ausweichen. – Schwierigkeiten bereitet nun 11. Zunächst wird man 11b wohl hinter 12b setzen dürfen, dort schließt sich dieses Versstück gut an. Dann aber wird zu 11a zu fragen sein: Wie soll diese Aussage verstanden werden? Offensichtlich will der Sänger auf einen Sachverhalt aufmerksam machen, der allerorten erfahrbar ist; so jedenfalls muß doch wohl die Einleitung כי יראה verstanden werden. Will aber nun 11a sagen: Der Tod ist der große »Gleichmacher« (Gunkel) – es steht einfach fest, daß Weise und Toren sterben? Wo liegt dann ein sinnvoller Akzent im Zusammenhang des Psalms? Ist 11a doch (wie Gunkel annimmt) eine Sentenz, die sekundär in das Lied eingedrungen ist? Oder könnte man die Deutung wagen: »Weise sterben« (d.h., es müssen in den Tod diejenigen, die ihr Ende bedenken und sich zu Gott halten); wieviel mehr gilt es dann, daß die uneinsichtigen, törichten Reichen (vgl. 13) zugrunde gehen!? Doch schwierig bleibt das Verständnis von 11a im Zusammenhang. GvRad: »Mit dem Vers 11 ist noch niemand fertig geworden« (264 A.16). Vgl. zu Ps 49 auch: GFohrer, KuD 14 (1968) 256ff. – Allenfalls kann man (im Kontext des ganzen Psalms) die Intention von 11 wiedergeben mit der Erklärung: »Der beunruhigte Glaube soll sich in der Erkenntnis einer grundsätzlichen Lebensordnung, die über allen Menschen waltet, wieder festigen« (GvRad, 263f.). – 12 aber ist im Zusammenhang gut verständlich. Die Reichen können sich ein »ewiges Leben«, eine immerwährende Gemeinschaft mit Jahwe, der das Leben ist, nicht erkaufen. Gräber sind »für ewig« ihre Wohnstätte (vgl. Koh 12,5). Durch den Tod werden sie von allem Reichtum geschieden. In 12b wird das machtvolle Wirken der Reichen geschildert, die wie Könige ihren Namen über Ländern ausrufen (2 S 12,26ff.). קרא שם bezeichnet einen Rechtsakt, durch den die Übereignung stattfindet (vgl. KGalling, Die Ausrufung des Namens als Rechtsakt in Israel: ThLZ, 1956, 65–70). Zu 12b vgl. Jes 5,8; Lk 12,16–21. Alle Habe aber müssen die Reichen im Tod anderen überlassen (11b Ps 39,7; Sir 14,15). – In seiner Pracht nimmt der Reiche (in 13 bewußt als אדם bezeichnet) nicht wahr, wie vergänglich er ist. Wie das Vieh verscheidet er (vgl. Koh 3,19). 14 leitet dann eine Schilderung der Reichen ein, die von großartiger visionärer Kraft ist. Während die Vermögenden selbstsicher und selbstgefällig daherreden (vgl. Ps 73,6ff.), gleichen sie bereits einer großen Herde, die vom Tod in die Unterwelt herabgeführt wird. Man könnte fragen, ob die »Personifikation« von מות Erinnerungen an die Gottheit *mōt* enthält, die durch die Ras-Schamra-Texte bekannt geworden ist. Wichtig ist, daß die Reichen schon jetzt, mitten im Leben, von מות in die שׁאול herabgetrieben werden. Zur Bedeutung von שׁאול vgl. zu Ps 6,6. מות aber steht im Dienst Gottes (8b) und vollstreckt sein Urteil über die frevlerischen Potentaten.

16 In 16 kommt der Psalmsänger auf sein eigenes Geschick zurück. Er wurde – so zeigte 6 – von betrügerischen Machthabern umgeben. Das Todesschicksal dieser reichen und einflußreichen Männer eröffneten, durch Inspiration vermittelt, 8–15. Wie aber ist nun 16, der viel behandelte, schwierige Vers, zu verstehen? Entscheidend ist – wie im Exkurs hernach zu zeigen sein wird – das Verständnis von לקח. Das Verb erinnert an die Henoch- und Eliatraditionen (Gn 5,24; 2 Kö 2,3.5). Seine Grundbedeutung ist hier: »entrücken«. »So liegt es doch am nächsten, den Satz als Ausdruck einer Hoffnung auf eine Lebensgemeinschaft mit Gott zu verstehen, die den Tod überdauert. Wir wissen über die Vorstellungen vom Zustand nach dem Tod im nachexilischen Israel keineswegs so genau Bescheid, daß wir die Deutung dieses Bekenntnisses a limine für unmöglich halten dürften« (GvRad, 264). So auch HWWolff: »Nicht in irgendeiner ausgestalteten Jenseitshoffnung manifestiert sich die Überwindung der Todesnot, sondern in der ruhigen Gewißheit, daß die Gemeinschaft mit Jahwe seiner Treue wegen nicht durch den Tod beendet werden kann« (Anthropologie des Alten Testaments, 1973, 164).

Bei der Erklärung von 16 müßten zwei Relationen beachtet werden. 1) Müßte darauf hingewiesen werden, daß 16 als danksagendes Gegenstück zu 6–7 verstanden werden könnte. Dann hätte 16 die Bedeutung triumphierender Gewißheit: Jahwe erlöst meine נפשׁ aus der Macht der Feinde, die in den Psalmen gewöhnlich als »Sphäre der שׁאול« betrachtet wird. Diese Gewißheit würde nach der Eröffnung (8–15) überaus sinnvoll sein. Sieht man diese Relation, dann kann von einer Hoffnung auf ein Leben nach dem Tod im Hinblick auf 16 keine Rede sein, wohl aber von der Gewißheit, daß Jahwe aus der Todes-Sphäre errettet. In diesem Sinne erklärt ChrBarth Ps 49,16 (ChrBarth, Die Errettung vom Tode in den individuellen Klage- und Dankliedern des Alten Testaments, 1947, 158ff.). Getragen wird dieses Verständnis u.a. auch durch die Aussage in 11a: חכמים ימותו. In 11a weiß der חכם, der Sänger unseres Psalms (4), sich selbst unter das allgemeine Todesschicksal gestellt. 2) Wäre eine ganz andere Sinnbeziehung möglich. Man könnte 16 als Gegenstück zu 8 auffassen – besonders dann, wenn beide Verse mit אַךְ eingeleitet waren. פדה in 16 müßte dann im Sinn der in 8 maßgebenden Wortanwendung verstanden werden. M.a.W.: In 16 ist die Erlösung vom Todesschicksal gemeint. Während der Reiche keinen Kaufpreis aufbieten kann, um seine נפשׁ in der Stunde des Todes von Gott loszukaufen (8), tritt Jahwe selbst für die Armen ein, erlöst sie aus der שׁאול und »entrückt« sie. לקח würde dann also im Sinn von Gn 5,24 und 2 Kö 2,3ff. zu verstehen sein: durch ein außerordentliches Eingreifen entreißt Jahwe die zu Lebzeiten bedrückten Armen (6–7) im Tod der שׁאול. Diese Bedeutung von לקח könnte dann auch in Ps 73,24 angenommen werden. Zu dieser Deutung von Ps 49,16 vgl. JJStamm, Erlösen und Vergeben im Alten Testament (1940) 16. Stamm vertritt sogar die Auffassung, daß in 16 das in 5 angekündigte Mysterium enthüllt werde: »Die Entrükkung zu Gott ist angesichts der Ungerechtigkeit der Welt sein eigener Trost«

(17). So auch GvRad, TheolAT[6] I 418. Folgt man dieser Erklärung, dann würde in Ps 49,16 also eine wirkliche Auferstehungsgewißheit geäußert. Es würde eine Vorstellung begründet, wie sie im Neuen Testament z.B. im Gleichnis vom reichen Mann und armen Lazarus hervortritt (vgl. HGreßmann, Vom reichen Mann und armen Lazarus: Abh. d. kön.-preuß. Akad. d. Wiss., 1918). – Diese Interpretation von Ps 49,16, wie sie zuletzt dargestellt wurde, wird bestritten von LWächter, Der Tod im Alten Testament (1967) 196. Unter strenger Hervorhebung des in 16 vorliegenden par.membr. wird erklärt: »Die Aussage läßt nun nichts mehr von einer Entrückung ahnen, sondern fügt sich in die Reihe ähnlicher Psalmstellen, die von einer Bewahrung vor dem bösen und frühen Tode sprechen. So verzichten wir besser auf Ps 49 als Beweis für eine über den Tod hinausgehende Hoffnung« (196). Aber ist dieser Verzicht wirklich sachgemäß? Gehört Ps 49 nicht in den Kontext jener Lehr- und Problemdichtungen, die auch in Ps 73 vorliegen? Und müßte nicht dieser Kontext erklärungsbestimmend sein? Zu Ps 73,24 interpretiert LWächter: »Es wäre also die Hoffnung ausgesprochen, daß die als Glück erfahrene Gemeinschaft mit Gott auch über den Tod hinaus dauern möge« (197). – Zuletzt sei nur noch angemerkt, daß zu einer Ausscheidung des Verses 16 weder formal noch sachlich eine zwingende Notwendigkeit vorliegt.

Gewisse Tatsachen wurden durch die mit אַךְ eingeleiteten Eröffnungen in 8ff. und 16 von dem Psalmsänger geäußert. Nun wendet er sich tröstend und heilspendend an alle, die (wie er) unter dem Druck einflußreicher Machthaber seufzen (vgl. 6–7). In 17–21 wird die »Eröffnung« (8–16) in die Form einer *adhortatio* gekleidet und sinngemäß wiederholt. Bemerkenswert ist, daß der Weisheitsdichter schon in dem Reichwerden eine drohende Gefahr sieht (17), die auf den Armen zukommt und eine Zerreißprobe seines Glaubens an den gerechten Gott darstellt (vgl. Ps 73,2ff.). Im Sinngehalt entspricht 18 dem Vers 12b/11b. 19 schildert den selbstzufriedenen Menschen, der sich selbst »segnet«, d.h. sich selbst die förderlichen Lebenskräfte zuführt, und in Wohlergehen schwelgt (vgl. Lk 12,19). 20 entspricht den Aussagen in 12, und 21 nimmt 13 wieder auf. 16–21

Auszugehen ist von der Tatsache, daß die Reichen in ihrer üppigen Lebensweise nicht nur Anfechtung und Zweifel an der Gerechtigkeit Gottes ausstrahlen (vgl. 17ff. und Ps 73), sondern daß sie sogar als betrügerische Feinde den Armen umringen (6). Die Entscheidung über die letzten Hintergründe dieser verworrenen Lebenssituation fällt vor Gott. Das Mysterium wird durch den inspirierten Weisheitssänger eröffnet (5). Und da die Verwicklungen unter dem Gegensatz von arm und reich allgemeinmenschlich sind, darum erhebt sich der Dichter aus eigenen Erlebnissen (6–7) zu einer weltweiten Kunde: 2–5. Wesentlicher Inhalt der charismatischen Eröffnung ist: Der visionäre Hinweis darauf, daß die selbstsicheren und selbstzufriedenen Reichen mitten in ihrem strahlenden Leben das Schlachtvieh des Todes sind. Sie werden bereits von dem Hirten מות in die שְׁאוֹל herabgetrieben und haben keine Mittel und Mög- Ziel lichkeiten, um sich aus diesem Todesschicksal, das schon jetzt das ganze Leben verdunkelt, freizukaufen (8f.). Der Arme hingegen, der seine Hoffnung ganz auf Gott setzt (der Sänger unseres Liedes steht im Spannungsfeld »Bitte – Dank«), wird von Jahwe selbst aus der שאול erlöst und in einer unvergleichlichen Weise dem Schattendasein der Unterwelt entrückt. Lk 16,19ff. ist die große Veranschaulichung des wesentlichen Inhaltes von Ps 49. Entscheidend ist Lk 16,25. Hier wird dem Reichen zugerufen: »Bedenke, daß du in deinem Leben dein Gutes empfangen hast und Lazarus gleichermaßen das Böse; jetzt dagegen wird er hier getröstet, du aber leidest Pein.« Diese »Umkehrung aller Dinge« kommt in Ps 49 bereits in Sicht. Jedoch wird (wie auch in Lk 16,19ff.) zu bedenken sein, daß der Arme und der Reiche in ihrem jetzigen Leben konkrete Mitteilungen über das Ende empfangen. Dieses »Ende« ist der wirkliche Ausgang aller Wege, das wahre Telos verwickelter und undurchsichtiger Prozesse. Wohl wird mit GvRad zu erklären sein, daß der angefochtene, beunruhigte Glaube in der »Erkenntnis einer grundsätzlichen Lebensordnung, die über allen Menschen waltet«, wieder gefestigt wird. Aber es handelt sich im Ps 49 nicht nur um die weisheitliche Lebensordnung, sondern auch um charismatische Wirklichkeitseröffnungen, in denen »das Ende« aller Dinge aufgetan wird: Im Licht der Erfahrungen, die z.B. in den Dankliedern der Einzelnen in Israel ausgesprochen werden (vgl. das Bekenntnis in 16). Es sind aber auch prophetische Züge überall dort wahrnehmbar, wo die Wirklichkeitseröffnung der Lehrdichtung im Zeichen des Gerichts steht und die imposante Welt des Reichtums und Erfolgs entmächtigt.

Psalm 50
Die Erscheinung Jahwes zum Gericht

Literatur WCaspari, Kultpsalm 50: ZAW 45 (1927) 254–266. – GvRad, Das formgeschichtliche Problem des Hexateuchs: BWANT 4,26 (1938) 20ff. – PAuvray, Le Psaume L. Notes de grammaire et d'exégèse: RB 53 (1946) 365–371. – EBaumann, Struktur-Untersuchungen im Psalter I: ZAW 61 (1945/48) 159–169. – AWeiser, Zur Frage nach den Beziehungen der Psalmen zum Kult. Die Darstellung der Theophanie in den Psalmen und im Festkult: Bertholet-Festschrift (1950) 513–531. – NHSnaith, Hymns of the Temple (1951). – EWürthwein, Der Ursprung der prophetischen Gerichtsrede: ZThK (1952) 1–16. – EBeaucamp, La Theophanie du Psaume 50 (49): Nouvelle Revue Théol. 91 (1959) 897–915. – WBeyerlin, Herkunft und Geschichte der ältesten Sinaitraditionen (1961). – HPMüller, Die kultische Darstellung der Theophanie: VT 14 (1964) 183–191. – FSchnutenhaus, Das Kommen und Erscheinen Gottes im Alten Testament: ZAW 76 (1964) 1–21. – AMDubarle, La manifestation théophanique de Dieu dans la liturgie d'Israël: Lex Orandi 40 (1967) 9–23. – AMaillot, Une liturgie d'alliance? Psaume 50: BiViChr 80 (1968) 14–20. – NHRidderbos, Die Theophanie in Psalm 50,1–6: OTS 15 (1969) 213–226. – JJeremias, Kultprophetie und Gerichtsverkündigung in der späten Königszeit: WMANT 35 (1970) 125–127. – EKutsch, ›Bund‹ und Fest. Zu Gegenstand und Terminologie einer Forschungsrichtung: Theol. Quartalschrift 150 (1970) 299–320. – MMannati, Le psaume 50 est-il un *rîb*?: Semitica 23 (1973) 27–50. – HGese, Psalm 50 und das alttestamentliche Gesetzesverständnis: Festschr. f. EKäsemann (1976) 57–78.

Text

1 Ein Psalm Asaphs.
Gott, Gott[a], Jahwe
spricht und ruft die Erde
vom Aufgang der Sonne bis zu ihrem Niedergang.
2 Von Zion, der Krone der Schönheit, erstrahlt er ''[b];
3 es kommt unser Gott und schweigt nicht.
Feuer frißt vor ihm her,
rings um ihn stürmt es gewaltig.
4 Er ruft an den Himmel droben[c]
und die Erde. Sein Volk will er richten.
5 »Versammelt mir meine Frommen[d],
die meinen Bund beim Opfer schlossen!«
6 Und verkündigen sollen die Himmel seine Gerechtigkeit,
daß er ein 'Gott des Rechts'[e] ist. – Sela.
7 Höre, mein Volk, ich will reden,
Israel, ich will zeugen gegen dich!
'Jahwe'[f], dein Gott, bin ich.
8 Nicht wegen deiner Schlachtopfer klage ich dich an,
deine Brandopfer sind mir stets vor Augen.
9 Ich nehme nicht an den Stier aus deinem Hause,
nicht Böcke aus deinen Hürden!
10 Denn mir gehört das Wild des Waldes,
das Getier auf den 'Gottesbergen'[g].
11 Ich kenne alle Vögel 'der Höhe'[h];
was sich regt im Felde, gehört mir.
12 Hätte ich Hunger, würde ich dir's nicht sagen,
denn mir gehört die Erde und ihre Fülle.
13 Esse ich etwa das Fleisch von Stieren,
und trinke ich das Blut von Böcken?
14 Opfere 'Jahwe'[i] Dank
und bezahle dem Höchsten deine Gelübde!
15 Rufe mich an am Tage der Not,
so will ich dich erretten, und du wirst mich ehren[j]!
16 Zum Frevler aber spricht Jahwe:
Was zählst du auf meine Satzungen
und nimmst mein Bundesrecht in deinen Mund;
17 der du doch hassest die Zucht
und hinter dich wirfst meine Worte.

[18]Siehst du einen Dieb, ihm schließt du dich an,
und mit Ehebrechern hältst du Gemeinschaft.
[19]Dein Mund ergeht sich in Bosheit,
und deine Zunge spannt Freveltat vor.
[20]'Schändliches'[k] redest du über deinen Bruder,
legst Verleumdung auf den Sohn deiner Mutter.
[21]Das hast du getan; würde ich schweigen,
du wähntest (dann), ich sei dir gleich[l].
Ich halte dir's vor und rücke dir's vor Augen.
[22]Bedenket dies wohl, ihr, die ihr Gott vergesset,
auf daß ich nicht zerreiße und niemand rettet!
[23]Wer Dank opfert, der ehrt mich.
Wer 'rechtschaffen'[m] wandelt, den lasse ich schauen 'mein'[n] Heil.

1 **a** **אל אלהים** kann nicht »Gott der Götter« übersetzt werden. Es sollte aber der mächtige Introitus mit der feierlichen Häufung der Gottesnamen nicht korrigiert
2 werden (vgl. Jos 22,22). – **b** **אלהים** ist mtr.cs. zu streichen. Zusammen mit dem
4 Halbvers **יבא אלהינו ואל־יחרש** ergäbe sich ein Doppelvierer. – **c** Zu **מעל** im ad-
5 verbiellen Sinne vgl. Gn 27,39; 49,25. – **d** Während *M* eine direkte Gottesrede
6 überliefert, heißt es in *GS* **לוֹ חֲסִידָיו**. – **e** *M* »daß Gott Richter ist«. Doch wird man im Hinblick auf den Satzaufbau besser eine andere Konsonantentrennung vor-
7 nehmen: **אֱלֹהֵי מִשְׁפָּט**. – **f** Im elohistisch redigierten Psalter ist als ursprüngliche
10 Lesart **יהוה** an dieser Stelle anzunehmen. – **g** **בהררי־אלף** müßte »Rinderberge«
11 übersetzt werden. Am besten lese man (entsprechend Ps 36,7): **בהררי־אֵל**. – **h**
14 **הרים** ist mit Rücksicht auf **הררי** in 10 unmöglich. *GST* lasen **שָׁמַיִם** oder **מָרוֹם**. – **i**
15 Vgl. zu **f**. – **j** Vielfach wird hier die absichtliche Änderung eines ursprünglichen
20 **וַאֲכַבְּדֶךָּ** (vgl. Ps 91,15) angenommen; doch wird *M* zu folgen sein (vgl. 23). – **k** *M*: »du sitzest«; aber sowohl mit Rücksicht auf den Parallelismus Membrorum wie auch im Hinblick auf den Aufbau des Halbverses ist **בֹּשֶׁת** zu lesen (Vertauschung
21 der Konsonanten). – **l** Der inf.cstr. **היות** ist an dieser Stelle syntaktisch unmög-
23 lich. Es ist wohl **היו** zu lesen (KBudde). – **m** *M*: »und wer den Weg, die Straße zurichtet«. Ein solches Textverständnis ist unmöglich. Am besten ist mit Graetz und Gunkel **וְתַם דֶּרֶךְ** zu lesen (vgl. Hi 4,6; Prv 13,6). – **n** **בישע אלהים** ist im metrischen Gefüge nicht zu erfassen; es wird **בְּיִשְׁעִי** zu lesen sein.

Form Die Textgestalt des Ps 50 ist gut durchschaubar; das Metrum ist durchweg ebenmäßig. Nachdem 1 mit einem dreigliedrigen Vers (3 + 3 + 3) und 2/3aα mit einem Doppelvierer eingeführt ist, reißt die Kette der Doppeldreier nicht ab. Ausnahmen finden sich nur in folgenden Versen: in 7: 3 + 3 + 3, in 18: 4 + 3, in 21 und 23: 3 + 4, und in 21b tritt ein Vierer hervor, der vielleicht mit der Einführungsformel in 7aα einen Parallelismus bilden könnte. Als eine sekundär eingefügte Glosse wird man die Worte **ולרשע אמר אלהים** ansprechen müssen (16). – Der Aufbau des Psalms stellt sich folgendermaßen dar: Beschreibung der Gotteserscheinung und Aufruf zur Sammlung der **חסדים** in 1–6; vom Opfer handelt dann eine erste Redephase in 7–15, und vom rechten Gehorsam gegenüber den Willensäußerungen Jahwes ist in 16–23 die Rede. Bemerkenswert ist die Tatsache, daß in allen drei Teilen Ich-Reden Jahwes vorliegen: in 5 spricht Jahwe selbst; in 7 leitet die Formel שִׁמְעָה עַמִּי וַאֲדַבֵּרָה eine größere Gottesrede ein, die nur in 16aα durch die (sekundäre) Neueinführung ולרשע אמר אלהים unterbrochen wird. Prophetisch ist also der Grundcharakter des Psalms. Mit dieser Beobachtung verbindet sich aber sogleich ein schwieriges Problem, das in seiner Tragweite erst in neuerer Zeit erkennbar geworden ist. Handelt es sich in Ps 50 um »Nachahmungen prophetischer Denk- und Redeweise« (HGunkel) in später (etwa spätexilischer) Zeit, oder finden wir hier Zeugnisse einer im Kultus hervortretenden Prophetie? Für die zweite Erklärung haben sich SMowinckel, GvRad, AWeiser und EWürthwein ausgesprochen. Weiser hält den Psalm für eine »Liturgie«. Es besteht also die Frage, ob Ps 50 eine die prophetische Kunstform nachahmende Dichtung ist, oder ob eine lebendige kultische Situation vorausgesetzt werden muß. In die angedeutete Problematik tritt sogleich die formkritische Frage nach der »Gattung« des vorliegenden Psalms ein. Auch hier soll zunächst ein Überblick der Orientierung dienen. HGunkel fügt Ps 50 in die Gruppe der »prophetischen Psalmen« ein (HGunkel-JBegrich, EinlPs § 9). AWeiser bezeichnet den Psalm als eine »Liturgie«. Dabei wird ein Festkult vorausgesetzt, in dem die beiden Hauptbestandteile des Ps 50 ihren »Sitz im Leben« haben sollen: Die Theophanie und die Gerichtsrede. Mit dieser Feststellung aber beginnen erst die Probleme virulent zu werden. Denn es steht außer Zweifel, daß die Frage nach der Formgruppe, der Ps 50 zuzurechnen ist, in unmittelbarem Zusammenhang mit der Bestimmung des »Sitzes im Leben«, also des Festkultes, erhoben und beantwortet werden muß. Nur stellt sich sogleich die Schwierigkeit in den Weg: An welchen Festkult ist zu denken? Von welchem »Sitz im Leben« ist auszugehen? – Es verdient Beachtung, daß schon Calvin in seinem Psalmen-Kommentar die Annahme einer kultischen Situation vorgetragen hat, in der in feierlicher Weise (»solenni ritu«) das Gedächtnis an den Bund Gottes erneuert worden sei (»ac si Deus foederis sui memoriam renovaret«). Es ist in diesem Zusammenhang über Forschungen zu berichten, die Ps 50 aus einem »Bundeserneuerungsfest« erklärten.

Während SMowinckel in den PsStud II den Vorgang eines Bundeserneuerungszeremoniells ganz in den größeren Kultkomplex des dramatisch-mythischen Thronbesteigungsfestes Jahwes integrierte (so auch noch in dem im Jahre 1927 erschienenen Buch »Le décalogue«), war es zuerst AAlt, der bei der Erforschung des apodiktischen Rechts den Kultakt der regelmäßig wiederholten Erneuerung des Bundes als beherrschendes gottesdienstliches Ereignis der Frühgeschichte Israels ansprach. Seine Thesen können hier folgendermaßen zusammengefaßt werden: a) Das apodiktische Gottesrecht hatte seinen »Sitz im Leben« nicht in einem profanen, sondern kultischen Akt. b) Das feierliche Zeremoniell am Fuße des Ebal und Garizim (Dt 27) läßt einen solchen gottesdienstlichen Akt der kultischen Übermittlung des apodiktischen Rechts erkennen. c) In Dt 31,10ff. reguliert eine Verordnung das gottesdienstliche Handeln, das »alle sieben Jahre« stattfinden soll. d) Die »alle sieben Jahre« stattfindende Feier der Bundeserneuerung und Rechtsübermittlung ist im Zusammenhang mit der periodisch in Kraft tretenden sakralen Brache und einer Aufhebung aller speziellen Rechts- und Schuldverpflichtungen zu sehen. – Das Bundesfest wäre demnach eine Institution des alten Israel. AAlts Darstellung läßt ahnen, daß diese Institution der Frühzeit sich nicht lange durchsetzen konnte, sondern in alter Zeit schon zerfallen mußte. – Das bei Mowinckel so wichtige »Thronbesteigungsfest Jahwes« aber tritt bei Alt ganz aus dem Gesichtsfeld. So auch bei GvRad. Gelangte Alt im Zuge einer formgeschichtlichen Erforschung des apodiktischen Rechts zu der These, daß es in Israel ein Fest der Bundeserneuerung gab, so stieß vRad auf dem Wege über eine formgeschichtliche Untersuchung der gesamten Sinaiperikope auf das Bundeserneuerungsfest. Eine große Bedeutung wird diesem Fest in der Kultgeschichte Israels beigemessen. Alljährlich soll das große Zeremoniell (wohl auch in der Königszeit) stattgefunden haben. Es löst vRad also das Fest der Bundeserneuerung aus dem in Alts Untersuchungen so wichtigen Zusammenhang mit der sakralen Brache und dem Erlaßjahr und erweitert damit den Wirkungsbereich dieses Festes. – Schließlich hat AWeiser dem Bundesfest in seinem Psalmenkommentar einen Rang und eine Bedeutung zugemessen, die unabsehbar sind. Bei SMowinckel war es das Thronbesteigungsfest Jahwes, das als der große Magnet die disparatesten Stücke des Alten Testaments zusammenzog und vereinheitlichte, bei AWeiser ist das »Bundesfest« der Schlüssel zu den meisten Psalmen.

In den Auflagen 1–4 des vorliegenden Kommentars BK XV ist die Auffassung vertreten worden, es müsse eine kulthistorische Differenzierung eingeleitet werden. Dazu in knapper Zusammenfassung: 1) Es müßte die These AAlts in der Weise aufgenommen werden, daß ein Kultakt der Bundeserneuerung für das alte Israel angenommen wird – ein Kultakt, der mit der »alle sieben Jahre« durchgeführten sakralen Brache verbunden war; dieses Fest wäre in die Frühzeit Israels anzusetzen. – 2) Alle Einbeziehungen eines »Bundeserneuerungsfestes« in ein Thronbesteigungsfest Jahwes sind abzuweisen, da die Existenz eines göttlichen Inthronisationsfestes in Frage zu stellen ist (s.o.S. 94ff. Einl § 10,1). – 3) Das Zeremoniell der Bundeserneuerung hat eine sehr schwer zu fassende Geschichte im Kultus Israels erfahren; nachdem es wohl schon verhältnismäßig früh zerfallen war, lassen Texte des Alten Testaments erkennen, daß die Kultinstitution zwar auch in Jerusalem sich durchgesetzt hat, daß aber in der Königszeit nur in Epochen umfassender Reformationen (z.B. zur Zeit Hiskias und Josias) eine Wiederherstellung des Gott-Volk-Verhältnisses im feierlichen gottesdienstlichen Akt eine Rolle gespielt hat (vgl. HJKraus, Gottesdienst in Israel, 1954, 49ff.). Daraus würde sich erklären, daß im Psalter nur sehr wenige Zeugnisse eines Bundeserneuerungszeremoniells vorliegen. Eigentlich könnte man nur Ps 50 und Ps 81 nennen. – Verbunden sind mit allen diesen Hypothesen und Überlegungen Fragen, die den Sprecher der Gerichtsrede in Ps 50,7ff. betreffen. Handelt es sich wirklich um einen Propheten (Kultpropheten)? Oder gar um eine im Kult auftretende Gestalt eines »Bundesmittlers« (HJKraus, BK XV Aufl. 1–4)?

Durch neuere Forschungen ist zunächst die gesamte Institution eines »Bundeserneuerungsfestes« fragwürdig geworden. Nur in Kürze können hier die wesentlichen Argumente vorgetragen werden:

1) Schon 1955 hat EKutsch in seiner Mainzer Dissertation erklärt: »Eine

jährlich am Laubhüttenfest zu begehende Bundeserneuerungsfeier oder gar ein Laubhüttenfest, das als Bundeserneuerungsfest gegolten hätte, hat es ... mit größter Wahrscheinlichkeit nie gegeben« (EKutsch, Das Herbstfest in Israel, 1955, 158). – Diese These ist zusammen mit einer Infragestellung des herkömmlichen Verständnisses von ברית – wiederholt worden in: EKutsch, ›Bund‹ und Fest: Theol. Quartalschrift 150 (1970) 299ff.

2) Die Bezugnahme der Bundeskult-Hypothese auf Dt 31,9–13 ist verunmöglicht durch die Forschungen von LPerlitt, Bundestheologie im Alten Testament:WMANT 36 (1969) 115–128. Auch stellt sich jeder Behauptung einer dominierenden Bedeutung des »Bundes« in der Frühzeit Israels die Tatsache des »Bundesschweigens« bei den Propheten des 8.Jh. in den Weg (LPerlitt, 128ff.).

3) Eine genauere Untersuchung des Ps 50 wird die Eigenart und den Kontext dieses Psalms zu erarbeiten haben; dabei treten neue Aspekte auf.

Es wird demnach noch einmal neu anzusetzen sein. Dabei wird Ps 50 aus der Beziehung auf einen – wie auch immer gearteten – Festkult nicht zu lösen sein. Ein neues Verständnis hat JJeremias erschlossen, indem er die Ps 50; 81 und 95 zur Formgruppe der »großen Festpsalmen« zusammengeschlossen und eine die Exegese fördernde Kontext-Interpretation eingeleitet hat (JJeremias, Kultprophetie und Gerichtsverkündigung in der späten Königszeit, 125ff.). Zur Formgruppe s.o.S. 66ff. Einl § 6,6. Die drei genannten Psalmen sind innerhalb des Psalters eine Größe für sich. Im Mittelpunkt steht jeweils eine Jahwe-Rede, die den Ernst und die Wucht einer Gerichtsrede repräsentiert. Wer waren die Sprecher dieser bei einer kultischen Gelegenheit vorgetragenen Jahwe-Rede? Und um welchen Kultakt kann es sich handeln? JJeremias weist hin auf die in Ps 81 und Ps 95 beobachteten Spracheigentümlichkeiten und gelangt zu dem Schluß, »daß in diesen Psalmen ähnliche Kreise zu Wort kommen, wie sie hinter dem Deuteronomium stehen. Dann hätte man ... mit levitischer Abfassung der Psalmen zu rechnen« (126). Diese Erklärung bezieht sich auf Feststellungen, die früher von ABentzen und GvRad getroffen worden sind (ABentzen, Die Josianische Reform und ihre Voraussetzungen, 1926; GvRad, Das Gottesvolk im Deuteronomium, 1929; Ders., Deuteronomium-Studien, ^{2}1948, 41ff.). Wer aber ist der Sprecher in Ps 50,7ff.? Jeremias erinnert im Hinweis auf die in 7 geäußerte »Selbstvorstellungsformel« an die Untersuchung von WZimmerli, Ich bin Jahwe (1953): GesAufs 11ff. Zimmerli hatte gezeigt: Die Selbstvorstellungsformel »hat in der prophetischen Rede keinen eigentlichen Sitz im Leben... Sie gehört ... eindeutig nicht in die Gattung der prophetischen Rede« (34f.). So wird vermutet, daß in Ps 50 und auch in Ps 81 ein Priester der Sprecher gewesen sei (40). Damit ergibt sich ein deutliches Bild: In den »großen Festpsalmen« treten priesterliche (levitische) Sprecher auf. Sie aktualisieren die Gebote Gottes in einer Gerichtsrede. Derartige »levitische Predigten« sind relativ spät zu datieren; sie haben in den Reden des chronistischen Geschichtswerkes ihr Gegenstück. Dabei wird davon auszugehen sein, daß die Leviten der Spätzeit spirituelle und prophetische Charismen für ihren Dienst gelegentlich voraussetzten, bzw. »daß in nachexilischer Zeit Propheten in levitischen Kreisen aufgingen« (JJeremias, 127). Damit wäre der prophetische Charakter des Ps 50 weitgehend erklärt. Es bleibt die Frage, in welchem Fest Ps 50 seinen »Sitz im Leben« hatte. – Die beiden Hauptstücke des Ps 50 (aber auch die entsprechenden Sachverhalte in Ps 81) lassen die Frage neu aufkommen: Wo, in welchem Festkult, hatte die Verkündigung der Theophanie und die Aktualisierung der Gebote ihren Sitz? Ist die Theophanie in Ps 50 lediglich in der Perspektive Tritojesajas zu sehen (EBeaucamp)? Genügt es, mit AJepsen zu erklären: »Die Psalmen 50 und 81 beweisen nur, daß die Psalmisten den Dekalog kannten, nicht aber, daß er bei kultischen Festen tradiert wurde« (AJepsen, ZAW 79, 1967, 303)? Muß nicht doch noch einmal die – kultgeschichtlich differenzierte – Hypothese eines »Bundeserneuerungsfestes« bedacht werden (s.o.; vgl. HJKraus, Gottesdienst in Israel, 1962, 160ff. 222ff.)? Hatte nicht ein Festkult, wie er aus Ps 50 zu erschließen ist, seine ältere Vorgeschichte? Und zwar in einem auf älteste (sichemitische) Traditionen zurückweisenden Fest, das nordisraelitischer Herkunft war und in Jerusalem nur sehr selten in vorexilischer Zeit zum Durchbruch kam? Sowohl bei EKutsch wie auch bei LPerlitt vermißt man eine eingehende Bezugnahme auf einen so wichtigen Abschnitt wie Dt 26,16ff., in dem es sich doch darum handelt, daß ברית-Erklärungen und ברית-Verpflichtungen von den Partnern des Bundes abgegeben worden sind – expressis verbis. Auch ist es bemerkenswert, daß LPerlitt in seiner Ablehnung des Bundesfestkultes sich überhaupt nicht zu Ps 50 und Ps 81 geäußert hat – zu jenen Psalmen, die in den Untersuchungen GvRads eine so große Rolle spielen. Es bleiben Fragen.

Wort 1 Zu מזמור s.o.S. 15f. Einl § 4 Nr. 2. – Asaph-Psalmen finden sich, abgesehen von Ps 50, in der Sammlung des Psalters in Ps 73–83.

1–6 In 1–6 wird das Ereignis einer Theophanie geschildert. Der Hinweis auf Jahwes Hervortreten setzt in feierlicher Form ein. Drei Gottesbezeichnungen künden das Mysterium der Epiphanie, in der Jahwe nun alles erfüllt und die primäre Wirklichkeit ist. Zur Häufung der Gottesbezeichnungen vgl. Jos 22,22. אל ist der archaische, altkanaanäische Begriff, der namentlich durch die Texte aus dem alten Ugarit bekanntgeworden ist (vgl. OEißfeldt, El im ugaritischen Pantheon: Berichte über die Abhandlungen d. Sächs. Akad. der Wiss., phil.-hist. Kl. 98,4.1951). אל אלהים ist disparat zu übersetzen. Der »höchste Gott« oder »Gott der Götter« würde אל אלים oder אלהי אלהים genannt werden. Redend und rufend tritt Jahwe hervor. Die ursprünglich von Donnerschall begleitete Gotteserscheinung (vgl. Ps 29) ist hier ganz auf die Wortmitteilung (7ff.) ausgerichtet. »Vom Aufgang der Sonne bis zu ihrem Niedergang« wird alle

Welt vom Ruf Jahwes durchdrungen. HGunkel sieht die Bedeutung dieser Aussage darin, daß die in nachexilischer Zeit über alle Länder verbreiteten Juden von einer weitreichenden Anrede erreicht werden sollen. Aber diese Deutung ist nicht zutreffend. Die universale Ausstrahlung der Gotteserscheinung wurzelt traditionell in den Kultüberlieferungen Jerusalems. Zur Theophanie vgl. vor allem: JJeremias, Theophanie: WMANT 10 (1965) 62f. Jeremias hat gezeigt, daß Jahwes Kommen im Lichtglanz, wie es in 2f. verkündigt wird, durchaus mit den sonstigen Theophanie-Vorstellungen, also dem Kommen Gottes im Sturm und Feuer (Ps 18,13; Hab 3,4) verbunden ist. מציון = »von Zion aus« strahlt Jahwe aus. Diese Ortstradition erweist, daß die Sinai-Theophanie auf Jerusalem übertragen worden ist (zur »Theophanie« vgl. zu Ps 18,8–16). Und offenbar handelt es sich um eine kultische Vergegenwärtigung der Gotteserscheinung und der Rechtsverkündigung (7ff.), die auf dem Zion vor sich ging. Zur Theophanieschilderung vgl. Ri 5,4f.; Dt 33,2; Jes 30,27; Hab 3,3ff. u.ö. Wenn Zion »Krone der Schönheit« genannt wird (vgl. auch Thr 2,15), so gehört diese Rühmung hinein in den Komplex der Verherrlichungen Jerusalems (vgl. zu Ps 46). הופיע bezeichnet die Erscheinung Jahwes im Lichtglanz (vgl. Dt 33,2; Ps 80,2; 94,1). In 3 wird dann (wie in 1) noch einmal betont, daß Jahwe erscheint, um zu sprechen. Die Kundgabe des Gotteswortes ist Inhalt und Ziel der Theophanie. Begleitet aber ist das »Kommen« Jahwes von den numinosen Wirkungen einer Gewitterentladung. Blitz (אֵשׁ) und Sturm (נשׂערה מאד) sind altüberkommene Symbolvorstellungen der Theophanie (vgl. zu Ps 29»Ort«). Vgl. auch Ps 18,9; 97,3; Jes 30,27. Die Unnahbarkeit und Heiligkeit des Erscheinenden wird damit verkündet. – Himmel und Erde werden in 4 zu Zeugen angerufen (vgl. Dt 31,28; 32,1; Jes 1,2). Es handelt sich hier wohl um eine alte kultische Appellation, die bei der Versammlung der Stämme vor Jahwe ausgerufen wurde (vgl. Dt 31,28). Der erscheinende Gott will sein Volk »richten« (דין). Hier liegt der entscheidende Akzent: Jahwe erscheint zu einem Gerichtsakt. Die Rede in 7ff. ist Gerichtsrede. Es wird noch zu prüfen sein, welche Rolle dieser Gerichtsakt mit der Gerichtsrede im Kultus der Bundeserneuerung gespielt haben könnte. Bemerkenswert ist die Tatsache, daß im Buch Micha in Mi 1,2ff. eine ähnliche Gerichtstheophanie mitgeteilt wird (sekundär auch in Mi 6,1ff.). Zu dem Akt des Richtens Jahwes wird die Kultgemeinde zusammengerufen: 5 (vgl. Dt 31,28). Jahwe selbst veranlaßt die Versammlung der חסדים, der huldvoll in das Bundesverhältnis Aufgenommenen. Die Situationsangabe in 5b ist bedeutsam: die חסדים, die vor den Richter Jahwe geladen und gerufen werden, haben beim Opfer den Jahwebund abgeschlossen. Von einem solchen Bundesopfer ist im Alten Testament in Ex 24,6ff. die Rede. Zum Bundesopfer vgl. RSchmid, Das Bundesopfer im Alten Testament: Studien zum Alten und Neuen Testament Bd. IX

(1964) 97ff. Die in 5 Angesprochenen haben Jahwes Bund, d.h. den von Jahwe ausgehenden, stets auf seine Initiative zurückgehenden Bund, beim Opfer geschlossen. Muß man an dieser Stelle nicht annehmen, daß (beim Opfer) ein Akt kultischer Bundeserneuerung stattfand?

Darf man voraussetzen, daß Ps 50 einen kultischen Ablauf spiegelt, dann wäre zu fragen, wie dieser Ablauf zu erklären ist. Man müßte doch annehmen, daß zuerst (beim Opfer) der Bund mit Jahwe neu abgeschlossen wurde, dann eine Theophanie (vielleicht im Zusammenhang mit dem Opfer – vgl. Zeph 1,7) stattfand und schließlich eine Gerichtsrede das Volk ermahnte. Nun sieht jedoch GvRad in seinen formgeschichtlichen Untersuchungen zur Sinaiperikope den Ablauf des Bundeserneuerungsfestes (z.B. nach dem Deuteronomium) folgendermaßen:

1. Geschichtliche Darstellung der Sinaivorgänge, Paränese.
2. Gesetzesvortrag.
3. Bundesverpflichtung.
4. Segen und Fluch.

Wie würde sich der in Ps 50 erkennbare Kultablauf zu diesem Schema verhalten? Die Bundesverpflichtung wird in Ps 50,5 als soeben geschehen vorausgesetzt. Infolgedessen wird zu erwägen sein, ob das »Richten Jahwes« (דין), das nunmehr durch die prophetische Gerichtsrede hervortritt, vielleicht eine kultische Weiterentwicklung und Konkretisierung jener gottesdienstlichen Phase darstellt, in der einst »Segen und Fluch« ausgesprochen wurden. Es wird sich zeigen, daß die Gerichtsrede in 7ff. in einer sehr bemerkenswerten Art eine bestimmte religiöse Verhaltensweise ausschließt (Fluch), eine andere hingegen als verheißungsvoll herausrückt (Segen). Darf man annehmen, daß auf diese Weise »Fluch und Segen« in einer levitischen Gerichtsrede aktualisiert worden sind?

6 Als אלהי משפט will Jahwe vor der zusammengerufenen Gemeinde erscheinen (6). Dabei sollen die Himmel (vgl. 4) »seine Gerechtigkeit« kundtun und bezeugen. צדק tendiert hier zu der Bedeutung »aktueller Rechtswille«. – Zu סלה, das einen ersten Abschnitt abschließt, s.o. S. 22f. Einl § 4 Nr. 13.

7–15 Die levitische Gerichtsrede, die in 7 beginnt, ist Ich-Rede Jahwes. Eine prophetische Vollmacht bekundet sich in priesterlicher Predigt. שמעה עמי scheint wie שמע ישראל (Dt 6,4) ein traditioneller »Weckruf« gewesen zu sein, der im Kultus seinen Sitz hatte und der die Verkündigung der Gebote bzw. die Aktualisierung dieser Gebote in einer Gerichtsrede einleitete. Angeredet ist das »ganze Israel«, das – auch über die Zeiten der Zertrennung und Zerstreuung hinweg – als Einheit betrachtet und angesprochen wurde. Jahwe tritt als Richter auf. Er »zeugt« gegen sein Volk. Zu העיד ב vgl. Am 3,13; Ps 81,9; Jer 42,19 u.a. Mit seinem Wort dringt der erscheinende Gott auf die Versammelten ein. יהוה אלהך אנכי lautet zunächst die unmittelbar präsente und vollzugsmächtige Selbstvorstellung Jahwes, des Bundesgottes. Hier wird (wie in Ex 20,2) die Rechts- und Gerichtsrede mit einer Grundoffenbarung Jahwes eingeleitet. Vgl. WZimmerli, Ich bin Jahwe: Geschichte und Altes Testament (AAlt zum 70. Geburtstag) 179–209.

Zu Ps 50,7 macht WZimmerli die wichtige Feststellung: »Die hier vorliegende Umstellung von Prädikat und Subjekt im Nominalsatz, die den (im Rahmen des elohistischen Psalters durch ein אלהים ersetzten) Jahwenamen besonders akzentuieren möchte, erlaubt die eindeutige Feststellung von Subjekt und Prädikat. יהוה אלהיך אנכי kann nur übersetzt werden: ›Jahwe, dein Gott, bin ich‹. Das Zugrundeliegen der Satzfolge ist damit nicht nur für H (Heiligkeitsgesetz), sondern auch für den Dekalog gesichert. Das Schwanken in der Übersetzung des Vorspruches darf mit Fug aus der wissenschaftlichen Literatur verschwinden« (a.a.O. 204f.). Hingewiesen wurde bereits auf die Erklärung Zimmerlis, daß die Selbstvorstellungsformel nicht in prophetische, sondern in priesterliche Rede hineingehört (s.o.).

Thema der nun einsetzenden Gerichtsrede ist der rechte Gottesdienst des Gottesvolkes. Offenbar wußten die levitischen Prediger sich bevollmächtigt, für die rechte gottesdienstliche Realisierung des Gott-Volk-Verhältnisses Sorge zu tragen. Prophetische Ermächtigungserweise wirken ein. Die Rechts- und Gerichtsrede sucht falsche Verhaltensweisen auszuschließen und den wahren Jahwedienst aufzurichten. In Ps 50,8ff. handelt es sich um die Rolle, die das Opfer im Gottesdienst des Bundesvolkes spielt. Man wird hier sehr genau den eigenartig abgestuften Aussagen folgen müssen. In 8 wird zunächst ausdrücklich hervorgehoben, daß Schlachtopfer und Brandopfer, wie sie in der kultischen Praxis Israels dargebracht werden, nicht einfach pauschal verworfen und verdammt werden (wie viele Exegeten aus Ps 50 entnehmen wollen). Jahwe klagt sein Volk nicht an, weil diese Opfer vor ihn gebracht werden, sondern er weist streng die Wirkungen zurück, die man sich aufseiten der Opfernden verspricht. Er verwirft die Erwartungen, die die Gemeinde im Hinblick auf die Schlacht- und Brandopfer hegt. In die bestehende und in Israel rezipierte und regulierte Opferinstitution hat sich offensichtlich eine heidnisch-magische und das ganze kultische Leben beherrschende Vorstellung eingeschlichen. Während es ganz in der Ordnung ist, daß bei einem Schlachtopfer (זבח) die Mahlgemeinschaft mit Jahwe gefeiert und der Bund geschlossen wird (5b), und während keine Zweifel bestehen, daß die Huldigungsgabe der עולה als Zeichen der Verehrung und Anbetung des Volkes Gott immer vor Augen steht (8b), verfolgt die Gemeinde mit dem Opferkult noch ganz andere Zwecke und Ziele. Das wird in 9–13 deutlich. Jahwe soll das Tier annehmen (לקח 9), soll den Wert dieses Opfers erkennen, sich daran sättigen (12) und erfreuen. M.a.W.: man will Jahwe Kraft zuführen, will auf ihn einwirken, seinen Zorn beschwichtigen und eine günstige Stimmung erzielen. Gegen diese Zwecke und Ziele, die sich – den gesamten Kultus beherrschend – mit dem Opfer verbinden, richtet sich die prophetische Rede. Jahwe nimmt diese Tieropfergaben nicht an (9). Zum einzelnen vgl. GDalman AuS VI 90.172.283.375. Die magische Vorstellung von einer notwendigen Kraftzufuhr an die Gottheit wird streng zurückgewiesen, denn Jahwe gehört »die Erde und ihre Fülle«. Er ist Weltschöpfer und Weltherr. Hier wird auf alte Kultvorstellungen der Tradition Jerusalems Bezug genommen (s.o.S. 94ff. Einl § 10,1). Dem Weltschöpfer und Weltherrn gehören alle Tiere. Niemand kann ihm etwas geben, was er nicht längst besäße. So besteht also die Schuld Israels darin, daß das Volk die majestätische Wirklichkeit seines Gottes vergessen hat (22). In der Theophanie und Selbstvorstellung aber tritt Jahwe neu an sein Volk heran. Weggeräumt werden die naiv-anthropomorphen Gottesbilder, als esse Gott das Fleisch der Tiere und trinke das Blut der Böcke (13). Verworfen werden alle Erwartungen, die der Mensch hinsichtlich seiner Möglichkeit und Fähigkeit, auf Jahwe einzuwirken, hegt. Hier liegt der Akzent. Und indem die falsche, gottentfremdete kultische Verhaltensweise unter dem Gewicht der souveränen Selbstaussagen Jahwes vernichtet und verdammt wird, wird zugleich der rechte Jahwedienst in den Vordergrund gerückt (14–15). Dabei ist von Schlacht- und Brandopfern im umfassenden Sinne nicht die Rede. Die versammelte Gemeinde wird aufgefordert, die תודה zu opfern (זבח) und dem עליון die Gelübde zu bezahlen (14). Jahwe ist der עליון, der »höchste Gott«, der Weltschöpfer und Weltherr. In dieser Gottesbezeichnung der Jerusalemer Kulttradition (s.o.S. 94ff. Theol Einl § 10,1) werden die Aussagen in 9–13 gleichsam zusammengefaßt. Den עליון kann niemand durch seine Gaben beeinflussen, wohl aber sollte Israel endlich einmal die Gaben des עליון erkennen und ihm danken. Das wäre rechter Gottesdienst. – Besondere Bedeutung verdient in 14f. die Anordnung, die hinsichtlich der תודה getroffen wird. In der Erklärung kann gefolgt werden den Untersuchungen von HJHermisson, Sprache und Ritus im altisraelitischen Kult: WMANT 19 (1965) 35f. – 15 läßt deutlich erkennen, wie der Beter dazu kommt, eine תודה Jahwe darzubringen: Im Bittgebet hat er, in der Situation höchster Not, ein Lobgelübde abgelegt und damit versprochen, die erfahrene Rettung und Hilfe durch Jahwe öffentlich kundzutun. Vgl. zur תודה s.o.S. 54f. Einl § 6,2aγ. Das Lobgelübde konnte auch ein Opfer in Aussicht stellen. Doch »während der Lobpreis durchaus ohne das Opfer auskommen kann, so doch nicht das Opfer ohne den Lobpreis« (HJHermisson, 35). Es erhebt sich nun die Frage, welche Bedeutung die betonte Hervorhebung der תודה gegenüber den anderen Opfern hat. »Die Meinung, es würde hier das ›materielle‹ Opfer verworfen und das ›geistige‹ Lob gefordert, wird den Aussagen des Textes nicht gerecht. Es wird hier deutlich nicht gegen den Opferkult überhaupt polemisiert, sondern gegen ein bestimmtes, zweifellos sehr urtümliches Verständnis, das die Opfer als Speise der Gottheit ansieht« (HJHermisson, 36). Wird also an der tatsächlichen Darbringung eines תודה-Opfers festgehalten? Die Formulierung זבח תודה könnte zu einer Bejahung dieser Frage führen. Doch liegt es nahe, die Formulierung auf die Darbringung des Dankliedes zu beziehen. Dieser Lobpreis »muß notwendig vor der versammelten Gemeinde laut werden, und um das zu kennzeichnen, bedarf es nicht erst des Verbs זבח. Das Verb weist vielmehr darauf hin, daß eben der Lobpreis als Opfer dargebracht wird. Behält man das im Auge, dann sind daneben freilich auch die recht verstandenen Tieropfer nicht ausgeschlossen. Keine umwälzenden Veränderungen des Kultus verlangt die Rede, aber sie verlagert die Gewichte – oder vielleicht sollte man eher sagen: sie rückt sie zurecht« (HJHermisson, 36). Auch 15 tritt ins Licht dieser Korrekturen. Am Tag der Not soll der Mensch nicht auf Jahwe einzuwirken versuchen. Er soll rufen (קרא) und dem rettenden Handeln Jahwes zuversichtlich entgegensehen.

Mit 16 setzt ein neuer Redeabschnitt ein. Wieder handelt es sich in der 16–21
vollmächtigen Rechts- und Gerichtsrede um den rechten Gottesdienst vor Jahwe. War in 7–15 von dem rechten Opferdienst die Rede, so geht es nun um das Leben unter den Willensäußerungen und Bundesordnungen Jahwes. Theophanie und Gerichtsrede dringen in Ps 50 durch alle kultischen Vordergründe hindurch und greifen nach dem Innersten des Menschen (vgl. Jes 29,13ff.; Dt 6,4ff.). Wird wirklich Jahwe gedient? Lebt die Gemeinde und lebt jeder einzelne im Gottesvolk im Machtbereich der Wirklichkeit Gottes? Oder haben sich religiös-magische und heuchlerische Manipulationen eingeschlichen, mit denen der majestätischen Herrschaft Jahwes ausgewichen wird? Die einleitende Formel ולרשע אמר אלהים in 16 führt als sekundärer Einschub in das Verständnis der zweiten Redephase (16ff.) ein. Doch sollte die Erklärungsmöglichkeit wenigstens erwogen werden, daß der Sprecher auf einen Einzelnen aus dem Kreis der versammelten Kultgemeinde losgefahren ist (HSchmidt), bzw. daß er einen bestimmten Typ angesprochen hat. Jedenfalls wird die Rede sehr konkret. Der nun durch das prophetische Wort getroffene Mensch wird רשע genannt. Aus dem Inhalt des Folgenden wird zu erheben sein, ob diese Charakterisierung richtig ist. – Wie in 7–15, so haben wir es jedenfalls auch in 16ff. mit einem Jahwewort zu tun.

Schärfer als in 8ff. ist die auf den einzelnen eindringende Anrede in 16. Hart wie das schuldaufdeckende »Scheltwort« der Propheten ist die Anfrage. Gedacht wird an einen Menschen, der die Willensäußerungen und Bundesordnungen Jahwes fortgesetzt im Mund führt und »aufzählt«. Man könnte fragen, ob ספר vielleicht einen bestimmten Brauch der ständigen Vergegenwärtigung der Gottesgebote meint (wie z.B. in Dt 6,7ff.). Da nämlich חקי sich gewiß – wie aus dem Kontext hervorgeht – auf den Dekalog bezieht, könnte etwa an das Aufzählen der Zehn Gebote an den zehn Fingern gedacht sein. Daß חקי und בריתי parallel stehen, ist nicht außergewöhnlich, sondern entspricht der deuteronomischen Denkweise, die in 16ff. feststellbar ist. – In 17 wird der Mensch, der die Gottesgebote immerzu im Mund führt, angeklagt, daß er מוסר verworfen habe. מוסר bezeichnet die »existentielle« Bindung des Gehorsams und der Zucht, in die Jahwes Bund und Bundesordnung den Menschen hineinstellen (vgl. Jer 2,20; 5,3; 7,28; Prv 15,10). Doch diese unmittelbare Lebensbeziehung in Gehorsam und Zucht wird von dem durch das prophetische Wort angegangenen Menschen gehaßt. Er wirft die Worte Gottes (wie Schalen einer Frucht) hinter sich und läßt sich von ihnen nicht bestimmen und führen. Er ist anfällig für alles Böse, das ihm entgegenkommt (18ff.). Aus dem Dekalog werden (beispielhaft) nur drei Gebote herausgegriffen: Nicht stehlen, nicht ehebrechen, kein falsch Zeugnis reden. Im Hinweis auf diese Gebote wird gezeigt, daß – bei aller äußeren Bekenntnisbeflissenheit – der Wille Gottes verachtet und übertreten wird. Zur Zitierung einzelner apodiktischer Rechtssätze des Dekalogs in prophetischer Rede vgl. Hos 4,2; Jer 7,9. Zur prophetischen Verdammung des Lippenbekenntnisses vgl. Jes 29,13ff. Durch den religiösen Formalismus und Ritualismus hindurch stößt das Wort in das Herz des Menschen vor und entlarvt ihn tatsächlich als רשׁע (16). Der Hinweis auf die apodiktischen Gebote (in 18–20) ist doch wohl aus dem Kultinhalt des Bundesfestes zu erklären. Beim Zeremoniell der Bundeserneuerung wurden die apodiktischen Gebote neu verkündet (AAlt, KlSchr I 327ff.). Die Gerichtsrede in 16–21 schließt in einer (das Zeremoniell offenbar abschließenden) Rechts- und Gerichtsrede jede äußere Frömmigkeit, jedes formale Lippenbekenntnis als gottfremde, gottlose »Religiosität« aus. Jahwe schweigt zu den heuchlerischen Vorkehrungen seiner Bundespartner nicht (21). Er tritt hervor (3), um in seinem Volk die irrige Meinung zu zerstören, als sei mit Gott in menschlichen Relationen und Kategorien zu verkehren. Gott ist Gott und kein Mensch (Nu 23,19; Hos 11,9). Theophanie und Prophetie bringen die Welt des menschlichen Pseudos zum Einsturz – und zwar gerade dort, wo Religion und Kult in subtilster Weise dieses Pseudos betreiben. Das abschließende Versstück אוכיחך ואערכה לעיניך unterstreicht die Tatsache der neuorientierenden Konfrontation mit der Wirklichkeit Gottes, die in der levitischen Predigt mit prophetischer Vollmacht sich ereignet.

22 22 gehört wohl zum Redeabschnitt 16–21 und ist als Warn- und Drohruf zu verstehen. Die in 16–21 geschilderten Menschen werden hingestellt als diejenigen, die »Gott vergessen« – d.h., die seine ihm eigene und von allen menschlichen Vorstellungen und Erwartungen grundverschiedene Wirklichkeit nicht mehr kennen. Das Verbum טרף spielt an auf das »Zerreißen« des Löwen. Wen Jahwes Gericht, das in 22b nur angedeutet wird, trifft, der ist rettungslos verloren (אין מציל). Es ist bemerkenswert, daß der zweite Redeabschnitt (16–22) anders abschließt als der erste. In 14–15 wurde an die Stelle des falschen, usurpierten Opfer-

kultes – der rechte, Jahwe wohlgefällige Opferdienst gerückt. In 22 hingegen werden die Ungehorsamen gewarnt und bedroht. Genauer müßte von einer »ultimativen Vermahnung« (JJeremias, 125) die Rede sein. Und hier fällt es auf, daß die Gerichtsrede nicht – wie es in der Prophetie üblich ist – eine Straffolge ankündigt.

Als Zusammenfassung der beiden Redeabschnitte ist 23 aufzufassen. 23
Hier werden die beiden rechten Verhaltensweisen vor Jahwe herausgehoben und ins Licht einer umfassenden Verheißung gestellt. Wer Dank opfert, ehrt Jahwe: so lautet das erste Satzglied. Der Opferdienst tritt also noch nicht in das Licht der Verheißung, sondern lediglich unter die Feststellung: יכבדנני. Entscheidend ist der »rechtschaffene Wandel« (תם דרך) in den Bundesordnungen Jahwes. Wer in der Zucht Jahwes lebt und sein Wort nicht verwirft (17), der wird das »Heil Jahwes schauen« (vgl. Ps 91,16).

Theophanie und Gerichtsrede sind die beiden innig zusammengehö- Ziel
rigen Ereignisse, die im gottesdienstlichen Akt einer Bundeserneuerung (5b) auf die versammelte Gemeinde eindringen. Die Theophanie konfrontiert die Kultgemeinde mit der weltüberlegenen, fremden Wirklichkeit Gottes, die dem religiösen Wahn ein Ende bereitet, als stünde Gott als Verhandlungspartner oder schweigendes Numen auf der Ebene des Menschen (21aβ). In der Gerichtsrede spricht Jahwe selbst durch den Mund eines autorisierten Sprechers, der für den rechten Gottesdienst verantwortlich ist. Die Schuld Israels, des Bundesvolkes, wird in zwei Gerichtsreden aufgerollt (7–15; 16–22). Der Opferdienst wird in 7–15 in eine neue Beziehung zu Jahwe versetzt. Die irrige Auffassung, als könnte der Mensch mit seinen Gaben auf Jahwe einwirken, zerfällt angesichts der strahlenden Majestät des עליון, des Weltschöpfers und Weltherrn, dem Spott und der höhnischen Verwerfung. Nur diejenigen Opfer, die den Dank und die Verehrung des Volkes bezeugen (8.14–15.23a), sind Gott wohlgefällig. – Das Verhalten des einzelnen Menschen unter den Bundesordnungen Jahwes ist Gegenstand des zweiten Redeabschnittes (16–22). Hier handelt es sich um die ureigensten Lebensfragen des Bundesvolkes Israel. Jahwe hat am Sinai mit Israel einen Bund geschlossen und seinen Willen, seine Bundesordnungen, vor allem in der Form der apodiktischen Gebote des Dekalogs kundgetan. Wie steht das Gottesvolk zu diesen Geboten? Aus Dt 6,4ff. ist zu entnehmen, daß alle nur erdenklichen Bemühungen unternommen wurden, den Gotteswillen an allen Orten und zu allen Zeiten gegenwärtig vor Augen zu sehen. Aber es drohte die Gefahr eines religiös-rituellen Formalismus. Die Bundesordnungen wurden mechanisch rezitiert, doch das gehorsame und zuchtvolle Leben unter den Geboten (17) wurde verachtet, d.h.: Gott selbst wurde vergessen (22). Gegen diese Mißachtung Jahwes richtet sich das drohende und

warnende Wort in 22. – Der ganze Psalm steht also zweifellos in der Tradition einer kultisch verwurzelten Erneuerung des Gott-Volk-Verhältnisses. Auch in der Spätzeit levitischer Predigt, die von einem erstaunlichen prophetischen Vollmachts- und Sendungsbewußtsein getragen ist, kommen Intentionen zum Austrag und zur Geltung, die in älteren Kultüberlieferungen wurzeln dürften.

»In Ps 50 wird mustergültig entfaltet, welches die angemessene menschliche Haltung dem hereinbrechenden Gott gegenüber ist. Ob Gott kommt oder ob er ausbleibt, ist menschlicher Verfügung entnommen. Sobald er aber kommt, kann sein Gegenwärtigwerden sowohl Heil für den Menschen im Gefolge haben wie auch Untergang. In jedem Fall wird seine Verantwortung aufgedeckt, er als schuldig befunden. Heilskräftig wird jenes göttliche Geschehen nicht durch fromme Leistungen, etwa überreichliche Opfer; dergleichen macht auf Gott keinen Eindruck (8ff.). Ein solches Bestreben kann sogar zur Heuchelei führen und damit das Gegenteil bezwecken (16). Nein, Gottes Heil kommt einzig zu denen, die ihrer Gottesvergessenheit inne werden und zugleich lobpreisend und dankend – weil sie nämlich dennoch nicht umgekommen sind – sich in den Bereich des Gottesheils hineinflüchten (22f.). Es sind zugleich diejenigen, die es wagen, in jeder Notlage ohne Reflexion auf ihre Anständigkeit und Würdigkeit sich an den übermächtigen Gott zu wenden (15) und somit die Kontinuität des göttlichen Heilshandelns herauszufordern« (KKoch, Meditation über Ps 50,14–23: Herr, tue meine Lippen auf Bd. V ed. GEichholz, ²1961, 479f.).

Psalm 51
Bitte um Vergebung der Schuld und Erneuerung des Herzens

Literatur CSteuernagel, Psalm 51: Sellin-Festschrift (1927) 151ff. – RGaldos, Psalm 50 ›Misere mei, Deus‹; exegetica explicatio: VD 10 (1930) 67–79. – RArconada, Psalmus 50/51 (Misere) retentus, emendatus, glossatus: VD 11 (1931) 197–206. – NHSnaith, Five Psalms: Ps 1; 27; 51; 107; 34. A New Translation with Commentary and Questionary (1938). – RPress, Die eschatologische Ausrichtung des 51. Psalms: ThZ 11 (1955) 241–249. – HJStoebe, ›Gott, sei mir Sünder gnädig‹. Eine Auslegung des 51. Psalms: BiblStud 20 (1958). – GJBotterweck, Sei mir gnädig, Jahwe, nach deiner Güte. Eine Meditation über Ps 51(50), 3–14: Bibel und Leben 2 (1961) 136–142. – EBeaucamp, Justice divine et pardon... (Ps LI,6b): A la rencontre de Dieu. Mémorial AGelin (1961) 129–144. – PEBonnard, Le vocabulaire du Miserere: A la rencontre de Dieu. Mémorial AGelin (1961) 145–156. – ERDalglish, Psalm Fifty-One in the Light of Ancient Near East Patternism (1962). – GGiavini, Salmo 51 (50). Miserere: Ambrosius 42 (1966) 280–288. – NHRidderbos, Ps 51,5–6: Studia Biblica et Semitica, ThCVriezen dedicata (1966) 299–312. – HGross, Theologische Eigenart der Psalmen und ihre Bedeutung für die Offenbarung des Alten Testaments – dargestellt an Ps 51: Bibel und Leben 8 (1967) 248–256. – ACaquot, Purification et expiation selon le psaume LI: RHR 169 (1966) 133–154. – JKZink, Uncleanness and sin. A Study of Job 14,4 and Psalm 51,7: VT 17 (1967) 354–361. – KCondon, The Biblical Doctrine of Original Sin: The Irish Theological Quarterly 34 (1967) 20–36. – LNeve, Realized Eschatology in Psalm 51: Expository Times 80 (1968/69) 264–266.

Text

1 Dem Chorleiter. Ein Psalm Davids.
2 Als der Prophet Nathan zu ihm kam, nachdem er zu Bathseba
eingegangen war.
3 Sei mir gnädig, 'Jahwe'[a], nach deiner Huld[b],
nach deiner reichen Barmherzigkeit tilge meine Freveltaten!
4 Meine Schuld wasche gänzlich[c] von mir ab
und von meinen Verfehlungen reinige mich!
5 Denn meine Freveltaten erkenne ich[d],
und meine Verfehlung habe ich ständig vor Augen.
6 An dir allein habe ich mich versündigt
und getan, was böse ist in deinen Augen;
auf daß du recht behältst in deinem Spruch,
rein bleibst in deinem Gericht.
7 Sieh: in Schuld bin ich geboren,
in Sünden hat mich meine Mutter empfangen.
8 Sieh: an Wahrheit im Verborgenen hast du Gefallen[e],
und im Geheimen lehrst du mich Weisheit.
9 Entsündige mich mit Ysop, daß ich rein werde,
wasche mich, daß ich weißer werde als Schnee!
10 Laß mich erleben[f] Frohlocken und Freude,
daß die Gebeine jubeln, die du zerschlagen hast!
11 Verbirg dein Angesicht vor meinen Sünden
und tilge alle meine Schuld!
12 Ein reines Herz schaffe in mir, 'Jahwe'[g],
und einen beständigen, neuen Geist bringe in meine Brust!
13 Verwirf mich nicht vor deinem Angesicht
und nimm deinen heiligen Geist nicht von mir!
14 Laß mich wieder erfahren die Freude an deiner Hilfe
und mit dem Geist des Gehorsams stehe mir bei!
15 Dann will ich die Frevler deine Wege[h] lehren,
daß die Sünder zu dir umkehren.
16 Errette mich vom Blute, Jahwe, ''[i]
daß meine Zunge jauchze über deine Gerechtigkeit!
17 Herr, tue mir die Lippen auf,
daß mein Mund deinen Ruhm verkünde!
18 Denn an Schlachtopfern hast du nicht Gefallen[j],
und 'brächte ich'[k] Brandopfer, du möchtest (es) nicht.
19 'Mein Schlachtopfer'[l], 'Jahwe'[m], ist ein zerbrochener Geist;
ein zerschlagenes und zerbrochenes Herz, o Gott, verachtest du nicht.
20 Erweise in deiner Gnade Zion Gutes,
baue die Mauern Jerusalems!

21 Dann werden dir Rechtsopfer gefallen '[n]**,**
dann wird man Stiere bringen auf deinen Altar.

3 **a** Im elohistisch redigierten Teil des Psalters ist statt אלהים wohl יהוה zu le-
sen. – **b** *G*: τὸ μέγα ἔλεός σου. Es würde bei einer entsprechenden Ergänzung von
4 הַגָּדוֹל ein Metrum 4 + 4 anzunehmen sein; doch wird *M* zu folgen sein. – **c** K
5 הַרְבֵּה, Q pl.MSS הֶרֶב. – **d** Es wird vielfach statt אֵדָע (unter Veränderung der
Punktation) אֹדֶעַ = »ich bekenne« gelesen; doch wird *M* vorzuziehen sein (vgl.
8 par.membr.). – **e** Schwierig ist das Verständnis des in *M* vorliegenden Textes.
Was soll 8a bedeuten: »du hast Gefallen an Wahrheit im Verborgenen«? Vgl.
dazu »Wort« (s.u.). Eine Korrektur ist wohl kaum erforderlich. Beachtlich ist
HGunkels Vorschlag, חָפַשְׂתִּי (= »ich habe aufgespürt«) statt חָפַצְתָּ zu lesen.
10 Doch ist ein sachgemäßes Verständnis des in *M* gebotenen Textes möglich. – **f** *S*
12.15 תַּשְׂבִּיעֵנִי (»sättige mich«); doch ist wohl *M* zu folgen. – **g** Vgl. zu a. – **h** Pl. Mss *S*
16 דרכך (sing.); doch ist *M* zu lesen. – **i** אלהי תשועתי ist mtr.cs. aus dem Versgefüge
18 auszuscheiden; es handelt sich um eine Hinzufügung. – **j** *G* wendet die Aussagen
in 18 ins Positive und bietet folgenden Text:

ὅτι εἰ ἠθέλησας θυσίαν, ἔδωκα ἄν·
ὁλοκαυτώματα οὐκ εὐδοκήσεις.

Aber dieses Textverständnis ist nicht zutreffend, der Kontext widerlegt es (vgl.
19.21; dort wird zu der zuvor geäußerten negativen Stellung zum Opfer ein Ge-
gensatz gebildet. – **k** Atnach steht an falscher Stelle. וְאֶתֵּנָה ist mit *T* und mtr.cs.
19 zu 18b zu ziehen. – **l** *M*: »Opfer Gottes«; syntaktisch ergeben sich Schwierigkei-
ten, denn zu רוח paßt nicht gut der plur. זבחי. Ursprünglich stand wohl זִבְחִי an
21 dieser Stelle. – **m** Vgl. zu a. – **n** Als erklärende Hinzufügung wird עולה וכליל auf-
zufassen sein.

Form Der textlich gut überlieferte Psalm bietet auch metrisch klare Verhältnisse. Das Versmaß 3 + 3 ist bestimmend. Nur drei Verse fallen aus dieser Ordnung heraus: 3 und 13 sind im Metrum 3 + 4 zu lesen und 19 im Versmaß 4 + 4. Eine Analyse des Aufbaus ergibt folgendes Bild: 1–2 Überschrift, 3–4 Anruf, 5–8 Erkenntnis der Schuld, 9–11 Bitte um Entsündigung, 12–14 Bitte um ein reines Herz und einen willigen Geist, 15 Lob- und Lehrgelübde, 16 Bittruf, 17 Bitte um Ermöglichung des Lobens, 18–19 Gedanken über das rechte Opfer, 20–21 Fürbitte für Jerusalem. Es ist schon seit langem erkannt worden, daß das zuletzt genannte Stück 20–21 ein späterer Zusatz ist, der die Opfergedanken in 18 in auffallender Weise korrigiert und eine zeitgemäße Bitte einflicht: Die Errichtung der Mauern Jerusalems. HGunkel bemerkt zu 20–21: »Ein späterer, ängstlich-gesetzlicher Frommer, der den hohen Sinn des Psalmisten nicht zu erfassen vermochte, hat im Stillen Anstoß daran genommen, daß er so frei vom Opfer rede, die doch Gottes heiliges Gebot vorschreibt.« Man sieht, die in Rm 14 zur Sprache gebrachten Probleme sind bereits im Alten Testament akut. – Ps 51 gehört zur Formgruppe der Gebetslieder, in denen Notschilderung und Bitte dominieren, in denen dann aber auch der Ausblick auf die Stunde des Dankens (*Toda*) gewagt wird (15.17f.). Zu den Gebetsliedern s.o.S. 49ff. 54f. Einl § 6,2.

Das Bittgebet wird üblicherweise im Bereich des Heiligtums vor Jahwe vorgetragen. Wenn der Sänger in 9 um Entsündigung »mit Ysop« bittet, so werden hier Reinigungsriten des Kultortes benannt. Doch in welcher Lage befindet sich der Beter? Welche Not hat er zu tragen? In den neueren Erklärungen des Psalms herrscht die Auffassung, daß ein Bekenntnis der Schuld immer im Zusammenhang mit der Bitte um Heilung einer schweren Krankheit stehe. Man ist der Meinung, daß ein körperliches Leiden stets nach einer verursachenden Schuld fragen läßt und somit erst die Veranlassung zu einem Schuldbekenntnis gibt. So sieht HGunkel in dem Psalmsänger einen Schwerkranken und weist auf 10 hin. Dort ist von den »zerschlagenen Gebeinen« des Bittenden die Rede. FNötscher hingegen hält 10 für eine ausdrucksvolle Veranschaulichung des inneren Leides und weist den Gedanken an Krankheit zurück. Auf jeden Fall wird man sich hüten müssen, das Dogma von der kausalen Zusammengehörigkeit von Krankheit und Schuld in alle Psalmen hineinzutragen. Daß es – schon in älterer Zeit – durchaus üblich war, Gebets- und Bittlieder aus einer Situation der Schuld (auch ohne jedes Krankheitssymptom) anzustimmen, zeigt die Erzählung 2 S 12, auf die in der Überschrift zu Ps 51 hingewiesen wird. Aber auch wenn man in 10 einen Hinweis auf Krankheit erblicken will, wird es zu beachten sein, daß nach dem Wortlaut der einzelnen Verse »dem Psalmisten die Befreiung von seinen Sünden wichtiger als die wörtlich nicht erwähnte Genesung« war (JJStamm, Erlösen und Vergeben im Alten Testament, 1940, 132). Ort

In welche Zeit ist Ps 51 anzusetzen? Daß die Überschrift in 1–2 keinen Aufschluß über den Verfasser und die geschichtliche Stunde gibt, hat man seit langem erkannt. Der Psalm ist in der Zeit Davids undenkbar. Zur Frage nach der Bedeutung der Überschrift s.u. »Wort«. Anhaltspunkte zur zeitlichen Ansetzung des Ps 51 müssen aus dem Inhalt des Bittliedes gewonnen werden. Hier sind zwei Beobachtungen hervorzuheben: 1) Die Bitte um ein reines Herz und einen »Geist des Gehorsams« (12–14) erinnert an Jer 24,7; 31,33; 32,39; Ez 36,25ff. – 2) Die Gedanken über den Wert des Opfers in 18f. weisen auf den prophetischen Protest gegen den Opferkult hin (Am 5,22; Jes 1,11; Jer 6,20 u.ö.). Damit sind wichtige Gesichtspunkte zur Datierung gegeben. Ob man allerdings die Beziehung des Ps 51 zu Jer 31,31–34 und Ez 36,25–27 in der Weise sehen darf, daß in ihm der »Eschatologie-Typos« der »realised eschatology« eine Bestätigung findet, erscheint doch zweifelhaft. Zur »realised eschatology« in Ps 51 vgl. LNeve, Expository Times 80 (1968/69) 264ff. Immerhin, es ist deutlich, daß Ps 51 später als Ez 36 anzusetzen ist. Handelt es sich in 20–21 um einen Zusatz, der doch wohl am besten in die Zeiten Nehemias (Mauerbau!) datiert wird, dann wäre als terminus ad quem die Zeit Nehemias anzugeben. Damit ergibt sich ein relativ klares Bild. Nicht immer ist eine solche Zeitbestimmung bei der Erklärung der Gebetslieder möglich. Auch im Blick auf Ps 51 wird noch zu fragen sein, ob nicht eine Urform des Gebets in ältere Zeit zurückweist. Der Psalm zeigt mit seiner Ergänzung in 20–21 doch deutlich, daß Gebetsformulare im Verlaufe der Zeit Zuwachs und Modifikationen ausgesetzt waren. Vom Formularcharakter der Gebetslieder wird also immer wieder auszugehen sein.

Wort 1–2 Zu למנצח s.o.S. 25 Einl § 4 Nr. 17. – Zu מזמור לדוד S. 15ff. Einl § 4 Nr. 2.

Die Situationsangabe (2), in die der Leser und Beter des Ps 51 sich versetzen soll, deutet auf 2 S 12. Ein solcher Hinweis, auch wenn er den »historischen Tatsachen« nicht entspricht, sollte nicht einfach als sekundär und darum unwesentlich überschlagen werden. Mit Recht betont HJStoebe: »Es wäre nun aber völlig falsch, wenn man diese Überschriften als freie Erfindung und spätere Hinzufügung zum Text einfach beiseite lassen wollte. Sie behalten im Gegenteil für uns ein erhebliches Gewicht, denn sie sind der lebendige Erweis dessen, wie die Gemeinde hörte und verstand; sie sind gleichsam Illustrationen und darin beides, Glaubenszeugnis und erste Auslegung« (HJStoebe, BiblStud 20, 17).

3–4 In seiner Not ruft der Beter und Sänger des Ps 51 die Huld und Barmherzigkeit Jahwes an. Zu חסד vgl. zu Ps 5,5–8. Das eigentliche Leid, um das es sich nun in Ps 51 handelt, ist פשע: die »Losreißung von Gott« (FDelitzsch), die »Auflehnung des menschlichen Willens gegen den Willen Gottes« (LKöhler, TheolAT³ 158). Diese Schuld steht zwischen Gott und Mensch – schwer und lastend (vgl. Ps 32). In 3b liegt offenbar die Vorstellung zugrunde, als sei das Vergehen aufgezeichnet. מחה bezeichnet den Akt des Auslöschens (Nu 5,23; Jes 43,25; Ps 109,14). Sind hier konkrete Riten vorauszusetzen? Nu 5,23 erinnert an das Gottesurteil. Aber man wird diese Vorstellung nicht in den Ps 51 hineintragen dürfen (gegen HSchmidt). Die Babylonier sprechen von Tafeln, auf denen die Sünden verzeichnet sind, und bitten, daß diese Tafeln zerbrochen werden möchten (HZimmern, KAT³ 402). Von »Büchern«, die Jahwe in Israel führt, ist in Ex 32,32; Ps 69,29 die Rede. In 4 werden die Begriffe für »Schuld« variiert. עון hat die Bedeutung »Verkehrung«, »Verzerrung« (FDelitzsch), das Wort drückt die »mit Gottes Willen nicht in Einklang stehende Gesinnung« aus (LKöhler, TheolAT³ 159). Und חטאת bezeichnet die »Verfehlung«, die »Abirrung« (LKöhler, TheolAT³ 158). כבס ist ein sehr starkes Verbum, das die Bedeutung »walken« haben kann. Der Beter erfleht eine gründliche Reinigung von seiner Schuld, die grundsätzlich als Verunreinigung, als Schmutz und Makel vorgestellt wird. Im Hintergrund stehen hier fraglos Vorgänge gottesdienstlicher Reinigung – Akte kultischer Lustration, »bei denen der Büßer sich waschen ließ oder sich und seine Kleider selber wusch, wobei ihm zugleich die Sündenvergebung zugesprochen wurde« (HGunkel-JBegrich, EinlPs 179). Zu den

Begriffen in 2–3 vgl. JJStamm, Erlösen und Vergeben im Alten Testament (1940) 74ff. Die Schuld ist das Unerträgliche, das nicht nur gemildert und abgeschwächt, sondern ganz und gar beseitigt werden muß: getilgt, abgewaschen, aus dem Angesicht Gottes verschwunden. Der Beter weiß, »daß diese totale Beseitigung des Unerträglichen nicht sein, sondern nur Gottes Werk sein kann: ein göttliches Vertilgen, Reinigen, Abwaschen...« (KBarth, Kirchliche Dogmatik IV, 1, 1953, 646).

5–8 handeln von der Erkenntnis der Schuld. Der Beter bekennt, daß 5–8
er seine Verschuldung klar sieht. »The subject is emphatic« (ACohen). Immer steht das Vergehen dem Schuldigen vor Augen. Wie in Ps 32 wird das Drückende, Bedrohliche der quälenden Sünde zum Ausdruck gebracht (vgl. auch Ps 38,4ff.).[1]

Eine bemerkenswerte Parallele aus der akkadischen Psalmenliteratur sei hier erwähnt:

»Wer ist es, der gegen seinen Gott nicht in Sünde gefallen wäre, welcher,
der für alle Zeit den Befehl beobachtet hätte?
Die Menschheit, so viel ihrer ist, weiß um Sünde!
Ich, dein Knecht, habe immer wieder in allem gesündigt,
trat vor dich hin, suchte aber immer wieder nach Unrechtem.
Lügen sprach ich immer wieder, tat leichthin ab meine Sünde,
sagte immer wieder Unheilvolles: alles dies sollst du wissen!«

(AFalkenstein/WvSoden, Sumerische und akkadische Hymnen und Gebete, 1953, 272).

Heftige Auseinandersetzungen hat die Auslegung der Worte לך לבדך 6
חטאתי in 6 erbracht.[2] Wie ist dieses Bekenntnis zu verstehen? Hat der Beter des Psalms sich durch Götzendienst an Jahwe selbst versündigt (Baethgen), oder wird hier eine Schuld gegenüber Menschen als Sünde gegen Gott angesehen? HGunkel weist beide Auffassungen zurück und urteilt u.a.: »Die oft versuchte Erklärung des Wortes, alle Sünde, auch die gegen Menschen, sei im letzten Grunde nur eine Beleidigung Gottes, ist eine Verzerrung des Textes.« Dieses Urteil ist nicht zutreffend. Verschuldung gegenüber anderen Menschen wird im Alten Testament schon sehr früh als Schuld gegen Gott angesehen (Gn 39,9). Und in 2 S 12,13 bekennt David, nachdem er sich an Bathseba vergangen hat: חטאתי ליהוה. An dieser Stelle liegt zweifellos eine bemerkenswerte Gleichartig-

[1] »Wahre Buße ist kein totes Wissen um begangene Sünde, sondern lebendiges empfindliches Bewußtsein derselben (Jes 59,12), welchem sie als Gegenstand und Grund der Unruhe und Pein immer gegenwärtig ist, und diese die ganze Persönlichkeit des Menschen einnehmende Bußtraurigkeit ist zwar kein Verdienst, welches Gnade erwirkt, wohl aber die Bedingung, ohne welche keine Gnadenerweisung möglich« (FDelitzsch).

[2] »Tibi soli peccavi et malignum coram te feci. Quia tu solus sine peccato. Ille iustus punitor, qui non habet quod in illo puniatur: ille iustus reprehensor, qui non habet quod in illo reprehendatur.« Augustinus, Enarrationes in Psalmos: Migne 36/37, 590.

keit des Bekenntnisses vor. Wer Jahwes Gebote übertritt, versündigt sich an Gott selbst – das ist ohne Frage die in 6 zugrunde liegende Auffassung. Dabei ist es im Text unverkennbar, daß und wie auf das erste Gebot angespielt wird. Es geht um Jahwe selbst. Vgl. WHSchmidt, Das erste Gebot: TheolEx 165 (1970) 41. Sünde ist Übertretung des ersten Gebots. 6f. ist zudem als Gattungselement der sog. »Gerichtsdoxologie« zu betrachten. Wer sich verschuldet hat, wird aufgerufen, Jahwe »die Ehre zu geben« (vgl. Jos 7,19; FHorst, Die Doxologien im Amosbuch: ZAW 47, 1929, 45ff.; GvRad, TheolAT^6 I 369f.). Um die Ehre und Majestät Gottes geht es im Bekenntnis der Schuld; darum hat 6 das Ziel des »*Deum justificare*« (Luther). Der Beter unterwirft sich in einer Gott selbst betreffenden Schulderklärung dem gerechten Gericht Jahwes. **דבר** ist (wie der par.membr. erweist) der Richtspruch Gottes. Ihn erkennt der Psalmist unter allen Umständen an, ihm unterwirft er sich »auf Gedeih oder Verderben«. Gott die Ehre geben, ihm recht geben – das ist nach Luther die Voraussetzung des Glaubens (HJIwand, Glaubensgerechtigkeit nach Luthers Lehre, 1941, 11f.). Die grundsätzliche Erklärung der Gerichtsdoxologie in 6 wird noch ergänzt durch eine tiefe Einsicht in die schick-
7 salhafte Schuldverfallenheit des Menschen, wie sie in 7–8 geäußert wird. **עוון** und **חטא** sind schon in der Stunde der Geburt die bestimmenden Kräfte gewesen, unter deren Vorzeichen das Leben begann. Der Beter will sagen: der Urgrund, der Wurzelgrund meiner Existenz ist durchwirkt von Verderbnis.

Aussagen dieser Art sind im Alten Testament weder kausal-erbbiologisch noch einseitig moralisch-sexuell zu verstehen, sie haben auch keine lehrhafte Tendenz. Es handelt sich vielmehr um die vor Jahwes Angesicht sich ereignende Ausleuchtung der letzten Tiefen und Urgründe der menschlichen Existenz. Die totale, von Anfang an den Menschen bestimmende Verderbnis wird hier erkannt (Gn 8,21; Hi 14,4; 15,14f.; 25,4; Ps 143,2; Joh 3,6). In der kirchlichen Lehre von der Erbsünde sind diese Bibelstellen aufgenommen worden, haben aber dort vielfach an Gewicht und Wirkkraft verloren, weil die Wucht der existentiellen Einsicht weithin lehrhaft aufgelockert und mit kausal-erbbiologischen oder moralisch-sexuellen Gesichtspunkten verflüchtigt worden ist. – Irreführend sind die Feststellungen HGunkels, das Alte Testament kenne keine totale Verderbnis der menschlichen Natur, sondern es behaupte nur eine Schwachheit zum Guten; insofern seien die alttestamentlichen Aussagen »eine Vorbereitung für die kirchliche Erbsündenlehre«. Im Gegenteil: Das Alte Testament betont die totale Verderbnis, die wurzelhafte Schuldverfallenheit der menschlichen Existenz in einer ganz anderen Wucht als die kirchliche Erbsündenlehre. – Zum Problem vgl. KCondon, The Biblical Doctrine of Original Sin: The Irish Theological Quarterly 34 (1967) 20–36.

8 Als sehr rätselhaft hat man die Aussage in 8 bezeichnet. Es liegt jedoch nahe, 8 unmittelbar auf den Kontext in 7 zu beziehen. Diese Verknüpfung wird durch die jeweilige Einleitung der beiden Verse mit **הן** na-

hegelegt. Der Beter macht in 7 und 8 auf besondere Einsichten und Erkenntnisse aufmerksam. Er hat in Abgründe hineingesehen, die nur einer durchdringenden Schau eröffnet werden. אמת in der eigenartigen Parallelität zu חכמה könnte die zuverlässige, auf den Grund der Dinge vorstoßende Weisheitserkenntnis bezeichnen, die Jahwe im Bereich des Verborgenen und Geheimen gewährt (תודיעני). An einer solchen, in die tiefsten Gründe vordringenden Erkenntnis (7) hat Jahwe Gefallen. Der Mensch ehrt Gott mit der rückhaltlosen, totalen Erkenntnis seiner selbst – mit jener Einsicht, die auch die verborgenen Zusammenhänge der Verderbnis zu sehen und auszusagen vermag. Deutliche Beziehungen zur Weisheitslehre des Alten Testaments sind hier wahrnehmbar. Eine Stelle wie Jer 17,9 sollte nicht unbeachtet bleiben. Überdies ist es eigenartig, daß die meisten der alttestamentlichen Aussagen, die von einer totalen, wurzelhaften Verderbnis der menschlichen Existenz sprechen, zur Weisheitsdichtung des Hiobbuches gehören (Hi 14,4; 15,14f.; 25,4ff.). Doch ist die Einsicht in die verborgenen Tiefen der Schuldverfallenheit nicht Ergebnis menschlichen Nachdenkens, sondern eine Gabe göttlicher Mitteilung und Eröffnung (תודיעני 8). Vgl. Hi 11,6.

Um Entsündigung und Begnadigung bittet der Psalmist in 9–11. Die 9–11
Bitte תחטאני באזוב ואטהר (9a) spielt auf ein altes Reinigungszeremoniell an. אזוב ist wohl nicht mit dem griech. ὕσσωπος identisch, wie man immer wieder gemeint und entsprechend auf den Hyssopus officinalis L. hingewiesen hat. Vielmehr handelt es sich eher um Majoran (Origanum Maru). Vgl. GDalman, AuS I 543–545. Wahrscheinlich wurde aus den Ysopsträuchern ein Sprengwedel hergestellt, mit dem Wasser oder Opferblut zum Zeichen der Entsündigung auf den Büßer geträufelt wurde. Dem Strauch als solchem wurde reinigende Kraft zugeschrieben. In einem babylonischen Gebet an Marduk bittet der Sünder: »Die Tamariske möge mich reinigen, das … -kraut mich lösen, das Palmmark meine Sünden tilgen; das Weihwasserbecken von Ea und Asariluchi möge mir Gutes zukommen lassen!« (AFalkenstein/WvSoden, Sum. u. akkad. Hymnen und Gebete 306). Es handelt sich offenbar um weitverbreitete kultische Reinigungsriten (Nu 19,18). Ein gründliches Abwaschen (כבס vgl. 4) soll den Sünder »weißer als Schnee« erscheinen lassen (vgl. Jes 1,18). Wenn einige Exegeten in der Reinigung mit Ysop eine Heilung von Aussatz erblicken wollen (vgl. Lev 14,4f.49ff.), so ist darauf hinzuweisen, daß die Reinigungsriten im Alten Testament auch in anderem Zusammenhang erwähnt werden (z.B. Ex 12,22; Nu 19,6.18). Im übrigen wird man wohl kaum annehmen dürfen, daß die Reinigungsriten, die in Ps 51 genannt werden, sämtlich noch praktiziert werden. Es liegt doch nahe, an alte kultische Maßnahmen zu denken, die nur noch in den konventionellen Formeln der Bittgebete nachleben. In 10 denkt der Psalmist an die תרועה des Dankfestes, der תודה (vgl. zu Ps 27,6). Das Jubeln und Jauchzen dessen,

der Jahwes Heil erfahren hat, möchte der Beter hören und erleben. Begnadigung aber würde bedeuten, daß Jahwe sein Angesicht »leuchten läßt« und »erhebt«. Einstweilen jedoch verbirgt Gott sein Angesicht vor den Sünden (11). Dunkel und drohend steht die Schuld (und immer handelt es sich in Ps 51 nur um die Schuld) zwischen Jahwe und dem Beter. מחה (vgl. 3b) – »tilgen« möge Gott das Unerträgliche, Trennende.

12–14 Allein Gottes Tat, allein sein Eingreifen kann alles wenden. In 12–14 bittet der Psalmsänger um eine Neuschöpfung in seinem verderbten Inneren (vgl. 7). Unvergleichlich kühn ist der Gebrauch des Verbums ברא in 12. Dieses Wort ist im Alten Testament in absoluter Strenge allein für das Schaffen Gottes ausgespart (vgl. PHumbert, Emploi et portée du verbe *bārā* dans l'Ancien Testament: ThZ 3, 1947). Nie wird dieses Wort im Hinblick auf menschliches Tun gebraucht. Gott allein ist stets das Subjekt dieses Verbs. Grundverschieden von allem menschlichen Wirken ist Gottes Schaffen (vgl. Gn 1,1), einzigartig ist sein schöpferisches Tun – frei von allen Voraussetzungen und Anknüpfungen, erhaben über alle chaotischen Unmöglichkeiten. Das »reine Herz« kann der Mensch sich selbst nicht bereiten, kein Ritus kann es ins Leben setzen. Nur Gottes freie, schöpferische Tat kann das Innere des Menschen erneuern. Das ist die aus dem Alten Testament steil emporragende Erkenntnis der in Ps 51 geäußerten Bitten. Doch nicht nur um Reinigung seines Herzens bittet der Psalmist, er verlangt zugleich nach einem »beständigen Geist«, der auch in Zukunft von allem Wankelmut und von aller Unbeständigkeit erlöst ist (zu נכון vgl. Ps 78,37; 112,7). Während לב im Alten Testament einfach das Zentrum der menschlichen Existenz bezeichnet als Sitz alles Fühlens, Denkens und Wollens, bezieht sich רוח auf die wirksame, alles Fühlen, Denken und Wollen durchwehende Macht, die von Jahwe ausgeht (vgl. Ez 36,26ff.). Nimmt Jahwe diese heiligende, den Menschen in den Machtbereich Gottes führende רוח fort (לקח), dann ist dies ein Zeichen, daß dieser Mensch aus seiner Nähe verstoßen und »verworfen« (השליך) ist (13). רוח קדשך ist in Ps 51 die Gottesmacht, die den Menschen aussondert, reinigt und ihn im Innersten dazu antreibt, Jahwes Willen gehorsam zu erfüllen (Ez 36,27). רוח קדשך ist geradezu der Garant der Zugehörigkeit und Gemeinschaft mit Jahwe. Der Psalmist kennt nur eine Sorge: daß Jahwe ihn verwerfen und den heiligen Geist von ihm nehmen könnte. Zu אל־תשליכני vgl. Ps 27,9; 41,13; 71,9; 140,14. Begnadigung aber würde bedeuten, daß die »Freude der Hilfe« (שׂשׂון ישעך) wieder einkehrt (vgl. 10a). Und wieder bittet der Psalmist im Blick auf die Zukunft um Jahwes Beistand (14). רוח נכון (12b) wird in 14b expliziert als »stützender Geist des willigen Gehorsams«. Die Nähe dieser Aussage zu den Prophetenworten in Jer 24,7; 31,33; 32,39; Ez 36,25ff. ist unverkennbar. Jeremia und Ezechiel künden an, daß Jahwe selbst seine תורה in das Herz des Menschen legen und damit freudigen, willigen Gehorsam durch seine רוח schaffen werde. Der Beter erwartet für die Zukunft eine solche »Stützung« und Festigung seines Lebens durch die רוח נדיבה (vgl. Ps 143,10). Er appelliert also mit seinem Bitten an die großen prophetischen Verheißungen, die bei Jeremia und Ezechiel über den »alten Bund« hinausweisen. Darin liegt die einzigartige Bedeutung des Psalms.

Der Abschnitt 15–19 enthält ein Gelübde (15), Bitten (16–17) und 15–19
Gedanken über das rechte, Gott wohlgefällige Opfer (18–19). In seinem Gelübde (15) erklärt der Psalmsänger, er wolle die פשׁעים die Wege Jahwes lehren, daß sie zu Gott umkehren. Vgl. zu diesem Gelübde Ps 22,23. Wer Jahwes Heil erfahren hat, wird zum Zeugen seiner Wirklichkeit und Güte. דרך ist ein vor allem in der deuteronomischen Literatur belegter Begriff für die Willensäußerungen und Weisungen Jahwes (vgl. Ps 25). In 15 liegt die Vorstellung zugrunde, daß erst durch die Bekanntschaft mit den Wegen Jahwes der Irrweg des Sünders erkannt wird. Nur so ist eine Umkehr möglich. Die Vollmacht des Unterweisenden hat ihren Grund in der lebendigen Erfahrung der ישׁועה Jahwes. – Über den Sinn der Bitte in 16 bestehen in den Kommentaren abweichende Vorstellungen. Droht dem Beter ein blutiges Strafgericht (so HSchmidt)? Oder ist statt מדמים – מִדּוּמָם (»vor der Stille« der Unterwelt) zu lesen? Richtig ist wohl die Deutung von BDuhm: »דמים kann hier nur dasselbe bedeuten wie in Ps 30,10: den Tod durch die von Jahwe geschickte Krankheit, nicht etwa einen gewaltsamen Tod von der Hand der Feinde, die ja nirgends erwähnt werden«. Um Errettung vom Tod bittet der Psalmist. צדקה in 16b hat hier nicht nur die Bedeutung »Heilserweisung« (GvRad, TheolAT[6] I 384). »Man müßte eher so paraphrasieren: der Beter will Gottes Gerechtigkeit preisen, die sich in neuem Heil für ihn, den schuldigen Menschen, erweist« (HJHermisson, Sprache und Ritus im altisraelitischen Kult: WMANT 19, 1965, 49). – In 17 bittet der Psalmbeter (im Gedanken an die in 15 gelobte Belehrung und Danksagung), Jahwe möge seine Lippen auftun, d.h., er möge ihn bevollmächtigen, den Ruhm des Retters zu künden. Wie in Ps 40,4 (siehe dort) erwartet der Psalmist eine Inspiration. Er weiß sich ganz an Gott gewiesen. Auch das Zeugnis von Jahwes großen Taten kann nur laut werden, wenn Jahwe den Mund seines Sprechers »öffnet«. – Die Gedanken über das Opfer in 18–19 stehen in unmittelbarem Zusammenhang zu dem in 15 geäußerten Gelübde. Es war üblich, daß der Betende und Bittende gelobte, nach seiner Errettung Opfer darzubringen (vgl. Ps 54,8). Der Psalmsänger des Ps 51 aber weiß: Jahwe will weder Schlachtopfer noch Brandopfer. Die prophetische Zurückweisung des Opferkultes (Am 5,22; Jes 1,11; Jer 6,20) ist hier aufgenommen und gehorsam befolgt worden. Aber was tritt nun in Ps 51 an die Stelle des Opfers? In 19 erklärt der Psalmist: »Mein Schlachtopfer ist ein zerbrochener Geist.« Der Beter bringt also kein Substitutopfer, sondern er bietet sich selbst als Opfer dar. Menschen mit לב־נשׁבר ונדכה sind von tiefer Ver-

zweiflung über sich selbst erfaßt. Die Gebrochenheit ihres natürlichen Lebens- und Selbstvertrauens weist hin auf einen Zustand schrecklicher Angefochtenheit und Verzagtheit Gott gegenüber. Solche bodenlose Verzweiflung aber birgt geheimnisvoll in sich das Wunder der Gottesnähe. Das Herz des zerknirschten Büßers und flehenden Beters trägt der Psalmsänger vor Gott – in der Gewißheit, daß dieses Opfer nicht einem deklarativen Verwerfungsurteil verfällt, sondern Jahwe angenehm ist: vgl. Ps 34,19; Jes 57,15; 61,1.[1]

20–21 Die spätere Ergänzung in 20–21 spricht eine Bitte aus, die z.Zt. des von Nehemia durchgeführten Mauerbaus gut denkbar wäre. Zu dieser Bitte vgl. Ps 102,14.17; 147,2; Jer 31,38; Jes 26,1; 33,20; 62,6. Wenn dann in 21 durch ein betontes (doppeltes) אז auf einen legitimen, neuen Opferkult im neuerrichteten Jerusalem aufmerksam gemacht wird, so soll offensichtlich die Aussage in 18 in ein neues Licht gerückt werden. Der Verfasser von 21 denkt offenbar an eine innere Reformation des Opferkultes, die dem prophetischen Protest nicht mehr verfällt. Er übersieht das gewaltige Bekenntnis in 19, das zu Rm 12,1 schon hindeutet, und hält fest an den alttestamentlichen Kultgesetzen und an dem durch diese Gesetze regulierten Gottesdienst. Diese Treue gegenüber der Gottesdienstordnung und diese Liebe gegenüber den Schwachen (1 Kor 8,7ff.) sollte man nicht an einem enthusiastisch usurpierten »prophetischen Ideal« messen, sondern an ihrem Ort zu verstehen suchen. Zu זבחי־צדק vgl. Ps 4,6. Dort auch Stellungnahme zu: RSchmid, Das Bundesopfer in Israel: Studien zum Alten und Neuen Testament Bd. IX (1964) 40.

Ziel Ps 51 gehörte in der Zeit der Reformation zu den tragenden Bibeltexten, auf die Luther sich in seiner Rechtfertigungslehre berief. Wenn auch Einzelheiten in dieser reformatorischen Auslegung überspitzt und der Text bisweilen »überinterpretiert« worden ist, so besteht doch kein Zweifel, daß der wesentliche Aussagegehalt des Psalms richtig und sachgemäß von Luther und Calvin erfaßt worden ist. Der Beter weiß sich allein auf das gnädige Wirken Gottes geworfen. Allein von seiner Barmherzigkeit erwartet er die Tilgung der Schuld, die als ein den Menschen total durchwirkendes Verderben (7) gesehen wird. Nur Gott kann die drohende, dunkle Scheidewand der Sünde, die Gott und Mensch trennt, beseitigen und das Unerträgliche tilgen. Nur durch seine schöpferische, erneuernde Macht kann das Herz gereinigt und zu neuem Gehorsam geführt

[1] »Suavissima et pulcherrima promissio. Si quis posset credere, quod nostrae afflictiones sint sacrificia acceptissima Deo. 1. Praedicare, 2. pati, et conturbari, die gefallen unserm Herr Gott, et sunt summa sacrificia. Non loquitur hic de sacrificio laudis. Humiliatio est maximum sacrificium, quia occidit veterem hominem ... Sic afflictiones nostrae Deo placent, ut una sint mille sacrificia coram Deo. Spiritus contribulatus est majus sacrificium, quam totum sacrificium Leviticum. Ja, si quis credere posset.« Luther, E 17, 255f.

werden. Auch die Zukunft steht allein in Gottes Macht. Sendet er den Geist der Willigkeit und Beständigkeit, dann ist der Psalmist vor Wankelmut und Untreue bewahrt. Selbst das Zeugnis des Dankes (17) wird ausschließlich der Bevollmächtigung durch Jahwe anheimgestellt. Alles ist Tat Gottes. Das *sola gratia* leuchtet aus jedem Vers hervor. Keine Gabe, keine Bedingung tritt zwischen Gott und Mensch. Kein Opfer wirkt auf Jahwe ein. Opfer ist allein der flehende und vertrauende Mensch, der sich mit Leib und Leben Gott überantwortet, jedoch nichts anderes als nur Gebrochenheit und Zerschlagenheit seines Herzens anzubieten vermag (19). Der Mensch stellt sich Gott als der, der er ist. Ihm bleibt nichts übrig, als ihn um Vergebung zu bitten und seine Schuld zu bekennen.[1] In seiner Radikalität der Erkenntnis und Weisheit (8), die aus dem prophetischen Wort des Alten Testaments gewonnen worden ist, ragt Ps 51 aus dem Psalter hervor. Einzigartig sind seine Spitzenaussagen. Unfaßlich ist die Fülle der Einsicht.

Zur beliebten Erklärung, Ps 51 erreiche »neutestamentliche Höhe«, erklärt HGese: »In der Tat, in diesem Klagepsalm wird keine ›äußere‹ Not beklagt, sondern Not ist allein die Sünde, und es kommt dem Beter auf nichts anderes an als auf das persönliche Gottesverhältnis. Eine genauere, von der Formgeschichte ihren Ausgang nehmende Strukturanalyse würde zeigen, daß die hier vorliegende Ontologie scharf zwischen einer äußeren Scheinwelt und einem inneren, wahren Sein, das verborgen ist, unterscheidet. Dieses wahre Sein ist die Beziehung Gott-Seele. Dem entspricht die höchste Spiritualisierung des Sündenbegriffes (Sünde gegen Gott allein, ›persönlich‹ gesündigt), die sola gratia-Konzeption der Sündenvergebung, die einer geistig spirituellen Neuschaffung in aktiver, ›mystischer‹ Selbsthingabe, die Umdeutung des Opfers als Erkenntnis der Gottferne usw. ... Hier sollte man nicht ›frömmigkeitsgeschichtlich‹ urteilen, ... sondern erkennen, wie sich hier ein Vorstoßen der alttestamentlichen Tradition in neue Wirklichkeitsformen vollzieht...« (HGese, Vom Sinai zum Zion. Alttestamentliche Beiträge zur biblischen Theologie: EvThBeih 64, 1974, 23f.).

Psalm 52
Das Strafgericht über den reichen Gewaltmenschen

JJeremias, Kultprophetie und Gerichtsverkündigung in der späten Königszeit Israels: WMANT 35 (1970) 120. Literatur

[1] »Argumentum est, quod remissio peccatorum non contingit per opera, sed per solam gratiam, vel quod opera non justificant, sed sola fides. Ergo nulla est alia satisfactio pro peccatis, quam gratuita peccatorum remissio. Aliae satisfactiones sunt figmenta. In summa omnia huius psalmi verba eo tendunt, quod nullo opere possumus placare iram Dei et mereri gratiam.« Luther, E 17, 249.

Text **1 Dem Chorleiter. Ein *maskil* Davids.**
2 Als der Edomiter Doeg kam und Saul meldete und zu ihm sprach:
»David ist in Ahimeleks Haus gekommen.«
3 Was rühmst du dich der Bosheit, 'Mann'[a],
'gegen den Frommen'[b] allezeit?
4 Unheil ersinnst du, deine Zunge ist
wie ein scharfes Messer,
[du Ränkeschmied][c]!
5 Du liebst das Böse statt des Guten,
die Lüge statt rechter Rede[d]. – Sela.
6 Du liebst alle Worte des Verderbens[e],
du listige Zunge!
7 Doch Gott wird dich verderben für immer,
er wird dich 'vernichten'[f] und ausfegen aus dem Zelt;
dich entwurzeln aus dem Lande des Lebens! – Sela.
8 Die Gerechten mögen schauen und schauern
und lachen über ihn[g]:
9 Seht, da ist der Mann, der nicht nahm
'Jahwe'[h] zu seiner 'Zuflucht'[i]!
Er vertraute auf seinen großen Reichtum,
suchte Zuflucht bei seinem Frevel.
10 Doch ich bin wie ein grünender Ölbaum
im Hause 'Jahwes'[j].
Ich vertraue auf 'Jahwes'[j] Gnade
immer und ewig.
11 Ich preise dich, 'Jahwe'[k], in Ewigkeit,
denn du hast es getan.
Ich hoffe auf deinen Namen, daß er gütig ist,
vor deinen Frommen!

3 **a** הַגִּבּוֹר ist im Kontext kaum sinnvoll, es sei denn, man denke an eine höhni-
sche Anrede. Es liegt nahe, הַגֶּבֶר zu lesen (vgl. 9a Jes 22,17). – **b** Der ganze Vers 3
ist in seinem vorliegenden Textbild verzerrt. 3b müßte wörtlich übersetzt wer-
den: »Die Gnade Gottes allezeit.« Im Parallelismus wäre jedoch die durch *S* na-
4 hegelegte Lesart אֶל־חָסִד oder sogar עַל־חָסִיד angemessen. – **c** עשׂה רמיה ist mtr. cs.
wahrscheinlich aus dem Versgefüge (3 + 2) herauszunehmen und als Hinzufü-
5 gung anzusprechen. – **d** In einer konsequenten Rekonstruktion des Metrums 3 +
6 2 wird meist דבר ausgeschieden und מִצֶּדֶק gelesen. – **e** Muß auch hier דברי ausge-
7 schieden werden? Dann könnte בְּלִיַּעַל gestanden haben. Doch ist *M* zu folgen. – **f**
8 Mit α´ Hier *T* ist יְחִתְּךָ zu punktieren. – **g** *S* bietet hier einen anderen Text: ויראו
9 צדיקים וישׂמחו ויבטחו ביהוה. – **h** Im elohistisch redigierten Teil des Psalters ist יהוה
10.11 statt אלהים zu lesen. – **i** Besser punktiert man מָעֻזּוֹ (vgl. Ps 27,1). – **j** Vgl. zu h. – **k**
Mtr. cs. ist an dieser Stelle wohl יהוה hinzuzufügen.

Form Im Versmaß des Ps 52 dominiert das Metrum 3 + 2. Man kann den Versuch unternehmen, dieses Metrum durch Korrekturen in allen Versen wiederherzustellen (vgl. HGunkel). Doch bleiben einige Fragen offen.

Denn während man z.B. in 5 statt מדבר צדק verkürzend מצדק lesen und auf diese Weise ein Versmaß 3 + 2 gewinnen könnte, sperrt sich doch der in *M* vorliegende Text in 7 gegen tiefgreifende Umgestaltungen. Hier wird ein Metrum 3 + 3 + 3 anzunehmen sein. 7 tritt ohnehin aus dem Versganzen stark hervor (s.u.).

Große Schwierigkeiten stellen sich einer formkritischen Analyse des Ps 52 in den Weg. Nur mit Mühe ist der Bezug der einzelnen Aussagen zu erkennen. Hier wird zuerst Klarheit gesucht werden müssen. 3–10 ist eine von starken Emotionen getragene Rede, die von einem »Frommen« (3) an einen »Ränkeschmied« (4) gerichtet ist. Der Angesprochene ist offensichtlich ein reicher Mann (9), der vom Vertrauen zu Jahwe nichts wissen will (9a). Ihm stellt sich der Sprecher des Psalms in einer glaubensgewissen Selbstdarstellung gegenüber (10). – 11 enthält eine sehr ausdrucksvolle *Toda*-Formel, verweist demnach in den Akt der Danksagung vor Jahwe, den ein aus Not Erretteter erlebt. Vgl. FCrüsemann, Studien zur Formgeschichte von Hymnus und Danklied in Israel: WMANT 32 (1969) 275; s.o.S. 54f. Einl § 6,2aγ. Kann der Psalm von 11 her verstanden werden? Das ist die entscheidende Frage. HSchmidt geht von dem Danklied in 11 aus, setzt eine »Gelübdedankopferliturgie« voraus und betrachtet 3–10 als rückblickende Erzählung, die sich die Not der Bedrängnis vor dem Einschreiten Jahwes vergegenwärtigt. Aber kann von einer »rückblickenden Erzählung« überhaupt die Rede sein? HGunkel meint sogar, in 3–10 ein »individuelles Klagelied« feststellen zu können. Aber dem widerspricht doch deutlich der Anredecharakter dieser Verse, der oben festgestellt worden war. Nun sind zwar Anreden an die Frevler in den von Gunkel als »individuelle Klagelieder« bezeichneten Psalmen nicht selten (vgl. Ps 4,3; 6,9; 58,2; 62,4; 119,115). Dies aber ist ungewöhnlich, daß einem kurzen Dankvers eine längere Anrede an den רשע voraufgeht und sonst nichts; eben keine rückwärtsgewandte Erzählung, in der Notstand und Bitte vergegenwärtigt werden. Bei näherem Zusehen sind in 3–10 die Einflüsse prophetischer Redeformen unverkennbar: sowohl die Grundzüge schuldaufdeckender Scheltrede wie die der Gerichtsankündigung (7). Vor allem Jes 22,15ff. könnte als formales Vorbild der Rede in Ps 52,3–10 herangezogen werden. In 9 sind Spuren eines Spottliedes erkennbar (so RKittel unter Hinweis auf Jes 14,10ff.). Kann eine Verbindung der von Gunkel und Schmidt herausgestellten Klage-Elemente zu den prophetischen Zügen des Psalms gezogen werden? JJeremias denkt im Blick auf Ps 52 an die Nachbildung einer Klageliturgie: »An die Stelle von prophetischer Klage und Gerichtsankündigung treten in ihm Anklage und Verwünschung gegen einen Einzelnen in Form der Anrede (3–7); wie in echten Klageliturgien wird dann die Wirkung beschrieben, die der Sturz des Frevlers auf die Schuldlosen ausübt, und Bekenntnis der Zuversicht sowie ein Lobpreis, der die Erhörung des

Gebetes voraussetzt, beschließen den Psalm« (WMANT 35, 1970, 120). Aber wird damit die von prophetischer Kraft getragene Rede in 3–10 nicht zu sehr sowohl der Klage wie auch einem liturgischen Ablauf angeglichen und in dieser Angleichung absorbiert? Müßte nicht doch konsequent von 11, also von der Situation der *Toda,* ausgegangen werden? Dann könnte die Rede in 3–10 die Auseinandersetzung mit einem einflußreichen Ankläger spiegeln, die an heiliger Stätte ausgetragen worden ist und in der der Bedrängte sich prophetischer Redeformen bedient hat, die ihm in einem Formular vorgegeben waren. Vgl. WBeyerlin, Die Rettung der Bedrängten in den Feindpsalmen der Einzelnen auf institutionelle Zusammenhänge untersucht: FRLANT 99 (1970).

Ort Der Angesprochene (3ff.) ist ein reicher (9), listiger Gewaltmensch (4.6), dessen Macht und Einfluß einem Frommen (חסיד) zur Anfechtung geworden ist. Dieser חסיד ist wohl in den Kreisen der »Armen« und »Hilflosen« zu suchen, die ihre Hoffnung ganz auf Jahwe setzten. Ein Thema der חכמה wird in Ps 52 angeschlagen (vgl. Ps 73) – das Thema der »Gerechtigkeit Gottes«. Jedoch ist es bemerkenswert, daß Ps 52 fern von allen reflektierenden und quälenden Überlegungen mit einer prophetisch-dynamischen Anrede an den einflußreichen Gewaltmenschen herantritt. Das Problem wird also nicht zergliedert und durchdacht, sondern prophetisch angegangen. 11 weist mit dem Danklied in den Bereich des Tempels. – Unwahrscheinlich ist die Vermutung ABentzens, daß Ps 52 die Scheltrede eines Königs gewesen sein könnte, wie sie vor dem Angriff gegen mythische Mächte des Verderbens ausgesprochen worden sei. – Eine auch nur annähernde Bestimmung der Entstehungszeit ist kaum möglich. Der Hinweis auf die Abhängigkeit des Psalms von prophetischen Rede- und Stilformen muß hier genügen.

Wort 1 Zu למנצח s.o.S. 25 Einl § 4 Nr. 17. – Zu משׂכיל S. 19f. Einl § 4 Nr. 5. – Zu לדוד S. 15ff. Einl § 4 Nr. 2.

2 Die Situationsangabe in 2 bezieht sich auf 1 S 22,9–19 und ist zweifellos sekundär (vgl. nur 10: die Erwähnung des Tempels).

3–6 In 3–6 dringt die Rede des Psalmisten im Stil der prophetischen Scheltreden auf den listigen Gewaltmenschen, den עשׂה רמיה (4), ein. Vgl. Jes 22,15ff. Zum Redebeginn mit מה vgl. Ps 50,16; Jes 31,5. Die Stilform einer plötzlich einsetzenden Frage findet sich auch in Ps 2,1. Als Parallele könnte ein akkadischer Beschwörungsruf genannt werden, in dem es heißt: »Was bist du wütend, besessen; sind deine Augen mit Blut unterlaufen; geifert dein Gebiß Galle; sträuben sich die Haare deiner Brust?« (EEbeling, ZDMG 69, 1915, 94). Der reiche Gewaltmensch (9), der respektlos גבר genannt wird, rühmt sich und prahlt mit seiner Bosheit. Seine Untaten richten sich gegen den חסיד. So zählt also der in 3ff.

Angeredete zu den »Feinden des Individuums« (s.o.S. 112ff. Einl § 10,4). Er ersinnt הוות (vgl. Ps 5,10). Als der listige Verleumder tritt er in Erscheinung. Wie ein geschärftes Schermesser (vgl. KGalling, BRL 378f.) ist seine Zunge (vgl. Ps 55,22; 57,5; 64,4; 140,4; Jer 9,2.7). Er ist ein עשׂה רמיה: ein »Ränkeschmied« (vgl. Ps 101,7). In 5 wird die völlige Verkehrung der Gesinnung dieses Menschen beschrieben. Zu רע und שׁקר hat er das Verhältnis des »Liebens« (אהב). Vgl. Jes 5,20. צדק als Kontrast für שׁקר hat in 5b die Bedeutung »Wahrheit« (vgl. auch Prv 12,17; 16,13). Scharf und sarkastisch ist die Anrede in 6 (vgl. Ps 120,3).

In der prophetischen Rede folgt auf das schuldaufdeckende und urteilsbegründende »Scheltwort« – die Gerichtsankündigung des urteilskräftigen »Drohwortes«. Auch 7 ist in diesem Sinn zu verstehen. Das Gericht über den verleumderischen Frevler wird hier angekündigt (FNötscher). גם als Einführung gibt nun die Reaktion Jahwes bekannt. Der Gewaltmensch wird vernichtet werden und wie Unrat aus dem Zelt ausgefegt werden (vgl. Ez 26,4; Sir 10,17). War er bisher im »Land des Lebens« (vgl. Ps 27,13) fest eingewurzelt, so soll er nun ausgerissen werden. Das »Drohwort« spricht also von einem »Gerichtstod«, der den עשׂה רמיה treffen wird. 7

Die Wirkung dieses Gerichts auf die צדיקים, auf den verfolgten חסיד (3), wird in 8–10 geschildert bzw. angekündigt. Die צדיקים werden »schauen und schauern« (HGunkel). Dieser Gleichklang von יראו und ייראו liegt auch in Ps 40,4 vor. In »Furcht« erkennt der צדיק das reale Eingreifen Gottes in die Welt des Menschen. Zugleich kann er »lachen« über den geschehenen Umschwung – in »Freude über den endlichen Durchbruch der lange verhüllten und verkannten Gerechtigkeit« (FDelitzsch). Vgl. Ps 58,11f.; 69,33. Wenn auch die Schadenfreude in Prv 25,17 streng verbannt wird, so muß man wohl doch feststellen, daß in 9 Klänge eines »Spottliedes« laut werden (vgl. Jes 14,10ff.). Der Gestürzte liegt am Boden – aller Hybris und selbstsicheren Einflußkräfte beraubt und entkleidet. Er wird zu einem Exempel des Unglaubens. So wird zu Spott, wer auf großen Reichtum und listiges Durchsetzungsvermögen vertraut! Der חסיד hingegen, der Sänger des Psalms, stellt sich selbst dar als von Jahwe Erhaltener. Er gleicht dem grünenden Ölbaum im Tempelbezirk (GDalman, AuS VI 58). Noch heute stehen im heiligen Bezirk des Felsendomes (*ḳubbet eṣ-ṣachra*) Zypressen und Ölbäume. Zum Bild vgl. Ps 92,13f.; Jer 11,16, aber auch Ps 1,3. Das beständige Bleiben im Bereich der Gottesnähe wird durch das Bild ausgesagt (vgl. Ps 23,6). Eine solche Existenzweise ist eine Frucht des »Vertrauens« (בטח). 8–10

11 versetzt in die Situation der Dankfestliturgie. Für alles, was Jahwe getan hat, für seine Heilserweisung, dankt (אודך) der Beter. Zu כי עשׂית, einem hymnischen Hinweis auf das hilfreiche Eingreifen Jahwes, vgl. Ps 22,32; Jes 38,15. Auch כי טוב ist eine hymnische Kurzformel, die dem 11

Danklied eigentümlich ist (vgl. Ps 54,8; 100,5; 106,1; 135,3). Der Lobpreis für Jahwes große Taten wird נגד חסידיך angestimmt (vgl. zu Ps 22,23).

Ziel Die Gewißheit, daß Gott herrscht und gerecht richtet, wird im Alten Testament mitten im alltäglichen Leben gewonnen. Hier fällt die Entscheidung, ob Gott – Gott ist, ob er wirklich eingreift und sich des Menschen annimmt. Die Gestalt des reichen, souverän sich selbst behauptenden und mit List durchsetzenden Gewaltmenschen bedeutet für den חסיד und צדיק, der in bundesgemäßer Weise lebt, eine tiefe, unüberbrückbare Anfechtung. Diesem einflußreichen Verleumder geht es gut, er lebt lange – er trägt alle Kennzeichen eines von Gott gesegneten Menschen, während der arme חסיד unter den listigen Anschlägen dieses Reichen leidet. Doch weiß der חסיד, daß Gott herrscht und richtet. Kühn und gewaltig ist seine Gewißheit. Wie ein Prophet dringt er mitten in seiner Bedrängnis auf den großen Mann ein, zieht seine Schuld ans Licht und bringt in scheltenden Anreden die Urteilsbegründung vor: 3ff. Wie ein Prophet kündigt der Bedrängte dem Gewaltmenschen das Ende an und sieht ihn als Exempel des gerechten Gerichtes Gottes aus dem Leben ausgestoßen und gestürzt. Als Mahnzeichen des Unglaubens, des Nichtvertrauens auf Jahwe steht er da. Der חסיד aber erlebt das beständige Glück der Gottesnähe. Sein Vertrauen dringt durch zum Dank für den Erweis der Hilfe und des Heiles Jahwes. – Die Diesseitigkeit dieses Machterweises Gottes ist durch das Neue Testament nicht aufgehoben, wohl aber sind Gericht und Gnade verborgen und aufbewahrt in dem Geheimnis des gekreuzigten Christus.

Psalm 53

siehe zu Psalm 14

Psalm 54
Bittruf aus Feindbedrängnis

Literatur JBecker, Israel deutet seine Psalmen: Stuttgarter Bibel-Studien 18 (1966) 64f. – WBeyerlin, Die Rettung der Bedrängten in den Feindpsalmen der Einzelnen auf institutionelle Zusammenhänge untersucht: FRLANT 99 (1970).

Text 1**Dem Chorleiter. Mit Saitenspiel. Ein *maskil* Davids.**
2**Als die Ziphiter kamen und Saul meldeten: David hält sich bei uns verborgen.**

3“Jahwe”[a], durch deinen Namen hilf mir,
schaffe mir Recht durch deine Macht!
4“Jahwe”[b], höre mein Gebet,
vernimm die Worte meines Mundes!
5Denn ‘Vermessene’[c] haben sich gegen mich erhoben,
und Gewalttätige trachten mir nach dem Leben.
Sie haben Gott nicht vor Augen. – Sela.
6Siehe, ‘Jahwe’[d] ist mein Helfer,
der Herr ist meines Lebens Halt.
7Es wende sich[e] das Unheil zurück auf meine Gegner!
Vernichte sie, ‘Jahwe’[f], in deiner Treue[g]!
8So will ich gerne dir Opfer bringen,
will deinem Namen danken ‘ ’[h], daß er so gütig ist;
9daß er mich errettet hat aus aller Not
und mein Auge sich an meinen Feinden geweidet.

a Im elohistisch redigierten Teil des Psalters ist an dieser Stelle יהוה statt 3
אלהים zu lesen. – **b** vgl. zu a. – **c** M = »Fremde« (ausländische Feinde?). Mit 4.5
Mss *T* und Ps 86,14 ist besser זֵדִים zu lesen. – **d** vgl. zu a. – **e** K *T* יָשׁוּב oder יָשׁוֹב; 6.7
Q mlt. Mss *G* σ´ יָשִׁיב. *S* Hier הָשִׁיבָה. K ist vorzuziehen; der Jussiv ist sinngemäßer
als Imperf. – **f** vgl. zu a. – **g** Das seltsame באמתך sollte nicht in בַּחֲמָתְךָ verändert
werden. Dazu besteht kein zwingender Grund. – **h** Mtr. cs. ist יהוה an dieser Stelle 8
auszuscheiden.

Form

Der kurze, gedrungene Psalm ist in seinem Textbestand durchsichtig und klar. Im Metrum dominiert das Versmaß 3 + 3, das auch in 8b durch Emendation von יהיה wiederherzustellen ist. Dreigliedrig ist der Versaufbau in 5, wo sich freilich die kaum zutreffende Frage erhoben hat, ob 5b nicht eine spätere Hinzufügung sein könnte.

Von einer Analyse des Aufbaus ist auszugehen: 1–2 Überschrift; 3–4 Bittruf und Wunsch; 5 Notschilderung; 6 Vertrauensäußerung; 7 Wunsch; Lobgelübde mit Ausblick auf den Augenblick der Danksagung. – Ps 54 ist der Gruppe der Gebetslieder zuzurechnen (hebr. תפלה). S.o.S. 49ff. Einl § 6,2. Es überwiegen Bitte, Wunsch und Notschilderung. Mit dem Lobgelübde wird der *Toda* entgegengesehen. S.o. S. 54f. Einl § 6,2aγ.

Ort

Der Beter des Psalms ist von Feinden umringt und bedrängt (5). Ihm widerfährt Unrecht (3). So bittet er um Jahwes Eingreifen und eine sichtbare Überwindung seiner Widersacher (7). Bitten dieser Art werden im Alten Testament zumeist im Tempelbereich ausgesprochen. Der Psalmist gehört wohl zu den einflußlosen, armen Gliedern des alttestamentlichen Gottesvolkes, die ihre Zuflucht bei Jahwe suchen. Nichts deutet darauf hin, daß es sich um einen König handelt (gegen ABentzen). Vielmehr spricht alles dafür, den Psalm mit der Gottesgerichtsbarkeit im Heiligtum in Verbindung zu sehen. Ein unschuldig Angeklagter flieht in den Tempelbereich. Er bittet um Jahwes Rechtsentscheid (3) und die Überwindung der Feinde. Vgl. WBeyerlin, FRLANT 99 (1970). – Über die Entstehungszeit ist schwerlich Genaues auszumachen. Daß der Psalmsänger zur Partei der Sadduzäer gehöre (BDuhm), geht aus dem Psalm nicht hervor. Man könnte vielleicht aus der profilierten שֵׁם-Theologie des Liedes schließen, daß Ps 54 nachdeuteronomisch ist – wobei die Frage offenbleibt, ob das Deuteronomium mit seinen bedeutend älteren gottesdienstlichen Traditionen in diesem Zusammenhang ein historisches Kriterium sein kann (vgl. GvRad, Deuteronomium-Studien, ²1948).

Wort 1 Zu למנצח s.o.S. 25 Einl § 4 Nr. 17. – Zu בנגינת S. 21f. Einl § 4 Nr. 9. – Zu מַשְׂכִּיל S. 19f. Einl § 4 Nr. 5. – Zu לדוד S. 15ff. Einl § 4 Nr. 2.

2 Die Situationsangabe in 2 versetzt Ps 54 sekundär in einen Zusammenhang mit der Davidsgeschichte, und zwar mit dem in 1 S 23,19 berichteten Geschehen. Zur Bedeutung dieser nachträglich unternommenen Verknüpfungen vgl. zu Ps 51,2.

Im Hinblick auf die *sekundäre Verknüpfung einiger Davidspsalmen mit der Davidsgeschichte* erhebt sich die Frage nach der inneren oder äußeren Veranlassung. Was hat die Tradenten und Redaktoren dazu getrieben, z.B. Ps 51 mit 2 S 12 und Ps 54 mit 1 S 23,19 in Verbindung zu bringen? Diese Frage wird immer neu gestellt werden müssen. Es lassen sich in den zwei als Beispiel genannten Psalmen eigenartige und bemerkenswerte Wort- und Aussageassoziationen feststellen. In Ps 51,6 bekennt der Beter im Hinblick auf seine Schuld לך־לבדך חטאתי; diese im Alten Testament singuläre Confessio findet ihre Entsprechung in dem Geständnis Davids in 2 S 12,13: חטאתי ליהוה. In Ps 54,5 tritt die Phrase בקשו נפשי hervor; in der Davidsgeschichte heißt es in 1 S 23,15: לבקש את־נפשו. Man wird diese Anklänge und Assoziationen nicht geringschätzen dürfen. Sie offenbaren einen schriftgelehrten Eifer, der die Geschichtsbeziehungen der Psalmen herzustellen sucht und die einzelnen Lieder in Ereigniszusammenhängen verankern will.

3–4 Ps 54 beginnt mit einem Bittruf, mit dem für die Gebetslieder so charakteristischen Vokativ יהוה, der im elohistischen Teil des Psalters in אלהים gewandelt worden ist. Adverbial folgt בשמך. Der Beter erwartet Hilfe und Rettung in seiner Bedrängnis von Jahwes שׁם. Der »Name« ist Träger der Offenbarungsmacht, der auf Erden wirkenden גבורה Gottes. Er ist in voller Selbständigkeit Zeichen der Weltbezogenheit und Gegenwart Jahwes in seinem erwählten Volk. Vgl. OGrether, Name und Wort Gottes im Alten Testament: ZAWBeih 64 (1934) 44ff. Die Präposition בְּ in בשמך stellt שׁם als Werkzeug oder Medium dar, durch das Jahwe seine גבורה (vgl. Ps 66,7; 71,18; 89,14 u.ö.) in der Welt als wirksam erweist. Als Richter wird Jahwe angerufen, er soll »Recht schaffen« (דין vgl. Gn 30,6; Dt 32,36). Der Beter erleidet also Unrecht, er wird von verleumderischen

Feinden verfolgt. – Um Erhörung dieses Bittrufes und Gebets fleht 4.

Der mit כי eingeleitete Vers 5 begründet den Bittruf (3–4) mit dem Hinweis auf »vermessene« (זדים vgl. Ps 86,14) und »gewalttätige« (עריצים vgl. Ps 86,14; Jer 15,21; Hi 6,23; 27,13) Menschen, die dem Beter nach dem Leben trachten. Die »Feinde des Individuums« erheben sich hier (s.o.S. 112ff. Einl § 10,4). Sie haben Anklage gegen den Psalmisten zu erheben. Die inneren Zusammenhänge dieser verleumderischen Anklage und Verfolgung werden nicht genannt. Jedenfalls schwebt der Beter in Todesgefahr. Nur ein einziges, allerdings sehr bezeichnendes Urteil wird über die Verfolger gesprochen: »Sie haben Gott nicht vor Augen.« Der רשע lebt nicht in der יראת יהוה, er entflieht und entfremdet der Wirklichkeit Gottes. – Zu סלה s.o.S. 22f. Einl § 4 Nr. 13. 5

In 6 bricht eine Äußerung des Vertrauens hervor. Der Beter hat – im Unterschied zu seinen Feinden – Jahwe »vor Augen«, er vertraut ihm. Zu dieser Gegenüberstellung vgl. Ps 52,9–10. Zu בסמכי נפשי vgl. Ps 118,7. – 6
Unmittelbar auf die Vertrauensäußerung folgt ein Wunsch: Jahwe möge das Unheil, das die Verfolger dem Psalmbeter zugedacht haben, auf sie selbst »zurückwenden«. Mit diesem Wunsch wird auf dem Feld der »schicksalwirkenden Tatsphäre« die Auswirkung einer »immanenten Nemesis« erbeten (vgl. hierzu KKoch, Gibt es ein Vergeltungsdogma im Alten Testament?: ZThK 52, 1955, 1ff.; GvRad, TheolAT[6] I 397ff.). Das aus bösen Motiven hervorkommende Unheil soll auf den Übeltäter zurückschlagen. Zu den theologischen Problemen dieser »immanenten Nemesis« vgl. zu Ps 7,14–17. In 7b wird deutlich, daß Jahwe selbst in der »schicksalhaften Tatsphäre« seine Hand im Spiel hat. Sein שם, seine גבורה, wurden in 3 angerufen. Seine אמת soll sich in der Überwindung der Feinde als wirksam erweisen. אמת ist hier die »Treue«, die »Beständigkeit«, mit der Jahwe denen begegnet, die ihm vertrauen. 7

8–9 schauen aus nach der Stunde des Dankfestes. Der Beter legt das Gelübde ab: בנדבה אזבחה־לך. Der Hinweis auf das »freiwillige« Opfer ist im Zusammenhang einer festen Opferterminologie zu sehen (vgl. Ez 46,12; Esr 3,5; 2 Ch 31,14), die offensichtlich eine Abkehr von magisch-mechanistischen Opfervorstellungen impliziert und der Spontaneität menschlicher Gefühle Raum gibt. Zum Gelübde eines Dankopfers vgl. Ps 40,7ff.; 50,14; 61,9. Der Beter will dem שם, also der auf Erden und sonderlich am Kultort gegenwärtigen und wirkenden Macht Jahwes, danken. Der Anrufung des שם in 3 entspricht dieses Dankgelübde. כי־טוב ist eine hymnische Kurzformel aus der Dankfestliturgie (vgl. Ps 52,11; 100,5; 106,1; 135,3). Der Psalmsänger schaut hoffnungsvoll und gewiß aus nach dem Ereignis der Rettung (9). Die Überwindung und Vernichtung der Verfolger ist für ihn eine »Augenweide«, weil sich Jahwes אמת (7) in diesem Machterweis manifestiert (vgl. zu Ps 52,8). Vgl. auch Ps 58,11; 59,11; 92,12. 8–9

Ziel Ein bemerkenswertes Gewicht ruht in Ps 54 auf dem weltimmanenten Träger der Offenbarungsmacht Jahwes, auf dem שם. Er schließt in sich Gottes גבורה (3b) und אמת (7b). Die Gerichtsmacht Gottes wird im שם angerufen, einen Erweis der Gerechtigkeit und Hilfe zu erbringen. Der Wunsch, daß das von den Feinden in Lauf gesetzte Unheil auf sie selbst zurückschlagen möchte, appelliert an den Richter Jahwe, der in seinem שם in dieser Welt gegenwärtig ist. Ob Gott Herrscher ist – das steht im Alten Testament mitten im Leben zur Entscheidung. Es zeigt sich darin, daß der Feind nicht triumphiert. – Zu beachten wäre auch die Gegenüberstellung, die in den Aussagen über die Feinde und in der Selbstaussage des Beters getroffen wird (vgl. 5b und 6). Während die gewalttätigen Verleumder gott-lose, gott-ferne Menschen sind, ist Jahwe Stütze und Halt der Existenz des Psalmisten in jedem Augenblick. Vertrauend und gewiß richtet der Beter seine Sinne auf den Augenblick, wo seine Klage gewendet und das Dankopfer dargebracht wird.

Psalm 55
Gebet eines hilflos Umstellten und von seinem Freund Verratenen

Literatur HBirkeland, The Evildoers in the Book of Psalms: Avhandlinger utgitt av Det Norske Videnskaps-Akademi i Oslo II. Hist.-Filos.Klasse (1955). – GWAnderson, Enemies and Evildoers in the Book of Psalms: BJRL 48/1 (1965) 16–29.

Text **1 Dem Chorleiter. Mit Saitenspiel. Ein *maskil* Davids.**
2 Vernimm, 'Jahwe'[a], mein Gebet
und entziehe dich nicht meinem Flehen!
3 Merke auf mich und erhöre mich,
ich 'vergehe'[b] vor Kummer.
4 "Ich bin entsetzt"[c] über das Toben des Feindes,
über die Bedrängnisse[d] durch den Frevler.
Denn sie 'lenken'[e] auf mich Unheil
und befehden mich grimmig.
5 Mein Herz bebt in meiner Brust;
Todesschrecken sind auf mich gefallen.
6 Furcht und Zittern kommt über mich,
Entsetzen umfängt mich.
7 (Ich dachte:) Hätte ich doch Flügel wie eine Taube,
ich flöge davon und ließe mich nieder.
8 Siehe: weit weg möchte ich flüchten,
in der Wüste Herberge nehmen. – Sela.
9 Ich möchte eilen an einen sicheren Ort
vor dem 'Brausen des Sturmes'[f],

10vor dem 'verderblichen Sturm'[g] 'ihrer Kehle'[h],
'dem Sturzbach'[i] ihrer Lippen.
Denn Gewalttat muß ich sehen
und Hader in der Stadt.
11Sie umschleichen sie bei Tag und Nacht
auf ihren Mauern.
Unheil und Mühsal ist in ihrer Mitte,
12Verderben in ihrem Innern[j].
Kein Ende nimmt auf ihrem Markt
Bedrückung und Trug.
13Denn 'hätte'[k] nur 'mein'[l] Feind mich geschmäht,
ich würde es tragen...[m]
'Hätte'[n] mein Hasser sich großgetan gegen mich,
ich könnte mich bergen vor ihm.
14Aber du bist ein Mensch von gleicher Art wie ich,
mein Bekannter und Vertrauter,
15die wir doch zusammen die Wonne der Gemeinschaft erlebten
in 'Jahwes'[o] Tempel. –
'Sie mögen bebend dahinziehen'[p]! 16'Es falle
der Tod'[q] über sie her!
Sie mögen lebend zur Unterwelt fahren,
denn in ihren Kammern ist nur Bosheit ''[r]!
17Ich aber schreie zu Gott,
und Jahwe möge mir helfen[s].
18Am Abend, am Morgen, am Mittag
seufze ich und stöhne. –
Und er hörte meine Stimme, 19rettete
zum Heil mein Leben.
....
'Denn es nahen sich mir Bogenschützen'[t],
es sind an mich gekommen
20'Ismael und Jaalam'[u] und die Bewohner
des Ostens 'insgesamt'[v],
die keinen Austausch kennen
und Gott nicht fürchten.
21Er hat seine Hand gegen 'seinen Freund'[w] erhoben,
entweiht seinen Bund.
22Glatter 'als Butter'[x] war sein Reden,
doch Krieg in seinem Sinn.
Seine Worte waren linder als Öl,
doch es waren Dolche!
23Wirf auf Jahwe deine Sorge (?),
er hält dich aufrecht!
Er wird niemals zugeben,
daß der Gerechte wankt.
24Du aber, 'Jahwe'[y], wirst sie stürzen
in die tiefste Grube;

die Männer des Blutes und Truges
mögen nicht erreichen die Hälfte ihrer Tage!
Ich aber traue auf dich.

2 **a** Im elohistisch redigierten Teil des Psalters ist an dieser Stelle יהוה statt
3 אלהים zu lesen. – **b** אריד von רוד = »frei umherschweifen«. Im Sinnzusammen-
hang ist dieser Ausdruck sehr unwahrscheinlich. NSchlögl schlägt אֹבֵד vor: »ich
4 vergehe« (FDelitzsch אוּרַד von רדד: »ich bin niedergetreten«). – **c** ואהימה gehört
nach Metrum und Sinn zu 4. FDelitzsch liest וְאֵהוֹמָה (von הום): »ich bin ent-
setzt«. *G* ἐταράχθην, σ΄ συνεσχύθην, Hier *conturbatus sum*. – **d** עקה ist hap. legom.
Handelt es sich um einen Aramäismus für צָרָה (»Bedrängnis«)? Zur Überset-
zung vgl. KBL 730. – **e** יָמִיטוּ = »sie bringen ins Wanken«. Im Satzgefüge ist die-
ses Verb unmöglich. Nach *G* (ἐξέκλιναν) wäre יַטּוּ zu lesen (vgl. Ps 21,12). Uner-
9 klärt bleibt מ. – **f** סעה ist hap.legom. (»reißend sein«?). Hupfeld schlägt סְעָרָה vor
(vgl. Ps 107,25). Wahrscheinlich wird in 9b מֵרוּחַ סְעָרָה zu lesen sein. מִסַּעַר (»vor
10 dem Sturm«) gehört mtr. cs. zu 10. – **g** *M*: »Verwirre, Herr, zerspalte (?) ihre
Zunge«. Der Text ist hier gewiß verderbt. Wird מסער aus 9b mtr.cs. zu 10a hin-
zugefügt und statt בַּלַּע – בֶּלַע punktiert (Jes 52,6), so ergibt sich der Begriff
»Sturm des Verderbens«. – **h** An die Stelle von אדני, das hier unmöglich ist, muß
ein Parallelbegriff zu לשונם treten. Am besten גְּרוֹנָם »ihre Kehle«. Zu diesem
Parallelismus vgl. Ps 5,10. – **i** Nach *S* ist hier פֶּלֶג zu punktieren. »Der Dichter
vergleicht sich in seiner Flucht vor den bösen Zungen (Sir 51,2.4ff.) mit jemand,
der vor dem verderblichen Sturm, vor dem übertretenden Bache Zuflucht sucht«
12 (HGunkel). – **j** Die Begriffe werden hier doch wohl variiert werden müssen.
13 Wahrscheinlich ist בְּתוֹכָהּ zu lesen. – **k** Nach *G* ist לוּ (Ges-K § 159x) statt לא zu le-
sen. *M*: »denn nicht der Feind lästert mich«. – **l** Mit FBuhl ist die Lesart אֹיְבִי
חֵרְפַנִי vorzuziehen. – **m** ואשא ist metrisch zu kurz; es ist wohl ein zweites Wort
15 fortgefallen. – **n** vgl. zu k. – **o** vgl. zu a. – **p** *M* ist unverständlich und verderbt
(»wir wandelten in der Volksmenge«? Ps 42,5?). Aber nach dem Versmaß gehört
נהלך ברגש zu 16. Es ist mit Sicherheit an dieser Stelle des Psalms ein Fluch zu er-
warten (vgl. 16) – so HGunkel. Statt ברגש ist besser בְּרָעַשׁ (»mit Beben« Ez
16 12,18) zu lesen. Im Fluchwort wäre dann zuvor יְהַלְּכוּ statt נהלך zu setzen. – **q** Mit
Q Mss *G* α΄σ΄ Hier *S* ist יַשִּׁי[א] מָוֶת zu trennen: »der Tod überfalle sie« (vgl. Ps
89,23). – **r** בְּקִרְבָּם scheint eine epexegetische Hinzufügung zu במגורם zu sein und
17 ist mtr.cs. zu streichen. – **s** Besser wäre es, statt אלהים–יהוה und statt והוא–ויהוה
19 zu setzen. – **t** *M*: »daß sie mir nicht nahen können, denn zu vielen sind sie bei
mir«. Der Text ist unverständlich und verderbt. Am besten liest man (unter Um-
20 stellung einiger Buchstaben): כִּי קָרְבוּ לִי רַבִּים (HGunkel, HSchmidt). – **u** *M*:
»Gott wird es vernehmen und sie erhören«. Der Text ist sinnlos und entstellt.
Ehrlich schlägt die Verbesserung יִשְׁמָעֵאל וְיַעְלֵם vor. Diese Korrektur ist zwi-
schen רבים in 19 und וְיֹשֵׁב קֶדֶם sachlich begründet. – **v** Nach Ehrlich ist כָּלֹה statt
21 סלה zu lesen; dadurch wäre das Versmaß gesichert. – **w** *M*: »gegen seine Frie-
22 denszustände« (plur. von שלום). Zu lesen ist שְׁלֹמוֹ (vgl. Ps 7,5). – **x** מַחְמָאֹת ist
24 hap. legom. 2Mss σ΄ Hier *T* lasen מַחֲמָאֹת bzw. מֶחֶמְאָה. – **y** vgl. a.

Form Betrachtet man Ps 55 auf das Versmaß hin und werden die literarkritischen Probleme zunächst zurückgestellt, so kann festgestellt werden, daß das Metrum 3 + 2 dominiert. Folgende Ausnahmen sind wahrzunehmen: 3 + 3 in 2.5.18.20 (zweites Versgefüge); 2 + 2 in 10b.23 (zweites Versgefüge); metrisch zu kurz ist der mit ואשא auslautende Vers. – Nun ist aber Ps 55 zweifellos keine Einheit. Eine Bruchstelle, die das Lied in zwei inhaltlich verschiedene Teile zerfallen läßt, ist in 19 festzustellen. Mit den Worten פדה בשלום נפשי schließt der erste Teil ab. Dann wird der Leser in eine ganz neue Situation versetzt. 19aβ–24 ist der »Rest eines hier fälschlich hineingekommenen Gedichtes« (HGunkel). Es wird in diesem zweiten Teil ein neues Gebet angestimmt, in dem neue Personen auftreten. Auch werden arabische Stämme genannt (20), die nichts mit der in 10f. erwähnten Stadt zu tun haben. Man wird also davon ausgehen müssen, daß 2–19aα und 19aβ–24 zwei verschiedene Lieder sind. HGunkel will 23 noch zum ersten Lied hinzufügen; es fehlt jedoch die sachgemäße Begründung. – Bei einer Analyse des Aufbaus ergibt sich folgendes Bild: 2–3 Einführung (Anrufung Jahwes), 4–6 Notschilderung, 7–10 Fluchterwägungen, 10–15 erneute Notschilderung (insbesondere angesichts des treulosen Freundes), 15bβ–16 Fluch, 17–19aα Klagerufe und Proklamation der geschehenen Hilfe. Im zweiten Teil des Psalms ist die Situation folgende: 19aβ–22 Notschilderung, 23 Ermutigungs- und Heilszusage (Heilsorakel?), 24 Äußerungen des Vertrauens und der Gewißheit.

Beide Teile des Ps 55 gehören zur Formgruppe der Gebetslieder. Die Gruppenbezeichnung wird in 2 ausgesprochen: תפלה. Im Grundbestand überwiegen Notschilderung und Bitte. Jahwe wird (in 2. pers.) angerufen. Der Übergang im Sinne der Wende wird schwach erkennbar in 19 und 23. Zu den »Gebetsliedern« s.o.S. 49ff. Einl § 6,2.

Ort

Während der Beter des ersten Psalmteiles ein Opfer verderblicher Machenschaften in einer Stadt ist (10ff.), sieht sich der Sänger des zweiten Psalmteiles von arabischen Stämmen verfolgt (19aβff.). Beiden Gebetsliedern gemeinsam ist die schmerzvolle Erkenntnis, daß der Freund in die Gruppe der grausamen Verfolger eingetreten ist (13ff.; 21f.). Wahrscheinlich ist dieses Motiv der entscheidende Grund zur Fusion von zwei ursprünglich verschiedenen Liedern gewesen. Beide Teile weisen mit ihren Spitzenaussagen in den Kultus. 2–19aα schließt mit einer (dem Danklied eigentümlichen) Proklamation der geschehenen Hilfe; der Beter ist also (an heiliger Stätte) erhört worden. 19aβ–24 enthält in 23 ein priesterliches Heilsorakel, durch das der Betende ermuntert wird, seine Not vor Jahwe zu bringen. Auch wird ihm (als einem צדיק) die Hilfe Gottes zugesprochen. – Im ersten Psalmteil ist nicht zu erkennen, in welcher »Stadt« (10b) der Beter Verfolgung, Verleumdung und Schmähung erleidet; der zweite Psalmteil hingegen versetzt in den Südosten (20). Große Schwierigkeiten bereitet schließlich die Frage nach der Entstehungszeit der beiden Teile des Ps 55. Man kann hier WOEOesterley zustimmen: »style and language suggest the postexilic rather than the preexilic period«.

Wort 1 Zu למנצח s.o.S. 25 Einl § 4 Nr. 17. – Zu בנגינת S. 21f. Einl § 4 Nr. 9. – Zu משכיל S. 19f. Einl § 4 Nr. 5. – Zu לדוד S. 15ff. Einl § 4 Nr. 2.

2–3 2–3 enthalten die im Klage- und Bittgebet übliche Anrufung Jahwes. Der Psalmist bittet um gnädiges Aufmerken und um Erhörung seines Flehens.

4–6 Die Not, aus der heraus der Psalmsänger ruft, wird zunächst in 4–6 in bewegten Klagen geschildert. Der Feind (אויב – רשע) verfolgt ihn. S.o. S. 112ff. Einl § 10,4. Wie aus 10ff. hervorgeht, ist eine allgemeine Zerrüttung »in der Stadt« der Grund der Ausschreitung gegen den חסיד, der sich zu Jahwe hält. Aus 4b könnte man schließen, daß die Verfolger die Zauberkraft des Fluches als Waffe eingesetzt haben, um און auf den Bedrängten zu »lenken«. 5 schildert das Grauen und die Todesangst, die den Psalmisten befallen hat. Er sieht sich umringt von Kräften des Verderbens (6).

7–10 In der Situation einer solchen mit allen Mitteln geführten Verfolgung boten sich einem Bedrohten zwei Wege an: entweder floh er in entlegene Bereiche – in die Berge (vgl. Ps 11,1), in die Wüste (8); oder er suchte Zuflucht im Heiligtum. Der Psalmsänger berichtet nun in 7–10a, daß er ernstlich erwogen habe, sich in die Wüste zu begeben, um dort, zunächst einmal von den Feinden nicht erreichbar, zu herbergen. Zum Vergleich mit der Taube vgl. GDalman, AuS VII, 264. (ואמר ist übrigens als erleichternder Übergang anzusehen, der metrisch als sog. »Anacrusis« nicht gezählt wird.) נדד bezeichnet das »Aufscheuchen« der Vögel in Jes 16,2; Jer 4,25; 9,9. In der Wüste will der Gehetzte sich »in Ruhe niederlassen« (zu dieser Bedeutung von שכן vgl. Dt 33,20; Ez 31,13). Auf die Dauer ist der Flüchtige natürlich im Wüstengebiet »vogelfrei«, ihm fehlt der Verband, der ihn schützt. – Ein anderes Bild beschreibt in 8f., wie der vom Sturm der Verleumdungen und vom Sturzbach der Verwünschungen Verfolgte an einen rettenden Ort fliehen wollte. Wie ein vom Gewitter überraschter Wanderer beim Wirbelsturm und beim plötzlichen Anschwellen der Wildbäche schnell einen sicheren Ort sucht, so hatte der von Feinden Bedrohte zunächst nur ein Ziel im Sinn: sofort an irgendeinem geschützten Ort sich zu decken. – Indem der Psalmist diese Erwägungen (7–10) offenbart, weist er natürlich darauf hin, daß diese naheliegenden Fluchtwege von ihm nicht beschritten wurden, sondern daß er allein zu Jahwe Zuflucht suchte. 7–10 ist also m.a.W. eine verhüllte Vertrauensäußerung.

10–15 Die in 7–10 erwogenen Fluchtgedanken kamen unter dem Übermaß der Verfolgungen zustande. 10b–15 schildern nun im Stil der Klage erneut die Bedrängnis. Die ganze Stadt, in der der Psalmist beheimatet ist, war gezeichnet von חמס, ריב, עמל, הוות, תך und מרמה. Mit einer Fülle von Begriffen wird die totale Verderbnis des Ortes ausgesagt. Offenbar ist die Stadt in die Hände verbrecherischer Elemente gefallen, die ein Gewaltregiment aufgezogen haben. Tag und Nacht umkreisen Wachposten auf den Wallgängen die Häuser. Auf dem Markt, der Stätte des Gerichts, wird das Recht gebeugt. Es handelt sich also um einen sehr weitreichenden Umsturz aller Ordnung, der sich in der Heimatstadt des Psalmisten ereignet hat. Und er selbst, der Beter des Psalms, erlebt besonders heftige Verfolgungen von seiten der tyrannischen Machthaber. Seine innere Erschütterung aber wird besonders dadurch gesteigert, daß sich unter den Feinden ein vertrauter Freund befindet. Mit ihm erlebte der Psalmist früher die Wonne der Kultgemeinschaft im Heiligtum Jahwes (15) – jetzt ist die Gemeinschaft zerbrochen. Die gehäuften Freundschaftstitel (14) sind nach dem Vertrauensbruch ebenso viele Anklagen. Ja, der Verlust der Gemeinschaft ist im Alten Testament gleichbedeutend mit einem Hineingestoßensein in die »Sphäre des Todes« (ChrBarth, Die Errettung vom Tode in den individuellen Klage- und Dankliedern des Alten Testaments, 1947, 26).

Mit einem Fluch tritt der Verfolgte seinen Feinden entgegen: 15–16
15bβ–16. Man wird annehmen dürfen, daß der Bedrängte nicht die zuvor erwogene Flucht wählte (7–10a), sondern in der akuten Not zunächst das Fluchwort aussprach. In seiner Not appelliert der Bedrängte also an ein Gottesgericht, das an Nu 16,33 erinnert und wahrscheinlich auch das dort geschilderte Geschehen vor Augen hat. Vielleicht ist es die Amtsanmaßung der Gewaltherrscher, die den Psalmisten veranlaßte, das Gericht über die Rotte Korah auch über seine Feinde zu verhängen.

In 17 und 18a stellt der Beter sich selbst dar. Er schreit zu den übli- 17–19
chen Gebetszeiten (vgl. Dn 6,10) zu Jahwe. Man möchte annehmen, daß diese Selbstdarstellung auf die Situation im Heiligtum Bezug nimmt. Der Psalmsänger befindet sich jetzt im heiligen Bezirk und wartet auf die Erfüllung des Fluchwortes und die Vernichtung der ihm nachstellenden Feinde. – In 18b und 19aα findet der erste Teil des Psalms einen Abschluß in der Proklamation des Heilsereignisses. Der Schlußvers ist seiner Gattung nach ein Stück des Dankliedes. Der Verfolgte ist erhört und errettet worden. Er ist in einen gedeihlichen Zustand (שׁלום), in eine Sphäre des Unantastbaren, versetzt worden. Über das Schicksal der Feinde erfahren wir nichts.

In eine neue Situation wird der Erklärer des Ps 55 mit 19aβ versetzt. 19–22
Die Klage kommt in diesem Teil des Psalms heraus aus kriegerischer Bedrängnis. Bogenschützen (Ismael und Jaalam) verfolgen den Psalmisten. Zur Verbindung von רֹבִים und יִשְׁמָעֵאל vgl. Gn 21,20. Nach Gn 25,12–18 handelt es sich bei den Ismaelitern um einen Stämmeverband, der in Nordwestarabien (Gn 25,18) und in der Sinaiwüste sein Streifgebiet hatte. Von einem Einfall der räuberischen Kamelkarawanen berichtet Gn 37,25.27f.; 39,1 (E spricht im gleichen Zusammenhang von Midianitern). In 20 werden Ismael und Jaalam (wahrscheinlich ein anderer Nomaden-

verband): ישב קדם genannt. Es liegt nun nahe, auch in 19aβff. an einen kriegerischen Einfall der beiden Nomadenverbände zu denken. Als grausam werden die Feinde bezeichnet: sie kennen keinen »Austausch« (חליפות), d.h., sie liefern keine Gefangenen auf dem Tauschwege aus. Im Zuge dieser räuberischen Aktion ist eine ברית (21) verletzt worden. Es stand also die Gruppe, zu der der Beter zu rechnen ist, mit den Nomadenverbänden in einem »Bund«. Die ברית ist unverletzlich (JPedersen, Der Eid bei den Semiten, 1914, 32). Wer sie bricht, begeht einen Frevel von unvorstellbarer Tragweite. Ein Band der Freundschaft ist auf heimtückische Weise (22) zerrissen worden. Hinter der Maske freundlicher Worte verbarg sich das Gesicht des Mörders. Das ist die Situation.

Nun kann man natürlich fragen, ob die in 19aβff. geschilderte Situation tatsächlichen Ereignissen entspricht oder ob hier gleichnishaft von irgendwelchen anderen Feinden die Rede ist. Aber es ist doch unwahrscheinlich, daß ein Bild von so weit hergeholt ist. Es liegen doch wohl konkrete Geschehnisse zugrunde. – Wo aber wird dann der Ort zu suchen sein? Wo wird man die Ereignisse lokalisieren können? Es liegt nahe, an die südöstlichen oder südlichen Grenzgebiete zu denken. Dann aber erhebt sich wieder die Frage: Sollte der zweite Psalmteil sehr alt sein oder aus der »Diaspora« (HGunkel) stammen? Zu solchen Ortsangaben außerhalb des Heiligen Landes vgl. Ps 42,7; 61,3; 120,5. – Alle diese Fragen sind wohl kaum zu beantworten. Es wird sehr schwer sein, konkretere Vorgänge in Ps 55 aufzudecken und zu erkennen.

23–24 23 ist ein Ermutigungs- und Heilsorakel, das dem Bedrängten zugesprochen wird (vgl. JBegrich, Das priesterliche Heilsorakel: ZAW 52, 1934, 81–92). Er wird aufgefordert, seine Sorge (?) Jahwe vorzulegen, und empfängt zugleich die Gewißheit, daß der צדיק von Jahwe nicht im Stich gelassen wird. An diese Zusage schließt sich in 24 eine Vertrauensäußerung an. Der Beter ist gewiß, daß Jahwe seine Feinde ins Verderben stürzen wird; sein Vertrauen steht unbeirrt zu Jahwe.

Ziel Drei Themen sind den beiden (ursprünglich verschiedenen) Psalmteilen gemeinsam: 1. die tödliche Verfolgung durch einen grausamen Feind, 2. der Bruch der Gemeinschaft und Verrat eines freundschaftlichen Verhältnisses, 3. die Hilfe Jahwes, die der Verfolgte erfährt. Jahwe erweist seine Macht im Alten Testament auf Erden, mitten im Alltag. Seine Heilsmacht schlägt auch das große Aufgebot verbrecherischer Gewaltherrscher zurück, die eine Stadt überwunden haben. Die Heere hinterlistiger Nomadenverbände werden durch ihn zurückgewiesen. Man hat gemeint, der Beter des Ps 55 sei vielleicht ein König gewesen. Dann könnten zwei Lieder aus der königlichen Sphäre im Verlauf der Zeit zu einem einzigen Psalm zusammengetreten sein. Man müßte als Parallele zu einem solchen Gebetslied des Königs z.B. Stücke aus Ps 18 hinzuziehen. Aber es wäre eher denkbar, daß einzelne Glieder der zersprengten (nachexilischen) Gemeinde ihre Not im Heiligtum kundtun. Sie leben in einer Welt hinterlistiger Feinde und flüchten zu Jahwe. Zu beachten wäre in diesem Zusammenhang die Erwägung des ersten Psalmteiles in 7–10. Sicherheit ist nicht an entlegenen, unerreichbaren Orten zu finden, sondern nur bei Jahwe.

Psalm 56
Furchtloses Vertrauen eines Verfolgten

Literatur

EBaumann, Struktur-Untersuchungen im Psalter I: ZAW 61 (1945/48) 169–173. – JBecker, Israel deutet seine Psalmen: Stuttgarter Bibel-Studien 18 (1966) 64. – GGiavini, Salmo 56 (55): Ambrosius 63 (1967) 157–160.

Text

1 Dem Chorleiter. Nach »Eine Taube auf fernen 'Terebinthen'[aa]«.
Von David. Ein *miktam*. Als ihn die Philister in Gath ergriffen.
2 Sei mir gnädig, 'Jahwe'[a], denn Menschen gieren nach mir!
Den ganzen Tag dringen sie feindlich[b] auf mich ein.
3 Meine Dränger gieren den ganzen Tag.
Ja, viele sind's, die gegen mich kämpfen. ‹›[c]
4 ‹›[d] Ich aber hoffe auf dich –
5 Auf 'Jahwe'[e] hoffe ich ohne Furcht.
Was kann ein Sterblicher mir antun?
6 Den ganzen Tag 'bereden und beraten sie sich'[f].
Gegen mich richten sie alle ihre Pläne.
Zum Unheil 7 lauern sie, 'spähen sie'[g];
sie achten genau auf meine Spuren,
da sie mir nach dem Leben trachten.
8 Auf ihren Frevel 'achte'[h]!
Im Zorn stürze die Völker, o 'Jahwe'[i]!
9 Mein Elend hast du verzeichnet,
meine Tränen sind gesammelt in deinen Schlauch.
[Nicht wahr: in deinem Buch?]
10 Dann werden weichen
meine Feinde zurück –
am Tag meines Rufens. –
Daran erkenne ich, daß 'Jahwe'[i] für mich ist.
11 Bei Gott, 'dessen'[j] Wort ich preise;
bei Jahwe, 'dessen'[k] Wort ich preise.
12 Auf 'Jahwe'[l] vertraue ich ohne Furcht;
was können Menschen mir antun?
13 Auf mir liegen, 'Jahwe'[m], deine Gelübde;
ich will dir Dankopfer bezahlen.
14 Denn du hast mein Leben vom Tod errettet,

[nicht wahr: meine Füße vor dem Fall?][n]
daß ich wandle vor 'Jahwe'[o]
im Licht des Lebens.

2 **aa** Sinngemäß ist wohl אֱלִים zu lesen (vgl. FBaethgen und HSchmidt). – **a** Im
elohistisch redigierten Teil des Psalters ist an dieser Stelle יהוה statt אלהים zu le-
3 sen. – **b** Wörtlich: »bedrückt mich ein Krieger«. – **c** מרום (»Höhe«, »Hochmut«,
»oben«?) ist an dieser Stelle unverständlich und gehört nicht zum Versgefüge. Es
ist möglich, daß die Worte מרום יום אירא einmal ein besonderes Versstück bilde-
ten, das nun – völlig entstellt – am Ende von 3 und am Anfang von 4 die Ordnung
4.5.6 der Parallelismen stört. – **d** Vgl. zu c. – **e** Vgl. zu a. – **f** *M*: »den ganzen Tag krän-
ken sie meine Worte«. Der Text ist hier nicht richtig überliefert. *G* ἐβδελύσσοντο
(יתעבו? NSchlögl). σ΄*S* legen nahe, an die Wurzel יעץ zu denken. So liest man am
besten: יִדָּבְרוּ יִוָּעֲצוּ (zum Ni von דבר vgl. Ps 119,23). Möglich ist auch die Korrek-
7 tur דִּבְּרוּ עֶצֶם (Kautzsch-Bertholet): »sie reden Kränkung«. – **g** K יַצְפִּינוּ; Q und
8 Mss יִצְפּוֹנוּ (»sie verbargen sich«, »sie lauern«). – **h** *M*: »wegen des Frevels – Ret-
tung ihnen«. Der Text ist sinnlos. *G* Hier *S* lasen אין statt און. Die entsprechende
Rekonstruktion על־און אין (FBaethgen) hilft nicht weiter. Am besten: פלס = »be-
11 obachten« (Prv 4,26; 5,6.21)? Akkad. *naplusu*. – **i** Vgl. zu a. – **j** Wie in 5 wird hier
12–14 דִּבָּרוֹ zu lesen sein. – **k** Vgl. zu j. – **l** Vgl. zu a. – **m** Vgl. zu a. – **n** Die Worte מדחי
הלא רגלי werden (wie 9b) als eine sekundäre Hinzufügung zu verstehen sein. – **o**
Vgl. zu a.

Form Ps 56 bietet ein eigenartiges Textbild. Einige auffallende Wiederholungen (2/3; 5aα/11) stören im Gedankengefüge. Von einem Kehrreim in 5aα und 11 kann keine Rede sein. – Im Versmaß dominiert der Doppeldreier. Ausnahmen: 2 (4 + 3); 6bβ/7 (3 + 3 + 3); 8 (3 + 4); 10a (2 + 2 + 2); 10b (4); 14 (3 + 3 + 2 unter Herausnahme des sekundären Stückes הלא רגלי מדחי).

Ps 56 gehört zur Formgruppe der Gebetslieder (hebr. תפלה). S.o. S. 49ff. Einl § 6,2. Jahwe wird in der 2. pers. angerufen. Die Wende von der Bitte zum Dank wird in 13f. erkennbar. Das Lobgelübde, das der Bittende in der Situation der Not abzulegen pflegte, wird eingelöst. Die תודה (13) wird dargebracht. S.o.S. 54f. Einl § 6,2aγ. Vom Tod errettet, wandelt der Beter im Licht Jahwes (14). Der Aufbau des Gebetsliedes ist gut zu durchschauen: 2–3 Bitte und Notschilderung, 4–5 Vertrauensäußerung, 6–7 Notschilderung, 8 Bitte um Jahwes Eingreifen, 9–12 Äußerungen der Gewißheit, 13–14 Momente des Dankliedes.

Ort Wer ist der Beter des Ps 56? Im Hinblick auf die Tatsache, daß die Feinde als Krieger geschildert werden, könnte man geneigt sein, an einen Feldherrn oder König zu denken. Doch diese Auffassung wird durch die Aussagen in 6f. und 9 widerlegt. Ein unbekannter Beter aus Israel wird von Feinden verfolgt (s.o.S. 112ff. Einl § 10,4) und greift bei der Schilderung seiner Not nach Metaphern aus der Sphäre des Königtums (vgl. zu Ps 3). Über Ort und Zeit des Bittliedes ist nichts Näheres auszuma-

chen. Wenn HGunkel an einen Frommen denkt, der unter den Heiden in
der Diaspora weilt, so beruht diese Erklärung auf einem falschen Ver-
ständnis von עמים in 8 (s.u.).

Zu למנצח s.o.S. 25 Einl § 4 Nr. 17. – על־יונת אלים רחקים ist Wort 1
wahrscheinlich eine bekannte Weise, nach der das Lied angestimmt wer-
den soll. – Zu לדוד S. 15ff. Einl § 4 Nr. 2. – Zu מכתם S. 18f. Einl § 4 Nr. 4. –
Die Situationsangabe in 1 b nimmt Bezug auf die Erzählung 1 S 21,11ff.
und versetzt den Psalm sekundär in Ereignisse der Davidszeit.

Der Sänger des Psalms ruft Jahwe an (חנני יהוה) und begründet seinen 2–5
Notruf sogleich mit dem klagenden Hinweis auf Feinde, die dem Be-
drängten gierig nachhetzen (שאף I) und ihn kriegerisch bekämpfen. Die
Schilderung der Verfolger enthält insofern eine gewisse Spannung, als auf
der einen Seite das Machtaufgebot der Gegner mit einem Heer verglichen
wird, während auf der anderen Seite von den Feinden als אנוש (»hinfälli-
ges Menschenwesen«) die Rede ist (vgl. Ps 10,18; 66,12). 3 erweckt den
Eindruck einer Wiederholung (nicht Variante) zu 2. – In 4 erheben sich
Äußerungen des Vertrauens aus der Notschilderung. Furchtlos bekennt
sich der Beter zu der Schutzmacht Jahwes. Zugleich erkennt er das völlige
Unvermögen seiner Feinde: 5. בשר bringt noch stärker als אנוש in 2a die
Hinfälligkeit und Sterblichkeit des sich mächtig in Szene setzenden Geg-
ners zum Ausdruck (vgl. Jes 2,22; 31,3; 40,6). »Toujours dans l'Ancient
Testament la chair est ce qui distingue qualitativement l'homme de Dieu,
non pas dans le sens d'un dualisme matière-esprit, mais d'une opposition
entre la force et la faiblesse« (EJacob, Théologie de l'Ancien Testament,
1955, 129).

Erneut setzt die Klage über die bösen Machenschaften der Feinde in 6 6–8
ein. Die Beratungen und Pläne der Verfolger stehen wohl im Zeichen
böswilliger Verleumdungen. Sie zielen ab auf einen Anschlag (לרע). Wie
die Jäger dem Wild nachjagen und genau die Fußspuren verfolgen (Thr
4,19), so lauern die Feinde auf jeden Schritt, den der Bedrängte tut. Sie
wollen ihn töten. Bemerkenswert ist die Anwendung des Begriffs קוה, der
die Bedeutung »trachten nach« hat. – Angesichts dieser Bedrohungen
ruft der Beter Jahwe als Richter an: 8. Wenn die Freveltaten der Feinde in
diesem Zusammenhang און genannt werden, so darf man vielleicht an
magische Manipulationen denken (s.o.S. 112ff. Einl § 10,4); mit
Fluch- und Verwünschungssprüchen setzen die Feinde ihrem Opfer
nach. Aber der auf dem Zion thronende Gott ist Richter der Völker (s.o.
S. 94ff. Einl § 10,1). Die Appellation an den göttlichen Völkerrichter
ist ein Element der Kulttradition Jerusalems (vgl. zu Ps 7). So ist es also
verfehlt, in עמים einen Hinweis auf die »Heiden« sehen zu wollen, denen
der Beter »in der Diaspora« (HGunkel) ausgeliefert sei.

Worte der Gewißheit spricht der Psalmist in 9–12. Der Beter weiß, 9–12 daß Jahwe sein Elend und seine Tränen nicht nur gesehen hat, sondern daß er auch alles Leid genau aufnimmt. Die Tränen werden von ihm wie kostbares Wasser in einem Schlauch aufbewahrt (vgl. zum Bild in anderem Zusammenhang: Hi 14,17; Hos 13,12). Die erklärende Nachfrage הלא בספרתך nimmt Bezug auf die Vorstellung, daß Jahwe ein »Gedenkbuch« führt (vgl. Mal 3,16; Hi 19,23). Aus der Erkenntnis, daß Jahwe auf alles Leid geachtet hat, folgt die Gewißheit: die Feinde werden weichen, wenn ich ihn anrufe (10). Der Zeuge wird zum Richter werden. Bemerkenswert ist der Satz זה־ידעתי כי יהוה לי. Daß Jahwe für den Psalmisten eintritt, »für ihn ist« (vgl. Rm 8,31), wird an der Überwindung der Feinde erkannt. Die Heilsmacht Jahwes erweist sich sichtbar in einem Eingriff, der die Verfolger zurückschlägt. Erkenntnis Gottes und »Heilsgewißheit« werden aus einer Tat Gottes, aus einem Geschehen gewonnen. 11 ist eine seltsame Wiederholung zu 5aα, die man aber doch wohl kaum als »Variante« ansprechen kann; auch an einen Refrain ist nicht zu denken. Will der Psalmist darauf hinweisen, daß er in Kürze das göttliche »Heilsorakel« (דבר vgl. Ps 130,5) als Zeichen des realen Eingreifens Jahwes preisen wird? Zum »Heilsorakel« vgl. JBegrich, Das priesterliche Heilsorakel: ZAW 52 (1934) 81–92. Wie in 5aβ wird das Vertrauen zu Jahwe bekannt (auch hier handelt es sich um eine Wiederholung). Zu den Begriffen אנוש (2) und בשׂר (5b) tritt nun als weitere Charakterisierung der Hinfälligkeit des Feindes das Wort אדם.

13–14 13 weist in die Situation des Dankliedes hinüber. Der Beter erklärt, er wolle die aufgenommenen Gelübde in Gestalt von Dankopfern nunmehr bezahlen. Zu 13a vgl. 2 S 18,11; Prv 7,14. Das כי am Anfang von 14 zeigt, daß 13 und 14 miteinander verbunden sind. Die Ursache des Dankes wird in 14 kundgetan und bekannt. Jahwe hat den Verfolgten »vom Tode errettet« (vgl. ChrBarth, Die Errettung vom Tode in den individuellen Klage- und Dankliedern des Alten Testaments, 1947). אור ist »Inbegriff und Symbol des Lebens« (ChrBarth 34). Vgl. Ps 27,13; 116,8.9; Hi 33,30; Joh 8,12. Aus der Sphäre des Todes ist der Psalmist in den Bereich des Lebens versetzt – durch Jahwes Eingreifen.

Ziel Im Alten Testament erkennt ein verfolgter und tödlich bedrohter Mensch an dem Gottesspruch des »Heilsorakels« (דבר) und an der Überwindung seiner Feinde, daß Gott für ihn ist (10b). Aus aller Not und Bedrängnis streckt sich der Beter des Ps 56 in Vertrauen und Gewißheit nach diesem Erweis des Heiles und der Hilfe aus. Das Danklied in 13–14 zeigt, daß die Notrufe und Bitten eine Erfüllung erfahren haben.

Psalm 57
Die welterfüllende Herrlichkeit des schützenden Gottes

HSchmidt, Das Gebet der Angeklagten im Alten Testament: ZAWBeih 49 (1928) 21. – EBaumann, Struktur-Untersuchungen im Psalter I: ZAW 61 (1945/48) 173–176. – EBeaucamp/JPdeRelles, Psaume 57 (56), 8–12: Feu Nouveau 9,17 (1966) 20–26. – WBeyerlin, Die Rettung der Bedrängten in den Feindpsalmen der Einzelnen auf institutionelle Zusammenhänge untersucht: FRLANT 99 (1970) 129–135. Literatur

1Dem Chorleiter. (Nach) '*'al-tašhet*'[a]. Von David. Ein *miktam*. Text
Als er vor Saul in die Höhle floh.
2Sei mir gnädig, 'Jahwe'[b], sei mir gnädig,
denn bei dir sucht Zuflucht mein Leben!
Im Schatten deiner Flügel 'berge ich mich'[c],
bis das Unheil vorüber ist.
3Ich schreie zu 'Jahwe'[d], dem Höchsten,
zu Gott, der für mich eintritt.
4Er sende vom Himmel und helfe mir!
'Beschämt sollen werden'[e], 'die mir trachten' ' '[f] nach dem Leben. – Sela.
5Mitten unter Löwen muß ich mich lagern,
die da nach Menschen gieren.
Ihre Zähne sind Spieß und Pfeil;
und ihre Zunge ist ein scharfes Schwert.
6Sei erhaben über den Himmel, o 'Jahwe'[g]!
Über aller Welt (erscheine) deine Herrlichkeit!
7Ein Netz haben sie gelegt meinen Schritten
und 'beugten mich'[h] nieder.
Gegraben haben sie mir eine Grube,
doch sie selbst fielen mitten hinein. – Sela.
8Getrost ist mein Herz, o 'Jahwe'[i],
getrost ist mein Herz[j]!
Ich will singen und spielen.
9Wach auf, meine Ehre!
Wach auf, Leier und Harfe!
Ich will das Morgenrot wecken!
10Ich will dir danken, Herr, vor den Völkern,
dir spielen vor den Nationen.
11Denn groß ist deine Huld bis zum Himmel;
deine Treue (reicht) bis zu den Wolken!
12Sei erhaben über den Himmel, o 'Jahwe'[k]!
Über aller Welt (erscheine) deine Herrlichkeit!

a Ungeklärt ist die Übersetzung von אל־תשחת. (Nach) »Laß es nicht verderben«? Oder: (Nach) »Zerstöre nicht«? Oder: (verbessert:) »Nach der Tachschitischen«? Jedenfalls wird hier doch wohl eine Weise benannt, nach der Ps 57 ange- 1

2 stimmt werden soll. – **b** Im elohistisch redigierten Teil des Psalters ist hier **יהוה**
statt **אלהים** einzusetzen. – **c** *G* (ἐλπίζω) könnte nahelegen, hier **אֲיַחֵל** zu lesen. Ein
Wechsel des Begriffs wird angenommen werden müssen. Nach Jes 26,20 am be-
3–4 sten: **אֶחְבֶּה** = »ich will mich bergen«. – **d** Vgl. zu b. – **e** *M*: »es lästert, der nach
mir schnappt (oder mich zermalmt). Sela. Gott sendet seine Gnade und Wahr-
heit«. Der Text ist in seinem Form- und Sinngefüge verwirrt worden. **סלה** ist an
falsche Stelle geraten. **נפשׁי** in 5a ist zweifellos zu 4 hinzuzuziehen. Betrachtet
man **ישלח אלהים חסדו ואמתו** als eine erklärende Hinzufügung zu dem objektslo-
sen **ישלח** und nimmt man also dieses Versstück aus dem ursprünglichen Zu-
sammenhang heraus, so bleiben die Worte **חרף שׁאפי נפשׁי**. Im Sinnzusammen-
hang muß es sich hier um einen Wunschsatz handeln. Man verbessert darum
wohl: **יֶחְפְּרוּ שֹׁאֲפֵי נַפְשִׁי**. – **f** Das Versstück **ישלח אלהים חסדו ואמתו** ist als sekundäre
6–7 Hinzufügung auszuscheiden (vgl. zu e). – **g** Vgl. zu b. – **h** *M*: »mein Leben ist ge-
8 beugt«. Mit *G* ist **כָּפְפוּ** zu lesen. – **i** Vgl. zu b. – **j** **נכון לבי** fehlt in Ps 108,2. Es wird
12 aber *M* in Ps 57 zu folgen sein. – **k** Vgl. zu b.

Form

Im Versmaß gibt Ps 57 zwei Phasen zu erkennen. Der Doppeldreier liegt in 2–6 und 11–12 vor, während in 7–10 das Metrum 3 + 2 bestimmend ist. – Die Analyse des Aufbaus, die zweckmäßig der formgeschichtlichen Frage voraufzuschicken ist, ergibt folgendes Bild: 2 setzt ein mit dem Hilfeschrei und der Anrufung Jahwes in der 2.pers., in 3–6 findet sich eine Beschreibung des Betens, der Bitten und der Situation, 7 äußert die Gewißheit der Erhörung, und 8–12 bringen Aussagen, die Zuversicht und Dank zum Ausdruck bringen. Man wird Ps 57 zur Formgruppe der Gebetslieder zählen müssen. S.o.S. 49ff. Einl § 6,2. Doch ist der Psalm »gattungskomplex« (WBeyerlin, 135), weil – aus der besonderen Situation des Gebets erklärlich – ständig in die Sprache der *Toda* hinübergegriffen wird. Da der Psalmist sich schon im Heiligtum befindet (2), partizipiert er an den Dankaussagen, die hier dargebracht werden – auch wenn er sich noch in der Lage des Bittenden befindet (s.o.). In keinem Fall aber wird man 6 als versehentlich hinter 5 geratene Dublette zu 12 emendieren dürfen. 6 und 12 sind die besonderen Bittrufe, die das eigentliche Profil dieses Psalms bestimmen.

Ort

Wer ist der Beter des Psalms? In welcher Situation befindet er sich? ABentzen denkt an einen König als Beter, übersieht jedoch, daß Motive königlicher Lieder in den Psalmen häufiger von unbekannten Betern bzw. den von Priestern gestalteten Gebetsformularen aufgenommen werden. Beachtlich ist der zuerst von HSchmidt und neuerlich von WBeyerlin vorgetragene Hinweis. Ps 57 wird in den Zusammenhang jener Gebete gestellt, in denen unschuldig Angeklagte und Verfolgte, die mit ihren Klägern zusammen im Heiligtum übernachten mußten (5a), das Gottesgericht erwarteten. Dieser institutionelle Zusammenhang ist – bei einem Vergleich mit den anderen »Feindpsalmen der Einzelnen« – gut zu erkennen. Der mit Anschuldigungen Verfolgte ist in den Bereich des Heiligtums zugelassen worden; ihm ist die Schutzgewährung Jahwes zuteil geworden – aber nur befristet: »bis das Unheil vorüber ist« (2). Das Unheil ist aber vorüber, wenn der entscheidende Gerichtsakt vollzogen und der Freispruch Gottes empfangen worden ist. »Die Rettungserwartung des 57. Psalms bewegt sich somit vollkommen im Rahmen der Vorstellungen, die bereits in den Psalmen 11; 17; 26; 27 zum Vorschein gekommen sind« (WBeyerlin, 132). Dabei ist 6 (12) zu vergleichen mit Ps 7,7–8 (siehe dort!). – Bemerkenswert sind in Ps 57 die Traditionen des Heiligtums von Jerusalem. Ist vom »Schatten der Flügel Jahwes« die Rede (2), so erinnert diese Formulierung an den Kerubenthron. Zur in Jerusalem üblichen Benennung Jahwes als עליון s.o.S. 94ff. Einl § 10,1. Vor allem die Rede von dem die Welt erfüllenden כבוד Gottes deutet hin auf Überlieferungsgut des Tempels von Jerusalem (vgl. Jes 6,3). Eine zeitliche Näherbestimmung des Psalms ist kaum möglich, doch spricht nichts gegen die Annahme einer vorexilischen Herkunft. Wobei freilich zu bedenken ist, daß der Psalm als Formular gedient haben dürfte und wohl über längere Zeitabschnitte hinweg in Gebrauch stand, also auch entsprechend rezipiert und in Nuancen neugefaßt wurde.

Zu למנצח s.o.S. 25 Einl § 4 Nr. 17. – Zu לדוד S. 15ff. Einl § 4 Nr. 2. – Wort 1
Zu מכתם S. 18f. Einl § 4 Nr. 4. – Die (sekundäre) Situationsangabe versetzt Ps 57 in den Zusammenhang der in 1 S 22ff. geschilderten Ereignisse.

Mit einem durch die Wiederholung von חנני besonders nachdrückli- 2–6
chen Hilfeschrei beginnt Ps 57. Dabei weist der Anrufende sogleich auf das Asylrecht hin, das er als Verfolgter in Anspruch nimmt. Nichts deutet darauf hin, daß die Aussage בך חסיה נפשי im »spiritualisierten Sinne« (so GvRad, TheolAT⁶ I 415) zu verstehen sei. Symbol der an heiliger Stätte wirksamen Schutzmacht Jahwes sind die über der Lade ausgeschwungenen Flügel der Keruben (vgl. Ps 17,8; 36,8; 61,5; 63,8). Hier birgt sich der Beter vor dem Unheil. Die Anrufung ist durchwirkt von Vertrauensäußerungen. – Die Situation des Rufens wird in 3 geschildert. Der Bedrängte wendet sich an den עליון (s.o.S. 94ff. Einl § 10,1). Er ist gewiß, daß der עליון Jahwe ein אל ist, der für ihn eintritt (vgl. zur Bedeutung von גמר Ps 138,8). Bitte und Wunsch werden in 4 mitgeteilt. Jahwe ist der »höchste Gott« des Himmels, der machtvoll eingreifen und helfen kann.[1] Auf Kulttraditionen Jerusalems wird fortgesetzt angespielt. Die Hilfe Jahwes aber würde sich darin sichtbar und wirksam erweisen, daß die Feinde des

[1] »Ita nunc non secus ac si manum Dei praesentem cerneret, de eius auxilio gloriatur. Quum dicit, *Mittet e coelo*, quidam subaudiunt angelos, mihi indefinita loquutio melius videtur congruere: quod scilicet non obscure, nec vulgari modo, sed potenter et evidenti miraculo proferet Deus quam facturus est salutem. Ergo hac voce magnificum et singulare liberationis genus David se sperare intelligit. Atque ita coelum opponit terrenis mediis vel naturalibus.« Calvin, In librum Psalmorum Commentarius, zu Ps 57,4.

Beters (s.o.S. 112ff. Einl § 10,4) beschämt werden (vgl. zu Ps 56,10). Es könnte sein, daß 5 – wie HSchmidt meint – die Situation im Heiligtum beschreibt. Verleumderische Ankläger bedrohen das Leben des Psalmisten. Mit ihnen zusammen muß er die Inkubation im Heiligtum durchstehen (vgl. zu Ps 17,3). Wie reißende Löwen erscheinen dem Verfolgten und unschuldig Verklagten seine Gegner (vgl. Ps 10,9f. u.ö.). Die verleumderischen Reden der Widersacher dringen dem Angegriffenen wie Schwerter in die Seele (vgl. Ps 52,4; 59,8; 140,4). In dieser Not appelliert der Beter an den himmlischen Richter und bittet ihn um das Hervortreten seiner Herrlichkeitserscheinung. 6 hat also hier seinen richtigen Platz. Zur Appellation an den Weltrichter vgl. Ps 7. Der Psalmist erbittet im Grunde eine Theophanie und knüpft an die kultisch-visionären Traditionen Jerusalems an, nach denen Jahwes כבוד Himmel und Erde überglänzt und erfüllt (vgl. Ps 8,2; 113,4; 148,13; Jes 6,3; Nu 14,21; Jes 40,5). Jahwe als König und Richter (s.o.S. 94ff. Einl § 10,1) soll hervortreten und seine herrliche Macht kundtun.

7 7 schildert die Gefahren, die dem Verfolgten und Angeklagten durch seine Feinde bereitet sind. Man hat ihm heimtückisch ein Fangnetz gelegt und eine Fallgrube ausgehoben. Zu diesen aus dem Jagdbereich stammenden Bildern vgl. GDalman, AuS VI 334f. Doch diese hinterlistige Aktion schlägt im Bereich der »schicksalhaft wirkenden Tatsphäre« auf die Verfolger selbst zurück (vgl. hierzu Ps 7,16; 9,16; 35,7.8 und die dort vorgelegten Erklärungen). Von dem »Selbstgericht« der Feinde spricht der Psalmsänger in großer Gewißheit. Das Tempus in נפלו entspricht dem perf.proph. (»The prophetic perfect. That, he is sure, is what will happen« ACohen). 8a könnte man noch zu 7 hinzuziehen und somit in diesem Versteil eine volle Vertrauens- und Gewißheitsäußerung erkennen. Zu נכון in der Bedeutung »getrost«, »fest« vgl. Ps 78,37; 112,7. Aber 8a könnte auch schon zum Danklied gehören. Der Übergang ist an dieser Stelle fließend, obwohl סלה in 7 auf den Beginn des antizipierten Dankliedes in 8 hindeutet.

8–12 Hymnische Elemente mischen sich in das Danklied. Vgl. zu 8–12: Ps 108,2–6. In 9 setzt der Lob- und Dankgesang mit einem Morgenlied ein. Die Morgenstunde ist im Psalter die Stunde des Heils- und Hilfeerweises Jahwes (vgl. zu Ps 46,6; 90,14; 143,8); JZiegler, Die Hilfe Gottes ›am Morgen‹: Nötscher-Festschrift, 1950, 281ff.). Nach der Nacht der Prüfungs-Inkubation (Ps 17,3; 57,5) trifft der rettende Gottesbescheid am Morgen ein (vgl. Ps 130,5–6). Zu dieser Stunde jubelt der soeben hart Bedrängte über die Gotteshilfe und das Vorübergehen (עבר 2b) des Unheils. כבודי sollte nicht korrigiert werden (zur Bezeichnung der נפש mit dem Begriff כבוד vgl. Ps 4,3). Zu den Musikinstrumenten vgl. KGalling BRL 389ff. Das »Wecken der Morgenröte« dürfte weniger »lyrisch« (so HGunkel) als vielmehr ursprünglich mythisch verstanden werden. Und wenn in 10 vom Dank und Loblied »vor den Völkern« die Rede ist, so sollte auch hier der Gesichtspunkt des »Poetisch-Pathetischen« (HGunkel) aus dem Spiele bleiben. Der Lobpreis des Völkergottes nimmt auf Kulttraditionen Jerusalems Bezug (s.o.S. 94ff. Einl § 10,1). Mit **כי** wird in 11 das »Hauptstück« des Hymnus eingeleitet. Die herrliche Macht Jahwes, des höchsten Himmelsgottes, an den der Beter appellierte (6), ist als **חסד** und **אמת** hervorgetreten. In 12 wird der Appellationsruf (vgl. 6) im hymnischen Teil des Psalms noch einmal aufgenommen und unter einen universal gerichteten Akzent doxologischen und konfessorischen Charakters gestellt. Doch wird anzunehmen sein, daß alles, was über das Danklied ausgeführt wurde, im Sinne der Antizipation zu verstehen ist.

Erinnerung und Hinweis zeigen an, wie Ps 57 erklärt und verstanden werden kann: David floh vor Saul und fand vorübergehend Schutz in einer Höhle (1). Ähnlich ergeht es in der Institution der Gottesgerichtsbarkeit (vgl. »Ort«) dem von feindlich gesonnenen Anklägern verfolgten Mann, der im Tempelbezirk Schutz findet – in der Erwartung des Freispruchs seines Gottes. Doch nicht der Schutzbereich des Tempels, sondern die Gegenwart Gottes ist Inbegriff der Zuflucht, des Vertrauens und der Zuversicht. Die Anrufung Jahwes zeigt: Gott erweist seine Gnade (2), wenn er für den Bedrängten »eintritt« (3). Aus höchster Höhe erwartet der Verfolgte seine Hilfe. Er darf es – den hymnischen Traditionen Jerusalems entsprechend – wissen, daß Jahwes **כבוד** die ganze Welt erfüllt und daß die Herrlichkeitserscheinung demnach auch dem Bedrängten als Rettungserweis und Wende seines Geschicks widerfahren kann. Die Notschilderungen zeigen, wie ernst seine Lage ist. Doch er ist getrost (8). Er ist der Erhörung gewiß. Er vertraut darauf, daß Jahwe gnädig für ihn eintritt. Darum werden die Töne des Dankes schon angeschlagen; es wird die *Toda* im Schutzbereich Gottes und in der Gewißheit der Erhörung antizipiert: 8ff. Das Gotteslob erklingt, obwohl die entscheidende Wende noch nicht geschehen ist. Der universale Anspruch, den die Danksagung in 10 erkennen läßt, ist in den Gottesprädikationen Jerusalems verwurzelt: Jahwe ist der Höchste, der Schöpfer der Welt und der Richter der Völker (s.o.S. 94ff. Einl § 10,1). Ziel

Psalm 58

»Es gibt einen Gott, der auf Erden richtet«

Literatur NNikolsky, Spuren magischer Formeln in den Psalmen: ZAWBeih 49 (1927). – HHSchmid, Gerechtigkeit als Weltordnung: BHT 40 (1968). – JJeremias, Kultprophetie und Gerichtsverkündigung in der späten Königszeit Israels: WMANT 35 (1970) 120f.

Text 1 **Dem Chorleiter. '*'al tašhet*'[a]. Von David. Ein *miktam*.**
2 Sprecht ihr zuverlässig Recht, 'ihr Götter'[b],
richtet ihr rechtschaffen die Menschenkinder?
3 Nein, ihr entscheidet mit 'frevlerischem'[c] Herzen auf Erden,
Unrecht wägen ab eure Hände.
4 Entartet sind die Frevler, abgeirrt vom Mutterleibe an,
vom Mutterschoße an 'reden sie'[d] Lüge!
5 Sie (tragen) Gift, ' '[e] der Schlange gleich,
wie eine taube Schlange, die ihr Ohr verschließt,
6 die nicht hören will auf die Stimme der Beschwörer,
des kundigen Zaubersprechers.
7 O Gott, zerbrich ihre Zähne im Maul!
Zerschlage das Gebiß der Löwen, o Jahwe!
8 Zergehen mögen sie wie verrinnendes Wasser,
'verwelken wie Gras auf dem Weg'[f]!
9 Wie die Schnecke zerfließend dahinzieht!
'Eines Weibes'[g] Fehlgeburt, so die Sonne nicht schaut!
10 Ehe 'ihre'[h] Dornen 'wachsen'[i] zum Strauch,
wie 'Stachelgestrüpp'[j], wie 'Unkraut'[k] weht er sie weg.
11 Es freut sich der Gerechte, wenn Rache er schaut,
(wenn) seine Füße er badet im Blut des Frevlers.
12 Und die Menschen sollen sprechen: Ja, für den Gerechten gibt es Lohn[l]!
Ja, es gibt einen Gott, der auf Erden richtet!

1.2 **a** vgl. zu Ps 57,1. – **b** אֵלֶם ist schwer deutbar (»in Verstummung«? »company«
ACohen nach Kimchi?). *G* Hier denken an אֵלָם. Aber offensichtlich ist hier die an-
3 stößige (mythologische) Anrede אֵלִים (vgl. Ps 82,1) abgeändert worden. – **c** An-
stelle von עוֹלֹת, das in den Zusammenhang nicht hineinpaßt, ist mit *S T* עָוֶל zu le-
4 sen (doppelte Schreibung des ת). – **d** Die partizipiale Konstruktion bereitet syn-
5 taktische Schwierigkeiten. Mit *G* wird דִּבְּרוּ vorzuziehen sein. – **e** חמת ist eine er-
8 leichternde Wiederholung, die mtr. cs. ausgeschieden werden muß. – **f** *M*: »er
trete seine Pfeile – als seien sie abgehauen«. Der Text ist verderbt. Sinnvoll wäre
eine Umstellung und Verbesserung in כְּמוֹ חָצִיר בַּדֶּרֶךְ. Dann müßte das Verbum
9 von der Wurzel מלל I = »verdorren« abgeleitet werden. – **g** Der stat. cstr. ist hier
10 unmöglich und wird eine Verschreibung für אִשָּׁה darstellen. – **h** Sinngemäß ist
die von 1Ms *S* belegte Suffixschreibung סִירֹתֵיהֶם. – **i** Durch 1Ms ist die dem
Textzusammenhang angemessene Lesart יָנוּבוּ nahegelegt. – **j** und **k** *M*: »so le-
bendig wie die Glut; er weht sie hinweg«. Der Text ist entstellt und sinnlos. Für חי
könnte חוֹחַ (»Stachel«, »Haken«) gelesen werden (HSchmidt), für חרון – חָרוּל
12 (»Wolfsmilch«, »Unkraut«). – **l** פרי = »Frucht«, »Lohn« (Jes 3,10; Prv 11,30).

Die weit ausrollenden Verse bringen in einer sehr originellen, derben Form
Sprache eine Fülle drastischer Bilder. »In keinem Psalm finden sich auf gleich engem Raum so viele überschwengliche Bilder beisammen« (FDelitzsch). Das Metrum ist durch Langverse bestimmt: 4 + 4 und 4 + 3. Diese beiden Versmaße verteilen sich folgendermaßen: 4 + 4 in 2.5.7–12; 4 + 3 in 3–6.

In formkritischer Hinsicht bereitet Ps 58 erhebliche Schwierigkeiten, die sich auch auf das Verständnis der Einzelheiten auswirken. Man wird ausgehen müssen von dem vorsichtigen Versuch, den Aufbau und das Sinngefüge des Ganzen zu erfassen. In 2f. werden אֵלִם angeredet (wie in Ps 82,1, der in vieler Hinsicht mit Ps 58 zu vergleichen ist); 4–6 ist als Notschilderung zu verstehen, die das Unwesen der אלים schildert; 7 ist eine Gebetsanrede an Gott, der entsprechende Wünsche folgen (8–10); 11f. spricht von den zur Freude Anlaß gebenden Auswirkungen, die das Gottesgericht für die Gerechten hat. Durch die Bitte in 7 ist Ps 58 als Gebetslied gekennzeichnet; aber auch durch die der תפלה eigentümlichen Notschilderungen. S.o.S. 49ff. Einl § 6,2. Die Anrede an die אלים in 2f. ergeht in prophetischer Schärfe. So ist die Deutung verständlich, in der JJeremias von einer »kultprophetischen Klageliturgie« handelt (120). Doch müßte der Liturgie ein erkennbarer kultischer Ablauf zugrunde liegen. In dieser Hinsicht gibt der Psalm kaum zu beantwortende Fragen auf, zumal die vorauszusetzende Situation nicht klar erkennbar ist.

Wer ist der Sprecher? In welcher Situation ergeht seine Rede bzw. Ort
sein Gebet (7)? Es gibt keine Möglichkeit, in die Hintergründe des Gebetsliedes blicken zu können. Daß ein König der Sprecher sein soll (ABentzen), läßt sich aus keinem Vers belegen. Ob ein (kult)prophetischer Sprecher angenommen werden darf oder ob es sich um Nachahmung prophetischer Redeweise handelt, bleibt unklar. Auch die Situation ist letztlich nicht bestimmbar. Ist die Szene in die himmlische Welt zu verlegen (Anrede an die אלים)? Oder sind andere Mächte angesprochen? Zu den Erklärungsmöglichkeiten s.u. (»Wort«). HGunkel meint, der Psalm sei »ziemlich spät« verfaßt worden. Aber auch hier versagen alle Maßstäbe der Einstufung. Denn es sollte nicht übersehen werden, daß in 2f. auch archaische Züge erkennbar werden.

Zu למנצח s.o.S. 25 Einl § 4 Nr. 17. – Zu לדוד S. 15ff. Einl § 4 Nr. 2. – Wort 1
Zu מכתם S. 18f. Einl § 4 Nr. 4.

Mit einer unvermittelt einsetzenden Frage an die אלים beginnt Ps 58. 2–3
Die אלים werden in einer der prophetischen Botschaft nahekommenden Erforschung ihres Tuns zur Rechenschaft gezogen. Ist die Rechtsprechung der אלים zuverlässig (אמן) und rechtschaffen (מישרים)? Bevor die Beantwortung dieser Frage in 3 verfolgt wird, ist zunächst zu fragen, wel-

che Bedeutung der Begriff אלים hat und welche Vorstellungen sich mit ihm verbinden. Der mythologische Hintergrund der Anschauung von richtenden אלים wird in Ps 82,1 erkennbar. Himmlische Mächte sprechen Recht, auf sie ist das Gerichtshandeln auf Erden zurückzuführen. Diese אלים sind בני עליון – Gottwesen, die dem höchsten Gott unterstellt sind und ihm Rechenschaft schuldig sind (vgl. Ps 82,1). Der עליון (s.o. S. 94ff. Einl § 10,1) als der zur Verantwortung Rufende steht auch hinter Ps 58,2. In dieser Tatsache liegt die prophetische Vollmacht der Frage in 2 begründet. Nun besteht wohl die (mythologische) Vorstellung, daß diese dem עליון subordinierten Wesen die gerechte Rechtsprechung des »höchsten Gottes« Jahwe in Verwirrung gebracht haben. Als dämonische Mächte haben sie sich eingeschaltet und die gerechte Ordnung des עליון zerstört (vgl. Gn 6,2; 1 Kö 22,20ff.; Hi 1,6ff.). Die Zersetzungen von »Recht und Gerechtigkeit« auf Erden werden also in die überweltliche Sphäre der אלים bzw. בני האלהים oder auch בני עליון hineinprojiziert. Hier wird die dämonische Zwischeninstanz gesehen, die die zuverlässige und richtige Rechtsprechung des עליון Jahwe zunichte macht. Sofern diese dämonischen ἐξουσίαι die Träger der weltlichen Rechtsordnung unmittelbar bestimmen und beherrschen, könnte man mit HGunkel die Anrede אלים als eine »höhnische Bezeichnung der Obrigkeit« verstehen. Dann sollten also doch weltliche »Obrigkeiten« angesprochen sein? Der zugrunde liegende Sachverhalt ist kaum aufklärbar (vgl. zu Ps 82). Doch – wie man auch deuten mag – lebenswichtig ist das Richtamt der אלים. »Wenn solches Richten nicht in rechter Weise vollzogen wird, dann ›wanken die Grundfesten der Erde‹ (Ps 82,5), da ist die kosmische Ordnung zerstört« (H̋HSchmid, 91f.). In der Vollmacht des עליון ist die Frage in 2 gestellt. Sie wird in 3 sogleich (wie in einem schuldaufdeckenden Scheltwort der Propheten) beantwortet. Der mit אף eingeleitete Vers bildet einen betonten Gegensatz zum Vorhergehenden (vgl. Ps 44,10). לב עול – das ist die zentrale, bestimmende Macht, aus der der Entscheidungsspruch der dämonischen אלים hervorkommt. חמס ist das Ergebnis des richterlichen Wägeaktes. Zur Vorstellung vom richterlichen Akt des Wiegens, der insbesondere in der ägyptischen Mythologie beheimatet ist, vgl. Hi 31,6; Dn 5,27. Auf jeden Fall wird also festgehalten an der urreligiösen Tatsache, daß die Gottheit selbst Recht spricht. Eigenartig und bemerkenswert ist darum der Versuch, in der Theodizee den falschen Richtspruch auf die subordinierten, dämonischen אלים zurückzuführen.

4–6 Organe und Werkzeuge der dämonischen Mächte (אלים) sind auf Erden die רשעים. Sie werden in 4–6 in ihrer abgründigen Wesensart geschildert. Ihre Existenz steht vom Augenblick der Geburt an im Zeichen der Entartung und Abirrung. Fortgesetzt reden sie Lüge. Zu כזב vgl. MAKlopfenstein, Die Lüge nach dem Alten Testament: Diss. Bern (1964) 226ff. Gift tragen sie in sich (5) und bedrohen das Leben wie gefährliche Schlangen. פתן (ugar. *btn*; akkad. *bašmu*) ist wahrscheinlich eine Hornviper oder eine Cobra. Jedenfalls gleichen die רשעים den Schlangen, die nicht zu beschwören sind (6). Keiner hat Gewalt über sie, niemand vermag sie zurückzuweisen. Von Schlangenbeschwörungen ist in ägyptischer und babylonischer Literatur die Rede, im Alten Testament in Jer 8,17; Koh 10,11; Sir 12,13. Auch der kundige Zaubersprecher (vgl. Dt 18,11) kann die gefährliche Macht des Bösen nicht überwinden. Man könnte fragen, ob das Bild in 6 auf wirksame Fluchworte anspielt, mit denen man in der alten Welt einem gefährlichen Widersacher entgegentrat. Diese Wertung liegt nahe, weil bestimmte magisch-zauberische Akte verschiedentlich in den individuellen Klageliedern erkennbar sind (s.o. S. 112ff. Einl § 10,4).

Die Fluchworte in 7–10 haben ihre Eigenart darin, daß der Psalmist 7–10
nicht etwa als »Zaubersprecher« direkt auf die Frevler einwirken will, sondern an Jahwes Eingreifen appelliert. Der Psalmsänger weiß, daß er gegen die dämonischen Mächte nichts ausrichten kann, darum leitet er seinen Vernichtungswunsch und Fluch in einer Bitte über Jahwe gegen die bösen Gewalten. Dabei ist zu beachten, daß hier nicht – wie sonst in den Gebetsliedern – ein einzelner Beter um die Überwindung seines persönlichen Feindes bittet, sondern daß eine Vernichtung aller dämonischen Mächte leidenschaftlich gewünscht wird. Jahwe möge die giftigen Zähne der todbringenden Lügner zerbrechen und das reißende Gebiß der Löwen zerschlagen. Mit Löwen werden hier die רשעים verglichen (vgl. Ps 10,9 u.ö.). Den Löwen zerschmetterte man mit eiserner Keule (2 S 23,20). Jede der sodann in 8–10 folgenden »Verwünschungen« hat als Fluchwort eine machtvolle Vollzugsgewalt. Die Bilder sind drastisch und eindrucksvoll. Wie Wasser verrinnt und versickert, so sollen die Frevler vergehen (8a). Wie Gras auf dem Weg sollen sie verwelken (vgl. Mt 13,4). Problematisch ist 9a. Das hap.legom. שבלול übersetzt man gewöhnlich mit »Schnecke«; GRDriver denkt (dem par. membr. entsprechend) an »miscarriage« (JTS 34,41ff.). Man sollte jedoch in 9a mit einem anderen Bild als in 9b rechnen – die Variation auf engstem Raum entspricht der Eigenart des Psalms. Wie eine Fehlgeburt soll die ganze Existenz der רשעים gleichsam »annulliert« werden (zum Bild vgl. Hi 3,16; Koh 6,3ff.). 10 ist recht verderbt und nur versuchsweise zu rekonstruieren. Auch hier sind Bilder des totalen Vergehens und Verwehens gewählt.

Der צדיק, der sowohl unter der ungerechten und zerfallenen Rechts- 11–12
ordnung wie auch unter der verleumderischen und gewalttätigen Entfaltung der רשעים leidet, darf sich freuen, wenn Jahwe eingreift und die dämonische Machtwelt des Unrechts in einem großen Blutbad zerstört. Das Fußbad des »Gerechten« in 11b ist ein ins Äußerste übersteigertes Bild, das der Totalität der Gerechtigkeitsforderung entspricht. Unter dem sichtbaren Machterweis Gottes sollen die Menschen, soll jedermann das

Bekenntnis ausrufen: »Ja, für den Gerechten gibt es Lohn«; sein Leben ist nicht sinnlos und fruchtlos dem dämonischen Treiben der Frevler ausgeliefert. Über allen אלים gibt es einen אלהים, nämlich Jahwe, der auf Erden richtet.

Ziel Der Psalm tritt heraus aus allen persönlichen Auseinandersetzungen, die in den Gebetsliedern zumeist den Hintergrund der Klage und Bitte bilden. Unter der korrupten Weltordnung leidet der Psalmsänger. Sein Blick umschließt das Ganze: die himmlische Welt, aus der die Richtsprüche hervorkommen, und die ganze Weite des menschlichen Lebensraumes. Von den בני אדם (2) und von אדם (12) ist die Rede. Und unter diesem Horizont des Totalen, Weiträumigen treten die Organe des aus überweltlichen, dämonischen Bereichen ausgehenden Frevels, die רשעים, und die in der Bundes- und Rechtsordnung Jahwes lebenden צדיקים gegenüber. Dunkel und abgründig ist das Bild, das von den רשעים in 4–6 geschildert wird. Die Vernichtungsbitte in 7–10 will aus dem Bereich der geschaffenen Welt, die doch von dem Gott des Rechtes und der Gerechtigkeit ins Dasein gesetzt ist, das als unerträglich empfundene Böse ausscheiden (vgl. zu Ps 8,3). Von Rache- oder Vergeltungswünschen kann hier keine Rede sein. Der Psalmsänger gehört zu den πεινῶντες καὶ διψῶντες τὴν δικαιοσύνην (Mt 5,6). Die Stimme dieser Gottesmänner schweigt auch im Neuen Testament nicht (ApcJoh 6,10). Es ist die Stunde, in der das Unrecht unerträglich geworden ist, aus der die Bitte um das Einschreiten Gottes erschallt. Mit verschwommenen Forderungen nach »Liebe« und »Humanität« ist der prophetischen Gewalt dieser Bitten nicht beizukommen. Und auch die Freude des צדיק in 11 ist nicht erreichbar, wenn das oberflächliche Urteil, hier handle es sich um »Schadenfreude« oder »Genugtuung über die Rache« dominiert. Zur Freude über das erlösende, allumfassende Gericht Gottes, das in 11–12 in den Blick tritt, wird auch in ApcJoh 18,20 aufgefordert. Es steht das Letzte auf dem Spiel. Ist Gott Herr und Richter der Welt? Oder regieren die Dämonen und Dämonien? In prophetischer Kraft dringt 12 durch zu dem Bekenntnis, das alle Fehldeutungen und Gottesleugnungen überwindet und das von allen Menschen gesprochen werden wird: »Es gibt einen Gott, der auf Erden richtet!« In diesem letzten, umfassenden Gericht kommt es an den Tag, daß das Leben des bedrängten צדיק einen Lohn hat (vgl. GBornkamm, Der Lohngedanke im Neuen Testament: EvTh 6, 1946, 143–166).

Psalm 59
»Rette mich vor meinen Feinden, mein Gott!«

HSchmidt, Das Gebet der Angeklagten im Alten Testament: ZAWBeih 49 (1928). – JBecker, Israel deutet seine Psalmen: Stuttgarter Bibel-Studien 18 (1966) 59f. Literatur

Text

1Dem Chorleiter. '*'al tašhet*'[a]. Von David. Ein *miktam*.
Als Saul aussandte und man das Haus bewachte, ihn zu töten.
2Rette mich vor meinen Feinden, mein Gott[b],
vor meinen Widersachern schütze mich!
3Rette mich vor den Übeltätern
und vor den Blutmenschen hilf mir!
4Denn siehe: man lauert mir auf,
es stellen Mächtige mir nach. –
Frevel und Verfehlung (beging) ich nicht ''[c]!
5Ohne daß ich Frevel verübt – stürmen sie an und stellen sich auf.
Wach auf zu mir hin und schau!
6Und du, Jahwe ''[d] Zebaot ''[e],
erwache, heimzusuchen alle Völker!
Begnadige nicht all die treulosen Frevler! – Sela.
7Sie kehren wieder jeden Abend,
heulen wie die Hunde
und umschweifen die Stadt.
8Sieh: sie geifern mit dem Mund,
Schwerter sind ''[f] ihre Lippen ''[g].
9Aber du, Jahwe, lachst über sie,
du spottest über alle Völker!
10'Mein Hort'[h], auf dich will ich harren,
denn 'du'[i], 'Jahwe'[j], bist meine Burg!
11'Mein gnädiger Gott'[k] kommt mir entgegen,
'Jahwe'[l] läßt mich herabschauen auf meine Gegner.
12Töte sie nicht, daß es mein Volk nicht vergesse,
zerstreue sie durch Kraft und wirf sie nieder!
'Versage ihnen'[m], Herr, 13ihres Mundes Sünde,
ihrer Lippen Wort, daß sie getroffen werden in ihrem Hochmut. –
Wegen des Fluches und der Lüge, die sie erzählen,
14vernichte im Zorn 'sie alle'[n], daß keiner mehr sei!
So wird man erkennen, daß Jahwe
in Jakob herrscht
bis an die Enden der Erde. – Sela.
15[Sie kehren wieder jeden Abend,
heulen wie die Hunde
und umschweifen die Stadt.
16Sie laufen umher[o] nach Fraß,
sättigen sie sich nicht, so bleiben sie über Nacht.]
17Doch ich will besingen deine Macht,

will jubeln über deine Huld am Morgen;
denn du bist mir geworden zur Burg, –
eine Zuflucht am Tage der Bedrängnis!
18[Mein Hort, dir will ich singen,
denn ‘du’[p], ‘Jahwe’[q], bist meine Burg!
Mein gnädiger Gott...]

1.2 **a** Vgl. zu Ps 57,1; 58,1. – **b** 1Ms *GS* lesen אֱלֹהִים, das dann – wie einige Hand-
schriften es auch bezeugen – im elohistischen Psalter einem ursprünglichen יהוה
4 weichen müßte; doch ist *M* vorzuziehen. – **c** Die Anrede יהוה schießt hier über
6 das Versmaß (3 + 3) hinaus und ist als Zusatz zu beurteilen. – **d** 6aα ist durch
Auffüllungen metrisch überdehnt. אלהים wird zu streichen sein zugunsten der al-
ten Gottesbezeichnung יהוה צבאות. – **e** אלהי ישׂראל ist als Hinzufügung auszu-
8 klammern. – **f** חרבות wird man nicht in חֲרָפוֹת (»Schmähungen«) verändern dür-
fen (vgl. auch Ps 55,22; 57,5; 64,4). Dann aber ist die Präposition ב in בשׂפתותיהם
zu streichen. – **g** כי־מי שׁמע (»denn wer hört es?«) schießt als rhetorische Frage
10 (Ges-K § 151a) über das Versmaß hinaus. – **h** Durch die Variante in 18a wird
nahegelegt, עֻזִּי zu lesen; diese Korrektur des Suffixes entspräche dem Sinnzu-
sammenhang. – **i** Mtr. cs. wird man in dieser Anrede an Jahwe (vgl. 9a) אתה er-
gänzen dürfen. – **j** Im elohistischen Psalter ist an dieser Stelle יהוה wohl die ur-
11 sprüngliche Lesart. – **k** Die Lesung אֱלֹהֵי חַסְדִּי wird durch die Variante in 18bβ
nahegelegt. Der Genetiv bestimmt das im stat. cstr. unmittelbar voraufgehende
Wort im adjektivischen Sinn; vgl. JWeingreen, The construct-genitive relation in
12 Hebrew Syntax: VT 4 (1954) 50–59. – **l** Vgl. zu j. – **m** Nach dem Versmaß und
Versaufbau gehört מגננו אדני zu 13. Dann ist eine Korrektur aber unumgänglich.
Am besten liest man מְנָעֵמוֹ מֵחַיִל (HGunkel unter Hinweis auf Nu 24,11; Hi 31,16;
14 Koh 2,10). – **n** Wird *M* beibehalten (und nichts spricht dagegen), so ist an dieser
16.18 Stelle כֻּלָּם zu lesen. – **o** K יְנוּעוּן, Q יְנִיעוּן. – **p** Vgl. zu i. – **q** Vgl. zu j.

Form »The structure of the psalm is curious« (WOEOesterley). 15 könnte auf den ersten Blick als Kehrvers zu 7 und 18 als Refrain zu 10 verstanden werden. Rudimente von 11 am Schluß von 18 (אלהי חסדי) deuten an, daß außerdem auch eine Wiederholung von 11 in Ansätzen vorliegt. Aus Gründen der Form und Gattung ist es aber ausgeschlossen, die Wiederholungen als »Kehrverse« zu bezeichnen. Es handelt sich um textinnere Varianten. 15 bringt (mit ו eingeleitet) denselben Text wie 7, führt jedoch mit 16 eine Erweiterung ein; 18 weicht von 10 an zwei Stellen ab: es wird עֻזִּי statt עֻזּוֹ gelesen und (im Zusammenhang des Dankgelübdes in 17) in 18 אזמרה statt אשמרה (10a) gebracht. Es fehlt immer noch an einer zureichenden Erklärung, wie diese Varianten (vgl. auch Ps 56; 57) zu verstehen sind. – Im Metrum dominiert der Doppeldreier: 2–7, allerdings sind in 5b–6 wohl Umstellungen erforderlich: (6aα/β–5b/6b), 10, 11, 13b/14aα, 16–18 (außer אלהי חסדי). Im Versmaß 4 + 3 liegt 9 vor, im Metrum 4 + 4: 12–13a. Versgebilde in der Folge 2 + 2 + 2 sind in 7 und 14 festzustellen.

In seinen entscheidenden Äußerungen ist Ps 59 als Gebetslied (תפלה) gekennzeichnet. Die Anrede an Jahwe in der 2.pers., der Hilferuf und die Bitten prägen das Bild des Psalms; aber auch die Notschilderungen, die sich auf das Toben und Treiben der Feinde beziehen. Bitte und Wunsch, daß Jahwe die Frevler richten und überwinden möge, bestimmen vor allem das Stück 12–14. S.o.S. 49ff. Einl § 6,2. Im einzelnen läßt sich folgender Aufbau nachzeichnen: 2–3 Anrufung Jahwes, 4–5a Notschilderung und Unschuldsbeteuerung, 5b–6 Appellation an das richterliche Einschreiten Gottes, 7–8 Klage über das Treiben der Feinde, 9–11 Vertrauensäußerungen, 12–14 das Urteilsbegehren des Beters, 15–16 Variante zu 7 und Erweiterung der Notschilderung, 17 Dankgelübde, das in 18 mit einer Vertrauensäußerung auf 11 bezogen ist.

Der Beter des Psalms wird von Feinden verfolgt. Die gefährliche Waffe dieser Widersacher ist das Schwert der Worte. Offensichtlich wird der Verfolgte, der in 4 und 5 seine Unschuld beteuert, verleumdet und mit falschen Anklagen eines Verbrechens bezichtigt. Aus dem Dankgelübde in 17 geht hervor, daß der Psalmist »am Morgen« Jahwe für die geschehene Erlösung danken und spielen will. Er hat also im Heiligtum Zuflucht gesucht (17) und wartet eine lange, entscheidende Nacht hindurch auf das Eingreifen Gottes »am Morgen« (vgl. zu Ps 57,9). Nichts deutet darauf, daß der Psalmsänger ein König gewesen sei (gegen ABentzen). Auf einer Fehldeutung von **גוים** (9) beruht die Auffassung HGunkels, daß der Psalmist »unter Heiden wohne« und aus einer typischen »Pogrom-Stimmung« Klage und Bitte erhebe. Ps 59 könnte in vorexilischer Zeit entstanden sein. Er steht den »Gebeten der Angeklagten« nahe (vgl. HSchmidt, Das Gebet der Angeklagten im Alten Testament: ZAWBeih 49, 1928). Doch wird zu erklären sein, daß jede Möglichkeit, Spuren der Institution der Gottesgerichtsbarkeit wiederzufinden oder zu rekonstruieren, abgeschnitten ist durch Wucherungen in den Aussagen über die Feinde. Hier liegt ganz ohne Frage die ins Inhaltliche hineinreichende Problematik des Psalms, vor deren Wertung aber die Zurückhaltung stehen sollte (s.u.). Ort

Zu **למנצח** s.o.S. 25 Einl § 4 Nr. 17. – Zu **לדוד** S. 15ff. Einl § 4 Nr. 2. – Zu **מכתם** S. 18f. Einl § 4 Nr. 4. –Die (sekundäre) Situationsangabe versetzt Ps 59 in den Zusammenhang der in 1 S 19,11 geschilderten Ereignisse Wort

Die in 2–3 geäußerte Bitte um Rettung und Schutz deutet auf die Asylfunktion des Heiligtums. Hier erwartet der Bedrängte und Verfolgte, daß Jahwe ihm **משׂגב** (10.17) wird. Die Feinde treten in der Mehrzahl auf (zu den Feinden des Individuums s.o.S. 112ff. Einl § 10,4). In den Begriffen, die die Feinde bezeichnen, ist deutlich eine Klimax wahrzunehmen: **איבי – מתקוממי – פעלי און – אנשי דמים**. Die Verfolger wollen den Tod des Psalmisten, darum sind sie **אנשי דמים** (vgl. Ps 5,7; 26,9; 55,24). 2–3

Klagend schildert der Psalmsänger das Treiben seiner Feinde. Sie 4–5a lauern ihm auf, stellen ihm nach. Sie sind עזים (vgl. Ps 18,18) – »mächtige« Männer, die darauf aus sind, den Verfolgten zu beschuldigen. Darum wird mitten in der klagenden Schilderung eine Unschuldsbeteuerung laut: 4b. Zu dieser Unschuldsbeteuerung vgl. zu Ps 7,4ff. פשע ist die »Losreißung von Gott« (FDelitzsch), die »Auflehnung des menschlichen Willens gegen den Willen Gottes« (LKöhler, TheolAT³ 160). חטא bezeichnet das »Abirren« und »Fehlgehen« (LKöhler, TheolAT³ 158). עון in 5a hat die Bedeutung »Verkehrung«, es drückt die »mit Gottes Willen nicht in Einklang stehende Gesinnung« aus (LKöhler, TheolAT³ 159). Doch alle Verdächtigungen und Verleumdungen weist der Psalmist zurück. Einen Unschuldigen »bestürmt« man (zu dieser Bedeutung von רוץ vgl. Hi 15,26; 16,14; Ps 18,30; 62,4).

5b–6 In 5b und 6 appelliert der verfolgte Beter an den Richter Jahwe Zebaot. Zur Bedeutung des Gottesnamens יהוה צבאות, der an die Kulttraditionen Jerusalems erinnert, s.o.S. 94ff. Einl § 10,1. Dieser יהוה צבאות ist Richter der Völker (vgl. zu Ps 7,8 und s.o.S. 94ff. Einl § 10,1). Diese (auch in 9b) hervortretende Vorstellung ist nicht spezifisch nachexilisch, sie erstreckt sich nicht auf »die Heiden«, sondern sie entspricht vielmehr den universal ausgerichteten sakralen Überlieferungen des Heiligtums zu Jerusalem. Die Appellation bedient sich in עורה (5b) und הקיצה kultischer »Weckrufe« des kanaanäischen Naturmythus, durch die eine sterbende Gottheit zum Wiedererwachen und Leben aufgerufen wird (vgl. GWidengren, Sakrales Königtum im Alten Testament und im Judentum: FDelitzsch-Vorlesungen 1952, 1955, 67f.). Allerdings ist der mythologische Hintergrund dieser Weckrufe in den alttestamentlichen Psalmen völlig versunken, die Formeln rufen in der Appellation eines unschuldig Verfolgten Jahwe zum wirksamen Eingreifen herbei. Dieses Eingreifen Jahwes würde sich darin erweisen, daß die בגדי און (vgl. Ps 25,3) nicht begnadigt werden.

7.8 In der Klage der Verse 7–8 werden die Feinde des Psalmisten mit wilden Hunden verglichen, die am Abend heulend die Stadt umschweifen – »ein Bild widerlicher, eigennütziger und gehässiger Betriebsamkeit« (FNötscher). Die Variante in 15 bringt in 16 noch eine Ergänzung dieses Bildes: Die wilden Hunde suchen gierig nach Fraß und bleiben, wenn sie keine Nahrung finden, über Nacht im Siedlungsbereich der Stadt. In 8 geht der Psalmsänger vom Bild zur Sache über: Die gierigen Verfolger »geifern« (יביעון) mit ihrem Munde. הביע bezeichnet das schwülstige, großartige Reden der Verleumder (vgl. zu הביע als Ausdruck gewaltigen Redens: Ps 19,3; 78,2; 119,171; 145,7). Todbringend wie Schwerter sind die Worte der Widersacher (zum Bild vgl. Ps 55,22; 57,5; 64,4).

9–11 In den Vertrauensäußerungen (9–11) sieht der Psalmist in einem ihm überkommenen visionären Bild der Jerusalemer Kulttradition (vgl. Ps 2,4), wie Jahwe über den Ansturm aller gegen ihn aufbegehrenden Völker lacht und spottet. Der starke Anthropomorphismus, der in diesem Bild zutage tritt, veranschaulicht die Weltüberlegenheit Jahwes und das souveräne Reagieren des aus seiner Verborgenheit noch nicht hervortretenden, aber alle Widerstände bereits abweisenden Gottes. Ihm vertraut der Beter. Gegen die עזים (4) ist Jahwe für den Psalmisten עזי und משׂגבי (10); er ist אלהי חסדי – huldvoll sich erbarmender Gott. Durch ihn wird der Beter zu dem Ende geführt, daß er gerechtfertigt und siegreich auf seine Feinde herabblicken kann. Alle diese Vertrauensäußerungen gehen in 12 über in ein sehr konkretes Gerichtsbegehren.

Daß Jahwe einem Menschen huldvoll begegnet (11a) – das erweist 12–14
sich im Alten Testament stets in der Überwindung der Feinde. Eigenartig sind die in 12–14 vorgebrachten Bitten und Forderungen. Der Feind soll nicht plötzlich getötet werden. Ein schnelles Ende der Widersacher könnte als zeichenhafte Rechtfertigung des Verfolgten und Verleumdeten übersehen oder vergessen werden. 12 enthält also keine inhumane Regung, sondern das vordringliche Verlangen, daß die Demonstration des Einschreitens Gottes überall sichtbar und von nachhaltiger Wirkung sei. Wird der Feind »zerstreut« und dann niedergeworfen und im Zorn vertilgt, so wird man das weltweite Eingreifen der Gerechtigkeit Gottes erkennen können (14). Die schon in 6b geäußerte Bitte, daß Jahwe die Feinde des Beters nicht begnadigen möge, findet in 12b und 13 ihre scharfe Ausprägung. Jahwe soll auf ihre (sündigen) Anklagen nicht achten und mit einem tödlichen Los die Hochmütigen treffen. Hier wird die Situation vorauszusetzen sein, daß mit dem Verfolgten auch die feindlichen Verkläger im Bereiche des Heiligtums sich aufhalten und auf Gottes richterliche Entscheidung warten. Mit Fluch und Verleumdung haben sie den Psalmisten verfolgt. Jetzt muß es sich erweisen, wem recht gegeben wird. Zu dem priesterlichen Erhörungswort, das die Entscheidung überbringt, tritt das äußere Zeichen der Vernichtung des Schuldigen. Bemerkenswert ist das Auftreten von ידע in 14. »Auch hier ist ein Ort, an dem die mit dem zeichenhaften Beweisgeschehen verbundene Erkenntnisaussage sich festsetzen kann« (WZimmerli, Erkenntnis Gottes nach dem Buche Ezechiel: ATANT 1954, 56). Bezeichnend ist außerdem in 14 der Rückgriff des Beters auf die traditionellen Kultvorstellungen Jerusalems. Daß Jahwe in Jakob »herrscht« (vgl. Ri 8,23) und im richterlichen Handeln erkennbar wird, diese Tatsache soll »bis an die Enden der Erde« bekanntwerden, denn der Gott Israels ist Weltrichter bzw. Völkerrichter (s.o.S. 94ff. Einl § 10,1).

Das Urteilsbegehren des Beters in 12–14, das man nicht selten den Affekten des Rachegelüstes zuzuordnen pflegte, ist Gegenstand verschiedenster Reflexionen und Bewertungen gewesen. So hat Kant in seiner Abhandlung »Die Religion innerhalb der Grenzen der bloßen Vernunft« mehrfach die Frage gestellt, »ob die

Moral nach der Bibel oder die Bibel vielmehr nach der Moral ausgelegt werden müsse?« Eine solche Frage steht extremen Äußerungen biblischer Exegese gegenüber, die sich auf die Inspiration berufen. So konnte JDMichaelis erklären: »Die Psalmen sind inspirirt, wird in diesen um Strafe gebeten, so kann es nicht unrecht seyn, und wir sollen keine heiligere Moral haben, als die Bibel... Sonderbar kommt es mir vor, diese Psalmen um einer dunklen Stelle der Bergpredigt willen tadeln; bald sagen, die Moral des Alten Testaments war unvollkommen, bald ihnen ich weiß nicht was für Erklärungen aufheften. Die dies tun, denken gemeiniglich selbst so wie die Psalmen, an deren Moral sie so viel zu meistern haben« (JDMichaelis, Moral, ed. CFStäudlin, 2. Theil, 1872, 202f.). Vgl. OKaiser, Kants Anweisung zur Auslegung der Bibel: NZST 11,2 (1969) 125–138. – Man wird gut daran tun, die harten und anstößigen Spitzenaussagen der Feindpsalmen aus dem Spannungsfeld »Inspiration« – »Moral« völlig herauszuhalten. Es wird zu erklären sein, daß ein sachgemäßes Verständnis dieser Aussagen nur im Licht des Verses 14 eingeleitet werden kann. Die Erkenntnis, »daß Jahwe in Jakob herrscht bis an die Enden der Erde«, konnte im Alten Testament nicht anders als in einem Taterweis Gottes gewonnen werden. Von dieser Einsicht wird auszugehen sein (vgl. »Ziel«).

17 Sieht man von den Varianten in 15–16 und 18 ab, so weist 17 bereits in die Situation des Dankliedes hinüber. Der Psalmsänger äußert ein Dankgelübde. Jubel und Gesang sollen erschallen, wenn Jahwe »Zuflucht geworden ist«, wenn er sich als schützender und eingreifender Richter bewiesen hat. Zu לבקר vgl. zu Ps 57,9.

Ziel Aus der Not der Verleumdung und Verfolgung ruft ein unschuldig Angeklagter Jahwe um Hilfe an. Die Feinde wollen den Psalmisten töten und von Jahwe scheiden. Die Appellation in 5b–6 bittet darum, daß Gott als Lebendiger und »Auferstandener« hervortreten möge. Dunkel und abscheuerregend ist das Bild, das von den gierigen Feinden als den abgründigen Gewalten gemalt wird. Aber in der Tiefe der ausweglosen Verfolgung erwacht (gleichsam als Antwort und Widerschein des in 5b–6 geäußerten Weckrufes) das Vertrauen zu Jahwes weltüberlegener, allen Feinden spottender Macht. Der Völkerrichter ist als *Deus praesens* – משגב: Zuflucht und Schutzburg des von finsteren Mächten Umringten. – Im Alten Testament ist Gottes Heil geschichtsmächtig, es tritt in zeichenhaften Bekundungen mitten in die Welt ein und vollstreckt das rechtfertigende Urteil. Unter dieser Voraussetzung ist 12–14 zu verstehen (vgl. zu Ps 58 »Ziel«). Nicht das grausame Racheverlangen diktiert die Bitten und Forderungen, sondern der Wunsch, daß die im Gericht hervorbrechende Gottesherrschaft in Israel nicht übersehen oder vergessen (12a) und in aller Welt bekannt werde (14).